루돌프 불트만／新約聖書神學 全

루돌프 불트만

新約聖書神學

개정 제6판
번역

허 혁

성광문화사

Rudolf Bultmann
Theologie
des Neuen Testaments
6. durchgesehene Auflage

1 9 6 8
J.C.B. Mohr (Paul Siebeck) Tübingen

übersetzt
von
Hyuk Heu

名譽 神學 博士學位를
授與한
聖 안드레 스코토스 大學校에
鄭重히 感謝한다

D.D.D.
루돌프 불트만

ILLUSTRISSIMAE

ST. ANDREAE APUD SCOTOS UNIVERSITATI

OB SUMMUM IN S.S. THEOLOGIA HONOREM

SIBI OBLATUM
HUNC LIBRUM

GRATUS VENERABUNDUS

D.D.D

RUDOLF BULTMANN

머리말

 이 책은 대체로 옛 판 그대로이다. 첨가된 것은 단편적인 보충들이고 그 중에는 死海 동굴에서 發見된 텍스트들 같은 것도 들어 있다. 그것들은 한 유대교 小宗派가 있었음을 증명해 주는데, 이 종파는 아마 엣세네파였을 것으로 나는 이것을 단순히 主 發見處의 이름을 따라 쿰란 종파라고 부를 것이다. 이 텍스트들의 發見이 나에게 이 作品에 크게 손을 대야 할 만한 이유를 제공하지 않았다. 나는 신약성서 해석을 위한 그 텍스트들의 意義가 여러 모로 과대평가되고 있다고 생각한다. 그것들은 역시 부세(W. Bousset) 같은 학자가 이미 본 것, 즉 예수 시대의 유대교의 像이 랍비 텍스트들에서 찾을 수 있었던 바와 같이 그렇게 통일적인 것이 아니었다는 것을 확인해 준다. 또한 사실 에녹서들과 조상의 유서들(Test. Patr.), 거기에 쿰란 텍스트들과 같은 짝인 '다메섹—문서' 같은 外經 문헌들이 그것을 증명해 준다. 신약성서와 쿰란 텍스트들 사이의 개별 유사형들은 어떤 종속 관계를 증명하지 않고 오히려 그것들은 그 時代에 활발했던 유대교 내부에서 形成된 유사형들임을 말한다. 가장 중요한 유사성은 쿰란 종파가 그랬듯이 그리스도敎徒 자신을 마지막 시대의 참 이스라엘로 이해한 것인데, 그러나 이것은 결코 전자가 후자에 예속되어 있음을 증명해 주지 않는다. 교회체계에서 몇몇(더우기 빈약하거나 의심스러운) 유사형들은 단지 유사한 형성물들일 따름이다. 풍부하게 보충된 것은 문헌 소개이다. 그리고 이 일을 완성시키는 데는 나의 동역자이고 후계자인 큄멜(W.G. Kümmel)의 희생적인 도움이 필요했다. 이에 대해 나는 특별히 감사해야 한다.

마르부르크, 1958년 5월

루돌프 불트만

제 5 판 序文

　제 4 판 본문을 그대로 다시 내놓는다. 소수의 수정들과 보충들만이 必要했는데 특별히 문헌 목록에서 그러했다. 그것들은 부록으로 첨가해 두었다(번역서에서는 독자의 편의상 각 해당 면에 삽입했다). 제 4 판 이후에 출판된 문헌을 소개하는데 완벽을 기하지 못했으나 그럴 필요도 없었다. *ThWB*, *RAC*와 같은 辭典의 항목이 가끔 지적되었을 뿐이다. 대개의 경우 그것들이 검토를 위해 인용되는 것은 사실 자명한 일이기 때문이다. 단지 개별적인 소개들에서만 나는 대체로 짧은 몇 부가문을 본문 또는 註에 삽입했다. 이 책의 골격이 개편되지 않는 한, 다른 견해들과의 자세한 대결은 가능하지 않았다.
　이번에도 나는 나의 동역자이고 후계자인 쿰멜교수에게 그의 친절한 도움에 진심으로 감사해야 한다.

마르부르크, 1965년 4월

루돌프 불트만

목 차

제 1 부

신약성서신학의 전제와 契機들

I. 예수의 宣布

序言 ··· 1

§1. 종말론적 선포 ··· 2
    1. 神國의 개념과 민족적 묵시문학적 미래상 2.— 2. 神國의 현재에의 침입 4.— 3. 결단에의 호소 7.

§2. 神의 요구에 대한 해석 ································ 9
    1. 유대교의 율법성 9.— 2. 예수의 抗拒, 신의 무조건적인 요구 10.— 3. 구약성서, 경건한 관습, 성전제사에 대한 예수의 姿勢 13.— 4. 사랑의 요구 16.— 5. 종말론적 선포와 倫理的인 것의 統一性 17.— 6. 회개에의 呼召 18.

§3. 예수의 神思想 ·· 19
    1. 현재에 대한 예수의 失望 19.— 2. 神思想 20.— 3. 非歷史化 22.

§4. 예수의 메시야 自意識에 대한 문제 ···················· 23
    1. 과제 : 예수 생애의 非메시야적 성격 23.— 2. 메시야 槪念의 개조 25.— 3. 未來의 메시야로서의 예수 26.— 4. 메시야의 秘密 26.

II. 初代敎會의 케리그마

序言 ·· 30

§5. 예수의 선포에 대한 初代敎會의 선포의 관계에 관한 문제 ···· 30
    1. 을 人子로서의 예수 30.— 2. 예언자와 교사로서의 예수 31.— 3. 人格者로서의 예수 32.— 4. 예수의 역사적 위치와 活動 32.— 5. 종말론적 事件으로서의 예수의 역사 33.

§6. 종말론적 공동체로서의 初代敎會 ······················ 34
    1. 마 16 : 18—19와 열두제자 34.— 2. 예루살렘과 그 "공동체" 35.— 3.

세례 36. — 4. 공동식사 37. — 5. 靈 38. — 6. 예언의 證明 39. — 7. 說敎 39. — 8. 자료 39.

§ 7. 初代敎會의 신앙을 위한 예수의 意義 · · · · · · · · · · · · · 40

　1. 부활절 신앙에 비추어본 예수의 옴 40. — 2. 종말론적 사건으로서의 예수의 역사에 관한 함축적 認識 42. — 3. 십자가에 대한 理解 42. — 4. 현재를 규정하는 힘으로서의 부활한 자 44. — 5. 예수의 稱號들 46.

§ 8. 敎會의 표현 양식들의 形成을 위한 출발점들 · · · · · · · · · · · 51

　1. 유대교에 대한 관계의 문제 51. — 2. 律法의 문제 51. — 3. 교회 개념의 形成 54. — 4. 공동체의 指導, 傳統과 계승 56. — 5. 공동체 內의 生活 59.

Ⅲ. 바울前과 同時代의 헬레니즘계 공동체의 케리그마

序言 · 60

§ 9. 神 및 그의 심판, 예수 그리스도, 심판자 및 구원자에 관한
　　설교와 신앙의 要求 · 62

　1. 헬레니즘-유대교 선교의 唯一神論的 설교 62. — 2. 창조자, 유일한 神에 관한 그리스도교의 설교 63. — 3. 심판의 설교 70. — 4. 그리스도론적 케리그마 75. — 5. 福音과 신앙의 槪念들 85.

§ 10. 敎會意識과 世界에 대한 그 관계 · · · · · · · · · · · · · · 90

　1. 敎會概念의 問題 90. — 2. 救援史와의 連帶性의 意識 93. — 3. 이방神 제사들에 대한 排他性 96. — 4. 세계에서의 脫出 97. — 5. 종말론적 二元論 104.

§ 11. 유대교에 대한 관계와 구약성서의 문제 · · · · · · · · · · · 106

　1. 問題 106. — 2. 解決策의 典型들에 관한 槪觀 107 : — a) 靈知主義 108. — b) 바나바書信 108. — c) 히브리書信 109. — d) 클레멘스書信 110. — e) 톨레미書信 111. — f) 유스틴 112. — 3. 종합과악 113 : — a) 祭祀-祭儀的 율법 제정의 종결 113. — b) 예언으로서의 구약 성서 115. — c, 구약성서의 윤리적 계명들 117.

§ 12. 큐리오스와 神의 아들 · · · · · · · · · · · · · · · · · · 120

　1. 그리스도교의 祭祀 120. — 2. 큐리오스로서의 그리스도 122. — 3. 神의 아들로서의 그리스도 127.

§ 13. 聖禮典 ･････････････････････････ 132

    1. 세례 132. — 2. 主의 만찬 144. — 3. 祭祀의 문제 151.

§ 14. 靈 ･･････････････････････････ 152

    1. 프뉴마 개념 152. — 2. 靈 表象들의 모순들과 不調和 156. — 3. 그 설정과 그의 문제성 159.

§ 15. 靈知主義的 계기들 ･････････････････ 163

序言 ･････････････････････････････ 163

    1. 靈知主義 運動 164. — 2. 대립들과 싸움 167. — 3. 內 그리스도교적 現象으로서의 靈知主義 169. — 4. 그리스도교 思惟에서의 靈知主義的 동기들: a) 二元論 171. — b) 피조물과 人間의 狀況의 타락 173. — c) 구원 사건 174. — d) 구원 177. — e) 敎會槪念 178. — f) 그리스도교의 存在理解 180. — g) 實存의 역사성에 관한 問題 181.

제 2 부
바울과 요한의 신학

Ⅰ. 바울의 신학

§ 16. 바울의 역사적 위치 ･････････････････ 183

A. 신앙의 계시 以前 人間

序言 ･････････････････････････････ 185

1. 人間學的 槪念들

序言 ･････････････････････････････ 187

§ 17. 몸의 槪念 ･･････････････････････ 187

    1. 육체와 人格으로서의 몸 187. — 2. 자기 자신에 대한 자신의 관계로서의 人間存在의 표현 191. — 3. 二元論的 자기 이해의 문제 195.

§ 18. 혼과 영, 생명 ･･･････････････････ 199

    1. 속사람 199. — 2. 魂 199. — 3. 靈 201. — 4. 생명 205.

§ 19. 思惟, 양심 · 207

    1. 思惟 207. — 2. 생각과 그 類似形 210. — 3. "분별하다", "판단하다"와 "여기다" 211. — 4. 양심 213.

§ 20. 마음 · 217

    1. 마음 217. — 2. '원하다', '노력하다'와 감정의 움직임에 관한 표현들 219.

2. 육체와 죄, 세계

§ 21. 창조와 人間 · 223

    1. 罪의 일반성 223. — 2. 창조자로서의 神 225. — 3. 창조 226. — 4. 人間 228.

§ 22. 肉의 槪念 · 229

    1. 惡과 罪 229. — 2. 人間性과 地上的-自然的인 것의 영역으로서의 肉 230. — 3. 肉안에 있는 죄의 근원 234.

§ 23. 肉과 罪 · 237

    1. 惡德과 욕정으로서의 罪 237. — 2. "욕심내다", "염려하다", "자랑하다"와 "신뢰하다"의 죄 239. — 3. 세력으로서의 肉과 罪 241.

§ 24. 罪와 죽음 · 245

    1. 罰로서의 죽음 245. — 2. 罪의 필연적인 결과로서의 죽음 245. — 3. 모순된 표상들 248.

§ 25. 罪의 일반성 · 248

    1. 問題 248. — 2. 罪의 실제적 일반성 249. — 3. 아담의 罪 250.

§ 26. "세계" 槪念 · 253

    1. 창조와 人間世界로서의 "세계" 253. — 2. 종말론적 槪念으로서의 "세계" 255. — 3. 신화적 진술들 257.

§ 27. 律法 · 259

    1. 율법의 요구 259. — 2. 율법의 구원사적 의미 261. — 3. 은혜로서의 율법 268.

XIII

B. 信仰下의 人間

1. 神의 義

§ 28. 義의 개념 · · · · · · · · · · · · · · · · · · 270

　1. 구원의 선물로서의 義 270. — 2. 法的-종말론적 개념으로서의 義 271.

§ 29. 義의 現在性 · · · · · · · · · · · · · · · · · 274

　1. 義의 현재성 274. — 2. 현재적 義의 法廷話法的 의미 276. — 3. 현재적 義의 종말론적 의미 278. — 4. 현재와 미래의 문제 279.

§ 30. 神의 義로서의 義 · · · · · · · · · · · · · · · 280

　1. 율법 없이 신앙으로 280. — 2. 신의 은혜로 281. — 3. 神의 義 286.

§ 31. 화해 · 287

2. 은혜

§ 32. 사건으로서의 은혜 · · · · · · · · · · · · · · 289

　1. 신의 진노 289. — 2. 신의 행위 및 사건으로서의 은혜 291. — 3. 신의 사랑 293. —

§ 33. 구원사건으로서의 그리스도의 죽음과 부활 · · · · · · · 295

　1. 구원사건으로서의 그리스도의 죽음과 부활 및 受肉 295. — 2. 문제 297. — 3. 개념성들 298 : — a) 속죄제물 298. — b) 대속제물 298. — c) 贖良 299. — d) 密儀宗敎的 죽음 300. — e) 영지주의적 신화 301. — 4. 두 신앙개념? 303. — 5. 그리스도 승인과 새로운 自己理解에서의 신앙의 통일성 303. — 6. 그리스도의 십자가, 先在 및 受肉, 부활 303. — a) 구원사건으로서의 십자가 303. — b) 先在와 受肉 306. — c) 부활 308.

§ 34. 말, 교회, 聖禮 · · · · · · · · · · · · · · · · 309

　1. 말에 현재하는 구원사건 309. — 2. 교회에서의 현재 310. — 3. 聖禮典에서의 현재 313.

3. 信仰

§ 35. 신앙의 구조 · · · · · · · · · · · · · · · · · 313

　1. 순종으로서 317. — 2. 고백으로서 320. — 3. 희망으로서 322. — 4. 두려

음으로서 324. — 5. 신뢰로서 327.

§ 36. 信仰에서의 삶 ··328
  1. 신앙의 개인주의화 328. — 2. 신앙의 전개 331. — 3. "그리스도 안에 있음" 333.

§ 37. 종말론적 사건으로서의 신앙 ·····················335

4. 自由

§ 38. 죄에서의 自由와 靈에서의 행실 ················336
  1. 직설과 명령 336. — 2. 미래적인 것의 힘인 靈 340. — 3. 힘과 규범으로서의 靈 342. — 4. 기쁨 345.

§ 39. 율법에서의 자유와 人間들에 대한 자세 ·······346
  1. 율법에서의 자유 346. — 2. 그리스도교의 권위 348. — 3. 사랑 350.

§ 40. 죽음에서의 自由 ·····································352
  1. 未來의 生命 352. — 2. 현재의 생명 355. — 3. 세계에서의 自由 359.

II. 요한복음서와 요한서신들의 신학

§ 41. 요한의 역사적 위치 ································362
  1. 共觀書와의 관계 362. — 2. 바울과의 관계 364. — 3. 요한의 특수성 369.

A. 요한의 二元論

§ 42. 世界와 人間 ··373
  1. 세계의 本質 373. — 2. 빛과 어두움 등의 槪念들 375.

§ 43. 요한의 決定論 ··379
  1. 사람들의 兩分 379. — 2. 人間의 存在 383.

§ 44. 창조의 顚倒: "세상" ·································386
  1. 진리의 槪念 386. — 2. 逆行하는 창조로서의 世上 387.

B. 世上의 심판

§ 45. 아들의 보냄 ···392

1. 아들의 옴과 감 392. ― 2. 구원을 가져온 자로서의 아들 395. ― 3. 종말론적 사건으로서의 아들의 옴과 감 397.

§ 46. "말씀이 육신이 되었다"의 거리낌 ················· 401

1. 人間으로서의 神의 아들 401. ― 2. 神人으로서의 예수 403. ― 3. 異蹟 405. ― 4. 오해 406. ― 5. 메시야 秘密 409.

§ 47. 영광의 계시 ································· 411

1. 逆說 411. ― 2. 예수의 업적들 414. ― 3. 부활 418. ― 4. 聖禮典 421.

§ 48. 말로서의 계시 ······························· 422

1. 일과 말 422. ― 2. 말들의 내용 425. ― 3. 계시자 430.

C. 信仰

§ 49. 말의 들음으로서의 信仰 ························· 434

1. 들음과 봄으로서의 信仰 434. ― 2. 認識 437.

§ 50. 종말론적 實存으로서의 信仰 ····················· 439

1. 비세계화로서의 信仰 439. ― 2. 信仰의 안전성 441. ― 3. 종말론적 실존 443. ― 4. 사랑의 계명 446. ― 5. 평화와 기쁨 448. ― 6. 계시자에 대한 관계 450. ― 7. 靈 454. ― 8. 공동체 457.

제 3 부

古代 敎會를 向한 發展

I. 교회질서의 성립과 첫 발전

§ 51. 종말론적 공동체와 교회 질서 ···················· 460

1. 솜(Sohm)과 하르낙(Harnack)의 토론 460. ― 2. 공동체의 自己理解 461. ― 3. 靈과 法 462.

§ 52. 교회의 직책들 ······························· 465

1. 장로와 감독들 465. ― 2. 공동체 職責者와 카리스마를 받은 자들 468. ― 3. 敎會職으로서의 使徒職에 관해 469. ― 4. 司祭 제도와 신의 法 473.

§ 53. 교회의 自己理解의 변천 ························ 476

XVI

 1. 未來的 관련성과 聖禮典主義 476. ― 2. 종말론적 긴장의 弛緩 479. ―
3. 종교로서의 그리스도교 481.

Ⅱ. 가르침의 發展

§ 54. 전승과 역사적 전통 · 483

 1. 종교들 내부에서의 전통의 意義 483. ― 2. 그리스도교 전승의 특수성 484. ― 3. 전승과 역사의 결합 486. ― 4. 결합의 문제성 490.

§ 55. 바른 가르침과 신약성서 正經의 成立에 관한 問題 · · · · · · 492

 1. 信仰과 認識 492― 2. 그리스도교의 신학 493. ― 3. 認識의 문제 496. ― 4. 바른 信仰性과 거짓 가르침 499. ― 5. 正經의 성립 503.

§ 56. 계기와 典型들 · 507

 1. 바울의 전통 507. ― 2. 유대교적 전통 508. ― 3. 통속 철학 509. ―4. 靈知 509.

§ 57. 신학과 宇宙論 · 509

 1. 神과 천사, 악마 510. ― 2. 宇宙的 세력들과 그리스도의 승리 513.

§ 58. 그리스도론과 구원론 · 519

 1. 구원을 가져온 자로서의 그리스도 519. ―2. 구원의 개념 522. ― 3. 구원의 현재성과 미래 526. : ― a) 헤르마스서 526. ― b) 야고보서 527. ― c) 디다헤書 528. ― d) 바나바서 528. ― e) 히브리서 531. ― f) 베드로후서 533. ― g) 클레멘스 제2서 534. ― h) 폴리갑서 536. ― i) 요한계시록 538. ― j) 골로새서와 에베소서 540. ― k) 베드로전서 545. ― l) 목회서신들 548. ― m) 클레멘스 제1서 551. ― n) 이그나티우스서 556. ― 4. 현재에 관한 이해 565. ― 5. 그리스도론에서의 歸結 566.

Ⅲ. 그리스도교적 生活의 問題

§ 59. 명령법의 理解 · 568

 1. 명령과 직설 568. ― 2. 罪의 理解 569. ― 3. 은혜의 理解 576. ―4. 작용력들과 發展 580.

§ 60. 요구의 내용과 各異한 생활 영역들에 대한 자세 · · · · · · · 583

 1. 생활률의 양식들 583. ― 2. 聖化와 사랑의 계명 585. ― 3. 聖과 完全主

義 589. — 4. 시민적 도덕 591. — 5. 각이한 생활 영역들 592.

§ 61. 계율 · 597

   1. 공동체의 순결성을 위한 책임 597. — 2. 죄인들의 배제와 再許入 598. — 3. 가볍고 무거운 罪들의 구별 600.

에필로그 · 603

   I. 신약성서 신학의 과제와 문제성 603. — II. 신약성서 신학의 역사 607.

文獻紹介 · 619

중요한 개념 · 648

중요한 그리스어 낱말 · 652

인용된 성서 귀절 · 655

역자 후기 · 660

略字表

(번역에서의 신약 성서의 略字는 개역의 약자에 의거했고 교부들의 문서를 위해서는 이 책 원문을 따랐다.)

Bauer	= Walter Bauer, Wörterbuch zu den Schriften des NT⁵ 1958.
Ev. Theol.	= Evangelische Theologie.
Hdb. z. NT	= Handbuch zum NT, H. Lietzmann.
I. G.	= Inscriptiones Graecae 1873 ff.
IBL	= Journal of Biblical Literature.
Journ. of Rel.	= The Journal of Religion.
NKZ	= Neue Kirchliche Zeitschrift.
NTSA	= New Testament Studies.
RAC	= Reallexikon für Antike und Christentum.
Rech. sc. rel.	= Recherches de Science religieuse.
RGG	= Die Religion in Geschichte u. Gegenwart.
RHPhrel.	= Revue d'Histoire et de Philosophie religieuses.
SA	= Sitzungsberichte der · · · Akademie der Wissenschaften. 해당 대학의 이름은 SA 뒤에 제시했다(가령 Berlin, Heidelberg usw.). Abhandlungen der phil.-hist. Klasse.

StTh	=	Studia Theologica.
Str.-B.	=	Strack-Billerbeck, Kommentar zum NT aus Talmud u. Midrasch.
ThBl	=	Theol. Blätter.
ThLZ	=	Theol. Literaturzeitung.
ThR	=	Theol. Rundschau.
ThStKr	=	Theol. Studien u. Kritiken.
ThWB	=	Theol. Wörterbuch zum NT.
ThZ	=	Theol. Zeitschrift (Basel).
ZKG	=	Zeitschrift für Kirchengeschichte.
ZNW	=	Zeitschrift für die Neutestamenlische Wissenschaft.
ZsystTh	=	Zeitschrift für systematitche Theologie.
ZTh	=	Theologische Zeitschrift.
ZThK	=	Zeitschrift für Theologie und Kirche.
ZZ	=	Zwischen den Zeiten.

× × ×

Did	=	디다헤哥(12사도의 가르침)
Barn	=	바나바서
1 Klem	=	클레멘스 제1서
2 Klem	=	클레멘스 제2서
Ign	=	이그나티우스 서신들
Eph	=	에베소에 보낸 서신
Mg	=	마그네시아에 보낸 서신
Phld	=	필라델피아에 보낸 서신
Pol	=	폴리갑에게 보낸 서신
Rm	=	로마에 보낸 서신
Sm	=	스미르나에 보낸 서신
Tr	=	트랄리안에게 보낸 서신
Pol Phil	=	빌립보에 보낸 폴리갑의 서신

제 I 부

新約聖書神學의 前題와 契機들

I. 예수의 宣布*

序言

1. 예수의 宣布는 신약성서신학의 전제들에 속하고 그 신학 자체의 일부분이 아니다. 왜냐하면 신약성서신학은 그리스도교 신앙이 그의 대상과 그의 근거, 그의 결과들을 확인하는 사상들의 전개이기 때문이다. 그런데 그리스도교 신앙은 그리스도교의 케리그마, 다시 말하면 예수 그리스도를 신의 종말론적 구원 행위로서, 말하자면 십자가에 죽었다가 부활한 자인 예수 그리스도를 선포하는 케리그마가 생겼을 때, 비로소 存在한다. 이 사건은, 설사 초대 교회가 예수의 선포에 관한 보도에 다양하게 그 자신의 케리그마의 主題들을 삽입했을지라도 초대 교회의 케리그마에서 처음으로 일어난 것이며 역사적 예수의 선포에서 이미 일어난 것이 아니다. 그러므로 초대 교회의 케리그마에서 처음으로 신학적 思惟가 시작되고 신약성서신학이 시작된 것이다. 예수의 등장과 선포가 이 思惟의 역사적 전제들에 속하는 것은 물론이다. 이 의미에서 예수의 선포는 반드시 신약성서신학에 관한 논술에 포함되어야 한다.

2. 예수의 선포에 관한 史料는 共觀복음서들이다. 그 사료들을 역사적으로 이용하는데 있어서는 이른바 두 자료설이 통용되고 있다. 즉 마태 및 누가 복음서를 위해 마가복음서(우리가 지금 가지고 있는 것은 물론 훨씬 後期의 編修物이다)가 그 사료중의 하나이고 예수의 격언록(Q)이 그 둘째 史料에 해당한다. 이외에 共觀복음서에서 옛 전통과 교회의 작품, 복음서 기자의 편집을 분명히 구별해 낼 수 있다. 이 비판적인 분석을 여기서 서술할 수는 없고 筆者의 책 "*Die Geschichte der synoptischen Tradition*"(번역, "共觀福音書傳承史", 1972) ²1931에 나와 있다. 이하에서는 마가복음서의 귀절들 중, 그 평행절들이 전혀 독자적인 傳承을 지니고 있지 않은 귀절들

---

* 이 표제에 관한 문헌들, 참조. S. 619

은 "공관"이라는 표시 없이 인용되었다. Q에서 取한 전승들이 문제되고 있는 마태 및 누가복음서의 귀절들에는 "공관"이라는 標識를 했다. "공관"으로 특징지어져야 할 것은 바로 이것이다.

§1. 종말론적 선포*

1. 神國의 槪念과 民族的 默示文學的 未來像

예수의 선포에서 주도적인 槪念은 神의 지배($\beta\alpha\sigma\iota\lambda\epsilon\acute{\iota}\alpha$ $\tau o\hat{u}$ $\theta\epsilon o\hat{u}$, 신의 나라)라는 개념이다. 지금 이미 나타나는, 바로 박두한 그 나라의 시작을 그는 선포했다. 神의 지배는 종말론적 개념이다. 이 개념은 신의 통치를 뜻하는데, 이 통치는 지금까지의 세계의 흐름에 종지부를 찍고 세계를 지금 탄식케하는 모든 反神的인것, 사탄적인 것을 멸하고 그와 함께 모든 곤궁과 고난을 거두고 예언자들의 약속의 성취를 고대하는 신의 백성을 위해 구원을 불러들인다. 신의 지배의 到來는 인간의 협력 없이 오로지 신에 의해서만 일어나는 異蹟的인 사건이다.

이러한 선포로서 예수는 유대교의 終末 및 미래의 待望과 역사적으로 관련되어 있다. 구체적으로 말하면 유대민족의 특수한 그룹들 중에 아직 살아 있는 민족적 希望像, 즉 神에 의해 유발되는 구원의 時代가 理想의 빛으로 조명된, 옛 다윗 왕국의 재건으로 생각된 희망像이 그것을 규정한 것은 아니다. 예수는 민족의 敵을 섬멸시키는 메시야왕에 관해 한 마디도 언급하지 않았다. 이스라엘 민족의 세계지배라든가 열두 지파의 모임, 혹은 평화로 축복된 비옥한 땅에서의 행복에 관한 일체의 언급이 없다. 오히려 예수의 선포는 무엇보다도 默示文學에 의해 증명되는 다른 그룹들의 희망에 관련되어 있는데 그것은 구원을 역사적, 정치적, 사회적 상황의 이적적인 변화에서 기대하지 않고 지금의 세계의 모든 조건들에 종지부를 찍는 우주적 파국에서 기대하는 것이다. 이 희망의 전제는 全세계 구조가 사탄적으로 부패했다는 비관론적 二元論이다. 이 세계관은 이 세계의 흐름이 나뉘어지는 두 시대(Zwei Äonen)에 관한 특별한 가르침으로 표현되었다. 즉 낡은 세대는 그의 종국을 향해 달리고 놀라움과 産苦중에 새 세대가 시작된다는 것이다. 낡은 세계 및 그 세계의 시대구분은 신이 한정시켜 놓은 것이고 그가 정한 날이 오면 세계심판은 神 혹은 하늘의 구름을 타고 올 그의 대리자인 "人

---

* 이 표제에 관한 문헌들, 참조. S. 619 f.

§1. 종말론적 선포

子"가 執行할 것이다. 죽은 자들은 다시 살아날 것이고 인간들의 善行 혹은 惡行이 그 보상을 받게 될 것이다. 그러나 경건한 자들의 구원은 민족적인 복됨과 영광에 있는 것이 아니다. 낙원의 호화로움에 있는 것이다. 예수의 선포는 이 대망들과 관련되어 있다. 물론 그의 선포에는 黙示文學者들의 박식하고 환상적인 思辨이 전혀 없다. 예수는 前者처럼 이미 지나간 세대를 되돌아 보고 종말이 언제 올 것인가를 계산하지 않는다. 그는 종말의 임박함을 알 수 있는, 자연과 민족세계의 標識들을 살펴서 해석하지 않는다. 그리고 그는 심판과 죽은 자들의 부활, 미래의 영광에 관한 묘사를 전혀 하지 않았다. 모든 것은 신이 그 때에 지배하리라는 단 한 思想에 흡수되었다. 黙示文學的 未來像의 片鱗들만을 그에게서 다시 볼 수 있다.

이 世代와 저 世代의 대립에 관한 언급은 없다. Υἱοὶ τοῦ αἰῶνος τούτου "이 세대의 아들들"(눅 16 : 8; 20 : 34 f.)에 관해 또는 따르는 자들이 오는 세대에 보상을 받으리라고(막 10 : 30) 말하는 귀절들은 후세의 것이다. Συντέλεια τοῦ αἰῶνος "세상 끝" (마 13 : 49)이라는 표현은 순수한 전승일 수 있다. 그러나 마 13 : 39—40과 24 : 3의 비유 해석은 물론 이차적인 것이다. 종말론적인 종국 직전의 현재라는 의미에서 καιρὸς οὗτος "이때"는 눅 12 : 56에서 원래의 것이지만 ἐρχόμενος αἰών "오는 세대"에 대립된 막 10 : 30에서는 이차적이다.

그러나 이 世上의 때가 끝났다고 예수가 확신했음은 분명하다. 그의 설교의 종합, 즉 πεπλήρωται ὁ καιρὸς καὶ ἤγγικεν ἡ βασιλεία τοῦ θεοῦ "때가 찼고 神國은 가까왔다"(막 1 : 15)는 적절한 것이다. 예수는 지금 세상이 사탄 및 그의 악귀들의 ― 그들의 세대가 끝나가고 있는 ― 지배하에 있다고 확신했다(눅 10 : 18). 그는 재판장으로서, 구원을 가져오는 자로서 "人子"의 음을 기대했다(막 8 : 38; 마 24 : 27 공관, 37 공관, 44 공관; [마 10 : 23; 19 : 28]; 눅 12 : 8 f. [=마 10 : 32 f.]; 17 : 30).[1] 그는 죽은 자들의 부활 (막 12 : 18—27)과 심판을 기대했다(눅 11 : 31 f. 공관 등). 그는 저주받은 자들이 던져질 지옥불에 관한 표상을 전했다(막 9 : 43—48; 마 10 : 28). 義人들의 복됨을 그는 단순히 ζωή "생명"(막 9 : 43, 45 등)으로 표시했다. 그는 물론 아브라함과 이삭, 야곱과 함께 나눌 하늘의 만찬(마 8 : 11) 또는 신의 나라에서 포도주를 새로이 마시리라는 희망(막 14 : 25)도 피력할 수 있었으나 이렇게도 말한다. "그들이 부활하면 장가가지도 시집가지도 않고 하늘의 천사들과 같다"(막 12 : 25).

---

1) 모난 괄호안에는 추측상 교회의 作文들 또는 복음서 기자들에 의해 편수된 말들이 들어 있다. 눅 17 : 30은 원래의 것일 수도 있다.

2. 신의 나라의 현재적 침입

이렇게 예수는 묵시문학의 미래상을 받아들였으나 엄격하게 제한했다. 그러나 그에게 특유한 새로운 것은 다음과 같이 말하는 그의 확신이다 : "지금 때가 왔다! 신의 나라는 시작되고 있다! 종말이 왔다!" 다음 말들에는 이 의미가 들어 있다 :

"너희가 보는 것을 보는 눈들에는 구원이 있다!
이는 내가 너희에게 말하되 :
많은 예언자들과 왕들이 너희가 보는 것을 보고자 했으나 보지 못했다. 그들은 너희가 듣는 것을 듣고자 했으나 듣지 못했다!"
(눅 10 : 23 f. 공관).

지금은 슬퍼할 때도 금식할 때도 아니다. 지금은 혼인잔치 때와 같은 때이다(막 2 : 18 f.). 그 까닭에 그는 기다리는 자들에게 지금 "너희에게 구원이 왔다!"고 외친다 :

"너희 가난한 자들에게 구원이 있다. 이는 神의 나라가 너희의 것임이라!
지금 배고픈 너희에게 구원이 있다. 이는 너희가 배부를 것임이라!
지금 우는 너희에게 구원이 있다. 이는 너희가 웃을 것임이라!"
(눅 6 : 20 f.).

사탄의 지배는 지금 붕괴되고 있다 ; 이는 "내가 사탄이 번개처럼 하늘에서 떨어지는 것을 본" 까닭이다(눅 10 : 18).

시대의 표지들은 있다. 그것은 물론 묵시문학적 환상이 탐지해 내는 그런 것들은 아니다. 왜냐하면, "神의 나라는 사람들이 그것을 헤아릴 수 있게 오는 것이 아니다. 그리고 '여기 있다 저기 있다!'라고도 사람들은 말할 수 없다. 신의 나라는 (돌발적으로) 너희 중에 있기 때문이다!"(눅 17 : 21). "그러나 사람들이 너희에게 '보라, 여기 있다! 보라, 저기 있다!'고 말하거든 가지도 말고 좇지도 말라. 번개가 번쩍하면 하늘 이 끝에서 저 끝까지 비치는 것같이 人子는 그의 날에 그러하리라"(눅 17 : 23 f.).

때의 참 표지들을 백성은 물론 보지 못한다. 그들은 하늘의 표지들, 즉 구름과 바람을 해석할 줄 알고 언제 비가 오며 또는 언제 더워질 것인지를 안다. 그런데 왜 현재의 징조들은 파악할 줄 모르는가?(눅 12 : 54—56). 무

§1. 종말론적 선포

화과 나무에 싹이 트고 그 잎이 나면 사람들은 여름이 가까움을 안다. 그와 같이 사람들은 때의 징조들을 보면 마지막이 문앞에 있음을 알아야 한다는 것이다(막 13:28 f.).

그러나 때의 징조들은 무엇인가? 예수 그 자신이다! 그의 출현과 그의 활동, 그의 선포이다.

"소경들이 보고 절름발이가 걸으며,
문둥이들이 깨끗해지고 귀머거리들이 들으며,
죽은자들이 일어서고 가난한 자들에게 구원의 소식이 울려퍼진다"
(마 11:5 공관).

우리는 이 말들이 단지 예언자의 구원 豫言들(사 35:5 f.; 29:18 f.; 61:1)이 곧 성취되리라는 확신만을 말할 뿐인가, 또는 예수가 그 豫言들의 성취가 이미 지금 그 자신의 이적 행위들 중에서 시작되었다고 주장한 것인가를 물을 수 있다. 後者일 가능성이 많다. 예수는 그에게 제기된 "하늘의 표지"를 통해 자신의 정당성을 보여 달라는 요구를 거부했으나(막 8:11 f.) 역시 다음과 같은 점에서 신의 나라가 이미 시작되고 있음을 보았기 때문이다. 즉 그가 그를 채운 신의 힘으로 그와 그의 시대가 여러 종류의 질병들의 근원으로 본 악귀들을 축출하기 시작했다는 점에서 : "내가 만일 신의 손가락으로 악귀들을 쫓아내면 사실 신의 나라는 너희에게 임한 것이다"(눅11:20 공관). "사람이 먼저 강한 자를 결박지 않으면 그 강한 자의 집에 침입하여 세간을 늑탈치 못한다"(막 3:27). 다시 말해서 사람이 사탄에게서 그의 약탈물을 빼앗으면 사탄보다 더 강한 자가 있음을 안다.

이 모든 것은 신의 나라가 이미 현재함을 뜻하는 것이 아니다. 그러나 그것은 그 나라가 그 시초에 있음을 말해 준다. 인간은 바리새인들의 주장과 같이 계명들의 준수와 참회를 행하는 것이든 열성당의 착각처럼 무력행사에 의한 로마인들의 축출에 의해서든 신이 정한 진로를 촉진시키지 못한다. "신의 나라의 경우는 마치 사람이 씨를 밭에 뿌리는 것과 같기" 때문이다. 뿌리고 나서 "그는 밤과 낮의 교체에 따라 자고 깨는데 씨는 싹이 나고 크게 자라되 그것이 어떻게 된 것임을 그는 모른다. 땅이 스스로 열매를 맺되 처음에는 싹이고 다음에는 이삭, 그 다음에는 이삭에 충실한 곡식이다. 열매가 익으면 곧 낫을 대는데 이는 추수 때가 되었음이다"(막 4:26—29).

이, 스스로 자라는 씨의 비유 — 이 비유의 핵심은 그 "스스로"에 있다 — 에서 신의 지배(혹은 "신의 나라")가 歷史에서 자라는 것이라고 결론을 내려서는 안된다. 이 비유에는 오히려 신의 지배의 옴이 모든 인간의 행위에 무관한 異蹟이라는 것이 전제되어 있다. 人間의 협력과 理解 없이 스스로 실현되는 그 나라는 씨앗의 자람과 성숙처럼 그렇게 이적적인 것이다. 물론 예수 및 그의 역사적 周邊에서는 씨앗의 자람을 자연적 발전과정으로 간주하는 일은 없다. 이 비유의 의미는, 이것을 심판의 到來에 대한 확실성을 표현하려는 1 Klem 23에 전승된 비슷한 비유와 비교하면 분명해질 것이다 : "아, 너희 어리석은 자여, 너희는 한 나무, 가령 포도넝쿨을 비교하라! 처음에는 낡은 잎들이 떨어지고 다음에는 연한 싹이 나며 그 다음에는 잎들이 그리고 꽃들, 그리고 그 다음에는 떫은 포도송이, 그리고 나서 곧 익은 열매가 생긴다. 그 나무 열매가 얼마나 빨리 성숙해지는가를 너희는 알 것이다. 진실로, 속히 그리고 돌연 신의 결정은 실현될 것이다···"

겨자씨와 누룩 비유(막 4 : 30—32 혹은 마 13 : 31 f. 공관)도 "신의 나라"가 역사 안에서 점차적으로 발전함을 말해 주는 것이 아니다. 그 핵심은 시초는 사소하고 마지막은 크다는 對比에 있다. 즉 이 비유들은 시초에서 마지막에 이르는 과정을 가리키려는 것이 아니다. 신의 지배의 시작은 완성과 마찬가지로 이적적인 일이고 완성을 이루는 사전이 이적적이라는 것이다. 말하자면, 그 비유들이 실제로 신의 지배의 시작과 완성을 말한다면 예수의 출현과 활동이 그 시작으로 이해된 것이리라 — 즉 이 비유들이 사실 신의 나라의 시작과 완성을 얘기해 주는 것이라면 말이다. 이것은 물론 확실치 않다. 헤르마스의 목자서(Hirten des Hermas, V 1 : 5 f. ; XI 2C f.)에 전해지는 이에 유사한 비유들, 즉 항아리에 가득 찬 꿀 전체를 쓰게 만드는 약쑥 몇방울과 심하게 쓴 물을 낼 수 있는 麥粒腫의 비유들은 전혀 다른 의미를 가지고 있다. 前者는 참고 쌓아 온 功이 한 순간의 분노로 一朝에 무너진다는 것을 보이려는 것이고 後者는 신의 靈의 힘을 분명히 하려는 것이다. 그러므로 겨자씨와 누룩 비유는 경고이든 위로이든간에 원래 개인에 해당되는 것으로 사소한 시초에서 얼마나 큰 결과가 자랄 수 있는가를 가르치려는 것이었을 수 있다.

이 비유들에서와 같이 마태의 이른바 하늘나라 비유들의 序言(ὁμοία ἐστίν 및 ὡμοιώθη ἡ βασιλεία τῶν οὐρανῶν "하늘나라는···같다" 또는 "비교된다", 마 13 : 44, 45; 18 : 23; 20 : 1)은 그 비유에서 지적하는 것이 곧 신의 지배와 같다는 것이 아니라 그 비유가 어떤 式으로든 신의 나라에 해당하는 자리를 가르친다는 것, 가령 신의 나라는 인간에게 희생을 요구한다는 等을 지적하고 있다. 마 13 : 45이 "하늘나라는 한 상인과 같다"고 할 때 그것은 그 상인이 이 신의 나라의 模型이라는 것이 아니라 그의 행위가 신의 지배에 의해 요구된 행동을 그려 주고 있다는 것임은 분명하다. 이외에 이 序頭의 語套는 이 복음서 기자의 編輯作인 경우가 적지 않다. 누가 특수 자료 중에서는 이 표현이 전혀 없는 바와 같이, 마 22 : 2의 누가평행절(14 : 16)에는 그것이 없다. — 비유 해석 일반을 위해, 비교. Ad. Jülicher, *Die Gleichnisreden*

Jesu, I² 1899, II² 1910; R. Bultmann, *Die Geschichte der synopt. Trad²*, 1931, 179—222(이곳에 문헌이 더 많이 소개되어 있다(번역 S. 211—259). - Joach. Jeremias, *Die Gleichnisse Jesu⁴*, 1956. - W. Michaelis, *Die Gleichnisse Jesu*, 1956.

3. 결단에의 호소

도래하고 있는 신의 지배에 직면하여 인간이 행할 수 있는 것은 오로지 각오하고 있는 것 또는 준비하고 있는 것뿐이다. 지금은 결단의 때이고 예수의 부름은 결단으로의 부름이다. 일찌기 "남방 여왕은 솔로몬의 지혜를 듣기 위해 다녀갔다. 니느웨 사람들은 요나의 설교를 듣고 회개했다 ― 보라, 여기에 솔로몬보다 더 큰 이가 있다! 보라, 여기에 요나보다 더 큰 이가 있다!"(눅 11:31 f. 공관). "나로 인하여 실족치 않는 자에게 구원이 있다!"(마 11:6 공관).

요컨대 人物로서의 그 자신이 결국 그 "때의 징조"이다. 그러나 공관복음서의 역사적 예수는 요한 복음서의 예수처럼 그 自身에 대한 승인, 그 자신에 대한 "신앙"을 촉구하지 않는다. 그는 자신을 가령 "메시야"로, 즉 구원의 때의 왕으로 선포하지 않는다. 오히려 그는 올 "人子"를 다른 사람으로서 예시한다. 그 인물 자체가 결단의 요구를 뜻한다. 그의 호소가 종국 직전의 신의 마지막 말이고 그런 것으로써 결단으로 부른다는 점에서 人物로서의 그는 결단의 요구를 의미한다. 지금이 마지막 시간이다. 지금 이것이냐 저 것이냐가 결정된다! 지금, 인간이 실제로 신과 그의 나라를 원하는가 또는 이 세상과 그 재물을 원하는가가 물어진다. 그리고 이 결단은 철저해야 한다. "쟁기를 손에 쥐고 뒤를 돌아보는 자는 신의 지배를 위해 쓸모가 없다!"(눅 9:62). "너는 나를 따르고 죽은 자들로 그들의 죽은 자들을 장사지내게 하라"(마 8:22 공관). "나에게 오면서 부모, 형제, 자매, 아니 자기 자신까지도 미워하지 않는 자는 나의 제자일 수 없다"(눅 14:26 공관). "그의 십자가를 지고 나를 따르지 않는 자는 나의 제자일 수 없다"(눅 14:27 공관 및 막 8:34).

그 자신이 그의 인척관계로부터 벗어났음을 말했다: "신의 뜻을 행하는 자가 내 형제이고 자매이며 어머니이다"(막 3:35). 그리고 이와 같이 그는 일단의 무리를 그의 말로 고향과 직업을 버리게 했고 그들이 그의 "제자단"으로서, 배우는 무리로서 유랑생활에서 그를 동반했음이 분명하다(막 1:16-20; 2:14). 그러나 그는 "교회"는 물론 말할 것도 없고 어떤 수도단도 종파도 세우지 않았고 집과 가족을 버리라고 모든 사람들에게 충동한 것도 아니다.

"교회"(ἐκκλησία)의 건립에 관한 말인 마 16 : 18은 마 16 : 17—19이 전부 그런 것 처럼 보다 후기의 교회 작품이다. 비교. *Gesch. d. synopt. Trad.*², 147-150. 277 f. (번역 S. 173—178. 322 f.) ; *Theol. Bl.* 20(1941), 265-279. 이 문제에 관한 토론을 O. Linton, *Das Problem der Urkirche in der neueren Forschung*, 1932가 훌륭히 보도했다. 그 이후 비교 : R.N. Flew, *Jesus and his Church*, 1938. - Jos. Buch. Bernardin. The Church in the NT(Anglican Theol. Rev. 21, 1939, 153-170). - F.C. Grant, *The Nature of the Church*(同, 190-204). - B. Scott Easton, *The Church in the NT* (同 22, 1940, 157-168). - Franz-J. Leenhardt, *Études sur l'Église dans le NT*, 1940. - 특히 N. A. Dahl, *Das Volk Gottes*, 1941. - W.G. Kümmel, Kirchenbegriff und Geschichtsbewußtsein in der Urgemeinde und bei Jesus(*Symb. Bibl. Upsal.* I), 1943. - 同, "Jesus u. die Anfänge der Kirche," *Stud. Theol.* 7(1954), 1-27. - A. Cepke, "Der Herrenspruch über die Kirche Mt 16, 17-19 in der neuesten Forschung", *Stud. Theol* 2(1948), 110—165. - Er. Fascher, "Petrus", Pauly-Wissowa-Kroll : Realenzykl. der Klass. Altertumswiss. XIX, 1353-1361. - O. Cullmann, *Petrus*, 1952. - O. Kuß, Bemerkungenz udem Fragenkreis: "Jesus u. die Kirche im NT, Theol. Quartalschr. 1955, 28-55. 150-183. - A. Vögtle, "Messiasbekenntnis und Petrusverheissung," *Bibl. Zeitschr.* 1957, 252-272; 1958, 85-103.

그러나 사람들은 예외없이 결단 앞에 세워졌다 : 마음을 어디에 두려는가, 神인가, 이 세상의 재물인가? "너희는 땅위에 보물들을 모아 두지 말라! … 이는 네 보물이 있는 곳에 네 마음도 있음이라!"(마 6 : 19—21 공관). "누구도 두 주인을 섬길 수는 없다!"(마 6 : 24 공관). 富는 얼마나 위험한 것 인가! "부자가 신의 나라에 들어가는 것보다 낙타가 바늘귀를 통과하는 것이 더 쉽다!"(막 10 : 25). 사람들은 대개 지상의 재물과 근심에 사로잡혀 있다. 그래서 그들은 결단해야 할 때, 만찬 비유(눅 14 : 15—24 공관)에서와 같이 그것을 거부한다. 무엇을 원하며 어떤 정도로 힘을 분배할 수 있는지를, 사람이 탑 건립을 위해 또는 전쟁 수행을 위해(눅 14 : 28—32) 所要될 것을 계산해야 하는 것처럼, 분명히 해야 한다. 그러나 신의 나라에서는 모든 희생을 각오해야 한다 — 마치 보물을 발견한 농부가 그것을 차지하기 위해 모든 것을 투자하는 것처럼 혹은 상인이 값진 진주 하나를 얻기 위해 가진 것을 모두 파는 것처럼(마 13 : 44—46).

"만일 네 손이 너를 범죄케 하거든 찍어 버리라! 불구로 生命에 들어가는 것이 두 손을 가지고 지옥에 들어가야 하는 것 보다 낫다.

만일 네 눈이 너를 범죄케 하거든 빼어 버리라!
한 눈으로 神의 나라에 들어가는 것이 두 눈을 가지고 지옥에 던지우는
것보다 낫다(막 9：43,47 및 마 5：29 f.).

그러나 이 세상에 대한 이 거부, 이 "脫世界化"는 어떤 금욕적인 것이 아
니라 신의 요구에 대한 소박한 준비이다. 이 거부에 적극적으로 順應하는
것, 즉 신의 나라를 위한 대처는 예수가 유대교의 율법성과의 투쟁에서 명
백히 한 바와 같이 신의 뜻을 행하는 것이다.

§2. 신의 요구에 대한 해석*

1. 유대교의 율법성

신의 뜻, 즉 요구의 해석으로서 예수의 선포는 유대교의 율법성에 대한
항거이다. 다시 말하면, 그것은 기록된 율법과 이것을 해석한 전통에 신의 뜻
이 명백히 선포되어 있는 것으로 보고, 율법의 규율들을 字字句句 지킴으로
써 신의 뜻에 맞도록 하려는 경건성에 대한 항거였다. 유대적 율법성에서는
종교와 관습이 서로 구별되어 있지도 않고 신 예배에 관한 계명들과 법규
들의 倫理的 요구들도 분리되지 않았었다. 이 사실은 "서기관들"이 곧 神學
者이고 민중의 선생이며 법학자라는 그 특수성에서 드러난다. 종교와 윤리
가 요구하는 것은 율법에 의해 규정되었다. 그리고 또 한편 시민법과 형벌은
신의 율법에 해당했다. 그 결과가, 옛 생활 조건들下에서 가졌던 의미를 상
실한 많은 율법 규율들이 여전히 행세를 하고 부자연스러운 해석으로 그것
들을 현재에 적당히 맞춰야 했던 것만은 아니다. 그리고 또 새로운 생활 조
건들을 위해 옛 율법으로부터 기교적인 추론으로 현재에 맞는 규율들을 만들
어 내야 했던 것만도 아니다. 또 일련의 祭儀的 계율들이 神의 요구에, 또는
倫理的 요구에 맞추어 善의 본래의 요구들을 모호하게 한 것만이 그 결과가
된 것도 아니다. 무엇보다도 그것은 倫理的 行爲의 동기를 부패케 하는 결과
를 초래했다. 報償思想이 계속 그 동기가 되었다는 점에서뿐 아니라 — 이것
이 바로 유대교의 특수성인데 — 인간이 神과 善의 요구에 대해 행해야 하는
순종이 완전히 形式的인 것으로 이해되었다는 점에서, 다시 말하면 그것이
요구되어 있다는 것 만으로 요구의 이유와 의미에 대한 물음없이 文字的 요
구에 충실한, 계명에 무조건 경청하는 순종으로서 이해되었다는 점에서도

---

* 이 표제에 관한 문헌들, 참조. S. 620.

그렇다. 그리고 비록 여러 서기관들이 보상사상이 순종의 동기가 된데 대해 반대하고 신에 대한 두려움에서뿐 아니라 사랑에서 계명을 준수하라고 요구했을지라도, 인간이 계명이 명령된 것이라는 이유로만 단지 순종할 뿐일 때, 즉 만일 다른 것이 명해진다면 다른 것을 행할 것이고, 혹은 계명에 없다면 경우에 따라 해당 사항을 행하지 않을 수도 있을 때, 역시 그 순종은 순수하고 철저한 순종일 수 없다. 철저한 순종은 인간이 요구를 理解하고 스스로 수긍할 때에만 가능하다. 그리고 오로지 이러한 순종에 의해서만 인간이 倫理的 요구의 실천으로 신의 요구를 실천한다는 것이 의미를 가져야 할 것이다. 신은 철저한 순종을 요구하기 때문이다. 유대교 율법성의 결함은 끝으로 以下에서 드러난다. 법적 율법은 윤리적 요구처럼 모든 개인의 생활 事情들을 포괄할 수 없다. 오히려 어떤 계명도 금령도 관여하지 못하는 여러 경우들이 규정됨이 없이 放置되어 있는 것은 당연하다. 그러나 그와 함께 그때 그때의 욕망들과 정욕들의 여지가 남을 뿐 아니라 — 이것도 역시 유대교의 특수성인데 — 과도한 의무이행의 여지도 있게 된다. 근본적으로 율법의 요구하에 사는 인간은 해야 할 일과 하지 않아야 할 개체 업적에 해당하는 그의 의무를 완전히 수행할 수 있고, 그 경우 그 이상의 업적을 쌓을 여유도 갖게 된다. 이렇게 유대교에는 "善行"思想, 즉 요구된 율법 실천을 넘어서서 (가령 慈善 및 여러 종류의 사랑의 업적, 自發的인 禁食 등) 本來의 意味에서 공적을 뒷받침함으로써 율법의 위배된 것을 대속할 수 있는 선행에 관한 사상이 형성되었다. 순종思想이 철저히 고려되지 않았음은 이 사실에서 명백해진다.

2. 예수의 抗議와 무조건적인 神의 요구

이 배경으로부터 신의 뜻에 관한 예수의 선포는 큰 항의로 부각된다. 예수의 선포에서 성서의 대 예언자들이 그들 시대의 祭儀的 神 예배에 대해 제기했던 항의가 달라진 상황下에서 새로와진 것이다. 저들이 법과 正義의 요구를 신의 요구로서 민족의 祭儀信仰에 대립시켰었다면 예수는 여전히 제의적 규례들의 실천을 主要課題로 간주한 형식적 순종에 순수하고 철저한 순종을 대립시켰다. 그는 예언자들과 같이 法과 正義의 요구를 내세우지 않았다. 왜냐하면 한때 이스라엘의 민족 생활을 위해 결정적이었던 이 설교는 그 본래의 민족 생활이 이미 거의 존재치 않으므로, 지금은 그 意味를 상실했기 때문이다. 예언자들의 활동의 성과로서 유대교에 계속 남아 있는 것은 편찬된 법전인데 이것은 지금 이미 민족생활질서 제일선에서 통용되지 않

§2. 神의 요구에 대한 해석

고 신에 대한 개인의 자세를 규제할 뿐이었다. 그리고 신과의 관계를 法的 관계로 파악하는 바로 그 점에 대해 예수는 異議를 제기했다. 신은 철저한 순종을 요구한다. 그는 인간을 전적으로 요구한다. 이 경우에 신이 人間에게 善行을 요구하고 倫理的 요구가 곧 신의 요구임은 예수에게 자명한 것이었다. 이 점에서 종교와 윤리성은 그에게도 하나였다. 그러나 신의 요구들에서 배제된 것은 모든 祭儀的 규례들이다. 이것으로써 윤리성과 나란히 신에 대한 순수한 종교적 관계, 즉 인간이 오로지 간구하는 자, 받는 자, 희망하고 신뢰하는 자로서만 그 관계가 구김없이 이루어지게 될 것이다.

山上 說敎의 對句들(마 5:21—48)은 法과 神의 뜻을 對峙시키고 있다: "너희는 옛 사람들에게···말한 것을 들었다. 그러나 나는 너희에게···말한다!" 그것들이 의미하는 것은 이것이다. 즉 神의 人間에 대한 요구는, 인간의 행위를 표현된 계명들에 의해 규정함으로써 인간의 我執이 이것을 벗어나서 방종할 수 있게 할 여유를 가진 것이 아니다. — 이것은 法이 가지는 유일한 가능성이다. — 神이 첫째로 禁하는 것은 율법에 의해 포착되는 살해와 간음과 거짓맹세가 아니라, 분노와 욕설, 음욕과 거짓(마 5:21 f., 27 f. 33—37)을 이미 금하고 있다. 그러므로 神 앞에서 문제되는 것은 행위의 내용, 그 자료, 즉 확인 가능한 것만이 아니라 이미 그 樣態, 즉 인간의 의지이다. 살인과 간음, 맹세 등에 관한 율법들이 이 意味에서 尖銳化된 것 같이 다른 계명들 즉, 한때 방종의 견제라는 의미를 가졌으나 그후 허용 영역이 한정된 容認 사항들로 理解되었던 다른 계명들은 신의 뜻에 의해 전적으로 폐기되었다: 이혼에 관한 규정, 탈리온의 法(가령 '이는 이로 갚으라' 등), "이웃"에 대한 사랑의 요구의 제한(마 5:31 f., 38—41, 43—48). 신은 인간의 의지 전부를 요구하고 에누리는 전혀 없다.

"가시넝쿨에서 포도를, 또는 찔레에서 무화과를 딸 수 있는가?
나무마다 그 열매로 알 것이다 ; 좋은 나무는 나쁜 열매들을 맺지 못한
다"(눅 6:43 f. 및 마 7:16,18).
"눈은 몸의 빛이다.
네 눈이 밝으면,
네 온 몸이 밝을 것이다.
그러나 네 눈이 건전치 못하면,
네 온 몸이 어두움에 있으리라"(마 6:22 f. 공관).

그 전부가 요구되고 있는 인간은 신에 대해 아무런 자유도 없다. 그는 말

겨진 돈의 비유가 가르치듯이(마 25 : 14—30 공관) 그의 삶 전체에 대해 책임을 져야 한다. 그는 신 앞에서 아무런 요청들도 제기해서는 안되고, 다만 그의 빚진 일만을 해야 하고 할 수 있는 종과 같다(눅 17 : 7—10).

이 비유의 유사형은 紀元前의 랍비 안티고누스(Antigonus von Socho)의 말중에서 볼 수 있다 : "너희는 보수를 받는다는 조건하에 主人을 섬기는 노예들같이 되지 말고 오히려 보수를 받는다는 조건 없이 主人을 섬기는 노예들 같이 되라"(Pirqe Aboth 1 : 3). 조건 없는 순종을 요구한다는 점에서 예수와 이 랍비는 一致한다. 이 순종 사상이 예수에게서 尖銳化되었음은 그의 倫理的 선포에 연관될 때 드러난다.

人間은, 자기를 내맡길 준비가 되어 있고 권리와 공적을 내세울 줄 모르는 아이와 같이 되어야 한다(막 10 : 15). 자신의 공적을 자랑하는 오만한 자들을 신은 혐오한다(눅 16 : 15). 그래서 德을 자랑하는 바리새인은 과오를 의식하는 稅吏 뒤로 처질 수밖에 없다(눅 18 : 9—14). 이렇게 예수는 공적과 보수의 계산을 거부한다. 즉 신은 마지막 시간에 일에 착수한 일꾼과 하루종일 힘써 일한 자에게 똑같은 보수를 준다(마 20 : 1—15). 그래서 그는 個人이 당하는 不幸을 그의 특수한 범죄들에 대한 刑罰로 보는 것을 거부한다. 아무도 다른 사람보다 더 나을 것이 없다(눅 13 : 1—5).

물론 예수는 神이 성실한 순종에 대해 보상한다는 것을 확신했다. 요구의 배후에는 약속이 있다. 그리고 報償動機에 대한 그의 투쟁을 감안할 때 우리는 그의 자세의 특수성을 이렇게 성격지을 수밖에 없을 것이다. 즉 그는 보수때문에 순종한 것이 아닌 바로 그 사람들에게 報償을 약속한다고, 그러나 역시 그가 報償思想을 가끔 요구의 동기로 삼았다면 — 그것이 하늘의 보상을 지시하는 것이든(마 6 : 19 f. 공관 ; 막 10 : 21 등), 지옥불의 위협이든(마 10 : 28 공관 ; 막 9 : 43, 47 등) —, 그의 진술들은 모순을 벗어나지 못한다. 그러나 이 矛盾은, 人間에게 있어서 그의 行爲에서의 그의 본래의 存在 — 그가 이미 된 것이 아니라 비로소 되어야 할 그의 自我 — 가 문제된다는 것이 報償이라는 주제에 의해 원시적으로 표현된데 불과하다는 점에서 해소된다.

그의 倫理的 行爲와 그의 순수한 순종의 정당한 계기도 이것을 얻는데 있다. 이 순종에서 인간은 逆說的인 眞理를 소유하는바, 自身을 되찾기 위해 善의 요구, 신의 요구에 自身을 내주어야 한다는 혹은 이에 상응하여 그러한 내어줌으로 자기 자신을 얻는다는 眞理를 소유하게 된다. 이 逆說的 眞

§2. 神의 요구에 대한 해석

理를 다음의 말이 가르쳐 준다 :

"누구든지 그의 生命을 얻고자 하는 자는 잃을 것이요,
누구든지 그것을 잃고자 하는 자는 얻을 것이다"(눅 17 : 33).

이 같은 마가와 Q에 傳承되고 있다. 마가에는 8 : 35에서 "누구나 그것을 잃고자 하는 자"에 "나와 福音을 위해"가 첨가되어 있다. 그 유사형인 마 16 : 25와 눅 9 : 24에는 "나를 위해"만이 있는데 그들은 아마 그들에게 입수된 마가 텍스트에서 이것만을 발견했을 것이다. 이에 따라 마 10 : 39도 눅 17 : 33의 Q의 유사형에 역시 "나를 위해"를 삽입했다. 요한도 말하자면 아무런 부가문도 없이 이 말을 사용함으로써 눅 17 : 33의 형식이 원래의 것임을 확인해 준다. 그는 이렇게 말한다 : "누구든지 자기 生命을 사랑하는 자는 그것을 잃을 것이고 누구든지 그의 生命을 이 世上에서 미워하는 자는 永遠한 삶을 위해 그것을 保存하리라"(요 12 : 25), — 여기서 그는 그 나름으로 "이 世上에서"와 "永遠한 삶을 위해"를 첨가했다.

3. 구약 성서, 경건한 관습, 聖殿 예배 등에 대한 예수의 姿勢

그러면 이로부터 구약 성서에 대한 예수의 태도는 어떻게 평가될 것인가? 그는 구약 성서의 권위를 부인하지 않고 구약 성서의 요구들을 비판적으로 구분했다. 물론 모세는 이혼을 허락했으나 역시 단지 "너희의 마음의 완악함을 考慮하여"서만 그렇게 했던 것이다. 신의 본래 뜻은 결코 그것이 아니다. 그는 오히려 이혼을 원치 않는다(막 10 : 2—9).

"너희 율법학자와 바리새인들아, 너희에게 화가 있으라! 너희가 박하와 회향과 근채의 십일조는 드리되 율법에서 가장 중요한 것, 즉 義와 仁과 信은 버렸다. 이것을 해야 할 것이나 저것도 버리지 말라. 너희 소경된 引導者여, 너희는 하루살이를 걸러내고 약대는 삼키는도다"(마 23 : 23 f.). "이것을 행해야 할 것이나 저것도 버리지 말라"는 말이 사실 이 저주의 외침의 원래 기본성분에 속한다면(D사본의 누가 평행절 11 : 42에는 이 말이 없다) 이 말은 구약성서의 율법에 대해 예수가 개혁적 異意를 제기하지 않았음을 시사해 주는 것이다. 그러나 여하간 이 귀절들은 구약 성서에 대한 자명한 권위적인 태도, 즉 비판적으로 중요한 것과 중요치 않은 것, 본질적인 것과 예사로운 것 사이를 구별하는 태도를 보여 준다. 이것은 구약 성서에 관한 예수의 그 밖의 말들과도 상응한다.

사실 신은 그가 원하는 것을 구약 성서에서 말했다. 신의 뜻에 관해 묻는 자에게는 구약 성서의 倫理的 요구들이 지시된다. "영생을 얻으려면 무엇을 行해야 하는가?"라고 질문한 부자도 또는 가장 큰 계명을 물은 율법학자도

그런 지시를 받았다(막 10:17—19; 12:28—34). 물론 그 부자는 모든 것을 다 버릴 수도 철저히 순종할 수도 없었으므로, 지금까지의 그의 계명실천이 자기의 망상이었음을 알게 될 수밖에 없었다.

예수가 구약 성서의 권위에 대해 논란하지 않았다는 것은 그의 공동체의 후기의 태도, 즉 구약 성서의 율법을 성실히 고수하고 바울과 충돌한 태도가 증명해 준다. 이 공동체는 그 입장을 — 바울에 대해 또는 다른 헬레니즘계의 선교자들에 대해 — 예수가 말한 것처럼 되어 있는 말들로써, 즉 어떤 율법의 문자 하나라도 변할 수 없음에 관한, 그리고 예수가 온 것은 율법을 폐하지 않고 이루기 위함이었음을 분명히 천명하는 말들로써 표현했다(마 5:17—19). 그런데 이것들은 예수의 다른 말들을 감안하거나 그의 다른 실제적인 태도를 감안할 때 순수한 예수의 말일 수 없고 아마 後期의 분쟁 시대의 교회 작품일 것이다. 그러나 물론 만일 예수가 성서의 권위를 거부했었다면 공동체의 이 보수적 태도는 불가능했을 것임은 명백하다. 구약 성서의 권위는 그에게도 거의 율법학자와 같은 정도로 확고했지만 그들과는 달리 예수는 구약 성서를 이해하고 적용하는 방법을 알고 있었다. 유대교의 경건한 관습 즉 慈善과 기도, 금식에 대해서도 그는 반대하지 않았으나 물론 그것들이 개인의 허영에 이용됨으로써 거짓으로 되는 것에 항의했다(마 6:1—4, 5—8, 16—18).

막 2:19의 금식문제에 대한 대답은 금식을 원칙적으로 거부한 것이 아니고 메시야의 기쁜 시대에 금식의 吊禮가 무의미함(즉 그 자체가 거부된 것이 아니다)을 말한다. 새 천을 낡은 옷에 댄다는 말과 새 술을 낡은 부대에 넣는다는 말의 원래의 의미는 이미 분명히 알 수 없게 되었다. 그 뜻은 가령 메시야시대에 옛 吊禮들이 무의미하게 되었다는 것일 수도 있으리라.

그 밖에 성전 제사에 대한 공격은 예수의 말에서 전혀 찾아볼 수 없다. 이 제사는 사실 그의 시대에도 그 원래의 의미를 본질적으로 상실하고 있었다. 유대교는 이미 祭祀 종교가 아니라 戒律 종교였기 때문이다. 성전 제사는 성실히 이행되었고 대축제들 중에는 본래의 제사적 경건성도 되살아났었을 것이다. 그러나 일반적으로는 성전 예배 및 그 제물만은 그것이 일단 율법에 명령되어 있었기 때문에 순종행위로 이행된 것이다. 일상생활을 규제하는 율법해석과 함께 會堂(Synagoge)은 성전 제사를 소극화시켰다. 율법학자들이 민중에게 司祭들 대신 권위자들이 되었다. 이렇게 유대교는 회당과 율법학자들에 의해 유지되면서 성전의 몰락을 파괴없이 극복했다. 마 5:23 f.에는 성전 제사에 대한 참여가 자명한 관습으로 전제되어 있다. 이 말은 순수한 예수의 말로 볼수 있으나 마 17:24—27은 후기의 전설이다. 그러나 이 전설은 그리

§2. 神의 요구에 대한 해석

스도교 공동체가 성전세를 냈었음을 증명한다. 그리고 사도행전에 수록된 보도들도 그리스도교 공동체가 성전 內에 모였음을 보여 준다.

사실상 구약성서적인 立法은, 그것이 祭儀的인 규례들인 限 예수에 의해 뿌리가 뽑혔다. 그는 안식일 계명에 구애받지 않았던 것처럼 율법적인 祭禮主義, 즉 불순한 意志에 타협할 수 있는 피상적인 方正性이 그 목표가 되어 있는 祭禮主義에 대해서도 공격했다. 이를 위해 그는 예언자의 말을 인용한다(사 29 : 13) :

"이 백성이 입술로는 나를 존경하나 마음은 내게서 멀도다.
사람의 계명들에 대한 그들의 교훈으로 그들은 나를 헛되이 경배하는도다"(막 7 : 6 f.).
"화 있을진저, 너희 율법학자들과 바리새인들, 너희 위선자들아!
너희가 곁에 있는 것, 잔과 대접은 깨끗이 하나,
너희의 속은 약탈과 탐욕으로 가득하도다!
화 있을진저, 너희 율법학자들과 바리새인들아!
너희는 회칠한 무덤 같아서 겉으로는 아름답게 보이나,
그 속에는 죽은 사람의 뼈와 모든 더러운 것으로 차 있도다.
이와 같이 너희도 사람 앞에 옳게 보이나,
너희의 속은 허위와 악행으로 가득하도다!"(마 23 : 25—28 공관).

인간은 다른 사람 앞에 위대하게 보이기 위해 얼마나 慈善과 기도, 금식을 악용하고 있는가(마 6 : 1—4., 5 f., 16—18)! 금식은 순수한 슬픔의 표현이 아니면 무의미하다(막 2 : 18 f.). 사람들은 제사법이 더 중요하다는 핑계로 부모를 공경하라는 신의 계명을 얼마나 경시하고 있는가(막 7 : 9—13)! 潔禮들도 무의미하다. 왜냐하면 "밖에서 사람에게 들어오는 것으로서 그를 더럽게 할 수 있는 것은 아무것도 없고 오히려 사람에게서 나가는 것이 그를 더럽게 하는 것이기 때문이다"(막 7 : 15). "안식일은 인간을 위해 있고 인간이 안식일을 위해 있지 않다"(막 2 : 27). 그리고 이런 認識이 율법학자들에게서도 여기저기에서 단편적으로 나타난다 해도 다음 물음으로 그것에서 결론을 이끌어 낸 것은 역시 예수가 처음이다 :

"사람은 안식일에 善을 行할 것인가 아니면 악을 행할 것인가?
생명을 구할 것인가 아니면 죽일 것인가?"(막 3 : 4).

다시 말해서 거룩한 無爲라는 제3자는 있을 수 없다는 것이다. 사람의

行爲가 요구된 곳에서 행치 않는 것은 惡行일 것이다. 그러므로 예수는 "세리들과 罪人들의 친구"이다(마 11 : 19 공관 ; 막 2 : 15—17). 그는 "탐식가", "술군"이라는 비난을 감수해야 했다(마 11 : 19). 그리고 그는 한 사마리아인을 모범 인물로 내세울 수 있었다(눅 10 : 30—36).

4. 사랑의 요구

그러면 신의 뜻이란 적극적인 면에서 무엇인가? 그것은 사랑의 요구이다. "너는 네 이웃을 네 자신과 같이 사랑하라"는 誠命은 둘째 계명으로서 "너는 주 너의 神을 온 마음과 온 靈과 온 힘을 다하여 사랑하라"는 첫째 계명과 한 쌍을 이루고 있다(막 12 : 28—34). 이웃과의 만남이라는 구체적인 상황에서 증명되지 않을 수도 있는, 신에 대한 순종이란 있을 수 없다. 이 사실은 누가(10 : 29—37)가 예수의 최고 계명에 관한 대화에 "자비로운 사마리아인"의 例話를 첨가함으로써 분명하게 그리고 옳게 표현했다.

사랑의 요구는 모든 법의 요구를 능가한다. 그것에는 한계도 제한도 없다. 그것은 적에게도 해당한다(마 5 : 43—48). "내 형제가 내게 범죄하면 몇 번이나 내가 용서해야 하는가? 일곱 번이면 족한가?"라는 질문에 대한 답변은 "내가 네게 말하노니 일곱 번이 아니라 일곱 번썩 일흔 번!"이었다. (마 18 : 21 f. 공관).

사랑의 요구는 明文化한 규정들을 필요로 하지 않는다. 선한 사마리아인의 例話는 그의 도움을 필요로 하는 그의 이웃을 보면 사람은 무엇을 해야 하는지를 알 수 있고 알아야 한다는 것을 보여 준다. 사랑의 계명의 "너 자신과 같이"라는 표현에는 사랑의 행위의 무제한성과 함께 방향도 제시되어 있는 것이다.

세분화된 규칙으로 사랑의 계명을 條目化하지 않았다는 사실은 신의 뜻에 관한 예수의 선포가 세계 改造를 노리는 倫理가 아님을 말해 준다. 그것은 오히려 종말론적 倫理라고 할 것인데 그것이 人間生活의 질서를 위한 계획과 설계들에 따라 形成될 어떤 內世界的 未來를 지향하는 것이 아니라 인간에게 오로지 이웃과 만나는 지금만을 제시한다는 점에서 그렇다. 예수의 선포는, 그것이 人間의 공동체를 질서있게 하는 法의 요구를 능가하면서 그리고 개인에게 그의 권리의 포기를 요구하면서 개인이 직접 神 앞에 책임을 지도록 하는 倫理이다.

§2. 神의 요구에 대한 해석

5. 종말론적 선포와 倫理的인 것의 統一性

이로부터 예수의 終末論的 선포와 윤리적 선포의 統一性도 이해된다. 一신의 지배의 침입을 선포하는 예언자로서의 예수와 神의 율법을 해석하는 랍비로서의 예수 사이의 一致라고 말해도 좋을 것이다.

만일 신의 나라가 정신적인 또는 역사적인 산물로서 이해된다면, 즉 善의 요구의 지배로서 수행되며 그럼으로써 위대한 인물의 윤리적 태도에서 또는 공동사회의 윤리적 질서에서 실현되는 歷史的, 靈的인 신의 나라로서 이해된다면, 그 통일성은 잘못 이해된 것이다. 이 때에는 신의 나라의 槪念만이 오해된 것이 아니고 그 요구의 의미, 즉 성격의 形成도 인간의 공동사회의 건설도 목표로 하지 않는 그 요구의 의미도 오해된 것이다.

예수의 종말론적 선포와 윤리적 선포가 서로 긴장 관계에 있다는 인상에서 그들중 하나를 역사적 예수에서 배제하고 후기 교회의 形成物로 간주하는 것도 잘못이다. 예수는 단지 한 윤리교사로서 "좀더 나은 義"를 가르쳤을 뿐이고 교회가 처음으로 신의 나라의 시작에 관한 종말론적 소식을 그가 말한 것으로 했다고 할 수는 없다. 시작되고 있는 終末에 대한 確信에서 교회 作文의 시초를 볼 수 있음은 물론 이해될 수 있으나 이 확신이 교회의 産物로서 비롯되었으리라고는 할 수 없다. 오히려 傳承은 교회에, 그들이 기대하는 신의 나라의 遷延으로 인해 불안과 걱정이 일기 시작했음을 보여 준다. 이것은 예수가 한 말로 되어 있는 누가복음서 12장 35—38절 ; 마가복음서 13장 31, 33—37절에 표현되어 있다. 그러나 무엇보다도 예수가 자극한 운동과 로마관원이 그에게 내린 十字架刑은 그가 메시야로서 등장했음을 말해 준다. 마찬가지로 그의 종말론적 선포는 史的으로 순수한 것으로 그의 윤리적 설교는 이차적인 교회 作品으로 간주할 수도 없다. 왜냐하면 교회가 메시야로 본 인물을 어떻게 랍비로 만들어야 했던가라는 사실이 전혀 이해 불가능하다는 것을 차치해도 교회가 소심하게 율법에 충성을 보였다는 사실은 그 교회에서 율법과 율법준수에 관한 극단적인 말들이 생길 수 없었음을 말해 주기 때문이다.

종말론적 선포와 윤리적인 선포의 統一性은, 신의 뜻을 지키는 일이 신의 나라의 구원에 참여하기 위한 조건으로 표시된다는 것에서도 드러난다. 단지 이 경우에 "조건"이라는 말이 피상적인 의미에서, 다른 것도 그 대리역을 할 수 있는 임의로 요구된 功績으로서 — 즉 恩賜와 내면적으로 관련성 없이 은사를 받기 위한 前題인 조건으로서 — 이해되어서는 안된다. 가령 신의 요구에 대한 예수의 해석이 "中間倫理"로서 이해되면서 그 명령이, 말하자면 세계의 종말 직전 마지막 짧은 시간 동안만 타당한 예외의 계명들로 이해되어서는 안된다. 오히려 이 명령들은 철저한 의미에서 절대적인 요구로 생각되고, 시간적 처지에 예속되지 않은 타당성임이 분명하다. "산상 설교"의 요구들도 율법적 도덕에 대한 論戰도 박두한 세계 종말을 지시하기 위한 설명이 아니었다. 그러나 신의 요구의 절대적 타당성을 앎은 바로, "이 악하고 음란한 세대," 즉 神的인 심판을 위해 성숙한 세대에 대한 철저한 심판을 근거지어 준다(마 12 : 39 공관 ; 막 8 : 38). — 요컨대 종말론적인 선포에서 표현된 심판을 근거지어 준다. 그런데 여기서 다음과 같은 것이 명백하다 : 신의 뜻을 지키는 것은 그것이 진지한 用意 즉 신의 나라를 위한 순수하고 진지한 으뜸일 뿐이라는 그 의미에서 신의 나라의 구원에 참여하는 조건이다. 지금 오고 있는 구원은 인간이 신을 위해 모든 세상 인연들에 대항하여 결단할 것을 요구하는 신의 나라이다. 그 까닭에 이웃에서 邂逅하는 신의 요구를 위해 구체적 순간에 결단을 내리는 자만이 이 구원을 위해 준비되어 있다. 자신의 가난함을 의식하면서, 탄식하고 주리면서 구원을 기다리는 자들은 자비롭고 마음이 정결하며 평화로운 자들과 같다(마 5 : 3—9). 신의 나라를 원하는 자는 사랑의 계명에도 충실하려고 한다. 그리고 그의 뜻은, 하나의 조건으로서 사랑의 계명을 지키면서 결국 어떤 다른 것도 指向하지 않고 그 계명을 달성하기 위해 오로지 순종할 뿐이다. 要컨대 여기에는 內的인 연관성이 이루어져 있다. 즉 종말론적 선포와 윤리적 요구, 이 둘은 인간들에게 그가 신 앞에 세워져 있음과 신이 앞에 서 있음을 지시한다. 그것들은 인간에게 그의 至今을 신을 위한 결단의 시간으로서 지시한다.

6. 회개에의 呼訴

그래서 민족의 지도자와 대부분의 민족 자체의 현실적인 정신상태에 직면하여, 경건성이 祭儀主儀로 굳어 버렸음에 직면하여 그리고 경솔 및 世俗愛, 自己愛에 직면하여 예수의 宣布는 저주와 회개에의 호소가 되었다.

"화 있을진저, 너희 율법학자들과 바리새인들이여! ···"
  (마 23 : 1 ff. 공관 ; 막 12 : 38 ff.).
"화 있을진저, 너희 부자들이여, 이는 너희가 이미 너희의 위로를 받았음이라!
 화 있을진저, 너희 지금 배부른 자들이여, 이는 너희가 굶주릴 것임이라!

화 있을진저, 너희 지금 웃는 자들이여, 이는 너희가 탄식하고 애통할 것임이라!"(눅 6:24—26).

"때는 찼고 신의 지배는 가까왔다! 회개하라!" 이것이 예수의 호소의 종합이다(막 1:15). 그러나 그 동시대인들의 "이 세대"는 "음란하고 죄 많은" 세대이다(막 8:38; 마 12:39). 그들은 신의 요구에 대해 "네"라고 대답하나 후에 그가 요구하는 것은 행하지 않는다(마 21:28—31). 그들은 "회개"하려 하지 않는다. 그들은 顚倒된 길에서 돌아서려고 하지 않는다(눅 11:31 f. 공관). 그러므로 심판은 죄인들 위에 떨어질 것이고(눅 13:1—5). 모든 멸망의 豫言들은 실현될 것이다(마 23:34—36 공관). 특별히 예루살렘(마 23:37—39 공관)과 그 성전에 대한 멸망의 예언들이 이루어진다: 조각나지 않는 돌은 하나도 없으리라!(막 13:2). 오로지 멸시를 받는 자들과 세리들, 죄인들, 창녀들 만이 회개할 준비가 되어 있다. 예수는 義人들이 아니라 이들에게 먼저 보내졌음을 의식했다(막 2:17). 처음에 거부한 자들이 돌아온다(마 21:28—31). 그리고 신은 義人 아홉 아홉 사람보다 회개한 죄인 하나를 더 기뻐한다(눅 15:1—10). 순수한 의미에서 신의 지배를 기대하는 자들과 주린 자들, 탄식하는 자들, 스스로 가난함을 아는 자들에게 구원의 약속이 주어진다(눅 6:20 f. 및 마 5:3—6).

§3. 예수의 神思想*

1. 현재에 대한 예수의 誤算

우리가 예수의 終末論的인 선포와 倫理的 선포의 統一性을 이해하면 그것으로써 종말론적 소식의 본래의 의미에 대한 물음, 즉 그중에서 작용하는 神思想의 문제에 대한 대답도 얻을 것이다. 왜냐하면 神의 나라의 시작에 관한 선포가 채워지지 않았고 따라서 옛 세상의 임박한 종말에 대한 예수의 기대가 誤算으로 나타났다는 사실에 직면하여 그의 神表象이 환상이 아니었던가라는 물음이 제기되기 때문이다.

물론 사람들은 자주, 예수가 神의 나라의 현재를 그 자신에게서 그리고 그 자신의 주위에 모인 사람들의 무리에서 보았다는 解決策을 통해 이 문제에

---

* 이 표제에 관한 문헌들, 참조. S. 620 f.

서 벗어나려고 했다. 그러나 그와 같은 생각은 어떤 예수의 말도 뒷받침해 주지 않고[1] βασιλεία τοῦ θεοῦ "신의 나라"개념의 의미에 모순된다. 오히려 분명한 것은 예수가 神의 나라의 침입을 이 세상을 변혁시키는 놀라운 사건으로 — 유대교 및 후기의 그의 공동체와 마찬가지로 — 기대했다는 것이다. 그의 시대에서 자명했던 이 생각에 대한 항변 또는 그것에 대한 수정은 그의 말 어디에서도 볼 수 없다.

그런데 사정은, 예언자적 意識이 언제나 신의 심판과 그 다음 시대를 위해 神이 이룰 구원의 때를 기대했다는 것 — 구약성서의 大豫言者들이 그랬던 것처럼 — 이다. 말하자면 그 까닭은, 예언자적 意識에서는 신의 권위와 그의 뜻의 절대성이 위력적으로 나타나므로 그 뜻에 대해 이 세상은 소멸하고 그 終幕에 이른 듯이 나타나기 때문이다. 신에 대한 인간의 자세가 그의 운명을 결정하고 그가 결정할 수 있는 시간은 한정되어 있다는 의식은 이 세상을 위해 제공된 그 결단의 시간이 지금이라는 의식에 싸여 있다. 예언자가 신의 위임에 따라 말해야 한다고 의식한 말은 신이 그것을 통해 확정적인 결단으로 부르는 최후의 말로 나타난다.

예수에게서도 사정은 같았다. 인간에게서 善을 절대적으로 요구하며 그것의 선포가 구원인가 심판인가라는 양자택일 앞에 인간을 세우는 신의 不變의 뜻을 안다는 확신은 그가 이 시대의 마지막에 서 있다는 의식을 그에게 갖게 했다. 그의 선포는, 염세와 彼岸에 대한 동경 또는 환상적인 思辨에서 생긴 것이 아니라 이 세상의 虛無와 神앞에서의 인간의 無常함과 신의 뜻을 앎으로써 생긴 것이다. 종말론적 선포에서 결정적인 것은 여기서 생생한 神思想과 그중에 포함되어 있는 人間 實存의 理解이고, 세계종국의 시간적 迫頭에 대한 믿음이 아니다.

2. 神思想

예수에게 있어서 神은 구약성서의 전통의 의미에서 창조자(Der Schöpfer)이다. 즉 세계를 돌봄으로 다스리고, 짐승들을 키우며 꽃들을 아름답게 장식하고 그의 뜻이 아니고는 참새 한 마리도 땅에 떨어지지 않으며, 우리의 머리털까지도 모두 세어 알고 있다(마 6 : 25—34 공관; 10 : 29 f. 공관). 그러므로 재물을 벌어들여 생명을 안전케 하려는 근심 걱정과 초조는 모두 무의미할 뿐 아니라 불손이다. 인간은 이 창조자의 뜻에 달려 있다. 그는 자기 키를 한 뼘도 더 크게 못하고, 그의 머리털 한 오라기도 검게 혹은 희

---

1) 눅 17 : 21에 의해서도 확인되지 않는다. 이 말의 의미에 관해, 참조. 위에 S. 4.

§3. 예수의 神思想

게 하지 못한다(마 6 : 27 공관 ; 5 : 36). 벌어들인 소유로 안전이 보장되었다고, 평안을 누릴 수 있다고 생각하는 자는 이 밤이 다하기 전에 죽을 수도 있음을 잊은 것이다(눅 12 : 16—20). 즉 隸屬性에 관한 意識과 신에의 신뢰가 동시에 인간에게 요구되었다.

이 점에서 예수의 神思想은 원칙적으로는 구약성서 및 유대교의 그것과 다르지 않다. 물론 유대교의 敬虔性에서는 神學과 신앙고백에서 늘 엄격히 고수되어 온 創造信仰이 약화되었다. 신은 피안에 있는 하늘의 왕으로 멀리 밀려났고 사람들은 그의 다스림을 현재에서 거의 느낄 수 없었다. 예수에게서 신은 다시 가까이 있는 신이 된 것이다. 그는 모든 사람을 포용하고 한정하며 요구하는 主로서, 아버지로서 현재적인 힘이다. 이 사실은 기도의 呼稱에 드러나 있다. 화려하고 정중하며 때로는 儀典的으로 아름답고 때로는 지나치기도 한 유대교의 기도 서두의 呼稱, — 가령 경건한 유대인이면 하루에 세 번 반복해야 하는 18기도문에 들어 있는 호칭, 즉 "아브라함의 신, 이삭의 신, 야곱의 신이여! 하늘과 땅을 세운 자, 至高의 신이여! 우리의 방패이고 우리 조상의 방패이시여!"[1] — 그것에 저 단순한 호칭 "아버지여!"를 비교해 보라! "주기도문"은 그 간결한 단순성으로 유대교의 기도에 앞선다(마 6 : 9—13 및 눅 11 : 2—4). 신은 가까이 있다. 그는 아버지가 그의 자녀의 간청을 이해하듯이 그에게 보채는 간청들을 알아듣고 이해한다(마 7 : 7—11 공관 ; 비교. 눅 11 : 5—8 ; 18 : 1—5).

그러나 신은 요구하는 자로서도 가까이 서 있다. 그의 뜻이 율법의 문자들과 유식한 해석에서 비로소 찾아질 수밖에 없는 것이 아니다. 율법과 전통을 통해 생긴 거리는 제거되었고 무엇이 금지되었으며 무엇이 허락되었는가에 대한 불확실한 물음에는 끝이 났다. 인간은 그의 상황에서, 이웃과의 만남에서 직접 신이 무엇을 그에게 요구하는가를 듣게 되었다. 그렇게 신은 모든 사람 앞에 서서 그에게 책임을 묻는 심판자이다. "그러나 나는 너희에게 말하는데 사람들은 그들이 말하는 모든 客說에도 심판의 날에 책임을 져야 할 것이다!"(마 12 : 36). "몸은 죽이되 영은 죽이지 못하는 자들을 두려워하지 말라! 오히려 몸과 영을 지옥에서 멸할 수 있는 자를 두려워하라!"(마 10 : 28 공관).

요구와 심판의 신은 그러나 용서의 신이기도 하다. 그에게 돌아오는 자는 그의 용서하는 자비에 확신을 가질 수 있다. 율법학자들은 그들의 율법주의를 통해 인간들 앞에서 신의 나라를 차단한다(마 23 : 13 공관). 예수의 회개

---

1) 비교. 특히 4 Esr. 8 : 20 ff.

하라는 호소가 바로 그 길을 여는 것이며 유대교의 특징이었던 긴 회개 기도들을 요구하지도 않는다. 그의 눈을 감히 하늘로 돌지 못하고 그의 가슴을 치며 "신이여, 이 죄인을 용서하소서"라고 말한 저 세리가 의롭게 여김을 받았다(눅 18 : 9—14). 저 "잃은" 아들은 단순히 이렇게 말했다 : "아버지여, 내가 하늘과 당신에 대해 범죄하였나이다. 나는 당신의 아들이라 일컬음을 감당치 못하나이다", — 그리고 나서 아버지의 자비함이 그를 감쌌다(눅 15 : 11—32). 오만한 자들과 스스로 의롭다고 하는 자들은 신에게 역겹다 (눅 16 : 15; 18 : 9—14). 그러나 참회하며 돌아오는 죄인을 신은 기뻐한다 (눅 15 : 1—10). 그러나 용서가 마음을 善하게 만들었을 때에만 실제로 용서는 받아들여진 것이다 — 이것은 "악한 종"의 비유가 가르친 것과 같다 (마 18 : 23—35; 비교. 눅 7 : 47). 그리고 오직 용서할 용의가 되어 있는 자만이 진정으로 신에게 용서를 빌 수 있다(마 6 : 12—14 f.). 신의 용서는 인간을 새롭게 만든다. 새로 되기를 원하는 자는 용서를 받을 것이다.

3. 非歷史化

예수는 이미 옛 예언자들처럼 民族 및 諸民族史에 나타나는 신의 계시들을 말하지 않는다. 그리고 예수는 앞으로 올 신의 심판에 대해 언급할 때도 그들처럼 世界史에서의 파국을 생각한 것이 아니다. — 그에게 있어서 신의 지배가 강대하고 빛나는 이스라엘왕국의 창건에서 수행되는 것이 아닌 것처럼, 그의 설교는 예언자들의 설교처럼 일차적으로 민족 전체를 향하지 않고 개개인들을 향한다. 심판은 諸民族에게 내리는 것이 아니고 신 앞에서 자신의 변명을 해야 할 個人들에게 떨어진다. 그리고 미래의 구원은 개인들을 행복하게 할 것이다. 심판과 구원은 엄격한 의미에서 종말론적 현상들, 다시 말해서 옛 세상과 歷史가 전부 그 종지부를 찍게 되는 현상이다.

이 의미에서 예수의 神思想은 非歷史化되었고 이 神思想下에서 관찰된 인간도 非歷史化된 것이다. 다시 말하면 신과 인간의 관계가 세계 역사의 束縛들에서 벗어난 것이다. 이것이 이미 유대교에서 — 구약 성서의 예언과 달리 — 다소간에 그러했다면 유대교에서와는 다른 의미에서 역시 예수의 神思想은 철저히 역사화되어 있다. 유대교에 있어서 신은 먼 곳으로 밀려나서 하늘에서 왕좌에 앉은 신으로서, 즉 그의 세계 통치는 천사들에 의해 수행되고 인간과 그의 관계는 율법서에 의해 중개되는 神으로서 非歷史化되었다. 그리고 유대교에 있어서 인간도 祭儀에 의해 세상에서 구별되고 제의적으로 정결한 공동체 내부에서 그의 안전을 찾음으로써 非歷史化되었다. 그의 율법주의를 통해 유대교 공동체는 그의 非世界化를 인위적으로 만들었다. 이에 반해 예수에게 있어서 인간은 그를 직접 만나는 신의 요구 즉 그를 모든 安全性에서 끌어 내어 終局 앞에 세우는 신의 요구에 의해 非世界化된다. 그리고 신은 그의 행위가 종말론적 행위로 이해되면서 非世界化되었다. 즉 그는 인간을 이 세상의 束縛들로부터 이끌어 내어 그를 직접 자기 앞에 세운다. 그러므로 신 및 인간의 비역사화와 비세계화는 변증법적으로 이해되어야 한다. 바로 世界史 저쪽에 서 있는 신이 각 개인의 역사, 일상생활, 그것의 恩賜와 요구에서 인간을 만난다. 비역사화, 즉 안전에서 벗어난 인간은 그가 참으로 역사화되는 이웃과의 구체적인 해후를 향해 세워진다.

§4. 예수 자신의 메시야 自意識에 대한 문제*

1. 課題 : 예수 생애의 非메시야的 性格

예수의 제자들의 공동체는 예수의 주장, 즉 그에 대한 자세에서 운명이 결정된다는 주장을, 예수 자신에게서 待望의 메시야를 보거나 그 자신을 울 "人子"로 기대할 정도로 이해했다. 대개 사람들은 초대 교회의 이 신앙이 그 근거를 예수의 自意識 중에, 즉 예수는 실제로 자신이 메시야 또는 "人子"라고 생각했다는 자의식 중에 두고 있다고 주장했었다. 그러나 이 견해는 상당히 어려운 문제들을 안고 있다. 그것은 물론 복음서 기자들의 파악에 一致하지만 역시 복음서 기자들이 예수의 메시야됨에 대한 그들의 신앙을 傳承 資料에서 비로소 얻지 않았는가가 문제된다. 이 문제에 관한 토론에서 중요한 것은, 예수가 자신을 메시야 또는 "人子"로 의식했다는 사실을 확인하는 일이 혹 가능하다 해도 그것은 역사적 사실에 대한 확인일 수는 있어도 어떤 신앙 條項을 증명해 주는 것일 수는 없다는 것이다. 오히려 예수를 神言의 邂逅를 위한 결정적인 인물로서 승인하는 것은 — 그것이 예수에게 "메시야" 또는 "人子"칭호를 제공하거나 그를 "主"로 호칭할 수 있는바 — 순수한 信仰行爲, 즉 예수가 자신을 메시야로 간주했는가라는 역사적 물음에 관한 답변과는 무관한 행위인 것이다. 만일 답변될 수 있다면 이 물음에는 오로지 역사가만이 답변할 수 있고 역사가의 이 작업은 개인적 결단으로서의 信仰과 무관하다.

---

* 이 표제에 관한 문헌들, 참조. S. 621 f.

다음과 같은 견해도 또한 史的 論證으로 등장한다. 즉 예수의 메시야됨("메시야"와 "人子"라는 개념들의 차이를 간과하기 위해 이 단어를 사용한다. 여하간에 이 둘은 모두 終末論的 救援者라는 점에서 같다)에 대한 공동체의 신앙은 오로지 예수 스스로 자신을 메시야로 意識했고 — 적어도 "제자들"에 대해 — 그런 者로서 自處했을 때에만 이해할 수 있다는 것이다. 그러나 이 논증이 옳은가는 문제이다. 그 까닭은 예수의 메시야됨에 대한 신앙이 그의 부활에 대한 신앙과 함께 그리고 그의 부활에 대한 신앙에서 생겼다는 사실도 마찬가지로 가능하기 때문이다. 베드로의 메시야 고백 장면(막 8 : 27—30)은 이에 대해 어떤 反證도 제시하지 못한다. 아니, 오히려 그 반대이다! 그것은 예수의 變貌史化(막 9 : 2—8)와 마찬가지로 마가에 의해 예수의 생애에 삽입된 부활절 사화이기 때문이다. 그리고 예수의 受洗(막 1 : 9—11)에 관한 보도는 傳說이다. 이 전설이 요한에게서 예수가 받은 세례의 역사적 사실에 결부된 것이 확실하다. 이 보도는 傳記的인 관심에서가 아니라 신앙에 대한 관심에서 전해진 것이二 예수의 메시야 獻身禮를 보도하는 것이다. 이 보도는 사람들이 예수의 생애를 이미 메시야의 것으로 간주하던 시대의 산물인 반면에, 변모 사화는 원래의 부활 사화로서 그의 메시야됨을 그의 부활 이후로 그 시기를 규정짓는다. 試驗史話(막 1 : 12 f. 및 마 4 : 1—11 공관)도 전설이다. 이것은 예수의 메시야됨의 방법 및 그리스도교의 메시야 신앙의 성격을 反省하고 있다(막 1 : 12 f. 및 마 4 : 1—11 공관). 예수의 예루살렘 入城史話(막 11 : 1—10)는 傳說的으로 각색되었고, 예수의 수난 설화에는 다양하게 전설이 분포되어 있다. 십자가에 죽은 자를 메시야로 예배했던 공동체에서, 그가 메시야로서 십자가에 죽었다는 것도 물론 얼마 안가서 확고해졌기 때문이다.

이외에, 전통적 메시야사상을 감안할 때, 예수의 삶과 활동이 메시야적인 것이 아니었다는 사실에 대해 공관서 전통은 의심할 여지를 주지 않는다. 그리고 바울도 다른 사람들과 마찬가지로 그것을 메시야적인 것으로 이해하지 않았다. 그것은 빌립보서 2장 6—11절에 인용된 그리스도 讚歌가 증명하는 바와 같다. 이 찬가에서 예수의 생애는 메시야적 영광을 가지지 못한 단순한 한 인간의 생애로 파악되었다. 바울이 傳統的인 어투를 轉用하고 있음이 분명한 로마서 1장 4절 및 사도행전 2장 36절도 마찬가지로 최초의 공동체에서 예수의 메시야됨이 그의 부활 이후 시작된 것임을 보여 준다. 사실 "메시야"는 종말의 지배자의 표지이다. 그 말은 "기름부음 받은 자"를 뜻하고

"왕"이라는 단순한 의미를 지니고 있다.[1] 그러나 예수는 왕이 아니라 예언자와 랍비 — 첨가할 수 있다면 귀신쫓는 자 — 로서 등장했다. 유대교의 表象에서 메시야의 특징인 권세와 영광의 어느 것도, 예수의 생애에서 — 가령 그의 악귀쫓은 일이나 그 외의 권세있는 일들 중에서도 — 실현되지 않았다. 왜냐하면 유대교의 신앙에 따르면 異蹟은 메시야시대의 標識이기는 하지만 메시야가 이적을 행하는 자로 생각되지는 않았기 때문이다. "人子"에 관한 예수의 말들로 미루어, 예수는 다윗의 후손인 王을 메시야라는 개념에서 거의 또는 전혀 생각지 않았고 오히려 — 默示文學이 거론하는 — 저 하늘의 인물인 심판자와 구세주를 생각했다고 말할지라도 그 사정은 달라지지 않는다. 세계 심판자와 超自然的인 구세주로서 예수가 등장한 것이 아니기 때문이다.

2. 메시야 概念의 改造

그러면 예수는 — 심심치 않게 등장하는 물음이지만 — 저 전통적 메시야 概念을 改造했는가? 그는 그의 활약에서 말로 그의 지배자職을 수행했다는 意味에서 그 槪念을 "精神化"했는가? 이 사실은 오로지 傳承만이 가르쳐 줄 수 있을 것이다. 그러나 전승의 의미에서 그런 것을 볼 수 있는가? 예수의 말들 중 어디서 재래적인 메시야 槪念에 대한 反論을 볼 수 있는가? 신의 나라의 유대교적 表象에 대한 비판만큼이나 그것은 거의 드러나 있지 않다!

이를 위해 인용될 수 있는 부분은 잘해야 다윗 자손 문제 (막 12 : 35—37)이다. 여기에는 메시야를 다윗 자손으로 파악한 데 대한 비판, 즉 다윗 자신이 메시야를 자신의 주라고 칭했기 때문에 메시야는 다윗의 자손일 리가 없다는 비판이 수록된 듯이 보인다. 여하간 이로써 메시야 槪念이 예언자와 교사로서의 삶과 활동은 메시야적인 것에 해당된다는 의미에서 改造된 것이 아니고 "精神化"는 전혀 거론되지도 않는다. 오히려 여기서는 메시야가 다윗 자손으로 간주될 때 그의 지위와 존엄이 너무 낮게 표시되었음이 언급되고 있다. 그러면 분명히 언급되지는 않은 채 떠오르고 있는 메시야 개념 — 그것으로부터 "다윗자손"이라는 칭호가 비판되고 있는데 — 은 무엇인가? 그것은 하늘의 "人子"라는 默示文學的 槪念이었을 수 있다. 그리고 그런 비판이 예수 또는 그 공동체에 소급된다는 것도 不可能하지는 않을 것이다. 그때에는 물론 교회에서 예수는 다윗 자손이었다는 견해가 관철되었다는 사실에 대한 이해가 어렵게 된다(비교. 예수의 족

---

1) 비교. βασιλεύς "왕"으로 改書된 것 : 막 15 : 2, 9, 18, 26, 32; 요 1 : 49; Ps. Sal. 17 : 23 등. 이에 관해, P. Volz, *Die Eschatologie der jüdischen Gemeinde im neutestamentl. Zeitalter*, 1934, S. 173 f. ; W. Staerk, *Soter* I, 1933, S. 48 ff.

보 : 마 1 : 1 ff.; 눅 3 : 23 ff.; 롬 1 : 3과 예수를 다윗의 아들이라고 부른 散在하는 보도 : 막 10 : 47; 마 9 : 27 등). 또는 "신의 아들"이라는 칭호가 대립개념으로서 대두될 것인가?[1] 그때 이것은 오로지 헬레니즘 그리스도교의 의미에서 超自然的 근원의 표지로서 생각된 것일 수 있을 뿐이리라. 왜냐하면 유대-그리스도교적 의미에서 이 표지는 "메시야"와 마찬가지로 왕의 標識이기 때문이다(비교. W. Staerk, *Soter* I 89 와 가령 막 14 : 61; 눅 1 : 32; 4 : 41 등). 그러나 그 때에 이 부분은 헬레니즘 교회에서 생긴 것이다. 그러나 막 12 : 35—37의 의미가 메시야는 동시에 둘, 즉 다윗 자손이고 人子(Schniewind)라는 것이라면 이 부분은 예수 생애의 메시야性에 관한 문제를 위해서는 전혀 무의미하다 — O. Cullmann은 다르다, *Christologie des NT*, 여러 곳, 특히 S. 132 f. — E. Lohmeyer, *Gottesknecht und Davidsohn*², 1953, 74 f. — R.P. Gagg, "Jesus und die Davidsohnfrage," *ThZ* 7(1951), S. 18—30.

3. 未來의 메시야로서의 예수

救援의 시대의 王으로서의 "메시야" 槪念의 轉用 및 "精神化"가 전혀 언급될 수 없다면 남는 것은 단지 자주 거론되는 다음의 견해뿐이다. 즉 예수는 자신을, 未來의 메시야로 임명된 者로서 意識했었다는 것이다. 그의 메시야 思想은 "未來的"인 것이었다는 것이다. 이를 위해 인용된 예수의 말들은 오로지 그가 올 "人子"에 관해 말한 것뿐이다(막 8 : 38 및 눅 12 : 8 f. 공관; 마 24 : 27, 37, 44 공관; 눅 11 : 30?). 그는 물론 이 말들에서 人子에 관해 3인칭으로 말할 뿐 자신을 그와 一致시키지 않는다. 복음서 기자들 — 이 말들을 傳受한 공동체와 마찬가지로 — 이 둘을 同一視했음은 의심할 바 없다. 그러나 이것이 예수 자신에게 있어서도 주장될 수 있는가?

여하간 공관복음서 傳承에는 예수 자신이 그가 언젠가(곧) 다시 오리라고 한 말은 한 마디도 들어 있지 않다. (인자의 옴을 표시하는 말 παρουσία는 古代 교회 시대에도 한번도 "再臨"으로 이해된 일이 없고, "到來"로 정확히 이해되었다. 제 2세기에 와서 護敎家 유스틴이 처음으로 πρώτη "첫째"와 δευτέρα παρουσία "둘째 도래"⟨Dial. 14 : 8; 40 : 4)와 πάλιν παρουσία "재림"⟨Dial. 118 : 2)이라는 말을 사용했다). 그러면 예수는 "人子"로서의 자신의 再臨과 자신의 지금의 역사적 활동의 관계를 어떻게 생각했을까? 그는 그것으로써 마지막 종말 前에, 신의 지배가 침입하기 전에, 地上에서 탈취되어 하늘로 올라갔다가 그곳으로부터 하늘의 구름을 타고 그의 本來의 직무를 수행하기 위해 자신이 오리라는 것을 헤아렸을 수밖에 없다. 그러나

---
1) Barn 12 : 10 f.의 파악이 그런데. 참조. W. Wrede, *Vorträge und Studien*, 1907, S. 171 ff.

§4. 예수 자신의 메시야 自意識에 대한 문제

그는 자신이 지상에서 탈취되는 것을 어떻게 생각했을까? 이적적인 탈취였을까? 그의 말들 중에 그런 환상적인 표상에 관한 흔적은 없다. 그러면 自然死를 통한 脫出로서? 이에 관해서도 아무런 언급이 없다. 그러면 폭력적인 죽음으로? 그러나 그가 올 人子의 직무로 높여지리라는 意識이 역시 필연적으로 전제되는 그런 것을 확실한 사실로서 헤아릴 수 있었을까? 물론 그의 수난 豫言들(막 8:31; 9:31; 10:33f.; 비교. 막 10:45; 14:21,41)은 그가 처형되는 일을 神의 미리 정해진 처형으로 前題하고 있다. 그러나 여기에 이 모든 예언들이 vaticinia ex eventu(事後豫言)라는 의혹은 없는가? 더우기 그것들은 사실 그의 도래에 관해 전혀 말하는 바 없다! — 반면 도래 豫言들(막 8:38; 13:26f.; 14:62; 마 24:27,37,39,44 공관)은 "人子"의 죽음과 부활에 관해서 언급하지 않는다. 그러므로 분명한 것은 도래의 豫言들과 죽음 및 부활의 예언들이 원래 서로 관련이 없었다는 것이다. 다시 말하면 "人子"의 옴을 말하는 말들이 이 "人子"가 人物로서 이미 여기에 있으나 후에 하늘로부터 다시 올 수 있기 위해 죽음으로 이 곳을 떠나야 한다는 것을 생각했다고는 전혀 볼 수 없다.

막 8:31의 수난 및 부활 豫言과 도래 예언인 8:38의 연결이 얼마나 조화되지 않고 있는가를 주목하라. 막 9:1, 11—13의 귀결들에서는 도래만이 전제되어 있는 반면에(12 b절은 마 17:12 b에 따른 삽입이다), 원래 함께 연결되어 있던 이 귀절들 사이에 복음서 기자가 삽입한 변모 사화 9:2—10에서는 단지 부활 사상들만을 볼 수 있다. 마 17:12 b가 처음으로 수난의 "人子"의 주제를, 到來를 반영시키고 있는 말들의 문맥 안에 넣었고 눅 17:25는 마찬가지로 수난의 주제를 도래의 예언과 결합시켰는데(눅 17:23—25를 마 24:26—27에 비교) 이것은 전혀 이차적인 결합이다.

그런데 도래의 예언들이 수난 및 부활 예언들보다 더 옛것임은 의심할 수 없다. Q는 단지 前者들만을 알고 있고 後者에 관해서는 아직 모른다. 後者들은 全的으로 헬레니즘 교회 — 여기서는 "人子"칭호가 이미 그 원래의 의미에서 이해되지 않았던 — 의 作文일 것인 반면 到來豫言들은 옛것이고 원래의 예수의 말들일 것이다.

공관서의 人子에 관한 말들은 세 그룹으로 분류된다. 즉 첫째는 올 "人子", 둘째는 고난을 당하고 부활하는 "人子", 세째는 현재 활동하는 "人子"에 관한 것이다. 세째 그룹(막 2:10,28; 마 8:20 공관; 11:19 공관; 12:32 공관)은 단순히 그리스어로 번역될 때의 오해로 인해 생긴 것이다. 아람어로는 이 말들 중의 "人間의 아들"(말하자면 "人子")은 전혀 메시야 칭호가 아니라 "사람" 또는 "나"라는 의미를 가지고 있었다. 그러므로 이 그룹은 논의의 대상이 되지 않는다. 둘째 그룹에는 Q에 아직 없는 事後豫言이 포함되어 있다. 첫째 그룹만이 가장 옛 전승을 지니고 있다. 그것에 속하는 말들은 "人子"를 3인칭으로 언급한다 — 마태와 누가의 이차적인 특수 자료는 여기서 고려의 대상이 안된다. 특유한 것은 후기의 복음서 기자들에게서 이 칭호의 원래의 의미가 상실되고 "人子"라는 말은 예수 자신의 自己標識로 변모하여 마태는 전승된 "人子"를 "나"로 代置할 수도 있었으며(눅 12 : 8 f. 에 대해 마 10 : 32 f., 비교. 막 8 : 38; 마 16 : 21을 막 9 : 31에, 마 5 : 11을 눅 6 : 22에 비교) 이와 반대로 "나"가 "人子"로 대치된 경우도 있다(막 8 : 27에 대해 16 : 13).

유대교의 메시야-人子-槪念은 물론 수난예언들 중에서 轉用되었다 — 혹은 보다 적절히 표현한다면, 유대교가 고난받고 죽었다가 부활하는 메시야 또는 "人子" 表象을 알지 못했다면 그 개념은 특유하게 확대된 것이다. 그러나 그 개념을 이렇게 새롭게 부각시킨 일은 예수 자신이 한 것이 아니고 공동체가 이미 일어난 사건으로부터(ex eventu) 한 것이다. 물론 사람들은, 예수가 자신을 제 2 이사야서의 神의 종으로서, 즉 罪人들을 위해 고난당하고 죽는 신의 종으로 의식했고 "人子"와 "신의 종"에 관한 표상들을 하나로 합하여 고난당하고 죽었다가 부활하는 "人子"의 통일적인 像을 만들었다고 가정하면서, 고난당하는 "人子"의 사상을 예수의 생각에 소급 반영시키려고 시도했다. 그러나 이런 가정은 이미 수난豫言들의 역사성이 의심스러울 수밖에 없다는 점에서 성립되지 않는다. 더우기 전승된 예수의 말들은 그가 자신을 이사야서 53장의 "신의 종"으로 알고 있었다는 흔적을 전혀 보여 주지 않는다. [1]

사 53장을 메시야적으로 해석하는 것은 그리스도교의 공동체에서 처음으로 볼 수 있는데 말하자면 그대로의 것도 아닌 것이 분명하다. 豫言 증명의 照明下에 傳해지고 있는 수난사화는 특별히 70인역 시편 21과 68의 영향을 보여 주나 눅 22 : 3에서 처음으로 사 53장의 영향을 보여 주고 마 8 : 17에서 사 53 : 4는 고난받는 메시야가 아니라 病고치는 메시야의 豫言으로까지 이용되고 있다. 사 53장의 수난의 神의 종은 행 8 : 32 f.; 벧전 2 : 22—25; 히 9 : 28에서 비로소 분명하고 확실하게 그리스도교적 해석으로 등장한다. 그것은 바울보다 옛 것일 수 있고 아마 바울에 의해 인용된 말인 롬 4 : 25배후에 있는 것일 것이다. Κατὰ τὰς γραφάς "성서에 의하면"(고전 15 : 3)이라는 말에서 사 53장이 연상되고 있는지는 말할 수 없다. 중요한 것은 바울 자신이 아무데서도 "신의 종"의 모습을 인용하지 않았다는 사실이다. 공관서의 수난 사화들에서 사 53장이 고려되지 않은 것은 분명하다. 그렇지 않다면 왜 아무데서도 그것을 증거로

---

1) Hans Walter Wolff는 물론 그의 학위 논문에서 이것을 증명하려고 했다 : *Jesaja 53 im Urchristentum*³, 1952. 그는 성공하지 못했다.

끌어다 대지 않고 있는가? — 그 후에는 1 Klem 16 : 3—14; Barn 5 : 2 등에 계승된다 — 회당은 그것이 사 53장을 메시야적으로 이해할 때 신의 종의 수난과 죽음을 바로 메시야로 해석하지 않고 백성(또는 다른 것)으로 해석했다. 비교. *Str.-B.* II 284; P. Seidelin; *ZNW* 35, 1936. S. 194—231 — 근자에는 예수가 자신을 이사야서의 신의 종으로 의식했다는 견해가 특별히 Bieneck, Cullmann(참조. 위에 있는 문헌), J. Jeremias(*ThWB* V 709—713)에 의해 주장되었으나 설득력은 없다. E. Lohmeyer(*Gottesknecht und Davidsohn*², 1953)는 신의 종 칭호가 갈릴리 信徒들의 그룹에서 예수에게 轉用되었고 그 후에 복음서 전승 전체에 부가되었다고 주장한다. "신의 종"과 "人子"의 관계에 관한 그의 규정은 환상적이다.

4. 메시야의 秘密

예수의 生涯가 非메시야적이었다는 것은 곧 이해할 수 없는 일로 되었다. 적어도 공관복음서가 形成된 헬레니즘系의 그리스도교 영역에서 신의 아들 예수 그리스도가 그런 자로서 그의 地上活動에서도 나타났다는 것은 자명한 것으로 간주되었다. 그럼으로써 그의 활동에 관한 복음서의 보도는 메시야 信仰이라는 照明을 받게 되었다. 이 理解와 傳承資料사이의 괴리는 마가복음서의 특수성인 메시야 秘密論으로 표현되었다. 즉 예수는 메시야로서 활동했지만 그의 메시야됨은 부활때까지 숨겨져 있어야 했다는 것이다(막 9 : 9). 그를 알아보는 귀신들에게 침묵이 명령되었다. 緘口令은 다른 이적들 후에도, 가령 베드로의 메시야 고백과 변모 후에도(8 : 30; 9 : 9) 뒤따랐다. 제자들의 沒理解라는 動機도 마찬가지로 그 秘密論에 이용된 것이다. 즉 제자들이 비밀의 계시를 받은 것이 사실이나 그것을 이해하지는 못한다. 브레데(W. Wrede)에 의해 그 중요성이 지적된 이 비밀론도 물론 모순 없이 관철될 수 없었다. 그러므로 사람들은 마가복음서를 秘密의 現顯(디빌리우스)의 책이라는 역설적 標識를 통해 바로 성격지었다.

메시야 비밀을 복음서 기자의 理論으로서가 아니라 역사로서 이해하려는 시도(슈니빈트)는, 메시야 비밀이 옛 傳承에 자리한 것이 아니라 복음서 기자의 편집적 문장들에 자리잡은 것이라는 점에서 성립되지 못한다. 이 시도는 더우기 예수가 한편으로는 메시야의 활동에 관한 견해를 精神化하고(바로 그의 현재의 활동이 이미 비밀-메시야적인 것에 해당한다면), 다른 편에서 그가 자신을 그 비밀이 언젠가 그의 再臨에서 밝혀질 "人子"라고 의식했음을 전제한 것이 된다. 그러나 이 견해에는 위에서 이미 언급된 바와 같이 예수가 未來의 "人子"라는 생각을 예수의 것으로 보기 어렵다는 사실이 상치된다.

Ⅱ. 초대 교회의 케리그마[*1]

序言

사도행전이 제공하는 초대 교회의 像은 不完全하고 傳說에 의해 윤색된 것이기 때문에, 史的인 그 모습은 가능한 限 再構成으로 얻을 수밖에 없다. 資料로 사용될 수 있는 것은 1. 사도행전 편집자에 의해 사용된 傳承 ─ 사도행전을 비판적으로 분석하여 확인되는 限에 있어서 ─ 2. 바울서신들에서 보는 보도들과 3. 공관복음서 傳承이다. 이것은 처음에는 초대 교회에 수집되어 있었고 물론 발췌된 것이며 부분적으로는 作文된 것이므로 초대 교회에서 작용한 동기들이 그것에 드러나 있음이 분명하다.

§5. 예수의 宣布와 초대 교회의 宣布의 관계에 관한 문제[*2]

1. 올 人子로서의 예수

초대 교회는 공관서 傳統이 보여 주는 바와 같이 예수의 선포를 다시 받아 들여서 계속 선포했다. 그리고 초대 교회가 그렇게 했다는 점에서 그들에게 있어서 예수는 교사이고 예언자였다. 또한 그는 그들에게 있어서 그 以上, 즉 동시에 메시야였다. 그래서 교회는 ─ 이것이 바로 결정적인 것인데 ─ 동시에 예수 자신을 선포했다. 이전에 소식의 傳達者였던 그 자신이 지금은 그 소식 중에 개입되고 그 소식의 本質的인 내용이 된 것이다. 선포자가 선포되는 자가 된 것이다 ─ 그러나 어떤 의미에서? 이것이 바로 결정적인 문제이다!

우선 분명한 것은 예수가 메시야로서 선포될 때마다 올 메시야로서 즉 "人子"로서 선포되었다는 것이다. 사람들은 그가 메시야가 되어 다시 오는 것을 기다린 것이 아니고 메시야로서 그가 倒來함을 기다렸다. 다시 말하면 初代 敎會는 이미 지나간 그의 地上 活動을 아직 메시야의 活動으로 보지 않았다(참조. §4, 3과 4).

이것은 또한 예수를 메시야 및 "人子"로서 선포하는 그 자체가 종말론적

[*1,2] 이 표제에 관한 문헌들, 참조. S. 622 f.

§5. 예수의 宣布와 초대 교회의 선포의 관계에 관한 문제   31

유대교의 待望 영역에 철저히 근거하고 있음을 의미한다. 만일 神이, 로마인들이 십자가에 처형한 교사며 예언자인 나사렛예수를 다시 살리고 메시야로 삼았다면, 그리고 그가, 하늘의 구름을 타고 와서 심판을 主宰하고 신의 나라의 구원을 가져올 人子로 그를 올려놓았다면, 이것으로써 막연했던 메시야의 神話의 모습이 구체화되고 분명해졌음은 물론이다. 神話가 한 구체적인 歷史的 人間에게 轉用된 것이다. 그리고 그 결과는 確信의 度가 무한히 성장한다는 것이다. 그러나 그것으로써 未來像이 이미 근본적으로 새롭게 形成된 것도, 神과의 관계가 새로이 이해된 것도 아니다. 왜냐하면 예수가 유대교에서도 대망했던 심판자이며 구세주 以上이 아닐 때, 실로 神과의 관계는 예수 그 인물과의 관계에 의해 근거지워지지 않고 단지 피상적인 의미에서만 중개되고 말기 때문이다. 그는 옛 대망의 꿈들이 곧 실현되리라는 데 대한 이른바 보장이 되고 말 뿐이리라.

2. 教師 및 예언자로서의 예수

예수가 신의 철저한 요구의 선포자였고 이 선포자가 공동체의 선포 중에도 남았다는 사실에 의해 물론 待望의 꿈들에는 한계가 그어졌다. 그의 메시야됨의 樣態(Wie)에 있어서 교사이며 동시에 예언자로서, 신의 뜻을 도피할 수 없을 만큼 분명하게 해석했던 그가 메시야라는 사실은 결코 가볍게 다루어질 수 없는 것이었다. 구원에 관한 선포가 "복음"이라고 일컬어질 수 있는 限, 예언자이며 교사인 그가 동시에 메시야라는 사실에, 율법과 복음의 관계, 차츰 명확히 認知된 그들의 관계가 근거지어졌다. 그러나 예수의 메시야됨의 근거는 그가 예언자이며 교사라는 점에 있지 않다. 그의 선포는 그 철저성으로 유대교의 율법주의에 극력 대항한 것이라고 할 수 있지만, 그 내용은 역시 大예언자의 선포라는 의미에서 尖銳化된, 순수한 구약적-유대교적 神 신앙일 뿐이다. 그의 선포가 예언자의 그것을 넘어서서 神 관계의 個人化를 지향했을지라도 — 왜냐하면 그것이 먼저 그 민족이 아니라 그 이전에 개인을 직접 신 앞에 내세웠고 민족의 미래가 아니라 신의 지배에서 종말론적인 구원을 전망했기 때문에 — 그것은 역시 그 점에서 단지 大예언자들의 설교를 지탱한 素地의 성취일 뿐이다. 예수의 가르침에서 신과 세계, 인간, 율법과 은혜, 회개와 용서등의 개념들은, 그것들이 그렇게 철저히 파악되었을지라도, 구약 성서와 유대교에 비해 새로운 것이 아니다. 그리고 그의 비판적 율법 해석은 그 철저성에도 불구하고, 그의 종말론적 선포가 유대교의 묵시문학 범위에 속하는 바와 같이 율법학자들의 토론 범위에 속한다. 바울과 요한에게서 역사적 예수의 가르침이 전혀 역할을 못했거나 거의 못한 반면에 현대의 유대교가 예수를 교사로서 절대적으로 존중할 수 있는 것도 오로지 이렇게만 이해될 수 있다.[1]

3. 人格者로서의 예수

초대 교회에 있어서 예수의 메시야적 意義는, 그의 가르침 배후의 인상깊은 힘으로서, "人品"(Persönlichkeit)으로서 그가 이해됨으로써도 설명되지 않는다. 즉 敬虔, 순종 등 그가 요구하는 것들이 그 자신 안에 생생하게 살아 있는 人間으로서 그의 活動에 찬동하는 사람들을 감동케 하고 감격케 하여 "따라나서게" 했다는 것으로도 그의 메시야됨의 意義가 설명되지 않는다. 그러므로 초대 교회는 십자가를 향한 그의 행진을, 영웅적으로 자기의 일을 위해 자신을 희생한 자의 행위로 파악하지도 않았다. 설사 그의 "인품"의 힘이 실제로 그렇게 컸다고 할지라도 그것을 그 공동체가 모범으로 삼은 것은 아니다. 그리고 가령 "神聖"(Numinose)이 형태를 이룬 예수의 本性의 神秘도 공동체의 관심의 대상이 아니었다. 그가 異蹟을 행하는 자로서, 귀신쫓는 자로서 놀라게 하며, "성스럽게" 활동했었을 수 있지만 — 그와 같은 일들을 傳하거나 시사하는 귀절들은 물론 복음서 기자들의 편집에 속하고 옛 전승이 아니다 — 공동체의 케리그마에서 그것은 아무런 역할도 하지 못한다. 공동체는 예수를 예언자이며 교사로서, 그리고 그것을 넘어서, 을 "人子"로서 선포했으나 물론 "神聖"의 化身인 헬레니즘 세계의 θεῖος ἀνήρ "神의 人間"으로 선포하지는 않았다. 헬레니즘 지역에서 傳說이 확대되면서 비로소 예수의 모습은 θεῖος ἀνήρ "神的 人間"의 모습을 닮아 갔다. 구약 성서 및 유대교적 세계에는 그리스 문화권의 의미에서의 영웅들도, 헬레니즘 세계의 의미에서의 homines religiosi(종교적 인간들)도 없다. 이와 같이 바울과 요한의 케리그마에서는 물론이고, 신약 성서 전체를 위해서도 예수의 인품은 무의미했다. 사실 초대 교회의 전통은 그의 인품에 관한 像을 무의식적으로라도 보존하지 않았다. 그 像을 재현시키려는 시도는 모두 주관적인 환상의 유희에 그칠 뿐이다.

4. 예수의 역사적 位置와 활동

초대 교회가, "人子"로서 "到來"하여 곧 모든 世界史에 종지부를 찍을 者

---

1) 비교. Gösta Lindeskog, *Die Jesusfrage im neuzeitlichen Judentum*, 1938.
— Martin Buber, *Zwei Glaubensweisen*, 1950.

§5. 예수의 宣布와 초대 교회의 선포의 관계에 관한 문제   33

의 歷史的 위치와 활동의 唯一性에 주목하지 않았음은 자명하게 이해된다. 그를 메시야로 믿은 초대 교회의 信仰은, 구약성서와 유대교가 역사적 인물들과 사건들을 神의 은총의 행위로 거론한 그런 의미에서, 교회가 예수의 역사적 出現을 이해했다는 점에 근거한 것도 아니다. 그의 등장과 활동은 가령 모세의 소명과 에집트에서의 탈출, 시내山에서의 율법 제정처럼 혹은 王들과 예언자들의 각성처럼 이스라엘의 역사를 위한 결정적 사건으로 이해되지 않았다.

유대교의 메시야 敎義學의 意味에서 메시야인 예수와 "첫 구원자"인 모세가 비교된다든가(요 6:31 f., 49 f.; 행 3:22), 그리스도교의 상황이 광야에서의 이스라엘의 그것과 비교된다든가(고전 10:1—11; 히 3:7—4, 11), 또한 메시야-人子가 다윗 자손에 해당될 때 이것들이 그와 같은 것에서 발단된 것일지도 모른다. 그러나 위의 것들 중 마지막 사상을 제외하면 모두 초대 교회의 것일 수 없는 神學的 思惟物로서 여하간 좀더 후기의 것으로 증명되었다. 그러나 이 경우에 무엇보다도 중요한 것은 역사적 인물들과 사건들을 병행시키는 것이 아니라 오히려 구약성서의 역사는 종말시대에 일어날 사건의 예표로서 해석되고 있다는 것이다.

저 인물들과 사건들은 그들이 民族史에 끼친 영향으로 인해 意義를 갖는다. 그리고 그것들은 — 계시 또는 신의 은혜의 행위들로서 — 個人들에게 있어서 그 개인이 역사적으로 그 민족에 속해 있음으로 인해 그 의미를 갖게 된다. 神은 各 個人들에게 조상들 및 민족 전체에게 행했던 것을 행했다. 이 사실은 가령 유대교의 유월절 儀典에 분명히 표현되어 있다. 그러나 초대 교회, 신약성서 전체도 신이 — 아브라함 또는 모세, 다윗을 통해서 했던 바와 같이 — 그 민족에게 은혜를 베푼 신의 행위로서 예수를 소급 지시하지 않았다. 그것은 당연하다! 그 까닭은 메시야-人子로서의 예수의 意義는 전혀 그가 과거에 행한 일에 있지 않고, 인간이 미래를 위해 그에게 기대하는 것에 있기 때문이다. 그리고 이 기대가 언젠가 한번 종말의 마지막 사건으로 이루어질 것이라면, 결코 이 사건은 홍해 渡河와 같이 사람들이 감사하고 신뢰하며 회고하는 과거가 될 수는 없고 신이 역사에 종지부를 찍는 신의 최후의 행위가 될 것이다.

5. 終末論的 事件으로서의 예수의 歷史

그러므로 바울에게 있어서 그리고 요한에게 있어서는 좀더 철저하게 예수, 즉 그의 到來와 십자가, 부활 및 승천이 終末論的 事件을 의미함이 분명하다. 그러나 메시야됨의 의미는 물론 終末論的인 것으로도 보았으나, 메시야의 의미를 미래에 비로소 올 것으로 간주한 초대 교회에 있어서 그 사정은 어떤 것인가? 초대 교회에 있어서 예수의 意義가 단지 그 교회가 예수를 올 "人子"로 기대한 것에서 그쳤다면 그 교회는 유대교의 한 종파였을 수는 있으나 그리스도교의 공동체라고 불리워질 수는 없을 것이다. 그 교회가 십자가에서 죽은 자를 부활한 자로 선포한다고 해도 그렇다. 왜냐하면 적어도 부활이 십자가에서 죽은 자가 "人子"로 불리워진다는 데 대한 증명 이외에 다른 의미를 가지지 않는 限, 그것은 아직 유대교의 종말론을 파괴한 사건으로 이해되지 않았기 때문이다. 그리고 초대 교회가 유대교의 한 宗派로 남을 위험에 직면해 있었다는 것은, 예수의 到來와 죽음, 부활에 의해 마련된 상황에 대한 초대 교회의 理解에 바울이 반기를 든 데서 드러난다. 하여간 초대 교회가 예수의 人物과 역사에 대한 理解를 바울의 의미에서 終末論的인 것으로 명확히 발전시키지 못했지만 그러나 역시 초대 교회는 자신을 終末論的 공동체로 이해함으로써 예수를 함축적으로는 바울적 의미에서 이해했다.

§6. 종말론적 共同體로서의 초대 교회*

1. 마태 16:18—19과 열 두 제자

초대 교회가 마지막 시대의 공동체로서 자신을 이해했음은 바울과 共觀書 전통이 증명한다. 그 공동체가 예수가 한 것처럼 한 말인 마태복음서 16장 18절 이하에서 예수의 제자단이 "공동체"(Gemeinde)로 표시되었는데, 즉 그 공동체의 지도자는 하늘나라의 열쇠를 장악하였고 그러므로 요컨대 그 공동체는 이른바 (곧 나타날) 신의 지배에 들어가는 待機室이고 저 지하세계의 세력들 — 그들의 공동체에 대한 공격은 終末의 때에 숙명적으로 일어날 사건들에 속하는데 — 에 의해 정복되지 않는다는 것이다. 그 공동체는 神이 그에게 지배권을 선사할 "작은 무리"이다(눅 12:32). 그 대표권은 "열 둘"에게 있는데 이들은 신의 나라가 나타날 때 열 두 보좌에 앉아서 이스라엘 지파를 다스릴 것이다(마 19:28 및 눅 22:29 f.). 이 열 둘이 예수에 의해 부름받았을 可能性이 적은 만큼 그 열 둘은 그 공동체의 종말론적 意識에 있어서 더욱 특수하다. 그들은 사실 "사도들"로서 "열 둘"이 아니라 종말론적

---
* 이 표제에 관한 문헌들, 참조. S. 623 f.

§6. 종말론적 共同體로서의 초대 교회

관원들로서 "열 둘"이기 때문이다.[1]

2. 예루살렘과 그 "공동체"

終末論的 意識에 대한 증거는 또한 예수의 제자단이 갈릴리에서 부활절을 체험한 後에 곧 올 神의 나라의 中心地인 예루살렘으로 올라갔다는 사실이다. 이곳에서 그 공동체는 약속의 성취를 기대했다. 그 외의 증거로는 바울이 증언하는 그 공동체와 구성원들의 호칭들이다. 그 제자단이 자신을 공동체로서 이해했다면, 그들은 그것으로써 구약 성서의 神 공동체, 즉 קְהַל־יהוה 의 칭호를 자기 것으로 만든 것이다. 이 칭호는 이스라엘을 신의 백성으로 표시하는 것인데 한편으로는 이미 종말론적인 칭호로 되어 있었다. 왜냐하면 유대교는 현재 흩어져 있는 이스라엘의 모임, 현재 숨겨져 있는 공동체의 드러남을 종말로부터 기대했기 때문이다. 초대 교회는 자신을 바로 "공동체"로서, 더 정확히 "神의 공동체"로서 표시함으로써 그 공동체에서 默示文學者들의 희망이 이루어졌음을 말한다. 그 구성원들은 이에 맞게 "선택된 자들"과 "거룩한 자들"이라는 종말론적 칭호를 지니게 되었다.

그리스어 신약 성서의 ἐκκλησία는 아람어의 어떤 단어에서 온 것인가에 관한 토론에 대해서는 비교. §1, 3 (S. 8)에서 지적된 문헌, 특히 Leonh. Rost, *Die Vorstufen von Kirche und Synagoge im AT.* 1938. K. L. Schmidt(Festgabe f. Ad. Deißmann, 1927, 258-319)는 辭典 편찬법적 문제를 위해 노력했는데 아람어 קְהָלָא(히. קָהָל "會衆")이 아니라 כְּנִישְׁתָּא(히. כְּנֶסֶת)로 확인되었으나 믿기 어렵다. 내용상 ἐκκλησία (τοῦ θεοῦ)는 여하간 (קהל(־יהוה)에 상응한다. 70인역에서 קהל은 대개 ἐκκλησία로 되어 있다. (그러나 이방인의 קהל이 문제일 때는 기이하게도 그렇지 않다!). 말하자면 특별히 신명기(이것은 시내-공동체와 그리스도교회와의 類似性에서 중요한 것이었다)와 그리스도교회의 自意識을 위해 중요한 시편들에서 그렇다. 70인역에서 עֵדָה 가 ἐκκλησία로 번역된 일은 결코 없다. 오히려 עדה는 물론 전부는 아니지만 대개 συναγωγή로 번역되었다. 가끔은 קהל도 그렇게 번역되었다. Sir. 에서 ἐκκλησία는 오로지 קהל로 되어 있으나 עדה로는 되어 있지 않다. Ps. Sal.에서 ἐκκλησία는 이스라엘(신의 백성으로서)의 표지이고 συναγωγή는 개체 공동체의 표지(그러므로 後者는 복수형으로 쓰여진 데 反해 ἐκκλησία는 단수형으로만 나타난다)로서 분명히 구분되어 있다. Philon은 시내-會集과 קהל־יהוה(신 23 : 1 ff.)를 위해 오로지 ἐκκλησία만을

---

1) "열 둘"의 類似形이 쿰란 텍스트들에 들어 있는가의 문제에 관해, 참조. Bo Reicke, *ThZ* 10(1954) S. 107 f. H. Braun은 이에 반대한다. *Spät-jüd-häret. und frühchristl. Radikalismus I*, 1957, 19, 1. — 쿰란 종파와 초대 그리스도교 사이의 類似性은 역시, 前者도 자신을 마지막 시대의 참 이스라엘로서 이해한 사실에 있다.

회당 건물을 위해 συναγωγή만을 사용했다. — Ἅγιοι "성도들"과 ἐκλεκτοί "선택된 자들"에 관해, 참조. 특히 Kümmel, Kirchen-begriff ··· (§1,3, S. 8) 16 ff. — 초대 교회의 成員이 "가난한 자들"로 표시된 것은 불가능한 일이 아니다. 이 표지는 시편들 중에서 "敬虔한"과 동의어이다. 그리고 Ps. Sal.에서도 本來의 이스라엘을 이루는 敬虔한 자들이 "가난한 자들"이라고 불리워졌다. 그리고 마찬가지로 Orig. c. Cels. 2,1 (I 126,19)과 Epiph. 30,17,2 (I 356,2)에 의하면 유대인 그리스도 신자들이 אביונים "가난한 자들"이라고 불리워졌다. 그러므로 이 칭호는 초대 교회도 "신의 이스라엘"로서 성격지었으며, 그 점에서 종말론적이다. 그러나 이 칭호가 이미 초대 교회에서 사용되었는지는 불확실하고, 적어도(K. Holl, H. Lietzmann, E. Lohmeyer 등의 견해와 같이) μόνον τῶν πτωχῶν ἵνα μνημονεύωμεν "우리가 가난한 자들만을 생각하도록"(갈 2:10)에서는 그것을 추론할 수 없다. 왜냐하면 롬 15:26은 πτωχοὶ τῶν ἁγίων "성도들 중 가난한 자들"을 말하고 πτωχοί는 오로지 공동체의 일부뿐이었으며 이로써 πτωχός는 사회적 의미는 지니지만 종교적 용어는 아님을 알 수 있기 때문이다. 엣세네파 및 쿰란 종파의 구성원들도 "가난한 자"라고 불리웠는가에 대한 문제, 참조. K. Elliger, Studien zum Habakuk-Kommentar vom Toten Meer, 1953, 86 f. 220—222, 277; H. Braun, Spätjüd. - häret. und frühchristl. Radikalismus, I, 1957, 59, 5;124, 2. A. Burgsmüller, Der 'am ha-'arez zur Zeit Jesu, 학위 논문, Marburg 1964. — 초대 교회와 쿰란-텍스트들 중의 공유 재산 문제에 관해, 참조. Sh. E. Johnson, ZAW 66, 1954, 110 등 The Scrolls and the NT, 1957, 131. — §8의 문헌도 참조.

3. 세례

이 의미에서 세례도 이해되어야 하는 것은 의심 없다. 세례가 초대 교회에서 처음부터 許入儀式으로 실시되었다는 것은 확실한 것일지도 모른다. 바울은 모든 신자들이 세례받았음을 전제했다(롬 6:3; 고전 12:13). 그러나 물론 세례의 의미는 예수와 그의 첫 "제자들"이 자진해서 받았던 요한의 세례의 의미와 다른 것일 수 없다. 다시 말하면 세례는 회개에 결부된, 도래하는 신의 지배를 위한 潔禮 즉 종말 공동체에 들어가는 의식이었는데, 이것은 결례浴이었던 유대교의 改宗 세례에 흡사한 것으로, (할례와 함께) 이 세례를 받은 자는 이스라엘 공동체의 성원이 되었었다. 이것과의 차이는 물론 그리스도교의 세례가 종말론적 공동체의 가입을 뜻했다는 데 있다. 그러나 특별한 차이는 改宗 세례가 儀典的인 不潔에서 벗어나는 것을 뜻하는 반면 그리스도교의 세례는 요한의 그것과 마찬가지로 — 罪의 고백과 회개가 이 세례의 전제인 데 상응하면서 — 분명히 범죄에서 깨끗해짐을 약속한다는 데 있다. 마가 복음서 1장 4절에 의하면 요한의 세례를 특징지어 주는 εἰς ἄφεσιν ἁμαρτιῶν "죄들의 용서를 위한"도 처음부터 그리스도교의 세례에 해당했다(비교. 행 2:38). 이러한 정결이 浸禮에 의해 이루어지는 것으로 간주되는 限, 세례는 초대 교회에서 이미 (요한의 세례와 같이) 聖禮典的인 성격을 가지고 있었고 그러므로 완전히 마지막 때의 거룩한 공동체의 지체를 만드는 종말론적 禮典으로 표시되어야 한다. 여기에 얼마나 일찍이 세례가 受洗者를 "人子"로서의 예수라는 인격에 禮典的으로 관련시키고, 그를 예수의 것으로 만들고 그의 "이름"의 加護 밑에 둔다는 사상이 첨가되었는지는 이미 알 수 없게 되었다. 바울이 εἰς τὸ ὄνομα τοῦ Χριστοῦ "그리스도의 이름으로"(고전 1:13)로 세례받았다는 것을 전제할 때 그것은 헬레니즘-그리스도교회의 관례에 소급됨을 뜻할 것이다. 그러나 세례는 아마 일찍부터 (ὄνομα Ἰησοῦ Χριστοῦ "예수 그리스도의 이름"을 부름에 힘입은?) 마법적인 活力으로 인증되었을 것이다. 언제부터 "靈"을 제공하는 적극적인 작용이 인증되었는가도 의심스럽다. 그것은 헬레니즘-그리스도교의 思想에서 비롯된 것일지도 모른다.

初代 그리스도교의 세례와 유대교 改宗 세례 사이의 유사성은 전자가 후자로부터 나왔다는 것을 의미하지 않는다. 그렇지 않다면 그것은 사실 이방인에게만 해당하는 것이 되었을 것이다. 확실히 증명되는 것은 改宗 세례가 기원후 첫 세기末 이후 처음으로 나타난다는 것이다. 그것이 더 옛것일 수 있다. 그러나 그것이 증명되지는 않는다. 그리스도교 세례의 근원은 여하간 그것에 있지 않고 요한의 세례에 있다. — 이 문제를 가장 잘 다룬 글, Jos. Thomas, *Le mouvement baptiste en Palestine et Syrie*, 1935, 356—391; N.A. Dahl, *The Origin of Baptism*, Norsk Teol. Tidsskr. 56, 1955, 36—52.

4. 共同食事

공동 만찬들(떡을 떼는 일)도 공동체의 종말론적 意識에 의해 성격지어진다. 사도 행전 2장 42—47절에 분명히 개편되어 수록된 전통에 의하면 이 만찬들에서 지배적인 것은 ἀγαλλίασις 즉 "환호"이다. 이것은 종말론적 기쁨의 분위기를 말한 것일지도 모른다.[1] 그리고 디다헤서(Didache) 9장과 10장에 전승된 식탁 기도들에 의해 이 만찬식에 관해 어떤 표상을 만들 수 있을 것이다. 설사 이 기도들이 初代 교회에 소급되는지, 만약 소급된다 해도[2] 어

---

1) 참조. *ThWB* I 19 f.
2) 참조. M. Dibelius, *ZNW* 37, 1938, 32—41 및 *Botschaft u. Geschichte* II, 1956, 117—127.

느 정도인지는 알 수 없지만 그것이 그리스도교적으로 개작된 유대교의 식탁 기도들이기 때문에, 즉 그것들은 분명히 유대인 그리스도교 전통에서 나온 것들이기 때문에 그것들은 사도 행전 2장 42절에 수록된 προσευχαί "기도들"의 특수성에 해당할 수 있을 것이다. 이것들은 식사때 종말적인 기분이 얼마나 공동체를 채웠던가를 보여 준다. 예수로부터 선사된 은사들에 대해 감사한 후(여기의 표현에서 특별히 헬레니즘적 語法들을 볼 수 있다) 곧 기도들의 주된 내용이 따르는데 이것은 종말의 완성을 위한 간구이다 : 주여 당신의 이 무리를 기억하소서! 당신은 그들을 모든 악에서 구원하시고 당신의 사랑으로 完成하시나이다! 당신은 그들을 사방에서 모아 그들, 거룩하게 된 자들을, 당신이 그들을 위해 예비한 당신의 나라에 인도해 들이소서! ···주여[3], 오소서, 이 세상은 사라지게 하소서!"(Did 10 : 5 f.).

쿰란 종파의 만찬들과 초대 그리스도교회의 그것들과의 유사성에 관해, 참조. K.G. Kuhn, Ev. Theol. 1950/51, 508—527 및 The Scrolls and the NT, 1957, 65—93. — O. Cullmann, JBL 64, 1955, 215.

5. 靈

예수가 귀신들이 자신 안에서 작용하는 靈을 피해 가는 것을 보고 마지막 때의 침입을 느낀 것과 같이(막 3 : 28 f.; 마 12 : 28? 비교. 눅 11 : 20), 공동체 안에서 작용하는 πνεῦμα "靈"이 바울에게 ἀπαρχή "처음 익은 열매"(롬 8 : 23), 곧 이루어질 일의 ἀρραβών "擔保"(고후 1 : 22; 5 : 5)를 뜻한 것과 같이, 초대 교회는 자신에게 그 靈 즉 유대교의 견해에 따르면 이스라엘의 마지막 예언자들 이래 끊겼던 마지막 때의 은사가 제공된 것으로 알고 있었다. 그리고 이 은사는 마지막 시대를 위해 선사될 것으로 약속되어 있었던 것이다. 이 영에게 몰려서 다시 예언자들이 일어난다. 그들은 사도 행전 11장 28절; 21장 9, 10절 이하에서 증명되는 바와 같다. 바울도 다다헤서도 마찬가지로 공동체에 이것을 자명한 것으로 전제했다. 이 영의 힘에서 이적 행위들이 일어난다(마 10 : 8; 막 6 : 13; 행 11 : 28; 21 : 10 f.). 이것은 바울에게도 자명했던 것과 같은 것이다(고전 12' : 9, 28 f.). 영은 박해의 시대에 관련 앞에서 할 바른 말을 준비해 준다(마 10 : 19 f. 및 막 13 : 11). 후기 헬레니즘 공동체에서 그렇게 큰 역할을 했던(고전 14) 열광과 "방언"의 진술들이 이미 초대 교회에도 나타났었는지는 의심스럽다. 전설적인 성령강림 설

---

3) 물론 콥틱 텍스트에 따라 ἡ χάρις "은혜" 대신 이렇게 읽을 수 있다.

화(행 2：1—13)에는 13절이 밝히는 바와 같이 그런 실제적 사건에 관한 보도가 근저에 들어 있는 것같이 보인다.[1]

6. 豫言의 證明

초대 교회가 교화적인 동기들이든지, 宣教的인, 또는 護教的인 동기들이든지 구약 성서에서 豫言 證明을 도입한 것은 의심할 여지가 없다. 그러나 구약 성서의 豫言들은 그대로 마지막 때에 해당한다. 그러므로 豫言들이 실현된 그리고 지금 실현되는 성취에 대한 확신에도 공동체의 종말 의식이 전제되어 있다. 고린도 전서 10장 11절에 豫言 증명의 원리가 분명히 표현되었다(비교. δι' ἡμᾶς "우리를 통해", 고전 9：10; 롬 15：4). 물론 차츰 늘어난 예언 증명의 어느 귀절들이 초대 교회에 소급되는지는 이미 확인되지 않는다. 고린도 전서 15장 3절 이하에 인용된 παράδοσις "전해진 것"은 κατὰ τὰς γραφάς "성서에 의해" — 이것은 바울의 경우 다른 데서 볼 수 없는 말투이다 — 에 의해 바울 前 時代를 위한 豫言 증명으로 밝혀진다. 그리고 공관서 전통은 얼마나 초기에 예수의 인물됨과 活動 특히 그의 수난을 예언 증명의 빛에 비추어 이해하기 시작했는가를 보여 준다.

7. 宣教

당장 문앞에 다다른 종국에 대한 신앙은 초대 교회의 宣教도 지배했다. 이 신앙은 예수가 말한 것으로 되어 있는 "派送 연설" 중에 반영되어 있다. 使者들은 방방곡곡에 돌아다니며 이스라엘이 회개하도록 서둘러야 한다. (마 10장 특히 7, 9절 이하). 그들이 이스라엘의 모든 곳들을 다 방문하기 전에 "人子"는 온다는 것이다(마 10：23).

8. Q자료

이런 신앙은 결국 초대 교회에 소급되는 主의 語錄, 즉 Q자료에 의해 증명된다. 이 말들에 선행된 것은 종말론적 의식에 의해 지탱된 축복문들(Makarismen)이다. 그 結文은 到來에 관한 말들로 되어 있다.

---

1) 사도행전 편수자에 의해 4장에 개작 수록된 사료 보도의 마지막 절인 31절은 원래 이러했다고 추측된다 : καὶ ἐπλήσθησαν ἅπαντες τοῦ ἁγίου πνεύματος καὶ ἐλάλουν γλώσσαις "모두 성령으로 충만하여져서 방언으로 말했다". 비교. 10：45 f.

§7. 初代 敎會의 信仰을 위한 예수의 意義*

1. 부활절 信仰에 비추어 본 예수의 옴

그러므로 초대 교회는 宗敎史學的 觀點에서 보면 유대교 내부의 종말론적 종파로 나타난다. 다른 종파들의 방향과 다른 점은 그것이 십자가에 죽은 나사렛 예수를 올 "人子"로 기다린 것뿐 아니라 무엇보다도 자신을 이미 부름받고 선택된 마지막 때의 공동체로 의식했다는 데 있다. 그 공동체가 예수를 메시야-人子로서 선포했다면, 그것이 그 이유에서 구약성서 전통과 예수의 선포에 어떤 것을 한 가지 더 첨가한 것을 뜻하는 것일 수 없다. 메시야로서의 예수에 관한 케리그마는 오히려 모든 다른 것 — 옛 전통과 예수의 선포 — 에 처음으로 그 성격을 제공하는 第一義的인 것, 기본적인 것이다. 모든 옛것이 새로운 照明下에 — 말하자면 예수의 부활에 대한 부활절 신앙 이래 그리고 부활절 신앙을 근거로 나타나게 된 것이다. 그러나 예수의 인물됨과 활동이 부활절 신앙의 빛에서 나타난다면 그것은 그가 설교한 가르침에 그의 의의가 있다는 것도, 메시야 이념의 수정에 있다는 것도 아니다. 그것은 오히려 예수의 옴 자체가 결정적 사건이었다는 것을 의미한다. 그의 옴을 통해 神은 그의 공동체를 불러냈으며 그것 자체가 이미 종말론적 사건이었다. 부활절 신앙의 본래의 내용은 사실 예언자이고 교사인 나사렛 예수를 신이 메시야로 만들었다는 것이다.

2. 종말론적 사건으로서의 예수의 역사에 관한 含蓄的 認識

예수의 옴이 결정적 종말론적 사건이라는 이 認識이 초대 교회에서 얼마나 명료하게 되어 있었는가는 다른 문제이다. 때가 차매 神은 그의 아들을 보냈다(갈 4:4)든가, 예수의 죽음에 힘입어 "옛것"이 지나가고 (모든 것이) 새것이 되었다(고후 5:17)든가와 같은 바울의 귀절들은, 지금은 율법의 시기가 지나갔다든가, 그러므로 율법은 끝났다는 등의 귀절들과 함께 초대 교회에는 아직 생소한 것들이었다. 초대 교회가 새 세대는 이미 시작되었다는 명백한 意識을 가지고 있었다(Kümmel)는 주장은 과장일 수 있다. 임박한 극적인 大事件, 즉 "人子"로서의 예수의 도래에 대한 待望이 공관서 전통이 보여주는 바와 같이 공동체의 의식을 지배했고, 예수의 옴과 활동은 종말론

---

* 이 표제에 관한 문헌들, 참조. S. 623

§7. 初代 敎會의 信仰을 위한 예수의 意義

적인 사건으로서 아직 명백히 인식된 것이 아니었다. 이 인식은 처음에 공동체의 종말론적인 自己理解중에 잠재적으로 숨어 있었고, 처음에는 그 전개를 가능케 할 싹들이 沮害를 받으면서 根抵에 들어 있었다.

그 인식이 잠재적으로 주어져 있었다는 것은 우선, 결정적인 것이 예수 자신에게서와 마찬가지로 공동체에 있어서도 선포의 '무엇'(Was)이 아니었다는 데서 밝혀진다. 그는 한때 그 자신이 神言의 전달자로 받아들이는 결단을 요구했다(§1,3). 공동체는 지금 이 결단을 내렸다. 예수의 결단하라는 호소에는 그리스도론이 잠재적으로 들어 있다. 그것은 물론 하늘의 존재에 대한 思辨으로서도, 메시야 意識의 構造로서도 아니고, 결단의 촉구에 대한 대답의 명시, 신의 계시를 그에게서 是認하는 순종의 明示로서의 그리스도論이다. 공동체에 있어서 그런 그리스도론은 신이 부활을 통해 예수를 메시야로 임명하고 공동체는 그를 올 "人子"로 기다릴 수 있을 만큼 분명했었다. 왜냐하면 바로 이 점에서 공동체가 예수의 파견을 신의 결정적인 행위로서 이해했다는 사실이 분명해지기 때문이다. 공동체는 그를 올 자로 기다리면서 스스로를 그에게 부름받은 마지막 때의 공동체로 이해했다. 그 공동체에 있어서는 실제로 — 얼마나 명백히 의식하고 있었는가는 그렇게 중요하지 않다 — 옛것은 지나갔고 세상은 새로이 되었다.

공관서 전승에서는 결정적인 사건으로서의 예수의 활동이 일련의 主의 말들로 특별히 그의 옴 또는 보내짐에 관해 거론한 그런 말들로 이해되었다. 이 말들이 (적어도 다수는) 원래 主의 말들일 수는 없다. 오히려 공동체의 산물들(Gemeindebildungen)이다. 이것들이 이미 팔레스틴 초대 교회에서 생긴 만큼(이것은 여하간 확실히 인식되지 않는다) 그것들은 초대 교회가 어떻게 회고하면서 예수의 나타남과 그의 의미를 전체로서 파악했는가를 보여 주며, 공동체의 부름을 통하여 어떻게 그 운명과 문제들을 결정한 신의 "보냄"으로 이해했는가를 증명해 준다. 그는 "와서" 義人들을 부르지 않고, 罪人들을 불렀다(막 2:17). 그는 이스라엘의 집 잃은 양들에게 "보내졌다"(마 15:24). 그는 "와서" 地上에 불을 던졌다(눅 12:49). 그의 옴은 平和를 뜻하지 않고 劍(마 10:34—36 공관), 즉 종말론적 결단과 판결(갈라세움)의 시간을 뜻한다. 그를 받아들이는 자는 그를 "보낸" 자를 받아들인다(막 9:37 및 마 10:40). 그를 버리는 자는 그를 "보낸" 자를 버린다(눅 10:16). 다른 類似語들에 관해서는 다른 것에 연관시켜 다시 거론될 것이다.[1] 그의 보

---

1) 비교. R. Bultmann, *Die Gesch. d. synopt. Trad.*², 161—176 : '나-말' (번역. S. 189—208).

냄이 어떻게 예루살렘의 운명을 뜻했느가는 누가복음서 13장 34—35절(공관)의 말에서 표현되었는데 그것은 원래 아마 "智慧"에 관계되었던 것으로, 한때 예수 자신에 의해 인용되었으나 아마 공동체에 의해 그의 입에 넣어지고 새로 이해된 유대교의 예언일 것이다. 즉 이에 따르면 그가 바로 예루살렘의 "子女"를 모으려 했으나 이루지 못한 자인데 예루살렘은 이제 버림을 받았다는 것이다.[2]

3. 십자가에 대한 理解

예수의 "제자들"이 한때 그를 "따름"으로 내렸던 예수의 使命(Sendung)에 대한 결단은 예수의 십자가의 죽음으로 인해 새로이 철저하게 내려져야 했었다. 그 십자가는 확실히 결단의 문제를 다시 제기했다. 왜 냐하면 그것은 그의 선포의 내용(Was)을 문제시할 수 없었던 만큼 그가 마지막 결단의 말을 가진 神의 使者라는 사실(das Daß), 그 合法性, 그 주장도 문제시할 수 있었기 때문이다. 그 공동체는 십자가의 거리낌을 극복해야 했고 또한 부활절 신앙에서 극복했다.

이 결단 행위가 자세하게는 어떻게 수행되었으며 부활절 신앙이 "제자" 개인들에게서 어떻게 일어났는가 하는 것은, 전승에서 傳說로 인해 흐려졌고 또한 내용상으로도 중요하지 않다. 막 14:28; 16:7은 "제자들"이 예수가 체포된 후에 갈릴리로 도망했었다는 것과, 이곳 갈릴리에서 베드로가 제일 먼저 부활한 자를 보았다는 것을 전하는바 고전 15:5가 이것을 확인한다. 눅 24:34도 이에 관한 흔적을 보존하고 있는데 눅 22:31 f.는 물론 이에 소급된다(참조. *Gesch. d. synopt. Trad.*², 287 f.〈번역 S. 335 f.〉). 이 기본적인 사건은 베드로의 메시야 고백(막 8:27—29)과 변모(막 9:2—8〈§4,1〉), 베드로의 고기잡이(눅 5:1—11) 등에 관한 說話들 및 반석으로서의 베드로에 관한 말들(마 16:17—19〈§1,3〉) 중에 반영되어 있다. 빈 무덤 사화는 傳說이다. 바울은 아직 이것을 모른다. Παράδοσις "전승"이 제공하는 대로 바울이 부활한 자의 현상들을 열거한 고전 15:5—8에 따르면 부활은 곧 승천(Erhöhung)을 뜻했다. 부활은 후에 처음으로 지상생활에 잠간 다시 돌아온 것으로 해석되었었다. 승천 사화는 그후 이것에서 생겼다(눅 24:50—53; 행 1:3—11). 부활한 자의 現顯들은 갈릴리에 한정되지 않고 제자단이 예루살렘에 돌아온 후 그곳에서도 일어났다(누가는 단지 그런 것들에 관해서만 보도한다). 고전 15:5—8에 열거된 현상들이 어떻게 갈릴리와 예루살렘에서 일어났던 것들로 분류되는지는 알 수 없다. 그리고 500형제들 앞에 그가 나타났다는 것(고전 15:6)이 성령강림절사건과 동일하다는 것은 하나의 추측에 불과하다 — 이 문(제들에 관해, 비교. 새로운 문헌들중, Lyder Brun, *Die*

---

2) 비교. 同上, S. 120 f. (번역. S. 140 f.).

§7. 初代 敎會의 信仰을 위한 예수의 意義

Auferstehung Christi in der urchristl. Überlieferung, 1925; Selby Vernon Mc Casland, *The Resurrection of Jesus*, 1932; Maurice Goguel, *La foi à la résurrection de Jésus dans le Christianisme primitif*, 1933; Kirsopp Loke in *The Beginnings of Christianity* V (1933), 7—16; Em. Hirsch, *Die Auferstehungsgeschichten und der Christl. Glaube*, 1940; W. Grandmann, ZNW 39 (1940), 110—121; Paul Althaus, *Die Wahrheit des Kirchl. Osterglaubens*², 1941. — W. Michaelis, *Die Erscheinungen des Auferstandenen*, 1943. — H.v. Campenhausen, *Der Ablauf der Osterereignisse und das leere Grab*. SA Heidelb., phil.-hist. Kl., 1952, 4. — K.H. Rengstorf, *Die Auferstehung Jesu*, 1952. — H. Grass, *Ostergeschehen und Osterberichte*, 1956.

부활절신앙과함께 십자가에 관한 理解가 요구되었다. 즉 이 이해를 통해, 유대교의 판결에 따라 십자가에 죽은 자에게 적중된 저주의 거리낌(비교. 갈 3：13)이 극복내지는 변화된 것이다. 십자가의 의미는 救援事件에 연결되어야 했다. 초대 교회에서 그런 이해가 얼마만큼 발전되었었는가는 분명하게 볼 수 없다. 예수의 수난과 죽음을 신의 섭리로 설명하되 누가복음서 24장 26—27절에서 구약에 의해 증명한 것은 초대 교회의 반성 단계의 성격을 보여 주는 것일 수 있다: οὐχὶ ταῦτα ἔδει παθεῖν τὸν Χριστὸν καὶ εἰσελθεῖν εἰς τὴν δόξαν αὐτοῦ; καὶ ἀρξάμενος ἀπὸ Μωϋσέως καὶ ἀπὸ πάντων τῶν προφητῶν διηρμήνευσεν αὐτοῖς ἐν πάσαις ταῖς γραφαῖς τὰ περὶ ἑαυτοῦ "그리스도가 이 고난을 받고 자기의 영광에 들어가야 할 것이 아니냐? 그리고 그는 모세와 모든 예언자에게서 시작하여 자기에 관한 모든 것을 성경에서 그들에게 설명했다". 이것이 물론 십자가의 거리낌을 단지 소극적인 의미에서 즉 단지 神의 必然性 δεῖ에서 그것을 보았을 것이라는 점에서 제기되었을 뿐이고 그의 적극적인 의미는 아직 분명해지지 않았다. 여하간 이 σκάνδαλον "거리낌"의 극복에서 분명해진 것은 그리스도의 십자가에서 메시야의 영광에 관한 유대교의 규범들과 인간의 表象들이 산산히 조각났다는 것이다. 그러므로 십자가에 죽은 者를 메시야로 是認하는 데는 神 앞에서의 새로운 인간의 이해가 함축적으로 포함되어 있다.

그러나 그 以上의 것도 말할 수 있다. 바울에게 전승된 παράδοσις에서 초대 교회에 소급되는것은 κατὰ τὰς γραφάς "성서에 의하여"뿐 아니라 ὑπὲρ τῶν ἁμαρτιῶν ἡμῶν "우리의 죄들을 위해"로 소급되지 않는가? 그 때에는 초대 교회에서도 역시 예수의 죽음이 속죄 제물로 파악된 것이 될 것이다! [1]

---

1) O.Cullmann(Petrus, 1952, 69—72)은 이 견해를 베드로에 소급시킬 수 있다고 주장한다.

바울의 두 귀절도 이것을 대변하는바, 그는 이 귀절들을 분명히 전통적 표현들에서 — 사실은 아마(부분적으로는 물론) 인용한 것일 수 있는바 — 얻어 냈다. 그런 귀절은 곧 로마서 3장 24—25절에 들어 있는데 유난히도 바울의 어법들만이 이 중에서 부가문들로 강조될 수 있다: δικαιούμενοι(δωρεὰν τῇ αὐτοῦ χάριτι) διὰ τῆς ἀπολυτρώσεως τῆς ἐν Χριστῷ ᾿Ιησοῦ, ὃν προέθετο ὁ θεὸς ἱλαστήριον (διὰ πίστεως) ἐν τῷ αὐτοῦ αἵματι εἰς ἔνδειξιν τῆς δικαιοσύνης αὐτοῦ διὰ τὴν πάρεσιν τῶν προγεγονότων ἁμαρτημάτων ἐν τῇ ἀνοχῇ τοῦ θεοῦ "그리스도 예수 안에 있는 구속으로 인하여(그의 은혜로 값 없이) 의롭다함을 얻은 者들이 되었는데 이는 그를 신이 그의 피로 인한 (믿음으로 말미암는) 화목제물로 세워 神의 참음에서 전에 지은 죄들을 간과함으로 자기의 의로움을 나타내려고 하였음이라." 그리스도를 ἱλαστήριον "화목제물"로 표시한 곳은 바울의 경우 이곳뿐이다. 바울은 이외에(롬 5:9과 역시 전통을 따르면서 聖晩餐에 관련시킨 고전 10:16; 11:25, 27 외에는) 그리스도의 αἷμα "피"에 관해 말하지 않고 σταυρός "십자가"에 관해 말한다. 끝으로 여기에 있는 신의 δικαιοσύνη "義", 즉 전에 범행한 죄들의 속죄를 요구한 義에 관한 표상도 그의 경우 다른 데서는 볼 수 없다. 그러므로 여기에는 아마 초대 교회에 소급되는 전통의 한 귀절이 들어 있음이 분명하다. 그 문체형식(종합 평행법)상 인용문의 인상을 주는 귀절 로마서 4장 25절의 경우도 같다. 아마 이 말은 이사야서 53장을 연상하면서 표현했을 것이고 그러므로 초대 교회가, 이미 최초에 얻어진 것은 아닐지라도 이사야서 53장에서도 예수의 수난에 관한 예언을 발견했다는 것을 짐작케 한다(참조. §4, 3).

예수의 죽음이 범죄들을 위한 속죄제물로 해석된 것 자체는 유대교의 思惟에서 멀지 않다. 義人, 특히 殉敎者의 수난의 속죄적 힘에 관한 思想이 유대교에서 발전되었기 때문이다. 비교. Str.-B. II 275 f. 279—282; W. Bousset, *Die Rel. des Judent.*[3], 198 f.; G.F. Moore, *Judaism* I 547—549; E. Sjöberg, *Gott und die Sünder im paläst. Judentum*, 1939, 174 f. 222. (죄인들을 위해) 고난받는 메시야 사상은 물론 예수 시대의 유대교에 전혀 없었다. 비교. G. Dalman, *Der leidende und der sterbende Messias der Synagoge*, 1888; W. Staerk, *Soter* I 1933, 78—84; Str.-B. I 273—299; G.F. Moore, 해당문헌, 551 f. Joach. Jeremias, *Jesus als Weltvollender*, 1930은 다르다 — E. Lohse, *Märtyrer und Gottesknecht*, 1955.

4. 현재를 規定하는 힘으로서의 부활한 자

공동체가 그 예언자와 교사를 올 "人子"로서 기다리고 또한 부활절 신앙의 빛으로 예수의 地上活動을 새로이 이해함으로써 예수의 모습은 현재를 규정하는 힘으로도 나타났다. 미래의 구세주이고 지배자인 그는 물론 그가 올라간 하늘로부터 어느 정도 지금 그의 왕권을 행사한다. 그의 말들을 수집한다면 그것은 말들의 내용 때문만이 아니라 오히려 그것들이 미래의 왕인 그의 말들이기 때문이었다. 랍비의 表象에 따르면 메시야는 그가 나타나면 토라의 교사로도 등장할 것이다.[1] — 공동체는 이미 예수의 율법 해석을 소유하고 "그러나 나는 너희에게 말하는데···!"에서 예수가 메시야로서 말하는 것을 듣고 있다. 默示文學家들의 신앙에 따르면 메시야가 언젠가 제공할 것으로 되어 있는 지혜와 인식을 사람들은 이미 그의 말들에서 소유하고 있다.[2] 새로운 주의 말들은 이런 신념에서 생겼다. 그것들은 논쟁의 문제들을 결정지어 주는 말들이었다. 가령: "내가 온 것은 율법 또는 예언자들을 폐하기 위한 것으로 생각지 말라! 나는 폐하러 온 것이 아니라 이루려고 왔다···"(마 5: 17—19). "나는 오직 이스라엘 집의 잃은 양들에게 보내졌을 뿐이다!"(마 15: 24). 그것들은 지금 운명으로서 경험하고 있거나 또는 과제로서 파악되는 것으로, 그에 의해 보내지고 제공된 것으로서 입증하는 말들이다: "내가 평화를 地上에 가지고 왔다고 생각지 말라, 오히려 검을 가지고 왔다!···"(마 10: 34—36 공관, 참조. 위에, 2). "너 적은 무리여, 두려워 말라, 이는 아버지가 너희에게 그 나라를 주기로 결심했음이라"(눅 12: 32). 그가 바로 使者들을 보내어 신의 지배가 임박한 소식을 방방곡곡에 전하게 하는 자이다(막 6: 7 ff. 및 마 9: 37 ff. 공관). 예언자들은 그의 이름으로 말한다: "보라, 나는 양같은 너희를 이리들 중에 보낸다"(마 10: 16 공관). "보라, 내가 너희에게 뱀과 전갈들을 밟을 능력을 주었으니 너희를 해할 자는 결코 없을 것이다"(눅 10: 19) — 우리가 실제로 계시록에서도 그리스도교 예언자들이 승천한 자의 이름으로 말하는 예들을 보는 바 (비교. 계 3: 20; 16: 15)와 같다. "피곤하고 짐진 자들"에게 기운을 약속하는 "구세주의 부름"(마 11: 28 f.)은 옛 격언록에서 온 것일지도 모른다. 부활한 자가 왕의 거동으로 베드로에게 공동체 — 이것을 그는 자신의 공동체라고까지 표시했다 — 의 책임을 위임한 말들은 즈대 교회에서 생긴 것이 확실하다(마 16: 17—19); 그들이 한때 이스라엘 지파의 판원이 되리라는 열 둘에 대한 약속도 마찬가지이다(마 19: 28 및 눅 22: 28—30). 시간의 경

---

1) 비교. P. Seidelin, *ZNW* 35, (1936), 194 ff.; P. Volz, *Die Eschatologie der jüd. Gemeinde*, 1934, 218.
2) 비교. P. Volz, 인용한 곳.

과에 따라 필요하게 된 공동체 질서를 위한 규율들이 그의 명령들에 적용되는 것은 쉽게 이해된다(마 18 : 15—18). 사실 초대 교회는 유대교의 말, 다시 말하면 토라의 이해를 위해 노력하는 두 사람 중에 신이 現在한다는 유대교의 말을 이미 다음 말로 바꾸어 놓은 것같이 보인다 : "나의 이름으로 둘 또는 셋이 합심하면 그들 한가운데 내가 있을 것이다"(마 18 : 20) — 예수의 귀신 축출들에 대한 회상에서 그의 이름이 마법과 다른 異蹟行爲들을 위한 효과적인 도구로 이용된 것도 예외일 수 없다. 마가복음서 9장 38—40절 — 이것은 물론 원 마가에는 없었을 수도 있다 — 이 초대 교회의 전통에서 생겼다면 그것은 이를 위한 증거이다. 사도행전 3장 6절에도 같은 것이 적용된다.

5. 예수의 칭호들

공동체가 그의 意義와 품위를 표시하기 위해 예수에게 부과한 칭호들은 유대교의 메시야 신앙의 전통에서 취해진 것인데 그것들은 물론 각이한 동기들이 한데 합쳐졌던 것이다. 이 모든 칭호들은 원래 그 의미가 相異했던 것일지라도 종말론적 구세주를 말한다는 점에서 일치한다. 예수가 "메시야" 즉 기름 부음을 받은 왕의 옛 칭호를 받은 것은 自明한데, 그것은 공관서 전통이 증명할 뿐 아니라 바울도 분명히 전제하고 있는 바와 같은 것이다. 그러므로 이 토대로부터 사실 헬레니즘계의 그리스도교에서 $Ἰησοῦς Χριστός$ 라는 二重 이름이 생겨났다.[1] 공관서 전통에 의하면 초대 교회에서 지배적인 칭호는 "人子"인데 이것은 默示文學의 希望에서 생겼고 超 地上的인, 先在的 存在를 뜻했으며 그것은 마지막 때에 하늘로부터 내려와서 심판을 주재하고 구원을 가져오는 반면에(§1,1), 메시야 칭호는 민족주의적 대망에서 생겼으며 또한 (다윗계의 자손에서 나온) 王을 표시했는데 그의 出現과 活動이 상당히 神의 超自然的 개입에 의해 유도되고 규정될지라도 이 王은 단순한 인간으로 생각되었다.

다윗 자손이라는 칭호는 민족주의적인 전통에서 나왔고 내용상 "메시야" 와 같은 의미를 지니고 있다. 이 칭호는 초대 교회에서 어떤 역할도 하지 못한 것 같다. 이것은 공관서 전통에서 비교적 드물게 보이기 때문이다(Q에는 전혀 없다). 반면 바울은 그것이 잘 알려진 것으로 생각한 것이 틀림없

---

1) O. Cullmann(*Die Christologie des NT*, 1957, 11—49)은 물론 불충분하지만 가장 옛 그리스도론으로서, 예수를 "예언자"로 표시한 그리스도론을 증명할 수 있다고 주장한다. Bieneck와 Tödt, Hahn등의 책도 그렇고 그 외의 §4, S. 23.에 수록된 문헌도 같은 것을 말한다.

§7. 初代 敎會의 信仰을 위한 예수의 意義

다. 그 자신에게 있어서 그것은 물론 큰 의의를 가지지 못했으나 그는 그 것에 로마서 1장 3절을 관련시킨다. 말하자면 그에게 전승된 말투에 의존한 것이 틀림없는 한 귀절로 표현했다. 그는 그렇게 함으로 그에게는 생소한 로마 교회에 바른 가르침을 따르고 있는 사도로서 자신을 증명하려고 했다. 그 말투는, 바울의 문장 구조에서 풀어서 바울의 부가문들로부터 독립시키면 다음과 같았을 것이다:

('Iησοῦς Χριστός) ὁ υἱὸς τοῦ θεοῦ,
ὁ γενόμενος ἐκ σπέρματος Δαυίδ,
ὁ ὁρισθεὶς υἱὸς θεοῦ ἐν δυνάμει ἐξ ἀναστάσεως νεκρῶν
"(예수 그리스도) 신의 아들,
그는 다윗의 씨에서 나고
죽은 자들로부터 부활한 데 근거를 둔 능력으로 인정된 신의 아들이다". [1]

예수가 다윗 자손임을 증명하려는 서로 다른 두 족보, 마태복음서 1장 1—17절과 누가복음서 3장 23—38절이 초대 교회에 소급되는지, 만약 그렇다면 어느 정도인지는 말할 수 없다. 마가복음서 12장 35—37절이 초대 교회에서 생겼다면 초대 교회 안에는 이 칭호를 예수에게 전용하는 데 대한 비판도 일어났을 수 있다(§4,2). 그러나 여하간 이 칭호가 얼마 안되어 널리 유포되었으나 역시 아주 일찌기 사라졌다.

신의 아들 칭호도 메시야 王을 뜻한다. 이것도 역시 로마서 1장 3절이 이미 바울 前에 생긴 전통임을 증명해 준다. "신의 아들"이 이미 유대교에서 메시야 칭호로서 사용되었는가는 불확실하고 異論도 있다. 그러나 그것은 전적으로 가능한 것으로 보아야 할 것이다. 그 까닭은 고대 근동 養子論的 형식으로 왕을 신의 아들로 부른 시편 2편이 초대 그리스도교에서와 마찬가지로 유대교에서도 이미 메시야로 해석되었었기 때문이다. 그러나 이 칭호가 유대교에서도 그리스도교 공동체에서도 신화적인 의미를 가질 수 없었음은 명백하다. 말하자면 후기 헬레니즘계 그리스도교에서와 같이 그것은 신에 의해 탄생한 超自然的 存在로서 메시야를 표시한 것이 아니라 단순한 왕의 칭호였다. 예수가 신의 아들로 호칭되는 공관서들의 귀절들이 대개 이 차적이고 또는 헬레니즘계 그리스도교의 산물이며 해당 복음서 기자의 표현

---

1) 딤후 2:8도 옛 말투에 소급될 수 있다. 비교. H. Windisch, *ZNW* 34, 1935, 213—216.

이라면 變貌史話는 역시 그의 οὗτός ἐστιν ὁ υἱός μου ὁ ἀγαπητός "이는 나의 사랑하는 아들이다"(막 9 : 7)와 함께 옛 전통에 소급된다. 이것이 만약 원래 부활절사화라면(§4, 1) 그것은 로마서 1장 3절과 함께 초대 교회가 예수를 신의 아들로서, 방금 부활에 의해 생긴 神의 아들로서 표시했다는 것을 증명해 준다. 그러나 초대 교회가 신의 아들로 여긴 것은 후기 헬레니즘계의 공동체에서처럼 지상의 예수가 아니었다. 그리고 예수의 동정녀 탄생 傳說은 초대 교회에 아직 알려져 있지 않았었다. 바울에게도 그것은 마찬가지이다.

默示文學書인 제4에스라서와 수리아 바나바서에는 "신의 종"이라는 메시야 칭호가 들어 있는데 이것은 "메시야" 또는 "신의 아들" 외에 다른 의미를 가지고 있지 않다. 그 칭호는 구약 성서에서 나왔다. 여기서는 발탁된, 神에 의해 특별한 임무를 맡은 경건한 자들, 가령 아브라함과 모세, 예언자들이 그렇게 불리워졌고 — 이 칭호는 특별히 다윗에게 결부되어 이미 전통을 이루었었는데 — 왕에게도 마찬가지로 적용되었었다. 그리고 그것은 누가복음서 1장 69절 ; 사도행전 4장 25절 ; Did 9장 2절(여기서는 예수의 동일한 標識를 합해서)에서도 볼 수 있다. 그러므로 메시야도 다윗 자손으로서 이 칭호를 받았다는 것은 쉽게 이해된다. 메시야인 신의 종을 자세히 묘사하는 데는 때로 제2이사야서에 의해 영향을 받았을 수 있다. 물론 그는 대리로 죄인들을 위해 고난을 받는 이사야서 53장의 신의 종이 아니었다. 이 종은 유대교의 주석에 의해 이스라엘 민족을 뜻하게 되었었기 때문이다. 또 默示文學家들의 신의 종은 수난의 인물이 아니라 메시야적 지배자이고 재판관이었다. 그러나 이사야서 42장 1절 이하 또는 49장 1절 이하로부터의 영향은 가능하다. 왜냐하면 42장 6절과 49장 6절에서 신의 종에게 부여된, "민족들의 빛"이라는 존칭이 에디오피아 에녹서 48장 4절에서 "人子"에게 전용되었고 그렇게 됨으로 메시야의 성격을 얻었기 때문이다 — 초대 그리스도교는 이 칭호를 받아들인 것이다. 이미 초대 교회가 그렇게 했는지는 물론 알 수 없다. 공관서 전통에서는 그것을 볼 수 없기 때문이다. 오로지 마태만이 12장 18절 이하에서 그것을 그의 설명적인 인용문들 중 하나에(사 42 : 1 ff.) 삽입했다. 그 다음에는 사도행전 3장 13, 26절 ; 4장 27, 30절에 나오는데 후에 兩者는 공동체의 기도문에 속한다. 그 다음에는 성만찬 기도인 디다헤서 9장 2—3절 ; 10장 2—3절과 로마 공동체의 기도인 클레멘스 제1서 59장 2절 이하에 수록되었다. 그러므로 그것은 여하간 일찌기 공동체의 禮典的 言語群에 받아들여진 것같이 보인다 — 비교. Bousset, *Kyrios*

§7. 初代 敎會의 信仰을 위한 예수의 意義

*Chr.*² 56 f. 외에 W. Staerk, *Soter* I 24 ff.; Ad. V. Harnack, "Die Bezeichnung Jesu als "Knecht Gottes" und ihre Geschichte in der alten Kirche"(Sitzungsber. d. Preuß Akad. d. Wiss., Phil-hist. Kl. 1926, 28); P. Seidelin, *ZNW* 35(1936), 230 f. ; O. Cullmann, *Christologie des NT*, 50—81; E. Haenchen, *Die Apostelgeschichte*, 1956, 169, 특히, A. 4; J. Jeremias, *Th WBV* 680—713.

바울 서신들은 예수가 헬레니즘영역 공동체에서 κύριος "主"로 표시되고 제사적으로 숭배되었었음을 보여 준다. 부세(W. Bousset)의 *Kyrios Christos* (1913, ²1921) 이래 초대 교회가 이미 예수를 主로 표시했으며 그렇게 호칭되었다는 사실에 그것이 소급되는가에 관해서는 異論이 많다. 정력적으로 이 사실을 거부한 부세가 옳았는지도 모른다. 그러나 여하간 초대 교회가 설사 예수를 主라고 불렀을지라도 그것을 제사적으로 숭배하지는 않았다. 큐리오스제사는 헬레니즘지역에서 처음으로 생겼다.

여하간 유대교가 메시야를 "主"로 표시한 일은 없다. 유대교 화법에서 절대적 용법인 "主"(der Herr)란 생각될 수 없다. "主"는 신에게 적용될 때 언제나 자세한 규정을 가진다. 즉 그것은 "하늘과 땅의 主", "우리 主" 등이다. 그러므로 예수에게 적용될 경우에는 기껏해야 "우리 主" 등이 가능하다. 공관서 전승들 중 가장 옛 것에서는 예수를 "主"라고 부르지 않았다. Q에는 그 칭호가 없다. 마가에서는 11 : 3의 전설적인 이야기에만 나온다. 반면 특수하게도 누가의 설화에는 절대적인 ὁ κύριος "主"가 자주 사용된다. 옛 전승에도 나오는 κύριε(主여)라는 호칭은 어떤 것에 대한 표지도 되지 않는다. 그것은 단지 학생들(제자들)이 교사(스승)를 부르는 말 "내(및 우리) 主"의 전승에 불과하기 때문이다. 마가와 마태에서 예수를 부르는 말씨로 κύριε "주여"와 ῥαββί "랍비여"로 혼용되는 것이 이것을 말해 준다. 종말론적 기도 호칭인 μαρὰ αθα (אתָ אנָרָמָ="우리 主여, 오소서！")는 고전 16 : 22에 있는데 초대 교회의 산물임이 확실하나, 마찬가지로 그것이 초대 교회가 예수를 主로 불렀다는 데 대한 증거가 되지 못한다. 그것이 설사 후대에 예수에게 전용되었을지라도 원래는 신에게 해당된 것이었을 수 있기 때문이다(비교. 계 22 : 20). 그리고 헬레니즘계의 그리스도교에서 οἱ ἐπικαλούμενοι τὸ ὄνομα τοῦ κυρίου ἡμῶν 'Ι. Χριστοῦ "우리 주 예수 그리스도의 이름을 부르는 자들"(고전 1 : 2; 비교. 행 9 : 14,21; 22 : 16; 딤후 2 : 22)이라는 표현이 그리스도인들의 칭호로 통용되었을 때에 그것이 초대 교회를 대변하는 것은 아니다 — 비교. 이 문제에 대해 Bousset의 *Kyrios Christos* 외에 P. Wernle, "Jesus und Paulus," *ZThK* 25(1915), 1—92; P. Althaus,, "Unser Herr Jesus, *NKZ* 1915, 439—457. 513—545; W. Heitmüller, "Jesus und Paulus," *ZThK* 25 (1915), 156—179; W. Bousset, *Jesus der Herr*, 1916; Werner Foerster, *Herr ist Jesus*, 1924; E. Lohmeyer, *Kyrios Jesus*, 1928(여기에는 외국문헌도 수록되어 있다); Wolf W. Graf Baudissin, *Kyrios als Gottesname im Judentum und seine Stellung in der Religionsgeschichte* I—IV, 1929; E.v. Dobschütz, "Κύριος 'Ιησοῦς," *ZNW* 30(1931), 97—123. — E. Lohmeyer, *Gottesknecht und Davidsohn*[2], 1953. — O. Cullmann, *Christologie des NT*, 200—244. — Ed. Schweizer, 참조.
§ 5.

Lohmeyer는 그의 책 "*Galiläa und Jerusalem*"(1936)에서 그가 종래 다른 연구들에서, 그리고 특히 그의 마가복음서 주석에서 관철시켜 온 주제, 즉 팔레스틴지역에 본래 두 초대 교회 또는 적어도 性格的으로 다른 두 경향, 말하자면 갈릴리적 경향과 예루살렘적인 것이 있었다는 주제를 발전시켰다. 갈릴리의 공동체 및 그 경향은 예수에 대한 견해를 "人子"로 표시했고, 예루살렘의 것은 그를 메시야로 표시했으나 갈릴라 공동체에서는 κύριος 칭호도 생겼다는 것이다 — 팔레스틴 공동체에 相異한 경향들이 있었다는 것은 옳을 것이다 — 그러나 시초부터 그랬다고는 볼 수 없다. 그것들은 서서히 자라났을 것이다. 갈릴리에서 부활절 경험을 한 後, 예수의 全 추종자들이 그곳에서 예루살렘으로 이주한 것이 아니라 예루살렘 공동체와 나란히 갈릴리 공동체 — 설사 이것이 Lohmeyer가 평가하는 만큼 중요하지는 않았다고 할지라도 — 가 있었다는 것도 아마 옳을 것이다. 여하간 바울은 예루살렘 공동체만을 평가하고 있다. 이 공동체에는 처음에 12제자가 선두에 있었고 후에는 主의 형제 야고보가 주도역할을 맡았었는데, 그들은 모두 갈릴리 출신들이고 역시 갈릴리 전통을 대표했다. 여하간 "메시야"와 "人子"라는 이 두 칭호를 예수에 관한 두 相異한 신학적 견해의 표현으로 그리고 그것으로써 두 개의 다른 공동체 또는 경향의 표지로 파악하는 것은 불가능하게 보인다. 이 둘은 마찬가지로 종말론적 구세주를 표시했고 옛 메시야 칭호 즉 민족적 이스라엘의 希望의 옛 표현은 이미 이 좁은 의미에 고정되지 않았었다. 그것도 마찬가지로 默示文學에 의해 기대되었던 하늘의 구세주에 전용될 수 있었다. 이에 상응하면서 반대로 그가 가져오는 구원은 민족적인 성격들을 결여해야 할 필요는 없었을 것이다. 에디오피아 에녹서의 구상말들에서는 "人子"와 "메시야"가 동일한 인물의 칭호로서 혼용된다. 제 4 에스라서에서도 같다. 후자에서는 메시야 칭호는 "신의 종"으로도 나타난다. 말하자면 그것이 분명하게 "人子"에게 첨가된 반면에 (13 : 32, 37, 52) 수리아 바나바서 70 : 9에는 메시야가 "신의 종"으로 표시되었다. 그 외에 수리아 바나바서에는 "메시야"가 전적으로 默示文學의 超自然的 救世主로 표시되었는데 그는 "人子" 칭호를 지니고 있지 않다. 그와 같이 공관서 전통에서도 "메시야"와 "人子"라는 各異한 표지들이 예수의 인물됨에 대한 個人的 파악들의 相異한 표현으로는 볼 수 없다. 그리고 특히 분명한 것은 묵시문학의 人子 칭호는 사용하지 않은 바울이 Χριστός 標識(그것이 그에게는 고유명사가 아니라 칭호라는 점에서)를 민족적 希望의 의미에서가 아니라 默示文學의 의미에서 사용하고 있다는 것이다.

§8. 교회의 표현 양식들의 形成을 위한 출발점들*

1. 유대교와의 關係에 관한 문제

초대 교회는 그의 종말론적 意識으로부터 그의 실천적이고 일상적인 행동 특히 유대교와 그 제도들, 그 대표자들에 대한 그의 태도를 위해 어떤 결론들을 내렸는가? 그 교회는 그의 全 생존 현실을 어느 정도 종말론적 사건의 빛에서 보았는가?

종말론적 공동체는 물론 새로운 종교 단체 — 즉 한 새로운 역사 현상 — 임을 뜻하지 않으며 새로운 종교로서 유대교와 구별되지 않는다. 그 공동체는 그 성전과 그 제사를 고수했다. 사도행전 2장 46절에 의하면 그것은 성전 지역에서 모이는 것을 상례로 했다. 마태복음서 5장 23—24절에 따르면 예수가 聖殿祭祀에 반대하지 않았던 것처럼 그 공동체도 獻祭慣習을 준수했다 (§2,3). 그리고 그 공동체가 옛 유대교 공동체와 자신의 내적인 相異性을 알면서도 聖殿稅를 지불했다는 것을 전설인 마태복음서 17장 24—27절이 증명하는 바와 같이 마가복음서 13장 9절 및 마태 복음서 10장 17절은 그 공동체가 회당의 법질서에 복종할 줄 알았음을 증명한다. 마지막 때의 공동체로서 그것은 자신을 참 이스라엘로 이해한바, 이 이스라엘이라는 것은 구약 성서의 약속들이 성취된 것을 말함이고 (§ 6,6) 이스라엘 민족의 救援史의 목표이었다.

그런데 문제는 여기에 있었다. 즉 참 이스라엘이 실제로 어느 만큼 종말론적인 것으로 이해되었으며, 역사적 민족으로부터 어느 정도 선택된 것으로 이해되었는가? 救援史의 주체인 이스라엘이 — 바울이 그러했던 것과 같이 — 의미하는 대로 처음부터 종말론적인 것으로 얼마나 이해되었는가, 얼마나 경험적, 역사적 민족으로 이해되었는가? 초대 교회는 단지 역사적 민족만을 특징짓는 選民思想(Idee)으로부터 벗어났는가? 어떤 의미에서 구약 성서의 歷史意識이 받아들여졌는가?

2. 律法의 問題

이 문제들은 律法의 有效性에 대한 問題로서 활기를 띤다. 구약 성서의 律法이 종말론적인 공동체의 성원들에게 구속력이 있는가? 그리고 율법에 대한 순종이 종말론적인 구원에 참여하는 조건인가? 이 문제에 대한 대답

---

* 이 표제에 관한 문헌들, 참조. S. 623 f.

은 처음에는 분명했던 것같지 않다. 사실 처음에는 문제가 제기되는 것조차도 전혀 분명하지 않았던 것 같다. 그러나 실제적으로는 祭祀-祭儀的인 율법의 요구들에 대한 상대적 자유가 반드시 있었을 것이다. 그 까닭은, 유대교의 율법주의에 대한 예수의 비판적이고 논박적인 말들이 보존되어 있는데 그 말들에 대한 검토 없이 어떻게 그것이 가능했을까라는 물음이 생기기 때문이다. 율법상으로 方正한 자들의 보상을 따지는 일과 오만을 반격한 그의 말들을 계속 전승하면서 동시에 구원에의 참여를 율법 실천이라는 조건 하에 둘 수 있었겠는가? 쿨론 바울에 의해 발견된 대립 명제 즉 율법의 일인가 신앙인가는 초대 교회에서 明示的(explizit)이 못되었다. 오히려 초대 교회의 헬레니즘계의 그리스도교 특히 바울에 대한 태도는 율법에서 自由하지 못했다는 것을 보여 준다. 추측이지만 아마 후퇴 현상이 일어났고 차츰 불안과 율법에 대한 충실이 자리를 잡았을 것이다. 가령 후에 이 경우는 특히 유대인 그리스도교 종파에서 일어났었다. 이것은 물론 主의 형제 야고보의 개인적인 영향에 일부 기인하고 일부는 헬레니즘계의 공동체에서 고개를 든, 율법과 제사의 비판에 대한 반발이었다. 이로부터 귀결된 결과들에 직면하여 사람들은 놀랐다. 그리고 여기서 저 유명한 예수의 말들 즉 "내가 율법 또는 예언자들을 폐하기 위해 온 줄로 생각지 말라! 나는 폐하러 오지 않고 이루려고 왔다! 진실로 내가 너희에게 말하는데 하늘과 땅이 없어지기까지는 율법의 일점 일획도 없어지지 않으리라···"(마 5:17 f.) 가 생겼다. 신의 나라에서 가장 작은 자에 해당하는 자가 가장 작은 계명들 중 하나를 폐하는 자라고 했다면(마 5:19) 그것은 분명히 헬레니즘계의 그리스도인들, 아마 바울 자신을 고려하면서 한 말일 것이다.

그러나 구원의 길로서의 율법에 대한 문제가 다른 문제와 결합되었다는 사실에 의해 불확실성과 불명료성은 더욱 증가되었다. 율법은 구원의 길만이 아니고 그 실천도 공적의 성격만을 가진 것은 아니었기 때문이다. 그것은 사실 선택된 백성에게 그 지위와 가치를 제공한 신의 은사이기도 했었다. 구원사는 이스라엘 민족의 역사였고 종말론적 공동체는 참 이스라엘이었다. 그러므로 율법의 실천은 그것이 이스라엘 민족의 일원이 되는 조건이라는 점에서 구원에 참여할 수 있는 조건이었다. 그러므로 초대 교회가 이 조건을 고수한 것이 분명해진다. 초대 교회가 얼마나 (적어도 시초에는) 主의 말들의 영향하에 유대교의 율법주의에 비판적으로 임했든 간에, 그리고 유대교의 功勞思想에서 얼마나 멀어졌든 간에, 그것은 선택된 민족의 특수성으로서 율법을 고수했고 그것을 대표한다고 자부했다.

§8. 교회의 표현 양식들의 形成을 위한 출발점들

이 사실은 우선 예루살렘이 異邦傳道를 과제로 파악하지 않았었다는 사실에서 분명해진다. 예수의 말로 되어 있는바 "이방으로 가는 길을 가지 말고 사마리아 어느 마을에도 들어서지 말라! 오히려 이스라엘 집의 잃은 양에게로 가라!"(마 10:5 f.)는 말은 적어도 초대 교회 안에서 이방 선교를 전적으로 거부한 한 경향이 있었음을 시사하고 마태복음서 10장 23절의 말도 유대인을 위한 선포만을 가정한다. 아마 여기에는 각이한 견해들이 있었을 것이고 또한 견해의 발전도 있었을 것이다. 여하간 가버나움의 백부장(마 8:5—10 공관)과 수로보니게 여인(막 7:24—30)의 전설적인 이야기 — 이 둘은 같은 것을 변형시킨 것인데 한편으로는, 얼마 안가서 구원의 공동체에 이방인도 받아들여졌다는 것을, 다른 한편에서는 단지 주저하면서 예외로만 받아들여졌음을 가르쳐 준다. 사도행전 10장 1절 이하에 개편 수록된 가이사랴 고넬료 백부장의 전통도 같은 것을 인식케 한다. 그러나 무엇보다도 갈라디아書는 사도행전 15장 근저에 들어 있는 전통과 같이 종말론적 구원 공동체에 가담하려는 이방인들에게 율법의 수납과 특히 할례를 요구한 것을 보여 준다. 그러나 이것은 구원에 참여하는 조건이 곧 경험적 역사적 산물로서의 유대 민족의 一員이 된다는 것이었음을 의미한다. 바로 여기에서 내분도 야기되었는데 처음에는 예루살렘 공동체 내부에서의 예수 直系의 옛 제자와 헬레니즘계의 유대인 그리스도신자들 사이에서, 그 후에는 초대 교회와 바울 사이에서 일어났었다.

예루살렘에 돌아와서 그곳에 그들 자신의 회당을 소유했던 헬레니즘계의 유대인들(행 6:9)은 처음부터 율법에 대해서 자유로왔다. 그런 사람들이 그리스도 교회에 가담했다면 그들의 단체들로부터 율법과 성전 제사에 대한 비판의 소리가 높아졌을 것은 자명하다. 그것은 그들에게 속했던 스데반에 대한 증언이 잘 말해 준다(행 6:11, 13 f.). "七人"선발에 관한 설화(행 6:1 ff.) 배후에도 분명히 예루살렘 공동체에서 야기된 분쟁이 숨겨져 있다. 그 七人은 "집사들"(Diakonen)이 아니라 헬레니즘적 경향의 대표자들이었기 때문이다. 스데반과 후에 빌립에 관한 이야기도 역시 그들의 직책이 식사를 준비하는 것이 아니라 말의 선포였음을 말해 준다. 이 헬레니즘계의 그리스도인들의 등장은 유대교 공동체의 반발을 야기시켰는데 이 공동체는 분명히 이전 초대 그리스도교에 반대하지 않았다. 그러나 헬레니즘주의자들이 그에게 희생된 것이다. 스데반은 投石刑을 받았고 그의 동지들은 축출되었다. 이 일로써 문제는 일단 초대 교회를 위해서도 진정되었었다. 그러나 얼마 안가서 — 부분적으로는 축출된 자들의 선교에 힘입은 것인데(행 8:4 ff.; 11:19 ff.) — 이방 그리스도교 공동체가 형성되었을 때 문제는 다시 고개를 들었다. 이 공동체는 율법의 수납, 특별히 할례의 수납을 이미 그 공동체의 가입과, 메시야의 구원에의 참여를 위한 조건으로 여기지 않았었다.[1]

갈라디아서 2장 1—10절이 보도하는바, 사도회의에서의 바울 및 바나바와의 대결에서[2] 초대 교회는 일단 율법에 구애되지 않는 이방 그리스도교의 권리를 승인했다. 그러나 안디옥과 추측상 다른 곳에서도 혼합 공동체의 식사 문제로 새로운 분쟁이 야기되었다(갈 2:11 ff.)는 보도에서 알 수 있는 바와 같이 이방 그리스도 신자들에게 완전히 동등한 대우가 인정된 것은 분명히 아니다. 이 분쟁을 조정하기 위해 이방 그리스도 신자들에게 어느 정도의 양보를 촉구하는 결정들이 예루살렘으로부터 發布되었다. 이것이 이른바 使徒會議 訓令이다(행 21:25).[3]

Rol. Schütz는 그의 단행본 *Apostel und Jünger*(1921)에서, 율법에 무관한 헬레니즘계의 그리스도교가 갈릴리와 사마리아, 메가볼리에서 예수의 설교를 근거로 성장한 공동체들인데 이것이 더 옛 단계에 속하고 반면 예루살렘의 율법에 성실한 공동체는 후기의 산물이라는 것을 증명하려고 힘썼다. 사도행전에 대한 석연치 않은 문헌 비판학적 분석에 근거를 둔 이 견해에는 근거가 없다 — W. Grundmann은 예루살렘 초대 교회 내부의 헬레니즘계의 그리스도교의 문제에 관해 다루었는데 잘못된 사료 구분으로 인해 설득력을 잃고 있다(*ZNW* 38, 1939, 45—73). — 대결에 있어서의 相異한 경향들과 베드로 및 야고보, 바울의 위치에 관해, 비교. H. Lietzmann, "Zwei Notizen zu Paulus," Sitzungsber. d. Preuß Ak. d. Wiss., Phil.-Hist. Kl. 1930 VIII; Em. Hirsch, "Paulus und Petrus," *ZNW* 29, 1930, 63—76; Gerh. Kittel, "Die Stellung des Jakobus zu Judentum und Heidenchristentum," *ZNW* 30, 1931, 145—157; W. Grundmann, "Die Apostel zwischen Jerusalem und Antiochia," *ZNW* 39, 1940, 110—137.

3. 敎會 槪念의 形成

이외에도 초대 교회에서의 교회 개념의 형성은 유대교 공동체에 연결됨으로 물론 沮害를 받았다. 종말론적 공동체로서의 교회가 아직 그것에 적합한

---

1) O. Cullmann은 "헬레니즘주의자들"과 쿰란종파들 사이의 연관성을 추측했는데 옳다고 보기 어렵다. *JBL* 74, 1955, 220—224; 또는 *The Scrolls and the NT*, 25—30; *Les Manuscrits de la Mer Morte*, 1957, 61—74.
2) 행 15장에 유사형이 수록되어 있다. 그러나 여기에 들어 있는 사료는 말하자면 이른바 사도회의 訓令을 결과로 제공한 다른 회합과 의결에 관해 전한다.
3) 참조. 바로 앞의 註.

§8. 교회의 표현 양식들의 形成을 위한 출발점들

표현을 어떤 독자적인 神예배 형식에서도 찾지 못한 것은, 성전 제사에서 벗어나지 못했기 때문이었다. 이를 위한 가능성들만은 있었다. 왜냐하면 그 공동체는 사실 성전 지역에서뿐 아니라 私家들에서도 모일 수 있었기 때문이다(행 2:46). — 전체가 모였는지 개별 그룹들이었는지(비교. 행 12:12)에 대하여는 보도들이 없다. 그러나 공동체의 성장과 함께, 그리고 특히 헬레니즘계의 성원들을 받아들인 후에는 역시 그룹별 모임들만이 가능했을 것이다. 이 모임에서 성서 해석을 통해 함께 교훈을 받고 예수의 말들을 회상했다는 것은 자명하다. 초대 교회가 독자적으로 회당예배를 主宰했으리라는 것도 불가능하지는 않다. 사실 예루살렘에서는 유대교의 각이한 그룹들을 위해 일련의 회당들이 있었기 때문이다. 그러나 그것에 관해 우리가 아는 것은 없다.

자체의 祭祀形式들의 발전을 위한 시발점은 물론 세례(§6,3)이기도 했고 공동 식사들(§6,4)이 더 적합했을지도 모르나 시발점일 뿐이었다. 이 식사들이 공동체의 축제로도 물론 불리울 수 있을지 모르나 역시 본래의 예배의식이 아니었던 것은 분명하다. 그것이 "주의 만찬"인 성례가 아니었음은 더 말할 나위도 없다. 바울 및 헬레니즘계의 공동체에서 베풀어진 성례, 즉 우리가 마가복음서와 바울에게서 보는 그런 예전이 아니라 배를 채우기 위한 일상적인 主要 식사들이었는데 이것들이 축제적인 형태를 갖추고 있었다. 이것이 "떡을 떼는 일"로 표시되었다면(행 2:42, 46) 이로부터 부각되는 것은 그것이 외견상 유대교 식사, 즉 떡을 떼는 행위와 이것을 수반하는 축복의 선언으로 시작되는 식사와 유사했다는 것이다. 떡을 떼는 일과 축복의 선언이 한 쌍을 이룬다는 것은 그리스도교의 보도들도 전한다(막 6:41; 14:22; 눅 24:30; Did 9:3; 14:1). 술이 있을 경우에는 물론 이때 술도 마실 수 있었다. 그러나 그것이 제사의 의미를 가졌던 것은 아니다. 그렇지 않았으면 그 식사가 단순히 "떡을 떼는 일"로 표시되지 않았을 것이다. 이 만찬祭의 근원은 그 전에 예수와 그의 "제자들"이 함께 베풀었던 공동 식사에 있음이 분명하다. 그러나 이 경우 예수의 마지막 만찬에 특별히 관련이 있는 것은 아니다. 이 만찬은 헬레니즘계 공동체의 "主의 만찬"에서 처음으로 나타난다.

聖만찬의 두 양식, 곧 팔레스틴-초대교회의 것과 헬레니즘계-바울의 것의 차이에 관해, 참조 H. Lietzmann, *Messe und Herrenmahl*, 1926; O. Cullmann, *La signification de la Sainte-Cène dans le Christianisme Primitif*, 1936. E. Lohmeyer는 성만찬에 관한 문제들과 近者의 문헌에 나타나는 그것에 관한 토론에 관해

비판적으로 대결한바 자세하고 배울 바가 많다. Th. R.N. F. 9, 1937, 168—227, 273-312; 10, 1938, 81—99. 그도 그 두 전형을 서로 구별하나 역시 이 둘은 이미 초대 교회에 있었다고 믿고 그가 여기서 확인할 수 있다고 생각하는 두 경향에 그것들을 분배한다(§7,5). 즉 "떡을 떼는 일"은 "갈릴리"의 전통인 반면 "예루살렘"의 경향에서는 성만찬임이 현저한데, 이것은 예수의 마지막 만찬에 해당하고 예수의 죽음에 관한 사상이 그 중심을 차지했었다는 것이다. 이 견해를 Lohmeyer도 발전시켰다. Journ. of Bibl. LVI, III, 1937, 217—252. — 참조. Ed. Schweizer, "Das Herrenmahl im NT," ThLZ 79, 1954, 577—592.

4. 공동체의 指導, 전통과 계승

공동체의 지도권은 제일 처음에 "열 둘"의 손에 있었다. 그러나 이 경우에 문제되는 것은 본래의 공동체의 직책(Amt)이 아니다. 처음에는 임박한 종말기대에 의해 유지된 때문에 그러한 제도를 생각하지 않았다. "열 둘"은 이스라엘의 12지파를 다스릴 미래의 지방 장관들로서(§§6, 1. 7, 4) 참 이스라엘로서의 마지막 때의 공동체의 機構라기보다는 대표였다. 실천적으로 그들은 말의 선포자로서 공동체 안과 밖에서 활동했고 선교 여행 때문에 예루살렘을 때로 또는 완전히 (베드로와 같이) 벗어나는 경우도 있었음이 분명하다. 처음에는 지도적인 권위가 베드로였는데 이것은 마태복음서 16장 17—19절 및 누가복음서 22장 31—32절이 말하는 바와 같고, 공관복음서 전통과 바울에게서도 마찬가지로 베드로의 역할이 증명된다. 얼마 안 가서 그와 나란히 세베대의 아들 요한과 主의 형제 야고보도 지도적인 지위를 차지했다. 바울은 στῦλοι "기둥들"로서 셋을 꼽았다(갈 2:9; 비교. 1:18 f.). 그후 베드로가 예루살렘을 버리고 요한(추측으로 약 44년에)은 그의 형제 야고보와 살해된 후, 주의 형제 야고보가 결정권을 쥐고 있었다(행 12:17; 21:18).

본래의 공동체 직책자는 "장로들"인데 이들은 유대교의 본을 따라 비교적 일찍부터 이미 선발되었음이 분명하다. 그러나 언제부터인지는 알 수 없다. 그들은 최초로 사료인 사도행전 11장 30절에 나오고, 사도행전 21장 18절 史料에서는 야고보와 함께 등장한다. 사도행전 15장(16장 4절도 같다)에서 "사도들과 장로들"이 공동체의 지도자로 나타난 것은 편집자의 편집에 소급된다. 아마 야고보는 장로회의의 의장직을 가졌던 모양이다.

결정적인 문제는, 종말론적인 공동체의 지도를 위한 적절한 기구가 어떤 것이었는가라는 것이다. 그것은 오로지 말 선포에 근거를 두고 있었음이

§8. 교회의 표현 양식들의 形成을 위한 출발점들

분명하다. 신은 "화해"와 함께 διακονία τῆς καταλλαγῆς "화해의 직무", λόγος τῆς καταλλαγῆς "화해의 말"을 세웠다(고후 5 : 18 f.)는 것이 바울에게 분명했던 바와 같다. 이 διακονία "직무", 이 λόγος "말"은 초대 교회와 열 둘에게 있어서 무엇보다도 첫째가는 일이었다. 물론 그들이 구원의 시대를 담당할 미래의 열 두 지방장관이었다는 점에서가 아니라 말의 선포자와 전통의 수호자였기 때문이다. 공동체가, 그 중에 들어 있는 사람들에 의해 세워지는 단체 또는 同志會가 아니라 神의 행위에 근거를 두고 있다고 알기 때문에, 구약 성서적 유대교 공동체처럼 그 공동체는 그것에 근거를 두는 역사가 포함되고 생생히 드러나 있는 전통을 필요로 했다. 이 전통은 二次的으로는 예수의 선포의 傳承이나 一次的으로는 특수한 그리스도교의 케리그마인바 — 전자는 오로지 후자의 영역 안에서만 타당했다. 12人 위원 보충 선발에 관한 전설적 史話는 이 사정을 아주 적절히 표현한다. "그러므로 요한의 세례로부터 그가 우리 가운데서 올리워간 날까지 주 예수가 우리 가운데 출입할 때에 항상 우리와 함께 다니던 사람들 중에서 하나를 세워 우리와 더불어 예수의 부활한 것을 증거할 사람이 되게 하여야 하리라"(행 1 : 21 f.). 그리고 고린도전서 15장 3—7절과 11장 23절도 마찬가지로 구원 사건의 전통이 다져져 있는 케리그마의 형성을 보여 준다. 전통의 말이 교회를 구성하는 요인으로서 이해되는지 또는 어떻게 그렇게 이해되는지는 곧 앞날을 위해 意味深長한 물음이었다.

전통은 연속성 즉 계승(Sukzession)을 요구한다. 이것은 제도적으로 또는 聖禮典的으로 중개될 필요는 없다. 바울에게서도(비교. 고전 12 : 28) 또 에베소서 4장 11—12절에서도 그 계승은 자유로운 것이었다. 다시 말해서 그것은 제도적으로 규제되는 것이 아니라 영의 자유로운 관할에 위임되어 있다. 처음에 사도(바울)은 그가 "주를 — 즉 부활한 자를 — 봄으로" 부름을 받았다(고전 9 : 1). 그후 그는 ἔργον 즉 그의 선교 일에 의해 인정을 받았다(고전 9 : 1). 그리고 이것은 곧 그가 "모든 굳건한 참음에 의해, 표적과 異蹟, 능력의 일들"에 의해 증명되었다는 것을 뜻한다(고후 12 : 12 ; 비교. 살전 1 : 5 ; 고전 2 : 4 f. ; 롬 15 : 19 ; 히 2 : 4). 목회 서신에서 처음으로 사도 계승에 관한 사상이 제도 즉 按手에 의한 임명 관계로서 나타난다. "사도" 개념을 "열 둘"에 제한하는 것은 초대 교회에서 그 싹을 찾기 어렵다. 왜냐하면 사도 개념은 물론 전통의 사상 그리고 그와 함께 신의 위임과 승인의 사상에 의해 규정되기 때문이다. 그러나 그것은 아직 인원수에 제한이 없었다. 바울은 선교자들을 모두 ἀπόστολοι "사도들"이라고 호칭했기 때문이다(고전 9:5; 롬 16:7; 고후 11:5, 13; 12:11 f.). 그리고 동일한 화법을 사도행전 14장 4, 14절; 디다헤서 11장 4—6절에서도 볼 수 있다.

Karl Holl은 그의 논문 "Der Kirchenbegriff des Paulus in seinem Verhältnis zur Urgemeinde"에서, 초대 교회는 사도직을 합법적인 제도로 생각했던바, 말하자면 열 둘에 한정되었었다고 주장했다. 이것에 반대한 Wilh. Mundle가 옳다고 하겠다, ZNW 22, 1923, 20—42; W.G. Kümmel, Kirchenbegriff 등(참조. II), 6 f. — 비교. Ferd. Kattenbusch, "Die Vorzugsstellung des Petrus und der Charakter der Urgemeinde in Jerusalem," Festgabe für Karl Müller, 1922, 322—351. — 참조. §6에 수록된 문헌과 J. Daniélou, RH Phrel. 35, 1955, 110—113. — 이외에 참조. §52, 3: 사도직에 관한 것.

그러나 전통 및 계승 사상은 그 성격적인 표현을 예루살렘이 공동체 전체의 중심에 해당한다는 데서 우선 찾았는데 즉 이것은 분명히 예루살렘 초대 교회 자신의 意識의 소산만은 아닌 것 같다. 그것은 바울에 의해서도 사도행전의 저자에 의해서도 마찬가지로 증명된다. 바울은 이 사상에 실제로 생소할 수밖에 없었던 異邦 그리스도교 공동체와 예루살렘과의 결합을 수호하는데 전력을 다했다. 그리고 이 관점에서 이방 그리스도교 공동체들은 예루살렘의 가난한 자들을 위해 헌금한다(갈 2:10)는 "사도회의"의 訓令은 큰 意義를 가진다. 바울이 이 헌금을 위해 얼마나 노력했는가는 고린도 전서 16장 1—4절, 고린도 후서 8—9장, 로마서 15장 25—28절에 드러나 있다. 이 헌금은 단순한 자선의 의미뿐 아니라 그것이 구원史와의 결합을 확고히 한다는 점에서 신앙 행위의 의미를 가지기 때문이었다. 그것은 "예루살렘의 카리스마를 받은 자와 금욕주의자들의 단체를 위한 경건한 행위"(Er. Peterson RGG² III 464)도 아니고 교회세(K. Holl, 방금 인용한 문헌)도 아니었다. 사도행전에서 예루살렘 공동체에 모든 그리스도교 공동체들에 대한 법적 감독권이 부여되었다면 그것은 확실히 전설적인 것이다. 사도행전 11장 22절에 따르면 예루살렘으로부터 안디옥 공동체에 파견된 것으로 되어 있는 바나바는 11장 19—26절 중에 들어 있는 사료의 보도에는 분명히 예루살렘 감독관으로 되어 있는 것이 아니라(헬레니즘계의 유대인 그리스도인으로서, 비교. 행 4:36) 예루살렘으로부터 추방당하고 안디옥에서 공동체를 세운 헬레니즘계의 사람들에게 스스로 속했었다.

예루살렘 공동체가 후기 공동체들에 대한 감독권과 지배권을 법적으로 요구했다는 Holl의 주장에 대한 반박, 참조. Kümmel, 방금 인용된 문헌, 9, 25, 53 f.(주 85).

§8. 교회의 표현 양식들의 形成을 위한 출발점들

5. 공동체 內의 생활

공동체 내부의 생활은 회원이 증가하고 시간이 흐름에 따라 事事件件 장로회의에 위임되지 않고 처리할 수 있는 어떤 규율들을 필요로 했을 것이다. 그러나 史料들은 이에 관해 알려 주는 것이 거의 없다. 처음에는 베드로의 손에 다음에는 공동체의 손에 ― 이것은 물론 역시 장로들을 뜻한다 ― "매고 푸는" 권한, 즉 징계권이 있었다는 것을 마태복음서 16장 19절; 18장 18절이 증명하고, 18장 15―17절은 공동체 내부의 분쟁을 조정하는 규율을 제공한다. 죄사유에 관한 예수의 全權을 다룬 부분인 마가복음서 2장 5b―10절 ― 이것은 옛 異蹟사화 2장 1―12절에 삽입되었는데 ― 은 초대 교회에서 생긴 것이다. 이 교회는 이것으로 罪赦宥에 관한 자체의 권한을 지시하되 예수의 그것을 빙자한 것이다. 그것의 합법성은 異蹟治癒들을 할 수 있는 그의 능력이다.[1)]

使徒-전도자들이 공동체들에 의해 부양될 권리를 가지고 있다는 것(고전 9:1ff.)은 분명히 주의 말에 소급되는데(고전 9:14; 마 10:10 공관), 이것은 교회의 법적 규정으로 간주될 수 없다. 그것은 유대교의 관례에 일치하고 갈라디아서 6장 6절이 보여 주는 바와 같이 사도들에게 한정되지 않았다.

이 세계의 임박한 종말을 기다리는 종말론적 공동체에서 경제적 공동생활에 관한 특별하고 확고한 양식들이 형성되지 않은 것은 자명하다. 사도행전 2장 45; 4장 34절 이하에 여러 번 초대 교회의 재산 공유제로서 표시한 것은 사실 활발했던 사랑의 공동체였다. 본래의 공산주의란 여기서 문제될 수 없다. 왜냐하면 여기에는 사회계획과 생산기구가 없기 때문이다.

역사적 세계에서 종말론적 공동체에 적합한 형태들 그것에 제공하는 모든 제도적 양식들을 위해 이렇게 오로지 동기들과 가능성들만이 나타났다면, 반면 교회는 그 제도들과 聖禮典들에 의해 구원을 媒介하는 구원단체로 파악되는 위험에서 아직 벗어나 있었다고 할 것이다. 종말론적 공동체로서 교회는 약속들의 성취이지만 동시에 미래를 待望하는 공동체이기도 하다.

앞으로 제기될 문제들은 다음과 같다. 공동체의 종말론적-초월적 성격이 구원사와의 결합에 금이 가지 않게 하면서 어떻게 유대민족과의 결합에서 관철되었는가? 전통 및 계승사상이 어떻게 다져질 것인가? 말이 구성적인 動因으로 남을 것인가? 그리고 어떤 제도들이 생겨서 그것을 통해 전통과

---

1) 참조. *Gesch. d. synopt, Trad.*² 12 f. (번역 S. 13 f.).

공동체 생활이 그 질서를 유지할 것인가? 이 모든 것에도 불구하고 예수라는 인물에 대한 공동체의 관계는 어떻게 파악될 것인가?

이 모든 물음에 대한 최초의 대답은 율법의 자유와 화해의 $διακονία$ "직무" 및 $λόγος\ τῆς\ καταλλαγῆς$ "화해의 말", $σῶμα\ Χριστοῦ$ "그리스도의 몸", $ἐν\ Χριστῷ$ "그리스도 안에" 있음 등에 관한 바울의 견해에서 주어질 것이었다.

III. 헬레니즘계 공동체의 케리그마*

—— 바울 이전과 바울시대 ——

序言

1. 바울의 신학을 위한 역사적 전제는 단순히 초대 교회의 케리그마만은 아니다. 오히려 헬레니즘계 공동체의 케리그마가 그 전제인데 이를 통해 바울은 처음으로 前者를 얻었었다. 그의 신학에는 이미 어느 정도 발전된 초대 그리스도교가 전제되어 있다. 이 발전은 그리스도교의 소식이 팔레스틴 유대교의 경계를 넘어서 헬레니즘계의 그리스도인들 — 유대인 및 이방인 그리스도인들 — 의 공동체들이 확장된 후에 일어났던 일이다. 그러므로 첫 과제는 이 바울 以前 헬레니즘계의 그리스도교에 대한 像을 얻어 내는 일일 것이다.

그러나 바울 以前 헬레니즘계의 그리스도교는 처음부터 통일적 산물이 었었던 것이 아니라 얼마 안 가서, 회당 또는 이방 종교들 — 특히 영지주의적 潮流 — 의 영향들이 어떻게 작용하는가에 따라 서로 달라졌었다. 그 까닭에 이 그리스도교의 그 각양한 양식들이 모두 바울신학의 전제로서 관찰되지 않는다. 또 그 때문에 그의 意義도 바울의 前段階들이라는 데서 盡하는 것이 아니다. 이 그리스도교는 바울과 나란히 계속 存續했는데 일부는 각기 자신의 길들을 갔고 일부는 후에 바울의 영향을 받기도 했다. 그 개체 전형들은 각기 독자적으로 전개되었는데 일부는 가령 — 바울의 영향 없이 — 요한신학에서 또는 — 바울의 영향하에 — 안디옥의 이그나티우스에서와 같이 중요한 대표적 역할도 맡았다.

그런데 여기서는 바울 以前과 同時代의 그리스도교의 像을 가능한 限 폭넓게 다루어야 할 것이다. 그러나 이 경우, 신학적 주제들을 밝히는 것이 문

---

* 이 표제에 관한 문헌들, 참조. S. 624.

제일 때에는 바울 以後의 時代도 고려될 것이다. 이 신학적 주제들은 후기 사료들 중에서 비로소 증명되는 것이고 (이것은 순전히 우연한 것일 수 있다), 사실 후세에 처음으로 영향력을 주었을지도 모르지만, 처음부터 다음 상황과 더불어 즉 그리스도교가 헬레니즘 세계에 침투하고 그로부터 생긴 문제성과 더불어 제공되었던 것들이다. 조건들과 가능성들의 全 영역, 즉 독자적인 중요한 신학적 현상들이 고개를 들고 古代 교회의 신학 및 교회의 형성들이 서서히 자란 全 영역을 뚜렷하게 만들어야 할 것이다.

2. 바울 以前과 同時代의 헬레니즘계 그리스도교 서술을 위한 직접적인 증언들은 거의 없다. 이른바 카톨릭(공동) 서신들은 모두 더 後世의 산물이다. 그러므로 그 像은 대개 再構成에 의해 얻을 수 있다. 그 작업은 어떤 방법으로 수행되어야 할 것인가? 이용될 수 있는 것은 첫째로 사도행전의 소수의 몇 보도들인데 그것들은 6—8장과 11장 19—30절에 이용된 (안디옥?) 사료중에 포함된 것이다. 둘째로 그 작업은 바울 서신들로부터의 추론에 의존해야 한다. 물론 바울 자신이 $παράδοσις$ "傳承"이라고 표시한 것, 가령 고린도 전서 11장 23절 이하 및 15장 1절 이하와 같은 것은 우선 자료로 제공된다. 이 경우 그러한 $παράδοσις$가 얼마나 옛것으로 추정되는가가 때에 따라 물어져야 한다. 그러나 이외에 귀절들과 용어들이 전승으로 호칭될 수 있는데 그것들은 바울에게 자명한 것, 일반적으로 승인된 것의 성격을 지니고 있고, 그가 새로 도입하지 않고 증명도 守護도 하지 않은 것들이다. 가령 예를 들면 그것들은 그리스도의 敬稱과 종말론적 귀절들, 구약성서의 사용, 구약성서 해석 방법, 성례전에 관한 진술들 등이다. 끝으로 세째는 다른 후기의 사료들에서 추론해 내는 일이 가능하고 또한 그럴 필요도 있다. 이 사료들은 특별히 히브리서와 바나바서, 클레멘스 제1서, 야고보서, 베드로서의 케리그마같은 헬레니즘계 그리스도교의 非바울적 전형을 대표하는 것들이다. 여기서도 일반적으로 인정된 형식화된 성격적 어법들과 귀절들이 관찰된다. 그런 것들이 바울의 해당 어법들과 귀절들에 일치하면 그것들은 바울 以前 時代에 있었던 다른 초대 그리스도의 전형들을 위해서뿐 아니라 모든 표현양식들에서 일치하는 그리스도교 공통의 케리그마를 위해서도 증언의 역할을 할 것이다. 경우에 따라서는 그런 귀절들은 헬레니즘-유대교의 선전 주제들과 일치한다는 것을 확인하면서 추가할 것이다. 그리스도교 선교는 헬레니즘-유대교 선전의 경쟁자였을 뿐 아니라, 어디서나 그 상속자이기도 했다. 이를 위한 증언으로는 클레멘스 제1서와 헤르마스의 牧者書를 들 수 있고 또 야고보서도 들 수 있다.

§9. 神 및 그의 심판, 심판자 및 구원자인 예수 그리스도에 관한 설교와 신앙의 요구*

1. 헬레니즘-유대교 선교의 유일신론적 說敎

이방 세계에서의 그리스도교 선교 설교는 단순히 그리스도론적 케리그마 일 수만은 없었다. 그 설교는 오히려 유일신에 관한 선포로 시작될 수밖에 없었다. 유일한 참 神이 이방 세계에 알려져 있지 않았었고, 이방 종교는 다신적이고 우상 숭배라는 것이 주도적인 유대교적, 유대계 그리스도교적 觀念이었을 뿐 아니라 실제로 그리스도교 선교는 처음에는 多神 사상이 아직 지배력을 생생히 구사하는 그런 계층에 미쳤었기 때문이다.

유대교 선교는 유일신론적 설교를 그리스도교보다 먼저 행하고 있었다. 이미 후기 구약 성서 문헌에서 이방 종교에 대한 공격과 다신 숭배 및 그 예배 방식 특히 신들의 崇尙에 대한 비판이 시작되었다. 이것은 이사야서 후반부 편수와 다니엘서, 70인역 다니엘서에 삽입된 바알과 龍에 관한 설화 등이 보여 준다. 예레미야서의 외경 서신과 특별히 솔로몬의 지혜서 등도 같은 것을 말한다. 그러나 후자는 동시에 헬레니즘계의 유대교가 이방 문화를 비평함에 있어서 헬레니즘 자체내의 계몽운동을 통해 발전된, 즉 천박한 다신론과 그 예배 방식에 대한 발전된 비평 및 헬레니즘-철학적 종교성의 적극적인 사상들을 얼마나 받아들였는지를 보여 준다. 즉 "지혜"에 의한 신의 세계 통치는 $πνεῦμα$ "정신"에 의한 $κόσμος$ "세계"(조화)의 $διοίκησις$ "지배"에 관한 스토아적 사상을 본떠서 생각된 것이다. 제 4 막카비서가 그의 순교자 사화를 $εἰ\ αὐτοκράτωρ\ ἐστὶν\ τῶν\ παθῶν\ ὁ\ λογισμός$ "理性의 격정들의 지배자가 아닌가?"(1:13)라는 주제하에 다룬 것은 역시 스토아 철학의 명제를 이용한 것이다. 특별히 필론은 그리스-철학의 전통 전체를 유대교를 선전하는데 이용했다.

구약성서-유대교의 神 개념은 이때 그리스-철학적 전통의 神思想들에 의해 다양하게 변조되거나 은폐되었는데 이 神思想은 우주 법칙에 관한 사상에 의해 규정된 것이었다. 스토아의 자연신학이 그의 신 증명론과 함께 받아들여지고 그와 함께 세계 사건 중에서의 신의 $πρόνοια$ "豫定" 증명과 辨神論(Theodizee)도 받아들여진 것이다. 신의 요구는 합리적인 도덕률로 발

---

* 이 표제에 관한 문헌들, 참조. S. 624 f.

전되었다. 구약성서에 생소한 德 "ἀρετή"의 개념과 德들의 체계화에 관한 생각이 자리를 잡고 그와 함께 교육 사상과 교육 방법도 자리를 차지하게 되었다.

이 모든 것이 처음에는 개별적인 주제들로 전수되되 특수한 변조들이 야기된데 불과한바, 그것은 모두 그리스도교-헬레니즘계의 선교 설교에 계승되었다.

2. 창조자, 유일한 神에 관한 그리스도교의 설교

개략적으로 헬레니즘계 그리스도교 선교 설교와 공동체 신앙에 그 표현을 제공한 언어는 다음과 같이 성격지어진다. 즉

이방 문화의 세계는 ἄγνοια "무지"와 πλάνη "迷惑"에 빠져 있다.

살전 4 : 5에서 (τὰ ἔθνη) τὰ μὴ εἰδότα τὸν θεόν "신을 알지 못하는 이방인"(렘 10 : 25; 70인역 시 78 : 6)이라는 이방인에 대한 구약성서적 성격을 받아들인 바울은 갈 4 : 8 f.에서 갈라디아의 이방인 그리스도인들에게 이렇게 말하고 있다. ᾽Αλλὰ τότε μὲν οὐκ εἰδότες θεὸν ἐδουλεύσατε τοῖς φύσει μὴ οὖσιν θεοῖς. νῦν δὲ γνόντες θεόν··· "그러나 그 때에는 너희가 신을 알지 못하여 본질상 신이 아닌 자들을 섬겼으나 이제는 신을 알 뿐더러···". 행 17 : 30에서는 그리스도 이전 시대가 χρόνοι τῆς ἀγνοίας "무지의 시대"로 표현되었다. 아레오파고 연설이 제단비문 ἀγνώστῳ θεῷ "알지 못하는 신"(17 : 23)에 연결된 것도 같은 것을 말한다. 엡 4 : 18은 ἔθνη "이방인"을 ἐσκοτωμένοι τῇ διανοίᾳ ὄντες, ἀπηλλοτριωμένοι τῆς ζωῆς τοῦ θεοῦ διὰ τὴν ἄγνοιαν τὴν οὖσαν ἐν αὐτοῖ "그들은 知力이 어두워져서 그들 중에 있는 무지로 인해 신의 생명에서 멀리 떠나 있다"로 성격지었다. 그리고 벧전 1 : 14는 행실에 대해 μὴ συσχηματιζόμενοι ταῖς πρότερον ἐν τῇ ἀγνοίᾳ ὑμῶν ἐπιθυμίαις "너희가 이전 알지 못할 때의 욕심들을 본받지 말라"고 권고하고 있다. 베드로 케리그마서 2장은 ἕλληνες "헬라인들"을 ἀγνοίᾳ φερόμενοι καὶ μὴ ἐπιστάμενοι τὸν θεόν "무지에 밀려서 신을 인식하지 못하는 자들"로 표시했다. 그리고 그들의 이전 범죄들에 관해 3장에서 이렇게 말한다 : ὅσα ἐν ἀγνοίᾳ τις ὑμῶν ἐποίησεν μὴ εἰδὼς σαφῶς τὸν θεόν "너희 중 누가 신을 확실히 알지 못함으로 무지에서 범한 것들"(이런 진술들은 전형적이고 계속 견수되었다. 호교가들을 위해, 비교. 유스틴의 호교론 I 12 : 11; Aristid. 17 : 3 p. 27 : 15 Geffcken; Athenag 28 p. 147 : 10 f. Geffcken: 참조. M. Dibelius, 딤전 1 : 13, Hdb. z. NT).

이방인들의 πλάνη에 관해서도 비슷하게 말한다. 롬 1 : 27; 벧후 2 : 18; 2 Klem 1 : 7; 이방 그리스도인들은 한때 πλανώμενοι "미혹당하는 자들"(딛 3 : 3)이었거나 ὡς πρόβατα πλανώμενοι "방황하는 양같은 자"(벧전 2 : 25, 비교. 히 5 : 2)였다.

그러나 여기서 말하는 ἀγνοοῦντες καὶ πλανώμενοι는 아마 특별히 이방인들이 아니라 죄인들 일반일 것이다.

그 까닭에 그리스도교 신앙을 받아들인다는 것은 "神" 또는 "眞理를 認識하는 것"을 뜻한다.

Γινώσκειν (τὸν) θεόν "신을 아는 것"은 바울이 그리스도교 신앙에 돌아온 것이었다(갈 4 : 9). 가령 1 Klem 59 : 3; 2 Klem 17 : 1(비교. 3 : 1); Herm sim IX 18 : 1 f.의 경우도 같다 — 특별히 이 의미에서 즐겨 사용된 것은 ἐπίγνωσις "認識"과 ἐπιγνώσκειν "認識하다"이다. 그리고 그 대상은 그때 신뿐 아니라(Herm sim IX 18 : 1 등에서 그렇다) 더 작은 것은 ἀλήθεια "진리"이다. 그리스도인이 된다는 것은 εἰς ἐπίγνωσιν ἀληθείας ἐλθεῖν "眞理의 認識에 들어가는 것"(딤전 2 : 4)이거나 λαβεῖν τὴν ἐπίγνωσιν τῆς ἀληθείας "眞理의 認識을 받는 것"(히 10 : 26) 또는 ἐπιγινώσκειν τὴν ἀλήθειαν "眞理를 認識하는 것"이다. 이 의미에서 사용된 ἐπιγινώσκειν과 ἐπίγνωσις는 골 1 : 6; 디 1 : 1; 벧후 1 : 3; 2 : 20 f.; 2 Klem 3 : 1; Ker Pt 3; Herm Sim IX 18 : 1에서도 볼 수 있다. 1 Klem 59 : 2에 따르면 신은 공동체를 ἀπὸ ἀγνωσίας εἰς ἐπίγνωσιν δόξης ὀνόματος αὐτοῦ "그의 이름의 영광을 인식시키기 위해 무지로부터" 불러냈다. 이것은 헬레니즘계 유대교의 언어 용법에 일치한다. 비교. ThWB I 706, 22 ff.

이렇게 연관될 때 ἀλήθεια는 ἄγνοια "無知", πλάνη "미혹"과 반대로 바른 가르침, 바른 신앙이다. 그래서 바울은 그의 사도적 활동을 φανέρωσις τῆς ἀληθείας, "진리의 나타남"으로 표시할 수 있었다(고후 4 : 2). 이것은 내용상, 신이 그를 통해 ὀσμὴ τῆς γνώσεως αὐτοῦ "그에 관한 지식의 향기"를 퍼프린다(고후 2 : 14)와 같은 것을 뜻한다. 그리스도교 신앙은 벧전 1 : 22에서 ὑπακοὴ τῆς ἀληθείας "진리에 대한 순종"(비교. 갈 5 : 7)을 뜻한다. 복음의 설교는 λόγος τῆς ἀληθείας "진리에 관한 말"로 지명될 수 있다(고후 6 : 7; 골 1 : 5; 엡 1 : 13 등). 이것도 헬레니즘-유대교 언어 용법에 일치한다. 비교. ThWB I. 244, 32 ff.

바울이 유일신에 관한 선포로 그의 설교를 시작했다는 것은 데살로니가 전서 1장 9절에서 알 수 있는데 그는 이 귀절에서 데살로니가인들에게 다음 것을 회상시키고 있다. πῶς ἐπεστρέψατε πρὸς τὸν θεὸν ἀπὸ τῶν εἰδώλων δουλεύειν θεῷ ζῶντι καὶ ἀληθινῷ; "너희가 어떻게 우상들을 버리고 신에게 돌아와서 산, 참된 신을 섬기는가?" 마찬가지로 한때 ἄφωνα εἴδωλα "말 못하는 우상"(고전 12 : 2) 또는 φύσει μὴ ὄντες θεοί "본질상 신이 아닌 것들"(갈 4 : 8)을 숭배했음을 회상시키고 있다. 유일신론적 신앙이 얼마나 좀 공동체를 위해 특징적이고 효과적이었는가는 고린도전서 8장 4—6절이 보여

§9. 神에 관한 설교

준다. 즉 ὅτι οὐδὲν εἴδωλον ἐν κόσμῳ καὶ ὅτι οὐδεὶς θεὸς εἰ μὴ εἰς "우상은 세상에 아무것도 아니며 신은 한 분밖에 없다"라는 意識이, "강한 자들"로 이방 祭祀食事에 대한 경솔한 태도를 낳게 했다.

유일신론의 그런 설교는 물론 바울에게서 특별히 성격적이었다. 바울은 이 점에서 헬레니즘계 유대교의 선교를 이어받았다. 그리고 그의 문체들에서, 직접적인 사료가 우리에게 없는 초대 그리스도교의 宣敎 說敎를 명백히 할 수 있을 것이다.

비교. Ps.-Aristeas 132 ff. : προϋπέδειξε γὰρ (ὁ νομοθέτης ἡμῶν) πρῶτον πάντων, ὅτι μόνος ὁ θεός ἐστι καὶ διὶ πάντων ἡδύναμις αὐτοῦ φανερὶ γίνεται "왜냐하면 그 (우리의 율법학자)는 우선 무엇보다도 신은 오로지 한 분이고 그의 능력은 만물을 통해 나타난다는 것을 증명했기 때문이다". 신은 심판자로서 지상에서 일어나는 모든 일을 감찰한다. 그리고 그의 눈을 피할 자는 없다 (그 다음에 다신론에 대한 공박과 율법에 대한 변호가 따른다). - 필론은 창조사화에 관한 그의 설명을 다음과 같이 종합 파악함으로써 끝낸다. 모세가 창조사화를 통해 가르치는 것은 바로 이 다섯 가지이다. 1. ὅτι ἔστι τὸ θεῖον καὶ ὑπάρχει···"神格이 영원한 옛부터 존재한다는 것···", 2. ὅτι θεὸς εἴς ἐστι···"신은 한 분이라는 것···", 3. ὅτι γενητὸς ὁ κόσμος···"세계는 창조되었다는 것···", 4. ὅτι εἴς ἐστι ὁ κόσμος···"세계는 하나라는 것···", 5. ὅτι καὶ προνοεῖ τοῦ κόσμου ὁ θεός "신은 세계를 돌본다는 것" (Opif. mundi 170—172).

바울과 동시대 또는 후시대의 다른 그리스도교 선교자들도 마찬가지로 말한다. 이를 위한 예들로서 사도행전 저자가 루스트라와 아덴에서 행하게 한 연설들을 들 수 있다(행.14:15—17; 17:23—30). Πίστις ἐπὶ θεόν "신에 대한 신앙"(비교. 벧전 1:21)은 히브리서 6장 1절에 의하면 그리스도교의 초보적인 기초에 속한다(비교. 벧전 1:21).

이에 상응하면서 헤르마스 제1계(이것은 유대교의 전통을 개작한 것이다)는 이렇게 말한다. Πρῶτον πάντων πίστευσον, ὅτι εἴς ἐστιν ὁ θεὸς ὁ τὰ πάντα κτίσας καὶ καταρτίσας καὶ ποιήσας ἐκ τοῦ μὴ ὄντος εἰς τὸ εἶναι, τὰ πάντα κωρῶν, μόνος δὲ ἀχώρητος ὤν. πίστευσον οὖν αὐτῷ καὶ φοβήθητι αὐτόν "무엇보다도 먼저 신은 한 분이라는 것을 믿으라. 신은 만물을 창조하고 만물을 완성하며 만물을 존재하지 않는 것에서 존재하도록 만들고 만물은 사라지나 그 자신만은 사라지지 않는다. 그러므로 신을 믿고 신을 경외하라". Ker Pt 3에 의하면 예수는 복음을 전하도록 사도들을 파견한다: εὐαγγελίσασθαι τοὺς κατὰ τὴν οἰκουμένην ἀνθρώπους γινώσκειν ὅτι εἷς θεός ἐστιν "세계의 사람들에게 복음을 전함으로 유일한 신이 있음을 알리라". 그리고 다음과 같이 말한다(2) : γινώσκετε οὖν ὅτι εἷς θεός ἐστιν, ὃς ἀρχὴν πάντων ἐποίησεν, καὶ τέλους ἐξουσίαν ἔχων "신이 홀로 있으면서 만물이 시작하게 하고 그 끝을 잘 마무리하리라는 것을 알라". 이외의 예들은 2 Klem 1 : 4 ff. ;. 아리스테데스 호교론 15 : 3 p. 23 : 20 ff. Geffcken; 僞클레멘스서의 인간론 15 : 11 p. 150 : 10 ff. (Lagarde)에서 들 수 있다. - 神論에 관한 텍스트들은 Alfr. Seeberg가 수집했다 : *Die Didache des Judentums*, 11—23. 비교. O. Cullmann, *Die ersten christlichen Glaubensbekenntnisse*, 1943.

格式語로 되어 있는 표현들, 굳게 다져진 양식들은 구약성서-유대교의 또는 헬레니즘의 계몽 신학에서 받아들인 것이고 새로 결합도 되고 새로 성립되기도 했다. 필론의 ὅτι εἷς ἐστιν ὁ θεός "신은 한 분이라는 것"(참조. 위에) 같은 것은 Hermand 1과 Ker Pt 2 f. (참조. 위에)에서와 같이 야 2 : 19; Ign Mg 8 : 2와 비슷하게 롬 3 : 30; 고전 8 : 6; 엡 4 : 6; 딤전 2 : 5; 1 Klem 46 : 6에서 볼 수 있다. 비교. Er. Peterson, *Εἷς θεός*, 1926 : H. Lietzmann *ZNW* 21 (1922), 6 f. — 常套的 神의 부가어는 μόνος "유일한"이다. 이것은 이미 구약성서와 유대교에서 자주 사용되었으며 그리스 고전에서도 볼 수 있다(참조. Bultmann, *Das Joh-Evg* 204, 2) ; 비교. 딤전 1 : 17; 6 : 15 f. 와 頌詠들 : 롬 16 : 27; 유 25. 그것은 특별히 자주 ἀληθινός "참된"과 결합되어 있다 : 요 17 : 3; 1 Klem 43 : 6과 그 외에(同上, 378, 2 와 H. Lietzmann *ZNW* 21. 1922 6 f.). 마찬가지로 구약성서-유대교 전통에서 나온 이 אֱלֹהֵי אֱמֶת "참 神" 또는 אֱמֶת "참"은 물론 단독으로도, 다른 말과 결합되어서도 나타난다. 비교. 요일 5 : 20; 계 6 : 10 등(참조. *ThWB* I 250, 14 ff.). 살전 1 : 9에서는 ζῶν "산"과 결부되어 있다. 바울도 고후 3 : 3; 롬 9 : 26에서 이용한 구약성서-유대교의 神 附加語 אֵל חַי "산 神"도 마찬가지이다. 또 비교. [고후 6 : 16], 딤전 3 : 15; 행 14 : 15; 히 3 : 12; 9 : 14; 10 : 31; 12 : 22; Ign Phld 1 : 2; 2 Klem 20 : 1; Herm vis II 3 : 2; III 7 : 2; sim VI 2 : 2; 이에 反해 이방인의 신들은 νεκροί "죽은 것들"이다(2 Klem 3 : 1; 비교. Sap 15 : 17).

신의 본질은 창조자의 그것으로 묘사되고 구약성서-유대교 표현들의 경우가 많다. "당신은 하늘과 땅과 바다와 그 중에 있는 모든 것을 창조하셨나이다." 이것은 완전히 禮典적인 언어로서 사도행전 4장 24절의 기도인데 14장 15절의 談論에도 같은 것이 있고 17절에서는 신의 피조물에 관해 계속 서술한다. 계시록 10장 6절; 14장 7절에서 비슷하고 헤르마스서(vis) I 3 장 4절에서는 좀더 화려하다. 계시록 4장 11절, 디다헤서 10장 3절에서는 좀더 간단하게 σὺ ἔκτισας τὰ πάντα "당신은 만물의 창조자로소이다"로 되어 있으며 마찬가지로 에베소서 3장 6절에서 신은 τὰ πάντα κτίσας "만물을 창조한다" 또는 디모데전서 6장 13절에서 ζωογονῶν τὰ πάντα "만물을 살게 한 자"로 각기 짧게 성격짓고 있다. 또는 좀더 강한 표현인 ὁ

§9. 神에 관한 설교

ζωοποιῶν τοὺς νεκροὺς καὶ καλῶν τὰ μὴ ὄντα ὡς ὄντα "죽은 자들을 살리고 없는 것을 있는 것같이 부르는 자"로 로마서 4장 17절(비교. 헤르마스서⟨mand⟩ I ⟨참조. 위에⟩과 ⟨sim⟩ V 5장 2절, Ⅵ 4)에 수록되어 있다. 無에서의 창조는 헬레니즘-유대교의 전통에 상응하면서 역시 헤르마스서 (vis) I 1장 6절 (mand) I 1장 1절에서, 그리고 클레멘스 제2서 1장 8절에서 강조되었다.

비교. 이외에 신의 창조자적 통치에 관한 자세한 묘사 : 1 Klem 20; 59 : 3; 60 : 1. Κτίστης "창조자"로서의 神 칭호와 πατήρ "아버지"는 자주 결합된다 : 1 Klem 19 : 2; 62 : 2. 그리고 물론 πατήρ도 혼자, 또는 결합되어 나타난다 : 고전 8 : 6, 엡 3 : 14 f. ; 4 : 6; Did 1 : 5; I Klem 23 : 1; 29 : 1; 2 Klem 14 : 1; Ign Rm inscr., 1 Klem 35 : 3 (I Klem 20 : 11; 26 : 1; 33 : 2; 59 : 2에서도)에서는 δημιουργός "조물주"와 결합되어 있다. Πατήρ의 부가어로서 παντοκράτωρ "만물의 지배자"가 Mart Pol 19 : 2(후에 로마와 예루살렘 信條에) 나온다. 이것은 θεός에 (1 Klem prooem. 과 2 : 3; 32 : 4; 62 : 2; Pol Phil inscr.) 또는 δεσπότης "지배자"에 첨가되기도 한다(Did 10 : 3). 그것은 1 Klem 8 : 5에서 신의 βούλημα "뜻", 1 Klem 60 : 4; Herm vis III 3 : 5에서 그의 ὄνομα "이름"의 부가어로 각기 나오고 계 1 : 8; 4 : 8; 11 : 17 등 (9회)에서 독자적으로 또는 θεός의 동격어로 나온다. ― ὁ κτίσας "창조하는 자"(참조. 위에), ὁ ποιήσας "만드는 자" (Did 1 : 2; 1 Klem 7 : 3; 14 : 3; Barn 16 : 1), ὁ πλάσας "조형하는 자"(1 Klem 38 : 3; Barn 19 : 2)와 같이 분사형으로 특징지워진 경우도 잦다. ― 세계 창조자는 세계를 다스리는 자이기도 하기 때문에 신은 그런 관련에서 ὁ δεσπότης(행 4 : 24; 계 6 : 10), ὁ δεσπότης τῶν ἁπάντων "만물의 지배자" (1 Klem 8 : 2; 32 : 2; 52 : 1; 그리고 1 Klem 20 : 11; 33 : 2에서는 δημιουργός와 결합되어 있다)라고 불리워진다. 이외에 가령 δυνάστης "능력자"(딤전 6 : 15), βασιλεὺς τῶν αἰώνων "영원의 왕"(딤전 1 : 17), βασιλεὺς τῶν βασιλευόντων καὶ κύριος τῶν κυριευόντων "만왕의 왕, 만 주의 주"(딤전 6 : 15), ὁ τοῦ παντὸς κόσμου κυριεύων "전 세계를 지배하는 주" (Barn 21 : 5) ― 이와 비슷한 또는 같은, 창조자로서의 신 칭호 : 참조. W. Bousset, *Kyrios Chr.*² 291 f. ; H. Lietzmann *ZNW* 21 (1922), 6 f. ― 상응하는 유대교신 칭호들 : W. Bousset, *Die Religion des Judentums*², 1926, 359 f. 375 ff.

이와 나란히 헬레니즘(스토아적) 말투들이 신의 창조와 세계 지배를 묘사하는데 사용되었다. 신은 이렇게 찬양되었다. "Ὅτι ἐξ αὐτοῦ καὶ δι' αὐτοῦ καὶ εἰς αὐτὸν τὰ πάντα "이는 만물이 주에게서 나오고 주로 말미암고 주에게로 돌아감이라"(롬 11 : 36). 그는 ἐξ οὗ τὰ πάντα καὶ ἡμεῖς εἰς αὐτόν "만물이 그에게서 났고 우리도 그를 위한다"(고전 8:6)는 자이고 δι' ὃν τὰ πάντα καὶ δι' οὗ τὰ πάντα "만물이 나오고 만물이 의존하는 자"(히 2:10) 이며, ὁ ἐπὶ πάντων καὶ διὰ πάντων καὶ ἐν πᾶσιν "만유 위에, 만유를 통해, 만유 안에 있다"(엡 4:6, 그러나 여기의 우주론적 말투는 물론 교회론적 의미에서 이해되어야 할 것이다). 신의 내재성과 초월성을 동시에 표현하려는 다른 말투는 πάντα χωρῶν, μόνος δὲ ἀχώρητος ὤν "만물은 사라지나 홀로 사라지지 않는 자"(헤르마스서 ⟨mand⟩ I 1 ⟨참조. 위에⟩) 및 ὁ··· ἀχώρητος ὃς τὰ πάντα χωρεῖ "만물을 포함하고 포함되지는 않는 자"(베드로 케리그마서 2, 이것도 헬레니즘계 유대교에서 변조되었다) 등이다.

이에 대한 헬레니즘의 유사형들: H. Lietzmann, 롬 11:36 과 M. Dibelius, 골 1:16 f., *Handb. z. NT*. Ed. Norden, *Agnostos Theos* 1914, 240—250. 347 f.; 그 외에 M. Dibelius, Herm mand I 1, *Hdb z. NT*의 보충판.

스토아 철학파의 "자연 신학"은 그의 神 증명 ― 인간의 이성은 可視的인 세계에서 不可視的인 창조자를, 작품들에서 작가를 이끌어 낸다 ― 과 함께 바울에 의해 로마서 1장 19—20절에 전승되고 좀더 포괄적으로 사도행전의 저자에 의해 바울의 말로 된 아레오파고 연설(행 17:23 ff.)에 수록되었다. 즉 시대들과 地域들의 경계가 신의 통치를 증명한다는 것이다. 클레멘스 제 1서 20장에서도 처음으로 스토아 학파의 전형에 의해 신의 세계 통치 (διοίκησις), 즉 자연 진행의 법칙에서 나타나는 통치가 충분히 묘사되었다. 클레멘스 제 1서 24장 5절 중의 죽은 자들의 부활에 관한 증명에는 신약성서에 없는 신의 πρόνοια "섭리" 개념도 나온다. 신약성서의 사상은 자연이 아니라 역사에 관심을 가지고 있고 그 까닭에 "섭리"의 개념 대신 神의 決定 (Determination, προγινώσκειν, προορίζειν 등, 비교. 롬 8:29 f.)의 개념이 지배적이기 때문이다. 그러나 헬레니즘계의 유대교가 πρόνοια 개념을 받아들였던 바와 같이 얼마 안 가서 그리스도교도 그것을 받아들였으나 우리는 그 일이 이미 바울 이전에 일어났는지 동시대에 일어났는지는 알 수 없다. 클레멘스 제 1서 이후의 첫 증언에 속하는 것은 헤르마스서(vis) I 3:4이다. 여기서 πρόνοια "섭리" 개념은 신의 통치를 묘사하는 구약성서의 개념들과 결합되어 있다. 여하간 바울 자신은 이미 φύσις "자연"(고전 11:14) 개념을 παρὰ 및 κατὰ φύσιν "자연스럽게"(롬 1:26; 11:24)라는 표현들과 함께 받아들였다. 이 표현들은 스토아학파가 인간을 우주적 연관성으로 짜여진 구조로서 이해하는 것을 증명했다. 그리고 이런 일이 바울 이외에서도

§9. 神에 관한 설교

일어났다는 것을 야고보서 3장 7절, 이그나티우스 (Eph) 1장 1절 ; (Tr) 1장 1절 (κατὰ χρῆσιν "일시적인 관습으로" — κατὰ φύσιν "자연스럽게"의 대립으로) ; 바나바서 10장 7절 ; 그리고 베드로 후서 1장 4절에서는 ἵνα··· γένησθε θείας κοινωνοὶ φύσεως "神的 성품에 참여하는 자가 되기 위해"라는 표현으로 보여 주고 있다. 구약성서에는 아직 생소한, 통속 철학 전통의 다른 인간학적 개념들도 바울이 이미 받아들였다. 가령 συνείδησις "양심" (롬 2 : 15; 고전 8 : 7 등), τὰ καθήκοντα "합당한 일들"(롬 1 : 28), "덕" 의 의미에서 ἀρετή (빌 4 : 8). 이것들은 바울 이외에서도 例證된다(συνείδησις : 가령 목회서신들, 히브리서, 베드로 전서, 사도행전 또는 클레멘스 제 1 서, 이그나티우스서, 디다헤서 4장 14절 ; 바나바서 19장 12절 ; ἀρετή; 가령 클레멘스 제 2 서 10장 1절 ; 헤르마스서 (mand) I 2장 ; VI 2장 3절 등 ; κατὰ 및 παρὰ τὸ καθῆκον: 가령 클레멘스 제 1 서 3장 4절 ; 41장 3절; καθηκόντως: 가령 클레멘스 제 1 서 1장 3절 ; 마찬가지로 τὰ ἀνήκοντα "합당치 않은 것"; 가령 디다헤서 16장 2절 ; 클레멘스 제 1 서 35장 5절 ; 45장 1절 ; 62장 1절 ; 바나바서 17장 1절. 신의 본질을 via negationis(부정적 방법)로 서술하는 헬레니즘적 방법은 급속히 그리스도교 언어에 받아들여졌다. 이 경우 α-결여접두어로 만든 형용사가 이용되었다. 가령 ἀόρατος "보이지 않는"(롬 1 : 20; 골 1 : 15 f.; 딤전 1 : 17; 히 11 : 27; Ign Mg 3 : 2; Herm vis I 3 : 4; III 3 : 5; 2 Klem 20 : 5)과 ἄφθαρτος "썩지 않는"(롬 1 : 23; 딤전 1 : 17). 이그나티우스(Pol) 3장 2절에는 ἄχρονος, ἀόρατος, ἀφηλάφητος, ἀπαθής "無時間, 보이지 않음, 잡을 수 없음, 고민 없음"을 합해 쓰고 있다. 그리고 베드로 케리그마서에는 신의 본질에 대한 상세한 묘사가 수록되어 있다 : ὁ ἀόρατος ὃς τὰ πάντα ὁρᾷ, ἀχώρητος ὃς τὰ πάντα χωρεῖ, ἀνεπιδεὴς οὗ τὰ πάντα ἐπιδέεται καὶ δι' ὅν ἐστιν· ἀκατάληπτος, ἀέναος, ἄφθαρτος, ἀποίητος ὃς τὰ πάντα ἐποίησεν λόγῳ δυνάμεως αὐτοῦ "만물을 보되 보이지 않는 자, 만물을 포용하되 포용되지 않는 자, 만물에 불가결하나 결함이 없는 자, 만물을 있게하는 자, 이해되지 않는 자, 영원한 자, 썩지 않는 자, 힘있는 말로 만물을 만들지만 만들어지지 않은 자". 이 중에서 ἀχώρητος는 헤르마스서(mand) I 에도 나오는 반면 ἀνεπιδεής는 특별히 그리스-헬레니즘의 주제를 받은 것인데 이것은 마찬가지로 사도행전 17장 25절 ; 클레멘스 제 1 서 52장 1절에서, 그 후에는 호교론에서 변조되었다. 이 모든 것에서 이미 앞지른 것은 물론 헬레니즘계의 유대교였다.

끝으로 여기서 지적될 것은 이미 아레오파고 연설(행 17 : 28 f.)이 신의 친근성에 관한 사상을 받아들였다는 것, 스토아 시인 아라토스(Aratos)를 인용까지 합으로 그 사상이 표현되었다는 것, 그리고 그리스의 神 수식어 μακάριος "복에 찬"이 이미 디모데전서 1장 11절; 6장 15절에 나온다는 것이다.

3. 審判의 설교

유대교의 파악에 따르면 이방인의 다신론과 우상 숭배, 그리고 이방 세계가 죄와 악덕들 중에 잠겨 버렸다는 것들 사이에는 因果的인 연관성이 있다. 이 사상을 바울도 받아들였다. 로마서 1장 24—32절에는 이방인의 악덕들이 우상 숭배라는 원죄의 결과 및 신의 형벌로 나타났다. 이렇게 초대 그리스도교의 사상에 있어서 이방인의 생활이 범죄목록에 묘사되었다면 죄에서의 행실이라는 것은 자명했다. 이 범죄목록은 이미 헬레니즘계의 유대교가 헬레니즘 문화권의 윤리적 생활률로부터 받아들인 것이다(롬 1 : 29—31; 고전 6 : 9 f., 갈 5 : 19—21; 골 3 : 5, 8; 엡 4 : 31; 5 : 3 f.; 딤전 1 : 9 f. 클레멘스 제1서 35 : 5; 폴리갑서(Phl) 2 : 2; 4 : 3 등). 바울이 로마서 6장 17—18절; 고린도전서 6장 9—11절에서 이방 그리스도인들의 옛과 지금을 죄와 義의 시대로 서로 맞세운 것같이 이 옛과 지금의 대립을 변형시킨 초대 그리스도교 설교의 圖式이 아주 급속도로 생겨났다(골 1 : 21 f.; 3 : 5 ff.; 엡 2 : 1 ff., 11 ff.; 디 3 : 3 ff.; 벧전 1 : 14 f.; 2 : 25; 클레멘스 제2서 1 : 6 ff.).

그 까닭에 하나인 참 신을 믿으라는 호소는 곧 회개(μετάνοια)하라는 호소가 되었다. 그리스도교의 許入에는 πίστις ἐπὶ θεόν "신에 대한 신앙"(참조. 위에 2)에 결합되어 μετάνοια ἀπὸ νεκρῶν ἔργων "죽은 일들로부터의 회심" 즉 죄된 일들로부터의 회개 또는 돌아섬이 속한다(히 6 : 1). 이에 상응하면서 사도행전 저자는 바울이 아그립바 앞에서 이렇게 말하게 했다: ἀπήγγελλον μετανοεῖν καὶ ἐπιστρέφειν ἐπὶ τὸν θεόν ··· "회심하고 신에게 돌아와서 ··· 를 전했다"(26 : 20). 신에게 돌아옴과 회개가 얼마나 통일성을 이루고 있는가는 계시록 9장 20—21절도 보여 준다(비교 16 : 9, 11). 아레오파고 연설의 그리스도교 특유의 結語는 다음 화법으로 맺어졌다: τοὺς μὲν οὖν χρόνους τῆς ἀγνοίας ὑπεριδὼν ὁ θεὸς τὰ νῦν ἀπαγγέλλει τοῖς ἀνθρώποις πάντας πανταχοῦ μετανοεῖν "알지 못하던 시대에는 신이 간과하였으나 이제는 어디에 있든지 모든 사람들에게 회개하라고 명하였다" (행 17 : 30). 그리고 그의 선교 활동을 회고하면서 사도행전의 바울은 자신

§9. 神에 관한 설교

을 διαμαρτυρόμενος ··· τὴν εἰς θεὸν μετάνοιαν "신에게 돌아오는 회개 ···의 증인으로"(20:21) 성격지었다. 바울 자신에게서는 μετάνοια의 개념이 단지 희미한 역할밖에 하지 못한다(롬 2:4; 고후 12:21; 이에 반해 고후 7:9 f.는 그리스도인의 회개를 말한다). 이에 관해서는 후에 그의 설명을 들을 것이다. 그러나 이외에서는 μετάνοια가 기본적인 요구로서 나타난다. 이미 지적된 예증들 외에도 가령 이그나티우스서(Eph) 10장 1절과 특별히 베드로 케리그마書 3장도 보여 준다 : ὅσα ἐν ἀγνοίᾳ τις ὑμῶν ἐποίησεν μὴ εἰδὼς σαφῶς τὸν θεόν, ἐὰν ἐπιγνοὺς μετανοήσῃ, πάντα αὐτῷ ἀφεθήσεται τὰ ἁμαρτήματα "너희중 누구든지 신을 분명히 알지 못하는 무지에서 범한 죄들은 모두, 그가 신을 알고 회개하면 용서를 받으리라". 이것은 끝으로 두 가지 사실에서 부각될 것이다. 첫째는 구원에 이르는 길을 보여 주는 회개가 신의 은사로 표시될 수 있었다는 것인데 가령 사도행전 11장 18 : ἄρα καὶ τοῖς ἔθνεσιν ὁ θεὸς τὴν μετάνοιαν εἰς ζωὴν ἔδωκεν "그러면 신은 이방인들에게도 생명에 이르게 하는 회심을 선사한 것이다"(비교. 5:31)와, 그리스도의 피에 관해, παντὶ τῷ κόσμῳ μετανοίας χάριν ὑπήνεγκεν "그것은 회심의 은혜를 전 세계에 베풀었다"(비교. 8:5)고 말하는 클레멘스 제 1 서 7장 4절과, 신에 관해, μετάνοιαν διδοὺς ἡμῖν "우리에게 회심을 주는 자" (비교. 폴리갑서(Phl) 11:4; 헤르마스서(sim) Ⅷ 6:1 f.)라고 말한 바나바서 16장 9절을 들 수 있다. 둘째는 이미 일찍부터 회개의 반복의 가능성에 대한 문제가 거론되었다는 사실에서 드러난다. 히브리서 6장 4—6절이 이 반복을 불가능하게 생각하는 반면 헤르마스牧者書는 계시에 근거하여 그리스도교 공동체에 다시 한번 마지막으로 회개를 설교하는 것을 허락하고 있다.

그러나 회개의 호소는 신이 창조자이며 동시에 심판자라는 데 근거를 두고 있다. 말하자면 신은 그의 심판을 수시로 죄인의 운명에서 수행하지 않고(않을 뿐 아니라 그것이 중요하지 않다) — 이것은 유대교에도 흔했고 이방 문화권에도 생소하지 않은 사상인데 — 다음에 전 세계를 심판한다는 것이다. 그 까닭에 참 神에 관한 그리스도교의 설교는 동시에 종말론적인 설교, 임박한 세계 심판에 관한 설교이다. 이 설교가 이 점에서 유대교의 묵시 문학과 일치한다면(헬레니즘계의 유대교에서는 이 계기가 후퇴되었었다), 첫째로 그 특유성은 세계 심판을 가까이 다가선 것으로 선포한 점에 있고 둘째는 이 심판의 旋行 및 그 심판의 파멸적인 선고로부터 해방되는 것을 예수라는 인물에 결부시킨 데 있다.

유일신론적 설교와 회개에의 호소, 종말론적 심판의 **宣告**, 이 셋이 얼마나 통일성을 지니고 있는가는 유일신에 관한 선포에 뒤따른 회개의 호소(참조. 위에)를 설명하는 사도행전 17장 31절에 드러나 있다 : καθότι ἔστησεν ἡμέραν ἐν ᾗ μέλλει κρίνειν τὴν οἰκουμένην ἐν δικαιοσύνῃ ἐν ἀνδρὶ ᾧ ὥρισεν "그가 한 날을 정하여 그 날에 세상을 공의로 심판하되 그가 (이를 위해) 선정한 사람으로 할 것 같이". 데살로니가 전서 1장 9—10절도 마찬가지로 유일신론적 설교와 종말론적인 설교의 **同屬性**을 증명한다 : πῶς ἐπεστρέψατε πρὸς τὸν θεὸν ἀπὸ τῶν εἰδώλων δουλεύειν θεῷ ζῶντι καὶ ἀληθινῷ, καὶ ἀναμένειν τὸν υἱὸν αὐτοῦ ἐκ τῶν οὐρανῶν, ὃν ἤγειρεν ἐκ νεκρῶν, Ἰησοῦν τὸν ῥυόμενον ἡμᾶς ἐκ τῆς ὀργῆς τῆς ἐρχομένης "너희가 어떻게 우상을 버리고 신에게 돌아와서 살아 있는 참된 신을 섬기며, 신이 죽은 자들 가운데서 다시 살린 그의 아들, 하늘로부터 강림하여 장차 올 진노에서 우리를 구원할 예수를 어떻게 기다리는가". 히브리서 6장 2절에 의하면 그리스도교의 기본 요소들에 속하는 것은 μετάνοια "회심"과 πίστις ἐπὶ θεόν "신에 대한 신앙"(세례와 안수에 관한 가르침) 외에 ἀνάστασις νεκρῶν "죽은 자들의 부활"과 κρίμα αἰώνιον "영원한 심판"에 관한 가르침 이다. 히브리서 11장 6절의 말도 특징적이다 : πιστεῦσαι γὰρ δεῖ προσερχόμενον θεῷ, ὅτι ἔστιν καὶ τοῖς ἐκζητοῦσιν αὐτὸν μισθαποδότης γίνεται "신에게 나오는 자는 반드시, 그가 있고 자기를 찾는 자들에게 賞주는 자임을 믿어야 할 것이다". 헤르마스서 (mand) I 에서 πρῶτον πάντων πίστευσον ὅτι εἷς ἐστιν ὁ θεός··· "무엇보다도 먼저 신이 한 분임을 믿으라···" (참조. 위에 2) 다음에 πίστευσον οὖν αὐτῷ καὶ φοβήθητι αὐτόν, φοβηθεὶς δὲ ἐγκράτευσαι "그러므로 신을 믿고 신을 두려워 하라, 그리고 그 두려움 중에서 삼가라"고 했다면 이 중에는 심판자에 대한 **示唆**가 들어 있다.

臨迫한 심판의 선포가 얼마나 철저히 신약 성서의 모든 문헌들을 **一貫**하고 있는가는 자세히 말할 필요가 없을 것이다. 특별히 이채롭게 말해 주는 것은 오로지 요한복음서와 요한서신들뿐이다. 그러나 여기서 그 심판 사상이 독특한 새로운 해석을 발견했다면 그것은 그 사상 자체가 얼마나 굳게 그리스도교 사상 자료의 구조에 예속되어 있는가를 증명해 줄 뿐이다. 전통적인 파악, 말하자면 강력한 종말론적 **局面**으로서, 임박한 세계 심판이 생각된 것은 바울과 제2바울 문헌, 사도행전과 히브리서, 야고보서에서 마찬가지로 나타나고 계시록에서는 거대한 **表象**들로 묘사되었으며 베드로 후서

§9. 神에 관한 설교

는 그것에 대한 의혹에 신경을 쓰고 있다. 바울이 그런 선포르 얼마나 적극적으로 그리스도교 공통의 설교 영역에서 움직였는가 주목되고, 특징적인 것은 그가 오로지 신앙으로만 의롭다함을 받는다는 가르침에 적어도 외견상으로 모순되면서도 공적들에 의한 심판을 말하는 데 서슴지 않았다는 것이다 (고전 3:13—15; 4:5; 고후 5:10; 롬 2:5 ff.; 14:10; 그러나 롬 2:16 (欄外 註)은 이와 다르다). 이와 함께 준비하라는 권고와 放心에 대한 경고도 전 신약성서에 걸쳐 있다. Ὁ καιρὸς συνεσταλμένος ἐστίν "때가 단축되었다", 즉 마지막까지에 기간이 얼마 남지 않았다는 것이다(고전 7:29); ἡ νὺξ προέκοψεν, ἡ δὲ ἡμέρα ἤγγικεν "밤이 지나가고 낮이 가깝다"(롬 13:12; 비교. 히 10:25; 약 5:8); πάντων δὲ τὸ τέλος ἤγγικεν "그러나 만물의 종국이 가깝다"(벧전 4:7); ὁ καιρὸς ἐγγύς "때는 가깝다"(계 1:3; 22:10; 비교. Ign Eph 11:1). 모든 것은 ἕως τέλους "끝까지" 보존되는가 (고전 1:8), μέχρι(ἄχρι) τέλους "끝까지" 충성하는가(히 3:6, 14; 6:11; 계 2:26)에 달려 있다 — οὐ γὰρ ὠφελήσει ὑμᾶς ὁ πᾶς χρόνος πίστεως ὑμῶν, ἐὰν μὴ ἐν τῷ ἐσχάτῳ καιρῷ τελειωθῆτε "이는 끝시간까지 온전하지 않으면 너희의 신앙의 전 생애는 무익할 것임이라"(Did 16:2).

세부적인 면에서도 모든 傳承層의 동일한 용어가 그것이 그리스도교 공통의 사상들에 관한 것임을 보여 준다. 신은 κριτής "심판자"(약 4:12; 5:9), κριτὴς πάντων "만물의 심판자"(히 12:23), δίκαιος κριτής "의로운 심판자"(Herm sim VI 3:6)이다 (심판자 등으로서의 그리스도에 관해, 참조. 아래). 그의 κρίνειν "심판한다"(롬 2:16; 3:6; 행 17:31; 히 10:30; Barn 4:12) 및 그에 의해 κρίνεσθαι "심판받는다"(살후 2:12; 약 2:12; 5:9; 1 Klem 13:2; 2 Klem 18:1), 그의 κρίσις "심판"(살후 1:5; 딤전 5:24; 히 9:27; 10:27; 약 2:13; 5:12; 유 6; 벧후 2:4, 9; 3:7; 계 14:7; 18:10; Ign Sm 6:1; Pol Phl 7:1; Barn 1:6), μέλλουσα "장차 올" 및 ἐπερχομένη κρίσις "임박한 심판"(2 Klem 18:2; Herm vis III 9:5), 종말론적 심판으로서의 κρίμα "심판"(벧전 4:17)에 관해 각기 말하고 있다. 그런데 이것은 곧 κρίμα τοῦ θεοῦ "신의 심판"(롬 2:28)이고 κρίμα μέλλον 또는 αἰώνιον "장차 올" 또는 "영원한 심판"(행 24:25; 히 6:2)이다. Κρίμα는 종말론적 선고 또는 정죄(갈 5:10; 약 3:1; 유 4; 벧후 2:3; 계시 17:1; 18:20; 1 Klem 21:1, Ign Eph 11:1)로서도 거론되고 이 의미에서 μέλλοντα κρίματα "장차 올 심판들"(1 Klem 28:1)이기도 하다.

"야웨의 날"에 관한 구약 성서의 표현에 의존하면서 심판의 ἡμέρα "날"도 여러 화법들로 언급된다: ἡμέρα ὀργῆς καὶ ἀποκαλύψεως δικαιοκρισίας τοῦ θεοῦ "神의

義의 진노와 계시의 날"(롬 2:5), ὀργῆς "진노의" (계 6:17) 또는 ἡμέρα κρίσεως "심판의 날"(벧후 2:9; 3:7; Barn 19:10; 21:6; 2 Klem 16:3; 17:6), 및 ἡμέρα, ἐν ᾗ κρινεῖ ὁ θεός "신이 심판하는 날". (롬 2:16) 또는 단순한 욥 3:4에 따라 신의 ἡμέρα "날"(행 2:20; 벧후 3:10, 12; ἡμέρα τοῦ κυρίου Ἰησοῦ Χριστοῦ "주 예수 그리스도의 날"에 관해서는 아래 참조), 또는 ἡ μεγάλη ἡ μέρα τοῦ θεοῦ τοῦ παντοκράτορος "전능자인 신의 큰 날"(계 16:14), 또는 끝으로 ἐκείνη ἡ ἡμέρα "저 날"(살후 1:10; 딤후 1:12, 18; 4:8), 그리고 ἡ μεγάλη ἡμέρα "그 큰 날"(유 6; 비교. 계 6:17; Barn 6:4), 아주 짧게 ἡ ἡμέρα "그 날"(고전 3:13; 살전 5:4; 히 10:25; Barn 7:9), — ἡμέρα 대신 ὥρα τῆς κρίσεως "심판의 때" (계 14:7) 또는 ὥρα θερίσαι "거둘 때"(계 14:15), 또는 ἐσχάτη ὥρα "마지막때" 요일 2:18).

Ἡμέρα ὀργῆς에 관해 언급될 수 있는 바와 같이 종말론적 심판은 단순히 ὀργή(롬 5:9)라고도, ἐρχομένη "오는" 또는 μέλλουσα ὀργή "올 진노"(살전 1:10; Ign Eph 11:1), 또는 ὀργὴ τοῦ θεοῦ "신의 진노"(골 3:6; 엡 5:6; 계 19:15; 비교. 계 11:18; 14:10; 16:19)라고도 표시된다.

준비하라는 권고들에서 γρηγορεῖν "깨어 있으라"(살전 5:6; 고전 16:13; 골 4:2; 벧전 5:8; 행 20:31; 계 3:2 f; 16:15; Did 26:1; Ign Pol 1:3; 비교. Barn 4:13) 및 ἐγερθῆναι "일어나라"(롬 13:11) 또는 ἐγείρειν "일어나라"(자동사, 엡 5:14)와 νήφειν "깨어 있으라"(살전 5:6, 8; 벧전 1:13; 4:7; 5:8; Ign Pol 2:3; Pol Phl 7:2; 2 Klem 13:1) 등이 각기 여러 화법들로 나오고 마찬가지로 κλέπτης "도둑"의 像으로도 "그 날"이 예기치 않게 오는 것을 밝히고 있다(살전 5:2, 4; 계 3:3; 16:15; 벧후 3:10). 이 외에도 구약 성서의 희망 또는 유대교 묵시문학에서 전해진 화법도 적지 않게 사용되었다. 이 경우에 주목할 만한 것은 βασιλεία τοῦ θεοῦ "신의 나라" 개념이 드물지만 아직 사용된 것이다. 바울은 이 개념을 단지 롬 14:17; 고전 4:20; 6:9 f.; 15:50; 갈 5:21(살전 2:12)에서만 사용했는데 그 중 고전 6:9 f.; 15:20; 갈 5:21은 확실히 전통적인, 다소간에 확고히 다져진 귀절들이고 바울이 引用 또는 변조한 것들이다. 아마 롬 14:17; 고전 4:20도 그럴 것이다. 또 제2바울 서신인 살후 1:5; 골 4:11; 엡 5:5에도 나온다. 이 외에 신약 성서에는: 행 1:3; 8:12; 14:22; 19:8; 20:25; 28:23, 31;(야 2:5) 엡 5:5에서 소유격 '神의'와 결합된 그리스도의 βασιλεία에 관해, 아래. 참조, 그 다음에는 식사 기도에, Did 9:4; 10:5 그 다음 (그리고 자주 인용되는데) 1 Klem 42:3; 2 Klem (5:5; 6:9); 9:6; 11:7; 12:1 ff.; Barn 21:1; Ign Eph 16:1; Phld 3:3; Pol Phl 2:3; 5:3; Herm sim IX 12:3 ff.; 13:2; 15:2 f.; 16:2 ff.; 20:2 f.; 29:2. 헬레니즘 영역에서 이 개념은 ζωή (αἰώνιος) "(영원한) 생명"이라는 개념에 의해 배제되고 그와 함께 ἀφθαρσία "不朽"라는 개념이 사용된다:

§9. 神에 관한 설교   75

롬 2 : 7; 고전 15 : 42, 50, 53 f. ; 엡 6 : 24; 디후 1 : 10; Ign Eph 17 : 1; 막 6 : 2;
Phld 9 : 2; Pol 2 : 3; 2 Klem 14 : 5; 20 : 5.

 죽은 자들의 부활에 관한 설교는 신의 심판에 관한 설교에서 분리될 수 없다. 죽은 자들도 그들의 옛 행실들에 대해 책임을 져야 했기 때문이다. 히브리서 6장 2절에 따르면 그리스도교 신앙의 기초가 다져질 때 $\dot{α}νάστασις$ $νεκρῶν$ "죽은 자들의 부활"이 $κρίμα$ $αἰώνιον$ "영원한 심판"과 밀접하게 연결되었다. 'Aνάστασις의 不定은 곧 $κρίσις$의 부정이었다(Pol Phl 7 : 1; 2 Klem 9 : 1). 사도행전 저자는 분명히 이방인들의 귀에 그런 설교가 새로운 것, 처음 듣는 것이라고 느꼈을 것이다. 그러므로 그는 바울의 설교가 아덴 사람들에게 오해를 불러일으켰다고 이렇게 말했다 : $ξένων$ $δαιμονίων$ $δοκεῖ$ $καταγγελεὺς$ $εἶναι$ "이방 귀신들을 전하는 사람으로 보인다". 왜냐하면 $ὅτι$ $τὸν$ $'Ιησοῦν$ $καὶ$ $τὴν$ $ἀνάστασιν$ $εὐηγγελίζετο$ "예수와 부활을 그가 전하였음이다"(17 : 18). 그리고 그 후 필자는 바울의 연설이 부활의 대목에 이르렀을 때 청중에게 방해를 받게 한 후 이렇게 말한다 : $ἀκούσαντες$ $δὲ$ $ἀνάστασιν$ $νεκρῶν$, $οἱ$ $μὲν$ $ἐχλεύαζον$, $οἱ$ $δὲ$ $εἶπαν$. $ἀκουσόμεθά$ $σου$ $περὶ$ $τούτου$ $καὶ$ $πάλιν$ "저희가 죽은 자들의 부활을 듣고 혹은 희롱도 하고 혹은 이 일에 대하여 네 말을 다시 듣겠다고 했다"(17 : 32). 같은 것을 바울 자신에게서도 볼 수 있다. 그는 $ἀνάστασις$ $νεκρῶν$ "죽은 자들의 부활"이 그리스도교 신앙의 핵심이라는 것을 자명했다. 즉 그것이 없으면 케리그마와 신앙이 모두 헛것이다(고전 15 : 12—34). 그는 이 소식의 정당함을 위해 증거를 대야 할 정도로 그의 고린도 청중에게는 미더운 것이 아니었다. 그러나 그의 설교의 이 부분 — 이것을 그는 그의 데살로니가 선교에서도 그냥 지나칠 수 없었다 — 은 데살로니가 공동체에서도 아무런 영향을 주지 못했기 때문에 부활의 공동체를 다시 확인해야 했었다(살전 4 : 13—18). 클레멘스 제1서 24—26장은 부활의 현실성을 자세히 증명했다. 그리고 그것은 명시적이든지 함축적이든지 심판이 언급된 곳에서는 어디서나 전제되어 있다.

4. 그리스도論的 케리그마

 세계의 심판자는 세계의 창조자인 神이다. 유대교에서도 강조된(제1 에스라서 5 : 56—6 : 6 등) 이 내적 연관성은 때때로 浮刻되었다. 가령 베드로 케리그마서 2장 : $γινώσκετε$ $οὖν$ $ὅτι$ $εἷς$ $θεός$ $ἐστιν$, $ὃς$ $ἀρχὴν$ $πάντων$ $ἐποίησεν$, $καὶ$ $τέλους$ $ἐξουσίαν$ $ἔχων$ "신은 하나이고 만물의 처음을 만들고 그 마지막을 권위로 다스린다는 것을 너희는 알라".

Ker Pt 3도 비교 : 사도들은 ὅτι εἷς θεός ἐστιν "신이 하나임"을 설교할 것이나 동시에 τὰ μέλλοντα "올 것"을 선포할 것인데, ὅπως οἱ ἀκούσαντες καὶ πιστεύσαντες σωθῶσιν, οἱ δὲ μὴ πιστεύσαντες ἀκούσαντες μαρτυρήσωσιν, οὐκ ἔχοντες ἀπολογίαν εἰπεῖν· οὐκ ἠκούσαμεν "이는 듣는 자가 믿고 구원을 얻도록 함이고 또 듣지만 믿지 않는 자들이 듣지 못했다고 변명하지 않고 그것을 증명하게 하기 위함이다". 창조자는 동시에 심판자이다. 가령 1 Klem 20—23장에 서술된 바와 같다. 그리고 신의 세계 지배와 그것에 따르는 생활률의 주제에는 죽은 자들의 부활에 대한 종말론적 주제가 해당 생활률과 함께 연결된다(24—28장).

이와 같이 바울은 神을 세계 심판자라고 불렀다 : 살전 3 : 13; 롬 3 : 5; 14 : 10; 이외에 벧전 1 : 17; 야 4 : 12; 5 : 4; 계 11 : 17 f. ; 20 : 11 ff.등 (비교. S. 72 f.에서 지적된 귀절들). 그러나 이 점에서 그리스도론적 주제는 케리그마중에 삽입된다. 즉 신과 함께 또는 신 대신 예수 그리스도가 세계 심판자로서 나타난다. 그는 어느 정도 신의 위임에 의해 신을 대신한다. 사도 행전 17장 31절의 표현과 같다 : καθότι ἔστησεν ἡμέραν ἐν ᾗ μέλλει κρίνειν τὴν οἰκουμένην ἐν δικαιοσύνῃ ἐν ἀνδρὶ ᾧ ὥρισεν "그는 한 날을 定하여 그가 정한 사람을 통해 장차 세상을 공의로 심판하려는 때문이다". 대체로 그 思惟는 표상들의 균형을 위해 염려하지 않는다. 바울의 경우 신의 심판에 관한 진술들과 세계 심판자로서의 그리스도에 관한 진술들이 그 둘 사이에 아무 중재도 없이 병행하고 있다(살전 2 : 19; 고전 4 : 5). 바울은 신의 βῆμα "심판대"(롬 14 : 10)를 말하는가 하면 마찬가지로 βῆμα τοῦ Χριστοῦ "그리스도의 심판대"(고후 5 : 10)도 말한다. 그리스도도 δίκαιος κριτής "의로운 심판자"(딤후 4 : 8)이다. 그도 심판할 것이다(Barn 5 : 7; 15 : 5). 신의 βασιλεία "왕국" 대신 그의 βασιλεία를 말하는 것도 같다(골 1 : 13; 딤후 4 : 1, 18; 벧후 1 : 11; 1 Klem 50 : 3; Barn 4 : 13 ? 7 : 11; 8 : 5 f. ; 바울에 의해 전제된 것 : 고전 15 : 24). 표상들의 조절은 여기서도 고려되지 않았다. 단순한 결합이 있을 뿐이다(엡 5 : 5) : Ἐν τῇ βασιλείᾳ τοῦ Χριστοῦ καὶ θεοῦ "그리스도와 신의 나라에서". 그리스도의 세계 심판에 관한 표상이 차츰 지배적이 되었다. 이미 로마서 14장 9절에서 그렇다 : εἰς τοῦτο γὰρ Χριστὸς ἀπέθανεν καὶ ἔζησεν, ἵνα καὶ νεκρῶν καὶ ζώντων κυριεύσῃ "이를 위하여 그리스도가 죽었다가 다시 살았으니 곧 죽은 자와 산 자의 주가 되려고 한 것이다". 여기서 그리스도는 μέλλων κρίνειν ζῶντας καὶ νεκρούς "장차 산 자와 죽은 자를 심판할 자"(딤후 4 : 1; Barn 7 : 2), ἑτοίμως ἔχων κρίνειν ζῶντ. καὶ νεκρ. "산 자와 죽은 자의 심판을 준비한 자"(벧전 4 : 5),

§9. 神에 관한 설교

ὡρισμένος ὑπὸ τοῦ θεοῦ κριτὴς ζώντων καὶ νεκρῶν "신에 의해 산 자와 죽은 자의 심판자로 정해진 자"(행 10 : 42), κριτὴς ζώντων καὶ νεκρῶν "산 자와 죽은 자의 심판자"(Pol Phl 2 : 1; 2 Klem 1 : 1)라는것으로부터 로마信條(Symbolum Romanum)의 ὅθεν ἔρχεται κρῖναι ζῶντας καὶ νεκρούς "그 곳으로부터 와서 그가 산 자와 죽은 자를 심판하리라"에 이르기까지의 말투들이 생겼다.

이렇게 그리스도는 종말론적 케리그마에 속하되 역시 심판자일 뿐만 아니라 동시에 믿는 자들의 공동체에 속하는 자들을 위한 구원자이기도 하다. 데살로니가 전서 1장 9—10절에 따르던 이 설교는 직접 唯一神에 관한 선포와 한 쌍을 이룬다. 데살로니가인들은 "살아 있고 참된 神"을 섬기며 καὶ ἀναμένειν τὸν υἱὸν αὐτοῦ ἐκ τῶν οὐρανῶν, ὃν ἤγειρεν ἐκ τῶν νεκρῶν, Ἰησοῦν τὸν ῥυόμενον ἡμᾶς ἐκ τῆς ὀργῆς τῆς ἐρχομένης "또 신이 죽은 자들로부터" 일으킨, 우리를 장차 올 진노에서 구원할 그의 아들 예수를 기다리기 위해 돌아왔다. 그리고 바울이 빌립보서 3장 20절에서 ἡμῶν γὰρ τὸ πολίτευμα ἐν οὐρανοῖς ὑπάρχει, ἐξ οὗ καὶ σωτῆρα ἀπεκδεχόμεθα κύριον Ἰησοῦν Χριστόν "우리의 시민권은 하늘에 있고 그 곳으로부터 우리는 구원하는 자 곧 주 예수 그리스도를 기다린다"라고 말한바 그것은 그 표현이, σωτήρ "구세주"라는 그리스도 칭호를 다른 곳에서 사용하지 않는 바울에게 있어서 그것이 특수한 만큼, 그리스도교 공통의 명제에 의존한 것임이 더 확실하다. 바울이 데살로니가 전서 4장 15—18절에서 그리스도의 종말론적 現顯을 신자들의 구원을 위한 것으로 묘사한 것은 그가 전통에 의존한 것을 분명히 말해 준다. Σωτήρ "구세주" 그리스도 예수의 παρουσία "도래" 또는 ἐπιφάνεια "나타남"을 대망하는 것은 그리스도교적 희망에 있어서 자명한 요소이고(디 2 : 13), 그 때문에 σωτήρ가 일정하게 사용되는 그리스도 칭호로 된 것이다.

물론 σωτήρ 칭호 용법에서 다른 영향들도 함께 작용한다. 첫째는 신이 σωτήρ로 표시되는 구약성서의 전통(신약성서 가령 목회서신, 눅 1 : 47; 유 25)이고 여기서는 密儀神들과 구원신들이 신적으로 숭배된 지배자로서 이 칭호를 지니고 있는 헬레니즘적 話法이다 — 참조. S. W. Bousset *Kyrios Christos*², 240—246 — 여기에 이 문제에 관한 많은 문헌이 실려 있다 — 과 M. Dibelius, *Exk.*, 딤후 1 : 10 (*Handb. z. NT* 13², 1931, 60—63). O. Cullmann은 구약 성서의 전통을 편파적으로 강조한다. *Christologie des NT* 245—252. — 그 칭호가 분명하게 또는 어렴풋하게 종말론적인 의미에서 나타나는 곳 : 빌 3 : 20; 디 2 : 13; 행 5 : 31; 13 : 23. — 그리스도의 παρουσία "도래"에 대한 희망은 고전 15 : 23; 살전 2 : 19; 3 : 13; 4 : 15; 5 : 23,

다음에는 살후 2:1,8; 야 5:7f.(여기서는 그러나 원래 신의 παρουσία가 생각되고 있었다), 벧전 1:16; 3:4. 같은 의미에서 그의 ἐπιφάνεια "현현"이 문제된 곳 : 살후 2:8 (여기서는 이렇게 결합되어 있다 : τῇ ἐπιφανείᾳ τῆς παρουσίας αὐτοῦ "그의 도래의 현현"); 딤전 6:14; 딤후 4:18; 디 2:13; 2 Klem 12:1; 17:4. 반면에 σωτήρ의 ἐπιφάνεια : 딤후 1:10; 마찬가지로 그의 παρουσία : Ign Phld 9:2 : 이것은 예수의 역사적 현현에 이용되고 있다. 'Επιφάνεια에 관해, 참조. Elpidius Pax, ΕΠΙΦΑΝΕΙΑ, 1955. — 비교. ἡ ἐλπὶς ἡμῶν "우리의 희망"으로서의 그리스도에 대한 표지 : 딤전 1:1; 이에 대해 M. Dibelius, Handb. z. NT.

종말론적 심판자와 구원자로서의 그리스도의 모습이 유대교 묵시문학과 팔레스틴 초대 교회의 "人子"의 모습에도 일치하는데(§ 5,1), υἱὸς τοῦ ἀνθρώπου "人子" 칭호도 역시 헬레니즘계 그리스도교에서 사라지고 신약성서중 요한복음서 외에서는 볼 수 없다. 요한에게서도 그것은 특별한 의미에서 사용되었다. 이외에는 사도행전 7장 56절에 한번 나올 뿐이다(계시록 1장 13절; 14장 14절에는 이 칭호의 용법이 없다). 그리고 υἱὸς τοῦ ἀνθρώπου라는 표현을 바나바서 12장 10절과 이그나티우스서(Eph) 20장 2절은 υἱὸς τοῦ θεοῦ "신의 아들"에 대립시켜 그것으로 예수의 단순한 인간성을 표시했다 — Ὁ χριστός "그리스도" 칭호도 차츰 사라지고 χριστός는 고유명사가 되었다. Χριστός가 후에 라틴어를 사용하는 그리스도교에서는 번역되지 않고 Christus로 받아들여졌다. 칭호로서의 ὁ χριστός는 헬레니즘 세계에서 이해될 수 없었다. 다소 내용상 상응하는 ὁ βασιλεύς "왕"의 代用은 물론 생각할 수도 없었다. 그 까닭은 βασιλεύς에 구속론적인 의미가 들어 있지 않다는 이유에서뿐만 아니라 그 설교는 정치적 복적이라는 오해에 떨어졌을 것이기 때문이다 (Or. Sib. Ⅲ 652, Ⅴ 108에 나오는 βασιλεύς는 물론 그런 것일 것이다).

Χριστός는 고유명사로, 특별히 Ἰησοῦς Χριστός라는 결합어로 잘 사용되었다. Χριστός는 칭호로 사도행전(Ἰησοῦς Χριστός와 함께)과 계시록, 요한 1서와 2서에 비교적 자주 나온다. 물론 때로는, Χριστός가 실제로 칭호를 뜻하는지를 결정하기 어렵지만 에베소서(와 골로새서)에도 자주 나온다. 바울은 Χριστός를 칭호로는 드물게 사용했다. 그에게 특유한 것은 Χριστὸς Ἰησοῦς인데 이와 함께 그는 좀더 드물게 Ἰησοῦς Χριστός를 사용했다. 그러나 이 두 결합어에서 Χριστός는 고유명사이고, 자주 사용된 ὁ κύριος ἡμῶν Ἰ. Χρ. "우리 주 예수 그리스도"가 보여 주는바 바울에게 있어서 예수의 칭호는 Χρ.가 아니라 κύριος이다. 바울의 Χρ. Ἰ.는 혼히 Ἰ. Χρ.와 함께 바울에 예속된 문헌에서부터 Symb. Rom. "로마 신조"에 이르기까지 지속되었다.

그러나 묵시문학의 "人子"에 반대되고 초대 교회의 "人子"와는 일치하는

§9. 神에 관한 설교

종말론적 심판자와 구세주인 예수 그리스도는, 신이 죽은 자들로부터 일으켜 그의 종말론적 역할을 하게 한, 십자가에 죽은 나사렛 예수 외에 다른 사람이 아니다. 그러므로 예수의 일으킴(Auferweckung)과 일어섬 (Auferstehung)에 관한 소식은 처음부터 헬레니즘계 공동체에 속했다. 이 사실은 고린도 전서 15장 1절 이하에 인용된 παράδοσις "전승"이 분명하게 증거하는 바와 같다. 그 표현이 초대 교회에 소급되는지 그렇다면 어느 정도 그런지는 별개의 문제이다. 바울이 데살로니가 전서 1장 9—10절(참조. 위에)에서 도래할 구세주로서의 그리스도의 待望을 말하고 그를 분명히 ὃν ἤγειρεν (ὁ θεὸς) ἐκ τῶν νεκρῶν "(신이) 죽은 자들로부터 일으킨 자"로서 성격지은 것은 이에 상응한다. 그리고 사도행전 17장 31절에 따르면 신은 그리스도가 세계 심판자로 임명된 것을, 그가 죽은 자들로부터 일어나게 함으로 증명했다 (비교. 클레멘스 제1서 42장 3절, 사도들에 관해 : πληροφορηθέντες διὰ τῆς ἀναστάσεως τοῦ κυρίου ἡμ. 'I. Xρ. "우리 주 예수 그리스도의 부활에 의해 믿게 했다"). 신이 그를 죽은 자들로부터 일으켰다는 것은 분명히 아주 일찍부터 다소간에 다져진 표현의 신앙 고백에 속하는 條文이다. 왜냐하면 바울이 로마서 10장 9절에서 신앙 고백 定型을 이용하고 있음이 확실하기 때문이다 :

ὅτι ἐὰν ὁμολογήσῃς ἐν τῷ στόματί σου κύριον Ἰησοῦν καὶ πιστεύσῃς ἐν τῇ καρδίᾳ σου, ὅτι θεὸς αὐτὸν ἤγειρεν ἐκ νεκρῶν, σωθήσῃ
"네가 만일 네 입으로 예수를 主로 시인하며 또 신이 그를 죽은 자들로부터 일으킨 것을 네 마음에 믿으면 구원을 얻으리라."

또 디모데 후서 2장 8절은 이에 상응하게 이렇게 권고한다 : μνημόνευε Ἰησοῦν Χριστὸν ἐγηγερμένον ἐκ νεκρῶν, ἐκ σπέρματος Δαυὶδ κατὰ τὸ εὐαγγέλιόν μου "나의 복음에 따르면 다윗의 씨로부터 죽은 자들 중에서 다시 산 예수 그리스도를 기억하라". 폴리캅서(Phl) 12장 2절에서도 마찬가지로 신앙의 대상은 "우리 주 예수 그리스도와 그를 죽은 자들 중에서 일으킨 그의 아버지"이다. 그리스도교 신앙은 ἐνέργεια τοῦ θεοῦ τοῦ ἐγείραντος αὐτόν (Χριστόν) ἐκ νεκρῶν "그(그리스도)를 죽은 자들 중에서 일으킨 신의 능력"에 대한 πίστις "신앙"이다(골 2 : 12; 엡 1 : 20). 신의 표지인 ὁ ἐγείρας αὐτὸν ἐν νεκρῶν "죽은 자들로부터 그를 일으킨 자"는 고정된 용어이다(골 2 : 12; 엡 1 : 20; 갈 1 : 1; 벧전 1 : 21 외에, 비교. 롬 8 : 11; 고전 6 : 14; 고후 4 : 14, 이외에 Ign Tr 9 : 2; Sm 7 : 1; Pol Phl 1 : 2; 2 :

2 f. 도 비교).

그리스도의 부활과 일반적으로 죽은 자들의 부활 사이의 내적 因果的 연관성은 오로지 바울과 이그나티우스에게 결정적으로 중요한 다른 사상 영역에서(참조. §15, 4 c) 반성의 대상이었다. 여러 곳에서, 가령 사도행전의 담론들 중에서, 이것은 거의 논의되지 않고 그리스도의 부활은 본질적으로 그리스도를 믿게 하는 것에 해당한다(17:31, 참조. 위에). 여하간 ἀρχηγὸς τῆς ζωῆς "생명의 시초자"로서의 그리스도의 표지에(3:15, 5:31), 신자들을 위한 그의 부활의 의의가 시사되어 있다(참조. H. Conzelmann, Die Mitte der Zeit, 1954, 178 f.). 그러므로 서슴지 않고 — 가령 벧전 1:3, 21에 표현되어 있는 바와 같이 — 우리의 희망이 그리스도의 부활에 근거를 두고 있고 부활한 자가 — 계 1:18에서 그런데 — 죽음과 음부의 열쇠를 가지고 있으며 그가 그의 죽음 및 그의 부활을 통해 사망을 멸했다는 사상을 가정해도 무방할 것이다(히 2:14 f.; Barn 5:6 f.). 1 Klem 24:1에 의하면 신은 그리스도를 깨움으로 죽은 자들의 부활의 "시초"를 만들었다. 이때 고전 15:20 ff. 의 사상이 선행된 것은 아니다. 바울도 때로는 사실 단순한 "···과 같이 그렇게"라는 표현으로 만족할 수 있었다: 신이 그리스도를 깨워 일으킨 것과 같이 그는 우리도 그렇게 깨워 일으킬 것이다(고전 6:14; 고후 4:14). 이렇게 내적 연관성은 제시되지 않았다.

가장 옛 견해에 따르면 부활은 하늘의 영광에 올리움과 쌍을 이루고 있다 (§7,3). 이 올리움은 바울에게서도, 그와 동시대인들에게서도 한결같이 지배적이었다. 그러나 이 올리움이 부활과 동일한 것으로 또는 그것 후에 처음으로 일어난 일로(가령 눅 24:36 ff.; Barn 15:9; Ign Sm 3) 생각되었든지 간에, 그것은 부활과 아주 밀접하게 연결되어 있다. 그리고 이에 대한 신앙은, 고정된 신앙 개조들 중에서 그의 다져진 표현을 보는 바와 같이 前者에 대한 확실성과 마찬가지이다. 신은 예수 그리스도를 "올리었다"(빌 2:9 f.; 행 2:33; 5:30 f.; 비교. 요 3:14; 12:32,34). 그리고 그는 "신의 右便에 앉아 있다"(롬 8:34; 골 3:1; 엡 1:20; 벧전 3:22; 행 2:33; 7:55 f.; 히 1:3, 13; 8:1; 10:12; 12:2; 비교. 1 Klem 36:5; Barn 12:10; Pol Phl 2:1). 끝으로 그는 로마信條에서 καθήμενον ἐν δεξιᾷ τοῦ πατρός "아버지 우편에 앉아 있는 자"로 지칭되었다.

부활이 일부는 목격자들의 증언에 의거하여, 일부는 구약성서의 문헌을 매개로 증거되었는데 첫째 것은 고전 15:5 ff. 와 행 1:22; 2:32; 3:15; 10:40 f. 가, 둘째 것은 고전 15:4; 눅 24:27; 행 2:30 ff.; 13:34 ff. 의 κατὰ τὰς γραφάς "성경대로"가 보여 준다.

§9. 神에 관한 설교

부활한 자를 선포한 설교가 어떤 방식으로든지 地上 시대의 예수와 그의 죽음에 관해서도 말해야 했다는 것은 자명하다. 부활한 자와 올리운 자가 그의 선행하는 인간성에 따라 다윗자손으로 특정지어졌었다는 것은 로마서 1장 3—4절과 디모데 후서 2장 8절이 보여주는바, 이 둘은 모두 틀에 잡힌 전통적 條文이다(§7,5). 이방 세계에 있어서 이 특징은 인상적인 것일 수도 없고 중요하지도 않았을 것이다. 그것이 아직 이그나티우스에게서 자주 보이지만(Eph 18:2; 20:2; Tr 9:1; Rm 7:3; Sm 1:1), 그 외에서는 사라졌다. 바나바서 12장 10절은 예수의 다윗.자손설에 항의까지 하고 있다 (§7,5). 그러나 그만큼 더, 부활한 자가 이전에 죽은 자, 십자가에 달린 자였다는 것은 인상적이고 중요했다. 여기서도 급속도로 規格지어진 화법들이 형성되었다. 역시 고린도 전서 15장 3—4절이 보여 주는 바와 같으며 로마서 4장 25절에 있는 그리스도의 특징과도 같다:

ὃς παρεδόθη διὰ τὰ παραπτώματα ἡμῶν
καὶ ἠγέρθη διὰ τὴν δικαίωσιν ἡμῶν.
"그는 우리의 범죄로 인하여 내어줌이 되고
우리의 의를 위하여 일으켜졌다."

이 귀절은 분명히 바울에게 전수된 信仰箇條이다(§7,3).

그리스도의 πάθος "고난"과 ἀνάστασις "부활"의 연관성은 특별히 Ignatius에게서 자주 강조되었다. 이 둘은 Eph 20:1에 의하면 함께 οἰκονομία 즉 신의 구원 機構 (Heilsveranstaltung)에 속한다. Phld intr.; 8:2; Sm 7:2; 12:2에 의하면 신앙은 이 둘을 함께 바라본다(참조. Pol Phl 9:2). 이 둘에 앞선 것으로 이 둘에 첨가된 것은 Mg 11:1에 의하면 그리스도의 γέννησις "탄생", Phld 9:2에 따르면 그리스도의 παρουσία(지상 생활에의) "도래"이다.

마가복음서 (마찬가지로 마태 및 누가복음서에서도)에서 예수의 말로 되어 있는 예언들(Vaticinia, 事後 예언들)도 이것을 보여 주는데 이 예언들은 헬레니즘계의 케리그마를 예수의 선포에 소급시키고, 도식적인 표현양식으로 예수의 죽음(및 παραδοθῆναι, 즉 내어줌을 당하리라는 것: 고전 11: 23)과 "3일 후의" 그의 부활(막 8:31; 9:31; 10:33 f.)을 말한다. 이 귀절들 중에는 이른바 그리스도론적인 케리그마의 도식이 들어 있고 그중 세째 귀절에서는 다소 상세한 진술을 볼 수 있다. 이 圖式은 설교에서 형성될 수 있었다. 그 다음에 마찬가지로 우리는 구체적인 설교에 관해 좀더 상세한 표상을 극히 도식적인 사도행전의 담론들(2:14—36; 3:12—26; 5:30—32; 10:34—43; 13:16—41)로부터 그려낼 수 있다. 이 담론들 중에는 그리스도의 죽음과 부활(과 승천)에 관한 케리그마가 중심점이 되어 있고 성서의 증명에 의해 지탱되고 있으며 그 나름으로 회개의 호소를 위한 기초가 되어 있다. 이때 3장 20—21절에서 예수의 종말론적 역할에 대한 지시는 약속으로 주어졌고 10장 42절에서는 그의 특징을 ὡρισμένος κριτὴς ζώντων καὶ νεκρῶν "산 자들과 죽은 자들의 재판장으로 임명된 자"로 처음으로 분명히 했다.

또 우리가 사도행전의 담론들에서 보는 것은, 개별적인 경우에 있어서 그 도식이, 例證하기 위해 예수의 생애에 관한 전승으로부터 이것이든 저것이든 받아들임으로써 어떻게 형성될 수 있었는가 하는 것이다. 예수의 활동이 세례 요한의 활동에 연결된 것은 10장 37—38절과 13장 23—25절이 말해 준다. 2장 22절과 10장 38—39절에서는 예수의 이적 행위들이 관련되어 있다. 受難史의 설화가 개체적인 것들에 관한 보도에 의해 채워졌다는 것은 ὅτι ὁ κύριος Ἰησοῦς ἐν τῇ νυκτὶ ᾗ παρεδίδοτο "주 예수가 잡힌 밤에"(고전 11:23)라는 말에서 알 수 있는데 이 화법은 사실 이 밤에 일어난 사건들에 관한 熟知를 전제하고 있다. 사도행전 3장 13절과 13장 28절에서 빌라도의 언급도 같은 것을 말해 준다. 그리고 그것은 그리스도 예수의 다음 특징으로 확인된다: τοῦ μαρτυρήσαντος ἐπὶ Ποντίου Πιλάτου τὴν καλὴν ὁμολογίαν "본디오 빌라도 앞에서 훌륭한 고백을 증언한 자"(딤전 6:13). 이그나티우스도 예수의 수난(과 부활)에 연결시켜 빌라도를 지칭하고(Tr 9:1; Sm 1:2; Mg 11:1), 이 전통은 계속 로마 信條에서 다음과 같은 표현에 이르기까지 전수되었다: τὸν ἐπὶ Ποντίου Πιλάτου σταυρωθέντα καὶ ταφέντα "본디오 빌라도 治下에 십자가에 달려 장사되었다."[1]

초대 교회에 있어서와 마찬가지로 헬레니즘계 그리스도교 선교와 그 공동체에 있어서도 말하기 어려운 것은 그 곳에서 그리스도의 죽음이 신학적으로 얼마나 반성되었는가, 그것에 얼마나 구원의 의미가 부여되었는가이다. 시초에는 그 선교가 구약성서-유대교 전통에서 유래한 신학적 主題와 개념들에 의해 지탱되었었다. 그러나 얼마 안가서 헬레니즘적 혼합주의, 특히

---

1) 그리스도론적 케리그마의 재구성에 관해. 참조. H. Dibelius, *Die Formgeschichte des Evangeliums*², 1933, 14—25; C. H. Dodd, *The Apostolic preaching and its developments*⁶., 1950과 O. Cullmann, *Die ersten christl. Glaubensbekenntnisse*, 1943.

§9. 神에 관한 설교

密儀宗敎들로부터 생긴 思想과 槪念들의 영향도 받기 시작했다. 이에 관해서는 조금 후에 거론할 것이다(§13과 §15). 먼저 파악할 수 있는 限 개괄되어야 할 것은 구약성서-유대 교전통에 의해 규정된 예수의 죽음에 관한 思想形成이다.

예수의 죽음을 범죄들을 위한 贖罪祭物로 해석한 것은 초대 교회에도 있었으리라고 추측되는데(§7, 3), 헬레니즘계 그리스도교 선교에서도 거론되었음이 의심 없다. 이 해석은 그리스도의 수난과 죽음을 ὑπέρ ὑμῶν "우리" 및 πολλῶν, τῶν ἁμαρτιῶν "많은 사람, 죄인들을 위해"[2] 일어난 일로서 표시한 무수한 귀절들과 格式語들(Formeln) 중에 표명되어 있다. 이런 귀절과 格式語들은 전 신약성서와 이에 이어진 문헌중에 산재해 있다(그것들이 들어있지 않는 문헌은 단지 사도행전과 야고보서, 유다서, 베드로후서, 디다헤서, 클레멘스 제2서, 헤르마스서뿐이다). 이 경우 문제된 것은 결코 특수한 바울 사상이 아니라 오히려 그리스도교 공통의 사상이라는 것이 분명하다. 가령 ὑπέρ "위하여"가 사실 성만찬 禮典에 그 자리를 확고히 잡고 있는 것도 이것을 말해 준다. 예수의 죽음을 분명하게 제물 또는 우리를 위해 흘린 피로 언급했거나 예수의 죽음이 죄 사유, 죄에서의 해방, 聖化, 淨化 등의 수단으로 표시한 귀절들은 이 사상권에 속한다. 그리고 예수의 죽음을 언약 또는 유월절 제물로 해석한 견해들도 같은 전통에 속한다. 다른 경우에서보다 이것들에서 한층 더 분명한 것은 예수의 죽음이 그 해석에서 주로 공동체, 신의 백성을 위한 것으로 보고 개인을 위한 것으로 보지 않았다는 것이다. 이것은 바로 여기서 主導的인 구약성서-유대교 전통의 특수성이다.

그리스도의 죽음을 祭物(θυσία, προσφορά 등)로 표시한 데 관해, 참조 엡 5 : 2; 히 7 : 27; 9 : 26, 28; 10 : 10, 12; Barn 7 : 3 등; 유월절 제물 : 고전 5 : 7; 성만찬 텍스트들 외에 있는 언약 제물 : 히 13 : 20; 그리스도의 피 : 성 만찬에 관한 말들과 그것에 관련된 텍스트들 외에, 롬 3 : 25; 9 : 9; 골 1 : 20; 엡 1 : 7; 2 : 13; 벧전 1 : 2, 19; 행 20 : 28; 히 9 : 11 ff.; 10 : 19 ff., 29; 13 : 12, 20; 계 1 : 5; 5 : 9; 7 : 14; 12 : 11; 19 : 13; 요일 1 : 7; 5 : 6-8; 1 Klem 7 : 4; 12 : 7; 21 : 6; 49 : 6; 특별히 그리스도의 피로 "뿌리다"(ῥαντισμός) : 벧전 1 : 2; 히 9 : 13; 10 : 22; 12 : 24; Barn 5 : 1(비교. 8 : 1, 3), (이그나티우스서의 것들은 다른 성격을 지니고 있다). 속죄의 사상은 ἱλαστήριον "화목 제물"(롬 3 : 25), ἱλασμός "화목제"(요일 2 : 2; 4 : 10), ἱλάσκεσθαι "속죄하다"(히 2 : 17) 등의 개념들로 표현되었다. 그리스도의 죽음으로 죄사유가 이루어졌다는 것은 가령 롬 3 : 25 f.; 엡 1 : 7과 마 26 : 28의 잔에 관한 말

---

2) 고정된 말투들의 수집 : J. Jeremias, ThWB V 707, A. 435.

들의 표현; 히 9:11 ff.; Barn 5:1; 8:3 등이 말한다. 해방(ἀπολύτρωσις, λύτρωσις 또는 동사 표현들)이라는 개념은 다음 귀절들에서 볼 수 있다. 롬 3:24; 고전 1:30; 골 1:14; 엡 1:7; 히 9:12,15; 1 Klem 12:7; 막 10:45; 딤전 2:6; 계 1:5; 디 2:14; 벧전 1:18 f.; Barn 14:5 f. '값으로 사서 풀어 주다'의 개념도 비슷하다(고전 6:20; 7:23; 갈 3:13; 4:5; 계 5:9; 14:3 f.; 벧후 2:1). 義認에 관한 각이한 진술들도 이 연관성에 속한다. 롬 3:24 f.; 고전 6:11 (비교. 1:30); Herm vis III 9:1. 이 사상 영역을 주도하는 제사 사상의 특징은 聖化에 관한 진술들이다: 고전 6:11(비교. 1:30); 엡 5:25 f.; 히 2:11; 9:13 f.; 10:10, 29; 13:12; 1 Klem 59:3; Barn 5:1; 8:1; Herm vis III 9:1. 정화에 관한 진술들도 같다: 히 1:3; 9:13 f., 22; 디 2:14; 엡 5:25 f.; 요일 1:7,9; Herm sim V 6:2. 바울의 특징은 화해의 사상인 것같이 보이는데(롬 5:10 f.; 고후 5:18 ff.) 골 1:20 f.와 엡 2:16에서 각이하게 변했다. 공동체가 그리스도의 제물에 의해 세워졌다는 것은 — 언약 제물이라는 해석은 姑捨하고 — 분명하게 다음 귀절들 중에 나타나 있다: 디 2:14; 벧전 2:9; "자기 백성"을 말하는 1 Klem 64 또는 히 2:17; 7:27; 13:12; Barn 7:5; 백성(λαός)을 말하는 14:6; 교회(ἐκκλησία)를 말하는 엡 5:25 ff; 행 20:28, 다른 표현이지만 같은 사상을 표현하는 귀절들: 계 1:5 f.; 5:9 f.(비교. 벧전 2:9).

케리그마에서 점점 더 정확하고 확고한 말투들이 생기고 그것이 차례로 신조들(Symbolen)에서 結晶된 것과 같이 그것으로부터 복음서라는 문학 양식으로 발전되었는데 이에 대한 가장 옛 증언은 우리에게 있어서 마가복음서이다. "복음서" 성립의 단계들을 다음과 같이 지적할 수 있다: 1. 핵심은 예수의 죽음과 부활의 케리그마이고, 복음서들이 "자세한 序文이 붙은 수난사화"[3]라고 말한 것은 옳다. 2. 그 수난과 부활절에 관한 간결한 케리그마는 고전 11:23—26; 15:3—7이 보여 주는 바와 같이 實例에 의한 明示와 마찬가지로 신의 구원 계획에서의 위치 설정을 필요로 했다. 이로부터 세례 요한에 관한 보도와 豫言증명에 의한 類型의 완성이 촉진되었다. 3. 그리스도교 密儀들(이에 관해 §13)은 祭儀的으로 숭배된 κύριος "주"로서의 예수의 생애에 근거를 두어야 했다. 4. 예수의 활동에 관한 실례적 명시도 불가결했다. 왜냐하면 그의 생애가 신의 그것으로 파악되면서 행 2:22; 10:38 f.가 보여 주는 바와 같이 그의 권위를 위한 증거로 해석되어야 했기 때문이다. 그러므로 이적사화들이 수집되고 그것들이 "복음서들" 중에 받아들여진 것이 이해된다. 5. 아포프테그마들 즉 예수의 말로 중심을 이루고, 부분적으로는 막 3:1—6, 22—30 등과 같이 이적들도

---

3) M. Kähler, Der sog. histor. Jesus und der geschichtliche bibl. Christus, 출판 E. Wolf 1953, 60, I. 비교. Ad. Schlatter, Der Glaube im NT[4], 1927, 477: "모든 복음서 기자에게 있어서 복음서는 예수가 십자가에 이르는 과정에 관한 보도이다"; 또 참조. Jul. Schniewind, ThR, NF 2 (1930), 179—188과 비교. Geschichte d. synopt. Trad.[3], 395—400(번역, 공관복음서 전승사 S. 457—461).

보도하는 짧은 설화들도 물론 이런 실례적인 명시에 이용된 것이다. 이런 것들이 서로 배열됨으로 아포프테그마 자체들은 다시 더 많은 主의 말들을 삽입하는 동기를 유발시켰다. 6. 그 전통은 처음에 그리스도론적 케리그마에서 분리되어 있었던 주의 말들이 차츰 더 많이 "복음서"에 받아들여진 것(마가에서는 역시 주저한 반면 마태와 누가는 케리그마와 로기온-전승을 하나로 결합했다)은, 선교 설교와 나란히 공동체 설교가 점점 더 중요하게 되고 신앙하는 공동체를 위해 예수의 모습이 διδάσκαλος "교사"로서 다시 중요하게 되었다는 사실에 근거를 두고 있다. 7. 끝으로 생활뿐 아니라 공동체 질서도 예수의 생애에 근거를 둔 것으로 나타나야 했다(비교. 가령 고전 7 : 10; 9 : 14). — 케리그마에서 복음서로의 발전에 관해, 참조. H. Conzelmann *Die Mitte der Zeit*, 151 f.

5. 복음과 신앙의 概念들

그리스도교 선포를 위한 전문적 표지로서 헬레니즘계의 그리스도교에는 얼마 안 되어서 명사 τὸ εὐαγγέλιον "복음"과, 선포하는 활동의 표지로서 동사 εὐαγγλίζεσθαι "선포하다"(중간태, 때로는 수동형으로 인물 또는 사물을 대상으로 삼았다)가 나타났다. 그러나 그 명사는 동명사로 사용될 수 있었다. Εὐαγγέλιον 및 εὐαγγελίζεσθαι의 의미는 단순히 "소식", "알림" 및 "선포하다", "설교하다"를 뜻했다. 語源學的 의미, "좋은 소식" 및 "좋은 일을 선포하다"는 설사 그것이 때로 다시 나타나곤 할지라도 이미 70인역에서는 삭제되었다. 만일 좋은 소식이 강조될 때면 εὐαγγελίζεσθαι에 대상으로서 ἀγαθά "좋은 것" 등이 첨가된다(가령 제3 열왕기 1 : 42; 사 52 : 7과 후에는 롬 10 : 15). 그 까닭에 εὐαγγελίζεσθαι는 좋은 소식과는 전혀 관계 없을 때에도 사용될 수 있다(눅 3 : 18; 행 14 : 15; 계 10 : 7; 14 : 6). Εὐαγγελίζεσθαι (및 2격 목적격으로서 εὐαγγέλιον)에 첨가된 사물적인 대상들 역시 오로지 "선포하다"의 뜻만이 전제되어 있음을 보여 준다(가령 εὐαγγ. τὸν λόγον 및 τὸν λόγον τοῦ κυρίου "말" 또는 "주의 말을 전한다" 행 8 : 4; 15 : 35). 그리고 특별히 εὐαγγελίζεσθαι τὸ εὐαγγέλιον "복음을 선포하다"는 κηρύσσειν "선포하다", καταγγέλλειν "전하다", λαλεῖν "말하다" 또는 διαμαρτύρεσθαι τὸ εὐαγγέλιον "복음을 증언하다"와 완전히 동의어로 사용되었다. 그리고 이에 상응하면서 τὸ εὐαγγέλιον은 τὸ κήρυγμα "케리그마"와 ὁ λόγος "말"과 동의어로 사용되었다.

Εὐαγγέλιον (및 εὐαγγελίζεσθαι)은 오로지 그것이 절대적으로 사용될때, 즉 내용상으로 특정한 그리스도교 소식을 표시하기 위해 실제적인 대상의 표지 없이 사용될 때에만 엄격한 의미에서 專用語이다. 바울과 그 후에 아주

자주 나오는 이 화법은 구약성서와 유대교, 이방의 헬레니즘에서도 마찬가지로 유사형을 찾을 수 없다. 그리고 많이 알려진 εὐαγγέλιον이 황제 숭배의 제의적 용어라는 견해는 근거가 없다. 그 절대적 용법은 헬레니즘계 그리스도교에서 점차로, 그러나 비교적 급속도로 발전된 것 같다. 많은 경우 εὐαγγέλιον은 2격 목적격(가령 τῆς βασιλείας "그 나라의", 마 4 : 23; 9 : 35 또는 τοῦ Χριστοῦ "그리스도의", 롬 15 : 19; 고전 9 : 12 등)을 통해, εὐαγγελίζεσθαι는 실제상의 4격 목적격(가령 τὴν βασιλείαν τοῦ θεοῦ "신의 나라를", 눅 4 : 43; τὸν Ἰησοῦν "예수를" 등, 행 5 : 42; 8 : 35; 갈 1 : 15; τὴν πίστιν "신앙을", 갈 1 : 23 등)을 통해 규정된다.

이 절대적 용법이 바울보다 더 옛것인가는 확실성 있게 말할 수 없다. 그것이 초대 교회에 소급되지 않는 것은 분명하다. 명사인 εὐαγγέλιον은 Q에 전혀 없는바, 마가에서 단지 이차적 작문들 중에, 마태에서 일부는 마가에 의한, 일부는 자신의 작문들 중에만 각기 나타나고 누가에는 없다. 그러나, 사도행전에는 두 번 나온다. 이들 중에 전용어적 의미 즉 절대적으로 사용된 경우는 : 막 1 : 15; 8 : 35; 10 : 29; 13 : 10; 14 : 9; 마 26 : 13; 행 15 : 7. 동사 εὐαγγελίζεσθαι는 Q (마 11 : 5, 눅 7 : 22)에서 수동형으로 한번 사 61 : 1에 따라 사용되었으나 마가와 마태에는 없고 누가와 사도행전에는 잦다. 물론 전용어적 의미로는 단지 눅 9 : 6; (20 : 1); 행 8 : 25, 40; 14 : 7, 21; 16 : 10에만 나온다. 공관서와 사도행전, 바울 외에는 εὐαγγέλιον의 전용어적 화법이 신약성서에서는 단지 제 2 바울 문헌들 중에서만 볼 수 있다(살후, 골, 엡, 목회서신). 그리고 εὐαγγελίζεσθαι의 용법 : 벧전 1 : 12; 4 : 6; 히 4 : 2, 6. 2격 주어 및 主動者的 話法 τοῦ θεοῦ "神의"가 부가된 경우는(특히 바울에게서) 드물지 않다. Εὐαγγέλιον은 누가 외에 요한 일, 이, 삼서, 히브리서, 야고보서, 유다서, 베드로후서, 계시록에는 없다. - 그 다음 시대의 문헌중 그 명사와 그 동사가 없는 것이 헤르마스목자서이고 다음 문헌에는 그 명사가 절대적으로 사용되었다 : Did 8 : 2; 11 : 3; 15 : 3 f.; 1 Klem 47 : 2; 2 Klem 8 : 5; Barn 5 : 9; Ign Phld 5 : 1 f.; 8 : 2(이 텍스트는 확실치 않다); 9 : 2; Sm 5 : 1; 7 : 2; 보충 不定形을 동반한 동사 : 1 Klem 42 : 3; 4격 목적격과 함께 : Barn 8 : 3; 절대적 용법 : 1 Klem 42 : 1 (수동형), 중간태로 : Barn 14 : 9(사 61 : 1의 인용); Pol Phld 1 6 : 3.

전적으로 이에 상응하면서 κήρυγμα "케리그마" 및 κηρύσσειν "선포하다"의 전용어적 화법도 발전했다. Κηρύσσειν은 τὴν βασιλείαν "그 나라"(눅 9 : 2; 행 20 : 25; 28 : 31) 또는 τὸν Χριστόν "그리스도"(행 8 : 5; 9 : 20; 고전 1 : 23; 고후 4 : 5 등)를 목적어로 가질 수 있는데 전용어적 의미에서 절대적으로 사용되었다 : 막 3 : 14; 행 10 : 42; 롬 10 : 14 f.; 고전 9 : 27; 1 Klem 42 : 4; Barn 8 : 3; Herm sim IX 16 : 5; 25 : 2. Κήρυγμα는 순수성이 없는 結文 롬 16 : 25에서 2격 목적어 Ἰησοῦ Χριστοῦ를 대동하고 있다. Herm sim IX 15 : 4에서도 비슷하다 : τοῦ υἱοῦ τοῦ θεοῦ

§9. 神에 관한 설교

"신의 아들의"; 절대적으로 사용된 곳: 고전 1:21, 2:4; 15:14; 디후 4:17; 디 1:3; Herm sim VIII 3:2; IX 16:5; — ὁ λόγος "말"도 동일한 발전을 겪었다. 그것은 자주 2격 목적격에 의해 규정되었다. 가령 τῆς βασιλείας "왕국의"(마 13:19), τῆς σωτηρίας "구속의"(행 13:26), τῆς χάριτος "은혜의"(행 20:32), τοῦ σταυροῦ "십자가의"(고전 1:18), τῆς καταλλαγῆς "화해의"(고후 5:19), τῆς ἀληθείας "진리의"(골 1:5; 엡 1:13; 디후 2:15; 비교 Pol Phl 3:2). 정관사 없이 사용된 ἀληθείας "진리의"(약 1:18)는 가령 ζωῆς "생명의"(빌 2:16)와 같은 성격 표지의 2격일 수 있다. 그러나 끝으로 절대적 용법 ὁ λόγος 도 그리스도교 선포를 표시한다: 살전 1:6; 갈 6:6; 빌 1:14(1절); 골 4:3; 벧전 2:8; 3:1; 행 6:4; 8:4; 10:36; 11:19; 14:25; 16:6.32; 17:11; Barn 9:3; 16:5; 19:10; Pol Phl 7:2; Herm vis III 7:3. 대개 물론 τοῦ θεοῦ의 2격 주어 및 主動語가 첨가되어 있다.

Πίστις "신앙" 및 πιστεύειν "믿는다"는 그 소식을 받아들이는 것을 뜻했다. 로마서 10장 14—17절은 πίστις를 케리그마의 받아들임으로 자세히 성격지었다. 신앙의 대상들은 κήρυγμα (고전 1:21; 헤르마스서(sim) VIII 3:2 등), εὐαγγέλιον(막 1:15; 행 15:7; 고전 15:2 등), μαρτύριον "증언"(살후 1:10; 요일 5:10), λόγος (행 4:4; 엡 1:13; Barn 9:3; 비교. 16:9; ὁ λόγος αὐτοῦ τῆς πίστεως "그의 신앙의 말", ἀκοή "설교"(롬 1:16; 요 12:38) 등이다. 믿는 자를 공동체의 일원으로 만드는 그 선포의 신앙적인 받아들임의 意義는, 신앙 개념이 구약성서에도, 다른 고대 종교들 중에서도 볼 수 없었던 의의를 가지는 데까지 도달했다. 그리스도교에서 신앙개념이 처음으로 인간의 신에 대한 관계를 표시하는 주도적 표지로 되고 신앙은 삶을 철저히 지배하는 경건한 자의 태도로서 이해된 것이다. 그것은 헬레니즘 세계에서 선전되던 유대교와 이방 종교들의 선교에서 준비되었다. 왜냐하면 선교에서 처음으로 이 신앙의 개념이, 새로이 선포된 종교에 돌아오는 것으로서 成長한 데 반해 구약성서와 고대 모든 종교들에서는 민족의 신(및 신들)의 숭배가 사실 자명한 것이었기 때문이다.

초대 그리스도교 소식의 특색에 일치하게 πίστις 및 πιστεύειν은 헬레니즘계의 그리스도교에서 다음 것을 뜻했다. 1. 유일한 神에 대한 신앙(살전 1:8 f.; 히 6:1; 11:6; Herm mand Ⅰ 1; 참조. 위에 2. S, 62 f.) 2. 그리스도 안에서의 신의 구원 행위에 대한 신앙(고전 15:11; 롬 4:24)인데, 그러한 신앙의 내용이 ὅτι-문장에 의해 제시되었든(롬 10:9; 살전 4:14; 요 20:3 등), 그것이 가령 πιστεύειν εἰς Χριστὸν Ἰησοῦν "그리스도 예수를 믿는다"(갈 2:16), εἰς τὸν κύριον "주를"(행 14:23; Herm mand Ⅳ 3:3), εἰς τὸ ὄνομα τοῦ υἱοῦ τοῦ θεοῦ "신의 아들의 이름을"(요일 5:13) 등으로 압축된 화법으로 표현되었든 무관하다. 바로 이 압축된 화법, 즉 πιστεύειν (πίστις) εἰς (및 2격 목적어를 가진 πιστεύειν과 πίστις)의 완성이 그리스 어법에도 구약성서(70인역)에도 생소하며 또한 특색이 있다. 그리고 마찬가지로 특수한 것은 πιστεύειν (πίστις)이 곧 專用語의 의미에서 절대적으로 사용된 것이다. Πίστις 는 보충어를 가지고 또는 절대적으로 사용되면서 신앙을 믿는 행위로 특징짓는다(데전 1:8; 행 20:21 등): 가령 신앙인이 됨 (Gläubigsein 고전 2:5; Did 16:2; Barn 4:9 등)과 신앙인의 태도(롬 14:1; 살전 1:3 등), 그리고 마찬가지로 πιστεύειν (πιστεῦσαι)도 때로는 신앙인이 되는일(롬 10:14; 행 18:8 등), 때로는 신앙인이 됨 ― 특히 분사형으로 ― 을 의미하게 되었고, 그 때문에 οἱ πιστεύοντες "믿는 자들" 또는 이 πιστεύσαντες "믿은 자들"은 "그리스도인들"이라는 표지를 대신할 수 있었다(살후 1:10; Herm sim Ⅸ 19:1 f. 등). 끝으로 πίστις 는 처음에 물론 fides qua creditur (신앙 행위)를 표시하지만 fides quae creditur (신앙 대상)의 의미도 얻을 수 있었다(롬 10:8; 행 6:7). Πίστις는 단순히 "그리스도교"(딤전 4:1,6)이고 κατὰ κοινὴν πίστιν "같은 믿음을 따라"(개역)는 '그리스도교적'을 뜻했다(디 1:4). ― 이 마지막 발전 단계들 외에도 말의 용법의 모든 가능성들이 이미 바울 전에 그리고 그와 함께 완성되었다. 그리고 이 선교 용어를 배경으로 해서만이 비로소 바울의 특유한 신앙 이해가 분명하게 浮上된다.

그러나 신앙 개념은 초대 교회에서 이미 ― 바울과 관계 없이도 ― 확대 확충되었다. 이 사실은 우선 πιστεύειν이 사실 "신뢰하다"의 의미도 가질 수 있으며 이 의미가 선교 용어적 의미와 잘 결합된다는 것으로도 쉽게 설명될 수 있다. Πίστις와 πεποίθησις "확신"이 에베소서 3장 12절과 클레멘스 제 1서 26장 1절; 35장 2절에서 결합된 것과 같이 πεποιθέναι가 클레멘스 제 1서 58장 1절; 60장 1절; 헤르마스서(sim) Ⅸ 18장 5절에서 πιστεύειν의 代役을 한다. 사실 고린도 전서 2장 9절과 빌립보서 3장 4절 이하도 πιστεύειν과 πεποιθέναι의 동질성을 보여 주는 바와 같다. 그러나 아둗든 이로써 제시된 것은 구약성서-유대교 전통에서 생생한 神관계의 이해가 πίστις로 특징지워진 그리스도교의 神 관계에 영향을 끼쳤다는 것이다. 즉 後者의 이해는 הֶאֱמִין "신뢰하다, 믿다", בָּטַח "신뢰하다", חָמָה "의지하다", קָוָה "대망하다"와 같은 동사들에 의해 표시되었다. 그 중에서 특별히הֶאֱמִין은 일정하게 πιστεύειν으로 번역되었다(다른 동사들, 특히 הֶאֱמִין는 자주 πεποιθέ-ναι로 번역되었다). — 여하간 그것은 신뢰 및 희망, 성실 및 순종의 관계로서 성격지워진 神 관계의 이해였다.

히브리서 11장이 특히 분명하게 이 영향하의 πίστις 개념을 다양한 색조로 풍부하게 보여 준다. 3절과 특히 6절에서 πίστις에 관한 선교 전용어의 의미가 부각되었는가 하면, 일반적으로는 신뢰와 희망으로서 πίστις의 의미가 주도적이나(특별히 9 f., 11, 13, 17절) 그와 함께 순종과 성실의 의미도 여전히 세력을 보이고 있다(5, 7, 8, 24 ff., 30 f., 33). 그리고 히브리서 11장 외에도 신뢰(가령 롬 4 : 17—20; 1 Klem 26 : 1; 35 : 2; 2 Klem 11 : 1), 또는 희망(특히 벧전, 비교. 1 : 5—9, 21; 또 가령 1 Klem 12 : 7; Barn 4 : 8), 성실(딤후 4 : 7; 벧전 5 : 9; 계 2 : 13; 13 : 10), 바울에게서 특별히 강조된, 그러나 그 외에서도 πιστεύειν과 동의어로 사용되는 πείθεσθαι "따른다, 설득당한다"(행 17 : 4; 28 : 24)와 불신앙의 표현인 ἀπειθεῖν "따르지 않는다" (행 14 : 2; 19 : 19; 벧전 2 : 8; 3 : 1; 요 3 : 36 등)에서 나타나는 순종 등의 의미가 두루 퍼져 있다.

Πίστις(또는 πιστεύειν)가 그리스도라는 인물에 대한 인격적 관계도 표시하는가 아니면 오로지 그리스도 안에서 일어나는 신의 행위에 근거를 둔 神 관계만을 표시하는가? 여하간 그리스도에 대한 인격적 관계는 πιστεύειν εἰς αὐτόν "그를 믿는다"라는 화법으로는 아직 표명되지 않았다. 이 화법은 단지 ὅτι-문장(가령 ὅτι ὁ θεὸς αὐτὸν ἤγειρεν ἐκ νεκρῶν "신은 그를 죽은 자들로부터 일으켰다는 것", 롬 10 : 9)을 받은 πιστεύειν의 압축에 불과하기 때문이다. 그리고 구약 성서 및 70人譯에서 신 관계가 결코 πιστεύειν εἰς로 묘사되지 않는 것같이 반대로 신 관계를 표시하는 70인역의 화법들 즉 與格과 함께 쓰여진 πιστεύειν과 πιστεύειν ἐπί는 거의 어디서도 그리스도 관계의 표지로 나타나지 않는다(與格과는 본래 요한복음서에서만 그(그의 말들)에 신뢰한다는 의미로, 여격 및 ἐπί와는 디모데전서 1장 16절에서 사용되었다). 목적격을 가진 πιστεύειν ἐπί — 이것은 일반적으로 신 관계도 표현할 수 있는 것인데 — 도 그리스도 관계를 위해 드물게 이용되었다 (행 9 : 42; 11 : 17; 16 : 31; 22 : 19). 그리고 πίστιν ἔχειν πρὸς τὸν κύριον Ἰησοῦν "주 예수에 대한 신앙을 가진다"는 단지 빌레몬서 5절에만 있다. 그러므로 우리는 이렇게 평가할 수밖에 없을 것이다. 즉 예수 그리스도의 인물에 대한 인격적인 관계로서의 신앙이라는 사상이 처음에는 초대 그리스도교의 선포에 생소했지만 얼마 안 가서 그런 것이 되었을 때에는 그것을 위

해 어떤 새로운 계기들이 작용했을 것이다.

唯一한 신과 그의 심판, 심판자와 구세주로서의 예수 그리스도 등에 관한 선포를 개관할 때 제기되는 문제들은 이것이다 : 유일신에 대한 신앙이 啓蒙된 세계관의 성격을 지닐 것인가, 또는 신이 인간의 실존을 규정하는, 인간의 의지를 요구하는 힘으로서 이해될 것인가? 종말론적인 설교를 통해 제2의 의미에 결론이 맺어지는 것같이 보이는데 그 경우에는 역시 다음 문제가 제기된다 : 종말론적 신앙이 어느 정도 神話的인 환상에서 벗어났는가? 그것은 오는 사건에 대한 단순한 기다림에 한정될 것인가, 또는 그 신앙은 종말론적인 사건의 빛에서 현재까지 이해하는가? 종국이 가깝다는 대망이 둔한시되고 중지되었다면 어떤 방법으로 종말론이 고수되었을까? 또 : 그리스도의 의의는 미래의 심판자와 구세주의 역할에 한정될 것인가? 신학적 반성은 어떤 방식으로 그의 죽음과 그의 부활을 이해할 것인가? 신학적 명제들은 理論的 思辨의 성격을 얻을 것인가, 동시에 "그에 대한 신앙"은 단순한 교리 신앙이 될 것인가? 신앙에 관한 사상이 어떻게 전개될 것인가, 신학 사상이 이 사상에 의해 어떻게 통제될 것인가?

§10. 교회 意識과 세계에 대한 그 관계*

1. 教會概念의 問題

그리스도교 선교인들의 종말론적인 선포, 특히 죽은 자들의 부활에 관한 소식은 적어도 그리스어를 말하는 이방인 청중들 대부분에게는 생소한 것이었다. 사도행전의 서술은 17장 18, 32절에서 이 사실을 시사하고 있다. 즉 이 서술은 아레네의 청중들도 ἀνάστασις의 주제에 주목하고 충돌하게 했다. (참조. S.75). 그리고 데살로니가전서 4장 13절 이하와 고린도전서 15장도 마찬가지로 그런 설교들이 생소한 것이고 거슬리는 것이었음을 보여 준다. 그런데도 임박한 종말론적 파국, 우주적 세계의 전환에 관한 선포는 역시 많은 청중에게도 아주 근본적으로 새로운 것도 아니었고 들어 보지 못한 것도 아니었다. 近東으로부터 그런 종말론적 표상들은 이미 오래 전에 헬레니즘 세계에 침투되어 있었다. 물론 그것들은 그 본래의 신화적 성격을 계속 벗고 있었다. 그것들은 가령 스토아철학파의 세계 週期論과 각 주기의 종국으로서의 ἐκπύρωσις "大火災"論에서 자연과학적 理論의 성격을 얻기도 했었

---

* 이 표제에 관한 문헌들, 참조. S. 625.

§10. 교회의 意識과 세계에 대한 그 관계

고, 호라즈(Horaz)의 Carmen Saeculare 또는 到來할 구세주를 노래한 베르길(Vergil)의 제 4 牧歌에서와 같이 역사적 정치적 전환을 위한 詩的인像을 만드는 데 도움을 주기도 했다.

그러므로 초대 그리스도교의 종말론적 설교가 우주적 전환의 선포로서 널리 이해되기를 기대할 수 있었지만, 초대 그리스도교의 견해에 따라 그 임박한 종말론적 사건이 구원사 — 선택된 민족 "참 이스라엘"의 역사 — 의 최종 행위였고 선택된 민족을 위한 언약들의 성취였다는 점에서는 그 이해를 위한 여건들이 주어져 있지 않았었다. 이 마지막 시대의 종말론적 공동체를 위해 지금 약속들이 성취된다는 초대 그리스도교의 의식, 곧 "참 이스라엘"이라는 의식이 어떻게 헬레니즘계 공동체들 중에 계승될 수 있었는가?

이것이 바로 결정적인 문제, 곧 교회개념에 대한 문제이다. 그리스도교의 소식이 선포하는 구원은 단지 개인의 구원, 죄에 물듦과 고난, 죽음에서의 개체의 영의 救贖을 의미하는 것에 불과한가? 또는 그것은 개인이 예속해 있는 신의 백성의 공동체를 위한 구원을 뜻하는가? 초대 그리스도교 선교에서 이 둘째 것이 자명함이 다른 近東的 구속 종교들의 선전과 근본적인 차이를 만들었고, 역사적으로 볼 때 바로 그 점에 前者들에 대한 그리스도교의 우월성이 있다. 그리스도교의 경우 개체 신도들은 공동체 內에 속하고 개체 공동체는 다시 한 공동체로 결속되었다. 말하자면 이 결속의 주요 동기는 조직의 실천적인 필요성이 아니라, 오히려 교회의 조직은 주로 전체 공동체가 개체 공동체에 앞서 생겼다는 의식에서 발생했다. 이를 대변하는 징표는 언어의 용법이다. Ἐκκλησία가 처음에는 전혀 개체 공동체를 의미한 것이 아니라 "신의 백성"이고 마지막 시대에 선택된 자들의 共同性을 표시했다. 이것은 초대 교회(§6)에서뿐 아니라 헬레니즘계의 그리스도교에서도 그러했다. 그리고 여기서 얼마 안 가서 개체 공동체가 ἐκκλησία로 표시되고 ἐκκλησίαι라는 복수형이 사용될 수 있었을지라도, 그 때에 그 생각은 역시 개체 공동체 중에 한 공동체가 나타난다는 것이었다.

바울은 분명히, ἐκκλησία를 때로는 전체 공동체에 때로는 개체 공동체에 사용했는데, 그때 그것은 공동적인 헬레니즘 언어 용법에서 취한 것이 분명하다. 그는 구약성서-초대 교회의 어법에 따라 전체 공동체를 ἐκκλησία τοῦ θεοῦ "신의 교회"(고전 10 : 32; 11 : 22; 15 : 9; 갈 1 : 13)라고 불렀다. 단순한 ἡ ἐκκλησία도 전체 공동체를 표시할 수 있다 : 고전 12 : 28; 빌 3 : 6. 사도행전에서 전체 공동체를 위한 ἐκκλησία 의 의미를 볼 수 있으나 확실한 것은 9 : 31에 있는 것뿐이다. 아마 20 : 28의 것도 그럴 수 있다(τοῦ κυρίου). 이것이 자주 나오는 곳은 가령 골로새서와 에베소서이고 딤전 3:5,16에도 Did (신에 대한 기도 중: ἡ ἐκκλησία σου "당신의 교회" 9:4; 10:5; 이외에 11:11)와 Herm (ἡ ἁγία ἐκκλ. σου 또는 τοῦ θεοῦ(vis) Ⅰ 1:6; 3:4; 이외에 sim Ⅷ 6:4; Ⅸ 13:1; 18:2 f. (τοῦ θεοῦ), 그리고 신화적 인물로 실체화된 것: vis Ⅱ 4:1; Ⅲ 3:3; Ⅳ 1:3; 2:2; sim Ⅸ 1:1 f.)에서도 보인다. 또 Barn 7:11; 2 Klem 2:1; 14:1—4와 Ign에도 나타나는데 Ign는 ἐκκλησία를 ἁγία (Tr pr.)로도, 신의 교회(Tr 2:3)로도, 예수 그리스도의 교회(Eph 5:1)로도 또는 신과 그리스도의 교회(Phld pr. Sm pr.)로도 표시하나 부가어 없이도 ἐκκλησία를 全 공동체로서 거론한다(Eph 17:1; Phld 9:1). 그리고 그에게서 처음으로 ἡ καθολικὴ ἐκκλησία "公교회"라는 표현도 나타난다(Sm 8:2).

개체 공동체가 전체 교회의 한 현상이라는 것은 서두 인사에서 여러 번 발견되는 화법에서 나타난다: τῇ ἐκκλησίᾳ (τοῦ θεοῦ) τῇ οὔσῃ ἐν ··· "···에 있는 神의 공동체에"(고전 1:2; 고후 1:1; Ign Eph; Mg; Tr; Phld). 이 대신 τῇ ἐκκλησίᾳ τοῦ θεοῦ τῇ παροικούσῃ ··· "···에 체재하는 신의 공동체에"(1 Klem pr.; Pol Phl pr.)라고도 할 수 있다.

또 개체 교회가 개체 공동체에 앞선다는 생각은 모든 신도들을 포괄하는 σῶμα Χριστοῦ "그리스도의 몸"을 ἐκκλησία와 동일시한 데서도 나타난다. 이 동일시는 바울에 의해 실제로 고린도전서 12장에서 수행되고 그 후 골로새서 1장 18, 24절; 에베소서 1장 22—23절; 5장 23절 이하; 클레멘스 제 2 서 2장 1절에 분명히 표현되었으나, 특별히 이미 일찍 생긴 ἐκκλησία의 先在, 즉 모든 역사적 현실화에 선행하는 先在에 관한 사변에서 분명히 표현되었다: 에베소서 5장 32절; 클레멘스 제 2 서 14장; 헤르마스서(vis) Ⅱ 4장 1절(비교. Ⅰ 1:6; 3:4).

이 교회 意識은 이방인 그리스도교 공동체들에 대한 어떤 종류의 감독권을 행사하려는 예루살렘 초대 교회의 노력과 — 이 노력들은 바울에게서도 사도행전에서도 알 수 있다 — 이방인 그리스도교 공동체들의 연합체를 예루살렘과 연합하여 확고히 하려는 바울 자신의 노력 배후에도 마찬가지로 들어 있다. "사도회의"의 결정(갈 2:10), 즉 이방인 그리스도교 공동체들이 예루살렘 공동체의 가난한 자들을 위해 헌금하라는 결정도 이 관점에서 볼 때 역사적으로 그 회의의 가장 중요한 결정이었다고 감히 말할 수 있다. 왜냐하면 공동체들의 통일성이 상실될 위험은 이방인 그리스도인 공동체들이 구약성서의 율법에 얽매이는 것보다 더 큰 것이었기 때문이다. 그러므로 예루살렘을 위한 이방 그리스도인들의 헌금을 위해 바울이 정열을 기울인 것도 이해된다(고전 16:1—4; 고후 8—9; 롬 15:26 f., 31).

2. 구원사와의 連帶性의 의식

헬레니즘계의 그리스도교에서 실제로 교회 意識이 곧 형성되고 발전된 것은 바울의 노력들에만 귀속시킬 수 없다. 오히려 이방 그리스도인의 공동체들이 일부 헬레니즘계의 회당 공동체에서 성장했다는 데도 그 원인이 있다. 그리고 특별히 후자들 — 전자가 그러했는지 아니었는지는 姑捨하고 — 에게 구약성서가 성서로서 전수되었다는 점에서 더욱 그렇다. 구약성서의 영향도 모든 공동체들에게 똑같이 중요한 것이었다면 그것은 역시 일반적으로 어디서나 영향을 주었을 것이다. 신약성서의 書翰文書 — 요한 서신들을 제외하고 — 는 대체로 독자들이 구약성서에 대해 익숙한 것을 전제하고 있다. 물론 그 폭은 서로 매우 다를 수 있다. 續使徒의 교부들도 같은 것을 보여 주는데 단지 그들 중에는 이그나티우스 서신들만이 구약성서에 매우 적게 관련되어 있을 뿐이다. 적지 않은 인용문들이 여러 상이한 문헌들 중에서 일치함으로 증명되는 바와 같이 아마 얼마 안 가서 文選集, 즉 개체 교리들을 위한 구약성서의 인용문들의 수집문들이 생겼을 것이다. 가령 히브리서와 바나바서 같은 개체 문헌들은 거의 전부라고 해도 과언이 아닐 만큼 구약성서의 해석에 割愛되고 있다.

구약성서가 神託書로서 豫言증명을 위해 사용되었든, 윤리 교훈과 도덕 교본으로서 또는 끝으로 구원사의 증서로서 읽혀졌든 차이가 물론 있을지라도, 여러 다른 주제들과 함께 역시, 그리스도교 공동체에서 이스라엘 및 그의 역사와의 연대 의식을 고취하는 방향에서 함께 작용했다. 아브라함은 이방 세계 출신인 신도들에게도 "아버지"가 되었다(롬 4:1; 12:9, 7 f.; 갈 3:7, 29; 야 2:21; 1 Klem 31:2; Barn 13:7; 비교. 히 2:16; 6:13). 세계에 흩어져 있는 그리스도 공동체들은 "유대인 교포 세계에 있는 12지파"의 백성들이다(야 1:1; 비교. 벧전 1:1; Did 9:4; 10:5; 1 Klem 59:2). 그는 "神의 이스라엘"(갈 6:16)이고 "선택된 족속"이며 "그의 소유"(벧전 2:9)이고, $\dot{\epsilon}\kappa\lambda o\gamma\hat{\eta}s$ $\mu\acute{\epsilon}\rho os$ "선택된 지체"(1 Klem 29:1)이다. 그들이 참 $\pi\epsilon\rho\iota\tau o\mu\acute{\eta}$ "할례"(빌 3:3)이다. 구약성서의 신앙 중인들이 그들의 모범임은 더 말할 나위도 없다(히 11). 구약성서의 경건한 자들에게 눈을 돌려야 한다($\dot{a}\tau\epsilon\nu\acute{\iota}\sigma\omega\mu\epsilon\nu$ $\epsilon\dot{\iota}s$ 1 Klem 9:1). 그리스도인들은 그들과 행동을 같이 해야 한다($\kappa o\lambda\lambda\eta\vartheta\hat{\omega}\mu\epsilon\nu$, 1 Klem, 31:1; 46:4). 욥은 인내와 경건의 모범이고(야 5:11; 1 Klem 17:3), 롯과 창녀 라합은 손님 접대의 모범적 예이며 (1 Klem 11 f.), 아브라함과 다윗은 겸허의 모범 등이다. 클레멘스 제 1 서 55

장이 편견 없이 구약성서의 모범 인물과 나란히 이방인 역사의 그런 인물들을 세운 것은, 어느 정도로 공동체가 구약성서의 역사를 자기 것으로 만들었는가를 보여 준다. 그러나 마찬가지로 구약성서는 경고와 위협을 위한 예들로 광야 세대의 불순종과 불신앙(고전 10 : 6 ff. ; 히 3 : 7 ff.), 가인과 에서 등의 질투(1 Klem 4; 비교. 히 12 : 16)를 들었다. 이것을 종합하면 이렇다. "옛날 구약성서에 기록된 것은 우리의 교훈을 위한 것인바, 그것으로써 우리는 인내와 '성경'의 약속을 통하여 희망을 얻게 하려는 것이었다"(롬 15 : 4; 비교. 고전 10 : 11; 또, 롬 4 : 23 f. ; 고전 9 : 9 f. ; 딤후 3 : 16).

회당의 설교 전통은 이런 종류의 교훈과 권고들에 영향을 끼쳤고 초대 교회에는 얼마 안 가서 두 전형적 설교 형태가 나타났는데 이것은 이미 유대교에 있었던 것이다. 1. 신의 백성의 역사를 보여 주기 위해 그 역사를 개관하는 형식, 이를 위한 예로는 신약성서에서 스데반의 연설(행 7 : 2—47)과 비시디아 안디옥에서 행한 바울의 연설(행 13 : 17—25 ⟨41⟩)을 들 수 있다. 2. 특정한 標題語에 따라 그 역사에서 예들을 열거하는 형식, 이런 종류에 속하는 것 : 히브리서 11장; 짧은 것 : 유다서 5—7절; 이런 종류의 많은 예들이 포함되어 있는 곳 : 클레멘스 제 1 서 11장(4—6; 7—8; 9—10; 11—12; 51 : 3—5).

이스라엘史에 대한 공동체의 관계는 물론 특유하게 변증법적인 것이다. 왜냐하면 이스라엘에서 현재까지의 사건 과정이 연속적인 역사가 아니라 그리스도 안에서 일어난 종말론적 사건에 의해 斷切되었기 때문이다. 그러므로 종말론적인 공동체는 단순히 경험적 역사적 이스라엘의 후계자와 상속자가 아니라 이른바 이상적인 이스라엘, 즉 신의 백성의 상속자인데, 이것을 위해 역사적 이스라엘이 부름은 받았으나 실제상으로는 실현되어 본 일이 없는 백성이다. 그것은 물론 선택된 신의 백성이었으나, 그 선택은 이른바 언제나 조건과 약속으로서만 이스라엘 위에 또는 앞에 떠 있었고, 신의 섭리의 결과에서도 축복과 형벌로 그의 역사를 규정하기는 했으나 결코 실현되지는 않았었다 — 또는 실현되었다 할지라도 그것은 단지 예외로서, 가령 같은 신앙의 소유자인 아브라함(롬 4; 히 11 : 8 ff. 등), 신이 기뻐한(행 13 : 22), 성령으로 말한(행 1 : 16; 롬 4 : 6 등) 다윗, 지금 모범人들로서 공동체에 이바지하는 예언자와 경건한 자들에게서만 실현되었다. 그러나 전체로서의 이스라엘은 그의 불순종과 불신앙 때문에, 그리고 특별히 그가 예수 자신을 버린 때문에 버림을 받았다. 그리스도교 공동체가 바로 신의 참백성이라는 것이었다(비교. 막 12 : 1—11).

그러나 역사적 이스라엘에 대한 이 대립, 즉 그 역사의 종말론적 단절은

§10. 교회의 意識과 세계에 대한 그 관계   95

사실은 救援史의 불연속성이 아니라 바로 그의 연속성을 의미한다. 그 실현을 기대했던 바와 같이 신의 백성의 선택은 지금 그리스도교 공동체에서 실현된다. 이 공동체는 'Ισραήλ κατά σάρκα "肉에 따른 이스라엘"(고전 10 : 18)과 반대로 'Ισραήλ τοῦ θεοῦ "신의 이스라엘"(갈 6 : 16)인바, 그 성원들은 아브라함의 참 아들 (참조. 위에 그리고, 롬 9 : 7 ff. ; 갈 4 : 22 ff.)이고 신은 이들과 새로운 언약을 세웠다(고후 3 : 6 ff. ; 히 8 : 6 ff. 그리고 이하 참조). 역사적 이스라엘의 버림은 사실 성서 증언이 가르치듯이 구약성서에서 처음부터 예견되었던 것이고 새로운 언약도 豫言된 것이다. 옛 이스라엘의 神예배는 그리스도교 구원 사건을 그림자처럼 豫述한 것이었다(히 7—10장).

역사적 이스라엘에 대한 그리스도교 공동체의 이 변증법적 관계는 새로운 언약의 개념에서와 같이 λαός "백성"의 개념에서도 표현되었다. 호머 후기 그리스 문헌에서 드물게 사용된 λαός라는 말은 70인역에서 ἔθνη "이방인"에 대한 이스라엘의 특수성을 표시하는 말이 되었었다(눅 2 : 32; 행 15 : 14; 26 : 17, 23에서도 같다). 이 말은 이중적인, 아직 분리되지 않은 의미에서, 동시에 선택된 신의 백성인 역사적 민족으로서 이스라엘을 표시했었다. 그리스도교 공동체는 이 표지를 자기의 것으로 만들었으나 단지 둘째 의미만을 보유했다.

70인역-聖語用法의 특수성들은 그리스도교 언어 용법에서 다시 나타난다 : 전용어적 의미에서의 단순한 λαός : 히 2 : 17; 13 : 12; Herm sim V 6 : 2 f. ; 자주 나오는 ὁ λαός τοῦ θεοῦ "신의 백성"(및 μου, σου, αὐτοῦ "나의", "너의", "그의"와 관련되어서) : 히 4 : 9; 10 : 30; 계 18 : 4; 1 Klem 59 : 4; Herm sim V 5 : 3 등. Αὐτοῦ =τ. υἱοῦ τ. θεοῦ: Herm sim IX 18 : 4; λαός ἅγιος "거룩한 백성" : 신 7 : 6 등에 따른 Barn 14 : 6; 비교. ἔθνος ἅγιον: 벧전 2 : 9; λαός περιούσιος "선택된 백성" : (출 19 : 5 등에 따른 디 2 : 14; 1 Klem 64; 비교. λαός εἰς περιποίησιν "선택된 백성" 벧전 2 : 9; λαός κληρονομίας "상속의 백성" Barn 14 : 4). 다음 표현들, 가령 ἔσονταί μοι εἰς λαόν "내 백성이 되리라"(렘 38 : 33 〈히브리어 구약성서 31 : 32〉에 따른) : 히 8 : 10; 비교. 계 21 : 3; 행 18 : 10; λαβεῖν ··· λαὸν τῷ ὀνόματι αὐτοῦ "그의 이름에 합당한 백성을···취하다" : 행 15 : 14; ἑτοιμάζειν ἑαυτῷ λαόν "자신을 위해 백성을 예비했다" : Barn 3 : 6; 5 : 7; 14 : 6. 백성 아닌 백성이 백성이 되리라는 호 1 : 10; 2 : 23 (히브리어 구약성서 2 : 1,25)의 예언은 롬 9 : 25; 벧전 2 : 10에서 이방 그리스도인들에게 관련시켜졌다. 벧전 2 : 9에서는 출 19 : 5 f.의 약속이 그렇게 되었다.

그리스도의 죽음을 창전의 제물로 삼은 새로운 언약의 이념은 바울 前에 이미 파악된 것이 분명하다. 그것은 그에게 전해진 주의 성만찬 禮典의 말들(고전 11:25)이 보여 주는 바와 같다. 종말론적 사건에 관한 表象의 방향이 신의 백성으로서의 공동체에서 설정되었음을 증명하는바, 이 이념 (§9,4; S. 80)은 바울에게도(고후 3:6 ff.; 갈 4:24) 히브리서 필자에게도 (8:6; 9:15; 12:24) 마찬가지로 중요한 것이었다. 후자는 8장 10절 이하에서 신의 λαός에 해당하는 예레미야서 38장 31절 이하(히브리어 원전: 31: 30 ff.)의 언약에 관한 약속을 상세히 인용했다.[1]

言約 이념은 바나바서에서 특별한 역할을 한다. 물론 주목을 끄는 변화는, 그 필자가 이스라엘이 그의 우상 숭배를 통해 시내산에서 그에게 제공된 언약을 처음부터 무시했기 때문에 결국 신과의 언약은 어떤 것도 그에게 없었다고 주장한 점에 있다 (4:6—8; 14:1 ff.). 그 까닭에 그는 "새로운" 언약을 말하지 않고 한 언약만을 말하는바(13, 14), 그것은 물론 πρῶτος λαός "처음 백성"(13:1)에게는 해당치 않고 λαός καινός "새로운 백성"(5:7; 7:5)으로서의 그리스도교 공동체에 해당하는 것이다.

3. 이방神 제사들에 대한 排他性

이 교회 의식에는 배타성 및 세계와의 단절에 관한 의식이 포함되어 있는바, 이 의식은 우선 종말론적 공동체의 칭호들(§6,2)이 헬레니즘계의 그리스도교에 의해서도 받아들여졌다는 데서 증명된다. 신자들은 ἐκλεκτοί "선택된 자들"(롬 8:33; 딤후 2:10; 벧전 1:1; 2:4 등) 또는 κλητοί "부름받은 자들"(롬 1:6; 고전 1:24; 유 1; Barn 4:13) 및 κεκλημένοι(히 9:15; 1 Klem 65:2; Herm sim Ⅷ 1:1; Ⅸ 14:5), 또는 ἅγιοι "거룩한 자들"(롬 8:27; 고전 6:2; 히 6:10; 1 Klem 56:1; Barn 19:10 등) 및 ἡγιασμένοι "성스럽게 된 자들"(고전 1:2; 행 20:32; 26:18 등), 자주 보이는 결합이 가령 κλητοί ἅγιοι "부름받은 성도들"(롬 1:7; 고전 1:2) 등 (비교. 계 17:14; 1 Klem pr.; 유 1)이라고 했다.

이 배타성이 우선 어떤 非그리스도교적 제사들에 대한 배타성임은 자명하다. 이것은 확실한 것이기 때문에 이에 관한 거론은 거의 드물다. 양자 택

---

1) Damaskus-Schrift의 "엣세인들"은 자신을 "새로운 언약"의 공동체로 표시한 반면, Qumran-Text들에서는 그들이 단지 "언약"으로만 칭해졌는데 물론 마지막 시대의 공동체라는 의식을 가지고 있다. 이것이 초대 그리스도교 공동체의 自意識의 병행 현상임에 의심 없다.

일성은 고린도후서 6장 14절—7장 1절에서 표현되었다. 고린도전서 10장 1절—22절은 이방 제사에 참여하는 것으로서의 εἰδωλολατρία "우상 숭배"에 대한 투쟁이다.[1] 이외에서는 εἰδωλολατρία (및 εἰδωλολάτρης)가 거의 부수적으로만 다른 악덕들과 함께 그리스도인에게 별로 중요하지 않은 것으로서 지칭되어 있다(고전 5 : 10 f. ; 6 : 9; 갈 5 : 20; 벧전 4 : 3; 계 21 : 8; 22 : 15; Did 3 : 4; 5 : 1; Barn 20 : 1). 그것은 이미 παρεληλυθὼς χρόνος "지나간 시대"에 속한다(벧전 4 : 3; 비교. Barn 16 : 7; 2 Klem 17 : 1). 그리고 특수한 것은 — 이미 유대교에서 그랬듯이 — 그 개념이 개조되어서 다른 악덕들에도 전용된 것이다(골 3 : 5; 엡 5 : 5). 물론 우상 제물 먹는 것을 금지된 것으로 생각하는 소심한 자들도 있었다(계 2 : 14, 20; Did 6 : 3). 그리고 이 禁令은 이른바 사도회의의 제 1 合議事項이기도 했다(행 15 : 20, 29; 21 : 25). 그러나 이것은 실천되지 않았다. 고린도 전서 10장 23절—11장 1절에서 이 주제를 다룬 바울은 εἰδωλόθυτον "偶像 祭肉" 먹는 것을 원칙상 허락된 것으로 선언하고 있다.

그러나 역시 금지된 것은 — 이미 유대교에서와 같이 — 모든 종류의 φαρμακεία "마법"(갈 5 : 20; 계 21 : 8; 22 : 15; Did 2 : 2; 5 : 1; Barn 20 : 1) 또는 μαγεία "점술"(Did와 Barn 同上)이다. 마법에 속하는 것은 귀신들을 불러내는 일인데, 이 귀신들은 유대교-초대 그리스도교의 파악에 따르면 실제로 εἰδωλολατρεία "우상숭배"에서 예배된 자들이다(고전 10 : 20 f. ; Barn 16 : 7 등).

4. 세계에서의 脫出

교회의 배타성은 무엇보다도 윤리적 불결과 죄의 영역으로서의 세계와의 단절을 뜻한다. 그 공동체는 모든 세속적이고 죄된 것과 분리된 神의 성스러운 殿이다(고전 3 : 16 f. ; 고후 6 : 16; 엡 2 : 21 f. ; Ign Eph 9 : 1; Mg 7 : 2). 그것은 신의 οἶκος πνευματικός "靈的 집"(벧전 2 : 5; 비교. 딤전

---

1) 이방 제사 식사에 참여하는 것이 단지 "약한 자들"을 염려한 나머지 禁한 고전 8 : 7 ff.에 대한 모순은 고전 10 : 1—22이 正經 전에(고전 5 : 9에 언급된) 바울의 고린도 서신에서 생긴 것이라는 것으로 잘 설명된다. 바울은 분명히 공동체 회원이 이방 祭食에 참여한다는 소식을 듣고 이 참여가 이방신들에 대한 숭배로 생각되었다는 것을 전제했었다. 당사자들은 이 전제가 잘못이라는 것과 γνῶσις "영지"를 소유하고 εἴδωλα "偶像들"을 허무한 것으로 간주했으므로 그 祭食들에 마음놓고 참여할 수 있었다고 廻信했다. 바울은 이에 대해 8 : 1—13; 10 : 23—11 : 1에서와 같이 대답했던 것이다.

3:15; 히 3:6; 10:21; Herm sim Ⅸ 13:9; 14:1)이다. 본래 이 종말론적 공동체는 이미 사라져 가는 세계에 속하지 않는다. 그 성원들은 이 세계에 고향을 두고 있지 않다. 그들의 πολίτευμα "시민권, 국적"은 하늘에 있고(빌 3:20) 그들의 πόλις "나라"는 미래의 것이다(히 13:14). 이곳 이 세계에서 그들은 이방인이고 나그네이다.

그리스도인들은 이 세계에서 ἐπὶ ξένης "旅路 중에" 있다. Herm sim Ⅰ1에 폭넓게 자세히 다루어진 바와 같다. 그들은 παρεπίδημοι "이방인, 잠간 거쳐가는 나그네"(벧전 1:1; 2:11), πάροικοι "寄留者들, 완전한 시민이 아닌 자들"(벧전 1:17; 2:11; 2 Klem 5:1; 후에 Diogn 5:5; 6:8) 이는 5장에서 이 주제를 자세히 다루었다) 이다. 그러므로 지역 공동체도 해당 장소의 παροικοῦσα "잠간 머무는 자"로 표시될 수 있었다(1 Klem pr.; Pol Phl pr.). 히브리서의 기본 주제는 "Das wandernde Gottesvolk" ("放浪하는 신의 백성", E. Käsemann이 그의 히브리서 연구서에 붙인 표제 1939)로 호칭될 수 있다: 히 3:7—4:13에는 방랑하며 약속된 땅으로 가는 이스라엘과 그리스도교 공동체를 비교하는 것이 주제적으로 다루어져 있다. 그 공동체가 이방에서 편력하고 있는 것으로 표시된 것도(야 1:1; 벧전 1:1) 그 異邦性을 이스라엘의 상황과 비교한 다른 방법이다.

그러므로 유랑을 위해 "허리에 띠를 맬" 필요가 있는 것이다(벧전 1:13; Pol Phl 2:1). 그리스도교 상황의 역설은 바울이 그것을 "이미 아닌"과 "아직 아닌" 것 사이의 상황으로서 빌립보서 3장 12—14절에서 성격지은 바와 같이 그런 화법들로 표현되었다. 그러나 바울은 오로지 간단한 말투로만 그런 그리스도교의 상황을 표현했는데. 그것은 아주 다양한 화법들로 여러 곳에서 묘사되었다.

사실 한편에서 종말론적-교회적 의식은 세계에서, "이 세대"에서, 자신의 과거에서 그리고 이방의 주변에서 분리된 자로 의식된다. 그리스도인들은 사실, 그리스도가 καθαρισμὸς τῶν ἁμαρτιῶν "죄들을 깨끗하게 함"(히 1:3)에 작용하기 때문에 성화되고 정결해졌다(§9,4, S.88). 세례를 통해 이 깨끗함은 모든 개인에게서 일어났다(엡 5:26). 그것은 다시 나는 浴이고 성령에 의해 작용된 再生의 浴이다(λουτρὸν παλιγγενεσίας καὶ ἀνακαινώσεως πνεύματος ἁγίου, 디 3:5). 바울에게 있어서 구원 사건이 신의 새로운 창조 행위이고(고후 4:6) 그리스도인은 한 새로운 피조물(고후 5:17)인 것과 같이 바나바서에서 그것은 ἰδοὺ ποιῶ τὰ ἔσχατα ὡς τὰ πρῶτα "보라, 나는 마지막 것들을 처음 것들과 같이 만들리라"라는 약속의 성취, 다시 말하면 신이 죄사유를 통해 우리를 갱생시키고(ἀνακαινίσας) 새로 만

§ 10. 교회의 意識과 세계에 대한 그 관계

든 — ἰδὲ οὖν ἡμεῖς ἀναπεπλάσμεθα "보라, 우리는 이렇게 새로 지음을 받는다" — 새로운 창조를 뜻한다(6 : 11, 13 f. 비교. 16 : 8; ἐγενόμεθα καινοὶ πάλιν ἐξ ἀρχῆς κτιζόμενοι "우리는 다시 처음부터 창조되어 새로 되었다"). 또는 베드로 전서 1장 23절에 기록된 바와 같다 : 우리는 ἀναγεγεννημένοι "다시 난 자들"이다.

신이 만일 베드로 전서 1장 3절에서 ἀναγεννήσας ἡμᾶς εἰς ἐλπίδα ζῶσαν "우리로 다시 나게 하며 산 희망을 향하게 하는 자"라고 일컬어졌다면 그 점에서 저 逆說, 즉 희망에서 존재하는 것이 우리이다가 타당하게 된다. 이것은 곧 그리스도교 상황의 다른 측면이기 때문이다. 즉 한편 그리스도교의 현존이 聖化됨과 깨끗하게 됨이라는 직설법에 의해 묘사될 수 있다면, 그 현존이 아직 이 세계 안에서 움직이는 限, 그것은 역시 명령하에 있는 것이다. 한편 그것이 그의 과거와 주변에서 분리된다면 이 분리는 언제나 새롭게 실현되어야 한다. 저 깨끗한 자와 거룩해진 자들에게 이렇게 권고된다 : καθαρίσωμεν ἑαυτοὺς ἀπὸ παντὸς μολυσμοῦ σαρκὸς καὶ πνεύματος ἐπιτελοῦντες ἁγιωσύνην ἐν φόβῳ θεοῦ "우리가 신을 두려워함으로 거룩함을 온전히 이루어 肉과 靈의 온갖 더러움에서 자신을 깨끗이 하라"(고후 7 : 1). 삶을 이미 옛 이방인 시대의 욕심에 따라 이루어(συσχηματίζειν)서는 안 되고(벧전 1 : 14), μηκέτι περιπατεῖν καθὼς καὶ τὰ ἔθνη "이미 이방인처럼 행해서는 안 된다"(엡 4 : 17). 그리고 "거룩해져야 하며", "異域에 사는 동안 신을 두려워하며 살아야 한다"(벧전 1 : 15—17). 신의 뜻은 거룩하게 하는 것이며, 그는 이를 위해 우리를 불렀다(ἁγιασμός, 살전 4 :3.7). "자신을 세상에 의해 더럽혀지지 않게 보존"해야 한다(약 1 : 27; 벧후 3 : 14). "세례를 더럽혀지지 않게 깨끗이 보존"해야 한다(2 Klem 6 : 9; 비교. 7 : 6 ; 8 : 6). 원칙적으로 일어난 것은 실제상으로도 실현되어야 한다 : νεκρώσατε οὖν τὰ μέλη τὰ ἐπὶ τῆς γῆς ··ἀπεκδυσάμενοι τὸν παλαιὸν ἄνθρωπον σὺν ταῖς πράξεσιν αὐτοῦ καὶ ἐνδυσάμενοι τὸν νέον τὸν ἀνακαινούμενον···"그러므로 너희는 땅에 있는 지체를 죽이라···옛 사람과 그 행위들을 벗어 버리고 새로 난 것을 입어라···"(골 3 : 5, 9 f.) 또는 ἀποθέσθαι ὑμᾶς κατὰ τὴν προτέραν ἀναστροφὴν τὸν παλαιὸν ἄνθρωπον ···"너희는 유혹의 욕심을 따라 썩어져 가는 구습을 좇는 옛 사람을 벗어버리고 너희의 마음의 영에서 새롭게 되어 신에 의해···지은 새로운 사람을 입으라"(엡 4 : 22—24). 이미 새로운 피조물들인 자들은 다음과 같은 충고를 들어야 했다 : ἀνακτίσασθε ἑαυτοὺς ἐν πίστει "신앙에서 너희 자신을 새롭게 하라"(Ign Tr 8 : 1). 이미 어두움에서 빛으로 불러냄을 받은 자들에게는 (벧전 2 : 9) "암혹의 일들을 벗어 버리고 빛의 무기들로 무장하는 것"(롬 13 : 12 f. ; 살전 5 : 4 ff.)이 마땅하다. 방황하고 역행하는 세대 한 가운데서 그리스도인들은 하늘의 별들처럼 티없고 깨끗하게 빛나며(빌 2 : 15), 그들의 선한 행위로써 이방인들과 뚜렷이 구별되어야 한다(벧전 2 : 12). "營門" 밖으로 즉 이 세상 밖으로 나아와서, 그리스도에게로 향해야 한다 (히 13 : 13). Καταλείψαντες τὴν παροικίαν τοῦ κόσμου τούτου ποιήσωμεν τὸ θέλημα τοῦ καλέσαντος ἡμᾶς καὶ μὴ φοβῶμεν ἐξελθεῖν ἐκ τοῦ κόσμου τούτου "이 세상의 것들을 버려두고우리를 부른 자의 뜻을 행하고 이 세상 밖으로 나아가는 것을 두려워하지 말자"(2 Klem 5 : 1)가 타당하며 이것은 또 ὁσίως· καὶ δικαίως ἀναστρέφεσθαι καὶ τὰ κοσμικὰ ταῦτα ὡς ἀλλότρια ἡγεῖσθαι καὶ μὴ ἐπιθυμεῖν αὐτῶν "깨끗하고 의롭게 생활하며 이 세상 모든 것을 다른 사람의 것으로 여기며 그런 것들에 육심을 내지 말자"(2 Klem 5 : 6; ἀλλότριον이라는 개념에 관해 비교. Ign Rm pr., Herm sim Ⅰ 3 : 11)를 뜻한다. 옛 세대와 지금 세대는 서로 敵이다. 그러므로 δεῖ ἡμᾶς τούτῳ ἀποταξαμένους ἐκείνῳ χρᾶσθαι "우리는 저것을 얻기 위해 이것을 버려야 한다"(2 Klem 6 : 3—5).

이미 헬레니즘 영역에는 일찍부터 금욕이 세계와의 단절의 수단으로 된 것은 이상할 것이 없다. 헬레니즘은 적지 않은 금욕 운동에 精通하고 있었기 때문이다. 본래의 금욕이 우상 제물을 먹지 말라는 금령이 제기되는 경우를 뜻하는 것은 물론 아니다(행 15 : 20, 29; 21 : 25; 고전 8—10; 계 2 : 14,20). 기도에 심각성을 부여하는 금식(행 13 : 3; 14 : 23; 고전 7 : 5의 제 2 讀法; Did 1 : 3) 또는 계시받는 준비로서의 금식(행 13 : 2; Herm vis Ⅱ 2 : 1; Ⅲ 1 : 2 등) 또는 週 2 回의 규칙적인 금식(Did 8 : 1)도 마찬가지로 금욕을 뜻하지 않는다. 디다헤서 6장 3절은 물론 우상 제물 금령을 금욕적 절제와 결합시켰다. 원칙적으로 음식 금욕(斷肉禁酒)은 바울이 관대하게 다룬 로마서 14장의 ἀσθενεῖς "약한 자들"에서 볼 수 있다. 골로새서 2장 16절 이하에서 평가된 거짓 교사들의 금욕적 요구들이 어느 정도 실제로 금욕적이고 전적으로 無害하지만은 않은 儀式의 계명들에 속하는지는 분명치 않다. 디모데 전서 4장 3절(비교. 디 1 : 15)에서 반박된 거짓 교사들은 물론 전자에 속했을 것이다. 그들은 性的 禁慾도 선전했다. 性的 禁慾은 바울에게 있어서도 하나의 理想이었다(고전 7 : 7). 분명히 디다헤서 6장 5절에서도 그것이 암시적인 말들로 권장되었다. 그리고 11장 11절의 수수께끼 같은 문장

§10. 교회의 意識과 세계에 대한 그 관계

에서도 그것이 천거된 것 같다. 여하간 순결의 이상은 계시록 14장 1—5절; 클레멘스 제 1 서 38장 2절; 48장 5절; 이그나티우스서(Pol) 5장 2절에 의해 크게 평가되었고 클레멘스 제 2 서 12장; 14장 3절은 그것을 호소하고 있다. 이미 고린도 전서 7장 25, 26—27절은 性的 금욕의 특수한 양식, 즉 공동생활(Syneisaktentum)을 전제하고 있는데 이것은 금욕자와 동정녀가 同宿生活을 영위하는 저 "정신적" 婚姻을 의미한다.[1] 이에 관한 분명한 像은 헤르마스서(sim) Ⅸ 11이 제공한다. 소유의 포기에 대한 금욕적인 요구는 설사 富에 대한 不信이 컸을지라도 처음에는 제기되지 않았다(딤전 6:6—10; 히 13:5; 야 5:1—6과 특히 Herm).

물론 이와 같은 권고들은 언제나 이 세계의 임박한 종말에 대한 지시에 의해 강화되었다(가령. 롬 13:11 f.; 살전 5:1 ff.; 벧전 1:5 ff.; 4:7; 히 10:2 ff.; Did 16; Barn 21:3; Ign Eph 11:1; Pol 3:2; Herm vis Ⅲ 3:4). 바울은 사실 그리스도의 도래를 많은 그의 同時代人들과 함께 체험할 것을 기대했다(살전 4:17: ἡμεῖς οἱ ζῶντες, οἱ περιλειπόμενοι "우리 살아 남아 있는 자들", 비교. 고전 15:51). 그리고 이런 기대를 가진 자는 물론 그 한 사람만이 아니었다. 시간과 함께 그 도래의 遷延은 역시 현저하게 의식될 수 있었고 인내하라는 권고로 강화되어야 했다(야 5:7 ff.; 히 10:36 ff.). 사실 그 도래에 대한 의혹과도 싸워야 했다(벧전 3; 1 Klem 23; 2 Klem 11 f.) Ἵνα μήποτε ἐπαναπαυόμενοι ὡς κλητοὶ ἐπικαθυπνώσωμεν ταῖς ἁμαρτίαις ἡμῶν "부름받은 자로서 쉬지 말고 우리의 죄들 중에서 잠들지 않게 하기 위해서"(Barn 4:9 f. 13) 자신을 ἤδη δεδικαιωμένοι "이미 의롭게 된 자들"로 느끼지 말라는 경고가 필요하게 되었다. Γρηγορεῖν "깨어 있으라"와 νήφειν "조심하라"(§9,3,S.74)라는 권고들은 끊일 줄을 몰랐다.

Λήθη τοῦ καθαρισμοῦ τῶν πάλαι αὐτοῦ ἁμαρτιῶν "그의 옛 죄들이 깨끗하여졌음을 잊었다"(벧후 1:9)가 많은 사람에게 해당되는 만큼 그리스도인 다움의 실현을 위한 권고는 더 날카로운 음향을 지니게 되었다: καθαρίσατε χεῖρας, ἁμαρτωλοί, καὶ ἁγνίσατε καρδίας, δίψυχοι "죄인들아 손을 깨끗이 하라, 두 마음을 품은 자들아, 마음을 정결케 하라"(야 4:8). 히브리서 6장 4절이 ἀδύνατον ··· τοὺς ··· παραπεσόντας πάλιν ἀνακαινί-

---

1) J.-J. von Allmen도 그렇게 본다. *Maris et femmes*, 1951, 14. — W.G. Kümmel은 물론 달리 본다. *Neutest. Studien f. Rud. Bultmann*[2], 1957. 그는 고전 7:36—38에 문제된 것은 부부에 관한 것이라고 주장한다.

ζειν εἰς μετάνοιαν "일단···맛을 본 자들은 다시 돌아와 새롭게 될 수 없다"라고 경고하는 반면, 요한 일서 1장 7,9절은 우리를 깨끗하게 하는 그리스도의 피를 지지하면서 죄를 항상 고백할 것을 권고한다. 클레멘스 1,2서에서 회개가 그리스도교적 생활에 끊임없이 수반된다는 것이 자명한 반면, 헤르마스서에 따르면 신은 지금 다시 한번 회개의 새로운 마지막 가능성을, 그와 함께 제 2 의 ἀνακαίνωσις "다시 남" 또는 ἀνανέωσις "다시 새로와짐" 의 가능성도 열어 주었다(vis Ⅲ 8 : 9; 13 : 2; 비교. vis Ⅲ 12 : 3; sim Ⅷ 6 : 3; 14 : 3). 그러므로 다음 권고가 새로이 반복된다 : καθάρισόν σου τὴν καρδίαν ἀπὸ πάντων ματαιςμάτων τοῦ αἰῶνος τούτου "네 마음을 이 세상 모든 허무한 것들에서 깨끗이하라"(mand Ⅳ 4; sim V 3 : 6; 비교. vis Ⅲ 8 : 11; mand Ⅸ 7; XII 3 : 4; 6 : 5; sim Ⅶ 2; Ⅷ 11 : 3).

일률적인 경고 양식들이 생겨났다. 이방인의 신들은 μάταιοι "헛것들"(행 14 : 15: 70인역 화법에 따른 것)이고 이방인의 ἀναστροφή "생애"가 ματαία한 것이며(벧전 1 : 18). 그들의 περιπατεῖν "행함"이 ἐν ματαιότητι "허무중의"(엡 4 : 17; 비교. 롬 1 : 21) 행함이며 그들의 διάνοια "마음"이 ὑπὸ τῶν ἐπιθυμιῶν τῶν ματαίων "헛된 것들에 대한 욕심들에 의해"(2 Klem 19 : 2) 어두워졌다고 기록된 바와 같이 μάταιον이라는 개념은 전적으로 이 세상의 것을 특징짓는 데 사용되고 있다. Κεναὶ καὶ μάταιαι φροντίδες "공허하고 헛된 생각"(7 : 2) 또는 ματαιοπονία "헛된 수고"(9 : 1)를 버릴 것을 권한다. Pol Phl은 ματαιότης τῶν πολλῶν "헛된 가르침" (7 : 2) 또는 κενὴ ματαιολογία "헛된 말들"(2 : 1)을 버릴 것을 권한다. Barn은 이렇게 호소한다 : φύγωμεν ἀπὸ πάσης ματαιότητος "모든 헛된 것을 피하자"(4 : 10). Herm는 ἐπιθυμία ματαία "헛된 욕심" 및 ἐπιθυμίαι μάταιαι τοῦ αἰῶνος τούτου "이 세상의 헛된 욕심들"(mand XI 8; XII 6 : 5)을 거론하고 ματαιώματα τοῦ αἰῶνος τούτου "이 세상의 헛된 것들"(mand IX 4 : sim V 3 : 6)에서 깨끗할 것을 요구한다.

이방인들의 행실이 ἐπιθυμίαι "욕심들"에서의 행실인 것같이(롬 1 : 24; 디 3 : 3; 벧전 1 : 14 등) ἐπιθυμίαι는 이 세상의 표지이다. 이 욕심들은 κοσμικαί "세상적인 것들"(디 2 : 12; 2 Klem 17 : 3) 또는 σαρκικαί "육적인 것들"(벧전 2 : 11; 비교. 갈 5 : 16, 24; 엡 2 : 3) 및 σαρκικαὶ καὶ σωματικαί "육적인 것과 육체적인 것들" (Did 1 : 4)이라고 불리워졌다. 요한 일서 2장 16—17절은 이 둘을 이렇게 종합했다 : πᾶν τὸ ἐν τῷ κόσμῳ, ἡ ἐπιθυμία τῆς σαρκός···ἐκ τοῦ κόσμου ἐστίν. καὶ ὁ κόσμος παράγεται καὶ ἡ ἐπιθυμία αὐτοῦ "세상에 있는 모든 것, 육의 욕심··· 은 세상에서 나온 것이다. 세상도 그의 욕심도 지나간다". 1 Klem 28은 ἐπιθυμίαι μιαραί "악한 욕심"이라는 말을 썼다 — 욕심은 근심에 가깝다. 바울이 μεριμνᾶν

§ 10. 교회의 意識과 세계에 대한 그 관계   103

τὰ τοῦ κόσμου "이 세상 것들에 대한 근심"(고전 7 : 32—34)을 경고한 것 같이 1 Klem 7 : 2는 κεναὶ καὶ μάταιαι φροντίδες "공허하고 헛된 관심"에 경고한다.
근심들은 βιωτικὰ πράγματα "일상생활"(Herm vis Ⅲ 11 : 3; mand V 2 : 2) 및 βιωτικαὶ πράξεις "실제적 생활"(Herm vis Ⅰ 3 : 1) 또는 πραγματεῖαι τοῦ αἰῶγος τούτου "이 세상의 일상성"(Herm mand X 1 : 4; 비교. vis Ⅲ 6 : 5; sim Ⅶ S.1 f. Ⅸ 20 : 1 f.)에 얽혀 있는 것이고 이에 대해서는 Herm의 권고들이 타당한데 이 책에는 전적으로 그리스도교의 세속화에 대한 회개 설교가 수록되어 있다.
세상을 향한 그리스도교의 태도도 일률적인 표현들로 묘사된다. 그것은 ἀπέχεσθαι "피하는 것"으로 성격지어졌다 : ἀπὸ πορνείας "음란에서" : 살전 4 : 3; ἀπὸ παντὸς εἴδους πονηροῦ "악의 모든 모양에서 : 살전 5 : 22; τῶν σαρκικῶν ἐπιθυμιῶν "육욕들에서" : 벧전 2 : 11; 비교. Did 1 : 4; πάσης ἀδικίας "모든 불의에서": Pol Phl 2 : 2; 또는 한 악덕에 따라 ἀπὸ πάντων τούτων "이 모든 것에서" : Pol Phl 5 : 3 ἀπὸ πάσης ἐπιθυμίας πονηρᾶς "모든 악한 욕심에서" : Herm vis Ⅰ 2 : 4; 비교. Ⅲ 8 : 4; XI 8; XII 1 : 3; 2 : 2; ἔργα τοῦ διαβόλου "악마의 일들에서", mand Ⅶ 3과 개체 악덕에 관련시켜 : Herm mand Ⅱ 4; Ⅲ 5; Ⅳ 1 : 3, 9; V 1 : 7; 2 : 8; Ⅸ 12.
바울이 롬 13 : 12에서 ἔργα τοῦ σκότους "어두운 일들"에서 ἀποθέσθαι "피할 것"을 권한 것같이 골 3 : 8은 이렇게 말한다 : νυνὶ δὲ ἀπόθεσθε καὶ ὑμεῖς τὰ πάντα "그러면 이 모든 것을 피하라"(다음에 惡德目이 따른다). 엡 4 : 22(참조. 위에)에도 비슷하다. 또 비교. 엡 4 : 25; 벧전 2 : 1; 야 1 : 21; 히 12 : 1; 1 Klem 13 : 1; 57 : 2; 2 Klem 1 : 6. Ἀποτάσσεσθαι "떨어져나가다"도 이와 비슷하다 : 2 Klem 6 : 4 f.; 16 : 2.
Ἀποθέσθαι에 대한 적극적인 대비는 롬 13 : 12의 ἐνδύσασθαι (ὅπλα τοῦ φωτός) "(빛의 갑옷을) 입는다"인데 이것은 살전 5 : 8; 엡 6 : 11, 14에도 나타나는 구체적 화법이고 순수한 은유로는 골 3 : 12에서 볼 수 있다. 옛 사람의 ἀπεκδύεσθαι "벗음"에 대한 새 사람의 ἐνδύσασθαι "입음"에 관해서는 골 3 : 8 ff.가 ἀποθέσθαι의 은유와 관련시켜 말하는 반면 엡 4 : 22—24는 이 두 화법들을 혼합하고 있다. 특별히 잘 사용된 것은 (이미 구약성서와 유대교에서 자주 사용된) Hermas의 은유적 ἐνδύεσθαι 이다. 가령 mand Ⅰ 2 : ἀποβαλεῖς πᾶσαν πονηρίαν ἀπὸ σεαυτοῦ καὶ ἐνδύσῃ πᾶσαν ἀρετὴν δικαιοσύνης "너희는 모든 악을 스스로 버리고 義의 모든 덕을 몸에 지녀라". 또 비교. vis Ⅳ 1 : 8; mand Ⅱ 3 f.; V 2 : 8; Ⅸ 7, 10; X 3 : 1, 4; Ⅸ 4; XII 1 : 1; 2 : 4; sim Ⅵ 1 : 2, 4; 5 : 3; Ⅷ 9 : 1; Ⅸ 29 : 3. Ign Pol 1 : 2에서도 같다.
그리스도인들이 ἀποφυγόντες τῆς ἐν κόσμῳ ἐν ἐπιθυμίᾳ φθορᾶς "세상의 욕심에서 멸할 것을 모면한 자들" 및 ἀποφυγόντες τὰ μιάσματα τοῦ κόσμου "세상의 더러움들을 면한 자들"로서 성격지어질 수 있다면(벧후 1 : 4; 2 : 20), 언제나 강조된 것은 역시 φεύγειν "피하다"의 권유이다. 도피의 대상은 εἰδωλολατρία "우상 숭배(고전 10:14)이고, πορνεία "음행"(고전 6:18)이며 소유욕의 악덕이고(딤전 6:11), νεωτερικαὶ ἐπιθυμίαι "젊은이의 욕정"(딤후 2:22)이다. 그리고 여러 가지 악덕들(1 Klem 30:1)과 ἀσέβεια "불경건" (2 Klem 10:1)이다 — ἀπολείπειν "버리다" (1 Klem 7:2; 9:1; 28:1; Pol Phl 2:1; 7:1)와 καταλείπειν "떠나다" (2 Klem 5:1; 10:1)도 동일하게 사용된다.

그리스도교 설교에는 또 두 다른 전형(참조, 위에 2, S. 93 f.)이 생겨났다. 여기서는 세속적인 과거에 반대되는 그리스도교 존재의 새로움이 "이전 — 지금"이라는 도식으로 표사되었다. 1. 이전에는 구원(신의 구원 섭리)이 숨겨져 있었으나 지금은 나타났다. 이 주제는 제일 먼저 고전 2:7 ff.에 나타나고 다음에는 골 1:26 f., 9 f.; 엡 3:4 f.에 나타난다. 딤후 1:9 f.; 딛 1:2 f.에서도 여운을 풍긴다. 그것은 생활 法則에도 이용될 수 있다: 벧전 1:20; 롬 16:25 f. (바울의 것이 아니다!)에서는 頌歌중에 엉켜 있다. 이 전형에 관해서는 Conicet. Neotest XI (Festsehr. f. Anton Fridrichsen) 중의 R. Bultmann의 논문도 비교(1947, 10—12). — 2. 이전에 이방인들은 어두움과 악덕중에 침몰되어 있었으나 지금은 신에 의해 비추어졌으며 깨끗해졌다. 이 주제도 바울에게서 이미 형태를 취하고 있다: 롬 6:17 f.; 7:5 f.; 11:30; 갈 4:3 ff 특히, 고전 6:9 ff. 여기서는 악덕目에 연결되어 있다. 골 3:5 ff.; 딛 3:3 ff.에서도 볼 수 있다. 비교. 벧전 4:3 f. 악덕目 없이 : 엡 2:1 ff., 11 ff.; 벧전 2:25. 2 Klem 1:6 ff.에서 볼 수 있는 것은 이 도식이 실제적인 설교에서 어떻게 이용되었는가이다. 이 두 전형과 다른 것들에 관해, 참조. N.A. Dahl, *Neutest. Studien f. Rud. Bultmann*² 중에 있는 논문, 1957, 3—9.

5. 종말론적 二元論

교회 意識과 세계와의 종말론적 단절에 대한 意識은 二元論 思想으로 표시될 수 있다. 이것이 곧 유대교 전통의 종말론적 二元論이다. 이것이 大우주적 종말 破局의 待望에서 우주론적 주제를 포함하고 있다 해도 그것은 역시 우주론에 대해 사변적 관심을 가지고 있는 것이 아니다. 그런데도 점차 대두되는 문제는 종말론적 주제의 순수성이 관철되는가 또는 우주론적 사변들이 자리를 차지하지 않는가라는 것이다. 종말론적 의식에 세계에 대한 부정적 태도 — ἀπέχεσθαι, φεύγειν 등의 태도 — 가 상응하기 때문에 다시 생기는 문제는 세계와의 종말론적 단절이 적극적인 소유에서 자라나는 내적 비세계화(Entweltlichung)로 이해되는가, 아니면 그것이 세계에 대하여 순수한 부정적 태도 즉 그의 斷念을 위해 지금 세계를 도피하는 자가 미래의 하늘의 보화를 통해 넉넉히 보상되리라는 대망에서 나온 태도인가라는 것이다. 현 역사적 상황에는 여전히 초대 교회를 위해, 세계와의 단절이라는 종말론적 의식이, 세계에 대한 부정적 태도에 근거를 제공하는 다른

§10. 교회의 意識과 세계에 대한 그 관계   105

주제들과 혼합되거나 그것들에 의해 추방될 가능성까지도 들어 있었다. 스토아 학파의 사상들이 작용할 수 있었고 ἐπιθυμία에 대한 싸움과 ἀπέχεσθαι 및 ἀλλότρια ἡγεῖσθαι "다른 사람의 것으로 간주하라"는 권유에 대한 결합점을 쉽게 얻을 수 있었다. 아니 마지막 화법은 — 적어도 전용어로서는 — 이미 스토아 학파의 영향을 보여 준다.[1] 또 靈知主義的 二元論의 주제들도 영향을 줄 수 있었다. 그것은 스토아 학파의 것과 결합되어서 영향을 주기도 했다. 왜냐하면 스토아 학파에서도 영지주의에서도 肉과 感性의 영역은 낮게 평가되었었기 때문이다. 感性의 댓귀인 "精神"이 여기저기서 각이하게 생각되었을지라도, 이 두 종류의 주제는 종말론적 비세계화와 근본적으로 다른 금욕주의에 근거를 제공할 수 있었다(참조. 위에 4). 바울에게서 이미 금욕적 주제가 종말론적인 것과의 특유한 결합에서 영향을 준 것은(특히. 고전 7장) 헤르마스서에서도 같다. 가령 sim V 7:1에서 이렇게 권유한다 : τὴν σάρκα σου ταύτην φύλασσε καθαρὰν καὶ ἀμίαντον "네 이 몸을 너는 깨끗하고 더럽지 않게 지키라". 또는 클레멘스 제2서도 마찬가지로 이렇게 권유한다 : τηρήσατε τὴν σάρκα ἁγνὴν καὶ τὴν σφραγῖδα ἄσπιλον "육을 성결하게 하는 표지(세례)를 더럽지 않게 보존하라"(8:4,6). 또 주목할 만한 것은 아주 분명하지는 않으나 σάρξ "육"에 대해 쌓아야 할 ἐγκράτεια "자제"(15:1)에 관한 사상이다(14:3—5). 무엇보다도 이그나티우스가 그런 영향을 보여 준다. 그러나 이에 관해서는 좀더 후에(§15) 거론할 것이다.

우리가 말할 수 있는 것은 세계와의 단절에 관한 의식을 포함하는 교회의식과 靈知主義者들의 의식, 즉 세계에 대해 생소하며 신비롭게 결합되어 통일성을 이룬 공동체를 묘사하려는 저 의식 사이에는 어떤 유사성이 있다는 것이다. 그리고 실제로 요한복음서의 교회적 통일성의 의식은 후에 보겠지만 영지주의의 영향을 받았다. 그리고 히브리서도 종말론적-교회적 자기 이해와 영지주의적인 것이 어떻게 서로 결합될 수 있었는가를 증명한다(§15).

그러나 교회 의식의 특수성은 역시 영지주의에 있는 것이 아니다. 교회의 의식은 신의 백성의 역사와의 연대성을 안다는 점에서, 구원사의 증서인 구약성서에 결합되어 있다는 점에서 영지주의와 구별된다. 이 점들에서 교회의 의식은 물론 회당 공동체들과 유사하다. 그러나 이 외에 종말론적-교회의식은 헬레니즘 세계에서 철두철미 새로운 것이고 독자적인 것이다. 이것

---

1) 비교. M. Dibelius *Hdb. z. NT*의 보충판 : Herm sim I 1. Sim I은 전적으로 견유학파-스토아 학파의 논박형식(Diatribe)으로 기록되었다.

은 물론 변하여서 'Ισραὴλ τοῦ θεοῦ "신의 이스라엘" λαὸς τοῦ θεοῦ "신의 백성"이라는 의식이 그리스도인들(이방인들)과 유대인들에 대해 τρίτον γένος "제3자"라는 表象으로 변하게 된 것이다. 이 표현이 처음으로 나타난 곳은 베드로 케리그마서이다 : τὰ γὰρ Ἑλλήνων καὶ Ἰουδαίων παλαιά, ἡμεῖς δὲ οἱ καινῶς αὐτὸν (τὸν θεόν) τρίτῳ γένει σεβόμενοι Χριστιανοί "헬라인들과 유대인들의 것은 옛것이 되었으나 그(신)를 새로이 예배하는 자는 제3의 족속인 우리 그리스도인들이다." 그러나 여기의 이 표현은 신 예배의 방법이고 후세에서처럼 아직 그리스도인[2]을 표시하는 것은 아니었다. 그러나 가장 긴급한 문제는 참 이스라엘이라는 의식에서 생긴 유대교에 대한 관계의 문제가 그리스도교 공동체에서 어떻게 해결되고 구약성서의 권위가 어떻게 이해될 것인가이다.

§11. 유대교에 대한 關係와 구약성서의 問題*

1. 問題

유대교에 대한 관계는 헬레니즘계의 그리스도교에 있어서 일단은 팔레스틴 초대 공동체로 대표되었던 것과 같은 유대인 그리스도교 형태에 대한 관계를 의미한다. 왜냐하면 이 공동체는 사실 유대교에서 벗어나지 못했고(§ 8, 1) 종말론적 공동체와 유대 민족 사이의 유대를 끊지 못했었기 때문이다. 구원 공동체에 가담하려는 非유대인은 할례를 받고 율법을 신봉해야 했던 것, 다시 말하면 유대인이 되어야 했던 것은 그들에게 처음에는 자명한 일이었다(§8, 2). 이와는 대조적으로 헬레니즘계 유대 그리스도인들의 선교에서는 할례와 율법을 강요하지 않는 이방 그리스도교가 성립되었다. 이 율법에 구애받지 않는 이방 그리스도교는 바나바와 바울에 의해 대표되었는데 초대(팔레스틴) 교회에 의한 그의 승인을 사도회의에서 관철시켰다(§ 8, 2). 그런데도 율법에 열광적인 유대인 그리스도교 열정가들 이른바 유대교도들은 헬레니즘계의 공동체들 안에서 율법을 선전하고 바울의 선교 영역까지도 침투해 들어왔다 — 이것은 갈라디아서와 빌립보서가 증언하는 바와 같다 — 는 것이 여기서 계속 추궁될 필요는 없다. 이 사실은 고대 그리스도교의 역사적 발전과 그의 신학의 완성을 위해 하나의 逸話로 남은 바이지

---

* 이 표제에 관한 문헌들, 참조. S. 626.
2) 이에 관해 Ad. v. Harnack이 그렇게 말한다 : *Mission u. Ausbreitung*³ I 238—267.

만, 그 의의는 오로지 우리가 갈라디아서에서 알 수 있는 신학적 토론을 바울에게 강요했다는 점에서 볼 수 있을 뿐이다.[1]

유대교에 대한 관계의 문제가 좀 다르게 나타나기는 헬레니즘계의 다른 공동체들에서이다. 회당 공동체에서 생긴 그리스도교 공동체가 이 공동체들 중에서 성장했었다. 가령 그것들의 예로는 로마 공동체를 들 수 있으나 그 외에도 많았을 것이다. 유대교 자체와의 토론의 필연성이 여기서 주어졌었다. 그것은 사실 "유대교도들"에 저항하지 않는 바울의 로마서가 증명하는 바와 같고, 로마의 그리스도인들에게 할례의 수긍을 강요한 적대적인 선교자들의 侵入에 의해 집필동기가 된 갈라디아서와는 같지 않다. 오히려 로마서는 순수하게 이론적으로 유대주의적 율법 종교의 원리에 반대하여 그리스도교 신앙의 원리를 전개했다. 유대교와의 그런 토론은 전혀 실천적인 투쟁상황을 필요로 하지 않았고, 그대로 그의 본질과 그의 기초들에 대한 그리스도교 신앙의 자각의 필연적 결과였다. 이런 신학적 자각을 증명하는 것은 무엇보다도 히브리서와 바나바서이다.

問題를 발생시킨 것은 사실 헬레니즘계의 그리스도교가 구약성서를 받아들이고 그의 권위를 수긍했으나 동시에 그리스도인들에게 대한 구약성서 율법의 구속력을 부정한다는 단순한 사실이다. 이 논박의 근거는 어떤 것이었던가? 역시 이 권위적 계시서의 본질적인 일부가 되어 있는 율법은 어떻게 해석되어야 했던가?

2. 해결책의 典型들에 관한 槪觀

헬레니즘계 그리스도교의 율법에 대한 자유로운 태도는 결코 바울의 "유대교도들"에 대한 싸움의 결과만은 아니다. 그리고 율법의 자유에 대한 그의 이유 설명이 유일한 지배적인 것이었다던가 하는 것도 아니다. 그의 문제 해결책과 나란히 다른 가능성들도 있었고 실제로 현실화되기도 했었다. 이 가능성들에 관한 개관은 바울의 시대를 훨씬 넘어서 파악되어야 할 것이다. 이 모든 가능성들이 처음부터 역사적 상황에서 제공되었었다는 것은 분명하기 때문이다. 그것들이 어디서 얼마나 빨리 실현되었는가는 사료들의 결핍으로 인해 말할 수 없다. 후에 증명된 사상들이 이미 바울 전에 그리고 동시에 바울과 함께 開陳되었다는 것은 가능할 뿐 아니라 있을 법한 일이기도 하

---

1) W. Schmithals (*ZNW* 47 〈1956〉, 25—67)는 물론 언급할 만한 이유들을 들어 갈라디아의 "이단자들"이 유대교도들이 아니라 유대인 그리스도교 영지주의자들이었다는 것을 주장한다.

다. 이 모든 가능성들에 관한 개관이 비로소 바울의 율법론의 의미와 의의를 분명히 인식하고 평가하게 할 것이다. 가장 중요한 전형들은 다음과 같다.

a) 靈知主義

영지주의는 그리스도교 안에서나 교회 안에서 처음으로 생긴 현상이 아니다. 그것은 한때 하르낙(A. Harnack)이 생각했던 바와 같이 그리스 철학적 전통의 영향하에 일어난 사변적 그리스도교 신학으로서 그리스도교 신앙의 "적극적인 헬레니즘화"로서 성격지을 수 있는 것은 아니다. 그것은 이방 근동에서 침투된 二元論的 救贖 신앙에 그 뿌리를 두고 있고 전체적으로 보아서 그리스도교 종교의 병행 현상 또는 경쟁 현상이다. 영지주의와 그리스도교라는 이 두 운동은 서로 다양하게 영향을 주고 받았는데 이에 관해서는 계속 더 거론될 것이다. 여하간 얼마 안 가서 곧 그리스도교적 영지주의가 생겼는데 이것은 그 철저한 형식으로 구약성서를 완전히 배제함으로써 개관해야 할 가능성들 중 가장 극단적인 형태를 묘사하고 있으며 바로 그 점 때문에 여기서도 제일 먼저 다룰 것이다.

여기서는 세계의 창조자이며 율법의 제공자인 구약성서의 神이 그리스도교 신앙의 신으로부터, 그 계시자가 그리스도인 救贖의 신으로부터 구별된다. 여기서도 구약성서의 신이 최고의 신에게 복종하며 그의 뜻을 따르는 존재로 생각되는가, 말하자면 한정된 세력과 지혜 및 선의 존재로서 간주되는가 아니면 저 最高의 신에 대해 적대적이고 독자적인 불복종의 존재로서, 아니 사탄 자체로서 생각되었는가에 따라 더 많은 분파들이 가능했다. 그러므로 구약성서는 율법과 함께, 하위에 속하는 神의 이미 무력하게 된 전달자이거나 아니면 사탄의 율법이 되었다. 여하간 구약성서는 이미 그리스도인에게 무력한 것이 되었다는 것이다. 이런 사상에서 한때 방종적인 윤리가 초래될 수 있었으나 그것이 물론 필연적인 것은 아니다. 왜냐하면 여기에도 금욕적 윤리를 위한 가능성이 존속했기 때문이다.

b) 바나바書信

확실한 연대는 모르나 여하간 70년 이후에서 140년 전까지, 그러나 아마 100년 이후에 집필되었을 이 문헌은 구약성서를 주제로 삼고 그리스도교 신앙 및 그 γνῶσις "영지"에서 처음으로 밝혀진 그것에 관한 바른 이해를 가르치려고 한다. 유대인들 — 이것이 바로 이 필자의 주제인데 — 은 구약성서를 완전히 오해했기 때문이라는 것이다 : ἄγγελος πονηρὸς ἐσόφιζεν αὐτούς

§ 11. 유대교에 대한 關係와 구약성서의 問題   109

"악한 천사가 그들을 속였다"(9 : 14; 비교. 10 : 9). 이스라엘은 신과의 언약을 가진 일이 결코 없다. 모세가 율법 석판을 가지고 시내산에서 내려와서 백성이 우상 숭배의 죄에 빠져 있는 것을 보았을 때 그는 그 석판들을 부수었고 "그렇기 때문에 그들의 언약은 헛것이 되었는데 그것은 사랑하는 자 예수의 언약이 우리 마음 속에 그에 대한 신앙의 희망과 더불어 새겨지게 하기 위함이었기"(4 : 6—8; 비교. 13—14) 때문이라는 것이다. 그러면 구약성서는 어떻게 이해되어야 했던가? 알레고리적으로 이해되었다. 말하자면 그것에서 발견되는 것은 1. 윤리적 지시들이다. 祭祀律과 의전적 계율들이 바로 그런 것으로 해석되었다. 할례의 계명은 마음의 割禮를 뜻했다 (9장). 사람들이 먹어서는 안 된다는 불결한 짐승들은 사람들이 사귈 수 없는 악한 사람들을 의미했다(10장) 등 — 구약성서에는 2. 그리스도와 그리스도교의 구원에 관한 예언들이 포함되어 있다(5—8장). 필자는 구약성서의 제사법들에서도 설화들(가령 아브라함의 318명의 노예, 9 : 8) 중에서도 마찬가지로 그리스도의 십자가가 예언된 것을 발견한다. 그는 낡은 본문들 중에서 복음의 선포(8 : 3), 그리스도의 재림(7 : 9), 신자들을 위한 미래의 영광(6 : 16 ff.)을 읽어 냈다.

이 필자는 그러나 구원의 길로서의 율법에 대한 본래의 문제 즉 율법주의에 대한 문제, 구원에 참여하는 조건으로서의 선한 일에 대한 문제를 파악치 못했다. 구약성서의 율법대신 $\delta\iota\kappa\alpha\iota\omega\mu\alpha\tau\alpha\ \kappa\upsilon\rho\iota\sigma\upsilon$, 말하자면 "주의 법적 요구들"이 등장했는데(2 : 1; 10 : 11; 21 : 1), 그것은 $\kappa\alpha\iota\nu\delta\varsigma\ \nu\delta\mu\omicron\varsigma\ \tau\omicron\hat{\upsilon}\ \kappa\upsilon\rho\iota\omicron\upsilon\ \hat{\eta}\mu\hat{\omega}\nu\ 'I.\ X\rho\iota\sigma\tau\omicron\hat{\upsilon}$ "우리 주 예수 그리스도의 새로운 율법"이다. 이 율법은 $\check{\alpha}\nu\epsilon\upsilon\ \zeta\hat{\upsilon}\gamma\omicron\upsilon\ \dot{\alpha}\nu\dot{\alpha}\gamma\kappa\eta\varsigma\ \hat{\omega}\nu$ "멍에를 강요하지 않는 자"로서 특징지어졌으나 — 그것은 단지 $\dot{\alpha}\nu\vartheta\rho\omega\pi\omicron\pi\omicron\iota\eta\tau\omicron\varsigma\ \pi\rho\omicron\sigma\phi\omicron\rho\dot{\alpha}$ "인간이 드리는 제물"을 요구하지 않는다는 방향에서 실천되는데 불과한 것이었다.

c) 히브리서신

구약성서는 히브리서에 있어서 그리스도와 그의 일에 대한 예언이다. 구약성서에서 말하는 자는 그리스도 자신이다(2 : 12 f. 시 22 : 23; 사 8 : 17 f.- 10 : 5—7; 시 40 : 7—9). 모세에서 그리스도가 $\pi\iota\sigma\tau\grave{\omicron}\varsigma\ \dot{\epsilon}\nu\ \check{\omicron}\lambda\omega\ \tau\hat{\omega}\ \omicron\check{\iota}\kappa\omega\ \alpha\dot{\upsilon}\tau\omicron\hat{\upsilon}$ "그의 온(全) 집에 충성한 자"로서 미리 모범으로 나타났고(3 : 1—6) 멜기세덱에서는 대제사장으로 나타났다(7 : 1—10). 그러나 필자의 주요 관심은 구약성서의 제사를 해석하는 데 있었다. 바나바서와 공통된 것은 알레고리적 해석 방법이다. 그러나 그와의 대립은 구약성서의 율법들이 옛날에는 그 語意에서 타당했으나 그것이 그리스도에 의해 끝났다는 점에서 확고했던 것이다. "이전에 주어진 계명은 사실 그것이 약하고 무익하기 때문에 폐기되었다"(7 : 18). 그러면 도대체 무엇을 위해 처음에 약하고 무익한 구약성서의 율법이 주어졌었던가? 그것에 들어 있는 것은 "사물들 자체의 모습이 아니라 '장차 올 善의 그림자이다'"(10 : 1). 구약성서는 예언하면서, 그리스도 안에서 완전하게 나타나려는 것을 묘사했다. "율법은 약점을 지닌 자들을 제사장으로 세웠다. 그러나 율법 이후에 온 (神의) 맹서의 말은 영원히 완성된 아들을 세웠다"(7 : 28). 그리스도의 피의 제물은 구약성서의 제물의 피에서 불가능했던 것을 이루었다(9 : 15—28).

그리스도의 구원 사업을 위한 모형적인 이 모든 준비가 사실 그리스도 이전 시대의 어느 누구에 의해서도 이해될 수 없었다면 무엇 때문에 그것이 갖추어졌는가를 필자에게 물으면, 필자는 자신의 해석에 도취할 뿐 그 물음에는 대답지 않을 것이다. 그리고 그는 사실 바나바서만큼이나 율법주의에 대한 본래의 문제를 반영하지 못했다. 그는 구약성서의 윤리적 계명들에 관하여 언급하지 않았다. 그러면서도 그는 그리스도인들이 유대인들 즉, 이스라엘보다 훨씬 더 모든 $\pi\alpha\rho\dot{\alpha}\beta\alpha\sigma\iota\varsigma$ "犯法"과 $\pi\alpha\rho\alpha\kappa o\eta$ "불순종"에서 자신을 지켜야 한다는 것을 반복하여 강조한다. 그 까닭은 그리스도인들이 후자들보다 훨씬 더 엄한 심판을 받을 것이기 때문이라는 것이다(2 : 2 f. ; 10 : 28 f. ; 12 : 25). 필자 자신이 율법적으로 생각한 데 대한 특징은 그가 회개의 반복 가능성을 거부한 데서 볼 수 있다(6 : 4 ff.).

d) 클레멘스서신

이 서한은 95년 또는 96년에 로마 공동체에서 고린도 공동체에 보내진 것이다. 이 필자에게는 문제가 없었던 것같이 보인다. 그는 오히려 아주 소박하게 구약성서를 그리스도의 책으로 삼았다. 구약성서의 제사律 및 儀典律들이 이미 失効되었다는 것은 그에게 자명했다. 그는 그 이유로서 가끔 헬레니즘 사상들을 끌어댔다 : $\dot{\alpha}\pi\rho o\sigma\delta\epsilon\dot{\eta}\varsigma$ ··· $\dot{o}$ $\delta\epsilon\sigma\pi\acute{o}\tau\eta\varsigma$ $\dot{\upsilon}\pi\acute{\alpha}\rho\chi\epsilon\iota$ $\tau\hat{\omega}\nu$ $\dot{\alpha}\pi\acute{\alpha}\nu\tau\omega\nu\cdot$ $o\dot{\upsilon}\delta\grave{\epsilon}\nu$ $o\dot{\upsilon}\delta\epsilon\nu\grave{o}\varsigma$ $\chi\rho\acute{\eta}\zeta\epsilon\iota$ $\epsilon\dot{\iota}$ $\mu\grave{\eta}$ $\tau\grave{o}$ $\dot{\epsilon}\xi o\mu o\lambda o\gamma\epsilon\hat{\iota}\sigma\vartheta\alpha\iota$ $\alpha\dot{\upsilon}\tau\hat{\omega}$ "주에게는 아무것도 필요하지 않다. 오로지 그를 향해 죄를 고백하는 것 외에 그는 누구에게도 아무것도 요구하지 않는다"(52 : 1). 그러나 그에게도 옛 날에 제사법들이 유효한 신의 질서였다는 것은 확고했다. 그것들은 그에게 그리스도교 공동체의 질서들을 위한 類推로서 유용했다 (40장과 41장). 그는 알레고리화의 필요성을 지양했다. 그리고 그는 단 한번 이 해석술을 이용했었다.

§11. 유대교에 대한 關係와 구약성서의 問題

즉 그는 창녀 라합이 이스라엘인들을 위한 신호로서 창가에 늘어뜨렸던 붉은 끈을 그리스도의 피로 해석했었다(12:7 f.). 그에게 특유한 $\gnosis$ "영지"(40:1; 41:4)는 오히려 구약성서를 실천적-교화적인 유용한 것으로 만드는 화술이다. 구약성서는 그리스도인에게 있어서 윤리적인 모범서이다. 이것은 $\kappa\acute{\upsilon}\rho\iota\sigma\varsigma$ "주"의 $\pi\rho\sigma\sigma\tau\acute{\alpha}\gamma\mu\alpha\tau\alpha$ "교훈들"과 $\delta\iota\kappa\alpha\iota\acute{\omega}\mu\alpha\tau\alpha$ "명령들"이고 또는 신에 의해 우리에게 주어진 것이다(2:8; 58:2 등)에 $\hat{\upsilon}\pi\sigma\delta\epsilon\acute{\iota}\gamma\mu\alpha\tau\alpha$ "형태들"과 $\hat{\upsilon}\pi\acute{\sigma}\gamma\rho\alpha\mu\mu\sigma\iota$ "모형들"을 제공하는바, 그리스도인들이 본받아야 할 것들이다.

그리고 이 작업에서 필자는 로마서와 고린도 전서를 알고 있었다! 그러나 그는 율법성에 대한 바울의 문제를 느끼지 못했다. 그는 바울처럼(롬 4:7) 시편 32장 1—2절을 인용했다 : $\mu\alpha\kappa\acute{\alpha}\rho\iota\sigma\iota, \hat{\omega}\nu \ \dot{\alpha}\varphi\acute{\epsilon}\theta\eta\sigma\alpha\nu \ \alpha\dot{\iota} \ \dot{\alpha}\nu\sigma\mu\acute{\iota}\alpha\iota$ $\kappa\tau\lambda$. "불법들의 용서를 받은 자들은 복이 있다" 등) (50:6 f.). 그러나 $\dot{\sigma} \ \mu\alpha$-$\kappa\alpha\rho\iota\sigma\mu\dot{\sigma}\varsigma \ \sigma\dot{\hat{\upsilon}}\tau\sigma\varsigma \ \dot{\epsilon}\pi\dot{\iota} \ \tau\dot{\eta}\nu \ \pi\epsilon\rho\iota\tau\sigma\mu\dot{\eta}\nu \ \dot{\eta} \ \kappa\alpha\dot{\iota} \ \dot{\epsilon}\pi\dot{\iota} \ \tau\dot{\eta}\nu \ \dot{\alpha}\kappa\rho\sigma\beta\upsilon\sigma\tau\acute{\iota}\alpha\nu$; "이 복은 割禮를 위하고 無割禮는 위하지 않는가?"라는 바울의 물음은 그에게서 멀다. 구약성서와 복음사이의 대립은 물론 그 차이도 그는 지각하지 못했다. $\Pi\acute{\iota}\sigma\tau\iota\varsigma$ "믿음"은 그에게 있어서 특히 나그네 접대와 같은 다른 美德들 중의 하나이다 : $\delta\iota\dot{\alpha} \ \pi\acute{\iota}\sigma\tau\iota\nu \ \kappa\alpha\dot{\iota} \ \varphi\iota\lambda\sigma\xi\epsilon\nu\acute{\iota}\alpha\nu$ "신앙과 손님 접대를 통해" 아브라함은 고령에 아들을 얻었고 창녀 라합은 구출되었다(10:7; 12:1).

e) 틀레미서신

이것은 약 140년—160년에 로마에서 활약한 발렌틴(Valentin)의 제자가 구약성서의 율법에 관한 바른 이해를 가르치기 위해 어떤 귀부인에게 보낸 편지이다. 그에 따르면 그 율법은 3부로 나뉜다. 1. 神의 율법 제정, 2. 모세의 율법 제정 — 이것에 속하는 것은 가령 離婚法인데 이것은 본래 신의 법에 의하면 허락되지 않는 것이나 모세는(필자가 마태복음서 19장 6절 이하에서 안 바와 같이) 인간의 완악함 때문에 허락한 것이다. 3. 장르들의 첨가문들인데 이것들은 — 필자가 마태복음서 15장 3절 이하에 의해 말하는 바 — 그것들의 $\pi\alpha\rho\alpha\delta\acute{\sigma}\sigma\epsilon\iota\varsigma$ "전승으로" 신의 율법을 무력하게 했다. 그러므로 : $\dot{\sigma} \ \sigma\acute{\upsilon}\mu\pi\alpha\varsigma \ \dot{\epsilon}\kappa\epsilon\hat{\iota}\nu\sigma\varsigma \ \nu\acute{\sigma}\mu\sigma\varsigma \ \dot{\sigma} \ \dot{\epsilon}\mu\pi\epsilon\rho\iota\epsilon\chi\acute{\sigma}\mu\epsilon\nu\sigma\varsigma \ \tau\hat{\eta} \ M\omega\ddot{\upsilon}\sigma\acute{\epsilon}\omega\varsigma \ \pi\epsilon\nu\tau\alpha\tau\epsilon\acute{\upsilon}\chi\omega \ \sigma\dot{\upsilon}$ $\pi\rho\dot{\sigma}\varsigma \ \dot{\epsilon}\nu\acute{\sigma}\varsigma \ \tau\iota\nu\sigma\varsigma \ \nu\epsilon\nu\sigma\mu\sigma\theta\acute{\epsilon}\tau\eta\tau\alpha\iota$ "모세 5경에 포함되어 있는 모든 율법은 어떤 한 사람에게 제공된 것이 아니다". 더우기 그에 의하면 $\tau\dot{\sigma} \ \dot{\epsilon}\nu \ \mu\acute{\epsilon}\rho\sigma\varsigma, \ \dot{\sigma}$ $\alpha\dot{\upsilon}\tau\sigma\hat{\upsilon} \ \tau\sigma\hat{\upsilon} \ \theta\epsilon\sigma\hat{\upsilon} \ \nu\acute{\sigma}\mu\sigma\varsigma, \ \delta\iota\alpha\iota\rho\epsilon\hat{\iota}\tau\alpha\iota \ \epsilon\dot{\iota}\varsigma \ \tau\rho\acute{\iota}\alpha \ \tau\iota\nu\acute{\alpha}$ "제 1부, 곧 신 자신의 율법도 셋으로 나뉘어진다". 즉 첫째는 예수가 폐기하지 않고 이룬 순수하고 완전

한 윤리적인 율법, 십계명이고, 둘째는 악한 것과 혼합된 율법인데 이것은 예수가 폐기한 보복의 율법이며 세째는 알레고리적 해석에 의해 전달되어야 하는 그의 정신적인 의미에서 예수가 밝힌 儀典法인데 예수는 의전적인 행동이 아니라 윤리적인 행위를 요구한다. 물론 이 3중적 율법을 제공한 신은 최고의 신이 아니라 최고의 신과 악마 사이에 서 있는 존재인데 τέλειος "완전"하다고는 할 수 없어도 δίκαιος "의롭다"고는 할 수 있다.

이 中庸的인 영지주의에서 특유하게 내용 비판과 역사 비판이 서로 결합되었다. 그러나 내용 비판은 복음이 아니라 정신적 윤리의 이념에서 방향이 설정되었다. 그리고 구원의 길 및 율법주의에 대한 문제는 여기서도 제기되지 않았다.

f) 유스틴서신

유대인 트리폰과 이야기한 그의 대화록에서 護敎家 유스틴(약 100년—165년)은, 후에 전형적인 교회의 사상이 된 방식으로 구약성서에 대한 문제를 다루었다. 그도 구약성서의 율법을 세 부분으로 분류했으나, 단지 내용상으로 나누었을 뿐 톨레미처럼 역사적으로 나누지는 않았다 : 첫째, 그것은 영원한 윤리법 : τὰ φύσει καλὰ καὶ εὐσεβῆ καὶ δίκαια "본성에서 선하고 경건하며 의로운 것" 및 τὰ καθόλου καὶ φύσει καὶ αἰώνια καλά "보편적이고 자연적이며 영원히 선한 것" 또는 τὰ ἀεὶ καὶ δι᾽ ὅλου δίκαια "언제나 어디서나 의로운 것"인데 이것들 자체는 ἐν παντὶ γένει ἀνθρώπων "모든 인종에게서 인정되는 것"이다(93 : 1 f. ; 비교. 67 : 10). Καινὸς νομοθέτης "새로운 율법 제정자"인 그리스도는 이 倫理法(14 : 3 ; 18 : 3 ; 11장 4절에 따르면, 그 자신이 ὁ καινὸς νόμος καὶ ἡ καινὴ διαθήκη "새로운 율법과 새로운 언약"으로 표시되었다.)을 폐기하지 않았다. 그러나 그는 그 내용을 神 사랑과 이웃 사랑의 이중성으로 종합했다(93). — 둘째, 그것은 율법 중에 포함되어 있는 그리스도(εἰς μυστήριον τοῦ Χριστοῦ "그리스도의 秘義" 44 : 2)에 대한 예언인데 그것은 알레고리적 방법으로 浮刻될 수 있다. 그러므로 유월절 양으로 지적된 것은 물론 그리스도인데 그의 두 번 παρουσία "내려옴"은 화목제의 두 염소로 시사되었다(40 : 1 ff.). 대제사장의 옷단을 장식한 12개의 방울은 12사도를 뜻한다(42 : 1). 육체적 割禮는 ἀληθινὴ περιτομή "참 割禮"의 모형이고 ἣν περιετμήθημεν ἀπὸ τῆς πλάνης καὶ πονηρίας "… 割禮를 迷惑과 惡에서 받는다"고 하는바, 그것은 그리스도인들이 세례와 함께 받은 것이다(41 : 4 ; 43 : 2 ; 92 : 4). — 세째로, 그것은 이스타엘 및 유대인들에게도 타당한 원래의 의미에서의 제사 및 儀典律이다. 그것은 신에 의해 유대인들에게 제공된 것이었다. 일부는 εἰς σημεῖον "표지로서" 즉 이 백성을 다른 모든 민족들로부터 구별하고 우상 숭배에서 보호하기 위한 것이지만(16:2; 19:6; 23:5) 일부는 그 백성이 반항적이고 불순종적이었기 때문에 그의 훈계와 일상적인 권고를 위한 것이었다(18:2: διὰ τὰς ἀνομίας ὑμῶν καὶ τὴν σκληροκαρδίαν "너희의 불법과 너희의 완악함 때문에"; 비교. 22:11; 43:1; 20:1: ἵνα καὶ ἐν τῷ ἐσθίειν καὶ πίνειν πρὸ ὀφθαλμῶν ἔχητε τὸν θεόν "너희가 먹거나 마실 때도 신을 생각하게 하기 위해", 비교. 92:4). 이 의미에서는 율법이 물론 그리스도인들에게 폐기되었다(비교. 가령 43:1).

유스틴도 율법성의 문제에는 개입하지 않은 것을 알 수 있다. 그도(141:2) 시편 32편 2절, μακάριος, ᾧ οὐ μὴ λογίσηται κύριος ἁμαρτίαν "주가 죄를 돌리지 않는 자에게 복이 있다"를 인용하고 이렇게 해석했다: τοῦτο δέ ἐστιν, ὃς μετανοήσας ἐπὶ τοῖς ἁμαρτήμασι τῶν παραπτωμάτων παρὰ τοῦ θεοῦ λάβῃ ἄφεσιν "이것은 신의 용서를 위해 죄의 회개를 한 사람에게 말한 것이다". 이것은 구약성서-유대교의 생각을 넘어서지 못한 주석이다.

3. 종합 파악

이 가능성들을 개관하고 때에 따라 혼하게 초대 그리스도교 문헌에서 주제로 거론되는 것을 여기에 첨가하면 다음 결과가 나온다.

a) 제사-제의적 율법제정의 종결

구약성서의 율법은 그것에 제사-의전적 요구들이 포함되어 있는 그런 限度 內에서 폐기된 것에 해당한다. 신의 은혜는 제사 종교에서 얻어지는 것이 아니다. 깨끗하게 하는 것은 결례의 계명들이 아니다. 제사법 및 의전律에 타협하는 일반적인 방법은 알레고리적 해석인데 이것은 율법을 일부는 윤리법의 僞裝으로 해석하고(바나바서, 톨레미書, 그리고 유스틴書) 일부는 그리스도에 대한 예언으로 해석한다(바나바서, 유스틴서). 그런 해석의 특수한 방법은 히브리서에서도 볼 수 있다. 히브리서는 구약성서의 제사를 σκιὰ τῶν μελλόντων ἀγαθῶν "장차 나타날 선한 것들의 그림자"로 이해했다. 이때 지나간 시대를 위한 율법의 의의에 대한 견해는 설사 — 영지주의에서처럼 — 그의 신적 근원을 부정하는 데까지는 가지 않더라도 다르다. 바나바서에 따르면 유대인들이 율법을 이해한 일이 한번도 없으나 히브리서, 클레멘스 제1서, 유스틴서 등에 따르면 그것은 한때 진지한 세력을 가졌었다.

그런데 문제는, 이 폐기가 오로지 옛 제사와 의전의 폐기로서 이해되었을 뿐인가, 아니면 구원의 길 자체로서의 제사와 의전의 폐기로서 이해되었는가 이다. 이 문제는 어디서도 분명하게 제시되지 않았다. 그러나 분명한 것은 어디서나 — 특별히 히브리서에서 — 신의 은혜가 인간이 드리는 제물에 의해 얻어질 수 있고 그럴 수밖에 없다는 생각이 포기된 것, 그리고 — 그와 함께 주어진 것인데 — 공동체가 자체와 神 사이의 중개를 위해 특별한 자격을 구비한 인물들, 즉 사제들을 필요로 하지 않는다는 것이다. 그리스도의 제물이 신의 은혜를 단번에 작용하게 했고 그는 공동체의 대제사장이라는 것이다(히 2:17; 3:1; 4:14; 5:1 ff.; 7:1 ff.; 1 Klem 36:1; 61:3; 64; Ign Phld 9:1; Pol Phl 12:2). 공동체 자체가 "거룩한", "존엄한 사제단"이다(벧전 2:5,9; 계 1:6; 5:10). 이 사제단은 신에게 πνευματικὰς θυσίας "영적 제물들"을 드린다(벧전 2:5). 그리고 개인은 각기 산 제물을 드리라는 권고를 받았다 : παραστῆσαι τὰ σώματα ὑμῶν θυσίαν ζῶσαν ἁγίαν τῷ θεῷ, τὴν λογικὴν λατρείαν ὑμῶν "너희의 몸을 산 거룩한 제물로 드리라, 이는 너희의 합당한 예배이다"(롬 12:1). 과부들과 고아들을 찾아 그 어려움을 살펴 주고 자신을 세상에 물들지 않게 수호하는 것이 θρησκεία καθαρὰ καὶ ἀμίαντος παρὰ τῷ θεῷ καὶ πατρί "아버지인 신에게 정결하고 더럽힘이 없는 제사"(야 1:27)에 해당한다. 진정한 제물들은 그의 이름을 고백하는 자들의 공동체가 드리는 신에 대한 찬양과 동시에 善을 행하는 일 및 서로 나누는 일이다(히 13:15 f.; 비교. Justin dial 117:2). 그러므로 공동체는 어떤 제사를 위한 건물도 필요하지 않다. 그것 자체가 실제로 신의 성전이다(§10,4). 그리고 마찬가지로 개인도 신의 성전으로서 표시될 수 있다. 그들 개인은 성령 또는 신 자신의 거처이고 그는 신을 — 그의 윤리적인 행동으로 — 순수하게 수호해야 한다(고전 6:19; Barn 4:11: γενώμεθα πνευματικοί, γενώμεθα ναὸς τέλειος τῷ θεῷ "우리는 영을 받은 자가 되고 신의 완전한 殿이 되자"(Ign Eph 15:3). 이때, 그 σῶμα "몸"(고전 6:19) 또는 καρδία "마음"(Barn 6:15, 16:7—10) 또는 σάρξ "육"(2 Klem 9:3; Ign Phld 7:2)까지도 ναός "聖殿"으로서 표시된 바, 내용상으로 그 차이를 만들지는 못한다. 그 의미는 像을 통해 신에 대한 정신적 예배와 윤리적 정결의 요구가 새겨졌다는 점에서 언제나 동일하다.

이 사상들은 그것들이 제물에 의한 神 예배의 폐기에 대하여 적극적으로 반대되는 면들이라는 점에서 특별히 그리스도교적이다. 그들 자체는 그리스도교 특유의 것이 아니다. 왜냐하면 정신적 제물에 대한 개념을 구약성서도 유대교도 마찬가지로 이미 알고 있었기 때문이다. 유대교는 특히 예루살렘 파괴와 함께 성전 제사가 중단된 후 "等價理論"(Äquivalenztheorie)을 더 옛 근원들에서 발전시켰는데, 이 이론에 따르면 무엇보다도 기도와 자선이 제물을 대신할 수 있다는 것이다. 제사 개념들의 정신화는 이방 및 유대계 헬레니즘에서 비로소 상식적인 것이 되었다. 인간 — 특히 그의 영 — 이 신의 성전이라고는 스토아 哲人들과 그들에 따라 필론(Philon)이 말했다. 신이 λογικαὶ θυσίαι "합당한 제물들"로서의 찬양의 기도들에 의해 예배된다는 것은 헤르마스 문헌들도 알고 있다(Corp. Herm I 31; XIII 18 f., 21).

그러나 제사 없는 신 예배가 철저히 고수되었을 것인가? Κύριος로서의 예수 그리스도 숭배가 제의적 성격을 취하지 못할 것인가? 세례와 주의 만찬, 공동체의 按手는 처음부터 제의의 성격을 지니고 있지 않았는가? 그리고 이 성격은 계속 발전되고 중요한 결과들을 남기지 않았는가(§§ 12, 13)? 또 다른 가능한 싹도 그리스도교 공동체 질서의 형성에 있었다. πάντα τάξει ποιεῖν ὀφείλομεν "우리는 모든 것을 질서에 따라 행해야 한다"라는 권고를 위해 클레멘스 제 1서 40장—42장은 구약성서의 제사 질서를 인용했는데 이 질서는 이렇게 명령한다: "제물들과 제사 예배(τὰς τε προσφορὰς καὶ λειτουργίας)를 되는 대로 무질서하게 행하지 말고 확고하게 정해진 시기와 시간에 행하라". 그 까닭에 이것이 마땅하다. 즉 "우리는 각기 ··· 자신의 제사 예배의 고정된 질서(τῆς λειτουργίας αὐτοῦ)를 범하지 않고 품위있게(ἐν σεμνότι) 지킴으로, 있는 자리에서 양심을 가지고 신을 기쁘게 해야 할 것이다". 특수한 제의 질서의 발전은, 공동체의 모임에서 모든 것이 εὐσχημόνως καὶ κατὰ τάξιν "적절하게 질서를 세워서" 행해져야 한다(고전 14 : 40)는 바울의 권고에서보다 이미 여기서 더 강하게 마련되었다. 클레멘스 제 1서에서 다루어진 것은 ἐπίσκοποι "장로들"과 διάκονοι "집사들" 즉 그리스도교 神 예배에서 직책을 위임맡은 자이기 때문이다. 그러므로 이런 문제가 제기된다: 그리스도교 공동체에서 다시 사제직이 형성되었는가?

b) 豫言書로서의 구약성서

구약성서는 대체적으로 일부 그리스도 안에서 이미 성취되고 일부는 그 성취가 진행되는 예언들의 책에 해당한다. 구약성서를 의미로 해석하는 방법 즉 이른바 알레고리적 해석의 방법은 어디서나 동일하다. 그것은 특수한 그리스도교의 것이 아니고 유대교 특히 헬레니즘계 유대교에서 전수된 것이며, 이 유대교는 다시 그리스 헬레니즘에서 받은 것이었다. 그것은 — 특별히 스토아 학파에서 — 호머(Homer)와 같은 옛 신화와 옛 詩歌를 해석하는 방법으로 발전되어 있었다. 알레고리적 본문의 뜻이 유일한 뜻이라든가 또는 語意와 나란히 존속하는 더 심오한 뜻이라든가 하는 문제는 우리의 문맥에 아무런 영향도 주지 못한다. 알레고리적 방법과 類型論(Typologie) — 전자는 문헌의 취지에서 예언(과 심오한 진리들 전부)을 찾고 후자는 인물들, 과정들 또는 과거의 제도들을 예언적 先行型들로 관찰한다 — 도 우리 문맥에서 도외시될 수 있다. 그러나 결정적인 것은, 그리스도교 공동체를 위한 의의가 神託書(Orakelbuch)라는 점에서 盡하는가라는 문제이다. 구약성서가 그렇게 이해되는 限, 공동체를 위하여 그것은 — 당시에 효과적이었던 — 논쟁에서 유대인 및 이방인들을 얻기 위한 공격과 변호의 수단이고 그와 함께 동시에 자신의 안전성을 위한 意識을 강화하는 수단이었다. 그러나 이로써 복음의 소식의 힘과 그 자체의 안전을 위한 본래의 토대가 무너지지 않는가? 양심과 自己理解를 향하는 신의 은혜에 관한 말을 파악하는 순수한 신앙 대신 文字 신앙이 등장하지 않는가? — 내적으로 극복됨에 근거해서 이해되는가, 합리적인 증명에 의거하여 이해되는가?

또는 예언 증명이 역사적으로 불가피하고 위험한, 그러나 여하간 부수적인 역할을 할 것인가, 그리스도교 공동체를 위한 구약성서의 본래의 의의는 스스로 종말론적 공동체이고 신에 의해 인도되는 역사의 종국이라는 의식을 생생하게 자신 안에 보존하고 있다는 점에 있을 것인가? 이것은 다시 교회 개념의 문제이다(§10,1) : 교회는 일반적인 진리들에 대한 같은 인식과 실천적인 같은 목표를 근거로 개인들이 모여 구성된 공동체로 이해되는가? 또는 그리스도 안에서 일어나는 신의 행위에 의해 부름을 받은 "신의 백성"으로 이해되는가? 자신을 유대교의 종파들로 이해할 위험은 이방 그리스도교에는 크지 않았다. 그러나 자신이 단순히 이방인 및 유대인들과 구별하여 "새로운 종교" 즉, 神 인식의 발전에 근거를 둔 새로운 종교로 이해할 위험은 충분했다. 이 위험은 구약성서를 소유함으로 제거될 수 있었다. 구약성서는 신의 이해를 다음과 같이 가르치기 때문이다. 즉 이에 따르면 신은 역사 안에서 사람들과 더불어 행동하고 인간은 공중에 떠 있는 인식이 아니라, 신과 자신의 고유한 본질이 역사에서 만날 때 인식된다. 구약성서에 의하면 신은 사유와 탐구에서 나타나는 세계 법칙이 아니라 역사의 과정에서 계시되는 신이다. 그러므로 구약성서를 소유한다는 것은 얼마 안 가서 침투된 "자연 신학 사상"(§9,2)에 대한 저항이 되었을 것이다. 신이 자신을 그가 행하는 일에서 계시한다는 사상은 구약성서에 의해 보존될 수 있었을 것이다. 그리고 이에 의해 예수의 인물됨과 십자가를 이해할 수 있는 가능성도 제공되었을 것이다. 왜냐하면 종말론적 사건에 포함된 것이 신화적 사건의 성격만이 아니라면, 그것이 무엇인가도 이에 의해 이해될 수 있었고 또 그래

§ 11. 유대교에 대한 關係와 구약성서의 問題   *117*

야만 했을 것이기 때문이다. 예언과 성취에 관한 사상이 — 설사 그것이 원시적인 양식을 지니고 있을지라도 — 역사적 사건을 넘어서는(transzendierend) 의미와 역사의 목표에 관한 지식을 열어 주는 한, 그것은 동시에 공동체가 역사에서 부름을 받고 역사를 초월하는 종말론적 공동체라는 의식을 보존하는데 도움을 준다. 그러나 동시에 이것은 구약성서를 소유함과 함께 교회에는 처음부터 이성과 계시라는 신학의 문제가 함께 제공되었음을 뜻한다.

c) 구약성서의 倫理的 계명들

구약성서에 윤리적 계명들이 포함되어 있는 범위에서 그리고 그런 것들을 구약성서에서 알레고리적 작업에 의해 읽어 낼 수 있는 한, 그의 권위는 — 극단적인 영지주의를 제외하면 — 저항할 수 없는 세력으로 여전히 보존되었다. 이 의미에서 그 세력은 단지 공동체에 전승된 권위적인 主의 말들을 통해 강화될 수 있었고 그 말들은 동시에 구약성서의 다양한 윤리적 규율들에 통일적 방향과 분명한 의미를 부여함으로써 주도적인 사랑의 계명으로 그 규율들을 이해하게 할 수 있었다(롬 13 : 8—10; 갈 5 : 14; Just Dial 93, 참조. 위에 2 f.). 사실 이 계명은 구약성서의 윤리적 계명들 및 주의 말들이 그리스적인 특히 스토아적인 윤리 및 헬레니즘의 시민적 도덕의 요구들과 결합되는 데까지 이르렀다. 사실 φύσει τὰ τοῦ νόμου "자연적으로 율법의 일들"을 행하는 이방인들이 있었기 때문이다. 그들은 그들의 양심이 증명하는 대로 τὸ ἔργον τοῦ νόμου γραπτὸν ἐν ταῖς καρδίαις αὐτῶν "그들의 마음에 새겨진 율법의 일들"을 행하기 때문이다(롬 2 : 14 f.). 'Ἀρετή "덕"이라는 그리스적 개념은 이렇게 그리스도교적 생활률에 곧 확고히 침투했다(빌 4 : 8; 벧후 1 : 5; 2 Klem 10 : 1; Herm mand Ⅰ 2; Ⅵ 2 : 3; XII 3 : 1; sim Ⅵ 1 : 4; Ⅷ 10 : 3; 또, 참조. § 9,2). 헬레니즘적 덕목록과 악덕목록이 이미 바울에 의해 — 물론 유대교적 헬레니즘이 보여 주는바 — 받아들여졌던 바와 같이, 제2바울 문헌은 헬레니즘-스토아 학파의 家訓도 표를 인용했고, 목회 서한에서는 그리스도교 생활의 이념이 여러모로 그리스 세계의 方正한 시민적 이상에 의해 표시되고 묘비와 頌祝碑文들의 수식어들로 성격지어졌다.

그러나 ἀρετή 개념은 역시 그리스도교 생활률의 주도적 사상이 되지는 않았다. 그리고 이 사실은 곧 그리스도교의 윤리를 규정하는 것이 理想的 사상이 아님을 뜻한다. 오히려 規定的으로 역할한 것은 여전히 善이란 곧 신의 요구이고 인간은 신 앞에서 책임적이며 신의 심판 앞에서 자신의 행위를 변명해야 한다는 사상이다. 그런데 이 이해가 물론 구약성서에 의해 처음으로 근거지어진 것은 아니나 항상 지각되며, 구약성서의 소유는 자연 신학에 대해서와 같이 自然 도덕에도 반대되는 것이다. 그 윤리는 여전히 神律이다. 이방인이 그리스도교 신앙에 歸依하는 것은 그를 위해 "우상 숭배"와 삶의 불안에서의 해방을 뜻하나 오히려 극도로 첨예화된 신의 요구에서 벗어나는 것을 뜻하지는 않는다.

그러나 그 때에는 요구하는 신의 뜻과 복음이 선포하는 신의 은혜의 관계가 어떻게 이해되는가라는 문제가 제기된다. 바로 이 구약성서의 傳受는 마침, 신이 요구하는 선한 행위에 대한 순종이 구원에의 참여를 위한 조건으로서, 그것(선한 행위)은 각이한 여러 업적으로 이해되는 위험을 초래했고 그런 파악을 촉진시켰다. 신의 요구의 표지 즉, νόμος ἐλευθερίας "자유하게 하는 율법"(야 1 : 25; 2 : 12), καινὸς νόμος τοῦ κυρίου "주의 새로운 율법"(Barn 2 : 6), 또는 δικαιώματα καὶ προστάγματα κυρίου "주의 계율들과 명령들"(1 Klem 2 : 8; 58 : 2; Barn 2 : 1; 10 : 11; 21 : 1) 등의 표지에 의해, 만일 이 καινὸς νόμος, 이 δικαιώματα 및 προστάγματα가 구원의 길의 성격을 지니고 있다면 유대교의 율법주의에 비해 달라진 것은 아무것도 없다. 그리스도가 καινὸς νομοθέτης "새로운 율법의 입법자"(Just Dial 14 : 3; 18 : 3) 또는 그 자신이 νόμος καὶ λόγος "율법과 말"(Ker Pt 1)로서, νόμος θεοῦ "神의 법"(Herm sim VIII 3 : 2)으로서, ὁ καινὸς νόμος καὶ ἡ καινὴ διαθήκη "새로운 율법과 새로운 언약"(Just Dial 11 : 4)으로서 표시되는 한, 그는 둘째 모세로 나타난다. 사실 훨씬 더 책임적이 되고 위험하게 된 것은 구약성서와 유대교의 경건한 자들의 상황보다 그리스도인들의 그것이 아닌가? 신의 은혜를 받은 자는 그들이기 때문에 훨씬 더 가혹한 심판이 그들을 기다리고 있지 않은가(히 2 : 2 f.; 10 : 28 f.; 12 : 25)?

그러나 이때 은혜가 의미하는 것은 무엇인가? 그리스도 안에서 선사된 구원은 어디 있는가? 구원은 세례받기 전에 범행한 죄들의 용서에만 있고 세례받은 후에는 자기 자신의 행적에만 의존해야 하는 것이었는가(히 6 : 4—6)? 세례 후에 행한 범죄들의 문제는 심각했는데, 그것은 헤르마스서가 생각한 바에 의하면 신의 계시에 의해 두 번째 회개의 가능성이 선포될 수 있으되 그후에는 다시 반복할 수 없는 마지막 것이라고 한다 해도, 근본적으로 해결된 것은 아니다. 히브리서와 헤르마스서의 소리들에는 물론 연결성 있는 생각이 들어 있지 않다. 바울과 아주 초기에는 마지막의 임박한 대망 때문

§11. 유대교에 대한 關係와 구약성서의 問題

에 이 문제가 아직 제기되지 않았었다. 그러나 일반적으로 그 문제가 명백히 되었을 때의 주도적인 파악은 그리스도 안에서 작용하게 된 신의 은혜도 계속 작용함으로 그리스도인들은 범법했을 때 항상 회개에 呼召될 수 있고 또 호소되어야만 했다(계시록과 1, 2 Klem, Ign, Just. 비교. 딤후 2 : 25; 벧후 3 : 9; Did 10 : 6; 15 : 3). 그런데 그리스도에 관련시켜 용서하는 신의 은혜에 대한 그리스도교적 확신이 회개의 작용에 대한 구약성서-유대교의 신뢰보다 비교가 되지 않을 만큼 훨씬 더 확실할지라도, 그것은 여전히 구약성서와 유대교에 비해 근본적으로 다른 것은 아니다. 그것으로써 신의 요구 및 순종적인 선한 행위가 가지는 신의 은혜에 대한 관계가 새로 規定되었다고는 더구나 볼 수 없다. 용서하는 신의 은혜가 인간의 행위를 補強하는가? 또는 인간이 善을 행하는 것 자체가 선행하는 신의 은혜에 의해 비로소 근거를 얻는가? 이 문제는 신의 好意를 차지하려는 인간의 행위와 신의 은혜를 파악하는 그의 신앙 사이의 관계 문제로서도 표현될 수 있다. 宣布를 받아들이고 공동체에 들어가게 하는 신앙은 단지 그리스도교적 행위의 序幕으로서 이해되었는가? 또는 그리스도인의 全生涯를 관철하는 태도(Haltung)로서 이해되었는가? 신앙은 단지 신앙의 대상에 관한 지식의 성격에서만 現在하는가, 무엇보다도 유일신의 존재에 관한 지식으로 현재므로 그 인식이 사랑에서 분리될 수도(고전 8 : 1 ff. ; 13 : 2) 또는 "귀신들도 믿고 — 떤다"(약 2 : 19)고 말할 수도 있는 것인가? 그러므로 "어떤 사람이 신앙을 가지고 있다고 주장하나 그에게 공적이 없으면 무슨 소용이 있는가, 말하자면 신앙이 그를 구원할 수 있는가?"(약 2 : 14)라고 반문할 수 있는 것인가? 그리고 아브라함이 신앙만으로 의롭다함을 받지 않고 단지 그의 신앙이 그의 공적들에 의해 비로소 온전하게 되었었기 때문이다(약 2 : 21 f.)라고 아브라함에 관해 말할 수 있는가? 또는 새로운 순종이 바로 은혜의 선물에 의해 근거를 가지게 함으로 은혜와 신앙이 全生涯를 규정하는 세력들이라고 할 수 있는가? 이 물음에 대한 대답들 중 하나는 신앙만에 의한 義認이라는 바울적 가르침이고 다른 하나는 교회의 告悔儀典의 성립이다. 아우구스티누스主義냐 펠라기우스主義냐의 문제는 이미 그리스도교의 根源에 그 근거를 두게 되었다.

§12. 큐리오스와 神의 아들*

1. 그리스도교의 祭祀

세례받은 자들이 모인 헬레니즘 세계의 그리스도교 공동체들이 그들의 神 예배를 위한 모임과 儀式들을 가졌었다는 것은 의심할 바 없다. 그것은 그 공동체들이 회당 공동체들에서 派生되었다는 점에서뿐 아니라 주로 순수하게 이방인 그리스도교 공동체였다는 점에서도 그렇다. 그러나 그러한 모임과 의식들이 엄격한 의미에서 어느 만큼 祭祀的인 것으로 특징지을 수 있는가? 제사(Kultus)가 인간의 儀式행위들(Handlungen)이라면, 즉 무엇보다도 제물에 의해 그리고 다른 의식들에 의해서도 신에게 영향을 주어 신이 공동체에 은혜를 베풀고 그의 힘이 공동체에 작용하게 하는 의식, — 또는 확정된 거룩한 시기와 거룩한 장소에서 거룩한 규율들, 또는 儀典들로 수행되는 의식 — 끝으로 특별한 자격을 구비한 인물들에 의해, 신과 공동체 사이를 중개하는 司祭들에 의해 수행되는 의식이라면, 또는 그 공동체가 이때 수동적으로 참여하고 인도되는 것만은 아니라면, 그리스도교 공동체의 모임과 의식들은 분명히 원래의 제사적인 것으로 표시될 수 없다. 이 시대의 그리스도교 神 예배에는 제물도 사제도 없었고 그것은 또 거룩한 장소와 시기에 결부되어 있지 않았기 때문이다(§11, 3 a). 회당 神 예배에서와 같이 선교 공동체에서도 처음에는 말(言)이 지배적이었을 것이다. 말하자면 설교에 재능이 있거나 그것을 위해 召命을 받았다고 느끼는 사람이면 누구나 말할 수 있었던 설교의 말과 기도 및 찬양의 말이었을 것이다. 그것은 개인일 수도 있고 전 공동체일 수도 있었을 것이다. 대개의 공동체에서 설교는 성서의 말의 해석으로 진행되었을 것이며 구약성서의 短篇을 낭독하는 일이 — 설사 모든 공동체에서 그랬다고는 생각할 수 없을지라도 — 회당에서 파생된 공동체에서는 적어도 공동체 神 예배의 규칙적인 성분을 이루었을 것이다. 왜냐하면 많은 공동체에 우선 — 적어도 완전한 — 구약성서의 소유가 전혀 불가능했기 때문이다. 그러나 물론 얼마 안 가서 어디서나 구약성서 대신 또는 구약성서와 함께 사도의 글과 복음서들, 그리고 그리스도교적으로 개작된 黙示書들이 출현했다.

물론 구약성서의 일부도 朗讀되었음은 분명히 증명된다: 딤전 4:13; 2 Klem 19:

---

* 이 표제에 관한 문헌들, 참조. S. 626.

§12. 큐리오스와 神의 아들

J, 간접적으로: 막 13:14 및 마 24:15. 사도들의 글의 낭독: 살전 5:27; 골 4: 16; 계 1:3. Just Apol I 67:3에 따르면 τὰ ἀπομνημονεύματα τῶν ἀποστόλων "사도들의 회상들" 즉 복음서들, ἢ τὰ συγγράμματα τῶν προφητῶν "또는 예언자들의 글들"을 낭독했다.

그리스도교 神 예배들이 會堂 신 예배와 함께 말에 의한 신 예배로서 헬레니즘 세계의 특유한 현상이었다 해도, 제사적인 것이 그것들에서 철저히 분리되었다고 말할 수 없다. 그것이 단지 심하게 축소되었을 뿐이다. 제물은 물론 단적으로 폐기되었다. 사도 및 사도 이후 시대의 주의 만찬은 아직 제물로서 결코 이해되지 않았다. 愛餐(Eucharistie)과 θυσία "제물"(Did 14:1) 또는 δῶρα "선물"(1 Klem 44:4)로 표시된 것은 具象的인 표현이다. 마찬가지로 그리스도교 공동 집회에는 司祭도 없다. 디다헤서 7장과 유스틴 (Apol 61)에 따르면 세례도 특별한 자격을 구비한 인물들에 의해 執典되지 않았었다. 그러나 제사 행위의 의미가, 예배하는 공동체에 神이 現在하도록 하는 데 있다면, 그 의미는 그리스도교 신 예배에서도 실현되었다. 그리고 공동체의 儀式 또는 의식 행위에서 신이 現在한다면 그것은 역시 제사적인 것으로도 표시할 수 있다 — 설사 神 예배 의식과 의식 행위가 비로소 그리스도교 공동체에서 신을 부르지 않고 그 곳에 이미 신이 現在한다는 데 근거를 두고 있다는 차이는 있을지라도 神은 "靈" 안에 現在한다. 공동체는 이 靈에 의해 지탱되고 있음을 알고 있고 그 대변인은 이 靈으로 채워져 있음을 안다(비교. 고전 14:25, 참조. §14). 그러나 신은 가령 낭독된 성서의 말 중에도 現在한다.

Τοῦ λαλοῦντός σοι τὸν λόγον τοῦ θεοῦ μνησθήσῃ νυκτὸς καὶ ἡμέρας, τιμήσεις δὲ αὐτὸν ὡς κύριον "네게 신의 말을 말하는 자를 밤낮 기억하고 그를 主와 같이 존경하라"는 Did 4:1의 권고에는 ὅθεν γὰρ ἡ κυριότης λαλεῖται, ἐκεῖ κύριός ἐστιν "이는 주관자가 말해지는 곳 그곳에는 주가 있음이다"라는 특징적인 이유설명이 포함되어 있다. 이 귀절이 (거의 의심할 수 없는바) Did 2—6에 개작 수록된, 유대교 "교리문답"에 속한 것이라면 그것은 회당 神 예배도 대체로 얼마나 제의적 성격을 지녔는가를 보여 준다. 이 사실은 낭독을 위해 토라 두루마리를 書函에서 꺼내오는 것과 낭독한 후에 다시 그곳에 그것을 넣는 것도 장엄한 儀典的 行爲들이었다는 것에 의해서도 증명된다. 토라 두루마리에 Numen(神靈)이 현재적으로 구현되어 있다고 본 것이다.

그런데 제사 儀式의 개념 역시 너무 좁게 파악되면 안된다. 이 의식은 제물과 의전적인 행사들에 한정되지 않고 聖 문서들의 낭독, 특히 기도문들의 낭독과 찬송가들의 合唱, 한 마디로 말해서 우리가 儀典(Liturgie)이라고 부르는 것을 포함한다. 그러므로 우리는 얼마나 빨리 이방인 그리스도교 공동체에, 기도와 노래들은 물론 그것들이 神 예배 순서에 끼어든 것이 확고한 의전적 양식을 갖추게 되었는가는 물론 말할 수 없다. 여하간 그것이 매우 빨랐으리라는 것은 분명하다. 더구나 개인의 자유로운 기도 또는 노래로 공동체의 예배 영역에서 특별한 성격 — 즉 제사의 성격을 얻었다. 그리고 이 어린 그리스도교 공동체가 거룩한 장소와 거룩한 시기를 알지 못했을지라도 역시 순수한 실천적인 이유들은 특정한 장소들과 규칙적인 시기들의 選定을 要求했을 것이다. 이것들에게 서서히 제사적인 "聖"의 성격이 추가되었음은 일요일의 역사에 의해 분명해진다.

이미 바울이 일요일을 공동체의 신 예배 시행일로 알고 있었는지는 고전 16:2(비교. 행 20:7)에 의해 확인되지 않는다. 여하간 그 날이 얼마 안 가서 그렇게 되었을 것이다. 그리고 그 날이 그대로 κυριακή (ἡμέρα) "주의 (날)"이라고 불리우고(계 1:10; Did 14:1; Ign Mg 9:1) 이 날에 계 1:10의 '보는 자'가 그의 계시를 받았다면, 이미 그 날은 특별한 성질을 지녔다는 것을 보여 준다. 설령 ὀγδόη ἡμέρα "제 8 일"(Barn 15:9)로서의 그 선택이 원래(그리스도교 금식일의 선택과 같이, Did 8:1) 유대교의 관례를 반대한 데 근거를 두었을지라도, 이 날을 특별히 택한 것은 제사 의식들의 경우와 대개 마찬가지로 구원사에 그 이유를 두었다. 그 날은 바로 예수가 ἀνέστη ἐκ νεκρῶν καὶ φανερωθεὶς ἀνέβη εἰς οὐρανούς "죽은 자들 중에서 다시 일어나 나타났다가 하늘로 올라갔다"고 하는 날이라는 것이다(Barn 15:9; Ign Mg 9:1). 그후 시간 과정에서 구약성서의 안식일이 주의 날에 轉用되었고 그 날은 이제 완전히 "거룩한" 날이 된 것이다.

2. 큐리오스로서의 그리스도

지금 그리스도교 공동체 모임들 중에 現存한다고 믿어지고 경험되는 神性(Gottheit), 말하고 기도들에 응답하는 이 신이 유일한 참 神(Gott)이고 이방인들이 "偶像들"로부터 그에게로 돌아온 유일한 神임은 자명하며 또한 기도문과 頌詠들(계 4:8,11; 7:12; 11:17 f.; 15:3 f.; 19:1 f., 7 f.)과 저 큰 공동체의 기도문 클레멘스 제 1서 59—61장에 의해 증명된다. 그러나 계시록 5장 13절; 7장 10절에서 신과 "어린 양"에 대한 찬양이 울려 나오는 바와 같이, 11장 15절; 12장 10절에서 신과 ὁ Χριστὸς αὐτοῦ "그의 그리스도"가 찬양을 받는 것 같이, 클레멘스 제 1서 61장 3절 마지막도 이렇게 말한다: σοὶ

§12. 큐리오스와 神의 아들

ἐξομολογούμενα διὰ τοῦ ἀρχιερέως καὶ προστάτου τῶν ψυχῶν ἡμῶν 'Ι. Χριστοῦ, δι' οὗ σοι ἡ δόξα κτλ. "당신에게 우리는 우리 영의 대제사장이며 인도자인 예수 그리스도를 통해 찬양하나이다. 그를 통해 당신에게 영광 · · · ". 다시 말하면 그리스도는 祭儀的으로 숭배되는 자이며, 제사에 현존하는 인물이 된 것이다. 그리고 이것이 바로 종말론적 공동체의 본래의 특징이다. 빌립보서 2장 10—11절에 따르면 그리스도 안에서 수행된 구원 사건의 목표가 다음과 같기 때문이다: ἵνα ἐν ὀνόματι 'Ιησοῦ πᾶν γόνυ κάμψῃ ἐπουρανίων καὶ ἐπιγείων καὶ καταχθονίων, καὶ πᾶσα γλῶσσα ἐξομολογήσηται ὅτι κύριος 'Ι. Χριστὸς εἰς δόξαν θεοῦ πατρός "하늘에 있는 자들과 땅 및 땅 아래 있는 자들로 모두 무릎을 예수의 이름에 꿇게 하고 모두 입으로 주 예수 그리스도가 아버지인 神의 영광임을 是認하기 위함이다".

이것이 곧 헬레니즘계의 그리스도교의 종말론적 공동체의 특수성이다. 왜냐하면 이 공동체에서 처음으로 예수 그리스도의 모습이 종말론적 구세주의 모습뿐 아니라 제의로 숭배된 "主"의 모습도 얻었기 때문이다 (§7, 5). 퇴색해 가는 "人子"와 "그리스도"(=메시야 王)의 칭호를 대신하여 헬레니즘계의 공동체들에서는 κύριος "主" 칭호가 등장했다.

Κύριος-칭호가 예수에게 전용된 것이 יהוה "야웨"를 主로 번역한 70人譯에서 유래했다는 것은 일반적으로 생각할 수 없으며, 도리어 예수를 κύριος로 표시한 것이 70인역의 κύριος-진술들을 그에게 전용하게 할 수는 있었을 것이다. 그러나 여하간 이 과정을 통해 예수의 κύριος-모습은 내용과 무게를 얻었다(비교. 가령 사 45:23이 그리스도에 전용된 것: 빌 2:11; 사 40:13은 고전 2:16에, 렘 9:22 f.는 고후 10:17; 출 34:34는 고후 3:10에 각기 관련되었다). — κύριος-칭호가 예수에게 전용된 것도 (여하간 우선적으로는) 지배자 숭배에 그것을 이용한 데 대한 반대로 이해될 수 없다. 설사 이 숭배에서 형용사 κυριακός "지배자의"가 傳受되었을지라도 — κύριος라는 예수의 표지는 近東 헬레니즘의 종교 용어에서 나왔는데 이 헬레니즘에서 κύριος는 신을 "主"로 표시하는 전형적 그리스어化였으며 에집트와 소아세아 그리고 특히 수리아 지방에 유포되어 있었다. 그리고 수리아는 어떻게 보아도 절대적 용법인 ὁ κύριος의 발생지이다. — Κύριος-칭호의 근원이 여기에 있다는 것은 εἷς κύριος 'Ι. Χριστός "유일한 주 예수 그리스도"가 κύριοι πολλοί "많은 주들"(고전 8:5 f.)에 대치된 데서도 분명히 드러난다. —

Κύριος는 이 용법에서(70인역 외에서는 어디서나 마찬가지인데) 종족명사이므로 어떤 신이 지칭되는지를 알도록 하기 위해 고유명사로 보충되어야 했었는데(문맥상으로 알 수 없을 경우에), 그리스도교에서는 물론 'Ι. Χριστός에 의해 보충되었다. Κύριος 가 해당 신에 대해 제일 먼저 뜻하는 것은 그의 신적 존엄과 위력 자체가 아니라 그

것을 말하는 자와 그와의 관계이다(이 경우 그 신을 숭배하는 자는 δοῦλος "노예"로 표시되었다). 가령 이 관계가 특징적으로 나타나는 곳은 자주 사용되는 ὁ κύριος ἡμῶν 'Ι. Χριστός "우리 주 예수 그리스도"와 Χριστὸς 'Ι. ὁ κύριός μου "나의 주 예수 그리스도"(빌 3 : 8〈비교. 롬 14 : 4; 엡 6 : 9〉)이다. 신약성서에서 아주 자주 κύριος가, 부가된 고유명사 없이 사용되는 것은 그 보충이 자명하다는 이유에서뿐 아니라 바로 그 점에서 70인역 언어 용법이 작용했다는 것으로 설명된다. 또 그리스도가 그의 숭배자들(공동체)의 κύριος일 뿐 아니라 κύριος πάντων "만유의 주"(롬 10 : 12), 아니 모든 우주적 세력들의 주(빌 2 : 11), παντὸς τοῦ κόσμου κύριος "온 우주의 주" (Barn 5 : 5)에 의해서도 설명된다. 또 ὁ κύριος τῆς δόξης "영광의 주"(고전 2 : 8)와 같은 표현도 같다.

처음으로 그리스도에 κύριος-칭호를 부가한 것은 바울이 아니고 그 칭호가 이미 그 이전의 헬레니즘계 공동체에서 사용되고 있었다는 것은, 그가 자명하게 그 칭호를 이용했다는 점에서뿐 아니라 세부적 연구 결과들에서도 나타난다. 빌립보서 2장 6—11절의 그리스도 讚歌는 그 문맥을 위한 바울의 작품이 아니고 그가 받아들인 인용문이다(E. Lohmeyer가 밝힌 바와 같다). 바울이 로마서 10장 9절에서 그리스도교 공동의 신앙 고백에 관여하고 있는 것은 의심할 수 없다. 그는 이렇게 쓰고 있다 : ἐὰν ὁμολογήσῃς ἐν τῷ στόματί σου κύριον 'Ιησοῦν κτλ. "만일 네가 네 입으로 예수를 주르 고백하면···". 바로 이것이, 즉 κύριος 'Ιησοῦς (Χριστός) "주 예수 (그리스도)"라는 것이 그리스도교 특유의 신앙 고백이다. 고린도전서 12장 3절에서도 이것이 영들을 구별하는 척도라고 했다. 그리고 바울이 고린도 후서 4장 5절에서 확인하여 말하기를 "우리가 선포하는 것은 우리 자신이 아니라 주 예수 그리스도"라고 하고 그것으로서 자신이 참 사도임을 입증하려고 했다면, 이것이 곧 그리스도교 소식의 핵심에 해당한다는 것은 분명하다. 즉 그리스도를 κύριος로 선포하는 것이다. 그러므로 요엘서 2장 32절(70인역)에 소급되는 화법 οἱ ἐπικαλούμενοι τὸ ὄνομα τοῦ κυρίου('Ι. Χρ.) "주(예수 그리스도)의 이름을 부르는 자들"도 κύριος-칭호의 祭儀的 성격을 확실히 인식케 하는 바울에 의해 이미 전에 발견된 그리스도인들의 표지가 분명히 된 것이다(고전 1 : 2; 딤후 2 : 22; 행 9 : 14, 21; 22 : 16). 야고보서 2장 7절(역시 구약성서-유대교의 말투의 이용인데)이 καλὸν ὄνομα "아름다운 이름"을 ἐπικληθὲν ἐφ' ὑμᾶς "너희를 위하여 불리워졌다"로서 거론한 것은 이 ὄνομα "이름"이 κύριος('Ι. Χρ.) "주(예수 그리스도)"의 그것 외에 다른 것이 아닐 것이다. 헤르마스서(sim Ⅷ) 6장 4절에서 τὸ ὄνομα τοῦ κυρίου

§12. 큐리오스와 神의 아들

τὸ ἐπικληθὲν ἐπ' αὐτούς "그들을 향해 부른 주의 이름"도 그리스도인들이 (sim Ⅷ) 1장 1절에서 ἐπικεκλημένοι τῷ (독법 ἐν) ὀνόματι κυρίου "주의 이름으로 부름을 받은 자들" 및 (sim Ⅸ) 14장 3절에서 ἐπικαλούμενοι τῷ ὀνόματι αὐτοῦ "그의 이름으로 부름을 받은 자들"이라고 일컬어진 것도 마찬가지이다. 이 말투들은 κύριος-칭호의 祭儀的 의미를 분명히 지시한다. Ἐπικληθῆναι "부름을 받았다"는 분명히 세례에서 수행된 것이고 첫 ἐπικαλεῖσθαι "부름을 받다"(행 22:16)도 마찬가지인데 그러나 이것은 공동체의 예배에서 항상 반복되었다. 끝으로 바울서신의 서두 祈願이 분명히 바울에게서 이미 준수된 의전적 말투임이 분명하다 : χάρις ὑμῖν καὶ εἰρήνη ἀπὸ θεοῦ πατρὸς ἡμῶν καὶ κυρίου 'I. Χριστοῦ "우리의 아버지인 神과 주 예수 그리스도로부터 너희에게 은혜와 화평이 있기를 비노라"[1]. 그러므로 그리스도교의 신 예배가 사도행전 13장 2절에서 λειτουργεῖν τῷ κυρίῳ(sc. 'I. Χρ.) "주(예수 그리스도)에게 예배드리는 것"으로 표시된 것이 이해된다.

Ἐπικαλεῖσθαι τὸν κύριον "주를 부른다는 것"이 물론 직접 그리스도를 향하는 의전적인 기도들의 요소 중에 귀속될 필요는 없다. 우리가 보는 바와 같이 그런 기도들은 전적으로 신에게만 향해졌다. 왜냐하면 요한복음서 14장 14절에서도 예수를 향한 공동체의 기도를 위한 증언을 볼 수 없기 때문이다. 단지 外經 사도 傳記들만이 초기교회 시대에 그리스도에게 향했던 의전적인 기도들을 대변할 뿐이다. Ἐπικαλεῖσθαι τὸν κύριον은 오히려 그에 대한 告白과 頌詠들(가령 딤후 4:18; 1 Klem 20:12; 50:7과 계 5:9 f., 12에서 "어린 양"에게 드려진 바와 같이) 중에서 존속했을 것이다. 또 개별적인 고정된 呼稱 형식들 가령 그리스도에 관련된 마라나타(§7,5) — 이것은 계시록 22장 20절에서 ἔρχου κύριε 'Ιησοῦ "주 예수여, 오소서"로 나타난다 — 에 들어 있었을 것이다.[2] 또는 가령 독자들을 위해 χάρις τοῦ κυρίου 'I. Χριστοῦ "주 예수 그리스도의 은혜"를 기원하는 은혜의 기원에 들어 있었다 (갈 6:18; 빌 4:23; 고전 16:23; 계 22:21; 1 Klem 65:2 등). 이외에 특정한 경우에 그의 異蹟 能力에 호소하기 위해 κύριος를 불렀을 것이다.

이런 성격의 예는 고전 5:3—5이다. 바울은 여기서, 공동체가 배척되어야 할 범죄자를 사탄에게 넘겨줄 것을 권한다. 말하자면 ἐν τῷ ὀνόματι τοῦ κυρίου 'Ιησοῦ

---

1) E. Lohmeyer는 ZNW 26, 1927, 162 ff.에서 그 말투가 바울의 화법과 다름을 증명함으로 이것을 제시했다.
2) Did 10:6의 성만찬 기도에서 콥틱 전승은 그 본문이 ἐλθάτω ὁ κύριος "주여 오 소서"(χάρις ⟨은혜⟩ 대신) 임을 증명해 주는데 아마 이것이 옳을 것이다.

συναχθέντων ὑμῶν καὶ τοῦ ἐμοῦ πνεύματος σὺν τῇ δυνάμει τοῦ κυρίου ἡμῶν
'Ἰησοῦ "너희도 내 영과 함께 우리 주 예수의 권위하에 모여서 주 예수의 이름으로"
하라고 했다. 물론 ἐν τῷ ὀνόματι τοῦ κυρίου 'Ἰησοῦ "주 예수의 이름으로"가 συναχ-
θέντων ἡμῶν "우리의 모임"에 연결되는지 아니면 그 다음의 παραδοῦναι τὸν τοι-
οῦτον τῷ σατανᾷ "그런 자를 사탄에게 주라"에 연결되는지는 문제로 남는다. 여하
간 공동체에서 주의 δύναμις "능력"이 κύριος의 ὄνομα를 부름으로 작용하게 된다는
것이다. 이와 동일한 견해가 전설적인 사화 행 1:24에도 반영되어 있다. 즉 제비를
뽑음으로 12제자 중에서 탈락된 유다를 대신할 합당한 사람을 κύριος가 보여 준다는 것
이다.

고전 5:3—5에서 그리스도의 ὄνομα "이름"을 부른 것과 逐鬼 및 異蹟行爲들을 위
해 그것을 이용한 것은 내용상으로 일치한다. 아마 초대교회에서 이미 예수의 이름이
逐鬼의 도구로 이용되었을 것이다(§7,4). 여하간 이 일이 헬레니즘계의 그리스도교에
서 일어났던 것은 분명하다. 이것은 ὄνομα τοῦ κυρίου 'Ἰησοῦ "주 예수의 이름"의
능력을 이용하려고 한 유대교 逐鬼家들의 사화, 즉 행 19:13—17이 증명해 준다. 또
예수에게 돌아온 70인이 그에게 보고한 눅 10:17도 같은 것을 말한다: τὰ δαιμόνια
ὑποτάσσεται ἡμῖν ἐν τῷ ὀνόματί σου "귀신들이 당신의 이름으로 우리에게 순종하
더이다". 이 의미에서 마 7:22도 옛 전통(눅 13:26 f.)을 개작한 것이다: οὐ τῷ σῷ
ὀνόματι ... δαιμόνια ἐξεβάλομεν καὶ τῷ σῷ ὀνόματι δυνάμεις πολλὰς ἐποιή-
σαμεν; "우리가 당신의 이름으로 ... 귀신들을 쫓아내고 당신의 이름으로 많은 능
력을 행하지 않았나이까?" 사도행전 저자에게도 이 일은 확실했다(3:16; 4:7,10;
16:18). — 그러나 逐鬼의 말투들은 대개 외전적인 사료에서 생겨난다. 그리고 그
것이 그리스도의 ὄνομα를 逐鬼에 이용한 것에도 해당한다는 것은 유스틴이 증명하는
데 그는 이렇게 보도한다: κατὰ γὰρ τοῦ ὀνόματος αὐτοῦ τούτου τοῦ υἱοῦ τοῦ
θεοῦ καὶ πρωτοτόκου πάσης κτίσεως καὶ διὰ παρθένου γεννηθέντος καὶ παθη-
τοῦ γεγομένου ἀνθρώπου καὶ σταυρωθέντος ἐπὶ Ποντίου Πιλάτου ... καὶ ἀπο-
θανόντος καὶ ἀναστάντος ἐκ νεκρῶν καὶ ἀναβάντος εἰς οὐρανὸν πᾶν δαιμόνιον
ἐξορκιζόμενον νικᾶται καὶ ὑποτάσσεται "지음을 받은 만물의 첫 열매이고 동정녀
에게서 났으며 사람이 되어 고난을 당하고 본디오 빌라도 치하에서 십자가에 달려
... 죽었다가 죽은 자들 중에서 다시 살아나서 하늘에 오른 신의 아들의 이름으로
모든 악령은 추방되고 정복되며 굴종됨이라"(Dial 85:2, 비교. 30:3; 49:8; 76:6;
121:3; 131:5). 여기서 실제로 보는 것은 全 신앙고백의 조항들이 어떻게 逐鬼에
이용되었는가이다. 그리고 유스틴이(Dial 30:3에서) ὡς καὶ ἐκ τούτου πᾶσι φανερὸν
εἶναι ὅτι ὁ πατὴρ αὐτοῦ τοσαύτην ἔδωκεν αὐτῷ δύναμιν, ὥστε καὶ τὰ δαιμόνια
ὑποτάσσεσθαι τῷ ὀνόματι αὐτοῦ καὶ τῇ τοῦ γενομένου πάθους αὐτοῦ οἰκονομίᾳ.
"이렇게 그의 아버지가 그에게 그런 힘을 제공함으로 그의 이름으로, 또 그가 당한 고
난의 制度에 따라 악령까지도 복종시키게 했는가는 이로부터도 모든 사람에게 분명

§12. 큐리오스와 神의 아들

하다"고 확언한 것은 물론 처음으로 유스틴의 시대에 해당된 것은 아니다.

그러나 $\dot{\epsilon}\pi\iota\kappa\alpha\lambda\epsilon\hat{\iota}\sigma\vartheta\alpha\iota$ $\tau\grave{o}\nu$ $\kappa\acute{v}\rho\iota o\nu$ "주를 부른다"는 특별히, 신에게 향한 기도들과 찬양들이 "그의 이름"으로 말해졌거나(엡 5:20; 비교. 3:21; 요 14:13; 15:16; 16:24, 26) 신에게 그를 통해 드려졌다는 점에서 그의 의전적인 자리를 차지한다. 이는 바울이 분명히 의전적 관례에 관련시켜 $\delta\iota'$ $\alpha\dot{v}\tau o\hat{v}$ $\tau\grave{o}$ $\dot{\alpha}\mu\grave{\eta}\nu$ $\tau\hat{\omega}$ $\vartheta\epsilon\hat{\omega}$ $\pi\rho\grave{o}\varsigma$ $\delta\acute{o}\xi\alpha\nu$ $\delta\iota'$ $\dot{\eta}\mu\hat{\omega}\nu$ "그로 인하여 우리는 신에게 아멘(진실)으로 영광을 돌린다"(고후 1:20)라고 말한 바와 같기 때문이다. 그러므로 신에 대한 감사(롬 1:8; 7:25; 골 3:17)도 찬양(Did 9:4; 1 Klem 58:2; 61:3; 64; 65:2)도 "그를 통해" 말해진다. 이그나티우스의 서신들 중에 나타나는 말투, $\dot{\alpha}\sigma\pi\acute{\alpha}\zeta o\mu\alpha\iota$ $\dot{\epsilon}\nu$ $\dot{o}\nu\acute{o}\mu\alpha\tau\iota$ 'I. $X\rho\iota\sigma\tau o\hat{v}$ "예수 그리스도의 이름으로 인사한다"도 의전적 언어 용법에서 생겼다(Ign Rm p..; 9:3; Sm 12:2). 추측이지만 $\pi\alpha\rho\alpha\kappa\alpha\lambda\epsilon\hat{\iota}\nu$ $\delta\iota\grave{\alpha}$ $\tau o\hat{v}$ $\dot{o}\nu\acute{o}\mu\alpha\tau o\varsigma$ $\tau o\hat{v}$ $\kappa\nu\rho\acute{\iota}ov$ $\dot{\eta}\mu.$ 'I. $X\rho\iota\sigma\tau o\hat{v}$ "우리 주 예수 그리스도의 이름으로 위로한다"도 이에 해당할 것이다(고전 1:10; 롬 15:30; 비교. 고후 10:1). $K\acute{v}\rho\iota o\varsigma$라는 이름이 호칭되면 만물이 찬양하고 절하며 신에게 영광을 돌린다(2:10 f.).

직접 그리스도에 향해진 기도들은 儀典 外部의 개인적인 생활에서 행해진 것이 분명하다. 바울도 개인적으로 주를 부른 일이 있다(고후 12:8). 그리고 그는 그에게 공동체의 구원을 호소했다(살전 3:12; 살후 3:3, 5, 16에서도: 여기에는 살전 3:11의 유사형이 있는데 神으로 되어 있다).

3. 神의 아들로서의 그리스도

$K\acute{v}\rho\iota o\varsigma$-명칭에 해당하는 것은 그리스도를 수반하는 다른 $\check{o}\nu o\mu\alpha$ 즉 $v\acute{\iota}o\varsigma$ $\tau o\hat{v}$ $\vartheta\epsilon o\hat{v}$ "신의 아들"에도 해당한다. 빌립보서 2장 11절에 따라 그의 구원의 일이 $\kappa\acute{v}\rho\iota o\varsigma$라는 이름으로 冠이 씌워졌다면, 신이 승천한 자에게 除授한, 그를 모든 천사보다 으뜸가게 한 $\delta\iota\alpha\varphi o\rho\acute{\omega}\tau\epsilon\rho o\nu$ $\check{o}\nu o\mu\alpha$ "더 뛰어난 이름"은 히브리서에 의하면 의심없이 아들이라는 이름이다. 그리고 헤르마스서(sim IX) 14:5에는 이렇게 기록되어 있다: $\tau\grave{o}$ $\check{o}\nu o\mu\alpha$ $\tau o\hat{v}$ $v\acute{\iota}o\hat{v}$ $\tau o\hat{v}$ $\vartheta\epsilon o\hat{v}$ $\mu\acute{\epsilon}\gamma\alpha$ $\dot{\epsilon}\sigma\tau\grave{\iota}$ $\kappa\alpha\grave{\iota}$ $\dot{\alpha}\chi\acute{\omega}\rho\eta\tau o\nu$ $\kappa\alpha\grave{\iota}$ $\tau\grave{o}\nu$ $\kappa\acute{o}\sigma\mu o\nu$ $\ddot{o}\lambda o\nu$ $\beta\alpha\sigma\tau\acute{\alpha}\zeta\epsilon\iota$ "신의 아들이라는 이름은 크고 측량하기 어렵고 온 세계를 지탱한다". 그리고 이 두 이름은 逐鬼 말투들 중에도 나타난다(참조. 위에). $\Upsilon\acute{\iota}o\varsigma$ $\tau o\hat{v}$ $\vartheta\epsilon o\hat{v}$가 신적 존재를 표시하되 제사에서 예배되는 인물로서의 $\kappa\acute{v}\rho\iota o\varsigma$에 해당하는 한, 그리고 이에 일치하게 $\kappa\acute{v}\rho\iota o\varsigma$가 그 본질상 $v\acute{\iota}o\varsigma$ $\tau o\hat{v}$ $\vartheta\epsilon o\hat{v}$인 자의 지위와 기능을 제시하

는 한, 이 둘은 한 쌍이다.

$K\acute{u}\rho\iota o\varsigma$ 칭호가 헬레니즘계의 공동체에서 처음으로 그리스도를 수반하게 되었다면, 헬레니즘계의 유대계 그리스도인들의 선교는 신의 아들 칭호를 이미 전부터 수반하고 있었을 것이다. 초대교회가 예수를 이미 그렇게 호칭한 사실에서 그것을 알 수 있기 때문이다(§7,5). 그러나 원래 메시야 왕을 표시했던 이 칭호는 지금 물론 새로운 의미 즉 이방 청중들에게 자명했던 의미를 가지고 있다. 그것은 지금 그리스도의 신적 본질, 그의 신적 속성을 표시하고 이에 의해 인간의 영역에서 구별된다. 그것은 그리스도가 신적인 근원과 신적인 $\delta\acute{u}\nu\alpha\mu\iota\varsigma$ "능력"으로 채워져 있음을 주장했었다.

헬레니즘에서 이것이 바로 이 칭호가 가지는 자명한 의미라는 것은 우선 다음 두 사실에서 드러난다. 하나는 헬레니즘계 그리스도교 表象에서 구원사건이 바로 역설적 사건으로 성립되어 있다는 것, 즉 그 本質上 神的 人物이 人間으로 나타나서 인간의 運命을 감수함으로(비교. 바울에 의해 인용된 빌 2:6—11), 초대교회에서 $\sigma\kappa\acute{a}\nu\delta\alpha\lambda o\nu$ "거리낌"이었던 $X\rho\iota\sigma\tau\grave{o}\varsigma \pi\alpha\vartheta\eta\tau\acute{o}\varsigma$ "고난받은 그리스도"가 헬레니즘계의 그리스도교에서 $\mu\upsilon\sigma\tau\acute{\eta}\rho\iota o\nu$ "秘義"이기는 하지만 이미 $\sigma\kappa\acute{a}\nu\delta\alpha\lambda o\nu$은 아닌 것으로 된 사실이다. 그 다음에는 신의 아들의 인간성이 어떻게 생각될 수 있느냐 하는 문제가 곧 생겨났다는 것, (바로 구원 사건의 저 逆說 때문에) 그리스도의 인간성의 순수성이 영지주의 이단설에 대해 수호되어야 했다는 사실이다. "신의 아들"이라는 표지가 한편 그리스도를 유일한 참 신으로부터 구별하고 상하관계를 표현하는 데 이바지하는 반면, 그것은 역시 — 이것이 본질적인 것인데 — 그의 神性을 표시한다. 그러므로 클레멘스 제2서 1장 1절에서 $o\H{u}\tau\omega\varsigma\ \delta\epsilon\hat{\iota}\ \dot{\eta}\mu\hat{a}\varsigma\ \varphi\rho o\nu\epsilon\hat{\iota}\nu\ \pi\epsilon\rho\grave{\iota}\ 'I.\ X\rho\iota\sigma\tau o\hat{u}\ \dot{\omega}\varsigma\ \pi\epsilon\rho\grave{\iota}\ \vartheta\epsilon o\hat{u}$ "예수 그리스도를 위해서도 신을 위한 것과 같이 우리는 그렇게 생각해야 한다"로 시작한 것은 놀라운 일이 못된다. 역시 히브리서 1장 1—14절이 천사들 위에 뛰어난 그리스도의 존엄성을 가르쳤고 그리스도는 $\dot{a}\pi\alpha\acute{u}\gamma\alpha\sigma\mu\alpha\ \tau\hat{\eta}\varsigma\ \delta\acute{o}\xi\eta\varsigma(\tau o\hat{u}\ \vartheta\epsilon o\hat{u})\ \kappa\alpha\grave{\iota}\ \chi\alpha\rho\alpha\kappa\tau\grave{\eta}\rho\ \tau\hat{\eta}\varsigma\ \dot{u}\pi o\sigma\tau\acute{a}\sigma\epsilon\omega\varsigma\ \alpha\dot{u}\tau o\hat{u}$ "그(신)의 영광의 빛이고 그의 본성의 참 모습"으로 표시되었다(1:3).

신약성서는 그리스도를 $\vartheta\epsilon\acute{o}\varsigma$ "신"으로 표시하는 데 있어서 아직도 매우 주저하고 있다. 선재적인 $\lambda\acute{o}\gamma o\varsigma$ "말"이 $\vartheta\epsilon\acute{o}\varsigma$로 호칭된 요 1:1과 도마가 부활한 자를 찬양하는 요 20:28 즉, $\dot{o}\ \kappa\acute{u}\rho\iota\acute{o}\varsigma\ \mu o\upsilon\ \kappa\alpha\grave{\iota}\ \dot{o}\ \vartheta\epsilon\acute{o}\varsigma\ \mu o\upsilon$ "나의 주, 나의 신" 외에 그리스도를 $\vartheta\epsilon\acute{o}\varsigma$라고 부른 곳 — 적어도 그럴듯한 주석에 따르면 — 은 단지 살후 1:12; 딛 2:

§12. 큐리오스와 神의 아들

13; 벧후 1:1 뿐이다.[1] 이에 반해 이그나티우스는 자명하게 그리스도를 $\vartheta\epsilon\acute{o}s$로 말한다(Tr 7:1; Sm 1:1; 10:1). 그는 흔히 이렇게 말한다: ('*I. Xp.*) $\dot{o}$ $\vartheta\epsilon\dot{o}s$ $\dot{\eta}\mu\tilde{\omega}\nu$ "(예수 그리스도) 우리의 신"(Eph pr. 15:3; 18:2; Rm pr. (bis); 3:3; Pol 8:3). 그의 경우 이것이 저 逆說에 관련되어 있음은 다른 표현들이 보여 준다: $\dot{\epsilon}\nu$ $\sigma\alpha\rho\kappa\grave{\iota}$ $\gamma\epsilon\nu\acute{o}\mu\epsilon\nu os$ $\vartheta\epsilon\acute{o}s$ "육으로 난 신"(Eph 7:2), $\vartheta\epsilon\grave{o}s$ $\dot{\alpha}\nu\vartheta\rho\omega\pi\acute{\iota}\nu\omega s$ $\varphi\alpha\nu\epsilon\rho o\acute{\nu}\mu\epsilon\nu os$ "인간의 모습으로 나타난 신"(Eph 19:3), $\alpha\tilde{\iota}\mu\alpha$ $\vartheta\epsilon o\tilde{\nu}$ "신의 피"(Eph 1:1)와 $\pi\acute{\alpha}\vartheta os$ $\tau o\tilde{\nu}$ $\vartheta\epsilon o\tilde{\nu}$ $\mu o\nu$ "나의 신의 고난"(Rm 6:3), $\acute{\alpha}\rho\tau os$ $\vartheta\epsilon o\tilde{\nu}$, $\ddot{o}$ $\dot{\epsilon}\sigma\tau\iota\nu$ $\sigma\grave{\alpha}\rho\xi$ '*I. Xp*ι$\sigma\tau o\tilde{\nu}$ "신의 먹이인 예수 그리스도의 살"(Rm 7:3) 등을 말한다.

$\gamma\iota\dot{o}s$ $\tau o\tilde{\nu}$ $\vartheta\epsilon o\tilde{\nu}$ "신의 아들"로서의 그리스도 선포가 이 의미에서 이해되었다는 사실은 놀라운 일이 아니다. 신의 아들의 모습은 헬레니즘적 思考에 익숙한 것이었다. 물론 여러 가지 차이를 지니고 있었다. 하나는 그리스도교적 전통의 유산으로서, 이는 신에 의한 出産의 神話的 思想을 영웅적인 행위들로, 정신적인 업적들로, 또는 사람들에 대한 善行들로 보통 인간의 정도를 넘는 것 같이 보이는 사람들에게 적용했다. 헬레니즘시대는 $\nu\iota o\grave{\iota}$ $\vartheta\epsilon o\tilde{\nu}$ "신의 아들들"임을 주장하고 또는 그런 자로 간주되거나 부분적으로는 그런 자로 숭배되었던 일련의 그러한 $\vartheta\epsilon\tilde{\iota}o\iota$ $\ddot{\alpha}\nu\delta\rho\epsilon s$ "신적 인간들"을 알고 있었다. 그들에게는 신적인 것이 인간의 모습으로 나타나는데 대한 逆說에 어떤 역점도 둘 줄 몰랐다(또는 거의 몰랐다). 이외에 이 나타남도 인간의 정신을 신적인 것으로 보는 그리스 공통의 사유에서는 전혀 문제가 되지 않았다. 그러므로 그 관심은 신의 아들의 인간성의 (역설적) 사실에 있지 않고, 카리스마적 현상과 異蹟行爲들에 의해 부각된 신의 아들의 $\beta\acute{\iota}os$ "생애"에 있었다. 그러나 근동 헬레니즘 세계에 고대 근동 신화의 遺産으로 유포되어 있었던 신의 아들됨에 관한 표상은 달랐다. 즉 그것은 祭儀的 예배에 해당했고 구속론적 의의를 지니고 있었던 아들의 신성들에 관한 표상이었다. 신화는 密儀宗敎에서 예배된 그러한 신들에 관해, 그것들이 죽음의 운명을 맛보았으나 죽음에서 다시 일어났다고 전한다. 그러나 그 신들에 대한 예배자들의 신앙에 따르면 이 신들의 운명에 구원의 근거가 있고 그 구원은 密義儀式에서 그 신의 죽음과 부활을 함께 체험한 자들에게 제수된다. 옛 生産의 神들이 존속하는 이런 형태들과 영지주의 신화의 救贖者의 모습(§15)이 유사한 것은 — 이 유사성이 어떤 역사적 연관성을 가지고 있든간에 —, 한 신적 형태(子神)가 인간이 되고 인간의 운명을 당했다는 저 역설이 그것에 특별히

---

1) 롬 9:5의 頌詠은 그리스도에 관련시키기 어렵다. 요 1:18과 딛전 3:16의 $\vartheta\epsilon\acute{o}s$ "신"은 이차적 讚法이다.

분명하게 새겨졌다는 점에서 그렇다.

Υἱὸς τοῦ θεοῦ "신의 아들"로서의 그리스도에 관한 이방 그리스도교의 표상은 어느 전통에 의해 그것이 규정되는가에 따라 서로 다르다. 공관 복음서들이 이적들을 통해 그의 신적 ἐξουσία "권위"를 계시하는 신의 아들로 예수를 보여 준다는 점에서 그것들은 본질상 첫째 전형에 속한다. 예언자들과 다윗의 類推에 따라 θεῖος ἀνήρ "신의 사람"의 생활에서의 신의 δύναμις "능력"을 神의 靈에 소급시킨 것은 유대교 전통으로 규정된 사유에 의해서도 받아들여질 수 있었던 표상 방식이다. 마가복음서는 이 의미에서 예수가 受洗 때 그에게 선사된 영으로 신의 아들이 되었다고 전한다. 동일한 견해가 누가복음서 3장 22절의 서방측 본문 말투에 분명히 드러나 있다. 이에 따르면 다음과 같이 하늘에서 소리가 났다: υἱός μου εἶ σύ, ἐγὼ σήμερον γεγέννηκά σε "너는 내 아들이다. 내가 오늘 너를 낳았다". 이 사유 형식으로 사도행전 2장 22절은 예수를 ἀνὴρ ἀποδεδειγμένος ἀπὸ τοῦ θεοῦ··· δυνάμεσι καὶ τέρασι καὶ σημείοις, οἷς ἐποίησεν δι' αὐτοῦ ὁ θεός "그를 통해 신이 행한 능력있는 일들과 이적들과 표적들로···신에 의해 파견됨을 보여 준 자"라고 불렀다. 그러나 그리스 전통뿐 아니라 바빌론과 특별히 에집트의 王 전설에도 자주 나오는 신에 의한 신의 아들의 출산에 관한 표상이 에집트의 유대교계 헬레니즘에 의해 전수되고 구약성서의 경건한 자들에게 적용된 것이 분명하다. 그러므로 헬레니즘계의 그리스도교에서 일찌기 πνεῦμα ἅγιον "거룩한 영"(마 1:20) 및 δύναμις ὑψίστου "至高者의 能力"(눅 1:35)에 의해 잉태된 예수의 동정녀 탄생에 관한 전설이 나타난 것도 놀라운 일이 되지 못한다. 바울이 그것도 알지 못했다는 것이, 그것은 이미 그 이전에 다른 단체들 중에 유포되었을 수 없다는 것을 증명하지 못한다. 그것은 신약성서중 마태복음서와 누가복음서 외에는 없다. 그리고 그것에 상응하는 υἱὸς θεοῦ에 관한 파악도 예수 그리스도가 인간이 된 先在的 신의 아들이라는 둘째 전형의 파악에 의해 극복되었다. 이 파악은 바울(요한에게서와 같이)에게서 자명했고, 그것이 그에 의해 처음으로 그리스도교 사유에 도입되지 않았다는 것을 바울 이전의 그리스도像(빌 2:6—11)이 증명한다. 이 견해는 구원 사건의 역설에 관한 파악에도 일치한다. 인간이 된 신의 아들의 인간성에 대한 사실과 인간의 숙명이 극히 강조되어 있다. 그리고 그와 함께, 예수가 그의 지상 생활에서 신의 아들로서의 그의 이적들을 통해 자신을 증명했다는 파악은 본래 모순된 것이다. 그것은 빌립보서 2장 6—11절이 실제로 분명히 증명하는 바와 같다. 이 사유 방식도 바울에게는 전혀

§12. 큐리오스와 神의 아들

생소하다.

그러나 이 두 그리스도론은 헬레니즘계의 그리스도교에서 긴장된 통일성으로 종합되었다. 공관복음서들은 이적을 일으키는 신의 아들의 像과 함께 보존되었다. 이그나티우스 — 그는 일반적으로 선재적 그리스도론의 역설을 강조하면서도 — 에게서 마리아의 童貞性과 그녀의 출산은 $\theta \acute{a} \nu a \tau o \varsigma \ \tau o \hat{v} \ \kappa \upsilon \rho \acute{\iota} o \upsilon$ "주의 죽음"과 함께 3 대 秘義($\mu \upsilon \sigma \tau \acute{\eta} \rho \iota a \ \kappa \rho a \upsilon \gamma \hat{\eta} \varsigma$)를 이루었다(참조. 위에).

그러나 다시 신의 아들의 모습에 관한 세째 전형을 확인해야 한다. 여러모로 영지주의의 아들의 神性에는 구속론적 의미뿐 아니라 우주론적 의미도 부가되었다. 사실 후자는 대체적으로 본질적이며 神話들과 종교철학적 사변들 중에서 자립적으로 발전되었다. 가령 우주론적 $\Lambda \acute{o} \gamma o \varsigma$ "말"을 신의 "아들"이라고 한 필론(Philon)을 들 수 있다. 헤르마스 문헌들에서도 비슷하다. 이미 구약성서 지혜문학에 침투된, 그리고 유대교에서도 특히 헬레니즘계의 유대교에서 사변의 대상이 된 "지혜"의 우주적 모습은 또 다른 유사형이다. 매우 일찍 이 로고스 및 지혜사변은 헬레니즘계의 그리스도교에 스며들었다. 이미 고린도전서 8장 6절에서 그리스도는 $\delta \iota ' o \hat{\upsilon} \ \tau \grave{a} \ \pi \acute{a} \nu \tau a \ \kappa a \grave{\iota} \ \dot{\eta} \mu \epsilon \hat{\iota} \varsigma \ \delta \iota ' \ a \dot{\upsilon} \tau o \hat{\upsilon}$ "만물이 그로 인하여, 우리도 그로 인하여" 즉 만물과 우리를 만든 자로 나타나는데 이 말투에 따르면 그리스도의 우주론적 역할과 救贖論的인 역할이 결합되어 있다. 바울이 처음으로 그리스도에게 창조 仲介者로서의 이 우주적 역할을 추가했는지는 말할 수 없다. 그가 그렇게 자명하게 말하는 것으로써 그만의 말이 아님을 알 수 있다. 바울이 고린도후서 4장 4절에서 그리스도를 $\epsilon i \kappa \grave{\omega} \nu \ \tau o \hat{\upsilon} \ \theta \epsilon o \hat{\upsilon}$ "신의 形象"으로 표시한 자명성에 의해도 마찬가지이다. 이 개념은 말하자면 우주론적인 神子-思辨과 연결되어 있고 필론과 헤르마스 및 영지주의 문헌에도 그렇게 나타난다. 바울 이후에는 그리스도의 이 우주론적 의의가 특히 골로새서 1장 15절 이하에서 전개되었는데, 여기서 그리스도는 $\epsilon i \kappa \grave{\omega} \nu \ \tau o \hat{\upsilon} \ \theta \epsilon o \hat{\upsilon} \ \tau o \hat{\upsilon} \ \dot{a} o \rho \acute{a} \tau o \upsilon$ "보이지 않는 신의 形象"으로, $\pi \rho \omega \tau \acute{o} \tau o \kappa o \varsigma \ \pi \acute{a} \sigma \eta \varsigma \ \kappa \tau \acute{\iota} \sigma \epsilon \omega \varsigma$ "모든 지음을 받은 것에 앞서서 탄생한 자"로 성격지어졌는데, $\ddot{o} \tau \iota \ \dot{\epsilon} \nu \ a \dot{\upsilon} \tau \hat{\omega} \ \dot{\epsilon} \kappa \tau \acute{\iota} \sigma \theta \eta \ \tau \grave{a} \ \pi \acute{a} \nu \tau a \ldots \kappa a \grave{\iota} \ \tau \grave{a} \ \pi \acute{a} \nu \tau a \ \dot{\epsilon} \nu \ a \dot{\upsilon} \tau \hat{\omega} \ \sigma \upsilon \nu \acute{\epsilon} \sigma \tau \eta \kappa \epsilon \nu$ "만물이 모두 아들에게 지음을 받았고 … 만물은 그에게서 존립하기 때문이다"라고 되어 있다. 에베소서도 이 사변을 알고 있다. 그러나 그것은 골로새서가 이미 시작한 것인데, 우주론적인 것에서 완전히 교회론적인 것으로 변조했다(1 : 20 ff.). 신의 아들로서의 그리스도가 바울과 그 제자들 외에서도 우주적 인물이었음은 요한복음서 1

장 1절 이하를 제외하고는 히브리서 1장 3절이 증명하는바, 여기서는 그리스도가 φέρων τὰ πάντα τῷ ῥήματι τῆς δυνάμεως αὐτοῦ "그의 능력의 말로 만물을 지탱하는 자"로 특징지어졌다. 그전에 그는 ἀπαύγασμα τῆς δόξης (τοῦ θεοῦ) καὶ χαρακτὴρ τῆς ὑποστάσεως αὐτοῦ "(신의) 영광의 빛남과 그의 본질의 모습"이라고 말함으로 사실 εἰκών "모습"이라는 개념을 설명한 후에 그렇게 말했다. 헤르마스(sim IX) 12 : 2에서도 같은 말을 볼 수 있다 : ὁ μὲν υἱὸς τοῦ θεοῦ πάσης κτίσεως αὐτοῦ προγενέστερός ἐστιν, ὥστε σύμβουλον αὐτὸν γενέσθαι τῷ πατρὶ τῆς κτίσεως αὐτοῦ "신의 아들은 그의 모든 창조보다 먼저 낳고 창조때에 아버지의 相談役이 되었다". 이것은 물론 잠언록 8장 27절 이하를 연상케 한다. 그러나 무엇보다도 신의 아들의 우주론적 역할은 sim IX 14장 5절에 잘 표현되었다 : τὸ ὄνομα τοῦ υἱοῦ τοῦ θεοῦ μέγα ἐστὶ καὶ ἀχώρητον καὶ τὸν κόσμον ὅλον βαστάζει. εἰ οὖν πᾶσα ἡ κτίσις διὰ τοῦ υἱοῦ (τοῦ) θεοῦ βαστάζεται κτλ. "신의 아들의 이름은 크고 측량하기 어려우며 온 세계를 지탱한다. 그러므로 모든 창조는 신의 아들에 의해 지탱되고 있는 것이다".

§ 13. 聖禮典*

1. 洗禮

공동체의 제사에 現在하는 것은 κύριος Ἰησοῦς Χριστός "주 예수 그리스도"이다. 개인은 洗禮를 통해 공동체에 들어오고 동시에 κύριος "主"와 관계를 가진다. 종말론적 공동체에의 加入儀式으로서, 범죄에서 깨끗하게 되는 성례전적 沐浴儀式으로서 洗禮는 초대교회에서 시행되었음이 거의 확실하다(§6,3). 그리고 그것은 선교를 통해 헬레니즘계의 공동체들에도 도입되었다. 세례가 공동체에의 가입과 구원에의 참여를 위해 피할 수 없는 조건이었음은 자명하고 사도행전 4장 12절은 적어도 간접적으로 이 사실을 언급했다 : καὶ οὐκ ἔστιν ἐν ἄλλῳ οὐδενὶ ἡ σωτηρία, οὐδὲ γὰρ ὄνομά ἐστιν ἕτερον ὑπὸ τὸν οὐρανὸν τὸ δεδομένον ἐν ἀνθρώποις ἐν ᾧ δεῖ σωθῆναι ἡμᾶς (sc. ἢ τὸ ὄνομα Ἰ. Χριστοῦ) "다른 이에게 구원은 없으니 이는 우리를 구할 수 있는 이름은(예수 그리스도의 이름) 외에 天下 누구에게도 주지 않았음이다" — 설령 여기에 세례때 부르는 ὄνομα "이름"이 생각되지 않았을지라도 그 사실을 말하고 있다. 디다헤서 9장 5절과 유스틴서 (Ap)

---

* 이 표제에 관한 문헌들, 참조. S. 626 f.

§13. 聖禮典

66장 1절에 의하면 세례받지 않은 자는 성찬을 같이 할 수 없다. 그리고 헤르마스서(sim Ⅸ 12장 4—5절)에 따르면 "신의 아들의 이름으로" 세례를 받지 않았으면 누구도 신의 나라에 들어가지 못한다. 아니, 헤르마스서(sim Ⅸ)16장에 의하면 구약성서의 의인들도 오로지 세례를 받은 후에만 구원에 참여할 수 있다. 이 목적을 위해 사도와 교사들은 죽은 후에 지하세계에서 설교하고 세례를 베풀었다.

세례의식은 受洗者가 이를테면 가능한 한 흐르는 물에 완전히 몸을 담그는 것으로 수행되는 것이 통례였다. 그것은 행 8:36과 히 10:22, Barn 11:11의 암시들에 의해 알 수 있는 바와 같으며 Did 7:1—3이 분명히 말하는 바와 같다. 후자에 따르면 부득이한 경우에는 수세자의 머리에 세 번 물을 붓는 것으로 족하다. 세례를 주는 자는 세례받는 자를 위해 κύριος 'Ι. Χριστός "주 예수 그리스도"의 이름을, 후에는 아버지와 아들, 성령의 이름을 불렀다(후자는 아마 후세의 삽입문일 수 있는 마 28:19와 에 Did 7:1,3; Just apol 61:3, 11, 13에 처음으로 나타난다). 수세자를 위해 ὄνομα를 말한 것은 βαπτίζειν εἰς τὸ ὄνομα "그 이름으로 세례를 베풀다"라는 말투에서 유래한 것이다(간접적으로 증명되는 곳: 고전 1:13, 15; 직접적으로: 행 8:16; 19:5; Did 9:5; Herm sim Ⅲ 7:3; εἰς "···로" 대신 ἐν "···에", 행 10:48, ἐπί "···향하여", 눅 24:47; 행 2:38; 단지 κύριος의 ὄνομα만을 말하는 이 귀절들 외에 3위 1체론적 말투를 가진 데서 지적된 귀절들). 이것은 τὸ ὄνομα τὸ ἐπικληθὲν ἐφ' ὑμᾶς "우리를 향해 부르는 그 이름" 및 ἐπ' αὐτούς "그들을 향해"(야 2:7; Herm sim Ⅷ 6:4)라는 말투에 의해 확인되고 Just apol 61:11에서는 명확히 표현되었다. Λαμβάνειν 및 φορεῖν τὸ ὄνομα "그 이름을 받다" 및 "지니다"라는 변형들도 이와 동일한 것이다(Herm sim Ⅸ 12:4,8; 13:2,7 및 Ⅸ 14:5; 15:2). — 수세자 자신은 κύριος 'Ι. Χριστός라고 고백하고 이로써 ἐπικαλούμενοι τὸ ὄγομα τοῦ κυρίου "주의 이름을 부르는 자"에 속한다(§12, 2) — 세례浴 직전에 이 일이 일어났는가 직후인가? 많은 증인들 앞에서 고백한 딤전 6:12의 ὁμολογία "신앙 고백"이 세례고백이었다면 그것이 확실히 선행된 것으로 생각해야 할 것이다. 그리고 질문과 답변이 세례 의식에 선행했다고 보는 것도 이에 잘 맞는다. O. Cullmann (Urchristentum und Gottesdienst, 79—88)이 행 8:36; 10:47; 11:17; 마 3:14; Ebionitenevg. Epiph. 30:31에서 추론하려는바, 곧 τί κωλύει "거리끼는 것이 무엇인가?"라는 질문과 ἔξεστιν "허락되었다", 또는 οὐδὲν κωλύει "거리끼는 것이 없다"라는 답변에는 더욱 알맞는다. 얼마나 빨리 이런 의전적 양식들이 형성되었는가는 사료들의 결핍으로 인하여 말할 수 없다. Just apol 61:2에 의하면 여하간 βιοῦν οὕτως δύνασθαι "이렇게(말하자면 받아들인 가르침들에 의해) 살 수 있다"라는 수세자의 약속이 선행했다. 아주 옛 시대에 세례가 宣敎說敎의 감화로 일어난 회개에 직접 연결되었음이 확실한 반면(가령 행 2:41; 8:12; 16:33; 18:8에서 분명해져는 바와 같다). 후기에는 히 6 : 2; Did 7 : 1; Just apol 61 : 2; 65 : 1에 전제된 바와 같이 세례에 앞서 가르침이 선행되었다 — 언제부터 Did 7 : 4; Just apol 61 : 2에 지적된 (후자에서는 기도로 지칭되어 있다) 금식이 세례에 선행되었는지 우리는 아는 바 없다. 우리는 히 6 : 2; 행 19 : 5 f.(비교. 8 : 17)에 따르면 역시 세례에 속하는 按手의 의전적 행위에 관해서도 마찬가지로 정확한 것을 모른다. 그러나 이 의식도 시초부터 규칙적인 성분이었고 ὄνομα를 부르는 데 수반되었을 것이다 — 오로지 成年들만이 세례를 받았다는 사실은 자명하다(Joach. Jeremias의 반론에도 불구하고, *Hat die älteste Christenheit die Kindertaufe geübt?*, 1938). 세례주는 자에게도 특별한 자격을 요구하지 않았다(§ 12, 1). Ign Sm 8 : 2에 χωρὶς τοῦ ἐπισκόπου "장로 없이" 세례주는 것을 허락지 말라고 했을 뿐이다.

세례의 의미는 상이한 주제들에 의해 규정되었는데 그것들의 일부는 공동적으로, 일부는 並行的으로 작용한다. 그러나 여하간 세례는 聖禮典(Sakrament), 즉 자연적인 수단을 통해 초자연적인 힘들로 작용을 일으키게 하는 의식행위에 해당한다. 즉 그것은 대개 발음된 말들을 이용하는데 이 말들은 儀式을 수반하고, 규정된 語音의 단순한 發聲으로 저 힘들이 放出되게 한다. 사실 성례전적 의식은 철저히 한 마디 말 혹은 한 말투의 發聲에 한정될 수도 있다. 성례는 — 특별한 조건들하에 — 초자연적 세력들이 세상적-자연적인 사물들과 그것들의 지탱자 및 중개자인 발성된 말들에 결부되어 있을 수 있다는 전제에 근거를 두고 있다. 조건들이 채워지고(가령 규정된 말투가 정확히 발성되며 그것에 의해 물질이 "봉헌"되고, 즉 초자연적인 힘으로 채워지고), 규정된 儀典에 의해 의식이 수행되면 초자연적인 세력들이 작용을 일으킨다. 그리고 조건들이 없는 沐浴이나 식사같이 순전히 세상적-자연적인 儀式自體는 이적을 일으키는 超自然的 의식행위이다. 종교사의 원시적 단계에서는 魔法과 성례적 儀式 사이가 거의 구별되지 않았던 반면, 그 차이는 역사의 흐름에서 점점 더 커졌는데, 이 차이는 성례의 도움을 받으려는 자들에 의해 어떤 조건들이 채워져야 하는가 — 단지 특정한 육체적 상태, 또는 정신적 준비가 전제되는지 — 또는 어떤 초자연적 세력들의 작용을 일으키려는가 — 단지 육체적 생활의 증진에 도움을 주는 것인지 아니면 정신적 생활에 촉진력을 주는지 — 에 따라 점점 더 커졌다. 후자의 경우에는 성례의 逆說性이 고조된다 : 정신적 힘들이 어떻게 물질들의 지탱자이면서 물질적인 요소들에 결부되어 있을 수 있는가? 결국 성례전은 상징이 되어 버리고 이적적인 작용에는 심리적인 작용이 대치되고 만다.

§13. 聖禮典

　초대교회에서 성례가 결코 상징이 아니라 이적적으로 작용하는 의식이었음은 분명한데 — 성찬식의 경우 고린도전서 11장 29—30절에(참조. 아래), 세례의 경우 고린도전서 15장 29절에 분명히 드러나 있다. 고린도에서 일어났던바 죽은 자들 대신 세례를 받게 한다면, 즉 성례가 제공하는 초자연적 힘이 그들을 위해 작용하게 한다면 성례는 마법적인 의식과 구별될 수 없다. 바울과, 다른 유대 그리스도교 선교자들이 이 실천사항을 도입하지 않았다는 것은 물론 자명하다. 이것은 — 영지주의계의 종파에서 좀더 오랫동안 실천되었는데 — 교회에서 이탈된 것과 마찬가지로 이해될 수 있다. 그러나 특징적인 것은 바울이 아무런 비판도 없이 그 관례에 언급한 것이다. 그것 근저에 들어 있는 표상樣式은 바로 그 자신의 것이며 동시에 (요한을 제외하면) 초대교회 일반의 것이기도 하다.

　세례의 작용은 — 그 근원에 상응하면서 — 우선 죄를 깨끗하게 하는 것이다. 말하자면, 여러 번 분명하게 말해진 바와 같이(벧후 1:9; Hermmand Ⅳ 3:1; Just Ap 61:10), 과거에 범한 죄들로부터 깨끗해지는 것을 그것에서 기대했다. 바울이 고린도전서 6장 11절에서 독자들이 처했던, 죄로 찬 이방시대의 성격을 묘사한 후 다음과 같이 계속한 것은, 그가 세례에 의해 깨끗하게 됨을 말한 것에 틀림없다: ἀλλ' ἀπελούσασθε, ἀλλ' ἡγιάσθητε, ἀλλ' ἐδικαιώθητε ἐν τῷ ὀνόματι τοῦ κυρίου 'Ι. Χριστοῦ καὶ ἐν τῷ πνεύματι τοῦ θεοῦ ἡμῶν "너희는 주 예수 그리스도의 이름으로 그리고 우리 신의 영으로 씻기고 성결케 되며 의롭게 되었다". 위의 세 동사는 모두 성례적으로 깨끗하게 하는 목욕을 묘사하고, 이 경우의 δικαιωθῆναι "의롭게 되다"는 특수한 바울적 義認論의 의미에서 사용된 것이 아니라, ἁγιασθῆναι "성결케 되다"에 일치하면서 죄의 沫消라는 그리스도교 공통의 의미에서 사용되었다(§9,4; S. 83). 바울이 여기서 세례에 관한 공통 그리스도교의 견해를 전한다는 것을 보여 주는 것은 가령 에베소서 5장 26절과 같은 제2 바울 문헌에 있는 것이나 베드로전서 3장 21절에 있는 유사형들뿐만이 아니다. 전자는 그리스도의 구원사업의 의미를 이렇게 묘사한다: ἵνα αὐτὴν (sc. τὴν ἐκκλησίαν) ἁγιάσῃ καθαρίσας τῷ λουτρῷ τοῦ ὕδατος ἐν ῥήματι "물로 씻어 말로 그것(교회)을 성결케 하기 위해". 그리고 후자는 세례를 설명하여 οὐ σαρκὸς ἀπόθεσις ῥύπου, ἀλλὰ συνειδήσεως ἀγαθῆς ἐπερώτημα εἰς θεόν "몸의 더러움을 제거하는 것이 아니고 신을 향한 선한 양심을 구하는 것이라"고 했다. 다시 말해서 세례의 목욕은 외부적인 潔禮가 아니라, (죄들을 깨끗이 함으로) 순수한 의식으로 신을 부를 수 있는 가능성을 마련하는 것이다(비교. 히 9:14; 10:2,22). 거의 또는 전혀 바울에 예속되지 않은 문헌에서도 마찬가지이다. 세례는 εἰς ἄφεσιν ἁμαρτιῶν "죄들의 용서를 위해"(행 2:38) 베풀어짐으로 사울-바울은 이런 명령을 받는다: ἀναστὰς βάπτισαι καὶ ἀπόλουσαι τὰς ἁμαρτίας σου, ἐπικαλεσάμενος τὸ ὄνομα αὐτοῦ "일어나서 세례를 받고 그의 이름을 부름으로 너의 죄들을 씻으라"(행 22:16). 히브리서 10장 22절에 따르면 그리스도인들은 ῥεραντισμένοι τὰς καρδίας ἀπὸ συνειδήσεως πονηρᾶς καὶ λελουσμένοι τὸ σῶμα ὕδατι καθαρῷ "마음에 뿌림을 받고 양심의 악에서 벗어난 자들이고 맑은 물로 몸을 씻은 자들"이다 — 이때 오로지 수사학적 병행법으로 인해 σῶμα "몸"이 καρδία "마음"에서 이탈되었다. Λελοῦσθαι "씻다"는 σῶμα에 한정되지 않고 마찬가지로 καρδία에도 해당한다. Καθαρισμὸς τῶν πάλαι ἁμαρτιῶν "옛 죄들이 깨끗하게 됨"(벧후 1:9)은 물론 세례에서 받은 깨끗함이다. 바나바서 11장 11절에 따르면 καταβαίνομεν εἰς τὸ ὕδωρ γέμοντες ἁμαρτιῶν καὶ ῥύπου, καὶ ἀναβαίνομεν καρποφοροῦντες ἐν τῇ καρδίᾳ τὸν φόβον καὶ τὴν ἐλπίδα εἰς τὸν Ἰησοῦν ἐν τῷ πνεύματι ἔχοντες "우리는 죄들과 더러움으로 차서 물에 들어갔다가 우리의 마음에 두려움의 열매를 지니고 영으로 예수에 대한 희망을 품으며 나온다". 또 16장 8—9절에 의하면 우리는 (세례에서 받은) ἄφεσις τῶν ἁμαρτιῶν "죄들의 용서"를 통해 神의 성전이 된다. "우리가 물에 내려갔을 때" — 헤르마스서(mand Ⅳ) 3장 1절은 말한다 — "우리는 우리의 옛 죄들의 용서를 받는다"(비교. Just Apol 61:10).

깨끗하게 하는 세례욕은 ὄνομα τοῦ κυρίου "주의 이름"을 부르는 일과 결합되어 있다. 이로써 위에서 말해 온 제1주제에 제2주제가 첨가되는바, 언제 그것이 제1주제에 결부되었는지는 말하기 어렵다(§6,3). Ὄνομα "이름"을 부르는 일이 가령 후기 교회에서처럼 에피클레제, 즉 그리스도의 힘을 물 속으로 불러들여 이 물에서 깨끗하게 하고 성결케 하는 기능을 제공하는 에피클레제(Epiklese, 빵과 포도주가 그리스도의 살과 피로 변하도록 성령을 부르는 儀式)가 아니라 수세자를 향해 그 ὄνομα를 부름으로 수세자에게 그의 힘을 제공하게 하는 것이기 때문에, 그 명칭은 결국 洗禮浴과 경쟁적인 독자적 聖禮이다. 그러나 이 둘의 작용이 어느 정도 일치하기 때문에 그것들의 결합은 쉽게 이해된다. Ὄνομα를 부르는 의미는, 우선 수세자를 κύριος의 소유로 정해놓고 그의 수호 아래 두는 것임이 분명하다. 이것은 이미 바울이 물론 전제하고 있는 σφραγίς "봉인"이라는 세례의 표지가 증명한다.

§13. 聖禮典

고후 1:22의 신에 관한 진술, ὁ καὶ σφραγισάμενος ἡμᾶς καὶ δοὺς τὸν ἀρραβῶνα τοῦ πνεύματος ἐν ταῖς καρδίαις ἡμῶν "우리를 印치고 영의 보증을 우리 마음에 준 자"라는 진술은 의심없이 세례에 소급된다. 바울이 세례를 위해 σφραγίς의 표지를 전제하지 않았을지라도 σφραγισάμενος에는 역시 후에 그 표지를 유발시킨 表象이 여하간 들어 있다. 다음의 경우도 마찬가지이다: 엡 1:13: ἐν ᾧ (sc. τῷ εὐαγγελίῳ) καὶ πιστεύσαντες ἐσφραγίσθητε τῷ πνεύματι τῆς ἐπαγγελίας τῷ ἁγίῳ "그(복음) 안에서 너희는 믿고 약속의 성령으로 인침을 받았다"와 4:30: ··· τὸ πνεῦμα τὸ ἅγιον τοῦ θεοῦ, ἐν ᾧ ἐσφραγίσθητε εἰς ἡμέραν ἀπολυτρώσεως "신의 거룩한 영, 그 안에서 너희는 救贖의 날을 위해 인침을 받았다". 고후 2 Klem 7:6; 8:6; Herm sim Ⅷ 6:3; Ⅸ 16:3—7; 17:4; 31:1 등에는 세례를 σφραγίς로 표시한 것이 아주 자주 나온다. 말하자면 Herm서에는 아주 분명하다. 세례는 수세자를 그 ὄνομα 아래 세우기 때문에 σφραγίς라고 부른다는 것이다. Τὴν σφραγῖδα λαμβάνειν "인침을 받았다"는 화법(sim Ⅷ 6:3; Ⅸ 16:3; 17:4)은 τὸ ὄνομα λαμβάνειν "그 이름을 받다"에 일치한다(참조. 위에 S. 132 f.). — 아마 바울 이전에 이미 割禮가 유대교에서 "封印"으로 표시되었을 것이다(비교. 롬 4:11: 여기서는 σφραγίς가 "확인"을 위한 단순한 은유일 수도 있다. Barn 9:6에서도 같다). 이 사실은 좀더 후세에 와서 증명될 수 있다. 密儀宗敎들에서도 σφραγίς는 新入의식을 위한 전용어였다. 그러나 그리스도교 언어 용법이 그곳에서 영향을 받았을지라도 역시 그 근저에 있는 이 용어의 의미는 오인될 수 없다. Σφραγίς가 제의적 용법에서 (세속용어에서)와 마찬가지로 소유물 및 수호표지를 표시한다는 것으로 ὄνομα가 이용된다는 것은 W. Heitmüller가 *Neutest. Studien für G. Heinrici*, 1914, 40—59에서 밝혔다. E. Dinkler는 *Neutest. Studien f. Rud. Bultmann*², 1957, 110—129에서 유대교에 인침의 표지로서 "십자가의 증표"(Signum Crucis)가, 회개와 노예, 종말론적 수호를 포함하는 증표가 있었음을 시사했다. 이 종말론적 증표가 그리스도교에 의해 받아들여지고 σταυρὸς Χριστοῦ "그리스도의 십자가"로 역사화되었다. 비교. 同人, "Zur Geschichte des Kreuzsymbols," *ZThK* 48, 1951, 148—172. — 동인, "Kreuzeszeichen und Kreuz," *Jahrb. für Antike und Christentum* 5, 1962, 93—112.

과거의 죄들의 제거라는 소극적 의미를 가지고 있는 깨끗하게 하는 것으로서의 洗禮浴과는 달리 ὄνομα를 부르는 의식은 이중적으로 작용한다. 즉 그의 마법적 힘에 의해(참조. 위에 2; S. 126 f.) 악령들(이 영들은 어디서나 죄의 惹起者들에 해당한다)을 쫓아낸다는 소극적인 작용과 마찬가지로 수세자들을 미래에도 κύριος의 수호 아래 두고 그를 미래에도 귀신들의 작용들 — 즉 죄들, 물론 다른 불행 — 에서 안전케 하는 적극적인 작용이다. 이 견해는 골로새서 1장 13—14절 — 이것은 세례에 관련시켜 거론될 수 있기 때문이다 — 에서 분명하게 표현되었다 : (θεός) ἐρρύσατο ἡμᾶς ἐκ τῆς ἐξουσίας τοῦ σκότους καὶ μετέστησεν εἰς τὴν βασιλείαν τοῦ υἱοῦ τῆς ἀγάπης αὐτοῦ, ἐν ᾧ ἔχομεν τὴν ἀπολύτρωσιν, τὴν ἄφεσιν τῶν ἁμαρτιῶν "(神은) 우리를 흑암의 권세에서 건져내어 그의 사랑하는 아들의 나라로 옮겼으므로 그 안에서 우리가 구속, 죄들의 사함을 얻었다". 바나바서 16장 7—8절에서도 같은 것을 볼 수 있다 : 한때 우리의 마음은 οἶκος δαιμονίων "귀신들의 집"이었으나 κύριος "主"의 ὄνομα "이름"을 힘입어 신이 거하는 성전이 되었다. 이 表象과 관련된 것은 물론 세례에 곧 禁食이 결부된 것이다 (참조. 위에). 금식은 귀신들을 내쫓는 수단이기 때문이다 (가령 막 9 : 29의 다른 독법).

未來를 위해 중요한 세례의 적극적 작용은 그것이 성령을 수여한다는 점에도 존속한다. 이것도 그리스도교 공동의 견해인데, 이것을 자명한 것으로 주장하는 바울에게서 전제되었다 (고전 12 : 13; 고후 1 : 22). 에베소서 1장 13절과 4장 30절도 같다 (참조. 위에). 디도서 3장 5절에 의하면 세례는 λουτρὸν · · · ἀνακαινώσεως πνεύματος ἁγίου, 즉 "성령에 의해 작용된 新生"을 뜻한다. 세례에서 성령을 받는 것이다 (행 2 : 38 : 비교. 9 : 17 f.). 그리고 바로 그 점에서 공동체는 요한의 세례와 다른 특성을 본다 (행 19 : 1—6; 비교. 막 1 : 8). 전승된 텍스트 요한복음서 3장 5절에 의하면 물과 靈은 再生을 야기시킨다. 바나바서 11장 9—11절도 동일한 表象을 전제한다. 헤르마스서 (sim IX) 13장은 광범한 알레고리로 열거하였는데, 구원의 조건, 교회의 탑을 세우는 ἅγια πνεύματα "성령들"로서, δυνάμεις τοῦ υἱοῦ τοῦ θεοῦ "神의 아들의 能力"으로서 해석된 12동정녀에 의해 그 옷이 입혀지는 것이라고 했다.

일견 예외로 보이는 것은 단지 행 8 : 14—17; 10 : 44—48뿐인데 그 중 후자에는 영을 받는 일이 세례에 선행된다. 사실 이 두 귀절들은 세례와 영을 받는 일이 不可分離하게 결합되어 있음을 가르치려는 것이다. 영을 제공하지 않는 세례는 옳은 세례가 아니고 그러므로 영을 받음으로 그것이 보강되어야 한다 (8 : 14—17). 신에 의한 영의 수여는 은혜를 받은 자에게 세례가 베풀어져야 함을 의미한다 (10 : 44—48).

靈의 수여는 제 3의 주제인데, 이것은 특별한 의전적 안수의식에 연결되었다는 점에서도 특수성을 보여 주는바, 적어도 사도행전 8장 17절과 19장 6절에서 그렇다. 영의 수여가 洗禮浴에 결부되었을 시초부터 그랬을 것으로 물론 추측된다. 언제부터 그랬는지는 모른다. 그러나 초대 교회에서 이미 그렇게 되었다고는 볼 수 없다 (§6, 3). 왜냐하면 유대교적 전통이 주도적이었던

§13. 聖禮典

곳에서 세례의 물 목욕이 그의 소극적 의미, 즉 깨끗하게 하는 것보다 달리 파악될 수 없었기 때문이다. 여하간 히브리서 6장 2절의 세례와 영의 授與에 관한 가르침은 전승된 史料에 속한다. 그것의 의미로 보아 영의 수여 (안수에 의해)는 물 목욕에 의해 깨끗하게 하는 것보다 ὄνομα의 부름에 더 가깝다. 그리고 아마 그것은 처음부터 후자와 결합되어 있었을 것이다. 에베소서 1장 13절; 4장 30절에서 인침이 πνεῦμα "영"에 의한 것으로 표시된 것은 이에 잘 일치한다. 그러므로 필자의 의식에는 ὄνομα를 부르는 것(=인침)과 영의 수여는 동일한 것이었다. 사실 귀신들의 축출과 성령으로 차 있음은 相關 개념이다. 그리고 마찬가지로 逐鬼的 작용은 ὄνομα와 같이 안수에도 예속시켜졌다. 일반적인 의식에서는 물론 서로 합동하여 작용하는 주체들이 구별되지 않았다. 그렇기 때문에 죄의 용서도 이름부르는 의식과 결부될 수 있었고 이렇게 표현될 수도 있었다: ἄφεσιν ἁμαρτιῶν λαβεῖν διὰ τοῦ ὀνόματος αὐτοῦ "그의 이름으로 죄들의 용서를 받는다"(행 10:43). 이때 그 ὄνομα는 세례 자체의 핵심(a parte potiori)으로 지칭되었다.

그런데 세례 성례에 대한 세 가지 해석, 즉 깨끗하게 함과 ὄνομα에 의한 인침, 영의 수여로서의 해석에는 다시 중요한 네째 것이 추가된다. 즉 세례는 그리스도의 죽음과 부활에 참여케 한다는 것이다. 이 해석은 틀림없이 헬레니즘계의 공동체에서 생겼다. 이 공동체는 그에게 전승된 許入 성례전을 密儀宗敎들의 허입 성례전의 유추에 의해 이해했는데 그 의미는 죽음을 맛보고 다시 살아난 祭祀神 — 가령, 아티스(Attis), 아도니스(Adonis), 오시리스(Osiris) — 의 운명에 그 예배자로 참여케 한다는 것이었다.[1]

처음에 없었던 세례의 구원 사건에 대한 관계를 찾아내는 이 해석은 분명히 제2차적인 것이다. 세례 과정은 사실 결코 예수의 죽음과 부활 사건들의 모형이나 모방으로 이용될 수 없었다. 예수의 죽음이 溺死者의 죽음이 아니었던 것과 같이 세례도 초대 그리스도교에서 루터교적 방식으로 "옛 아담의 익사"로서 생각되지 않았다. 그 해석은 단지 세례가 한때 그리스도교의 허입 성례였고 그런 의미에서 헬레니즘적 파악에 따라 해석되었기 때문에 세례에 결부될 수 있었다. 구약성서-유대교 사유에는 그런 해석이 생소하다. 왜냐하면 이 사유는 신의 운명에 근거를 두고 신을 현재화하는 祭儀的 儀式들을 모르고 오로지, 그 근거를 민족의 역사에 둔 그런 의식들만을

---

1) 밀의종교 성례전에 대한 그리스도교 성례전의 유사성과 그 차이에 관해 Herb. Braun은 많은 가르침을 제공한다. "Libertas Christiana"(*Festschr. f. Delekat*), 1957, 23—28.

알기 때문이다. 예수의 운명을 제사의 근거로 이해하고 제사신과의 성례적 공동성에 그 예배자를 이끌어가는 축제로서 제사를 해석하되 그 신의 운명이 그에게도 타당하게 한 것은 헬레니즘적 密儀宗敎思想이다.

이에 일치하는 것은 그렇게 이해된 세례의 작용을, 죄들에서 깨끗하게 됨과 $κύριος$의 보호, 영의 수여에서가 아니라 죽음의 극복과 생명의 얻음에서 본 것이다. 바울은 물론 로마서 6장 2절 이하에서, 세례로 보장된 미래의 $ἐγερθῆναι$ "깨어남"을 이미 윤리적 행실에 작용하고 現在하는 것으로 이해할 것을 가르침으로써 죄에서의 해방을 힘써 선포한다(참조. 이 책 S. 314). 그러나 이 이해에 대한 의도적 화법은 4절에서 드러난다 : $συνετάφημεν οὖν αὐτῷ διὰ τοῦ βαπτίσματος εἰς τὸν θάνατον, ἵνα ὥσπερ ἠγέρθη Χριστὸς ἐκ νεκρῶν ··· οὕτως καὶ ἡμεῖς$ "우리는 그의 죽음에 이르게 하는 세례에 의해 그와 함께 장례지낸 바 되었다···우리도 이와 같이" — 그런데 이 문장이 논리적이었다면 기대되는바 $ἐκ νεκρῶν ἐγερθῶμεν$ "죽은 자들로부터 우리가 일어난다"가 따르지 않고, $ἐν καινότητι ζωῆς περιπατήσωμεν$ "새 생명에서 우리가 살려고 한다"라고 되어 있다. 그러나 5절에 추가된 이유 설명은 분명히 바울이 결부한 의미를 보여 준다 : $εἰ γὰρ σύμφυτοι γεγόναμεν τῷ ὁμοιώματι τοῦ θανάτου αὐτοῦ, ἀλλὰ καὶ τῆς ἀναστάσεως ἐσόμεθα$ "이는 만일 우리가 그에게 결부되어 그의 죽음과 하나가 되었다면 그의 부활과도 역시 하나가 될 것이기 때문이다". 6절과 8절 사이의 관계도 같은 것이다.

롬 6 : 2 ff.에서도 분명히 드러나는 것은 바울에 의해 처음으로 세례에 밀의종교적 의미가 제공된 것이 아니라, 이미 그 이전 헬레니즘계 공동체들에 흔했었다는 것이다. 가령 3절의 $ἢ ἀγνοεῖτε$ "또는 너희가 알지 못하는가?"가 이미 그것을 시사할 수 있는 바와 같다. 이것은 또 특별히, 바울이 세례에 있는 새로운 윤리적 행실의 근원을 분명히 하기 위해 영의 수여라는 그의 의미에 결부시키지 않은 사실에서도 드러난다. 가령 롬 8 : 11 ff.; 갈 5 : 25를 생각하면 역시 그 의미에 결부될 것을 우리는 기대했을 것이다. — 그는 오히려 솔직히 그가 전제할 수 있었던 밀의종교적 해석에 결부시켰다. 그에게 특유한 세례해석은 또 다른 것, 즉 수세자가 $σῶμα Χριστοῦ$ "그리스도의 몸"의 지체가 된다는 영지주의적 사유방식에 의해 규정된 것인데(고전 12 : 13; 갈 3 : 27 f.) 이에 관해서는 후에 거론될 것이다. 이 사실은 끝으로 고전 15 : 9에서 드러난다. 왜냐하면 바울에게 전수된 죽은 자들을 위한 대행세례에 바로 이런 의미외에, 즉 죽은 자들에게까지도 그리스도의 부활에 의해 창조된 생명을 제공하자는 의미외에 어떤 다른 것이 있겠는가?

§13. 聖禮典

세례에 의해 중개된 생명은 이미 현재적으로 작용한다는 바울의 사상을 그의 학파도 따른다. 가령 골로새서 2장 12절 이하는 이런 표현을 한다. 즉 συνταφῆναι αὐτῷ (sc. τῷ Χριστῷ) ἐν τῷ βαπτίσματι "세례에서 그(그리스도)와 함께 묻혔다"에 의해 죄의 용서와 악령의 세력들에서의 해방을 설명하고, 여기서 다시 2장 16절 이하는 제의와 의식 규율들에서의 자유를 추론했다 : εἰ ἀπεθάνετε σὺν Χριστῷ ἀπὸ τῶν στοιχείων τοῦ κόσμου, τί ὡς ζῶντες ἐν κόσμῳ δογματίζεσθε "만일 너희가 그리스도와 함께 죽음으로 이 세상의 모든 악령들로부터 벗어났다면 왜 이 세상 속박된 자들처럼 살고 있는가?"(2:20). 여기서 각이한 주제들이 어떻게 합류되었는가를 알 수 있다. 더 긴밀하게 로마서 6장 2절 이하에 결부된 것은 골로새서 3장 1절 이하이다 : εἰ οὖν συνηγέρθητε τῷ Χριστῷ, τὰ ἄνω ζητεῖτε ··· ἀπεθάνετε γάρ ··· "이렇게 너희가 그리스도와 함께 살아났으면 너희는 위에 있는 것을 구하라···이는 너희가 죽었음이라···". 에베소서 2장 5—6절의 세례 秘儀의 전용어 사용도 비슷하다. 여기서는 물론 그 표상이 완전히 퇴색되었다. 왜냐하면 συνζωοποιεῖν τῷ Χριστῷ "그리스도와 함께 산다는 것"과 συνεγείρειν "함께 일어난다"는 거론되지만 '그리스도와 함께 죽는다'는 거론되지 않기 때문이다(오히려 그 배경은 εἶναι νεκροὺς τοῖς παραπτώμασιν "범죄들 중에 죽어 있었다"였을 것이다). 이에 반해 본래 밀의종교적인 사상은 다시(역시 세례를 분명히 지시하지 않고) 디모데후서 2장 11절에 나타난다 : εἰ γὰρ συναπεθάνομεν, καὶ συζήσομεν "이는 우리가 함께 죽었으면 우리도 함께 살겠음이라". 헤르마스서(sim IX) 16장 2절의 망대 비유의 해석에서도 비슷한 것을 본다 : ἀνάγκην··· εἶχον δι' ὕδατος ἀναβῆναι, ἵνα ζωοποιηθῶσιν. οὐκ ἠδύναντο γὰρ ἄλλως εἰσελθεῖν εἰς τὴν βασιλείαν τοῦ θεοῦ, εἰ μὴ τὴν νέκρωσιν ἀπέθεντο τῆς ζωῆς αὐτῶν (τῆς προτέρας) "그들이 살림을 받기 위해서는 물을 통과해야 했다. 왜냐하면 그들은 죽음에 이르는 그들의 (이전) 생명을 버리지 않고는 神國에 들어갈 수 없었기 때문이다". 이외에는 헤르마스서에 密儀宗敎的 사유가 없다는 점에서 이것은 전통적 세례해석에 관련되어 있었음이 더욱 분명하다. 밀의 종교적 사유가 유포되어 있었다는 것은 십자가에 달린 자의 상처에서 (피와) 물이 흘렀다는 삽입구 요한복음서 19장 34b, 35절 같은 짧은 示唆文句들에서도 드러난다. 그 의미는 사실 분명하다. 즉 예수의 죽음에 (주의 만찬과) 세례의 성례가 근거를 두고 있다는 것이다. 이그나티우스서(Eph) 18장 2절에도 같은 사상이 들어 있다 : ··· ὃς ἐγεννήθη καὶ ἐβαπτίσθη, ἵνα τῷ πάθει τὸ ὕδωρ καθαρίσῃ "···그는 태어나서 세례를 받았다. 이는 그의 고난을 통해 물을 깨끗하게 하기 위함이었다".

세례의 작용으로 再生을 든 것도 세례의 밀의종교적 해석에 상응한다. 이 용어는 밀의종교들 중에 그 유사형들을 두고 있다. 디도서 3장 5절에 따르면 세례는 λουτρὸν παλιγγενεσίας "再生의 씻음"이다. 이것은 요한복음서 3장 3절 이하에 전승된 텍스트의 파악이기도 한데 그것은 ἄνωθεν γεννηθῆναι ἐξ ὕδατος καὶ πνεύματος "위에서 물과 영으로 난다", 즉 세례를 거론한다. 이것은 畏敬스러운 主의 말인데 이것을 유스틴(Ap. 61 : 4)이 인용했다 : ἂν μὴ ἀναγεννηθῆτε, οὐ μὴ εἰσέλθητε εἰς τὴν βασιλείαν τοῦ θεοῦ "너희는 새로 나지 않으면 신의 나라에 들어 가지 못한다". 그리고 유스틴이 이말을 인용한 것은 ἀναγέννησις "재생"으로서의 세례의 파악에 근거를 두기 위해서였다(61 : 3; 66 : 1). 그러므로 그리스도인들은 유스틴(Dial 188 : 2)에 의하면 이렇다 : (τὸ γένος) τὸ ἀναγεννηθὲν ὑπ' αὐτοῦ (sc. τοῦ Χρ.) δι' ὕδατος καὶ πίστεως καὶ ξύλου "물과 신앙과 나무를 통해, 그(그리스도)에 의해 새로 난 것(종족)이다". 이 專用語도 신을 특징지은 베드로전서 1장 3절의 다음 말이 여운을 풍겨 준다 : ἀναγεννήσας ἡμᾶς εἰς ἐλπίδα ζῶσαν δι' ἀναστάσεως 'Ι. Χριστοῦ ἐκ νεκρῶν "예수 그리스도를 죽은 자들로부터 다시 살리고 그것으로 우리를 새로 나게 하여 산 희망을 품게 했다". 그러므로 그리스도인들은 1장 23절에 ἀναγεγεννημένοι οὐκ ἐκ σπορᾶς φθαρτῆς κτλ. "썩은 씨로부터 나지 않은 再生者들"이라고 표시될 수 있었다 — 여기에서는 바울의 경우와 같이 그것의 윤리적 행실이 근거를 차지하고 있다. 바울에게는 이 용어가 없다. 그러나 그와 동일한 사상이 εἴ τις ἐν Χριστῷ, καινὴ κτίσις "누구나 그리스도 안에 있으면 그는 새로운 피조물이다"(고후 5 : 17)에도 있다. Εἶναι ἐν Χριστῷ "그리스도 안에 있음"은 사실 βαπτισθῆναι εἰς Χριστόν "그리스도를 향해 세례를 받음"(갈 3 : 27; 롬 6 : 3; 비교. 고전 12 : 13)에 의해 성립된다. 이에 상응하면서 바나바서 6장 11절은 이렇게 말한다 : ἐπεὶ οὖν ἀνακαινίσας ἡμᾶς ἐν τῇ ἀφέσει τῶν ἁμαρτιῶν(즉 세례에 의해), ἐποίησεν ἡμᾶς ἄλλον τύπον, ὡς παιδίων ἔχειν τὴν ψυχήν, ὡς ἂν δὴ ἀναπλάσσοντος αὐτοῦ ἡμᾶς "그는 우리를 죄의 용서(즉 세례)에 의해 새롭게 했다. 그는 우리를 새로운 모습으로 만들어 주었다. 이는 그가 우리를 새로운 모습으로 만들어 준 것과 같이 우리가 어린아이의 마음을 가지게(비교. 벧전 2 : 2) 함이다". 16장 8절에도 같은 것이 있다 : λαβόντες τὴν ἄφεσιν τῶν ἁμαρτιῶν καὶ ἐλπίσαντες ἐπὶ τὸ ὄνομα ἐγενόμεθα καινοί, πάλιν

§13. 聖禮典

ἐξ ἀρχῆς κτιζόμενοι "우리가 죄 사함을 받고 그 이름에 희망을 걸었을 때 우리는 처음부터 다시 창조되어 새롭게 되었다".

세례를 φωτισμός "비침" 또는 φωτίζεσθαι "비치다"의 과정으로 표시한 것도 같은 의미를 가지고 있다. 밀의종교 용어인 φωτισμός는 세례에 대한 분명한 표지로서 유스틴(Ap. 61:12)에서 처음 볼 수 있다(동사: 61:12 f.; 65:1; Dial 39:2: φωτισμὸς διὰ τοῦ ὀνόματος τοῦ Χριστοῦ "그리스도의 이름에 의한 비침"; 122:1 ff.; 123:2). 유스틴은 그것을 φωτίζεσθαι τὴν διάνοιαν "마음을 비치는 것"으로 해석한다(Dial 39:2도 비슷하다). 반면, 그 용어는 원래 靈의 "비침"이 아니라 φῶς "빛"=ζωή "생명"인 神的 본질로 변하는 것을 뜻한다. 히브리서 6장 4절이 보여 주는 바와 같이 이 용어는 이 의미에서도 이미 훨씬 전에 그리스도교에 의해 받아들여졌다. 여기서 거론된 ἅπαξ φωτισθέντες "한번 빛을 받은 자들"은 문맥상으로 단지 세례받은 자들일 수 있다. 그리고 φωτισθῆναι "비치우다"가 신적인 힘들로 채워짐이라는 것은 γευσαμένους ··· δυνάμεις τε μέλλοντος αἰῶνος "올 세대의 능력들을 맛본 자들"이라는 또 다른 특징을 보여 준다. 10장 32절에서도 마찬가지로 세례받은 자들은 φωτισθέντες라고 일컬어졌다. 에베소서 1장 18절, 3장 9절, 디모데후서 1장 10절 표현의 具象的 화법이 세례용어에 소급되는지는 문제로 남는다.

세례의 밀의종교적 해석은 물론 다른 해석들과도 결합되어 있다. 죄에서 깨끗하게 하는 것으로 이해된 세례(벧전 3:21)의 작용이 ἀνάστασις 'Ι. Χριστοῦ "예수 그리스도의 부활" 즉 祭祀神의 운명에 소급된다면 그 곳에는 두 해석이 합류하고 있다. 洗禮浴을 예수의 죽음에 관련시켰다면 유대교 전통에서 움직이는 사유, 즉 그리스도의 죽음을 제물로 이해한(§9,4) 사유에 있어서 그리스도의 피의 살포에 관한 표상이 세례의 潔浴에 관한 표상과 쉽게 합칠 수 있었을 것이다. 이것은 사실 히브리서 10장 22절에서 볼 수 있다. 죄 사유와 新生, 再生은 바나바서 6장 11절, 16장 18절, 유스틴(Ap) 66장 1절에서 서로 결합되고 유스틴(Dial) 39장 2절에서는 φωτίζεσθαι가 ὄνομα에 소급되었으며 영의 수여와 결합되었다. 再生과 영의 수여가 결합된 곳은 디도서 3장 5절, 요한복음서 3장 5절이다. 마찬가지로 히브리서 6장 4—5절의 세례 성례가 제공하는 하늘의 능력에 속하는 것은 무엇보다도 먼저 靈이다.

결정적으로 세례에 관한 밀의종교적 해석과 함께 야기되었던 것은 예수의 죽음과 부활, 곧 구원 사건을 그리스도의 許入성례에 관련시킨 것이다 — 이

許入聖禮에는 원래 그런 관련이 되어 있지 않았었다. 이그나티우스가 저 ἵνα τῷ πάθει τὸ ὕδωρ καθαρίσῃ "그 수난으로 물을 깨끗하게 하기 위해"로 수수께끼 같이 짧게 표현한 것을 바나바서는 11장에서 더 자세히 발전시켰다. 그에 따르면 τὸ ὕδωρ(=세례)와 σταυρός "십자가"가 일체이다. 저자는 시편 1편 3—6절에 의해 이렇게 귀결짓는다 : πῶς τὸ ὕδωρ καὶ τὸν σταυρὸν ἐπὶ τὸ αὐτὸ ὥρισεν(神). τοῦτο γὰρ λέγει· μακάριοι, οἱ ἐπὶ τὸν σταυρὸν ἐλπίσαντες κατέβησαν εἰς τὸ ὕδωρ "그(신)가 어떻게 물과 십자가를 하나로 만드는가에 주목하라. 신은 이렇게 말한다. 물속에 들어가서 십자가를 바라보는 자에게 구원이 있다고". 물론 이로써 그리스도교의 실존을 종말론적인 것으로 이해하는 대신 헬레니즘적 성례 마법 위에 세울 위험이 주어졌다. 그러나 반면 그로써 바울에 의해 파악된 가능성, 즉 그 실존을 그리스도의 죽음과 부활에 의해 규정된 것으로 해석할 수 있는, 다시 말해서 이 성례를 구원 사건의 실제적인 현재화로서 이해할 수 있는 가능성도 제공되었다.

2. 主의 만찬

許入聖禮인 세례 외에 헬레니즘계의 그리스도교는 또 다른 성례 즉 주의 만찬(Herrenmahl) 성례를 알고 있었다. 이것은 공동체에 의해 규칙적으로 반복되었었다.

바울은 이 만찬을 κυριακὸν δεῖπνον "主의 만찬"이라고 불렀다(고전 11 : 20). 주도적인 표지는 εὐχαριστία "감사"였는데 이것은 Did와 Ign, Just에 처음으로 나오고 다음에는, Did가 만찬식 때 말해진 기도들로써 명시하는 바와 같이, 이것이 全 성례의식을 뜻했다. Ign는 이와 함께 ἀγάπη(Sm 8 : 2 ; 롬 7 : 3? ἀγαπᾶν "성찬을 베풀다" : Sm 7 : 1)라는 명칭을 사용했는데 이것은 유 12절에도 나온다. Κλάσις τοῦ ἄρτου "빵 뜯기"(행 2 : 42) 및 κλάζειν τὸν ἄρτον "빵을 뜯다"(행 2 : 46; 20 : 7, 11)가 각기 주의 만찬의 전용어적 標識였는지는 매우 의심스럽다. 이것이 일종의 식사였다는 점에서 물론 이에 관해 κλάζειν τὸν ἄρτον이라는 화법 자체가 성례 식사를 뜻한다는 생각 없이 그것을 말했을 수도 있다(고전 10 : 16; Did 14 : 1). 이것은 사실 식사만을 표시한다(가령, 행 27 : 35). 얼마나 자주 주의 만찬이 베풀어졌는지, 이 만찬식들이 설교예배와 어떤 관계에 있었는지는 확실성 있게 말할 수 없다. Did 14 : 1에 따르면 전체 공동체는 감사의 식사를 κατὰ κυριακὴν κυρίου "主의 날마다" 베풀었다. 그러나 이외에 小集團에서 베푼 식사의식들도 있었을 것이다. "週의 첫날"(행 20 : 7)에 베푼 식사가 주의 만찬이었는지는 의심스럽다. Barn 15 : 9는 감사의식에 언급함이 없이 "제 8일"의 의식을 예수의 부활의 날에 관한 것으로 말한다. Just Ap 65에 따르면 감사찬은 세례식에

§13. 聖禮典

이어 행해졌다. 그리고 Ap 67에 의하면 전 공동체는 ἡλίου λεγομένη ἡμέρα "이른 바 태양의 날"에 행해진 週日예배에 이어 감사찬(이미 본래의 식사가 아닌)을 베풀었다. Plinius가 Trajan에게 보낸 그의 편지(ep. X 96, 7)에서, 그리스도인들의 神예배와 그들의 만찬식에 관해 보고할 때, 그들이 stato die "일정한 날"에 베푼다고 했는데 이것은 일요일을 뜻한 것임이 틀림없다.

감사찬이 실제적 식사였던 동안(참조. 아래)은 그것이 저녁에 베풀어졌을 것이다. (Κυριακὸν) δεῖπνον "(主의) 저녁식사"라는 표현이 이미 이 사실을 말한다. 그것이 설교예배와 결부된 것이었는지는 알 수 없다. 공동체들이 회당에서 생겼거나 그의 전통을 따르는 한, 설교예배는 물론 아침에 열리고 감사찬은 저녁에 베풀어졌을 것이다 (Plinius: "식사를 하기 위해 다시 한번 모인다")[1]. 지방과 시대에 따라 각이한 관습들이 행해졌을 것이다. 설교예배와 만찬식이 언제 어디서나 따로 개최되었다고 주장할 수 없는 만큼 만찬식들이 언제 어디서나 "모든 모임들의 이유와 목표"(Cullmann)였다는 것도 주장할 수 없다. 단지 Justin Ap 67에 의해서 증명되는 것은 일요예배에 말의 선포와 감사찬이 결합되어 있었다는 것이다. 그러나 여기에서 감사찬은 이미 본래의 식사가 아니고 오로지 의전적 의식이다.

이외에 우리가 아는 것은 감사찬에는 세례받은 자들만이 허락되었다는 것이다(Did 9 : 5; Just Ap 66 : 1). Did 14에 따르면 그 의식에 죄의 고백이 선행한다. 그의 형제와 화해하지 않고 싸움만 하는 자는 누구도 이에 참여할 수 없다. 만찬儀式에는 기도가 수반되었다(Did 9 f.; Just Ap 65 : 3; 67 : 2; Dial 41 : 1).

주의 만찬을 성례로 만드는 의전적 말들은 바울과 마가에 의해 대체로 일치해서 전승되었다. 마태와 누가는 마가에 예속되었으나 누가는 바울에게도 의존되어 있다.

막 14 : 22—24에 비해 고전 11 : 23—25 텍스트는 加筆된 것이 분명하다. 마가의 경우 잔에 관한 말에서 τὸ αἷμά μου "나의 피"에 부가된 τῆς διαθήκης "계약의"와 τὸ ἐκχυννόμενον "흘리다"가 서로 충돌하되 특히 τῆς διαθήκης가 μου와 충돌하는바, 이것은 그것이 이차적 부가어임을 보여 준다. 바울의 텍스트는 ἐκχυννόμενον κτλ.를 잔에 관한 말에서 없애고 τὸ ὑπὲρ ὑμῶν "너희를 위하여"라는 빵에 관한 말을 첨가함으로 그것을 대신했다. 그는 (τὸ αἷμα) μου와 διαθήκης와의 결합을 다음 표현으로 피했다 : τοῦτο τὸ ποτήριον ἡ καινὴ διαθήκη ἐστὶν ἐν τῷ ἐμῷ αἵματι "이 잔이 나의 피에 의한 새 언약이다" — 각이하게 전승된 그리고 많이 논란된 누가텍스트(22 : 14—20)에는 양식상 독립된 전승의 가치가 없다.

儀典文에는 세 주제가 포함되어 있다. 첫째는 의식의 본래의 성례적인 해

---

1) Plinius가 전하는 '해뜨기 전에' 베풀어진 아침儀式은 설교예배가 아니라 성례식이었을 것이다. 참조. Lietzmann, *Geschichtlich, Studien für Albert Hauck*, 1916, 34—38.

석, 이것은 두 번 τοῦτό ἐστιν "이것은···이다"를 발음함으로 빵과 포도주를 그리스도의 살과 피로 먹고 마시도록 제공한다. 둘째는 τῆς διαθήκης "언약의" 그것인데 이것은 예수의 죽음을 (새로운) 언약의 제물로 해석한다. 세째는 ἐκχυννόμενον ὑπὲρ πολλῶν "많은 사람을 위해"(막 14:24) 및 ὑπὲρ ὑμῶν "너희를 위해 흘린 것"(고전 11:24)인데 이것은 그 죽음을 죄들을 위한 속죄제물로 해석한다. 가령 마태복음서 26장 28절은 εἰς ἄφεσιν ἁμαρτιῶν "죄들의 사유를 위해"를 첨가함으로 바로 주석했다. 첫째 해석이 원래의 것이었음은 거의 의심할 수 없다. 그 의식행위는 사실 무엇보다도 제일 먼저 식사이기 때문이다. 그러면 언어상으로 이미 부가문의 성격을 지닌 τῆς διαθήκης 뿐 아니라 오히려 ἐκχυννόμενον ὑπὲρ πολλῶν 및 ὑπὲρ ὑμῶν도 이차적 해석이다. 그리고 원래의 의전적인 말들은 단지 이러하였을 것이다:

> τοῦτό ἐστιν τὸ σῶμά μου,
> τοῦτό ἐστιν τὸ αἷμά μου
> "이것은 나의 살이고,
> 이것은 나의 피이다".

유스틴의(Ap) 66장 3절에도 이렇게 되어 있으나 τοῦτο ποιεῖτε εἰς τὴν ἀνάμνησίν μου "이것은 나를 기념하기 위해 행하라"에 의해 導入되었을 뿐이다. 그 텍스트의 第一義的인 성분은 역시 의식행위를 해석하는 말들이어야 한다.

그러면 이 의식행위의 원래의 의미는 무엇인가? 만일 여기에 참여하는 자들이 빵과 포도주를 먹고 마심으로 예수의 몸과 피에 합일된다면 그 근본 사상은 성례적 참여(Kommunio) — 참가자들이 κύριος "主"와 가지는 교제에 관한 사상이다. 이때 제기되는 문제 즉 성례가 십자가에 달린 예수의 육체에 참여하게 하는가, 승천한 자의 영적인 육체에 참여하게 하는가라는 문제는 잘못 제기된 것이다. 승천자의 δόξα "영광"의 몸은 십자가에서 죽은 몸과 동일하다. 바로 이것이 곧 죽은 祭祀神의 육체가 동시에 능력으로 찬, 작용력 있는 육체라는 성례적 사상이다. 이것은 다음 경고에서도 드러난다 (고전 11:27): κύριος의 성례적 살과 피를 합당치 않게 먹고 마시는 자는 죽을 죄를 범한다. 그리고 로마서 7장 4절에 καὶ ὑμεῖς ἐθανατώθητε τῷ νόμῳ διὰ τοῦ σώματος τοῦ Χριστοῦ "너희도 그리스도의 몸을 통해 율법에 대해 죽었다"고 되어 있는 것은 이 σῶμα "몸"이 그대로(부활에 힘입어) 곧 작용력 있는 δόξα "영광"의 몸인 죽임당한 그리스도의 육체임을 뜻한다.

§13. 聖禮典

주의 만찬의 본 의미가 성례적 참여라는 것은 고린도전서 10장 16절도 말한다 : τὸ ποτήριον τῆς εὐλογίας ὃ εὐλογοῦμεν, οὐχὶ κοινωνία ἐστὶν τοῦ αἵματος τοῦ Χριστοῦ; τὸν ἄρτον ὃν κλῶμεν, οὐχὶ κοινωνία τοῦ σώματος τοῦ Χιστοῦ ἐστιν; "우리가 축복하는바 축복의 잔은 그리스도의 피에 참여함이 아니며 우리가 떼는 떡은 그리스도의 몸에 참여함이 아니냐?" 이 수사적 물음들은 바울이 이 의미를 독자에게 자명한 의미로 전제했다는 것을 보여 준다. 다음 17절은 특유하게 바울적인 화법으로 이 사실을 확인한다 : "떡은 하나이기 때문에 우리 많은 사람이 한 몸이다. 이는 우리 모두가 한 떡에 참여함이라". 다시 말하면 : 성례적 교제를 통해 참여자들이 한 σῶμα "몸"에 결합되었음을 뜻하되, σῶμα는 통일성에 대한 비유(구상)적 표지가 아니라 σῶμα Χριστοῦ "그리스도의 몸"을 가리킨다. 떡(16절이 실제로 말한 바와 같이)이 그리스도의 몸이라고 한 것은 그것을 베푸는 공동체의 통일성의 근거가 오로지 그 떡의 유일성에 있다는 것을 뜻한다.

동일한 파악이 요한복음서 內에 있는 이차적 부분 6장 51b—58절에 명시되어 있다. 말하자면 여기에서 동시에, 참가자들에게 끼치는 성례의 작용이 어떤 것인가가 표현되어 있다 : 예수의 살(Ign와 Just에서와 같이 σῶμα 대신 σάρξ)과 피를 삼키는 자는 그것을 통해 생명을 얻는다. Phld 4장 1절에서 ποτήριον "잔"을 εἰς ἕνωσιν τοῦ αἵματος αὐτοῦ ('I. Χριστοῦ) "그(예수 그리스도)의 피와 합일하기 위한 것"으로 규정하고, Sm 7장 1절에서 εὐχαριστία "감사의 식사"가 σὰρξ τοῦ σωτῆρος ἡμῶν "우리 구원자의 육체"라고 한 이그나티우스는 Eph 20장 2절에서 전적으로 이 의미에서 감사의 떡을 말한다 : φάρμακον ἀθανασίας, ἀντίδοτος τοῦ μὴ ἀποθανεῖν, ἀλλὰ ζῆν ἐν 'I. Χριστῷ διὰ παντός "不死의 약, 무엇을 통하여서도 죽음에 이르지 않고 예수 그리스도 안에서 살게 하는 것이다". 그리고 유스틴(Ap 66 : 2)은 같은 의미에서 감사식사의 요소들이 기도의 말의 능력에 의해 그리스도의 살과 피가 되고 이 식사로 αἷμα καὶ σάρκες κατὰ μεταβολὴν τρέφονται ἡμῶν "피와 살을 변화시켜서 키운다", 즉 초자연적인 본질로 변하게 한다는 것을 말한다.

그러므로 세례와 같이 헬레니즘계의 그리스도교에서 주의 만찬도 밀의종교들의 의미에서 성례로 이해되었다. 성례의 식사에 의해 작용된 교제라는 생각 자체는 아직 특수한 밀의종교사상이 아니라 원시적인 고대 祭儀들 중에 널리 流布되어 있었던 것이다. 그러나 그것은 밀의종교들에서 특수한 역할을 했다. 그들에게서 중요한 것은 죽었다가 다시 살아난 신과의 교제였는데 이 신의 운명에 그 예배자들은 성례의 식사를 통해 참여했다. 그것을 우리는 아티스(Attis)와 미트라스(Mithras) 밀의종교에서 보는 바와 같다. 주의 만찬의 성례가 이것에 관련되어 있음은 바울 자신이 보여 준다. 그가 주의 만찬을 τράπεζα κυρίου "주의 식탁"이라고 말함으로써 제사 만찬의 헬레니즘적 표지를 이용할 뿐 아니라(고전 10:21; 이에 대해 H. Lietzmann의 *Handb. z. NT* 참조) 특별히 ποτήριον, τράπεζα κυρίου "주의 잔"과 "식탁"은 헬레니즘의 제물식사들에 대비하는 방법에서 나타난다. 즉 제물식사들이 그 참여자들을 κοινωνοί τῶν δαιμονίων "영들과 교제하는 자들"로 만든 바와 유사하게 주의 만찬도 κύριος와의 교제를 이루게 한다. 그리고 유스틴은 미트라스 密儀 참가자들의 성례식사를 이렇게 설명했다. 즉 그곳에서 축복의 말과 함께 떡과 물을 담은 잔이 제공되는데 그것은 감사식사를 악마적으로 모방한 것이라는 것이다(Ap 66:4).

세례와 마찬가지로 주의 만찬도 밀의종교적 사유방식에 의해 그것을 세운 근거를 κύριος의 運命, 말하자면 특히 예수가 제자들과 행한 마지막 만찬에서 찾았다. 이것은 導入말인 고린도전서 11장 23절이 말해 준다: "주 예수가 넘겨진 그날 밤에···". 그리고 이런 의미에서 마가는 감사식사의 儀典을 더 옛 보도 즉 예수의 마지막 만찬을 유월절 만찬으로 전한 보도에 삽입함으로 이 마지막 만찬의 보도를 근원학적 祭儀 보도로 개작하였다. 결국 祭祀食事를 예수의 마지막 만찬에 소급시킴으로 그의 본래의 근거로서 κύριος의 죽음이 제공된 것이다. 예수가 이 만찬에서 분배하는 그의 살과 피는 물론(바로 二次的인 해석 귀절들이 확인하는 바와 같이) 십자가에서 죽은 자, 제물로 바쳐진 자의 살과 피를 密儀的으로 앞당겨 취하는 데 있다. 바울은 이것을 그가 고린도전서 11장 26절에 첨가된 귀절들에서 인식시킨다: ὁσάκις γὰρ ἐὰν ἐσθίητε τὸν ἄρτον τοῦτον καὶ τὸ ποτήριον πίνητε, τὸν θάνατον τοῦ κυρίου καταγγέλλετε "이는 너희가 이 떡을 먹으며 이 잔을 마실 때마다 올 때까지 주의 죽음을 전함이라". 즉 그는 감사식사를 δρώμενα "제시된 호의"로 파악하되 밀의종교들의 δρώμενα "신의 일"類에 의거했다: 이 식사를 베푸는 일은 κύριος의 죽음을 보여 주는 일이다. 그리고 특징적인 것은 이그나티우스가 예수의 마지막 만찬에 전혀 언급하지 않았다는 것이다. 그에게 있어서 감사식사를 세운 것은 본래 그리스도의 수난이다.

그런데 쉽게 이해되는 것은 성례의 만찬에 다른 해석들의 照明도 던져졌다는 것이다. 그것은 다양한 기도들에 의해 수반되었다. 그리고 그것들의 거룩한 의식행위에 따라 일어나는 καταγγέλειν τὸν θάνατον τοῦ κυρίου "주의

§13. 聖禮典　　　　　　　　　　　　　　　　　　　　　149

죽음을 전하는 일"이라는 말로 널리 퍼져나갔다. 이런 해석들이 그때 儀典에도 받아들여졌다는 것은 이상한 일이 아니다. 예수의 죽음을 언약제물과 속죄제물로 풀이한 해석들은 사실 잘 알려진 것이었다(§9,4; S. 83 f.). 그리고 이 사상들이 얼마나 쉽게 도입되었는가는 가령 요한복음서 5장 51 b절($ὑπὲρ$ $τῆς$ $τοῦ$ $κόσμου$ $ζωῆς$ "세상의 생명을 위해"), 이그나티우스서(Sm) 7장 1절(예수의 감사식사의 $σάρξ$ "살"을 $ὑπὲρ$ $τῶν$ $ἁμαρτιῶν$ $ἡμῶν$ $παθοῦσα$ "우리의 죄를 위한 수난"으로서); 유스틴서(Dial) 41장 1절 등이 보여 준다. 부가 文句들인 $τῆς$ $διαθήκης$ "언약의"와 $τὸ$ ($ἐκχυννόμενον$) $ὑπὲρ$ "…위해(흘린 것)"가 유대 그리스도교의 전통에서 나온 것이라면, 마가복음서에 유사형이 없는 고린도전서 11장 24—25절의 귀절들 즉 $τοῦτο$ $ποιεῖτε$ $εἰς$ $τὴν$ $ἐμὴν$ $ἀνάμνησιν$ "너희는 나를 기념하기 위해 이것을 행하라"는 반복된 귀절들은 그 근원을 이방 그리스도교 영역에 두고 있다. 그것들은 분명히 주의 만찬도 헬레니즘적 記念祭를 본받아 파악되었다는 데 소급되는데, 서로 상응하는 말투들이 기념제 창립 증서들 중에서 발견된다(참조. Lietzmann, *Handb.z. NT*의 고전 11 : 21 f.). 유스틴서(Dial) 41장 4절에 의해도 감사식사는 $εἰς$ $ἀνάμνησιν$ $τοῦ$ $πάθους$ "수난자들를 기념하기 위해" 베풀어졌다. "이 사상에서 이른바 아주 옛 의전 중의 回想(Anamnese)이 생겨났다"(Lietzmann).

발전과정에서 감사식사는 제물로서 파악되었다. 물론 디다헤서 14장 1절에서 그것이 $θυσία$ "제물"로 호칭되었다면 그것은 역시 비유(具象)로 생각된 것이거나, 혹은 감사식사는 그것을 통해 단지 본래의 제물 대신 그리스도교 공동체에 들어온 제의 행위로서만 표시된다. 이그나티우스도 제사 용어를 이용했다. 그는 감독의 주도하에 모인 공동체의 합심을 권고할 때 "신의 떡"이 제공되는 $θυσιαστήριον$ "제단" 및 "제단 일"(Eph 5 : 2) 또는 공동체 안에서만 있을 수 있는 $ἐν$ $θυσιαστήριον$ "유일한 제단"(Phld 4)에 언급했다. 클레멘스 제1서는 다른 방식으로 그 발전을 준비한다. 그에게 있어서 그리스도교 제사직들은 구약성서의 사제들에 유사하게 생각되었다(40). 유스틴은 분명하게 감사식사를 제물이라고 호칭했다(Dial 41 : 3; 117 : 1). 그러나 이때 불분명하게 된 것은 제물로 드려진 것이 무엇으로 생각되었는가이다. 그것은 후기의 발전에서 분명하게 규정되었다.

그러나 또 다른 발전 — 말하자면 이것은 위에 말한 발전의 전제가 되었는데 — 이 이미 일찍 수행되었다. 그것은 성례의 만찬이 본래의 식사에서 벗어난 것이다. 원래 주의 만찬은 실제적인 식사 — 참가자들의 요기를 위하던 것인데 — 의 영역에 들어 있었고 혹은 그 자체가 식사의 영역이었다는 것은 고린도전서 11장이 증명한다. 디다헤서는 다른 방식으로 이 결합을 증명한다(참조. 아래). 그러나 그것이 혼란을 야기시킨 때문에 고린도전서 11장도, 바울이 요기를 위한 식사는 성례식전에 집에서 할 것을 요구했다고 증언한다(21, 34절). 얼마나 빨리 여러 지역에서 療飢를 위한 식사가 祭儀儀式으로부터 분리되었는지 우리는 알지 못한다. 유스틴에게서 그것이 완수된 것은 분명하다. 그리고 감사식사는 설교예배와 결합되었다(참조. 위에). 그러나 사교적 만찬들은 공동체들에서 오랫동안 계속되었다. 그것들에는 ἀγάπη "愛"라는 칭호가 첨가되어 있었다. 그것들은 사교와 자선의 잔치였다.

주의 만찬의 성례에 관한 最古의 증인은 바울이다. 그러나 그가 세례를 만들지 않은 것과 같이 그것도 창시하지 않았다. 그것이 헬레니즘계의 그리스도교에 이미 있는 것을 그가 발견했다.

바울이 고전 11 : 23에서 ἐγὼ γὰρ παρέλαβον ἀπὸ τοῦ κυρίου κτλ. "내가 주로부터 받은···"이라는 문장으로 의전의 말들을 도입했다면 그가 이것으로서, 물론 여러 면에서 승인하는 바와 같이 κύριος의 私的인 계시에 의존하지 않고 오히려 κύριος에서 유발된, 그리고 그에게 전승된 전통에 의존하고 있음을 알 수 있다. 고전 11 : 23—52를 막 14 : 22—24와 비교하는 데서 바울의 본문이 사실 더 옛것을 손질한 편집물임이 나타났다. 그리고 그 의전적 귀절들의 분석에서 이 귀절들은 상이한 주제들이 서로 결합된 발전단계를 전제하고 있는 것이 드러났다. 의전적인 말들이 이미 있는 것에서 바울이 받아들였다는 것은 그것들이 κύριος의 (살과) 피에의 κοινωνία "참여"에 언급한 데서도 드러난다. Σάρξ "육"과 αἷμα "피"는 βασιλεία τοῦ θεοῦ "신의 나라"에서 제외된다(고전 15 : 50)고한 바울이 이 본문을 만들 수 있었을까? 그는 고전 10 : 16에서 聖禮의 교제가 그리스도인에게 자명한 것으로 언급했다. 이 귀절들 중의 "우리"는 역시 롬 6 : 2 ff.의 그것과 같음이 분명하다.

그러나 헬레니즘계의 그리스도교가 교제의 성례 만찬을 스스로 창시했는가, 아니면 그것이 — 세례에 관한 밀의종교적 해석에 유사하게 — 어떤 전승된 관습 즉 초대교회에서 생긴 공동식사들에 관한 해석인가(§6, 4와 §8, 3)? 이 물음은 확실하게 대답되지 않는다. 그러나 본래 제사의식이 아니라 유대교와 역사적 예수 자신의 전통의 의미에서 공동성의 표현이고 紐帶였던 저 만찬들이 헬레니즘계의 그리스도교에서 성례의 의식으로 탈바꿈했으리라는 것은 이해될 수 있을 것이다. 즉 이것이 가장 있을 법한 것에 해당한다. 그러나 여하간 숙고해야 할 것은 그 발전이 여기저기서 각이하게 진척될 수 있었다는 것이다. 디다헤서에서 부각되는 것은 헬레니즘계의 그리스도교에서도 다양하게 저 공동식사들이 성례인 주의 만찬으로 발전되지 않

§ 13. 聖禮典

-은 채 계속 베풀어졌다는 것이다.

Did 9와 10에서 전적으로 드러나는 것은 유대교 전통의 의미에서의 만찬식의 象이다(§6,4). 여기에는 예수의 죽음에 대한 어떤 관계도 없고 성례의 교제에 대한 어떤 언급도 없다. 그런데 물론 10 : 6의 말들은 성례의 감사만찬에의 推移語로서 이해될 수 있고 그 의전은 잘 알려진 것이므로 전달될 필요가 없었을 것이다. 그러나 이때 아주 분명한 것은 전혀 서로 다른 두 종류의 儀式이 이차적으로 결합되었다는 것이다. 그러면 9장과 10장에 전제된 의식은 역시 처음에 독립되어 있었는데 이 의식에서 비로소 주의 만찬에서 감사만찬이라는 칭호를 받아들였을 것이다. 그렇다면 이 칭호는 주의 만찬의 표지로서는 사실 놀라운 것이다. Did 9와 10에 관해, 비교. M. Dibelius, ZNW 37(1938), 32—41, 및 Botschaft und Geschichte, II, 1956, 117—127.

3. 祭祀의 문제

§ § 12, 13에 논술된 사실에서 후일을 위한 일련의 문제들이 제기된다. 먼저 들 수 있는 것은 이미 § 11, 3 a에서 제기된 문제이다 : 그리스도교 공동체에 다시 祭物祭祀와 司祭職이 생겼는가? 그러나 이로써 동시에 제기되는 문제는 그 제사가 편파적으로 구원 수단 — 이그나티우스가 감사만찬을 φάρμακον ἀθανασίας "불사의 약"으로 파악한 것과 같이(참조. 이책, S. 147), 다시 말하면 이방 밀의종교들의 이해와도 같이 — 이라는 관점하에 집약되었는가 하는 것이다. 또는 그 의미가, 구원을, 先取된 미래로서 이미 현재하는 것으로 보는 종말론적 공동체의 자기 서술이라는 의미를 지속했는가?

그러나 구원이 제사에서 현재하는 것에 해당할 때도 이 현재가 어떻게 이해되는가가 문제된다. 피안의 세계가 제사에서 체험될 수 있고 맛볼 수 있는 것, 狂信主義와 다양한 영의 현상들(§14) 중에 內在하는 것으로 현재하는가? 이것은 동시에 다음 것을 뜻한다 : 제사와 종말론의 관계가 어떻게 서로 규제되는가? 그리스도가 현재의 κύριος로서 예배될 때, 도래할 자에 대한 대망이 생기있게 지속될 것인가? 또는 그것이 퇴색되고 그로써 종말론적인 대망은 전적으로 후퇴되지 않는가? 세계의 종말은 무한정한 미래로 물러나고 동시에 미래의 희망도 개별적인 ἀθανασία "不死性"에 환원되지 않는가? 또는 제사에 관한 이해, 공동체의 종말론적 초월성이 적절한 서술양식으로서의 이해가 관철될 것인가? 바울이 파악한 바와 같이(고전 14 : 21 f., 23 f.) 세계에 대한 신의 심판의 示威라는 방식으로 제사공동체를 파악하는 방식인가? 그것은 제사가 지상의 인간들인 예배자들까지도 문제로 파악하고 그들에게, 아직 안된 것이지만 종말론적 사건의 관점하에서는 이미 된 것, 그리고 그들이 삶에서도, 바울의 말대로 ὡς φωστῆρες ἐν κόσμῳ "세상에서 빛나는 별들처럼"(빌 2:15) 표현해야 할 것을 지시하는 방식에서 관철될 것이다.

그러나 여기에는 동시에 다음 문제가 포함되어 있다: 제사와 일상 생활은 어떤 관계를 가질 것인가? 제사 — 그리고 동시에 "종교" — 는 세속생활 내부에 있는 어떤 단절된 것, 기회적인 것, 죽은 후의 삶을 위한 보장으로 이해되고 현재와는 무관한 것일까? 또는 인간이 전적으로 현재의 일상성에서 제사에 의해 규정되어 있는가? 다시 말하면 생활영위가 제의 또는 금욕 규율 등의 방식으로 규제되는가(§10, 4)? 또는 그 생활영위가 적극적으로, 말하자면 공동체 및 개인이 神 및 그의 영의 성전에 해당하고 이것을 윤리적 행실로 확증해야 하기 때문에 삶 전체가 신 예배, "제사" 또는 "제물"이 된다는 의미에서 규정될 것인가(§10; 4, S. 99f.; §11. 3a, S. 114f.)? 비슷한 문제들이 얼마 안 가서 다시 대두될 것이다.

§ 14. 靈*

1. 프뉴마 概念

세례에서 그리스도인에게는 모두 영이 선사되었다(§13, 1, S. 138). 공동체의 신 예배 의식에서 영이 그들 중에 살아 있음을 보여 준다(§12, 1, S. 121). 그러나 영으로 무엇이 이해되었는가? 어떤 방식으로 그를 통해 그리스도교의 실존이 규정되었는가? Πνεῦμα "영"에 관한 表象에도, 개인들의 πνεῦμα-所有에 관한 표상에도 전혀 統一性이 없다.

물론 용어의 다름이 곧 내용상의 다름을 뜻하는 것은 아니다. "Ἅγιον πνεῦμα "거룩한 영"(구약-유대교의 הקדש רוח에 의거한 것) 혹은 단순히 πγεῦμα "영"을 말하든지 τὸ πνεῦμα (τοῦ) θεοῦ "神의 영"이라고 하든지 뜻하는 것은 동일하다. Πνεῦμα의 恩賜는 그리스도안에서 수행된 구원 사건에 의해 작용된 것이기 때문에 그 영이 신의 선물로도 그리스도의 선물로도 간주될 수 있고 그러므로 πνεῦμα Χριστοῦ "그리스도의 영" 또는 κυρίου "주의" 영으로도 呼稱될 수 있다.

Πνεῦμα-개념에 관한 것은 여하간 근본 이해에서 일치한다. 이 기본 이해는 한때 "정신"(Geist)으로 번역됨으로 잘못 유도되었다. Πνεῦμα는 플라톤-그리스교적인, 그리고 관념론적 이해의 의미에서 "정신"이 아니다. 다시 말하면 감성적인 생명의 지탱자인 σῶμα "몸" 또는 자연에 대립된다는 의미에서의 정신이 아니다. 이 의미에서 "정신"생활의 주체로서의 "정신"은 그

---

* 이 표제에 관한 문헌들, 참조. S. 627.

§14. 靈

리스어로 ψυχή 및 νοῦς 또는 λόγος라고 불리어진다. πνεῦμα는 오히려 모든 인간적인 것에 단적으로 대립되는 놀라운 신의 능력이다. 이 사실은 가령 고린도인들에 대해 그들이 πνευματικοί "영의 사람들"이 아니라고 바울이 말했을 때, 그들의 태도를 보고 οὐκ ἀνθρωποί ἐστε; "너희는 보통 사람이 아닌가"(고전 3:1—4)라고 반문했을 때, 또는 이그나티우스(Eph 5:1)가 에베소 감독과의 자신의 親分(συνήθεια)을 οὐκ ἀνθρωπίνη, ἀλλὰ πνευματική "인간적인 것이 아니라 영적인 것"으로서 특징지었을 때 잘 드러났다. Πνεῦμα에 대한 相反性을 표시하기 위해 인간적인 것의 영역이 대개 σάρξ "肉"으로 표시되었다. 이것은 바울 특유의 것은 아니나 그에 의해 특별히 다듬어진 용어이다. 이에 관해 더 자세히 여기서 언급할 필요는 없을 것이다. Πνεῦμα에 관한 진술들은 그것을 이상한 것, 알 수 없는 것, 또는 괴이하게 능력적인 것으로 말하며 이것은 한 인간의 행동에서 일어나지만 단순히 인간의 능력과 힘으로 설명될 수 없게 나타나는 것이다. 그러므로 πνεῦμα 개념의 성분은, 말하자면 그것이 인간의 生, 행위 또는 관계에서 일어나는 것인 限 놀라운 것이다. 이적 행위들, 비상한 정신 현상들, 그러나 탁월한 인식들, 영웅적 행위, 윤리적 힘도 πνεῦμα의 탓으로 보았으나 — 후자들은 그것들이 "정신적" 또는 윤리적 生의 현상인 限 영적인 것에 해당하지 않고, 이적적인 것인 한에서만 해당되었다.

그런 현상들을 πνευματικά "영의 은사들"(고전 1?:12, 14:1) 또는 χαρίσματα "은사들"(롬 12:6; 고전 12:4,9,28,30 f.; 딤전 4:14; 딤후 1:6; 벧전 4:10; 1 Klem 38:1; Ign Sm Pr; 2:2)이라고 부른다. λόγος σοφίας "지혜의 말", λόγος γνώσεως "지식의 말"도 그렇게 불리운다(고전 12:8). 이 둘은 διδαχή(διδάσκειν) "교훈(가르치다)"의 χάρισμα "은사"로 종합될 수 있다(롬 12:7; 고전 12:28 f.; 14:26; 비교. 행 6:10). 고전 12:9에 지적된 πίστις "믿음"은 확실히 작용력 있는 이적 신앙이다(비교. 고전 13:2). 이로부터 χαρίσματα ἰαμάτων "병고치는 은사들"(고전 12:9,28,30)과 ἐνεργήματα δυνάμεων "능력행하는 일들"(고전 12:10; 비교. 12:28 f.; 갈 3:5; 비교. 롬 15:18 f.; 히 2:4; 행 6:8)은 거의 정확히 구별될 수 없다. 적지 않은 유사한 은사들의 구별이 너무 정확히 다루어져서는 안 되는 것과 같다. προφητεία "예언"의 χάρισμα "은사"라는 것이 자주 언급된다(롬 12:6; 고전 12:10,28 f.; 13:2,8 f.; 14:5 f.; 살전 5:20; 행 19:6; 비교. 계시록 전체, 특히 가령 22:9; 또 Ign Phld 7). 이것에 또는 λόγος γνώσεως "지식의 말"에 대해 ἀποκάλυψις "계시"가 어떤 관계를 가지는지 거의 말할 수 없다. 특별히 고린도 교회가 노력한 것은 바울도 높이 평가한 γλῶσσαι "方言"의 χάρισμα "은사", 즉 황홀경에서 "혀로 하

는 말"이다(고전 12 : 10, 28, 30; 14 : 8, 26; 행 19 : 6; 이것이 消滅되어서는 안되는 πνεῦμα〈살전 5 : 19〉로도 생각되었는가?). 이것은 ἑρμηνεία γλωσσῶν "方言의 해석"에 의해 보충되어야 한다(고전 12 : 10, 30). 끝으로 바울은 διάκρισις πνευμάτων "영들을 구별하는" χάρισμα "은사"를 말한다(고전 12 : 10). — 바울이 고전 12 : 7—10에서 열거한 데 그친 이 은사들은 일반적으로 그런 것에 해당하는 것이었음이 분명하다. 또 "영"으로 말하는 기도들(고전 14 : 14 f.; 엡 6 : 18 ?; 유 20; Mart pol 7 : 2 f.)과 영으로 부르는 노래들(ψαλμοί "詩들", ὕμνοι "찬양들", ᾠδαί "영가들"(고전 14 : 15, 26: 골 3 : 16: 엡 5 : 18 f.)도 여기에 속한다. 반면 바울에게 독특한 것은 ἀντιλήψεις, κυβερνήσεις "보조자, 관리자", διακονία "봉사" 등(롬 12 : 7 f.)도 χαρίσματα "은사들"로 간주한 것이다. 이에 반해 중요한 것을 결정함에 있어서 영이 인간을 지도한다는 것은 그리스도교 공통의 이해임이 분명하다(행 13 : 2, 4; 16 : 6 f.; 비교. 갈 2 : 2). 그리고 바울이 독신을 특별한 χάρισμα로 간주한 것(고전 7 : 7)도 일반적 견해에 해당한다.

Πνεῦμα "영"을 받는 것이 종말론적 은사이며 영이 작용하는 것이 공동체에서 종말론적 사건이라는 점에서도 일치된 것을 볼 수 있다. 초대교회는 영을 그렇게 이해했었다(§6, 5). 그리고 헬레니즘계의 그리스도교도 마찬가지로 그렇게 했다. 바울이 πνεῦμα를 ἀπαρχή(롬 8 : 23) 또는 ἀρραβών(고후 1 : 22; 5 : 5) 즉 미래의 영광의 "첫열매" 또는 "담보"라고 말했을 때도 그는 단지 그리스도교 공통의 신념을 표현한 것뿐이다. 히브리서 6장 4—5절에 따르면 성령을 받은 受洗者들은 이미 "올 세대의 능력을 맛보았다". 바나바서가 신이 우리로 "미래의 일들을 맛보게"(τῶν μελλόντων δοὺς ἀπαρχὰς ἡμῖν γεύσεως) 하였다고 말한 것은 그가 아마 이것을 생각했을 것이다(1 : 7). 여하간 분명한 것은 바나바서에서도 공동체의 영으로 충만함이(1 : 2 f.) 그것을 종말론적 신의 성전으로 만들었다는 것이다(16 : 5 ff.). 五旬節에 영을 부어 준 것은 마지막 때를 위한 요엘 예언의 성취이다(행 2 : 16 ff.). 그리고 베드로 전서에서도 1장 3절 이하에 따르면 ἁγιασμὸς πνεύματος "성결케 하는 영"(1 : 2)이 거룩하게 된 자들을 곧 나타날 종말론적 구원의 계승자로 만든다는 것은 자명하다.

이에 비해 表象樣式에서의 차이들은 비교적 중요한 의미를 가지지 않는다. 그러나 이제 말하겠지만 그것들 중에도 역시 중요한 사실이 표현되어 있다.

萬有정신론적 思惟方式에 따르면 πνεῦμα는 독자적 주체, 인격적 힘으로서 소개되되, 그것은 악령같이 인간을 기습하거나 소유할 수 있고 그로 힘을 내게 하거나 그를 강요하기도 하는 것으로 소개된다. 반면 物活論的인 사

§14. 靈

유방식에 따르면 $πνεῦμα$는 非人格的인 세력으로 나타나는데 이 세력은 인간을 이른바 液體처럼 채운다. 전자도 후자도 여기저기서 때에 따라 분명히 새겨졌을 수도 있다. 그러나 일반적으로는 이것에 아무런 力點도 두지 않았다. 한 필자가 두 표상 방식을 혼용한 경우도 있다.

萬有 精神論的 표상 양식은 가령 롬 8:16; 고전 2:10—16; 14:14에 있다. 행 5:32; 10:19; 16:6 f.; 20:23; Ign Phld 7:1 f.에서도 같다. 그러나 — 완전히 비유로 변했지만 — 요 14:26; 15:26; 16:8, 13—15에도 있다. 그것은 개인들에게 작용하는바, 복수형 $πνεύματα$로도 말해질 수 있다는 점(고전 14:12, 32; 특히 Herm의 Mandata에서)에서도 또는(사실 구약성서에서도 그런데) 특별한 작용을 일으키는 $πνεῦμα$에 관해 언급되는 점(가령 사 29:10에 따른 롬 11:8의 $πνεῦμα κατανύξεως$ "혼미한 영" 또 $πνεῦμα πραΰτητος$ "온유의 영" 비교. 또, 고후 4:13; 갈 6:1; 엡 1:17; 딤후 1:7; 계 19:10)에서도 드러난다. 물론 여러 경우에 있어서 이미 원래의 구체적인 표상은 없어지고 단순한 화법으로 바뀌었다(가령, 고전 4:21; 갈 6:1). — 物活論的 표상은 보통 볼 수 있는 것으로 $πνεῦμα$를 $διδόναι$ "주다" 및 영이 $δοθῆναι$ "주어지다" 또는 영의 $δωρεά$ "선물들" 또는 영이 $ἐκχυθῆναι$ "부어지다", 영을 $ἐπιχορηγεῖν$ "수여하다" 등으로 언급된 곳에서는 어디서나 분명히 볼 수 있다. (롬 5:5; 고후 1:22; 5:5; 살전 4:8; 행 2:38; 10:45; 히 6:4;—디 3:6; 행 2:17 f.; 10:45; 1 Klem 2:2; 46:6; Barn 1:3; — 갈 3:5; 빌 1:19). 이 표상은 롬 8:11에도 매우 분명하게 새겨져 있다. 또 $πνεῦμα ἅγιον$ "성령"이 $σοφία$ "지혜", $πίστις$ "신뢰", $χαρά$ "기쁨"과 같은 내용상으로 큰 개념들과 병행할지라도 분명하다(행 6:3, 5; 11:24; 13:52). 특별히 $πνεῦμα$와 $δύναμις$ "세력"은 거의 동의어라고 할 만큼 결합되어 있다(고전 2:4; 살전 1:5; 눅 1:17). 그러나 $δύναμις (τοῦ ἁγίου) πνεύματος$ "(성)령의 능력"이라고도 되어 있다(롬 15:13, 19; Ign Sm 13:1; 비교, Herm sim IX 1:2에도: $ἐνδυναμωθῆναι διὰ τοῦ πνεύματος$ "영에 의해 함을 입었다". $Πνεῦμα$는 거의 $δύναμις$의 동의어라고 말할 수 있다. Herm sim IX 13:2에서 $ἅγια πνεύματα$ "성령적인 것들"이 곧 $δυνάμεις τοῦ υἱοῦ τοῦ θεοῦ$ "신의 아들의 세력"으로 되었을 때 더욱 그렇다. 다음과 같은 경우도 매우 뚜렷하다. 히 7:16에서 $κατὰ νόμον ἐντολῆς σαρκίνης$ "육의 계명의 법에 따라"의 댓귀로, $σάρξ$와 $πνεῦμα$의 일반적인 대립을 기대하는 것과 같이 $πνευματικός$ "영적인 것의"라는 개념을 사용하지 않고 $κατὰ δύναμιν ζωῆς ἀκαταλύτου$ "썩지 않는 생명의 능력에 따라"라고 되어 있는 경우이다. 그런데 $δύναμις$ "능력"과 $δόξα$ "영광"이 동일 의미를 지니고 있는 바와 같이(롬 6:4를 고전 6:14와 비교) $πνεῦμα$도 하늘의 생명력으로서의 $δόξα$와 유사하다. $Σῶμα πνευματικόν$ "영적인 몸"(고전 15:44)은 $σῶμα τῆς δόξης$ "영광의 몸"(빌 3:21)이다. $Σῶμα πνευματικόν$은 $ἐγείρεσθαι ἐν δόξῃ (ἐν δυνάμει)$ "영광(세력)으로 일으켜진다"(고전 15:43). 벧전 4:14의 각이한 讀法들은 $πνεῦμα$, δύναμις, δόξα 등의 개념들의 유사성을 매우 잘 묘사했다. Πνευματικόν "영적인 것"과 χάρισμα "은사들"의 同意語性, χάρις "은혜"도 πνεῦμα와 同意語性일 수 있음과 χάρις가 영적 δύναμις로 파악될 수 있음을 보여 준다. 고전 15:10; 고후 12··9; 다음에 아주 분명한 곳은 행 6:8 — 여기서는 πλήρης χάριτος καὶ δυνάμεως "은혜와 능력으로 충만"이 πλήρης···πνεύματος ἁγίου "성령으로 충만"(6:5)에 상응한다 — 에서도 Ign Mg 8:2 (ἐμπνεόμενοι ὑπὸ τῆς χάριτος αὐτοῦ "그의 은혜로 영에서 움직여진 자들"과 Rm pr.; Pol 1:2(비교. Mart Pol 7:3)에서도 같다.

이 두 표상 양식은 구약성서에 낯설지 않다. 그러나 첫째 것이 구약성서적 사유의 특징에 해당한다고 해야 할 것이다. 또 다른 구별이 있는바 그것은 어느 정도까지 첫째 것에 부합하나 사정은 같다. 靈은 지나가 버리는 하나의 상태 또는 한번밖에 없는 행위들을 기회로 그때마다 특별한 상황과 순간에 인간을 포착하거나 그에게 제공되는 힘으로 또는 계속 인간의 것이 되어 있는, 그 안에 이른바 고여 있는 힘, 물론 특별한 기회에 작용을 일으키는, 그러나 그의 全 生活態度에 특별한 성격을, 그의 本質에 超自然的 性品을 제공하는 힘으로도 생각될 수 있다. 이 첫 表象 양식은 구약성서와 유대교를 특징짓는 것이고 둘째 것은 역시 그곳에서 그 시초들을 보나 헬레니즘 세계의 특징을 이루는 것인데 그것은 그 나름으로 물론 저 思性 양식, 특히 脫魂狀態의 현상도 안다. 이 脫魂狀態에서 신의 능력은 인간을 순간적으로 지상적인 것의 영역에서 탈출시킨다. 그러나 헬레니즘의 전형적인 영적 인간은 θεῖος ἀνήρ "신적 인간"이고 보통 인간보다 더 높은 본질을 소유하였으며 신비적인 신의 능력으로 채워졌는데 이 능력은 그로 하여금 異蹟的인 認識들을 얻게 하고 행위들을 할 수 있게 한다. 이 능력의 표지는 보통 πνεῦμα가 아니고 오히려 δύναμις(또는 χάρις "은혜")이다. 그러나 내용상으로 (物活論的으로 이해된) 그리스도교의 πνεῦμα와 동일한 것을 뜻한다.

2. 靈 表象들의 矛盾들과 不調和

이런 주제들의 各異性은 靈에 관한 헬레니즘계의 그리스도교 表象들의 어떤 不調和와 矛盾들을 설명해 준다. 첫째로 지배적인 信念은 모든 그리스도인들이 洗禮에서 靈을 받고 그로 인해 새로운 存在로 변했다는 것이다(§13, 1, S. 138). 일상적으로는 이른바 숨어서 존재하는 이 영의 소유는 異蹟的인 행위들로 나타난다(갈 3:5). 바울에 의하면 이 소유는 무엇보다도 倫理的 삶을 위한 힘이다. 그러나 이것은 그 특유한 사상의 하나이다. 일반적으로 유포되어 있던 것은, 사실 바울에게도 자명한 견해였던 것이 분명한바,

§14. 靈

영의 소유가 신의 生命力으로서 죽음의 극복의 安全性을, 復活과 永遠한 生命에 대한 확실성을 제공한다는 것이었다(롬 8:10f.; 비교. 갈 6:8도). 영은 살린다(고후 3:6). 그는 πνεῦμα ζωοποιοῦν "生命을 주는 영"(고전 15:45; 요 6:63) 및 τῆς ζωῆς "生命의"(롬 8:2) 영이다. 부활의 몸은 σῶμα πνευματικόν "영의 몸"(고전 15:44)이다. Διακονία τοῦ θανάτου "죽음의 봉사"는 διακονία τοῦ πνεύματος "영의 봉사"에 대립된다(고후 3:7f.). 영의 "刻印"은 未來의 구원을 보장한다(엡 1:13f.; 4:30). 이 구원의 ἀπαρχή "첫열매"와 ἀρραβών "담보"는 다름 아닌 영이다(참조. 위에; 비교. 히 6:4f.도). 디다헤서 10장 3절은 신이 감사 만찬에서 공동체에 πνευματικὴν τροφὴν καὶ ποτὸν καὶ ζωὴν αἰώνιον "영의 먹을 것과 마실 것과 영원한 생명"을 제공한 데 대해 감사한다. 세례에서 영을 받은 자에게는 바나바서 11장 11절에 의하면 영원한 생명이 보장된다. 그리고 클레멘스 제 2서 14장 5절은 다음 사상을 이렇게 표현했다. 즉 영이 육체와 결합되면 그 육체는 ζωή "생명"과 ἀφθαρσία "不死"에 참여한다는 것이다. 헤르마스서에 나오는 회개의 使者는 신의 아들과의 교제에서 얻은 하늘 영광의 약속을 이렇게 설명한다: ἐκ γὰρ τοῦ πνεύματος αὐτοῦ ἐλάβετε "너희는 그의 영으로부터 받았다"(sim Ⅸ 24:4).

그런데도 다른 곳에서는 누구나 영의 소유자라는 사실이 무시되고 있다. 말하자면 여러 관점에서 무시되었다. 첫째로 자주 언급되는 것은 특별한 방식으로 영을 지닌 자들(πνευματικοί)에 해당하거나 스스로 그렇게 생각하는 인물들이 있다는 것이다. 바울은 공동체에서 — 세례받은 자는 모두 영을 받았다는 명제에 대해 — πνευματικοί "영의 사람들"과 ψυχικοί "난 대로의 사람들" 및 σαρκικοί "육의 사람들"를 구별했다(고전 2:13—3:3). 그는 비슷하게 공동체 안에서 πνευματικοί를 법법한, 즉 πνευματικοί로서 합당치 않은 그런 그리스도인들로부터 구별했다(갈 6:1). 그가 τέλειοι "완전한 자들"을 다른 사람들로부터 구별한 것도 같은 뜻을 가진다(빌 3:15); 고린도전서 2장 6절(2:13ff.와 비교)에 의하면 τέλειοι는 πνευματικοί와 동일하기 때문이다. 그런데 특별히 πνευματικοί로 지칭될 만한 인물들이 있다는 이 견해는 바울 특유의 것이 아님이 분명하다. 다른 사람들이 그 칭호를 승인하는 같은 사람들에게 바울도 그 칭호를 주었는지는 별도로 하고, 이 견해는 무엇보다도 영지주의적 그리스도인들의 것일 수 있다(§15). 여하간 그것은 산재해 있다. 바울이 εἴ τις δοκεῖ προφήτης εἶναι ἢ πνευματικός "만일 누구나 스스로 예언자이거나 영의 사람으로 생각한다면"(고전 14:37)

이라고 말할 수 있었다면 그것은 그가 어떤 화법을 전제하고 있기 때문이다. 이 화법에 따르면 설사 예언이 πνεῦμα의 은사일지라도 황홀경에서 방언을 하는 자(문맥상으로 추측하면 여기서 문제된 것은 이외에 다른 것일 수 없다)야말로 단적으로 πνευματικός "영의 사람"이다.

Πνεῦμα의 본질에 관한 견해의 차이는 이러한 부조화 중에서 드러나지 않는가를 물어야 할 것이다. Πνεῦμα는, 공동체 내부에서 어떤 개인들이 πνευματικοί로서 다른 사람들과 구별될 때 그리스도인 자체를 규정하는 능력으로 이해되지 않은 것이 분명하다. 그것이 어떻게 파악될 수 있는가는 앞으로 보아야 할 것이다. 오히려 모든 그리스도인이 영을 소유하고 있다는 견해는, 영을 정도와 힘에 따라 각이하게 소유할 수 있다는 표상과 조화된다. 개인들이 πλήρεις πνεύματος καὶ σοφίας "영과 지혜로 충만한 자" 또는 πλήρεις πίστεως καὶ πνεύματος ἁγίου "믿음과 거룩한 靈으로 충만한 자"(행 6:3,5; 11:24)로 특징지워질 때에도 그것으로써 표현된 것은 역시 그들이 영으로 특별히 풍부했고 힘이 있었다는 것 외에 다른 것이 아니다. 이 표상이 세례의 은혜와 어떻게 조화를 이루는가는 가령 바나바서 1장 2—3절이 말한다. 그 필자는 독자들이 (세례에 의해) ἔμφυτος δωρεᾶς πνευματικῆς χάρις "영의 선물이 심겨진 은혜"를, ὅτι ἀληθῶς βλέπω ἐν ὑμῖν ἐκκεχυμένον ἀπὸ τοῦ πλουσίου...κυρίου πνεῦμα ἐφ' ὑμᾶς "주의...풍부함으로부터 너희 위에 부어진 영을 너희 중에서 내가 실지로 보기 때문"에 이렇게(οὕτως) 받은 것을 기뻐한다.

이와 유사한 것은 영의 상이한 은사들(μερισμοὶ ἁγίου πνεύματος "거룩한 영의 나눠줌", 히 2:4)이 있다는 것뿐 아니라, 이것들도 그 가치에 따라 구별된다는 견해이다. 이 견해는, 바울이 고린도에 잘 알려진 것으로 전제하고(고전 12장과 14장) 있으면서 스스로도 가담한 견해이다. 그는 고린도전서 12장 28절에서 이른바 영의 은사들의 序列을 개관했다. 그리고 그는 ζηλοῦτε δὲ τὰ χαρίσματα τὰ μείζονα "더 큰 은사들을 위해 힘쓰라"고 권했다. 근본적으로 이것은 사실 모든 그리스도인에게 세례에서 受與된 영이라는 견해에 모순된다. 왜냐하면 영은 역시 그리스도인들을 새로운 피조물로 만듦으로써 결정적인 것에 작용하기 때문이다. 이에 반해 저 표상은 특별히 현저한 개별적인 행위와 행동들을 가능케 하는 이적적인 힘으로서의 영을 말하고 그의 작용을 개별적 πνευματικά "영적인 것들" 및 χαρίσματα "은사들"로 보았기 때문에 바울이 경우에 따라 상이한 은사들의 통일적인 근원을 강조해야 했을 정도이다(고전 12:4 ff.).

§14. 靈

그러나 πνεῦμα는 개별적인 은사들로 구별될 뿐 아니라 그의 작용을 개별적인 순간에서 나타낸다. 특별한 순간들에서 사람에 따라 영으로 채워지거나(행 4:8, 31; 13:9), 영으로 가득차고(행 7:55) 또는 영에 의해 발동된다(γίνεσθαι ἐν πνεύματι "영으로 감동된다", 계 1:10; 4:2). 이 경우에도 그리스도교 공통의 영 소유에 관한 견해는 무시되었다. 그러므로 유대교의 경건한 자들에 대해서도 같은 양식으로 말할 수 있었다(눅 1:41; 세례요한에 관해: 눅 1:15; 예수 자신에 관해: 눅 4:1). Λαλεῖν(προσεύχεσθαι···) ἐν πνεύματι 및 πνεύματι "영에서" 및 "영으로 지껄이다(기도하다···)"라는 말투에도 같은 것이 해당한다(고전 12:3; 14:2, 14 ff.; Did 11:7). 사실 이것으로 생각된 것은 결코 그리스도교의 연설이 아니라, 영에 의한 순간적인 감동에서의 연설이다.

끝으로 특유한 것은 — 이것 역시 세례에 대한 견해에 일치하지 않는 바이지만 — 영이 모든 특별한 그리스도교의 현상들의 근원이라는 일반적인 파악과 나란히 인간의 노력 또는 합당한 행동이 영의 은사 및 특수한 영의 은사를 처음으로 얻게 한다 — 적어도 증대시키거나 강화한다 — 는 다른 견해가 등장하는 것이다. 이것은 사실 이미 χαρίσματα 또는 πνευματικά에 대한 ζηλοῦν "노력"(고전 12:31; 14:1)과 ζητεῖτε ἵνα περισσεύητε "너희는 더 풍요하기 위해 힘쓰라"(고전 14:12) 또는 ζηλοῦτε τὸ προφητεύειν "너희는 예언하도록 힘쓰라"(고전 14:39)라는 권고에 들어 있다. 그러므로 바나바서 4장 11절은 단순히 γενώμεθα πνευματικοί "우리는 영의 사람들이 되자"(갈 5:25의 역설적인 권고와 달리!)라고 권하는 반면에 디모데후서 1장 6절은 다소 조심스럽게 ἀναζωπυρεῖν τὸ χάρισμα τοῦ θεοῦ "신의 은사에 다시 불을 붙이라"(이것은 물론 특별한 교직의 영의 은사를 지칭한다)고 요구했다. 특별한 영의 은사를 얻는 수단은 고린도전서 14장 13절에 따르면 기도이다. Πνεῦμα의 계시를 위한 준비는 사도행전 13장 2절에 금식으로 되어 있는데 이것은 전통적 유대교의 견해에 상응한다. 클레멘스 제2서 14장 4절에 따르면 금욕적 태도는 영을 받는 전제이다. 이에 반해 클레멘스 제1서 2장 2절에 의하면 고린도의 공동체는 그의 모범적인 태도로 인해 πλήρης πνεύματος ἁγίου ἔκχυσις "거룩한 성령이 충만하게 부어짐"을 경험했다.

3. 實狀과 문제성

그런데 개체 표상들의 부조화와 矛盾들 중에도 역시 중요한 內實이 반영되어 있음으로 마음놓고 그것들을 적절한 것이라고 말할 수 있다.
그리스도인들은 모두 세례에서 영을 받았다는 견해는 개체 수세자들이 수세의식에서 특별한 영적인 혹은 정신적인 체험들 — 설사 때로 그러했을지라도 — 을 했다는 표상에 근거를 두고 있지 않다. 오히려 그것은 결국 영이 공동체에 주어져 있고 개인들은 세례를 통해 그 공동체에 받아들여진다는 데서 출발한다. 그 까닭에 공동체에 제공된 영 및 그 안에서 작용하는 은사들이 자주 언급된다(고전 1:4 ff.; 1 Klem 2:2; Barn 1:2 f.; 비교. Herm mand XI 14). 공동체를 속이는 자는 성령을 속인다(행 5:3). 공동체가(그 지도층에 의해) 결정하고 布告한 것은 곧 영의 포고이다(행 12:2; 15:28). 초대교회는 이 점에 아무런 문제도 가지지 않았다. 그러나 헬레니즘계의 공동체에서는 역시 다음 문제가 제기되었다: 영에의 참여가 어떻게 모든 개인들에게서 실현되는가? 그들은 영을 오로지 신앙에서만 소유하는가? 즉 그들이 우선 비밀의 방법으로, 이미 지상의 존재에 속하지 않으며 그들 중에 거주하는 영에 힘입어 이 세계와 함께 소멸하지 않고 곧 나타날 하늘의 세계와 그 영광에서 변한 모습으로서 $\sigma\hat{\omega}\mu\alpha$ $\pi\nu\epsilon\nu\mu\alpha\tau\iota\kappa\acute{o}\nu$ "영의 몸"으로 참여한다는 신념에서만 영을 소유하는가? 그들이 $\kappa\acute{\nu}\rho\iota\text{os}$의 도래 (Parusie) 이전에 죽으면 그들은 죽은 자들로부터 일으켜진다는 확신에서였던가? 또는 그들은 이미 지금 영의 소유를 감촉하고 있는가? 그의 생명력은 이미 지금 그들 중에서 작용하고 있는가?
후자가 사실이라는 것이 그리스도교 공통의 신념이다. 그리고 영의 작용들이 무엇보다도 신 예배 즉 종말론적 공동체를 現在하는 것으로 나타내는 신 예배에서 경험된다는 것은 명백하다. 여기에서 그것에 선사되는 모든 것을 이 공동체는 영의 은사로 이해한다. 특히 이 모든 것 즉 지혜와 인식을 제공하는 교훈의 말과 미래 사건의 비밀을 열어 주고 또 마음에 숨은 것을 드러내는 예언도 마찬가지이며 기도들과 시가들, 특별히 황홀경의 헛말 등이 일상성의 영역을 넘어설 때 더욱 그러했다. 이 경우에 물론 분명한 것은 이 진술들을 판단하여 영의 은사들에 해당시키는 척도가 그것들이 그리스도교적인 것이라는 데 있지 않고 그 진술들을 밝히는 異常性, 그것들을 수반하거나 규정하는 심리적 현상들이라는 것이다. 이때 언제나 전제된 것이 내용에 대한 그런 열광적 진술들의 適法性 — 그것들이 전혀 이해할 수 없는 것이 아닌 한 — 이었으나 그것이 곧 그것들을 $\pi\nu\epsilon\nu\mu\alpha\tau\iota\kappa\acute{\alpha}$ 또는 $\chi\alpha$-$\rho\acute{\iota}\sigma\mu\alpha\tau\alpha$로 나타나게 하는 것이 아니었음은 틀림없다. 그리고 이해되는 것, 내용상으로 중요한 것과 이해 불가능한 황홀경의 것, 내용상으로 무의미한

§14. 靈

것 사이의 폭은 넓게 생각되어야 할 것이다. 기도는 의도적이며, 이해할 수 있는 명백한 말과 혀로 더듬는 알 수 없는 말의 양극 사이에서 움직인다(고전 14 : 14 f.). 기도는 말없는 탄식(롬 8 : 26)일 수도 황홀경의 압바(아버지)라는 절규(롬 8 : 15; 갈 4 : 6)일 수도 있다.

그러나 πνεῦμα의 활동들은 이(적어도 처음에는 제사 集會에 속했던) 현상들의 범위를 넘어 확대되어 있었다. 그의 능력은 모든 비상한 업적들과 행동들로 나타났다. 첫째로 선교에서 : 영은 선교를 명령한다(행 13 : 2, 4; 16 : 6 f.). 영을 지닌 자 사도(고전 12 : 28)는 이적행위들을 통해 영을 지닌 자로 승인된다(고후 12 : 12; 비교. 롬 15 : 18 f.; 고전 2 : 4; 살전 1 : 5; 벧전 1 : 12; 히 2 : 4; 1 Klem 42 : 3). 예언과 교훈들은 신 예배 內에서 그때마다 개인들의 은사들로 나타났을 뿐 아니라 특정한 사람들이 지속적인 책임자로 그것들을 담당할 수도 있었다(둘을 다 맡은 경우 : 비교. 고전 12 : 28; 엡 4 : 11; 행 13 : 1; Did 11—13; 예언자들 : 계 가령 22 : 9; Herm mand Ⅸ; 교사들 : 야 3 : 1; Barn 1 : 8; 4 : 9; Herm vis Ⅲ 5 : 1; mand Ⅳ 3 : 1; sim Ⅸ 15 : 4; 16 : 5; 25 : 2). 그러나 모든 공동체의 성원에게 예언과 가르침의 은사가 주어질 수 있는 것과 마찬가지로 특별한 행위들 즉 병 고침과 다른 이적들을 행할 수 있는 힘도 제공될 수 있다(고전 12 : 8 ff., 28 ff.). 바울이 "봉사"와 "지도" 그리고 여러 종류의 돕는 일들을 그런 것으로 열거한 것은 바울 특유의 것이다. 후에 공동체의 직책을 맡은 자들이 (안수에 의해 중개되어) 영을 받은 자에 해당된 것은 다소 다른 것이다 — 倫理的 행실을 πνεῦμα에 소급시킨 것도 바울 특유의 것이다. 그와 그의 영향 밖에서는 윤리적 행동이 일방적으로 명령법하에 들어 있다. 기이한 것은 헤르마스서 (sim Ⅸ 13)의 진술인데 여기서는 교회의 망대를 세우고(Ⅸ 2 ff.) 15장 2—3절에 따르면 德으로 비유된 "동정녀들"이 ἅγια πνεύματα "거룩한 영의 것들" 및 δυνάμεις τοῦ υἱοῦ τοῦ θεοῦ "신의 아들의 능력들"로 해석된 것이다. 그러나 윤리적 행실을 진지하게 영으로 설명한 것은 없고 또한 헤르마스의 계명篇에도 없다. 여기서는 인간에게 거주하는 πνεύματα로서의 선한 힘에 관한 표상이 단지 불가피하게 ἅγιον πνεῦμα "거룩한 영"에 관한 그리스도교의 표상과 결합되었을 뿐이다. 전체적으로 보면 πνεῦμα "靈"에 관한 파악은 이중적이다. 하나는 세례에서 수여된 힘인데 이것은 그리스도인을 그리스도인으로 만든다. 그것은 그를 이미 지금 무상한 세상에서 빼내서 오는 세상을 위해 그에게 "印을 친다". 다른 것은 πνεῦμα가 그때마다 그리스도인에게 선사되는 힘인데 이것은 그에게 힘을 주어 비상한 업적들을 이루게 한다. 그런데 세례에서 선사된 영이 실제로 그리스도교의 실존을 규정한다는 것과 그 소유가 復活 및 영원한 생명을 보장한다는 의미에서만은 믿어지지 않는다는 것을 진지하게 생각하면 — 바울과 같은 사상가가 그 문제를 파악하기까지는 — 부조화와 모순의 진술들에 휩싸일 것은 당연하다고 할것이다. 영을 그때마다 선사된, 비상한 것을 일으키는 힘으로 파악한 귀결들은 그리스도교의 실존을 규정하는 능력으로 사실 영을 이해하려고 한 것이다. 그러므로 그 모순들 중에서도 타당성을 가진 것은 그대로 오는 세계에 속하는 수세자가 그의 잠정적인 現存에서 여전히 그의 본 모습을 취하고 신의 눈앞에서 당당한 자가 아니라는 것 — 그러나 그럴지라도 올 것에 그가 속해 있다는 것이 그의 現 實存을 규정하고 있다는 것이다. 그리고 저 모순에서 즉 한편 $\pi\nu\epsilon\hat{u}\mu\alpha$가 그리스도인에게서 새로운 행동과 능력의 근원이라는 것과, 다른 한편 그의 행동이 그로 항상 새로운 영에 접하도록 하고 그는 영의 은사를 향해 노력해야 한다는 것 사이의 저 모순에서 표현된 것은 $\pi\nu\epsilon\hat{u}\mu\alpha$의 능력이 마법(기계)적으로 작용하는 힘이 아니라 의지의 변혁을 전제하고 마찬가지로 요구 — 설사 그 역설적 실정이 오로지 바울에 의해서만 분명히 인식되었지만(갈 5:25) — 한다는 것이다.

그런데 물론 $\pi\nu\epsilon\hat{u}\mu\alpha$의 종말론적 신적 능력에 근거를 두고 그 안에서 지탱되는 실존의 이해가 어떻게 형성되었는가가 문제이다. 이것은 세상에서의 단절(Ausgegrenztheit)과 종말론적 二元論에 관한 문제이다(§10, 4와 5). 이 단절과 세상에 대한 대립이 $\pi\nu\epsilon\hat{u}\mu\alpha$의 은사에 의해 근거를 가지고 증명된 것으로 믿어지고 체험되었다는 점에서 공동체에 대한 위험들이 야기되었다. 영의 작용이 영을 받은 데 대한 분명한 표지로서 특별히 힘있는 일들에서 보여졌다면 그리스도교의 실존은 헬레니즘적 의미의 $\vartheta\epsilon\hat{\iota}os\ \dot{\alpha}\nu\dot{\eta}\rho$ "神的인 사람"의 실존으로 파악될 위협을 받았으며 종말론적 구원사는 교화적인 전설로 변했을 것이다. 이미 이것은 곧 신약성서에서 볼 수 있으나 특히 외경의 사도행적들 중에서 그 성숙을 보여 주는 위험이다. 이와 함께 생겨난 것은 영을 지니고 있다는 자들의 오만이다. 이 사실을 이미 고린도전서 12장의 권유들이 보여 준다 — 이에 반해 실존 본래의 것이 주관적 심리적 체험들 중에 있다면, 그리고 이에 일치하게 $\pi\nu\epsilon\hat{u}\mu\alpha$의 작용이 심리적 체험들의 산물에서 보여진다면 개인적 성질의 영이 성립될 것이고 이것은 물론 힘있는 일들 중에서도 증명될 수 있으나 그 절정은 황홀 경지이다. 이 때에 $\pi\nu\epsilon\hat{u}\mu\alpha$는 이미 공동체에 제공된 은사로서 이해되지 않고 $\dot{\alpha}\pi\alpha\rho\chi\dot{\eta}$ "첫 열매"와 $\dot{\alpha}\rho\rho\alpha\beta\dot{\omega}\nu$ "담보"로도 이해되지 않을 것이다. 오히려 종말론적 비세계

§14. 靈   163

화는 신비주의적 의미에서 해석될 것이다. 이 위험들이 존재했다는 것은 무엇보다도 고린도전서 12장—14장과 고린도후서가 보여 준다. 명시된 것은 아니지만 분명히 고린도의 공동체가 바울에게 제출한 다음의 물음도 이 위험들에 대한 느낌을 보여 준다. 신적인 황홀경과 악마적인 황홀경을 구별할 수 있게 하는 척도는 어떤 것인가(고전 12 : 2 f.)? 말하자면 황홀경 자체는 결코 명백한 의미를 지닌 현상이 아니다.

§15. 靈知主義的 계기들*

序言

유일한 참 神과 예수, 메시야 — 인자에 관한 복음, 임박한 심판과 구원 — 이것들은 처음에 구약성서 — 유대교 전통의 개념언어로 지탱되었다 — 에 관한 소식이 헬레니즘 세계에서 그에게 익숙한 개념으로 번역되었다는 것은 역사적으로 필연적인 과정이다. 메시야-인자의 도래를 사람들이 대망했던바, 그가 어떻게 제의적으로 예배되는 κύριος로 되었던가는 §12에서 밝혀졌다. 그의 종말론적 의의와 그와 함께 종말론적 소식 자체, 그리고 그와 함께 제공된 종말론적 二元論(§10,5)을 헬레니즘 세계의 청중에게 확신있게 표현하는데 이용하도록 靈知主義(Gnosis)와 그 신화가 제공한바 널리 알려져 있었던 개념이다. 그러므로 전부터 이미 여기저기서 영지주의가 주목의 대상이 되었고(§10,5; §11,2 a와 e; §12,3; §14,2), 일부는 그리스도교의 케리그마가 영지주의와 유사하다는 것을 일부는 그 대립을 지적했다. 지금은 종합적으로 그리스도교의 소식에 관한 이해가 헬레니즘계의 그리스도교에서 얼마나 영지주의의 개념에 의해 전개되었었는가를 논술할 것이다.

이와같은 전개는 그 성질상 내용상의 영향 없이는 수행되지 않는다. 그리고 헬레니즘계의 그리스도교는 그것이 Kyrios("主")-제사의 완성을 통해 혼합주의적 과정에 도입되었던 것과 같이 구속론의 완성을 통해 처음으로 영지주의의 영향하에 선다. 이 일은 다양한 층과 다양한 장소에서 그리고 매우 다양한 정도로 일어났다. 영지주의의 영향을 받아들이기도 하지만 거부 현상도 보인다. 그러나 때로는 둘이 서로 결합되기도 한다. 전체를 보면 헬레니즘계의 그리스도교를 혼합주의의 산물로 보려는 암시를 받을 수 있을 것이다. 그러나 그것이 그런 것일 수 없는 이유는 단 한 가지인데 그것은 헬레

* 이 표제에 관한 문헌들, 참조. S. 628.

니즘계의 그리스도교가 다양한 자료들로 만들어진 혼합물이 아니라 세부적인 면에서만 극히 혼합주의적인, 그속에 원천적으로 신과 세계, 인간에 관한 독자적인 이해의 주제가 포함되어 있다는 것이다. 그러나 이 주제가 승리적으로 관철되었는가, 그의 분명한 형성이 순수한 그리스도교 신학에서 그 주제가 분명한 형태를 갖추었는가가 문제이다. 여기서는 우선 단순하게 문제되는 상황과 이 상황에서 생긴 문제들을 논술해야 할 것이다.

1. 영지주의 運動

영지주의 운동은 그리스도교 선교에 있어서 가장 진지하고 가장 위험스러운 경쟁자를 뜻했다. 말하자면 그것은 서로 근저에서 유사했기 때문이다. 영지주의의 본질은 사실 그의 혼합주의적 신화가 아니라 오히려 古典 세계에 대립되는 한 새로운 자기 및 세계 理解에 있고, 그 신화는 그 표현에 불과하다. 古典時代의 인간에게 세계가 고향이었다면 — 구약성서를 위해 세계는 신의 창조이고 그리스 고전을 위해서는 神性에 의해 지배되는 코스모스였다 — 이 영지주의와 그리스도교에서 처음으로 인간 존재가 모든 세계성을 지닌 존재와 근본적으로 구별된다는 것이 외식되었고, 그 때문에 세계는 인간의 自我(Ich)에 생소한 것이 되었다(§10, 4). 아니 영지주의에서는 世界가 감옥으로 화했다. 영지주의는 이 방면에서 극단적으로 생각한 나머지 그 자신의 감각 기능들의 움직임과 충동, 욕정과 의욕들은 인간을 세계에 예속시키기 때문에 생소하고 敵意的인 것으로, 즉 인간의 本 自我에 대해 적대적인 것으로 보였다. 그리고 이 本來의 自我는 그 本性을 이세계에서 전혀 실현시킬 수 없다. 그것에 있어서 이 세계는 감옥이다. 신의 빛의 세계와 유사하고 그 세계에서 생긴 그의 본래의 자아가 이 감옥에서 암흑의 악마적 세력들에 의해 감금되어 있다.

自我(Selbst)는 "魂"이라고 하면 오해를 초래할 것이다. 왜냐하면 그리스어로 말한 영지주의는 본래의 자아 즉 신의 세계에 혈연을 가지고 있는 빛의 破片(이것의 본질은 $\pi\nu\epsilon\hat{\upsilon}\mu\alpha$ "靈"이다)을 $\psi\upsilon\chi\acute{\eta}$ "魂"에서 즉 악마적 세력들이 자아($\sigma\hat{\omega}\mu\alpha$, "몸"도 마찬가지이다) 위에 씌워 그것을 감금한 옷이며, 감각, 충동, 의지 등의 세상 생활력으로서 이해된 혼에서 구별했기 때문이다. — 하늘에 혈연을 둔 자아에 관한 지식, 다시 말하면 자아의 세계의 생소성과 하늘의 혈연성에 관한, 그리고 이 세계에서 구제되는 길에 관한 지식, 이것이 바로 결정적인 인식, 곧 $\gamma\nu\hat{\omega}\sigma\iota\varsigma$ "靈知"이다. 영지주의 운동은 그 이름을 바로 여기서 땄다. 구원은 자기 자아와 자기의 하늘 고향, 그곳에 이

§15. 靈知主義的 계기들

르는 길을 인식한 "靈知者"에게 선사되며 죽음에서 자아가 몸과 혼으로 갈라져서 해방되고 하늘의 빛의 세계에 올라갈 때 구원이 제공된다.

이 지식은 영지자에게 그의 세계의 우월성에 관한 의식을 주었다. 하늘의 빛의 破片을 생생하게 자신 안에 살려 가진 그가 곧 영의 소유자인데 그는 빛의 파편을 지니지 않은, 단순한 魂의 사람, 肉의 사람 또는 물질의 사람인 다른 사람들을 멸시하며 내려다보았다.[1] 그의 $\gamma\nu\tilde{\omega}\sigma\iota\varsigma$ "영지"를 통해, 이미 지금 해방되었다고 자처하는 그는 이 자유를 금욕 아니면 방종을 통해, 아마 또는 이 둘의 특유한 결합에 의해서도 표현한다. 그는 황홀경에서 절정에 도달하는 명상, 沒我 중에서 죽은 후에 들어갈 빛의 세계의 희열을 이미 지금 맛보고 자신 안에 살아있는 $\pi\nu\epsilon\tilde{\upsilon}\mu\alpha$의 힘을 이적행위들로 과시한다.

그러나 개인의 자아의 역사는 전 코스모스(우주)의 역사 중에서 어느 位置를 차지한다. 개체 자아는 단지 악마적 세계의 지배자에 의해 암흑의 세계 안에 결박된 光物의 단편, 파편에 불과하다. 그리고 여기서 그의 구원은 감옥에 결박되어 있는 모든 빛의 파편들에 대한 해방의 진행 과정에 불과하다. 이 파편들은 그 본질적 친근성($\sigma\upsilon\gamma\gamma\acute{\epsilon}\nu\epsilon\iota\alpha$)에 의해 서로 결합되어 있고 그 근본과 결속되어 있다. 개인주의적 종말론 — 즉 죽음과 그의 하늘여행에서의 개체 자아의 해방에 관한 가르침 — 은 우주적 종말론 — 즉 모든 빛의 파편들이 해방되어 빛의 세계로 올라가는 데 관한 가르침 — 과 관련되어 있다. 이 일이 완성된 후에는 빛과 암혹으로 혼돈된 이 세계는 암혹의 원초적 카오스(Chaos, 혼돈) 속으로 가라앉는데, 이것으로써 악마적 세계 지배자들은 그들의 심판을 받는다.

영지주의 신화는 우주적 드라마를 묘사하는데, 빛의 파편들이 결박되는 드라마와 그것들이 해방되므로 지금 이미 시작된 그 드라마의 종국을 묘사한다. 이 드라마의 발단이 된 태고의 비극적 사건은 신화의 다양한 형태들로 다양하게 전해진다. 그러나 그 근본사상은 동일하다. 즉 악마의 세력들은 하늘 세계에서 유래하는 빛의 모습을 그들의 지배하에 두되, 빛의 존재가 그의 어리석음으로 유혹을 받았으며 싸움에서 정복되었다는 것이다. 그들 전체가 이 모습 — 여러 곳에서 "原人間"으로 생각된다 — 을 형성하고 해방되어 "모임"으로 전체의 구원을 이루어야 하는 靈所有者들의 개체 자아들은 저 빛의 모습의 부분들, 파편들 외에 다른 것이 아니다. 악마적 세력들의

---

1) 교회의 영지주의에서의 인간의 三分法: 영의 사람, 혼의 사람, 물질의 사람은 2차적인 것이다.

세계 구조는 그것에서 빛의 파편이 철회될 때 붕괴되므로 그것들은 질투하며 그 약탈물을 감시하고 하늘의 자아들을 이 세계의 소음과 향락으로 어지럽게 하고 도취하게 하며 잠들게 하여 그들로 그들의 고향을 잊게 하려고 힘쓴다.

그 구원은 하늘세계에서 온다. 至高者의 아들이며 그의 模像($\epsilon\iota\kappa\acute{\omega}\nu$)인 저 빛의 모습은 至高의 신에 의해 다시 파송되어 영지를 가지고 빛의 세계에서 내려온다. 그는 잠과 취함에 빠져 있는 빛의 파편들을 "깨우고" 그들로 그들의 하늘 고향을 "회상시킨다". 그는 그들에게 그들의 세계의 우월성과 그들이 세계에 대해 취해야 할 태도에 관해 가르친다. 그는 獻身儀式들(Weihen)을 창건하여 그것들을 통해 그들이 자신을 깨끗이 씻고 꺼진 또는 쇠약해진 빛의 힘에 다시 불을 붙이고 강하게 한다. 이로써 그들은 "다시 출생"한다. 그는 그들에게 죽은 후에 시작되는 하늘여행에 관해 가르치고 비밀의 文句들을 제공하며 그들은 이 文句들에 힘입어 이 여행의 단계들 — 星域들을 지키는 악마의 파수병들 — 을 안전하게 통과할 수 있게 한다. 그리고 그는 앞서 가면서 그 자신 즉 속죄자 자신을 위해서도 속죄에 이르는 길을 개척한다. 왜냐하면 그는 이곳 지상에서는 신의 모습으로 나타나지 않고 악마들에게 발각되지 않기 위해 지상의 옷으로 변장했기 때문이다. 그는 이로써 지상의 존재의 고난과 궁핍을 스스로 지고 그가 지상을 고별하고 빛의 세계로 올라가기까지 수모와 박해를 받아야 한다.

영지주의의 종교가 그 개별적인 그룹과 공동체들에서 어떤 방식으로 형태를 갖추게 되었으며 여기 저기서 교훈과 의식들이 형성되고 발전되었는가는 여기서는 추궁할 필요가 없는 이차적인 물음이다. 우리에게는 영지주의 공동체들 — 특히 최초의 것들 — 에 관한 사료가 없다. 영지주의 운동은 여하간 요단강 지역에서 여러 종류의 세례 종파들로 구현되었고 유대교 단체들도 그들의 영역에 끌어 들였었다. 그것은 분명히 근동 아세아 지역에서 적지 않은 地域 祭儀들을 받아들여 — 밀의 종교 공동체들의 형식으로 — 그것들과 혼합주의의 과정에서 융화되었다. 가령 그 속죄자가 프리기야지방 밀의종교의 神인 아티스와 동일시된 것을 들 수 있다. 이런 방식으로 이 운동은 그리스도교 공동체에도 침투되었다. 또 영지주의 공동체들도 그리스도교의 주제들을 받아들였다. 그러나 영지주의의 활동은 구체적인 제사 공동체의 범위를 넘어섰었다. 그 사상들은 新플라톤주의에 이르는 헬레니즘 중교철학의 사변에서 작용했고 유대교 종교철학자 알렉산드리아의 필론(Philon)에게도 마찬가지로 영향을 주었다.

§15. 靈知主義的 계기들

2. 對立들과 싸움

그리스도교의 선포가 구약성서-유대교 전통에 충실했던 한, 영지주의에 대한 결정적 대립은 분명한 것이다. 그 선포는 저 전통에 일치하면서 사실 절대적으로 세계가 유일한 참 신의 창조이고 따라서 신은 창조와 속죄의 신으로서 유일하다는 것을 고수했다. 이것으로 인하여 동시에 人間學에서의 대립이 생긴 것은 당연하다. 왜냐하면 순수한 그리스도교의 견해에서 인간은 肉과 魂이 함께 신의 피조물이므로 그의 肉-魂的인 存在에서 본래의 본질인 선재적 하늘의 빛의 파편을 구별하는 일은 더욱 있을 수 없기 때문이다. 그러므로 빛의 파편을 내부에 지니고 있는, — 영지주의적으로 말하면 φύσει σωζόμενοι "本性으로 구원된 자들"인 영의 사람들과 하늘의 자아가 결여되어 있는 ψυχικοί "혼의 사람들" 또는 σαρκικοί "육의 사람들" 사이의 저 구별은 설사 이 영지주의적 차이가 다른 방식으로 받아들여지기는 했을지라도(참조. 아래) 처음부터 문제가 되지 않았다. 이에 일치하게 그리스도교 케리그마가 γνῶσις "영지"와 聖禮的인 의식들을 힘입어 자아의 하늘여행 사상을 알지 못하고 오히려 죽은 자들의 復活과 심판을 가르치는 한 종말론에 대한 대립은 거의 도처에서 볼 수 있다. 여하간 요한 문헌들은 여기서 특별한 위치를 차지하고 의인들이 하늘로 받아들여지는 것과 하늘의 복됨에 관한 그리스도교적 表象은 全面的으로 강한 영향을 받았다. 이 차이들은 그리스도론에 대립을 남겼다. 왜냐하면 영지주의는 예수의 실재적 인간성을 승인할 수 없었기 때문이다. 예수의 인간성은 선재적 하늘존재를 위한 僞裝에 불과했다. 그리고 영지주의가 그리스도교 전통을 받아들인 곳에서 그대로 참을 수 없을 때면 영지주의는 예수의 肉과 피를 假象的인 몸으로 설명하고 속죄자를 역사적 인간 예수로부터 구별하며 대략 이렇게 주장해야 했다. 즉 전자는 (세례에서) 잠정적으로 후자와 결합되었다가 수난 전에 다시 그와 분리되었다고.

영지주의에 대한 투쟁은 부분적으로 μωραί ζητήσεις "어리석고 무지한 다툼", λογομαχίαι "언쟁", μῦθοι "신화들"과 γενεαλογίαι "끝없는 족보들", ἀντιθέσει τῆς ψευδωνύμου γνώσεως "거짓 지식에 의한 반론들"(딤전 1:4; 4:7; 6:4,20; 딤후 2:23; 4:4; 디 1:14; 3:9)에 대한 단순한 경고에서 볼 수 있다. 헤르마스서(sim VIII 6:5; IX 19:2 f.; 22:1 ff.)에서도 활기를 잃고 있지만 영지주의의 교사들에 대한 반론을 볼 수 있다. 그러나 다른 곳에서는 특수한 영지주의적 명제들에 대한 정력적인 항변과 논박 또는 반격을 볼 수 있다. 첫째로 그리스도교 공동체는 종말론과 그리스도론에서의 대립을 분명히 감지했다. 이미 고린도전서 15장에 ἀνάστασις ἐκ νεκρῶν οὐκ ἔστιν "죽은 자들의 부활이 없다"고 주장하는 고린도에서의 영지주의化 경향에 대한 大반격이 들어 있다. 물론 바울은 죽음과 함께 모든 것이 끝난다(15 : 19, 32)는 견해를 그들에게 전제한 점에서 그의 공격자들을 잘못 이해하고 있다. 이미 대리 수세의 관습이 보여 주는 바와 같이(15 : 29) 이 견해는 물론 그들의 것이 아니었다. 그들이 거부한 것은 오로지 유대교-초대 그리스도교 전통의 사실주의적인 부활론이었다.[1] 이 견해는 ἀνάστασιν ἤδη γεγονέναι "부활은 이미 일어났다"라는 문장으로도 나타났다. 다시 말하면 부활론은 정신화될 수 있었다(딤후 2 : 18; 비교. 그러나 요 5 : 24 f.; 엡 5 : 14도).

클레멘스 제 1 서 23—26장에서 상세히 논한 부활에 관한 증명은 베드로후서 3장 1—10절, 도래의 懷疑에 대한 투쟁과 마찬가지로 영지주의적 반대자들에 의해 연유된 것이 아니라 일반적인 회의에 의해 유발된 것이다. 이에 반해 폴리갑(Phl 7 : 1)의 ἀνάστασις "부활"과 κρίσις "심판"을 부인하는 사람들은 영지주의의 교사들이다. 클레멘스 제 2 서 9장 1절의 다음 경고에서도 그런 사람들을 眼中에 두고 있다 : καὶ μὴ λεγέτω τις ὑμῶν ὅτι αὕτη ἡ σὰρξ οὐ κρίνεται οὐδὲ ἀνίσταται "너희는 누구나 이 육체는 심판받지도 부활도 하지 않는다고 말하지 말라". 또 클레멘스 제 2 서 10—12장이 도래의 확신을 경고적으로 날카롭게 말한 것도 영지주의에 그 동기를 두고 있을 것이다. 이와 동일한 것이 후에는 유스틴(Apl) 26 : 4; (Dial) 8 : 4; 이레니우스(Ⅰ) 23 : 5; (Ⅱ) 31 : 2에 나타난다.

그리스도의 순수한 인간성을 위해서도 영지주의자들과 싸웠다(요일 2 : 22; 4 : 2, 15; 5 : 1, 5—8; 요이 7). 이 경우 요한일서 5장 6절에서는 세례에서 예수와 합일된, 속죄된 자는 수난 전에 그에게서 분리되었다는 특별히 영지주의적 명제에 대항하는 것 같다. 이와 비슷하게 이그나티우스도 그가 아는 다음 형태의 영지주의적 그리스도론에 대항했다 : 그리스도는 오로지 假像의 육체만을 가지고 있었다(엡 7 : 2; 18—20; Mg 11; Tr. 9 f.; Sm 1—3, 7); 폴리갑書에서도 같은 것을 본다(Pol Phl 7 : 1).

후세의 異端 논쟁자들에게 중요한 점을 이루었던 神論과 창조론에서의 대

---

[1] 바울은 그동안 사정을 더 잘 알고 난 후에 고후 5 : 1—5에서 인간의 자아가 죽음으로 肉(과 魂)에서 벗어나 "벌거벗은" 상태로 하늘에 올라간다는 영지주의의 견해와 싸운 것 같이 보인다. 비교. R. Bultmann, *Exegetische Probleme des zweiten Korintherbriefes*, 1963. E.Käsemann은 다르다. *Exegetische Versuche und Besinnungen*, Ⅰ. 1960, 135—157.

법은 처음에는 문제되지 않은 것 같다. 이 사실은 영지주의가 처음에 아마 혼합주의적 유대교를 통해 그리스도교 공동체에 침투되었으므로 이 대립이 부각되지 않은 양식이었다는 사실로 설명될 수 있을 것이다. 실제로 세계에 관한, 있는 그대로의 영지주의의 판단이 그리스도교의 그것과 심한 차이를 보이지 않았다는 점도 그런 素地를 제공했을 것이다. 둘 다 마찬가지로 해당되는 것은 세계가 사탄에 의해 지배되고 전적으로 $ἐν\ τῷ\ πονηρῷ\ κεῖται$"악한 자 안에 처해 있다"(요일 5:19)는 것이다. 암흑의 낮은 세계가 빛의 세계로부터 단계적인 유출들(Emanationen)로 성립되었다는 영지주의의 가르침에 대한 항의는 요한일서 1장 5절의 확언에서 잘 볼 수 있다: $ὁ\ θεὸς\ φῶς\ ἐστιν\ καὶ\ σκοτία\ ἐν\ αὐτῷ\ οὐκ\ ἔστιν\ οὐδεμία$"신은 빛이고 그 안에는 어두운 것이 아무것도 없다". 유다서 8—11절은 단지 示唆的으로 표현했기 때문에 불분명하나 여기에는 (靈知者들에 의해 극복된) 적대 세력들의 왕국으로서의 천사세계에 관한 영지주의적 파악에 대항한 것이 실려 있는 것 같다. "니콜라당" 및 그들과 분명히 동일한, 예언자 "예자벨"의 추종자들인 영지주의化한 그리스도인들도 계시록 2장 2, 6, 14—16, 20—24절에서 공격의 대상이 되어 있다. 이 사람들이 $βάθη\ τοῦ\ σατανᾶ$"사탄의 심오한" $γνῶσις$"지식"을 가지고 있다고 한 것(2:24)은 神系譜論的, 우주생성론적 思辨들을 지시한 것이리라. 여하간 디모데전서 4장 3—5절; 디도서 1장 14—15절은 영지주의 이원론적 세계의 이해와 그것에서 추론된 금욕주의적 계율들에 반대하고 있다.

3. 內 그리스도교적 現象으로서의 영지주의

그런데 잘 주목해야 할 것은 영지주의가 여기 어디서도 그리스도인들을 타락하게 하는 위험한 異質的 이방종교로 적대시되고 있는 것이 아니라는 것이다. 오히려 그것은 그리스도교내부의 한 현상이라는 점에만 관심을 끌고 있다. 그리고 마찬가지로 분명한 것은 투쟁의 대상이 된 영지주의자들이 결코 그리스도교 공동체를 한 선교 대상으로, 즉 그리스도교에서 영지주의에 돌아오게 하려는 선교 대상으로 파악하지 않았다는 것이다. 그들은 오히려 그리스도인을 자처하고 그리스도교의 지혜를 가르친다고 주장했으며 그리스도교 공동체들도 그렇게 보았다. 옛 전통을 대표하는 자들은 물론 영지주의계의 신도들을 침입자로 느꼈고, 사도행전의 필자는 20장 29절에서 바울로 하여금 이렇게 예언하게 했다: $ἐγὼ\ οἶδα\ ὅτι\ εἰσελεύσονται\ μετὰ\ τὴν\ ἄφιξίν\ μου\ λύκοι\ βαρεῖς\ εἰς\ ὑμᾶς$···"내가 떠난 후에 흉악한 이리가 너희에게 들어올 것···을 나는 안다." 그러나 30절에서 말을 계속한다 : καὶ ἐξ ὑμῶν αὐτῶν ἀναστήσονται ἄνδρες λαλοῦντες διεστραμμένα τοῦ ἀποσπᾶν τοὺς μαθητὰς ὀπίσω ἑαυτῶν "또 너희 중에서도 제자들을 끌어 자기를 좇게 하려고 어긋난 말을 하는 사람들이 일어날 것이다." 바울에게는 고린도에서 靈的-영지주의 운동에 불을 붙인 사도들이 물론 침입자이지만 그리스도교 공동체 전체가 아니라, 그가 세우고, 그에게만 권한이 주어진 그의 공동체에 들어 온 침입자들이었다. 그들이 그리스도교의 사도로서 공동체의 승인을 받은 것은, 바울에게 있어서 그들이 설사 사탄의 使者, μετασχηματιζόμενοι εἰς ἀποστόλους Χριστοῦ "그리스도의 사도로 가장한 자들"(고후 11 : 13)일지라도 전혀 의심 없다. 그들은 그리스도를 전한다. 물론 바울에 따르면 그것은 ἄλλος Ἰησοῦς, ὃν οὐκ ἐκηρύξαμεν "우리가 선포하지 않는 다른 예수"(11 : 4)이다. 에베소와 버가모, 두아디아의 공동체들은 계시록 2장이 싸우는 거짓 교사들이 — 적어도 그 공동체들의 일부에서 — 인정받은 교사, 또는 사도와 예언자로서 그들의 본거지이거나, 본거지였을 것이다.

물론 영지주의는 유랑 교사들에 의해서도 유포되었다 — 그것은 그리스도교의 경우와도 같은 것이었다 — 그리고 요한 2서 10절과 디다헤서 11장 2절은 밖으로부터 공동체에 침투하는 類의 異端敎師들을 경계하고 있다. 그러나 요한 1서 2장 19절은 영지주의자들에 관해 이렇게 말한다 : ἐξ ἡμῶν ἐξῆλθαν, ἀλλ' οὐκ ἦσαν ἐξ ἡμῶν· εἰ γὰρ ἐξ ἡμῶν ἦσαν, μεμενήκεισαν ἂν μεθ' ἡμῶν "그들은 우리에게서 나왔으나 우리에게 속하지 않았다. 이는 그들이 우리에게 속했더라면 우리와 함께 머물렀을 것임이라." 골로새의 異端敎師들의 경우도 사정은 다르지 않다. 영지주의는 공동체 내부의 현상이라는 것을 목회서신의 항의가 분명히 보여 준다. 영지주의자들은 신앙에서 "떨어져 나간" 사람들이다(딤전 4 : 1 ; 비교. 1 : 6 ; 6 : 21 ; 딤후 2 : 18 ; 3 : 8). 그들은 이방인이 아니라 αἱρετικοί "떨어져 나간 자들"이다(디 3 : 10 ; 비교. 벧후 2 : 1). 이그나티우스書와 폴리갑書들도 같은 像을 보여 준다. 즉 異端敎說은 유랑교사들을 통해 공동체들 중에 들어옴으로 공동체들은 이들을 받아들이는 데 주의해야 한다는 것이다(Sm 4 : 1 ; 비교. Mg 11). 그러나 그들은 그리스도교 교사들이며 그들의 가르침은 적지 않은 공동체들 중에 그 대변자들을 가지고 있다.

본 바와 마찬가지로 헬레니즘계의 그리스도교는 혼합주의적 과정의 와중에 들어 있었다. 순수한 그리스도교의 주제는 다른 주제들과의 결투 중에 있다. "바른 신앙"은 시초에 있었던 것이 아니라 비로소 形成될 것이었다.

아마 영지주의는 처음에 대개 混合主義 자체에 의해 파악된 헬레니즘계 유대교의 중개로 그리스도교 공동체들 중에 침입했을 것이다. 바울이 고린도에서 싸운 영지주의적 靈의 사람들은 유대교에 유래를 가지고 있었다(고후 11:22). 골로새에 등장한 異端敎說들도 혼합주의적 유대교에서 나왔는지는 아직 확실치 않다(비교. 골 2:11, 14와 특히 2:16). 그러나 목회서한에서는 아마 유대교적 영지주의가 문제된 것 같다(딤전 1:7; 디 1:10, 14) 이그나티우스(Mg 8—11; Phld 6—9)는 'Ιουδαϊσμός"유대교주의"와 싸운다. 이 主義의 대표자들이 분명히 그의 편지들 중 다른 곳에서 투쟁의 대상이 된 반대자들과 동일한 것이 분명하기 때문에 유대인 그리스도교적 영지주의가 문제된 것이 틀림없다. 그러므로 영지주의가 異邦 신앙이 아니라 그리스도교의 한 형태로서 나타날 수 있었으리라는 것은 거듭 이해된다.

4. 그리스도교 思惟에서의 靈知主義的 동기들

그런데 영지주의적 사유와 그 신화, 그 槪念이 어떤 방식으로 그리스도교의 思惟에 영향을 주었으며 그리스도교적 신학 용어 전개에 도움을 주었는가?

a) 二元論

우선 종말론적 二元論의 槪念的 發展에 도움을 주었다. 영지주의가 이 二元論을, 구원사적 思惟의 차원들을 넘어서 宇宙論的 思惟의 차원들에 이끌어 들였다. 다시 말하면 宇宙論的 思惟를 좀더 철저하게 발전시킨 것이다. 왜냐하면, 영지주의를 위해서도 神話的 思惟의 史料들이었던 이란 및 바빌론 신화의 영향하에서, 이것도 이미 유대교적 종말론에서 未來에 대한 希望이 우주적 규모를 얻고 있었기 때문이다. 구약성서에 아직 생소한 עוֹלָם הַזֶּה (αἰὼν οὗτος"이 세대")와 עוֹלָם הַבָּא (μέλλων"올 세대")의 구별이 이 영향으로 생겼다. 이스라엘을 현재 위협하는 세력들은 표면상으로는 단지 이방민족들 또는 세계의 大國들뿐이었다. 그러나 그것들 배후에는 악마의 세력들과 사탄의 세력들이 도사리고 있다. 그러므로 구원의 시대를 가져오는 것은 (개별적인 것들에서 모든 이적적인 것을 말하고 있음에도 불구하고 아직 제2이사야서가 생각하고 있는 것 같이)역사적 혁명들이 아니라, 우주적 大破局이다. 그리고 죽은 자들의 부활과 재판 행위로서의 세계심판이 전환기를 가져올 것이다. 반면 구약성서에서는 神의 심판 자체가 역사적 사건에서 수행된다고 생각되었다. 후기의 산물인 이사야서 24—27장에서와 같이 우주론적 종말론의 사상들이 처음으로 나타나는 다니엘서는 예외이다. 구원시대에 나타날 다윗왕의 모습은 하늘에서 내려올 심판자와 구원자로서의 人子의 모습에 의해 다소 거세되었었다(§7,5). 구원시대의 像에서 민족주의적 정치적 이상의 색체들이 다소 퇴색되었었다. 구약성서에서 그 역할이 아직 알려지지 않은 사탄과 그 악마적 무리의 음산한 유희장으로 현 세계를 평가하는 것은 널리 알려진 것이었다. 구약성서적 전통으로 인해 신이 세계를 창조했다는 신앙이 고수되었다면 역시 그것은 어느 정도로도 철저한 것은 아니었다. 그리고 계시록에서, 아담의 타락 — 구약성서에는 아직 생소한데 — 에 다음 의미, 즉 그의 타락이 아담系의 인류와 "이 세대"에 죄와 고난, 죽음의 저주를 초래했다는 의미를 제공하므로 어느 정도의 조절이 이루어졌다면 물론 그 점에서도 이미 영지주의적 사상들의 영향이 작용한 것이다.

영지주의적 영향하에 그런 견해들은 헬레니즘系의 그리스도교에서 계속 발전될 수밖에 없었다. 이미 이것은 바울에게서 아주 분명하다. 다만 확인할 수 없는 것은 그 중에 얼마나 많이 바울이 이미 그의 유대교적 과거에서 가져왔는가, 어느 정도로 더 많이 영지주의의 영향이 그에게 작용했는가일 뿐이다.

영지주의의 언어는 이런 것들이다 : 사탄을 $\theta\epsilon\grave{o}\varsigma\ \tau o\hat{v}\ ai\hat{\omega}vo\varsigma\ \tau o\acute{v}\tau ov$"이 세계의 신"(고후 4 : 4) 또는 $\ddot{a}\rho\chi\omega v\ \tau o\hat{v}\ \kappa\acute{o}\sigma\mu ov\ \tau o\acute{v}\tau ov$"이 세계의 지배자"(요 12 : 31; 14 : 30; 16 : 11)라고 한 것, 또 $\acute{o}\ \ddot{a}\rho\chi\omega v\ \tau\hat{\eta}\varsigma\ \grave{\epsilon}\xi o v\sigma\acute{\iota}a\varsigma\ \tau o\hat{v}\ \grave{a}\acute{\epsilon}\rho o\varsigma$ "공중의 권세를 잡은 자"(엡 2 : 2), 또는 $\acute{o}\ \ddot{a}\rho\chi\omega v\ \tau o\hat{v}\ ai\hat{\omega}vo\varsigma\ \tau o\acute{v}\tau ov$"이 세대의 지배자"(Ign Eph 19 : 1)라고 지칭된 것, 그 이름과 의미에 따르면 $\ddot{a}\rho\chi o v\tau\epsilon\varsigma\ \tau o\hat{v}\ ai\hat{\omega}vo\varsigma\ \tau o\acute{v}\tau ov$"이 세대의 지배자들"은 $\kappa\acute{v}\rho\iota o\varsigma\ \tau\hat{\eta}\varsigma\ \delta\acute{o}\xi\eta\varsigma$ "영광의 主"를 십자가에 단 자이다(고전 2 : 6,8). 영지주의 신화 중의 인물들, 즉 저 악마적인 세계 지배자들은 $\ddot{a}\gamma\gamma\epsilon\lambda o\iota,\ \grave{a}\rho\chi a\acute{\iota},\ \grave{\epsilon}\xi o v\sigma\acute{\iota}a\iota,\ \delta v v\acute{a}\mu\epsilon\iota\varsigma$"천사들, 지배자들, 권위들, 세력들"로도 표현되고(롬 8 : 38 f.; 고전 15 : 24, 26; 골 1 : 16; 2 : 10, 15; 엡 1 : 21; 3 : 10; 6 : 12; 벧전 3 : 22) 적어도 $\pi o\lambda\lambda o\grave{\iota}\ \theta\epsilon o\grave{\iota}\ \kappa a\grave{\iota}\ \kappa\acute{v}\rho\iota o\iota$"많은 신과 많은 주"(고전 8 : 4)는 함께 생각되었다. 이것들은 영지주의에서와 같이 본질상 별(星)의 영들로 생각되었고 그대로 시간의 흐름과 그 分類를 다스리는(갈 4 : 10) $\sigma\tau o\iota\chi\epsilon\hat{\iota}a\ \tau o\hat{v}\ \kappa\acute{o}\sigma\mu o v$"우주의 영들"(갈 4 : 3, 9; 비교. 골 2 : 8, 20)이라고 일컬어졌다. $Ko\sigma\mu o\kappa\rho\acute{a}\tau o\rho\epsilon\varsigma\ \tau o\hat{v}\ \sigma\kappa\acute{o}\tau o v\varsigma\ \tau o\acute{v}\tau o v$ "이 암흑의 영역들"과 $\pi v\epsilon v\mu a\tau\iota\kappa\grave{a}\ \tau\hat{\eta}\varsigma\ \pi o v\eta\rho\acute{\iota}a\varsigma\ \grave{\epsilon}v\ \tau o\hat{\iota}\varsigma\ \grave{\epsilon}\pi o v\rho a v\acute{\iota}o\iota\varsigma$ "하늘에 있는 악령"(즉 창공 낮은 층인 공중 영역, 엡 6 : 12)도 영지주의적

§15. 靈知主義的 계기들

이다.

신화론적인 인물들 외에 이원론이 표현된 용어는 널리 영지주의의 영향을 받은 것인데 그 중에도 요한복음서에서 가장 강하다. 요한복음서의 언어는 $\varphi\hat{\omega}\varsigma - \sigma\kappa o\tau\acute{\iota}\alpha$ "빛—암흑"의 댓귀에 의해 지배되고 있다. 그러나 그외의 신약성서도 $\varphi\hat{\omega}\varsigma - \sigma\kappa\acute{o}\tau o\varsigma$의 댓귀를 알고 있다(롬 13 : 12; 살전 5 : 4 f.; 고후 [6 : 14]; 골 1 : 12 f.; 엡 5 : 8 ff.; 6 : 12; 벧전 2 : 9; 비교. 1 Klem 36 : 2; 2 Klem 1 : 4; Barn 14 : 5 f.; 18 : 1; Ign Rm 6 : 2; Phld 2 : 1). 지상적인 것의 가상적 현실에 대해 참(神)의 현실을 위한 표지로 $\dot{\alpha}\lambda\acute{\eta}\vartheta\epsilon\iota\alpha$ "眞理"를 사용한 것과 역시 요한복음서에서 다져진 $\dot{\alpha}\lambda\eta\vartheta\iota\nu\acute{o}\varsigma$ "참된"의 용법도 특히 여기에 속한다. 이것은 이런 의미로 요한복음서 외에 히브리서에도 나타난다(8 : 2; 9 : 24). 같은 의미에서 히브리서는 $\dot{\epsilon}\pi o\upsilon\rho\acute{\alpha}\nu\iota\varsigma$ "하늘에 속하는 것"을 $\sigma\kappa\iota\acute{\alpha}$ "그림자"(8 : 5; 10 : 1; 비교. 골 2 : 17)로서의 지상적인 것과 $\kappa o\sigma\mu\iota\kappa\acute{o}\nu$ "세상에 속하는 것"에 반대되는 것으로 사용했다(9 : 1).

b) 피조물과 인간의 상황의 墮落

示唆的인 것들로 표현되어 세부적으로 설명하기 어려운 피조물의 타락에 관한 명제, 즉 로마서 8장 20절 이하의 배후에는 영지주의적 신화가 들어 있다. 이에 따르면 창조는 $\tau\hat{\eta}\ \mu\alpha\tau\alpha\iota\acute{o}\tau\eta\tau\iota\ \dot{\upsilon}\pi\epsilon\tau\acute{\alpha}\gamma\eta$ "허무한 것에 복종"하고 $\delta o\upsilon\lambda\epsilon\acute{\iota}\alpha\ \tau\hat{\eta}\varsigma\ \varphi\vartheta o\rho\hat{\alpha}\varsigma$ "썩을 것들에 대한 종 노릇"에 빠져서 탄식으로 해방을 고대한다. (죄와) 죽음을 인류 위에 초래한 아담의 타락이 전적으로 영지주의적 의미에서 해석되기는 로마서 5장 12절 이하이다. 아니, 고린도전서 15장 21, 44—49절은 아담의 타락을 전혀 고려하지 않고 $\psi\upsilon\chi\iota\kappa\acute{o}\varsigma$ "혼의"와 $\chi o\ddot{\iota}\kappa\acute{o}\varsigma$ "흙의"로서의 아담의 타고난 성품에서 아담적인 인류의 운명을 추론했다. 근본적으로 서로 다른 두 인간층의 표지로서 $\psi\upsilon\chi\iota\kappa\acute{o}\varsigma - \pi\nu\epsilon\upsilon\mu\alpha\tau\iota\kappa\acute{o}\varsigma$ "혼—영"의 대립, 그리스적 화법으로서 구약성서에 의해서도 안되고 오로지 영지주의적 인간학에 의해서만 이해되는 이 대립은 이미 바울의 인간학적 개념들이 영지주의의 영향하에 다져졌다는 데 대한 특별히 분명한 표지이다(고전 2 : 14 f.; 15 : 44—46; 또 야 3 : 15; 유 19). 요한복음서 8장 44절이 예수에 대하여 적대관계에 있는, 신앙이 없는 사람들을 거짓의 근원자인 악마에게서 난 자들로 본 것도 꼭 같이 영지주의적으로 생각된 것이다. 전적으로 영지주의적인 것은 $\dot{\epsilon}\kappa\ \tau o\hat{\upsilon}\ \delta\iota\alpha\beta\acute{o}\lambda o\upsilon$ "악마로부터"(요 8 : 44; 요일 3 : 8) — 또는 $\dot{\epsilon}\kappa\ \tau o\hat{\upsilon}\ \pi o\nu\eta\rho o\hat{\upsilon}$ "악에서"(요일 3 : 12), $\dot{\epsilon}\kappa\ \tau\hat{\omega}\nu\ \kappa\acute{\alpha}\tau\omega$ "아래에서"(요 8 : 23), $\dot{\epsilon}\kappa\ \tau o\hat{\upsilon}\ \kappa\acute{o}\sigma\mu o\upsilon$ "세상에서"(요 8 : 23 등), $\dot{\epsilon}\kappa\ \tau\hat{\eta}\varsigma\ \gamma\hat{\eta}\varsigma$ "땅에

서"(요 3 : 31) 난 자들이 ἐκ τοῦ θεοῦ "신으로부터" (요 7 : 17; 8 : 47), ἐκ τῆς ἀληθείας "진리에서" (요 18 : 37), ἐκ τῶν ἄνω "위에서"(요 8 : 23) 등에서 난 자들, 그리고 "신으로부터 출생한 자들"(요일 2 : 29; 3 : 9; 4 : 7; 5 : 1)에 대치되는 것이다.

그러므로 영지주의적 신화는 세계에서의 인간의 상황을, 그의 유래에 의해 썩을 것으로 규정된 生으로, 악마의 세력들에 맡겨진 生으로 특징짓는 데 이용되었다. 사실 바울은 율법이 神으로부터 나왔다(롬 7 : 12, 14)는 그의 일반적인 견해에 모순되면서까지도 유대교적 율법주의에 항거하며 율법은 오히려 下位의 천사세력들에 의해 주어졌다(갈 3 : 19)는 영지주의적 명제를 과감히 받아들였다.

이에 상응하는 영지주의적인 것은 또 生活律의 專用語이다. 이 용어는 — 빛과 어두움이라는 개념과 결합되어 — 사람들이 졸음 또는 취함에 빠져 있으면 깨어 정신을 차려야 한다고 말한다(롬 13 : 11—13; 살전 5 : 4—6; 고전 15 : 34; 16 : 13; 골 4 : 2; 엡 5 : 14; 딤후 2 : 26; 4 : 5; 벧전 1 : 13; 5 : 8; Ign Sm 9 : 1; Pol 1 : 3; 2 : 3; 2 Klem 13 : 1; γρηγορεῖν "깨어 나다"는 물론 유대 그리스도교 전통에도 이미 있었다. 마 13 : 35; 계 3 : 2 f.; Did 16 : 1 등). 에베소서 5장 14절의 다음 노래는 전적으로 영지주의 언어로 만들어진 것이었다 :

ἔγειρε ὁ καθεύδων
καὶ ἀνάστα ἐκ τῶν νεκρῶν,
καὶ ἐπιφαύσει σοι ὁ Χριστός
"자는 자여, 깨어서
죽은 자들로부터 일어 서라,
그러면 그리스도가 너를 비추리라."

c) 救援事件

그러나 무엇보다도 영지주의적 개념은 구원사건을 분명히 하는 데 이용되었다. 그 결과로 속죄자는 우주적 인물로, 선재적 신적 존재로, 아버지의 아들로(§ 12, 3) 하늘에서 내려와 인간의 모습을 取하고 지상의 일들을 끝낸 후 하늘의 영광에 올리워져서 영의 세력들에 대한 지배권을 장악했다. 이렇게 빌립보서 2장 6—11절에 인용된 바울 이전의 그리스도의 노래가 그를 찬양한다. 이 신화는 고린도후서 8장 9절에 간단히 시사되어 있다. 그

§15. 靈知主義的 계기들

리스도의 지상의 옷이 假裝이었고 그 때문에 세계 지배자들이 그를 알지 못했다는 사상 — 그들이 그를 알았다면 그들은 그의 십자가를 통해 그들 자신의 파멸을 자처하지 않았을 것이다 — 은 고린도전서 2장 8절에 들어 있다. 선재자의 受肉과 그의 승천, 즉 그에게 속하는 사람들에게 빛의 세계에 이르는 길을 개척해 준 그의 승천에 관한 영지주의의 구원자 신화가 얼마나 요한복음서의 그리스도論에 概念들을 제공하였는가는 후에 밝힐 것이다.

에베소서 4장 8—10절은 속죄자의 내려옴과 다시 올라감에 관해 말한다. Καταβαίνειν εἰς τὰ κατώτερα μέρη τῆς γῆς "지하 밑바닥까지 내려온다"는 가령 지옥행 같은 것이 아니라 ἀναβαίνειν "올라가다"에 상응하게 선재자의 地上行을 뜻한다. 그리고 이 선재자가 그의 하늘行을 통해 적대적인 영의 세력들을 극복했다는 것이 시편귀절(68:19)에 선명히 진술된 것으로 筆者는 발견한다(8절) : ἀναβὰς εἰς ὕψος ᾐχμαλώτευσεν αἰχμαλωσίαν "그는 높은 곳에 올라갈 때 간힌 자를 거두어 가지고 올라갔다." 올리운 자가 우주적 세력들의 왕국에 대한 지배권을 얻었다는 것은 골로새서 2장 15절도 말한다 : "그(신)는 세력들과 권력들을 정복하고 그것들을 냉소하였다. 그는 그(그리스도)로 인하여 그것들에 대해 승리했기 때문이다." 베드로전서 3장 22절에 의해서도 마찬가지로 그리스도의 승천은 곧 악마적 세계 지배자들을 몰락시키는 행위이다. 원래의 의미를 따르면[1] 에베소서 4장 9절과 마찬가지로 지옥행을 말하는 것이 아닌 3장 19—20절도 영지주의의 신화를 따른 것이다. 이에 의하면 죽은 자들의 감옥은 지구안에 있지 않고 별들 또는 궁창의 세력들이 그들을 가둔 공중 영역에 있다. 우주적 사건은 아주 간단하게 요한복음서 12장 31절에 시사되었다 : νῦν κρίσις ἐστὶν τοῦ κόσμου τούτου, νῦν ὁ ἄρχων τοῦ κόσμου τούτου ἐκβληθήσεται "이제 이 세계의 심판이 이르렀으니 이제 이 세계의 지배자는 쫓겨나리라"(비교. 16:10 f.). 이 말은 예수가 수난에 들어갈 때 말했으나 그것은 요한에게 있어서 그의 ὑψωθῆναι "올리우다"(12:32)와 δοξασθῆναι "영광을 받다"(12:28) 외에 다른 것을 뜻하지 않는다.

그러므로 온 우주 — ἐπουράνια "하늘위의 것", ἐπίγεια "땅위의 것", καταχθόνια "땅아래의 것" — 는 올리운 자에게 충성해야 한다(빌 2:10 f.).

---

1) 벧전 3:18—22(골 1:15—20에서와 비슷하게)에는 그리스도 찬가가 들어 있다. 벧전의 필자는 4:6이 보여 주는 바와 같이 19절을 지옥행으로 이해했다. 이것은 후에 Ign Mg 9:3; Herm sim Ⅳ 16:5—7에서 다루어졌다 — 지옥행의 주제에 관해, 참조. Bo Reicke, *The disobedient Spirits and Christian Baptism*, 1946; W. Bieder, *Die Vorstellung von der Höllenfahrt Jesu Christi*, 1949.

신은 이것으로서(근원적인 타락에 의해 생긴) 우주적 무질서에 종지부를 찍고 그를 통해 "만물과 화해했다". 이것은 골로새서 1장 20절 근저에 들어 있는 노래가 말하는 것과 마찬가지이다. 필자는 그리스도교 전통에 맞도록 그의 편수를 통해 이 노래를 甚하게 손질했다. 에베소서 2장 14절 이하는 구원의 일로 시작된 우주적 εἰρήνη "平和"를 한층 더 철저하게 그리스도교적으로 해석하되 교회론적 의미로 하고 μεσότοικον τοῦ φραγμοῦ "격리벽"(이것은 영지주의 신화에서 하늘세계와 지상세계를 나누는 벽이다)을 유대인과 이방인들(14절) 사이의 적개심, 신과 사람들 사이의 적대성(16절)으로 해석했다. 히브리서도 영지주의의 구속자 신화를 따른다. 그는 히브리서의 경우 영지주의적 εἰκών "형상"사상의 의미에서 ἀπαύγασμα τῆς δόξης καὶ χαρακτὴρ τῆς ὑποστάσεως αὐτοῦ(sc. τοῦ θεοῦ) "그(신)의 영광의 빛, 그의 본질의 참모습"(1:3)으로 표시되는 선재자로서 자신을 낮추어 인간이 되었으나(2:9) 후에는 천사보다 더 높여졌다고 했다. 1장 5절에서는 올리운 자의 登極에 대하여 언급한다. 그러나 여기서 그 像은 을 到來에 의해 전우주의 굴복이 연기되므로 유대적 그리스도교 종말론의 의미로 변조되었다(1:6; 2:8). 디모데전서 3장 16절의 가사들 중에도 그 신화가 들어 있다:

ὃς ἐφανερώθη ἐν σαρκί,
ἐδικαιώθη ἐν πνεύματι,
ὤφθη ἀγγέλοις···
ἀνελήμφθη ἐν δόξη
"그는 육신으로 나타났고,
영으로 의롭게 되었으며,
천사들에게 나타났고···
영광중에 올리웠다."

여기서 시사된 것이 이그나티우스(Eph 19)에 더 자세히 표현되었다. 여기서 우리는 ἄρχων τοῦ αἰῶνος τούτου "이 세대의 지배자"를 속인다는 주제를 다시 발견한다. 그에게는 τρία μυστήρια κραυγῆς "세 신비의 대목" 즉 마리아의 동정성과 그녀의 출산, κύριος의 죽음이다. 이 죽음에는 승리하고 하늘에 오른 자가 영광스럽게 "세대들"(Äonen, 이것은 우주의 세력들과 같은 것으로 영지주의의 용어이다) 앞에 나타나는 일이 뒤따른다. 즉 이것은("세대들"과 그들의 지배자의) παλαιὰ βασιλεία "낡은 왕국"의 파멸을 목표로 하고 그것으로 끝나는 일대 드라마이다. 그리스도의 πάθος "수난"

과 그의 σταυρός "십자가"를 이그나티우스는 일부 영지주의 사상들에서, 일부 그것들에 대한 반론에서 우주적 사건으로 파악했다.

d) 구원

신자들에게 있어서 그리스도의 우주적 승리는 악마적인 세계 지배자들과 죄, 특별히 죽음에서의 해방을 뜻하고 그러므로 ἀνάστασιν ἤδη γεγονέναι "부활은 이미 일어났다"라는 명제가 이해된다(참조. 위에 S. 160 f.). 말하자면 이것을 위해, 구속자가 그의 올리움을 통해 영의 세력들의 영역을 거쳐 하늘 세계에 이르는 길을 개척했다는 영지주의의 사상을 즐겨 이용했다. 올리운 자는 그에게 속한 자들로 자신의 뒤를 따르게 할 것이다(요 12 : 32). 그 자신이 ὁδός "길"이다(요 14 : 6). 히브리서는 ἀρχηγός "인도자"라는 개념으로 이것을 표현했다(2 : 10; 12 : 2; 비교. 행 3 : 15; 5 : 31; 2 Klem 20 : 5). 그리스도는 하늘을 향해 가는 "인도자"이다. 그는 τελειωθείς "완전케 된 자"(2 : 10; 5 : 9)이며 동시에 그의 사람들을 위해 τελειωτής "완전케 하는 자"(12 : 2)이다. 이때 히브리서는 하늘의 κατάπαυσις "안식"에 自我가 올라간다는 영지주의 사상을 신의 백성이 하늘의 고향을 향해 지상에서 유랑한다는 사상으로 바꾸어 놓았다(3 : 7—4 : 11).

Συγγένεια 즉 속죄자와 피속죄자가 함께 하늘에서 유래한다고 해서 "친족관계"라는 영지주의의 가르침은 히브리서에 의해 피속죄자들은 속죄자의 형제에 해당하고(2 : 11 f., 17) 물론 — 그가 先在해 있기 때문에 — 그의 자녀라고도 부를 수 있다는 식으로 변조했다. 같은 의미에서 바울에 의해 올리운 자는 πρωτότοκος ἐν πολλοῖς ἀδελφοῖς "많은 형제 중에서 맏형인 자"(롬 8 : 29)이다. 특별히 바울은 그리스도를 ἔσχατος Ἀδάμ "마지막 아담"으로, (타락한) 原人間 아담과 병행시킴으로 그리스도의 구속적 의미를 표현했다. 후자(아담)를 통해 아담의 후예인 인류가 그 지상적-魂의 존재, 죽음에 던져진 자로 규정된 것과 같이 그리스도를 믿는 자들은 그를 통해, 그리고 그와 함께 πνεῦμα "영"과 ζωή "생명"에 의해 규정되었다. 이 경우에 바울은 물론 τὴν ἀνάστασιν ἤδη γεγονέναι "부활은 이미 일어났다"는 영지주의의 결론을 내리지 않고 오히려 옛 事實論的 부활희망을 가지고 영지주의化해 가는 고린도인들에게 저항했다. 바울은 이로써 ζωή 즉 이미 現在하나 아직 未來에 속한다는 生命의 逆說的 概念을 만들어내야 하는 어려움에 봉착했다(롬 5장, 참조. 아래). 요한복음서는 물론 미래의 도래와 부활, 마지

막 심판에 관한 옛 사실론적 종말론을 포기했다.[1]
 정신의 先在에 관한 영지주의적 表象(및 인간의 自我의 先在에 관한 것도 영지주의적으로 생각된 것이다)과 그것에 결부된 φύσει σωζόμενοι "本性으로 구원받은 자들"이라는 사상, 다시 말하면 구원이 신앙의 결단 전에 이미 있는 속죄자와 피속죄자들의 姻戚性에 근거를 두고 있다는 사상은 그리스도교 공동체들에 의해 철저히 포기되었다. 그러나 이 사상은 요한복음서에서 새로운 해석으로 다시 나타난다. 즉 신자들은 受肉한 로고스(Logos)의 ἴδιοι "예속자들"인데 이들을 그가 불러서 자기의 사람을 만들었고 그들은 그의 소리를 듣고 아는바, 그들은 "眞理에" 속하기 때문이라는 것이다(18 : 37).

 e) 敎會槪念

 히브리서는 세계에서 단절된, 모든 영의 사람들이 서로 연합되었다는, 영지주의의 통일에 관한 思想(§ 10, 5)을 신의 백성에 관한 구약성서-유대교 전통의 주제와 결합했다(3 : 7—4 : 11 외에 비교. 13 : 12—14). 이에 반해 바울은 신자들 상호간의, 그리고 속죄자와의 내적 통일성을 σῶμα Χριστοῦ "그리스도의 몸"에 대한 영지주의의 개념을 통해 분명하게 했다(롬 12 : 4 f.; 고전 12 : 12—27; 또 고전 6 : 15—17). 그리고 이것으로써 敎會槪念 形成을 아주 本質的으로 규정했다.
 바울에 의해 촉구되었으나 동시에 스스로 영지주의 전통의 영향을 받으면서 골로새서와 에베소서의 필자는 이 사상을 풍요하게 했다. 말하자면 원래 신화 및 우주론적인 σῶμα 개념의 특성이 특별히 분명하게 된 곳은 바로 골로새서이다. 그 필자는 1장 15—20절 근저에 한 찬양문을 두었는데 이것은 우선 그리스도의 우주적 지위를 노래하고 그리스도를 κεφαλή "머리"로 가진 σῶμα "몸"下에 우주(kosmos)를 이해한 반면 필자는 이 σῶμα를 ἐκκλησία "교회"로 해석했다(18절의 부가문과 24절로). 그러나 이것은 ἐκκ- λησία에 우주적인 의미를 제공했다.
 같은 것이 에베소서에서도 認知될 수 있다. 여기서는 그러나 ἐκκλησία에 대한 그리스도의 관계를 표시하기 위해 κεφαλή "머리" 개념이 사용되었을 뿐 아니라 영지주의적 神婚思想도 이용되었다. 즉 ἐκκλησία는 그리스도의 新婦 혹은 아내라는 것이다(5 : 25 ff.; 특히 29—32).[2]

---

 1) 교회의 편집은 사실론적 종말론을 다시 요한복음서에서 수정 삽입했다. 이에 관해, 참조. 아래.
 2) 이 表象이 고린도 공동체가 그리스도의 新婦像에서 보여진 고후 11 : 2에 이미 들

§15. 靈知主義的 계기들

여기서 ἐκκλησία의 先在에 관해 유사한 사상이 아직 명백히 표현되지 않았다면 — 강조된 ἐγὼ δὲ λέγω("그러나 나는 말한다", 32절)에는 아마 이에 대한 반론이 들어 있는 것 같다 — 클레멘스 제2서의 필자는 이 귀결을 끌어내고 태양과 달에 앞서 창조된, "날들의 마지막에" 계시된 πρώτη καὶ πνευματικὴ ἐκκλησία "최초의 영의 교회"에 관해 말한다. 교회는 그에게 있어서 σῶμα Χριστοῦ "그리스도의 몸"(14 : 1 f.)이다.

헤르마스서(vis Ⅱ 4 : 1)에서는 교회가 白髮女人으로 나타나는바, 마찬가지로 그의 先在를 뜻한다 : πάντων πρώτη ἐκτίσθη··· καὶ διὰ ταύτην ὁ κόσμος κατηρτίσθη "그녀는 모든 것에 앞서서 창조되고···그후에 그녀에 의해 세계가 창조되었다". 그러나 神婚思想은 여기에 없다. 그리고 ἐκκλησία의 통일성이 ἓν πνεῦμα καὶ ἓν σῶμα "한 영과 한 몸"으로 묘사될 때에만 σῶμα 표상이 여운을 풍긴다(sim Ⅸ 13 : 5,7; 비교. 17 : 5; 18 : 4). 영지주의의 주제는, 교회의 망대를 세우는 처녀들이 ἅγια πνεύματα δυνάμεις τοῦ υἱοῦ τοῦ θεοῦ "신의 아들의 거룩한 영적 능력들"(sim Ⅸ 13 : 2)로 일컬어진 그것이다. 처녀들의 數(vis Ⅲ 8에는 일곱, sim Ⅸ 12 ff.에는 열 둘이다)와 망대의 묘사에서도 그 서술의 原 宇宙論的 意味가 認識된다.[3] 더 심한 영지주의의 영향들은 헤르마스서의 불분명한 교회론적 그리고 그리스도론적 詳論들에서 볼 수 없다.

이그나티우스서에서도 영지주의적 신화는 ἐκκλησία觀에 영향을 끼쳤다. 교회는 그리스도의 σῶμα(Sm 1 : 2)이고 그 κεφαλή "머리"는 그리스도이다 (Tr. 11 : 2). 그리스도인들은 그리스도의 지체들이다(엡 4 : 2; Tr. 11 : 2). 영지주의의 신화에서 구원사건이 흩어져 있는 모든 빛의 파편들이 모여 原人間의 빛의 모습과 하나로 묶이는 데서 절정에 도달하는 것 같이 이그나티우스에게서도 ἐκκλησία "교회"의 ἕνωσις "하나됨" 및 ἑνότης "일치"가 신이 약속한 목표이다(Tr 11 : 2; 비교. Eph 5 : 1; Pol 8 : 3). 이 ἕνωσις "하나됨"을 위해 그는 끊임없이 권고한다(Eph 4 : 2; Mg 7 : 2; Pol 1 : 2). 그것이 곧 그리스도와의 ἕνωσις "하나됨"이다(Mg 1 : 2; 13 : 2; Phld 4 : 1). 그에게서 神婚思想은 보이지 않는다. 그리스도가 교회를 "사랑했다"는(Pol 5 : 1) 귀절은 正經 에베소서 5장 25, 29절을 회상케 한다.

어 있다고는 하기 어렵다. 계 19 : 7; 21 : 2의 경우는 문제가 다르나 역시 의심스럽다.
3) 참조. E, Käsemann, *Leib und Leib Christi*, 85 f.; M. Dibelius, *Exk. Z.* vis Ⅱ 4 : 1; Ⅲ 2 : 4; sim Ⅴ 6 : 7: *Hand b. z. NT*. 보충본 Ⅳ, 451 f. 459 f. 572—575.

f) 그리스도교의 存在理解

多神論에서 유일한 참 신의 신앙에 도달한다는 것은 εἰς ἐπίγνωσιν ἀληθείας ἐλθεῖν "진리의 인식에 도달"하는 것이다(§9, 2). 이것이 해방의 인식이라는 점에서 그리스도교인은 영지주의자와 공통된다. 그러므로 그리스도교의 설교자는 영지주의 용어로 말할 수 있었다: γνώσεσθε τὴν ἀλήθειαν, καὶ ἡ ἀλήθεια ἐλευθερώσει ὑμᾶς "너희는 진리를 알라, 그러면 이 진리는 너희를 자유롭게 하리라"(요 8:32). 바울은 πίστις "신앙" 대신, 이전에 유익한 것으로 기려왔던 모든 것을 능가하는(τὸ ὑπερέχον τῆς γνώσεως Χριστοῦ Ἰησοῦ, 빌 3:8) 인식을 말하고 그것을 목표로 내세울 수도 있었다. Εὑρεθῆναι ἐν αὐτῷ καὶ γνῶναι αὐτοῦ καὶ τὴν δύναμιν τῆς ἀναστάσεως αὐτοῦ ··· "그 안에서 자신을 발견하고 그와 그의 부활의 능력을 알기 위해"(빌 3:9f.). 그리스도교적 인식 노력과 영지주의적인 그것이 서로 결부되어 고린도에서 "지혜"에 대한 열망이 생긴 것(고전 1:18 ff.)도 놀라운 일이 아니다. 또 ὅτι (πάντες) γνῶσιν ἔχομεν "우리는(모두) 지식을 가지고 있다"는 것에 대한 자만이 전성을 이루고(고전 8:1 ff.) 세계와의 단절 및 신자가 아닌 사람들에 대한 우월성의 의식이 영지주의적 양식을 얻은 더 높은 본성에 의해 πνευματικός "영의 사람"이 되었고 ψυχικοί "혼의 사람들" 또는 ἀσθενεῖς "약한 사람들"을 멸시할 수 있었던 것도 놀라운 일은 아니다. 왜냐하면 이것은 그리스도인이 洗禮에 의한 πνεῦμα의 소유를 의식하고 있었던 것과 같은 것이었기 때문이다(§13:1).

이런 의식은 공동체의 모임에서 열광과 황홀경의 현상으로만 유포된 것이 아니다(§14:3). 무엇보다도 ἐλευθερία "自由"와 ἐξουσία "권위"에 대한 순수한 영지주의적 주장에 의해서도 유포되었다. 영의 사람은 이것들에 힘입어 구체적인 교회의 공동성에 의한 속박을 멸시하고(고전 8:1 ff.) — πάντα μοι ἔξεστιν "내게는 모든 것이 可하다" — 도덕적인 구속들도 도외시했다(고전 6:12 ff.; 10:23). 거짓교사들에 대한 싸움에서 부도덕하고 잔인하다는 비난(목회서신; 유다서; 베드로후서, Herm sim V 7:1 ff.; 요한일서)이 아주 도식적으로 반복되어서, 순수히 영지주의에 근거를 둔 방종주의가 언제 문제되었는지는 확실하게는 말할 수 없다. 그러나 역시 전형적 반복문에서도 부각되는 것은 있다. 그것은 그런 방종주의가 그리스도교 그룹들 중에서 주장되었다는 것이다. 영지주의적 意識이 얼마나 φυσιοῦσθαι "오만하게 하다"(고전 4:6, 18 f.; 5:2; 8:1)를 고조시키고, 다른 사람들에 대해 오

§15. 靈知主義的 계기들

만한 판단을 자행하며 영적인 힘의 표현들로, $\dot{\alpha}\sigma\vartheta\acute{\epsilon}\nu\epsilon\iota\alpha$ "약함" 중에 자신의 일을 충실히 행하는 使徒 위에 군림하는바, $\kappa\alpha\nu\chi\hat{\alpha}\sigma\vartheta\alpha\iota$ "자랑하다"를 얼마나 고조시키는가는 고린도후서 10—13장에서 볼 수 있다. 그러나 바울 자신도 분명히 영지주의적 개념에서 그리스도교의 존재 이해를 위한 적절한 표현을 보고 있다. 그가 자신을 지탱하는 $\gamma\nu\hat{\omega}\sigma\iota\varsigma$ "지식"을 말하기 때문만이 아니라 그는 $\pi\nu\epsilon\nu\mu\alpha\tau\iota\kappa\acute{o}\varsigma$로서 신의 지혜의 비밀, $\beta\acute{\alpha}\vartheta\eta\ \tau o\hat{\nu}\ \vartheta\epsilon o\hat{\nu}$ "신의 깊이"를 通察하는 "지혜"를 구사한다고 생각했다(고전 2:6 ff.). 그는 다른 사람들의 판단에서 벗어나 있다고 지각했고 반면 $\nu o\hat{\nu}\varsigma(=\pi\nu\epsilon\hat{\nu}\mu\alpha)\ X\rho\iota\sigma\tau o\hat{\nu}$ "그리스도의 생각(영)"을 가진 그 자신에게는 모든 다른 사람들에 대한 판단이 허락되어 있다고 보았다(고전 2:15 f.). 그는 $\ddot{o}\tau\iota(\pi\acute{\alpha}\nu\tau\epsilon\varsigma)\ \gamma\nu\hat{\omega}\sigma\iota\nu\ \ddot{\epsilon}\chi o\mu\epsilon\nu$ "우리는(모두) 지식을 가지고 있다"(고전 8:1)라는 문장을 받아들일 뿐 아니라 $\pi\acute{\alpha}\nu\tau\alpha\ \mu o\iota\ \ddot{\epsilon}\xi\epsilon\sigma\tau\iota\nu$ "내게는 모든 것이 可하다"(고전 6:12; 10:23)도 받아들였다. 후자는 물론 특유한 그리스도교적 수정이다(참조. 아래). 그도 영지주의자들과 마찬가지로 자신의 $\dot{\epsilon}\lambda\epsilon\nu\vartheta\epsilon\rho\acute{\iota}\alpha$ "自由"와 $\dot{\epsilon}\xi o\nu\sigma\acute{\iota}\alpha$ "권위"를 자랑한다. 물론 그는 이 자유의 逆說的 성격을 알고 있다(고전 9:1—23). 그는 $\mu\eta\delta\grave{\epsilon}\nu\ \acute{\nu}\sigma\tau\epsilon\rho\eta\kappa\acute{\epsilon}\nu\alpha\iota\ \tau\hat{\omega}\nu\ \acute{\nu}\pi\epsilon\rho\lambda\acute{\iota}\alpha\nu\ \dot{\alpha}\pi o\sigma\tau\acute{o}\lambda\omega\nu$ "내가 지극히 큰 사도들보다 부족한 것이 조금도 없다"(고후 11:5; 비교. 10:3—5, 8; 13:3, 10)고 주장한다. 물론 그는 그리스도교의 $\kappa\alpha\nu\chi\hat{\alpha}\sigma\vartheta\alpha\iota$ "자랑하다"의 역설적 의미를 분명하게 했다(고후 11:16 ff.; 12:1 ff.). 그는 $\tau\acute{\epsilon}\lambda\epsilon\iota o\iota$ "완전한 자들"에 속한다(빌 3:15; 비교. 고전 2:6). 이것은 물론 동시에 다음 것을 확인하려는 것이었다: $o\dot{\nu}\chi\ \ddot{o}\tau\iota\ \ddot{\eta}\delta\eta\ \ddot{\epsilon}\lambda\alpha\beta o\nu\ \ddot{\eta}\ \ddot{\eta}\delta\eta\ \tau\epsilon\tau\epsilon\lambda\epsilon\acute{\iota}\omega\mu\alpha\iota$ "내가 이미 얻었다는 것도 완전하게 되었다는 것도 아니다"(빌 3:12).

g) 實存의 歷史性에 관한 문제

의심 없는 것은 예수 그리스도의 역사에 의해 도입되고 완성을 향해 현재 작용을 일으키고 있는 역사로서 종말론적 사건을 이해하게 하는 가능성이 영지주의의 신화와 개념성에 주어져 있었다는 것이다. 즉 그것은 $\dot{\epsilon}\kappa\kappa\lambda\eta\sigma\acute{\iota}\alpha$ "교회"와 개인을 파멸과 구원 사건의 큰 연관성 중에 세워진 자로서 파악할 수 있는 가능성이었다. 그러나 문제는 바로 이것이다: 이 우주적 사건이 오로지 거창한 자연 과정으로, 즉 말하자면 나의 행위, 나의 책임, 나의 결단들과는 무관하게 수행되는, 나는 善에든지 惡에든지 내맡겨진 그런 자연 현상으로 이해될 뿐인가? 인간의 역사가 자연 사건으로 아니면 순수한 역사적 사건으로 이해될 것인가? $\Gamma\nu\hat{\omega}\sigma\iota\varsigma$ "靈知"는 단지 모든 다른 지식 및 태도와 나란히 있는 思辨的 知識, 그것을 소유하므로 죽음 후의 未來에 대해 나를 도취시키는 지식에 불과한가? 아니면 그것은 삶을 속속들이 지배하고 그리고 그 모든 표현들에서, 특히 행동에서 규정하는 순수한 자아의 이해인가? 영지주의가 그런 자아 이해를 지향하고 있음은 의심 없다. 그리고 그것은 $\dot{\epsilon}\lambda\epsilon\upsilon\vartheta\epsilon\rho\acute{\iota}\alpha$ "자유"와 $\dot{\epsilon}\xi\text{ου}\sigma\acute{\iota}\alpha$ "권위"에서 나타난다. 그러나 문제는 바로 이것이다. 이 자유가 순수한 역사성에서 책임적으로 실존하는 인간의 자유로서 이해되는가 아니면 그의 현실적 실존에서 인간이 벗어나는 것으로, 다시 말하면 — 결국은 이것이 불가능하기 때문에 — 단순한 주장 및 무의미한 과시로서 이해될 것인가? 말하자면 문제는 자유의 역설적 성격이 인식되었는가이다. 이것은 동시에 이와 같은 문제이다 : $\pi\nu\epsilon\upsilon\mu\alpha\tau\iota\kappa\grave{o}\varsigma$ $\epsilon\hat{\iota}\nu\alpha\iota$ "영 소유자임"이라는 것이 하나의 자연적인 성질로 이해되는가 아니면 영 소유자라는 것과 $\sigma\alpha\rho\kappa\iota\kappa\grave{o}\varsigma$ $\epsilon\hat{\iota}\nu\alpha\iota$ "肉의 사람임"이 나란히 가능성으로 존속하기 때문에, 언제나 책임적인 결단하에 고수되는 것인가? 오로지 후자가 인식되는 곳에서만 자유는 순수하게 자유로서 이해되었다. 그렇지 않을 경우에는 영적인 성질을 과시하려고 하든지, 그것을 초조하게 固守하려고 하든지, 금욕주의를 결과로 초래하거나 아니면 자유가 그의 모든 것에 대한 口實거리로 변하든지, 자유를 과시하려는 것이든지, 방종주의를 초래하든지 한다. 인간 실존의 역사성을 바로 이해하지 못하면 靈의 소유와 자유에 대한 변증법적 이해와 함께 창조사상의 포기를 면하지 못하는 반면 세계를 피조물로 보는 사상과 동시에 종말론적 사건에 참여하게 되므로 세계와 단절된다는 사상을 고수하는 것은 변증법적 세계 理解에 그 근거를 줄 것이다. 이것은 바울의 $\dot{\omega}\varsigma$ $\mu\acute{\eta}$ "없는 것 같이"(고전 7 : 29 ff.)로 표현된 것과 같은 것이다. 끝으로 역사성의 오해는 $\sigma\upsilon\gamma\gamma\acute{\epsilon}\nu\epsilon\iota\alpha$ "血統"사상에 대한 비역사적 해석, 교회적 공동성에 대한 잘못된 해석에 도달할 것이다. $\Gamma\nu\hat{\omega}\sigma\iota\varsigma$ "靈知"가 $\dot{\alpha}\gamma\acute{\alpha}\pi\eta$ "사랑"에서 그의 완성된 실현(그의 참된 과시)을 이루는 대신 그것은 脫역사적인 황홀경에서 그 절정을 찾게 될 것이다.

제 2 부

바울과 요한의 神學

I. 바울의 神學[*1]

§16. 바울의 역사적 위치[*2]

  바울의 역사적 位置는 그가 헬레니즘계의 그리스도교 영역에 서 있으면서 헬레니즘계 공동체의 케리그마에 作用한 신학적 주제들을 신학적 사상으로 명백히 했다는 사실에 의해 특징지을 수 있고, 그가 헬레니즘계의 케리그마에 숨겨진 문제들을 知覺하고 그것들에 決定을 내렸으며 그렇게 하므로 — 우리의 史料들이 판단을 허락하는 한에서 — 그리스도교의 신학을 創建한 자가 되었다는 사실에 의해 특징지을 수 있다.
  바울은 헬레니즘계의 유대교 출신이다. 그의 고향은 길리기아 다소였다(행 9:11; 21:39; 22:3). 그는 여기서 처음에 랍비의 구약성서학으로 교육을 받았음이 분명하다. 그의 편지들이 이것을 전하고 있다. 사도행전 22장 3절에 의하면 그는 예루살렘에서 가말리엘(제 1 세)의 수업도 받았다. 그러나 이 보도에는 이의가 많으며 (갈 1:22에 따르면) 적어도 의심스럽다. 여하간 그는 그의 고향에서 헬레니즘 문화에도 접했고 通俗 철학에도 精通했으며 종교적 혼합주의 현상에도 익숙해 있었을 것이다. 물론 그가 이 혼합주의 (密儀宗敎와 靈知主義)의 신학사상을, 그리스도교에 들어오기 전에 이미 얼마나 자기의 것으로 만들었었는가는 불확실하다.

  바울이 다매섹에서 엣세네 사람들을 알았다(Fr. A. Schilling, *Anglic. Theol. Rev.* 16, 1934, 199—205; Sh. E. Johnson, *ZAW* 66, 1954, 117 및 *The Scrolls and the NT*, 140)는 것에 회의를 피력한 F.M. Braun (*Revue Biblique* 62, 1955, 34 f.)은 옳다.

---

 * [1,2] 이 표제들에 관한 문헌들, 참조. S. 628 f.

예수의 역사적 제자가 아니었던 그는 헬레니즘계 그리스도교 공동체의 케리그마를 통해 그리스도교의 신앙을 얻었다. 이 케리그마에 의해 그에게 제기된 문제는 십자가에 죽은 나사렛 예수 — 그 케리그마는 이 분의 부활을 주장했는데 — 를 待望의 메시야로 볼 것인가였다. 그러나 그것은 ζηλωτὴς τῶν πατρικῶν παραδόσεων "조상의 전통에 열심있는 자"(갈 1:14)이며 동시에 헬레니즘계의 그리스도교 선교가 율법을 문제시하는 근본적인 성격을 알고 있는 그에게 있어서, 그 자신이 그리스도의 십자가에서 자기의 지금까지의 自己理解에 대한 신의 심판을 승인해야 하는가, 다시 말하면 율법의 일들을 실천함으로 의를 이루려는 유대교적 노력에 대한 심판을 승인하려는가를 뜻했다. 그는 처음에는 이 물음에 격분하고 그것을 거절하였으며 그 공동체의 박해자로 나섰으나 결국 回心하고 神의 심판에 굴복했다.

그러므로 그의 회심(Bekehrung)의 의미는 바로 이것이다: 그의 지금까지의 자기 이해의 포기, 즉 지금까지 그의 삶의 규범과 의미였던 것의 포기, 지금까지 그의 자랑이었던 것의 희생(빌 3:4—7). 그의 회심은, 자주 로마서 7장 7절 이하를 잘못 이해하므로 그것을 자서전적 고백으로 생각해 온 것과는 달리, 내적 도덕적 破綻의 결과도, 그를 의지(Wollen)와 실천(Vollbringen) 사이의 분열에 몰아넣던 절망에서의 구출도 아니었다. 그러므로 그의 회심에는 회개의 회심의 성격이 없다. 물론 어떤 해방적인 啓蒙의 성격도 들어 있지 않다. 오히려 그것은 그리스도의 십자가에서 선포된, 모든 인간의 공적들과 영예에 대한 신의 심판에의 순종적인 굴복이었다. 그러므로 그의 신학에 재현된 것은 바로 이 사실들이다.

이런 의미에서의 이 회심은 그를 헬레니즘계의 공동체에 인도했다. 그는 선교자로서 헬레니즘 지역에서 활동했다. 얼마 안 가서 그는 다른 헬레니즘계의 宣敎者로서, 즉 그를 동역자로 안디옥에 불러들인(행 11:25 f.) 바나바와 공동으로 일을 펴나갔다. 그는 바나바와 함께 "사도회의"에서 팔레스틴계 초대교회에 대해 헬레니즘계의 그리스도교를 대표했다(§8, 2). 그리고 그와 함께 이른바 제 1次 전도여행을 계획했다(행 13—14장).

그는 회심 후에 예수의 제자들 및 예루살렘 초대교회와의 접촉을, 예수의 인물됨과 활동에 관해 배우려는 목적으로 시도하지 않았다. 그는 오히려 갈라디아서 1—2장에서 그가 그들에게 예속되어 있지 않음을 力說하고 있다. 사실 그의 서신들은 예수의 역사와 선포에 관한 팔레스틴 전통적 영향의 어떤 흔적도 거의 전하지 않는다. 그에게 중요한 예수의 역사는 오로지 다음 사실뿐이다. 즉 예수가 유대인으로 율법하에 나서 살았다는 것(갈 4:4)과 십자가에 처형되었다(갈 3 : 1; 고전 2 : 2; 빌 2 : 5 ff. 등)는 것뿐이다. 그가 그리스도를 모범 인물로 지시할 때 생각한 예수는 역사적 예수가 아니라 先在者이다(빌 2 : 5 ff.; 고후 8 : 9; 롬 15 : 3). 그가 인용한 主의 말은 단지 고린도전서 7장 10—11절과 9장 14절뿐인데 두 번 다 공동체 질서에 관한것들이다. 바울의 생활률에서 주의 말이 여운을 풍기고 있다고 볼 수는 있다(가령, 롬 12 : 14 〈마 5 : 44〉; 13 : 9—10 〈막 12 : 31〉; 16 : 19 〈마 10 : 16〉; 고전 13 : 2 〈막 11 : 23〉). 재림과 부활에 관한 λόγος κυρίου "主의 말" (살전 4 : 15—17)은 여하간 자료상으로는 초대공동체 전통에 소급된다. 설사 바울이 전승된 주의 말을 인용했는지, 또는 승천한 主의 계시에 의지했는지는 확실치 않을지라도, 그러나 결정적인 것은 그의 본래의 구원론이 그의 신학적이고 인간학적인, 구속론적인 사상들과 함께 예수의 선포의 傳受도 展開도 아니라는 것이다. 그리고 특별히 특징적인 것은 그가 율법에 관한 자신의 가르침을, 율법에 관한 예수의 말들 중 어느 하나에도 관련시키지 않은 것이다. 예수의 선포를 규정하는 개념 βασιλεία τοῦ θεοῦ "신의 왕국"도 그 주도적인 위치를 바울에게서 상실했고 단지 로마서 14장 17절, 고린도 전서 4장 20절; 6장 9—10절; 15장 50절; 갈라디아서 5장 21절(비교. 살전 2 : 12) 등에서만 볼 수 있다. 이에 반해 바울의 구속론의 표지인 δικαιοσύνη θεοῦ "신의 義"에 상응하는 것을 예수에게서 볼 수 없다.

바울의 신학은 예수의 설교에 비해 새로운 형성물이다. 그리고 이것이 보여 주는 것은 바울의 자리가 헬레니즘계의 그리스도교 내에 있다는 것 외에 다른 것이 아니다. 그렇게도 자주, 그렇게도 정열적으로 다루어 온 문제, '예수와 바울'은 결국 '예수와 헬레니즘계 그리스도교'라는 문제이다.

물론 역사적 실정에 관한 이 인식으로 예수의 선포에 대한 바울신학의 내용상의 관계에 대한 문제가 결정된 것은 아직 아니다. 그러나 이 문제는 앞서서 분명해지고 대답될 수 있는 것이 아니다. 오히려 그 전개와 답변은 바울신학 자체의 논술에서 발견될 것이다.

A. 신앙의 계시 以前 인간

序言

1. 바울신학의 史料로 사용될 수 있는 것은 단지 의심 없이 순수한 바울 서신들 즉 로마서와 고린도 전후서, 갈라디아서, 빌립보서, 데살로니가 전

서, 빌레몬서뿐이다.

2. 바울이 가령 그리스 철학자들 또는 현대 신학자들처럼 神과 그리스도, 세계와 인간에 관한 자신의 사상들을 이론적으로 종합하여 獨自的 학문적인 글로 전개하지 않고 그것들을 — 로마서를 제외하면 — 오로지 단편적으로, 處地에 따른 현실에 의거하여 편지로 엮었다는 사실과, 그것들을 연관성 있고 어느 정도 완결성 있게 확언한 로마서도 다름 아닌 편지이고 구체적인 상황의 필요성에 의해 행해졌다는 사실 — 이 사실들에 의해 바울이 본래 신학자가 아니라는 판단을 내려서는 안 된다. 그리고 그의 특수성을 파악하기 위해 그를 오히려 경건성의 英雄으로 이해해도 안 된다. 그와는 전혀 반대이다. 그가 현실적 문제들을 근본적인 신학적 문제에 소급시킨 방법은, 그가 구체적 결단들을 근본적인 신학적 숙고들로부터 이끌어낸 것과 마찬가지로 그의 思惟와 談論이 그의 신학적 기본 입장에서 생겨났다는 것을 보여준다. 이 기본입장은 사실 로마서에도 어느 정도 완전하다고 할 정도로 분명하게 명시되어 있다.

그러나 물론 이 기본입장은 신학적 사유에 의한 착상이 아니다. 그것은 인간이 만나는 현상들과 현상들이 만나는 인간 자신을, 일정한 거리에서 認知하는 한 κόσμος "세계"의 체계로 객관화하는 것이 아니다. 이것은 그리스적 학문이 하는 일이다. 오히려 바울의 신학적 사유는 오로지 신앙 자체 안에 포함되어 있는 인식을 意識的인 앎(知)으로 명백하게 할 뿐이다. 단지 감정, 단지 "경건"만을 알 뿐, 동시에 신과 인간의 통일성에 관한 知가 아닌 神 관계는 바울에게서 생각할 수 없다. 신앙의 행위는 동시에 인식의 행위이다. 그리고 마찬가지로 신학적 인식은 신앙에서 분리될 수 없다.

바울의 신학은 그 까닭에 思辨的인 사상체계가 아니다. 이 신학은 神의 본질 자체를 다루지 않고 오로지 신이 인간과 그의 책임, 그의 구원을 위해 중요한 만큼 신을 다룬다. 마찬가지로 그것은 세계와 인간도 그것들이 있는 대로를 독립적으로 다루지 않는다. 오히려 그 신학은 항상 신과의 관련에서 세계와 인간을 본다. 신에 관한 명제는 모두 동시에 인간에 관한 것이고 인간에 관한 것은 모두 신에 관한 것이다. 그 까닭에 그리고 그런 의미에서 바울의 신학은 동시에 인간학이다. 바울은 세계와 인간에 대한 관계를 영원히 동일한 律動으로 반복되는 한 우주적 사건의 遊戲 중에서 존속하는 우주적인 것들의 관계로 보지 않고, 역사에서의 신의 행위에 의해, 신의 행위에 대한 인간의 반응에 의해 이루어진 것으로 보기 때문에, 신에 관한 명제는 모두 그가 인간에게 행하고 인간에게 요구하는 것을 말한다. 그리고 이

§17. 몸의 概念

와 마찬가지로 인간에 관한 명제는 모두 신의 행위와 요구 및 인간에 관해 말하되, 인간이 신의 행위와 요구를 통해, 그것들에 대한 그의 관계를 통해 어떻게 성격지어졌는가를 말한다. 바울의 그리스도論도 이 관점하에 놓여 있다. 이 그리스도론은 그리스도의 形而上學的 本質, 신에 대한 그의 관계와 그의 "本性들"(Naturen)을 思辨的으로 검토하지 않고 그를 통해 신이 세계와 인간의 구원을 위해 일하는 그러한 자로서 그를 논한다. 그러므로 그리스도에 관한 명제도 모두 인간에 관한 명제이고 인간에 관한 것은 모두 그리스도에 관한 것이다. 다시 말하면 바울의 그리스도론은 곧 救贖論이다.

그 까닭에 바울의 신학은 인간에 관한 가르침으로 논술될 때 즉 1. $\pi\iota\sigma\tau\iota\varsigma$ "신앙"의 계시 以前 인간과 2. $\pi\iota\sigma\tau\iota\varsigma$ 下의 인간을 논할 때, 가장 적절하게 전개될 것이다. 바울 신학의 인간학적, 구속론적 방향 설정은 이런 방식으로 타당성을 가질 수 있기 때문이다. 이때, 신앙에 근원을 둔 신학적 인식에 맞게, 신앙에 의해 밝혀진 대로의 $\pi\iota\sigma\tau\iota\varsigma$의 계시 以前 인간이, 바울이 표시한 대로 이해될 수 있다.

1. 人間學的 개념들[*1]

序言

바울은 물론 인간을 객관적으로 認知할 수 있는 세계 영역의 한 현상으로 서술하는 과학적 인간을 착상하지 않았다. 그는 인간을 언제나 그의 神과의 관계에서 보았다. 그러나 그는 신과의 관계에서 있는 것과 일어나는 일 모든 것을 보았으며, 그런 한에서 인간은 다른 것들과 구별되는 것을 아무 것도 가지고 있지 않다. 그러나 특별히 인간적인 것, 신에 대한 인간의 관계에 그 특유한 성격을 제공하는 것은 무엇인가? 바로 이것을 이해하려면 반드시 인간 존재의 특수성 즉 이 존재의 형식적 구조들을 분명하게 해야 한다.

§17. 몸의 概念[*2]

1. 肉體와 인격으로서의 몸

바울에게서 인간의 존재를 특징짓는 가장 포괄적인 개념은 $\sigma\hat{\omega}\mu\alpha$ "몸" 개

[*1,2] 이 표제에 관한 문헌들, 참조. S. 630.

념이다. 이 개념은 동시에 가장 복잡하고, 그 이해에는 큰 어려움이 뒤따른다. $\Sigma\hat{\omega}\mu\alpha$가 構成的으로 인간의 존재에 속한다는 것은 바울이 완전히 죽은 후의 미래의 인간 존재를 $\sigma\hat{\omega}\mu\alpha$ 없는 존재로 생각할 수 없었다 — 이것은 고린도의 부활을 거부하는 자들과 대립된 말이었다(고전 15장, 특히 35 ff.) — 는 사실에서 가장 분명하게 드러난다. 부활한 몸은 물론 이미 육체가 아니다(고전 15:50). $\Sigma\hat{\omega}\mu\alpha$ $\psi\upsilon\chi\iota\kappa\acute{o}\nu$ "혼의 몸"도 $\chi o\ddot{\iota}\kappa\acute{o}\nu$ "흙의 몸"도 아니라 $\sigma\hat{\omega}\mu\alpha$ $\pi\nu\epsilon\upsilon\mu\alpha\tau\iota\kappa\acute{o}\nu$ "영의 몸"(고전 15:44—49)이고 $\sigma\hat{\omega}\mu\alpha$ $\tau\hat{\eta}s$ $\delta\acute{o}\xi\eta s$ "영광의 몸"이다(빌 3:21; 비교. 고후 3:18). 그러므로 $\sigma\hat{\omega}\mu\alpha$는 여러 다른 소재 — 肉과 靈 — 로 刻印될 수 있는 육체의 형태로 이해하는 것이 더 가깝게 보인다. 고린도전서 15장 35절 이하는 바로 이 이해를 誘發시킨다. 그러나 $\sigma\hat{\omega}\mu\alpha$의 이해를 위해 이 귀절에서 출발하는 것은 방법론상으로 이미 잘못이다. 바울은 이 귀절에서 그의 적들의 논증방법에 유혹을 당하고 있다. 그리고 이때 $\sigma\hat{\omega}\mu\alpha$ 개념을 다른 데서 보는 바와 같은 그 자신의 특수한 방법으로 사용하지 않았다. 이 귀절들 중에서 순수하게 바울적인 것은 그 근저에 들어 있는 기본사상뿐이다. 즉 인간의 존재는 — 영의 영역에서도 — 오로지 몸의 존재로서 있을 뿐이라는 것이다. 그러나 그 중에 있는 非바울적인 것은 $\sigma\hat{\omega}\mu\alpha$를 "형식"(Form), "형태"(Gestalt)로 사용한 것이다. 몇 개의 중요한 진술들을 숙고하면 이것을 곧 알 수 있다. 바울이 $\mu\grave{\eta}$ $o\hat{\upsilon}\nu$ $\beta\alpha\sigma\iota\lambda\epsilon\upsilon\acute{\epsilon}\tau\omega$ $\acute{\eta}$ $\acute{\alpha}\mu\alpha\rho\tau\acute{\iota}\alpha$ $\acute{\epsilon}\nu$ $\tau\hat{\omega}$ $\vartheta\nu\eta\tau\hat{\omega}$ $\acute{\upsilon}\mu\hat{\omega}\nu$ $\sigma\acute{\omega}\mu\alpha\tau\iota$ "지금은 너희 죽을 몸에서 죄가 왕노릇하지 못하게 하라"(롬 6:12)라고 경고할 때 또는 그가 $\pi\alpha\rho\alpha\sigma\tau\hat{\eta}\sigma\alpha\iota$ $\tau\grave{\alpha}$ $\sigma\acute{\omega}\mu\alpha\tau\alpha$ $\acute{\upsilon}\mu\hat{\omega}\nu$ $\vartheta\upsilon\sigma\acute{\iota}\alpha\nu$ $\zeta\hat{\omega}\sigma\alpha\nu$ $\acute{\alpha}\gamma\acute{\iota}\alpha\nu$ $\tau\hat{\omega}$ $\vartheta\epsilon\hat{\omega}$ $\epsilon\grave{\upsilon}\acute{\alpha}\rho\epsilon\sigma\tau o\nu$ "너희의 몸들을 신이 기뻐하는 거룩한 산 제물로 드리라"(롬 12:1)라고 권할 때 $\sigma\hat{\omega}\mu\alpha$가 육체의 형식 또는 단순히 육체만을 표시하지 않고 오히려 $\sigma\hat{\omega}\mu\alpha$로 全 人間이 생각되었음을 분명히 알 수 있다 — 이것은 물론 더 정확히 파악되어야 할 특정한 관점에서 할 수 있는 말이다.

$\Sigma\hat{\omega}\mu\alpha$가 "형식", "형태"가 아님은 형식과 형태의 의미를 주로 가지고 있는 낱말들이 바울의 경우 오히려 본질의 표지로 사용되었다는 점에서도 인식될 수 있다: 그런 낱말들 중 가령 $\mu o\rho\varphi\acute{\eta}$와 $\sigma\chi\hat{\eta}\mu\alpha$를 들 수 있다. $M o\rho\varphi\acute{\eta}$는 어떤 본질을 나타내는 형태, 형식이다. 그리고 70인역에서 이것은 $\epsilon\hat{\iota}\delta o s$ "외형", $\acute{o}\mu o\acute{\iota}\omega\mu\alpha$ "模象" $\acute{o}\rho\alpha\sigma\iota s$ "현상" $\check{o}\psi\iota s$ "얼굴" 등과 같은 말로 사용되었다. 물론 그것은 본질의 반대가 아니라 그것의 표현이다. 그러므로 헬레니즘의 화법에서 $\mu o\rho\varphi\acute{\eta}$가 신적 본질을 표시하는 데 이용될 수 있었던 것이 이해된다(Reitzenstein, *Hellenistische Mysterienreligionen*³, 357 f.). 이 사정은 바울에게서도 같다. $M\epsilon\tau\alpha\mu o\rho\varphi o\hat{\upsilon}\sigma\vartheta\alpha\iota$ $\acute{\alpha}\pi\grave{o}$ $\delta\acute{o}\xi\eta s$ $\epsilon\grave{\iota}s$ $\delta\acute{o}\xi\alpha\nu$ "형상으로 화

§17. 몸의 槪念

하여 영광에서 영광에 이른다"는 고후 3:18에 따르면 주를 보므로 일어난 일인데 형태의 변화가 아니라 본질의 변화이다. 신에 의해 택함을 받는 자들이 σύμμορφοι τῆς εἰκόνος τοῦ υἱοῦ αὐτοῦ "그의 아들의 형상을 본받는 자들"(롬 8:29)이라면 그것이 뜻하는 것은 그들의 본질이 그의 것과 마찬가지로 δόξα "영광"의 본질로 되리라는 것이다. 그리고 빌립보서 3장 21절도 같은 것을 말한다: ὃς μετασχηματίσει τὸ σῶμα τῆς τα πεινώσεως ἡμῶν σύμμορφον τῷ σώματι τῆς δόξης αὐτοσῦ "그는 우리의 낮은 몸을 자기 영광의 몸의 형체와 같이 변케 했다". 先在者가 가졌던 μορφὴ θεοῦ "신의 형체"는 단순한 형식이 아니고 신의 존재 양식이며 흡사 μορφὴ δούλου "노예의 형태"가 노예의 존재 양식인 것과 같다(빌 2:6 f. — Σχῆμα에도 같은 것이 해당한다. Σχήματι εὑρεθεὶς ὡς ἄνθρωπος "사람과 같은 모양으로 나타났다"(빌 2:8)는 단순히 사람처럼 보인다는 것이 아니라 그는 실제로 ὑπήκοος μέχρι θανάτου "죽기까지 복종한" 사람이었다는 것을 뜻한다. Μετασχηματίζειν "모양으로 변한다"(빌 3:21, 참조. 위에)는 본질의 변화를 표시하고 같은 의미에서 συσχηματίζεσθαι "변화되다"와 μεταμορφοῦσθαι "변형되다"(롬 12:2)는 서로 연결된다. 사라지는 σχῆμα τοῦ κόσμου τούτου "이 세상의 모습"(고전 7:31)도 형식이 아니라 κόσμος의 실체의 것임이 분명하다. 단지 형태 11:13—15에서만 μετασχηματίζεσθαι가 형태 변화라는 원래의 의미로 사용되었다. 그리고 아마 이해하기 어려운 귀절 고전 4:6도 그럴 것이다.

Σῶμα 개념을 규정하려면 소박한 통속적 화법 즉 σῶμα가 육체(Leib), 신체(Körper) — 말하자면 흔히 인간의 그것 — 을 뜻하고 역시 소박한 인간학적 도식에 따라 ψυχή "혼" 및 πνεῦμα "영"에 대립시킬 수 있는 화법에서 출발해야 할 것이다(살전 5:23; 고전 5:3; 7:34). 인격적이고 육체적인 현재는 παρουσία τοῦ σώματος "몸의 현재"이다(고후 10:10). 바울은 그의 육체에 στίγματα τοῦ Ἰησοῦ "예수의 흔적"을 지니고 있었다(갈 6:17). 이것은 분명히(학대 또는 事故에 의한) 상처들인데 그를 신체적으로 표시한다. 그가 항상 참아야만 했던 궁핍과 고난을 περιφέρειν τὴν νέκρωσιν τοῦ Ἰησοῦ ἐν τῷ σώματι "몸에 예수의 죽음을 지니고 다닌다"라고도 표현할 수 있었던 것과 같다(고후 4:10). 그들의 육체를 내주어 불사르게 하는 자들도 있다(고전 13:3). 바울은 그의 σῶμα를 학대하고 구속했다(고전 9:27). Σῶμα는 性 생활의 자리이기도 하다. 아브라함은 그의 육체가 시들어 감을, 즉 이미 생산할 수 없게 됨을 보았다(롬 4:19). 아내도 남편도 자신의 몸을 지배하지 못한다(고전 7:4). 順理에 어긋나는 성 행위는 ἀτιμάζειν τὸ σῶμα "몸을 경시하는 것"이다(롬 1:24). 그런 성 행위 자체가 σῶμα에 관련된 죄이다(고전 6:13—20, 특히 18절).

그러나 일련의 이 귀절들에서 분명한 것은 σῶμα가 인간의 본래 자아(가령 그의 영혼)에 외부적으로 결부되어 있는 것이 아니라 본질적으로 이 자아에 속해 있다는 것이다. 이 사실을 이렇게 말할 수 있다 : 인간은 σῶμα를 가지고 있지 않고 σῶμα이다. Σῶμα를 단순히 "나"(혹은 문맥에 일치하는 인칭 대명사들)로 번역할 수 있는 경우가 드물지 않기 때문이다(고전 13 : 3; 9 : 27; 7 : 4 (참조. 위에)). 또는 가령 빌립보서 1장 20절 : · · · μεγαλυνθήσεται Χριστὸς ἐν τῷ σώματί μου εἴτε διὰ ζωῆς εἴτε διὰ θανάτου "살든지 죽든지 나의 몸에서 그리스도를 존귀하게 할 것이다 · · · " 특히 이것은 이미 인용된 권고, 로마서 12장 1절에서 분명하다 παραστῆσαι τὰ σώματα ὑμῶν θυσίαν κτλ. "너희 몸을 · · · 제물로 드리라". 특히 로마서 6장 12—13절이 가르치는 바 많다 :

μὴ οὖν βασιλευέτω ἡ ἁμαρτία ἐν τῷ θνητῷ ὑμῶν σώματι · · ·
μηδὲ παριστάνετε τὰ μέλη ὑμῶν ὅπλα ἀδικίας τῇ ἁμαρτίᾳ,
ἀλλὰ παραστήσατε ἑαυτοὺς τῷ θεῷ · · ·
καὶ τὰ μέλη ὑμῶν ὅπλα δικαιοσύνης τῷ θεῷ
"그러므로 너희는 죄로 너희 죽을 · · · 지배하지 못하게 하라,
너희 지체를 불의의 병기로 죄에게 내어주지 말고,
너희 자신을 · · · 신에게 드리며,
너희 지체를 義의 병기로 신에게 드리라."

Τὰ μέλη ὑμῶν "너희 지체"(이것으로 σῶμα 개념이 다시 받아들여졌다)와 ἑαυτούς "자신들"이 평행한다. 이것은 곧 그 다음 귀절에서 다시 παριστάνειν ἑαυτούς "자신들을 드리라"(16절)와 παριστάνειν τὰ μέλη ὑμῶν "너희 지체들을 드리라"(19절)가 동일한 의미로 말해진 것과 같다. 그러므로 고린도전서 6장 15절 : οὐκ οἴδατε, ὅτι τὰ σώματα ὑμῶν μέλη Χριστοῦ ἐστίν;" 너희는 너희의 몸이 그리스도의 지체임을 알지 못하느냐?"와 12장 27절 : ὑμεῖς δέ ἐστε σῶμα Χριστοῦ καὶ μέλη ἐκ μέρους "너희는 그리스도의 몸이고 지체의 각 부분이다"도 일치한다. Μέλη-Χριστοῦ "그리스도의 지체"로 있음의 주체는 전자에서 τὰ σώματα ὑμῶν "너희의 몸들"이고 후자에서는 ὑμεῖς "너희"이나 의미의 차이는 없다. 이 때 μέλη "지체들"은 인간 존재의 개별적 가능성들을 표시하는바 이 가능성들이 σῶμα에서 전체로 종합 파악된 것이다. 이것은 개인이 세례를 받은 한 μέλος "지체"로 σῶμα Χριστοῦ "그리스도의 몸"에 속한다는 것에 상응한다.

§17. 몸의 槪念

특유하게도 σῶμα에 관한 의미의 色調들이 고전 6 : 13—20에서 서로 교차되어 있다. 13절의 τὸ δὲ σῶμα οὐ τῇ πορνείᾳ "몸은 음란을 위한 것이 아니고"는 분명히, 몸이 성 생활의 자리인 限 음란으로 더럽혀지면 안 된다는 것이다. 계속 ἀλλὰ τῷ κυρίῳ καὶ ὁ κύριος τῷ σώματι "그러나 주를 위해 그리고 주는 몸을 위해"라고 했는데 이 의미는 이미 σῶμα에 관한 것일 수 없다. 그리고 특별히 14절에서 ὁ δὲ θεὸς καὶ τὸν κύριον ἤγειρεν καὶ ἡμᾶς ἐξεγερεῖ "신은 주를 일으켰고 우리도 일으키리라"라고 했을 때 기대된 τὰ σώματα ἡμῶν "우리의 몸들" 대신 ἡμᾶς "우리"가 사용되었다. 그러므로 이 σῶμα에는 '나', '인물'이라는 의미가 드러나 있다. 15절이 οὐκ οἴδατε ὅτι τὰ σώματα ὑμῶν μέλη Χριστοῦ ἐστιν; "너희는 너희 몸들이 그리스도의 지체임을 알지 못하느냐?"로 시작했을지라도 τὰ σώματα ὑμῶν "너희 몸들"에는 ὑμεῖς "너희"의 의미가 들어 있다(비교, 12 : 27, 참조. 위에). 그러나 계속 ἄρας οὖν τὰ μέλη τοῦ Χριστοῦ ποιήσω πόρνης μέλη; "내가 그리스도의 지체를 가지고 娼妓의 지체를 만들겠느냐?"라고 했다면 σῶμα가 몸, 육신이라는 다른 의미로 다시 등장한다. 그리고 16절이 창녀와 사귀면 그녀와 ἓν σῶμα "한 몸"이 된다고 말한 것은 σῶμα가 다시 신체의 의미를 가진 것이다. 설사 그 의미가 具象적인 것으로 표현되어 동시에 일체됨, 하나됨을 주장한 것일지라도 변화 없다. 18절의 σῶμα의 의미는 규정하기 어렵다. 그러나 그 σῶμα가 인간에게 아주 밀접하게 결부되어 있는 것을 뜻하고 '나'의 의미를 지향하고 있다는 것만은 알 수 있다. 바울은 이 경우 표현에 있어서 물론 랍비의 화법, 즉 "몸으로 죄를 범한다" — 이것으로 음란이 표시될 수 있다 — 논 화법에 예속되어 있다. 특유하게 흔들리는 σῶμα의 의미는 19절에서 다시 볼 수 있다. Σῶμα가 그리스도인 중에 거하는 πνεῦμα "영"의 성전이라고 호칭되었을 때 우리는 우선, 그리스도인이 몸을 음란에서 순결하게 보존하라는 背音, 즉 권고에 일치시키면서 몸을 생각하게 되기 때문이다. 그 때에는 그러나 "너희 몸들은 너희 소유가 아니다" 대신 "너희는 너희 자신의 것이 아니다"라고 했을 것이다. 이에 반해 20절의 권고에서는 σῶμα가 몸의 의미를 가지고 있다 : δοξάσατε δὴ τὸν θεὸν ἐν τῷ σώματι ὑμῶν "너희 몸으로 신을 영화롭게 하라". 즉 문맥상으로 보면 "너희 몸을 음란에 제공하지 말라"를 뜻한다.

2. 자기 자신에 대한 자신의 관계로서의 人間存在의 표현

이 모든 것에서 드러나는 것은 인간이 σῶμα에 의해 全人格으로 표시되었다는 것이다. 바울이 한번도 죽은 몸, 시체를 σῶμα로 부르지 않은 것도 아마 그 특징을 말한다고 할 수 있을 것이다. 일반 그리스어와 70인역에는 흔히 그렇게 사용되었다. 그러나 인간이 σῶμα로 지칭될 때 인간을 보는 특별한 방법은 어떤 것인가? 人間이 σῶμα라고 불리워질 때는 그가 자기 자신을 자신의 행위의 대상으로 만들 수 있거나 한 사건, 한 일의 주체로 자기 자신을 경험할 때이다. 즉 어떤 방식으로든지 자기 자신으로부터 거리를 가질 수 있을 때이다. 좀더 정확히 말하면 그가 자신의 주체이면서 자신에게 거리를 두는 자, 자기 자신의 행위의 대상으로 다루어지는 자, 다시 생소한, 자신의 뜻에서 발생하지 않은 사건에 예속된 자로 경험될 수 있는 자, 이런 자로서 인간은 σῶμα라고 호칭된다. 이런 "자기 자신에 대해 가지는 어떤 관계"가 인간의 존재에 속한다면 그 곳에는 이중적인 것이 들어 있다. 이것은, 자기 자신과 통일을 이루거나 또는 자기 자신에게 생소해져서 자기 자신과 분리될 수 있는 가능성이다. 즉 자신을 조정하거나 아니면 이 조정력을 잃고 외부 세력에 희생될 수 있는 가능성은 인간 존재 자체에 속한 것이다. 그러나 이때 외부 세력은 적대적인 것으로, 인간을 그 자신에게서 생소하게 하는 것으로 경험하거나 반대로 자기 자신에게서 멀어진 인간을 다시 자기 자신에게 돌아오게 하는 구원의 힘으로 경험할 수 있을 것이다.

Σῶμα가 육신으로도, 全 인간 즉 인격으로도 표시될 수 있다는 것은 구약성서(여기서는 그것이 בָּשָׂר로 통한다)와 유대교에서 흔히 보는 관찰 방식에 근거를 두고 있다. 그러므로 이 몸은 인간에게 있어서, 외부 세계의 대상들과 같은 물건이 아니라, 그에게 주어져서 그가 책임져야 할 그의 몸이라고 이해될 수 있다. 인간은 그 자신에 대한 제일 첫째 경험을 그의 몸에서 하고 마찬가지로 그 자신이 외부 세력들에 결부되어 있음도 제일 먼저 그 자신의 몸이 그러한 세력들에게 예속되어 있음에서 알게 된다. 그러므로 '自我'의 內的 觀點과 '나'의 감성적 所與性의 관점이 나타날 때 우선은 구별되지 않고 존속한다.

인간이 자기 자신을 조정하고 그 자신의 행위의 대상일 수 있는 한에서 그가 σῶμα라는 것은 위에서 인용된 귀절들이 보여 준다. 즉 그는 자신을 학대하거나 노예화한다(고전 9 : 27). 그는 자신을 불태울 수 있다(고전 13 : 3). 그는 자신을 죄 또는 신에게 도구로 제공할 수 있다(롬 6 : 12 ff. ; 12 : 1). 그는 자신을 그리스도에게 드릴 수 있다(빌 1 : 20). 夫婦가 각기 스스로 자기 자신을 마음대로 하지 못한다는 진술(고전 7 : 4)도 결국 이 부류에 속한다. 그 의미는 사실, 그들이 서로 피할 수 있으나, 서로 상대방을 향해 자신을 조정해야 한다는 것을 뜻하기 때문이다. 그러므로 그들에게는 그들이 각기 οὐκ ἐξουσιάζει "조정하지 않는 일"을 실현하는가가 중요하다. 고린도 후서 5장 10절 : ἵνα κομίσηται ἕκαστος τὰ διὰ τοῦ σώματος πρὸς ἃ ἔπραξεν ··· "각기 ··· 그 몸으로 행한 것들을 받기 위함"이라고 했을 때 이것은 사실 "그 자신의 행적들에 맞게", 즉 "그가 자기 자신을 가지고 시

§17. 몸의 概念

작하여 만든 자기 자신에 맞게"라는 것 외에 다른 의미를 가지지 않을 때 σῶμα는 바로 행위의 도구로 표시될 수 있다.

단 한번 바울에게서 σῶμα가 행위의 주체로 나타났다. 그것은 로마서 8장 13절의 πράξεις τοῦ σώματος "몸의 행실들"에 관해 말한 데서 나타났다.[1] 그러나 πράξεις τοῦ σώματος는 사실 행동하는 인간의 주체에 대해 특유한 거리를 두고 있다. 이 행실들은 그의 행동의 대상이다(εἰ ... θανατοῦτε "... 하면 너희는 ... 죽으리라"). 즉 이 표현은 '나'-주체에 대해 거리를 둔 σῶμα가 '나'에 대해, 그의 πράξεις "행실들"이 논의될 만큼 독립되었다는 것으로 이해될 수 있다. 그러나 이것이 뜻하는 것은 σῶμα가 자신의 πράξεις를 일으키는 한, 나'에게서 자기 자신에 대한 조정력을 빼앗는 외부 세력에 빠졌다는 것 외에 다른 것이 아니다. 다시 말하면 그것은 πράξεις τοῦ σώματος "몸의 행실들"에서 인간이 자기 자신을 손에서 놓았다는 것을 뜻한다. 이 문맥은 외부 세력이 σάρξ "肉"의 세력임을 보여 준다. Πράξεις τοῦ σώματος는 ζῆν κατὰ σάρκα "육에 의한 삶"에 일치하기 때문이다. 그러나 이와 동일한 것은 바울이 σῶμα의 ἐπιθυμίαι "욕심들"을 말할 수 있었다는 데서도 드러난다(롬 6:12). 여기서도 σάρξ의 세력에 떨어진 '나'가 지적되었고 이 '나'에서 다름 아닌 본래의 '나'가 거리를 두고 있고 혹은 두고 있다고 하는 것이 분명하기 때문이다. Σῶμα의 ἐπιθυμίαι는 σάρξ의 ἐπιθυμίαι 외에 다른 것이 아니다(갈 5:16 f., 24; 비교. 롬 7:7 ff.; 13:14). 이 의미에서 바울은 σῶμα τῆς ἁμαρτίας "죄의 몸"에 관해 말했다. 이 외에 σῶμα에는 외부 세력 — 그것이 파괴적인 폭행이든지, 해방시키고 행복을 갖다 주는 능력이든지 — 에 던져진 그의 존재를 표현하는 그런 특징이 들어 있다. 과거와 죽음에 던져진 자로서의 σῶμα는 ψυχικόν "혼"(고전 15:44)이고 θνητόν "죽을 것"(롬 6:12; 8:11)이며 σῶμα τῆς ταπεινώσεως "낮은 몸"(빌 3:21)이다. 반면 부활의 몸으로서의 그것은 σῶμα πνευματικόν "영의 몸"(고전 15:44)이고 σῶμα τῆς δόξης "영광의 몸"(빌 3:21)이다.

그러므로 σῶμα로서의 인간의 특징에는 인간이 자기 자신에 대해 어떤 관계를 가지고 있는 존재라는 것, 이 관계가 바로된 것일 수도, 잘못된 것일 수도 있다는 것, 인간은 자기 자신과 하나가 될 수도, 자기 자신과 龜裂을 일으킬 수도 있다는 것, 자신을 소유할 수도, 상실할 수도 있다는 것 — 후

---
1) 이 더 어려운 解得이 D, G 사본 등에 의해 제공된 독법 πράξεις τῆς σαρκός "육의 행실들"에 앞세워져야 할 것이기 때문이다.

자의 경우에는 이중 가능성이 들어 있다, 즉 그에게 군림하는 세력이 그 균열을 결정지을 수 있다는 것, 그리고 이것은 곧 뜻하는바 이 세력이 인간을 완전히 자기 자신에게서 탈취하여 파멸시킨다는 것이다 ― 아니면 이 세력이 인간을 그 자신에게 돌려줌으로 그에게 생명을 제공한다는 것이 포함되어 있다. 인간이 σῶμα라는 것은 그가 이와 같은 가능성들 중에 서 있음을 뜻한다. 그의 σῶμα됨 자체는 어떤 선한 것도 어떤 악한 것도 아니다. 그러나 오로지 그가 σῶμα라는 이유에서만 선할 수도 악할 수도 신과의 관계를 가질 수도 있는 가능성이 그에게 있다.

그러면 바울이 왜 그렇게 열심히 σῶμα의 부활을 고린도의 反對者들에게 주장했는가, 말하자면 σῶμα 개념이 인간 존재의 특징으로 가지고 있는 근본 의미에서 이것은 이해되어야 할 것이다. 인간이 이미 σῶμα가 아니라면 그는 자기 자신에 대한 관계를 가지지 못할 것이고 이미 사람들이 아닐 것이다. 바울의 思惟 능력이 추상적인 思惟로 발전하지 않았기 때문에, 그리고 그 때문에 그가 σῶμα를 인간 존재의 특성으로서 물질적인 육체의 현상으로부터 근본적인 의미에서 분명하게 구별하지 못한 때문에 그는 몸의 실존에 관한 사상을 신화적 부활론에 결부시키는 데서 끝냈다(고전 15장). 이 부활론에서 σῶμα는 좋든 나쁘든 물질적 육체 및 그것의 "形式"으로 나타날 수밖에 없었다. 만일 부활의 몸의 자료가 "肉"과 "피"일 수 없다면(고전 15 : 50), πνεῦμα가 σῶμα를 성립시키는 자료로서 생각될 수밖에 없는 불행한 결과가 생긴다. 이 신화에 비교할 때 바울의 본래의 의도는 분명히 될 수 있다. 그 의도는 바로, 몸의 존재로서 특수하게 인간적인 존재가 저 근본적인 의미에서 죽음도 넘어선다고 주장하려는 것이다.

그런데 보기에, 부활의 삶에서 인간이 자기 자신에게 생소해지고 자기 자신과 균열을 일으키며 그에게 敵인 세력 즉 그의 손에서 그 자신을 탈취하여 파멸시키는 세력에 포박될 수 있는 가능성이 제기된다는 반론도 가능하게 보인다. 사실 이 가능성은 實際(存在)的인 것으로서는 제기될 수 없다. 죄와 죽음이 완전히 멸망당했기 때문이다(고전 15 : 26, 55 f.). 그러나 이것으로써 말하는 것은 인간 존재의 존재론적 구조가 제거되었다는 것이 아니다. 그렇지 않다면 사실 죽음 以前의 인간과 부활 및 부활한 자 사이에 연속성은 전혀 존속될 수 없을 것이다. 신앙과 희망, 사랑이 전적으로 남아 있다(고전 13 : 13)는 진술도 실제로 바울이 인간의 본질 자체(그의 존재론적 구조에서)를 불가변적인 것으로 간주한다는 것을 증명해 주고 있다. 왜냐하면 신앙과 희망, 사랑에서 사실 인간은 언제나 자기 자신에 대한 관계를 가지되 어떤 것을 위해 결단하고 행동의 특정한 방향을 잡으면서 결단하기 때문이다. 그리고 동일한 것이 올바로 해석된 $\sigma\hat{\omega}\mu\alpha$ $\pi\nu\epsilon\upsilon\mu\alpha\tau\iota\kappa\acute{o}\nu$ 개념에서도 드러난다. 이 개념은 결국 에테르적 물질로 성립된 육체가 아니라 신의 능력에 의한 '나'의 規定性을 뜻하는바, 이 능력은 '나'와 '나' 사이의 인간의 균열을 화해시키는 것이므로 자기 자신에 대한 인간의 관계를 전제한다. 그러나 이것은 $\pi\nu\epsilon\hat{\upsilon}\mu\alpha$ 개념의 검토에서 처음으로 설명될 수 있을 것이다.

3. 二元論的 自己理解의 問題

人間이 $\sigma\hat{\omega}\mu\alpha$이고 자기 자신에 대해 관계를 가지는 한 그는 자신에게서 거리를 가질 수 있으며 이 거리는 외부 세력들이 그를 그 자신의 調節에서 分離시키거나 이미 分離된 것을 경험 하게 될 때 더 커질 것이다. 이때 그가 이 거리를 分離로 만들고 자기 자신에 대한 관계를 자신과 근본적으로 생소한 존재, 즉 非我에 대한 관계로서 오해하게 하는 유혹이 생긴다. 그리고 이 때문은 곧 육신이라는 소박한 원래의 의미가 다시 침투되어 '나'가 결부된 "이중 인격"을 물질적인 육신으로 생각되게 한다. 이것이 다름 아닌(영지주의적) 이원론의 自己理解이다. 그 결과 인간의 '나'는 자신에게 異質的인 감옥으로서의 육신에 결박되고 이 육신에서의 해방을 동경하게 된다. 이 사상에서는 물론 바울이 완성에서 기대한 것 같은 몸의 실존이 생각될 수 없다. 그리고 이 이원론의 실천적 생활 태도는 密儀와 금욕인데 그것들은 육신의 현실에서 벗어나는 일, 자기 자신에 대한 관계로서의 인간 존재의 긴장에서 도피하는 일로 이해되었다.

바울의 자기 이해가 이 이원론에 의해 刻印되지 않았다는 것은 그가 몸의 삶으로서 부활의 삶을 파악했다는 사실에서 드러난다. 그러나 반면 그는 인간의 균열, '나'와 '나' 사이의 긴장을 아주 심각하게 보고 인간의 처지를 받아들였는데 이 인간이 자기 자신을 잃고 외부 세력들에 넘겨졌다는 것은 그가 영지주의적 二元論에 접근할 수 있을 정도로 그에게 분명했다. 이 사실은 우선 $\sigma\hat{\omega}\mu\alpha$ "몸"이 때로 $\sigma\acute{\alpha}\rho\xi$ "肉"과 동의어로 사용된 데서 나타난다.

여기서는 가령 고후 4:10 f.에서 육체적인 몸의 표지로 $\sigma\hat{\omega}\mu\alpha$ 및 $\sigma\acute{\alpha}\rho\xi$가 사용되었는데 그런 화법이 문제된 것은 아니다. 여기서는 이 두 낱말이 평행법으로 같은 의미에서 사용되었다: $\H{\iota}\nu\alpha$ $\kappa\alpha\grave{\iota}$ $\H{\eta}$ $\zeta\omega\grave{\eta}$ $\tauo\hat{\upsilon}$ $'I\eta\sigmao\hat{\upsilon}$ $\epsilon\nu$ $\tau\hat{\omega}$ $\sigma\acute{\omega}\mu\alpha\tau\iota$ "예수의 생명도 몸에", 혹은 $\epsilon\nu$ $\tau\hat{\eta}$ $\vartheta\nu\eta\tau\hat{\eta}$ $\sigma\alpha\rho\kappa\grave{\iota}$ $\H{\eta}\mu\hat{\omega}\nu$ $\varphi\alpha\nu\epsilon\rho\omega\vartheta\hat{\eta}$ "우리의 죽을 육신에 나타나게 하려 함이다." 바울이 (갈 6:17에 의하면) $\sigma\tau\acute{\iota}\gamma\mu\alpha\tau\alpha$ $\tauo\hat{\upsilon}$ $'I\eta\sigmao\hat{\upsilon}$ "예수의 흔적들"을 그

의 $\sigma\hat{\omega}\mu\alpha$에 지니고 다닌다면 이 경우의 $\sigma\hat{\omega}\mu\alpha$는 $\dot{\alpha}\sigma\vartheta\acute{\epsilon}\nu\epsilon\iota\alpha$ $\tau\hat{\eta}s$ $\sigma\alpha\rho\kappa\acute{o}s$ "육의 약함" (갈 4 : 13) 또는 $\sigma\kappa\acute{o}\lambda o\psi$ $\tau\hat{\eta}$ $\sigma\alpha\rho\kappa\acute{\iota}$ "육신에 있는 가시"(고후 12 : 7)를 말할 경우와 거의 다른 의미를 가지지 않는다. 고전 6 : 16에서 $\sigma\hat{\omega}\mu\alpha$와 $\sigma\acute{\alpha}\rho\xi$가 동의어로 사용된 것은 그 근거를 오로지 창녀와 사귀는 자의 $\dot{\epsilon}\nu$ $\sigma\hat{\omega}\mu\alpha$ $\epsilon\hat{\iota}\nu\alpha\iota$ "하나된 몸"을 위해 창 2 : 24의 $\ddot{\epsilon}\sigma o\nu\tau\alpha\iota \cdot \cdot \cdot \epsilon\dot{\iota}s$ $\sigma\acute{\alpha}\rho\kappa\alpha$ $\mu\acute{\iota}\alpha\nu$ " $\cdot \cdot \cdot$ 한 몸이 될 것이다"를 증거로 인용한 데 두고 있을 뿐이다. 이런 경우에 바울은 70인역을 따르는데, 여기서 בָּשָׂר는 그 의미의 구별에 구애되지 않고 때로 $\sigma\hat{\omega}\mu\alpha$로 때로는 $\sigma\acute{\alpha}\rho\xi$로 번역되었다.

$\Sigma\hat{\omega}\mu\alpha$가 反神的인 죄의 세력이라는 $\sigma\acute{\alpha}\rho\xi$의 의미로 사용된 귀절들은 위에 (S. 192 f.) 지적한 바와 같이 $\dot{\epsilon}\pi\iota\vartheta\upsilon\mu\acute{\iota}\alpha\iota$ "욕심들" 및 $\pi\rho\acute{\alpha}\xi\epsilon\iota s$ $\tau o\hat{\upsilon}$ $\sigma\acute{\omega}\mu\alpha\tau os$ "몸의 행실"을 다루고 있다(롬 6 : 12; 8 : 13). 여기서는 $\sigma\hat{\omega}\mu\alpha$가 $\sigma\acute{\alpha}\rho\xi$에 의해 지배되는 '나'로 이해될 수 있고 그것은 바로 $\sigma\acute{\alpha}\rho\xi$의 $\dot{\epsilon}\pi\iota\vartheta\upsilon\mu\acute{\iota}\alpha\iota$와 $\pi\rho\acute{\alpha}\xi\epsilon\iota s$를 뜻한다. 그 귀절들이 로마서 8장 13절, $\epsilon\dot{\iota}$ $\gamma\grave{\alpha}\rho$ $\kappa\alpha\tau\grave{\alpha}$ $\sigma\acute{\alpha}\rho\kappa\alpha$ $\zeta\hat{\eta}\tau\epsilon$ $\cdot \cdot \cdot \epsilon\dot{\iota}$ $\delta\grave{\epsilon}$ $\pi\nu\epsilon\acute{\upsilon}\mu\alpha\tau\iota$ $\tau\grave{\alpha}s$ $\pi\rho\acute{\alpha}\xi\epsilon\iota s$ $\tau o\hat{\upsilon}$ $\sigma\acute{\omega}\mu\alpha\tau os$ $\vartheta\alpha\nu\alpha\tau o\hat{\upsilon}\tau\epsilon \cdot \cdot \cdot$ "너희가 육에 의해 살면 $\cdot \cdot \cdot$ 그러나 너희가 영으로 몸의 행실들을 죽이면 $\cdot \cdot \cdot$"과 일치하는 것은 바울이 어떻게 몸 — 이것이 $\sigma\acute{\alpha}\rho\xi$에 빠진 한 — 에 관해, $\sigma\acute{\alpha}\rho\xi$ 자체를 말하는 것같이 말할 수 있었던가를 보여 준다. 로마서 7장 14 절 이하에서도 마찬가지이다. 여기서는 인간을 죽음에 인도하는 $\dot{\alpha}\mu\alpha\rho\tau\acute{\iota}\alpha$ "죄"가 우선 $\sigma\acute{\alpha}\rho\xi$에 소급된다. 그리고 $\mu\acute{\epsilon}\lambda\eta$ "지체" 즉 $\sigma\hat{\omega}\mu\alpha$를 지배하는 (23절), $\nu\acute{o}\mu os$ $\tau\hat{\eta}s$ $\dot{\alpha}\mu\alpha\rho\tau\acute{\iota}\alpha s$ "죄의 법"이 거론된다. 그 후에 $\tau\acute{\iota}s$ $\mu\epsilon$ $\rho\acute{\upsilon}\sigma\epsilon\tau\alpha\iota$ $\dot{\epsilon}\kappa$ $\tau o\hat{\upsilon}$ $\sigma\acute{\omega}\mu\alpha\tau os$ $\tau o\hat{\upsilon}$ $\vartheta\alpha\nu\acute{\alpha}\tau o\upsilon$ $\tau o\acute{\upsilon}\tau o\upsilon$; "누가 나를 이 죽음의 몸에서 구원 할 것인가?"(24절)라고 물었다면 이 $\sigma\hat{\omega}\mu\alpha$는 $\sigma\acute{\alpha}\rho\xi$에 의해 지배되는, 죄에 빠진 '나'이고 그 부르짖음은 $\sigma\hat{\omega}\mu\alpha$ 자체에서의 해방이 아니라 $\sigma\acute{\alpha}\rho\xi$의 지배 를 받는 이 $\sigma\hat{\omega}\mu\alpha$의 해방에 소급된다. 그리고 이것은 결국 $\sigma\acute{\alpha}\rho\xi$에서의 해방 을 호소한 것이다. 로마서 8장 10절에 의하면 그리스도인에게 있어서 $\sigma\acute{\alpha}\rho\xi$ 는 배제되었다. 그리고 8장 10절에 $\epsilon\dot{\iota}$ $\delta\grave{\epsilon}$ $X\rho\iota\sigma\tau\grave{o}s$ $\dot{\epsilon}\nu$ $\dot{\upsilon}\mu\hat{\iota}\nu$, $\tau\grave{o}$ $\mu\grave{\epsilon}\nu$ $\sigma\hat{\omega}\mu\alpha$ $\nu\epsilon\kappa\rho\grave{o}\nu$ $\delta\iota'$ $\dot{\alpha}\mu\alpha\rho\tau\acute{\iota}\alpha\nu$ "그러나 그리스도가 우리 안에 있으면 몸은 죄로 인 해 죽었다"라고 했다면 그 의미는 $\sigma\acute{\alpha}\rho\xi$가 지배하는 $\sigma\hat{\omega}\mu\alpha$는 결국 $\sigma\acute{\alpha}\rho\xi$를 뜻하는바 그 지배가 끝났음을 의미한 것이다(말하자면 $\delta\iota'$ $\dot{\alpha}\mu\alpha\rho\tau\acute{\iota}\alpha\nu$ "죄 로 인해", 즉 죄가 심판을 받았기 때문이다, 비교. 3절).

그러므로 인간의 본래 원하는 것(Wollen)을 지닌 자인 '나' — $\ddot{\epsilon}\sigma\omega$ $\ddot{\alpha}\nu\vartheta$-$\rho\omega\pi os$ "속 사람"(롬 7 : 22) — 와 이 원하는 것에서 벗어나서 $\sigma\acute{\alpha}\rho\xi$에 빠진 자 사이의 거리 — 로마서 7장 14절 이하에 거론된 균열 — 가 상당히 심각 한 것으로 보여지고 그 때문에 이 제 2 의 '나'가 거의 남같이 나타난 것을

§17. 몸의 槪念

알 수 있다. 이 제2의 '나'는 $\sigma\hat{\omega}\mu\alpha$와 $\sigma\acute{\alpha}\rho\xi$ 사이의 구별이 철회될 만큼 $\sigma\acute{\alpha}\rho\xi$의 지배를 받고 있다. 그러나 $\sigma\hat{\omega}\mu\alpha$는 원하는 것과 불가분의 관계로서 결합된 '나'로 역시 남아 있다. 그것은 로마서 7장 14절 이하도 보여 준다. 그리고 $\sigma\hat{\omega}\mu\alpha$와 $\sigma\acute{\alpha}\rho\xi$의 근본적인 차이는 계속 존속한다. $\Sigma\acute{\alpha}\rho\xi$는 그리스도 인에게 있어서 죽었고 제거되었다(롬 8 : 2 ff.). $\Sigma\acute{\alpha}\rho\xi$는 $\beta\alpha\sigma\iota\lambda\epsilon\acute{\iota}\alpha\ \tau o\hat{v}\ \vartheta\epsilon o\hat{v}$ "신의 왕국"에 참여하지 못한다(고전 15 : 50). 반면 $\sigma\hat{\omega}\mu\alpha$는 — 변화한 것, 즉 $\sigma\acute{\alpha}\rho\xi$의 지배에서 벗어난 것으로서 — 부활의 생명을 지닌 자이다. $\Sigma\hat{\omega}\mu\alpha$는 곧 인간 자신인데 반해 $\sigma\acute{\alpha}\rho\xi$는 인간에게 요구하고 인간을 규정하는 세력이다. 그 까닭에 바울은 $\kappa\alpha\tau\grave{\alpha}\ \sigma\acute{\alpha}\rho\kappa\alpha$ "육에 의한" 삶은 말하나 $\kappa\alpha\tau\grave{\alpha}\ \sigma\hat{\omega}\mu\alpha$ "몸에 의한" 삶은 말하지 않는다.

그러므로 바울은 인간의 '나'("靈")를 이원론적으로 인간과 동질적이 아닌 外皮 즉 감옥으로서의 육체적 $\sigma\hat{\omega}\mu\alpha$에서 구별하지 않았다. 그리고 그의 희망은 육신인 감옥에서의 '나'의 해방이 아니라, 몸의 부활 및 $\sigma\acute{\alpha}\rho\xi$에 빠져있는 $\sigma\hat{\omega}\mu\alpha$가 영적인 것 즉 $\pi\nu\epsilon\hat{v}\mu\alpha$ "영"의 지배를 받는 것으로 변화하는 것을 지향했다. 로마서 7장 24절에서 동경된 $\sigma\hat{\omega}\mu\alpha\ \tau o\hat{v}\ \vartheta\alpha\nu\acute{\alpha}\tau ov$ "죽음의 몸"에서의 해방이 $\sigma\acute{\alpha}\rho\xi$에서의 해방을 뜻하는 바와 같다(참조. 위에). 로마서 8장 23절에서 희망된 $\dot{\alpha}\pi o\lambda\acute{v}\tau\rho\omega\sigma\iota\varsigma\ \tau o\hat{v}\ \sigma\acute{\omega}\mu\alpha\tau o\varsigma$ "몸의 속죄"도 몸의 속죄 (목적적 2격)가 아니라 실제로 몸에서의 속죄(분리적 2격)를 뜻한다면 육적인 몸 즉 $\sigma\acute{\alpha}\rho\xi$에서의 속죄이다.

이것이 고린도후서 5장 1절 이하에서는 다르다. 바울은 여기에서 헬레니즘-영지주의적 이원론에 매우 가깝게 접근한다. 그가 장막과 옷의 像으로 $\sigma\hat{\omega}\mu\alpha$를 말하는 화법에서는 물론이고 그 사상 자체에서도 그렇다. $\Sigma\hat{\omega}\mu\alpha$는 여기서 '나' — $\check{\epsilon}\sigma\omega\ \check{\alpha}\nu\vartheta\rho\omega\pi o\varsigma$, 4 : 16 — 를 위한 옷으로, 말하자면 '나'가 지금 아직 탄식하면서 그에게 맞는 하늘의 옷을 동경하는 지상의 장막이 문제되는 限 不適合한 옷으로 나타난다. 여기에는 $\dot{\epsilon}\nu\delta\eta\mu\epsilon\hat{\iota}\nu\ \dot{\epsilon}\nu\ \tau\hat{\omega}\ \sigma\acute{\omega}\mu\alpha\tau\iota$ "몸에 거하는 것"과 그에 相應하는 $\dot{\epsilon}\kappa\delta\eta\mu\epsilon\hat{\iota}\nu\ \dot{\alpha}\pi\grave{o}\ \tau o\hat{v}\ \kappa v\rho\acute{\iota}ov$ "주와 따로 거하는 것"이 완전히 이원론적으로 $\dot{\epsilon}\kappa\delta\eta\mu\hat{\eta}\sigma\alpha\iota\ \dot{\epsilon}\kappa\ \tau o\hat{v}\ \sigma\acute{\omega}\mu\alpha\tau o\varsigma\ \kappa\alpha\grave{\iota}\ \dot{\epsilon}\nu\delta\eta\mu\hat{\eta}\sigma\alpha\iota\ \pi\rho\grave{o}\varsigma\ \tau\grave{o}\nu\ \kappa\acute{v}\rho\iota o\nu$ "몸과 따로 거하는 것과 주와 함께 거하는 것"에 대립되어 나타난다(6과 8절). 말하자면 그것은 여기서 $\sigma\acute{\alpha}\rho\xi$(와 $\dot{\alpha}\mu\alpha\rho\tau\acute{\iota}\alpha$)에 의해 지배되는 $\sigma\hat{\omega}\mu\alpha$ — 즉 결국은 $\sigma\acute{\alpha}\rho\xi$인데 — 말하자면 '나'가 벗어나려는 $\sigma\hat{\omega}\mu\alpha$가 아니라 궁핍과 수난으로 곤욕을 당하는 육체적인 몸이고 4장 10—11절에서 언급된 $\sigma\hat{\omega}\mu\alpha$이며 그의 고난은 4장 8—9절에서 표사되었고 4장 7절에 따르면 그것은 $\dot{o}\sigma\tau\rho\acute{\alpha}\kappa\iota\nu o\nu\ \sigma\kappa\epsilon\hat{v}o\varsigma$ "질그릇"이다. 그러므로 그리스도

인은 이 의미에서 σῶμα에서 벗어나려고 하고 벗어날 것이다. 그러나 이것은 — 지금까지 전개된 σῶμα의 의미와는 모순되지만 — 몸의 존재 자체에서의 해방을 뜻하지 않는다. 5장 1절 이하의 상술들 중에는 오히려 몸에서 해방된 벌거벗은 '나'가 승천하는 것을 가르치는 영지주의에 대한 간접적인 항의가 들어 있다. 그리스도인은 前者와 같이 ἐκδύσαϑαι "벗음"을 원하지 않고 오히려 ἐπενδύσασϑαι "덧입는것"을 원한다(4절). 그는 하늘의 옷을 동경한다. "우리는 사실 우리가 (지금의 육체인 몸에서) 벗을 때 (ἐκδυσάμενοι "벗은 자들"(3절, D사본 등의 독법으로 읽어야 한다) 비교. 논문, ἐνδυσάμενοι "입은 자들") 알몸이 아닐 것이기 때문이다."

이 의미에서, 즉 육신의 몸으로 고린도후서 12장 2—4절의 σῶμα도 이해될 수밖에 없을 것이다. 여기서 바울은 그의 영적 체험, 密儀의 의미에서의 황홀경을 말하고 있음이 의심 없다. 그가 여기서 두 번, 그에게 일어난 이 체험이 εἴτε ἐν σώματι, εἴτε ἐκτὸς (및 χωρὶς) τοῦ σώματος "몸 안에서 일어났는지, 몸 밖에서 (혹은 없이) 일어났는지" 알지 못한다고 확언했을 때 그는 사실 그 '나'가 이미 현재의 삶에서 σῶμα로부터 벗어날 수 있다는 가능성을 고려하고 있다. 그리고 이 σῶμα는 그 때도 역시 육신의 몸일 수 있을 뿐이다. 여기서 σῶμα τῆς ἁμαρτίας "죄의 몸"을 생각하는 것은 무의미하다.

바울이 고린도후서 5장 1절 이하와 12장 2—4절에서 헬레니즘-이원론적 σῶμα의 평가 절하로 즉 그것을 육신으로 보는 영향을 받은 것으로 나타나는바, 이 영향은 혼인 문제를 다룬 고린도전서 7장 1—7절에서 한층 더 심하다. 여기서 그는 이원론의 금욕적 계기들의 의미에서 혼인을 γυναικὸς μὴ ἅπτεσϑαι "여인을 가까이 하지 않는 일"에 비해 천한 일로(1절), 아니 불가피한 악(διὰ δὲ τὰς πορνείας "그러나 음행 때문에", 2절)으로 판단했기 때문이다. 그가 그의 사상을 σῶμα 개념에서 발전시키지 않으므로 이 개념이 완전히 뒤로 물러난 것도 물론 주목해야 할 것이다.

만일 이 귀절들에서 출발하여 바울에게 특유한, 그의 결정적 논술들을 규정하는 σῶμα 개념을 해석하려고 하면 그것도 역시 방법상으로 잘못일 것이다. 우선 육신을 지시하는 이 개념이 그 때에는, 말한 바와 같이 스스로 자기 자신에게 관계하는 것이 본질적으로 인간에게 속하는 한, 인간의 인격 (Person)을 표시하는 데 쓰일 것이다. 좀더 정확히 말해서 σῶμα는 인간이 그의 행동의 대상으로 자기 자신의 상대가 되는 한, 자기 자신에게서 떠나서 외부 세력들의 지배에 빠질 수 있는 한에서 곧 人間이 되기 때문이다.

§18. 魂과 靈, 生命

1. 속 사람

그러면 인간이 자신의 원하는 일과 행하는 일의 주체일 때, $\sigma\hat{\omega}\mu a$ 로서의 자기 자신에게 거리를 둘 수 있는 본래의 '나'일 때 — 그런 인간을 바울은 어떻게 표시하고 어떻게 보았는가? 이를 위한 표면적인 표지로서 그는 로마서 7장 22절과 고린도후서 4장 16절에서 ὁ ἔσω ἄνθρωπος "속 사람"이라는 용어를 사용했는데 이것은 헬레니즘 이원론의 人間學에서 생긴 표현으로 보인다. 그러나 이 표현은 바울의 경우, 그것이 위의 두 곳에서 내용상 상이한 것을 가리킨다는 사실에서 알 수 있는 바와 같이 순수한 형식적 의미를 가지고 있다. 로마서 7장 22절에서 ἔσω ἄνθρωπος는 죄의 세력에 빠진 '나', $\sigma\hat{\omega}\mu a$ τοῦ θανάτου "죽음의 몸"(7:24) 및 $\sigma\hat{\omega}\mu a$ τῆς ἁμαρτίας "죄의 몸"(§17,3, S. 196)과 반대로 인간의 본래적 '나'이다. 고린도후서 4장 16절에서 ἔσω ἄνθρωπος는 물론 본래의 '나'이기도 하나 육신에 반대된 의미에서 그렇다(§17,3, S. 197 f.). 로마서 7장 22절에서는 율법하에서 벗어나지 못한 인간을 말한다. 고린도후서 4장 61절은 신의 δύναμις "능력"이 작용하고(4:7), πνεῦμα "영"이 거주하는(5:5) 그리스도인을 말한다. Ἔσω ἄνθρωπος는 로마서 7장 22절에서 인간다운 인간에게 본질적으로 속하는 νοῦς "이성"(23절)과 내용상 동일하다(ἔσω ἄνθρωπος가 νοῦς 개념에 의해 23절에 다시 받아들여진 데서 보는 바와 같다). 그러나 고린도후서 4장 16절에서는 ἔσω ἄνθρωος가 πνεῦμα에 의해 변화한 '나'이다(3:18). 그러므로 주체인 '나'의 형식적 표지로서의 ἔσω ἄνθρωπος 개념은 $\sigma\hat{\omega}\mu a$에 관한 해석(§17)에 의해 얻은, 자기 자신에 대한 관계로서의 인간 존재에 관한 바울 사상의 파악을 확인해 준다. 그러나 바울이 저 본래의 '나'를 어떻게 더 정확히 이해했는가는 다른 인간학적 개념들에 관한 연구에서 반드시 배울 수 있을 것이다.

2. 魂

다른 데서 매우 자주, 온전한 존재로서의 인간의 표지를 위해 $\sigma\hat{\omega}\mu a$와 결합되어 있는 개념 ψυχή "혼"은 바울에게서 비교적 드물게 보인다. 단지 데살로니가전서 5장 23절에서만 $\sigma\hat{\omega}\mu a$와 나란히 사용되었는데 여기에는 πνεῦμα도 사용되어서 三分法的 인간학을 완성시킨 것같이 보인다. 바울이 이원론적 의미에서 몸과 혼을 서로 대립시키지 않았다는 것은 그의 $\sigma\hat{\omega}\mu\alpha$ 용법 연구에서 이미 드러났다. 그가 (몸에서 해방된) 혼의 本來性에 관한 그리스 헬레니즘적 견해를 몰랐던 만큼 그는 그리스사상권에서 혼했던 바와 같이, 물질적인 것을 빚어 형태를 만드는 정신적 생명의 자리 또는 힘의 표지로 $\psi\upsilon\chi\acute{\eta}$ "혼"을 사용하지도 않았다. 오히려 $\psi\upsilon\chi\acute{\eta}$는 바울의 경우 우선 구약성서의 נֶפֶשׁ(70인역에서 $\psi\upsilon\chi\acute{\eta}$로 번역되었다)와 같이 (자연적인) 생명의 힘 혹은 이 생명 자체를 뜻했다. 이것은 이 외에 고대 그리스어 화법에 일치하는 것이기도 하다. 이 용법은 로마서 11장 3절(70인역 제 3 열왕기 19장 10절에 의함) ; 16장 4절 ($\dot{\upsilon}\pi\grave{\epsilon}\rho$ $\tau\hat{\eta}\varsigma$ $\psi\upsilon\chi\hat{\eta}\varsigma$ $\mu\upsilon\upsilon$ $\tau\grave{o}\nu$ $\dot{\epsilon}\alpha\upsilon\tau\hat{\omega}\nu$ $\tau\rho\acute{\alpha}\chi\eta\lambda o\nu$ $\dot{\upsilon}\pi\acute{\epsilon}\vartheta\eta\kappa\alpha\nu$ "내 목숨을 위해 자기들의 목을 내놓았다") ; 고린도후서 1장 23절 ; 빌립보서 2장 30절 ; 데살로니가전서 2장 8절 등에 나타난다. 그 까닭에 우선 입김이 소리를 제공해야 할 생기없는 악기들을 가리켜 $\dot{\alpha}\psi\upsilon\chi\alpha$ $\varphi\omega\nu\grave{\eta}\nu$ $\delta\iota\delta\acute{o}\nu\tau\alpha$ "소리내는 생기없는 것"이라고 했다(고전 14 : 7). 누구나라는 의미에서 $\pi\hat{\alpha}\sigma\alpha$ $\psi\upsilon\chi\acute{\eta}$를 사용한 것은 구약성서 화법에 일치한다(롬 2 : 9 ; 13 : 1). 이 용법에서 이미 드러나는 것은 $\psi\upsilon\chi\acute{\eta}$도 인격, '나'라는 의미로 받을 수 있다는 것이다(נֶפֶשׁ와 같이). $\psi\upsilon\chi\acute{\eta}$를 고린도후서 1장 23절과 데살로니가전서 2장 8절에서 이미 그렇게 이해할 수 있을 것이다. 여하간 고린도후서 12장 15절($\dot{\epsilon}\gamma\grave{\omega}$ $\delta\grave{\epsilon}$ $\dot{\eta}\delta\iota\sigma\tau\alpha$ $\delta\alpha\pi\alpha\nu\acute{\eta}\sigma\omega$ $\kappa\alpha\grave{\iota}$ $\dot{\epsilon}\kappa\delta\alpha\pi\alpha\nu\eta\vartheta\acute{\eta}\sigma o\mu\alpha\iota$ $\dot{\upsilon}\pi\grave{\epsilon}\rho$ $\tau\hat{\omega}\nu$ $\psi\upsilon\chi\hat{\omega}\nu$ $\dot{\upsilon}\mu\hat{\omega}\nu$ "그러나 나는 기쁨으로 제물들을 드리고 너희 혼들(=너희)을 위해 나를 바치리라"는 그렇게 이해될 수밖에 없다.

그런데 매우 주목되는 것은 바울이 이와 함께 영지주의 화법의 영향도 받고 $\psi\upsilon\chi\acute{\eta}$를 격하된 의미에서 사용한 것이다. 고린도전서 15장 45절에서 그는 창세기 2장 7절 : $\dot{\epsilon}\gamma\acute{\epsilon}\nu\epsilon\tau o$ $\dot{o}$ ($\pi\rho\hat{\omega}\tau o\varsigma$) $\dot{\alpha}\nu\vartheta\rho\omega\pi o\varsigma$ ('$A\delta\acute{\alpha}\mu$) $\epsilon\dot{\iota}\varsigma$ $\psi\upsilon\chi\grave{\eta}\nu$ $\zeta\hat{\omega}\sigma\alpha\nu$ "(첫) 사람(아담)이 산 혼(לְנֶפֶשׁ חַיָּה)이 되었다"를 인용했는데 $\psi\upsilon\chi\acute{\eta}$ $\zeta\hat{\omega}\sigma\alpha$ "산 혼"이 산 자, 산 인간을 표시하는 한, 완전히 구약성서적 의미로 인용된 것이다. 그러나 동시에 이질적인 사상이 이 의미에 삽입되었다. $\Psi\upsilon\chi\grave{\eta}$ $\zeta\hat{\omega}\sigma\alpha$가 댓귀인 $\pi\nu\epsilon\hat{\upsilon}\mu\alpha$ $\zeta\omega o\pi o\iota o\hat{\upsilon}\nu$ "영이 살린다"에 의해 규정되었기 때문이다. 즉 $\psi\upsilon\chi\acute{\eta}$는 (영지주의에서와 같이) 영원한 생명의 신적 힘과 반대되는 지상의 종류의 자연력에 불과하다. 그리고 형용사 $\psi\upsilon\chi\iota\kappa\acute{o}\varsigma$도 마찬가지로 劣等한 것과 한정된 것, 無常한 것이라는 의미를 가질 수 있다(고전 2 : 14 ; 15 : 44, 46 ; 참조. §15, 4 b).

그러나 $\pi\nu\epsilon\hat{\upsilon}\mu\alpha$와의 대립이 없는 곳에서는 바울이 $\psi\upsilon\chi\acute{\eta}$를 철저히 구약성서-유대교적 전통의 의미에서, 말하자면 인간의 생명 및 살아 있는 인간의 표지로 사용했다. 그러나 이 생명에 관한 그의 이해가 어떻게 더 자세히 규정될 수 있는가는 우선 빌립보서 1장 27절이 보여 준다. ···ὅτι στήκετε ἐν ἑνὶ πνεύματι, μιᾷ ψυχῇ συναθλοῦντες τῇ πίστει τοῦ εὐαγγελίου "···너희가 한 영에 서서 한 생명으로 합함은 복음의 신앙을 위함이다". Μιᾷ ψυχῇ라는 표현은 (ἐν ἑνὶ πνεύματι "한 영으로"와 같이) "한 마음으로" 즉 같은 뜻 또는 원하는 일의 같은 방향을 의미한다. 그리고 ψυχή는 여기서 원하는 일의 경향, 의도를 표시하는 다른 표현들과 구별되지 않았다(비교. 고전 1:10: ἐν τῷ αὐτῷ νοΐ καὶ ἐν τῇ αὐτῇ γνώμῃ "같은 생각과 같은 지식에서"). 語幹 ψυχ- 와 결합된 표현들도 이것을 보여 준다. Σύμψυχος는 한 마음을 뜻한다(빌 2:2: σύμψυχοι, τὸ ἓν φρονοῦντες "마음을 합하여 한 가지를 생각하는 자들". Ἰσόψυχος는 같은 뜻을 가진 자이다(빌 2:20). 다소 다른 여운을 풍겨 주는 것으로 εὐψυχεῖν은 대답하고 바라며 위로하는 것을 뜻한다(빌 2:19). 이것은 물론 원하는 것은 아니나, ψυχή에 의해 표시된 생동성의 의도적 의미도 표현한다. 그러므로 바울의 χυχή를 단지 "동물적 生의 기본"으로만 이해하면 옳지 않다. 그것은 가령 ψυχή에 의해 생기를 얻은 물질로서의 σάρξ와 긴밀한 관계를 가진 것이 아니다. 오히려 ψυχή는 특수하게 인간의 생동성인데 이것은 노력하고 원하며 무엇을 향한 그의 '나'에 속한 것이다. 그리고 ψυχή가 πνεῦμα와 반대로 격하된 곳에서도 그것은 단순히 동물적인 생명을 뜻하지 않고 全 인간의 삶, 물론 초자연적인 것과 반대되는 지상적 인간의 자연적 생을 뜻한다. Ψυχικὸς ἄνθρωπος는 단지 生(Vital)의 욕구들만을 가진 인간이 아니라 지상적인 것에 한정된 생을 지향하는 인간이다(고전 2:14).

3. 靈

구약성서에서 נפשׁ와 רוּחַ가 어디서나 같은 뜻으로 사용된 바와 같이 바울도 πνεῦμα를 ψυχή와 비슷한 의미로 사용했다. 이것은 물론 πνεῦμα가 주로 ἅγιον πνεῦμα "거룩한 영" 및 πνεῦμα θεοῦ "神의 영"으로 사용된 경우와 정확히 구별되어야 한다. 로마서 8장 16절에서 그리스도인들이 받은 신의 πνεῦμα(15절)는 분명하게 πνεῦμα ἡμῶν "우리의 영"과 구별되었다. 고린도전서 2장 10—11절에서도 마찬가지인데 여기에서는 類比的 推論을 볼 수 있다. 즉 오로지 인간의 πνεῦμα만이 그의 속을 알 수 있는 것과 같이 신의 깊은 곳도 오로지(그리스도인에게 선사된) 신의 πνεῦμα로만 도달할 수 있다는 것이다. 고린도전서 7장 34절에서 미혼녀와 처녀가 ἵνα ᾖ ἁγία καὶ τῷ σώματι καὶ τῷ πνεύματι "몸에서도 영에서도 거룩하기를 위해" 노력한다면 그것은 σῶμα와 πνεῦμα가 인간의 전체성을 종합적으로 표시한 것이 분명하다.[1] 그리고 ὑμῶν τὸ πνεῦμα καὶ ἡ ψυχὴ καὶ τὸ σῶμα "너희 영과 혼과 몸"을 흠없고 티없이 보존되게 하라는 데살로니가전서 5장 23절의 소원도 같은 것을 지칭하고 讀者들이 온전하게 자신을 지탱하라는 것 외에 다른 것이 아님이 분명하다. 형식에 의하면 여기에는 3분법적 인간학의 도식이 들어 있다. 그러나 그 成文은 (아마 전통적인) 儀典-修辭的 화법에서 나온 것이기 때문에 이 귀절에서 바울이 인간의 πνεῦμα에 관해서도 말할 수 있었다는 것 以上을 찾으면 안된다.

Σῶμα 및 ψυχή와 같이 πνεῦμα도 이 의미에서 인격을 뜻하고 인칭 대명사를 대신할 수 있다. 고린도전서 16장 18절에서 고린도 공동체의 使者들에 관해 ἀνέπαυσαν τὸ ἐμὸν πνεῦμα καὶ τὸ ὑμῶν "이는 그들이 나와 너희 마음을 시원케 했음이라"고 했을 때 그것은 단순히 "나와 너"를 가리킨다. 고린도후서 7장 13절에 디도의 πνεῦμα가 생기를 얻었다는 것은 그 자신이 생기를 얻었다는 것 외에 다른 것을 뜻하지 않는다. 바울이 고린도후서 2장 3절에서 οὐκ ἔσχηκα ἄνεσιν τῷ πνεύματί μου "내 심령에 안정이 없다"라고 말했을 때도 그는 내적으로 안정을 얻지 못했다는 것을 말하려는 것이다 ('나'를 πνεῦμα에 거리를 두는 것은 실제로 문제가 될 수 없기 때문이다). 그러나 그 의미는 결국 고린도후서 7장 5절의 말과 다른 것일 수 없다: οὐδεμίαν ἔσχηκεν ἄνεσιν ἡ σὰρξ ἡμῶν "우리의 육신에 아무런 안정도 없다". 이 두 귀절은 단순히 "나에게는 평안이 없다"를 말할 따름이다. 그리고 인격을 표시할 수 있는 인간학적 용어의 隨時的인 선택이 얼마나 허술했는가를 볼 수 있다. 몇 통의 서신 결문 축원에서 흔히 쓴 말투 ὁ δὲ θεός ... (및 ἡ χάρις ...) μετὰ πάντων ὑμῶν (및 μεθ' ὑμῶν) "신 ... (및 은혜 ...)이 너희 모두 (및 너희)와 함께" 대신 μετὰ τοῦ πνεύματος ὑμῶν "너희 영과 함께"를 사용한 것은 다름 아닌 수사학적 정열에서 온 것이다(갈 6:18; 빌 4:23; 몬 25). 로마서 1장 9절(ὁ θεός, ᾧ λατρεύω ἐν τῷ πνεύματί μου ... "내 영으로 예배하는 신")도 같은 것이다. Ἐν τῷ πνεύματί μου "내 영으로"는 단지 前 귀절의 정열에 상응하면서 바울이 복음을 위해 全人格을 투입한다는 것을 강조할 뿐이다. 이에 반해 τῷ πνεύματι ζέοντες (롬 12:11)는 "내 영으로 불태우며"일 수 있으므로 이 πνεῦμα는 그

---

1) Σάρξ와 πνεῦμα에 의해 표시된 것은 인간의 전체성 외에 다른 것이 아니다: 고후 7:1; 그러나 이 귀절은 고전 6:14—7:1 전체와 마찬가지로 삽입된 것이고 非바울적이다.

§18. 魂과 靈, 生命

리스도인에게 선사된 거룩한 영일 것이다.

그러므로 바울이 인간의 $\pi\nu\epsilon\hat{\upsilon}\mu\alpha$를 말할 때 그것으로 그가 생각한 것은 어떤 더 높은 원리 또는 특별히 정신적인, 종교적인 機關이 아니라 단순히 '나'였다. 그리고 우리가 되물어야 할 것은 오로지 이 '나'가 $\pi\nu\epsilon\hat{\upsilon}\mu\alpha$로 호칭될 때 그것이 특별한 관점에서 보여졌는가일 뿐이다. 우선 분명한 것은 '나'가 $\psi\upsilon\chi\dot{\eta}$로 일컬어질 때 즉 '원하다'의 방향에서 생동하는 '나'를 뜻할 때와 같다는 것이다. ($\Sigma\tau\dot{\eta}\kappa\epsilon\tau\epsilon$) $\dot{\epsilon}\nu$ $\dot{\epsilon}\nu\dot{\iota}$ $\pi\nu\epsilon\dot{\upsilon}\mu\alpha\tau\iota$ "(너희는) 한 영에(서 있다)" (빌 1:27)는 $\mu\iota\hat{q}$ $\psi\upsilon\chi\hat{\eta}$ "한 혼에서"와 동의구이다(참조. 위에 2). 이것은 또 $\dot{\epsilon}\nu$ $\tau\hat{\omega}$ $\alpha\dot{\upsilon}\tau\hat{\omega}$ $\nu o\dot{\iota}$ "같은 생각에"와 $\dot{\epsilon}\nu$ $\tau\hat{\eta}$ $\alpha\dot{\upsilon}\tau\hat{\eta}$ $\gamma\nu\dot{\omega}\mu\eta$ "같은 지식에"와도 같다(고전 1:10). $E\ddot{\iota}$ $\tau\iota\varsigma$ $\kappa o\iota\nu\omega\nu\dot{\iota}\alpha$ $\pi\nu\epsilon\dot{\upsilon}\mu\alpha\tau o\varsigma$(빌 2:1)는 거의 "(거룩한) 영에 공동적으로 참여하는 것" 또는 "영에 의해 선사된 동일성"이 아니라 단순히 "영적 공동체", 즉 願하는 것의 하나됨을 의미한다. 고린도후서 12장 18절에는 여하간 $\pi\nu\epsilon\hat{\upsilon}\mu\alpha$에 관한 이 의미가 들어 있다. 즉 바울은 이렇게 물었다: $o\dot{\upsilon}$ $\tau\hat{\omega}$ $\alpha\dot{\upsilon}\tau\hat{\omega}$ $\pi\nu\epsilon\dot{\upsilon}\mu\alpha\tau\iota$ $\pi\epsilon\rho\iota\epsilon\pi\alpha\tau\dot{\eta}\sigma\alpha\mu\epsilon\nu$; 즉 "우리(디도와 나)는 같은 생각(같은 뜻의 방향)으로 우리의 삶을 살지 않았는가?" 그러나 $\pi\nu\epsilon\hat{\upsilon}\mu\alpha$는 $\psi\upsilon\chi\dot{\eta}$와 달리 의식된 또는 아는 '나'로서의 '나'도 표시하는 것 같다. 가령 로마서 8장 16절을 들 수 있다. 즉 신의 영이 우리 영에게 우리가 신의 자녀임을 "증명한다"는 것이다. 다시 말하면 그 영이 그것을 우리에게 의식케 하고 그것에 관한 지식을 선사한다는 것이다. 고린도전서 2장 11절이 인간의 영은 그의 속을 안다고 하면 $\pi\nu\epsilon\hat{\upsilon}\mu\alpha$는 현대적 개념인 "自己意識"에 가까와진다. 즉 $\pi\nu\epsilon\hat{\upsilon}\mu\alpha$의 의미가 $\psi\upsilon\chi\dot{\eta}$의 의미에서 멀어지고 $\nu o\hat{\upsilon}\varsigma$ "理性"의 그것에 가까와짐은 분명하다. 고린도전서 14장 14절에 신의 $\pi\nu\epsilon\hat{\upsilon}\mu\alpha$와 인간의 그것의 대립 대신 (神의) $\pi\nu\epsilon\hat{\upsilon}\mu\alpha$와 $\nu o\hat{\upsilon}\varsigma$의 대립이 나타나되(여기의 $\tau\grave{o}$ $\pi\nu\epsilon\hat{\upsilon}\mu\acute{\alpha}$ $\mu o\upsilon$ "내 영"은 인간의 영이 아니라 인간에게 선사된 신의 $\pi\nu\epsilon\hat{\upsilon}\mu\alpha$이기 때문이다) 의식된 '나'를 성격짓는 일에 좌우되는 곳에서 바로 그렇게 나타난다.

원하고 아는 인간인 '나'가 신적 작용의 놀라운 힘과 동일한 말(§14, 1)로, 즉 $\pi\nu\epsilon\hat{\upsilon}\mu\alpha$로 지칭될 수 있다면 $\pi\nu\epsilon\hat{\upsilon}\mu\alpha$의 형식적 의미는 이 이중 가능성을 제공할 수밖에 없을 것이다. 사실 $\pi\nu\epsilon\hat{\upsilon}\mu\alpha$의 의미에 대한 고려가 그것이 신의 영으로서 지시될 때 인간의 영으로서 그것이 지시되면서 그의 의미로서 나타나는 것을 확인해 준다. 신의 $\pi\nu\epsilon\hat{\upsilon}\mu\alpha$는 바울에 의해, 이른바 폭발적으로 작용하는 세력으로 소개되지 않고 그의 작용은 특정된 경향, 원하는 것에 의해 수반되므로 그의 $\varphi\rho\acute{o}\nu\eta\mu\alpha$ "노력"이 거론될 수 있었다(롬 8:

6, 27). 아니 그의 ἐπιθυμεῖν "욕심을 내다"에 관해서조차 말할 수 있다(갈 5 : 17). 그것은 의도적이고 목표가 확고한 주체처럼 행동한다(롬 8 : 26; 고전 2 : 10; 고후 3 : 6). 그 까닭에 특정한 의지의 방향에서 "(신의) πνεῦμα 에 의해 인도된다"라고 할 수 있었다(롬 8 : 14; 갈 5 : 18). 바울이 고린도 전서 2장 16절에서 — 그가 그의 πνεῦμα τοῦ θεοῦ에 관한 진술을 이사야서 40장 13절을 인용함으로 확인하려고 했기 때문에 — πνεῦμα (τοῦ θεοῦ)개 념 대신 (주의) "계획"을 뜻하는 νοῦς (κυρίου) 개념을 사용할 수 있었다는 데서도 같은 것이 드러난다(참조. 아래 §19).

그러므로 이로부터, 바울이 전혀 萬有정신론적 용어 — 구약성서에 자주 나오는바 — 로 말하는, 그때마다 행동을 규정하는 특수한 πνεῦμα에 관한 몇몇 귀절들도 이해될 수 있다. 이 귀절들에서 πνεῦμα가 特殊化로서, 이른바 神의 영의 조각으로 생각되었는지, 또는 우리의 말 "···마음(즉 경향)으로"에 인접한 전혀 퇴색된 화법이 여기에 들어 있는지는 확실히 말할 수 없지만 여기에서 πνεῦμα가 특정한 의지의 방향을 뜻하는 것은 분명하다. 그러므로 바울은 πνεῦμα πραΰτητος "온유한 마음"(고전 4 : 21; 갈 6 : 1)도 πνεῦμα πίστεως "신실한 마음"(고후 4 : 13)도 말한다. Τὸ πνεῦμα τοῦ κόσμου "세상의 영"(고전 2 : 12)이라는 표현도 여기에 속한다. 바울이 이것으로 사실 κόσμος에서 받은 영감에 토대를 둔 "세력" 즉 τὸ πνεῦμα τὸ ἐκ τοῦ θεοῦ "신에 속하는 영"에 대한 대립에 요구되는 것 같은 세력을 아주 구체적으로 생각했는지 또는 이 대립적 표현이 단지 수사적인 것에 불과하고 πνεῦμα τοῦ κόσμου가 단지 이 세상의 방식으로만 생각하며 원하는 것 — 이것은 사실 첫째 경우에도 마찬가지인데 — 을 뜻하는지는 여기서 다루지 않을 것이다.

難點들을 제공하는 것은 고전 5 : 3—5이다. Ἀπὼν τῷ σώματι παρὼν δὲ τῷ πνεύματι "몸으로는 떠나 있으나 영으로는 함께 있다"는 우선 육체적인 사람의 不在(§17, 1)와 祈願하고 바라는 생각으로 現在 있음의 단순한 대립같이 보인다.[1] 그러나 4절 (συναχθέντων ὑμῶν καὶ τοῦ ἐμοῦ πνεύματος "너희와 나의 영이 함께 모여"는 역시 바울에게 문제된 것이, 그의 생각에서의 "정신적" 현재가 아니라 그의 πνεῦμα 가 작용하는 "세력"으로 현재한다는 것을 보여 준다. 여기서는 분명히 πνεῦμα에 관한 한 이 의미에서 저 의미로의 윤활한 推移가 일어나고 있다. — 5절의 πνεῦμα의 의미도 아주 확실하지는 않다 : εἰς ὄλεθρον τῆς σαρκός, ἵνα τὸ πνεῦμα σωθῇ···"육

---

1) 골 2 : 5의 εἰ γὰρ καὶ τῇ σαρκὶ ἄπειμι, ἀλλὰ τῷ πνεύματι σὺν ὑμῖν εἰμι "내가 육신으로 떠나 있어도 영으로는 너와 함께 있다"도 같은 의미를 지니고 있다.

§18. 魂과 靈, 生命 205

신의 멸망대신 영이 구원을 얻기 위해 · · ·" 이 $\pi\nu\epsilon\hat{u}\mu\alpha$가 인격 즉 여기서 육신의 생명으로서의 $\sigma\acute{\alpha}\rho\xi$ (고후 5:1 ff.에서와 같이, $\sigma\hat{\omega}\mu\alpha$, §17, 3, S. 193)에 대립된 본래의 '나'인가? 아니면 그것은 인간에게 선사된 신의 $\pi\nu\epsilon\hat{u}\mu\alpha$, 즉 죄의 육신에 대립되는 것인가? 물론 첫째 것에 가능성은 크다(H.v. Campenhausen은 다르게 본다. Kirchl. Amt und geistl. Vollmacht, 1953, 147, 주 1.).

첨예화된 수사적 표현이기 때문에 롬 8:10과 고전 6:17은 단지 외견상으로 어려울 뿐이다. 롬 8:10의 반대 명제($\epsilon\acute{\iota}\ \delta\grave{\epsilon}\ X\rho\iota\sigma\tau\grave{o}s\ \acute{\epsilon}\nu\ \acute{u}\mu\hat{\iota}\nu$), $\tau\grave{o}\ \mu\grave{\epsilon}\nu\ \sigma\hat{\omega}\mu\alpha\ \nu\epsilon\kappa\rho\grave{o}\nu\ \delta\iota\grave{\alpha}\ \acute{\alpha}\mu\alpha\rho\tau\acute{\iota}\alpha\nu\ \tau\grave{o}\ \delta\grave{\epsilon}\ \pi\nu\epsilon\hat{u}\mu\alpha\ \zeta\omega\grave{\eta}\ \delta\iota\grave{\alpha}\ \delta\iota\kappa\alpha\iota\sigma\sigma\acute{u}\nu\eta\nu$ "(그러나 너희 안에 그리스도가 있으면) 몸은 죄를 인해 죽었으나 영은 의를 인한 생명이다"에는, 죄가 심판을 받았기 때문에 $\sigma\acute{\alpha}\rho\xi$에 의해 지배되는 '나'가 죽고(§17, 3, S. 196, $\pi\epsilon\rho\iota\pi\alpha\tau\epsilon\hat{\iota}\nu$ "행하는", 비교. 4절) 義가 지금 현실이 되었기 때문에 신의 $\pi\nu\epsilon\hat{u}\mu\alpha$에 의해 지배되는 새로운 '나'는 활기를 가진다는 의미가 들어 있다. 그러나 이 경우에는 $\pi\nu\epsilon\hat{u}\mu\alpha$가 단순히 '나' 즉 인격을 뜻하지 않고 — $\sigma\hat{\omega}\mu\alpha\ \tau\hat{\eta}s\ \acute{\alpha}\mu\alpha\rho\tau\acute{\iota}\alpha s$ "죄의 몸"으로서의 $\sigma\hat{\omega}\mu\alpha$에 대한 대립이 요구하는 바와 같이 — 동시에 신앙인들의 주체가 된 신의 $\pi\nu\epsilon\hat{u}\mu\alpha$이다. 그러므로 여기에는 단순한 생각의 수사적 묘사가 들어 있다: "너희 안에 그리스도가 거하면 생명을 제공하는 $\pi\nu\epsilon\hat{u}\mu\alpha$도 너희 안에 거한다"(비교. 11절).— 바울은 고전 6:16 f.에서 · · · $\acute{\epsilon}\nu\ \sigma\hat{\omega}\mu\acute{\alpha}\ \acute{\epsilon}\sigma\iota\tau\nu$ "한 몸이다"에 창 2:44의 $\acute{\epsilon}\sigma\sigma\nu\tau\alpha\iota$ · · · $\epsilon\acute{\iota}s\ \sigma\acute{\alpha}\rho\kappa\alpha\ \mu\acute{\iota}\alpha\nu$ "그들은 한 몸을 이루리라"로 근거를 삼았는데 이로 인해 $\sigma\acute{\alpha}\rho\xi$는 여기서 $\sigma\hat{\omega}\mu\alpha$의 의미를 지니게 되었으나(§17, 3, S. 196), 물론 이 $\sigma\hat{\omega}\mu\alpha$는 육적인 것이다. '$O\ \delta\grave{\epsilon}\ \kappa o\lambda\lambda\acute{\omega}\mu\epsilon\nu o s\ \tau\hat{\omega}\ \kappa u\rho\acute{\iota}\omega\ \acute{\epsilon}\nu\ \pi\nu\epsilon\hat{u}\mu\acute{\alpha}\ \acute{\epsilon}\sigma\tau\iota\nu$ "주와 연합한 자는 한 영이다"라는 댓귀는 압축된 형식으로 다음 사상을 표현한다: "그러나 주와 함께 하는 자면 누구나 그와 한 몸을 이루는데 그것을 말하자면 영의 몸이다".

4. 生命

종합적으로 이렇게 말할 수 있다. 말하자면 인간 즉 '나'를 보는 여러 가능성들이 인간학적 용어들 $\sigma\hat{\omega}\mu\alpha$와 $\psi u\chi\acute{\eta}$, $\pi\nu\epsilon\hat{u}\mu\alpha$에서 드러난다는 것이다. 인간은 두 부분 또는 세 부분으로 성립되어 있지 않다. $\Psi u\chi\acute{\eta}$와 $\pi\nu\epsilon\hat{u}\mu\alpha$도 $\sigma\hat{\omega}\mu\alpha$의 영역에 존재하는 특별한 機關이나 동물적인 것보다 더 높은 정신적 생활의 원리가 아니다. 오히려 인간은 산 통일체 즉 자기 스스로 대상이 될 수 있는 '나'이고 자기 자신에 대해 관계를 가지며($\sigma\hat{\omega}\mu\alpha$) 그것은 그의 意圖性에서, 밖의 것을 향해 있음에서, 원하는 것과 앎에서 생동한다($\psi u\chi\acute{\eta}$, $\pi\nu\epsilon\hat{u}\mu\alpha$). 어떤 것을 향해 있음과 의도함, 원함, 앎에서의 생동성이 본질적으로 인간에 속하고 그 자체는 善도 惡도 아니다. 그 방향의 목표는 向存(Gerichtetsein)의 존재론적 구조로서 아직 고정된 것이 아니다. 오히려 이 構造(바울에게는 이것이 물론 생명을 창조하는 창조자의 은사이다)는 목표

선택 즉 선이냐, 악이냐, 신을 위해서냐, 반대해서냐의 결단의 선택 가능성을 제공한다.

이 實情은 인간학적 개념으로 이용된 ζωή "생명" 개념에서도, ψυχή와 함께 본질적으로 인간에게 속한 이 생명 개념에서도 증명된다. 인간에게 자연적 생명이 신으로부터 주어진다는 것, 그것이 시간적으로 한정되어 있고 죽음에서 그 끝을 본다는 것은 외형적인(존재론적) ζωή 개념과 무관하다. 초자연적인, 의롭다함을 받은 자에게 선사된, 말하자면 그의 희망으로 남아 있는 생명도 ζωή이고 자연적 생명의 標識인 ζωή 개념과 동일한 외형적 의미를 가지고 있다. 그러므로 그것은 σῶμα 개념에 해당되는 것과 동일한 것에 해당된다(§17, 2, S. 194 f.).

ζῆν "살아 있다"의 용법에서 분명해지는 것은 생명이 자연현상으로는 물론 그리스적 의미에서 "순수한", "참된" 즉 정신적 생명으로도 이해되지 않고 역사적 인간의 생동성으로, 인간 존재의 意向性으로 이해되었다는 것이다. 인간의 것으로서의 생명의 개념은, ζωή가 한편 생동성, 인간의 주체됨, 그의 생동적인 즉 노력하고 원하는 '나'를 뜻하고, 다른 한편 이것이 神처럼 그의 주체됨을 창조적으로 스스로 만들어 내지 않고 그에게 위임되어 있고, 그러므로 그는 실제상 오로지 살면서 항상 이른바 자신을 자신으로부터 탈출시켜 그의 앞에 있는 가능성 안에 들여놓는다는 점에서 逆說的이다. 그는 자신이 미래 앞에, 자신을 얻을 수도 잃을 수도 있는 가능성 앞에 세워져 있음을 본다. 이것은 그가 단적으로 단지 "살아 있기"만 하지 않고 언제나 특정한 방법과 양식으로 그의 生을 "영위한다"는 데서 표현된다. 생명은 언제나 περιπατεῖν "거닐다"이고 이 보다 더 가까운 규정은 가령 다음과 같은 부사 용법들이다 : ζῆν ἐθνικῶς, Ἰουδαϊκῶς "이방인처럼 또는 유대인처럼 산다", 갈 2:14; 비교. περιπατεῖν ἀξίως··· "값어치 없이 거닐다···", 살전 2:12; εὐσχημόνως "단정하게", 롬 13:13; 살전 4:12. 또는 κατὰ에 의해, ζῆν κατὰ σάρκα "육에 의해 살다", 롬 8:12; 비교. περιπατεῖν κατὰ σάρκα "육에 따라 걷는다", 롬 8:4; 고후 10:2; 비교 κατὰ ἀγάπην "사랑에 따라", 롬 14:15; κατὰ ἄνθρωπον "사람에 따라" 고전 3:3. 생명은 그것에 방향을 주는 영역에서 움직인다(ζῆν ἐν αὐτῇ sc. τῇ ἁμαρτίᾳ "그 안에서 또는 죄 안에서", 롬 6:2, ἐν πίστει "신앙에서", 갈 2:20; 비교. περιπατεῖν ἐν πανουργίᾳ "궤휼 중에서 행한다" 고후 4:2; πνεύματι "영에서", 고후 12:18; 갈 5:16). 인간은 이로써 언제나 마찬가지로 "···을 위하여" 산다(롬 14:7 f.; 고후 5:15; 갈 2:19).

그리고 바로 이런 진술들은 생명이 희생 혹은 자기 단념에서, 자기 자신의 固守의 포기에서가 아니라 "스스로" 살 수 있다는 환상에서 어떻게 喪失될 수 있는가를 보여 준다. 바울은 "자기 자신을 위한 삶"의 이 잘못에 대해 물론 어떤 일을 위한 희생의 세부적 가능성들을 대치시키지 않고(갈 2 : 16) 또는 κύριος "主"(롬 14 : 17 f.) 즉 우리를 위해 죽고 부활한 자(고후 5 : 15)를 위해 살 수 있는 기본 가능성을 제시했다. 그러나 특별히 그리스도교적 삶을 묘사하는 이 귀절들에서 우리의 문맥을 위해 관찰대상이 되는 것은 단지 그것들 중에 전제되어 있는 ζῆν의 형식적 의미뿐이다.

§19. 思惟, 良心*

1. 思惟

인간됨이 그때마다의 '나'임을, 그의 원하는 것과 행하는 것의 주체 임을 뜻한다는 것은 νοῦς "理性"이라는 용어에서 가장 분명하게 잘 표현된다. 이것은 특수한 기관으로서 이성(Vernunft) 또는 悟性(Verstand)을 지시하지 않고 어떤 것에 관한 지식과 인간 자신에게 속해 있으면서 그의 태도를 규정하는 理解와 판단이다. — 인간의 주체됨이 인간 안에서 말하는 신의 πνεῦμα에 의해 황홀경에서 배제되지 않는 한 그렇다.

황홀경의 ἐν γλώσσῃ "혀에 의한" 말에는 (τῷ) νοΐ "이성에 의한" 말, 이해하는, 이해할 수 있는 말이 대치되었다(고전 14 : 14 f., 19). 신의 εἰρήνη "平和"는 πάντα νοῦν으로 高揚되었는데 이것은 곧 — 그가 생각해 낼 수 있는 것이든지, 그가 수용적으로 파악할 수 있는 것이든지(빌 4 : 7) — 인간의 νοῦς가 이해하는 모든 것을 뜻한다. 신의 ἀόρατα 곧 그의 不可視的인 本性은 세계의 창조 이래 νοούμενα 즉 νοῦς의 눈으로, 이해하는 사유로 인지되는 것이다(롬 1 : 20).

이 귀절들에서 νοῦς의 구조에 포함되어 있는 이론적인 것의 계기가 드러나 있다면 다른 귀절들은 νοῦς가 결코 단지 관찰 행위가 아니라 그것이 — 70인역에 자주 번역된 구약성서의 לֵב "마음" 및 לְלֵבָב "마음으로"와 같이 — 자세, 의도 된 또는 의도적이 아닌 원하는 것을 포함하고 있다는 것을 보여 준다. 그것은 이해있는 노력이고 "계획"이다. 이 의미에서 신의 νοῦς에 관해서는 이렇게 말한다: "누가 신의 놀라운 구원 계획을 인식했는가?"(롬

---
* 이 표제에 관한 문헌들, 참조. S. 630.

11 : 34, 사 40 : 13에 의한 것인바, 히브리어 원문에는 רוּחַ "입김"으로 되어 있다). 고린도전서 2장 16절도 같은 물음을 묻고 있다. 여기서는 νοῦς가 πνεῦμα를 대신한다(§18, 3, S. 203). 이에 상응하게 神이 이방인들에게 내맡긴 ἀδόκιμος νοῦς "불순한 理性"(롬 1 : 28)은 그들의 "헛된 생각"이고 그들의 "가련한 노력"이다. 그리고 마찬가지로 고린도 공동체가 ἐν τῷ αὐτῷ νοῒ καὶ ἐν τῇ αὐτῇ γνώμῃ "같은 마음과 같은 지식으로"(고전 1 : 10; 비교. μιᾷ ψυχῇ "한 혼"과 ἐν ἑνὶ πνεύματι "한 영으로" §18, 2와 3, S. 200과 202) 굳게 서라는 권유도 νοῦς가 知覺이고 意志의 방향이며, "意圖" 즉 행동을 위해 계획을 세우는, "어떤 것을 향해 나서는" 思惟라는 것을 보여준다. 그리고 로마서 12장 2절이 μεταμορφοῦσθε τῇ ἀνακαινώσει τοῦ νοός "너희는 마음을 새롭게 하여 변화를 받으라"고 권유했다면 그것도 분명하게 해 주는 것은 역시 理論的인 재교육이 아니라 의지의 새롭게 됨을 가리킨다는 것이다(여기의 것도 거의 롬 1 : 28의 νοῦς와 같이 "성격"(Charakter)으로 번역될 수 있을 것이다). 로마서 14장 5절의 ἕκαστος ἐν τῷ ἰδίῳ νοῒ πληροφορείσθω는 "각기 자기의 판단으로" — 즉 할 것과 하지 말아야 할 것에 관한 판단에서 — "확신하라"를 뜻한다. 앎과 이해 없이 원한다는 일과 계획한다는 일이 있을 수 없는 바와 같이 바울에게 있어서 앎과 이해는 철두철미 무엇을 계획하고 행위를 향한 방향을 포함하는 그런 것이다.

로마서 7장 23절의 βλέπω δὲ ἕτερον νόμον ἐν τοῖς μέλεσίν μου ἀντιστρατευόμενον τῷ νόμῳ τοῦ νοός μου "그러나 나는 내 지체들 속에서 다른 법이 내 마음의 법과 대치하고 있는 것을 본다"는 νοῦς의 의미를 완전하게 보여 준다. 여기의 νοῦς 개념은 22절 ἔσω ἄνθρωπος (§18, 1)의 개념을 받아들였다. 그러므로 νοῦς는 자신의 대상이 된 '나'로서의 σῶμα와 다른 인간의 본래의 '나'이다(§17, 2). 말하자면 이 '나'는 율법에서 소리치는 신의 뜻을 듣고 그것에 동의하며 그것을 자기의 것으로 만드는 이해하는 '나'이다. Νοῦς는 15—16, 19—21절의 θέλειν "원하다"의 주체로서의 나인데 그것은 κακόν "악한 것" 및 ἀγαθόν "선한 것"을 향한, 그리고 그것의 πράσσειν "실천하다"가 "지체들 중에" 거하는 죄를 무력하게 하는 θέλειν이다.[1]

사람들은 물론 이렇게 물을 수 있다 : 로마서 7장 23절의 νοῦς는 형식적-존재론적 의미를 상실하지 않았는가, 그러므로 그것은 선과 악을 향할 수 있

---

1) 25 b절의 νοῦς도 동일한 의미를 가지고 있다. 그러나 이 귀절은 역시 한 欄外 註이고 더욱이 텍스트 중 잘못된 귀절에 삽입되었음이 뚜렷하다. 이것은 23절에 속한다.

§ 19. 思惟, 良心

는 이해하는 意志일 수 없지 않은가, 반면 역시 여기에 전제된 것은 $\nu o\hat{v}s$ 자체는 신을 향한다는 것이 아닌가? 그러나 존재론적 관찰과 존재적 관찰은 로마서 7장 14절 이하에서 특유하게도 서로 얽혀 있다. 이 善이 "생명" 외에 다른 것이 아니라면 "선"을 원하는 것은 인간 자체의 본질(그의 존재론적 구조)에 속한다. 그가 자신에게 속하는 이 선을 잃을 수 있기 때문에 그 선은 동시에, 그가 본래 원하는 것을 이루어야 한다면 실천할 수밖에 없는 요구의 성격을 지니고 그의 앞에 서게 된다. 그러므로 율법하에 있는 인간에게는 선에 대한 그의 인간적인 원함이 실제상(存在的으로) 율법이 요구하는 것에 대한 원함으로 실현될 수밖에 없다. 율법의 의미는 사실 10절에 따르면 $\epsilon i s\ \zeta \omega \acute{\eta} \nu$ "생명을 위해" 주어졌다는 것이다(참조. 이에 관해, § 27). 그러므로 23절의 존재적 의미 배후에는 존재론적인 것이 들어 있다. 신의 요청을 수긍하는 $\nu o\hat{v}s$에는 그 본래적 傾向上의 선을 향하나 실제상으로는 $\dot{a}\delta \acute{o} \kappa \iota \mu o s\ \nu o\hat{v}s$ "순수치 못한 이성"으로서 악을 향할 수 있는 인간의 $\nu o\hat{v}s$가 들어 있다. 즉 이 $\nu o\hat{v}s$는 그런 것으로서 神의 요청을 듣거나 또는 거부할 수 있는 가능성을 가지고 있다.

이것은 바로 로마서 1장 20절의 $\nu oo\acute{v}\mu \epsilon \nu a\ \kappa a\vartheta o\rho \hat{a}\tau a\iota$ "분명하게 보인다"에서도 볼 수 있다. 신의 본질을 이해하는 파악에 신의 요청에 관한 지식이 포함되어 있다는 것이. 바울에게 아주 자명했고 그는 1장 32절에서 異邦人들에게 (가능성으로서) 주어진 神인식을 이렇게 성격지을 수 있었기 때문이다 : $\tau \grave{o}\ \delta \iota \kappa a \iota \acute{\omega} \mu a\ \tau o\hat{v}\ \vartheta \epsilon o\hat{v}\ \epsilon \pi \iota \gamma \nu \acute{o} \nu \tau \epsilon s$ "신의 요구를 아는 자들". 아니 그는 21절에서 이방인들의 죄를 이렇게 묘사할 수 있었다는 점에서도 이미 알 수 있다 : $\gamma \nu \acute{o} \nu \tau \epsilon s\ \tau \grave{o} \nu\ \vartheta \epsilon \grave{o} \nu\ o\mathring{v}\chi\ \dot{\omega}s\ \vartheta \epsilon \grave{o} \nu\ \grave{\epsilon} \delta \acute{o} \xi a \sigma a \nu\ \mathring{\eta}\ \eta \mathring{v} \chi a \rho \acute{\iota} \sigma \vartheta \eta \sigma a \nu$ "신을 알면서 신으로 찬양도 감사도 하지 않는다". 신의 인식은 그것이 신에 대한 승인(Anerkennung)이 아닐 때 否認된다. 그러므로 분명한 것은 $\nu o\hat{v}s$가 그런 것으로서 이중 가능성, 즉 자신을 이해하면서 원하는 것으로서 신을 위해 또는 신을 반대하여 결단을 내릴 수 있는 가능성을 지니고 있다는 것이다. 인간이 원한다는 것은 충동적인 노력이 아니라 이해하면서 원하는 일인데 그것은 언제나 "평가하면서" 원한다는 일이고 그러므로 반드시 선과 악 사이를 결단하면서 순환하는 움직임이다. 무엇이 선이고 악인지에 관한 평가에서 잘못될 수 있고 현혹될 수 있으며 $\dot{a} \delta \acute{o} \kappa \iota \mu o s\ \nu o\hat{v}s$ "불순한 이성"이 될 수 있다. 그러므로 $\psi v \chi \acute{\eta}$는 $\nu o\hat{v}s$ 또는 인간의 $\pi \nu \epsilon \hat{v} \mu a$와 마찬가지로 인간에게 있는 더 높은 원리가 아니라, 인간됨 자체에 속하고 그와 함께 인간됨의 모든 가능성들 중에 서 있다.

2. 생각과 그 類似形

어간 νο-로 된 다른 표현들도 같은 것을 가르친다. 동사 νοεῖν은 바울의 경우 단지 거론된 귀절 로마서 1장 20절에만 나온다. 그러나 νόημα "생각"은 더 자주 보인다. 고린도후서 2장 11절은 사탄의 νόημα, 그의 計巧를, 그의 "흉계들"에 관해 매우 분명히 말한다. 고린도후서 3장 14절이 유대인들의 νόημα가 頑迷하여졌다고 하면, 그것에 이해하려는 思惟의 계기가 더 강하게 드러나 있다. 그러나 15절의 "수건이 그들의 καρδία '마음'을 덮었다"는 이미 意向, 노력의 계기가 포함되어 있음을 보여 준다. Καρδία가 바로 그 계기를 더 분명히 표시하기 때문이다 (§20, 1). 그러므로 빌립보서 4장 7절에서는 이 두 개념이 한 동의어로 결합되었다: ἡ εἰρήνη τοῦ θεοῦ ··· φρουρήσει τὰς καρδίας ὑμῶν καὶ τὰ νοήματα ὑμῶν "신의 평화는 ··· 너희 마음과 너희 생각을 지키리라." 고린도후서 4장 4절에는 다시 원한다는 계기가 더 강하게 나타난다. 즉 불신앙 ― 이것은 바울에게 있어서 동시에 불순종인데 ― 은 ὁ θεὸς τοῦ αἰῶνος τούτου ἐτύφλωσεν τὰ νοήματα τῶν ἀπίστων "이 세대의 신이 불신자들의 생각을 어둡게 했다"에 소급되었다. 고린도후서 10장 5절에는 사도의 활동이 마찬가지로 분명하게 묘사되어 있다: αἰχμαλωτίζοντες πᾶν νόημα εἰς τὴν ὑπακοὴν τοῦ Χριστοῦ "모든 생각을 사로잡아 그리스도에게 복종시켰다." 그리고 11장 3절에도 다를 바 없다: φοβοῦμαι δὲ μήπως ··· φθαρῇ τὰ νοήματα ὑμῶν ἀπὸ τῆς ἁπλότητος τῆς εἰς Χριστόν "너희 마음이 그리스도를 향하는 순수함에서 떠나 부패할까 두려워한다."

Διάνοια "이해력"과 διανοεῖσθαι "숙고하다"는 바울에게 없다. Μετάνοια "회개"는 로마서 2장 4절과 고린도후서 7장 9―10절에서 본다. Μετανοεῖν "회개하다"는 고린도후서 12장 21절에 있다. "참회", "회개"는 그것이 의지의 행위임을 분명히 보여 준다.

어간 φρεν-에서 파생된 낱말들을 개관하면 확증될 것이다. 이해력의 의미에서의 φρένες는 단지 고전 14 : 20에만 나타난다. 여기의 문맥은 理論的 사유뿐 아니라 이해있는 ― 유치한 것에 대치된 ― 태도 및 이해있는 판단이 지시되었음을 보여 준다 ― 자주 나오는 말은 φρονεῖν이다. 그리고 성격적인 표현들은 사유와 의지가 통일을 이루는 의향이 바로 φρονεῖν임을 보여 준다: τὸ αὐτὸ (τὸ ἕν) φρ. "같은 것" 또는 "하나를 생각한다", 롬 12 : 16; 15 : 5; 고후 13 : 11; 빌 2 : 2; 4 : 2; τὰ ὑψηλὰ φρ. "높은 것을 생각한다", 롬 11 : 20; 12 : 16; τὰ ἐπίγεια φρ. "낮은 것을 생각한

§19. 思惟, 良心

다", 빌 3:19; τὰ τῆς σαρκὸς φρ. "肉에 속한 것을 생각한다"(롬 8:5; σάρξ의 뜻에 맡긴다); φρονεῖν ὑπέρ = "염려스럽게 생각한다"(빌 4:10)에서 의향의 계기가 특별히 강하게 나타났다 — Φρόνημα가 "노력"임은 롬 8:6 f., 27이 매우 분명하게 보여주며, φρ. σάρκικος "육의 생각"과 φρ. πνεύματος "영의 생각"이 거론되었다 — Φρόνιμος는 이해성, 바른 행동에 관한 판단을 가지고 있는 통찰력을 표시한다(고전 10:15; 고후 11:19). Φρόνιμοι παρ' ἑαυτοῖς "스스로 똑똑하다고 하는 자들"(롬 11:25; 12:16)은 자신의 장점들을 자랑하고 상상해 내는 자들이다. Ἄφρων은 사유에서 어리석은 자일 뿐 아니라(고전 15:35) 무엇보다도 그의 거동과 행동에서 어리석은 자이다(고후 11:16—19; 12:6,11; ἀφροσύνη도 같은 의미로 사용되었다. 11:1, 17,21). 특별히 이방인들은 전적으로 ἄφρονες "어리석은 자들"(롬 2:20)에 해당한다. Σωφρονεῖν(롬 12:3; 고후 5:13)이 성격적 태도를 뜻한다는 것은 자명하다.

3. "분별하다", "판단하다", "여기다"

로마서 12장 2절에 따르면 νοῦς의 내용은 δοκιμάζειν 즉 "검토하다", "판단하다"이다. 판단이 가치 판단인 한, δοκιμάζειν은 "가치있게" 또는 "품위있게 간주한다"를 뜻한다. 그 중에 들어 있는 의지의 계기는 로마서 1장 28절에 분명히 드러나 있다: καθὼς οὐκ ἐδοκίμασαν τὸν θεὸν ἔχειν ἐν ἐπιγνώσει 즉 이방인들은 신에 대한 인식을 멸시하고 버렸다. 반면 δοκιμάζειν은 인간들이 대상인 δοκιμάζειν "살펴 인증하는 것"을 뜻한다(고전 16:3; 고후 8:22;신에 의해 인증된 자: 살전 2:4; 비교. 고후 8:8; τὸ τῆς ὑμετέρας ἀγάπης γνήσιον "너희의 사랑의 진정함"). Νοῦς에 善의 요구를 인식할 수 있는 가능성이 들어 있다면 δοκιμάζειν에는 τὰ διαφέροντα 즉 "무엇이 중요한지"(롬 2:18; 빌 1:10) 또는 τί τὸ θέλημα τοῦ θεοῦ, τὸ ἀγαθὸν κτλ. "신의 뜻이 무엇이고, 선이 무엇인지" 등(롬 2:2)을 인식하는 기능이 들어 있다. 로마서 14장 23절의 δοκιμάζειν은 분명히 요구되어 있는 것에 대한 결단을 뜻한다. 그 동사에는 특수한 "검토하다"의 의미가 들어 있다면 後者 즉 '검토하다'도 καλόν "선한 것"(살전 5:21; πάντα δὲ δοκιμάζετε, τὸ καλὸν κατέχετε "범사에 헤아려 좋은 것을 취하라")을 향해 묻는다. 그런데 검토의 대상이 검토되어야 할 자 자신일 때에는 특별하다(ἑαυτόν "자신을", 고전 11:28; 고후 13:5; τὸ ἔργον ἑαυτοῦ "자신의 일을", 갈 6;4). 이때 다시 분명해지는 것은 νοῦς가 자기 자신을 자신의 판단의 대상으로 만드는 '나'라는 것이다.

한 특수한 판단 형식이 κρίνειν "판단하다"이다. 이것은 경우에 따라 δοκιμάζειν과 거의 같은 뜻을 지닐 수 있다(가령, 고전 10:15; κρίνατε ὑμεῖς ὅ φημι "내가 말하는 것을 너희는 비판하라". 또는 11 : 13 등을 살전 5 : 21과 비교하라). 그것은 자주 다른 사람들에 대해 심판하는, 비난하는 판단을 뜻한다(롬 2 : 1 f.; 14 : 3 f., 10, 13; 고전 5 : 21; 문맥상으로: 고전 4 : 5, 여기서는 절대적 화법으로 사용되었다. 비교. 고전 10 : 29. 물론 재판관의 판결을 위한 기술적 화법에서도 같다: 고전 6 : 2 f. 또 신의 판단에도 자주 사용된다). 자기 검토의 결과인 자기 판단도 여기에 속한다(롬 14 : 22). 실정에 관한 판단은 고린도후서 5장 14절에 나타나 있다 : κρίναντες τοῦτο, ὅτι εἷς ὑπὲρ πάντων ἀπέθανεν "한 사람이 모든 사람을 대신하여 죽었음을 우리는 생각한다"(비교. 고전 10 : 15); 어떤 일을 낮게 판단한 경우: 로마서 14장 5절 (ἡμέραν παρ᾽ ἡμέραν κτλ. "이 날을 저 날보다 · · · "); 선택해야 하는 행동에 관한 판단: 로마서 14장 13절 (τὸ μὴ τιθέναι πρόσκομμα τῷ ἀδελφῷ "장애물을 형제 앞에 두지 말 것"); 고린도전서 2장 2절 (τὶ εἰδέναι ἐν ὑμῖν εἰ μὴ 'Ι. Χριστόν "너희 중에서 예수 그리스도 외에 어떤 것을 알다"; 5장 3-4절; 11장 13절. 그러므로 κρίνειν은 거의 "결심"의 의미를 얻었다(고후 2 : 1; ἔκρινα δὲ ἐμαυτῷ τοῦτο, τὸ μὴ πάλιν ἐν λύπῃ πρὸς ὑμᾶς ἐλθεῖς "내가 다시 근심으로 너희에게 나아가지 않기를 스스로 결심하였다"; 고전 7 : 37도 같다).

Κρίνειν (및 δοκιμάζειν)과 아주 유사한 것은 부분적으로 λογίζεσθαι "여기다" 이다. 이것도 마찬가지로 어떤 실정에 관한 판단을 표시할 수 있다. 가령 로마서 3장 28절 (δικαιοῦσθαι ἄνθρωπον πίστει κτλ. "신앙으로 사람은 의롭게 된다 · · · "고 여기다); 6장 11절 (ἑαυτοὺς εἶναι νεκροὺς μὲν τῇ ἁμαρτίᾳ κτλ. "죄에 대해 자신을 죽은 자 · · · "로 여기다); 8장 18절 (ὅτι οὐκ ἄξια τὰ παθήματα τοῦ νῦν καιροῦ κτλ. "현재의 고난들은 · · · 비교되지 않는다"고 여기다); 14장 14절 (ὅτι οὐδὲν κοινὸν δι᾽ ἑαυτοῦ "자체가 속된 것은 없다"고 여기다); 빌립보서 3장 13절(οὔπω · · · κατειληφέναι "아직 · · · 취하지 않았다"고 여기다). 한 인간에 관한 판단도 λογίζεσθαι "여기다"라고 할 수 있다: 고전 4 ; 1, 고후 10 : 2 (ἡμᾶς "우리를"; 상업화법적인 具象的 이용과는 다르다: 고후 12 : 6, εἰς ἐμέ=내 口座에 기입한다). Λογίζεσθαι가 어떤 사정에 관한 판단을 뜻하는지, 단지 "뜻하다", "추측하다", "의심하다"의 의미만을 가진 것인지를 분명히 할 수 없는 귀절들도 있다. 가령, 로마서 2장 3절; 고린도후서 10장 2,7절, ὅτι καθὼς αὐτὸς Χριστοῦ οὕτως καὶ ἡμεῖς "자신이 그리스도의 것인 것과 같이 우리도 그러함"을 생각하라; 10장 11절, ὅτι οἷοί ἐσμεν τῷ λόγῳ δι᾽ ἐπιστολῶν κτλ. "편지들의

§19. 思惟, 良心   213

말에서 우리가 어떠한 자임"을 알라; 11장 5절, μηδὲν ὑστερηκέναι τῶν ὑπερλίαν ἀποστόλων "지극히 큰 사도들보다 부족한 것이 아무것도 없다"는 것을 알라. 여하간 고린도후서 3장 5절의 λογίζεσθαι는 '평가하다'를 뜻한다("무엇을 생각해 내다"는 아니다). 이에 반해 빌립보서 4장 8절의 그것은 단순한 '추측하다' '숙고하다'이고 고린도전서 13장 11절의 그것은 (ὡς νήπιος "어린아이와 같이") 단순한 '사유하다'이다.

4. 良心

Γινώσκειν과 εἰδέναι같은 '인식하다' 또는 '알다'를 뜻하는 다른 개념들에는 특별히 인간학적인 의미가 없다. 다시 말하면 그것들은 인간 자신의 행동들을 표시하지만 그때마다의 행위들 또는 상황들을 가리키지도 인간의 존재 자체를 성격짓지도 않으며 그것들 중에는 선 또는 악의 가능성도 포함되어 있지 않다. 근본적으로 인간학적인 개념들에 속하는 것은 단지 συνείδησις 개념뿐이다. 원래 다른 사람들과의 共同知(Mitwissen)를 뜻한바, συνείδησις라는 말은 바울의 시대에 이미 共同知라는 의미를 지닌 것으로 받아들여져 있었다. 이 의미에서 이미 헬레니즘계의 유대교는 이 말을 자기 것으로 만든 데 반해 구약성서(그것으로 표시된 현상이 아니라면)에는 아직 생소한 개념이었다. 그리고 그 말은 바울에 의해서도 사용되고 아마 그에 의해 그리스도교의 언어에 도입되었을 것이다.

이 개념도 물론 σῶμα와는 다른 의미에서이지만 자기 자신에 대한 인간의 관계를 표시한다. Σῶμα가 대상화된 '나'를 본래의 '나'에서 분리시켜 그것을 자신의 행위의 대상인 '나'로, 생소한 세력의 객체로 경험하는데 사용되는 반면 Συνείδησις는 그 자신의 행동에 관한 인간의 知이다. 그것은 νοῦς처럼 "나와서 향해 있음"을 내포하는 知가 아니라 바로 이 특유한 "나와서 향해 있음"을 안중에 파악하되 반성하면서, 평가하면서 한다 — 평가하면서 즉 그것은 이 행동을 위해 존속하는 요구에 직면한 자신의 행동을 아는 일이다. 그러므로 συνείδησις는 선과 악 그리고 이에 일치하는 하나된 행동에 대한 知이다. 이 경우에 이 知는 아직 未決로 남아 있는 행동에 관계될 수도, 이루어져야 할 의무를 지시할 수도, 그러나 이미 결과를 낸 행동을 비판적으로 평가할 수도 있다. 이 둘은 고린도전서 8장 7—12절과 10장 25—30절에서 고려되었다. 그 表象은 한편 역시 συνείδησις가 "약한 자들"을 명하여 εἰδωλόθυτον "우상의 제물"을 먹는 것을 금하는 것이고, 다른 한편 "약한 자들"은 역시 먹고 그로 인해 그들의 양심을 "더럽"혔을 때 "약한 양심"을 가지게 된다는 것을 뜻함이 분명하기 때문이다. 로마서 2장 15절에서는 우선 요구하고, 의무를 지우는 양심이 생각되었을 것이다. Συνείδησις가 이방인들의 "마음에" 율법의 요구가 "기록"되어 있다는 데 대한 증명에 해당하기 때문이다. 그 때 첨가된 καὶ μεταξὺ ἀλλήλων τῶν λογισμῶν κατηγορούντων ἢ καὶ ἀπολογουμένων "그 생각들이 서로 혹은 송사하며 혹은 변명하며"가 사교상의 토론에 소급되지 않고 — 아마 그럴 법한데 — συνείδησις 개념을 해명하면서 인간의 내적 갈등에 소급된다면 여기서 드러나는 것은 행위자를 고발하고 그 고발에 대해 그가 (경우에 따라) 거역하는 바, 심판하는 양심도 고려되었을 것이다.[1] 로마서 13장 5절에 국민이 政府에 διὰ τὴν συνείδησιν "양심으로" 순종해야 된다면 이 때의 그것은 행해야 할 것을 지시한다. 그리고 바울이 사도로서 πρὸς πᾶσαν συνείδησιν ἀνθρώπων "모든 사람들의 양심에" 스스로를 薦擧한다고 했을 때(고후 4:2), 그 의미는 그를 사도로 안 자들의 양심이 그들로 그의 순수함을 승인하도록 강요하는 판단이라는 의미임을 알 수 있다. 그가 고린도인들에게 오해받지 않기를 바랐을 때에도(πεφανερῶσθαι "알려졌다"), 그들이 그들의 양심으로도 (ἐν ταῖς συνειδήσεσιν ἡμῶν "우리의 양심으로", 고후 5:11) 마찬가지다. 그러므로 συνείδησις는 그 때마다 특정한 행동을 요구한다. 다른 데서는 정죄하거나 무죄 판결을 할 수도 있는 심판하는 행동으로도 생각되었다. 가령 고린도전서 4장 4절을 들 수 있다: οὐδὲν γὰρ ἐμαυτῷ σύνοιδα "이는 나 자신에게 거리끼는 것이 없음이다". 그러므로 여기의 판결은 무죄선고이다. 로마서 9장 1절의 경우에도 같다. 즉 바울의 συνείδησις는 그가 참을 말함을 증명한다. 고린도후서 1장 12절도 마찬가지이다. 즉 그의 συνείδησις는 그에게 그의 생활의 결백함을 증명한다.

바울은 로마서 2장 15절이 보여 주는 바와 같이 良心을 일반적인 인간적 현상으로 간주했는데 이것은 지금까지 전개된 인간 존재 파악에 아주 잘 일치하는 것이다. 자기 자신을 아는 일이 인간에게 속한다면, 반면 그가 살아야 할 生이 그의 앞에 있고 그는 그것을 얻을 수도 잃을 수도 있다면(§18, 4), 그리고 그 까닭에 그가 얻으려고 노력하는 선이 요구의 성격을 취한다면(참조. 위에 1), 양심을 가지는 것은 인간에게 속한 것이다. 바울은 이방인들에게 양심이 있다는 사실을 자명한 것으로 전제했다. 그가 그때 양심을 인간 위에 군림하는 요구에 관한 知로 이해한 것은 바로 저 사실, 즉 이

---

1) 여하간 15절은 16절과 결합되어 한 문장을 이룰 수 없다. 16절은 이차적 欄外註이다.

§19. 思惟, 良心

방인들은 율법을 가지지 않았을지라도 율법의 요구들을 안다는 저 사실이 그에게 증명하는 데서 드러난다. 그것들이 그들의 "마음에 기록되어" 있다. 다시 정확히 말하면 그들은 그들의 $\sigma v v \epsilon i \delta \eta \sigma \iota \varsigma$에 힘입어 그 요구들을 안다.

$\Sigma v v \epsilon \delta \eta \sigma \iota \varsigma$의 知가 인간에게 해당하는 요구에 소급되는 限 결정적인 것은 $\Sigma v v \epsilon i \delta \eta \sigma \iota \varsigma$ 一般이 그러한 양심 즉 $\sigma v v \epsilon i \delta \eta \sigma \iota \varsigma$의 사실(Daß)을 안다는 그것이다. $\Sigma v v \epsilon i \delta \eta \sigma \iota \varsigma$는 요구의 무엇(Was)에 관련될 때 잘못되는 것이 가능하기 때문이다. 이것은 우상 祭肉을 먹지 않아야 하는 의무에 속박된 고린도인들의 $\sigma v v \epsilon i \delta \eta \sigma \iota \varsigma$에 해당한다(고전 8:7-12; 10:25-30). 그들의 $\sigma v v \epsilon i \delta \eta \sigma \iota \varsigma$는 $\dot{\alpha} \sigma \vartheta \epsilon v \eta \varsigma$ "약한 것"이다. 즉 그들 자신이 $\dot{\alpha} \sigma \vartheta \epsilon v \epsilon \hat{\iota} \varsigma$ "약한 자들"인 것이다. 그들에게는 올바른 $\gamma v \hat{\omega} \sigma \iota \varsigma$ "靈知"가 결여되어 있다. 역시 요구에 직면한 인간의 행동에 행해지는 $\sigma v v \epsilon i \delta \eta \sigma \iota \varsigma$의 판단은 잘못될 수 없고 오히려 타당하다. 저 고린도인들은 바울에 따르면 그들의 양심의 판단에 실제적으로 결부되어 있고 그들의 $\sigma v v \epsilon i \delta \eta \eta \iota \varsigma$를 저버릴 행동으로 강요될 수 없다. 마찬가지로 바울의 그의 행동을 위해 그의 양심을 증거로 내세운 확신도 그런 판단에 의혹이 들어 있을 수 없음을 보여 준다(롬 9:1; 고후 1:12). 그러나 그것은 $\sigma v v \epsilon i \delta \eta \sigma \iota \varsigma$가 인지하는 요구가 인간을 초월한 영역에 근거를 두고 있다는 데 의존되어 있다. 그것의 승인이 결국 결정적인 것이다. 그것의 요구로서 받아들였다고 믿은 데서 인간이 설사 誤謬에 빠진다 할지라도 그렇다. 그 까닭에 바울은 정부에 대한 순종의 의무도 특유한 이중적 방법으로 설명할 수 있었다(롬 13:5). 시민은 정부에 대해 $\delta \iota \grave{\alpha} \tau \grave{\eta} v \dot{o} \rho \gamma \dot{\eta} v$ 즉 그 형벌권에 대한 무서움에서뿐 아니라(비교. 4절) $\delta \iota \grave{\alpha} \tau \grave{\eta} v \sigma v v \epsilon i \delta \eta \sigma \iota v$ 즉 그 뒤에 서 있는 초자연적 법정 — 바울에게는 물론 神이다 — 을 두려워하므로 순종해야 한다는 것이다. 그리고 여기서 $\sigma v v \epsilon i \delta \eta \sigma \iota \varsigma$ — 원래는 인간의 知인데 — 가 객관화되고 換喩的으로 $\sigma v v \epsilon i \delta \eta \sigma \iota \varsigma$의 知가 아는 법정 대신 나타난 바와 같이 로마서 9장 1절과 고린도후서 1장 12절은 인간 저쪽에 서 있는 법정으로 객관화, "인격화"되었다. 여기서 곧 나타난 것은 초월적 법정과의 결합이 $\sigma v v \epsilon i \delta \eta \sigma \iota \varsigma$에 있는 본질적인 것이라는 것이다. $\Sigma v v \epsilon i \delta \eta \sigma \iota \varsigma$는 이른바 객관적인 증인으로서 그것에 속박된 인간 옆에 나타난다.

그런데 여기서 다시 드러나는 것은 바울이 인간의 '나'를 그때마다의 '나'로 이해하고 그때마다의 '나'가 나 저쪽으로부터 나에게 위임된 삶에 대한 책임을 맡으므로 '나'가 되는 '나'인데 이 '나'는 인간의 판단에 예속되지 않는다는 것이다. 이 '나'는 바로 초월적 능력에 직면한 양심으로 그때마다의 '나'를 구성한다. $\Sigma v v \epsilon i \delta \eta \sigma \iota \varsigma$의 판단은 그것에서 초월적 능력에 대한 순종이 수행된다는 점에서 절대적으로 타당하다. 그리고 그 까닭에 인간은 바로 συνείδησις에서 그의 ἐλευθερία "자유"를 가진다(고전 10 : 29). 어떤 사람도 그의 판단을 내게 강요할 수 있는 사람은 없다 : ἱνατί γὰρ ἡ ἐλευθερία μου κρίνεται ὑπ' ἄλλης συνειδήσεως "어찌 내 자유가 다른 양심에 의해 판단을 받겠는가?"

이 귀절을 어떤 적대자에 대한 비난으로 받아들일 수는 없다(Lietzmann). 27절은 (25절처럼) 이렇게 말한다. 즉 양심 때문에 다음과 같이 물을 필요는 없다는 것이다: 식상에 오른 고기가 우상 祭肉인가? (다시 말하면 그런 것을 모든 경우에서 거부할 의무는 없다는 것이다). 그러나 이방인인 손님 접대자가 (그것이 善意에서든지 惡意에서든지) 상위에 있는 고기가 ἱερόθυτον "제육"(28절)임을 주의시키면 그것을 먹지 말되 말하자면 μηνύσας "알게 한 자"를 위해서 뿐아니라 διὰ τὴν συνείδησιν "양심을 위해서"도 먹지 말라는 것이다. 그리고 29절에서는 이렇게 설명한다 : 자신의 양심이 포기를 요구하기 때문뿐 아니라, 다른 사람 즉 "약한 자"의 양심 때문에도 먹지 말고, 그렇게 함으로 이것이 그의 양심을 건드려 행위하는 계기가 되지 않게 하라는 것이다. 내가 나의 양심 때문에 포기해야 한다고 생각한다면 나는 다른 사람의 판단에 예속되고 나의 자유를 포기한 것이다. 먹는 것은 나의 자유이다. 나는 감사(즉 "선한 양심으로")로 즐길 수 있다(30절). 그러나 내가 다른 사람의 양심을 고려하므로 먹는 것을 포기할 때 나는 나의 자유도 포기하지 않는다.

(아직) 이루어져야 할 의무에 대한 판단이 아니라 이미 행한 행동에 대한 판단일 때에도 마찬가지이다. 그의 양심에서 자유를 얻은 자는 어떤 인간의 법정의 판단에도 이미 예속되지 않는다. 말하자면 그것은 그에게 이래도 저래도 좋은 것이다(고전 4 : 3 f.).

초월적 법정 — 이 법정의 요구와 판단을 συνείδησις가 알고 승인한다 — 이 그리스도인들에 의해 신으로 인식된다는 것이 바울에게 자명했기 때문에 그는 συνείδησις 대신 πίστις "신앙"도 사용할 수 있었는데 이때 이 말(이 말의 全 구조에 관해, 참조. §32)은 신의 요구에 대한 순종을 뜻한다. 그러므로 그는 유사한 질문에(롬 14장) πίστις로 논증했다. 이 질문이 고전 8장과 10장에서는 συνείδησις로 대답되었다. Ὅς μὲν πιστεύει φαγεῖν πάντα "모든 것을 먹을 수 있다고 믿는 자"(롬 14 : 2)라는 문귀에는 정확히 다음 의미가 들어 있다 : 모든 것을 먹을 수 있다는 그의 συνείδησις 의 판단이 어떤 사람에게는 허락된다. 종결문 πᾶν δὲ ὃ οὐκ ἐκ πίστεως ἁμαρτία ἐστιν "그러나 믿음에서 오지 않은 것은 모두 죄이다"(23 절)는, "약한 자"에게서 그의 양심을 거역하는 행동을 유발시키는 것이 πρόσκομμα (즉 죄에의 유혹)라든가 (고전 8 : 9), "약한 자"가 그것으로 ἀπώλεια "파멸"에 빠지게 하리라(고전 8 : 11;

비교. 롬 14 : 15!)는 진술에 일치한다. 그러므로 συνείδησις의 판단은 그리스도인에게 있어서 (πιστεύων "믿는 자로서") πίστις의 판단과 동일하다. 그리고 πίστις의 판단은 συνείδησις의 그것과 마찬가지로서 설사 그것이 그 판단 내용(Was)에서 차질을 가져올지라도 여전히 타당성을 가진다. 'Ασθενῶν τῇ πίστει "믿음에 약한 자"(롬 14 : 1 f.)는 그의 συνείδησις의 관점에서 ἀσθενής "약한 자"에 一致한다(고전 8 : 7, 9, 12). 그리고 νοῦς 개념이 πίστις 개념과 바뀐다면(롬 14 : 5 : ἕκαστος δὲ τῷ ἰδίῳ νοΐ πληροφορείσθω "각기 자기 마음에 확정하라", 참조. 위에 1) 그것은 오로지 συνείδησις 개념에도 들어 있는, 알면서 하는 판단의 계기가 πίστις 개념 중에도 포함되어 있기 때문에만 가능하다. 반대로 συνείδησις와 πίστις의 유사성에 의해 확인되는 것은 συνείδησις가 초월적(신의) 능력 앞에서 책임을 지는 자기 자신에 관한 '나'의 知(이것은 자신에서 요구된 행위 또는 재판 판결에 복종하는 행위이다)라는 것이다.

§20. 마음

1. 마음

70인역에서 לֵב 이 καρδία 또는 νοῦς로 번역된 바와 같이 바울은 καρδία "마음"을 널리 νοῦς와 같은 의미에서 즉 원하고 계획하며 노력하는 '나'로서의 '나'의 표지로 사용했다. 고린도후서 3장 14—15절에 νόημα "생각"과 καρδία가 내용상 평행하고 빌립보서 4장 7절에서는 이 두 개념이 동의어를 이루고 있다(§ 19, 2). Νοῦς 및 νοήματα가 비난의 대상이 될 수도, 완고하게 될 수도 어두워지거나 부패할 수도 있는 것 같이(롬 1 : 28; 고후 3 : 14; 4 : 4; 11 : 3) καρδία도 그럴 수 있다(롬 1 : 21; 2 : 5; 16 : 18). 그리고 νοῦς 가 새롭게 되어야 하는 것처럼(롬 12 : 2), καρδία도 깨우쳐져야 한다(고후 4 : 6). Καρδία가 ἀμετανόητος "회개하지 않는 것"으로 표시된다면(롬 2 : 5) μετανοεῖν "회개하다"가 καρδία의 내용임도 드러난다.

Νοῦς처럼 καρδία는 인간의 '나'이다. 그리고 καρδία가 사용된 대개의 경우 그것은 인칭 대명사를 대신한다. Καρδία는 바라는 것(롬 10 : 1)과 욕심내는 것(롬 1 : 24), 원하는 것(고전 4 : 5)의 주체이고 결심의 주체이며, 비애, 고통(롬 9 : 2; 고후 2 : 4)과 사랑(고후 7 : 3; 8 : 16; 빌 1 : 7)같은 것의 주체이기도 하다. 그러므로 καρδία가 νοῦς와 마찬가지로 인간에게 있는 더 높은 원리가 아니라, 노력하고 원하며 결심하거나 또는 움직이는 '나', 선에도 악에도 호감을 가질 수 있는 '나'임은 분명하다. 그것이 어두워지고 완고해질 수 있는 것 같이(롬 1 : 21; 2 : 5) 그것은 속임수에 희생되거나(롬

16:18) 악한 欲情의 주체일 수도 있다(롬 1:24). "마음을 살피고"(롬 8:27) "시험"하는(살전 2:8; 렘 11:20에 따름) 神은 언젠가 βουλαὶ τῶν καρδιῶν "마음의 뜻들"을 나타내고 그것들을 심판할 것이다(고전 4:5).

그러므로 καρδία는 疑心 또는 신앙의 주체일 수 있다(롬 10:6—10). 불신앙이 마음의 막힘인 것과 같이(고후 3:14 f.) 신이 빛을 마음에 비추면 신앙이 생긴다(고후 4:6). 신은 마음들을 굳게 할 수 있는 자이다(살전 3:13). 신은 마음들에 영의 은사를 선사한다(고후 1:22; 갈 4:6). 그의 사랑은 영을 통해 신자들의 마음에 부어진다(롬 5:5). 어디서나 καρδία는 '나'를 대신한다(가령, 고후 1:22를 5:5와 비교). 율법의 요구들이 이방인들의 마음에 기록되어 있다(롬 2:15)는 것은 그들이 그들의 συνείδησις 로 이 요구들을 안다는 것 외에 다른 것을 뜻하지 않는다(§19,3).[1]

바울은 (τὰ) σπλάγχνα "심정"을 거의 καρδία의 동의어로 사용했는데 이 화법을 그는 단지 훨씬 더 좁은 영역에 한정시켜서, 말하자면 사랑에 감동된 자로서의 '나'만을 표시했다. 고후 6:12 (καρδία를 수반하는 분사형으로); 7:15; 몬 12; 빌 1:8; 2:1에는 σπλάγχνα가 사랑 자체의 환유로 사용되었다 — 몬 7:20에는 σπλάγχνα 가 고전16:18; 고후 7:13의 πνεῦμα와 같은 용법(ἀναπέπαυται 및 ἀνάπαυσον "시원케 하다")으로 인칭 대명사를 대신했다.

Νοῦς "理性"과 καρδία "마음"의 차이는, νοῦς에 포함되어 있고 나타날 수 있는 知의 계기가 καρδία에서 강조되지 않고 감정(고통과 사랑)에 의해 움직여지는 것같은 노력과 원함의 계기가 주도적이라는 점에 있다. 이 외에 καρδία 개념은 '나'의 노력과 원함이 숨겨져 있을 수 있다는 것을 표현하는 데 이용될 수 있다는 이유에서 餘韻的인 차이도 본다. Καρδία는 외부적인 것의 반대로서 內的인 것이고 인간의 외모와 달리 본래의 '나'이다. 데살로니가전서 2장 17절이 사도가 공동체에서 떠난 것을 προσώπῳ "얼굴로" 나뉘어 있는 것으로 καρδία의 떠남에 대립시킨 것같이 고린도후서 5장 12절은 καυχᾶσθαι ἐν προσώπῳ "얼굴로 자랑하는 것"(즉 외적으로 볼 수 있는 감동적인 모습들을 이유로)과 ἐν καρδίᾳ "마음으로" (즉 볼 수 없는 성품들을 이유로)의 그것을 대립시켰다. 로마서 2장 28절의 대립도 비슷하다 : ἡ ἐν τῷ φανερῷ ἐν σαρκὶ περιτομή "보이는 肉身의 割禮로"와 περιτομὴ καρδίας "마음의 割

---

1) καρδίας = "마음에서" 즉 '인격 전부를 들여'라는 표현은 이차적 欄外 註에서 볼 수 있다: 롬 6:17; 비교. 막 12:30,33 공관; 딤전 1:5; 딤후 2:22; 벧전 1:22.

禮", βουλαὶ τῶν καρδιῶν "마음의 뜻들"은 신이 그것들을 밝힐 때까지 숨겨져 있다(고전 4:5); κρυπτὰ τῆς καρδίας "마음에 숨은 것들"은 예언자의 πνεῦμα에 의해 밝혀진다(고전 14:15).

고후 3:2는 혼합되어 전혀 불분명하다(그 때문에 텍스트에도 불확실하게 수록되어 있다). 즉 바울의 추천 편지는 고린도 공동체이다. 다시 말하면 이 공동체는 누구나 그 공동체를 받아들일 수 있다(γινωσκομένη ··· ὑπὸ πάντων ἀνθρώπων)는 점에서 일반적으로 볼 수도 읽을 수도 있는 편지라는 것이다. 그러나 바울은 이 편지를 실재적인 추천서들에 대립시키려고 한 까닭에 동시에 그것을 ἐγγεγραμμένη ἐν ταῖς καρδίαις ὑμῶν "너희 마음 속에 기록된 것"(א 33 pc와 함께 ἡμῶν 대신 ὑμῶν으로 읽어야 한다)으로 표시했다. 그러므로 그것은 그런 한, 보이지 않는 편지 — 그 다음 3절에서 말하는 바와 같이 —, 먹으로 쓴 것이 아니라 神의 πνεῦμα로 쓴 편지이다. 그런데 또 다른 사상이 여기에 들어 있다. 즉 신이 바울에게 준 추천서는 ἐν πλαξὶν λιθίναις, ἀλλ' ἐν καρδίαις σαρκίναις "돌판이 아니라 육신의 마음에"(이렇게 읽을 수 있다!) 기록되었다는 것이다. 그것은 이제 모세 율법에도 대립된다. 이것은 말하자면 구약성서에 대한 回想에 의해 규정된 표현이다. Καρδίαι를 σάρκιναι로 표시한 것은 곧 겔 11:19; 36:26에서 나왔다. 이로써 마음들을 산 것(πλάκες λίθιναι '돌판들')으로서 성격지으려는 것이었다. 그러므로 여하간 분명한 것은 καρδία가 삶의 자리인 내적인 것의 영역에 해당한다는 것이다.

이 相異한 外的인 것과 內的인 것도 인간 전부를 표시하기 위한 것으로 綜合될 수 있다. 그러므로 로마서 10장 9—10절과 고린도후서 6장 11절 (이것 대신 12절일 경우에는 ἡμεῖς "우리"가 등장한다)에서 στόμα "입"과 καρδία 가 평행법으로 쓰여졌다. 이것은 僞經 引用文인 고린도전서 2장 9절에서 ὀφθαλμός "눈"과 οὖς "귀", καρδία가 결합되어 인간의 認知可能性들을 묘사한 것과 같은 것이다.

2. '원하다', '노력하다'와 감정의 움직임에 관한 表現들

Καρδία의 의도들은 의도된 '원함'에서 실현될 수 있다. 이 '원함'을 표시하는 데 무엇보다도 θέλειν과 θέλημα가 사용되었다.

Θέλειν은 여러 다른 色調들에 의해 '원하다'를 표시한다. 그리고 그 의미는 비교적 정확하게 한정지어지지 않는 경우가 적지 않다. 특정한 결심의 '원함'이(신의 결심을 말하는 귀절들은 제외하고) 指目된 귀절: 롬 9:16; 고전 4:21(τί θέλετε "너희가 무엇을 원하는가를 결정하라!"); 10:27; 갈 4:9; 몬 14; 실천 (ποιῆσαι "행하다" 및 ἐνεργεῖν "작용하다")으로부터 분명히 구별된 것: 고후 8:10 f.; 빌 2:13.,

반면 "욕구들을 가지고 있다", "욕심내다"의 의미 : 고후 5 : 4; 11 : 12; 12 : 20; 갈 4 : 17, 또는 활기를 띨 수 있는 소원 : 롬 16 : 19; 고전 7 : 32; 10 : 20; 갈 4 : 20; 살전 2 : 18, 또는 "나는···원하노라"와 같은 작은 활기 : 고전 7 : 7; 14 : 5; 갈 3 : 2, 또는 "차라리 나는 원하노라" : 고전 14 : 19; 끝으로 전혀 힘준 말이 아닌 οὐ θέλω ὑμᾶς ἀγνοεῖν "나는 너희가 모르기를 원치 않노라" 같은 말투들 : 롬 1 : 13; 고전 10 : 1 등.

Θέλημα는 대개 신의 뜻, 그가 결심하는 섭리(διὰ θελήματος θεοῦ "신의 뜻에 의해"라는 말투 등으로, 롬 15 : 32; 갈 1 : 4 등) 또는 그가 요구하는 뜻(롬 2 : 18 등)으로 사용된다. 인간의 결심 및 의도(고전 7 : 37; 16 : 12).

특별히 중요한 것은 인간의 θέλειν이 "惡" 또는 顚倒된 것(갈 1 : 7; 4 : 9, 21; 6 : 12)을 향하는 것과 마찬가지로 "善"을 향할 수 있다는 것이지만 그러나 θέλειν이 意識의 영역에 침투될 필요는 전혀 없고 '나'의 숨은 志向性을 표시할 수 있다는 것이다. 로마서 13장 3절의 修辭的인 물음, θέλεις δὲ μὴ φοβεῖσθαι τὴν ἐξουσίαν; "그러나 너는 권세를 두려워하지 않으려는가?"에는, 누구나 관리를 두려워하지 않고 살기를 "원한다" — 이 '원한다'를 의식할 필요는 없다 — 는 것이 전제되어 있다. 바울이 갈라디아서 6장 12절에서 그의 적을 이렇게 즉 ὅσοι θέλουσιν εὐπροσωπῆσαι ἐν σαρκί "육체의 모양을 내려는 자들"이라고 성격지었다면 그는 이것으로써 그들의 의식된 의도가 아니라 그들 자신에게 숨겨진 잠재적 동기를 지적한 것이다. 그가 6장 13절에서 그들에 관해 말하기를 θέλουσιν ὑμᾶς περιτέμνεσθαι ἵνα ἐν τῇ ὑμετέρᾳ σαρκὶ καυχήσωνται "그들은 너희 육신으로 자랑하기 위해 너희로 割禮를 받게 하려고 한다"라고 했을 때도 마찬가지이다. 로마서 7장 15—21절이 말하는 '善을 원하는 것'은 '나'의 가장 內的인 性向으로, 행위를 나타내는 의도적 원함들에 의해 정확히 은폐되어 있는 것이다. 인간을 서로 차지하려는 肉과 靈 사이의 싸움이 그가 "원하는" 것을 행하지 않는다는 결과를 낳았다면(갈 5 : 17), 여기서도 생각된 것은 인간이 그때마다 실제적으로 원하는 것이 아니라, 그가 본래 원하는 것, 구체적인 원함에서 (σάρξ의 영향하에) 변질될 수 있는 것이다. 갈라디아서 4장 21절에서는 다소 다르다. 즉 여기서는 οἱ ὑπὸ νόμον θέλοντες εἶναι "율법 아래 있으려는 자들아"라고 부르는 말이 갈라디아인들의 의도적 원함에 소급되지도 않고 그들의 "마음"의 본래의 원함을 뜻하는 것도 아니라, νόμος "율법" (또는 적어도 그 규정중 어떤 것들)에 대한 순종을 πίστις "믿음"과 결합하려는 그들의 의도의 "원치 않은" 결과를 가리키고 있다. 그들은 ὑπὸ νόμον "律

§ 20. 마음   221

法 下에"와 ὑπὸ χάριν "은혜하에" 사이의 배타적인 대립을 실제로 통찰하지 못했기 때문이다. 이와 유사한 것을 갈라디아서 1장 7절에서 본다. 여기서 바울의 敵은 θέλοντες μεταστρέψαι τὸ εὐαγγέλιον τοῦ Χριστοῦ "그리스도의 복음을 바꾸려고 하는 자들"이라고 일컬어졌다. 복음을 逆顚시키려는 것은 물론 그 사람들의 의도가 아니라 그들 자신에게 숨어 있는 그들의 원함의 性向이다.

바울은 인간의 의도(고후 1:15,17) 또는 소원(빌 1:12; 몬 13)을 뜻하는 βούλεσθαι를 드물게 사용했다. Βουλαὶ τῶν καρδιῶν "마음의 소원들"(고전 4:5)은 마음의 노력들인데 이것들이 의도된 원함에서 실현될 필요는 없다. 롬 9:19는 神의 βούλημα "소원"을 말한다.

'Επιθυμίαι τῶν καρδιῶν "마음의 욕정들"(롬 1:24)은 καρδία가 ἐπιθυμεῖν에서 살아 있음을 지적한다. 물론 바울은 θυμεῖν도 ἐπιθυμία도 '욕심부리다' 자체를 표현하기 위해 인간학적 용어로 자주 사용하지 않고 절대적 용법으로 쓰인 ἐπιθυμεῖν 자체가 惡이라는 변질된 의미에서 사용했다. 로마서 7장 7절과 13장 9절의 οὐκ ἐπιθυμήσεις "탐내지 말라"의 말투도 같은 것이다. 그리고 고린도전서 10장 6절의 경우도 같다. 여기서는 물론 절대적인 ἐπεθύμησαν에 선행하는 ἐπιθυμητὰς κακῶν "악한 것들의 욕심"에 의해 쉽게 κακῶν이 보충될 수 있었다. 'Επιθυμία 자체가 악하다는 롬 1:24; 7:7 f.; 살전 4:5에서도 같다. 그리고 롬 13:14; 갈 5:16,24는 σάρξ (롬 6:12가 육체적인 σῶμα에 소급되는 것과 같이)에 소급된다. 그러나 이미 갈라디아서 5장 17절은 πνεῦμα와 σάρξ가 마찬가지로 ἐπιθυμεῖν의 주체일 수 있다는 사실로 ἐπιθυμεῖν이 원래 단순히 욕구의 방향을 뜻한다는 것을 보여 준다. 그리고 이 의미에서 빌립보서 1장 23절은 τὴν ἐπιθυμίαν ἔχων εἰς τὸ ἀναλῦσαι καὶ σὺν Χριστῷ εἶναι "풀려나서 그리스도와 함께 있을 욕망을 가지고 있다"라고 하고 데살로니가전서 2장 17절은 ἐσπουδάσαμεν τὸ πρόσωπον ὑμῶν ἰδεῖν ἐν πολλῇ ἐπιθυμίᾳ "너희 얼굴 보기를 많은 열정으로 애태웠다"라고 했다. 이 두 경우 ἐπιθυμία는 "동경"의 의미를 지니고 있고, 그러므로 그 자체는 아무런 惡도 아니다.

Θυμός는 바울의 경우 오로지 분노로 변질된 의미에서 사용될 뿐이다(롬 2:8; 고후 12:20; 갈 5:20). Προθυμία는 마음의 준비가 된 호의, 善을 위한 열성(고후 8:11 f., 19; 9:2)으로, πρόθυμος는 중립적 의미로 사용되었다(롬 1:15).

노력과 '나와서 향해 있음'을 各異한 여운들로 표시하는 다른 동사들은 σκοπεῖν과 ζητεῖν, ζητλοῦν, διώκειν, μεριμνᾶν 등이다.

Σκοπεῖν은 고후 4 : 18에서 "눈으로 파악하다", 즉 노력할 만한 목표를 뜻한다. 사실 σκοπός는 목표로, 빌 3 : 14에서 διώκειν "추구하다"의 방향이 되어 있다. 利己的인 노력은 빌 2 : 4에서 τὰ ἑαυτοῦ σκοπεῖν "자신의 것을 좇는 일"이다. Σκοπεῖν은 관심이 가는, 행위를 도발시키는 "봄"의 기본 의미도 뜻하는데, 조심스러운 주의, …에 대한 조심성의 의미에서 사용될 때 그렇다 : 롬 16 : 17; 갈 6 : 1; 빌 3 : 17. ― ζητεῖν도 노력 자체를 뜻하는데 이것은 善을, 惡을 향할 수 있다. 대상은 ἀφθαρσία "썩지 않을 것"(롬 2 : 7) 또는 σοφία "지혜"(고전 1 : 22)일 수 있다. 바울과 베드로는 ζητοῦντες δικαιωθῆναι ἐν Χριστῷ "그리스도 안에서 의로우려고 노력하는 자들"(갈 2 : 17)이다. 바울은 이렇게 권고한다 : πρὸς τὴν οἰκοδομὴν τῆς ἐκκλησίας ζητεῖτε ἵνα περισσεύητε "교회의 德을 세우기 위해 너희가 풍성하기를 구하라"(고전 14 : 12). 그는 고린도인들과의 관계를 이렇게 묘사한다 : οὐ γὰρ ζητῶ τὰ ὑμῶν ἀλλ' ὑμᾶς "이는 내가 너희의 것이 아니라 너희를 구함이라"(고후 12 : 14). 어리석은 ζητεῖν은 δόξα ἐξ ἀνθρώπων "인간의 영광"(살전 2 : 6) 또는 ἀνθρώποις ἀρέσκειν "인간에게 잘 보이려는 것"(갈 1 : 10)을 향한 것이다. 유대인들은 ζητοῦντες τὴν ἰδίαν (δικαιοσύνην) στῆσαι "자신의 (義)를 세우려고 힘쓰는 자들"(롬 10 : 3)이다. 利己的인 노력은 ζητεῖν τὸ τῶν πολλῶν "많은 사람들의 것을 구하는 일"(고전 10 : 33)에 대립된 τὰ ἑαυτοῦ ζητεῖν "자신의 것을 구하는 일", 고전 10 : 24, 33; 13 : 5; 빌 2 : 21)이다 ― 끈질긴 노력은 ζηλοῦν인데 이것의 대상은 역시 善도 惡도 될 수 있다. 바울은 θεοῦ "神의" 공동체를 위해 ζήλῳ "열렬하게" "열심을 낸다"(고후 11 : 2). 반면 갈라디아의 율법 설교자들은 갈라디아인들에게 "열심내어", "그들을 얻음"으로 이들이 다시 그들을 위해 "열심"내도록 한다(갈 4 : 17). 사도는 열심으로 πνευματικά "靈의 것들"을 구하라고 권한다(고전 12 : 31; 14 : 1, 39). 그러나 ζηλοῦν도 ἐπιθυμεῖν처럼 절대적 용법으로 그리고 변질된 의미로 사용될 수 있다(고전 13 : 4; ἡ ἀγάπη οὐ ζηλοῖ "사랑은 질투하지 않는다"). 이에 상응하게 ζῆλος (역시 절대적 용법으로)는 악덕 즉 이방인의 본성으로도 성격지어졌다(롬 13 : 13; 고전 3 : 3; 고후 12 : 20; 갈 5 : 20). 그러나 ζῆλος의 기본의미는 변질된 노력이 아닌 그 자체로서, ζῆλος가 선한 목표도, 逆轉된 목표도 향할 수 있다는 데서 드러난다. 바울은 유대인들에게 ζῆλον θεοῦ "신에 대한 열심"이 있음을 是認한다(롬 10 : 2). 그 자신도 θεοῦ ζήλῳ "신을 열렬히" 구한다(고후 11 : 2 참조. 위에). 그는 헌금에 대한 고린도인들의 ζῆλος를 칭찬한다(고후 9 : 2). 다른 사람을 위한 ζῆλος가 가장 선하다(고후 7 : 7; ὑπὲρ ἐμοῦ "나를 위해", 비교. 11절). 그러나 비난받을 만한 "열심"도 있다(빌 3 : 6; κατὰ ζῆλος διώκων τὴν ἐκκλησίαν "열심으로 교회를 박해하는 자"). Ζηλωτής에도 같은 것이 해당한다(고전 14 : 12; 갈 1 : 14). ― Διώκειν은

轉意的으로 ζηλοῦν과 비슷하게 열심있는 노력을 표시하나, 변질된 의미에서 절대적 용법으로 사용되지 않고, 그 자체로서 중성적이고 그의 대상에 따라 비로소 더 자세히 규정되는데 더 정확히 말하면 (우연히) 언제나 선한 의미에서 사용된다(롬 9:30 f.: δικαιοσύνην "義" 및 νόμον δικαιοσύνης "義의 法", 12:13; τὴν φιλοξενίαν "친절" 14:19; τὰ τῆς εἰρήνης "평화의 것", 고전 14:1; τὴν ἀγάπην "사랑", 살전 5:15; τὸ ἀγαθόν "선한 것", 具象的으로: 빌 3:12,14). — 끝으로 μεριμνᾶν은 조심스러운 '나와서 향한 존재'의 표지로 사용된다. 그것이 반대 방향에서 작업할 수 있음은 고전 7:32—34가 보여 준다. 여기서 τὰ τοῦ κόσμου "세상의 일" 또는 τὰ τοῦ κυρίου "주의 일"이 그의 대상으로 지칭되었다. '配慮하다'의 선한 의미에서의 염려는 고전 12:25 (ὑπὲρ ἀλλήλων "다른 사람들을 위하여"); 빌 2:20 (τὰ περὶ ὑμῶν "너희에 관한 일")에서 고후 11:28이 μέριμνα를 配慮로 사용한 것과 같은 것을 의미한다. 그러나 바울은 μεριμνᾶν도 ἐπιθυμεῖν도 어떤 顚倒된 것으로서 변질된 의미에서 절대적 용법으로 사용할 수 있었다(빌 4:6). 그러므로 그는 고전 7:32에서 이렇게 쓸 수 있었다: θέλω δὲ ὑμᾶς ἀμερίμνους εἶναι "그러나 나는 너희가 근심하지 않는 자이기를 원한다".

Καρδία가 감정들과 기분의 자극들로 격동되는 '나'라는 점에서 그의 생동성은 χαίρειν, "기뻐하다" 또는 λυπεῖσθαι "슬퍼하다", κλαίειν "불평하다"로 나타난다. 이 모든 동사들은 인간의 행위 자체를 묘사한다. 로마서 12장 15절과 고린도전서 7장 30절을 특별히 χαίρειν과 λυπεῖσθαι를 보여 준다. Χαίρειν이 善에도 惡에도 관련될 수 있음은 고린도전서 13장 6절이 보여 준다. 그리고 고린도후서 7장 9—11절에서는 λυπεῖσθαι (및 λύπη "슬픔") κατὰ θεόν "신에 따라 근심하는 것"과 τοῦ κόσμου "세상"을 위한 근심이 구별되었다. 특별히 그리스도교적인 χαρά "기쁨"은 ἐν πνεύματι ἁγίῳ "거룩한 영 안에" 있는 기쁨이거나(롬 14:17) πνεύματος ἁγίου "거룩한 영의 것"이다(살전 1:6).

1. 肉과 罪, 世界

§21. 創造와 人間[*]

1. 罪의 一般性

Σῶμα 개념 연구에서 나타난 바와 같이(§17,2, S. 191 f.) 바울에 의하

---
[*] 이 표제에 관한 문헌들, 참조. S. 630.

면 인간은 자기 자신에 대해 관계를 가지며 자신에게 위임된 자신의 존재에 책임을 지는 존재이다. 그러나 $\psi\nu\chi\acute{\eta}$와 $\pi\nu\epsilon\hat{\upsilon}\mu a$, $\zeta\omega\acute{\eta}$, $\nu o\hat{\upsilon}s$, $\kappa a\rho\delta\acute{\iota} a$ 개념 연구에서 특별히 밝혀진 바와 같이(§18—20), 그의 이 존재는 결코 현재에서 채워진 것으로 존재하지 않고 그것은 언제나 자신을 向해 있는바, 말하자면 그것은 언제나 '나와서 향해 있는 존재'이고 따라서 자신을 발견할 수도 놓일 수도, 얻을 수도 잃을 수도 있는 존재이다. 이로써 제시된 것은 인간이 선할 수도 악할 수도 있다는 것이다. 그는 그의 생명을, 그의 본래의 존재의 의미에서의 "선"을 비로소 발견해야 하는 때문에 바로 이 존재는 그에게 있어서 요구된 것이라는 의미에서 "善"의 성격을 지니게 된다(§19, 1, S. 209).

바울이 본 바 인간됨의 존재론적(ontologisch) 구조가 그만큼 설명되었다면 그것은 역시 인간에 관한 그의 존재적(ontisch) 진술들 — 그의 본래의 관심은 여기에 있다 — 을 위한 전제들에 불과하다. 이미 드러난 것은 그가 우선 형식상으로 존재론적 의미를 지닌 적지 않은 인간학적 개념들을 종종 존재적으로 성격지어진 의미로서 사용했다는 것이다. $\Sigma\hat{\omega}\mu a$는 그것이 실제상 $\sigma\acute{a}\rho\xi$에 의해 지배당하기 때문에 $\sigma\acute{a}\rho\xi$와 같은 의미로 사용될 수 있었다. 그러므로 그것은 존재적으로 볼 때 $\sigma\hat{\omega}\mu a$ $\tau\hat{\eta}s$ $\dot{a}\mu a\rho\tau\acute{\iota} as$ "죄의 몸"(§17, 2와 3, S. 193, 196)이다. 반대로 $\nu o\hat{\upsilon}s$는 물론 결과는 없으나 선의 요구에 대한 수긍을 뜻할 수 있었다(§19,1, S. 209 f.). 그리고 다시 $\dot{\epsilon}\pi\iota\vartheta\upsilon\mu\epsilon\hat{\iota}\nu$은 변질된, 악한 욕심의 의미를 가질 수 있었다(§20, 2, S. 220 f.). 그리고 $\zeta\eta\lambda o\hat{\upsilon}\nu$과 $\mu\epsilon\rho\iota\mu\nu\hat{a}\nu$에도 같은 것이 해당했다(§20, 2, S. 221 f.).

人間은 언제나 이미 그의 本來의 存在를 상실했고 그의 노력은 처음부터 顚倒된 것, 악한 것이라고 주장한 점에서 바울의 특색이 부각된다. 사실 이것은 그의 구원론을 위한 柱礎的인 견해로, 그는 이것을 로마서 1장 18절—3장 20절에서 분명하게 발전시켰는데, 인간은 모두 罪人이라는 것이다. 罪와 死亡이 아담을 통해 猛威를 떨치는 세력으로 세상에 들어왔다(롬 5 : 12 ff.). "구약성서가 모든 것을 죄 아래 가두었다"(갈 3 : 22).

이 견해의 이해를 위해 필요한 것은 바울에 의한 惡의 意味가 무엇인가에 대한 설명이다. 그리고 그의 사상 줄거리들에서 자명한 것으로서, 악이 여하간 "罪", 즉 신에 대한 항거, 신 앞에서의 범죄가 전제되었기 때문에 제일 먼저 神 思想이 — 여기에서 필요한 만큼 — 검토되어야 할 것이다.

§ 21. 創造와 人間

2. 創造者로서의 神

바울은 신 앞에 언제나 세워진 자로 인간을 본다. 선할 수도 악할 수도 있는 존재론적 가능성은 동시에 신과의 관계를 가질 수 있는 존재적 가능성이다. 그리고 신은 바울에게 있어서 존재론적 事態를 위한 신화적 표지가 아니라 인간의 창조자이고 인간에게 순종을 요구하는 인격적인 神이다. 선할 수도 악할 수도 있는 존재론적 가능성은 존재적으로 창조자를 승인하고 그에게 순종하느냐 아니면 순종을 거부하느냐의 선택 가능성이다. 인간에 대한 善의 요구는 神의 요구인데 이 요구는 그대로 $\dot{\epsilon}\nu\tau o\lambda\dot{\eta}\ \epsilon\dot{\iota}\varsigma\ \zeta\omega\dot{\eta}\nu$ "生命을 위한 계명"이다(롬 7:10). 그리고 불신앙은 그 까닭에 罪이다.

바울은 구약성서 전통의 의미에서 신을 창조자라고 말한다. 신은 옛 날에 암흑에서 빛을 내도록 명령한 자이다(고후 4:6; 창 1:3). 그리고 인간을 창조한 자이다(고전 11:8—12; 비교. 15:45, 47). 땅과 그 중에 있는 것이 모두 — 고전 10:26이 시 24:1을 반영시키는 바와 같이 — 그의 것이다. 신이 창조자라는 것은 바울에게 있어서 세계의 성립과 現存(Dasein)을 그 있는 대로(Sosein) 설명하려는 우주론적 理論을 뜻하지 않으며, 그것은 오히려 인간의 實存(Existenz)에 適中하는 명제이다. 우선 땅이 신의 피조물로서 인간에게 필요한 것들을 위해 인간에게 맡겨졌다 — 이것은 이미 구약성서의 創造史話(창 1:26)가 이렇게 말하는 것과 같다 — 는 점에서 땅위에는 불결한 것도, 만질 수 없는 것도 있을 수 없다(고전 10:25 f., 30; 롬 14:14, 20).

고전 3:21 f.의 $\pi\acute{a}\nu\tau a\ \dot{\upsilon}\mu\tilde{\omega}\nu$ "만물이 너희 것"은 이를 위해 인용될 수 없다. 이것은 특별히 그리스도인에게 해당하기 때문이다 — 창조물의 목표가 $\ddot{\iota}\nu a\ \tilde{\eta}\ \dot{o}\ \vartheta\epsilon\grave{o}\varsigma\ \pi\acute{a}\nu\tau a\ \dot{\epsilon}\nu\ \pi\tilde{a}\sigma\iota\nu$ "신이 만물 중의 전부이기 위함"(고전 15:28)에서 제시되었다(Gutbrod)는 것은 말할 수 없다. 고전 15:20—28에 묘사된 드라마는 창조사화의 전통에 속하지 않고 영지주의의 우주론과 종말론에서 온 것이기 때문이다. 고전 15:18 에는 反神的인 세력들에 대한 싸움의 마지막에 관한 것이 수록되어 있다.

그러나 무엇보다도 창조자로서의 신에 관한 인식에는 인간에 관한 즉 그의 피조성과 신에 의한 그의 요청됨에서의 인간에 관한 인식이 들어 있다. 바울은 물론 로마서 1장 19—20절에서 저 유명한 스토아사상, theologia naturalis "자연 신학"을 이용했다. 그러나 그것은 신의 순수 현존과 세계를 철저히 지배하는 그의 섭리를 증명하기 위한 것도, 그렇게 함으로써 계몽적으로 ἀγνωσία θεοῦ "신에 관한 無知"와 불안에서 인간을 해방시키려는 것도 아니라, 오히려 告發하고 이방인들의 범죄를 밝히려는 것이었다. 즉 그들은 惡意로 인해 그들에게 주어진 神 認識의 可能性을 스스로 막고 있다는 것이었다. 신을 인식한다는 것은 신을 승인하고 그의 요구에 순종(δικαίωμα 1:32)하며 감사와 경외로 그에게 예배하는 것을 뜻한다(1:21; 비교. 고전 10:31).

神의 存在가 단순한, 객관적으로 확인할 수 있는 物存(Vorhandensein)이 아니라는 것은 고린도전서 8장 4-6절이 보여 준다. 만일 신이 단지 우주적 本質(Wesen)로서만 거론된다면 οὐδεὶς θεὸς εἰ μὴ εἷς "한 분 외에 神은 없다"는 명제는 잘못된 것일 것이다. Εἶναι의 이 의미로는 다른 θεοί "신들"과 κύριοι "主들"도 "있을" 수 있기 때문이다. 신의 '오직 한 분됨'은 그가 εἶναι ἡμῖν "우리를 위해 있다"는 것이다. 즉 그의 존재는 인간에게 의미있는 존재로서 이해되었을 때에만 옳게 이해된 것이다. 다시 말하면 인간의 존재가 동시에 신에게 근원을 둔(ἐξ οὗ τὰ πάντα "만물이 그로부터"), 그리고 그것으로써 그를 향한(καὶ ἡμεῖς εἰς αὐτόν "우리도 그를 향해") 존재로 함께 이해되지 않고는 바른 것이 되지 못한다.

고린도전서 8장 6절에서와 같이 바울은 로마서 11장 36절에서 스토아적 汎神論의 말투, ὅτι ἐξ αὐτοῦ καὶ δι' αὐτοῦ καὶ εἰς αὐτὸν τὰ πάντα "이는 만물이 그에게서 나와서 그를 통해 그에게로 돌아감이라"를 이용했다. 그러나 바로 여기서 분명한 것은 그의 神 槪念이 그리스적 의미에서의 코스모스에 의해 방향 설정이 되지 않았다는 것이다. 9-11장의 結文으로서 이 말투는 그의 원래의 우주론적 의미를 상실했고 바울의 역사 신학의 표현을 위해 사용되었기 때문이다. 즉 민족의 역사는 神 안에 그 근원을 둔, 그에 의해 지배되는, 그 안에 그 목표를 둔 救援史라는 것이다.

3. 創造

이에 일치하게도 κόσμος "世界"라는 말이 바울에게 있어서 거의 전적으로 그리스적 세계 파악과 다른 의미를 가진다(§26). 世界는 창조된, 그리고 그의 現存(Dasein)과 然存(Sosein)으로 物存(Vorhandenes)하는 세계로서, κτίσας "창조자"에 대한 κτίσις "피조물"이다(롬 1:25). 세계가 이렇게 파악되면 인간은, 설사 φθαρτὸς ἄνθρωπος "썩을 인간"으로 역시 세계에 속할지라도(롬 1:23), 이 피조물에서 제외되었다. 그러나 인간은 특별한 품위와 책임으로 신의 신뢰를 받은 자로서(비교. 고전 11:3,7: εἰκὼν καὶ δόξα

§21. 創造와 人間

$\theta\epsilon o\hat{v}$ $\dot{v}\pi\acute{a}\rho\chi\omega\nu$" 신의 形象과 영광을 가진 자") 신과 피조물 사이에 서있고 둘 사이에서 결단을 내려야 한다.

$K\tau\acute{\iota}\sigma\iota\varsigma$는 피조성 — 無常性, $\varphi\theta a\rho\tau\acute{o}\nu$ "썩은 것"의 성격을 지니고 있다 (롬 1:23; 8:20 f.). 바울은 분명히 신화에 소급되는 알기 어려운 말로, 옛부터 그런 것이 아니었지만, $\kappa\tau\acute{\iota}\sigma\iota\varsigma$가 강제로 $\mu a\tau a\iota\acute{o}\tau\eta\varsigma$ "허무한 것"에, $\delta ov\lambda\epsilon\acute{\iota}a$ $\tau\hat{\eta}\varsigma$ $\varphi\theta o\rho\hat{a}\varsigma$ "썩을 것의 노예됨"에 굴복하되 이른바 $\delta\iota\grave{a}$ $\tau\grave{o}\nu$ $\dot{v}\pi o\tau\acute{a}\xi a\nu\tau a$ "굴복케 하는 자로 인하여"라는 것과, 그러나 그것도 언젠가 — "신의 자녀들"처럼 — 無常性의 저주에서 해방되리라는 것을 시사했다(롬 8:20 f.). 바울이 $\dot{v}\pi o\tau\acute{a}\xi a\varsigma$로 무엇(신?, 사탄?, 아담?)을 가리키는지 불분명하기 때문에 더 정확한 것을 인식할 수 없다. 단지 $\kappa\tau\acute{\iota}\sigma\iota\varsigma$가 인간들과 공통된 역사를 가지고 있다는 정도로만 분명할 뿐이다. 그리고 또 보여 주는 것은 우주론적 관찰이 바울의 경우에 얼마나 심하게 역사 신학적인 관찰 뒤로 후퇴되었는가이다.

로마서 8장 20—21절에서 無常下에 노예가 된, 그리고 해방을 사모하는 $\kappa\tau\acute{\iota}\sigma\iota\varsigma$가 거론되었다면 그것은 분명히 땅 및 인간에게 예속된 피조물을 생각한 것이고, 8장 38—39절에 列擧된 우주적 세력들을 생각한 것이 아니다. 이 열거가 同類的인 것들의 열거가 아니고 $\theta\acute{a}\nu a\tau o\varsigma$ "死亡"과 $\zeta\omega\acute{\eta}$ "生命"(고전 15:26에 의하면 이들 중 물론 $\theta\acute{a}\nu a\tau o\varsigma$는 우주적 세력으로 생각될 수 있었을 것이다), $\dot{\epsilon}\nu\epsilon\sigma\tau\hat{\omega}\tau a$ "지금 것"과 $\mu\acute{\epsilon}\lambda\lambda o\nu\tau a$ "미래의 것"이라는 개념들을 우주적 세력들과 결부한 것일지라도 그것은 역시 여하간 $\ddot{a}\gamma\gamma\epsilon\lambda\lambda o\iota$ "천사들", $\dot{a}\rho\chi a\acute{\iota}$ "지배자들"과 $\delta v\nu\acute{a}\mu\epsilon\iota\varsigma$ "세력들"로 또 $\ddot{v}\psi\omega\mu a$ "높은 것"과 $\beta\acute{a}\theta o\varsigma$ "깊은 것"으로도, 신에 의해 창조된 세계에 속하는 우주적 세력들로 지칭하고 있다. 설사 그 세력들이 $o\check{v}\tau\epsilon$ $\tau\iota\varsigma$ $\kappa\tau\acute{\iota}\sigma\iota\varsigma$ $\dot{\epsilon}\tau\acute{\epsilon}\rho a$ "어떤 다른 피조물일지라도"라는 追加句에 의해 이 의미로 분명하게 성격지어지지는 않았을지라도, 이 귀절이 한편, 신의 뜻에 의해 그런 세력들에 한계가 설정되었다는 것을 증명한다면 그것은 역시 다른 편에서 다음 것을 전제한 것이다. 즉 신과 인간에게 적대적인 반항 세력들이 지배하는 피조물의 영역이 있다는 것이다.

그러므로 창조는 특유한 이중성격을 가지고 있다. 그것은 한편 신이 인간에게 쓰도록, 享有하도록 제공한 땅이고(고전 10:26, 참조. 위에 2) 반면 악한 마귀의 세력들의 활동 무대이다. 여기에 구약성서와 영지주의 전통이 합류되어 있다는 관찰은 그 자체로서 옳지만 그 실정은 아직 충분하게 설명하지 못하고 있다. 바울이 영지주의의 우주론적 신회를 이용한 이유는, 인간이 神 대신 그것을 택할 때(롬 1:25, 참조. 위에), 다시 말해서 그의 生

의 근거를 神 대신 그것 위에 둘 때, 무상한 κτίσις가 적대적인, 파괴적인 세력으로 변한다는 데 있다. 즉 피조물은 신에 대한 그 독립성을 인간에게서 얻는다. 그러나 이것은 σάρξ 개념의 연구를 통해 더 정확히 설명되어야 할 것이다. 그러나 이미 명백한 것은 창조에 관한 이해가 창조자에 관한 이해처럼 그것이 인간의 실존을 위해 뜻하는 바가 무엇인가라는 입장에서 주어졌다는 것이다. 그것은 이 관점에서 볼 때 이중적인 의미를 가지고 있다.

4. 人間

신과 창조의 존재를 신학적 역사 관찰의 차원 즉 인간과 그의 역사를 위한 그 의미성에 관련시켜 본 바와 같이 人間의 存在도 이에 상응하면서 창조자와 창조에 관련시켜 이해했다.

바울이 ἄνθρωπος "人間"이라는 말을 사용하여 피조물로서 세계에 속하는 한 종족으로, 인간을 다른 동물들 가령 짐승들(고전 15 : 39) 또는 천사들(고전 4 : 9; 13 : 1)과 구별하여 표현한 귀절은 극히 적다.

Ἄνθρωπος가 강조되지 않은 가령 "누구든지", "어떤 사람"(롬 7 : 1; 고전 4 : 1; 고후 12 : 2 f.; 갈 6 : 1, 7) 대신 사용된 귀절들 또는 πᾶς ἄνθρωπος가 특별한 反立 없이 "各自"(갈 5 : 3)를 뜻하거나 또는 πάντες ἄνθρωποι가 "모두"를 뜻하는 귀절들 (롬 12 : 17 f.; 고전 7 : 7; 15 : 19; 고후 3 : 2; 빌 4 : 5; 살전 2 : 15)은 여기서 다루지 않을 것이다.

Ἄνθρωπος는 대개의 귀절에서 그의 피조물적인 인간성의 인간을 지적했다. 다시 말하면 이른바 신과의 관계에서 인간을 말했다. 인간은 피조물로 보여진 것이다. "신의 어리석음"이 사람들보다 더 현명하고 "신의 약함"이 사람들보다 더 강하다는 수사적인 표현으로 나타났을 때(고전 1 : 25) 또는 바울이 ὦ ἄνθρωπε, μενοῦν γε σὺ τίς εἶ ὁ ἀνταποκρινόμενος τῷ θεῷ; "사람아, 네가 무엇이기에 신과 겨루려는가?"라고 반문했을 때도 그것을 알 수 있다(롬 9 : 20). 인간의 모든 불만은 신 앞에서 침묵한다: γινέσθω δὲ ὁ θεὸς ἀληθής, πᾶς δὲ ἄνθρωπος ψεύστης "신은 참되고 인간은 모두 거짓되다고 여길 것이라"(롬 3 : 4). 신의 권위는 ἀπόστολος οὐκ ἀπ' ἀνθρώπων οὐδὲ δι' ἀνθρώπου ἀλλὰ διὰ Ἰ. Χριστοῦ καὶ θεοῦ πατρός "사람에게서 난 것도 사람을 통한 것도 아니고 오로지 예수 그리스도와 神이신 아버지로 인해 사도가 되었다"는 바울의 합법성을 문제로 삼지 않는다 (갈 1 : 1, 비교. 1 : 11 f.). 신을 見向하고 인간을 見向하지 않는 것이 사도

의 활동을 위한 바른 규범을 제공한다(살전 2 : 4, 6; 갈 1 : 10). 그리고 사도의 말은 신의 말이고 인간의 말이 아니다(살전 2 : 13). 그 말을 멸시하는 자는 사람이 아니라 신을 멸시하는 것이다(살전 4 : 8).

모든 인간적 차별들은 신 앞에서 霧散된다. 유대인도 그리스인도 신 앞에서는 마찬가지로 $ἄνθρωπος$이다(롬 3 : 28 f.). 인간의 위대함과 고귀함들은 신 앞에서 헛된 것이다. 신에 의해 그리스도의 종으로 부름을 받은 자가 인간의 고귀함들에 따라 인간의 종이 된다면 그것은 미친 짓일 것이다(고전 7 : 23). 인간을 자랑하는 것은 미친 일이다. 무엇인가를 뜻한다면 그것은 신에 대한 찬양이고 인간에 대한 것이 아니다(롬 2 : 29). 질투와 다툼이 자리를 차지하고 있는 곳은 아직 $κατὰ\ ἄνθρωπον$ "사람에 의해" 지배된다(고전 3 : 3). 구원사건의 逆說은 바울이 받아들인 그리스도讚歌의 일절에 표현되었다. 즉 그는 $ἐν\ μορφῇ\ θεοῦ$ "신의 形象으로" 있었으나 사람처럼, 인간의 모습으로 지상에 나타났다는 것이다. 그는 $ἑαυτὸν\ ἐκένωσεν$ "스스로를 비운 것이다"(빌 2 : 6 f.). 그러므로 인간에게, 인간 안에는 신적인 것은 아무것도 없다! — 이 인간 이해는 $κατὰ\ ἄνθρωπον\ λέγω$ "내가 사람에 따라 말한다"(롬 3 : 5; 고전 3 : 3; 9 : 8; 갈 3 : 15) 및 $ἀνθρώπινον\ λέγω$ "사람처럼 나는 말한다"(롬 6 : 19)를 밑받침해 준다. 이것은 신의 일들을 말하는데, 본래 그 내용에 부적합하게 표시할 때 쓰는 말투이다. 오로지 $διὰ\ τὴν\ ἀσθένειαν\ τῆς\ σαρκός$ "육신의 약함 때문에" 사도는 이렇게 말할 수밖에 없었다(롬 6 : 19).

§22. '肉'의 槪念*

1. 惡과 罪

惡이란, 人間學的 개념들에 대한 검토에서 드러난 것처럼 (§17—20) 顚倒된 '나와서 향해 있음'(Aus-sein-auf)이고 顚倒된 노력이다. 즉 이것은 善곧 인간의 본래의 존재인 $ζωή$를 상실한 노력이고, 그 善이 동시에 요구된 것인 까닭에 그것은 악한 노력이다. 그러나 그것은 동시에 罪이고, 창조자로서 生命의 근원인, $ἐντολὴ\ εἰς\ ζωήν$ "생명에 이르게 하는 계명"의 主인 神에 대한 반항이다(롬 7 : 10, §21). 그러므로 신을 창조자로 승인하느냐 아니면 그를 거부하느냐라는 양자택일의 문제는 곧 자신의 본래적 존재를

---

* 이 표제에 관한 문헌들, 참조. S. 630 f.

얻느냐 아니면 잃느냐의 양자택일과 같은 의미를 가진다. 그러나 신을 거부하는 것은 곧 자신의 피조성을 誤認하는 것을 뜻한다. 그러나 생명이 없는 곳 즉 κτίσις에서 생명을 찾는 것은 — 모든 노력이 설사 顚倒된 것일지라도 그 의도는 생명을 향한 것이기 때문에 — 미친짓이다. 창조자로서의 신을 거부하는 것은 피조물에 의지하는 것이기 때문이다(§21). 그러나 피조물은 인간의 지배하에 있다. 그러므로 그 곳에서 생명을 찾는다는 것은 마음대로 할 수 있는 것에서 생명을 찾는, 즉 스스로 생명을 지배할 수 있다는 蒙昧함을 뜻한다. 생명을 창조자의 선물로 받지 않고 스스로의 힘으로 그것을 만들어 내고 신에 의하지 않고 스스로 살려는 狂은 본래의 죄로서 계시된다.

바울은 이 사상 줄거리를 이렇게 추상적으로도, 이렇게 간략하게도 발전시키지 않았다. 그러나 그 줄거리는 죄에 관한 그의 詳論들 근저에 들어 있다. 그것은 이미 창조와 인간에 관한 진술들(§21)에서 드러났고 무엇보다도 σάρξ 개념의 연구가 그것을 분명하게 할 것이다.

2. 人間性과 地上的-自然的인 것의 영역으로서의 肉

Σάρξ는 먼저 인간의 물질적인 육체라는 의미에서 "육체"를 뜻한다. 이것은 食用 獸肉 κρέας와 달리(롬 14:21; 고전 8:13) 인간의 생기있는 육신 감성적 현상들로 나타나는 생동성이고 감성적인 認知로 파악되는 것이다. 그러므로 σάρξ는 (고전 15:39에도 불구하고, 참조 §17, 1, S. 187 f.) "形式"(Form)과 구별되는 "자료"(ὕλη) 자체가 아니다. 물론 그것이 우선적으로 자료이기는 하나 오로지 인간의 몸으로 形成된, 생기를 지닌 것으로서 그러하다. 오로지 그 때문에 σάρξ는 때로 σῶμα와 같은 의미로 사용될 수 있었다(§17, 3, S. 195 f.). 육체의 질병은 ἀσθένεια τῆς σαρκός "육신의 약함"이다(갈 4:13). 육체의 고난은 σκόλοψ τῇ σαρκί "육신에 가시"라는 像으로 표시되었다(고후 12:7). 육체에 베풀어진 割禮는 ἐν τῷ φανερῷ ἐν σαρκὶ περιτομή "표면적 육신의 割禮"이다(롬 2:28). 외부적 고난은 θλίψις τῇ σαρκί "육신에서의 고난"이다(고전 7:28). 육체는 죽을 것이다(고후 4:11). 그리고 육체적 생명의 끝인 죽음은 ὄλεθρος τῆς σαρκός "육신의 멸망"이다(고전 5:5).

인간이 그의 지상의 현존에서 육체에 결부되어 있기 때문에 구약성서 화법에 따라 σάρξ는 인간 전체를 표시할 수 있는바 πᾶσα σάρξ (כָּל־בָּשָׂר)= "누구나"(롬 3:20; 고전 1:29; 갈 2:16; 비교. πᾶσα ψυχή §18, 2, S.

§22. 肉의 槪念

200 f.)로 표현된다. 아니 σάρξ는 ψυχή 및 πνεῦμα와 같이 (§18, 2.3, S.200f. 202), 인격의 표지로까지도 사용될 수 있다(고후 7:5 : οὐδεμίαν ἔσχηκεν ἄνεσιν ἡ σάρξ ἡμῶν "우리의 육체가 편하지 못했었다"). 이때 개인의 인간성이 유대교 화법에 따라 σάρξ에 αἷμα를 첨가하여 강조될 수 있다(בָּשָׂר וָדָם). 가령 갈라디아서 1장 16절 : οὐ προσανεθέμην σαρκὶ καὶ αἵματι "나는 혈과 육과 의논하지 않았다". 이 귀절의 σάρξ καὶ αἷμα는 인간성을 지닌 인격을 뜻한다. 고린도전서 15장 50절에서는 인간성 자체, 인간의 본질을 지시한다 : σάρξ καὶ αἷμα βασιλείαν θεοῦ κληρονομῆσαι οὐ δύναται "혈육은 신의 나라를 상속할 수 없다". 그러나 단순한 σάρξ도 이 의미를 지닐 수 있다. 가령 로마서 6장 19절은 이렇게 말한다 : ἀνθρώπινον λέγω διὰ τὴν ἀσθένειαν τῆς σαρκὸς ὑμῶν "나는 너희 육신의 약함으로 인해 사람의 방식으로 말한다". 이것은 사실 내용상 κατὰ ἄνθρωπον λέγω 및 λαλῶ "나는 사람에 따라 말한다"(롬 3:5; 고전 9:8, §21, 4, S. 229)와 같은 것을 뜻한다. Ἐπιμένειν τῇ σαρκί는 "육신에 남다", 즉 ἀναλῦσαι καὶ σὺν Χριστῷ εἶναι "벗어나서 그리스도와 함께 있다"(빌 1:23 f.)와는 반대로 지상 생명의 영역에 남아 있는 것을 뜻한다.

상당한 例들이 σάρξ는 구체적인 신체뿐 아니라, "육체성"도 표시할 수 있어 이 육체성은 그의 특수한 인간성 즉 그의 약함과 무상함, 그리고 동시에 신과 그의 πνεῦμα에 대한 대립으로서의 地上-人間 存在를 뜻한다(비교. 특히, 갈 1:16; 고전 15:50). Τέκνα τοῦ θεοῦ "신의 자녀"에, 참 "아브라함의 자손"에 해당하는 것은 그의 τέκνα τῆς σαρκός "肉의 자녀" 즉 그의 자연적인 지상의 후손이 아니다(롬 9:7 f.). 그러나 σάρξ의 의미는 σάρξ가, 인간 자신 안에서 그리고 그에게서 작용하고 認知될 수 있는 것 같은 인간의 본질을 표시할 수 있을 뿐 아니라, 인간적인 것의 이 영역에 인간이 관계된 주변 세계도 관련시키므로 地上-自然的인 것의 全領域을 뜻할 수 있다는 포괄성에서도 그것을 표시할 수 있다는 점에서 확대되었다. 이 영역은 로마서 2장 28—29절에 따라 φανερόν "표면"의 영역으로 표시된다 :

οὐ γὰρ ὁ ἐν τῷ φανερῷ Ἰουδαῖός ἐστιν, οὐδὲ ἡ ἐν τῷ φανερῷ ἐν σαρκὶ περιτομή.
ἀλλ' ὁ ἐν τῷ κρυπτῷ Ἰουδαῖος,
καὶ περιτομὴ καρδίας ἐν πνεύματι οὐ γράμματι

"표면적 유대인이 유대인이 아니고, 표면적 육신의 割禮도 割禮가 아
니다.
오직 숨은 유대인이 유대인이고, 마음의 割禮는 文字가 아니라 靈에
있다".

$Σάρξ$는 여기서 우선 단순히 할례가 시행되는 육체를 뜻하는바, $ἐν τῷ$
$φανερῷ$ "표면으로"에 의해 $σάρξ$는 이 의미에서 $φανερόν$의 더 넓은 영역에
세워졌다. 그러나 그 反立은 무엇보다도 반대 개념 $πνεῦμα$에 의해 $φανερόν$
의 영역이 바로 $σάρξ$의 영역임을 분명히 했다. 이것이 $γράμμα$ "文字"의 영역
이기도 하다는 것은 후에 설명될 것이다(§23, 1S. 238 f.). $Φανερόν$과 같은
의미를 가지고 있는 것은 $βλεπόμενον$ "視界"이다. "$Ἔξω ἄνθρωπος$ "겉 사
람"(고후 4:16) 즉 자신들의 $σῶμα$, 자신들의 $θνητὴ σάρξ$ "죽을 육신"(4:
10 f.)을 파멸에 버린 믿는 자들은 그 시선을 $βλεπόμενον$ "볼 수 있는 것"
에 돌리지 않고 $μὴ βλεπόμενα$ "볼 수 없는 것"에 돌린다(4:18). 그리고
$τὰ γὰρ βλεπόμενα πρόσκαιρα$ "이는 잠간 보이는 것들임이라"고 했다면
그것으로 성격지어진 것은 바로 $σάρξ$의 영역이다. 이미 "육신에" 있지 않
는(롬 8:9) 신자들은 볼 수 없는 것을 향하는 희망에서 산다(8:24 f.).
$Φανερόν$의 반대 개념인 $καρδία$ 즉 "마음"이 $κρυτόν$ "숨은 것"의 영역으로
로마서 2장 28—29절에 나타났다면 고린도후서 5장 12절에서는 $καυχᾶσθαι$
$ἐν προσώπῳ$ = '표면적인 것으로 자랑한다'가 $καυχᾶσθαι ἐν τῇ καρδίᾳ$ "마
음에 있는 것을 자랑한다"의 댓귀를 이루고 있다. 그러나 이것은 고린도 후
서 11장 18절이 보여 주는 바와 같이 $καυχᾶσθαι κατὰ σάρκα$ "육에 따른
자랑" 외에 다른 것이 아니다. 可視的인 것($βλεπόμενον, ἐν τῷ φανερῷ$),
외적인 현상 중에 그 본질을 가진 것($πρόσωπον$)은 모두 $σάρξ$의 영역에
속한다. 이 의미에서 $σάρξ$ 개념은 $κόσμος$ "세계"가 창조된 것의 세계로,
"자연" 생활을 위한 공간과 생활조건으로 인간의 지배하에 들어 있으면서
그에게 가능성을 제공하며 그로 살 수 있게 하는 세계로 표시되는 한 $κόσμος$
개념과 동일하다($κόσμος$에 관한 이외의 것 §26). 고린도전서 1장 20절과
3장 19절의 $σοφία τοῦ (τούτου)$ "(이) 세계의 지혜"는 $σοφοὶ κατὰ σάρκα$
"육을 따르는 賢人들"의 지혜이다(1:26). 세상의 특징들 — 모든 행위와
삶, 고난과 기쁨 — 에서의 삶은 $χρᾶσθαι τὸν κόσμον$ "세상을 사용하는
일"이다(고전 7:31). 장가든 자의 걱정은 $μεριμνᾶν τὰ κυρίου$ "主의 것에
관한 근심"과는 반대로 $μεριμνᾶν τὰ τοῦ κόσμου$ "세상 것에 관한 근심"이

§22. 肉의 槪念

다(7:32—34). λύπη τοῦ κόσμου "세상의 근심"은 λύπη κατὰ θεόν "신에 의한 근심"에 반대된다(고후 7:9 f.). 바울에게 있어서 κόσμος가 그리스도의 십자가에 죽었다는 것(갈 6:14)은 내용상 갈라디아서 5장 24절의 진술과 같은 것을 뜻한다: οἱ δὲ τοῦ Χριστοῦ ʼΙ. τὴν σάρκα ἐσταύρωσαν σὺν τοῖς παθήμασιν καὶ ταῖς ἐπιθυμίαις "그러나 그리스도 예수에 속한 자들은 그 육신을 정욕 및 욕심과 함께 십자가에 못박았다."

그러므로 ἐν σαρκί라는 표현도(그것이 롬 2:28에서 뜻하는 육체가 아니라는 점에서) 이에 의해 이해될 수 있다. 이 말투는 구약성서로도, 그리스적 화법으로도 설명될 수 없는 것으로 바울에 의하면 인간의 본질이 (구약성서가 인간은 肉이라고 말할 수 있는 것처럼) 그 물질적인 것에 의해서도 그가 독자적으로 가지고 있는 것(즉 그리스적으로 생각된 것 같이)으로도 규정되지 않고 그가 움직이는 영역, 그가 하는 것과 당하는 일의 차원, 가능성들이 들어 있는 영역에 의해 규정된다. ʼΕν σαρκί의 의미는, 대립적으로 πνεῦμα가 신의 영, 이적적인 신의 생명력을 가리키는 ἐν πνεύματι라는 말투와 照應한다(§14,1). 그러나 이 영역은 κρυπτόν "숨은 것", μὴ βλεπόμενον "보이지 않는 것"이며 καρδία "마음"이다.

ʼΕν σαρκί "肉 안에서" 즉 드러나 있는 것, 지상-인간적인 것, "자연적인 것"의 영역에서 이 세대(Äon)에 있는 인간 — 그리스도인도 — 의 ζῆν "삶"(갈 2:20; 빌 1:22)과 περιπατεῖν "거닐다"(고후 10:3)는 움직인다. 다른 표현을 빌리면 혹은 ζῆν 또는 περιπατεῖν ἐν σαρκί는 단순히 "인간으로 그의 삶을 영위한다"는 것 외에 다른 것을 뜻하지 않는다. 이 삶에는 우선 어떤 倫理的 또는 神學的 判斷도 포함되어 있지 않고 단순히 한 사실(eine Tatsache)을 확인한다. ʼΕν σαρκί에 의해 제시되는 것은 규범이 아니라 공간, 영역이다. 이때 떠오르는 상반된 가능성은 생명이 움직일 수 있는 다른 차원도 존재한다는 것뿐이다. 그러므로 가령 바울은 오네시모를 καὶ ἐν σαρκὶ καὶ ἐν κυρίῳ "육신으로도, 주 안에서도", 다시 말하면 "사람으로도, 그리스도인으로도" 형제라고 부를 수 있었다(빌 16절). 그리고 믿는 자는 그의 본래적 존재로 더불어 이미 단적으로 — 인간적인 것의 영역 저쪽에 서 있고, πνεῦμα의 영역에 속한다는 점에서 εἶναι ἐν (τῇ) σαρκί "육신으로 있음"은 그에게 있어서 잠정적인 것에 속하는 것으로 일컬어질 수 있었다. 그리고 바울은 ὅτε γὰρ ἦμεν ἐν τῇ σαρκί···"그때 우리는 肉에 있었음이다"(롬 7:5)라고도 ὑμεῖς δὲ οὐκ ἐστὲ ἐν σαρκὶ ἀλλʼ ἐν πνεύματι "그러나 지금 너희는 육에 있지 않고 영에 있다"(롬 8:9)고도

말할 수 있었다.

자연적 인간 생활에 속하는 것과 그것을 위해 필요한 것은 πνευματικόν "영적인 것"과 반대로 σαρκικόν "육적인 것"이라고 할 수 있다. 이렇게 바울은 롬 15：27에서 예루살렘 공동체를 위한 헌금에 관해 이방 그리스도인들을 권고하는 동기를 삼았다 : εἰ γὰρ τοῖς πνευματικοῖς αὐτῶν ἐκοινώνησαν τὰ ἔθνη, ὀφείλουσιν καὶ ἐν τοῖς σαρκικοῖς λειτουργῆσαι αὐτοῖς "만일 이방인들이 그들의 영적인 것들을 나누어 가졌으면 육신의 것으로 그들을 섬기는 것이 마땅하다". 그리고 그는 자신의 사도권을 변호하는 제계에 공동체들의 생활비 부담에 관해 이렇게 물었다 : εἰ ἡμεῖς ὑμῖν τὰ πνευμτικὰ ἐσπείραμεν, μέγα εἰ ἡμεῖς ὑμῶν τὰ σαρκικὰ θερίσομεν "우리가 너희에게 영적인 것을 심었으면 너희 육신의 것을 거두기로 그것을 과하다고 하겠는가?"(고전 9：11).

그러므로 σάρξ가 먼저 지상-자연적인 것과 나약한 것, 무상한 것의 영역을 가리킨다면 ἐν σαρκί라는 말투를 사용한 것(롬 7：5; 8：8 f.)은 "육에서의" 삶이 비본래적 삶임을 보여 준다. 이 말투는 여러 곳에서 πνεῦμα(롬 8：9)와 그리스도(몬 16절), πίστις "신앙"(갈 2：20) 등에서의 삶에 대한 명시된 또는 명시되지 않은 대립을 표현해 준다. 무엇보다도 οἱ ἐν σαρκὶ ὄντες θεῷ ἀρέσαι οὐ δύνανται "육에 있는 자들은 신을 기쁘게 할 수 없다"(롬 8：8)라는 귀절은 σάρξ의 영역이 "범죄의" 영역으로도 간주될 수 있음을 보여 준다. 이 영역은 피안적인 영원한 신에 대립하여 지상적인 무상한 영역으로서 있을 뿐 아니라, 절대적으로 그에게 항거하기도 하는 영역이다. 이것은 로마서 8장 7절이 τὸ φρόνημα τῆς σαρκὸς ἔχθρα εἰς θεόν "육의 생각은 신의 적이다"라고 말한 바와 같다. 그러나 σάρξ가 이 의미를 어떻게 가질 수 있는가는 κατὰ σάρκα라는 말투의 용법에서 드러난다.

3. '肉' 안에 있는 罪의 根源

Κατὰ σάρκα "肉에 의해"의 語形은 이중의 의미로 사용된다. 그것은 한 人間 또는 人間의 관계를 자연생활 내부에서 발견될 수 있는, 누구에게나 나에 의해서 확증될 수 있는 실정과 관련시켜 성격짓는다. 이 경우에 물론 — ἐν σαρκί에서 다른 가능한 관찰 방식에 대한 대립이 浮上되고 명시된다. 아브라함은 προπάτωρ ἡμῶν κατὰ σάρκα "육에 의하면 우리의 조상", 즉 유대인들의 자연적 조상이다(롬 4：1). 유대인들은 바울의 συγγενεῖς κατὰ σάρκα "육에 의한 혈연"(롬 9：3; 11：14 : ἡ σάρξ μου "내 육친"은 같은 말의 단축어이다)으로 이에 대한 반대는 물론 ἀδελφοὶ ἐν Χριστῷ "그리스도 안에

§22. 肉의 槪念

있는 형제들"이다. 구약성서의 이스라엘 민족은 'Iσραὴλ κατὰ σάρκα "육에 의한 이스라엘"이고(고전 10:18), 그 반대는 'Ισαὴλ τοῦ θεοῦ "신의 이스라엘"(갈 6:16)이다. 'Επαγγελία "언약" 없이 난 아브라함의 아들 이스마엘은 ὁ κατὰ σάρκα γεννηθείς "육에 의한 육친"이다(갈 4:29; 비교. 23절: ὁ μὲν ἐκ τῆς παιδίσκης κατὰ σάρκα γεγέννηται "계집종에게서 육을 따라 낳다", 다시 말하면 그는 오로지 인간적 자연의 후손이라는 의미에서만 아브라함의 아들인데 이와 반대는 διὰ τῆς ἐπαγγελίας "약속을 따라" 이적적으로 난 이삭이다. 마찬가지로 그리스도도 그의 인간적 현상에 따라 이렇게 성격지어질 수 있다. 즉 그는 κατὰ σάρκα "육신에 의하면" 다윗 자손이고 이스라엘 민족에게 났으나(롬 1:3; 9:5) 이와 반대되는 것은 υἱὸς τοῦ θεοῦ κατὰ πνεῦμα ἁγιωσύνης "성결의 영에 의한 신의 아들"로서의 그의 존재이다. 이것이 어디서나 "자연적인 것" 즉 지상적인 주어진 것, 物的인 것의 영역 이외의 것을 지시하지 않음은, 다음 사실에서 분명히 알 수 있다. 즉 ἡμεῖς φύσει 'Ιουδαῖοι "우리는 자연으로는 유대인들"이라는 것(갈 2:15)이 전혀 같은 의미로 ἡμεῖς 'Ιουδαῖοι κατὰ σάρκα "우리는 육신을 따르면 유대인들"이라고도 할 수 있다는 것이다. 또는 ἡ ἐκ φύσεως ἀκροβυστία "자연으로는 無割禮"(롬 2:27)라는 대신 ἡ κατὰ σάρκα ἀκροβυστία "육에 따르면 無割禮"라는 말을 꼭 같이 사용할 수 있다는 사실이다.

Κατὰ σάρκα는 이 의미에서 대개 (갈 4:23, 29 외에) 명사들 (및 고유명사들)을 규정하는 데 사용된다. 그것이 동사들을 규정할 때에는 철저히 다른 의미를 가지게 된다. 그것은 그때 存在 또는 行動을 자연적인 인간적인 것으로 성격짓지 않고 범죄적인 것으로 性品化하기 때문이다. Κατὰ σάρκα βουλεύεσθαι "육에 따라 원한다"(고후 1:17)와 κατὰ σάρκα γινώσκειν "육에 따라 안다"(고후 5:16), κατὰ σάρκα περιπατεῖν "육에 따라 거닐다"(고후 10:2; 롬 8:4), κατὰ σάρκα στρατεύεσθαι "육에 의해 싸우다"(고후 10:3), 또는 κατὰ σάρκα εἶναι "육에 따라 있다"(롬 8:5) 등은 이런 의미에서 말해진 것이다. 그리고 후자는 바로 이렇게 정의되었다: οἱ γὰρ κατὰ σάρκα ὄντες τὰ σαρκὸς φρονοῦσιν "이는 육에 따라 있는 자들이 육의 것들을 생각함이다". 이때 명시되는, 또는 암시되는 댓귀들은 κατὰ πνεῦμα "영에 따라"(롬 8:4 f.), κατὰ κύριον "주를 따라"(고후 11:17), κατὰ ἀγάπην "사랑에 따라"(롬 14:15) 등이다.

Σαρκικός (참조, 위에 S. 233 f.)도 κατὰ σάρκα의 뜻을 지닐 수 있다(고전 3:3; 고

후 1:12; 10:4). 그리고 $\kappa\alpha\tau\grave{\alpha}$ $\sigma\acute{\alpha}\rho\kappa\alpha$는 $\sigma\alpha\rho\kappa\iota\kappa\hat{\omega}\varsigma$를 대신할 수 있다고 말할 수 있을 것이다. 같은 의미에서 바울도 $\sigma\acute{\alpha}\rho\kappa\iota\nu o\varsigma$(롬 7:14; 고전 3:1)를 사용했는데 이것은 본래 "육(材料)으로 된"을 뜻한다(고후 3:3).

그런데 결정적인 것은 그런 용법에서 가령 $\sigma\acute{\alpha}\rho\xi$라는 말이 다른 의미를 지니지 않는다는 것 즉 그것이 인간적이고 자연적인 것과 無常하고 약한 것의 영역을 표시하는 경우들에서보다 다른 의미를 가지지 않는다는 것을 이해하는 일이다. 즉 여기에는 가령 신화적인 개념이 없다. $\Sigma\acute{\alpha}\rho\xi$가 악마적인 본질로 생각된 것 같은 것은 없다. 심리적인 개념도 없다. $\Sigma\acute{\alpha}\rho\xi$는 여기서 감성을 의미하지 않는다. 오히려 $\sigma\acute{\alpha}\rho\xi$를 향한, $\sigma\acute{\alpha}\rho\xi$에 의해 규제된 행동이 죄된 것인 한 $\sigma\acute{\alpha}\rho\xi$에는 죄된 것의 근원이 들어 있다. 이것은 로마서 8장 5절이 말하는 바와 같다: $\kappa\alpha\tau\grave{\alpha}$ $\sigma\acute{\alpha}\rho\kappa\alpha$ $\epsilon\hat{\iota}\nu\alpha\iota$ "육에 의해 있음"은 $\phi\rho o\nu\epsilon\hat{\iota}\nu$ $\tau\grave{\alpha}$ $\tau\hat{\eta}\varsigma$ $\sigma\alpha\rho\kappa\acute{o}\varsigma$ "육의 일들을 생각하는 것"에서 즉 오로지 ― 인간의 것, 地上-無常한 것을 향해 '나와 있음'에서 수행된다.

$K\alpha\tau\grave{\alpha}$ $\sigma\acute{\alpha}\rho\kappa\alpha$의 두 용법의 차이는 롬 9:5를 고전 1:26에 비교할 때 분명해진다. 그리스도가 $\kappa\alpha\tau\grave{\alpha}$ $\sigma\acute{\alpha}\rho\kappa\alpha$로 성격지어질 때 그것은 그리스도가 어떻게 세상적이며 物存的인가를 안중에 두고 그를 보는 것을 뜻한다. 그러나 $\sigma o\phi o\acute{\iota}$ "지혜있는 자들"이 $\sigma o\phi o\grave{\iota}$ $\kappa\alpha\tau\grave{\alpha}$ $\sigma\acute{\alpha}\rho\kappa\alpha$로 표시될 때는 그들이 세상-물존적인 한에서 그렇지 않고, 오히려 그들이 $\sigma\acute{\alpha}\rho\xi$에 따라 현명한 限 그런 것이어서, $o\acute{\iota}$ $\sigma o\phi o\acute{\iota}$ "賢人들"은 동사적 표지와 같은 것이 된다. 전자의 경우에 $X\rho\iota\sigma\tau\grave{o}\varsigma$ $\kappa\alpha\tau\grave{\alpha}$ $\sigma\acute{\alpha}\rho\kappa\alpha$에 상응하는 것은 認知의 방식이고, 후자도 $\kappa\alpha\tau\grave{\alpha}$ $\sigma\acute{\alpha}\rho\kappa\alpha$ "육에 따라" 즉 세상-물존적인 그리스도는 봄의 세상적 방식에 의해 認知된 것이다.

이에 의해 고후 5:16에 대한 옛 논쟁 문제도 판정될 수 있다. 즉 $\H{\omega}\sigma\tau\epsilon$ $\H{\eta}\mu\epsilon\hat{\iota}\varsigma$ $\grave{\alpha}\pi\grave{o}$ $\tau o\hat{\upsilon}$ $\nu\hat{\upsilon}\nu$ $o\grave{\upsilon}\delta\acute{\epsilon}\nu\alpha$ $o\H{\iota}\delta\alpha\mu\epsilon\nu$ $\kappa\alpha\tau\grave{\alpha}$ $\sigma\acute{\alpha}\rho\kappa\alpha$ $\epsilon\grave{\iota}$ $\kappa\alpha\grave{\iota}$ $\grave{\epsilon}\gamma\nu\acute{\omega}\kappa\alpha\mu\epsilon\nu$ $\kappa\alpha\tau\grave{\alpha}$ $\sigma\acute{\alpha}\rho\kappa\alpha$ $X\rho\iota\sigma\tau\acute{o}\nu$, $\grave{\alpha}\lambda\lambda\grave{\alpha}$ $\nu\hat{\upsilon}\nu$ $o\grave{\upsilon}\kappa\acute{\epsilon}\tau\iota$ $\gamma\iota\nu\acute{\omega}\sigma\kappa o\mu\epsilon\nu$ "그러므로 우리가 이제부터는 아무 사람도 육체대로 알지 않는다. 비록 우리가 그리스도도 육체대로 알았으나 이제부터는 그렇게 알지 않으리라" ― 이 귀절에서 $\kappa\alpha\tau\grave{\alpha}$ $\sigma\acute{\alpha}\rho\kappa\alpha$가 대상들($o\grave{\upsilon}\delta\acute{\epsilon}\nu\alpha$와 $X\rho\iota\sigma\tau\acute{o}\nu$)을 규정하는가 또는 동사들인가? 후자에 가능성이 더 크다. 그러나 이 구별은 이전 문맥에서 무의미하다. $K\alpha\tau\grave{\alpha}$ $\sigma\acute{\alpha}\rho\kappa\alpha$ "육으로" 안 그리스도는 다름 아닌 $X\rho\iota\sigma\tau\grave{o}\varsigma$ $\kappa\alpha\tau\grave{\alpha}$ $\sigma\acute{\alpha}\rho\kappa\alpha$ "육에 의한 그리스도"이기 때문이다.

§23. 肉과 罪

1. 惡德과 열심으로서의 罪

인간은 ― 그리스도인도 마찬가지로 ― $\dot{\epsilon}\nu\ \sigma\alpha\rho\kappa\acute{\iota}$ "육에서" 그의 자연적인 삶을 산다(§22, 2. S. 234 f.). 그러나 결정적인 문제는 이것이 $\dot{\epsilon}\nu\ \sigma\alpha\rho\kappa\acute{\iota}$ "육에서" 단지 공간과 가능성들만을 제공하는지, 생의 특정한 규범도 제공하는지, 아니면 그것이 곧 $\kappa\alpha\tau\grave{\alpha}\ \sigma\acute{\alpha}\rho\kappa\alpha$ 인지 (§22, 3. S. 234 ff.), 自然的-地上的인 것, 無常-柔弱한 것의 영역이 곧 인간이 그 生을 얻고 생을 주관할 수 있는 힘을 주는 世界인지에 있다. 그러나 이 환상은 誤謬일 뿐 아니라 죄이다. 그것은 생명을 제공하는 자로서의 창조자로부터 돌아서서 피조물로 돌아감이고, 동시에 지상적인 것을 향락하며 자신의 힘과 업적으로 생을 유지하려는 자기 신뢰이기 때문이다. 이 의미에서 肉의 노력은 곧 신에 대한 적대행위이다(롬 8:7).

피조물적인 세계에 의지하고 살려는 죄된 환상은 반성되지 않은 경솔로 (특별히 이방인들에게서 그렇다), 반성된 事業慾으로 (특별히 유대인들에게서 그렇다), 윤리적 요구들에 대한 멸시로 또는 과장으로 또는 그것들을 실천하려는 열심으로 나타난다. $\Sigma\acute{\alpha}\rho\xi$ 의 영역은 결코 충동 생활, 감성적 정열의 영역만은 아니다. 오히려 그것은 인간의 도덕적, 종교적 노력들의 영역이기도 하다.

갈라디아서 5장 24절에 따르면 신앙인이 십자가에 못박은 $\sigma\acute{\alpha}\rho\xi$ 의 $\pi\alpha\vartheta\acute{\eta}$-$\mu\alpha\tau\alpha$ "정열들"과 $\dot{\epsilon}\pi\iota\vartheta\upsilon\mu\acute{\iota}\alpha\iota$ "욕심들"은 감성과 利己의 "악덕들"이다. 이것들은 5장 19—21절에서 $\ddot{\epsilon}\rho\gamma\alpha\ \tau\hat{\eta}\varsigma\ \sigma\alpha\rho\kappa\acute{o}\varsigma$ "肉의 일들"로 열거되었다. 5장 13절에서 그리스도교의 자유를 $\dot{\alpha}\phi o\rho\mu\grave{\eta}\nu\ \tau\hat{\eta}\ \sigma\alpha\rho\kappa\acute{\iota}$ "肉의 기회"로 오용하지 말라고 경고되었을 때 14—15절의 댓귀가 이미 보여 주는 바와 같이, 그것은 자유가 문을 열어 주어서는 안될 자연적인 인간의 利己慾을 뜻한 것이다. 마찬가지로 $\pi\alpha\vartheta\acute{\eta}\mu\alpha\tau\alpha\ \tau\hat{\omega}\nu\ \dot{\alpha}\mu\alpha\rho\tau\iota\hat{\omega}\nu$ "죄들의 정열들"(롬 7:5)도 같은 것을 가르치는데 이것들은 "우리가 肉 안에 있었을 때" 우리 안에서 작용했으며, 물론 $\zeta\hat{\eta}\nu\ \kappa\alpha\tau\grave{\alpha}\ \sigma\acute{\alpha}\rho\kappa\alpha$ "육에 따른 삶"이 존속하는 $\pi\rho\acute{\alpha}\xi\epsilon\iota\varsigma\ \tau o\hat{\upsilon}\ \sigma\acute{\omega}\mu\alpha\tau o\varsigma$ "몸의 행실?"이기도 하다(롬 8:13). 고린도인들이 아직 $\sigma\alpha\rho\kappa\iota\kappa o\acute{\iota}$ "육의 사람들"이라는 것은 공동체에서 $\zeta\hat{\eta}\lambda o\varsigma$ "경쟁"과 $\ddot{\epsilon}\rho\iota\varsigma$ "다툼"이 그들 중에 胎動하고 있다는 것으로 증명되었다(고전 3:3). 바울에 반대하여 제기된 $\sigma o\phi\acute{\iota}\alpha\ \sigma\alpha\rho\kappa\iota\kappa\acute{\eta}$ "육의 지혜"(고후 1:12) 및 $\pi\epsilon\rho\iota\pi\alpha\tau\epsilon\hat{\iota}\nu\ \kappa\alpha\tau\grave{\alpha}\ \sigma\acute{\alpha}\rho\kappa\alpha$ "육에

따른 행실"(고후 10 : 2)의 反旗는 고린도후서에서 적들과의 대결이 보여 주는 바와 같이 성실성이 없고 바르지 못하며 오만하고 支配癖的이라는 비난으로 나타났다.

반면 가끔 분명치 않은 것도 있다. 바울은 그가 육적인 행동을 말할 때, 어떤 구체적인 행동을 생각했는가? 그것이 $\mu\epsilon\rho\iota\mu\nu\tilde{\alpha}\nu\ \tau\dot{\alpha}\ \tau o\tilde{v}\ \kappa\acute{o}\sigma\mu o v$ "세상의 일들을 염려한다"는 것인 한, 그것은 부도덕한 행위일 필요는 없고, 인간이 자신을 $\dot{\omega}\varsigma\ \mu\acute{\eta}$ "마치 아닌 것 같이"라는 留保 없이 인간의 정상적인 행동과 생활에 맡기는 한, 그는 이 행동과 생활에서 존속할 수 있다(고전 7 : 29 ff.). 그러나 특별히 $\kappa\alpha\tau\dot{\alpha}\ \sigma\acute{\alpha}\rho\kappa\alpha$ "육에 따른" 행동에 속하는 것은 율법의 정열적인 실천이다. 인간은 이를 통해 자신의 힘으로 신 앞에 義를 얻어 내려는 때문이다. 율법을 받아들이고 割禮까지도 받고 싶어한 그리스도교 신자인 갈라디아인들은 흥분된 어조의 질문을 받았다: $\dot{\epsilon}\nu\alpha\rho\xi\acute{\alpha}\mu\epsilon\nu o\iota\ \pi\nu\epsilon\acute{\nu}\mu\alpha\tau\iota$ $\nu\tilde{\upsilon}\nu\ \sigma\alpha\rho\kappa\grave{\iota}\ \dot{\epsilon}\pi\iota\tau\epsilon\lambda\epsilon\tilde{\iota}\sigma\vartheta\epsilon$ "靈으로 시작한 너희가 지금 육으로 끝내려는가?"
— 다시 말하면 이것은 감성적인 정열들이 아니라 율법의 실천을 뜻한 것이다(3 : 3). 사실, 율법에 열심하는 자처럼, 경건한 이스라엘인의 모든 특권들과 존칭들을 자랑하는 것도 육적인 행동에 속한다. 말하자면 이스라엘의 율법과 특권들, 존칭들은 모두 可視的-物存的인 것, 역사적-확인 가능한 것의 영역으로서의 $\sigma\acute{\alpha}\rho\xi$의 개념에 속한다(빌 3 : 3—7). 그러나 이 귀절이 특별히 분명하게 해 주는 것은 $\sigma\acute{\alpha}\rho\xi$에서 방향을 잡고 $\sigma\acute{\alpha}\rho\xi$에서 사는 행동이 자신의 힘과 이용될 수 있는 것을 신뢰하는 인간의 我執的인 행동이라는 것이다. 이 태도를 포기하는 것은 사실 3장 9절에 따르면 자기 義의 포기를 뜻한다. 그리고 로마서 10장 3절에 따르면 $\dot{\iota}\delta\acute{\iota}\alpha\ \delta\iota\kappa\alpha\iota o\sigma\acute{\nu}\nu\eta$ "자신의 義"를 세우려는 것은 유대인들의 기본罪이다. 비록 그것이 $\zeta\tilde{\eta}\lambda o\varsigma\ \vartheta\epsilon o\tilde{v}$ "신에 대한 열심"일지라도 그렇다. 여기서 이미 $\gamma\rho\acute{\alpha}\mu\mu\alpha$ 즉 '모세-율법'이 왜 $\pi\nu\epsilon\tilde{\upsilon}\mu\alpha$에 대한 대립이 되는지, $\sigma\acute{\alpha}\rho\xi$의 영역에 속하는지도 확실히 더 분명해진다(롬 2 : 29; 7 : 6; 고후 3 : 6). 말하자면 그 율법이 자신의 힘으로 $\tilde{\epsilon}\rho\gamma\alpha$ "일들"을 통해 즉 功績들을 통해 $\delta\iota\kappa\alpha\iota o\sigma\acute{\nu}\nu\eta$ "義"와 $\zeta\omega\acute{\eta}$ "生命"을 얻으려는 저 노력의 수단으로 사람에게 이용되기 때문에(또는 그런 한에서) 대립되고 그 영역에 속한다(참조. §27). 율법은 성문화되고 定義된 규율들의 법전으로서 $\gamma\rho\acute{\alpha}\mu\mu\alpha$ "문자"이다. 그리고 이 규율들은 특정된 상응하는 공적들에 의해 끝날 수 있는 것이다.

유대교의 영역에서 율법 실천에 대한 열정과 공적들 및 이스라엘의 존칭들에 대한 긍지로서 전개되는 오만이 헬레니즘 세계에서는 지혜에 대한 추

§ 23. 肉과 罪

구로서, 지식과 영적인 才質에 대한 긍지로서 나타난다. Σοφοὶ κατὰ σάρκα "육에 따른 지혜있는 자들"(고전 1 : 26)은 자기 신뢰적인 현인들이고 이들은 자신의 지혜를 신 앞에서 포기하므로 어리석은 것이 되려고 하지 않는다. 고린도후서 10—13장에서 공박된 적들은 κατὰ σάρκα "肉에 따라" 자랑하고 (11 : 18), 10장 4절이 시사하는 바와 같이 ὅπλα σαρκικά "肉的 무기"로 싸우는 자들인데, 그들은 과장하여 자신을 다른 사람들과 비교하고 자기를 스스로 추천하며(10 : 12—18) 자신들의 ὀπτασίαι "환상들"과 ἀποκαλύψεις "계시들"로 의기충천한(12 : 1) 사람들이다. 그들이 바울에게 δοκιμή "증거"를 요구했다면(13 : 3) 그들은 그것으로써 πνεῦμα 소유의 증거가 物存的 공적이라는 자신의 입장을 보여 주는 것이다.

그런데 경솔에서 또는 激情에서 세속적인 유혹들과 향락들에 자신을 내맡기는 것이 문제이든지 아니면 도덕적 또는 종교적 노력의 정열이 문제되든지 — 어떤 경우에도 그것은 삶이 신으로부터 離脫된 것이고 피조물과 자신의 힘 즉 신에 대한 적(롬 8 : 6), 신의 뜻에 대한 불순종(롬 8 : 7; 10 : 3; 고후 10 : 5)으로 돌아선 것이다. 인간의 모든 지혜와 힘, 위대함은 신 앞에서 멸할 것이다(고전 1 : 26—31).

2. "욕심내다", "염려하다", "자랑하다", "신뢰하다"의 죄

육과 죄에 대한 이 평가는 바울이 특별히 인간적인 행동을 묘사하는 동사들의 용법에서도 그의 성격적인 표현을 보여준다. 우선 ἐπιθυμεῖν이 성격화된 의미에서 이를 위해 사용되었다 (§ 20, 2, S. 220 f.). 신의 계명은 οὐκ ἐπιθυμήσεις "욕심내지 말라"고 말한다. 그러나 그것이 일깨우는 것은 죄된 욕심이다(롬 7 : 7 f.). 그런데 이것이 자리잡고 있는 곳은 σάρξ이다. 그래서 바울은 σάρξ (말하자면 σάρξ적인 σῶμα "몸", § 17, 2, S. 192 f.)를 바로 ἐπιθυμεῖν 및 ἐπιθυμία의 주체로 만들 수 있었다(갈 5 : 16 f., 24; 롬 6 : 12; 비교. 13 : 14). 악한 ἐπιθυμίαι τῶν καρδιῶν "마음의 욕심들"은 피조물을 경배하는 데 마음을 돌린 자들의 욕심이고(롬 1 : 24), 그들이 恣行하는 악덕들이며(1 : 26 ff.) 갈라디아서 5장 19절 이하의 ἔργα τῆς σαρκός "육의 일들" 외에 다른 것이 아니다. 여하간 κατὰ σάρκα "육을 따르는 삶"이 ἐπιθυμεῖν "욕심내다"의 생활, 자주적인 노력의 생활임은 분명하다.

인간의 자주적 태도는 마찬가지로 그의 μεριμνᾶν "염려하다"(§ 20, 2, S. 223)에도 들어 있다. 인간은 여기서 κόσμος "세계"를 이용하려는 자신의 의지를 가지고 실제로는 세계에 빠져 버린다. 자연적인 인간의 μεριμνᾶν은

미래에 직면하여 근심하는 불안을 뜻하는 한, 대비적 염려(여기에도 물론 저 불안은 언제나 근저에 남아 있다)로서, 자주적으로 미래를 捕縛하고 미래에 대해 자신을 확보하거나 현재의 것을 미래에 지속시키려는 의도를 가지고 있다. Μεριμνᾶν τὰ τοῦ κόσμου "세상 일들을 위한 염려"(고전 7:32 ff.)는 세상의 이용성 있는 것으로 생을 안정시킬 수 있다는 망상에 근거를 두고 있는 것이다. 이에 반대되는 μεριμνᾶν τὰ τοῦ κυρίου "주의 일들을 위한 염려"는 성격화된 세상 μεριμνᾶν "염려"의 입장에서 볼 때 ἀμέριμνος εἶναι "염려없음"(고전 7:32), μεδὲν μεριμνᾶν "아무것도 염려하지 않음"(빌 4:6)이다.

죄된 자주적 태도는 인간의 καυχᾶσθαι "자랑하다"에서 가장 잘 표현된다. 이것은 신과 그 율법을 자랑하는 유대인에게서도(롬 2:17, 23), 특유하기는 하나 그의 지혜를 자랑하는 그리스인에게서도(고전 1:19—31) 볼 수 있다. 그의 καύχημα "자랑"을 가질 수 있기 위해 다른 것들과 비교하는 것도 인간의 자연적인 충동에 속한다(갈 6:4). Καυχᾶσθαι가 유대인에게서 얼마나 성격적인가는 로마서 3장 27절이 보여 준다. 바울은 공로들 없이 오로지 신앙만으로 의롭게 되는 義를 말한 후에 ποῦ οὖν ἡ καύχησις "그러면 자랑이 어디에 있는가?" — Ἐξεκλείσθη "결코 없다" 라는 수사적인 물음으로 이 명제의 의미를 분명하게 하고, 다음에 신앙인이면서 καύχημα를 몰랐던 아브라함을 지적한다. Καυχᾶσθαι에서 드러나는 것은 인간의 처지를 잘못 보는 것이고 다음 사실의 망각이다: τί δὲ ἔχεις ὃ οὐκ ἔλαβες; — εἰ δὲ καὶ ἔλαβες, τί καυχᾶσαι ὡς μὴ λαβών "그러나 네가 받지 않은 것으로 가진 것이 무엇인가? — 그러나 네가 받았다면 무엇을 받지 않은 것 같이 자랑하는가?"(고전 4:7). 그리고 신은 여기에 健在한다. 즉 인간의 위대한 척도들이 모두 꺾이어서 ὅπως μὴ καυχήσηται πᾶσα σάρξ ἐνώπιον τοῦ θεοῦ "신의 면전에서 모든 육체가 자랑할 수 없도록" 해야 하는 데서 건재한다(고전 1:29). 타당한 καυχᾶσθαι가 있다면 그것은 오로지 ὁ καυχώμενος ἐν κυρίῳ καυχάσθω "자랑하는 자는 주 안에서 자랑하라"는 것뿐이다(고전 1:31; 고후 10:17). 그 까닭에 그리스도인도 다른 사람들을 오만하게 내려다 볼 때 경고를 받아야 한다(갈 6:4; 롬 11:17 f.). 바울이 한번 자랑했을 때 그는 ἄφρων "어리석은 자"의 짓이라고 미리 말하고 자랑했다(고후 11—12장). 이때 그는 역시 καυχᾶσθαι κατὰ σάρκα "육에 의해 자랑하는 것"을 역설적 καυχᾶσθαι, 즉 자신의 ἀσθένεια "약함"을 자랑하는 역설적 자랑으로 바꾸어 놓았다(11:30; 12:9; 비교. 롬 5:2). 그리고 그

§ 23. 肉과 罪

는 이렇게 고백했다: ἐμοὶ δὲ μὴ γένοιτο καυχᾶσθαι εἰ μὴ ἐν τῷ σταυρῷ τοῦ κυρίου ἡμῶν Ἰ. Χριστοῦ, δι' οὗ ἐμοὶ κόσμος ἐσταύρωται κἀγὼ κόσμῳ "그러나 내게는 우리 주 예수 그리스도의 십자가 외에 결코 자랑할 것이 없으니 그리스도로 인해 세상이 나에 대하여 십자가에 못박히고 나 또한 세상에 대하여 그러하다"(갈 6:14; 비교. 롬 5:11).

Καυχᾶσθαι κατὰ σάρκα와 아주 닮은 것은 πεποιθέναι ἐν σαρκί "肉을 신뢰하다"이다. 아니 이것은 동의어이다. 빌립보서 3장 3절에서 이 말이 καυχᾶσθαι ἐν Χριστῷ Ἰησοῦ "그리스도 예수 안에서 자랑한다"[1]의 댓귀를 이루고 있는 것과 같다. 후자가 모든 세속적 영예들의 포기와 한갖 ζημία "해로운 것", 아니 σκύβαλα "똥"으로서의 공적들을 뜻한다면(3:4—8), 자신의 義의 포기를 뜻한다면(3:9), πεποιθέναι ἐν σαρκί는 "인간이 세속적 현상, 이용되는 것, 염려할 수 있는 것에서 얻는, 그럴싸한 安全이다. 그것은 유대인의 경우 저 καυχᾶσθαι ἐν νόμῳ "율법에 대한 자랑"(롬 2:23)에서 나타나고, 유대인을 유혹하여 πεποιθέναι ἑαυτὸν ὁδηγὸν εἶναι τυφλῶν κτλ. "스스로 소경들의 길잡이로 확신하게 ···"(롬 2:19) 하는 반항적인 自慢이다. Πεποιθέναι ἐν σαρκί는 자기 자신에 대한 인간의 신뢰 외에 다른 것이 아니다. 그리고 바로 이것이 신 앞에서 없어져야 할 것이다. 오로지 καυχᾶσθαι ἐν κυρίῳ "주 안에서 자랑한다"는 한 가지 자랑만이 있을 수 있는 것과 같이 역시 있을 수 있는 것은 오로지 πεποιθέναι ἐπὶ τῷ θεῷ "신에 대한 신뢰"뿐이다. 바울은 신이 그로 하여금 생에 대해 의심을 일으키게 했을 때 이런 것을 경험했다: ἵνα μὴ πεποιθότες ὦμεν ἐφ' ἑαυτοῖς ἀλλ' ἐπὶ τῷ θεῷ τῷ ἐγείροντι τοὺς νεκρούς "이는 우리가 우리 자신을 신뢰하지 말고 오로지 죽은 자들을 살리는 神만을 신뢰하게 함이라"(고후 1:9).

3. 세력으로서의 肉과 罪

Καυχᾶσθαι, πεποιθέναι ἐν σαρκί "육에 대해 자랑하고 신뢰하는 일"의 裏面에는 자기를 위해 스스로 염려하는 인간의 불안이 있다. 이 불안은 율법의 일들과 지혜를 위해 열심있는 자를 낳는다. 이 불안은 비록 그것이 μεριμνᾶν "염려하는 일"에서 명백하게 드러날지라도 인간 자신에게 숨은 것

---

[1] Καύχησις "자랑"과 πεποίθησις "신뢰"의 유사성은 고후 1:12와 3:4를 비교해도 나타난다. 마찬가지로 πεποίθησις와 πεποιθέναι, καυχᾶσθαι의 교체에서도 볼 수 있다(고후 10:2).

일 수 있다. Φόβος "두려움"이 세속 인간에게 가득하다는 것은 신앙인들에 대한 회고적 指示가 보여 준다: οὐ γὰρ ἐλάβετε πνεῦμα δουλείας πάλιν εἰς φοβον "이는 너희가 다시 무서워하는 종의 영을 받지 않았음이다"(롬 8:15). 그러므로 신앙 前 時代는 φόβος "무서움" 아래 있었다. 그러나 이 귀절은 곧 그것이 노예됨 즉 δουλεία의 시대였음을 말한다. 말하자면 그것은 유대교와 이방문화가, 유대인에게는 율법으로 이방인에게는 그의 φύσει μὴ ὄντες θεοί "본질상 신들이 아닌 자들"로(갈 4:1—10) 대표되는 στοιχεῖα τοῦ κόσμου "세상 세력"의 노예하에 있었다는 점에서뿐 아니라, 무엇보다도 κατὰ σάρκα "육에 따른" 생을 σάρξ와 ἁμαρτία의 노예됨에 인도한다는 점에서 더욱 타당하다. Ἐπιθυμῶν "욕심을 내는 자"는 μεριμνῶν "염려하는 자"와 마찬가지로, καυχώμενος "자랑하는 자"는 πεποιθώς "신뢰하는 자"와 마찬가지로 사실은 그가 이용할 수 있다고 생각한 것에 예속되어 있다. 그러므로 율법의 실천으로 자신의 義를 얻으려고 하고 ἐν σαρκί "육에서" 목표에 도달하려고 한 갈라디아인들에 대한 경고는 이러했다(갈 3:3, 참조. 위에 1): τῇ ἐλευθερίᾳ ἡμᾶς χριστὸς ἠλευθέρωσεν στήκετε οὖν καὶ μὴ πάλιν ζυγῷ δουλείας ἐνέχεσθε "그리스도가 우리를 풀어서 자유를 주었으니 이제 너희는 굳게 서서 다시 노예의 멍에를 지지 말라"(5:1). 지혜로운 고린도인들은 πάντα ὑμῶν "만물이 다 너희것"임을 회상해야 한다(고전 3:21 f.). 다시 말하면 그들은 권위있는 사람들에게 예속되지 않도록 — 그것은 곧 "혈육"에 예속되는 것을 뜻한다 — 경고를 받아야 했다. 누구나 인간적 가치 평가의 척도들로 그 생을 이루어 나갈 수 있다고 생각하는 자는 다음 경고를 받아야 했다: τιμῆς ἠγοράσθητε μὴ γίνεσθε δοῦλοι ἀνθρώπων "너희는 값으로 산 것이니 사람들의 노예가 되지 말라"(고전 7:23). 그리고 그리스도교의 자유를 잘못 이해하고 무제한한 性 行爲를 허락된 것으로 여기는 자들이 οὐκ ἐστὲ ἑαυτῶν, ἠγοράσθητε γὰρ τιμῆς "값으로 산 것이니 너희는 너희 자신의 것이 아니다"(고전 6:20)라는 경고를 받았을 때 여기서 드러난 것은 철저한 逆說, 즉 의견상 자기 자신에게 속하는, 자신을 지배하는 인간이 실상 노예라는 역설이다. 인간은 이제 그의 이전 노예됨에서 "풀려난 것"이다. 그렇다고 그가 그 자신의 것은 아니다. 절대적으로 자기 자신의 것이란 인간에게 없다. 그러나 신 혹은 κύριος에게 속한다는 것은 그에게 자유 — 즉 σάρξ와 ἁμαρτία "죄"에서의 자유이다(롬 6:15 ff.; 7:5 f.). 사실 이렇게도 말할 수 있을 것이다. 즉 κατὰ σάρκα "육에 따라"사는 자는 σάρξ를 자신의 神으로 만든다. 로마서 16장 18절은

§ 23. 肉과 罪

"우리 주 그리스도를 섬기지 않고 그들의 배를 섬기는" 자들에게 그렇게 경고하고 있다. 그리고 빌립보서 3장 19절은 "배로 神을 삼는 자들"에 대해 공격했다.

$\Sigma\acute{\alpha}\rho\xi$와 $\dot{\alpha}\mu\alpha\rho\tau\acute{\iota}\alpha$가 세력을 써서 인간을 노예로 만들 수 있다는 사실은 바울이 이들에 관해 마치 인격적 존재, 이른바 악마적 지배자처럼 말할 수 있었다는 데서 특별히 분명하게 표현된다. 그렇다고 $\sigma\acute{\alpha}\rho\xi$와 $\dot{\alpha}\mu\alpha\rho\tau\acute{\iota}\alpha$을 신화적 개념으로 다룬 것은 아니다. 인간은 $\sigma\acute{\alpha}\rho\xi$에 "빚진 자"가 되거나(롬 8:12) $\sigma\acute{\alpha}\rho\xi$에 이른바 문을 열고 손을 내밀(갈 5:13 : $\epsilon\iota\varsigma$ $\dot{\alpha}\phi o\rho\mu\grave{\eta}\nu$ $\tau\hat{\eta}$ $\sigma\alpha\rho\kappa\acute{\iota}$ "육체의 기회를 위해") 위험에 봉착해 있다. 사실 바울은 $\sigma\acute{\alpha}\rho\xi$ "육"의 $\dot{\epsilon}\pi\iota\vartheta\upsilon\mu\epsilon\hat{\iota}\nu$ "욕심"에 관해 스스로 답할 수 있었다(갈 5:17 : $\dot{\eta}$ $\gamma\grave{\alpha}\rho$ $\sigma\acute{\alpha}\rho\xi$ $\dot{\epsilon}\pi\iota\vartheta\upsilon\mu\epsilon\hat{\iota}$ $\kappa\alpha\tau\grave{\alpha}$ $\tau o\hat{\upsilon}$ $\pi\nu\epsilon\acute{\upsilon}\mu\alpha\tau o\varsigma$ "이는 육이 영을 거슬림이라"). 또 그는 $\phi\rho\acute{o}\nu\eta\mu\alpha$ $\tau\hat{\eta}\varsigma$ $\sigma\alpha\rho\kappa\acute{o}\varsigma$ "육의 생각"에 관해서도 말할 수 있었다(롬 8:6 f.). 또 肉의 $\pi\alpha\vartheta\acute{\eta}\mu\alpha\tau\alpha$ "정열들"과 $\dot{\epsilon}\pi\iota\vartheta\upsilon\mu\acute{\iota}\alpha\iota$ "욕심들"(갈 5:24)과 $\check{\epsilon}\rho\gamma\alpha$ "일들"(갈 5:19) 또는 $\pi\rho\acute{\alpha}\xi\epsilon\iota\varsigma$ "행실들"(롬 8:13, § 17, 3, S. 196)에 관해서도 말할 수 있었다. 이런 식으로 그는 이외에 $\kappa\acute{o}\sigma\mu o\varsigma$ "세상"도 인격화할 수 있었다. 그가 세상의 지혜와 $\gamma\iota\nu\acute{\omega}\sigma\kappa\epsilon\iota\nu$ "앎"에 관해 말한 것이 바로 그것이다(고전 1:20 f.). 특별히 인격적 존재로 나타나는 것은 $\dot{\alpha}\mu\alpha\rho\tau\acute{\iota}\alpha$ "죄"이다. 죄는 "세상 안으로 들어 왔다"(롬 5:12). 그리고 "지배권을 장악했다"(롬 5:21). 인간은 그의 노예가 되었다(롬 6:6, 17 ff.). 그는 이 지배하에 팔렸다(롬 7:14). 또는 그는 그 지배에 순응한다(롬 6:13). 그리고 죄는 그에게 그 댓가를 지불한다(롬 6:23). 죄는 인격적 존재처럼 소개되기도 했다. 즉 그것은 옛 날에 죽어 있었으나 후에 살아났다(롬 7:8 f.). 그것은 율법을 이용하여 인간에게서 욕심을 일깨우고 인간을 속이며 죽인다(롬 7:8, 11, 13). 그것은 인간 안에 "거주하고" 그 안에서 행동한다(롬 7:17, 20).

이 모든 것이 實在的인 신화가 아니라 오히려 具象的 수사적 언어인 만큼 분명한 것은 이 언어가 肉과 罪를 인간이 빠져 있는 세력으로 특징지은 것이다. 이 세력들의 인격화에서 타당성을 가지게 된 것은 인간이 이 세력들에서 그의 주체됨을 상실했다는 사실이다. 로마서 7장 14절 $\dot{\epsilon}\gamma\grave{\omega}$ $\delta\grave{\epsilon}$ $\sigma\acute{\alpha}\rho\kappa\iota\nu\acute{o}\varsigma$ $\epsilon\dot{\iota}\mu\iota$ $\pi\epsilon\pi\rho\alpha\mu\acute{\epsilon}\nu o\varsigma$ $\dot{\upsilon}\pi\grave{o}$ $\tau\grave{\eta}\nu$ $\dot{\alpha}\mu\alpha\rho\tau\acute{\iota}\alpha\nu$ "그러나 나는 육에 속하여 죄에 팔렸다"와 로마서 7장 18절 $o\dot{\iota}\delta\alpha$ $\gamma\grave{\alpha}\rho$ $\ddot{o}\tau\iota$ $o\dot{\upsilon}\kappa$ $o\dot{\iota}\kappa\epsilon\hat{\iota}$ $\dot{\epsilon}\nu$ $\dot{\epsilon}\mu o\acute{\iota}$, $\tau o\hat{\upsilon}\tau$' $\check{\epsilon}\sigma\tau\iota\nu$ $\dot{\epsilon}\nu$ $\tau\hat{\eta}$ $\sigma\alpha\rho\kappa\acute{\iota}$ $\mu o\upsilon$, $\dot{\alpha}\gamma\alpha\vartheta\acute{o}\nu$ "내 속 곧 내 육에 선한 것이 거하지 않는 줄을 나는 안다"에서 그것이 가장 잘 표현되었다. 비록 $\tau o\hat{\upsilon}\tau$' $\check{\epsilon}\sigma\tau\iota\nu$ "이것이 곧 · · ·

이다"가 여기서 아마 한정적 의미를 가질지라도(즉 "내가 肉인 한") 그리고 본래의 '나', 원하는 '나'가 σάρξ에 떨어진 이 '나'로부터 떨어져 있을지라도 역시 특유한 것은 "나"와 "내 육신"이 동일하게 취급될 수 있다는 것이다. 이 둘은 ποιεῖν "행하다"의 관점하에서 동일하다. 이 둘이 θέλειν "원하다"의 관점하에 서로 대립될 수 있다면 그때 드러나는 것은 주체인 '나', 인간의 본래 '나'가 스스로 자신 안에 균열을 일으키고 있다는 것이다. 로마서 7장 17, 20절에서 ἐνοικοῦσα ἐν ἐμοὶ ἁμαρτία "내 안에 거하는 죄"에서 구별되는 ἐγώ '나'는 14절에서 단적으로 σάρκινος "육에 속하는 것", πεπραμένος ὑπὸ τὴν ἁμαρτίαν "죄 아래 팔린 자"로 특징지어졌다. 14—24절에서 그것은 언제나 즉 '행하다'에와 같이 '원하다'에 관련시켜서도 일인칭으로 불리어졌다. 즉 ἐγώ "나"와 ἐγώ "나"는 反目 중에 있다. 즉 분열된 존재, '나'를 가지지 못한 존재는 인간 존재의 본질이 죄 아래 있음을 말한다.

그러나 이 분열은 인간이 그 본래의 자아를 스스로 파멸시킴을 뜻한다. Ἐντολή에 邂逅할 때 ἐπιθυμία "욕심"에서 드러나는 그의 자주적 自存慾에서 그는 자기의 자신을 잃고 ἁμαρτία "죄"는 인간안에서 행동하는 주체가 된다(롬 7 : 9). 이로써 ἐγώ "나"는 죽는다. 自存慾은 물론 그의 본질에 속한다. 그리고 다름 아닌, εἰς ζωήν "生命을 위해" 주어졌던 ἐντολή "계명"이 이 自存慾을 실현시켜야 했다. 그러나 이 자존욕은 자주적으로 ἐπιθυμία "욕심"에서 그것을 실현하려고 하면서 빗나간다. 바로 이 잘못된 자존욕에서 자아를 위한 계명이, ζωή를 위한 의지가 변질되어 계속되기 때문에 인간 존재를 ἐγώ와 ἐγώ 사이의 반목으로서 묘사할 수 있다. 인간이 한 "나"이고 이 '나'에서 그의 ζωή, 그의 자아가 문제되고 되어야 한다는 점에 죄의 가능성이 들어 있다. 신의 ἐντολή의 요구가 인간의 ζωή에 관계된다는 점에서 오해 가능성의 근거가 설명되었다. 즉 '自我'를 위해 부름을 받은 인간은 스스로 존재하려고 하므로 그 '自我', 그의 생명을 상실하고 죽음을 향해 달음질친다. 죄의 지배력은 바로 인간의 모든 행위가 그의 본래의 의도에 역행하게 하는 힘이다.

§24. 罪와 죽음*

1. 罰로서의 죽음

인간의 노력이 비록 그때마다 구체적인 개별적인 것에 관련될지라도 결국 삶을 목표로 하기 때문에 잘못된, 迷路의 노력은 죽음을 향한 길이 된다는 결론이 나온다. 죄가 죽음을 초래한다는 것은 구약성서-유대교적 전통으로서 바울에게 자명한 것이었다. 죽음의 "가시"는 죄이다. 죄의 힘은 율법에 있다(고전 15 : 56). 율법을 위배하는 것은 죄에 그 연유가 있는바 죽음을 초래한다. 죽음은 인간이 범한 죄에 대한 형벌이다. 죄인들은 $ἄξιοι\ τοῦ\ θανάτου$ "죽어 마땅하다". 그들은 죽음을 "자초"한 것이다(롬 1 : 32). 그러므로 바울은 죄가 그의 노예에게 그 "댓가"를 지불한다(롬 6 : 16, 23)고도 말할 수 있었다. 또는 죄인이 그의 죽음으로 그의 빚을 갚고 속죄한다(롬 6 : 7)고도 말했다. 이때 죽음은 우선 自然死의 죽음으로 이해되었다. 로마서 5장 12절 이하가 말하는 바와 같다. 즉 아담의 죄를 통해 죽음이 죄를 위한 벌로서 세상에 들어왔다는 것이다. 그러나 여기에 전제된 것은 이 죽음이 $ἀπώλεια$ "파멸" 선고에 의해 확인되고 이른바 확정되었다는 것이다. 그런데 이 선고는 신의 심판의 날에 죄인들에게 내려질 것이다(롬 2 : 6-11).

2. 罪의 필연적 결과로서의 죽음

그러나 肉과 罪에 관한 바울의 사상들은 죽음을 형벌로 파악한 이 전통적 法的 파악을 넘어선다. 죄가 인간의 잘못된 노력이라면, 그리고 이 노력이 $κατὰ\ σάρκα$ "육에 따른" 삶의 영위에서 즉 피조물과 지상-자연적인 것, 무상한 것에 속한 삶에서 일어난다면 罪는 內的 必然性으로 죽음에 이른다. $Εἰ\ κατὰ\ σάρκα\ ζῆτε,\ μέλλετε\ ἀποθνήσκειν$ "만일 너희가 육에 따라 살면 너희는 죽으리라"(롬 8 : 13). 無常性에서 삶의 근원을 찾는 자는 무상한 것 자체의 파멸과 함께 반드시 亡한다. "肉으로 씨를 뿌리는 자는 肉에서 썩을 것을 거둘 것이다"(갈 6 : 8). $Μεριμνᾶν\ τὰ\ τοῦ\ κόσμου$ "세상일들에 관한 염려"는 $κόσμος$ "세상"에 붙은 것이고 세상의 $σχῆμα$ "形跡"은 $παράγει$ "지나간다"(고전 7 : 31). 이 염려는 결국 이른바 허공을 잡는 것이고 단지 죽음을 위해 염려할 뿐이다. $Κόσμος$에 대한 $λύπη$ "근심"은 죽음을 일으킨

---

* 이 표제에 관한 문헌들, 참조. S. 631.

다(고후 7:10). 왜 그런가? 그것은 죽음에 빠져 있는 것에 매여 있기 때문이다.

죽음은 이렇게 열매처럼 이른바 유기적으로 肉的인 삶에서 자라난다 : ὅτε γὰρ ἦμεν ἐν τῇ σαρκί, τὰ παθήματα τῶν ἁμαρτιῶν τὰ διὰ τοῦ νόμου ἐνηργεῖτο ἐν τοῖς μέλεσιν ἡμῶν εἰς τὸ καρποφορῆσαι τῷ θανάτῳ "우리가 육에 있을 때에는 율법으로 인한 죄의 정욕이 우리 지체 중에 役事하여 우리로 죽음을 위해 열매를 맺게 하였었다"(롬 7:5). 죽음은 죄의 삶의 "열매"의 τέλος "마지막"이다(롬 6:21). 죄가 "거하는" 肉的인 σῶμα "몸"은 그 자체로서 σῶμα τοῦ θανάτου "죽음의 몸"이다(롬 7:24; §17:3, S. 196). 고린도후서 3장 6절에 τὸ γὰρ γράμμα ἀποκτείνει, τὸ δὲ πνεῦμα ζωοποιεῖ "이는 文字는 죽이나 영은 살림이라"고 했을 때 물론 문맥상 개인이 율법의 지배하에 율법을 침법함으로 또는 그의 율법에 대한 열심으로 죽음을 초래하는지는 반성되어 있지 않다. 그러나 확인된 것은 그것이 율법의 유대교적 침해에 관련되지 않고 영원한 것, 영광에 둘러싸인 것으로서의 율법에 대한 유대교적 高價 평가에 대항한 명제라는 것이다. 이 평가에 대해 이렇게 말한다. 즉 모세의 διακονία "직책"은 διακονία τοῦ θανάτου "죽음의 직책"이고 그의 영광은 καταργουμένη "파멸하는 일"이라는 것이다. 그러므로 율법은 σάρξ의 영역에 속하고(§23, 1; S. 238) διαθήκη πνεύματος "영의 언약"인 καινὴ διαθήκη "새로운 언약"에 반대되는 것이다. 그러므로 율법은 내적 필연성으로 죽음에 봉사한다.

生命을 추구하나 역시 죽음만을 초래하는 인간의 노력의 顚倒됨은 로마서 7장 7—25절에 상세히 한 段文으로 묘사되어 있다. 여기서 바울은 율법하의 인간의 상황을 특징지었는데 신앙을 據點으로 분명하게 회고했다. 10절에 의하면 ἐντολή "계명"은 인간에게 생명을 주기 위한 것이다. 사실 생명을 추구하는 인간은 율법의 이 의도에 철두철미 동의한다(16절: σύμφημι "동의한다", 22절: συνήδομαι "함께 즐거워한다"). 그럼에도 불구하고 ἐντολή "계명"은 실제상 죽음에 인도하되 말하자면 인간에게서 ἐπιθυμία "욕심"을 일깨움으로 그렇게 한다(7—11절).

이때 아마 ἐπιθυμία "욕심"이 ἐντολή "계명"의 범행으로 아니면 그 실천의 열심으로 잘못 이끌어가는지에 관한 반성은 없다. 그러나 후자가 포함되어 있는 것은 적어도 확실하다. 만일 7:7—25에서 율법하의 상황이 묘사되되 율법하에 서 있는 각자에게 해당하는 것 같이 되었다면, 빌 3:4—6에 묘사된 κατὰ δικαιοσύνην τὴν ἐκ νόμου ἄμεμπτος "율법으로는 책할 것이 없는 義에 따른" 태도가 파악된다. 율법에 의해

§ 24. 罪와 죽음 247

일깨워진 ἐπιθυμία는 이 경우에 ζῆλος θεοῦ οὐ κατ' ἐπίγνωσιν "지식에 따르지 않 은 신에 대한 열심"이다(롬 10 : 2).

죄의 속임수(11절)는 죄가 인간을 속인다는 데 있다. 인간은 자신의 ἐπι- θυμία를 따르면 생명을 얻으리라고 죄가 말하는데 반해 인간 자신이 실제 로 얻는 것은 죽음이다. 이 속임에 빠져 있으므로 인간은 자신이 행하는 것 을 알지 못한다 : ὃ γὰρ κατεργάζομαι οὐ γινώσκω "이는 내가 행하는 것 을 내가 알지 못함이라"(15 a절), 즉 그는 자신의 行爲로 오로지 죽음만을 초래한다는 것을 알지 못한다.

이 말들은 다음 것을 뜻할 수는 없다. 즉 v deo meliora proboque, deteriora- sequor "신의 말에서 선한 것을 승인하나 악한 것을 나는 좇는다"의 의미에서 "나의 선한 의도에 언제나 범죄가 따르는 일이 어찌 됨인지 나는 알지 못한다"를 뜻할 수 없다. 실제적인 行爲로 공허해지는 선한 의도들이 문제되지 않았기 때문이다. 'Ἐντολή "계명"에 대할 때 일깨워지는 것은 사실 선한 의지가 아니라 ἐπιθυμία "욕심"이다 ! 오히려 그 문맥의 핵심은 인간이 성취하는 것이 κακόν "악한 것"인 반면 그것이 그 의 의도(이것은 실제로 ἐπιθυμία에서 지배적이면서)에 의하면 καλόν "아름다운 것" 및 ἀγαθόν "선한 것"이라는 것이다. Κατεργάζεσθαι(13절)가 行爲가 아니라 "일깨 우다". "초래하다"를 뜻하기 때문에 15절의 그 말(과 17절 및 20절의 그것)도 마찬 가지로 이해하고(2 : 9 f. 에도 불구하고) 13절에 지칭된 대상 (τὸν) θάνατον "죽음" 을 여기에 보충하는 것이 그럴 법하다(비교. 고후 7 : 10: θάνατον κατεργάζεται "그 것은 죽음을 초래한다). 그 다음에 18절에서 그의 목적어인 καλόν "아름다운것"은 ζωή "生命"이다. 그러므로 κακόν, καλόν(ἀγαθόν)의 πράσσειν, ποιεῖν "악과 아름다운 것 (또는선)을 실천 또는 행함"은 이에 따라 악=죽음과 선=생명의 작용으로 해석되어야 한다. 이것은 지목된 화법으로서 잘 이해될 것이다. 그러나 (언어적으로 더 가까운데) πράσσειν, ποιεῖν κακόν, καλόν(ἀγαθόν)을 악과 선의 행위로 이해한다면(그리고 적어도 17 f., 20절에서는 κατεργάζεται도 이에 맞추어 이해해야 할 것이다), 역시 그 기본 의미에는 변함이 없다. 즉 인간은 ἐπιθυμία에서 어떤 선한 것(유익한 것)을 行한다고 확신하나 실제로는 악한 것(썩을 것)을 행한다. 여하간 인간의 노력을 성격 짓는 무서운 모순이 묘사된 것은 의심할 바 없다. 즉 그 노력이 생명을 얻으려고 하 나 실제로 얻는 것은 오로지 죽음뿐이다.

그러나 그 때에는 결국 죽음은 이미 현재에 있다. 죄 아래 "팔리운" 인간 (14절)은 상실된 인간이고, 이미 자신 안에 있지 않기 때문이다(§ 23, 3, S. 243). 이 사실은 9—10절의 말투에서 분명히 표현되었다 : ἐλθούσης δὲ τῆς ἐντολῆς ἡ ἁμαρτία ἀνέζησεν, ἐγὼ δὲ ἀπέθανον · · · ἡ γὰρ ἁμαρτία

···ἐξηπάτησέν με καὶ···ἀπέκτεινεν "그러나 계명이 들어왔을 때 죄는 살아났으나 나는 죽었다···이는 죄가···나를 속이고···죽였음이다"(참조. §27).

3. 矛盾된 表象들

죽음을 죄에 대한 형벌로 파악한 法的 表象과 죽음을 죄가 유기적으로 자라나는 열매로 파악한 表象은 서로 균형을 잃고 있다. 이 둘은 또 고린도전서 15장 45—49절에 開陳된 사상 즉 아담 후예인 인간이 χοϊκός "흙"으로 창조되었고 그러므로 그 자체로서 "혈육"(50절), 즉 φθαρτός "썩을 것"(53—54절)이라는 사상에 부합되지 않는다. 이 불합리성은 단지 바울이 여기서 σαρκικός "육의 것"이라는 용어를 피하고 그 대신 ψυχικός "혼의 것" — 그러나 실제로는 같은 것을 지향하는 것인바 — 을 말했다는 사실에 의해서만 은폐된다(고전 2:14를 3:1, 3과 비교. §18, S. 201).

§25. 罪의 일반성 *

1. 問題

죄의 세력은 그것에 빠진 인간을 완전히 지배한다는 점에서뿐 아니라 예외 없이 모든 인간을 노예화한다는 점에서도 작용한다 : πάντες γὰρ ἥμαρτον "이는 모든 사람이 범죄했음이라"(롬 3:23; 비교. 3:9. 19). Συνέκλεισεν ἡ γραφὴ τὰ πάντα ὑπὸ ἁμαρτίαν "성서는 모든 것을 죄 아래 가두었다"(갈 3:22).

이 명제는 어떻게 설명되었는가? 로마서 8장 3절은 다음과 같은 점에서 그 이유를 말하고 있는 것 같이 보인다. 즉 ἀδύνατον τοῦ νόμου "율법의 무능"(즉 인간에게 생명을 마련해 주지 못하는 율법의 무능)은 그 근거를 σάρξ에 두고 있다는 것이다. 그러나 이것이 이해될지라도 역시 다음 문제는 남는다. 즉 σάρξ가 그의 세력을 얻는 것은 비로소 인간이 κατὰ σάρκα "육에 따라" 사는 것을 통해서가 아닌가? 자연적 인간의ζῆν ἐν σαρκί "육에서의 삶"이 예외 없이 변질된 ζῆν ἐν σαρκί 즉, ζῆν κατὰ σάρκα "육에 따른 삶"이 되는 것은 필연적인 것인가?

이것이 바울의 주장임은 분명하다. 인간에게서는 — 말하자면 그가σάρ-

---

* 이 표제에 관한 문헌들, 참조. S. 631.

§ 25. 罪의 일반성

κινος "육의 것"이기 때문에 — 언제나 이미 죄가 번득이고 있다. 죄는 일깨워져야 할 것인가? 그렇다. 율법은 οὐκ ἐπιθυμήσεις "너는 욕심내지 말라"(롬 7 : 7 ff.)는 계명으로 인간을 대하기 때문이다.

이 서선의 사상 줄기를 따르면 바울이 단지 유대교 율법만을 생각할지라도, 지금까지 말한 것은 실제로 모세 율법이 양심의 요구에 의해 대치되는 이방인들에게도 해당한다(롬 2 : 14 f.). 또 롬 7 : 7—11에 의하면 사실 모세 율법이 아직 없을 때에 산 자이지만 인간의 原像인 아담에게서도 그 요구는 아른거렸었다.

그런데 ἐντολή "계명"의 요구가 οὐκ ἐπιθυμήσεις "너는 욕심내지 말라"고 하면 그 의도는 인간을 자주적인 노력, 자기 자신에 대한 지배욕에서 그를 탈취하려는 것이다. 그런데 이를 통해 바로 죄가 일깨워진다고 했다면 이것은 인간 안에 가능성(νεκρά "죽은 것")으로 들어 있는 죄(S. 245)가 활기를 찾는 것 즉 율법이 제공하는 생명(10절 : εἰς ζωήν "생명을 위하여")을 인간이 독자적으로 스스로 만들려는 망상에 빠짐으로 실현되는 것을 뜻한다.

2. 罪의 실제적 일반성

이 판단은 좀더 설명될 수 있는가, 아니면 경험에 의해 얻어진 것인가? 죄의 범죄 성격이 부정될 수 없을진대 그것은 오로지 경험에서 생겼다고 할 것이다. 죄의 보편성이 인간에게 필연적으로 결부되어 있는 어떤 성질에 귀속된다면 범죄 성격은 포기될 것이기 때문이다. 가령 영지주의적 사유방식으로 어떤 감성에 귀속되면 말이다. 이 감성은 그 나름으로 그 근거를 인간을 성립시킨 물질에 두고 있다 — 또는 마찬가지로 영지주의적 사유에서와 같이 태고시대에 발생한 숙명에 귀속시키면 말이다. 이 숙명을 근거로 죄의 저주를 모든 인간에게 지우는 경우이다. 바울의 진술들은 이 관점에서 통일성을 잃고 있다.

그가 로마서 1장 18절—3장 20절에서 죄의 보편성에 관한 논증을 공로 없이 신앙에 의한 義에 관한 명제에 앞세웠을 때, 그는 인간의 실제적 범죄 배후에 있는 원인을 돌아가 묻지도 않고 태고시대 이래 존속해 오는 詛呪를 논하지도 않고, 모든 인간 — 이방인과 유대인들이 마찬가지로 — 이 실제적으로 죄인이라는 사실만을 서술했다. 물론 신이 그들을 죄에 넘겨주었다 (1 : 24 ff.). 그러나 그것은 창조자를 배반한 原罪의 형벌이었다 — 이것은 실제로 범행에서 범죄 성격을 탈취하지 않고 오히려 배반의 원죄가 도덕적 과오들을 필연적으로 초래한다는 것을 供述할 뿐이다. 그것이 저주이면 그것은 "악행의 저주"이다. 이것은 "계속 악한 것을 반드시 낳는다". 그러나 저 원죄는 물질을 통해 또는 숙명을 통해 나타나지 않고 오히려 현실적인 범죄이다. 또 원죄가 전혀 창조 때의 조상의 죄로 생각되지 않은 것은 분명하고 오히려 그때 그때의 현재에서 반복되는 背信의 원죄로 생각된바, 이것은 그때마다의 현재에 열려 있는 神 인식의 가능성에 직면하여 일어나는 것이다. 2장 1절 이하도 여기에 일치한다. 여기서 바울은 가령 재판관으로서 현행 죄인들을 다루는 자들과의 토론을 개입시키지 않고, 단도직입적으로 단순히 그들에게 그들이 마찬가지로 죄인이라는 것을 확언했다.

3. 아담의 罪

그러나 로마서 5장 12—19절에서는 다르다. 여기서는 모든 인간의 죄가 아담의 죄에 소급된다. 즉 여기서는 "상속죄"가 명시되었다 : $\H{\omega}\sigma\pi\epsilon\rho$ $\gamma\grave{\alpha}\rho$ $\delta\iota\grave{\alpha}$ $\tau\hat{\eta}s$ $\pi\alpha\rho\alpha\kappa o\hat{\eta}s$ $\tau o\hat{v}$ $\grave{\epsilon}\nu\grave{o}s$ $\grave{\alpha}\nu\vartheta\rho\acute{\omega}\pi o v$ (sc. $\tau o\hat{v}$ $'A\delta\acute{\alpha}\mu$) $\grave{\alpha}\mu\alpha\rho\tau\omega\lambda o\acute{\iota}$ $\kappa\alpha\tau\epsilon-$ $\sigma\tau\acute{\alpha}\vartheta\eta\sigma\alpha\nu$ $o\acute{\iota}$ $\pi o\lambda\lambda o\acute{\iota}\cdots$ "한 사람(아담)이 순종치 않으므로 많은 사람이 죄인이 된 것 같이…"(19절). 바울이 여기서 아담 자손인 인류 위에 드리워진 저주를 영지주의적 신화의 영향하에 서술하고 있음은 두말할 것도 없다(§15, 4 b).

물론 그는 영지주의 사상에 빠져들어가는 것을 피하고 있다. 그는 아담의 죄 자체를 그 죄 배후에 있는 어떤 것으로 원인을 삽지 않았다. 말하자면 아담을 성립시킨 물질로도, 사탄으로도, 또는 — 랍비의 가르침에 연결시켜 — "악한 충동"으로도 그 원인을 삼지 않았다. 오히려 그의 사상에 남아 있는 것은 죄가 범죄에 의해 세상에 들어왔다는 것이다. 그리고 그런 점에서 로마서 5장 12절 이하는 7장 7절 이하에 일치한다. 즉 아담의 $\pi\alpha\rho\acute{\alpha}-$ $\beta\alpha\sigma\iota s$ "범죄"(14절) 및 $\pi\alpha\rho\alpha\kappa o\acute{\eta}$ "불순종"(19절)은 神의 $\grave{\epsilon}\nu\tau o\lambda\acute{\eta}$ "계명"의 범법으로 이 범법은 그에게서 번득이는 죄를 일깨웠었다.

물론 고전 15 : 44 ff.를 생각하면 안된다. 이에 따르면 아담은 $\psi v\chi\iota\kappa\acute{o}s$, $\kappa o\iota\kappa\acute{o}s$ "혼과 흙"이었고 따라서 $\psi v\chi\iota\kappa\acute{o}s$는 $\pi\nu\epsilon\hat{v}\mu\alpha$에 관한 것을 아무것도 받아들이지 못하며(고전 2 : 14) 신의 계명 역시 $\pi\nu\epsilon v\mu\alpha\tau\iota\kappa\acute{o}s$ "영에 속하는것"이기 때문에(롬 17 : 14) 신의 뜻을 알아 들을 수 있는 가능성이 전혀 없다(§24,3). — 또 아담은 원래부터 죽음에 빠져 있었고 그 때문에 — 죽음이 죄의 형벌이라는 것이 타당하다면(§24, 1) — 본성으로 죄됨일 수밖에 없었다는 것이다. 이 외에 죽음이 生物的 生命의 자연적 마지막으로서 죄와는 관계없이도 아담에 속해 있었다는 것, 그러나 그는 그의 특유한 죽음의 성격을($\grave{\alpha}\pi\acute{\omega}\lambda\epsilon\iota\alpha$ "파멸로서") 죄에 의해 비로소 소유했다는 것을 모순된 것으로 지적할 수 있다. 그러나 바울은 이 구별을 하지 않는다.

반면 거부되어야 할 것은 로마서 5장 12절 이하에서 아담에 따른 인류의 죄가 아담의 죄에 소급된 것, 즉 인류가 스스로 책임을 지지 않는 숙명의 결과로 나타난 것이다. 잘해서 아담의 죄의 저주하에 범죄하는 인간들은 율법이 단지 범죄 행위만을 파악하면 된다는 점에서 법적 의미에서 범죄에 해당할 수 있을 것이다. 그러나 그 때에는 윤리적 의미에서도 범죄는 논의되지 않는다.

그런데 물론 주목되어야 할 것은 로마서 5장 12절 이하의 본 주제가 죄의 근원이 아니라 죽음의 근원이라는 것이다. 좀더 정확히 말해서 죽음의 근원도 단지 생명의 근원이라는 적극적인 주제의 소극적 측면으로서 그럴 뿐이다. 全 문맥에서의 이 단문의 의미는, 5장 1—11절에서 밝힌 그리스도교의 희망에 대한 확신을, 그리스도에 의해 시작된 인류를 위해 그가 생명을 만들었다는 것으로 설명하는 데 있다. 말하자면 이 사실은 아담이 그 이후의 인류 위에 죽음을 초래한 것과 같이 확실하다는 것이다(고전 15 : 21 f. 에서도 같다). 그런데 죽음이 죄의 형벌 또는 결과에 해당하므로 아담의 죄에도 언급해야 했다. 문맥을 위해서는 아담의 죄에 언급하므로 족했을 것이다. 그 외의 인간의 죄에 언급하는 것은 불필요했다. 그들이 죄인이었든 아니든 — 죽음은 사실 이제 일단 아담을 통해 그들 위에 떨어졌기 때문이다. 이것은 유대교에서 확언되었을 뿐 아니라, 바울 자신도 사실 14절에서 언급한 사상이다. 그러나 바울은 불분명한 곳에 말려들었다. 그 까닭은 그가 역시 아담 이후의 사람들의 죽음까지도 그들 자신의 죄의 형벌 또는 결과로 간주하려고 했기 때문이다 : καὶ οὕτως εἰς πάντας ἀνθρώπους ὁ θάνατος διῆλθεν ἐφ' ᾧ πάντες ἥμαρτον "그들이 모두 범죄했기 때문에 죽음이 모든 사람에게 들어왔다"(12절). 특별히 이해 불가능한 것은 13절이다 : ἄχρι γὰρ νόμου ἁμαρτία ἦν ἐν κόσμῳ, ἁμαρτία δὲ οὐκ ἐλλογεῖται μὴ ὄντος νόμου "이는 죄가 율법 있기 전에도 세상에 있었으나 율법이 없을 때에는 죄로 여기지 않았음이라". 죄가 율법에 대한 반항으로 솟아나지 않았다면 그 죄는 어떤 종류의 것일까? 그리고 죄로 간주되지 않았다면 죄는 죽음을 어떻게 초래할 수 있었을까? 이 물음들에는 대답될 수 없다. 바울은 죽음을 죄의 형벌 또는 결과로 간주하기 때문에 아담에 의해 초래된 相續死를 말하는 데 한정할 수 없었고 오히려 相續罪에 관한 명제(19절)로 압축되었다는 것으로 족할 것이다.

그 相反像에서 보면 물론 분명해진다. 즉 그리스도의 ὑπακοή "순종"의 영향은 결코 피할 수 없는 필연성으로 수행되는 것으로서 생각되지 않았다 는 것이다. 모든 사람이 아담 이래 죽음에 떨어진 것 같이 모든 사람이 그 리스도 이래 생명을 받지 못했다. 오히려 그것을 받은 사람은 오로지 믿는 자들뿐이다(λαμβάνοντες "받은 자들", 17절). 그러므로 그리스도에 의해 예비된 것은 ζωή "생명"의 가능성 이상의 것이 아니다. 이 가능성은 물론 믿는 자들에게서 확실한 현실로 나타난다(참조. 아래 S. 304 f. 354 f.). 그 러면 이렇게 유사하게 말하는 것이 좋을 것이다. 즉 아담을 통해 아담 후예 인 인류에게 죄와 죽음의 가능성이 마련된바, 이것은 책임적인 범죄적인 개 인의 행위에 의해 비로소 실현되는 것이다. 이것이 바울 자신의 사상으로 간주될 수 있는가는 물론 문제로 남는다. 그가 의심치 않은 것은 물론 아담 후예인 인류가 모두 실제적으로 죄와 죽음에 떨어져 있다는 것이었다.

아브라함을 가령 예외로 다루는 어려움을 만들 필요는 없다. 그는 죄 없는 자로서 가 아니라 믿는 자로서(가령 다윗도? 비교. 롬 4:6; 예언자들?) 특수한 위치를 차 지했기 때문이다 — 말하자면 ἐπὶ τόν δικαιοῦτα τὸν ἀσεβῆ "경건치 않은 자를 의롭 게 하는 자에 대한" 신앙인으로서(롬 4:5). G. Klein, "Röm 4 und die Idee der Heilsgeschichte", *Ev. Theol.* 23, 1963, 424—447 — 同人, *Exegetische Probleme in Röm* 3:21—4:25, 同上, 24, 1964, 676—683.

로마서 5장 13—14절에서 아마 책임져야 할 죄와 그렇지 않은 죄 사이의 구별을 볼 수 있을 것이다. 그리고 이에 의해 건설적으로 다음과 같이 말할 수 있을 것이다. 즉 상속죄의 사상에는, 인간이 모두 이미 언제나 잘못된 노력에 의해 誤導되는 인류로 함께 태어난다는 것과 누구도 처음부터 다시 시작할 수는 없다는 경험이 그 根底에 들어 있다. 이에 의해 규정된 현존 이해는 처음부터 모든 인간을 에워싸는바, 인간은 각기 구체적인 παράβασις "범행"에서 그 이해를 분명하게 받아들이고 그것을 통해 그것에 대한 공동 책임을 지게 된다. 인간의 생활이 상호간의 생활이므로 단 한번의 속임수 에 의해 상호간의 신뢰가 파괴되고 불신 — 이와 함께 죄 — 이 세워진다. 단 한번의 폭행이 防衛로서의 폭행을 불러일으킨다. 그리고 법은 조직된 폭행으로써 개인의 利害에 이용되는 등. Οὐκ οἴδατε ὅτι μικρὰ ζύμη ὅλον τὸ φύραμα ζυμοῖ "적은 누룩이 온 덩어리에 퍼지는 것을 알지 못하느냐" (고전 5:6)에서 적어도 시사되어 있는 바와 같다. 이렇게 각자는 자신을 위해 염려하는 자기 세계에 서 있다. 각기 자신의 권리에 의존한다. 각기 자신의 생활을 위해 싸운다. 그 싸움이 설사 자발적인 것이 아닐지라도 삶은 모든 사람에 대항하는 모든 사람의 싸움으로 化한 것이다. 이렇게 죄는 언제나 여기에 있는 것이다. 그리고 신의 계명은 언제나 "너는···하라 (말라)"로 인간을 맞이한다. 인간은 이 계명을 자기 극복에서 비로소 "나는 원한다"로 바꾸어 놓을 수 있어야 한다. 善이 언제나 희생을 요구한다는 사실이 인간이 처음부터 죄된 自己理解에서 살고 있음을 入證해 준다 ─ 바울이 이 사상 줄거리를 말했다는 것은 물론 아니다. 그러나 그의 진술들의 이해를 위해 이 줄거리로 발전시킬 수 있다는 것은 κόσμος "세계"라는 그의 개념에 의해 좀더 그럴 법하게 이해될 것이다.

§26. "世界" 概念

1. 창조와 인간세계로서의 세계

하늘 및 땅, 신들 및 인간들이 그 외의 모든 존재들과 함께 포함되어 있고, 합리적으로 파악할 수 있는 관계들에 의해 통일체로 연결되어 있다는 우주라는 表象 ─ 이 표상은 κόσμος라는 우주의 표지로 그리스 문화권에서 표현된 바 구약성서에는 생소하다. 여기에는 그리스어 κόσμος에 해당하는 개념이 없다. 물론 가끔 "우주 만상"(הכל)이라는 말이 사용되지 않은 것은 아니다. "하늘과 땅"이라는 말은 더 자주 사용되었다. 그러나 언제나 특유한 것은 神 자신이 여기에 포함되어 있지 않고 창조자로서 대립해 있다는 것이다. 이 의미로 헬레니즘계의 유대교도 κόσμος 개념을 받아들였다. 신약성서, 그리고 바울도 이 개념을 같은 의미에서 사용했다.

'Απὸ κτίσεως κόσμου "세계의 창조로부터"(롬 1 : 20)라는 표현에서 드러난 것은 κόσμος가 바울에게 있어서 κτίσις "피조물"의 의미를 가질 수 있다는 것이다. 그리고 구약성서의 사유에 일치하면서 ἐν οὐρανῷ—ἐπὶ γῆς "하늘에─땅위에"(고전 8 : 4 f.)가 ἐν κόσμῳ "세계에"와 평행한다. Κόσμος가 (전체) 피조세계를 표시하는 귀절이 적지만 갈라디아서 4장 3절 (τὰ στοιχεῖα τοῦ κόσμου "세계의 세력들")과 빌립보서 2장 15절(ὡς φωστῆρες ἐν κόσμῳ "세계에 있는 빛들 같이")도 여기에 속하는 것으로 간주할 수 있는 것이다.

Κόσμος에 관한 진술들이 대개 인간에 관한 것이기 때문에 κόσμος가 때로 한정된 의미에서 "세상"을 가리키는 것은 자명하다. 이 경우에 세계는 인간의 생활이 연출되는 공간 즉 "땅"이다. 가령 아브라함을 κληρονόμος κόσμου "세상의 상속자"라고 했을 경우(롬 4:13), 또 ἐν κόσμῳ "세상에" 있는 많은 γένη φωνῶν "소리들의 종류"를 지시했을 때(고전 14:10)의 경우도 들 수 있다.

그러나 κόσμος가 언제나 땅을, 인간의 생활과 활동을 위한 공간을 지적하는 것은 아니다. 적지 않은 경우 오히려 지상 생활의 조건들과 가능성들의 총체 개념으로 상용된다. 이 개념은 兩極的인 쌍개념 ζωή와 θάνατος "생명"과 "죽음", ἐνεστῶτα와 μέλλοντα "지나간 것들"과 "올 것들" 사이에 포괄된 事件들과 운명들의 모든 존재 양식을 포함한다(고전 3:22). 그러므로 인간의 삶은 세계와의 관계에서, 모든 행위와 변화에서, 기쁨과 슬픔에서 χρᾶσθαι τὸν κόσμον "세상을 이용한다"(고전 7:31). 이 경우 τὰ τοῦ κόσμου "세상의 것들"에 대한 댓귀로서 떠오르는 것은 τὰ τοῦ κυρίου "주의 것들"(7:32—34)이다(참조. § 22, 2; S. 232).

Κόσμος가 여기서 우주론적 개념이 아니라 역사적 개념이라면 그것이 "인간 세계", "인류"라는 의미에서 사용된 수 많은 귀절들에서도 같은 것을 뜻한다. 이 話法은 이 외에 이미 헬레니즘계의 유대교도 아는 화법이다. 이것에 넘어오는 과정은 가령 로마서 1장 8절에 잘 나타나 있다: ἡ πίστις ὑμῶν καταγγέλλεται ἐν ὅλῳ τῷ κόσμῳ "너희의 신앙이 온 세계에 전해진다". 이것은 내용상 16장 19절과도 같은 의미를 가진다: ἡ γὰρ ὑμῶν ὑπακοὴ εἰς πάντας ἀφίκετο "너희의 순종이 모든 사람에게 도달했다". 바울이 그와 삶을 순수하게 ἐν τῷ κόσμῳ "세상에서" 영위했다면 이 κόσμος는 우주적 공간이 아니라 인간의 관계들의 영역으로 생각된 것이다. 그 부가절이 이미 보여 주는 바와 같다: "특별히 너희에게 대하여"(περισσοτέρως δὲ πρὸς ὑμᾶς, 고후 1:12). 그러나 고린도전서 4장 9절(θέατρον ἐγενήθημεν τῷ κόσμῳ, καὶ ἀγγέλοις καὶ ἀνθρώποις "우리는 세상과 천사들과 사람들에게도 구경거리가 되었다")도 — 여기에 사람들과 함께 천사들도 지칭되었다면 — κόσμος를 거론할 때 공간이 아니라 그 중에 있는 인물들이 지칭될 수 있음을 보여 준다.

사람들이 전체로 일컬어진 때 κόσμος로 표시되었다. 신이 κόσμος를 심판한다(롬 3:6)든가, 모든 사람이 신 앞에서 입을 다물고 전 κόσμος가 죄지운 자로 그 앞에 서야 한다는 것은 모두 이것을 말한다(3:19; 비교. 20절: πᾶσα σάρξ "모든 육체"). 그리스도인에 대한 신의 훈련이, 그들이 σὺν τῷ κόσμῳ "세상과 함께" 심판을 받지 않도록 하기 위한 것이라면(고전 11:32) 이 경우의 그것은 "나머지 인류와 함께"를 지칭한 것이다. 한 사람을

§26. "世界" 概念   255

통해 죄가 "세계"에 들어왔다고 한 것은(롬 5:12 f.) κόσμος가 역시 공간이 아니라 인류임을 가리킨다. 신이 κόσμος와 화해했다는 귀절에서도 같은 것을 본다. 사실 뒤따르는 설명이 같은 것을 말해 준다: μὴ λογιζόμενος αὐτοῖς τὰ παραπτώματα αὐτῶν "그들의 범죄들을 그들에게 간주하지 않는다"(고후 5:19). Καταλλαγὴ κόσμου "세상과의 화해"(롬 11:15)도 같은 의미로 이해될 수 있다. Πλοῦτος κόσμου "세계의 富饒"와 πλοῦτος ἐθνῶν "민족들의 부요"는 평행한다(롬 11:12). Περικαθάρματα τοῦ κοσμου "세상의 더러운 것들"과 πάντων περίψημα "만물의 찌꺼기들"도 비슷하다(고전 4:13). Σοφία τοῦ κόσμου "세상의 지혜"는 신의 지혜와 반대로 인간의 지혜이다(고전 1:20). Τὰ μωρὰ τοῦ κόσμου … "세상의 어리석은 것들"등은 사람들에게서 멸시받는 자와 소외된 자들을 표시한다(고전 1:27 f.).

2. 종말론적 개념으로서의 세계

그러나 가장 중요한 것은 바로 κόσμος 개념에 여러 면에서 특정한 신학적 평가가 포함되어 있다는 것이다. 이미 지적된 귀절들 중 적지 않은 것들에서 κόσμος가 明示的으로 혹은 명시되지 않은 채 神 또는 κύριος 영역의 대립으로 쓰여진 것을 볼 수 있다. 이 경우에 κόσμος가 인간의 생활조건과 가능성들을 표시하든지(고전 3:22; 7:31 ff.) 또는 사람들의 행동과 판단들에 관계된 것이든지(고전 1:20, 27 f.) 또는 그들의 죄됨과 신에 대한 적으로 문제를 삼든지(롬 3:6, 19; 11:15; 고후 5:19) 마찬가지이다. 그러나 ὁ κόσμος οὗτος "이 세상"이라고 사용될 때 특별히 그렇다. 신의 지혜를 외면하는 인간의 지혜는 σοφία τοῦ κόσμου τούτου "이 세상의 지혜"이다(고전 3:19). 죄인들은 πόρνοι τοῦ κόσμου τούτου "이 세상의 악인들"이라고 표시된다(고전 5:10). 현재는 다음 귀절로 성격지어졌다: παράγει … τὸ σχῆμα τοῦ κόσμου τούτου "이 세상의 흔적은 … 지나간다"(고전 7:31 b). 그러나 단순한 ὁ κόσμος도 같은 뜻을 가지는바 이것은 κόσμος οὗτος "이 세계"와 교체될 수 있다(고전 1:20 f., 27 f.; 2:12; 7:31 a, 33 f.; 그리고, 고후 7:10; 갈 6:14도 같다)[1]. 그리고 ὁ κόσμος οὗτος도 ὁ αἰὼν οὗτος "이 세대"와 바꾸어 쓸 수 있다. Σοφία τοῦ κόσμου (τούτου) "(이) 세상의 지혜"는 σοφία τοῦ αἰῶνος τούτου "이 세대의 지혜"이다(고전 2:6, 8; 3:18). Κόσμος의 지혜를 대표하는 현인들은 τοῦ

---
1) 이 중 몇 귀절에서는 (내용상으로 옳지만) 상이한 본문 증언들도 지시 대명사로 보충되었다.

αἰῶνος τούτου "이 세대의" 현인들이고 학자들이며 연구가들이다(고전 1 : 20). Σχῆμα τοῦ κόσμου τούτου "이 세상의 흔적들"은 갈라디아서 1장 4절에서 말하는 αἰὼν ὁ ἐνεστὼς πονηρός "이 악한 세대의" 것이다.

그러나 이것이 말하는 것은 κόσμος — 이 의미로 사용된 — 가 공간 개념보다 더 시간 개념이라는 것이다.[2] 또는 좀더 정확히 말해서 그것은 종말론적 개념이다. 이 개념은 인간 세계와 인간 활동의 영역을 말하되 한편 잠정적인, 그의 마지막을 향해 달려가는 세계로(고전 7 : 31), 그러나 반면 개인이 감금되어 있는 反神的 세력의 영역으로 특징지었다. 그것은 곧 ἄρχοντες τοῦ αἰῶνος τούτου "이 세대의 지배자들"(고전 2 : 6, 8)과 θεός τοῦ αἰῶνος τούτου "이 세대의 신"(고후 4 : 4)의 영역이다.

그러나 이 세력 — 그리고 이것은 바울의 특징적인 것인데 — 은 순수한 숙명으로 인류와 인간 위에 떨어지지 않고 그들 자신들에게서 자란다. 지상 생활조건들의 영역으로서의 κόσμος는 인간을 지배하는 세력이 된다. 이 인간의 염려는 τὰ τοῦ κόσμου "세상의 것"을 향하는바(고전 7 : 32—34), σάρξ가 κατὰ σάρκα "육에 따라" 사는 사람을 지배하게 되고(§ 22), 그러므로 사실 σάρξ와 κόσμος 개념이 동의어가 될 수 있는 것과 같다(§ 22, 2, S. 232). 그러므로 다음과 같은 거창한 사실이 존속된다. 즉 κόσμος, 인간 세계는 개인들이 염려하고 행하는 것을 통해 구성되지만 자기 편에서 개인들에 대한 지배자가 된다는 사실이다. Κόσμος는 독자적인 주체로서 모든 개인적 주체들 위에 君臨한다. 실제상 개인들에 의해 실천되거나 느껴지는 것이 주체로서 κόσμος에 돌려지면서 다음 화법은 이 사실을 분명하게 드러내 준다. 즉 κόσμος는 곧 그의 지혜로 신을 인식할 수 없었던 것이다(고전 1 : 21). Κόσμος가 그의 σοφία "지혜"를 가진 것 같이(고전 1 : 21; 3 : 19), 그는 자신의 λύπη "근심"을 가진다(고후 7 : 10). 사실 바울은 κόσμος가 자신을 구성하는 자들을 지배한다는 사실까지도 πνεῦμα τοῦ κόσμου "세계의 영"을 말함으로 표현했다(고전 2 : 12) — 그것이 단지 수사적 표현일 뿐으로, πνεῦμα τὸ ἐκ τοῦ θεοῦ "신에 속하는 영"에 대한 댓귀로 형성되었든, πνεῦμα τοῦ κόσμου "세계의 영"이 실제로 신화적 靈體로 생각된 것이든

---

2) 이것은 후기 유대교에서 κόσμος와 עוֹלָם (원래 시간 개념)이라는 개념들이 서로 영향을 주고 받았다는 사실에 일치한다. 시간과 공간 개념이 어떻게 서로 교차될 수 있는가는 고전 5 : 10이 보여 준다: οὐ πάντως τοῖς πόρνοις τοῦ κόσμου τούτου (sc. μὴ ἀναμίγνυσθαι) ··· ἐπεὶ ὠφείλετε ἄρα ἐκ τοῦ κόσμου ἐξελθεῖν "이 세상의 음행하는 자들···을 전혀 사귀지 말라는 것이 아니다. 그러려면 너희는 세상 밖으로 나아가야 할 것이다."

§26. "世界" 概念

차이는 없다. 현대적으로 말해서 $\pi\nu\epsilon\hat{u}\mu a\ \tau o\hat{u}\ \kappa \acute{o}\sigma\mu ov$는 분위기를 말하는 것으로 누구나 이것의 강압적인 영향에 加勢하고 누구나 그 영향하에 눌려 있다. $K\acute{o}\sigma\mu o\varsigma$의 이 의미는 다음과 같은 것이 거론되는 곳이면 어디서도 분명하다. 즉 실제로 아직 지상생활의 공간과 영역으로 $\kappa \acute{o}\sigma\mu o\varsigma$에 들어 있고 — 그들은 아직 $\dot{\epsilon}\nu\ \sigma a\rho\kappa \acute{\iota}$에 있기 때문에(§22, 2) — 그곳에서 벗어날 수 없는(고전 5 : 10) 그리스도인들이지만 역시 이미 그것 저쪽에, 다시 말하면 지배적인 反神的 세력으로서의 그것 저쪽에 서 있다는 것을 말하는 곳이면 말이다. 세계는 모든 자신의 위태로운, 유혹적인 가능성들과 함께 동시에 그리스도인들 아래 예속되어 있다. 그것들은 그의 지배를 받게 될 것이다(고전 3 : 21 f. : $\pi\acute{a}\nu\tau a\ \gamma\grave{a}\rho\ \dot{u}\mu\hat{\omega}\nu\ \dot{\epsilon}\sigma\tau\iota\nu\cdots\epsilon\ddot{\iota}\tau\epsilon\ \kappa \acute{o}\sigma\mu o\varsigma\ \kappa\tau\lambda$. "이는 만물이든···세상이든···너희의 것임이다"). 그들은 $\pi\nu\epsilon\hat{u}\mu a\ \tau o\hat{u}\ \kappa \acute{o}\sigma\mu ov$ "세상의 영"이 아니라 $\pi\nu\epsilon\hat{u}\mu a\ \tau\grave{o}\ \dot{\epsilon}\kappa\ \tau o\hat{u}\ \vartheta\epsilon o\hat{u}$ "神에 속하는 영"을 받은 것이다(고전 2 : 12). 그들에게는 그리스도의 십자가에서 $\kappa \acute{o}\sigma\mu o\varsigma$가 십자가에 죽었다. 그들은 또 세상에 대해 죽었다(갈 6 : 14). 그들에게는 그들이 한때 예속되었던 $\sigma\tau o\iota\chi\epsilon\hat{\iota}a\ \tau o\hat{u}\ \kappa \acute{o}\sigma\mu ov$ "세계의 세력들"이 $\dot{a}\sigma\vartheta\epsilon\nu\hat{\eta}\ \kappa a\grave{\iota}\ \pi\tau\omega\chi\grave{a}\ \sigma\tau o\iota\chi\epsilon\hat{\iota}a$ "약하고 비천한 세력들"로 폭로되었다(갈 4 : 9). 그러므로 그들은 언젠가 $\kappa \acute{o}\sigma\mu o\varsigma$의 심판자가 될 것이다(고전 6 : 2 f.). 이 모든 것은 그들이 실제로 새 사람($\kappa a\iota\nu\grave{\eta}\ \kappa\tau \acute{\iota}\sigma\iota\varsigma$ "새 피조물", 고후 5 : 17)이 된 때문에 타당하다.

3. 神話的 진술들

$K\acute{o}\sigma\mu o\varsigma$에 관한 종말론적-역사적 의미와 그와 함께 인간의 상황 즉 세력들 — 이것들이 지배하게 한 데 대한 책임은 역시 인간 스스로 져야 하는 바 — 下에서 노예가 된 상황은 끝으로 이 세력들에 관한 신화론적 진술들의 해석에서 드러날 것이다.

역시 한편으로 신의 창조물인 $\kappa \acute{o}\sigma\mu o\varsigma$는 반면 악마의 세력들, $\ddot{a}\gamma\gamma\epsilon\lambda o\iota$ "천사들", $\dot{a}\rho\chi a\acute{\iota}$ "지배자들"과 $\delta v\nu \acute{a}\mu\epsilon\iota\varsigma$ "세력자들"(롬 8 : 38; 고전 15 : 24, 참조. §21,3), $\ddot{a}\rho\chi o\nu\tau\epsilon\varsigma\ \tau o\hat{u}\ a\dot{\iota}\hat{\omega}\nu o\varsigma\ \tau o\acute{u}\tau ov$ "이 세대의 지배자들"(고전 2 : 6,8), $\sigma\tau o\iota\chi\epsilon\hat{\iota}a\ \tau o\hat{u}\ \kappa \acute{o}\sigma\mu ov$ "세상의 세력들"(갈 4 : 3,9; 참조 §15; 4 a)의 지배 영역이다. 그들은 곧 신의 적이고 그들의 마지막은 죽음이다(고전 15 : 26). 이 反神的 세력들의 우두머리는 $\sigma a\tau a\nu\hat{a}\varsigma$ "사탄"이고(롬 16 : 20; 고전 5 : 5; 7 : 5; 고후 2 : 11; 11 : 14; 살전 2 : 18), $\vartheta\epsilon o\varsigma\ \tau o\hat{u}\ a\dot{\iota}\hat{\omega}\nu o\varsigma\ \tau o\acute{u}\tau ov$ "이 세대의 신"이다(고후 4 : 4).

$Kόσμος$의 성격과 마찬가지로 영의 세력들의 성격도 특유하게 이중적이다. 우선 명백한 것은 바울이 이원론적으로 영지주의적 의미에서 생각지도, 빛의 神的 세계에 競合하는 영원한 경쟁적인 악마의 세계도 알지 못했다는 것이다(§15). 그는 오히려 영의 세력들도 $κτίσις$ "피조물"로 간주한다(롬 8:39). 신은 사탄의 使者도 이용할 수 있다(고후 12:7). 다음으로 분명한 것은 이 세력들의 "存在"가 그것을 $εἶναι ἡμῖν$ "우리에게 있는 것"으로 여기는 자에게만 중요하다는 것이다. 이 여김은 사실 신에게만 해당하는 것이다(고전 8:5; 참조 §21,3). 그것들의 세력은 결국 인간으로부터 그것들에게 흘러들어간다. 그러나 그리스도인에게는 그것들은 이미 $καταργούμενοι$ "거세된 존재들"이다(고전 2:6). 그것들은 그에게 결국은 이미 아무것도 害할 수 없게 되었다. 물론 그리스도인도 아직 $ἐν τῷ κόσμῳ, ἐν σαρκί$ "세상에, 육에"산다. 그리고 이 "세력들"에 관한 마지막 非神話論的 의미는 바로 그 것들의 $καταργεῖσθαι$ "거세됨"이 非神話論的으로 생각된 데서도 드러난다. 그리스도인의 존재가 마술적으로 변한 것은 아니다. 그 존재는 오히려 계속 역사적인 것으로 진행된다. 그가 $ἐν σαρκί$ "육에" 있는 한 그렇다. 그러므로 그것은 언제나 위협받는 존재이다. 그리고 그가 아직 "세력들"의 적대성 下에서 고난을 당해야 할지라도 그런 진술들로 표현되는 것은 바로 이 존재가 끊임없이 위협을 받고 있다는 것 외에 다른 것이 아니다. 이 "세력들"은 운명의 악한 장난들로, $θλίψεις$ "환란들"과 $στενοχωρίαι$ "탄식들" 등 (롬 8:35; 비교. 살전 2:18: $ἐνέκοψεν ἡμᾶς ὁ σατανᾶς$ "사탄이 우리를 막았다")에서 그리스도인을 만난다. 그러나 그것들은 결국은 그를 害하지 못한다(롬 8:31—39). 그것들은 또 유혹들로 그를 만난다. 사탄은 $πειράζων$ "유혹하는 자"(살전 3:5)이다. 그것은 각별히 조심해야 할 대상이다(고전 7:5; 고후 2:11).

그러므로 영의 세력들과 사탄에 관한 신화적 표상들은 우주론적 사변의 관심 또는 무섭고 잔인한 현상들을 설명하므로 인간을 책임과 범죄에서 모면시키려는 욕구에 이용된 것이 아니다. 바울이 저 사건 즉 죽음이 세상에 들어온 사건을 말할 때 그는 지혜서(Sap.) 2장 24절에서와 같이 악마에 그것을 소급시키지 않고 아담의 죄에 소급시켰다(롬 5:12 ff.; §25,3). 죽음이 고린도전서 15장 26절에서 $ἔσχατος ἐχθρός$ "최후의 적"의 신화적 형태로 나타났다면 15장 56절에서는 $ἁμαρτία$ "죄"가 $κέντρον τοῦ θανάτου$ "죽음의 가시"이다. 죽음은 인간의 행위에서 그의 열매로 나타난다(§24,2). 바울은 물론 소박한 신화로 그리스도에 대항하는 영의 세력들의 싸움 또는 그것들에 대항하는 그의 싸움을 말한다(고전 2:6—8; 15:24—26). 여기에서 표현된 것은 사실 특정한 현존 이해일 뿐이다. 영의 세력들은 인간이 당면하는 현실을 모순과 싸움의 현실로, 위협과 유혹하는 것의 현실르 대표한다. 그러므로 이 신화적 표상들에서 인간이 자신의 삶을 지배자로서 스스로 손에 쥐지 못하고 있다는 것과 그가 언제나 자신의 主人을 선택해야 하는 결단 앞에 세워져 있을 뿐이라는 것을 알 수 있다. 그러나 이 외에 자연적 인간이 이미 언제나 神 즉 자신의 참된 주에게 거슬려 결단하고 위협과 유혹의 세계를 자신의 主人으로 君臨하게 한다는 判決도 이 신화적 표상들에서 듣는다.

§ 27. 율법*

1. 율법의 요구

인간의, 즉 ἔσω ἄνθρωπος "속 사람"(§ 18, 1)의 참 뜻은, 그가 νοῦς 곧 이해하는 노력인 限(§ 19, 1) 그에게 "선한 것"으로서의 생명을 향하고 있다. 그리고 그가 이 "善한 것"을 잃을 수 있기 때문에 그것은 동시에 그를 위해 "선한 것"의 성격을 요구된 것의 의미에서 얻는다(§ § 19, 1; 21, 1). 신의 요구는 구체적으로 νόμος "율법"에서, 구약성서의 율법에서 인간을 맞는데, 그것의 의미는 인간을 생명으로 인도한다는 것 외에 다른 데 있지 않다 (εἰς ζωήν "생명으로", 롬 7:10; 비교. 롬 10:5; 갈 3:12 b).

Νόμος(관사와 함께 사용되었든 아니든)하에서 바울은 구약성서의 율법, 율법으로 파악된 전 구약성서를 이해한다. 물론 νόμος가 규범 또는 강압, 구속 등의 일반적 의미를 가지고 있는 몇 귀절을 도외시하면 말이다. 가령 롬 7:2 f., 22—8:1을 그 예로 들수 있는데 νόμος 개념에 의한 才談이 엮어져 있다(νόμος τοῦ θεοῦ "신의 율법"에 νόμος ἐν τοῖς μέλεσίν μου "내 지체들 중에 있는 법"이 비교되고 νόμος τοῦ νοός μου "내 마음의 법"에 νόμος τῆς ἁμαρτίας καὶ τοῦ θανάτου "죄와 죽음의 법"이, 끝으로 후자에 νόμος τοῦ πνεύματος τῆς ζωῆς "생명의 영의 법"이 각기 비교되었다). 또 롬 3:27(νόμος πίστεως "신앙의 법"), 갈 6:2(ὁ νόμος τοῦ Χριστοῦ) "그리스도의 법"). 이 외에 νόμος는 그에게 있어서 구약 성서의 율법 및 전 구약성서이다. 모세시대에 생긴 5경의 귀절들은 모세 본래의 율법과 꼭 같이 νόμος "율법"에 해당한다(롬 4:13—16 〈창 17:10 f.; 18:18; 22:17 f.〉; 7:7 ff. 〈창 2:17〉; 고전 14:34 〈창 3:16〉). 시편과 예언서 귀절들은 롬 3:10—19에서 결합되어 νόμος에 해

---

* 이 표제에 관한 문헌들, 참조. S. 631.

당한다. 고전 14：21에는 사 28：11 f.가 νόμος로 나타난다. 제사 및 儀典的 계명들 (갈 4：10; 5：3)과 윤리적 요구들(롬 7：7 ff.) 사이의 구별도 지어지지 않았다. 이 둘도 모두 νόμος라고 일컬어졌다 — νόμος 대신 바울은 ἐντολή "계명"이라고도 말할 수 있었다(롬 7：8 ff.). 반면 좀더 정확히 받아들이면 νόμος에는 일련의 ἐντολαί "계명들"이 포함되어 있다(비교. 롬 13：9; 고전 7：19).

구약성서의 율법은 구약성서적, 유대교적 의미에서 이해되었다. 다시 말하면 개별적인 요구들로 전개된 인간 또는 인간 공동사회에 관한 理念的 원리로서 이해되지 않았다. 즉 그것은 인간의 정신에 근거를 둔 합리적 倫理法이 아니다. 그러므로 善의 내용의 전개와 교육의 문제들이 검토되지 않는다. 오히려 율법은 역사적으로 주어진 율법의 요구들 — 그것이 제사적이고 의전적이든 윤리적인 것이든 — 전체를 말한다. 그리고 인간에게 요구된 姿勢는 "전제나 ....여 노력하겠다"는 知覺도 어떤 이상을 향해 있음도 아니라 오히려 구체적인 경우의 適期的인 순종이다.

바울은 물론 갈라디아서에서와 같이 νόμος에 관해 진술할 때 儀典律에 관해 말해야 할 구체적인 동기가 없는 한, 대체로 율법 특히 십계명의 윤리적 요구들을 생각했다. 이것은 로마서 2장 1절—3장 20절(비교. 특히 2：21 f.)과 로마서 13장 8—10절 및 갈라디아서 5장 14절(비교. 5：23)이 증명하는 바와 같다. 율법의 요구가 이방인들에게는 양심으로 증명된다는 주장도 이것을 보여 준다(롬 2：14 f.). 이들에게는 사실 구약성서의 제사-의전의 요구들이 문제되지 않기 때문이다. Δικαίωμα τοῦ νόμου "율법의 요구들" (롬 2：26; 8：4)도 오로지 윤리적 요구일 수 있을 뿐이다.

그러나 바울은 예언자들과 예수처럼 제사-의전적 요구들에 윤리적 요구를 대립시킴으로 신의 요구에 대한 순종의 본질을 분명하게 하지도, 후자의 입장에서 전자를 비판하지도 않았다. 잘못된 율법순종과의 싸움에서 그는 예수의 말에 전혀 기대지 않았다(§16, S. 185). 그러므로 그는 제사-의전 계율들의 실천 자체가 어떻게 신에 대한 순종에 刻當할 수 있는가를 묻지 않았다 — 이것은 윤리적 요구들에서 전혀 문제되지 않은 것 같다. 그런 구별은 다음 이유에서 그에게 나타나지 않았다. 즉 그는 유대교적 의미에서 祭祀-儀典律들을 그 내용에 관련시켜 평가하지 않고 그것들이 윤리적 계명들과 마찬가지로 요구들이라는 관점에서만 그것들을 視野에 두었기 때문이다. 그가 계속 그리스도인에게도 구속력있는 νόμος의 내용으로서 십계명의 윤리적 요구들을 자명한 것으로 지목한 바와 같이(롬 13：8—10; 갈 5：14), 제사-의전의 요구들과 윤리적인 것들이 모두 같은 의미에서

§27. 율법

πίστις "신앙" 以前 인간에게만 해당한다는 것과, 무반성하게 작용하는 원리가 신앙에서 비판을 받았다는 것도 그에게는 물론 자명했다.

이방인들도 유대인들과 마찬가지로 神의 요구하에 서 있다. 전자에게 있어서는 이 요구가 구약성서의 율법으로 형태를 갖추지 않았다는 차이밖에 없다. 그러나 바울은 분명하게, "율법"을 가지지 않은 이방인들이 "本性으로" (φύσει) 율법의 요구들을 실천한다면 — 즉 그것이 무엇이든 얼마나 자주 또는 드물게 나타나든 — 그것으로써 ἔργον τοῦ νόμου "율법의 일" 즉 율법에 의해 요구된 일이 그들의 마음에 새겨져 있음을 증명한다고 말했다. 그리고 그들 속에 살아 있는 양심도 같은 것을 증명한다(롬 2:14 f., §19, 4). [1] 바울이 양심에서 이해한 것은 물론 합리적 윤리법칙을 스스로 기획하는 "實踐理性"이 아니다. 그가 주장하는 것은 오히려 이방인들이 구체적인 경우에 그들에게 邂逅되는 신의 계명을 들을 수 있다는 것이다. 이 계명은 그들의 경우 가령 국가에서 즉 그 政府가 신에 의해 조직되고 신의 종이며 그 때문에 διὰ τὴν συνείδησιν "양심을 위해서"도 순종해야 하는 국가에서 구체화된다(롬 13:1—5). 그것은 또 관습에서, ἀληθῆ "진실", σεμνά "성결", δίκαια "의로운 것", ἁγνά "결백한 것", προσφιλῆ "친절함" 및 εὔφημα "칭찬할 만한 것"에 해당하는 모든 것, ἀρετή "덕"과 ἔπαινος "기릴 만한 것"으로 주목되는 모든 것에서 구체화된다(빌 4:8).

2. 율법의 救援史的 의미

律法은 물론 실천되도록 신에 의해 주어진 것이었다. 율법은 로마서 2장 19절에 의하면 μόρφωσις τῆς γνώσεως καὶ τῆς ἀληθείας "지식과 진리의 모습"이고 ἔσω ἄνθρωπος "속 사람"이 옳게 여기는 것이다(롬 7:14 ff.). 율법이 "義"에 인도할 수 없고 오히려 죽음에 인도할 뿐이며 믿는 자에게는 철저히 폐기되었다는 사실(롬 1:18—7:6; 갈 3:1—5:12)에서, 그것에 신의 구속력있는 요구가 포함되어 있지 않다는 결론을 내려서는 안된다. 이 오해는 바울 스스로도 갈라디아서 3장 19절(비고. 롬 7:7)에서 다음과 같이 해명하고 있다. 즉 그는 τί οὖν ὁ νόμος "그러면 율법은 무엇인가?"라는 물음으로 곧 ὥστε ὁ μὲν νόμος ἅγιος καὶ ἡ ἐντολὴ ἁγία καὶ δικαία καὶ ἀγαθή "율법도 거룩하며 계명도 거룩하고 의롭고 선하다"(12절)는 확인을

---

[1] 롬 2:26 (ἐὰν οὖν ἡ ἀκροβυστία τὰ δικαιώματα τοῦ νόμου φυλάσσῃ "그러므로 만일 無割禮者가 율법의 요구들을 실천하면"은 물론 이방인들이 아니라 이방 그리스도인들에 관해 말해진 것이다.

내리고 νόμος를 πνευματικός "영에 속하는 것"으로 특징지으려고 했다(14절). 이스라엘에게 주어진 νομοθεσία "율법의 制定"은 바울의 자랑이었던 바 그 민족의 敬稱이다(롬 9:4). 율법이 εἰς ζωήν "생명을 위해" 주어졌다면 그것의 실천이 ζωή "생명"을 제공할 것이다(롬 10:5; 갈 3:12). 율법의 실천자들이 "의롭게" 여겨질 것이다(롬 2:13). 그리고 ἔργον ἀγαθόν "선한 일"과 ἐργαζόμενος τὸ ἀγαθόν "선을 행함"에서 성실한 자 즉 한 마디로 율법을 실천하는 자에게 ζωή αἰώνιος "영원한 생명"과 모든 구원이 주어진다(롬 2:7, 10).

"義"에 이르게 하는 것은 功績들이 아니라 오로지 신앙뿐이라는 명제의 이해를 위해 선행해야 하는 것은, 선한 일을 인간에게 요구하는 심판자가 곧 神임을 율법의 요구가 주장하는바 이것을 승인하는 일이다(롬 1:18—3:20). 신앙의 설교는, 마치 신이 선을 요구하는 심판자가 아니라 단지 은혜로운 자이기만 한 것 같은 새로운 신 개념을 전하지 않는다. 결코 그런 것이 아니다. 그의 ὀργή "진노"도 선포되는 곳에서만 신의 χάρις "은혜"가 말해질 수 있다. 그러므로 바울은 율법의 일들이 아니라 신앙으로 "義"를 얻는 그리스도인들에게도 오해의 여운을 풍기는 방식이기는 하지만 일들에 의해 보상되는 심판을 지시할 수 있었다(고전 1:8; 3:12—15; 4:4 f.; 살전 3:13; 5:23 등, 특히 고후 5:10: τοὺς γὰρ πάντας ἡμᾶς φανερωθῆναι δεῖ ἔμπροσθεν τοῦ βήματος τοῦ Χριστοῦ, ἵνα κομίσηται ἕκαστος τὰ διὰ τοῦ σώματος πρὸς ἃ ἔπραξεν, εἴτε ἀγαθὸν εἴτε φαῦλον "이는 우리가 다 반드시 그리스도의 심판대 앞에 드러나 각각 선악간에 그 몸으로 행한 것을 따라 받으려 함이라". 그리스도인이 특정한 방식으로 ὑπὸ νόμον "율법하에" 더 이상 세워져 있지 않다면(갈 5:18; 롬 6:14) 그것은 νόμος의 요구들이 이미 그에게 해당하지 않는다는 것을 뜻하는 것이 아니다. 그에게 요구된 ἀγάπη "사랑"은 율법의 실천 외에 다른 것이 아니기 때문이다 (롬 13:8—10; 갈 5:14). 그가 ἀνακαίνωσις τοῦ νοῦς "마음의 새로와짐"을 통해 εἰς τὸ δοκιμάζειν τί τὸ θέλημα τοῦ θεοῦ, τὸ ἀγαθὸν καὶ εὐάρεστον καὶ τέλειον "신의 뜻이, 선과 기뻐함과 완전함이 무엇인지 분별할 수 있는" 가능성을 얻었다면(롬 12:2) 그는 그 나름으로, 유대인이 κατηχούμενος ἐκ τοῦ νόμου "율법의 가르침을 받은 자"로서 할 수 있는 것을 바로 인식할 수 있었던 것 즉 그것은 γινώσκειν τὸ θέλημα (τοῦ θεοῦ) καὶ δοκιμάζειν τὰ διαφέροντα "(신의) 뜻을 알고 가장 좋은 것을 분별하는 일" (롬 2:18)을 인식할 수 있다. 그리스도인에게 계시된 신의 뜻은 νόμος의 요

§ 27. 율법

구와 동일하다.

그러므로 νόμος 下의 인간의 상황은 νόμος가 劣等한 계시로서 한정된 또는 신에 관한 잘못된 지식을 그에게 전하기 때문에 절망적인 것이 아니다. 그의 상황을 그렇게도 절망적으로 만드는 것은 πίστις 이전에 실제적인 율법의 성취가 없다는 단순한 사실이다: ὅσοι γὰρ ἐξ ἔργων νόμου εἰσίν, ὑπὸ κατάραν εἰσίν· γέγραπται γὰρ ὅτι ἐπικατάρατος πᾶς ὃς οὐκ ἐμμένει πᾶσιν τοῖς γεγραμμένοις ἐν τῷ βιβλίῳ τοῦ νόμου τοῦ ποιῆσαι αὐτά "이는 율법의 행위들에 속한 자들은 저주 아래 있으니, 기록된바 누구든지 율법책에 기록된 대로 온갖 것을 행하지 않는 자는 저주 아래 있는 자라 하였음이다"(갈 3:10). 로마서 1장 18절—2장 29절의 詳論들은 3장 9절에 이렇게 종합되었다: προῃτιασάμεθα ... Ἰουδαίους τε καὶ Ἕλληνας πάντας ὑφ' ἁμαρτίαν εἶναι "우리는 유대인들도 헬라인들도 모두 죄 아래 있음을 이미 보았다". 그리고 이것을 인용문인 10—18절에 의해 확인한 후에 결어는 20절에서 이렇게 맺어졌다: διότι ἐξ ἔργων νόμου οὐ δικαιωθήσεται πᾶσα σὰρξ ἐνώπιον αὐτοῦ (sc. τοῦ θεοῦ) "이는 율법의 일들로는 어떤 육체도 그(신)의 앞에서 의롭다함을 받지 못할 것임이라". 그런데 이것은 우선 다음 의미를 가진다. 즉 어떤 인간도 율법의 일들로 자신의 "義"를 얻을 수 없다 — 말하자면 그는 자신의 義를 提示할 수 없기 때문이다. 그 까닭에 νόμος "율법"의 διακονία "직책"은 διακονία τοῦ θανάτου, τῆς κατακρίσεως "죽음의, 정죄의 직책"이다(고후 3:7,9). 그 까닭에 이렇게 말할 수 있다: τὸ ... γράμμα ἀποκτείνει "文字는 ... 죽인다"(고후 3:6). 그 까닭에 율법은 νόμος τῆς ἁμαρτίας καὶ τοῦ θανάτου "죄와 죽음의 법"이다(롬 8:2). 그러므로 율법 아래 있는 인간은 그가 율법의 범법자이기 때문에, 신 앞에 범죄자로 서 있기 때문에, "義"와 생명을 얻지 못한다.

그러나 바울은 훨씬 더 넘어선다. 그가 말하는 것은 인간이 율법의 일들로 구원에 도달할 수 없다는 것뿐이 아니다. 그는 오히려 그렇게 해서는 안 된다고 말한다. 바울은 그의 신 개념에 의해 이렇게 생각한 것이다. 그 결과 실제로 있는 것 또는 일어나는 것은 곧 신의 계획에 따라 실제로 그렇게 있거나 일어난다고 본 것이다. 물론 ἐξ ἔργων νόμος οὐ δικαιωθήσεται πᾶσα σάρξ "율법의 일들로 의롭다함을 받을 육체는 하나도 없다"(롬 8:20)는 것이 문맥상으로 "율법의 일들에 의해 의롭다함을 받을 수 있는 사람은 없다"를 뜻할 것이다. 그러나 그러해야 된다는 것도 이미 갈라디아서 2장 16절에 나타난다. 여기서는 그 동일한 문장이 문맥상 "아무도 율법의 일들에 의해 의롭게 되어서는 안 된다"는 의미를 가진다. 유대인은 이미 바울의 주장, 즉 인간은 오로지 절대적으로 완전한 율법 실천에 의해서만(ὅς ··· ἐμμένει πᾶσιν ··· "온갖 율법을 ··· 행하는 자," 갈 3:10) 의롭게 될 수 있다는 주장에 이미 반대했을 것이다. 그는 율법의 일들에 의한 의인과 인간의 신앙에서 파악되는 신의 은혜에서의 의인은 서로 배제된다는 명제에 반대했을 것이다. 그러나 이것은 바울의 결정적 주체이다: τέλος γὰρ νόμου Χριστὸς εἰς δικαιοσύνην παντὶ τῷ πιστεύοντι "이는 그리스도가 모든 믿는 자에게 의를 이루기 위해 율법의 마침이 됨이다"(롬 10:4). 다시 말하면 "그리스도는 율법의 마침을 뜻하고 믿는 모든 사람을 의로 인도한다." 결코 그리스도에 대한 신앙을 버리지 않고 신의 은혜를 거부하지 않으면서 이것들과 割禮받음을 결합하려는 갈라디아인들을 바울은 이렇게 의식시킨다: κατηργήτε ἀπὸ Χριστοῦ οἵτινες ἐν νόμῳ δικαιοῦσθε, τῆς χάριτος ἐξεπέσατε "율법에서 의롭다함을 얻으려 하는 너희는 그리스도에게서 끊어지고 은혜에서 멀어졌다"(갈 5:4). 율법의 일들에 의한 길과 은혜 및 신앙에 의한 길은 서로 배타적인 대립 명제이다(갈 2:15—21; 롬 4:4 f., 14—16; 6:14; 11:5 f.).

그러나 왜 그런가? 그 이유는 율법을 실천함으로 구원을 얻으려는 인간의 노력이 인간을 단지 죄에 끌어들이기 때문에, 아니 결국은 그 노력 자체가 이미 죄이기 때문이다. 바울이 죄의 본질에 관해 얻은 인식은 곧 그의 율법론을 규정하는 인식이다. 말하자면 인간이 피조물적 존재임을 잊고 그의 존재를 스스로 설명하고 자신의 힘으로 그의 구원을 얻으려는 인간의 자주적인 노력(§23, 1) ἐν σαρκί "육으로" καυχᾶσθαι "자랑하고" 육에 πεποιθέναι "신뢰한다"는 데서 극단적으로 표현되는 저 노력(§23, 2)이 죄라는 인식을 말한다. 그리고 인간은 언제나 이미 죄인이라는 인식, 죄의 세력에 빠져 있으면서 언제나 이미 자기 존재에 대한 잘못된 이해에 사로잡혀 있다는 인식(§§25, 26)도 마찬가지이다. 그러므로 인간은 자신의 힘으로 구원을 얻을 수 있다고 생각할 수 없다. 그 때문에 율법의 일들에 의해 "의롭게" 되어서는 안 된다. 그는 신 즉 창조자에 대한 자신의 예속성을 이해할 때에만 사실 그의 구원을 얻을 수 있다.

이것으로써 동시에 — 3장 21절—7장 6절에서 "義"는 오로지 신의 은혜를 파악하는 신앙에서 선사되고 율법의 일들에서 오지 않는다는 것을 확인한 후에 —로마서 7장 7절에서 제기된 문제, 즉 그 때에 율법이 가지는 의미는 어떤

§27. 율법

것인가라는 문제에도 대답된다. 이 두 물음은 한 쌍에 속한다. 그리고 이 문제들에 대해 주어진 대답들은 서로를 설명한다.

　로마서 7장 7절 이하에 제시된 대답은 3장 20절에서 이미 간단히 언급되었던 것 즉 διὰ γὰρ νόμου ἐπίγνωσις ἁμαρτίας "이는 율법에 의해 죄가 인식됨이다"를 자세히 전개한다. 사실 이 귀절은 (10—19절에 따르면) 인간이 율법을 통해 죄가 무엇인가에 관한 인식에 도달하는 것이 아니라, 인간이 범죄하도록 인도된다는 것을 말하려고 한다. 이것은 곧 실천적인 ἐπίγνωσις "인식", 범죄를 향한 "자기 이해"이다. 죄를 범한다는 것은 7장 7절 또는 고린도후서 5장 21절의 γνῶναι τὴν ἁμαρτίαν "죄를 알라"와 꼭 같은 것이다. 또는 반대로 εἰδέναι τὸν φόβον τοῦ κυρίου "主에 대한 두려움을 안다" (고후 5:11)가 主에 대한 두려움의 이론적 지식이 아니라 그런 두려움에서 가지는 自己 理解이다. 로마서 7장 7—11절은 바로 이것을 상론하고 있다. "나는 율법에 의하지 않았다면 죄를 결코 알지 못했을 것이다. 이는 율법이 '너는 욕심을 내지 말라!'고 말하지 않았다면 나는 욕심을 알지 못했을 것이기 때문이다. 그러나 죄는 계명을 무력하게 하고 그렇게 함으로 내 안에서 욕심을 일으킨다. 이는 율법 없이는 죄가 죽은 것이나, 나는 전에 율법 없이 살았기 때문이다. 그러나 계명이 들어왔을 때 죄는 살아났고 나는 죽음에 떨어졌다. 그리고 그렇게 되므로 생명에 인도해야 할 계명은 나를 바로 죽음에 인도했다. 이는 죄가 계명을 무력하게 하고 나를 속였으면 그것으로 나를 죽였음이라".

　그러므로 율법은 인간이 죄인임을 밝혀 준다. 그의 죄된 욕심이 그를 율법의 침해에 인도하는 것으로든지, 욕심이 율법 실천의 열심으로 변장하는 것으로든지 죄인임을 밝혀 준다. 7장 7절 이하에서 죄의 계교에서 나타나는 것은 사실상 神의 의도이다. "율법은 범법이 증대되게 하기 위해" 그(구체적으로 말해서 아담과 그리스도) 사이에 끼어든 것이다. 그리고 그것이 어떤 의미를 가진 것인가는 다음의 이음節에서 드러난다 : "그러나 죄가 많은 곳에 은혜가 넘친다"(롬 5:20). 그러므로 율법은 그가 피조물이라는 이해를 버리고 스스로 그의 삶을 영위하려는 인간을 죄에 몰아넣으므로 그를 다시 참 神에 관한 이해에 인도하되 그가 신앙에서 파악해야 할 신의 은혜 앞에 그를 세우려는 것이다.

　갈라디아서 3장 19절도 같은 것을 말한다 : τί οὖν ὁ νόμος; τῶν παραβάσεων χάριν προσετέθη "그러면 율법은 무엇인가? 범법을 위해 미리 세워진 것인데"(즉 παραβάσεις "범법들"이 드러나게 하기 위해), ἄχρις ἂν ἔλθῃ τὸ σπέρμα ᾧ ἐπήγγελται "약속된 자손이 올 때까지"(즉 神의 χάρις "은혜"가 작용하는 그리스도에 이르기까지) 유효하다. 율법은 바로 죄에 촉발력을 주면서 신의 약속들의 성취를 반드시 촉진시킨다: "그러면 율법이 (神의) 약속들을 거슬리느냐? 결코 그럴 수 없다. 만일 능히 살게 하는 율법을 주었다면 義가 반드시 율법에 의했을 것이다. 그러나 성서가 이 모든 것을 죄 아래 가두었으니 이는 예수 그리스도를 믿음으로 인한 약속을 믿는 자들에게 주려 함이다. 믿음이 오기 전에 우리가 율법 아래 매인 바 되고 계시될 믿음의 때까지 갇혔었다. 이같이 율법이 우리를 그리스도에게로 인도하는 감시자가 되어 우리로 믿음에 의해 의롭다함을 얻게 하려 함이다. 믿음이 온 후에는 우리가 그 감시자 아래 있지 않다"(갈 3:21—25).

끝으로 로마서 4장 13—16절에도 같은 의미가 들어 있다: "아브라함이나 그 후예에게 세상의 후계가 되리라고 한 언약은 율법으로 인한 것이 아니고 오직 믿음의 義로 인한 것이다. 만일 율법에 속한 자들이 후예이면 믿음은 헛것이 되고(믿음은 다시 말해서 우선 약속들에 대한 믿음을 말한다. 그러나 이것은 그리스도교의 믿음과 동일한 것에 해당한다), 약속은 폐하여졌을 것이다. 율법은 진노를 유발시키는데 율법이 없는 곳에는 범죄도 없다(그리고 그러므로 진노도 없다. 그러나 그러면 율법은 무엇을 위한 것인가? 그렇다, 그것은 진노를 유발시키려는 것이다. 그것은 법법에 이끌어가려는 것이다!). 그러므로 이것이 은혜에 속하기 위하여 믿음으로 되게 하였다. 이는 그 약속을 그 모든 후손에게 확실하게 하려는 것임이다···"

Νόμος "율법"의 의미가 παιδαγωγὸς εἰς Χριστόν "그리스도를 향한 교육자"라는 것이거나 또는 그런 것이었다면 그것은 동시에 그리스도교적인 또는 현대적인 의미에서의 교육자, 즉 인간을 정신적인, 특별히 윤리적인 생활의 더 높은 단계로 끌어올리는 교육자로 이해될 수 없다. 신의 χάρις "은혜"에 자신을 열어주는 πίστις "신앙"은 사실 그런 교육의 결과가 아니다. 율법에 의한 "교육"은 오히려 죄에 인도하고 죄인이 χάρις에 해후하면 그가 율법의 일들이냐 신앙이냐의 양자택일을 이해할 수 있다는 점에서, 물론 간접적으로 πίστις "신앙"을 위한 "교육"이 된다. 그러나 νόμος가 인간을 주관적인 절망에 끌어들인다는 것도 아니다. 오히려 율법은 그를 객관적으로 절망된 상황에 끌어들인다. 이 상황을 인간이 그런 것으로 인식하는 것은 χάρις "은혜"에 관한 말이 그에게 적중될 때 비로소 일어난다. 갈라디아서 3장 21—25절은 개인의 발전이 아니라 인류의 역사를 생각한 것이다. 그리고 로마서 7장 14—24절은 옛날 율법 아래 있을 때의 자신의 내적 갈등을 서술하는 바

§27. 율법

울의 고백이 아니라, 신앙에 의해 처음으로 밝혀진바, 율법하의 인간의 객관적 상황의 像이다. Ταλαίπωρος ἐγὼ ἄνθρωπος τίς με ῥύσεται ἐκ τοῦ σώματος τοῦ θανάτου τούτου "나는 곤고한 사람이로다. 누가 나를 이 죽음의 몸에서 구원하랴"(24절)는 율법 아래서 한때 결투하고 탄식하던 사울-바울의 절규가 아니며, 그의 自意識은 오히려 빌립보서 3장 4—6절에 피력되어 있다. 그렇지 않고 그리스도인 바울은 이 말을 유대인의 입에 넣고 그렇게 함으로 유대인 스스로는 보지 못하는 상황을 밝혀 준다.

이 외에서도 바울은 율법의 길에 반대하되 결코 이 길이 주관적인 절망으로 이끌어간다는 사상을 가지고 반격하지 않는다. 그리고 그는 결코 신앙을 양심에 의해 깨어난 갈등에서의 도피구로 또는 참을 수 없는 짐에서의 해방으로 찬양하지 않는다. 유대인과 유대교주의자들에 대한 그의 비난은 율법의 길이 범법들의 결과에 의해 목표에 인도하지 않기 때문에 잘못되었다는 것이 아니다. 오히려 그의 방향이 顚倒되었기 때문에, 그것은 ἰδία δικαιοσύνη "자신의 의"에 인도 하는 길이기 때문에 잘못되었다는 것이다 (롬 10 : 3; 비교. 빌 3 : 9). 인간을 신 앞에서 저주받은 자로 만드는 것은 악한 행위들뿐도 아니고 비로소 그런 것도 아니다. 율법 실천에 의해 신 앞에 의롭게 되고 그의 καύχημα "자랑"을 가지려는 의도가 이미 죄이다.

그러므로 인간을 죄에 이끌어들이되 그의 욕심을 자극함으로 범법케 하는 것만이 율법의 구원사적 의미가 아니다. 그것은 인간에게 극단적인 가능성 즉 계명에 대한 자신의 저항을 역행시켜 오히려 율법을 실천함으로 ἰδία δικαιοσύνη "자신의 義"를 얻으려고 노력하는 최대의 가능성을 제공한다는 점에서도 구원사의 의미를 가진다 — 매우 잘 이해되는 逆襲이다 ! 율법의 소유로 직접 주어진 혹은 양심(§19, 4)에 의해 깨우쳐진, 犯法이 죄라는 데 관한 지식과 그리고 범법 앞에서의 불안에는, 그 실천 — 욕심의 극복으로 선한 일의 外觀을 취하는바 — 이 "義"를 얻어 낼 수 있을 것이라는 망상이 자리잡고 있기 때문이다. 저 불안과 이 망상은 인간이 얼마나 깊이 죄 중에 숨어 있는가를 보여 준다(ἵνα γένηται καθ᾽ ὑπερβολὴν ἁμαρτωλὸς ἡ ἁμαρτία διὰ τῆς ἐντολῆς "계명으로 인해 죄가 심히 죄되게 하려함이다" (롬 7 : 13). 그리고 그의 이 상황에 관한 인간의 무지도 본질적으로 여기에 속한다. 그가 생명을 향해서가 아니라 죽음을 향해 살고 있다는 것은 그에게 숨겨져 있다(ὃ γὰρ κατεργάζομαι οὐ γινώσκω "이는 내가 하는 일을 내가 알지 못함이다", 롬 7 : 15, 참조. §24 : 2).

그러나 그 때에는 율법의 의미는 결국 인간을 죽음에 인도하고 그렇게 함으로 신을 신으로 나타나게 하는 데 있다. 율법은 죄에 힘을 제공하고 죄는 그러나 죽음의 "가시"이다(고전 15:56). 죄도 ἐντολή "계명"을 무기로 인간을 죽인다. 계명은 인간에 생명을 마련해 주는 것 같이 거짓으로 그에게 나타날 수 있기 때문이다(롬 7:11). 그러므로 이렇게도 말할 수 있다 : "문자(즉 다름 아닌 율법)는 죽인다"(고후 3:6). 율법에 의해 일깨워진 παθή-ματα τῶν ἁμαρτιῶν "죄들의 범법들"은 죽음을 위해 열매를 맺는다(롬 7:5; 참조. §24, 2). 그러나 율법은 이를 통해 생명을 제공하는 창조자로서의 신에게 인도한다. 그리고 인간은 오로지 이 신으로부터 생명을 받을 수 있다. 이 인간은 ἰδία δικαιοσύνη "자신의 義"를 향한 길에서, καυχᾶσθαι "자랑하는" 길에서 죽음에 빠진 자로서 생명을 받는다. 그는 이런 신으로서 구원사건의 χάρις "은혜"에서 나타난다. 그리고 신앙은 이 신을 향한다. 아브라함은 καύχημα "자랑"할 것이 없지만(롬 4:2), 죽은 자들을 일으키고 없는 것을 있게 하는 "그 신"을 믿었다(롬 4:17). 그리고 바울에게 있어서 그의 위에 떨어지는 θλίψις "고난"의 결과는 그가 그 자신에게 내린 사형선고라고 한 것이다 : ἵνα μὴ πεποιθότες ὦμεν ἐφ' ἑαυτοῖς ἀλλ' ἐπὶ τῷ θεῷ τῷ ἐγείροντι τοὺς νεκρούς "우리가 자기 자신이 아니라 죽은 자들을 일으키는 신에게 신뢰하기 위함이다"(고후 1:9). 이것은 곧 율법에 의한 "교육"의 성과인 것이기도 하다.

3. 은혜로서의 율법

그러나 그 때에 결국 드러나는 것은 율법으로 구체화된 신의 요구가 오로지 은혜라는 것이다. 신이 εἰς ζωήν "생명을 위해" 율법을 주었다. 그것이 곧 은혜이다(롬 7:10). 그런데 이 목적이 인간의 죄된 욕심에 의해 수포로 화했다 해도 그것이 신의 은혜를 헛되게 할 수 있는 것은 역시 아니다. 율법이 사실 실제로 εἰς θάνατον "죽음에" 이끌어갔을 때에도 은혜는 은혜이다. 왜냐하면 인간은 이 방법으로 "죽은 자들을 살리는" 자로서의 신에게 인도되기 때문이다. 율법은 "신의 약속들에 거슬리는 것"이 아니다(갈 3:21). 신의 뜻의 통일성은 분명하다. 그가 원하는 것은 예나 지금이나 다른 것이 아니다. 그리고 그의 νόμος, νόμος πνευματικός "법, 영의 법"(롬 7:14)은 여전히 νόμος τοῦ Χριστοῦ "그리스도의 법"으로 남아 있으면서(갈 6:2) 믿는 자들에 의해 ἀγάπη "사랑"으로 실현되고 있다(참조. 위에 S. 261 f.). 지금 비로소 그 본래의 의도가 실현에 도달한 것이다. 율법의 무기력(τὸ γὰρ ἀδύνατον τοῦ νόμου, ἐν ᾧ ἠσθένει διὰ τῆς σαρκός···

§27. 율법

"육에 의해 약해진 율법의 무능…")은 신이 제거하고, ἵνα τὸ δικαίωμα τοῦ νόμου πληρωθῇ ἐν ἡμῖν τοὺς μὴ κατὰ σάρκα περιπατοῦσιν ἀλλὰ κατὰ πνεῦμα "율법의 요구가 육에 의하지 않고 영에 의해 생활하는 우리에게서 이루어지게 했다"(롬 8:3 f.).

용어상으로 영원한 신의 뜻으로서 νόμος와 거세된 표어로 율법으로서의 νόμος 사이의 구별은 어느 정도까지 그리스도에 의해 처리된 것으로서의 율법이 자주 모세의 율법으로 나타난다는 점에서 새겨졌다. 롬 10:4 f.에서 그렇게 그리스도와 모세가 서로 대치되었다. 고후 3:7—18에서도 마찬가지로 옛 διαθήκη "언약"과 새 언약의 διακονία "직책"을 비교함으로 같은 것을 보여 준다(비교. 고전 10:2). "새에 꺼어든", 롬 5:20의 νόμος는 14절에 의해 모세 율법으로 명시되었다. 특별히 명시적인 것은 바울이 갈 3:19 f.의 항의에서 천사에 의한 율법 제정에 관한 영지주의의 신화를 이용하여 모세의 율법이 신 자신에게 소급되지 않는다는 것을 증명할 수 있었던 것이다. 그는 단지 율법이 모세의 율법으로서 처음부터, 유대인이 그것을 대하는 성격에서 파악했기 때문에 그것을 이용할 수 있었다.

그러나 신의 뜻의 통일성과 같이 인간 존재의 통일성도 율법하의 상황에서 χάρις "은혜"하의 상황으로 넘어가는 도중에서 분명하다. 여기에서는 단절이 일어나지 않는다. 여기에서는 자연의 기초로서의 인간의 실체와 함께 인간이 마법적으로 또는 밀의 종교적으로 변하는 일이 일어나지 않는다. 그 새로운 존재는 오히려 옛 것과 역사적인 연속성을 지속한다. 물론 그리스-이상주의적 인간상의 의미에서 발전이 연속된다는 것은 아니다. 이것과 비교하면 오히려 좌절이 문제된다. 즉 옛 自己理解에 새로운 이해가 대치된다 — 그러나 역시 여기에는 역사적 연속성이 계속 보존된다. 아니 순수한 역사성으로 남는다. 옛 존재에서 새 것으로 넘어가는 것이 죄에서 신앙에 이르는 정신적 발전으로서 수행되지 않는다. 신앙은 오히려 선포된 말에서 일어나는 χάρις "은혜"에 대한 결단이다. 구원사에 관한 바울의 견해는 개인이 아니라 인류에 관련되어 있다(참조, 위에 S. 266). 그만큼 인류의 상황이 곧 개인의 그것에 해당한다. 그에게 적중된 소식이 죽음 중에 있는 그를 즉 죄인을 일으켜세워, 자신을 새로 이해하고 자신의 생명을 신으로부터 얻고자 하는가를 결단하게 한다. 이 이해의 가능성은 바로, 그가 죄인이라는 사실, 그가 죽음 중에 있다는 사실에서 주어진다. 죽음에서의 인간의 구원은 죄에 떨어지지 않은 것 같이 보이는, 인간이 가지고 있는 어떤 더 높은 원리 또는 기관에 결부되지 않는다. 그것이 해방시키는 것은 — 영지주의의 신화가 주장하는 바와 같이 — 전혀 볼 수 없는, 단지 否定的으로만 규정될 수 있는 自我, 先在的 빛의 파편이 아니라, 바로 죄인이고, 자신 안에서 분열된, 자기 자신을 잘못 이해하는 '나'이다. 구원은 ζωή "生命", 自我를 향한, 죄 아래서 무기력해진 인간에 대한 목표와 본래의 의도의 성취 외에 다른 것이 아니다(§23, 3, S. 244).

B. 信仰下의 人間

1. 神의 義*

§28. 義의 槪念

1. 구원 膳物로서의 義

Πίστις "신앙" 以前 인간의 존재를 πίστις의 視野에 들어오는 대로 바울이 본 때문에 신앙 以前의 존재에 관한 논술에 이미 간접적으로 πίστις "信仰"下의 인간 존재가 암시되었다. Πίστις 이전의 인간이 죽음에 빠진 인간이라면 πίστις 하의 인간은 생명을 얻은 인간이다. 인간의 죽음의 근거가 인간이 스스로 살려는 노력에서 그 자신을 상실하는 데 있다면(§23, 3), 생명은 자기 자신을 신에게 맡기고 '自己'를 얻는 데서 자라날 것이다.

바로 이것이, 바울이 "義" 및 "義認됨"을 해석하는 방식에서 표현되었다. 이 '義認됨'은 생명을 받는 데 전제가 되어 있다. 구원 즉 생명을 받는 일이 그 조건으로서의 인간의 義에 결부되어 있다는 命題를 가지고 바울은 우선 유대교의 전통에서 자명한 것을 반복한다. 그러나 그가 義 및 義認의 가능성과 그 실현을 이해하는 방식 — 말하자면 그 스스로 그것을 구원 膳物로 말할 수 있는 방식에, 근본적인 양자의 대립과 신 앞에서의 인간됨의 새로운 파악이 드러나 있다.

정확히 보면 '義'는 구원 즉 生命을 받는 데 필요한 조건이다. 아브라함에게서 그 (신앙)의 義가 약속을 받는 데 前條件이었던 것과 같이(롬 4 : 13) 지금은 (신앙에 의한) 義認이 생명을 얻는 데 타당한 것이 되었다(롬 1 : 17; 갈 3 : 11). 지금 義로 여겨지는 자들(δικαιωθέντες οὖν)에게 구원은 주어진다(롬 5 : 1 ff.). 죄가 죽음에 인도하는 것 같이 의는 생명에 인도한다(롬

---
* 이 표제에 관한 문헌들, 참조. S. 631 f.

5 : 17, 21; 8 : 10). 義를 가진 자 앞에 있는 목표는 생명을 얻는 일이다(빌 3 : 9 f.). 의롭게 하는 신의 행위에는 榮華롭게 하는 것이 따른다(롬 8 : 30). 그러나 의와 구원 사이의 이 연관성이 아주 확고하고 필연적이기 때문에 義 자체에 이미 구원 선물의 성격이 들어 있을 수 있다. 유대인의 관심사인 "의에 대한 노력"(롬 9 : 30 f.; 갈 2 : 16)은 "구원을 위한 노력"과 같은 것이다. 사람들은 전자에 의해 후자를 가지기 때문이다. $\Sigma\omega\vartheta\hat{\eta}\nu\alpha\iota$ "구원받는다"가 로마서 5장 9절에 따라 $\delta\iota\kappa\alpha\iota\omega\vartheta\epsilon\acute{\iota}\varsigma$ "의롭게 됨" 앞에 미래의 것으로 있다면 $\delta\iota\kappa\alpha\iota\sigma\sigma\acute{\upsilon}\nu\eta$ "의"와 $\sigma\omega\tau\eta\rho\acute{\iota}\alpha$ "구원"(롬 10 : 10)은 동의어적으로 병행한다. 그리스도의 죽음이 우리가 $\zeta\hat{\omega}\nu\tau\epsilon\varsigma$ "산 자들"이도록 작용한 것과 같이 우리는 그 안에서 — 같은 것을 의미하는데 — $\delta\iota\kappa\alpha\iota\sigma\sigma\acute{\upsilon}\nu\eta$ $(\vartheta\epsilon o\hat{\upsilon})$ "(신의) 義"라는 것, 즉 義人들에 해당한다(고후 5 : 15. 21). $\Delta\iota\alpha\kappa o\nu\acute{\iota}\alpha$ $\tau\hat{\eta}\varsigma$ $\delta\iota\kappa\alpha\iota\sigma\sigma\acute{\upsilon}\nu\eta\varsigma$ "義의 직책"(그 반대는 $\delta\iota\alpha\kappa o\nu\acute{\iota}\alpha$ $\tau\hat{\eta}\varsigma$ $\kappa\alpha\tau\alpha\kappa\rho\acute{\iota}\sigma\epsilon\omega\varsigma$ "정죄의 직책" 즉 사형을 선고하는 직책이다)은 $\delta\iota\alpha\kappa o\nu\acute{\iota}\alpha$ $\tau o\hat{\upsilon}$ $\pi\nu\epsilon\acute{\upsilon}\mu\alpha\tau o\varsigma$ "영의 직책"(이 반대는 $\delta\iota\alpha\kappa o\nu\acute{\iota}\alpha$ $\tau o\hat{\upsilon}$ $\vartheta\alpha\nu\acute{\alpha}\tau o\upsilon$ "죽임의 직책"이다, 고후 3 : 7—9)과 같다. 그러므로 $\delta\iota\kappa\alpha\iota\sigma\sigma\acute{\upsilon}\nu\eta$는 구세주를 표시하는 다른 개념들과도 결합될 수 있다(고전 1 : 30 : $\delta\iota\kappa\alpha\iota\sigma\sigma\acute{\upsilon}\nu\eta$ $\tau\epsilon$ $\kappa\alpha\acute{\iota}$ $\dot{\alpha}\gamma\iota\alpha\sigma\mu\grave{o}\varsigma$ $\kappa\alpha\acute{\iota}$ $\dot{\alpha}\pi o\lambda\acute{\upsilon}\tau\rho\omega\sigma\iota\varsigma$ "의와 성결함과 구원," 비교. 6 : 11). 구원 사건에 의해 그리스도 안에서 밝혀진 것, $\epsilon\dot{\upsilon}\alpha\gamma\gamma\acute{\epsilon}\lambda\iota o\nu$ "복음"의 내용이 되는 것은 $\delta\iota\kappa\alpha\iota\sigma\sigma\acute{\upsilon}\nu\eta$ $\vartheta\epsilon o\hat{\upsilon}$ "신의 의"로서의 $\delta\iota\kappa\alpha\iota\sigma\sigma\acute{\upsilon}\nu\eta$ "義"의 가능성이다(롬 1 : 16 f.; 3 : 21). 바로 그 까닭에 使徒職은 $\delta\iota\alpha\kappa o\nu\acute{\iota}\alpha$ $\tau\hat{\eta}\varsigma$ $\delta\iota\kappa\alpha\iota\sigma\sigma\acute{\upsilon}\nu\eta\varsigma$ "의의 직책"이라고 불리워질 수 있다(고후 3 : 9). 이 직책은 $\delta\iota\kappa\alpha\iota\sigma\sigma\acute{\upsilon}\nu\eta$ "의"와 $\zeta\omega\acute{\eta}$ "생명" 사이에 전제와 결과로 존속하는 확고한 연관성 때문에 $\delta\iota\kappa\alpha\iota\sigma\sigma\acute{\upsilon}\nu\eta$에 관해 그렇게 말하는 것이 가능할 뿐 아니라, 무엇보다도 다음 이유에서 즉 구원뿐 아니라 이미 그 조건이 신 자신에 의해 선사되기 때문에 그렇다. 그렇지 않다면 도대체 $\delta\iota\kappa\alpha\iota\sigma\sigma\acute{\upsilon}\nu\eta$ "의"와 특히 $\delta\iota\kappa\alpha\iota\sigma\sigma\acute{\upsilon}\nu\eta$ $\vartheta\epsilon o\hat{\upsilon}$ "신의 의"가 무엇을 뜻하겠는가?

2. 法的-종말론적 개념으로서의 義

$\Delta\iota\kappa\alpha\iota\sigma\sigma\acute{\upsilon}\nu\eta$ "義"라는 말은 (히브리어 צְדָקָה와 같이) 다양한 의미를 가지고 있다. 성서 및 世俗話法에 있을 수 있는 다른 의미들(과 그것들 중에서 司法的인 iustitia distributiva "자기의 것을 되찾게 하는 正義"에 특별히 중요한 것, 바울의 이사야서 10장 22절 인용문에서, 적어도 로마서 9장 27절에 관한 적지 않은 여러 사본에서 볼 수 있는 것)을 도외시하면 $\delta\iota\kappa\alpha\iota\sigma\sigma\acute{\upsilon}\nu\eta$는($\delta\acute{\iota}\kappa\alpha\iota o\varsigma$와 마찬가지로) 윤리적 의미("정직함")로도 법적 의미로도 사용

된다. 구원 조건 또는 구원 내용의 표지인 δικαιοσύνη "義"는 법적 개념이다. 그것이 뜻하는 것은 윤리적 성품은 물론 인물의 성품은 더구나 아니고 관계이다. 다시 말하면 개인이 가진 δικαιοσύνη "의"는 스스로 가진 것이 아니라 의를 선언하는 다른 사람의 판결에서, 그가 책임을 지는 심판대 앞에서 가지는 의이다. 인간은 그가 그런 자로 인정받을 때, 다시 말하면 자신의 認定이 문제될 경우, 즉 그가 "義認되고", 그에게 "정당함이 선언될"때 의를 가지거나 정당해진다(비교. δίκαιοι ἔσονται "의인들이 되리라"와 δικαιωθήσονται "의로 여겨지리라"의 평행, 롬 2:13). 그러므로 "정당하다"는 특별히 재판받는 데서(κρίνεσθαι) 무죄가 선언된 자들, 勝訴한 자들 (비교. δικαιωθῆναι "의로 여겨지다"와 νικᾶν "승리하다"의 평행, 롬 3:4), 그러므로 정상적으로는 "무죄한 자"이다 — 그러나 그가 무죄하다는 점에서가 아니라 그런 자로 인정된다는 점에서 그렇다. 그러므로 δικαιοσύνη는 한 사람이 다른 사람 앞에서 가지는 "유효성"(Geltung)이다. 이것은 한 사람이 소송을 통해 "자신의 권리"로 노력해 얻은 "권리"이다. 그리고 이 의미에서 가령 콜하스(K.M. Kohlhaas)는 "의를 향해 진력한" 인간의 전형이다.

이것은 구약성서-유대교 화법에 일치한다. 시편의 시인은 야웨를 신뢰할 것을 이렇게 권한다(시 37:6):

"그는 네 義(צדקה, 70인역 δικαιοσύνη)를 빛같이 나타내고,
네 정당함(משפט, κρίμα)을 대낮 햇빛같이 나타내리라."

또 그는 이렇게 애원한다(시 17:2,15):

"내 정당함(משפט, κρίμα)은 당신에게서 나오고 · · ·
그러나 나는 의(צדק, δικαιοσύνη)에서 당신의 낯을 뵙고자 하나이다."

이 의미에서 신에 관해서도 같은 것을 말할 수 있다. 즉 신도 "의롭다함"을 받는다. 즉 그의 정당함도 인정된다. 롬 3:4에 인용된 시 51:5f.에서 볼 수 있다:

"오로지 당신에게만 나는 범죄하였나이다.
그리고 당신이 싫어하는 것을 행했나이다.
이는 당신이 당신의 말(חצדק, δικαιωθῇς?)로 정당함을 지키고,
모든 당신의 심판(תזכה, νικήσῃς?)에서 순수하려 함이니이다."

Ps Sal에서도 같은 것을 자주 본다: 2:16: δικαιώσω σε, ὁ θεός "나 신은 너를 의로 이기리라", 3:5; 4:9; 8:7,27 ff.; 9:3ff.). 눅 7:29에도 같은 것이 있다: καὶ πᾶς ὁ λαός · · · καὶ οἱ τελῶναι ἐδικαίωσαν τὸν θεόν "모든 백성과 세리들은 · · ·

§28. 義의 槪念

신을 의롭다고 했다", 비교. 눅 7 : 35, 마 11 : 19).

유대교의 경건이 종말론에 의해 규정되었을수록, 다시 말해서 경건한 자가 신의 의롭게 하는 재판 선고를 종말론적 심판에서 기대했을수록 그만큼 더 의의 법정적 개념은 종말론적으로 되었다. Πεινῶντες καὶ διψῶντες τὴν δικαιοσύνην "의에 주리고 목마른 자들"(마 5 : 6)은 분명히 "항상 斷末魔的으로" 윤리적 완전을 위해 노력하는 자들이 아니라 신의 선고가 심판 때 자신들에게 "정당하다"는 판결로 떨어지기를 고대하는 자들을 가리킨다. 그러나 경건한 유대인의 노력은, 그 나름으로 이 신의 판결의 전제가 되는 조건들을 실천하는 것이다. 그리고 이 조건들은 물론 율법, 계명들의 실천과 선한 일들이다. 그러므로 바울도 유대인이 얻으려고 노력한 의를 δικαιοσύνη ἐκ νόμου "율법에서 난 의"라고 표시했다(빌 3 : 9). 이에 반해 그의 주제는 δικαιοσύνη "의"가 (δικαιοσύνη θεοῦ "신의 의"로서) χωρὶς νόμου "율법 없이" 나타났다는 것이었다(롬 3 : 21).

그러나 유대교의 파악에 대한 상반성이 더 설명되기 전에 분명해져야 할 것은 법정적-종말론적 개념이라는 δικαιοσύνη에 대한 형식상의 의미가 완전히 일치한다는 것이다. Δίκαιος "옳음"과 δικαιωθῆναι "의롭게 되다"에 관한 법정적 의미가 로마서 2장 13절에서 이미 분명히 부각되는 바와 같이, 창세기 15장 6절에 의해 λογίζεσθαι εἰς δικαιοσύνην "의로 간주되다"를 화제로 하는 표현들(롬 4 : 3, 5, 22; 갈 3 : 6 및 λογίζεσθαι δικαιοσύνην "의로 여김을 받다", 롬 4 : 6)과, λογίζεσθαι가 히브리어 חָשַׁב(레 7 : 18; 삼하 19 : 20; 시 32 : 2, 70인역에는 마찬가지로 λογίζεσθαι 및 διαλογίζεσθαι가 말해진다)과 마찬가지로 법정적 의미를 가진 곳에서도 분명하다 — 그러나 δικαιοσύνη에 관한 종말론적 의미는 종말론적 심판에서 장차 선포될 義認을 말하는 귀절들, 즉 로마서 2장 13절과 갈라디아서 5장 5절(ἐλπίδα δικαιοσύνης ἀπεκδεχόμεθα "우리는 義의 소망을 기다린다")에서 볼 수 있다.

롬 3 : 20 (διότι ἐξ ἔργων νόμου οὐ δικαιωθήσεται πᾶσα σάρξ "그러므로 율법의 행위로 그의 앞에 의롭다함을 얻을 육체가 없으리라")과 3 : 30 (···ὁ θεός, ὃς δικαιώσει "장차 의롭게 할 신···")의 미래형은 아마 순수한 미래가 아니라 격언적(논리적) 미래일 것이다. Δίκαιοι κατασταθήσονται οἱ πολλοί "많은 사람이 의인이 되리라"(롬 5 : 19)는 분명히 시대 전환의 입장에서 말해졌고 그러므로 이미 현재에도 타당한 것이다(비교. 17 : 21절). 반면 현재적 진술들 중에 있는 현재형(갈 2 : 16; 3 : 11; 5 : 4)도 순수한 현재가 아니라 무시간적인 교훈의 현재이고 그러므로 내용상 미래의 심판에서 있을 신의 판결에 관한 것일 수도 있다.

§29. 義의 現在性*

1. 義의 現在

그런데 유대교와의 첫 차이는 바울이 이 법정-종말론적 의에 관해 다음과 같이 주장한 데 있다. 즉 의는 이미 현재에서 인간에게 (그가 "믿는다"는 전제하에) 선언되었다. 로마서 3장 21절—4장 25절에서 πίστις "신앙"을 δικαιωθῆναι "의롭다함을 받는다"의 전제로 다룬 후에 5장 1절¹⁾은 이렇게 시작한다 : δικαιωθέντες οὖν ἐκ πίστεως εἰρήνην ἔχομεν πρὸς τὸν θεόν "그러므로 믿음으로 의롭다함을 받은 우리들은 신과 화평을 가지고 있다". 그리고 9절도 같은 것을 말한다 : πολλῷ οὖν μᾶλλον δικαιωθέντες··· σωθησόμεθα··· "그러므로 의롭다함을 받은 우리는 더욱 더···구원을 얻을 것이다." 21절, ἵνα···ἡ χάρις βασιλεύσῃ διὰ δικαιοσύνης εἰς ζωὴν αἰώνιον "···은혜도 의로 왕노릇함으로 영원한 생명에 이르게 함이라"는 그리스도 이후의 현재에 해당한다. 로마서 8장 10절도 마찬가지로 현재를 위한 것이다 : εἰ δὲ Χριστὸς ἐν ὑμῖν, τὸ μὲν σῶμα νεκρὸν δι' ἁμαρτίαν, τὸ δὲ πνεῦμα ζωὴ διὰ δικαιοσύνην "또 그리스도가 너희 중에 있으면 몸은 죄로 인해 죽은 것이나 영은 의로 인하여 산 것이다" (이것은 리츠만〈Lietzmann〉과 함께 propter peccatum commissum··· propter iustitiam exercendam "나는 용서받은 죄 때문에··· 열중해야 할 義 때문에"로 이해하기는 어려울 것이다. 오히려 바르트〈K. Barth〉와 함께 "죄가 심판을 받았기 때문에(비교 3절)···의가 바로 세워졌기 때문에"로 이해할 것이다). Οὓς ἐκάλεσεν (ὁ θεός) τούτους καὶ ἐδικαίωσεν "(신이) 택한 이들을 그는 영화롭게 했다"(롬 8 : 30)를 豫期的 賓辭節로 이해할 수 있다면(뒤따르는 τούτους καὶ ἐδόξασεν과 같이) 바울은 역시 고린도인들에게 ἐδικαιώθητε "너희는 의롭다함을 받았다"(고전 6 : 11)고 말한 것이다. 그리고 ἔθνη τὰ μὴ διώκοντα δικαιοσύνην "의를 추구하지 않는 이방인"에게는 κατέλαβεν δικαιοσύνην "그가 의를 얻었다"(롬 9 : 30)고 말한다. 로마서 1장 17절에서 δικαιοσύνη θεοῦ "신의 義"에 관한 것이 설교에 의해 "계

---

* 이 표제에 관한 문헌들, 참조. S. 632.
1) 독법 ἔχωμεν "우리는···하자"(개역)는 문제도 되지 않는다.

§29. 義의 現在性

시"된다(ἀποκαλύπεται)고 말한 것도 이에 따라 이해되어야 할 것이다. 이것은 역시 설교가 의에 관한 가르침을 선포하는 것이 아니라 설교에 의해 **義가** 설교의 청중에게(신앙에서 실현된) 가능성이 되는 것을 가리키기 때문이다.

Ὀργὴ θεοῦ "신의 진노"에 관한 롬 1:18의 말도 같은 의미이다. 즉 신의 진노의 심판(참조. §31,1)은 ἀποκαλύπτεται ἀπ' οὐρανοῦ "하늘로부터 계시되어" 나타나서 수행되는데, 말하자면 현재에서 수행된다. 그리고 갈 3:23도 같은 뜻을 말한다: πρὸ τοῦ δὲ ἐλθεῖν τὴν πίστιν ὑπὸ νόμον ἐφρουρούμεθα, συγκλευόμενοι εἰς τὴν μέλλουσαν πίστιν ἀποκαλυφθῆναι "믿음이 오기 전에 우리가 율법 아래 매인 바 되고 계시될 믿음의 때까지 갇혔었다." 지금 이 ἀποκοκαλυφθῆναι "계시됨"이 현재화된 것이다(ἐλθούσης δὲ τῆς πίστεως "그러나 믿음이 왔을 때", 25절). 다시 말하면 지금까지 알지 못했던 πίστις "믿음"에 관한 가르침이 선포되는 것이 아니라 그것은 지금 가능성이 되고 신자들에게서 실현되었다. 그것은 나타난 것이다. "나타난다", 즉 그것이 바로 가능성이 되거나 작용한다는 것은 종말론적 용어로 사용된 ἀποκαλύπτεσθαι 또는 명사 ἀποκάλυψις (φανεροῦσθαι "나타나다"도 같다. 롬 3:21)를 의미한다. 대망된 κύριος Ἰ. Χρ. "주 예수 그리스도"의 ἀποκάλυψις "나타남" (고전 1:7)은 사실 그가 제공하는 소식이 아니라 그의 도래에서 일어나는 실재적인 현현이다. 이것은 신의 δικαιοκρισία "심판"의 ἀποκάλυψις "나타남"(롬 2:5)이 그의 심판의 실제적인 수행인 것과 같다. 그리고 고전 3:13에서 ἡμέρα "그 날"에 관해 ἐν πυρὶ ἀποκαλύπτεται "불로 나타난다"고 말했다는 그것이 지적한 것은 심판의 날이 불로 나타난다는 것이다. 롬 8:18 f.의 "나타난다"도 같은 것을 지적한다: λογίζομαι γὰρ ὅτι οὐκ ἄξια τὰ παθήματα τοῦ νῦν καιροῦ πρὸς τὴν μέλλουσαν δόξαν ἀποκαλυφθῆναι εἰς ἡμᾶς. ἡ γὰρ ἀποκαραδοκία τῆς κτίσεως τὴν ἀποκάλυψον τῶν υἱῶν τοῦ θεοῦ ἀποδέχεται "생각컨대 현재의 고난은 장차 우리에게 나타날 영광과 족히 비교할 수 없다. 피조물이 고대하는 것은 신의 아들들이 나타나는 것이다." 같은 화법이 살후 1:7; 2:3, 6, 8; 벧전 1:5, 7, 13; 4:13; 5:1; 눅 17:30에도 있다 — 이와 나란히 ἀποκαλύπτειν과 ἀποκάλυψις는 물론 지금까지 숨어 있던 것에 관한 소식, 비밀의 나타남을 표시할 수 있다(고전 14:6, 26, 30; 고후 12:1, 7; 갈 1:12; 2:2; 빌 3:15 등).

"나타나다" 또는 "작용하다"에서는 물론 그것이 인간들에게 또는 그들을 위해 수행되는 사건을 문제삼기 때문에 사람들 측의 理解와 소유의 가능성으로 작용한다. 그러나 ἀποκαλύπτεσθαι에 의해 표시되는 것은 소유되는 것이 아니라 곧 사건이다. 신의 진노의 "계시"(롬 1:18)는 당사자 자신들이 그것을 전혀 의식치 않는 데서도 일어난다. 고전 3:13에서는 소식 전달로서의 계시의 기능이 심판의 실제적인 수행에 의해 ἡ γὰρ ἡμέρα δηλώσει "그날이 ··· 밝힐 것임이라"로 지양되있다. 그러나 이것은 전달에 의해서가 아니라 바로 사건 자체에 의해 일어난다 — 비교. R. Bultmann, "Der

Begriff der Offenbarung im NT", 1929; *Glauben und Verstehen*, 1933, S. 153—187; 논제 : Offenbarung, *RGG*².

2. 現在的 義의 法廷 話法的 意味

그런데 파악되어야 할, 결정적으로 중요한 것은 바울이 δικαιοσύνη의 現在性에 관한 그의 주제로 法廷的-종말론적 의미를 이 義에서 제거하지 않았다는 것이다. 그의 주장의 역설은 바로 신이 (믿는 자에 관한) 그의 종말론적 심판의 판결을 이미 지금 선포한다는 것, 종말론적 사건이 이미 현재라는 것, 혹은 현재에서 시작되었다는 것이다. 그러므로 신이 사람(믿는 자)에게 선포한 의는 윤리적 완전이라는 의미에서 "죄없음"이 아니라 신이 인간의 죄를 "간주하지" 않는다는 의미에서(고후 5 : 19) "죄없음"이다. δικαιοσύνη가 법정적-종말론적 의미에서 이해되지 않고 윤리적 완전성으로서 오해되는 데서 일어나는 문제들만은 이것으로써 처리된다. 신이 죄인을 의롭다고 하고 "정당하게" 여기면(롬 4 : 5) 인간은 "마치 그런 것처럼 보일" 뿐 아니라 그는 실제로 정당하다. 다시 말해서 신의 판결에 의해 그의 죄에서 풀려난다. 이것이 그의 윤리적 행동에 어떤 결과들을 가져오는가는 후에 언급될 것이다(§38). 그런 결과들이 반드시 일어난다는 것은 처음부터 분명하다. "의롭다함을 받은 자들"은 종말론적 실존에 옮겨졌고 사실 이미 죄와 관계를 가질 수 없는 "성도들"이기도 하기 때문이다. 그리스도는 우리를 위해 δικαιοσύνη τε καὶ ἁγιασμός "義롭기도 성결하기도" 하다(고전 1 : 30). 그리고 ἀλλ' ἐδικαιώθητε "오히려 너희는 의롭다함을 받았다"와 ἀλλ' ἡγιάσθητε "오히려 거룩하게 되었다"는 병행한다(6 : 11). 그러나 이것은 의의 개념에서 명시되지 않았고 δικαιοσύνη "義"와 ἁγιασμός "성결"의 관계는 우선 불분명하다. 이에 관해 언급하기 전에 義認의 의미가 명백하게 확인되어야 할 것이다. 이 의미는 로마서 5장 19절과 같은 귀절에서도 드러난다 :

ὥσπερ γὰρ διὰ τῆς παρακοῆς τοῦ ἑνὸς ἀνθρώπου ἁμαρτωλοὶ κατεστάθησαν οἱ πολλοί,
οὕτως καὶ διὰ τῆς ὑπακοῆς τοῦ ἑνὸς δίκαιοι κατασταθήσονται οἱ πολλοί

"한 사람의 불순종으로
　많은 사람이 죄인이 된 것 같이 한 사람의 순종으로

§29. 義의 現在性

많은 사람이 의인이 되리라."

아담의 후예인 "사람들이 단지 죄인인 것처럼 보일 뿐"이 아니고 오히려 실제적으로 죄인이었던 만큼, 그리스도로 시작된 인류의 지체들도 실제로 **義人**들이다. 고린도후서 5장 21절도 같은 것을 보여 준다:

τὸν μὴ γνόντα ἁμαρτίαν ὑπὲρ ἡμῶν ἁμαρτίαν ἐποίησεν,
ἵνα ἡμεῖς γενώμεθα δικαιοσύνη θεοῦ ἐν αὐτῷ
죄를 알지 못하는 자를 우리 대신 죄로 삼은 것은
우리가 그 안에서 신의 義가 되게 하려는 것이었다."

만일 신이(윤리적 의미에서) 죄없는 그리스도를 마치 죄인인 "것처럼"(본래는 잘못이 없는데) 다루었다는 것으로 그 主節을 이해하면 그것은 顚倒된 것이다. 오히려 그 귀절은 다음과 같은 역설적 사실을 진술한다고 보아야 할 것이다. 즉 신은 (윤리적으로) 죄없는 그리스도를(법정적 의미에서) 죄인으로 만들되 — 말하자면 그가 그를 저주받은 자로 십자가에 죽게 하므로 (비교. 갈 3:13) 죄인을 만들었다는 사실이다. 이에 상응하게 다음 목적절은 우리가(그를 통해, 법정 화법적 의미에서) 의인들이 되게 했다는 것을 말한다. 그러므로 의롭다함을 받은 자가 실제로 의로운가 아니면 그가 "마치" 의인"처럼"으로만 행세하는가라는 옛 논쟁 — 어느 만큼 그가 도대체 실제로 의인일 수 있는가 라는 문제와 "마치···처럼"을 삽입하려는 시도 — 과 끝으로 그러면 바울이 어떻게 실제적인 의인들 즉 죄없는 자들을 역시 윤리적 명령하에 세울 수 있었는가라는 문제까지도 합해서 이 모든 것은 δικαιοσύνη가 인간의 윤리적 성품을 표시한다는 오해에 근거를 둔 것인바, 그것은 사실 그와 달리 신에 대한 그의 관계를 지적한다.

첨가된 "마치···처럼"을 고려하지 않고 기록된 대로 바울의 귀절들을 받아들이면, 그리고 역시 δικαιοσύνη의 法廷 話法的-종말론적 의미를 간과하면 두 가지 오해가 접근한다. 그 하나는 理想主義的 오해이다. 이 오해의 결과는 義認이 새로운 "原理" 즉 善의 이념에 대한 순종의 원리를 받아들이는 일로 의식된다. 그 때에는 "단순히 量的인 율법실천" 대신 "質的" 실천이 등장한다. 인간 자신의 의지가 윤리적 법을 全人的으로 긍정하면서 의롭다(F.C. Baur). 이 때에는 δικιοσύνη는 선을 지향하면서 사는 인간의 이념적 성격을 표시한다. 이것은 곧 스토아의 의미에서 προκόπτων "발전하는 자"이다. Τετάσθαι πρὸς τὸ μὴ ἁμαρτάνειν "범죄하지 않는 것을 향해 사는 것"이 그의 특징이다(Epiktet, Diss. Ⅳ 12:19). 그는 무한한 발전에서 윤리적

義의 이념에 가까이 감으로 이념의 형태下에 義人에 해당할 수 있다. 그는 "너는 너인 것(즉 이념의 형태하에 있는 너)이 되라"는 명령下에서 산다. — 둘째는 헬레니즘적 영지주의의 의미에서의 오해이다. 이에 따르면 δικαιοσύνη는 신적 δύναμις "능력"에 해당하는바, 재생의 密儀에서, 다른 신적 능력들을 지니고 있는 그 참가자에 주입되어 그때까지 그 사람을 지배하던 악마의 세력들을 추방한다(Corp. Herm. 13 : 9: ἐδικαιώθημεν, ὦ τέκνον, ἀδικίας ἀπούσης "자녀여, 우리는 악이 없는 의로운 자로 여김을 받았느니라." 이 의미에서 라이첸슈타인(R. Reitzenstein, Hellenist. Mysterienrel.³, 257—261)은 롬 6 : 7; 8 : 30; 고전 6 : 11을 설명하려고 했다. 설사 바울이 이 귀절들에서 密儀宗敎 話法의 영향을 받았다고 할지라도 이 외에서 δικαιοσύνη와 δικαιωθῆναι "의롭다함을 받다"에 관한 그의 파악을 이에 의해 이해할 수는 없을 것이다.

3. 現在的 義의 終末論的 意味

그러나 δικαιοσύνη의 현재성은 그것이 그리스도 안에서 작용하는 구원史에 의해 "계시"되었다는 데 그 근거를 두고 있다(롬 3 : 21—26; 고후 5 : 21; 비교. 고전 1 : 30). 그런데 이 구원 사건은 종말론적 사건인바, 신은 이를 통해 옛 세계 진행에 종지부를 찍고 새로운 세대를 시작했다. "때가 찼을 때 신이 그의 아들"을 보냈기 때문이다(갈 4 : 4). 그러므로 지금은 "옛 것이 지나갔"고 "새 것이 되었다." 그리고 "그리스도 안에" 있는 자는 "새로운 피조물"이다(고후 5 : 17). 옛 언약 대신 예레미야의 종말 시대에 관한 豫言인 '새 언약'이 들어섰다(고후 3 : 6ff.). 그리고 이사야에 의해 豫言된 καιρὸς δεκτός "받을 만한 때"는 현재가 된 것이다(고후 6 : 2).

Δικαιοσύνη에 관한 法廷 話法的-종말론적 의미는 끝으로 υἱοθεσία "자녀됨"의 개념의 평행에 의해 확인되는바, 이것도 마찬가지로 유대교적(비록 訴訟法에서 나온 것은 아닐지라도), 그리고 동시에 종말론적 개념이다. 구원 사건의 목표가 "우리의 義認을 위해" 일어났다는 것으로 표시될 수 있는 바와(롬 3 : 25f.; 4 : 25; 5 : 18; 고후 5 : 21) 마찬가지로 ἵνα τὴν υἱοθεσίαν ἀπολάβωμεν "우리가 아들됨을 얻기 위해" (갈 4 : 5)라는 표현으로도 표시될 수 있다. Υἱοθεσία "아들됨"에도 δικαιοσύνη와 같은 특유한 이중성이 들어 있다. 그것은 한편 미래적인 것으로 동경의 목표이다(롬 8 : 23: υἱοθεσίαν ἀπεκδεχόμενοι "아들됨을 받은 자들"). 그것은 다른 한편으로는 현재인바, 우리가 靈 — 종말론적 은사 — 에서 'Aββᾶ "압바"를 부르는 것으로 증명되는 것이다(롬 8 : 15f.; 갈 4 : 6f.).

4. 現在와 未來의 問題

그러므로 유대교에 대한 바울의 대립은 이 둘이 각이한 한 義의 概念을 法廷 話法的-종말론적인 것으로 가지고 있다는 데 있지 않다. 오히려 우선은 유대인에게 희망의 대상인 것이 바울에게는 현재의 현실성 또는 동시성이라는데 있다. 그러나 어떤 점에서 이 둘은 동시에 그런 것일 수 있는가? 이것은 바울의 사상에 관한 이하의 검토 과정에서 비로소 설명될 것이다. 우선은 그 문제 자체를 좀 더 분명하게 해야 할 것이다. 이 문제는 사실 로마서 서두에 분명히 되어 있다. 1장 18절—3장 20절에서 이방인이나 유대인들이 ὀργὴ θεοῦ "신의 진노"하에 나타난 δικαιοσύνη θεοῦ "神의 義"의 계시 앞에 서 있음을 보여 준 후에, 3장 21절—31절에서 그리스도 안에서 지금 일어난 구원 사건에 의해 πίστις "믿음"을 위해 예비된 δικαιοσύνη에 관한 주제가 제기되고 이를 위한 구약성서의 증명이 4장 1—25절에서 수행되었다. 바울이 이 모든 論述들에서 상대한 유대인에게는 종말론적 δικαιοσύνη의 현재에 관한 주장이 허황한 것으로 보였을 것이다. Δικαιοσύνη와 함께 제공된 구원 은사들이 도대체 어디 있는가? Ζωή "生命"이 어디 있는가? 現在하는 것은 아직 죽음과 죄가 아닌가?

바울은 이에 대해 5장—8장에서 대답한다. 즉 그는 5장에서, 종말론적 ζωή가 희망의 대상이기는 하나 그렇더라도 특정한 방식에서 이미 현재한다는 것을 보이려고 노력했다. 또 그는 6장 1절—7장 6절에서 죄도 義認된 자들에 대해 지배권을 상실했음을 보여 준다. 그 다음 補說인 7장 7절—25절에서 율법의 구원사적 의의를 설명한 후, 8장에서 결론적으로 다시 한번 죄(8:1—11)와 죽음(8:12—39)에서의 자유를 다루었는데, 미래적이면서 그러나 이미 현재적인 구원의 특유한 두 가지 성격을 분명하게 만들었다.

많이 토론된 주제 "바울과 영지주의"에 대해, 비교. Dom J. Dupont, *Gnosis. La connaissance relig. dans les épîtres de St. Paul*, 1949. H. Schlier, "Kerygma und Sophia", *Die Zeit der Kirche*, 1956, 206—232. — 同人, *Die Erkenntnis Gottes nach den Briefen des Ap. Paulus, Besinning auf das NT*, 1964, 319—339. — G. Bornkamm, "Glaube und Vernunft bei Paulus-Studien," *Antike und Urchristentum*. Ges. Aufs. II, 1959—137. — U. Wilckens, *Weisheit und Torheit*(고전 1과 2장 연구), 1959 — W. Schmithals, *Die Gnosis in Korinth*, 1956. — D. Georgi, *Die Gegner des Paulus im zweiten Korintherbrief*, 1946. — O. Kuss, *Enthusiasmus und Realismus bei Paulus*, Auslegung und Verkündigung I, 1963.

26;—270. — Ed. Schweizer, *Neotestomentica*, 1963, 153—179.

§ 30. 神의 義로서의 義

1. 율법 없이 신앙으로

그러나 유대교에 대한 바울의 대립은 δικαιοσύνη의 현재성에 관한 그의 주장뿐 아니라 훨씬 더 결정적인 주제 즉 자유를 命하는 신의 宣告에 결부된 조건에 관련된 주제에 있다. 이 조건은 유대인에게 자명한 것인바 율법의 실천, 율법이 명하는 "일들"의 실천이다. 이에 대해 바울의 주제는 우선 부정적이다 : '율법의 일들 없이, 이방인과 유대인들이 죄에 빠져 있다는 것을 로마서 1장 18절—3장 20절에서 증명한 후에 다음 귀절로 결론지었다 : διότι ἐξ ἔργων νόμου οὐ δικαιωθήσεται πᾶσα σὰρξ ἐνώπιον αὐτοῦ (sc. τ. θεοῦ) "그러므로 율법의 일들로 그(神의) 앞에서 의롭다함을 받을 육체는 없다." 3장 21절에서는 νυνὶ δὲ χωρὶς νόμου δικαιοσύνη θεοῦ πεφανέρωται "그러나 지금 율법 없이 신의 義가 나타났다"는 주제를 다루기 시작했다. 그리고 간단히 설명을 덧붙인 후에 28절은 이렇게 종합한다 : λογιζόμεθα γὰρ δικαιοῦσθαι πίστει ἄνθρωπον χωρὶς ἔργων νόμου "이는 우리가 사람이 율법의 일들 없이 믿음으로 의롭다함을 받는다고 여김이다"(이 경우에 πίστει "믿음으로"는 문맥상 sola fide "믿음만으로"의 의미를 가진 것이 자명하다). 이 주제를 위해 4장은 구약성서의 증언을 끌어낸다. 즉 아브라함도 그의 의를 자신의 일들에 의해 얻지 않았다는 것이다. 유대 민족의 운명에 관한 9—11장의 상론들에서 이 사상은 다시 나타난다 : 9장 31—32절; 10장 4—6절; 11장 6절. 특별히 精選된 다음 문장에서 그렇다 : τέλος γὰρ νόμου Χριστὸς εἰς δικαιοσύνην παντὶ τῷ πιστεύοντι "이는 율법의 마지막이 모든 믿는 자를 위한 義로서의 그리스도임이다"(10 : 4). 같은 주장이 갈라디아서 유대교주의자들 즉 그리스도교 신앙을 율법의 傳受와 결합하려는 자들에 대해 변호되어 있다(갈 2 : 16; 3 : 11, 21; 5 : 1). 특별히 2장 21절에서 이 사상은 가장 예리한 형식을 갖추고 있다 : εἰ γὰρ διὰ νόμου δικαιοσύνη, ἄρα Χριστὸς δωρεὰν ἀπέθανεν "이는 만일 율법에 의해 의가 온다면 그리스도가 헛되이 죽었을 것임이다." 바울이 유대교와 유대교주의자들에 대해 공격하지 않는, 이 외의 서한들 중 빌립보서(빌 3 : 9 : μὴ ἔχων δικαιοσύνην τὴν ἐκ νόμου "내가 가진 의는 율법에서 난 것이 아니다") 외

§30. 神의 義로서의 義

이 부정적 진술에 대해 긍정적인 것이 등장한다 : 신앙에서 이것은 곧 로마서 1장 16—17절의 주제적 문귀들에서 본다. 여기서는 εὐαγγέλιον "복음"이 다음 이유에서 δύναμις εἰς σωτηρίαν "구원을 위한 능력"으로 성격지어졌다 : δικαιοσύνη γὰρ θεοῦ ἐν αὐτῷ ἀποκαλύπτεται ἐκ πίστεως εἰς πίστιν "이는 신의 의가 그에게서 계시되어 믿음에서 믿음에 이르게 함이다." 이를 위해 하박국서 2장 4절이 구약성서의 증언으로 인용되었다. 이와 같이 로마서 3장 21절(참조. 위에)의 부정적 귀절은 22절에서 그의 긍정적인 것이 보충된다 : δικαιοσύνη δὲ θεοῦ διὰ πίστεως Ἰ. Χριστοῦ εἰς πάντας τοὺς πιστεύοντας "그러나 신의 의는 예수 그리스도에 대한 믿음으로 모든 믿는 자들에게 이른다." 그리고 이렇게 πίστει "믿음으로"와 χωρὶς ἔργων νόμου "율법의 일들 없이"는 결합되었고(참조. 위에) 25, 30절의 표제어 πίστις "믿음"도 그런 여운을 남기고 있다. 그리고 아브라함은 마찬가지로 4장에서 χωρὶς ἔργων νόμου와 πίστει를 위한 구약성서의 증언으로서 창세기 15장 6절에 의해 이용되었다. 5장 1절의 새로운 검토는 δικαιωθέντες οὖν ἐκ πίστεως "지금 믿음으로 의롭다함을 받은 자들"로 시작된다. 그리고 9장 30—32절과 10장 4—6절에서 다시 πίστις라는 표제어가 나타나는데 여기서는 δικαιοσύνη ἐκ νόμου "율법의 의"와 δικαιοσύνη ἐκ πίστεως "신앙의 의"가 인격화되어 서로 대치되었다. 그리고 10장 10절에서도 같다. 또 갈라디아서에도 같은 진술들이 포함되어 있다(2:16; 3: 6, 8, 11, 24; 5:6). 그리고 빌립보서 3장 9절에는 δικαιοσύνη ἐκ νόμου "율법의 의"에 δικαιοσύνη ἐκ θεοῦ ἐπὶ τῇ πίστει "믿음에 근거한 신의 의"가 대치되었다.

2. 신의 은혜로

유대교의 견해에 대한 이 反正立이 무엇을 말하는가? 그 意義는 πίστις 개념 구조에 관한 검토(§§ 25 ff.)에서 완전히 밝혀질 것이다. 그러나 잠정적으로 한 가지만은 여기서 분명히 해 둘 것이다. 즉 πίστις는 καύχησις "자랑"에 대한 철저한 대립이라는 것이다. Χωρὶς νόμου, διὰ πίστεως "율법 없이, 믿음으로"라는 주제에 뒤따르는 것은 유대교적 적들을 향한 다음 물음이다 : ποῦ οὖν ἡ καύχησις; ἐξεκλείσθη διὰ ποίου νόμου; τῶν ἔργων; οὐχί, ἀλλὰ διὰ νόμου πίστεως "그러면 자랑이 어디 있는가? 결코 없다. 율법의 방식에 의할 것인가? 일들의 방식으로? 아니다. 믿음의 법으로 할 것이다." $Καυχᾶσθαι$ ($ἐν\ νόμῳ$) "(율법으로) 자랑하다"는 사실 유대인의 죄된 기본태도이다(롬 2 : 17. 23, 그리고 참조. §23 : 2, S. 240). 반면 그것의 철저한 포기가 $πίστις$의 태도이다. 그리고 그의 일들이 아니라 그의 $πίστις$에 의해 의롭다함을 받은 아브라함에 관련시켜서도 그에게 $καύχημα$ "자랑"이 없었음을 강조했다(4 : 2). 그러므로 $δικαιοσύνη$는 인간의 노력으로 얻어질 수 있는 것이 아니다. 그리고 어떤 인간의 공로에도 의를 요구할 권리가 들어 있지 않다. 그것은 순수한 선물이다.

그러나 이것은 義認의 근거로서 $χάρις$ ($τοῦ\ θεοῦ$) "(신의) 은혜"가 지칭되는 것으로도 표현될 수 있다. 로마서 3장 24절의 $δικαιούμενοι\ τῇ\ αὐτοῦ\ χάριτι$ "그의 은혜로 거저 의롭다함을 받은 자들"은 $δικαιοσύνη\ διὰ\ πίστεως$ "신앙에 의한 의"(23절)에 일치한다. 여기서는 $δικαιοσύνη$ "의"의 선물 성격이 첨가된 $δωρεάν$ "거저"에 의해 더 강조되었다. 로마서 5장 15, 17절에서는 $χάρις$ "은혜"와 $δωρεά$ "선물" 개념이 마찬가지로 결합되어 있다 :
$\cdots πολλῷ\ μᾶλλον\ ἡ\ χάρις\ τ.\ θ.\ καὶ\ ἡ\ δωρεὰ\ ἐν\ χάριτι \cdots ἐπερίσσευσεν \cdots πολλῷ\ μᾶλλον\ οἱ\ τὴν\ περισσείαν\ τῆς\ χάριτος\ καὶ\ τῆς\ δωρεᾶς\ τῆς\ δικαιοσύνης\ λαμβάνοντες \cdots$ "$\cdots$더욱 신의 은혜와$\cdots$ 은혜로 인한 선물이$\cdots$넘쳤고$\cdots$더욱 은혜와 의의 선물을 넘치게 받은 자들$\cdots$"(비교. 21절과 같은 의미로 사용된 $χάρισμα$ "은사", 15 f. 과 6 : 23).

그 까닭에 $πίστις$와 같이 $χάρις$ "은혜"도 $ἔργα\ νόμου$ "율법의 일들"에 대한 명시적 댓귀로 사용될 수 있었다. $Οὐ\ γάρ\ ἐστε\ ὑπὸ\ νόμον\ ἀλλὰ\ ὑπὸ\ χάριν$ "이는 율법 아래 있지 않고 은혜 아래 있음이다"가 의롭다함을 입은 자들에게 의식된다. 그리고 갈라디아서 5장 4절은 좀더 철저하다 : $κατηργήθητε\ ἀπὸ\ Χριστοῦ\ οἵτινες\ ἐν\ νόμῳ\ δικαιοῦσθε,\ τῆς\ χάριτος\ ἐξεπέσατε$ "율법으로 의롭게 되려는(다시 말하면 율법으로 너희 의를 찾는) 너희는 그리스도에게서 끊어졌고, 은혜에서 떨어졌다." 바울은 이와는 반대로도 확언한다 : $οὐκ\ ἀθετῶ\ τὴν\ χάριν\ τοῦ\ θεοῦ\ εἰ\ γὰρ\ διὰ\ νόμου\ δικαιοσύνη,\ ἄρα\ Χριστὸς\ δωρεὰν\ ἀπέθανεν$ "내가 신의 은혜를 버리지 않음은, 만일 의롭게 되는 것이 율법에 의하면 그리스도는 헛되이 죽었을 것임이다"(갈 2 : 21). 유대 민족 중 '남은 자'가 믿게 된다면 그것은 $κατ'\ ἐκλογὴν\ χάριτος,\ εἰ\ δὲ\ χάριτι,\ οὐκέτι\ ἐξ\ ἔργων,\ ἐπεὶ\ ἡ\ χάρις\ οὐκέτι\ γίνεται\ χάρις$ "은혜로 택함을 따른 것이고, 만일 은혜로 된 것이면 이미 일들로 된 것이 아니다. 그렇지 않으면 은혜가 은혜되지 못한다"(롬 11 : 5 f.). 로마서 4장 14—16절

§30. 神의 義로서의 義

에서도 압축된 다소 엉킨 사상 줄거리로 되었지만 같은 의미에서 $πίστις$와 $χάρις$가 공동적으로 $νόμος$에 對比되었다. 즉 13절에서 구약성서의 증거를 근거로 아브라함과 그의 후손이 약속을 율법에 의하지 않고 $δικαιοσύνη$ $πίστεως$ "믿음의 의"에 의해 받았다는 것을 확인한 후에 14절은 이렇게 계속한다: $εἰ\ γὰρ\ οἱ\ ἐκ\ κληρονόμοι,\ κεκένωται\ ἡ\ πίστις\ καὶ\ κατήργηται\ ἡ$ $ἐπαγγελία$ "만일 율법에 속한 자들이 후예이면 믿음은 헛된 것이고 약속은 폐하여졌다." 약속은 사실 오로지 $πίστις$ "믿음"에서만 의미를 가진다. 약속은 율법으로 이루어질 수 없다: $ὁ\ γὰρ\ νόμος\ ὀργὴν\ κατεργάζεται$ "이는 율법이 진노를 유발시킴이다"(15 a절). 그 다음에 그 사상은 $νόμος$에 대한 소극적인 것에서 적극적인 意義로 옮아간다. 15 b절이 $οὗ\ δὲ\ οὐκ\ ἔστιν$ $νόμος,\ οὐδὲ\ παράβασις$ "율법이 없는 곳에 범죄도 없다"고 계속한다면 그 의미는 분명히 $νόμος$가 $παράβασις$ "범죄"도 자극한다는 것이다. 그는 $πίστις$ "믿음"의 $ἐπαγγελία$ "약속"이 주어진 것은 바로 이렇게 확인하기 때문이다. 즉 $διὰ\ τοῦτο\ ἐκ\ πίστεως,\ ἵνα\ κατὰ\ χάριν$ "이 까닭에 은혜에 의하기 위해 믿음으로"(16절; 참조. §27, 2, S. 266).

그러므로 $χάρις$ "은혜"의 역설적 성격은 그것이 바로 범법자, 죄인에게 해당한다는 것이다. 이것은 로마서 4장 5절에서 말하는바 신은 $δικαιῶν\ τὸν$ $ἀσεβῆ$ "경건치 않은 자를 의롭게 만드는 자"라는 것과 사실 같은 것이다. 로마서 3장 23—24절도 같은 것을 말한다: $πάντες\ γὰρ\ ἥμαρτον\ \cdots\ δι$-$καιούμενοι\ δωρεὰν\ τῇ\ αὐτοῦ\ χάριτι$ "이는 죄를 진 모든 사람이···그의 은혜로 거저 의롭다함을 얻은 자···". 로마서 5장 20절도 특별히 들 수 있다: $νόμος\ δὲ\ παρεισῆλθεν\ ἵνα\ πλεονάσῃ\ τὸ\ παράπτωμα.\ οὗ\ δὲ$ $ἐπλεόνασεν\ ἡ\ ἁμαρτία,\ ὑπερεπερίσσευσεν\ ἡ\ χάρις$ "그러나 율법이 끼어든 것은 범죄가 더하기 위함이다. 그러나 죄가 많은 곳에 은혜가 넘친다." $Χάρις$가 명시되지 않은 것뿐이지 내용상으로는 갈라디아서 3장 19, 22절도 같은 것을 말한다: $\cdots συνέκλεισεν\ ἡ\ γραφὴ\ τὰ\ πάντα\ ὑπὸ\ ἁμαρτίαν,$ $ἵνα\ ἡ\ ἐπαγγελία\ ἐκ\ πίστεως\ ʼΙ.\ Χριστοῦ\ δοθῇ\ τοῖς\ πιστεύουσιν$ "··· 文字가 모든 것을 죄 아래 가두어 두었음은 약속이 예수 그리스도에 대한 믿음으로 믿는 자들에게 주어지기 위함이다." 로마서 11장 32절도 비슷하다: $συνέκλεισεν\ γὰρ\ ὁ\ θεὸς\ τοὺς\ πάντας\ εἰς\ ἀπείθειαν,\ ἵνα\ τοὺς\ πάντας$ "이는 신이 모든 사람을 불순종에 가두므로 모든 사람을 긍휼히 여기려 함이다."

롬 11:32 (동사 표현으로)에서 χάρις 개념 대신 사용된 ἔλεος "긍휼" 개념은 내용상 같은 것을 뜻하나 ἔλεος (및 חֶסֶד, 70인역에 대개 ἔλεος로 번역되었다)가 얼었던 (참조. Th WB Ⅱ 477, 4 ff.; 478, 15 ff.; 480, 8 ff.) 구원사적-종말론적 意義에 맞게 (義認에서의) 신의 행위의 종말론적 성격을 부각시켜 준다. 바울은 신의 ἔλεος에 관해(갈 6:16의 마감 인사 외에) 단지 9—11장의 구원사적 반성들에서만 말한다(구체적으로 9:15—18 〈출 33:19에 따름〉; 9:23; 11:30—32과 15:8 f. 여기서는 물론 神의 χάρις와 ἔλεος에 대한 그의 사사로운 경험을 다룬 귀절들은 제외된다 : 고전 15:10; 고후 12:9 및 고전 7:25; 고후 4:1). 신의 χρηστότης "仁慈"(롬 2:4 a; 11:22) 및 그의 χρηστόν "인자함"(롬 2:4 b)에 관해서도 그는 드물게 말한다. 반대로 Ps Sal에서는 χάρις가 없는 대신(신의) ἔλεος와 χρηστότης가 자주 나온다. 바울 후기의 문헌에는 다시 ἔλεος가 더 자주 사용되었다. Χρηστότης는 여기서도 단지 개별적으로 등장할 뿐이다(엡 2:7; 디 3:4).

그러므로 δικαιοσύνη ἐκ πίστεως "믿음의 義"가 복음의 내용으로 표시될 수 있는 것 같이(참조. 위에 1) 소식의 내용 및 의미와 그리스도교적 존재의 성격도 단순히 χάρις에 의해 성격지어질 수 있음이 이해된다. 바울은 고린도인들에게 μὴ εἰς κενὸν τὴν χάριν τοῦ θεοῦ δέξασθαι ὑμᾶς "너희는 신의 은혜를 헛되이 받지 말라"고 권했다(고후 6:1). 구원의 길로서의 πίστις "믿음"을 버린다는 것은 ἀθετεῖν τὴν χάριν τοῦ θεοῦ "신의 은혜를 버리는 것"(갈 2:21), τῆς χάριτος ἐκπίπτειν "은혜에서 떨어져나가는 것"(갈 5:4; 참조. §32, 1)을 뜻한다.

문들레(W. Mundle, *Der Glaubensbegriff des Paulus*, 1932, 99 ff.)가 제기한 것 같은 오해를 분명하게 거부하는 것은 지금까지 §30에서 상론된 것을 확인하는데 도움이 될 것이다. 문들레는 義認을 위한 조건으로서의 ἔργα "일들"의 거부가 — 정당한 것 또는 유용한 것일 수 있는 — 모든 공적의 거부로 이해되어야 한다는 것을 부인한다. 바울이 공적들을 거부했다면 그것은 단순히 모세 율법에 의해 요구된 일들을 생각한 것이다. 그리고 신의 은혜를 파악하는 신앙이 순종의 행위라면 여기에는 "언제나 어느 정도의 인간 자신의 활동이 들어 있다". 이와 같은 문들레의 주장에 첫째로 제기할 수 있는 반론은, 바울에 의해 왜 업적들이 변호되지 않는가라는 문제를 그가 제기하지 않았다는 것이다. 인간이 신 앞에서 어떤 καύχημα "자랑"도 할 수 없기 때문에(롬 3:27; 4:2) 그것들을 자랑하지 못한다면 바울이 유대인들과의 토론에서 주로 안중에 둔 ἔργα νόμου "율법의 일들"은 물론 업적들 즉 공적들 자체를 대표한 것이다. 둘째로 바울은 분명하게 ἐργάζεσθαι "일하다"와 χάρις "은혜"의 상호 대립을 강조하고 κατὰ χάριν "은혜로"와 κατὰ ὀφείλημα "의무로"를 서로 대립시켰다(롬 4:4f.). 그러므로 그는 어떤 권리의 근거가 되는 공적의 근본 의미에서 ἐργάζεσθαι "일하다"를 이해했다. 세째 바울에 의하면 νόμος의 실천이 전혀 다른 관점에서 믿는 자에게도 요구된 것(롬 13:8—10; 갈 5:14)은 ἔργα νόμου "율법의 일"이 그 내용의 관점이 아니라 그 실천적 성격의 관점에서 문제시되었다는 것이 분명하다. 네째로 분들레는 ἰδία δικαιοσύνη ἐκ νόμου "율법에 의한 자신의 의"에 대한 항의와 "그리스도인들"에 대한 항의(§23, 2, S. 240) 사이의 유사성은 看過하고 있다. 그런데 이 유사성은 전자가 특정한 업적들 즉 모세 율법으로 요구된 일들의 실천이 아니라 자신의 힘으로 신 앞에 서려는 인간의 태도에 대한 것임을 보여 준다 — 이에 반해 분들레가 신앙의 순종에 "어느 정도 인간 자신의 활동"이 포함되어 있다는 것을 주장했다면 이에 대해 결단으로서의 신앙이 기본적인 의미에서 인간의 행위라는 것을 말할 수 있다. 그러나 분들레는 행위와 "일"의 차이를 간과했다. 이에 관해서는 πίστις 개념의 분석에서 언급될 수 있을 것이다(§35).

그러므로 δικαιοσύνη "義"는 그 근원을 신의 은혜 안에 즉 그리스도 안에서 작용하는 그의 은혜로운 행위에 두고 있다. 어떤 점에서 χάρις가 단순히 은혜로운 생각이 아니라 행위 및 사건, 말하자면 종말론적 행위와 종말론적 사건인가에 관해서는 곧 좀더 자세히 다루어야 할 것이다(§32). 그러나 여기서 이미 분명해진 것은 신이 그의 χάρις에서 절대적인 자유자로서, 어떤 인간의 권리에 의해서도 의무를 지지 않는 자로서, 그러므로 철저한 의미에서 은혜로운 자로서 행위한다는 것이다. 인간이 자신의 공적으로 신 앞에서 καύχημα "자랑"을 얻으려는 한, 그는 신의 χάρις 자체를 헛된 것으로 만든다. 그것을 받는 일은 반대로 인간이 완전히 파멸된다는 것을 전제한다. 그것은 바로 ἁμαρτωλός "죄인"에게 주어진다. Χάρις의 이 의미는 바울이 그에게 개인적으로 작용하는 신의 χάρις "은혜"를 말한 귀절들에 의해 확인된다: 고린도전서 15장 9—10절, ἐλάχιστος τῶν ἀποστόλων "사도들 중에 가장 작은 자"이며 한때 신의 공동체를 박해하던 자인 그가 자신에 관해 이렇게 말한다: χάριτι δὲ θεοῦ εἰμι ὅ εἰμι, καὶ ἡ χάρις αὐτοῦ ἡ εἰς ἐμὲ οὐ κενὴ ἐγενήθη, ἀλλὰ περισσότερον αὐτῶν πάντων ἐκοπίασα, οὐκ ἐγὼ δὲ ἀλλὰ ἡ χάρις τοῦ θεοῦ σὺν ἐμοί "그러나 나의 나된 것은 신의 은혜로 된 것이니, 내게 준 그의 은혜가 헛되지 아니하여 내가 모든 사도들보다 더 많이 수고하였으나 내가 아니요 오직 나와 함께 하는 신의 은혜이다". 그리고 고린도후서 12장 9절에서 그는 자신의 것이 된 κύριος "주"의 말을 이렇게 전한다: ἀρκεῖ σοι ἡ χάρις μου : ἡ γὰρ δύναμις ἐν ἀσθενείᾳ τελεῖται "내 은혜가 네게 족하다. 이는 그 능력이 약한 데서 온전하여김이다.".

그러므로 神의 은혜는 인간의 약함을 헤아려 주고 善을 위한 노력을 감안하면서 개별적인 또는 많은 과오도 너그럽게 보아 주며, 적은 또는 큰 죄도 용서하는 神의 친절과 자비가 아니다. 그것은 오히려 그 중에 본래의 죄 즉 독자적으로 살 수 있다고 생각하는 인간의 오만과 자기 환상이 들어 있는 한, 바로 저 노력을 인정하지 않는다. 그리고 이 인간이 자기 자신과 싸우고 격투하는 자일지라도, 절망에 인접하여 신의 도움과 구속을 갈망하게 될지라도, 神의 χάρις "은혜"는 역시 그의 노력을 긍정하는 자로서나, 그의 힘을 지원하는 자로서가 아니라, 결정적인 물음으로서 즉 그가 자신을 완전히 신의 행동에 내맡기려는가 — 다시 말해서 자신을 신 앞에서 죄인으로 이해하려는가라는 물음으로서 그를 만난다.

3. 神의 義

바로 그 까닭에, 즉 이 δικαιοσύνη는 오로지 神의 χάρις에만 그 근거를 두고 있기 때문에 δικαιοσύνη θεοῦ "神의 義", 신이 선사한, 약속한 의이다 (롬 1 : 17; 3 : 21f., 26; 10 : 3). 이 결합(즉 주어적 2격)의 의미는 로마서 10장 3절 : ἀγνοοῦντες γὰρ τὴν τοῦ θεοῦ δικαιοσύνην καὶ τὴν ἰδίαν ζητοῦντες στῆσαι τῇ δικαιοσύνῃ τοῦ θεοῦ οὐχ ὑπετάγησαν "(유대인들)은 神의 義를 모르고 자기 義를 세우려고 힘써 신의 의를 복종치 아니 하였다"와 빌립보서 3장 9절 : μὴ ἔχων ἐμὴν δικαιοσύνην τὴν ἐκ νόμου, ἀλλὰ τὴν διὰ πίστεως Χριστοῦ, τὴν ἐκ θεοῦ δικαιοσύνην ἐπὶ τῇ πίστει "내가 가진 義는 율법에서 난 것이 아니요. 오직 그리스도를 믿음으로 인한 것이니 곧 믿음으로 신에게서 난 의다"에 의해 분명하게 확인되었다. Ἰδία "자기" 및 ἐμὴ δικαιοσύνη "내 義"가 인간이 ἔργα νόμου "율법의 일들"의 실천으로 얻으려고 노력해서 얻는 δικαιοσύνη "義"인 것과 같이 δικαιοσύνη θεοῦ "神의 義"는 오로지 신의 자유로운 은혜에 의해 그에게 선사되는 δικαιοσύνη이다.

Δικαιοσύνη θεοῦ "神의 義"라는 표현은 신약성서에서 바울 외에 약 1 : 20에서만 볼 수 있는데 여기서는 "신 앞에 의로운 것"을 뜻한다. 이 의미에서 랍비들은 יהוה צְדָקָה "야웨의 義"(신 33 : 21, צְדָקָה에 대한 다른 설명, 즉 야웨가 지시한 야웨의 방식에 따른 善行과 함께)를 설명했다. 그러므로 여기서 δικαιοσύνη (צדקה)는 법정 화법적이 아니라 윤리적인 의미를 가진 것이다. 벧후 1 : 1의 인사 말투, τοῖς ἰσότιμον ἡμῖν λαχοῦσιν πίστιν ἐν δικαιοσύνῃ τοῦ θεοῦ ἡμῶν καὶ σωτῆρος Ἰ. Χριστοῦ

"우리의 신과 구세주 예수 그리스도의 의를 힘입어 동일하게 보배로운 믿음을 우리와 같이 받은 자들에게"는 格式語이고 그 의미상으로는 분명치 않다. 이 δικαιοσύνη는 iustitia distributiva "分配의 法" 같으며 2격(그리스도의)은 분명히 주어적 2격이다.

§31. 화해

Δικαιοσύνη (δικαιωθῆναι)개념 대신 καταλλαγή (καταλλαγῆναι) "화해 (화해하다)"의 개념도 신 자신이 인간에게 열어 준 새로운 상황의 표지로 사용될 수 있었다. Δικαιοσύνη와 καταλλαγή에 관한 진술들의 연구들은 서로를 확인해 준다. Εἰρήνην ἔχομεν πρὸς τὸν θεόν "우리는 신과 화평을 누린다"(롬 5 : 1)가 κατηλλάγημεν "우리는 화해했다"와 같은 것을 뜻하고 전자가 δικαιωθέντες "우리는 의롭다함을 받았다"에서 나온 것인 한 엄격히 보아서 καταλλαγή는 δικαιοσύνη의 결과이다. 그러나 실제상으로 εἰρήνην ἔχομεν "우리는 화평을 누린다"는 역시 단지 δικαιοσύνη의 의미를 전개한 것에 불과하다. 즉 이것은 "우리가 의롭다함을 받은 자들로서 신과 더불어 평화롭다"는 것을 뜻한다. 그러므로 로마서 5장 1절의 δικαιωθέντες οὖν "그러므로 우리는 의롭다함을 받은 자들이다"가 10—11절에서 εἰ γὰρ ἐχθροὶ ὄντες κατηλλάγημεν τῷ θεῷ・・・, πολλῷ μᾶλλον καταλλαγέντες・・・ "이는 만일 원수였던 우리가 신과 화해했다면・・・더욱 더 화해했을 것이다"에 의해 다시 받아들여진 것이다. 그리스도에 의해 義認이 장만된 것 (롬 3 : 24)같이 그는 δι' οὗ νῦν τὴν καταλλαγὴν ἐλάβομεν "지금 우리로 화해하게 한" 자이다(5 : 11). 복음을 위해 이방 민족을 얻는 일도 τὰ ἔθνη ・・・κατέλαβεν δικαιοσύνην "이방인이 의를 얻었다"(롬 9 : 30)는 표현으로 묘사되는 바와 마찬가지로 καταλλαγὴ κόσμου "세상과의 화해"(11 : 15)에 의해서도 묘사되었다. Δικαιοσύνη θεοῦ "神의 義"(롬 1 : 16 f.)를 계시한 복음은 λόγος τῆς καταλλαγῆς "화해의 말"(고후 5 : 19)이고 선포의 職은 διακονία τῆς δικαιοσύνης "義의 직무"(고후 3 : 9)라고도, διακονία τῆς καταλλαγῆς "화해의 직무"(5 : 18)라고도 할 수 있었다. 믿는 자는 그가 δικαιοσύνη를 "받는" 것(롬 5 : 17)과 같이 καταλλαγή "화해(5 : 11)"를 "받는다".

Καταλλαγή "화해"를 통해 분명히 된 것은 신과 인간 사이의 관계가 완전히 전도되었다는 것이다. 지금까지 사람들은 신의 ἐχθροί "적들"이었다 (롬 5 : 10). 이것은 "적대적 반항"이라는 능동적인 의미(롬 8 : 7)도, "미움

울 받는다"(롬 5:10; 11:28)는 수동적인 의미도 가질 수 있다. 이 둘이 어떻게 관련되어 있으며 이것이 어떻게 저것의 결과로 나오는가는 로마서 8장 7—8절이 보여 준다. 이 顚倒는 고린도후서 5장 10절이 보여 주는 바와 같이 신이 범죄들($παραπτώματα$)을 헤아리지 않되, 말하자면 — $δικαιωθῆναι$ "의롭다함을 받다"에 상응하면서 — 인간의 행동 또는 태도에 의거하지 않고 자발적으로 안 한다. 즉 "이 모든 것은 그리스도를 통해 우리와 화해한 신에게 그 근원을 두고 있다"(고후 5:18). "우리가 아직 적이었을 때" 우리는 신과 화해했다(롬 5:10; 비교. 6절)! 그러므로 $καταλλαγή$는 인간의 모든 노력, 아니 모든 지식까지도 先行한다. 그리고 이것으로 표시된 것은 인간 내부의 주관적 현상이 아니라 신에 의해 창조된 객관적 실정(Tatbestand)이다. 인간은 $καταλλαγή$를 단지 "받을" 수 있을 뿐이다(롬 5:11). 그리고 그 까닭에 신은 $καταλλαγή$로 동시에 $διακονία, λόγος τῆς καταλλαγῆς$ "화해의 직무" 및 "말"을 세웠다. 그리고 사람들은 이제 자기들 나름으로 주관적인 방향 전환을 일으키도록 초대되었다 : $καταλλάγητε τῷ θεῷ$ "너희는 신과 화해하라"(고후 5:20). $Λόγος τῆς καταλλαγῆς$ "화해의 말"은 그러므로 화해의 말 또는 화해시키는 말이 아니라, 이미 완수된 화해의 소식이다. 그리고 $καταλλάγητε$ "너희가 화해하라"는 믿을 것을 권유하는 말이다. 신의 $καταλλάσσειν$ "화해하다"는 신이 자신의 $ὀργή$ "진노"(§32,1)를 거두고 평화의 상황을 이루어 놓은 것이다. 거의 이렇게도 말할 수 있을 것이다. 즉 $καταλλαγή$에 관한 말에서 바울의 意圖, 인간으로 철두철미 신의 은혜에 예속되게 하려는 의도가 $δικαιοσύνη$ "義"에 관한 말에서 보다 한층 더 분명하게 표현되었다고. 만일 우리가 우리의 행위 없이 신과의 "平和"에 도달했다는 것을 후자가 가리킨다면(롬 5:1) 전자는 이미 인간의 모든 노력 이전에 신이 적대 관계에 종지부를 찍었다(롬 5:10)는 것을 뜻하기 때문이다. 그러나 내용상으로는 물론 어떤 차이도 없다. "우리 없이"와 "우리 이전에"는 둘 다 신의 절대적인 "先位性"(Priorität)을 진술하려는 것이다.

"어떻게 신과 화해할 것인가?"라는 옛 물음은 잘못 제기된 것이다. 사람들이 신과 화해하기 위해 무엇인가 해야 한다는 모든 윤리적 물음은 물론 생소하다. 그러나 바울은 신이 화해되어야 한다는 데 관해 검토한 바 전혀 없다. 사람들은 신이 세운 $καταλλαγή$ "화해"를 받되 신이 그들의 주관적인 양심을 제거한 때문이 아니라 죄들의 결과로 그와 사람들 사이에 생긴 객관적 적대 관계를 제거한 때문이다.

바울이 ἄφεσις ἁμαρτιῶν "죄들의 용서"에 관해 거의 말하지 않은 것은 주목할 만하다. 이것은 일반적으로 초대 그리스도교 설교에서 아주 큰 역할을 했고(§13,1) 제 2 바울 문헌에서 곧 다시 나타난다(골 1:14; 엡 1:7). 비록 그가 καταλλάσσων "화해자"인 신을 사실 μὴ λογζόμενος τὰ παραπτώματα "범죄들을 헤아리지 않는 자"로 성격지었을지라도 오로지 시 32:1의 인용문에서만 볼 수 있다: μακάριοι ὧν ἀφέθησαν αἱ ἀνομίαι "용서를 받은 불법자들에게 복이 있다"(롬 4:7). 그리고 롬 3:25만이 πάρεσις τῶν προγεγονότων ἁμαρτημάτων "이전에 범한 범죄들의 간과"를 말한다. 그러나 이것은 물론 전승된 말투에 의한 것이다"(§7,3). Ἄφεσις ἁμαρτιῶν "죄들의 용서"라는 개념의 회피(이것은 μετάνοια "회개"의 개념의 회피와 관련된 것인데)는 "죄의 赦免"이 다음과 같은 경우에 오해된다는데 근거를 두고 있음이 분명하다. 즉 그것을 통해 명시된 것이 오로지 προγεγονότα ἁμαρτήματα "이전에 범한 범죄들"에 의해 약정된 범죄에서의 해방만인 것 같이 보일 때에 말이다. 그러나 바울은 범죄함(Sündigen), 즉 ἁμαρτία의 세력에서의 해방을 말한다(§38).

2. 은혜^{*1}

§32. 사건으로서의 은혜^{*2}

1. 신의 진노

신의 χάρις "은혜"는 그의 屬性(Eigenschaft)도 그의 無時間的인 慈悲한 知覺(Gesinnung, §30,2)도 아니다. 그리고 복음이 전하는 것은 지금까지 잘못 알려졌던 神의 本質 — 그것이 신을 진노하는 자로서 지금까지 잘못 소개된 것이든지, 그러므로 오히려 은혜로운 자로서 생각되어야 한다는 것 이든지 — 에 관한 계몽이 아니다. 오히려 이와는 정반대이다! Ὀργὴ θεοῦ "신의 진노"는 언제나 ἐπὶ πᾶσαν ἀσέβειαν καὶ ἀδικίαν ἀνθρώπων "사람들의 모든 경건치 않음과 不義 위에" 일어난다(롬 1:18). 改悛의 기미가 없는 자에게 그는 이렇게 경고했다: θησαυρίζεις σεαυτῷ ὀργὴν ἐν ἡμέρᾳ ὀργῆς καὶ ἀποκαλύψεως δικαιοκρισίας τοῦ θεοῦ "진노, 신의 심판의 날에 있을 진노를, 자신 위에 쌓는 자"(롬 2:5, 비교. 2:8). Ἐπιφέρειν τὴν ὀργήν "진노를 베푸는 것"은 바로 신의 πίστις (=성실)와 ἀλήθεια (=眞實), δικαιοσύνη (=심판자의 正義(iustitia))에 속한다(롬 3:3—6). 언제나 신이 심판자이다. 그리고 그리스도교의 신의 은혜에 대한 신앙에는

---
* 1,2 이 표제에 관한 문헌들, 참조. S. 632.

신의 진노가 없다. 어떤 심판도 위협적으로 임박해 있지 않다는 데 대한 확신이 아니라 신의 진노에서 구원을 받는 자라는 확신에서 존속된다: ··· πολλῷ οὖν μᾶλλον δικαιωθέντες νῦν ἐν τῷ αἵματι αὐτοῦ σωθησόμεθα δι' αὐτοῦ ἀπὸ τῆς ὀργῆς "···이제 그의 피로 의롭다함을 받은 우리는 더욱 더 그로 인해 진노에서 구원을 받을 것이다"(롬 5 : 9; 살전 1 : 10; 5 : 9).

그러나 저 오해는 신의 진노가 속성, 정열, 분노의 知覺이라는 잘못된 表象에 근거를 두고 있는바, — 후세에는 고대 교회가 이 표상에 대해 — 스토아적 사유의 영향하에 — 신을 변호해야 한다고 생각했던 것이다. 사실 ὀργὴ θεοῦ는 사건 즉 신의 심판을 가리킨다. 신은 ἐπιφέρων τὴν ὀργήν "진노를 베푸는 자"이다(롬 3 : 5). 'Ὀργὴ θεοῦ에 관해 ἀποκαλύπτεται "계시된다"(롬 1 : 18)라고 했다면 그것은 가르치는 전달이 아니라 당장 강요하는 것을 가리킨 것이다(§ 29, 1). 로마서 1장 18—32절에 ὀργὴ θεοῦ "신의 진노"가 묘사된 것은 그것이, 실제로 이미 지금 이방세계에서 수행되고 있는 것으로서, ἐπιθυμίαι τῶν καρδιῶν "마음들의 욕심"에 넘겨진 것으로서 (24절), πάθη ἀτιμίας "부끄러운 욕심"(26절), ἀδόκιμος νοῦς "분별없는 이성"(28절)에 버려진 것으로서 밝혀진 것이다. ἡμέρα ὀργῆς "진노의 날"은 ἡμέρα ἀποκαλύψεως δικαιοκρισίας τοῦ θεοῦ "신의 심판의 계시의 날", 언젠가 집행될 심판의 날(롬 2 : 5)이다. 유죄 판결로서의 ὀργή에는 ζωὴ αἰώνιος "영원한 생명"(롬 2 : 7 f.) 및 σωτηρία "구원"(살전 5 : 9)의 선물이 상응한다. 로마서 5장 9절과 데살로니가전서 1장 10절의 ὀργή도 마찬가지로 (다음에) 베풀어질 형사재판이다. 대개 미래의 심판이 지칭되었지만(비교. 롬 9 : 22) 로마서 1장 18—32절에서는 역시 언제나 수행되는 심판을 말하고 있다. 로마서 13장 4—5절도 같다. 즉 여기서는 국가가 θεοῦ διάκονος ἔκδικος εἰς ὀργὴν τῷ τὸ κακὸν πράσσοντι "신의 일꾼으로 악한 일을 행하는 자에게 진노로 갚는 자"로 표시되고 그리스도인도 시민적 순종을 διὰ τὴν ὀργήν "진노 때문"에만 하지 말라고 권고되어 있다. 'Ὀργή는 시간에 제약됨 없이 언제나 일어나는 신의 형사재판이다 : 로마서 4장 15 : ὁ γὰρ νόμος ὀργὴν κατεργάζεται "이는 율법이 진노를 유발시킴이다." 물론 로마서 12장 19절도 들 수 있다 : δότε τόπον τῇ ὀργῇ "진노에 맡기라."

Χάρις의 이해를 위해 다음 것이 드러났다 : 1. 신의 은혜는 지금까지 알려지지 않았거나 잘못인 것에 대한 은혜로운 知覺이 아니라 지금 일어나고 있는 그의 은혜의 명시이다. 2. 이 은혜의 명시는 가령 이전의 재판자적인 신

의 관할권 대신 등장한 것이 아니라 바로 십판자의 은혜의 행위이다. 즉 지금도 신의 ὀργή "진노"는 작용하고 있으며 얼마 안 가서 ἡμέρα ὀργῆς "진노의 날"에 결정적으로 그리고 마지막으로 작용할 것이다(롬 2 : 5). 그러므로 신은 두려워해야 할 재판장이다(롬 11 : 20; 고후 5 : 10 f.; 빌 2 : 12, 참조. §35, 4). 신의 χάρις는 법법하는 자를 의롭다고 하는 재판장의 은혜이다(§ 30, 2).

2. 神의 行爲 및 사건으로서의 은혜

그러나 신의 χάρις는 은혜의 십판자적 행위로서 좀더 정확히 규정되어야 할 것이다. 그것은 신이 이제 결심한 취급 방법이 아니라 한번 행한 행위이고 그것을 그대로 인식하고 (믿음으로) 승인하는 모든 사람에게 작용하는 행위이다. 이것이 곧 신의 종말론적 행위이다.

의롭다함을 받은 자들인 한, 그 사람들에 관해 δικαιούμενοι δωρεὰν τῇ αὐτοῦ (sc. τ. θεοῦ) χάριτι "그(신)의 은혜로 거저 의롭다함을 받은 자들이라"고 로마서 3장 24절이 말한다면 이 δωρεάν "거저"는 χάρις의 성격을 표현한다. Χάρις 자체는 그 다음 말들에서 묘사되는 은혜의 행위이다: διὰ τῆς ἀπολυτρώσεως τῆς ἐν Χρ. Ἰησοῦ, ὃν προέθετο ὁ θεὸς ἱλαστήριον διὰ πίστεως ἐν τῷ αὐτοῦ αἵματι "그리스도 예수 안에 있는 구속에 의한 것인데 이를 신은 그의 피에 대한 믿음으로 인한 속죄 제물로 세웠다". 그러므로 신의 은혜의 행위는 그가 그리스도를 죽음에 내어주되 말하자면 사람들의 죄를 위한 속죄제물로 내주었다는 사실에서 존속한다. 그의 아들을 "우리를 위해 내어준"(롬 8 : 32) 신의 행위에, "나를 위해 자신을 주"고 (갈 2 : 20) "죽기까지 순종한"(빌 2 : 8) 아들의 순종이 서로 상응한다는 점에서, χάρις는 바로 그리스도의 순종의 사건에서도 볼 수 있는바, 이 사건은 아담의 παρακοή "불순종" (및 그리스도의 δικαίωμα "義"로서 아담의 παράπτωμα "犯法")에 대치되었다(롬 5 : 15—21). 아담의 타락이 인류 위에 죽음을 초래한 만큼 그리스도의 순종의 사건은 생명을 가져왔다. 그리고 바로 이 사건 중에 χάρις 즉 이것이 인간에게 유익한 것인 한, χάρισμα "은사"라고도 부를 수 있는 은혜가 존속된다(롬 5 : 15 f.). 은혜의 神的 行爲는 그대로 그러한 은혜의 선물이다. 말하자면 그것은 그리스도의 순종에서 일어나는 사건이므로 이렇게도 말할 수 있다: ἡ χάρις τοῦ θεοῦ καὶ ἡ δωρεὰ ἐν χάριτι τῇ τοῦ ἑνὸς ἀνθρώπου Ἰ. Χριστοῦ "신의 은혜와 한 사람 예수 그리스도의 은혜 안에 있는 선물"(롬 5 : 15) 또는 περισσεία τῆς χάριτος καὶ τῆς δωρεᾶς τῆς δικαιοσύνης "은혜와 義의 선물의 넘침"이라고도 할 수 있다(롬 5 : 17).

그러므로 신 또는 그리스도의 χάρις가 행위라는 것도, 그것이 사람들을 위한 은사이며 선물인 사건이라는 것도 강조될 수 있으며 또는 이것과 저것이 마찬가지로 타당하다는 것도 강조될 수 있다. 어느 경우에도 문제되는 것은 같은 한 행위이고 같은 한 사건이기 때문이다. 바울이 고린도후서 6장 1절에서 μὴ εἰς κενὸν τὴν χάριν τοῦ θεοῦ δέξασθαι ὑμᾶς "너희는 신의 은혜를 헛되이 받지 말라"고 권고했다면 그것은 동시에 그리스도의 행위인 신의 행위를 가리킨 것이다(비교. 5 : 21). 그것이 5장 14절에서 그가 ὑπὲρ πάντων ἀποθανεῖν "모든 사람을 위해 죽었다"고 묘사된 것과 같다. 그리고 그것은 동시에 인간이 "받아"야 할 선물로 이해되었다. 이것은 바울이 신의 구원 행위를 고린도전서 2장 12절에서 τὰ ὑπὸ τοῦ χαρισθέντα ἡμῖν "신에 의해 우리에게 선사된 것"으로 표시할 수 있었던 바와 같다. 그는 그리스도의 행위로서 구원 사건을 고린도후서 8장 9절에서 회상하고 있다: γινώσκετε γὰρ τὴν χάριν τοῦ κυρίου ἡμῶν Ἰησοῦ, ὅς δι' ὑμᾶς ἐπτώχευσεν "이는 너희가 우리 주 예수의 은혜를 아는바 그는 너희를 위해 가난하게 되었음이라"(이 경우에 물론 빌 2 : 6—8에 말해진 모든 것이 떠오른다). 그리고 그가 갈라디아서 2장 21절에서 οὐκ ἀθετῶ τὴν χάριν τοῦ θεοῦ "나는 신의 은혜를 버리지 않는다"라고 확언했다면 신의 은혜의 행위는 바로 20절에 묘사된 그리스도의 행위 즉 τοῦ ἀγαπήσαν με καὶ παραδόντος ἑαυτὸν ὑπὲρ ἐμοῦ "나를 사랑하고 나를 위해 자신을 내어준 자의" 행위에서 존속된다.

이 행위 및 이 사건이 결정적인 종말론적 사건이고 이 행위와 함께 구원 시대, καιρὸς εὐπρόσδεκτος "은혜받을 만한 때"가 시작되었다면(고후 6 : 1f.), 죄의 세력에 맞서서 그 중심처를 파괴하는 세력으로도 은혜를 말할 수 있다: οὗ δὲ ἐπλεόνασεν ἡ ἁμαρτία, ὑπερεπερίσσευσεν ἡ χάρις, ἵνα ὥσπερ ἐβασίλευσεν ἡ ἁμαρτία ἐν τῷ θανάτῳ, οὕτως καὶ ἡ χάρις βασιλεύσῃ διὰ δικαιοσύνης εἰς ζωὴν αἰώνιον διὰ Ἰ. Χριστοῦ τοῦ κυρίου ἡμῶν "그러나 죄가 더한 곳에 은혜가 더욱 넘쳤으니 이는 죄가 사망 안에서 왕노릇한 것 같이 은혜도 또한 義로 인해 왕노릇하는바 우리 주 예수 그리스도로 인한 永生을 위함이다"(롬 5 : 20 f.). Χάρις의 의미는 바로 πνεῦμα "靈"의 의미에 접근한다(참조. §38, 2f., 비교. §14, 1). 그리고 그 까닭에 πνεῦμα를 받은 믿는 자들(갈 4 : 6 등)이 옮겨진 새로운 상황도 χάρις

"은혜"로, 신의 행위의 관할 영역으로 표시될 수 있다. 믿는 자는 "은혜로 부름을 받았다"(갈 1 : 6). 그리고 그 은혜 안에서 "자신의 신분을 얻었다" (롬 5 : 2). 그러므로 그는 "은혜 밖으로 벗어나지" 않도록 주의해야 한다 (갈 5 : 4). 그러므로 바울은 빌립보인들을 συγκοινωνούς μου τῆς χάριτος "내 은혜의 동참자들"이라고 부를 수 있었다(빌 1 : 7. 여기서 χάρις가 바울과 빌립보인들에게 선사된 공적의 은혜보다 더 좁은 의미에서 생각된 것이 아닐 경우에, 비교. 29절).

Χάρις가 신의 은혜로운 행위 또는 그 작용을 인간에 의해 선물로 경험되는 것을 뜻할 때, 그것은 χάρις의 일반적인 화법에서도 즉 χάρις가 종말론적 행위 및 사건을 뜻하지 않는 곳에서도 지배적이다. Χάρις가 서신들의 서두 또는 결미에 있는 인사 말투에서 εἰρήνη (=구원!)와 연결될 때 그것은 신이 구원하고 선사하는 것을 뜻한다.

바울은 동시에 과제로서 그에게 提授된 사도직의 은사를 χάρις라고 부를 수 있었다 : 롬 1 : 5; 12 : 3; 15 : 15; 고전 3 : 10; 갈 2 : 9. 그리고 이로써 그에게 대한 신의 작용이 얼마나 심하게 생각되었는가는 갈 2 : 8 (ὁ γὰρ ἐνεργήσας Πέτρῳ... ἐνήργησεν καὶ ἐμοί... "이는 베드로에게 작용한 자가... 나에게도 작용하였음이다...")과 롬 15 : 18 (ὧν οὐ κατειργάσατο Χριστὸς δι' ἐμοῦ... "나를 통해 그리스도가 역사하지 않은 것들...")이 보여 준다. 그리스도교의 사랑의 의무에 대한 활동도 신의 은사이고 χάρις이다 : 고후 8 : 1, 4, 6 f., 19., 그리고 끝으로 모든 그리스도교의 생활진술도 그렇다 : 고전 1 : 4; 고후 9 : 8. 개인이 받는 특수한 재능들도 χαρίσματα "은사들"이라고 불렀다 : 롬 12 : 6; 고전 7 : 7. 이 경우에 χάρις가 얼마나 신의 권세적 작용으로 생각되었는가는 χαρίσματα "은사들"과 πνευματικά "영의 것들"의 同意語性이 보여 준다(§14 : 1). 영의 것에 관해 ὁ δὲ αὐτὸς ὁ ἐνεργῶν τὰ πάντα ἐν πᾶσιν "그러나 같은 신이 모든 것에서 모든 것에 역사한다"고 말한 것도 같은 것을 보여 준다(고전 12 : 6).

신의 χάρις가 능력으로서 개인의 삶을 어떻게 규정하는가는 특별히 고전 15 : 10 (χάριτι δὲ θεοῦ εἰμι ὅ εἰμι κτλ. "내가 나인 것은 신의 은혜로···")과 고후 1 : 12; 12 : 9 (ἀρκεῖ σοι ἡ χάρις μου "내 은혜가 네게 족하다")이 보여 주며, 특별히 고전 15 : 10; 고후 12 : 9는 χάρις와 δύναμις "능력"이 얼마나 동의어로 사용될 수 있는가를 보여 준다(§14, 1).

3. 神의 사랑

바울은 χάρις와 같은 의미에서 (신 또는 그리스도의) ἀγάπη "사랑"을 말할 수 있었다. 그리고 ἀγάπη에 관한 진술들의 검토는 χάρις에 관해 詳述

된 것을 확인해 준다. 'Αγάπη에서는 아마 χάρις에서보다 더 강하게 사랑의 知覺에 관한 의미가 강조되었을 것이다. 그러나 여하간 ἀγάπη는 행동에서, 사건에서 증명되는 한, 문제된다. 로마서 5장 8절에 συνίστησιν δὲ τὴν ··· ἀγάπην εἰς ἡμᾶς ὁ θεός, ὅτι ἔτι ἁμαρτωλῶν ὄντων ἡμῶν Χριστὸς ὑπὲρ ἡμῶν ἀπέθανεν "우리가 아직 죄인들이었을 때 그리스도가 우리를 위해 죽음으로 신은 우리에 대한 ··· 그 사랑을 확증했다"고 되어 있다면 ἀγάπη는 확실히 사랑의 지각도 뜻한다. 그러나 신이 말하자면 그리스도를 우리를 위해 죽게 했다는 것으로 사랑을 "증명"하는 한에서 그것을 말한다. 5절도 이에 따라 이해되어야 한다: ··· ὅτι ἡ ἀγάπη τοῦ θεοῦ ἐκκέχυται ἐν ταῖς καρδίαις ἡμῶν διὰ τοῦ πνεύματος τοῦ δοθέντος ἡμῖν "이는 신의 (주어적 2격) 사랑이 우리에게 주어진 영을 통해 우리 마음에 부어졌음이다." 즉 성령을 통해 신의 사랑의 행위 — 이것은 6—7절에서 그리스도의 행위로 묘사된 것인데 — 가 우리에게 확실하고, 역사한다는 것이다. 로마서 8장 35절의 τίς ἡμᾶς χωρίσει ἀπὸ τῆς ἀγάπης τοῦ Χριστοῦ; "무엇이 우리를 그리스도의 사랑에서 끊겠는가"라는 물음은 34절에 지적된, 그리스도의 죽음과 부활의 구원사건을 지시한다. 그리스도는 ἀγαπήσας ἡμᾶς "우리를 사랑하는 자"로 자신을 죽음에 내어 주었다(롬 8:35; 갈 2:20). 그리고 신의 행위와 그리스도의 그것의 통일성은 아무것도 우리를 ἀπὸ τῆς ἀγάπης τοῦ θεοῦ τῆς ἐν Χρ. Ἰησοῦ τῷ κυρίῳ ἡμῶν "우리 주 그리스도 예수 안에 있는 신의 사랑에서" 즉 신이 그리스도를 통해 역사한 구원에서 갈라놓지 못한다는 화법에서 표시되었다(롬 8:39). Ἀγάπη τοῦ Χριστοῦ "그리스도의 (주어적 2격!) 사랑"(고후 5:14)이 우리를 "지배한다"면 이 ἀγάπη는 다음 말들에서 그리스도가 ἀποθανεῖν ὑπὲρ πάντων "모든 사람을 위해 죽은 것"으로 설명되었다. 그리고 이 ἀγάπη는 χάρις "은혜"와 마찬가지로 동시에 능력이다.

Χάρις처럼 ἀγάπη도 일정한 말투로 나타난다. 때로는 χάρις 대신 (고후 13:11: ὁ θεὸς τῆς ἀγάπης καὶ εἰρήνης ἔσται μεθ' ὑμῶν "사랑과 화평의 신이 너희와 함께"), 때로는 그것과 결합되어(고후 13:13: ἡ χάρις τοῦ κυρίου Ἰ. Χρ. καὶ ἡ ἀγάπη τοῦ θεοῦ ··· μετὰ πάντων ὑμῶν "주 예수 그리스도의 은혜와 神의 사랑이 ··· 너희 모두와 함께"). 다음에는 χάρις와 마찬가지로 ἀγάπη는 구원을 위해 신에 의해 역사된 것과 선사된 모든 것을 뜻한다. Πνεῦμα의 구원 역사는 바울이 롬 15:30에서 διὰ τοῦ κυρίου ἡμῶν Ἰ. Χρ. καὶ διὰ τῆς ἀγάπης τοῦ πνεύματος "우리 주 예수 그리스도를 통해 그리고 영의 사랑을 통해"라고 권고했을 때 명시되었다.

§33. 구원사건으로서의 그리스도의 죽음과 부활*

1. 구원사건으로서의 그리스도의 죽음과 부활 및 受肉

신의 $χάρις$ "은혜" 행위는 신이 그리스도를 죽음에 내주어 십자가에 죽게 했다는 데 있다(§32, 2). 그리스도는 $ἐσταυρωμένος$ "십자가에 달린 자"로 선포되었다(고전 1 : 23; 2 : 2; 갈 3 : 1). 그 까닭에 복음은 $λόγος τοῦ σταυροῦ$ "십자가의 말"이라고 일컬어질 수 있다(고전 1 : 18). 그리고 이것은 자연인에게 $σκάνδαλον$ "거리낌"(갈 5 : 11) 또는 $σκάνδαλον$과 $μωρία$ "어리석음"이다(고전 1 : 23). 그것의 적들은 $ἐχϑροὶ τοῦ σταυροῦ τοῦ Χριστοῦ$ "그리스도의 십자가의 적들"이다(빌 3 : 18; 비교. 고전 1 : 17; 갈 6 : 12). 그러나 그리스도의 부활 또는 일깨움은 그의 죽음과 함께 한 구원사건을 이룬다. $'Αποϑανών$ "죽은 자"가 곧 $ἐγερϑείς$ "일깨워진 자"이다(롬 8 : 34; 고후 5 : 15; 13 : 4). 그리고 때로 바울은 십자가를 들지 않고도 부활만을 지시할 수도 있었다(살전 1 : 10; 고전 6 : 14; 고후 4 : 14; 롬 1 : 4; 8 : 11; 10 : 9). 그러므로 그는 神도 $ἐγείρας ἐκ νεκρῶν Χρ. Ἰησοῦν$ "그리스도 예수를 죽은 자들로부터 일으킨 자"로 표시할 수 있었다(§9, 4, S. 78).

그러므로 구원사건은 예수의 죽음과 부활을 포괄한다. 바울은 이것을 그렇게 $παράδοσις$ "전승"으로 받았다(고전 15 : 1—4). 그리고 그는 역시 그렇게 전했다. 그가 로마서 3장 24—25절에서 예수의 죽음에 관해 말할 때(§7, 3, S. 44), 또는 로마서 1장 4절과 10장 9절에서 그의 부활에 관해 말할 때(§7 : 5, S. 47; §9 : 4, S. 78), 또는 로마서 4장 25절; 고린도전서 15장 3—4절에서 이 둘을 합쳐서 말할 때(§7, 3, S. 44; §9, 4, S. 81; §7, 3, S. 43), 물론 로마서 6장 2—5절에서 세례에 관해 말할 때(§13, 1, S. 142 f.), 또는 고린도전서 11장 23—26절에서 주의 만찬 — 이 儀式은 그리스도의 죽음을 "선포"한다 — 에 관해 말할 때(§13, 2, S. 146), 그가 확정된 文句들을 다소간에 인용 또는 변조했음이 분명하다. 정확히 보면 受肉도 여기에 속한다. 죽음에 자신을 제공한 자는 사실 先在的인 신의 아들이기 때문이다(빌 2 : 6 ff.; 고후 8 : 9; 롬 15 : 3; §12, 3, S. 127 f., 129 f.). 그러나 수육에는 죽음과 나란히 독자적인 의미가 부가되지 않는다. 그것은 오히려 죽음과 함께 그리스도의 행위(와 고난)의 통일성을 이룬다.

---

* 이 표제에 관한 문헌들, 참조. S. 632 f.

이 죽음에서 증명된 것은 그의 ὑπακοή "순종"이다(빌 2 : 8; 롬 5 : 19). 그 것은 오로지 악마적 세계 세력들이 구세주의 인간적 변장으로 인해 속은 데 대한 암시에서만(고전 2 : 8(§ 15, 4 c)), 특별한 역할을 하고 있다. 그러나 이 주제는 본래의 케리그마, λόγος τοῦ σταυροῦ "십자가의 말"에 속하지 않고 오히려 τέλειοι "완전한 자들"을 위해 정해진 σοφία "지혜"의 영역에 속한다(고전 2 : 6).

그러므로 예수의 죽음과 부활은 결정적인 것이다. 아니 그것은 결국 바울에게 예수 의 인물됨과 운명에서 중요한 유일한 것이다 — 여기에는 예수의 受肉과 지상생활이 事 實(Tastache)로서 즉 그것들의 Daß로서 포함되어 있다. — 그것들의 "Wie"(어떻게) 는 다음과 같은 점에서만 문제되었다. 즉 예수가 구체적인, 특정한 인간이며 한 유대 인이었다는 점에서, ἐν ὁμοιώματι ἀνθρώπων γενόμενος καὶ σχήματι εὑρεθεὶς ὡς ἄνθρωπος "사람과 같이 되었고 사람과 같은 모양으로 나타난 자"(빌 2 : 7)이며, γενόμενος ἐκ γυναικός, γενόμενος ὑπὸ νόμον "여인에게서 낳고 율법 아래서 난 자" (갈 4 : 4)였다는 점에서만 문제되었다. 이에 반해 예수의 생활영위와 활동, 그의 인물됨, 그의 性格像은 아무런 역할도 하지 않는다. 그리고 예수의 선포도 문제되지 않았다(§ 16, S. 190). 예수는 바울에게 있어서 교사와 예언자가 아니다. 물론 그는 승천한 κύριος "主"로 공동체의 율법 제정자이기도 하다(고전 7 : 10 f. 비교. 25절, 9 : 14). 그리고 바울은 κύριος의 권위를 빌어서 자신의 권고들을 전한다(살전 4 : 1 f. 롬 15 : 30; 고전 1 : 10). 그러나 바울은 이 경우에 역사적 예수를 생각지 않았다. 그 리스도를 모범으로 내세울 때도 그랬다(빌 2 : 5 ff.; 고후 8 : 9; 롬 15 : 3). 여기서도 선재자가 지목되었다. 그리고 τοῦ Χριστοῦ "그리스도의" πραΰτης "온유"와 ἐπιεί- κεια "寬容"(고후 10 : 1)을 내세운 것도 ἑαυτὸν ἐκένωσεν, ἐταπείνωσεν, ἐπτώχευ- σεν, οὐχ ἑαυτῷ ἤρεσεν "자신을 비우고 겸허하게 했으며 간난하게 하고 자신에게 좋 게 하지 않은 자"를 내세운 것이다.

바울에게도 초대교회에서와 마찬가지로(§ 5, 3) 예수와 그의 고난과 죽음이 한 영웅 으로 나타나지 않았음은 자명하다. 그러나 모든 경건주의적-교회적으로 수난을 止揚 해 버리는 것도 바울에게는 멀다. 그리고 그가 갈라디아인들의 "눈 앞에" 그리스도 를 십자가에 달린 자로서 "그려 주었을" 때에도(갈 3 : 1) 구원사실로서의 λόγος τοῦ σταυροῦ "십자가의 말"에 관한 설교 외에 다른 것이 생각된 것은 아니다. Σταυρός "십자가"는 인간적 가치 평가들에 의해 구원사실로 인식될 수 있는 것이 아니다. 그 것은 오히려 여전히 σκάνδαλον "거리낌"과 μωρία "어리석음"으로 남는다. 인간적 규범들에 의해 역사적 인물 예수를 "평가하는 것"은 모두 그리스도를 κατὰ σάρκα "肉에 따라" 관찰하는 것이고 그 까닭에 그를 Χριστὸς κατὰ σάρκα "육에 의한 그 리스도"로 보는 것을 뜻할 것이다(§ 22, 3, S. 236 f.).

2. 問題

그리스도의 죽음과 부활의 구원사건이, 선행된 神의 은혜의 행위라는 것과, 이 행위를 서술하는 相異한 화법들이 이 사건의 前例없음 및 인간의 상황을 근본적으로 개조하는 그것의 능력을 표현하려고 하는 것은 명백하다. 이것은 순수히 신에 의해 제기된 사건이다. 이것은 인간에게 恩賜 외에 다른 것이 아니다. 그는 이것을 받으므로 자신의 생명, 자신의 自我를 얻으려는 잘못된 노력 — 이로써 그는 그것을 상실하는바 — 에서 풀려나고, δικαιοσύνη τοῦ θεοῦ "신의 義"에서 생명을 선물로 받는다.

그런데 문제는 이 사건이 어떻게 은혜의 행위로서 인간에 의해 인식되고 경험될 수 있는가이다. 이 사건이 강압적이고 변혁적인 능력으로 작용할 수 있으려면 오로지, 그것이 인간 자신을 향한 것, 그에게 적중하는 것, 그에게 일어나는 것으로 이해될 수 있을 때, 그리고 그것을 구원사건으로 받아들이라는 권고가 그를 참된 결단의 문제 앞에 세울 때에만 가능하기 때문이다. 그것이 선재적인 신의 아들에게서 일어난, 신이 그에게 役事한 사건인 한, 그것은 인간의 체험 영역 바깥, 신화적 영역에서 演出된 것으로 나타난다.

물론 이 사건은 密儀宗敎들의 신화와 영지주의가 보도하는 구원사건들과 구별되는바, 전자에서는 역사적 인물 예수가 문제되고 몇 년밖에 지나지 않은 그의 십자가에서의 죽음이 구원사건의 중심점에 서 있다는 것으로 구별된다. 그러나 이 죽음에 그런 의미가 있음을 무엇에서 알 수 있는가? 이 죽음이 선재적 신의 아들의 죽음이라는 데서 그것을 알 수 있는가? 그러나 그 때에는 그 죽음의 구원의미에 대한 신앙이 예수를 受肉한 신의 아들로 믿는 선행하는 신앙을 전제하게 되지 않는가? 그리고 만일 부활에 대한 신앙이 비로소 구원신앙을 완전하게 만든다면 그것으로도 어떤 선행된 신앙이 요구되지 않는가? 사실 부활 자체는 인간의 역사의 영역에서 일어난 사실로서 可視的인 것일 수 없기 때문이다. 바울은 물론, 부활 신앙 자체에 대한 영지주의화 경향의 反論에 의해 유발되면서 그리스도의 부활을 객관적 事實(Faktum)로서, 부활한 자를 보았다는 목격자들을 열거함으로 확인시킬 수 있다고 생각했었다(고전 15:5—8; §15, 2, S.167 f.).[1] 그러나 그런

---

1) 목격자들의 열거에 이 의미가 들어 있음은 물론(칼 바르트에 의해) 부정되었다. 그것은 오히려 바울의 케리그마와 초대 교회의 그것이 동일함을 확인해 줄 뿐이라는 것이다. 확실히 그럴 수도 있다(11절). 그러나 그것에는 역시 저 다른 목적이 우선한다.

증명에 설득력이 있는가?

3. 槪念性들

a) 속죄 제물

구원사건의 의미를 서술하기 위해 바울은 서로 다른 사상영역에서 생긴 일련의 개념들을 이용하고 있다. 한 그룹에서는 예수의 죽음이 유대교적 祭祠사상, 그리고 동시에 이 사상을 규정하는 法言語的 사유의 개념성을 이용하여 속죄 제물로 이해된 진술들이 형태를 갖추고 있다. 이 사상은 속죄 제물을 통해 죄의 용서가 이루어진다고, 다시 말해서 죄들로 이루어진 채무가 塗抹된다고 믿었다. 예수의 죽음은 ἱλαστήριον ἐν τῷ αὐτοῦ αἵματι "그의 피로 세워진 속죄제물"이고 그의 피로 작용하는 속죄수단이다. 신은 이를 통해 자신을 의로운 재판장으로 증명하기 위해 πάρεσις τῶν προγεγονότων ἁματημάτων "이전에 범한 죄들의 용서"를 가능하게 했다(롬 3 : 25 f.)는 것이다. 같은 사상을 간략하게 표현된 로마서 5장 9절에서도 본다 : δικαιω-θέντες νῦν ἐν τῷ αἵματι αὐτοῦ "이제는 그의 피로 의롭다함을 받았다". 마찬가지로 속죄제물로서의 예수의 죽음의 파악을 — 언약제물로서의 파악과 혼합되었지만 — 성만찬 儀典도 규정한다 : 고린도로서 11장 24—25절 (§ 9, 4, S. 84). 예수가 ὑπὲρ τῶν ἁμαρτιῶν ἡμῶν "우리 죄들을 위해" 죽은 자(고전 15 : 3; 고후 5 : 14), 또는 단순히 우리를 위해 죽은 자 (또는 비슷하게)로 표시되거나(롬 5 : 6. 8; 14 : 15; 살전 5 : 10; 비교. 고전 1 : 13), 또는 우리를 위해 희생한 자 및 자신을 제공한 자로 표시된(롬 4 : 25; 8 : 32; 갈 1 : 4; 2 : 20) 말들 중에도 그것이 그 근저에 들어 있다.

이 모든 경우에 바울은 물론 이미 초대교회에서 생긴(§ 7, 3, S. 43 f.), 그리고 여하간 헬레니즘계의 그리스도교에 유포되어 있던 전통을 따르고 있다(§ 9, 4, S. 83 ff.). 그리고 그는 이 전통의 확고한 표현들을 부분적으로 인용하거나 변조했다(참조. 위에 1). 여하간 그의 성격적인 사상은 여기에는 포함되어 있지 않다. 그리고 단 한번(고전 5 : 7) 시사된, 예수의 죽음을 — 유대교의 견해에 따르면 죄를 塗抹하는 제물인바 — 유월절 제물로 본 사상에도, 성만찬 의전에 융합된 언약 제물의 사상(고전 11 : 25)에도 없다.

b) 대속 제물

속죄제물 사상과 극히 유사한 것은 대속제물 사상인데 이것도 역시 제사-법정 용어 思惟의 영역에서 생긴 것이다(§ 7, 3, S. 44 f.). 이 사상도 ὑπὲρ

§33. 구원사건으로서의 그리스도의 죽음과 부활

ἡμῶν "우리를 위해"에 의해 표현될 수 있다. 가령 갈라디아서 3장 13절: γενόμενος ὑπὲρ ἡμῶν κατάρα "우리를 위해 저주가 된 자"와 고린도후서 5장 21절: τὸν μὴ γνόντα ἁμαρτίαν ὑπὲρ ἡμῶν ἁμαρτίαν ἐποίησεν "그(신)는 죄를 알지 못하는 자를 우리를 위해 죄로 만들었다"(§29,2) 등을 들 수 있다. 이 사상은 로마서 8장 3절에도 물론 들어 있다: ὁ θεὸς τὸν ἑαυτοῦ υἱὸν πέμψας ἐν ὁμοιώματι σαρκὸς ἁμαρτίας καὶ περὶ ἁμαρτίας κατέκρινεν τὴν ἁμαρτίαν ἐν τῇ σαρκί "신은 자기 아들을 죄있는 육신의 모양으로 보내어 죄를 위해 육신에 있는 죄를 심판했다". 고린도후서 5장 14—15절에서는 속죄 제물과 대속사상이 혼합되어 있다. Ὅτι εἷς ὑπὲρ πάντων ἀπέθανεν "한 사람이 모든 사람을 위해 죽었으므로"라는 귀절이 ἄρα οἱ πάντες ἀπέθανον "모든 사람이 죽은 것이다"에 의해 대속의 의미에서 해석된 반면 다음 계속된 καὶ ὑπὲρ πάντων ἀπέθανεν, ἵνα κτλ. "그가 모든 사람을 위하여 죽었음은···을 위함이다"에서 ὑπέρ에 "대신"="위하여"의 의미 즉 속죄제물 사상이 포함되어 있다. 그러나 여기에서는 곧 언급되어야 할 그리스도의 죽음에 관한 파악 즉 우주적 사건으로서의 파악이 작용하는데, 대속사상의 의미에서만 사실 생각할 수 있는바 οἱ πάντες ἀπέθανον "모든 사람이 죽은 것에 해당한다"가 바울의 의미에서 역시 로마서 6장 3, 5절의 유사형에 의해 "모든 사람이 죽어 있다"를 뜻한다는 점에서 그렇다.

c) 속량

그리스도의 대속적인 죽음은 갈라디아서 3장 13절에 의하면 사람들을, 말하자면 "율법의 저주"에서, 분명히 죄 — 율법의 위배로서 — 에 대한 벌에서 贖良(Loskauf)하는 수단이다. 이 사상은 이 점에서 속죄제물 사상 즉 제물이 채무 및 형벌을 塗抹한다는 사상이 포함되어 있는 귀절들에서와 같은 것이다. 그러나 이 사상은 여기에서 한정되지 않는다. 갈라디아서 3장 13절을 4장 4절에서, 즉 물론 예수의 죽음은 아니나 예수의 인간성과 율법에의 예속성(그러나 여기에 사실 죽음이 포함되어 있다), 이 ἐξαγοράζειν "속량하다"의 수단으로 지칭된 4장 4절에서 분리해서는 안 되기 때문이다. 그러나 문맥상으로는 속량에 의해 얻어진 자유 (υἱοθεσία "자녀됨")는 율법 침해에 의해 정해진 형벌에서의 자유가 아니라 율법 자체에서의 자유이다. 끝으로 갈라디아서 1장 4절도 여기에 소속시켜야 한다. 여기서는 그리스도의 죽음에 다음 의미가 첨가되었다: ὅπως ἐξέληται ἡμᾶς ἐκ τοῦ αἰῶνος τοῦ ἐνεστῶτος πονηροῦ "그가 이 악한 세대에서 우리를 건지려고". 'Ενεστὼς αἰών "이 세대"는 사실 율법 아래 있는 세대인데 그 자체도 죄와 죽음의 세력하에 있다. 그러므로 그리스도의 죽음으로 사서 준 자유는 刑의 면제일 뿐아니라 저 "세력들"에서의 자유이고 그와 함께 죄책에서뿐 아니라 무엇보다도 세력으로서의 죄 즉 범죄하게 하는 강압에서의 자유이다. 이 해석은 고린도전서 6장 20절과 7장 23절, τιμῆς ἠγοράσθητε "너희를 값으로 샀다"라는 귀절을 통해 확인되는데, 이것은 6장 12—20절에 연결되면 죄에서의 자유를 위하여를 7장 17—24절에 연결시키면 ἄνθρωποι "사람들"에서 즉 죄에 빠진 이 세대에 타당한 척도와 평가들에서의 자유를 위하여를 뜻한다.

바울의 경우 이것으로써 그리스도의 죽음으로 마련된 τιμή (값, 청산)가 누구에게 치루어지는가라는 문제는 처리되었다. 즉 그것은 세력들 중에 빠져 있는 인간에게 권리를 주장하는 세력들, 특히 율법에 치루어진다. 그 표현은 具象的이다. 그리고 악마와 협상하는 신화적 사상은 여기에 없다.

그러므로 본질적인 것은 여기서 제사-법정 용어적 사유의 규범들이 결국 紛碎당했다는 사실이다. 즉 그리스도의 죽음은 죄책 즉 범죄함으로 정해진 형벌을 도말하는 제물일 뿐아니라, 이 세대의 세력들인 율법과 죄, 죽음에서 자유하게 하는 수단이기도 하다.

d) 密儀宗教的 죽음

그 후에 제기되는 문제는 그리스도의 죽음이 어떻게 그런 작용을 할 수 있는가이다. 이 물음은 바울이 그리스도의 죽음을 밀의종교의 신의 죽음에 類比시켜 묘사한 귀절들에서 대답되었다. 入敎儀典인 세례 성례와 결합되었고 주의 만찬 성례 근저에 들어 있던 이 사상(§13, 1과 2, S. 138—141, 147 f.)도 이미 전통에서 바울에게 흘러 들어왔었다. 그러나 바울은 이 사상에 새로운 포괄적인 의미를 제공했다. 그 근원적인 의미는 사실 세례와 聖禮的 交際에 의해 작용된, 밀의종교의 신의 운명, 말하자면 그 신의 죽음과 재생에의 참여가 밀의 숭배자에게 허락되므로, 다시 말하면 그 신이 죽음에 인도하면서 동시에 죽음에서 해방시킨다는 데 있다. 로마서 6장 10절의 명제는 신과 마찬가지로 그 숭배자에 관련시켜서 ὃ γὰρ ἀπέθανεν, τῷ θανάτῳ ἀπέθανεν ἐφάπαξ "이는 그가 죽은 것이 죽음에 대해 단번에 죽었음이다"로 개작할 수도 있었을 것이다. 그러나 바울은··· τῇ ἁμαρτίᾳ···"···죄에 대해···!"라고 말했다. 이것은 우선 그리스도에게

§33. 구원사건으로서의 그리스도의 죽음과 부활

해당되고 마침 그 때문에 (11절) "그의 죽음으로" 세례받은 자들에게도 해당한다. 바울에게 있어서 죽음에서의 해방은 동시에, 아니 우선적으로 죄의 세력에서의 해방이다. 세례에 해당하는 것은 물론 성만찬에도 해당한다. 비록 바울이 — 전승된 儀典을 따르면서 — 그것을 분명하게 표현하지 않고 단지 그 의식이 그리스도의 죽음을 "선포한다"(καταγγέλλει), 즉 선포하고 참여자들로 그리스도의 죽음에 참여하게 한다는 것을 浮上시켰을 뿐일지라도(고전 11 : 26).

e) 영지주의적 신화

그러나 바울은 密儀宗敎 사상을 다음과 같이 부연했다. 즉 그는 그리스도의 죽음을, — 말하자면 그의 受肉과 그의 부활 및 승천을 마찬가지로 합쳐서 — 이른바 영지주의적 신화의 규범들로 해석했다. 그는 이 점에서도 이미 바울 이전 헬레니즘계의 그리스도교에서 확인되어야 할 전통을 따르고 있다. 그가 빌립보서 2장 6—11절에서, 그 전통이 형태를 취했던 그리스도 讚歌를 인용한 것과 같다(§15, 4 c d). 영지주의적 신화 자체에는 단지 그의 내려옴과 올리움인 구세주의 오고가는 데 관한 표상이 포함되어 있을 뿐이고 지상에서의 그의 告別이 폭력적인 죽음에 의해 초래되었다는 사상도 꼭 들어 있는 것은 아니다. 저 밀의사상이 영지주의 공동체들 — 이 공동체들은 밀의 종교단체들로서 조직되고 그것들 중에서, 가령 영지주의적 구세주의 모습이 밀의종교의 神 아티스와 합류되었었던바 — 에서 쉽게 영지주의적 신화와 결합되었다는 것은 이해할 수 있다. 그리고 여하간 그런 결합이 바울에게 있다.

이 경우에 영지주의적 사상에서 본질적인 것은 사람들 (또는 영지주의자들)이 실제적으로 생각된 구세주와의 통일 즉 합하여 한 σῶμα "몸"을 이룬다는 것이다. 구세주 자신이 본래 개체 인물이 아니라 우주적 형태인 것 같이 그의 σῶμα도 우주적 존재이다(§15, 1과 4 d, S. 165 f., 177). 구세주가 인간의 모습으로 변장하고 地上을 배회했을 때 그에게 일어나거나 또는 일어난 일은 그의 전 σῶμα "몸"에, 즉 이 σῶμα에 속하는 자들에게서도 일어나는 일이다. 그러므로 그가 죽음을 당한 것이 그에게 타당했다면 그것은 그대로 그들에게도 해당한다(고후 5 : 14). 그가 죽음에서 부활한 것이 그에게 타당했다면 그것은 그대로 그들에게 해당한다(고전 15 : 20—22). 그리고 그 — "구제된 구세주" — 의 하늘 고향으로 돌아감이 이 낮은 세계를 지배하는 反神的 세력들에서의 해방인 것 같이 그와 한 σῶμα로 묶여진 자들은 이 해방에 참여한다.

이 빛에서 바울은 세례를 보는데 고린도전서 12장 13절에 의하면 세례는 세례받은 자들을 그리스도와 한 σῶμα "몸"으로 묶어 놓는다. 우리 믿는 자들은 세례를 통해 그의 죽음에서 그와 "연합한다"(롬 6:5). 그 까닭에 믿는 자들의 전 삶은 그리스도의 죽음, 그러나 부활로도 다져졌다. 예수의 죽음이 사도의 몸에서 계속 실현되는 것과 같이 예수의 삶도 그에게서 작용한다(고후 4:7—12; 비교. 1:5). 그러나 빌립보서 3장 10—11절이 보여주는 바와 같이 그것은 결코 사도뿐 아니라 모든 믿는 자들에게 해당한다. 바울이 다음과 같은 것을 목표로 표시한 것은 단지 그가 이들의 대표적 예로 자신을 든 데 불과하다 : τοῦ γνῶναι αὐτὸν καὶ τὴν δύναμιν τῆς ἀναστάσεως αὐτοῦ καὶ κοινωνίαν παθημάτων αὐτοῦ, συμμορφιζόμενος τῷ θανάτῳ αὐτοῦ, εἴ πως καταντήσω εἰς τὴν ἐξανάστασιν τὴν ἐκ νεκρῶν "내가 그와 그 부활의 능력과 그 고난에 참여함을 알려고 하여 그의 죽음과 같이 되면서 어찌하든지 나는 죽은자들로부터의 부활에 이를 것이다".

이에 따르면 그리스도의 죽음과 부활은 우주적 사건이고 과거로 밀려난 일시적 현상들이 아니다. 이것들에 의해 옛 세대는 근본적으로 처리되고 그 세력들은 소탕되었다. 그것들은, 비록 현재에서 믿는 자들의 생명이 아직 보이지 않고 죽음의 마스크로 가려져 있을지라도(고후 4:7—12) 이미 καταργούμενοι "무력해진 것들"이다(고전 2:6). 현재는 사실 잠깐동안 있는 중간 시간일 뿐이다 : ὁ καιρὸς συνεταλμένος ἐστίν···παράγει γὰρ τὸ σχῆμα τοῦ κόσμου τούτου "때는 단축되었다···이는 이 세상의 흔적은 지나감이다"(고전 7:29. 31). 그러므로 바울은 勝戰의 기세로 이렇게도 말할 수 있었다 : τὰ ἀρχαῖα παρῆλθεν, ἰδοὺ γέγονεν καινά "옛 것은 지나가고 보라 새 것이 되었다"(고후 5:17). 첫째 아담이 옛 인류를 시작한 것과 같이 그리스도는 ἔσχατος Ἀδάμ "마지막 아담"으로서 새로운 인류를 시작했다. 그리고 옛 아담계의 인류가, 죄와 죽음을 초래한 썩을, 흙의 조상에 의해 새겨졌던 것과 같이 새로운 인류는 그리스도에 의해 새겨졌는데 그는 그의 순종(즉 그의 수육과 그의 죽음)과 그의 부활로 파멸적인 세력들에서의 생명의 자유를 가져왔다(롬 5:12—19; 고전 15:21f., 44—49).

4. 두 신앙 개념

어떤 사상 계열도, 그의 개념들도 구원사건에 대한 그의 이해를 표현하는데 바울에게 만족을 주지 못한 것이 분명하다. 그가 예수의 죽음의 의미를 유대교적 제사 및 法 思惟의 범주들로 논술하는 데 한정시키지 않고 — 이 경우에 부활의 의의는 사실 전혀 그 권리를 찾지 못한다 — 오히려 밀의 종교들과 영지주의적 신화의 규범들을 끌어들였다면 그것은 분명히 그것들로 구원사건이 실제로 인간에게서 수행되는 사건으로 해석될 수 있었기 때문이다. 그러나 모든 표현들에 대해, 그런 선포를 들은 청중이 선재적 신의 아들로서의 예수 그리스도의 본질과 그의 受肉 및 그의 부활에 관해 선재적으로 설득되어 있었어야 하지 않는가 — 말하자면 그 청중이 이 사건들의 구원의 의미 특히 객관적 사실로 파악될 수 있는 유일한 그의 죽음의 구원의 의미를 믿으라는 것이면 — 라는 문제가 제기되지 않는가? 그때 본래의 구원신앙이 처음에 근거를 두고 있었을 수 있는 그런 선행하는 신앙의 요구가 어떻게 설명될 수 있는가?

단순히 模寫的으로 바울의 진술들을 재생시키던 본래 신앙의 행위와 동시에 신앙 개념을 각기 둘로 구분해야 한다는 것이 드러난다. 첫째는 선재적 신의 아들의 수욕 및 십자가형에 관한 보도사실과 죽은 자들로부터의 그의 부활을 자발적으로 인정하고 그것들에서 신의 은혜에 대한 증거를 보는 신앙이고, 둘째는 신의 은혜에 대한 신뢰로서 지금까지의 인간의 자기 이해를 철저히 바꾸어 놓는 것 즉 $καύχησις$ "자랑"의 철저한 포기를 뜻하는 신앙이다.

통일적인 신앙 개념은, 오로지 인간이 자신의 옛 自己理解를 버리고 자신을 철저히 신의 은혜에서 이해하려는가라는 결단의 문제와 그가 그리스도를 신의 아들로, 주로 승인하려는가라는 문제가 같은 한 문제일 때에만 있고, 그 때에만 신앙의 유일한 결정적 행위가 문제된다. 그리고 이것들이 곧 바울의 본래 의도의 의미에서 역시 그러함이 분명하다.

5. 그리스도 승인과 새로운 自己理解에서의 신앙의 통일성

여하간 바울이 "신을 사랑하고 그를 위해 자신을 내어준 신의 아들"로서의 그리스도에 관해, 단지 그 자신의 義를 포기하고 그의 自我 (그의 $ἐγώ$ "나")를 죽음에 던진 자(갈 2 : 19 f. ; 빌 3 : 4—11)로서만 말할 수 있었다는 것 하나는 분명하다. 바울은 신의 아들에 관해 그가 그와 하나가 되어 자기자신을 새로 이해하는 만큼만 알 뿐이다. 그는 $ζηλωτὴς\ τῶν\ πατρικῶν\ παραδόσεως$ "조상의 遺傳들에 대해 열심있는 자"(갈 1 : 14)로서, 그에게 관계된 그리스도에 관한 말 즉 신의 아들과 $κύριος$ "主"로서의 그에 관한 말을 처음부터, 그의 옛 $ζῆλος\ θεοῦ$ "신에 대한 열심"(롬 10 : 2)을 포기하라는 요구로(§16) 이해했고, 바로 그런 요구로서 그는 그리스도에 관한 설교를 계속했으며, 지혜에 대한 講論이나 신화적 현상들, 형이상학적 존재들에 관한 밀의종교적 교훈으로서가 아니라, 자연인에게는 σκάνδαλον "거리낌"과 μωρία "어리석음"인 λόγος τοῦ σταυροῦ "십자가의 말"로서였다. 그것은 ὅπως μὴ καυχήσηται πᾶσα σὰρξ ἐνώπιον τοῦ θεοῦ "신 앞에서 아무도 자랑할 수 없게 하려"는 것이고(고전 1 : 18—31) λόγος τῆς καταλαγῆς "화해의 말"로서 이며(고후 5 : 18—6 : 2), 그 앞에는 아무것도 ἐν προσώπῳ καυχᾶσθαι "외모로 자랑할 것"이 없게 하려는 것이었다(5 : 12).

바울이 그때까지 그에게 생소했던 로마교회에 보낸 편지에서 자신을 참 사도로 인정하도록 하기 위해 그의 선포의 주요 사상을 체계있게 소개할 때 가령 먼저 구원사건의 서술을 — 가령 헤르마스 논설에 있는 우주론적 가르침들에 유사하게 — 선행시킴으로 그것의 신빙성을 우선 승인시킬 필요가 없었다는 것이 이에 상응한다. 그 대신 그는 인간의 상황을 드러내는 일로 시작함으로 다음에는 구원행위의 선포가 결단의 문제로 되게 했다. 로마서 7장 7절—8장 11절의 사상 줄기도 같다. 즉 율법 아래 인간의 상황이 죽음의 몸에서 구원을 향해 탄식하는 ταλαίπωρος ἄνθρωπος "곤고한 사람"의 상황으로서 철저히 드러날 때 그 인간에게는 구원사건 자체도 볼 수 있게 된다.

그러나 만일 구원사건의 선포가 본래의 신앙 요구에 선행하는 예비적 가르침이 아니라 그 자체가 믿으라는, 그리고 지금까지의 자기 이해를 버리라는 호소, καταλλάγητε τῷ θεῷ "너희는 신과 화해하라"는 호소로 그것이 이해된다면 그것은 구원사건이 어디서도 선포하고, 말을 걸고, 요구하고 약속하는 말에서 현재한다는 것 외에 다른 것일 수 없다는 것을 뜻한다. 그것은 "회상적이고", 역사적인, 다시 말하면 지나간 사건을 지시하는 보도를 밝히는 것이 아니다. 그것은 구원사건이 그 말의 선포에서 계속 수행되는 것을 뜻한다. 구원사건이 과거의 사실이 되지 않고 항상 현재에서 새로 일어난다는 점에서 바로 그것은 종말론적 사건이다. 그것은 한 중요한 세계사적인 사실의 영향에서가 아니라 정신사의 발전에 무관한 선포에서 현재한다. 이것을 바울은 이렇게 말함으로 표현한다. 즉 신은 화해와 함께 곧 διακονία τῆς καταλλαγῆς "화해의 직무", λόγος τῆς καταλλαγῆς "화해의 말"을 세우므로(고후 5 : 18 f.) 선포에서 그리스도 자신, 아니 신 자신을 해후하게 하고 설교가 울려 퍼지는 νῦν "지금"이 종말적인 사건 자체의 νῦν "지금"이 되게 했다는 것이다(고후 6 : 2).

§33. 구원사건으로서의 그리스도의 죽음과 부활   305

구원사건이 어떻게 인간을 향한 것, 그에게 관계된 것, 그에게서 수행되는 것으로 이해될 수 있는가라는 문제도 이렇게 대답된다(참조. 위에 2). 듣는 자에게 말을 걸고 결단을 요구하는 말에서 그것은 일어난다. 그러나 이것으로써 영지주의의 신화에서 우주적 자연 사건의 차원에 머문 구원사건이 순수한 역사적 사건의 차원에 옮겨졌다. 믿는 자들이 그리스도와 한 σῶμα "몸"으로 결합된 것이 지금은 같은 자연적 실체에 참여하는데 근거를 두지 않고, 그리스도의 죽음과 부활이 선포의 말에서 결단을 내려야 할 실존의 가능성으로 되고, 신앙이 그것들을 이해하고 믿는 자의 실존을 규정하는 세력들로서 그것들을 자신의 것으로 만든다는 점에 두고 있다.

영지주의적 규범들이 당해야 했던 변천은 롬 5장 12—19에서 드러난다(참조. 위에 S. 252와 아래. S. 354 f.). 아담 이후의 인류에게 죄와 죽음에 빠진 아담외에 달리 있을 수 있는 선택이 없었던 것과 같이, 논리적 결과에 따라 둘째 아담으로서의 그리스도 이후에도 그리스도보다 달리 있을 수 있는, 즉 ὑπακοή "순종"과 ζωή "생명"의 세력하에 서는 것 외에 다른 가능성은 없다. 그러나 실제상으로는 그리스도 이후에는 두 가능성 사이의 결단이 문제된다. 그리고 아담 세대에서 바로 그런 οἱ λαμβάνοντες "받은 자들"(여기에는 사실 "만일 그들이", "그들이 … 점에서"가 포함되어 있다)은 그리스도의 세대에 οἱ λαμβάνοντες "받은 자들"에 일치하지 않는다. 철저한 논리에 따르면 고전 15 : 22의 귀절 : ὥσπερ γὰρ ἐν τῷ 'Αδὰμ πάντες ἀποθνήσκουσιν, οὕτως καὶ ἐν τῷ Χριστῷ πάντες ζωοποιηθήσονται "이는 아담으로 인해 모든 사람이 죽은 것과 같이 그렇게 그리스도 안에서는 역시 모든 사람이 살아날 것임이다"에서도 마찬가지로 그 의미는 다음과 같은 것이다 : 모든 인간은 그리스도(안에서)에 의해 살려질 것이다. 그러나 실제상의 의미는 모든 사람이 그 가능성을 얻었다는 것이다. 그것이 실현되는 것은 오로지 τοῦ Χριστοῦ "그리스도에 속하는" 자들에게서 뿐이다(23절).

6. 그리스도의 십자가, 先在 및 受肉, 부활

a) 구원사건으로서의 십자가

이때 그리스도의 십자가가 구원사건으로서 어디서 알게 되는가 라는 물음에도 대답이 주어진다. 그것은 말하자면 십자가에 달린 자에 관한 예비적 敎示에 근거를 둔 것이 아니다. 그가 그의 신적인 성품에서 알려질 수 있은 후에 십자가의 意義가 믿어지는 것이 아니다 — 그때에는 사실 λόγος τοῦ σταυροῦ "십자가의 말"에서 σκάνδαλον "거리낌"과 μωρία "어리석음"의 성격이 탈취될 것이다. 이 성격은 한 십자가에 달린 자가 주로 선포되는 데서 보존된다. 그리고 이것이 사건으로 일어난다는 점에서만 그것은 구원사건으로 알려진다. 그러나 이것이 뜻하는 것은 그런 인식이 오로지 승인으로써만 수행된다는 것이다. 이것이 바로 신이 한 십자가에 달린 자를 主로 삼았다는 것을 승인하려는가, 그의 지금까지의 自己理解를 포기함으로 십자가를 받아들이고 그것이 그의 生을 규정하는 힘이 되게 하며 그리스도와 함께 자신을 십자가에 못박겠는가(고전 1:18—31; 갈 6:14, 비교. 5:24)라고 λόγος τοῦ σταυροῦ "십자가의 말"이 듣는 자 앞에 세우는 결단의 물음이다. 그러나 이것이 사건으로 일어난다는 점에서 그리스도의 죽음이 "우주적" 사건이라는 것, 즉 그에 관해 이미 골고다에서 일어난 예수의 십자가형의 역사적 사건으로만 말해질 수 없다는 것이 드러난다. 신이 이 사건을 실제로 종말론적 사건으로 만들었다. 그러므로 이 사건은 모든 시간적 제약성에서 벗어나서 언제나 현재에서, 선포되는 말에서, 성례전에서 수행된다(§34,3). 사도는 예수의 죽음을 그의 몸에 지니고 돌아다녔고 στίγματα τοῦ Ἰησοῦ "예수의 흔적"으로 새겨졌었다(고후 4:10 f.; 갈 6:17). 그리스도의 고난들은 그 위에 풍성하게 集注되었었다(고후 1:5).[1] 그러나 십자가가 그렇게 현재하는 곳은 선포만이 아니다. 그들의 생을 규정하는 힘으로 그것을 받아들이고 그리스도와 결합되어 한 σῶμα "몸"이 된 자들에게도 현재한다.

b) 선재와 수육

그리스도의 先在와 그의 受肉에 관한 귀절들이 신화 자료들인 한, 그것들에는 말을 거는 성격도 없고 그것들은 καύχησις "자랑"의 포기로서의 신앙의 표현도 아니다. 그러나 그것들은 케리그마에 연결시켜 한 결정적인 사실 즉 예수의 인물됨과 운명이 內世界的 연관성에 그 근원과 그 意義를 두지 않고 오히려 신이 그것들로 행동한다는 것, 이것이 바로 "때가 찼을 때"(갈 4:4) 일어난 그의 행위 즉 신의 종말론적 행위라는 것, 말하자면 그가 그리스도를 내주어 인간의 구원을 삼았다(롬 8:32)는 이 사실을 표현하는 데 이용되었다. 그러나 이렇게 이해되었다고 해서 그리스도의 선재의 사실이 십자가에 달린 자에 대한 신앙을 쉽게 해 주지는 않는다(즉 십자가에 죽은 자가 곧 선재적인 신의 아들이었을 때 십자가의 구원의 의미에 관한 주장이 믿을 수 있게 되는 것이 아니다). 오히려 그것 자체가 훨씬 더 거리끼는 어

---

[1] 사도(바울)의 한 제자가 골 1:24에서 이 사상을 이렇게 표현했다. 즉 그는 바울로 이렇게 말하게 했다: 공동체들을 위한 그 자신의 수난으로 아직 그리스도의 고난에 부족한 것을 보충하라.

§33. 구원사건으로서의 그리스도의 죽음과 부활

리석은 신앙의 대상이 되고 λόγος τοῦ σταυροῦ "십자가의 말"과 하나가 된다.

그리스도의 受肉이 곧 그 자신의 순종과 사랑의 행위라(빌 2 : 8; 갈 2 : 20; 롬 8 : 35, 39)는 점에서 우선 말해야 할 것은 선재자의 ὑπακοή "순종"과 ἀγάπη "사랑"이 볼 수 있게 제시되지도 믿으라고 권고받은 자를 직접 향한 것으로 경험될 수도 없다는 것이다. 그러나 그것들은 그리스도가 선포자들의 διακονία "직무"에서 現在하는 한, 간접적으로 경험된다. 그가 자신의 受肉을 통해 διάκονος περιτομῆς "할례의 職務者"가 된 것 같이(롬 15 : 8) 그들은 διάκονοι καινῆς διαθήκης "새로운 언약의 직무자들"(고후 3 : 6)이고 θεοῦ "신의"(고후 6 : 4) 또는 Χριστοῦ "그리스도의"(롬 1 : 1; 갈 1 : 10; 빌 1 : 1; 및 고전 4 : 1) διάκονοι "일꾼들"이며 동시에 사람들의 δοῦλοι "종들"(고후 4 : 5; 고전 9 : 19)인데 여기에서 μορφὴν δούλου λαβών "종의 모양을 취한 자"를 만난다(빌 2 : 7). Οὐκ ἑαυτῷ ἤρσεν "그는 자신에게 좋게 하지 않았다"는 것이 선재자에게 일어난 것과 같이, 그가 모든 수치를 스스로 진 것과 같이(롬 15 : 3), 사도(바울)에게도 그것이 해당한다 : πάντα πᾶσιν ἀρέσκω "나는 모든 것으로 모든 사람을 기쁘게 한다"(고전 10 : 33). 그리고 그도 수치와 치욕의 길을 취했다(고전 4 : 9—13; 고후 6 : 8 f.). 그리스도가 자신을 죽음에 내주어 사람들에게 생명을 마련해 준 것 같이 사도에게서 죽음이 역사하므로 그의 설교를 듣는 자들에게서 생명이 역사할 수 있게 한다(고후 4 : 12). Ἀγάπη τοῦ Χριστοῦ "그리스도의 사랑"(롬 8 : 35)이 사도를 지배했다(고후 5 : 14. 주어적 2격 !). 그러므로 그는 그리스도를 본 받을 것을 호소할 수 있었을 뿐 아니라(빌 2 : 5; 롬 15 : 3; 고후 3 : 9), 청중에 대해 그리스도를 대신하는 자(고후 5 : 20)로서도 μιμηταί μου γίνεσθε "너희는 나를 본받는 자들이 되라"(고전 4 : 16; 비교. 갈 4 : 12; 빌 3 : 17; 4 : 9)고 권고할 수 있었으며 이런 권고의 근거는 이렇게 설명되었다: καθὼς κἀγὼ Χριστοῦ "나도 그리스도를 본받은 것과 같이"(고전 11 : 1; 비교. 살전 1 : 6).

그러므로 선재자의 受肉은 "세계적" 즉 실제로 역사적 차원을 가지고 있다. 그것은 그리스도교의 선포에서 해후된다. 달리 표현하면 앞서 오는 신의 은혜와 사랑에 관한, 신의 인정을 받은 선포가 있다는 사실이 그리스도의 선재에 관한 말에서 신화적 표현을 가지게 된 것이다. 선재성이 믿어지면서 동시에 듣는 자에게 적중되는 신의 말의 있음이 수긍된다.

선재자에게 창조의 중재자의 역할까지도 귀속되었다면 (δι' οὗ τὰ πάντα

"만물이 그에 의해", 고전 8 : 6; §12,3. S. 131), 구원의 중개자로서의 그의 역할이 그것과 결합되면서($\kappa\alpha\grave{\iota}\ \dot{\eta}\mu\epsilon\hat{\iota}\varsigma\ \delta\iota'\ \alpha\dot{\upsilon}\tau o\hat{\upsilon}$ "우리도 그를 통해") 이미 우주론적 역할이 구속론적인 것과 통일적으로 이해되었다는 것도 드러난 것이다. 다시 말하면 선재자를 창조의 중개자로서 말할 때 신앙은 창조와 구속이 하나를 이룬다는 것, 케리그마의 말에서 만나는 신의 사랑이 그 근원을 영원 前에 두고 있다는 것을 명백하게 말한다.

c) 復活

그리스도의 부활의 진리는 부활한 자를 주로 승인하는 신앙 以前에 통찰될 수 없다. 부활의 사실은 — 고린도전서 15장 3—8절에도 불구하고 — 객관적으로 확인되는, 믿을 수 있는 근거가 되는 사실(Faktum)로써 증명 또는 설명될 수 있는 것이 아니다. 그러나 부활은 — 오직 이렇게만 믿어질 수 있다 — 그것 또는 부활한 자가 선포된 말에 現在하는 한, 믿어질 수 있다. 그리스도의 부활에 대한 신앙과 선포된 말에서 그리스도 자신, 아니 신 자신이 말한다(고후 5 : 20)는 것을 믿는 신앙은 같은 것이다 — 그리스도는 위대한 역사적 인물이 그의 업적과 그의 역사적 영향에서 現在하는 것과 같이 그렇게 케리그마에 現在하지 않는다. 여기서 문제되는 것은 역사 내부에서 수행되는 정신사적 영향이 아니라 오히려 한 역사적 인물과 그의 운명이 종말론적 사건의 지위에 올려졌다는 것이다. 이것을 선포하는 말 자체가 함께 이 사건에 속하고 — 이 외의 다른 역사적 전승과 달리 — 인격적으로 부르는 말로 듣는 자를 상대한다. 그가 이것을 자신에게 한 말로, 자신에게 죽음을, 그리고 그것을 통해 생명을 약속하는 말로 듣는다면 그는 부활한 자를 믿는 것이다.

선포의 요구의 정당성에 대한 어떤 設問도 이미 그 선포에 대한 거부이다. 이 設問은 설문자가 자기 자신을 향해 제기해야 할 물음, 즉 자신의 자기이해에 결단의 문제를 제기하는 그리스도의 지배를 승인하려는가라는 물음으로 변해야 한다. 예수의 부활은 피안으로 옮아가는 것을 의미하지 않고 그가 아버지에게 반환할 때까지 소유하는(고전 5 : 24) 王座에 그가 올라간 것(빌 2 : 11)을 의미하는데, 그러나 선포를 통해 지배권의 성격을 지니게 되는 현재에서 그렇다. 그의 명령에 의거하여 설교는 행해진다(롬 10 : 17). 사도들은 그의 $\delta\iota\acute{\alpha}\kappa o\nu o\iota$ "使役者들"이고 그의 $\delta o\hat{\upsilon}\lambda o\iota$ "종들"이며 $\dot{\upsilon}\pi\eta\rho\acute{\epsilon}\tau\alpha\iota$ "노예들"이다(참조. 위에). 그는 그들을 통해 말하고(고후 5 : 20; 13 : 3), 그들을 통해 역사한다(롬 15 : 18). 사도가 오면 그는 $\dot{\epsilon}\nu\ \pi\lambda\eta\rho\acute{\omega}\mu\alpha\tau\iota\ \epsilon\dot{\upsilon}\lambda o$-

γίας Χριστοῦ "그리스도의 충만한 축복 속에"(롬 15 : 29) 온다. 그리스도는 사도에게서 바로 부활한 자로 現在한다. 바울이 예수의 죽음을 그의 몸에 지니고 돌아다니면서 동시에 그는 자신의 몸으로 예수의 삶을 나타낸다 (고후 4 : 10 f.). 그리스도는 그를 통해 청중들에게 그의 능력을 증명한다 : "그가 약함에서 십자가에 죽었으나 신의 강함에서 산 것과 같이, 우리도 그로 인해 약하나 그러나 우리는 그와 함께 너희를 향해 신의 능력으로 살 것이다"(고후 13 : 4) — 다시 말해서 부활한 자 자신을 만나는 곳은 사도이다.

§34. 말, 교회, 성례*

1. 말에 현재하는 구원사건

구원사건은 옛 세계의 흐름에 종지부를 찍는 종말론적 사건이다. 바울이 아직 옛 세계의 종말을 임박한 그리스도의 到來와 함께 연출될 우주적 드라마로 기대했을지라도(살전 4 : 16; 고전 15 : 23, 51 f. 등) 이 드라마는 역시 지금 이미 시작된 종말론적 사건의 결산과 확인일 수 있을 뿐이다. 이것은 "때가 찼을 때" 그리스도를 보냄과 함께 결정적으로 시작된 것이고(갈 4 : 4), 그러므로 이미 지금 τὰ ἀρχαῖα παρῆλθεν, ἰδοὺ γέγονεν καινά "옛것은 지나갔고 보라 새 것이 되었다"(고후 5 : 17)라고 말할 수 있는 것이기 때문이다. 종말론적 δικαιοσύνη "義"와 υἱοθεσία "자녀됨"은 이미 현재의 것이다(§29). 靈, ἀπαρχή "처음 익은 열매"(롬 8 : 23), 미래의 완성의 ἀρραβών "담보"(고후 1 : 22; 5 : 5)는 공동체에 이미 선사되었다(갈 4 : 6; 롬 8 : 15). 생명의 현재성이 바울에 의해 영지주의 개념성으로 표사되었을지라도(§33, 3 e) 그는 그것으로써 역시 현재적 종말론 사건을 우주적 사건의 차원에서 역사적 차원으로 올려놓되(§33,5), 말하자면 예수를 십자가에 달린, 그리고 부활한 주로 선포하는 말의 설교에서 그것이 완수되는 것을 그가 통찰함으로 그렇게 한 것이다. 이 선포에서 이미 심판은 수행되고 있다. 그것은 불신에 대한 죽음을, 신에 대한 생명을 전파하기 때문이다(고후 2 : 15 f.). 이렇게 바울은 새 세대에 선행된다는 메시야의 중간 왕국에 관한 유대교 묵시문학적 사변을 역사화했는데 그리스도의 통치 시대를 그의 부활과 도래 사이의 시대로, 다시 말하면 설교가 울려퍼지는 현재로 이해함으로 역사화했다(고전 15 : 23—28).

---

* 이 표제에 관한 문헌들, 참조. S. 633 f.

그러므로 구원사건은 이 말에서 現在한다(§33,5). 선포된 말은 일반적 진리들로 流布되는 계몽적인 세계관도, 결정적인, 그러나 지나간 사실을 브리핑식으로 "회상한" 단순한 역사적 보도도 아니다. 그것은 오히려 본래의 의미에서 케리그마이고, 위임된, 지시적인 선포이며 주권자의 용서이다. 그것의 流布에는 위임된 사도들, κήρυκες "전도자들", ἀπόστολοι "사도들"이 필요하다(롬 10 : 13—17). 이런 뜻에서 그것은 본질상, 부르는 말(Anrede)인데 각 개인에게 관계되고, 그의 自己理解에서 그를 문제삼으며, 그의 결단을 촉구한다.

이 말에 구원사건이 現在한다면, 그것 자체가 구원사건에 속한 것이고, 그것과 함께 곧 διακονία τῆς καταλλαγῆς "화해의 職"으로, λόγος τῆς καταλλαγῆς "화해의 말"로 세워진 것이다(고후 5 : 18 f., §33,5). 그러므로 종말론적 사건은 이 말에서 일어난다. 종말론인 καιρὸς εὐπρόσδεκτος "받을 만한 시대", 이사야서 49장 8절에 豫言된 ἡμέρα σωτηρίας "구속의 날"이 νῦν "지금"에서 현재한다. 여기서 그 말은 듣는 자에게 적중되기 때문이다(고후 6 : 2, §33,5).

그러므로, 듣는 자들에 대해 그리스도와 神을 대신하고(고후 5 : 20, §33, 6 a 와 b), 그의 말이 신의 말인, 선포자 사도(살전 2 : 13)도 종말론적 사건에 속한다. 그는 "신의 인식의 향기"를 퍼뜨린다(고후 2 : 14). 그리고 그가 자신의 설교, φωτισμὸς τῆς γνώσεως τῆς δόξης τοῦ θεοῦ ἐν προσώπῳ Χριστοῦ "그리스도의 얼굴에 있는 신의 영광을 아는 빛"이 빛나게 하면 옛날에 ἐκ σκότους φῶς λάμψει "어두움에 빛이 비치라"라고 말한 신은 지금 그것에서 새 창조를 완성한다(고후 4 : 6). 그러나 그 까닭에 사도는 그의 공동체들에 대해 순종을 요구해야 했다(고후 2 : 9; 7 : 15; 빌 2 : 12; 몬 21). 그리고 그가 신자들에게 獨裁한다(고후 1 : 24)는 오해를 벗기고, 믿는 자로서 그들과 함께 같은 κύριος "주"의 지배를 받으며, 이를 선포하면서, 설교의 대상이 된 사람들의 δοῦλος "종"이 되었음을 확인해야 했다(고후 4 : 5; 고전 9 : 19—23). 그러나 그가 사도인 한, 그는 물론, 공동체의 ὑπακοὴ τοῦ Χριστοῦ "그리스도에 대한 순종"이 자기 개인에 대한 순종으로서 확증될 것을 요구해야 했다(고후 10 : 5 f.).

2. 교회에서의 現在

설교의 말은 불러모아 ἐκκλησία, 교회(Kirche), κλητοί "부름받은 자들"과 ἅγιοι "거룩한 자들"의 공동체를 만든다(§10,3, S. 96 f.). 그것은 종말론

§34. 말, 교회, 성례　　　　　　　　311

적 공동체이고 그 실존은 곧 함께 종말론적 구원사건에 속한다. 교회가 설교에 의해 부름을 받은 것같이 그 실존은 다시 설교의 근거가 된다. 오로지 ἐκκλησία에만 위임된 설교가 있다. Διακονία τῆς καταλλαγῆς "화해의 직무"는 곧 διακονία καινῆς διαθήκης "새 언약의 직무"(고후 3:6 ff.)이다. 다시 말해서 사도의 설교는 처음부터 구원사건의 영역 안에 있고 그 주체는 신의 백성이다. 공동체들을 그들의 선교로 처음 창건한 사도들 역시 공동체 내에 있었다(고전 12:28). 자신의 활동에 초대교회가 동의했다는 데 대해 확실치 않았다면, 바울은 "헛되이 달음질한다"고 믿었을 수밖에 없었을 것이다(갈 2:2).

'Εκκλησία라는 말이 때로 전체교회, 때로는 개체교회를 표시한다(§ 10, 1, S. 92)는 점에서 종말론적 공동체의 특유한 이중성격이 반영된다. 그것은 한편 세계의 현상이 아니라 새 세대에 속하고, 반면, 그 자체가 불가시적인 이 종말론적 공동체는 세계 내에서 개체 공동체들로 구체화되어 볼 수 있게 된다. 'Εκκλησία는 그리스도의 십자가와 꼭 같이 이중적 현상이다. 즉 그것은 세계적 사실로서 可視的이면서, 不可視的이나, 역시 신앙의 눈에는 미래 세계에 속하는 것으로서 동시에 가시적이다.

종말론적 공동체는 자신에 관한 가장 순수한 표현을 그때마다 κύριος를 主로 고백하는 공동체의 祭祀 모임에서 발견한다(고전 12:3; 빌 2:11). 그는 συνέρχεσθαι ἐν ἐκκλησία "교회에 모일 때"(고전 11:18) 현재하고 여기서 각이한 χαρίσματα "恩賜들"에 의한 πνεῦμα "영"의 역사(고전 14장)로 증명된다. 아니, ἐνεργῶν τὰ πάντα ἐν πᾶσιν "모든 것을 모든 사람 안에서 역사하는 자", 신 자신(고전 12:6)이 현재한다. 예언자의 말에 감명된 길손으로 참석한 평민은 ὅτι ὄντως ὁ θεὸς ἐν ὑμῖν ἐστιν "실제로 신이 너희 중에 있다"는 것(고전 14:25)을 고백한다.

제사 모임에서 드러나는 종말론적 거룩함이 공동체 자체의 구조와 삶을 규정한다. 공동체는 세계에서 탈취되었기 때문에 그 곳에서는 세상의 차별이 그 의미를 상실했다. 여기에서 타당한 것은 다음과 같다:

οὐκ ἔνι 'Ιουδαῖος οὐδὲ ''Ελλην,
οὐκ ἔνι δοῦλος οὐδὲ ἐλεύθερος,
οὐκ ἔνι ἄρσεν καὶ θῆλυ·
πάντες γὰρ ὑμεῖς εἷς ἐστε ἐν Χρ. 'Ιησοῦ
"유대인도 헬라인도 아니고
종도 자유자도 아니며

남자도 여자도 아님은
너희가 모두 그리스도 예수 안에서 하나임이다"
(갈 3:28; 비교. 고전 12:13).

그러나 세상의 모든 차별에 대한 냉담성은 "각기 神의 부름을 받은 그 신분에서 지내라"(고전 7:17—24)는 데서도 해당한다. 다시 말해서 세상의 차별들에 대한 냉담은 內世界的 社會學的 프로그램이 아니라 오로지 종말론적 공동체 내부에서만 사건이 되는 종말론적인 사건이다.

이 공동체는 신의 성전으로서(고전 3:16 f.), ἅγιοι "성도들"의 공동체로서, 주변세계로부터, "밖에" 있는 자들로부터(고전 5:12 f.: 살전 4:12), ἄδικοι "악한 자들"(고전 6:1)로부터 분리되었다. 믿는 자들은 "顚倒된, 길 잃은 세대 한가운데서 신의 흠없는 자녀"이어야 하고 "별들처럼 세상에 빛나"야 한다(빌 2:15). 그리스도인은 물론 이방 神堂에 참여하지 않는다 (고전 10:1—22, §10:3). 그러나 그는 이방인의 법정에서 재판을 걸어도 안된다(고전 6:1—8). 국가 관리들에 대한 그의 의무들은 그러나 양심적으로 실천되어야 한다(롬 13:1—7). "불신자들"과의 교제가, 어떤 것이든지 절단된 것은 아니다(고전 5:9 f.; 10:27). 그러나 종말론적 공동체는 역시 그 제사 모임에서만 나타나는 것이 아니다. 오히려 이 중심에서, 그리스도교 신앙에 의해 規定된 세속적 생활 공동체가 형성된다는 점에서도 나타난다. 이 공동체에는 상호간의 책임과 상호간의 봉사가 있다. 여러 형태의 ἀντιλήμψεις "도움"과 κυβερνήσεις "통솔", προΐστασθαι "앞장섬", κοπιᾶν "수고함", διακονεῖν "봉사함"이 있다(고전 12:28; 16:15 f.: 롬 12:7 f.; 살전 5:12). Ἐπίσκοποι "장로들"과 διάκονοι "집사들"은 빌립보서 1장 1절에 처음으로 한 공동체의 公的인 대표자로 나온다. 그리고 재판職의 성립은 고린도전서 6장 1절 이하에서 준비되었다.

바울은 그리스도교 공통의 사상과 일치시키면서(§10, 2) 구원사적 개념들로 공동체의 성격을 종말론적인 것으로 묘사했다. 즉 그는 공동체를 "새 언약"의 공동체로 표시했고(고후 3:6 ff.; 고전 11:25) 또는 "신의 이스라엘"이라고 불렀으며(갈 6:16), 또는 아브라함을 信者들의 조상이라고 말했다 (§10, 2). 공동체는 이로써 救援史의 종국으로 성격지어진 것이다. 약속들은 모두 이 공동체에서 성취되었다(롬 15:4; 고전 10:11; 비교. 9:10). 그러나 바울은 공동체의 超世界的 종말론적 성격을 영지주의적 개념성으로도 표현할 수 있었다. 그는 그것을 σῶμα Χριστοῦ "그리스도의 몸"(고전 12:27) 또는 σῶμα ἐν Χριστῷ "그리스도 안에 있는 몸"(롬 12:5)이라고 불렀던 것이다(§15, 4e). 개인들의 의지와 행위의 피안에 근원을 둔 그 근거와 마찬가지로 그 통일성, 그리고 동시에 그 피안적인 본질은 역시 영지주의적으로 표현되었다. ’Εκκλησία "교회"는 같은 뜻의 개인들이 모여서 이루어 놓은 단체가 아니다. ― 외견상 그렇게 보이든지 또는 그렇게 서술할지라도 그런 것은 아니다. 그것은 각기 私的으로 그리스도-관계를 가지고 즐기는 영의 소유자들의 집단이 아니다. 바울은 바로 고린도에서 나타나는 이 오해에 대해 고린도전서 12장 12―30절에서 경고했다. 그러나 물론 그것은 ― 古典 전통에서 생긴, 有機的으로 자라서 결속된 공동사회를 위한 σῶμα 像으로 ― 그 공동체를 σῶμα로 즉 한 유기체로 표시하는 방식이 아니라 유기체 사상을 附隨的으로 이용하는 방식이었다(14―26절). 그에게 주도적인 것은 오히려 그가 그 공동체를 σῶμα Χριστοῦ "그리스도의 몸"으로 표시하는 것이었다. 그의 주도적 사상은 몸의 지체들이 각기 다르면서 전체를 이룬다는 것, 즉 그것들이 서로 다른 그대로 그 몸을 위해 중요하다는 사상이 아니었다. 오히려 그것은 지체들이, 그리스도에 속한 것이기 때문에 그리고 그런 限에서 같고, 그러므로 그 차별들은 무의미해진다는 사상이다(12 f.절). 그 몸은 지체들에 의해서가 아니라 그리스도에 의해 구성된다(롬 12：5에서도 그렇다). 그러므로 그 몸은 지체들 앞과 위에 있고 그것들에 의해, 그것들 안에 있는 것이 아니다. 다시 말해서 그리스도의 몸은 ― 영지주의적으로 말해서 ― 우주적인 실재이다. 그러나 영지주의적 개념은 포괄적인, 구원사건을 통해 세워진 역사적 연관성, 개인들이 세워진 이 연관성을 표현하는 데 사용되었다(§33, 5). 그러나 σῶμα Χριστοῦ "그리스도의 몸"이라는 표지에 관련되어 ἐκκλησία에 관한 우주론적 사변들이 발전된 것은 이해가 간다(§10, 1; S. 91; §15, 4 e).

3. 聖禮에서의 現在

개인은 세례 성례에 의해 σῶμα Χριστοῦ "그리스도의 몸"에 받아들여진다: καὶ γὰρ ἐν ἑνὶ πνεύματι ἡμεῖς πάντες εἰς ἓν σῶμα ἐβαπτίσθημεν "또 이는 한 영에서 우리가 모두 한 몸으로 세례를 받았음이다"(고전 12：13). 이 대신 단순히 εἰς Χριστόν "그리스도로"(갈 3：27; 고후 1：2)도 표현할 수 있었고 그러므로 그리스도교적 실존이 εἶναι ἐν Χριστῷ "그리스도 안에 있음"으로 표시될 수 있었다 : πάντες γὰρ ὑμεῖς εἷς ἐστε ἐν Χρ. Ἰησοῦ "이는 너희가 모두 그리스도 예수 안에서 하나임이다"(갈 3：28). 그리스도교 공동체에 속한다함은 ἐν Χριστῷ (ἐν κυρίῳ) "그리스도(主) 안에" 있음을 뜻하고(롬 16 : 7, 11; 고전 1 : 30), 마찬가지로 그리스도교 공동체들도 ἐν Χριστῷ "그리스도 안에" 있는 것으로 성격지어질 수 있다(갈 1 : 22; 살전 2 : 14). 'Ἐν Χριστῷ는 신비적인 결합을 위한 格式語일 수는 없을 것으로, 우선 교회론적 말투이고 세례에 의해 σῶμα Χριστοῦ "그리스도의 몸"에 接木된 존재를 표시한다. 설사 明示的으로 세례가 생각될 필요가 없는 如何한 경우일지라도(가령 롬 8 : 1; 고후 5 : 17; 갈 2 : 17), 그리고 그 말투가 이로부터 부연된 화법을 얻고 단지 일반적으로만 그리스도에 의한 규정성을 자주 표현하며 아직 결여된 형용사 또는 부사 "그리스도교적"을 대신할지라도 같다. 세례에 의해 조직된 공동체가 종말론적 공동체이기 때문에 그 말투는 교회론적이며 동시에 종말론적인 의미를 가진다 : εἴ τις ἐν Χριστῷ, καινὴ κτίσις "누구나 그리스도 안에 있으면 그는 새로운 피조물이다"(고후 5 : 17). 'Ἐν Χριστῷ의 종말론적 의미는 그것과 ἐν πνεύματι "영으로"가 교체될 수 있다는 사실에서도 마찬가지로 드러난다(롬 8 : 9; 14 : 17). 그러나 πνεῦμα "靈"은 세례에 의해 제공되므로(고전 12 : 13; 고후 1 : 22; §13 : 1; S. 138) 반대로 ἐν πνεύματι도 교회론적 말투에 해당할 수 있다. 이 표현도 마찬가지로, 부연된 화법으로 사용될 수 있는데 그 경우에도 같다.

그러나 세례 성례에 의한 공동체 참여는, 구원사건이 설교된 말에 의해 계속되는 역사적 진행과 어떤 관계를 가지는가(§33, 5와 6)? 세례가 예수의 죽음과 부활에 참여하게 한다면 그것은 선포된, 신앙으로 들은 말보다 다른 방법으로 행해지는가? 바울은 밀의종교들의 성례의 의미에서 세례를 받아들이고 潔罪의 성례로서 그것을 해석하되 그것에서 새로운 윤리적 삶의 기초를 보는 방식으로 하려고 노력했다(§13 : 1; S. 140 f.). 물론 그가 성례의 마법적 작용에 관한 밀의종교적 표상에서 완전히 벗어났다고는 말할 수 없을 것이다. 그는 그런 표상에 근거를 둔 代理洗禮를 여전히 승인하고(고전 15 : 29), 주의 만찬에 관한 사상에서도 그것의 영향을 받고 있기 때문이다(참조. 아래). 그러나 그는 결코 무조건 세례에 마법적 작용력을 귀속시키지는 않았다. 그것을 받는 것이 곧 구원을 보장한다고 보지 않았다. 옛날에 그리스도교 성례의 模像들을 받았던 광야의 세대가 그것으로 파멸에서 보호되지 않은 것과 같이, 세례받은 그리스도인들의 경우에도 같은 것이 해당된다 : ὥστε ὁ δοκῶν ἑστάναι βλεπέτω μὴ πέσῃ "서있는 줄로 생각하는 자가 넘어지지 않게 주의하도록 함이다"(고전 10 : 1—12). 바울이 οὐ γὰρ ἀπέστειλέν με Χριστὸς βαπτίζειν ἀλλ' εὐαγγελίζεσθαι "이는 그리스도가 나를 세운 것이 세례를 주도록 함이 아니라 복음을 전하도록 함이다".

§34. 말, 교회, 성례

(고전 1:17)라고 강조한 것은 세례를 말에 예속된 것으로 보았음이 분명하다. 세례주는 자는 밀의종교에서와 같이 司祭의 성격을 가지지 않고, 세례의 수행도 그곳에서와 같이 施洗者와 受洗者 사이의 밀의적 관계를 맺어주지 않는다.

受洗者에게서 일어나는 객관적 사건은 역시 세례이고 가령 주관적인 현상들을 위한 상징이 아니다. 바울은 수세자의 어떤 체험들에 관해서도 말한 바 없다. 그것은 수세자에게 일어나는 객관적 사건으로서 구원사건, 즉 예수의 죽음과 부활에의 참여를 그에게 확인한다. 말하자면 그것은 선포된 말이 하는 것과 같이 그에게 구원사건을 現在化하되, 단지 지금 바로 그에게 수세자에게만 특별히 관련되고 그에게 해당하는 것으로 현재화한다. 그러나 자기쪽에서 자기 것을 만드는 것은 설교된 말에서 일어나는 구원사건을 자기 것으로 만드는 것과 같은 것이다. 물론 거의 의심할 수 없는 것인바, 로마서 10장 9절이 세례 때 털어놓은 고백, 즉

ἐὰν ὁμολογήσῃς ἐν τῷ στόματί σου κύριον Ἰησοῦν
καὶ πιστεύσῃς ἐν τῇ καρδίᾳ σου ὅτι ὁ θεὸς αὐτὸν ἤγειρεν ἐκ νεκρῶν
"만일 네 입으로 예수를 주로 승인하고
네 마음으로 신이 그를 죽은 자들 중에서 일으켰음을 믿으면"

을 지지했다면, 세례는 受洗者 측에서 볼 때 고백하는 신앙 행위이다. 그리고 말을 믿음으로 받아들이는 것이 그것으로 말하는 κύριος에 대한 승인인 것 같이 세례도 κύριος의 지배하에 속한다. Ἐν Χριστῷ εἶναι "그리스도 안에 있음"은 곧 Χριστοῦ εἶναι "그리스도의 것으로 있음" 즉 그리스도를 주로 삼는 것이다(갈 3:29. 비교. 27 f.; 5:24; 고후 10:7; 롬 8:9; 14:8). Λόγος τοῦ σταυροῦ "십자가의 말"을 받아들이는 것이 자신의 自己理解와 자신의 생활이 십자가에 의해 규정되게 하는 것을 뜻하는 바와 같이(§33, 6 a), 세례는 그리스도와 συσταυρωθῆναι "함께 십자가에 달림"을 뜻하므로(롬 6:6), 지금은 사실, 예수의 죽음과 부활에 참여했다는 직설법에 명령법이 그 근거를 두고 있다: παραστήσατε ἑαυτοὺς τῷ θεῷ ὡσεὶ ἐκ νεκρῶν ζῶντας "너희는 자신을 죽은 자 가운데서 다시 산 자 같이 신에게 제물로 드리라"(롬 6:13). 갈라디아서 3장 27절에 ὅσοι γὰρ εἰς Χριστὸν ἐβαπτίσθητε, Χριστὸν ἐνεδύσασθε "이는 너희가 그리스도로 세례를 받았음이니 그리스도로 옷입었음이다"라고 한 것같이, 바울은 로마서 13장 14절에서 ἐνδύσασθε τὸν κύριον Ἰ. Χριστόν "주 예수 그리스도를 옷

입어라"라고 명령할 수 있었다.
　바울의 경우 주의 만찬에 대한 파악에서도 밀의종교적 표상들이 구원사건에 관한 그 자신의 견해와 비슷하게 결합되었다. 주의 만찬식과 성례로서의 그 이해 — 이것은 빵과 술을 먹고 마시는 힘으로 죽고 부활한 그리스도와의 교제(Kommunio)를 일으키는 것인데 — 를 바울은 헬레니즘계의 그리스도교에서 받아들였다(§13, 2). 그가 意圖的으로 얼마나 만찬의 마법적 작용에 관한 표상에서 벗어나지 않았는가를 보여 주는 것은, 그가 그 작용을 이방 제사 식사의 작용에 비겨 생각했다(고전 10 : 20 f. ; S. 149)는 사실뿐 아니라, 그것을 부당하게 먹고 마시는 것 역시 육체적인 害와 죽음까지도 초래한다는 그의 견해도 그것을 보여 준다(고전 11 : 29 f.) 그러나 바울이 交際의 사상을 표현하되 참여자들이 한 $\sigma\hat{\omega}\mu\alpha$ ($\tau o\hat{v}$ $X\rho\iota\sigma\tau o\hat{v}$) "(그리스도의)몸"이 된다는 말로 표현했다면(고전 10 : 16 f.), $\sigma\hat{\omega}\mu\alpha$ $\tau o\hat{v}$ $X\rho\iota\sigma\tau o\hat{v}$에 관한 그의 사상이 주의 만찬에 관한 그의 파악도 규정한 것은 의심 없다. 그리고 그가 주의 만찬식에 의한 그리스도의 죽음의 현재화를 "복음 선포($\kappa\alpha\tau\alpha\gamma\gamma\acute{\epsilon}\lambda\lambda\epsilon\iota\nu$)"라고 부른바(고전 11 : 26), 다시 말해서 설교라는 말과 같은 말로 표현했다면(롬 1 : 8; 고전 2 : 1; 9 : 14; 빌 1 : 17 f.). 이로부터 드러나는 것은 주의 만찬의 성례도 세례의 그것과 마찬가지로 말 선포에 예속되어 있다는 것, 결국은 같은 것의 특별한 양상만을 서술할 뿐이라는 것이다. 특수한 것은 세례에서와 비슷하게 구원사건을 바로 지금 여기에서 예배하는 자들에게 적용시키는 특별한 방법이며, 이 외에 말 선포와 세례에서 분명하게 강조되지 않은 (예배자들의) 공동사회를 창건하는 役事이다(고전 10 : 16 f.). 그러므로 성례의 役事는 — 밀의종교 사상들의 영향에도 불구하고 — 본래 "물질들", 맛본 음식물이 아니라 $\kappa\alpha\tau\alpha\gamma\gamma\acute{\epsilon}\lambda\lambda\epsilon\iota\nu$ "선포하다"로서의 행위에 근거를 두고 있음이 분명하다. 여하간 주의 만찬은 바울에게 있어서 그것을 먹음으로 不死의 生命이 보장되는 $\varphi\acute{\alpha}\rho\mu\alpha\kappa o\nu$ $\acute{\alpha}\vartheta\alpha\nu\alpha\sigma\acute{\iota}\alpha\varsigma$ "不死의 약"이 아니다 (§13, 2; S. 147). 고린도전서 10장 1—12절의 환상적 안전성에 대한 경고는 세례에도 주의 만찬에도 마찬가지로 해당한다. 주의 만찬에서도 — 이미 $\kappa\upsilon\rho\iota\alpha\kappa\grave{o}\nu$ $\delta\hat{\epsilon}\hat{\iota}\pi\nu o\nu$ "주의 만찬"이 암시하듯이 — 바로 세워지고 승인되는 것은 $\kappa\acute{\upsilon}\rho\iota o\varsigma$의 지배권이다.

3. 신앙*

§35. 신앙의 구조

인간이 δικαιοσύνη ϑεοῦ "신의 義"의 선물을 받고 신의 구원행위를 자신에게 실현시키는 인간의 태도는 πίστις "신앙"이다. 그것은 이미 δικαιοσύνη ϑεοῦ에 관한 검토(§30)에서 포착되었고, 그 本質은 χάρις "은혜" 개념의 연구에 의해 간접적으로 설명되었다(§32—34). 지금은 그것의 전 구조와 意義가 분명히 되어야 할 것이다.

우선 단순히 천명될 수 있는 것은 πίστις가, 유대교적 견해에 따르면 조건으로 되어 있던 저 ἔργα "일들" 대신 등장하는바, δικαιοσύνη를 받는데 필요한 조건이라는 것이다. 역시 간단하게 말할 수 있는 것은 그런 πίστις가 선교에서 형성된 헬레니즘계 그리스도교의 화법에 상응하는데, 그리스도교 소식의 받아들임이라(§9,5)는 것이다. 그런 받아들임의 理解 및 πίστις 개념은 바울 외에 다른 곳에서도 다양하게 발전된 것인데(S. 87 ff.), 바울에 의해서 역시 性格的으로 그리고 결정적으로 굳어졌다.

1. 순종으로서의 신앙

바울은 πίστις "신앙"을 무엇보다도 우선 ὑπακοή "순종", 즉 순종행위로서의 신앙행위로 이해한다. 이것을 보여 주는 것은 로마서 1장 8절, ὅτι ἡ πίστις ὑμῶν καταγγέλλεται ἐν ὅλῳ τῷ κόσμῳ "이는 너희 신앙이 온 세상에 퍼짐이다"와 16장 19절, ἡ γὰρ ὑμῶν ὑπακοὴ εἰς πάντας ἀφίκετο "이는 너희 순종이 모든 사람에게 들림이다"의 유사성이다. 이렇게 그는 ὑπακοὴ πίστεως "신앙의 순종"이라는 결합어를 만들어 그것으로써 자신의 使徒職의 목적을 표시할 수 있었다(롬 1 : 5).

비교. 이 외에 살전 1 : 8: ἐν παντὶ τόπῳ ἡ πίστις ὑμῶν ἡ πρὸς τὸν θεὸν ἐξελήλυθεν "신에 대한 너희 신앙은 도처에 퍼져 나아갔다"와 롬 15 : 18: οὐ γὰρ τολμήσω τι λαλεῖν ὧν οὐ κατειργάσατο Χρ. δι' ἐμοῦ εἰς ὑκακοὴν ἐθνῶν "이는 그리스도가 나를 통해 이방인들의 순종을 위해 역사하지 않은 것들에 관해 나는 감히 말하지 않음이다". 또 롬 10 : 3에서는 믿지 않는 유대인들에 관해 이렇게 말한다: τῇ

---

* 이 표제에 관한 문헌들, 참조. S. 634.

δικαιοσύνῃ τ. θ. οὐχ ὑπετάγησαν "그들은 신의 義에 굴복하지 않았다", 또 10: 16: οὐ πάντες ὑπήκουσαν τῷ εὐαγγελίῳ "그들은 모두 복음을 순종치 않았다". 유대인들의 불신앙이 마찬가지로 롬 11:30—32에서는 ἀπειθεῖν "순종치 않다"와 ἀπείθεια "불순종"으로 표시되었다: 비교. 롬 15:31; 갈 5:7; 고후 9:13에는 신앙이 ὑποταγὴ τῆς ὁμολογίας εἰς τὸ εὐαγγέλιον τοῦ Χριστοῦ "그리스도의 복음에 대한 고백의 순종"으로 묘사되었다. 고후 10:5 f.에 사도의 과제가 πᾶν νόημα εἰς τὴν ὑπακοὴν τοῦ Χριστοῦ "모든 생각을 사로잡아 그리스도에게 순종하게 하는 것"이라고 되어 있고, 그가 완악한 고린도인들을 위협하여 그가 ἐκδικῆσαι πᾶσαν παρακοήν, ὅταν πληρωθῇ ὑμῶν ἡ ὑπακοή "너희의 순종이 찰 때 모든 불순종을 보복하겠다"(사도에 대한 순종과 그리스도에 대한 것은 사실 동일하다. §34,1)고 했다면, 그는 10:15에서는 αὐξανομένης τῆς πίστεως ὑμῶν ἐν ὑμῖν μεγαλυνθῆναι "너희 신앙이 자라서 너희 안에서 커질 것"을 희망했다.

소식을 신앙으로 받아들이는 것이 바울에게 순종의 행위로 나타난 것은, 십자가에 달린 자를 κύριος "主"로 인정할 것을 요구하는 그 소식이 자신의 지금까지의 自己理解를 버릴 것을, 자신의 지금까지의 의지의 방향을 바꿀 것을 인간에게 촉구한다(§33, 6 a)는 데 그 근거를 두고 있다. Ὑπακοὴ πίστεως "신앙의 순종"이 참 순종이다. 신의 율법이 이 순종을 요구했었으나 유대인들이 καυχᾶσθαι ἰδίᾳ δικαιοσύνῃ "자기 義를 자랑하는 것"으로 율법을 誤用하므로 그것은 거절되었다. Πίστις "신앙"의 태도는 καυχᾶσθαι "자랑함"의 태도에 극단적으로 대립된다(§30,2). 신앙도 자체에 근거를 둘 수는 없다 — 그러면 그것도 καυχᾶσθαι "자랑거리"가 될 것이다. 그러므로 이미 율법 아래 있지 않는 믿는 자에게도 유대인들에 대한 심판에 상응하면서 다음 경고가 해당한다: τί δὲ ἔχεις ὃ οὐκ ἔλαβες; εἰ δὲ καὶ ἔλαβες, τί καυχᾶσαι ὡς μὴ λαβών: "네게 있는 것 중에 받지 않은 것이 무엇인가? 네가 받았으면 어찌 받지 않은 것같이 자랑하는가?"(고전 4:7) 그리고 야생 감람나무 가지로서 참 감람나무에 접붙임받은 이방 그리스도인들에게 이렇게 경고되었다: μὴ κατακαυχῶ τῶν κλάδων. εἰ δὲ καυχᾶσαι — οὐ σὺ τὴν ῥίζαν βαστάζεις, ἀλλ' ἡ ῥίζα σέ "그 가지들을 향해 자랑하지 말라. 자랑할지라도 — 네가 뿌리를 보전하지 않고 뿌리가 너를 보존한다"(롬 11:18). 신의 구원행위는 ὅπως μὴ καυχήσηται πᾶσα σὰρξ ἐνώπιον τοῦ θεοῦ "신 앞에 모든 육체가 자랑하지 못하게 하는 것"을 목표로 삼는다(고전 1:29). 그리고 다음 것만이 타당하다: ὁ καυχώμενος ἐν κυρίῳ καυχάσθω "자랑하는 자는 주 안에서 자랑하라"(고전 1:31; 고후 10:17). 바울은 이에 일치하게 아브라함의 신앙을 특징짓는다: ἐνεδυναμώθη τῇ

$\Pi\iota\sigma\tau\epsilon\iota$ $\delta o\grave{\upsilon}s$ $\delta\acute{o}\xi a\nu$ $\tau\hat{\omega}$ $\vartheta\epsilon\hat{\omega}$ "믿음으로 견고하여져서 신에게 영광을 돌린 자"(롬 4:20).

$\Pi\iota\sigma\tau\iota s$는 참된 순종으로서 그것도 하나의 공로, $\check{\epsilon}\rho\gamma o\nu$이라는 의혹에서 벗어났다(§30, 2; S. 284 ff.). 功績에서 의지가 포기되지 않고 관철되며 단지 형식적인 포기만이 일어나서, 의지가 自身 밖에 있는 法廷으로부터 공적의 내용을 제공받으나, 그렇게 하므로 그의 공적을 자랑할 수 있다고 생각하기 때문에 신앙 자체는 순종일 수 없을 것이다. 공적에 대한 철저한 포기로서, 신에 의해 정해진 구원의 길에 공손하게 굴복하는 것으로서, 그리스도의 십자가를 받아들이는 것으로서 $\pi\iota\sigma\tau\iota s$ (§33, 6 a)는 옛 '나' 대신 새로운 '나'가 형성되는 순종의 자유로운 행위이다. 그러한 결단으로서 신앙은 본래의 의미의 行爲인데 여기에 인간은 그 자체로 있는 반면, $\check{\epsilon}\rho\gamma o\nu$ "일"의 경우에는 그가 행하는 것과 나란히 있다.

그러나 신앙의 순종은 결단의 자유로운 행위로서 또 다른 오해도 拂拭했다. $\Pi\iota\sigma\tau\iota s$는 "체험"도, "종교 중의 본래의 종교적인 것"도, 영적 상태도, $\delta\iota\acute{a}\vartheta\epsilon\sigma\iota s$ "知覺" 또는 $\grave{a}\rho\epsilon\tau\acute{\eta}$ "德"도 아니다. 그것은 — 완성된 정신 상태로서의 — 구원 자체도 아니고, — 순수한 순종으로서의 — 그것을 받는 조건이다.

필론(Philon)과 비교하면 많은 것을 배울 수 있을 것이다. $\Pi\iota\sigma\tau\iota s$에 관한 그의 과악은 자주 비교된다(Bousset, *Kyrios Christos*² 145—149; 비교. H. Windisch, *Die Frömmigkeit Philos* 1909; Schlatter, a.a.O. 65—86). 그는 $\pi\iota\sigma\tau\iota s$를 정신의 $\delta\iota\acute{a}\vartheta\epsilon\sigma\iota s$ "知覺"으로, 그것의 완전한 상태로, $\grave{a}\rho\epsilon\tau\acute{\eta}$ "덕"으로 이해했다. 그 때문에 그의 경우 $\pi\iota\sigma\tau\iota s$는 마지막에 온다. 즉 "신을 향한 생의 움직임의 목표"이다(Schlatter). 반면 바울에게서는 시초에 오고 새로운 삶에 근거를 제공한다.

미카엘리스(W. Michaelis)는 (Deissmann에 따라) $\pi\iota\sigma\tau\iota s$를 義認의 조건으로, 공적으로 보는 오해에 이렇게 대처했다. 즉 그는 조건으로서의 의미를 전적으로 배제하고 $\delta\iota\kappa a\iota o\sigma\acute{\upsilon}\nu\eta$ $\grave{\epsilon}\kappa$ $\pi\acute{\iota}\sigma\tau\epsilon\omega s$ "신앙의 義"(롬 1:17; 10:6)는 단지 $\delta\iota\kappa a\iota o\sigma\acute{\upsilon}\nu\eta$ $\grave{\epsilon}\kappa$ $\nu\acute{o}\mu o\upsilon$ "율법의 義"에 대한 대립 말투에 불과한 것이라고 주장했다. 실제로 $\pi\iota\sigma\tau\iota s$는 義認의 체험이고 그리스도와의 공동성이라는 것이다. 그러나 이 경우에 첫째로 $\pi\iota\sigma\tau\iota s$가 $\grave{\upsilon}\pi a\kappa o\acute{\eta}$라는 것이 看過되었고 둘째로 $\lambda o\gamma\iota\zeta\epsilon\sigma\vartheta a\iota$ $\epsilon\grave{\iota}s$ $\delta\iota\kappa a\iota o\sigma\acute{\upsilon}\nu\eta\nu$ "義로 간주된다"(롬 4:3, 5 ff.; 갈 3:6), $\pi\iota\sigma\tau\epsilon\acute{\upsilon}\epsilon\iota\nu$ $\epsilon\grave{\iota}s$ $\delta\iota\kappa a\iota o\sigma\acute{\upsilon}\nu\eta\nu$ "믿어 義에 이른다"(롬 10:10)와 같은 화법들이 무시되었다. 이것들이 사실 분명히 보여주는 것은 신앙이 義가 아니라 그것의 조건이라는 것이다. 조건으로서의 $\pi\iota\sigma\tau\iota s$의 의미는 $\grave{\epsilon}\kappa$ $\pi\acute{\iota}\sigma\tau\epsilon\omega s$ "신앙에 의한" 義認 또는 義에 관해 말하는 귀절들에서 드러난다: 롬 3:30; 5:1; 9:30; 10:6(비교. 1:17; 3:26; 9:32); 특별히 갈 2:16; $\grave{\epsilon}\pi\iota\sigma\tau\epsilon\acute{\upsilon}\sigma a\mu\epsilon\nu$, $\check{\iota}\nu a$

δικαιωθῶμεν ἐκ πίστεως Χριστοῦ "우리는 그리스도를 믿음으로 의롭다함을 받기 위해 믿었다" 3:7 f., 11 f., 24; 5:5에서도 같다. 같은 의미의 말투 διὰ (τῆς) πίστεως "믿음을 통해"(롬 3:22, 30; 갈 2:16; 3:14; 빌 3:9), ἐπὶ τῇ πίστει "믿음에 의거하여"(빌 3:9)와 단순한 πίστει "믿음으로"(롬 3:28) 등도 같다 — 바울은 조건의 실천을 오로지 공적으로만 생각할 수 있는 자에게만은 이해되지 않거나 모순되게 보인다. 반면 바울에 의하면 πίστις는 공적의 포기이고 동시에 철저한 순종이다.

그러나 πίστις를, 참회에 근거하여 신의 은혜의 용서를 신뢰하는 것으로 이해하는 것도 충분치 않다. 이 용서는 범죄에서 버린 율법의 길에 죄인을 다시 돌아오게 한다(Schlatter). Ἄφεσις ἁμαρτιῶν "죄들의 용서"와 μετάνοια "회개"라는 개념이 바울에게서 드물다는 것(§31; S. 288 f.), 마찬가지로 ἐπιστρέφειν "돌아서다"(§9,3; 바울에게는 살전 1:9; 고후 3:16에서만 볼 수 있다)가 드문 것도 πίστις에 포함된 의지의 움직임이 우선적으로는 참회와 회개가 아님을 이미 보여 준다. 물론 이것들이 믿음에 포함되어 있다. 그러나 신앙은 우선적으로 ἰδία δικαιοσύνη "자기의 義"를 포기하게 하는 순종이다. 빌립보서 3장 7—9절은 犯行에 의해 더럽혀진 삶으로서의 옛 삶에 대한 자기 평가의 표현이 아니다. 즉 이미 율법적 現存에서 또는 율법적 現存에 의해 죄로 평가될 수 있었던, 또는 가령 제4 에스라서가 보여 주듯이, 평가되었던 것에 대한 평가가 아니다. 오히려 그것은 율법적 현존에서 자랑이고 κέρδος "소득"이었던 모든 것의 희생을 묘사한 것이다. 순종과 결단의 행위로서의 πίστις의 성격은 분명하다.

2. 고백으로서의 信仰

Πίστις "믿음"은 곧 ὁμολογία "고백"이다라는 것에 의해서도 πίστις 개념은 그런 오해에서 수호된다. Πίστις는···에 대한 신앙이다. 즉 그것은 언제나 그 대상, 그리스도 안에서의 신의 구원행위에 관련되어 있다. 그러므로 "고백하는 일"과 "믿는 일"은 서로 교차된다:

ὅτι ἐὰν ὁμολογήσῃς ἐν τῷ στόματί σου κύριον Ἰησοῦν
καὶ πιστεύσῃς ἐν τῇ καρδίᾳ σου ὅτι ὁ θεὸς αὐτὸν ἤγειρεν···
σωθήσῃ
"만일 네가 네 입으로 예수를 主로 고백하고
네 마음으로 신이 그를···일으킨 것을 믿으면
구원을 받으리라"(롬 10:9).

§35. 신앙의 구조

롬 10 : 9에서와 같이 신앙의 대상이 ὅτι 문장으로 표현된 귀절들: 살전 4 : 14; 롬 6 : 8. Πιστεύειν 또는 πίστις εἰς (Χρ. Ἰησοῦν) "(그리스도 예수)를 믿다" 또는 "믿음"도 같다: 갈 2 : 16; 롬 10 : 14; 빌 1 : 29; πρός 몬 5; ἐν 갈 3 : 26; 구약성서 인용문(사 28 : 16)에서 ἐπί 롬 9 : 33; 10 : 11. 이를 위한 약식 표현, 목적적 2격(§ 9,5): πίστις Ἰ. Χριστοῦ 갈 2 : 16; 3 : 22; 롬 3 : 22, 26; 빌 3 : 9; 및 τοῦ υἱοῦ τοῦ θεοῦ "신의 아들" 갈 2 : 20; τοῦ εὐαγγελίου "복음" 빌 1 : 27.

그러므로 πίστις는 "경건" 또는 일반적인 神 신뢰가 아니다. 오히려 그것은 말의 받아들임, ῥῆμα τῆς πίστεως "신앙의 말"(롬 10 : 8), ἀκοὴ πίστεως "信仰의 순종"(갈 3 : 2,5)의 받아들임인 限, "敎義的" 성격을 지니고 있으므로, πίστις τοῦ εὐαγγελίου "복음의 신앙"이라고 부를 수도 있는 것이다(빌 1 : 27).

그러므로 ἀκοή "순종"에서 발생한 πίστις(롬 10 : 17)에는 반드시 앎이 포함되어 있다. 그 까닭에 바울은 가끔 마치 이 앎이 신앙의 근거인 것같이 말할 수도 있었다. 가령 로마서 6장 8—9절: 사망이 이미 부활한 그리스도를 지배하지 못한다는 것을 우리가 알므로, 우리는 그와 함께 죽었으면 또한 그와 함께 살리라는 것을 믿는다(비교. 고후 4 : 13 f.). 그러나 이 앎은 오로지 순종적인 이해적인 신앙에서만 소유할 수 있기 때문에, 즉 그 곳에는 어떤 자기 理解가 포함되어 있기 때문에, 그것 역시 신앙에서 근원된 것으로도 나타날 수 있었다. 가령 로마서 5장 3절, 여기서는 εἰδότες ὅτι ἡ θλίψις ὑπομονὴν κατεργάζεται "환란이 인내를 낳는다는 것을 앎"이 바로 δικαιωθέντες ἐκ πίστεως "믿음으로 의롭다함을 받음"을 아는 것이다. 고린도후서 1장 7절; 5장 6절에서도 다르지 않다. 이렇게 οἴδαμεν "우리는 ··· 안다", οἴδατε "너희는 ··· 안다" 등은 때로 "敎理", 다시 말하면 케리그마의 한 조문(살전 5 : 2; 롬 6 : 3; 고후 5 : 1; 8 : 9)에, 때로는 결과로서의 신앙적인 知覺을 명백히 하는 진리들(롬 8 : 28; 13 : 11; 14 : 14; 고전 3 : 16; 6 : 2 f., 9; 15 : 58)에 호소했다. 결국 πίστις와 γνῶσις "지식"은 새로운 자기 자신의 이해라는 점에서 동일하다. 바울이 자신의 사도직의 의미를 εἰς ὑπακοὴν πίστεως "신앙의 순종을 위해"(롬 1 : 5)에 의해, 또는 πρὸς φωτισμὸν τῆς γνώσεως τῆς δόξης τ. θεοῦ ἐν προσώπῳ Χριστοῦ "그리스도의 얼굴에 있는 신의 영광에 관한 지식의 빛을 위해(고후 4 : 6; 비교. 2 : 14; τῷ θεῷ ··· τὴν ὀσμὴν τῆς γνώσεως αὐτοῦ φανεροῦντι δι' ἡμῶν "우리를 통해 그에 관한 지식의 향기를 나타내는 신에게")로 설명할 수 있었던 것도 마찬가지이다. 그가ὑπερέχον τῆς γνώσεως Χρ. Ἰησοῦ

"그리스도 예수에 관한 지식이 넘치게" 하기 위해 $\pi\epsilon\pi o\iota\vartheta\nu\epsilon\alpha\iota$ $\epsilon\nu$ $\sigma\alpha\rho\kappa\iota$ "肉에 의지하는 것"을 포기했다고 말한 것과, 그 다음에 자신의 $\epsilon\kappa$ $\vartheta\epsilon o\hat{\upsilon}$ $\delta\iota\kappa\alpha\iota o\sigma\upsilon\nu\eta$ $\epsilon\pi\iota$ $\tau\hat{\eta}$ $\pi\iota\sigma\tau\epsilon\iota$ "믿음을 근거로 신에게서 나온 義"의 의미를 $\gamma\nu\hat{\omega}\nu\alpha\iota$ $\alpha\upsilon\tau\grave{o}\nu$ $\kappa\alpha\grave{\iota}$ $\tau\grave{\eta}\nu$ $\delta\upsilon\nu\alpha\mu\iota\nu$ $\tau\hat{\eta}\varsigma$ $\alpha\nu\alpha\sigma\tau\alpha\sigma\epsilon\omega\varsigma$ $\alpha\upsilon\tau o\hat{\upsilon}$ $\kappa\alpha\grave{\iota}$ $\kappa o\iota\nu\omega\nu\iota\alpha\nu$ $\pi\alpha\vartheta\eta\mu\alpha\tau\omega\nu$ $\alpha\upsilon\tau o\hat{\upsilon}$ $\kappa\tau\lambda$. "(그와 그의 부활의 능력과 그의 고난에의 참여 ··· 에 관해 아는 것"으로 발전시켰을 때(빌 3:8—10)도 같다. $\Gamma\nu\hat{\omega}\sigma\iota\varsigma$ "지식"의 성격은 특별히 인간의 $\gamma\iota\nu\omega\sigma\kappa\epsilon\iota\nu$ "앎"이 $\gamma\nu\omega\sigma\vartheta\hat{\eta}\nu\alpha\iota$ $\upsilon\pi\grave{o}$ $\vartheta\epsilon o\hat{\upsilon}$ "신에 의해 알려짐"으로 기능화된 데서 분명해진다(갈 4:9; 고전 13:12).

그러므로 $\pi\iota\sigma\tau\iota\varsigma$는 선포의 말이 사실 역사적 현상들에 관한 보고도, 실존적 변화 없이 참으로 인정될 수 있는 객관적 사태들에 관한 가르침도 아닌 한, 다시금 "敎義學的" 성격을 지니지 않는다. 그 말은 사실 케리그마이고 부르는 말이며 요구이고 약속이며 신의 은혜의 행위 자체이다(§34, 1). 그러므로 그것을 받아들이는 것 곧 신앙은 순종이고 승인이며 고백이다. 그리고 $\pi\iota\sigma\tau\iota\varsigma$와 마찬가지로 $\chi\alpha\rho\iota\varsigma$ "은혜"도 義認의 근거로서의 $\epsilon\rho\gamma\alpha$ "일들"에 대한 대립으로 지칭될 수 있다는 것이 바로 거기에 그 근거를 두고 있다 (§30, 2). $\Pi\iota\sigma\tau\iota\varsigma$는 오로지 말에서 일어나는 $\chi\alpha\rho\iota\varsigma$에 관련되어서만 그 본 성격을 가진다.

$\dot{O}\mu o\lambda o\gamma\iota\alpha$ "고백"으로, 믿는 자는 자기 자신을 벗어나서, 그가 그 됨과 가진 모든 것을 신이 행한 것에 의해 있는 것으로, 가진 것으로 고백한다. 신앙은 그 자체의 행위 또는 태도의 됨됨이에 근거를 두지 않고 선행된, 그것에 추가된 신의 은혜의 행위에 의거한다(§31). 그 까닭에 신앙은 바울 (그 외에 신약성서에서도 같은데)에 의해서도 결코 심리적 상태로서, 그것의 성립도 결코 심리적 과정으로서 묘사되지 않았다. 갈라디아서 3장 23—26절에 $\pi\iota\sigma\tau\iota\varsigma$의 준비와 "옴"이 묘사되었지만 그것은 개인의 발전이 아니라 구원사를 표시한 것이다. 믿는 자의 視線은 자기 자신에 대한 반성이 아니라 그의 대상을 향한다. 그러므로 $\pi\iota\sigma\tau\iota\varsigma$는 $\upsilon\pi\alpha\kappa o\eta$ "순종"이면서 동시에 $\dot{o}\mu o\lambda o\gamma\iota\alpha$ "고백"이다.

3. 希望으로서의 신앙

믿는 자가 자기 자신에게서 시선을 돌린다는 이것은 바로 $\pi\iota\sigma\tau\iota\varsigma$ "믿음"이 곧 $\epsilon\lambda\pi\iota\varsigma$ "희망"이라는 것으로도 표현된다. $\Pi\iota\sigma\tau\iota\varsigma$는 인간의 독립된 정신 상태가 아니라 그것은 오히려 미래를 향해 있다: $\dot{o}$ $\delta\iota\kappa\alpha\iota o\varsigma$ $\epsilon\kappa$ $\pi\iota\sigma\tau\epsilon\omega\varsigma$ $\zeta\eta\sigma\epsilon\tau\alpha\iota$ "의인은 믿음으로 살리라"(갈 3:11; 롬 1:17). $E\iota$ $\gamma\alpha\rho$ $\alpha\pi\epsilon\vartheta\alpha$-

§35. 신앙의 구조

νομεν σὺν Χριστῷ, πιστεύομεν ὅτι καὶ συζήσομεν αὐτῷ "이는 우리가 그리스도와 함께 죽었으면 우리는 그와 함께 살리라는 것도 믿는다"(롬 6 : 8; 비교. 살전 4 : 14).

>Καρδίᾳ γὰρ πιστεύεται εἰς δικαιοσύνην,
>στόματι δὲ ὁμολογεῖται εἰς σωτηρίαν
>"이는 마음으로 믿고 義에 이르고,
>그러나 입으로 고백하고 구원에 이름이다"(롬 10 : 10).

Πιστεύειν "믿다"의 목표인 δικαιοσύνη "義"는 인간에 부착되어 있는 성품이 아니라 신에 대한 그의 관계이다(§ 28, 2). 그것이 현재의 가능성이 되었다면(§ 29, 1), 그것의 현재성은 시간적인 상태도, 그런 것으로서 지나간 상태도 아니다. 오히려 그것의 현재성은 종말론적인 것이다. 그러므로 그것은 언제나 마찬가지로 믿는 자, 이미 의롭다함을 받은 자 앞에 미래적인 것으로 서 있다. 그 까닭에 — δικαιωθέντες οὖν ἐκ πίστεως "그러므로 믿음으로 의롭게 된 자들"(롬 5 : 1)과 나란히 — ἡμεῖς γὰρ πνεύματι ἐκ πίστεως ἐλπίδα δικαιοσύνης ἀπεκδεχόμεθα "이는 우리가 영에서 믿음으로 義에 대한 희망을 待望함이다"(갈 5 : 5)라고 할 수 있었다. 그리고 그 때문에 로마서 10장 9—10절에서 δικαιοσύνη에 σωτηρία "구원"이 상응한다. 물론 믿는 자들은 이미 σωζόμενοι "구원받는 자들"임을 뜻한다(고전 1 : 18; 고후 2 : 15). 그러나 다음 말이 타당하다 : τῇ γὰρ ἐλπίδι ἐσώθημεν· ἐλπὶς δὲ βλεπομένη οὐκ ἔστιν ἐλπίς· ὃ γὰρ βλέπει τις, τί καὶ ἐλπίζει; εἰ δὲ ὃ οὐ βλέπομεν ἐλπίζομεν, δι' ὑπομονῆς ἀπεκδεχόμεθα "우리가 소망으로 구원을 얻었으니 보이는 소망이 소망이 아닌데 보는 것을 누가 바라겠는가? 만일 우리가 보지 못하는 것을 바라면 참음으로 기다릴 것이다"(롬 8 : 24 f.). 이 ἐλπίς "소망"은, 믿는 자가 자기 자신과 동시에 자신의 미래를 위한 근심을 신에게 맡겼기 때문에, 미래를 향한 자유함과 열림이다. 불신앙의 죄됨은 사실 바로 그가 스스로 살려고 하여 자신의 미래를 위해 마음대로 할 수 있다는 망상에서 스스로 염려하는 것이다. 불신앙에도 물론 그의 희망들이 있다면 — μὴ ἔχοντες ἐλπίδα "희망을 가지지 않은 자들"(살전 4 : 13)도 물론 희망을 가지고 사는 바와 같이 — 그것들은 역시 참 희망들이 아니다. 그리고 자기 자신을 위해 염려하는 인간은 실제로는 불안에서(§ 23, 3), 마음대로 하지 못하는 미래에 대해 폐쇄적으로 산다. 이 불안은 믿는 자에게서 탈취되었다. 그는 신앙에서 자기 자신을 위한 염려를 버렸기 때문이다.

그는 인간적으로 보아서 바랄 수 없을 때 παρ' ἐλπίδα ἐπ' ἐλπίδι ἐπίστευ-σεν "소망에 거슬려 소망을 믿는" 아브라함을 본받아 소망을 가진다(롬 4:18). 그러므로 그는 "부끄럽게 하지 않을 참 희망에서 산다(롬 5:5). 그것은 참는 기다림에서(롬 8:25, 참조. 위에), ὑπομονή "참음"에서 드러난다. 그것의 특징은 καυχᾶσθαι ἐν ταῖς θλίψεσιν "환란들 중에서 자랑함"이다(롬 5:3). 믿는 자들은 τῇ ἐλπίδι χαίροντες, τῇ θλίψει ὑπομένον-τες "소망에서 기뻐하고 환란에서 참는 자들"이다(롬 12:12). 'Αγάπη "사랑"(참조. §39, 3)과 같이 ἐλπίς "소망"은 πίστις "믿음"과 함께 하나로 묶여 있다(고전 13:13). Κόπος τῆς ἀγάπης "사랑의 수고"와 같이 ὑπομο-νή τῆς ἐλπίδος "소망의 참음"은 ἔργον τῆς πίστεως "믿음의 일"과 함께 그리스도교적 존재의 전체에 속한다(살전 1:3; 비교. 5:8). 그리고 바울은 그리스도인 身分의 완전함을 위해 간구함에 있어서 이렇게 간구했다: ὁ δὲ θεὸς τῆς ἐλπίδος πληρώσαι ὑμᾶς πάσης χαρᾶς καὶ εἰρήνης ἐν τῷ πιστεύειν, εἰς τὸ περισσεύειν ὑμᾶς ἐν τῇ ἐλπίδι···"소망의 신이 모든 기쁨과 평강을 믿음 안에서 너희에게 충만케 하여···소망이 넘치게 하기를 위하여···"(롬 15:13).

4. 두려움으로서의 신앙

그러나 이와 같은 ἐλπίς에는 특유하게도 φόβος "두려움"이 교류된다. 이것은 신의 χάρις "은혜"를 향한 믿는 자의 視線의 방향을 확고하게 한다는 점에서 πίστις "믿음"에 불가결한 구성적 요소이다. 그것이 어떤 정도인가는 바울이 고린도에 그가 출현하는 데 관해 보도한 성격적 진술에서 드러나 있다(고전 2:1-5). 그는 물론 그가 자기 자신을 보는 한에서는 ἐν ἀσθε-νείᾳ καὶ ἐν φόβῳ καὶ ἐν τρόμῳ ποκλῷ "약하며 두려워하며 심히 떨면서" 고린도에 갔다. 그러나 그가 자신의 말 재간과 지혜를 포기하고 단지 한 가지 즉 예수 그리스도를, 말하자면 십자가에 달린 자로서 알 것만을 결심했기 때문에, 그는 ἐν ἀποδείξει πνεύματος καὶ δυνάμεως "영과 능력의 가르침으로" 활약하되 말하자면 ἵνα ἡ πίστις ὑμῶν μὴ ᾖ ἐν σοφίᾳ ἀνθρώ-πων ἀλλ' ἐν δυνάμει θεοῦ "너희의 믿음이 사람들의 지혜에 있지 않고 신의 능력에 있도록 하기 위함"이었다.

이것이 믿는 자에게 합당한 태도임은 이방 그리스도인들에게 향한 다음의 경고 — 그들이 자신들의 신앙을 믿으려고 하지 않는 유대인들과 비교하여 자랑하려고 하는 한 — 도 말해 준다. 로마서 11장 20-22절: τῇ ἀπιστίᾳ

§35. 신앙의 구조

ἐξεκλάσθησαν, σὺ δὲ τῇ πίστει ἕστηκας. μὴ ὑψηλὰ φρόνει, ἀλλὰ φοβοῦ
··· "그들은 믿지 않으므로 꺾이었으나 너는 믿음으로 굳게 섰다. 높게 생각지 말고 두려워하라···". 신앙은 믿는 자가 보장되어 있다고 생각하면 그 의미를 상실할 것이다. 신앙에 용기를 주는 神의 χρηστότης "자비"는 오로지 ἐὰν ἐπιμένῃς τῇ χρηστότητι "네가 그 자비에 머물러 있으면" 그 때에만 타당한 것이다. 신의 χάρις "은혜"에 눈을 돌릴 때 불안에서 해방되는 신앙은, 그것을 해방시키는 χάρις가 심판자의 그것임을 잊어서는 안된다. 자기 자신을 보면 그는 언제나 자신의 허무함과 항상 神의 χάρις에 의존되어 있음에 관한 지식으로서 φόβος "두려움"을 가질 수밖에 없다. 우리가 모두 책임을 말해야 하는 βῆμα τοῦ Χριστοῦ "그리스도의 심판"을 바라보면서(고후 5:10) 바울은 εἰδότες οὖν τὸν φόβον τοῦ κυρίου··· "그러므로 우리는 主에 대한 두려움을 아는 자들"이라고 말한다(11절). 이 귀절은 ἔχοντες οὖν τοιαύτην ἐλπίδα "그러므로 우리는 그런 소망을 가진 자들"이라는 귀절과 병행한다(3:12). 그리고 그렇게 ἐλπίς와 φόβος가 하나임을 보여 준다. 그러나 그 귀절은 φόβος가 로마서 11장 20절에서와 같이 잘못된 안전성을 파괴하고 믿는 자의 시선을 자기 자신에게서 돌려서 그를 홀로 지탱하는 신의 χάρις에 향하도록 하는 소극적 의미뿐 아니라, 인간에게 그의 책임을 의식케 하는 적극적 의미도 가지고 있다. 이 책임은 그가 이미 νόμος "율법" 아래 있지 않고 χάρις "은혜" 아래 있기 때문에 바로 지금 책임질 수 있는 것이다(롬 6:14). 그는 자유한 자가 되었기 때문에 바로(§§ 38, 39) 그의 이전 헛된 행위가 事實이 된 것이다. 그리고 그는 이런 권고를 받을 수 있게 되었다(빌 2:12 f.):

> μετὰ φόβου καὶ τρόμου τὴν ἑαυτῶν σωτηρίαν κατεργάζεσθε·
> θεὸς γάρ ἐστιν ὁ ἐνεργῶν ἐν ὑμῖν
> καὶ τὸ θέλειν καὶ τὸ ἐνεργεῖν ὑπὲρ τῆς εὐδοκίας
> "두렵고 떨림으로 너희 구원을 이루라
> 이는 너희 안에 행하는 이가 神임이고
> 그 기뻐하는 뜻을 원하고 행하게 함이라".

믿는 자가 ἐν σαρκί "육에서" 사는 동안, 그의 존재는 언제나 위협받고 유혹에 던져진 존재이다(§26, 3; S. 258). 그 까닭에 그는 잘못된 신앙의 안전성에서 과오를 범하고 있는 자를 멸시하지 못한다. 오히려 그는 자신도 유혹에 빠지지 않도록 자기 자신을 督勵해야 한다(갈 6:1). 사탄은 궤휼을 써서(고후 2:11) 믿는 자들을 유혹한다(살전 3:5; 고전 7:5). 그러므로 자신을 스스로 시험하고 검토하여(πειράζειν, δοκιμάζειν) 자신이 실제로 신앙에 굳게 서 있는가(고후 13:5; 고전 11:28; 갈 6:4)를 알라는 권유가 타당하다. 그러므로 이렇게 권고한다: ὁ δοκῶν ἑστάναι βλεπέτω μὴ πέσῃ "굳게 섰다고 생각하는 자는 넘어지지 않도록 주의하라"(고전 10:12). 또 이렇게도 권고한다: στήκετε ἐν τῇ πίστει "너희는 믿음에 굳게 서라"(고전 16:13; 비교. 갈 5:1; 빌 1:27; 4:1) 또 γίνεσθε ἀμετακίνητοι "너희는 흔들리지 않는 자들이 되라"(고전 15:58). 그러므로 代禱에서도 다음 기원이 가능하다: 신은 믿는 자들을 굳고 강하게 지키옵소서(살전 3:13; 5:23; 비교. 고전 1:8; 고후 1:21).

Ἐλπίς "소망"과 φόβος "두려움"이 마찬가지로 πίστις "믿음"의 構造에 속한다면 그것은 그리스도교적 존재가 희망과 두려움 사이를 오가는 존재임을 뜻하지도 않는다. 오히려 ἐλπίς와 φόβος는 서로 연결된 것이다. 신앙이 ἐλπίς인 때문에 바로 그것은 φόβος이기도 한 것이다. 전적으로 신에게 자신을 맡기고 자신의 모든 근심과 힘, 이용할 수 있는 모든 안전성을 포기하는 순종으로서의 그것의 성격이 이에 의해 분명하게 된다. 신앙의 이 성격을 바울은 빌립보서 3장 12—14절에 이렇게 묘사했다:

οὐχ ὅτι ἤδη ἔλαβον ἢ ἤδη τετελείωμαι,
διώκω δὲ εἰ καταλάβω,
ἐφ' ᾧ καὶ κατελήμφθην ὑπὸ Χρ. Ἰησοῦ.
ἀδελφοί, ἐγὼ ἐμαυτὸν οὔπω λογίζομαι κατειληφέναι·
ἓν δέ, τὰ μὲν ὀπίσω ἐπιλανθανόμενος
τοῖς δὲ ἔμπροσθεν ἐπεκτεινόμενος
κατὰ σκοπὸν διώκω εἰς τὸ βραβεῖον τῆς ἄγω κλήσεως ···
"내가 이미 얻었다함도 아니요, 온전히 이루었다함도 아닌바,
그러나 나도 잡을 수 있을까 하여 좇아가노라.
이는 나도 그리스도 예수에게 잡힌바 되었음이다.
형제들아, 나는 아직 내가 잡은 줄로 여기지 아니하고
오직 한 일, 즉 뒤에 있는 것은 잊어 버리고
앞에 있는 것을 잡으려고
푯대를··· 위에서 부름의 賞을 위하여 좇아가노라".

§35. 신앙의 구조

그러므로 신앙적 존재는 "이미 아니다"와 "아직 아니다" 사이의 움직임이다. "이미 아니다": 신앙의 결단은 이미 과거를 처리했다. 그러나 그것은 참 결단으로서 固守되어야 한다. 즉 언제나 새로 수행되어야 한다. 과거는 극복된 것의 성격을 지니고 언제나 現在한다. 그리고 항상 위협적인 것으로서의 그것에 대한 회상은 바로 신앙에 속한다. "잊는다"는 생각에서 없애다가 아니라 항상 억제한다, 그것에 의해 다시 구속되지 않는다이다. — "아직 아니다": 외견상의 안전성을 제공하는 소유로서의 옛 것의 포기는 바로 새로운 소유와의 교환을 배제한다. 인간을 감안할 때 κατειληφέναι "取했다"는 것은 문제도 될 수 없다. 그러나 καταλημφθῆναι ὑπὸ Χρ. Ἰησοῦ "그리스도 예수에게 잡힌 바 되었다"를 감안하면 "역시 이미"라는 말이 해당한다.

5. 신뢰로서의 신앙

신앙이 χάρις "은혜"에 근거를 둔, 그 까닭에 οὐ καταισχύνει "부끄럽게 하지 않는"(롬 5 : 5) ἐλπίς 인 한, 그것은 물론 신뢰이기도 하다. 이것은 ἔχοντες οὖν τοιαύτην ἐλπίδα "우리는 그러므로 그런 소망을 가지고 있다"(고후 3 : 12)가 πεποίθησιν δὲ τοιαύτην ἔχομεν "그러나 우리는 이같은 확신을 가진다"(3 : 4)에 통하는 것과 같다. 사실 신앙은 근본에 있어서 순종으로서 신뢰이기도 하다. 철저한 의미에서의 신에 대한 신뢰는 사실 자신의 근심과 힘을 신에게 완전히 맡기는 것 즉 신앙의 순종 외에 다른 것이 아니기 때문이다. 이 의미에서 πίστις는 神 신뢰이나 역시 일반적인 의미에서 신 신뢰는 아니다. 오히려 그것은 신의 구원행위인 십자가를 받아들이는 데 그 근거를 둔 신뢰이다. 바울은 이것을 오해 없도록 분명히 했다. 즉 그는 πιστεύειν "믿다"를 "신뢰하다"라는 일반적인 의미로 사용한 일이 결코 없다. 그 까닭에 70인역과 그 외의 신약성서에서 자주 사용된 3격 同件의 構文은 그에게서 볼 수 없다(§9,5). 아브라함의 신앙에 관한 구약성서 인용문, 갈라디아서 3장 6절과 로마서 4장 3절 외에는 없다. 그는 오히려 신앙 순종의 신뢰의 계기를 뚜렷하게 하되 그 대신 πεποιθέναι "의뢰하다" 및 πεποίθησις "의뢰"를 사용함으로 했다.

믿는 자에게서는 πεποιθέναι ἑαυτῷ "자신을 의뢰하다"(고후 1 : 9) 및 ἐν σαρκί "肉을"의뢰하다(빌 3 : 3 f.)가 중지되고 πεποιθέναι ἐπὶ τῷ θεῷ τῷ ἐγείροντι τοὺς νεκρούς "죽은 자들을 일으키는 신을 신뢰한다"(고후 1 : 9)로 변했다. 이것은 πεποιθέναι와 거의 동의어인, 자연적 인간의 καυχᾶσθαι

"자랑하다"(§23,2)가 καυχᾶσθαι ἐν κυρίῳ "主로 자랑하다"에서(참조. 위에 1), 아니 καυχᾶσθαι ἐν ταῖς θλίψεσιν "환란에서 자랑하다"(롬 5:3) 에 의해 代置된 것과 같다. 그리고 이것은 πεποιθέναι ἐπὶ τῷ θεῷ τῷ ἐγείροντι τοὺς νεκρούς "죽은 자들을 일으키는 신을 신뢰한다" 외에 사실 다른 것이 아니다. 이런 πεποίθησις "신뢰"에서 불안은 극복되었다. 이 신 뢰에서 어떤 αἰσχυνθῆναι "부끄럽게 됨"도 무서워하지 않는 παρρησία "대담함"이 생긴다(빌 1:20) — 또는 이것 자체는 ἐλπίς "소망"에 근거를 둔 παρρησία "대담함"과 같은 뜻을 가진다(고후 3:12, 비교. 4절). 그것은 ἐγκακεῖν "낙심", 비겁에 대한 반대말이다(고후 4:1,16; 비교. πεποιθέναι 에 관계된 ἀφόβως "두려움 없음", 빌 1:14).

단지(빌 3:3 f.) 고후 1:9에서만 πεποιθέναι는 πίστις에 포함된 신에 대한 신뢰 적 맡김, 그리스도교적 존재를 성격짓는 이 맡김을 뜻한다. 바울은 더 자주, πίστις에 서 자라는 신에 대한 신뢰에 관해 말하는데 이것은 그에게 자기 의식을 제공하고 그 를 사도적 활동에서 지탱하는 것이었다(고후 3:4; 10:2). 그는 신의 섭리와 도움과 공동체를 신뢰했다(빌 1:6, 25; 2:24). 그가 공동체(갈 5:10; 고후 1:15; 2:3; 비교. 8:22) 또는 그의 친구(몬 21)를 신뢰한 신뢰도 그의 πίστις에서 흘러나오는 것으로 이해할 수 있을 것이다. 그것이 갈 5:10에서 특별히 πεποιθέναι ἐν κυρίῳ "主를 신뢰하다"(물론 B사본에는 없다)로 성격지어졌다.

바울의 경우에 구약성서 특히 시편에 의한 전통적 의미의 神 신뢰는 볼 수 없다. 이것은 그의 선포에서 개인적 생활 운명이 문제되지 않고 종말론적 구원이 주제로 되 어 있기 때문이다. 가령 벧전 5:7에서는 다르다.

§36. 信仰에서의 삶*

1. 신앙의 개인주의화

인간의 神에 대한 관계로서 πίστις는 인간의 자기 자신에 대한 관계를 규 정한다. 사실 인간 존재는 자기 자신에 대한 관계에서의 존재이다(§17). Πίστις는 단순한 지식들과 찬성으로서의 케리그마의 受納이 아니라 새로운 자기 이해를 포함하는 참 순종이다. 그것은 그러므로 一回的인 다음에는 과 거에 묻혀 버리는 행위일 수 없다. 그것은 신비적으로 그에게 변치 않게 부 착된 인간의 성품도 아니다. 가령 密義儀式들로 제공된 ἀφθαρσία "不滅性" 같은 것이 아니다. 또 인간이 만족스럽게 회고하며 가끔 일상 생활의 흐름

* 이 표제에 관한 문헌들, 참조. S. 634 f.

§36. 신앙에서의 삶

을 중단하면서 반복할 수 있거나 가령 "생활의 느낌"으로도 일관되는 "체험", 신비로운 체험도 아니다. 그것은 오히려 삶을 그의 역사적 움직임에서 규정한다. 그리고 믿는 자가 신의 χάρις "은혜"에서 사는 끊임없는 생활로서의 순종에서 벗어나는 순간은 없다. Πᾶν δὲ ὃ οὐκ ἐκ πίστεως, ἁμαρτία ἐστίν "그러나 믿음에서 나지 않는 것은 모두 죄이다"(롬 14 : 23). Ἐπιμένειν τῇ χρηστότητι (τοῦ θεοῦ) "(신의) 자비에 항상 머물러야 한다"(롬 11 : 22). Ὃ δὲ νῦν ζῶ ἐκ σαρκί, ἐν πίστει ζῶ τῇ τ. υἱοῦ τ. θεοῦ "내가 지금 육체에서 사는 것은 신의 아들을 믿는 믿음 안에서 사는 것이다"(갈 2 : 20). 그러므로 믿는 자에게는 특별한, 남의 눈을 끄는 행동 방법들도 없다. Ἐν γὰρ Χρ. Ἰησοῦ οὔτε περιτομή τι ἰσχύει οὔτε ἀκροβυστία "이는 그리스도 예수 안에서는 割禮도 無割禮도 효력이 없고"(그리고 다시 말하면 동시에 어떤 특수한 종교적 실천들도 없다), ἀλλὰ πίστις δι' ἀγάπης ἐν ἐργουμένη "사랑으로 役事하는 믿음만이 있음이다"(갈 5 : 6). 이에 상응하여 πίστις "신앙"은 믿는 자의 개인적인 행동들에서 구체적인 생활로 — 말하자면 그 정도에 따라 — 실현된다.

Ἀσθενεῖν τῇ πίστει "믿음에 약하다"는 것(롬 14 : 1)도 ὑστερήματα τῆς πίστεως "믿음의 부족함"이라는 것(살전 3 : 10)도 있다. 마찬가지로 믿음의 προκοπή "진보"(빌 1 : 25)도 αὐξάνεσθαι "자람(고후 10 : 15), 도 있다. 믿는 자도 παράπτωμα "범죄"할 수 있다(갈 6 : 1). 그리고 καταρτίζειν "돌보라" 또는 καταρτίζεσθαι "스스로 돌보라"는 권고는 거듭거듭 반복되었다(갈 6 : 1; 고전 1 : 10; 고후 13 : 11). 또는 신이 강하게, 굳게, 보호하여 달라는 등의 기도도 무수히 반복되었다(고후 13 : 9; 롬 15 : 13; 살전 3 : 13; 5 : 23; 비교. §35, 4). Ἀσθενεῖν τῇ πίστει "믿음에 약하다"(롬 14 : 1 f.)는 것이 ἀσθενὴς συνείδησις "양심에 약한 자"의 ἀσθενεῖν "약함"(고전 8 : 7—12)에 일치하기 때문에 πιστεύειν "믿다"가 그때마다 해야 하거나 해서는 안되는 것을 앎으로 실현된다는 것이 분명해진다(비교. §19, 4). 그리스도인은 계속 πιστεύων "믿는 자"로서만 자신을 알 수 있다. 바로 그 까닭에 πᾶν δὲ ὃ οὐκ ἐκ πίστεως ἁμαρτία ἐστίν "그러나 믿음에서 나지 않은 것은 모두 죄이다"라는 것이 타당하다. 그 까닭에 믿는 자의 삶은 끊임없는 움직임이다. 이 움직임에서 "이미 아니다"와 "아직 아니다"(§35, 4) 사이의 저 기본적인 움직임이 구체적으로 실현된다. 그리고 이것은 다음 권고에 일치한다 : ὅσοι οὖν τέλειοι, τοῦτο (das ἐπεκτείνεσθαι τοῖς ἔμπροσθεν) φρονῶμεν· καὶ εἴ τι ἑτέρως φρονεῖτε, καὶ τοῦτο ὁ θεὸς ὑμῖν ἀποκαλύψει· πλὴν εἰς ὃ ἐφθάσαμεν, τῷ αὐτῷ στοιχεῖν "그러므로 우리 온전히 이룬 자들은 이것 (앞에 있는 것들을 향해 펼치는 것)을 생각할 것이다. 만일 무슨 일에 너희가 달리 생각하면 신이 이것도 너희에게 나타낼 것이다 오직 우리가 어디까지 이르렀든지 그곳에서 행할 것이다"(빌 3:15 f.).

그러나 πίστις의 개인주의화는 그 성질상으로도, 즉 신이 각자에게 나누어준 μέτρον πίστεως "믿음의 정도"에 따라 일어난다(롬 12:3). Μέτρον πίστεως는 神 또는 靈이 제공하는 χαρίσματα "은사들"의 정도에 일치한다 (§ 14, 1). 이것은 πίστις가 개별적인 구체적 행동들로 個人主義化되는 것과 같이 신의 χάρις "은혜"도 개별적인 구체적 은사들로 개별화된다: ἔχοντες δὲ χαρίσματα κατὰ τὴν χάριν τὴν δοθεῖσαν ἡμῖν διάφορα "그러나 우리는 우리에게 주어진 은혜에 따라 각기 다른 은사들을 가진 자들"이다(롬 12:6). 異邦 사도직의 은혜가 바울에게 주어진 것과 같이(롬 1:5; 12:3; 15:15; 고전 3:10; 갈 2:9), 獨身의 χάρισμα "은사"가 그에게 주어진 것과 같이, 다른 사람들에게는 다른 은사들이 주어졌다: ἀλλὰ ἕκαστος ἴδιον ἔχει χάρισμα ἐκ θεοῦ, ὁ μὲν οὕτως ὁ δὲ οὕτως "각자는, 이 사람은 이런, 저 사람은 저런 은사를 신으로부터 각기 자기의 것으로 가지고 있다(고전 7:7). 이런 χαρίσματα "은사들"의 列擧(롬 12:6 ff.; 고전 12:4 ff. 28 ff.)는 바울이 일반적으로 그렇게 보는 현저한 현상들, 가령 황홀경의 방언과 예언 및 異蹟의 은사 등을 χαρίσματα "은사들"로 간주할 뿐 아니라, 형제 사랑같은 모든 행실들도 그렇게 보았다는 것을 보여 준다(§ 14, 1과 3). Μεταδιδόναι "도와주는", ἐλεεῖν "긍휼히 여기는", ἀγάπη "사랑"의 χάρισμα "은사"를 위해 설정된 ἐν ἁπλότητι "단순하게", ἐν ἱλαρότητι "명랑하게", ἀνυπόκριτος "거짓 없이"라는 것은 그때마다 해당 행위의 규범으로 제공되는바, προφητεία "예언"을 위해 설정된 κατὰ τὴν ἀναλογίαν τῆς πίστεως "믿음의 분수에 따라"라는 은사에 일치한다(롬 12:6, 8 f.). 그러므로 이런 모든 은사들에 의해 그리스도교적 존재가 πίστις "믿음"에서 개별적으로 구체화되는 것을 알 수 있다. Χάρις 위에 근거를 둔 πίστις가 ἀγάπη에서 작용하는 것과 같이(갈 5:6), 사랑의 실행은 그대로 χάρις라고 말할 수 있었다(고후 8:1, 4, 6 f., 19). Δυνατεῖ δὲ ὁ θεὸς πᾶσαν χάριν περισσεῦσαι εἰς ὑμᾶς, ἵνα ἐν παντὶ πάντοτε πᾶσαν αὐτάρκειαν ἔχοντες περισσεύητε εἰς πᾶν ἔργον ἀγαθόν "신이 능히 모든 은혜를 너희에게 넘치게 하여 너희로 모든 일에 항상 모든 것이 넉넉하여 모든 착한 일을 넘치게 하려 함이다"(고후 9:8).

2. 믿음의 전개

아주 出衆한 χάρισμα "恩賜"는 인식, 즉 γνῶσις "靈知"이다. 그리고 그 중에 계속 전개가 가능하고 필요한 지식이 포함되어 있다는 것은 이미 πίστις의 구조 분석에서 밝혀졌다(§35, 2; S. 321 f.). 고린도전서 8장 1절 οἴδαμεν ὅτι πάντες γνῶσιν ἔχομεν "우리는 모든 영지를 가지고 있음을 안다"와 8장 7절, ἀλλ' οὐκ ἐν πᾶσιν ἡ γνῶσις "그러나 영지가 모든 사람에게 있는 것은 아니다"라는 사이의 外的 矛盾은 인식 내부에 차이들이 있음을 보여 준다. Ἀσθενεῖν τῇ πίστει "믿음에 약하다"(롬 14:1)는 인식의 결여 (참조. 1)이다. 그것은 저 ἀλλ' οὐκ ἐν πᾶσιν ἡ γνῶσις "그러나 영지가 모든 사람에게 있는 것은 아니다"가 "약한 자들"에게 관련된 말인 것과 같은 것이다. 이런 "약한 자들"을 "강한 자"는 돌보아야 하며 그들을 심판해서는 안 된다. 모든 사람은 오로지 κύριος "主"에게만 "책임을 지기 때문이다" (롬 14:4, 22). Ἕκαστος ἐν τῷ ἰδίῳ νοῒ πληροφορείσθω "각기 자기 생각대로 실천하라"(5절)고 했다면 그것은 각자가 자신의 πίστις "믿음"에 있어서 독립하고 자신의 인식을 가져야 한다는 것이다. 그러므로 이렇게 분명히 말한다 : σὺ πίστιν ἣν ἔχεις κατὰ σεαυτὸν ἔχε ἐνώπιον τοῦ θεοῦ κτλ. "너는 자신에 맞는 믿음을 신 앞에서 가지라···"(22 f.절).

그러나 이것은 각기 자신의 입장에 굳게 서라는 것을 의미한다. 로마서 14장과 고린도전서 8장에서 볼 때 바울이 "강한 자들"의 인식에 긍정적인 데에 의심할 여지를 주지 않는 바와 같이, 그는 가령 빌립보인들에게도 ἵνα ἡ ἀγάπη ὑμῶν ἔτι μᾶλλον καὶ μᾶλλον περισσεύῃ ἐν ἐπιγνώσει καὶ πάσῃ αἰσθήσει, εἰς τὸ δοκιμάζειν ὑμᾶς τὰ διαφέροντα "너희의 사랑(여기서는 그리스도교적 태도를 전체적으로 표시한다)이 인식과 모든 통찰로 더욱 더 넘쳐서 너희가 지극히 선한 것들을 분별하도록 되기"를 기원했다(빌 1:9 f.). 로마서 12장 2절에서도 같다 : μεταμορφοῦσθε τῇ ἀνακαινώσει τοῦ νοός, εἰς τὸ δοκιμάζειν ὑμᾶς τί τὸ θέλημα τοῦ θεοῦ κτλ. "너희는 마음을 새롭게 함으로 변화를 받아 신의 뜻이 무엇인가를 분별하도록 하라···". 공동체의 모임에서는 λόγος σοφίας "지혜의 말"과 λόγος γνώσεως "영지의 말"이 큰 역할을 담당한다(고전 12:8). 그리고 바울은 공동체가 λόγος "말"과 γνῶσις "지식"으로 富해짐을 자랑할 수 있음을 기뻐했다(고전 1:5; 고후 8:7; 롬 15:14). 그리고 그는 ἰδιώτης τῷ λόγῳ "말에 拙"할지라도 τῇ γνώσει "지식에" 그렇지 않은 데 대해 긍지를 가진다(고후 11:6).

그런 γνῶσις "靈知"와 σοφία "지혜"는 πίστις "믿음"에 포함되어 있는 지식을 점점 더 분명하고 더 포괄적인 것으로 발전시킨다. 바울은 그의 ἀγνοεῖτε, οὐκ οἴδατε "너희는 알지 못하는가" 등으로 이 발전을 촉진시켰다 (§35, 2; S. 321 f.). 그가 가령 로마서 6장 3절에서 로마 사람들에게, 그들에게 이미 전제된 것이 분명한 지식(ἢ ἀγνοεῖτε ὅτι ὅσοι ἐβαπτίσθημεν εἰς Χρ. Ἰησοῦν, εἰς τὸν θάνατον αὐτοῦ ἐβαπτίσθημεν "그리스도 예수로 세례를 받은 우리가 그의 죽음으로 세례받은 것을 너희는 모르는가?)을 지시했다면, 그는 그들에게 11절에서 다음과 같은 意識을 그 결과로 가져다 주었다 : οὕτως καὶ ὑμεῖς λογίζεσθε ἑαυτοὺς εἶναι νεκροὺς μὲν τῇ ἁμαρτίᾳ, ζῶντας δὲ τῷ θεῷ κτλ. "이와 같이 너희도 너희 자신을 죄에 대하여는 죽은 자요, 그리스도 예수 안에서 神을 대하여는 산 자로 여길 것이다...".

이 인식은 πίστις의 특별한 운동으로서 χάρισμα, 즉 영의 은사이다(참조. 1). 즉 이것은, 그러나 이것이 과제로서 파악되고 형성될 수 없음을 뜻하지 않는다. 그것은 빌립보서 1장 9—10절과 로마서 12장 2절(참조. 위에)이 분명히 한 바와 같다. 여기서 또는 물론 대개의 경우에 그 인식이 θέλημα τοῦ θεοῦ "신의 뜻"에 관한 인식으로서, 즉 윤리적 의무들의 파악으로서 이해되었다면, 그것은 반면 구원사적인 또는 종말론적인 사건의 μυστήρια "비밀"에 관한 인식이다(롬 11 : 25; 고전 2 : 7; 15 : 51). 이것은 영에 힘입어 그것이 높이 올라가, μωρία "어리석음"으로 나타나는 아직 逆說的인 십자가의 설교 저쪽에 놓여 있는 σοφία "지혜", 물론 τέλειοι "온전한 자들", 성숙한 그리스도인들에게 해당하는 지혜에 도달한다(고전 2 : 6). 영에 의해 선사된 ἐρευνᾶν τὰ βάθη τοῦ θεοῦ "신의 깊이에 대한 통달"도 있다(2 : 10). Γνῶσις "지식"이 思辨으로서 πίστις "믿음"에서 벗어날 위험이 여기서 심하게 가해지는 만큼 — 이것은 고린도의 영지주의자들에게서 일어났던 경우에 의심할 여지없다 — 그것은 그러나 바울의 경우에 근본적으로 신앙 자체가 분명하게 드러나는 實存的(existentiell) 인식의 성격을 지니고 있다. 그는 그 의미를 이렇게 규정했기 때문이다 : ἵνα εἰδῶμεν τὰ ὑπὸ τοῦ θεοῦ χαρισθέντα ἡμῖν "우리가 신에 의해 우리에게 선사된 것들을 알게 하려 함이다"(2 : 12). 神의 선물을 이해한다는 것은 자기 자신을 선사된 것으로 이해함을 뜻한다. 그러므로 최고의 σοφία와 γνῶσις는 동시에 가장 분명한 자기 이해일 수밖에 없다.

마찬가지로 윤리적 성숙과 σοφία를 이렇게 결합시킨 것(고전 3 : 1—3)도 그 인식이 그것들의 πίστις와의 결합에서 풀려 나서 방종적인 思辨(또는 중립적으로 연구하는 학문)이 되지 않는다는 것을 보여 준다. 무엇보다도 고린도전서 8장은 그리스도교의 γνῶσις가 神의 χάρις下의 自己理解임을 보여 준다. 그것은 φυσιοῦσθαι "自矜하는" 결과를 낳을 때, 그렇게 되므로 πίστις가 작용하는 ἀγάπη "사랑"이 침범될 때 참 γνῶσις가 안된다. 그러므로 여기서도, γνῶσις가 모든 그 형태들과 단계들에서 그 대상에 관한 이해와 함께 동시에 πίστις에서의 실존적 自己理解임이 분명해진다(§35, 2; S. 321). 이 자기 이해가 대상의 인식으로서, 즉 점점 더 긴박해지는 神의 χάρις에 대한 인식으로서 전개되는 것인 한, 그것은 언제나 부분적 지식, 즉 τέλειον "온전한 것"이 올 때 완전하여져서 비로소 희미한 것 없이 분명한 인식이 결과로 따를 부분적 지식으로 남는다는 것이 타당하게 된다(고전 13: 12). 우리는 지금 봄에서가 아니라 오로지 믿음에서 살고 있기 때문이다(고후 5 : 7).

3. 그리스도 안에 있음

그러므로 ἐν Χριστῷ "그리스도 안에"라는 말투도 교회론적, 종말론적 의미(§34, 3)를 넘어서 또는 그 의미와 함께 — 말하자면 개인적 신비적 그리스도 관계는 아니나, 스스로가 아니라 신의 구원행위에 의해 살고 있는 믿는 자의 개인적 역사적 삶의 명백성을 위한 標識의 의미를 얻게 된다. 이 경우에 εἶναι ἐν Χριστῷ "그리스도 안에 있음" 대신 信仰人 안의 그리스도의 존재라고 말해도 차이는 없다(롬 8 : 10; 고후 13 : 5; 갈 2 : 20; 비교. 4 : 19). 이 둘이 뜻하는 것은 바울이 νόμος τοῦ Χριστοῦ "그리스도의 법"으로도 표시할 수 있었던 구체적 삶의 저 명백성 외에 다른 것이 아니다(갈 6 : 2). 그런데 στήκειν ἐν τῇ πίστει "믿음에 굳게 서다"(§35, 4; S. 325)가 있는 것 같이 στήκειν ἐν κυρίῳ "주 안에 굳게 서다"(살전 3 : 8; 빌 4 : 1)도 있다. Πίστις "믿음"의 단계가 있는 것 같이(참조. 1), 그리스도 안의 존재에도 말하자면 νήπιος "어린 자"로서(고전 3 : 1) 또는 δόκιμος "인정함을 받은 자"로서(롬 16 : 10) 또는 φρόνιμος "현명한 자"로서(고전 4 : 10)의 단계들이 있다.

Σῶμα Χριστοῦ "그리스도의 몸"의 지체로서의 믿는 자의 실존(§34, 2), 즉 종말론적 존재는 ἐν σαρκί "육에서"의 그의 삶에서, 지금은 이미 περιπατεῖν κατὰ σάρκα "육에 의한 생활"이 아닌 περιπατεῖν "생활함"으로 구현된다 (롬 8 : 4; 고후 10 : 2; §38). 그리스도와 함께 죽었다는 것 — 그리고 이것

은 사실 믿는 자에 해당하는데 — 은 ὅτι ὁ παλαιὸς ἡμῶν ἄνθρωπος συνεσταυρώθη, ἵνα καταργηθῇ τὸ σῶμα τῆς ἁμαρτίας, τοῦ μηκέτι δουλεύειν ἡμᾶς τῇ ἁμαρτίᾳ "우리 옛 사람이 예수와 함께 십자가에 못박힌 것은 죄의 몸이 멸하여 다시는 우리가 죄에 종노릇하지 아니하려 함이다"(롬 6:6)라는 것, 또는 οἱ δὲ τοῦ Χρ. Ἰησοῦ τὴν σάρκα ἐσταύρωσαν σὺν τοῖς παθήμασιν καὶ ἐπιθυμίαις "그리스도 예수의 사람들은 육체와 함께 그 情과 욕심을 십자가에 못박았다"(갈 5:24)는 것을 뜻한다. 그러므로 바울은 자신에 관해 이렇게 고백한다: ἐμοὶ δὲ μὴ γένοιτο καυχᾶσθαι εἰ μὴ ἐν τῷ σταυρῷ τοῦ κυρίου ἡμῶν Ἰ. Χριστοῦ, δι' οὗ ἐμοὶ κόσμος ἐσταύρωται κἀγὼ κόσμῳ "그러나 내게는 우리 주 예수 그리스도의 십자가 외에 결코 자랑할 것이 없으니 그리스도로 인해 세상이 나에 대해 십자가에 못박히고 내가 또 세상에 대해 그러하다"(갈 6:14). 이에 일치하게 그는 κερδῆσαι Χριστὸν καὶ εὑρεθῆναι ἐν αὐτῷ "나는 그리스도를 얻고 그 안에서 발견되었다"를 구원사건에 의해 완전히 규정됨으로서 즉 γνῶναι τὴν δύναμιν τῆς ἀναστάσεως αὐτοῦ καὶ κοινωνίαν παθημάτων αὐτοῦ, συμμορφιζόμενος τῷ θανάτῳ αὐτοῦ "내가 그리스도와 그 부활의 능력과 그 고난에 참여함을 알려 하여 그의 죽음을 본받는 자"로 묘사하고(빌 3:10), 같은 의미에서 이렇게 말한다: Χριστῷ συνεσταύρωμαι· ζῶ δὲ οὐκέτι ἐγώ, ζῇ δὲ ἐν ἐμοὶ Χριστός κτλ. "내가 그리스도와 함께 십자가에 못박혔으니 그런즉 이제는 내가 산 것이 아니고 오직 내 안에 그리스도가 산 것이다···"(갈 2:19 f.). 고난들이 사도 위에 넘쳤다(고후 1:5). 그는 자신의 몸에 예수의 죽음을 지니고 두루 돌아다녔다(고후 4:10). 그러나 사도는 그리스도교적 존재 전체에 해당하는 것을 단지 凡例的으로만 예시했다. 즉, 그리스도와 함께 고난을 당하면 또한 그와 함께 영화롭게 되리라(롬 8:17).

구원행위 및 신앙에 의한 삶의 이 근본적 규정성이 세부적인 데까지 어떻게 미치는가는 ἐν Χριστῷ "그리스도 안에" 및 ἐν κυρίῳ "주 안에"라는 말투가 풍족하게 사용된 것이 보여 준다. 이 화법들은 言語上으로 아직 발전되지 않은 副詞 "그리스도적" 또는 "그리스도인으로서", "그리스도교적 방식으로"라는 말들을 대신하는바, 이것으로 모든 있을 법한 행동들: 말(고후 2:17; 12:19)과 권고(빌 2:1), 開放性(몬 8)과 인사(롬 16:22; 고전 16:19), 같은 뜻(빌 4:2), 형제사랑(롬 16:8; 고전 16:24)과 환대(롬 16:2) 마찬가지로 공동체를 위한 근심과 수고(살전 5:12; 롬 16:12) 등이 성격지어졌다. 그러나 믿는 자에게 일어나는 일도 ἐν Χριστῷ로 표시된 새로운 표현을 얻었다. 즉 "그리스도 안에서" 바울의 감도됨이 두루 알려졌다(빌 1 : 13). 죽음은 믿는 자에게 있어서 κοιμᾶσθαι ἐν Χριστῷ "그리스도 안에서 잠든 것"이다(고전 15 : 18). 그리고 공동체의 죽은 자들은 νεκροὶ ἐν Χριστῷ "그리스도 안에서 죽은 자들"이다(살전 4 : 16). 이것은 다음 것이 타당하기 때문이다. Ἐάν τε οὖν ζῶμεν, ἐάν τε ἀποθνήσκωμεν, τοῦ κυρίου ἐσμέν "그러므로 우리가 살아도, 우리가 죽어도, 우리는 주의 것이다"(롬 14 : 7—9).

§37. 종말론적 사건으로서의 信仰

Πίστις "믿음"은 선포된 말의 대답으로서, ἀκοὴ πίστεως "믿음의 순종"으로서, 後者가 구원사건에 속하는 바와 같이 종말론적 사건에 속한다. 그것은 可能性으로 새로이 열린 구원의 길이다. 그리고 이 의미에서 νόμος τῶν ἔργων "일들의 법"에 νόμος πίστεως "믿음의 법"이 대립될 수 있었다(롬 3 : 27). 그리고 신앙의 "옴"과 "계시됨"에 관해서도 거론될 수 있었다(갈 3 : 23, 25).

이것으로써 ὑπακοή "순종"으로 본질적으로 πίστις에 속하는 결단으로서의 그 성격이 구체적 신앙에서 탈취된 것은 물론 아니다. 그러나 개인의 신앙 결단에서 신앙 가능성이 구체적으로 실현되는 것 자체도 종말론적 사건이다. 믿는 자는 결단의 가능성을 은혜로 경험하기 때문에, 오로지 은혜 자체의 선물로서만 자신의 결단을 이해할 수 있다. — 이것은 다름 아닌 그 자신의 결단을 말한다! 그리고 그가 신을 그의 원하는 일과 수행하는 일, 다시 말해서 신앙에서의 그의 구체적 역사적 실존에 役事하는 자로서 아는 것으로 그 자신이 그것에 대한 책임에서 벗어났다는 것이 아니라, 오히려 그 책임을 지게 되었음을 스스로 안다(빌 2 : 13 f. ; §35, 4)는 것이다.

그러므로 바울은 그리스도에 대한 신앙이 "선사된다"고 말할 수 있었다(빌 1 : 29). 아니 그는 정말 예정론적으로 말할 수 있었다(롬 8 : 29; 9 : 6—29). 神의 προγινώσκειν "미리 앎", προορίζειν "미리 정함" 또는 ἐκλογή "선택"과 σκληρύνειν "정확하게 하다" 등에 관한 귀절을 語意 그대로 받아들이면 불가해한 모순이 드러난다. 인간의 결단 밖에서 신에 의해 작용된 신앙은 순수한 순종일 수 없음이 분명하기 때문이다. 신앙은 선행하는 은혜가 비로소 인간의 결단을 가능하게 하여 이 결단 자체가 오로지 신의 선물로서만 이해될 수 있고, 그 때문에 그의 결단의 성격을 잃는 일이 없을 때에 신에 의해 역사된 것이다. 이렇게만 사실 명령문 καταλλάγητε τῷ θεῷ

"너희는 신과 화해하라"(고후 5 : 20; §31)도 의미를 가진다. 그러나 예정론적 귀절들로 표현되는 것은 신앙의 作用이 다른 作用들처럼 어떤 內世界的 動機들에 소급되지 않고 이 동기들이 오히려 케리그마에 邂逅할 때 모든 動機的 힘을 상실한다는 사실, 그리고 동시에 신앙은 자기 자신 위에 근거를 둘 수 없다는 사실이다.[1]

그것은 결국 바울이 $\pi \acute{\iota} \sigma \tau \iota \varsigma$를 靈感的인 것으로 표시하지도, 그것을 $\pi \nu \epsilon \hat{\upsilon}$-"靈"에 소급시키지 않았다는 사실에서 타당성을 가진다.[2] 반대로 $\pi \nu \epsilon \hat{\upsilon} \mu \alpha$는 신앙이 받는 은사이고(갈 3 : 2, 5, 14) 신앙에서 자기의 것이 되는 신의 $\chi \acute{\alpha} \rho \iota \varsigma$ "은혜"가 구체적인 삶에 작용하게 하는 은사이다(§38, 3). 그러므로 바울은 $\pi \acute{\iota} \sigma \tau \iota \varsigma$ "믿음"이 작용하는 $\dot{\alpha} \gamma \acute{\alpha} \pi \eta$ "사랑"을 靈의 열매라고 불렀다. 그는 그리스도교적 "德들"을 전부 그런 열매로 보고 있다(갈 5 : 22). 갈라디아서 5장 6절과 6장 15절, 즉 그리스도 안에서는 割禮도 無割禮도 효력이 없으되 $\pi \acute{\iota} \sigma \tau \iota \varsigma \ \delta \iota' \ \dot{\alpha} \gamma \acute{\alpha} \pi \eta \varsigma \ \dot{\epsilon} \nu \epsilon \rho \gamma o \upsilon \mu \acute{\epsilon} \nu \eta$ 및 $\kappa \alpha \iota \nu \grave{\eta} \ \kappa \tau \acute{\iota} \sigma \iota \varsigma$ "사랑으로 역사하는 믿음" 및 "새로운 피조물"이라는 것을 비교하면 사랑에서 작용하는 신앙에서의 그리스도교적 존재가 종말론적 사건임을 알 수 있을 것이다.

4. 自由[*1]

§38. 罪에서의 自由와 靈에서의 生活[*2]

1. 서술과 명령

神의 $\chi \acute{\alpha} \rho \iota \varsigma$ "은혜"에 대한 신앙의 순종적 복종, 그리스도의 십자가를 받아들임은, "스스로" 살고 스스로의 힘으로 생명을 얻으려는, 그러나 그렇게 함

---

1) 비교. E. Dinkler, "Prädestination bei Paulus," Festschr. f. G. Dehn 1957, 81—102.
2) 고후 4 : 13: $\ddot{\epsilon} \chi o \nu \tau \epsilon \varsigma \ \delta \grave{\epsilon} \ \tau \grave{o} \ \alpha \dot{\upsilon} \tau \grave{o} \ \pi \nu \epsilon \hat{\upsilon} \mu \alpha \ \tau \hat{\eta} \varsigma \ \pi \acute{\iota} \sigma \tau \epsilon \omega \varsigma \cdots (\delta \iota \grave{o} \ \kappa \alpha \grave{\iota} \ \lambda \alpha \lambda o \hat{\upsilon} \mu \epsilon \nu)$ "그런데 우리가 같은 믿음의 영을 가지고…(그러므로 우리도 말한다)"라는 귀절에서 $\pi \nu \epsilon \hat{\upsilon} \mu \alpha \ \tau \hat{\eta} \varsigma \ \pi \acute{\iota} \sigma \tau \epsilon \omega \varsigma$ "믿음의 영"은 믿음을 선사하는 영이 아니라 영이 어떻게 신앙에 소유되는가를 말하는 영이다. 결국 여기서 $\pi \nu \epsilon \hat{\upsilon} \mu \alpha$가 표시하는 것은 신앙의 양상이다 — 고전 12 : 3에서 $\kappa \acute{\upsilon} \rho \iota o \varsigma \ \rq{I} \eta \sigma o \hat{\upsilon} \varsigma$ "주 예수"라고 부르는 것을 영 소유의 척도로 간주했다면 그것이 신앙의 $\dot{o} \mu o \lambda o \gamma \acute{\iota} \alpha$ "고백"을 $\pi \nu \epsilon \hat{\upsilon} \mu \alpha$에 소급시키려는 것이 아니라 어떻게 영적인 황홀을 악마적인 것에서 구별할 수 있는가를 제시하려는 것이다.

* [1,2] 이 표제들에 관한 문헌들, 참조. S. 635.

§38. 罪에서의 自由와 靈에서의 生活   337

으로 죄와 사망의 세력들 중에 빠져서 자기 自身을 상실하는 인간의 옛 自
己理解를 포기하는 것이었다 (§§23, 24). 그 까닭에 그것은 ὑπακοὴ πίστεως
"믿음의 순종"으로서 동시에 이 세력들로부터의 해방이다. Πίστις "믿음"과
함께 선사되는 새로운 自己理解는, 믿는 자가 ζωή "생명"과 동시에 자기 자
신을 얻는 自由의 새로운 이해이다.

자유는 바로, 믿는 자가 "代錢으로 빼낸 자"로서 이미 자기 자신의 것이
아니라는 것(고전 6 : 19), 그는 자신의 생명, 자기 자신을 이미 자신의 염
려의 대상으로 삼지 않고 이 염려를 버리므로 자신을 철두철미 은혜에 맡기
고 자신을 神 내지 κύριος "主"의 소유로 알면서 그를 위해 산다는 사실에
서 자란다 :

> οὐδεὶς γὰρ ἡμῶν ἑαυτῷ ζῇ
> καὶ οὐδεὶς ἑαυτῷ ἀποθνήσκει·
> ἐάν τε γὰρ ζῶμεν, τῷ κυρίῳ ζῶμεν,
> ἐάν τε ἀποθνήσκωμεν, τῷ κυρίῳ ἀποθνήσκομεν.
> ἐάν τε οὖν ζῶμεν ἐάν τε ἀποθνήσκωμεν,
> τοῦ κυρίου ἐσμέν
> "이는 우리 중에 스스로를 위해 사는 자가 없고
> 스스로를 위해 죽는 자도 없음이다.
> 이는 우리가 살아도 주를 위해 살고,
> 우리가 죽어도 주를 위해 죽음이다.
> 그러므로 우리는 살아도 죽어도, 주의 것이다"
>   (롬 14 : 7 f. ; 비교. 7 : 4; 갈 2 : 19 f. ; 고후 5 : 14 f.).

자유에 관한 가장 힘찬 표현은 고린도전서 3장 21—23절에서 볼 수 있다 :

> πάντα γὰρ ὑμῶν ἐστιν · · ·
> εἴτε κόσμος εἴτε ζωὴ εἴτε θάνατος,
> εἴτε ἐνεστῶτα εἴτε μέλλοντα,
> πάντα ὑμῶν
> "이는 모든 것이 우리의 것 · · ·
> 세상이든지, 생명이든지, 죽음이든지,
> 지금 것이든지, 장차 올 것이든지,
> 모든 것이 우리의 것임이다".

그러나 그 結語는 ὑμεῖς δὲ Χριστοῦ, Χριστὸς δὲ θεοῦ "그러나 우리는 그리스도의 것이고 그리스도는 神의 것이다"로 마감되었다.

죽음의 세력에서 해방된 자의 삶도 자연 현상이 아니고, 노력하고 의도하며 언제나 무엇을 향해 나선 '나'의 삶, 말하자면 언제나 κατὰ σάρκα "肉을 따라", 아니면 κατὰ πνεῦμα "영을 따라", 자기 자신을 위해 아니면 신 또는 κύριος "主"를 위해 살 것인가라는 기본 가능성들 앞에 직면하여 사는 삶이다(§18, 4). 이 兩者擇一은 믿는 자 앞에도 다가서 있다. (갈 6 : 7 f. ; 롬 8 : 12 f.). 그리고 그가 해방되어 가진 자유는 ἐλευθερία εἰς ἀφορμὴν τῇ σαρκί "육을 위한 기회로서의 자유"(갈 5 : 13)가 아니다. 즉 모든 구속력있는 규범들, 신의 율법에서 풀려남이 아니라 오히려 새로운 δουλεύειν "종됨" (롬 7 : 6), δουλεύειν θεῷ ζῶντι, Χριστῷ "산 神, 그리스도에게 종노릇함" (살전 1 : 9 ; 롬 14 : 18 ; 16 : 18)이다. 이미 τῇ ἁμαρτίᾳ "죄에" δουλωθῆναι "매인 것"이 아니라 δικαιοσύνῃ "義"(롬 6 : 16--18)에 매인 것이다. 이 δουλεύειν "노예됨"은 逆說的이다 ! Δοῦλος Χριστοῦ "그리스도의 종"은 곧 ἀπελεύθερος κυρίου "주에 속하는 自由者"이기 때문이다(고전 7 : 22). 이 δουλεύειν "종됨"이 곧 δουλεύειν ἀλλήλοις "서로 종됨"이라는 것(갈 5 : 13) 과 δουλῶσαι ἑαυτὸν πᾶσιν "모든 사람에게 자신을 예속시키"라는 요구가 가능하다는 것(고전 9 : 19)은 곧 밝혀질 것이다. 여하간 ὑπακοὴ πίστεως "믿음의 순종"이 참 순수한 것으로는 믿는 자가 신에게 εἰς ὑπακοήν "순종하여" 自身을 그리고 자신의 지체들을 ὅπλα δικαιοσύνης "義의 병기들"로 맡겨 쓰게 할 때 드러난다(롬 6 : 12 ff.). 신은 사실 육체의 죄를 정죄했다. 그것으로 περιπατεῖν κατὰ πνεῦμα "영을 따른 삶"으로서의 우리의 περιπατεῖν 에서 율법의 法的 요구가 이루어지게 한 것이다(롬 8 : 3 f.).

그러나 자유는 自然 세력들로서의 죄와 죽음에서의 密儀的 해방, 결단이 결여된, 자연자체의 힘, 앞으로는 오로지 善만을 행하게 하는, 말하자면 초자연적인 강압도 아니다. "無罪性"은 범죄 가능성을 마법적으로 안전하게 막는 것을 뜻하지 않는다. 믿는 자도 πειράζων "유혹하는 자"를 조심해야 한다(살전 3 : 5 ; 고전 7 : 5 ; 고후 2 : 11 ; §26, 3). 그것은 오히려 죄의 강압에서의 해방을 뜻한다. 죄에서의 자유는 ἐντολή "계명"의 의도를 ἐντολὴ εἰς ζωήν "생명을 위한 계명"의 의도로서 실현하는, 즉 옛 날에 결여되었던 가능성 중에서 존속한다(§27). 인간에게 선한 것인 ζωή "생명"은 後에도 前과 같이 인간에게 요구된 바로 그 선이다(§§19, 1 ; 21, 1 ; 27, 1, S. 209. 224. 259 f.). 그 까닭에, 죽음에서의 자유는 진정한 미래를 가지는 것으로, 옛

§38. 罪에서의 自由와 靈에서의 生活   339

날에 죽음에 떨어진 인간에게는 미래가 없었다(§24,2).

그러므로 περιπατεῖν κατὰ πνεῦμα "영을 따라 살라"는 명령(Imperativ)은 의로움을 받았다는 서술(Indikativ)에 모순되지 않을 뿐 아니라 그것에 다음 결과가 따른다 : ἐκκαθάρατε τὴν παλαιὰν ζύμην, ἵνα ἦτε νέον φύραμα, καθώς ἐστε ἄζυμοι "너희는 누룩 없는 자인데 새 덩어리가 되기 위해 묵은 누룩을 내버리라"(고전 5:7 f.). 그러므로 어떤 의미에서 "너 자신인 것이 되라!"가 유효하다. 그러나 이상주의적 의미에서가 아니다. 완전한 인간에 관한 理念이 무한한 발전 속에서 차츰 실현된다는 의미에서가 아니다. 이 경우에는 τελειότης "완전한"의 彼岸性이 이념의 피안성으로 생각되고, 그것에 대한 관계는 (스토아적으로 말해서) προκόπτειν "발전시키다" 또는 τετάσθαι πρός "··· 향해 펼치다"의 관계로서 생각될 것이다. "無罪性" 즉 죄의 세력에서의 자유는 오히려 δικαιοσύνη θεοῦ "神의 義"에서 이미 실현되었다(§29,2). 그의 彼岸性은 신의 심판의 피안성이고 그에 대한 관계는 ὑπακοὴ πίστεως "믿음의 순종의 관계"이다. 이미 믿는 자로 있게 됨은 그 까닭에 χάρις "은혜"를 끊임없이 믿음으로써 파악하는 데 존속하는바. 다시 말하면 그것은 곧 구체적인, 이제는 가능하게 된 ὑπακοή "순종"의 περιπατεῖν "삶"으로 나타난다 : ἁμαρτία γὰρ ὑμῶν οὐ κυριεύσει· οὐ γάρ ἐστε ὑπὸ νόμον ἀλλὰ ὑπὸ χάριν "이는 너희의 죄가 主管하지 못함이다. 너희는 율법 아래 있지 않고 은혜 아래 있기 때문이다"(롬 6:14). 고린도전서 6장 11절에서도 마찬가지로 ἀπελούσασθε, ἡγιάσθητε "너희는 씻음과 거룩함을 얻었다"가 권고의 동기가 되어 있다. 바울은 이 사상을 로마서 6장에서 폭넓게 발전시켰다. 그는 세례를 통해 미래의 삶이 보장된다고 생각한 세례의 순수한 성례전적 이해에 대해 세례로 선사된 삶이 어떻게 죄의 세력에서의 자유에서 현재적으로 나타났는가를 보여 준 것이다(§13,1; S. 140 f.; §34,3) : οὕτως καὶ ὑμεῖς λογίζεσθε ἑαυτοὺς εἶναι νεκροὺς μὲν τῇ ἁμαρτίᾳ, ζῶντας δὲ τῷ θεῷ ἐν Χρ. Ἰησοῦ "이와 같이 너희도 너희 자신이 죄에 대해 죽었으나 그리스도 예수 안에서 신에 대해서는 살았다고 여기라"(11절). 이와 같이 πνεύματι περιπατεῖτε "너희는 영에서 살라"(갈 5:16 ff.)라는 명령이 다음 逆說的 귀절로 끝났다 : εἰ ζῶμεν πνεύματι πνεύματι καὶ στοιχῶμεν "만일 우리가 靈으로 살면 또한 靈으로 행할 것이다"(25절). — 이것은 ζῆν πνεύματι "영으로 사는 일"이 πνεύματι στοιχεῖν "영으로 행하는 일" 없이 있을 수 있는 것같이 보이는 한, 오해될 수 있다. 그러나 이 표현은 다른 오해, 마치 πνεύματι στοιχεῖν "영으로 행하는 일"을 통해 ζῆν πνεύματι "영으로 사는 일"이 처음으로 마련되는 것 같은 오해도 피하려는 것이다. 그 의미는 분명하다. 즉 신앙에서 선사된 ζῆν πνεύματι의 가능성은 στοιχεῖν πνεύματι에서 분명하게 파악되어야 한다는 것이다. 서술은 명령에 근거를 제공한다.[1]

2. 未來的인 것의 能力으로서의 靈

믿는 자가 (세례에서) 靈의 선물을 받았다는 것은 그에게 자유가, 죄와 죽음의 세력에서의 자유가 선사되었다는 것 외에 다른 것을 말하지 않는다.

바울은 물론 영이 세례에 의해서 수여된다는 그리스도교의 공통적 견해에 가담했다 (고전 6:11; 12:13; 고후 1:22; §13, 1; S. 138). 그리고 마찬가지로 πνεῦμα가 놀라운 신의 능력이라는 견해에도 동참했다(롬 15:19; 고전 2:4 등, §14, 1). 萬有靈論的, 物活論的 표현들이 그의 경우 서로 혼합되어 있다(S. 155). 그리고 이것에서 靈 思想에 관한 思辨的 관심이 그에게 멀었음을 볼 수 있다. 여러 번 πνεῦμα(추상적으로 발전되지 않은 思惟에 일치하면서)가 분명히 非世界的인 物質(Stoff)에 연결되었거나 그것에 의해 지탱되는 것으로 생각된 화법들을 볼 수 있다. 바울은 적어도 인간에게 入住할 수 있는 것으로 πνεῦμα에 관해 말할 수 있었는데 어 경우에는 그것이 장소에 결부된 것이 된다. 그러나 그런 화법을 엄격히 다루어서는 안된다. 그것은 공동체를 고려에 둔 용법일 수 있기 때문이다(고전 3:16). 그리고 여기서는 이 語意에 엄격히 일치하는 表象을 역시 생각할 수 없기 때문이다. 그러나 σῶμα πνευματικόν "영의 몸"(고전 15:44, 46)이라는 개념은 바울이 πνεῦμα를 한 물질로 생각했으리라는 생각들에 가깝다. 이것은 πνεῦμα 개념과 긴밀히 인접한 δόξα개념(§14, 1; S. 155)으로 고전 15:40 f.에서 의심없이 (하늘의) 물질이 표시된 것과 같다. 그런데 고후 3:7에서 소박하게 감성적으로 볼 수 있는 δόξα "영광"의 광채에 관해 말할지라도, 옛 언약과 새로운 것의 δόξα를 대립시킨 것(3:7 ff.)이, 이미 바울이 이 표상을 전혀 고수하지 않았음을 보여 준다. Καινὴ διαθήκη "새 언약"의 ὑπερβάλλουσα δόξα "넘치는 영광"은 사실 볼 수 있는 것이 전혀 아니고 그 작용에서 나타나는 힘, 말하자면 그것이 자유를 유발시킨다는 점에서 나타나는 힘이기 때문이다. 바울이 κύριος "主"의 πνεῦμα "영"으로 자유를 받은 자들에 관해 … μεταμορφούμεθα ἀπὸ δόξης εἰς δόξαν … "영광에서 영광으로 우리는 변한다"(18절)라고 말했다면 분명한 것은 현재의 δόξα가 빛을 발하는 물질이 아니라는 것이다. 그것은 ἔσω ἄνθρωπος "속사람" (§18, 1)을 날마다 새로와지게 하는 힘(4:16) 외에 다른 것이 아니다. 이것은 δόξα와 δύναμις "능력"이 동의어일 수 있는 것과 같은 것이다(§14, 1; S. 155).

---

1) 聖法의 형식으로서의 명령에 관해, 참조. E. Käsemann, NTSt I, 1954 55, 248-260.

§38. 罪에서의 自由와 靈에서의 生活

또 가령 여기저기에서 나타나는, $\pi\nu\epsilon\hat{u}\mu a$를 한 물질로 생각한 표상도 마찬가지로 바울의 $\pi\nu\epsilon\hat{u}\mu a$개념을 실제로 규정하는 표상이 아니다. 이것을 보여 주는 것은 가령 이미 $\pi\nu\epsilon\nu\mu a\tau\iota\kappa\acute{o}s$ "영적인 것"으로 규정된 $\nu\acute{o}\mu os$ "율법"의 성격이다(롬 7:14). 여기서는 물질성의 표상이 배제되어 있다. 또는 $\chi\acute{a}\rho\iota\sigma\mu a$ $\pi\nu\epsilon\nu\mu a\tau\iota\kappa\acute{o}\nu$ "영의 은사"(롬 1:11), $\tau o\hat{\iota}s$ $\pi\nu\epsilon\nu\mu a\tau\iota\kappa o\hat{\iota}s$ $\kappa o\iota\nu\omega\nu\epsilon\hat{\iota}\nu$ "영의 사람들과 교제하는 일"(롬 15:27; 비교 고전 9:11), $\gamma\rho\acute{a}\mu\mu a$ "문자"와 $\pi\nu\epsilon\hat{u}\mu a$의 대립(롬 2:29; 7:6; 고후 3:6) 또는 성숙된 그리스도인들을 $\pi\nu\epsilon\nu\mu a\tau\iota\kappa o\acute{\iota}$ "영의 소유자들"로 표시한 것(고전 2:13, 15; 3:1; 갈 6:1)과 같은 造語들도 보여 준다. 그러므로 바울의 영 개념의 본래의 의미는 달리 규정되어야 할 것이다.

$\Pi\nu\epsilon\hat{u}\mu a$는 $\sigma\acute{a}\rho\xi$ "肉"의 대립어이다(갈 5:16; 6:8; 롬 8:4 ff.등). $\Sigma\acute{a}\rho\xi$가 세계의 것과 보이는 것, 이용될 수 있는 것, $\kappa a\tau\grave{a}$ $\sigma\acute{a}\rho\kappa a$ "육에 따라" 사는 사람을 지배하는 無常한 것의 총괄 개념(§22)인 것같이 $\pi\nu\epsilon\hat{u}\mu a$는 非世界的인 것과 不可視的인 것, 이용되지 않는 것, 그의 생을 $\kappa a\tau\grave{a}$ $\pi\nu\epsilon\hat{u}\mu a$ "영을 따라" 영위하는 사람에게 또 그 속에서 힘이 되는 無常하지 않는 것의 총괄 개념이다(S. 232 f.). $\Sigma\acute{a}\rho\xi$의 세력이 사람을 무상한 것에, 결국은 언제나 이미 지나간 것에, 죽음에 결박한다는 점에서 드러나는 것과 같이 $\pi\nu\epsilon\hat{u}\mu a$의 능력은 믿는 자에게 자유를 주고 미래와 항상 있는 것, 생명을 보여 준다. 자유란 사실 참 미래를 향해 솔직히 서는 것, 미래에 의해 자기가 규정되게 하는 것 외에 다른 것이 아니다. 그러므로 $\pi\nu\epsilon\hat{u}\mu a$는 未來性의 능력으로 표시될 수 있다.

이것은 $\pi\nu\epsilon\hat{u}\mu a$가 종말론적 은사, $\dot{a}\pi a\rho\chi\acute{\eta}$ "처음 익은 열매"(롬 8:23), $\dot{a}\rho\rho a\beta\acute{\omega}\nu$ "담보"(고후 1:22; 5:5)라는 것에서 표현되었다. 왜냐하면 사실 이것으로써 말해진 것은 믿는 자의 삶이 미래에 의해 규정되어 있다는 것이기 때문이다. 이 미래는 그에게 있어서 규범같은 근원이고 힘이다. 이것은 $\delta\acute{o}\xi a$가 결국 계시된 미래에서 흘러나오는, 현재를 규정하는 힘인 것과 같다(고후 3:18). 그 까닭에 영은 $\pi\nu\epsilon\hat{u}\mu a$ $\upsilon\acute{\iota}o\vartheta\epsilon\sigma\acute{\iota}as$ "아들됨의 영"(롬 8:15; 비교. 갈 4:6; §29,3)이라고도 할 수 있었다. 세례에 의해 그것을 받음으로 우리는 "의롭다함"을 받은 것이다(고전 6:11). 그리고 $\sigma\hat{\omega}\mu a$ $X\rho\iota\sigma\tau o\hat{u}$ "그리스도의 몸"에 참여케 된 것이다(고전 12:13; 비교. 갈 3:27 f.). 종말론적 실존이 $\epsilon\hat{\iota}\nu a\iota$ $\dot{\epsilon}\nu$ $X\rho\iota\sigma\tau\hat{\omega}$ "그리스도 안에 있음"이라고 불리어질 수 있는 것같이(§34,3) $\epsilon\hat{\iota}\nu a\iota$ $\dot{\epsilon}\nu$ $\pi\nu\epsilon\acute{u}\mu a\tau\iota$ "영 안에 있음"(롬 8:9)은 의미의 차이 없이 $\pi\nu\epsilon\hat{u}\mu a$ $X\rho\iota\sigma\tau o\hat{u}$ $\check{\epsilon}\chi\epsilon\iota\nu$, $X\rho\iota\sigma\tau\grave{o}s$ $\dot{\epsilon}\nu$ $\dot{u}\mu\hat{\iota}\nu$ "너희 안에 있는 그리스도"(9 f.절) 등의 화법들을 이것과 바꿀 수 있다. 바울이 $\dot{\epsilon}\nu$

δυνάμει πνεύματος "영의 능력으로" 완성시킨 것은 그리스도가 그를 통해 役事한 것이다(롬 15 : 18). 그리고 (φρονεῖν) κατὰ σάρκα "육을 따라 (생각하는 일)"에는 대립적으로 φρονεῖν κατὰ Χριστὸν 'Ιησοῦν "그리스도 예수에 따라 생각하는 일"이 상응한다(롬 15 : 5). 믿는 자는 자유를 ἐν Χριστῷ "그리스도 안에서"가진다(갈 2 : 4). 우리를 해방시켜 자유롭게 한 자는 그리스도이다(갈 5 : 1). 바울은 다시 출애굽기 34장 34절의 πρὸς κύριον "主에게"를 註釋的으로 이렇게 말할 수 있었다 : ὁ δὲ κύριος τὸ πνεῦμά ἐστιν "그러나 주는 영이다". 그리고 그는 계속했다 : οὗ δὲ τὸ πνεῦμα κυρίου, ἐλευθερία "주의 영이 있는 곳에서 자유하다"(고후 3 : 17). 그러나 καθάπερ ἀπὸ κυρίου πνεύματος "말하자면 주의 영으로부터"라는 말에 직면하며 그것이 "靈의 主로부터"인지 또는 "靈인 主로부터" ─ 다른 가능성들은 버려 두고라도 ─ 를 뜻하는지는 분명하지 않다(18절).

Εἶναι ἐν Χριστῷ가 密儀宗敎의 말투일 수 없는 것과 같이 εἶναι ἐν πνεύματι도 황홀경의 상태를 표시하지 않는다. 바울이 황홀경의 체험을 드문 예외로서 알고 있었을지라도(고후 12 : 1─4; 2절 πρὸ ἐτῶν δεκατεσσάρων "14년 전에"), πνεῦμα는 그에게 있어서 역시 밀의적 체험들의 힘이 아니다. 오히려 그 모든 것은 πνεῦμα 개념에 의해 종말론적 실존 ─ 믿는 자가 그리스도 안에서 일어난 구원행위를 자기의 것으로 만들 때 옮겨지는 이 실존이 표시되는 것을 보여 준다. 영을 받았다는 것은 χάρις "은혜"에 서 있음을 뜻한다(롬 5 : 2). 고린도후서 1장 12절에서 ἀναστρέφεσθαι ἐν σοφίᾳ σαρκικῇ "육의 지혜로 향하다"에 ἀναστρ. ἐν χάριτι θεοῦ "신의 은혜로 향하다"가 대립되었다면 ἐν χάριτι "은혜로"의 의미는 κατὰ πνεῦμα의 그것과 같은 것이다. 그 까닭에 바울은 구원사건 전체를 수사적으로 묘사하기 위해 이렇게도 말할 수 있었다 : ἡ γὰρ χάρις τοῦ κυρίου 'Ι. Χριστοῦ καὶ ἡ ἀγάπη τοῦ θεοῦ καὶ ἡ κοινωνία τοῦ πνεύματος "주 예수 그리스도의 은혜와 神의 사랑과 영의 교제"(고후 13 : 13). 그리고 또 신의 구원행위를 근거로 영에 의해 미래가 열려진 것은, 희망의 확실성이 다음 말로 근거를 얻으면서 표현되었다 : ἡ ἀγάπη τοῦ θεοῦ ἐκκέχυται ἐν ταῖς καρδίαις ἡμῶν διὰ πνεύματος ἁγίου τοῦ δοθέντος ἡμῖν "신의 사랑(§32,3)은 우리에게 주어진 거룩한 영에 의해 우리 마음에 부어진다"(롬 5 : 5).

3. 힘과 규범으로서의 영

Πνεῦμα "영"이 신앙에서 선사된, 그의 새로운 삶의 근원인 놀라운 힘으

§38. 罪에서의 自由와 靈에서의 生活

로도, 그의 περιπατεῖν "사는 일"의 규범으로도 표시할 수 있기 때문에 πνεῦμα 개념에는 특유한 이중성이 결부되어 있다. 그러나 그것은 갈라디아서 5장 25절의 εἰ ζῶμεν πνεύματι, πνεύματι καὶ στοιχῶμεν "우리가 영으로 살면 영으로 행하기도 하자"라는 말과 같은 逆說이다. 이 경우의 저 첫째 πνεύματι는 힘을 뜻하고 둘째 것은 κατὰ πνεῦμα "영을 따라"를 대신한 것이다(5:16에서와 같다). 신의 놀라운 힘에 관한 사상이 우선적이다. 이것은 죄와 죽음의 세력에서 해방시키고(롬 8:2), 즉 행동의 자유에 옮겨 놓으며 θερίζειν ζωὴν αἰώνιον "영원한 생명을 거둘" 가능성을 열어 주는(갈 6:8) 작용을 하기 때문에 그것은 곧 περιπατεῖν "사는 일"의 규범이다. Ζωή "생명"을 얻도록 새로 열어 준 가능성 자체에 사실 명령이 포함되어 있다(참조. 1). 오로지 자유와 요구의 이 통일성이 이해될 때에만 — 즉 자유는 요구에 근거를 제공하고 요구는 자유를 현실화하는 것 — 바울의 靈思想이 바로 이해된다. 그러나 다시 말하면 πνεῦμα가 마법적 속박으로 촉발되는 밀의적 힘으로 생각되지 않고 순수한 역사적 삶의 새로운 가능성으로 생각될 때 바로 이해된다. 이 가능성은 그의 옛 自己理解를 포기하고 자신을 그리스도와 함께 십자가에 못박고, 그렇게 함으로 δύναμις τῆς ἀναστάσεως αὐτοῦ "그의 부활의 능력"(빌 3:10)을 체험하려는 자에게 나타난다. 사실 분명한 것은 πνεύματι ἄγεσθαι "영에 의해 인도되다"(롬 8:14; 갈 5:18)가 결단 없이 탈취됨(비교. 고전 12:2)을 뜻하지 않고, 兩者擇 — 즉 σάρξ "肉"이냐 πνεῦμα "靈"이냐의 결단이 전제되어 있다는 것이다(롬 8:12—14; 갈 5:16—18). 외견상 신화적인 πνεῦμα "영"의 φρόνημα "생각"(롬 8:6,27)과 그의 ἐπιθυμεῖν "욕심"(갈 5:17; §18,3; S. 203)이라는 화법들 중에도 마찬가지로 힘과 요구의 저 통일성이 숨겨져 있다. 이 표현들이 말하려는 것은 πνεῦμα가, 그 근원을 인간에게 두지 않고 신의 구원행위에 둔 새로운 뜻, 그 특정한 방향을 가지고 σάρξ "육"에서 자유로운, 그것과의 싸움에서 신의 요구에 의해 인도되는 뜻을 굳게 한다는 것이다. 이것으로써 저 矛盾, 즉 한편 πνεῦμα가 모든 그리스도인에게 세례에서 선사된 은사이면서 또 한편 그것은 그때 그때 특별한 행위들에서 役事한다는 모순도 해결된다(§14,3; S. 162). 한편 종말론적 실존의 가능성이 신앙과 함께 모든 사람에게 계시되었고 또 한편 그것은 그때마다 구체적인 행위에서 현실화되기 때문이다.

Πνεῦμα "영"을 놀라운 힘으로 보는 견해에서의 通俗的 표상들을 바울은 우선 반성 없이 받아들였는데, 이 표상들에 따르면 "놀라운" 즉 기이한, 입

상생활과 현저히 다른 현상들, 가령 방언, 예언, 治癒異蹟같은 현상들이 靈의 작용에 해당했다(§14,1). 물론 바울은 간접적으로 이미 그런 현상들의 唯一性을 거부했다. 즉 그는 그런 현상들을 신의 πνεῦμα에 의해 작용된 것으로 보되 오로지 그것들이 — 근원의 통일성에 근거를 둔 것으로서(고전 12:4—6) — 공동체의 통일과 그 οἰκοδομή "덕"을 위해 작용하고 이바지하는 한에서만 인정했기 때문이다(고전 12장과 14장). 그러나 그의 把握의 성격적인 것은 무엇보다도 그가 공동체 내부의 사랑의 役事들을 πνεῦμα의 役事로 여겼다는 점에 있다. 이것은 분명히 통속적 견해와는 다른 것이었다 (§14, 1.3; §36,1). 그리고 그가 윤리적 행실을 πνεῦμα에 소급시킨 점에도 있다(롬 8:4—9). Πνεῦμα는 σάρξ "肉"과의 싸움에서 나타나고(갈 5:17) πνεῦμα의 "열매"는 "德目들"이다(갈 5:22; 비교. 롬 14:17). 이것은 πνεῦμα 개념의 정신화 및 윤리화적 변조가 아니라 자유로운 윤리적 순종이 단지 異蹟에 그 근원을 둘 수 있다는 것 — 인간이 신의 행위를 통해 육과 죄의 사슬로부터 해방되어 순종하게 되어야 한다는 생각에서 철저히 그런 것인바 — 을 말할 뿐이다.

Πνεῦμα "靈"이 죽음에서의 자유와 미래의 ζωή "생명"의 원천 및 힘이라는 점에 관해서는 다시 거론될 것이다. 그것이 죄에서의 자유를 이루게 하고 현재 생활의 원천이고 힘이며 규범이라는 점에서 그 생활을 다음 화법들에 의해 묘사한 귀절들이 성격적이다: δουλεύειν ἐν καινότητι πνεύματος "영의 새로운 것으로 섬긴다"(롬 7:6), πνεύματι περιπατεῖν, στοιχεῖν "영으로 생활한다, 실천한다"(갈 5:16,25). κατὰ πνεῦμα περιπατεῖν "영을 따라 산다"(롬 8:4), εἶναι ἐν πνεύματι "영 안에 있다"(롬 8:5), τὰ τοῦ πνεύματος φρονεῖν "영에 속하는 것을 생각한다"(고전 4:21; 갈 6:1), ἀγάπη τοῦ πνεύματος "영의 사랑"(롬 15:30). λογικός "이성적인"이 바울에게 있어서 헬레니즘 화법상으로 πνευματικός "영적인"의 의미를 가지기 때문에 λογικὴ λατρεία "이성적인 예배"는 νοῦς 즉 "이성"의 새로와짐(§19,1; S. 207 f.)에 근거를 두고 있고 δοκιμάζειν τί τὸ θέλημα τοῦ θεοῦ, τὸ ἀγαθὸν καὶ εὐάρεστον καὶ τέλειον "신의 뜻이, 선과 기뻐하는 것과 온전한 것이 무엇인가를 검토"하는 것으로 실현되며(롬 12:1 f.), 같은 내용의 다른 표현에 불과하다. 끝으로 성격적인 것은 πνεῦμα가 καρδία "마음"에 의해 받아진다(갈 4:6; 고후 1:22; 롬 5:5, 비교. 8:27)는 것, 즉 인간의 원함에서 받아진다(§20)는 것과 사도의 συνείδησις "양심"이 ἐν πνεύματι ἁγίῳ "거룩한 영으로" 말하여지는 것으로 표시되었다 (롬 9:1)는 것이다.

Πνεῦμα에 관해 분명하게 말하지 않는, 그리스도교적 περιπατεῖν "생활"의 다른 규정들도 같은 사태, 즉 종말론적 실존에 옮겨지면서 주어진 힘과 의무를 표현한다:

§ 38. 罪에서의 自由와 靈에서의 生活

ὡς ἐν ἡμέρᾳ εὐσχημόνως "낮에와 같이 方正하게"(롬 13 : 13); ἀξίως τοῦ θεοῦ τοῦ καλοῦντος ὑμᾶς εἰς τὴν ἑαυτοῦ βασιλείαν καὶ δόξαν "자신의 나라와 영광을 위해 너희를 부른 신에 합당하게"(살전 2 : 12); κατὰ ἀγάπην "사랑으로"(롬 14 : 15) 이러한 περιπατεῖν "생활"이 근원을 둔 곳에서 σαρκικὸς εἶναι "육에 속한 것"에 상응하는 κατὰ ἄνθρωπον περιπατεῖν "사람을 따른 생활"로서의 반대성격이 드러난다 (고전 3 : 3).

Πνεῦμα는 πνεῦμα ἅγιον "거룩한 영"인데, 聖 概念의 이용은 마찬가지로 서술과 명령, 힘과 의무의 통일성을 위한 특징을 표시한다. 믿는 자들은 ἅγιοι "聖徒들", ἡγιασμένοι "성결하게 된 자들"(§ 10. 3)인바, 다시 말하면 무엇보다도 그리스도의 구원행위에 의해 세상에서 탈취되어 종말론적 실존에 옮겨진 그런 자들(고전 1 : 2: ἡγιασμένοι ἐν Χριστοῦ Ἰησοῦ "그리스도 예수 안에서 성결케 된 자들")이다. 이것은 세례에 의해 그들의 것이 되었다(고전 6 : 11: ἀλλ' ἀπελούσασθε, ἀλλ' ἡγιάσθητε κτλ. "너희는 씻음과 거룩함···을 얻었다"). 그리스도는 우리를 위해 δικαιοσύνη τε καὶ ἁγιασμὸς καὶ ἀπολύτρωσις "義이고 聖潔이며 구원이다"(고전 1 : 30). 그러나 바로 여기서 신이 우리에게 요구하는 적극적인 ἁγιασμός "거룩함"에 대한 의무가 자란다(살전 4 : 3; 롬 6 : 19, 22). 이 요구를 멸시하는 자는 우리에게 자신의 거룩한 영을 선사한 신을 멸시한다(살전 4 : 8). 우리의 몸은 ἅγιον πνεῦμα "거룩한 영"의 성전인바 이것은 깨끗하게 지켜져야 한다(고전 6 : 19). 공동체도 마찬가지로 신의 거룩한 성전이다. 그리고 신은 성전 모독자를 멸시한다(고전 3 : 16 f.). 神, 혹은 κύριος "主"가 믿는 자들의 마음을 흠없이(ἀμέμπτους ἐν ἁγιωσύνη) 거룩함에서 지켜 달라는 기원이 이에 일치한다(살전 3 : 13; 5 : 23) — 세례에 의한 성결의 授與는 "그리스도를 입는다"로 표시될 수 있었다. 그러나 Χριστὸν ἐνεδύσασθε "너희는 그리스도를 옷입었다"(갈 3 : 27)는 서술형과 나란히, ἐνδύσασθε τὸν κύριον Ἰ. Χριστόν "너희는 주 예수 그리스도를 옷입어라"라는 명령형이 서 있다(롬 13 : 14).

4. 기쁨

갈라디아서 5장 22—23절의 德 목록에 πνεῦμα의 열매로서 ἀγάπη "사랑" 다음 둘째 자리에 χαρά "기쁨"이 나오는 것은 놀랍게 보일 수 있다. 그러나 사실 χαρά는 πνεῦμα에 의해 세워진 종말론적 실존의 지표들 중에 속한다. βασιλεία τοῦ θεοῦ "신의 나라"의 본질은 δικαιοσύνη καὶ εἰρήνη καὶ χαρὰ ἐν πνεύματι ἁγίῳ "거룩한 영에서의 義와 화평과 기쁨"이기 때문이다(롬 14 : 17). 여기서 또는 다른 곳에서 볼 수 있는 χαρά와 εἰρήνη의 결합(갈 5 : 22; 롬 15 : 13)은 χαρά를 역시 종말론적 현상으로도 인식케 한다. Εἰρήνη는 여기서 종말론적 의미에서 "구원"이기 때문이다. 가령 로마서 2장 10절 8장 6절 (ζωή "생명"과의 결합!), 빌립보서 4장 7절의 祈願과 ὁ θεὸς τῆς εἰρήνης "화평의 신"이라는 말투(롬 15:33; 16:20; 빌 4:9; 살전 5:23)가 보여 주는 바와 같다.[1]

믿는 자의 존재는 종말론적 존재로서 기쁨 중의 존재이다. 바울은 자신이 빌립보에 있는 공동체를 위해 즉 εἰς τὴν ὑμῶν προκοπὴν καὶ χαρὰν τῆς πίστεως "너희 믿음의 진보와 기쁨을 위해" 계속 일할 수 있기를 바랬다(빌 1:25). 그는 고린도 공동체를 위해 συνεργὸς τῆς χαρᾶς ὑμῶν "너희의 기쁨을 돕는 자" 외에 다른 사람이 되려고 하지 않았다(고후 1:24). 그는 로마 교회인들을 위해 ὁ δὲ θεὸς τῆς ἐλπίδος πληρώσαι ὑμᾶς πάσης χαρᾶς καὶ εἰρήνης ἐν τῷ πιστεύειν "그러나 소망의 신이 믿음에서의 모든 기쁨과 화평으로 너희를 채우"기를 기원했다(롬 15:13). 이 祈願에서 신이 θεὸς τῆς ἐλπίδος "소망의 신"으로 표시되었다면 현재의 χαρά가 그리스도교적 존재의 미래 관련성에 의해 根據지어졌음이 분명해진다. Τῇ ἐλπίδι χαίροντες "소망으로 기뻐하는 자들"은 믿는 자들의 특징에 속한다(롬 12:12). 사실 어떤 內世界의 대상도 가지지 않는 이 χαρά는 그 스스로 주관적 의식에서 실현되는 것인 限, 미래에 관련된 것이다. 그리고 그것은 그렇게 실현되어야 할 것이다. 그러므로 기뻐하라는 권고들이 나올 수 있다(살전 5:16; 고후 13:11; 빌 3:1; 4:4). 이것은 세상의 환란 한가운데서 빛나되(고후 6:10), χαρὰ πνεύματος ἁγίου "거룩한 영의 기쁨"으로(살전 1:6) 빛나는 기쁨이다.

그 다음에는 이런 종말적 기쁨은 때마다 그것으로 결합된 자들의 상호관계와 서로 위하는 관계로도 실현된다. 사도와 공동체가 서로 기뻐하고 서로에게서 기쁨을 가지는 것은 당연하다(고후 1:15? 2:3; 롬 15:32; 16:19; 빌 2:2, 17 f.; 4:1, 10; 살전 2:19; 3:9). 믿는 자들이 서로 향해 기뻐하고 서로 함께 기뻐하는 것은 역시 거룩하다(롬 12:15).

§39. 율법에서의 자유와 인간들에 대한 姿勢*

1. 율법에서의 自由

Νόμος "율법"은 δύναμις τῆς ἁμαρτίας "죄의 세력"이다(고전 15:56;

---

* 이 표제에 관한 문헌들, 참조. S. 636.
1) 고후 13:11에서는 문맥상, 다른 곳에서도 나오는 특별한 의미의 "화평"을 요구한다. 롬 5:1; 고전 14:33에서와 같다. 이 둘이 얼마나 유사한가는 롬 14:19에 의한 14:19의 서열이 보여 준다.

§ 27, 2), — 또는 그것은 믿는 자들을 위해 그런 것이었다. 그들을 위해 그리스도는 "율법의 마지막"(롬 10 : 4)이고 "그 안에서", 또는 "그를 통해" 우리는 율법에서의 자유를 가지고 있으며(갈 2 : 4), 그는 우리를 해방시켜 자유하게 했고(갈 5 : 1), 우리는 "부름을 받아" 자유하게 되었기(갈 5 : 13) 때문이다. 그리스도교 공동체는 자유한 자들의 회중인데 반해 유대교는 율법의 종됨 아래 있다. 이것은 사라-하갈 알레고리(갈 4 : 21—31)가 진술하는 바와 같은 것이다. Παιδαγωγός "後見人"의 φρουρά "감시"의 옛 시기는 지나갔다. 한때 율법 아래에서 노예의 처위를 차지했던 인간이 해방되어 成年이 되고 지금은 아들의 권리를 누린다(갈 3 : 23—4 : 7). Παλαιά διαθήκη "옛 계약"과 τοῦ θανάτου "죽음"과 τῆς κατακρίσεως "定罪"를 위한 διακονία "職責", τὸ καταργούμενον "파멸하게 하는 것"은 καινὴ διαθήκη, "새 언약"과 διακονία τοῦ πνεύματος, τῆς δικαιοσύνης, τὸ μένον "靈 및 義의 직책, 영구한 것"에 의해 무효화되었다(고후 3 : 6—11).

구원사건을 통해 σάρξ "肉"이 심판을 받았다면 죄는 肉과 더불어 심판을 받았다. 신은 κατέκρινεν τὴν ἁμαρτίαν ἐν τῇ σαρκί "육에 있는 죄를 심판했기 때문이다"(롬 8 : 3). 사실 죄는 그 근원을 σαρξ 안에 두고 있었다 (§ 22, 3; § 23). 말하자면 죄는 율법을 통해 육에서 깨어났다(§ 27, 2). Σάρξ의 세력이 십자가의 구원사건에 참여하는 자들에게서 去勢되었다면(갈 5 : 24), 그들에게는 율법과 동시에 죄도 그 세력을 상실했다: ἁμαρτία ὑμῶν ὑο κυριεύσει οὐ γάρ ἐστε ὑπὸ νόμον ἀλλὰ ὑπὸ χάριν "너희 죄는 세력을 못 쓴다. 이는 너희가 율법 아래 있지 않고 은혜 아래 있음이다"(롬 6 : 14). "우리가 육에 있었을 때에는 율법에 의한 죄의 정욕이 우리 지체 중에서 역사하여 우리로 사망으로 가는 열매를 맺게 하였더니 이제는 우리가 얽매였던 것에 대하여 죽었으므로 율법에서 벗어났으니 이러므로 우리가 영의 새로운 것으로 섬길 것이요 儀文의 묵은 것으로 아니할 것이다"(롬 7 : 5 f.). "영에 의해 쫓기는" 그런 자들로서 믿는 자들은 이미 율법 아래 있지 않는다(갈 5 : 18). 그들이 신앙의 열매를 맺는 限 다음 것이 해당한다: κατὰ τῶν τοιούτων οὐκ ἔστιν νόμος "이와 같은 것들에 대항할 법이 없다"(갈 5 : 23). 이로부터 갈라디아에 있는 유대교주의자들에 대한 바울의 투쟁과 그리스도에 의해 해방된 자들에 대한 그의 다음 권고가 생겼다: στήκετε οὖν καὶ μὴ πάλιν ζυγῷ δουλείας ἐνέχεσθε "이제는 굳게 서서 다시는 종의 멍에를 메지 말라"(갈 5 : 1).

아주 분명한 것은, 율법이 구원의 길이기를 요구하는 한, 혹은 그것이 인간에 의해 *ἰδία δικαιοσύνη* "자기 義"를 세우는 수단으로 이해된 한, 그리스도가 율법의 마지막이라는 것이다(§23,1; §27,2). 그것에 신의 요구가 포함되어 있는 한(§27,2), 그것은 여전히 그의 타당성을 保有하기 때문이다. 바울에게 있어서 *νόμος*가 모든 제사 및 儀典 계율들을 포함한 구약성서의 율법에 서술된 것인 한(§27,1), 그 율법 전체가 타당한 것일 수 없는 것이었음은 물론 自明하다. 그리고 율법을 구원의 길로 보는 데 대항한 갈라디아에서의 싸움은 사실 儀典-祭祀 계명들, 割禮와 유대교의 祝祭들에 대한 싸움이었다(갈 4:10). 바울이 *νόμος*를 *ἅγιος* "거룩한 것" 또는 *πνευματικός* "영적인 것"으로 표시했을 때(롬 7:12. 14). 그는 오로지 *οὐκ ἐπιθυμήσεις* "너는 욕심내지 말라"는 말투로 종합된 윤리적 계명들만을 생각했다. 그가 *ἀγάπη* "사랑"을 율법의 성취라고 부른 곳에서도 마찬가지이다(갈 5:14; 롬 13:9 f.; 비교. §27,1). 그 때에는 그러나 율법에서의 자유는 곧 전승된 율법 내에서 그 내용에 따라 타당한 것과 그렇지 못한 것 사이를 구별하는 자유로 실현될 것이다. 바울은 이 문제를 발전시키지 않았다. 그러나 이런 비판의 의무는 다음의 기능에 포함되어 있다: *δοκιμάζειν τί τὸ θέλημα τοῦ θεοῦ, τὸ ἀγαθὸν καὶ εὐάρεστον καὶ τέλειον* "신의 뜻이 무엇이며 선과 기뻐하는 것과 온전한 것이 무엇인지를 분별하라"(롬 12:2). 또는 *δοκιμάζειν τὰ διαφέροντα* "가장 훌륭한 생각들을 분별하라"(빌 1:10).

2. 그리스도교의 권위

그러므로 율법에서의 자유는 변증법적 성격을 지니고 있다. 즉 요구에서 자유하지만 그런데도 그것에 구속되어 있다. — 그 요구가 어떤 의미에서 이해되는가에 따라 자유는 *πάντα μοι ἔξεστιν* "나에게 모든 것이 허락되어 있다"는 말투로 표현될 수 있었다(고전 6:12; 10:23). 이것은 분명히 고린도 영지주의계의 그리스도인들의 구호였을 것이다(§15,4 f.). 바울은 이 말투를 승인했다. 그러나 그가 *ἀλλ' οὐ πάντα συμφέρει, ἀλλ' οὐκ ἐγὼ ἐξουσιασθήσομαι ὑπότινος* "그러나 모든 것이 유익한 것이 아니며 나는 아무에게도 구애되지 않을 것이다"라고 첨가했다면 그 말투의 이중성을 보여준다. 다시 말하면 그것이 모든 조건들로부터 인간을 풀어놓고 그의 주관적인 방종의 해방을 주장하려는 것인 한, 그것을 버려야 한다는 것을 보여 준다. 이 경우에 그 기본 명제는 *ἀλλ' οὐκ ἐγὼ ἐξουσιασθήσομαι ὑπό τινος* "그러나 나는 아무에게도 구애되지 않을 것이다"가 示唆하는 바와 같이 사실, 그때마다 동기가 되는 힘이 그의 주관적 선택에서 실천하는 것에 인간

§ 39. 율법에서의 자유와 인간들에 대한 姿勢

이 빠진다는 결과만을 초래할 것이다. 순수한 의미의 πάντα μοι ἔξεστιν "무엇이나 나에게 可하다"는 세계에서의 內的 自由, 즉 모든 內世界的 요구들이 그의 機動力을 상실하고 모든 내 세계적 사물들과 상황들이 차별 없이 되는 자유를 前提로서 가진다. 그러나 이 자유는 바로 κύριος 및 신에 拘束되는 데서 생긴다 : οὐ γάρ ἐστε ἑαυτῶν "이는 너희가 너희 자신들의 것이 아님이다"(고전 6 : 19; §38, 1). Οὐ πάντα συμφέρει "모든 것이 유익한 것은 아니다"는 그러므로 πάντα μοι ἔξεστιν "모든 것이 내게 可하다"를 제한하되 마치 πάντα의 영역 안에 이러저러한 μὴ συμφέρον "무익한 것"이 있다는 것 같은 의미에서 제한하지 않는다. Οὐδὲν κοινὸν δι' ἑαυτοῦ, πάντα καθαρά "무엇이든지 스스로 俗된 것이 없고 모두 정결하다"는 말이 타당하기 때문이다(롬 14 : 14, 20). 오히려 여기서 주장하는 것은 내게 일어나는 어떤 일에서든지 그것에 대해 내가 자유를 잃으면 그 全 領域이 μὴ συμφέρον "무익한 것"이 된다는 것이다. 모든 세상적인 것들의 차별은 책임이라는 구체적인 상황에서 사라져 버린다.

그러나 이 상황은 淨潔의 요구와 같이 각 개인에게 해당되는 요구들에 의해서뿐 아니라(고전 6 : 12 ff.), 무엇보다도 인간의 상호관계로부터 자라는 의무들에 의해 그 성격을 얻게 된다. 이런 점에서 πάντα μοι ἔξεστιν은 ἀλλ' οὐ πάντα οἰκοδομεῖ "모든 것이 덕을 세우는 것은 아니다"에 의해 한정되었다. 즉 모든 것이 공동사회 건설에 유익한 것이 아니라는 것이다. 제한하는 기본 명제는 이렇게 적극적인 표현을 하고 있다 : μηδεὶς τὸ ἑαυτοῦ ζητείτω ἀλλὰ τὸ τοῦ ἑτέρου "자신의 것을 구하지 말고 다른 사람의 것을 구하라"(고전 10 : 23 f.). 이것도 저 πάντα "모든 것"에 대한 量的인 제한이 아니다. 그러나 이것이 뜻하는 것은 매 순간의 근본적인 자유가 포기, 자유 자체의 포기같이 보이지만, 오히려 자유 자체의 逆說的 작업인 포기의 형태를 취할 수 있다는 것이다. 이것은 ἐλεύθερος γὰρ ὢν ἐκ πάντων πᾶσιν ἐμαυτὸν ἐδούλωσα "이는 내가 모든 사람에게서 자유하였으나 스스로 모든 사람에게 종이 되었음이다"라고 말한 것과 같다(고전 9 : 19). 그리스도교의 ἐλευθερία "자유"에서 흘러나오는 ἐξουσία "권위"는 πάντα μοι ἔξεστιν "모든 것이 나에게 可하다"에서 표현된바, 이것은 그것이 율법의 儀典的 祭儀的 계명들도 포함하는 모든 세상적인 요구들에 예속되지 않음을 말한다. 그것은 저 獨自的인 δοκιμάζειν "검토"에서 존속하는 全權이며, ἀγαθόν "善"이 무엇인가를 스스로 발견하는 권리이고, 그러므로 다른 사람의 양심의 판단에 예속되지 않는 것이기도 하다(고전 10 : 29 b; 비교. 롬 14 : 5). 이 점에서 물론 ἐξουσία "권위"에 대한 어떤 포기도 있을 수 없다. 그 점에서 그것은 ἐλευθερία "자유"이기 때문이다. 그러나 ἐξουσία가 ἐλευθερία "자유"의 무분별한 실천을 위한 개인의 권리로서 파악되는 한, 바울은 그 권위와 ἐλευθερία "자유" 사이를 구별한다. 이 자유는, 형제를 위한 고려가 요구되고 私的인 권리로서의 ἐξουσία의 포기가 요구될 때 분명해진다. 포기 자체로서의 그것은 이미 그리스도교적 자유가 아니다. 그것은 더 높은 목적들을 위해 그 포기가 자명하게 요구될 수 있는 법적 요구이다. 이것은 바울이 공동체들에 대한 사도 生計費 요구권의 포기에서 분명히 밝힌 바와 같다(고전 9:1—23). 바울의 다음과 같은 권고는 이 의미에서 자유의 활동이 요구된 것이다 : βλέπετε δὲ μή πως ἡ ἐξουσία ὑμῶν αὕτη πρόσκομμα γένηται τοῖς ἀσθενέσιν "그런즉 너희의 자유함이 약한 자들에게 거치는 것이 되지 않도록 조심하라"(고전 8:9; 비교. 롬 14:13). 그 자신은 우상의 제물 먹는 일이 형제에게 거리낌이 되면, 그가 근본적으로 자유로이 처리할 수 있는 일이면 기꺼이 포기하려고 했다(고전 8:13; 비교. 롬 14:21). 말하자면 이 고려가 ἐλευθερία "자유"의 포기라는 오해를 초래할 때, 신앙을 고백해야 하는 상황에 말려들 수밖에 없음은 물론 분명하고, 또 갈라디아서는 이 사실을 명시한다. 오로지 형제를 위한 자유의 활동으로서만 그 포기는 타당성을 가지며, 그러한 것으로서만 포기는 요구된다.

형제에 대한 考慮는 그의 판단에 예속됨을 뜻하지 않는다(고전 10:29 b; 롬 14:5). 그와는 반대로 그리스도교의 자유는 모든 인간의 관습들과 가치척도들에서의 자유이다. 자유層과 노예층이라는 社會的 차별들은 性과 민족의 차이와 마찬가지로 "그리스도 안에서" 그 의의를 상실했다(갈 3:28; 고전 12:13). 인간의 가치 평가들에서 발생하는 모든 解放慾들에는 이것이 해당된다 : μὴ γίνεσθε δοῦλοι ἀνθρώπων "너희는 사람들의 노예가 되지 말라"(고전 7:23). 그러나 이 자유에 침해됨이 없이 δουλῶσαι ἑαυτὸν πᾶσιν "자신을 모든 사람에게 노예가 되게 하라"(고전 9:19)와 δουλεύετε ἀλλήλοις "너희는 서로 노예가 되라"(갈 5:13)는 권고도 유효하다. 그러나 이것 역시 자유의 포기가 아니라 바로 자유의 활동이다.

3. 사랑

Δουλεύετε ἀλλήλοις "너희는 서로 노예가 되라"에는 附加句인 διὰ τῆς ἀγάπης "사랑에 의해"에 의해 주어진 그것의 성격이 포함되어 있다. 믿는 자들이 소유하고 있는 자유를 그는 κύριος "主"의 δοῦλος "노예"로서 지니

§ 39. 율법에서의 자유와 인간들에 대한 姿勢   351

기 때문이다(§ 38, 1). 그리고 μὴ ὤν αὐτὸς ὑπὸ νόμον "율법 아래 있지 않는" 그가 δοῦλος τοῖς ὑπὸ νόμον "율법 아래 있는 자들에게 노예"가 되었고 ἄνομοι "율법 없는 자들"에게 ἄνομος "율법 없는 자"가 되었는데, 그것은 ἔννομος Χριστοῦ "그리스도의 율법"이기 때문이다(고전 9 : 20 f.). 그러나 νόμος τοῦ Χριστοῦ "그리스도의 율법"(갈 6 : 2)은 사랑의 요구이다. 이 νόμος의 실천으로 불리어지는 ἀλλήλων τὰ βάρη βαστάζειν "서로의 짐을 진다"는 것은 사실 διὰ τῆς ἀγάπης δουλεύειν ἀλλήλοις "사랑을 통해 서로 종이 된다"는 것 외에 다른 것이 아니다. 'Αγάπη "사랑"은 공동체를 세우고 그러므로 ἐξουσία "권위"의 포기를 요구하는 바로 그것이다(고전 8 : 1; 롬 14 : 15). 그것은 μὴ ζητεῖν τὸ ἑαυτοῦ ἀλλὰ τὸ τοῦ ἑτέρου "자신의 것이 아니라 다른 사람의 것을 위해 힘쓸 것"을 요구한다(고전 10 : 24; 13 : 5). 'Αγάπη는 율법의 실천인데 이 율법의 요구들은 "너는 네 이웃을 너 자신과 같이 사랑하라!"로 종합된 것이었다(롬 13 : 8—10; 갈 5 : 14).

그러나 율법의 그런 실천은 功績이라는 의미에서의 ἔργον "일"이 아니라, 자유의 행위이다. 믿는 자들은 그것을 행하는 것에 관해 θεοδίδακτοι "신의 가르침을 받은 자들"이다(살전 4 : 9). 그러므로 사랑은 종말론적 현상이다. 종말론적 실존에 옮겨진 신앙은 사랑에서 작용한다(갈 5 : 6). 다른 사람을 위한 순수한 존재로서 사랑은 오로지 자기 자신에게서 자유한 자에게만, 다시 말하면 그리스도와 함께 죽은 때문에 "이미 자기 자신을 위해 살지 않고, 자신을 위해 죽고 부활한 자를 위해 사는 자"에게만 가능하다(고후 5 : 15). 즉 그는 νόμος Χριστοῦ "그리스도의 법", 사랑의 계명에 순종하는 자이다. 고린도 전서 7장 19절과 갈라디아서 5장 6절, 6장 15절의 평행은 ἀγάπη "사랑"의 본질을 분명하게 해 준다. 즉 믿는 자에게서 옛날에 사람들에게 분명했던 특징들 즉 περιτομή "할례"와 ἀκροβυστία "무할례"는 무력해졌고, 타당한 것은 오로지 τήρησις ἐντολῶν θεοῦ "신의 계명들의 실천" — 즉 πίστις δι' ἀγάπης ἐνεργουμένη "사랑으로 작용되는 신앙" — 뿐이고, καινὴ κτίσις "새 피조물"뿐이다. 즉 신의 요구는 사랑이다. 그것은 신앙의 생활 표현으로서 현실적이고, 그리고 바로 여기서 종말론적 실존이 실현된다. 이것 역시— καινὴ κτίσις "새피조물"로서 — 오로지 ἐν Χριστῷ "그리스도 안에"만 있다(고후 5 : 17). 'Αγάπη "사랑"은 그것이 πνεῦμα "靈"의 첫 열매라는 것에 의해서도 종말론적 현상으로서 표시되었다(갈 5 : 22). 그러나 그것이 결국 영의 은사로서 다른 것들과 同列에 속할 수 없다는 것은 고린도전서 13장에 나타나 있다. 즉 그것은 모든 χαρίσματα "은사들"을 넘어서는, 그러고 이것 없이는 모든 다른 영의 은사들이 소용없게 되는 καθ' ὑπερβολὴν ὁδός "제일 좋은 길"로서 성격지어졌다. Τέλειον "온전한 것"이 오면 다른 모든 영의 은사들은 사라져도 사랑은 믿음, 소망과 마찬가지로 남되, 말하자면 그것들 중에서 제일 큰 것으로 남는다. 사랑이 오로지 이렇게만 호칭될 수 있었던 것은 πίστις "믿음"과 ἐλπίς "소망"에 나타난 가능성이 사랑으로 구체적 실존에서 실현되기 때문이었다.

Ἀγάπη의 특수한 現顯 양식은 ταπεινοφροσύνη "겸손"이다. 빌 2:3은 그것을 권하고 있다. 그리고 그리스도가 겸손의 모범 인물로 소개되었다. 그것은 ἀλλήλους ἡγεῖσθαι ὑπερέχοντας ἑαυτῶν "서로를 자신보다 더 높이고 앞세우는 것"으로서 τῇ τιμῇ προηγεῖσθαι ἀλλήλους "존경함으로 서로를 앞세우는 일"에 일치시키면서 묘사했다 (롬 12:10). 이런 "겸손"은 정신적인 διάθεσις "상태"도, 가령 고후 7:6에서와 같은 신에 대한 관계도 아니며 인간들에 대한 관계이다. 겸손은 그들의 요구를 경청하고, 그들에 거슬려 자신의 요구를 관철하지 않는다. Μὴ τὰ ἑαυτῶν ἕκαστοι σκοποῦντες, ἀλλὰ καὶ τὰ τῶν ἑτέρων ἕκαστοι "각자는 자신들의 일만 돌보지 말고 각기 다른 사람의 일도 돌보라"(빌 2:4; 비교. 고전 10:24; 13:5). 그러므로 겸손은 사랑의 한 양식이다. 그것의 특수성은 ταπεινοφροσύνη "겸손"이 ἐριθεία "분쟁"(자기 주장)과 κενοδοξία "허영"에 반대로 사용된 데서 드러난다. 그 반대는 다른 사람들을 내려다보면서 자신을 "자랑"하는 오만이다. 갈 6:3-4는 이런 태도에 이렇게 경고한다. Εἰ γὰρ δοκεῖ τις εἶναί τι μηδὲν ὤν, φρεναπατᾷ ἑαυτόν. τὸ δὲ ἔργον ἑαυτοῦ δοκιμαζέτω ἕκαστος, καὶ τότε εἰς ἑαυτὸν μόνον τὸ καύχημα ἕξει καὶ οὐκ εἰς τὸν ἕτερον "만일 누가 아무것도 되지 못하고 된 줄로 생각하면 스스로 속임이라. 각각 자기의 일을 살피라. 그리하면 자랑할 것이 자기를 위해서만 있고 남을 위해서는 없음을 알 것이다." 각자의 이러한 自己 比較들과 다른 사람에 대한 각자의 심판(고후 10:12-18; 롬 14:4, 10, 12 f., 22)은 ἀγάπη에서 끝난 것이다.

§40. 죽음에서의 自由*

1. 未來의 生命

율법과 죄에서의 자유는 곧 죄의 "삯"과 "열매"인 죽음에서의 자유이다 (롬 6:23; 7:5 등, §24). 그리스도와 함께 죽은 믿는 자는 그의 부활에도 참여하고 있는 것이다. 바울은 이것을 밀의종교들과 영지주의에서 생긴 언어로 표현했다 (§33, 3de). 그는 이렇게 말한다. 즉 부활한 자 자신이 그에

---

* 이 표제에 관한 문헌들, 참조. S. 636 f.

§40. 죽음에서의 自由

게 말하는 말을 믿음으로, 인간은 그리스도의 십자가와 마찬가지로 그의 부활로 자신을 항상 규정하는 힘이 되게 한다는 것이다(§33, 6c). 지금은 이미 그가 사는 것이 아니라 — 바울은 이렇게 逆說的으로 말한다 — 그 안에서 그리스도가 산다(갈 2:20).

그러나 바울과 밀의종교들 및 영지주의의 사상은 이렇게 구별된다. 즉 그는 그리스도에 의해 중개된 $ζωή$ "생명"을 인간에게 주입된 자연의 힘, 영혼(혹은 深處에 있는 自我)이 소유하는 不死性의 힘으로 이해하지 않는다. 이 힘을 힘입어 영혼이 육체의 죽음 후에 신의 행복한 영역에 이르러 하늘의 빛의 세계에 오른다고 보지 않았다. 그는 오히려 죽은 자들의 부활에 대한 전통적 유대교 및 초대 그리스도교적 가르침과 동시에, 마지막 심판 및 옛 세계에 종막을 내리고 구원의 새 세계, $τέλειον$ "온전한 것"(고전 13:10)을 이루어 놓는다는 우주적 大事件에 관한 묵시문학의 사상을 고수했다. 그는 $κύριος$ "주"의 $ἡμέρα$ "날"(및 $παρουσία$ "到來")을 기다렸다(고전 1:8; 5:5; 15:23; 고후 1:14; 빌 1:6, 10; 2:16; 살전 2:19; 3:13; 4:15; 5:2, 23). 이 날은 곧 부활 이후 존속하는 그의 지배의 終幕이고 神이 만유중의 만유가 되는 구원시대의 시작이다(고전 15:24—27).

육체적인 죽음을 넘어서는 $ζωή$ "생명"의 미래성에 관한 사상을 — 바울의 경우 — 죽은 자들의 부활에 관한 가르침에서 표현한 表象樣式은 유대교 및 초대 그리스도교 전통에 속한다(§9, 3, S. 75). 헬레니즘계의 청중에게는 낯선 이 가르침을 그는 살전 4:13—17에서 말하고 그것을 고전 15에서 자세하게 변호했다. 劇的인 우주적 현상過程에 관한 세부적인 묘사들에는 신학적 의미가 없다. 그러나 중요한 것은 바울이 유대교적 묵시문학 및 영지주의의 신화와 반대로 부활한 생활事情의 묘사를 포기했다는 것이다. 미래의 상황은 실제로 오로지 地上生活에 비교하여서만 그 생활의 理想像으로 그려질 수 있었을 것이고, 그렇게 되면 다시 말해서 $μὴ βλεπόμενον$ "보이지 않는 것"으로서의 미래의 특수성(고후 4:18)에 모순되었을 것이다. 그 까닭에, 나타날 것이라는 $δόξα$ "영광"(롬 8:18; 고후 4:17) 또는 그때 출현될 $εἶναι σὺν Χριστῷ$ "그리스도와 함께 있음"(살전 4:17; 5:10; 빌 1:23; 고후 5:7 f.) 등에 관한 일반론에서 그쳤다. $Περιπατεῖν διὰ πίστεως$ "믿음에 의한 생활"이 ($περιπατεῖν$) $δι' εἴδους$ "보는 생활"로 바뀐다는 것이었다(고후 5:7). 우리가 지금 보는 것은 단지 희미한 거울의 像에 불과하다. 그러나 그 때에는 "얼굴에 얼굴을 대하여" 볼 것이다. "$Ἄρτι γινώσκω ἐκ μέρους, τότε δὲ ἐπιγνώσομαι καθὼς καὶ ἐπεγνώσθην$ "지금은 내가 부분적으로 아나 그 때에는 내가 알려진 것같이 나도 알리라"(고전 13:12). 사실 바울이 빌 1:23에서 $εἶναι σὺν Χριστῷ$ "그리스도와 함께 있음"이 자신의 죽음 후 곧 이루어진다고 말한 것은 부활론과의 모순까지도 일으키고 있다(적지 않은 註釋

家들이 같은 사상을 보는 고후 5:1 ff.에 관해, 참조, §17,3, S. 197 f.). 이 모순은 ἐν σαρκί "肉에서"의 삶을 넘어선 ζωή "생명"의 미래성을 표현한 表象들이 얼마나 중요치 않은가를 보여준 것이다.

그러므로 육체적 죽음 彼岸의 부활의 생명으로서 역시, ζωή "생명"은 비로소 미래의 것이다. 그리고, 종말론적 구원에 대한 다른 標識들을 아직 볼 수 없다는 반론에 대해 바울이 종말론적 δικαιοσύνη의 現在에 관한 自身의 主題를 변호해야 했을 때, 그 때문에 의롭다함을 받은 자에게는 ζωή "생명"도 이미 소유되었다는 것을 보여 주어야 했을 때(§29,4), 그는 우선 ζωή를 미래의 것으로, 즉 ἐλπίς τῆς δόξης τοῦ θεοῦ "신의 영광의 소망"으로서만 현재를 규정하는 미래의 것으로서 말하는 방식을 취했다 — 이 ἐλπίς가 물론 οὐ καταισχύνει "부끄럽게 하지 않는 것"에 해당하는 것은 그것이 靈의 선물인 신의 ἀγάπη "사랑"에 관한 지식에 근거를 두고 있기 때문이다(롬 5:1—11).

Ζῆν "사는 것"과 περιπατεῖν ἐν σαρκί "육에서의 삶"(§22,2; S. 234 f.)의 現在는 역시 아직 δόξα "영광"의 현재가 아니라 θλίψεις "환란"과 παθήματα "犯過들"의 현재이다. Αἰώνιον βάρος δόξης "영원한 영광의 무게"를 지닌 부활의 生은 아직 눈 앞에 있다(고후 4:17; 롬 8:18). 믿는 자들도 아직 δουλεία τῆς φθορᾶς "썩을 것의 노예됨"에서(롬 8:21), 지상의 삶에서(고후 5:1 ff.) 탄식하고 하늘의 몸, σῶμα πνευματικόν "영의 몸" σῶμα τῆς δόξης "영광의 몸"을 향해 동경한다(고전 15:44; 빌 3:21). Τῇ ἐλπίδι ἐσώθημεν "우리는 소망으로 구원을 받은 것이다"(롬 8:24; §35,3). 우리는 διὰ πίστεως "믿음으로" 살고 아직 διὰ εἴδους "봄으로" 살지 않는다(고후 5:7; 비교. 고전 13:12). 주와 결합되기를 우리는 바라고 있다(고후 5:6,8; 빌 1:21, 23). Ἀπολύτρωσις τοῦ σώματος "몸의 救贖"을 가져올 우주적 대사건(롬 8:23)은 물론 그리스도의 부활과 함께 이미 시작되었다. 그리고 그 완성도 임박했다(살전 4:15; 고전 15:51; 비교. 롬 13:11 f.). 그리스도는 ἀπαρχή τῶν κεκοιμημένων "잠든 자들 중의 첫 열매"이다. 그리고 믿는 자들은 그의 뒤를 따르되 ἕκαστος ἐν τῷ ἰδίῳ τάγματι "각기 자기의 차례"를 따를 것이고 그리스도의 到來로 옛 세계가 마지막에 도달할 때 비로소 ἔσχατος ἐχθρός "최후의 敵"으로서 사망이 섬멸될 것이다(고전 15:20—27).

물론 이미 로마서 5장 12—21절 — 바울은 여기서 의롭다함을 받은 자의 ζωή의 소유를 증명하기 위해 영지주의적인 原人思想을 이용했다(§15, 4 d)

— 은 ζωή와 δόξα의 미래성이 단순히 유대교적 종말론의 圖式에 따라 지금과 그때의 단순한 대립으로 생각되지 않음을 보여 준다. 아담이 죽음을 아담계의 인류 위에 초래시킨 것과 같이 그리스도는 새로운 인류를 위해 생명을 가져왔다. 설사 그 생명이 믿는 자들의 경우에도 미래에 비로소 실현될지라도 그리스도에게는 생명이 이미 있다(17, 21절; 참조. S. 251. 303 f.). 즉 생명은 이미 있는 것인데, 왜냐하면 그리스도의 일으킴이 죽은 자들의 일으킴 자체의 첫 케이스로서만 생각되지 않고, 모든 믿는 자들의 復活生命의 根源으로서, 必然的으로 그것에서 나오고 그러므로 根源的으로 이미 現在한다고 할 수 있을 만큼 根源으로서 생각되었기 때문이다. 고린도전서 15장 12—16절의 論理도, 부활의 한 케이스로서, 그것이 그리스도에게서 증명할 수 있게 일어난 것처럼 부활의 가능성 一般이 증명되었다는 논리가 아니다. 오히려 그리스도의 부활에는 모든 믿는 자들의 부활이 근원적으로 들어 있다. 이것은 21—22절이 분명하게 보여 준다. 바울의 제자가 적절한 표현을 발견했다: ἀπεθάνετε γάρ, καὶ ἡ ζωή ὑμῶν κέκρυπται σὺν τῷ Χριστῷ ἐν τῷ θεῷ κτλ. "이는 너희가 죽고 너희 생명이 그리스도와 함께 신 안에 숨겨져 있음이다···"(골 3 : 3 f.). 바울 자신은 이 사상을 逆說的으로 다음과 같이 말했다: ζῶ δὲ οὐκέτι ἐγώ, ζῇ δὲ ἐν ἐμοὶ Χριστός "그러나 사는 것은 이미 내가 아니고 내 안에서 그리스도가 산다"(갈 2 : 20).

2. 現在의 生命

그러므로 어떤 의미에서 ζωή "생명"은 역시 현재이다. 즉 그것이 설사 靈的인 경험에서 "체험되는 것"은 아닐지라도 소망을 가진 믿는 자에게는 현재의 것이다. 그리스도의 죽음과 부활에 참여케 하는 세례에서도 결정적인 것은 정신현상이 아니다. 그것은 오히려 구원사건에 가담하는 것과 고백적 신앙으로 자신의 것을 만드는 것이다(§34, 3). 이것은 로마서 6장 8절에 성례에 의해 중개된 ζωή "생명"이 미래적인 것으로 특징지어진 것과 같다: εἰ δὲ ἀπεθάνομεν σὺν Χριστῷ, πιστεύομεν ὅτι καὶ συζήσομεν αὐτῷ "그러나 만일 우리가 그리스도와 함께 죽었으면 우리는 그와 함께 살 것이라는 것도 믿는다"고 되어 있는 것과 같다. 그럼에도 ζωή는 이미 현재에서 실현된다. 왜냐하면 세례받은 자가 사실 πνεῦμα "靈"의 은사를 ἀπαρχή "첫 열매"로서, 구원의 미래의 ἀρραβών "담보"로서 가지고 있기 때문이다(롬 8 : 23; 고후 1 : 22; 5 : 5). 이 은사에 힘입어 그의 소망은 부끄럽게 되지 않을 것이다(류 5 : 5). 이 은사에 힘입어 — 그리고 여기서 바울은 밀의종교들과 영지주의의 思惟方式에 접근한다 ― 미래의 부활에 확신을 가진다(롬 8:11). 영은 그러나 현재에서 힘으로서 나타난다. 현재는 미래에 의해 규정되어 있기 때문이다. 영은 규범인 것과 같이 새로운 περιπατεῖν "삶"의 원천이고 힘이다(§38, 2.3). 미래를 밝힘으로써, 미래에 의해 규정됨으로써 ζωή는 현재이다. 옛 인간은 사실 그리스도와 함께 십자가에 못박혔다. 그의 σῶμα τῆς ἁμαρτίας "죄의 몸"은 죽고 κόσμος "세계"는 그를 위해 이미 있지 않다(롬 6:6; 7:4-6; 갈 5:24; 6:14). 그는 καινή κτίσις "새 피조물"이다. Τὰ ἀρχαῖα παρῆλθεν, ἰδοὺ γέγονεν καινά "옛것은 지나갔고, 보라 새것이 되었다"이기 때문이다(고후 5:17). 그러므로 이렇게 권고할 수 있다: λογίζεσθε ἑαυτοὺς εἶναι νεκροὺς μὲν τῇ ἁμαρτίᾳ, ζῶντας δὲ τῷ θεῷ ἐν Χρ. Ἰησοῦ··· παραστήσατε ἑαυτοὺς τῷ θεῷ ὡσεὶ ἐκ νεκρῶν ζῶντας "너희는 너희 자신을 죄에 대해 죽은 자이고 신에 대해서는 그리스도 예수 안에서 산 자로 여기라···너희는 너희 자신을 죽은 자들 중에서 산 자처럼 신에게 드리라"(롬 6:11, 13). Ζωή "생명"과 같이 δόξα "영광"은 현재이므로 바울은 과감하게 앞당겨 신에 관해 이렇게 말할 수 있었다: οὓς δὲ ἐδικαίωσεν, τούτους καὶ ἐδόξασεν "그러나 그는 의롭게 여긴 그들을 또한 영화롭게 했다"(롬 8:30). 그러므로 믿는 자의 생명은 ἔσω ἄνθρωπος "속 사람"이 ἡμέρᾳ καὶ ἡμέρᾳ "날마다" ἀνακαινοῦσθαι "새롭게 됨"으로 뿐만 아니라 μεταμορφοῦσθαι ἀπὸ δόξης εἰς δόξαν "영광에서 영광으로 변화한다"로서도 묘사될 수 있었다(고후 4:16; 3:18; §38, 2; S. 340).

그러나 πνεῦμα "영"의 능력에 의한 περιπατεῖν "삶"과 그의 규범에 의해서만 미래의 ζωή는 현재적인 것으로 선포될 뿐 아니라, 苦難의 극복에서도 힘차게 선포된다. 다른 신약성서 문헌과 같이 바울은 辯神論의 문제를 다루지 않는다. 고난이 그의 의미에서 세계의 구성성분으로 변호될 필요는 없다. 이 세계는 그의 종말을 향해 서둘러 달려가는 옛 세대이고 죽음의 지배 아래 있기 때문이다. 그러므로 고난은 이 세계의 불가피한 성격들에 속하는데 여기서 항상 미래적인 죽음은 無常의 세력으로서 언제나 현재적으로 작용한다. 그 까닭에 이 문제는 초대 그리스도교적 思惟에 있어서는 고난이 아니라 죽음이다. 그러나 이 문제는 신앙에 있어서 죽음에 대한 그리스도의 승리에 의해 해결되었다. 그리스도와 함께 죽은 信者는 이 승리에 참여하고 있기 때문이다. 그는 이로써 고난에 관한 새로운 이해를 얻었다. 이 이해에서 그는 그것을 극복했다. 이 이해는 그의 새로운 自己理解에서 흘러 나오

§40. 죽음에서의 自由

는 것으로, 물론 고난의 의미를 일반적으로 우주에서의 목적에서 발견하지 않고, 그 자신에게 일어나는 고난에서 그에게 향한 문제와 그의 생의 새로운 가능성을 발견하는 이해이다. 고난에서 예고되는 죽음의 지배(고후 4:12), 모든 세상적인 것의 無常性 — τὰ γὰρ βλεπόμενα πρόσκαιρα "이는 보이는 것들이 잠간 있는 것들임이다"(고후 4:18) — 은 욕심과 근심으로 세상에 매이는 것을 경고하고 — παράγει γὰρ τὸ σχῆμα τοῦ κόσμου τούτου "이는 이 세상의 흔적은 지나감이다"(고전 7:31) — 그를 강압하여 μὴ βλεπόμενα "보이지 않는 것들", αἰώνια "영원한 것들"을 향해 눈을 돌리게 한다(고후 4:18).

인간에게 자신의 약함과 허무함을 의식케 하는 고난은 ὑπακοὴ πίστεως "신앙의 순종"에서 자신의 힘을 근본적으로 단념한 믿는 자에게(§35,1) 강압, 아니 도움을 주어, 이 포기와 χάρις "은혜"에 대한 철저한 신뢰를 구체적인 생활에서 실현시킨다. 위협적인 죽음에 직면하여 바울은 ἵνα μὴ πεποιθότες ὦμεν ἐφ' ἑαυτοῖς ἀλλ' ἐπὶ τῷ θεῷ τῷ ἐγείροντι τοὺς νεκρούς "우리가 자신을 의지하지 않고 죽은 자들을 살리는 신에게 의지하는 자들이기 위해" 자기 자신에게 死刑宣告를 내리는 것을 배운다(고후 1:9). 그가 자신에게 선사된 은혜의 보물을 질그릇에 담은 것은 ἵνα ἡ ὑπερβολὴ τῆς δυνάμεως ᾖ τοῦ θεοῦ καὶ μὴ ἐξ ἡμῶν "능력의 심히 큰 것이 신에게 있고 우리에게 있지 않게 하려는 것"이다(고후 4:7). 그리고 그가 오만하지 않도록 하기 위해 그는 육체적 고난으로 견제당하고 있는 것이다(고후 12:7). 그가 이에 대해 처음에 반항하였을 때 그는 κύριος "主"의 말을 들을 수 있었다: "내 은혜가 네게 족하다. 이는 능력이 약함에서 실현되기 때문이다". 그러므로 그는 자신의 약함을 자랑하였는데 그것은 그리스도의 능력이 그 위에 임하도록 함이었다. 그는 이렇게 그리스도를 위해, 그에게서 야기되는 모든 고난을 달게 받을 수 있었다: ὅταν γὰρ ἀσθενῶ, τότε δυνατός εἰμι "이는 내가 약할 때 나는 강함이다"(고후 12:9 f.). 바울은 이 능력을 다음 대립 명제들로 분명하게 보여 주었다:

λοιδορούμενοι εὐλογοῦμεν
διωκόμενοι ἀνεχόμεθα,
δυσφημούμενοι παρακαλοῦμεν.
ὡς πλάνοι καὶ ἀληθεῖς,
ὡς ἀγνοούμενοι καὶ ἐπιγινωσκόμενοι

ὡς ἀποθνήσκοντες καὶ ἰδοὺ ζῶμεν,
ὡς παιδευόμενοι καὶ μὴ θανατούμενοι,
ὡς λυπούμενοι ἀεὶ δὲ χαίροντες,
ὡς πτωχοὶ πολλοὺς δὲ πλουτίζοντες,
ὡς μηδὲν ἔχοντες καὶ πάντα κατέχοντες

"우리는 굴욕을 당한 즉 축복하고
핍박을 당한 즉 참고
비방을 당한 즉 권고한다(고전 4:12 f.).
속이는 자 같으나 참되고
無名한 자 같으나 유명한 자요
죽은 자 같으나 보라 우리가 살고
징계를 받는 자 같으나 죽임을 당하지 않고
근심하는 자 같으나 항상 기뻐하고
가난한 자 같으나 많은 사람을 부요하게 하고
아무것도 없는 자 같으나 모든 것을 가진 자로다"(고후 6:9 f.).

고난을 이렇게 받아들임으로 믿는 자는 구체적으로 κοινωνία τῶν παθημάτων αὐτοῦ (τ. Χριστοῦ) 그(그리스도)의 고난들에 참여함"을 συμμορφιζόμενος τῷ θανάτῳ αὐτοῦ "그의 죽음을 닮는 것"으로서 경험한다(빌 3:10). 그가 자신의 몸에 지니고 있는 고난들의 흔적들은 그에게 있어서 στίγματα τοῦ Ἰησοῦ "예수의 흔적들"이었다(갈 6:17). 이런 이해를 가지고 고난의 파도 중에 서 있음은 예수의 죽음을 자신의 몸에 지니고 돌아다님으로 예수의 생명도 자신의 몸에서 나타나도록 하려는 것 외에 다른 것을 뜻하지 않는다(고후 4:10 f.) Ἐσταυρώθη ἐξ ἀσθενείας "약함으로 십자가에 죽었다"는 것이 그리스도에게 타당한 것 같이 바울에게는 ἀσθενοῦμεν ἐν αὐτῷ "우리는 그 안에서 약하다"는 것이 적합하다. 그리스도에게 ἀλλὰ ζῇ ἐκ δυνάμεως θεοῦ "오히려 그는 신의 능력으로 살았다"는 것이 해당된다면 이 사도에게도 ἀλλὰ ζήσομεν σὺν αὐτῷ ἐκ δυνάμεως θεοῦ "오히려 우리는 신의 능력으로 그와 함께" — 말하자면 εἰς ὑμᾶς "너희를 위해 살 것이다"(고후 13:4)가 적합하다. 그리스도에의 κοινωνία "同參"이 곧 그의 σῶμα "몸"에 속하는 모든 것에의 κοινωνία "동참"인바(고전 12:25 f.), 그것은 — 영지주의적으로 생각해서 — 우주적 연관성에 관련된 것이다. 바울의 경우 이것은 물론 서로를 위한 역사적 삶의 연관성인데, 한 사람에게 거슬리는 것에서 다른 사람에게는 반드시 유익한 그런 것이다. Κοινωνία τῶν παθημάτων "고난들에의 동참"을 통해 고난을 당하는 자는 자신의 고난의 외로움에서 벗어났다. 그리스도의 고난들은 바울에게 넘쳤다. 그는 이로써, 그리스도의 위로를 받으면서 다른 사람들을 위로할 수 있었다(고후 1：5—7). 죽음이 그 안에서 작용하면 그것은 다른 사람들에게서 생명이 역사하도록 일어나는 것이었다(고후 4：12—13).

분명한 것은 κοινωνία τῶν παθημάτων "고난들에의 동참"이 단순히 예수의 후계자들을 고난에 인도하는 역사적 연관성을 뜻하지 않고, 신앙에서 수행된 그리스도와의 內的인 결합을 뜻한다는 것인데, 이것은 靈知主義의 우주론적 개념으로 表象되고(§33, 3 e), 실제상 신앙의 결심에서 수행된 것이다. Κοινωνία "동참"은 人爲的으로 模倣에 의해 이루어지는 것도 아니다. 그것은 결코 후계자들이 당하는 고난들에만 관계된 것도 아니다. 그것이 使徒職에 관련된 것이든지, 단순한 신앙고백이든지 마찬가지이다. 오히려 그것은 인간이 당할 수 있는 모든 고난, 가령 바울의 육체적 질병같은 것을 爲始해서 모든 고난을 포함한다(고후 12：7). Ἡ γὰρ δύναμις ἐν ἀσθενείᾳ τελεῖται "이는 능력이 약함에서 완전히 나타남이다"(고후 12：9)는 原則的으로 말해진 것이고, 그러므로 모든 ἀσθένεια "약함"에 해당된다. "고난의 神秘"를 말하는 것은 말할 필요도 없이 잘못이다. Κοινωνία "동참"은 受難을 심취적으로 관조하는 데서, 그리스도의 고난을 정신적으로 자기 것을 만들어서 신비적으로 체험하는 데서(στίγματα τοῦ Ἰησοῦ "예수의 흔적들"은 바울의 몸에서 볼 수 있는 것이었다！)가 아니라, 십자가 아래서 얻어진 고난들의 이해 즉 이 고난들을 극복하고 자랑의 대상으로 만든 이해에서 일어난다. 믿는 자에게 그의 수난들은 투명하게 되었다. 그것은 συσταυρωθῆναι "함께 십자가에 달리는 일"이 수행되고 κόσμος "세계"가 침몰하는 과정으로서 분명해졌다.

3. 世界에서의 自由

세계와 그 세력들에서의 자유(§26)는 죽음에서의 자유와 함께 주어졌다. 믿는 자는, 자기 자신을 신뢰하고, 세계를 이용하며 세계에 빠진 인간의 불안(§23, 3)에서 해방된 것이다. 그가 아는 근심은 오로지 한 가지 즉, πῶς ἀρέσῃ τῷ κυρίῳ "어떻게 하면 주를 기쁘게 하는가"(고전 7：32)일 뿐이고 오로지 한 가지 노력 즉 τῷ κυρίῳ εὐάρεστος εἶναι "주를 기쁘게 하려는" 노력 뿐이다(고후 5：9). 無常에 結付된 세계의 근심에서 자유하면서, 죽음을

自 由

이루는 λύπη τοῦ κόσμου "세상의 근심"에서 자유하면서(고후 7:10), 그는 세계에 대해, 기뻐하는 자들과 더불어 기뻐하고 우는 자들과 함께 울며(롬 12:15), 세상에서 일어나는 이런 일 저런 일에 참여하나 ὡς μή "아닌 것 같이" 거리를 두는 자로서 자유하다:

ἵνα καὶ οἱ ἔχοντες γυναῖκας ὡς μὴ ἔχοντες ὦσιν,
καὶ οἱ κλαίοντες ὡς μὴ κλαίοντες,
καὶ οἱ χαίροντες ὡς μὴ χαίροντες
καὶ οἱ ἀγοράζοντες ὡς μὴ κατέχοντες,
καὶ οἱ χρώμενοι τὸν κόσμον ὡς μὴ καταχρώμενοι
"아내 있는 자들은 없는 자 같이 하며
우는 자들은 울지 않는 자 같이 하며
기쁜 자들은 기쁘지 않은 자 같이 하며
사는 자들은 사지 않는 자 같이 하며
세상 물건을 쓰는 자들은 써 버리지 않은 자 같이 하도록 하라"
(고전 7:29—31).

이것은 곧 자유한 자를 뜻한다. 그러므로 바울은 이렇게 자랑할 수 있었다. ἐγὼ γὰρ ἔμαθον ἐν οἷς εἰμι αὐτάρκης εἶναι. οἶδα καὶ ταπεινοῦσθαι, οἶδα καὶ περισσεύειν· ἐν παντὶ καὶ ἐν πᾶσιν μεμύημαι, καὶ χορτάζεσθαι καὶ πεινᾶν, καὶ περισσεύειν καὶ ὑστερεῖσθαι. πάντα ἰσχύω ἐν τῷ ἐνδυναμοῦντί με "이는 내가 궁핍하므로 말하는 것이 아니다. 어떤 형편에든지 내가 自足하기를 배웠다. 내가 비천에 처할 줄도 알고 풍부에 처할 줄도 알아 모든 일에 배부르며, 배고픔과 풍부와 궁핍에도 일체의 秘訣을 배웠다. 내게 능력 주는 자 안에서 내가 모든 것을 할 수 있다"(빌 4:11—13).

생명도 죽음도 그리스도 안에서의 신의 사랑에서 우리를 끊을 수 없기 때문에(롬 8:38), 우리는 죽음에서도 삶에서도 그리스도의 것이기 때문에(롬 14:7—9), 우리가 ἐν σαρκί "肉의" 인간으로서 아는 바와 같은 그런 생명과 죽음에는 흥미와 무서움도 없다(비교. 고후 5:9). 그리스도와 그를 통해 신의 것이 된 자는 모든 것의 주인이 된 것이다:

πάντα γὰρ ὑμῶν ἐστιν, · · · ,
εἴτε κόσμος εἴτε ζωὴ εἴτε θάνατος,
εἴτε ἐνεστῶτα εἴτε μέλλοντα,

§40. 죽음에서의 自由

πάντα ὑμῶν·
ὑμεῖς δὲ Χριστοῦ, Χριστὸς δὲ θεοῦ
"이는 만물이 너희 것임이라···
세계나 생명이나 죽음이나,
지금 것이나 장래 것이나
모두 너희 것이다.
그러나 너희는 그리스도의 것이고 그리스도는 신의 것이다"
(고전 3 : 21—23).

  자유와 義와 생명은 그 근거를 神 안에 두고 있다. 그리고 신의 영광은 마지막 의미와 마지막 목표로서 그것들 중에서 타당성을 얻는다. 그리스도는 κύριος "主"로서 신의 영광을 위해 信奉된다(빌 2 : 11). 찬양과 감사의 기도들은 공동체에서 신의 영광을 위해 울려퍼져야 한다(롬 15 : 6; 고후 1 : 20; 9 : 12—15). 우리가 먹고 마시는 일과 우리의 모든 계획하는 일도 그의 영광을 위하여 일어나야 한다(고전 10 : 31). 이것은 使徒의 일이 그러했던 것과 같은 것이다(고후 4 : 15). 그리스도는 신의 영광을 위해 그의 일을 완성했다(롬 15 : 7). 그리고 그는 그의 영광을 그에게 돌려주어 ἵνα ᾖ ὁ θεὸς πάντα ἐν πᾶσιν '신이 만유 중에 만유이게' 할 것이다(고전 15 : 28).

II. 요한복음서와 요한서신들의 神學[*1]

§41. 요한의 역사적 위치[*2]

1. 共觀書와의 관계

요한복음서의 역사적(요한서신들이 함께 속하는) 자리[1]를 규정하기 위해 공관복음서를 비교하는 것은 바람직하다. 그러나 여기서는 우선 그 양식과 주제에 한정할 수밖에 없을 것이다. 여기서 지체없이 볼 수 있는 것은 요한 복음서를 예수의 선포 및 가장 옛 공동체로부터 떼어놓는 거리이다.

요한이 우리 공관서들 중에 하나 또는 여럿을 알고 있었는지에 대해서는 異論이 많다. 확실히 증명하는 것은 여하간 불가능하다. 그러나 그가 그것들이 개작된 전통, 가령 예수의 말들, 몇 이적 사화들과 특히 수난 사화가 개작된 전통을 알고 있었음은 분명하다. 복음서 기자가 이미 문서화된 사료들에서 취했을 이적 사화들은 이미 문제상으로 공관서 전통을 넘어서 발전된 段階임을 보여 준다.[2] 복음서 기자에게 있어서 그것들은 — 원래 그 핵심들을 보도된 이적에 두고 있었던바 — 상징 또는 알레고리적 의미를 가지고 있다. 그리고 그는 그것들을 대체로 담론들 또는 토론들을 위한 출발점으로 이용했다. 그리고 이것들은 그의 서술에서 전적으로 예수의 활동 양식이 되었다. 여기서 공관서 기자들이 보여 주는 것과는 문체와 역사상으로 전혀 다른 像이 나타난다. 공관서 기자들은 간단한 師弟 및 논쟁 대화들을 수록했는데 이로써 예수는 진지하게 묻는 자 또는 적들에게 간단한 타격적인 로기은 反問 또는 具象말로 표현된 경우가 많다)으로 대답한 것으로 되어 있다. 이에 반해 요한에게서는 비교적 긴 예수의 談論 또는 이리저리 둘러대는 대화로 되어 있는데, 이 대화를 위해 異蹟 外에 二重意味的 진술들 또는 개념들이 촉진력을 제공한다: 가령 ἄνωθεν γεννηθῆναι "위에서 나다"(3 : 3 f.), 또는

[*1,2] 이 표제에 관한 문헌들, 참조. S. 637 f.

1) 서신들이 요한복음서 기자에 의해 기록되었는가, 아니면 그 학파에서 생긴 것인가는 여기서 문제삼지 않을 수 있다. 이하에서 인용되는 귀절들은 요한복음서의 경우에 단지 장과 절만을 표시하는 반면, 서신들의 경우에는 "요일" 등을 併記할 것이다.

2) 이런 종류의 문제에 관해서는 나의 요한복음서 주석서(*Das Evangelium des Johannes*, Meyers Kommentar, 15판, 1957)를 참고할 것이다.

§41. 요한의 역사적 위치 363

ὕδωρ ζῶν "生水"(4：10 ff.). 예수의 담론들이 공관서에서 대개 나열된 로기온들인데 반해, 요한에게서는 특정한 주제에 관한 관련성 있는 論述들이다. 이런 담론들과 토론들 중에는 소수의 로기온들이 섞여 있는데 이것들은 요한이 공관서 전통에서 받아들였을 것이다(2：19; 4：44; 12：25 f.; 13：16, 20; 15：20). 화제가 된 주제들도 공관서 기자들의 것과 다르다. 요한에게서는 예수가 율법의 문제들을 토론하는 랍비로도, 침입해 오는 신의 나라를 선포하는 예언자로도 나타나지 않는다. 오히려 그는 오로지 자신의 인물됨에 관해 신이 보낸 계시자로서만 말한다. 그는 안식일과 금식에 관해서도, 潔禮와 이혼에 관해서도 토론하지 않는다. 오히려 그는 자신의 옴과 감, 그가 무엇이며 무엇을 세상에 가져 왔는가에 관해 말한다. 그는 자기 義와 거짓에 대해 싸우지 않고 자신의 인물됨에 대한 불신앙과 싸운다. 그리고 그 차이는 바로 공관서의 예수의 설교 주제를 받아들인 것같이 보이는 곳에서, 안식일을 범한 데 대한 비난(5장과 9장)에서 나타난다. 여기서는 안식일 계명이 인간에게 어느 정도 타당한가라는 문제가 거론되지 않고(막 2：23—3：6에서처럼), 오히려 신의 아들로서의 예수의 全權이 과시되었기 때문이다. 공관서의 예수에게 있어서 아주 특징적인 비유들이 전혀 없다. 말하자면 목자(10장)와 포도나무(15장)에 관한 大 具象的 談論이 수록되었는데 이것들은 상징적 像으로 예수를 계시자로서 서술한다. 그것들은 말들과 담론들 계열에 속하는바 계시자의 ἐγώ εἰμι "나는···이다"에 의해 그 성격을 얻는데, 공관서에는 그런 유사형이 전혀 없다. 受難史 — 요한의 수난사의 槪要가 비교적 공관서에 아주 가깝게 보이지만 — 도 완전히 改作되었다. 제자들과 가진 예수의 마지막 만찬은 이미 유월절 만찬이 아니다. 그리고 이미 주의 만찬식 制定에 동기를 주지 않는다. 그것은 장황한 고별사의 출발점일 뿐이고 공관서에 그 유례를 볼 수 없는 告別辭이다. 공회와 빌라도 앞에서의 대화도 완전히 개작되었다. 가령 계시자의 τετέλεσται "다 이루었다"로 마감한 십자가刑에 관한 보도를 들 수 있다 — 사실 복음서 初에서 거론된 세례 요한도 이미 회개의 설교자가 아니라 예수를 신의 아들로 증언하는 증인이다.

공관서에 초기 공동체의 운명들과 문제들, 신앙이 반영되어 있는 데 반해 요한복음서에서는 이에 관한 것을 거의 볼 수 없다. 초대 교회의 특징이라고 할 수 있는 율법의 타당성, 神의 나라의 옴 및 그 옴의 지연에 관한 문제들이 여기서는 침묵한다. 異邦 선교의 문제는 이미 그 활발성을 잃었다. 특별히 요한복음서 4장 46—54절을 마태복음서 8장 5—13절 및 누가복음서 7장 1—10절에 비교하면 그 事情이 잘 들여다보인다. 즉 한때 한 이방인의 신앙에 관해 보도한 사화가 지금은 신앙과 이적의 관계에 관한 문제에 이용되고 있다. 예언증명도 큰 역할을 하지 못한다. 그것을 볼 수 있는 귀절들은 단지 2장 17절 ; 12장 14—15, 38, 40절 ; 13장 18절 ; 15장 25절 ; 19장 24, 36—37절 그리고 아뭏든 6장 31, 45절뿐이다. 아직도 옛 무게를 그대로 지니고 있는 것도 오로지 세례 요한과 그의 제자들에 대한 관계 문제뿐이다(비교. 막 2 : 18 공관 ; 마 11 : 2—19 공관 ; 눅 11 : 1). 아니 그것은 중요성을 더 얻고 있다(1 : 6—8, 15, 19—36 ; 3 : 23—30; 5 : 33—35; 10 : 40—42). 그리고 이미 사도행전 18장 25절과 19장 1—7절은 이 문제가 헬레니즘계의 공동체에서도 활발했음을 보여 준다. 요한 복음서에서 공동체의 상황이 반영되었다면, 그 문제는 유대교와의 쟁점으로서, 그 주제는 예수를 신의 아들로 믿느냐 하는 신앙이었다. 그리스도교 공동체는 이미 회당과의 관계를 청산하고 있었다(9 : 33; 16 : 1—3). 사실 복음서 기자는 유대교와의 거리를 느끼되 그의 논술에서 예수가 이미 유대 민족과 유대 공동체에 속한 사람으로 나타나지 않을 정도로, 유대인들의 율법에 관해 유대인들에게 마치 이방인처럼 "너희 율법"이라고 말할 정도로 컸다(8 : 17; 10 : 34; 비교. 7 : 19, 22). "유대인들"은 요한에게 그들의 구체적인 차이들에서 "경건한 자들"과 "죄인들"로, 세리들과 창녀들로, 율법학자들 또는 어부들로 나타나지 않고, οἱ 'Ιουδαῖοι "유대인들"로 나타나며 단지 ὄχλος "민중"과 그리고 ἄρχοντες "지배자들" 또는 ἀρχιερεῖς "제사장"들 또는 Φαρισαῖοι "바리새인들"이라고 일컬어진 지도자들로 구분되었을 뿐이다. 이때 후자들은 때로 관리로 생각되었다(7 : 45, 47 f. ; 11 : 47, 57). 이외에 "유대인들"은 요한에게 예수에 대한 신앙을 거절하는 "세상" 전체의 대표자들로 보여졌다.

2. 바울과의 관계

요한에게서 율법에 관한 바울적 토론이 아무런 역할도 하지 못한다는 관찰 결과는 자주 잘못된 결론으로 이끌어 갔다. 즉 요한이 바울을 넘어선 발전의 절정, 말하자면 율법 論爭이 지나간 단계로 이해되어야 한다는 것이었다. 요한의 바울에 대한 관계는 그러나 초대 그리스도교회 신학의 직선적인 발전 도식에 의해 이루어질 수 없다. 이 둘은 전혀 다른 방향들을 달리고 있다. 요한이 어느 정도 초대 공동체에서 멀어져 있기 때문에 그는 바울보다 後에 속할 것이다. 그러나 그는 이것을 자신과 초대 공동체 사이의 중간치로 견제하지 않았다. 바울의 사상이 어떻게 더 발전했는가는 제 2 바울 문헌들이 보여 준다(골로새서, 에베소서, 데살로니가후서, 목회서신들, 베드로전서). — 이것은 요한의 세계와 다른 세계이다.

물론 바울과 요한 사이에는 종교사적 분위기상으로 어느 정도의 공통성이 존속한다. 이 둘은 영지주의 潮流의 침투를 받은 헬레니즘의 영역에 서 있었다. 그러므로 二元論的 화법에서 어느 정도 일치성을 보이는 것은 놀라운 일이 못된다. 둘은 이원론적으로 격하된 의미에서 κόσμος "세계" 개념을 사용하고 있으며 그 둘이 모두 κόσμος를 주로 인간세계로 이해한다는 점에서도 일치한다(3:16 f. 등, 바울을 위해 참조. §26). 요한의 특징적 어귀들 ἀλήθεια "진리"—ψεῦδος "거짓"(8:44; 요일 2:21, 27), φῶς "빛"—σκοτία "어두움"(1:5; 8:12; 요일 1:5 등)이 적어도 가끔은 바울에게도 나타난다(롬 1:25; 고후 4:6).[1] 'Επίγειον "地上", ἐπουράνιον "天上"이라는 어귀는 두 곳에 다 있다(3:12; 고전 15:40; 비교. 빌 2:10). 특별히 들 수 있는 것은 요한에게서도 바울에게서와 마찬가지로 그리스도론이 영지주의의 구세주신화를 본따서 완성되었다는 것이다(§15, 4 c, S. 174—176). 즉 先在的 神의 아들이 한 인간의 탈을 쓰고 보내졌다는 것이다(빌 2:6—11; 요 1:14 등). 아담-그리스도의 類似性은 물론 요한과 바울의 경우에 같지 않다(롬 5:12 ff.; 고전 15:21 f., 45 f.). 그러나 구원자의 보냄이 바울에게서와 같이 요한에게서도 종말론적 사건의 의미를 가지고 있다. 이 보냄은 세대들의 전환이다(3:13; 9:39 등; 갈 4:4). 비록 바울의 경우에 ἔρχεσθαι "오다"와 ὑπάγειν "가다"의 요한적 화법(8:14 등)과 저 二重意味的인 ὑψωθῆναι "올리우다"(3:14 등)가 없는 반면, 바울에게 자주 나오는 유대교적 묵시문학이 나온 화법을 요한은 피할지라도 그렇다(αἰὼν οὗτος "이 세대", 고전 1:20 등; πλήρωμα τοῦ χρόνου "때의 참", 갈 4:4; καινὴ κτίσις "새 피조물, 고후 5:17; 갈 6:15 등).

바울과 요한이 그리스도교 공동 용어를 사용함에 있어서 어느 정도 일치하는 것도 놀라운 일이 아니다. 바울 및 다른 신약성서의 문헌과 같이 요한도 물론 ζωή (αἰώνιος) "(영원한) 생명"을 구원의 은사로서 말하는 반면 βασιλεία τοῦ θεοῦ "신의 나라"에 관해서는 말이 없다(3:3, 5; S. 73 f.). 구원의 은사를 성격짓는 데는 χαρά "기쁨"(17:13 등; 롬 14:17 등)과 εἰρήνη "和平"(14:27 등; 롬 14:17 등)의 개념들도 이용되었는데, 이것들은 물론 요한에 의해 특유하게, 즉 χαρά와 εἰρήνη가 고별하는 예수가 세상

---

1) 고후 6:14는 非바울적이다. 참조. S. 202, 1. — Σκοτία "어두움" 대신 바울은 σκότος를 말하는데 이것은 요한의 경우 단지 3:19와 요일 1:3에 나올 뿐이다.

에 남아 있는 공동체에 제공하는 은사로 나타났다. 예수의 보냄을 위해 ἀποστέλλειν "사도로 보내다"와 πέμπειν "보내다"(갈 4 : 4; 롬 8 : 3; 요한, 여러 곳에), 또는 그의 희생을 위해 διδόναι "넘겨주다" (3 : 16), 그리스도교 공통의 παραδιδόναι "내어주다" (롬 8 : 32 등)를 사용하는데 일치한 것은 물론 요한의 바울에 대한 특수한 관계에 관해 아무것도 말해 주지 못한다. Δόξα "영광"의 지배자로서 예수가 올리웠다는데 대한 견해의 일치도 마찬가지이다(17 : 5 등; 빌 2 : 9; 3 : 21 등). 예수의 올리움 후에 공동체에 영이 보내졌다는 것(15 : 26 등)은 그리스도교 공통의 견해이고(§14), 요한이 영을 παράκλητος "위로자"로 부른 것은 바울에게서 그 유사성을 보지 못한다. 로마서 10장 16절과 같이 요한복음서 12장 38절이 한 변호적 論證에서 이사야서 53장 1절을 인용한 것은 물론 그것이 요한의 바울 예속성을 증명하는 것이 아니다. 12장 26절에 인용된 따름에 관한 주의 말이 이미 μαθητής "제자" 대신 διάκονος "집사"라는 표현을 가졌다면(눅 14 : 27), 이 표현은 바울 및 제 2 바울 서한의 언어 용법의 영향을 받은 것이리라(고후 3 : 6; 엡 3 : 7 등).

이러한 그리스도교 공통적 용어와의 접촉에도 불구하고 특수한 바울적 용어가 요한에게 없다는 것은 그만큼 더 중요하다. 바울과 요한 이 둘 다 κόσμος "世界" 개념을 같은 의미에서 사용하기는 했지만(참조. 위에 S. 358), 바울에게서 주도적인 댓귀 σάρξ "肉"—πνεῦμα "靈"이 요한에게서 완전히 빛을 잃고 있다. 그것은 오로지 3장 6절과 6장 63절에만 있다. Σάρξ는 아주 드물게 나올 뿐이다(1 : 13 f.; 요일 2 : 16 : ἐν σαρκί "육으로" 예수의 옴을 말하는 귀절들 요일 4 : 2; 요이 7 외에). 특별히 바울적인 κατὰ σάρκα "육을 따라"(참조. §22, 3)는 기껏해야 κατὰ τὴν σάρκα "육체를 따라"(8 : 15)에서 그 유사형을 보고 ἐπιθυμία "욕심"(§23, 2)은 단지 8장 44절과 요한 I서 2장 16절에 나올 뿐 ἐπιθυμεῖν "욕심을 부리다"는 전혀 없다. 바울에게 특징적인, 구약성서에 소급되는 人間學的 用語는 요한에게서 볼 수 없다. 바울의 의미에서의 σῶμα "몸"과 ψυχή "혼"은 없고 καρδία "마음"은 비교적 희소하다(13 : 2; 14 : 1, 27; 16 : 6, 22 : 引用文인 12 : 40 外에. 특히 요일 3 : 19—21). Νοῦς "理性"과 νόημα "思想"은 전혀 없다. 마찬가지로 καυχᾶσθαι "자랑하다", καύχημα "자랑", καύχησις "자랑", 그리고 μεριμνᾶν "염려하다"와 μέριμνα "염려"도 없다. 그리고 바울이 通俗 스토아 哲人의 변론법(Diatribe)에서 받아들인 개념들 συνείδησις "양심", ἀρετή "덕", φύσις "자연" 등도 없다.

§41. 요한의 역사적 위치

더욱 중요한 것은 특별히 救援史的인 바울의 용어가 요한에게 없다는 것이다. 그는 구원恩賜의 표지로서의 $\delta\iota\kappa\alpha\iota o\sigma\dot{\upsilon}\nu\eta$ $\vartheta\epsilon o\hat{\upsilon}$ "神의 義"를 모른다. $\varDelta\iota\kappa\alpha\iota o\sigma\dot{\upsilon}\nu\eta$는 오로지 16장 8, 10절(이것은 예수의 $\delta\iota\kappa\alpha\iota o\sigma\dot{\upsilon}\nu\eta$ "義"인데 세상과의 소송에서 그가 勝訴한 것을 뜻한다)과 요한1서 2장 29절; 3장 7, 10절에만 나오는데 역시 구약성서의 관용구 $\pi o\iota\epsilon\hat{\iota}\nu$ ($\tau\acute{\eta}\nu$) $\delta\iota\kappa\alpha\iota o\sigma\dot{\upsilon}\nu\eta\nu$ "義를 行하다"이다. 물론 이때 $\delta\iota\kappa\alpha\iota o\hat{\upsilon}\sigma\vartheta\alpha\iota$ "의롭다함을 받다"도 없고 $\dot{\epsilon}\xi$ $\ddot{\epsilon}\rho\gamma\omega\nu$ $\nu\acute{o}\mu o\upsilon$ "율법의 일들로"—$\dot{\epsilon}\kappa$ $\pi\acute{\iota}\sigma\tau\epsilon\omega\varsigma$ "믿음으로"의 댓귀도 없다. 명사 $\pi\acute{\iota}\sigma\tau\iota\varsigma$ "믿음"도 단지 요한1서 5장 4절에만 나온다. 물론 $\pi\iota\sigma\tau\epsilon\dot{\upsilon}\epsilon\iota\nu$ "믿는다"가 요구되었으나 특별히 바울적이 아니고 그리스도교 공통의 의미에서 그러하다(S. 87 f.). 신앙이 바른 구원의 길로서 잘못된 $\zeta\hat{\eta}\lambda o\varsigma$ $\vartheta\epsilon o\hat{\upsilon}$ "신에 대한 열심"(롬 10:3)에 대치된 것이 아니다. 유대인에게 현실적인 구원의 길의 문제는 토론되지 않았다. $N\acute{o}\mu o\varsigma$ "율법"—$\chi\acute{\alpha}\rho\iota\varsigma$ "은혜"의 댓귀는 1장 17절에만 나온다. 그리고 물론 그 중에 바울 용어의 音色이 풍기는 것은 분명하다. 그러나 바울의 저 댓귀는 $\nu\acute{o}\mu o\varsigma$에 대립시킨 $\chi\acute{\alpha}\rho\iota\varsigma$를 $\dot{\alpha}\lambda\acute{\eta}\vartheta\epsilon\iota\alpha$ "眞理"와 결합시킴으로 개작되었다. 또 $\chi\acute{\alpha}\rho\iota\varsigma$는 이 외에는 단지 1장 14, 16절과 요한2서 3절의 인사말에 나올 뿐이다. $X\acute{\alpha}\rho\iota\sigma\mu\alpha$ "은사"와 $\chi\alpha\rho\acute{\iota}\zeta\epsilon\sigma\vartheta\alpha\iota$ "선사하다"는 전혀 없다. $\varSigma\tau\alpha\upsilon\rho\acute{o}\varsigma$ "십자가"와 $\sigma\tau\alpha\upsilon\rho o\hat{\upsilon}\nu$ "십자가에 달다"는 물론 수난설화 19장에 나온다. 그러나 이 낱말들은 구원사적 용어들이 아니다. 그러므로 그것들은 예수의 말들에서도 요한 서신들 중에서도 보지 못한다.

요한에게는 구원사적 관점들이 전혀 없다. 요한의 예수는 물론 유대인들에 대해 아브라함을 인용하여 그들이 아브라함의 자손이 아님을 주장한다(8:33—58). 그리고 그는 유대인들과의 논쟁에서 모세를 자기 편에 두기도 했다(5:45 f.; 비교. 1:45). 그러나 이스라엘과의 神의 언약 및 새 언약에 관한 사상, 이스라엘의 선택과 백성의 인도는 아무런 역할도 하지 않는다. 그러므로 예언 증명법이 아무런 역할을 하지 않는 것(참조. 위에)과 공동체의 구원사적 표지 즉 $\dot{\epsilon}\kappa\kappa\lambda\eta\sigma\acute{\iota}\alpha$ "교회"("불러내 모음" §6, 2; §10, 1)가 요한에게 없음도 이해된다. 이 말은 단지 요한3서 6, 9—10절에서 개체 공동체의 표지로 나올 뿐이다. 救援史的 의미에서 $\kappa\alpha\lambda\epsilon\hat{\iota}\nu$ "부르다"와 $\kappa\lambda\hat{\eta}\sigma\iota\varsigma$ "부름", $\kappa\lambda\eta\tau o\acute{\iota}$ "부름받은 자들"(§10,3)은 문제되지 않는다. $\dot{E}\kappa\lambda\acute{\epsilon}\gamma\epsilon\sigma\vartheta\alpha\iota$ "택함을 받다"(6:70; 3:18; 15:16, 19)에서 구원사적 용어의 여운이 풍긴다. 이것은 흔히 신에 관한 것이나 예수에 관한 것으로 되어 있다(고전 1:27 등). 그러나 $\dot{\epsilon}\kappa\lambda o\gamma\acute{\eta}$ "불러냄"과 $\dot{\epsilon}\kappa\lambda\epsilon\kappa\tau o\acute{\iota}$ "불러냄을

받은 자들"(§ 10 : 3)은 볼 수 없다.²⁾ 그리스도인들을 ἅγιοι "성도들" 또는 ἡγιασμένοι "성결함을 받은 자들"이라고 하는 표지도 없다(§ 10, 3). 그것은 요한복음서 17장 17, 19절에서 여운을 풍길 뿐이다. 그러나 — 적어도 복음서 원래의 텍스트에는 — 헬레니즘계의 교회론적 용어와 κύριος-제사 및 성례들에 대한 모든 관련성도 없다. Κύριος "主"는 4장 1절과 6장 23절; 11장 2절에서 나타나는데, 이것은 편집자의 註이고 이외에는 단지 부활절 사화 20장에서 부활한 자의 標識로 보일 뿐이다. 성례들은 편집에 의해 비로소 삽입되었다(3 : 5; 6 : 51 b—58).³⁾ 복음서 기자는 그것들에 관해 말하는 것을 피하고 성례 신앙에대한 不信을 분명히 보여 준다. 그러므로 주의 만찬의 제정에 관해서 조차 말하지 않고 예수의 고별 기도(17장)로 그것들을 대신했다.

분명한 것은 요한이 바울학파에 속하지 않고 바울의 영향을 받지도 않고 그는 독창적 인물이고 신학적 사유상 다른 분위기에 서 있었다는 것이다. 그러면서도 독자적으로 바울의 영향을 받았을 수 있다는 것은 이그나티우스 (Ignatius)가, 즉 특정한 정신세계에 공통적으로 예속되어 있다는 의미에서 요한과 유사하나 역시 바울의 영향도 심하게 받은 이그나티우스가 보여 준다. 이그나티우스와의 비교가 바로 요한의 독자성을 보여 준다. 그리고 이 독자성은, 思惟方式과 개념성의 모든 차이에도 불구하고 요한과 바울 사이에 심오한 내용상의 유사성이 존속하는 만큼 더욱 뚜렷하게 드러난다. 물론 이 유사성은, 요한과 바울이 복수형 ἔργα "일들"을 단수 ἔργον으로 종합할 수 있다(6 : 28 f.)는 것같은 세부적인 것들에서 이미 볼 수 있다는 것이 아니다. 여기서는 그 위에 차이가 더 크다. 그 까닭은 여기의 ἔργον은 신앙이고 신앙에 근원을 둔 작용이 아니기 때문이다(고전 15 : 58; 살전 1 : 3) 오히려 이 둘에서 종말론적 사건이 이미 현재에서 완수되는 것으로 — 비록 요한이 비로소 이 사상을 철저히 관철시켰을 지라도— 이해된 점에서 유사하다. 이 둘은 예수의 δόξα "영광"의 사상을 역사화했다(1 : 14; 고후 3 : 7 ff.; S. 334). 그리고 이 둘은 새로운 생명을 죽음의 假面에 싸여 있는 것으로 보았다(11 : 25 f.; 16 : 33; 고후 4 : 7 ff.; S. 357—359). 이 둘은 영지주의적 우주론적 이원론을 非神話化했다. 요한도 바울도 세계를 신의 창조로 이해하고 神 槪念에는 심판과 은혜의 逆說的 결합을 포함시켰다. 그러나 이 모든 것은 요한신학의 전개적인 논술에서 비로소 분명하게 될 수 있을 것이다.

2) 요이 1 : 13의 ἐκλεκτή (κυρία) "(主된) 교회"는 한 그리스도교 공동체의 표지같이 보인다.
3) 참조. 아래, § 47, 4.

3. 요한의 특수성

요한의 복음서와 書信들의 필자는 누구이고 그것들이 어디서 기록되었는가는 알려지지 않았다. 그리고 그 집필 시기도 이런 정도로밖에는 모른다. 즉 복음서는 공관서 전승의 첫 文書的 기록에서 시간적으로 거리를 두고 생긴 것일 수밖에 없지만, 역시 아직 첫 세기 중에 생겼을 것이 가장 그럼직하다. 이 견해는 제2세기 초에 기록된 사본의 인용문들에 의해 증명된다.[1] 그러나 여하간 이것(서신들도 마찬가지로)이 자란 정신적 분위기는 近東 그리스도교의 그것이다. 그리고 복음서는 전부 원래 셈어(아람어 또는 수리아어)로 기록된 후에 그리스어로 번역되지 않고, 그리스어로 기록된 것이다. 그러나 그의 언어는 셈化되어 가는 그리스어였다. 문법상으로도 문체상으로도 — 사실 같은 것이 해당되는 공관서의 그리스어와는 다른 방식이기도 하지만 — 그렇다. 또 적어도 가능하다고 볼 수 있는 것은 복음서 기자가 원래 아람어(또는 수리아어) 사료, 즉 序言과 예수의 말들, 談論들 — 그것들이 공관서 전통 또는 역시 사료로서 이용된 異蹟史話들의 저 수집록에서 나온 것이 아닌 한 — 을 위한 아람어 史料를 사용했을 것이라는 것이다(S. 365). 예수의 말들과 담론들의 사료 — 우리는 그것들을 그 주요 내용에 따라 "계시 담론"(Offenbarungsreden)이라고 부른다 — 가 셈語에서 번역된 것인지 아니면 그리스어로 기초되었는지는 알 수 없으나 여하간 그 문체는 셈語 談論, 좀더 정확히 말해서 셈語 詩文에 속한다. 이 문체는 솔로몬의 詩文들(Oden)과 다른 텍스트들에 의해 알려졌다. 이런 계시 담론은, 특정한, 물론 변조 가능성을 제공하는 도식이 그 根抵에 들어 있는바, 복음서 기자에 의해 물론 여러 모양의 대화체로 개작되었다. 이 도식에는 계시자의 자 自己叙述의 동기가 들어 있고 그것은 성격적인 ἐγώ εἰμι "나는···이다"와, 환대하고, 약속하는 부름 그리고 不信仰에 대한 위협에 의해 導入되었다. 그 담론은 특수한 셈語的인 마디들의 평행법으로 진행된다. 이 때 특유한 것은 그 대립귀가 번번히 주제에 대한 단순한 대립이 아니라(가령 Sir 3:9; 마 8:20; 막 10:42—44), 반대편을 무시하는 反立的 평행문들로 진행되는 것인데 이것은 否定 또는 그 말귀의 최소한의 변경으로 주제를 반복하는 것으로 이루어진다(가령 3:18 a, 36 a; 4:13 f.; 8:23).

---

1) H. Idris Bell과 T.C. Skeat가 1935년에 그 단편들을 출판한 바 "Unknown Gospel"(알려지지 않은 복음서)과 특히 1935년에 C.H. Robert에 의해 출판된 요한의 단편은 요한이 약 100년 경에 이집트에서 유명했음을 보여 준다.

이 문체적 양식으로 계시 담론들의 전제인 二元論的 基本思想이 표현된다. 그리고 이 기본 사상에는 이 담론들을 관철시키는 反立 槪念들도 상응한다. 빛과 어두움, 진리와 거짓, 위와 아래(및 하늘과 땅), 자유와 속박, 세상에 대한 그의 대립과 그의 救援意味에서 계시자를 성격짓거나 그의 은사를 묘사하는 具象들도 二元論的 靈知主義 思惟의 같은 영역을 지시한다. 그는 세상의 빛이고 선한 목자이며 참 포도나무이다. 그는 생명의 물과 하늘의 참 빵을 제공한다. 그가 그 됨과 주는 것은 "참"이다($\alpha\lambda\eta\vartheta\iota\nu\delta\varsigma$, 1:9; 6:32; 15:1; 요일 2:8). 그는 철두철미 "眞理"라고도 일컬어질 수 있었던 것과 같다(14:6). — 이것이 바로 저 二元論의 話法이다. 이 二元論에 있어서 모든 地上의 것은 거짓이고 환상이다. 인간이 이 세상에서 구하고 찾으려고 생각하는 것은 모두 — 이 계시자에게서 "眞理" 즉 實在이다. 인간이 구하는 모든 것에서 그는 "生命"을 구한다 — 그 계시자에게는 그것이 있다. 즉 그는 "진리"이고 "생명"이다(14:6; 요일 1:2). 이 "생명"은 물론 바울에게서도 全 初代 그리스도교에서와 마찬가지로, 아니 이미 구약성서와 유대교에서도 찾으려고 노력한 구원의 은사이다. 그러나 이것이 구원의 주도적 표지가 된 것은 역시 헬레니즘계의 종교들과 특별히 영지주의의 저 영역들 중에서였다. 여기에서 이 세상의 생명은 그의 광채와 가치를 어느 정도 상실했고, 그 때문에 그것은 사실은 죽음인 假象의 삶이 된 것이다. 이런 분위기 속에서 요한은 그의 글을 기록했다. 그리고 여기서 "진리"와 "생명"이라는 개념들이 $\beta\alpha\sigma\iota\lambda\epsilon\iota\alpha\ \vartheta\epsilon o\tilde{\upsilon}$ "神의 나라"와 $\delta\iota\kappa\alpha\iota o\sigma\upsilon\nu\eta\ \vartheta\epsilon o\tilde{\upsilon}$ "신의 義"라는 개념들 대신에 등장한 것이다.

二元論的 用語가 쿰란 텍스트들의 어떤 부분들과 유사성을 지니고 있기 때문에, 이것과의 관계에 대한 문제가 여러 가지로 다루어졌다. 그러나 어느 정도의 유사 분위기 같은 것 以上을 증명하지는 못했다. 여하간 요한은 이 종파에 속하지 않았다. 비교. Lucetta Mowry, *The Biblic. Archeologist*, 1954, 78—94; F. M. Braun, *Rev. Bibl.* 62, 1955, 5—44; *L'Evangile de St. Jean*, 1958, 179—196; W.F. Albright, *Recent discoveries in Palestine and the Gospel of St. John* (The Backgrund of the NT and its Eschatology, 1956, 153—171); R. E. Brown, *The Qumran Scrolls and the Johannine Gospel* (*The Scrolls and the NT* 1957, 183—207). — O. Cullmann, *Secte Qumran, Hellenistes des Actes et Quatrième Evangile* (*Les Manuscrits de la Mer Morte*, 1957, 61—74; J. Coppens, *Le Don de l'Esprit d'après les textes de Qumran et le Quatrième Evangile, in L'Evang.*

de St. Jean, 209—223. 비교. 同上, 197—208, G. Quispel, *L'Evangile de Jean et la Gnose*.

용어상으로 이 사상 영역은 예수를 아버지가 "使者로 보낸" 또는 "파견한" 계시자로 불렀다는 사실에서도 표현된다. $\Pi\acute{\epsilon}\mu\pi\epsilon\iota\nu$ 또는 $\dot{\alpha}\pi o\sigma\tau\acute{\epsilon}\lambda\lambda\epsilon\iota\nu$이라는 화법도 영지주의에서 특별한 의미를 지니고 있었다.[2] 이것은 이원론적 견해에 있어서 다음 이유로 성격적이다. 즉 그것은 피안이 한 계시자 개인 — 바로 파견된 자 — 에 의해 此岸에 침입하는 것을 표시하기 때문이다. 그에 의해 "진리"와 "생명"의 세계는 此岸의 영역에 나타난다. 그 종말론적 사건은 파견자로서 아버지의 위임으로 말하는 그의 말에서 현재한다. 그러므로 요한에게서도 바울의 경우와 마찬가지로 종말론적 구원사건이 이미 현재 나타나고 있는 것이라면 역시 그것은 용어에 의해 이미 암시된 차이를 가지고 있다.

바울은 물론 신이 그의 아들을 "보냈다"고 말할 수 있었다(갈 4:4; 롬 8:3). 그러나 이 용어는 신이 그의 아들을 "내어주었다"는 말에 비교하면 그에게서 아무런 역할도 하지 않았다. 후자는 이미 전통적인 것으로(참조. S. 28), 바울에게서 자주 나오며 ($\pi\alpha\rho\alpha\delta\iota\delta\acute{o}\nu\alpha\iota$, 롬 4:25; 8:32; 고전 11:23), 바울은 이것을 개작하여 아들의 자기 포기를 말하게 하고 있는 것이 분명하다($\delta\iota\delta\acute{o}\nu\alpha\iota$ 및 $\pi\alpha\rho\alpha\delta\iota\delta\acute{o}\nu\alpha\iota\ \dot{\epsilon}\alpha\upsilon\tau\acute{o}\nu$ "자신을 줌" 또는 "내어줌", 갈 1:4; 2:20; 그 후에는 바울의 학파에서: 엡 5:2, 25; 딤전 2:6; 디 2:14). (요한에게서는 단지 3:16에서 $\delta\iota\delta\acute{o}\nu\alpha\iota$ "주다"를 볼 뿐인데 ($\pi\alpha\rho\alpha\delta\iota\delta\acute{o}\nu\alpha\iota$ "내어주다"는 더 갖으나 "배신하다"의 의미에서 사용되었다), 말하자면 그리스도교 공통의 용어로서 "보냄"을 표시하기 위한 것이다. 이 용어의 특징인 제물로서의 아들의 희생의 의미는 여기에 없다. 저 용어를 위해 특징적인 $\dot{\upsilon}\pi\acute{\epsilon}\rho$ "위해"(갈 1:4; 2:20; 엡 5:2, 25; 딤전 2:6; 디 2:14) 및 $\delta\iota\acute{\alpha}$ "인하여"(롬 4:25)가 없기 때문이다.

바울에게 있어서 지상의 예수가 노예의 모습으로 나타난 先在者로서 모든 신의 영광을 상실했다면(빌 2:6 ff.; 고후 8:9; 롬 8:3), 요한에게서는 受肉한 로고스($\lambda\acute{o}\gamma o\varsigma$)가 — 물론 逆說的 方式으로 그리고 오로지 믿는 자들의 눈에만 보이는데 — 그의 $\delta\acute{o}\xi\alpha$ "영광"을 그의 지상의 활동에서 나타낸다(1:

---

2) 이를 위해, 참조. 특히 Geo Widengren, *The Great Vohu Manah and the Apostle of God*. 1945과 *Mesopotamian Elements in Manichaeism*, 1946 — 비교. Hans Jonas, *Gnosis und Spätantiker Geist* I² (1954), 120 ff.

14; 2 : 11). 그러므로 하늘의 소리가 요한복음서 12장 28절에서 운명이 전환되는 순간에 예수를 향해 말한 다음 말은 바울에게서 물론 생각할 수 없다: ἐδόξασα "내가 영광스럽게 했고"(즉 계시자의 지상활동에서) καὶ πάλιν δοξάσω "또 다시 영광스럽게 하리라"(즉 십자가에 이어지는 올리움에서).

그러므로 요한의 경우 예수의 모습은 전적으로 영지주의의 구세주神話가 제공한 양식들에 의해 그려졌다(§15, 1, S. 166). 이 신화는 이미 바울 以前에 그리고 그 다음에는 그에게서 헬레니즘계 그리스도교의 그리스도론적 思惟에 영향을 끼쳤던 것이다(§15, 4 c). 요한의 경우 물론 그 신화의 우주 생성론적 주제가 결여되었다. 그리고 특별히 "보냄을 받은 자"가 가져오는 救贖이 악마의 세력들에 의해 이 저급한 세상에 갇혀 있는 先在한 빛의 파편들의 해방이라는 사상도 그에게 없다(§15, 1; S. 165 f.). 그러나 그 외에는 예수는 영지주의 신화에서와 같이 아버지가 전권을 부여하여 세상에 보낸 先在한 신의 아들로 나타난다. 한 인간으로 나타나서 그는 여기서 아버지가 그에게 준 말들을 말하고 그에게 아버지가 위임한 일들을 완수한다. 그는 이 때 아버지에게서 "단절되지" 않고, 오히려 한 점의 과오도 거짓도 없는 使者로서 그와 굳게 맺어져 있으며 계속 그와 통일을 이루고 있다. 그는 "빛"으로서, "진리"로서, "생명"으로서 온다. 그는 그의 말들과 일들로 빛과 진리, 생명을 가져오고 "자기의 사람들"을 자신에게 부른다. "나는··· 이다"라는 그의 그들과의 담론들에서 그는 자신을 보냄을 받은 자로 나타낸다. 그러나 그를 이해하는 자들은 그의 사람들뿐이다. 그러므로 그의 옴은 그의 소리를 듣고 보게 되는 자들과, 그의 언어를 이해하지 못하고, 본다는 망상을 가지며, 자신들의 몽매함에 갇혀 있는 다른 사람들 사이를 갈라놓는다. 그가 자신의 사람들을 불러 낸 이 세상에서 그는 멸시를 당하고 미움을 받았다. 그러나 그는 이 세상을 떠난다. 그는 "온" 대로 "떠난다". 그리고 그는 그의 사람들과 작별하면서 기도로 아버지에게 그들을 부탁한다. 그러나 그의 떠남도 그의 구원의 일에 속한다. 자신이 올라감으로 그는 하늘의 거처에 가는 길을 그의 사람들에게 터주고 이 길로 그가 그들을 데리러 올 것이기 때문이다. 끝으로 계시자를 로고스로 부른 그 이름도 가령 그리스 및 철학적 전통이 아니라 영지주의의 언어에서 생긴 것이다 — 요한이 이 신화를 어떻게 해석했으며, 이 신화가 그의 신학사상을 표현하는데 얼마나 그에게 유용했는가는 以下의 논술에서 분명히 해야 할 것이다.

영지주의의 용어와 개념성이 물론 무엇보다도 예수의 말들과 담론들을 분명하게 부각시켰다. 그러나 그것들은 그것들 근저에 들어 있는 것으로 보이는

"계시 담론들"의 사료에 국한된 것이 결코 아니고 복음서 전체와 서신들을 관통하고 있다. 자주 나오는 랍비계의 화법들이 증명하는 바와 같이 필자가 유대교 출신이라면 그는 여하간에 정통적 유대교가 아니라 영지주의화 되어 가는 유대교 출신이었을 것이다.[3] 특별히 對談들을 이끌어 가는 그의 문학 가적 수법들과 이중 개념들의 활용, 오해들을 불러일으키는 진술들은 그가 영지주의 이원론적 사유권에서 살았음을 부각시켜 준다. 저 이중성들과 오해를 초래시키는 말들은 결코 형식상의 기술적 수법이 아니라 이원론적 기본 사상의 표현이다. 즉 계시자와 "세계"는 서로를 이해할 수 없다는 것이다. 그들이 말하는 것은 서로 다른 언어이다(8 : 43). 세상은 진리를 허위와, 본래적인 것을 非本來的인 것과 바꾸고, 계시자가 본래적인 것에 관해 말한 것을 결국은 반드시 비본래적인 것의 영역에로 끌어내려 이해하고 만다.

A. 요한의 二元論*

§42. 世界와 인간

1. 世界의 本質

요한의 선포는 신이 세상을 사랑하므로 그의 "독생자인" 아들을 보내되 ― 세상을 심판하기 위해서가 아니라 구원하기 위함이었다는 소식을 전하는 데 있다(3 : 16 f. ; 요일 4 : 9, 14). 세상은 심판에 합당하다 : ὁ κόσμος ὅλος ἐν τῷ πονηρῷ κεῖται "온 세상이 악한 자 안에 있기 때문이다"(요일 5 : 19). 세상은 구원이 필요하다.

바울에게 있어서와 같이 (§26) 요한에게서도 κόσμος "세계"는 주로 인간 세계이다. 이 세계에 대해 그것이 악하다는 심판은 내려졌다. "아들"이 오지 않았으면 멸망했을 것이다. 세상의 신에 대한 철저한 대립으로 세상은 바울의 경우에서와 같이 묵시문학적 종말론에서 생긴 용어 ὁ κόσμος οὗτος "이 세상"이라는 말로 특징지어졌다(8 : 23; 9 : 39; 11 : 9; 12 : 25, 31; 13 : 1; 16 : 11; 18 : 36; 요일 4 : 17). 이 경우에 중요하게 문제된 것은 본질의 대립이고 시간들의 그것이 아니다(가령 12 : 25의 인용문 외에는 그렇다). 요

---
* 이 표제에 관한 문헌들, 참조. S. 639.
3) 그리스도교 以前 영지주의계의 유대교가 지금까지 단지 후기의 사료들에 의해 밝혀질 수 있었다면, 지금은 팔레스틴에서 새로 발견된 사본들에 의해 증명된다.

한이 αἰὼν οὗτος (ἐνεστώς) "이(현재의) 세대"와 μέλλων (ἐρχόμενος) "미래(오는)" 세대에 관해 말하지 않는 것도 이에 일치한다.

그러나 κόσμος "세계"의 本質은 무엇인가?

'Ἐν τῷ κόσμῳ ἦν (τὸ φῶς) καὶ ὁ κόσμος δι' αὐτοῦ ἐγένετο, καὶ ὁ κόσμος αὐτὸν οὐκ ἔγνω "그(빛)가 세상에 있었고 세상은 그를 통해 생겼으나 세상은 그를 알지 못했다"는 귀절(1:10)은 καὶ τὸ φῶς ἐν τῇ σκοτίᾳ φαίνει, καὶ ἡ σκοτία αὐτὸ οὐ κατέλαβεν "그리고 빛이 어두움 중에 비쳤으나 어두움은 그것을 받아들이지 않았다"(1:5)는 귀절에 일치한다. 그러므로 κόσμος의 본질은 어두움(Finsternis, 비교. 8:12; 12:35, 46; 요일 1:5 f.; 2:8 f., 11), 말하자면 세상 위에 드리워진 그림자, 걸쳐진 것(宿命, 가령 사 9:1에서와 같은 것)으로서의 어두움이 아니라, 그것에 고유한 본질, 그것의 健在로서의 어두움이다. 그 까닭은 τὸ φῶς ἐλήλυθεν εἰς τὸν κόσμον, καὶ ἠγάπησαν οἱ ἄνθρωποι μᾶλλον τὸ σκότος ἢ τὸ φῶς "빛이 세상에 들어왔으나 사람들은 빛보다 어두움을 더 사랑했기"(3:19) 때문이다. 세상이 그의 어두움을 자기 것으로 만들었다는 바로 이것이, 사람들은 소경이고, 말하자면 그것을 알지 못하면서 승인하려고 한다는 심판에서 표현될 수 있었다(9:39—41; 비교. 12:40; 요일 2:11). 그러므로 세상이 거짓으로 표시된다면 그것은, 예수가 진리를 증거하기 위해 세상에 왔다고 자신에 관해 말하는 것으로써 그 사실이 간접적으로 일어나는 것과 같은 의미를 가진다(18:37). 그것은 또 그가 신실한 신앙에 진리의 인식을 약속하는 것(8:32), 또는 그를 통해 은혜와 진리가 온다고 그에 관해 말하는 것(1:17), 그가 가져오는 말이 진리라는 것(17:17), 그 자신이 진리라는 것(14:6; 비교. 요일 2:21; 3:19)을 통해서도 그 사실은 사건으로 일어난다. 그러나 직접적으로는 세계의 본질이 예수가 "유대인들"을 비난했을 때 거짓으로서 표시되었다. 즉 그들은 악마 즉 거짓에서 낳고 그러므로 예수가 진리를 말할 때 믿지 않기 때문에 그의 말을 들을 수 없다는 것이다(8:43—45; 비교. 요일 2:21, 27). 예수를 메시야로 승인하지 않는 자는 "속이는 자"이다(요일 2:22). 그러나 세상에 고유한, 세상이 스스로 자기 것으로 만든 어두움과 거짓이 세상이 빠져 있는 세력이라는 것은, 진리의 인식에 자유가 약속된다는 것으로 표현된다(8:32). 그러므로 κόσμος는 본질적으로 노예성에 들어 있는 존재이다. 세상의 지배자, ἄρχων τοῦ κόσμου (τούτου) "(이) 세상의 군주"는 악마이다(12:31; 14:30; 16:11). "유대인들"은 그들의 아버지인 이 악마에게서 낳고(8:44), 죄인들도 그러하다

§42. 世界와 인간

(요일 3 : 8, 10). 악마의 노예됨은 죄 아래 노예됨과 같은 의미를 가진다. 진리의 인식은 바로 이 노예됨에서 해방시킨다(8 : 32—34). 빛보다 어두움을 더 사랑한다는 것은 악을 행한다는 것을 뜻한다(3 : 19 f.). 눈이 멀었다는 것은 죄 아래 숨어 있다는 것이다(9 : 41). 그러나 이것은 다시 죽음에 빠져 있음을 의미한다. "유대인들"은 자신들의 죄에서 죽을 것이다(8 : 21, 24). 사실 세상은 근본적으로 이미 죽어 있다. 예수를 믿는 자에게는 그가 죽음에서 생명으로 넘어섰음이 해당한다(5 : 24). 그리고 바로 세상이 죽음에 놓여 있기 때문에 예수는 생명의 물과 생명의 빵을 가져오고(4 : 10; 6 : 27 ff.) 그는 생명의 빛(8 : 12)이고 부활, 생명(11 : 25; 14 : 6)이다. 그러나 죽음에 떨어져 있다는 실정의 가장 무서운 것은 생명에 대한 세상의 적대성이다. 악마가 본질적으로(ἀπ' ἀρχῆς "태초부터") 살인자인 것과 같이(8 : 44) 그것에서 난 자들은 가인과 같고 "유대인들"과 같다(요일 3 : 12; 요 8 : 40). 형제 증오는 그대로 살해意志 외에 다른 것이 아니다(요일 3 : 15; 비교. 2 : 9, 11). 그러므로 예수의 "새 계명"은 형제애의 계명이다(13 : 34 f.; 요일 2 : 7 ff. 등). 그리고 죽음에서 생명으로 넘어서는 것이 믿는 자에게 타당한 것과 같이 그것은 형제를 사랑하는 자에게도 해당한다(요일 3 : 14).

요한에게 있어서 악마는 신화의 의미에서 실재인가? 그것은 적어도 매우 의심스럽다. 그러나 어떻든간에 그것이 세상이 투항한 지배권의 세력 즉 어두움과 거짓의 세력, 죄와 죽음의 세력을 대표하는 것은 의심없다. 악마는 신의 반대역이다. 다시 말하면 어두움과 거짓, 죄와 죽음은 빛과 진리, 자유와 생명의 적이다. 그러나 모든 악의 악마적 세력은 영지주의적 의미에서 우주적 세력으로 생각되었다. 그리고 이 세력의 폭력에 의해 사람들은 숙명에 떨어졌다. Κόσμος "세상"은 그의 근원을 태고의 비극적인 사건에 두고 있지 않다(참조. S. 165 f.). 오히려 κόσμος는 신의 창조이다. 모든 것이 태초에 신에게 있던 "말", 아니 신이었던 말로 창조되었기 때문이다(1 : 3). 그러나 이것은 창조에서 신이 자신을 계시한다는 것을 말한다. 그리고 이와 같은 것은, 말이 피조물을 위해 "生命"이었던 한, "그것"은 인간을 위해 동시에 "빛"이었다는 것에서도 드러난다.[1]

2. 빛과 어두움 등의 개념들

영지주의적 이원론에서 생긴 개념들 즉 빛과 어두움, 진리와 거짓, 자유

---

1) 아주 명백하다고는 할 수 없는 귀절 1 : 4 : ὃ γέγονεν ἐν αὐτῷ ζωὴ ἦν "되어진 것, 그것 중에 생명이 있었다"는 "되어진 것 — 그("말") 안에(그것을 위한) 생명이 있었다"이거나 아니면 "되어진 것 — 그 안에서는 그것("말")이 생명이었다"를 뜻한 것이다.

와 노예됨, 생명과 죽음등은 창조사상에 의해 비로소 그 특정한 요한적 의미를 얻는다. 도대체 빛이란 무엇인가? 물론 "빛"은 다른 모든 종교언어에서와 같이 요한에게서도 유익한 것의 의미를 가지고 있다. 그러나 이 의미가 어떻게 더 정확하게 규정될 수 있는가는 빛 중에서(혹은 낮에) $περιπα-τεῖν$ "살다" 또는 $ἐργάζεσθαι$ "일하다"에 관해 또는 반대로 어두움에서(혹은 밤에) $περιπατεῖν$ "살다"에 관해 말하는 귀절들이 밝혀 준다. 오로지 빛 안에서만 확실한 삶과 활동이 가능하다. 어두움에서는 인간은 소경이고 자신의 길을 찾지 못한다(9:4; 11:9 f.; 12:35; 요일 2:11). 그러므로 빛은 원래의 의미에서 聖潔로 이해되었다. 이 성결에서 인간은 대상들에 관해 알 수 있을 뿐 아니라 자신의 세계에서 자기 자신도 이해할 수 있고 바로 설 수 있다. 그러나 "本來의 빛" ($τὸ φῶς τὸ ἀληθινόν$ "참빛", 1:9; 요일 2:8)은 피상적인 세계만을 알 수 있게 하는 낮의 밝음이 아니라 현존의 밝혀짐인데, 여기서 이 현존은 자기 자신을 이해하고, 인간은 그에게 그의 "길"을 열어 주는 자기 이해를 얻는다. 이 이해는 그의 모든 행위의 선봉이 되고 그에게 명백성과 확실성을 제공한다. 창조가 신의 계시이고 말이 피조물에서 "빛"으로 작용한다면 그것은 참 自己理解의 가능성이, 피조물로 자신을 이해한다는 점에서 인간에게 주어졌음을 뜻한다. 다음으로, 어두움은 인간이 이 가능성을 파악하지 못하고, 창조에서 계시된 신에 대해 자신을 폐쇄하며, 피조물로 자신을 이해하는 대신 오로지 창조주에게만 해당하는 그의 영광을 자기 것으로 탈취하는 것을 뜻한다. 어두움이 어디서 왔는가에 대한 물음에 요한은 신화로 대답하지 않는다. 어두움 — 환상적인 자기 이해 — 의 가능성은 빛 — 순수한 자기 이해 — 의 가능성과 함께 제공되었다. 오로지 신의 계시가 있기 때문에 신에 대한 적대성도 있다. 오로지 빛이 있기 때문에 어두움이 있다. 어두움은 빛에 대해 자신을 막는 것 외에 다른 것이 아니다. 그것은 실존을 밝혀 줄 단 하나의 가능성이 들어 있는 실존의 근원에서 돌아서는 것이다. 세상은 빛을 막으면서 동시에 신에게 반항하고 창조자에게서 독립한다. 즉 세상은 그것을 시도하고 그렇게 될 수 있다는 망상에 사로 잡힌다. 그러므로 그것은 어두움에 있으면서 동시에 속임에 빠져 있다. 자기 자신에 대한 이 망상, 즉 부도덕한 태도가 아닌 이것이 바로 속임이다. 그러나 그것은 또 단순한 과오의 환상이 아니고 잘못된 자기 이해의 환상인바, 여기서 모든 가능한 부도덕한 태도가 비로소 생겨난다. 이 자기 이해는 모든 개체 행위에 선행한다. 그리고 이것은 신과 "진리"에 대한 반항으로서의 자기 이해이다.

§42. 世界와 인간

"眞理"(ἀλήθεια)는 요한의 경우 "속임"과 마찬가지로 단순히 형식적인 의미를 가진 것이 아니기 때문이다. 'Αλήθεια는 있는 것 일반의 드러난 것 또는 순수히 형식적인 의미에서의 實在性을 뜻하는 것 같은 것이 아니다. 그것은 어떤 대상(거짓 表象에 반대해서)에 관해서나 말해질 수 있는 것이 아니다. 오히려 ἀλήθεια의 기본 의미는 요한의 경우 신의 실재의 진리, 신이 창조자이기 때문에 유일한 참된 실재인 진리이다. 자유롭게 하는 진리의 認識(8 : 32)은 있는 것 일반의 실재에 관한 합리적 인식이 아니다. 그것은 전통과 인습에 의해 유발된 선입 판단들과 과오들에서의 해방이 아니라, 신앙에서 선사된 신의 실재에 관한 인식이고 죄에서의 해방이다(8 : 32—34). 예수가 진리를 말한다(8 : 45)거나 영이 완전한 진리에 인도한다(16 : 13)거나 했을 때의 ἀλήθεια에는 진리에 관한 형식적인 의미가 들어 있다. 그러나 영이 인도하는 진리는 사실 실제상 신의 실재이다. 그리고 예수는 사실 진리를 말할 뿐 아니라 그는 동시에 진리이다(14 : 6 ; §48). 그러므로 진리는 그를 통해 중개된 신에 관한 가르침이 아니라, 그 안에서 계시된, 일어나는 神자신의 實在이다. 그를 본 자는 아버지를 보았기 때문이다(14 : 9). 아버지가 그 안에 있고 그 안에서 役事한다(14 : 10 f.). 그리고 그가 ἀλήθεια인 것과 같이 그는, 그 까닭에 ζωή "생명"이기도 하다(14 : 6). 그가, 受肉한 "말"로서, χάρις "은혜"와 ἀλήθεια "진리"(1 : 14)로 차 있다면, 그것은 그 안에서 신의 실재가 은혜의 은사로서 일어난다는 것을 동의어로써 말한다. 신의 말이 진리라면(17 : 17), 그 안에서 신의 실재가 계시되기 때문에 그런 것이다. 그리고 믿는 자들이 진리에 의해 거룩하게 되었다면(17 : 17), 그것은 바로 말에서 계시되는 신의 실재가 아직 세상에 있는 그것을 세상 세력 영역에서 탈취해 간다는 것으로 그렇게 된다(17 : 14—16). 신을 ἐν πνεύματι καὶ ἀληθείᾳ "영과 진리로" 예배하는 그런 자들을 신이 요구한다면(4 : 23), 여기에도 역시 동의어가 들어 있는데, 이것은 순수한 신 예배가 오로지 신의 능력과 그 자체의 계시를 통해 작용되는 그런 예배임을 말한다. 신의 실재가 세상에서 냉담하게 되었음은 빌라도의 반격적인 물음, τί ἐστιν ἀλήθεια "진리가 무엇인가?"가 말한다. 그러나 εἶναι ἐκ τῆς ἀληθείας "진리에 속하는 것"(18 : 37; 요일 2 : 21; 3 : 19)과 εἶναι ἐκ θεοῦ "신에 속하는 것"(7 : 17; 8 : 47; 요일 3 : 10; 4 : 1 ff. ;5 : 19)이 같은 뜻인 것과 같이, εἶναι ἐκ τοῦ κόσμου "세상에 속한 것"(8 : 23; 15 : 19; 17 : 14, 16; 18 : 36; 요일 2 : 16; 4 : 5)과 ἐκ τῆς γῆς "땅에 속"한다(3 : 31), ἐκ τῶν κάτω "아래에 속"한다(8 : 23), ἐκ τοῦ διαβόλου "악마에 속"한다(8 : 44; 요일 3 : 8)도 마찬가지로 같은 것을 말한다.

그러나 진리가 홀로 참된 실재로서 신의 실재라면, 속임은 이 실재를 부정하는 속임이며, 잘못된 주장일 뿐만은 아니다. 오히려 속이는 자는 실재에서 이탈하고 非實在的인 것, 즉 죽음에 빠진다. 신이 유일한 실재라면 생명은 신과 그를 분명하게 하는 자에 대해 열려짐 외에 다른 것을 뜻할 수 없다. Αὕτη δέ ἐστιν ἡ αἰώνιος ζωή, ἵνα γινώσκωσιν σὲ τὸν μόνον ἀληθινὸν θεὸν καὶ ὃν ἀπέστειλας Ἰησοῦν Χριστόν "그러나 永生은 곧 유일한 참 신과 그가 보낸 자 예수 그리스도를 아는 것이다"(17 : 3, "영원한 생명"은 "생명" 자체 외에 다른 것이 아니다. Ζωή "생명"과 ζωὴ αἰώνιος "영원한 생명"은 구별 없이 같은 의미로 요한에 의해 사용된 바와 같다). Ἀλήθεια를 외면하면 세상은 동시에 ζωή를 외면하고 그렇게 함으로 자체를 가상적 실재로 만드는데, 이것은 속임이고 곧 죽음이다. 이것은 어떤 것이려고 하는 無이고 그것을 진리로 여기는 자를 살해하는 자이다. 그것은 단적으로 살인자이다(8 : 44).

신에 대해 반항하면서도 세상은 여전히 신의 창조이다. 다시 말해서 인간은, 사실은 속임이고 無인 가상적 실재만을 만들어 낼 수 있다. 그는 피조물로서 신과 같이 스스로 살지 못하고 언제나 자신를 지배하는, 이용할 수 없는 근원에 의해서만 살기 때문이다. 그는 언제나 어떤 출처를 가지고 있다. 그리고 그에게는 神 아니면 세계, 속임, 無에 속할 수 있는 가능성만이 있다. 그가 자신의 근원으로서 신을 거부하면 그의 근원은 無이다. 그는 이 無의 자신에 대한 지배를 승인한 것이다. 사람들과 그들의 행동을 성격짓는 표현들 즉 εἶναι ἐκ, γεννηθῆναι ἐκ "···에 속한다, ···에서 낳다" 는 영지주의 신화에서 그것들이 가졌던 우주 생성론적 의미를 요한에게서 상실하고 인간의 본질을 표시하는데, 이 본질은 그의 모든 담론들과 행위를 지배하고 그의 길의 목표를 규정한다. 다음 가능성들이 서로 마주서 있는 것이다 : εἶναι ἐκ θεοῦ "신에 속해 있다" 등과 εἶναι ἐκ τοῦ κόσμου "세상에 속해 있다" 등 (참조. 위에) 및 γεννηθῆναι ἐκ θεοῦ "신에게서 나다"(1 : 13; 요일 3 : 9; 4 : 7; 5 : 1, 4, 18; ἄνωθεν "위에서" : 3 : 3, 7; ἐκ τοῦ πνεύματος "영에서", 3 : 6)와 γεννηθῆναι ἐκ τῆς σαρκός "肉에서 나다"(3 : 6). 다시 말하면 인간은 자신의 근원에 의해 규정되어 있고 그때마다 자신은 마음대로 되지 않는다는 것이다. 그는 오로지 신 또는 實在에서 실존할 수 없으면 세상과 非實在에서 살 수밖에 없다. 그의 목표도 그의 근원에 의해 규정되었다. Ἐκ τῶν κάτω, ἐκ κόσμου "아래에 속하는,

세상에 속하는" 자들은 자신들의 죄에서 죽을 것이다(8 : 21—23). $Κόσμος$ "세상"과 그의 $ἐπιθυμία$ "욕심"은 사라질 것이다(요일 2 : 17). 그러므로 세상이 빠져들어가는 노예성은 세상이 창조자인 신을 그 근원으로 인정하지 않으면서 無에 떨어지는 데 존속한다. 그 반면에 자유는 세상이 진리를 인식하면서 실재를 향해 자체를 여는 것이다. 세상은 오로지 실재에 의해서만 살 수 있다.

빛과 진리, 생명, 자유라는 개념들은 서로를 설명한다. 반대로 어두움과 속임, 죽음, 노예됨도 같다. 그것들은 모두 인간의 실존 — $ζωή\ αἰώνιος$ "영원한 생명"으로서의 $ζωή$ — 에 대한 물음에 의해 그 의미를 가지고 인간 실존의 이중 가능성을 표시한다. 즉 신에 의해 사느냐, 인간 자신에 의해 사느냐이다. 그것들은 인간이 오로지 자신의 피조성에 대한 지식에서만, 자신의 길을 밝혀 주는 빛으로서의 자기 자신에 관한 참 이해를 얻을 수 있다는 것을 말해 준다. 오로지 그런 지식에서만 그는 참 실재로서의 진리를 소유하는데, 이 진리는 신의 계시에서 인간에게 자신을 밝혀 주고, 신에 항거하는 $κόσμος$ "세상"을 만듦으로 스스로 그의 실재를 세울 수 있다는 망상을 버리게 한다. 오로지 그런 지식에서만 그는 가상적 실재에서의 자유를 얻는데, 이 실재는 사실 어두움과 속임, 노예됨, 죽음 중에 있는 것이다. 그리고 그런 지식에서만 생명을 소유하고 동시에 자신의 실재적인 근원에 산다. 인간은 신을 위하는가 아니면 신을 반역하는가라는 결단의 요구에 직면해 있거나 또는 직면해 있었다. 그리고 그는 예수에게서 나타난 신의 계시를 통해 이 결단 앞에 새로 세워진다. 영지주의의 우주 생성론적 이원론은 요한에게서 결단의 이원론이 된 것이다.

§43. 요한의 決定論

1. 人類의 二分

이 "二元論"의 언어는 영지주의적인 것이다. 그리고 특별히 人類의 二分은 $ἐκ\ θεοῦ$ "신에게 속하는가" 아니면 $ἐκ\ τοῦ\ διαβόλου$ "악마에 속하는가", $ἐκ\ τῆς\ ἀληθείας$ "진리에 속하는가" 아니면 $ἐκ\ τοῦ\ κόσμου$ "세상에 속하는가", $ἐκ\ τῶν\ ἄνω$ "위에 속하는가" 아니면 $ἐκ\ τῶν\ κάτω$ "아래에 속하는가"에서 보는 것 같은 것인데, 마치 인류가 두 층으로 나뉘어졌으되 그것들이 각기 고유한 성품에 의해 처음부터 본질과 운명적으로 규정되어 있는 것

같은 인상을 준다. 각자가 자신의 근원에 의해 확고해진 것이 아닌가, 각자의 근원에 의해 각자의 길의 목표가 이미 결정되지 않았는가, 계시의 신이 그를 만나는 자리 곧 예수에 대한 각자의 결단도 각자의 근원에 의한 것이 아닌가? 예수에게 오는 자는 오로지 아버지가 "끌어오는" 자(6:44), 아버지가 그에게 "준" 자뿐이 아닌가(6:65; 비교. 6:37, 39; 17:2, 6, 9, 12, 24)? "그의 음성을 들을" 수 있는 자는 오로지 "진리에 속하는 자", "신에 속하는 자"뿐이 아닌가(18:37; 8:47)? 그의 "양떼"에 속하는 자만이 믿을 수 있을 뿐이 아닌가(10:26)? 그리고 그것은 오로지 그가 자기에게 부르는 자(10:3 f.), 그가 아는 자, 그리고 그를 아는 자(10:14, 27) 즉 "그의 사람들"만이 아닌가? 그리고 이사야서 6장 10절의 말은 불신앙이 신에 의해 드리워진 頑迷에 의거한 것임을 확인하지 않는가(12:39 f.)?

그러나 믿으라는 예수의 요구는 역시 모든 사람을 향한 것이다. 사람들이 어두움과 맹종에 사로잡혀 있고 신의 진노 아래 서 있다는 것은 역시 모든 사람에게 해당하는 것이다. 그리고 모든 사람이 계시자의 말에 의해, 이 상황에 계속 머무르려는가라는 질문을 받고 있다(3:36; 9:41; 12:46). 예수의 말들은 역시 교훈이 아니라 초대이고 결단하라는 호소이다.

本文章에 포함되어 있는 약속의 말들은 이를 위해 전형적인 것이다. 약속들을 받는데 필요한 조건을 제시하는 분사절이 선행하기 때문에 그 약속들은 동시에 결단하라는 호소가 되었다.

5:24 : : ἀμὴν ἀμὴν ἀμὴν λέγω ὑμῖν ὅτι
ὁ τὸν λόγον μου ἀκούων καὶ πιστεύων τῷ πέμψαντί με
ἔχει ζωὴν αἰώνιον καὶ εἰς κρίσιν οὐκ ἔρχεται,
ἀλλὰ μεταβέβηκεν ἐκ τοῦ θανάτου εἰς τὴν ζωήν
"내가 진실로 진실로 너희에게 말하는데
 내 말을 듣고 나를 보낸 자를 믿는 자는
 영생을 얻었고 심판에 이르지 않으며
 죽음에서 생명으로 옮겨졌다".

또는 6:35 : ἐγώ εἰμι ὁ ἄρτος τῆς ζωῆς.
ὁ ἐρχόμενος πρὸς ἐμὲ οὐ μὴ πεινάσῃ,
καὶ ὁ πιστεύων εἰς ἐμὲ οὐ μὴ διψήσει πώποτε
"내가 곧 생명의 떡이다.
 내게 오는 자는 결코 주리지 않을 것이고
  나를 믿는 자는 영원히 목마르지 않을 것이다".

§43. 요한의 決定論

또는 8 : 12 : ἐγώ εἰμι τὸ φῶς τοῦ κόσμου.
ὁ ἀκολουθῶν μοι οὐ μὴ περιπατήσῃ ἐν τῇ σκοτίᾳ,
ἀλλ' ἕξει τὸ φῶς τῆς ζωῆς
"나는 세상의 빛이다.
나를 따르는 자는 결코 어두움에서 다니지 않고
생명의 빛을 얻으리라".

(비교. 3 : 18, 33, 36; 6 : 47; 11 : 25 f.; 12 : 44 f.).
약속(위협이 병행할 수 있는바)에 분사형 대신 ἐάν " · · · 하면"-문장이 선행하는 경우에도 꼭 같다:

6 : 51 : ἐγώ εἰμι ὁ ἄρτος ὁ ζῶν · · ·
ἐάν τις φάγῃ ἐκ τοῦ ἄρτου
ζήσει εἰς τὸν αἰῶνα
"나는 · · · 산 떡이다.
누구나 이 떡을 먹으면
영원히 살리라".

또는 7 : 16 f. : ἡ ἐμὴ διδαχὴ ἔστιν ἐμὴ
ἀλλὰ τοῦ πέμψαντός με.
ἐάν τις θέλῃ τὸ θέλημα αὐτοῦ ποιεῖν,
γνώσεται περὶ τῆς διδαχῆς · · ·
"내 교훈은 내 것이 아니고
나를 보낸 자의 것이다.
누구나 그의 뜻을 행하려 하면
그는 · · · 이 교훈을 알리라".

또는 8 : 51 : ἀμὴν ἀμὴν λέγω ὑμῖν·
ἐάν τις τὸν ἐμὸν λόγον τηρήσῃ,
θάνατον οὐ μὴ θεωρήσῃ εἰς τὸν αἰῶνα
"내가 진실로 진실로 너희에게 말하는데
누구나 내 말을 지키면
죽음을 영원히 보지 못할 것이다".

(비교. 이 외에 10 : 9; 12 : 26; 14 : 23과 ἐάν μή τις "누구나 · · · 않으면"으로 된 귀절들 : 3 : 3, 5; 15 : 6).

이 초대와 결단을 촉구하는 소리의 모든 양식들은 12 : 46—48에서 합쳤다:

ἐγὼ φῶς εἰς τὸν κόσμον ἐλήλυθα,
ἵνα πᾶς ὁ πιστεύων εἰς ἐμὲ ἐν τῇ σκοτίᾳ μὴ μείνῃ.
καὶ ἐάν τίς μου ἀκούσῃ τῶν ῥημάτων καὶ μὴ φυλάξῃ,
ἐγὼ οὐ κρίνω αὐτόν...
ὁ ἀθετῶν ἐμὲ καὶ μὴ λαμβάνων τὰ ῥήματά μου
ἔχει τὸν κρίνοντα αὐτόν..."

"나는 빛으로 세상에 왔으니,
나를 믿는 자는 모두 어두움에 거하지 않게 하려는 것이다.
누구나 내 말을 듣고 행하지 않을지라도
나는 그를 심판하지 않는다...
나를 버리고 내 말을 받지 않는 자는
자신을 심판하는 자를 가지고 있다...".

7:37의 초대는 명령적으로 표현되었다. 여기서는 후속 분사형이 조건을 요구로 표현하지 않았다. 내용상으로는 물론 같은 것을 내포하고 있다:

ἐάν τις διψᾷ, ἐρχέσθω πρός με.
καὶ πινέτω ὁ πιστεύων εἰς ἐμέ
"누구나 목마르면 내게로 오라.
그리고 나를 믿는 자는 마시라".

아버지가 "이끌지" 않는 자(6:44)는 누구도 예수에게 올 수 없다는 진술에 πᾶς ὁ ἀκούσας παρὰ τοῦ πατρὸς καὶ μαθὼν ἔρχεται πρὸς ἐμέ "아버지에게 듣고 배운 자는 모두 내게 온다"(6:45 b)는 귀절이 따랐다면, 여기의 πᾶς "모두"가 이미 보여 주는데, 누구나 각기 아버지로 이끌게(또는 반항) 할 수 있는 가능성을 가지고 있다는 것이다. 아버지가 "이끄는 것"이 "옴"에 선행하지 않는다. 즉 그것은 신앙 결단 後에 일어나는 일이 아니다. 오히려 그것은 그 결단 안에서 자신의 안전성과 자기 주장을 포기하는 일로서 수행된다 — 바울에게서 ἄγεσθαι πνεύματι "영으로 인도된다"가 無意志的인 탈취됨이 아니라 신의 요구에 맡기는 일이며 은사인 신앙의 결단(§38, 3, S. 343)인 것과 꼭 같은 것이다. 바울에게서와 같이 예정론적인 표현들은 신앙의 결단이 內世界的 可能性들 중에서 한 가지를 선택하라는 것을 말해 준다. 이 선택은 내세계적 계기들에 일치하는 것이 아니다. 믿는 자는 신 앞에서 자신의 신앙을 빙자할 수 없다는 것을 말한다. 그는 자신의 안전을 자신 안에 결코 두지 않고 언제나 신에게만 둔다. 그러나 신앙이 자기 주장을 그렇게 포기하는 것이라면, 믿는 자는 자신의 신앙을 자신의 목적적 행위의

§43. 요한의 決定論   383

일로 이해할 수 없고, 오로지 자신에 대한 신의 일로만 이해할 수 있다. 아버지가 "준"(6:65) 자만이 예수에게 올 뿐이라는 귀절들은 이 외의 어떤 다른 의미를 가지지 않는다. 아버지가 "그에게 주는" 자들만이 온다는 말들도 마찬가지이다(6:37, 39; 17:2 ff.).

2. 人間의 存在

마치 인간의 행동을 그의 $\varphi\acute{\upsilon}\sigma\iota\varsigma$ "자연"에 소급시키는 것같은 외관을 일으켜 주는 $\epsilon\hat{\iota}\nu\alpha\iota(\gamma\epsilon\nu\nu\eta\vartheta\hat{\eta}\nu\alpha\iota)$ $\dot{\epsilon}\kappa$ "…에 속한다"(및 "…에서 나다")는 — 바로 요한이 피하는 영지주의의 개념인데 — 사실 모든 개체행위를 그것이 근거를 둔 인간의 존재에 소급시키려고 한다. 인간이 결코 자신의 능력으로 실존하지 않고 오로지 자신을 지배하는 세력 즉 실재 또는 비실재, 신 또는 無에 의존할 수 있을 뿐이기 때문에 — 그리고 실제상 "세상"은 無에서 實存하기 때문에(§42,2) 無의 존재 자체가 계시자와의 邂逅에 의해 문제시되고 그의 말에 대한 결단이 내세계적 결단들처럼 문제시되지 않은 존재로부터 제기되지 않는다. 즉 그럴 경우에 인간은 이것 또는 저것을 선택하면서 여전히 같은 것으로 머물게 된다. 여기서 그에게 제기되는 문제는 오히려 그가 같은 것으로 — 즉 그의 옛 존재에 그대로 남아 있으려는가 아닌가이다. 그는 신앙 또는 불신앙을 결단하면서 그의 본래의 존재를 택하지 않으면 그의 허무의 존재를 고수한다. 옛 상황에 "계속 머무는 것"을 말하는 다음 귀절들은 이 사실을 분명히 말한다:

3:36 : ὁ πιστεύων εἰς τὸν υἱὸν ἔχει ζωὴν αἰώνιον·
ὁ δὲ ἀπειθῶν τῷ υἱῷ οὐκ ὄψεται ζωήν,
ἀλλ' ἡ ὀργὴ τοῦ θεοῦ μένει ἐπ' αὐτόν
"아들을 믿는 자는 영원한 생명을 가진다.
그러나 아들에게 의지하지 않는 자는 생명을 보지 못하고,
그 위에는 신의 진노가 머물러 있을 것이다".

12:46 : ἐγὼ φῶς εἰς τὸν κόσμον ἐλήλυθα,
ἵνα πᾶς ὁ πιστεύων εἰς ἐμὲ ἐν τῇ σκοτίᾳ μὴ μείνῃ
"내가 빛으로 세상에 온 것은
나를 믿는 자가 모두 어두움에 머물지 않게 하려는 것이다".

9:39, 41 : εἰς κρίμα ἐγὼ εἰς τὸν κόσμον τοῦτον ἦλθον,
ἵνα οἱ μὴ βλέποντες βλέπωσιν

καὶ οἱ βλέποντες τυφλοὶ γένωνται···
εἰ τυφλοὶ ἦτε, οὐκ ἂν εἴχετε ἁμαρτίαν.
νῦν δὲ λέγετε ὅτι βλέπομεν · ἡ ἁμαρτία ὑμῶν μένει
"나는 심판을 위해 이 세상에 오지 않고
보지 못하는 자가 보고
보는 자들이 소경이 되도록 하기 위함이다···
만일 너희가 소경이었다면 죄를 범하지 않았을 것이다.
지금 너희가 우리는 보노라고 말하는데 너희의 죄는 여전히 머물러 있다".

빛이 오기 전에는 모든 사람이 소경이었음은 분명하다. "본다"는 자들은 오로지 본다고 망상하는 그런 자들뿐이다. "소경이라고 생각하는 자들"은 자신의 소경됨을 알았던 자들이거나 빛을 만남으로 지금 그것을 안 그런 사람들뿐이다. 그러므로 "소경된 자들"과 "보는 자들"이 빛이 오기 以前에 이미 존재하던, 豫期될 수 있는 그룹들이 아니다. 오히려 그것은 전자에 속하려는가, 후자에 속하려는가, 자신의 소경됨을 승인하고 그것에서 벗어났는가 또는 그것을 부인하고 그것을 고집하려는가라는 질문을 각자가 받으면서 비로소 일어나는 일이다.

그러므로 사람은 모두 자신의 근원 즉 자신의 본질에 상응하게 행동한다. 실제로 모든 사람이 그의 본질상 악하다는 것, "세상은 악에 빠져 있다"(요일 5：19)는 것을 요한은 바울과 같이 아담의 타락에 소급시키지 않았다(§ 25,3). 그는 그러면 가령 악마에게 소급시켰는가? 물론 ἐκ τοῦ κόσμου, ἐκ τῶν κάτω εἶναι "세상에, 아래에 속한다"와 같은 뜻을 가지고 있는 ἐκ τοῦ διαβόλου εἶναι "악마에 속한다"는 모든 사람에게 해당한다. 그리고 신이 세상을 구원하려고 그의 아들을 보냈다는 진술(3：17)은 다음 귀절과 같은 뜻을 가진다：신의 아들은 악마의 일을 파괴하기 위해 계시되었다"(요일 3：8). 그러나 그 表象은 사람들이 태고에 범행한 악마의 악행에 의해 숙명적인 상속물로 죄에 얽히게 되었다는 것을 뜻하지 않는다. 오히려 악마는 범죄할 때마다 그 뒤에 숨어 있다. 악마는 태초에 살인자였던 것이 아니고 "처음부터"(ἀπ' ἀρχῆς, 8：44) 그러했다. 아니 이것은 현재형으로 더 분명하게 표현되었다："그는 처음부터 범죄하고 있다"(ἀπ' ἀρχῆς ὁ διάβολος ἁμαρτάνει, 요일 3：8). 그러므로 이런 의미에서 "죄를 행하는 자는 누구나 악마에게서 났다"(요일 3：8). 즉 악마의 자식됨은 죄의 존재를 특징지어 준다. 또는 다른 말로 말해서 죄는 수시로 나타나는 불행한 현상이 아니고, 오히려 그것에서 밝혀지는 것은 인간이 그 본질에 있어서 죄인이라는 것, 非實在, 無에 의해 규정되어 있다는 것이다.

그러므로 罪의 一般性, 즉 모든 인간이 비실재에 의해 규정되어 있다는 것은 신비적 근거에 소급되지 않고, 그것은 단순히 사실로서 증명될 뿐이다. 말하자면 빛의 옴에 직면하여 : καὶ τὸ φῶς ἐν τῇ σκοτίᾳ φαίνει, καὶ ἡ σκοτία αὐτὸ οὐ κατέλαβεν··· ἐν τῷ κόσμῳ ἦν καὶ ὁ κόσμος δι' αὐτοῦ ἐγένετο, καὶ ὁ κόσμος αὐτὸν οὐκ ἔγνω εἰς τὰ ἴδια ἦλθεν, καὶ οἱ(여기서는 人間들?) ἴδιοι αὐτὸν οὐ παρέλαβον "빛이 어두움에 비치되 어두움이 받아들이지 않았다···그가 세상에 있었고 세상은 그에 의해 지은 바 되었으나 세상이 그를 알지 못했다. 자기의 것(즉 세상)에 왔으나 자기들(사람들)이 그를 받아들이지 않았다"(1 : 5, 10 f.); αὕτη δέ ἐστιν ἡ κρίσις ὅτι τὸ φῶς ἐλήλυθεν εἰς τὸν κόσμον καὶ ἠγάπησαν οἱ ἄνθρωποι μᾶλλον τὸ σκότος ἢ τὸ φῶς "그 정죄는 이것이니 곧 빛이 세상에 왔으되 사람들이 자기 행위가 악하므로 빛보다 어두움을 더 사랑한 것이다"(3 : 19). 그러나 그것은 사실로서 증명되되 사람들이 (전체적으로 보아서) 신앙을 거부한다는 점에서뿐 아니라 마찬가지로 신앙을 얻는 그런 자들이 있다는 점에서도 증명된다(ὅσοι δὲ ἔλαβον αὐτόν "그러나 그를 받아들이는 자들", 1 : 12; 3 : 21). 신앙은 사실 지금까지 소경됨에 머물러 있었고 악마의 "일"에 얽혀 있었으나 죽음에서 생명으로 옮겨졌음을 고백하는 것이기 때문이다(9 : 39; 요일 3 : 8; 요 5 : 24; 요일 3 : 14).

사실 빛이 오기 전에는 온 "세상"이 어두움에, 죽음에 잠겨 있었다. 그러나 빛이 옴으로 인간에게 다음 물음이 제기된 것이다 : 어두움에, 죽음에 머무르려는가? 다시 말하면 신의 아들을 보냄으로 세상을 이른바 "in suspenso" 즉 "미결상태로" 만들었다 : εἰ μὴ ἦλθον καὶ ἐλάλησα αὐτοῖς, ἁμαρτίαν οὐκ εἴχοσαν. νῦν δὲ πρόφασιν οὐκ ἔχουσιν περὶ τῆς ἁμαρτίας αὐτῶν "내가 와서 그들에게 말하지 않았더면 그들에게 죄가 없었으려니와 지금은 그들의 죄를 핑계하지 못하게 되었다"(15 : 22). 인간은 그의 생김대로 밖에는 달리 행하지 못한다. 그러나 계시자의 호소에서 달라질 가능성이 그에게 열렸다. 그는 자신의 출처, 자신의 근원, 자신의 본질을 바꿀 수 있게 되고 "다시 날 수" 있게 되었으며(3 : 1 ff.) 자신의 본래의 존재에 도달할 수 있게 된 것이다. 인간의 존재는 신앙 또는 불신앙의 결단에서 결정적으로 구성된다. 그리고 그 때 비로소 그의 출처는 분명해진다. "유대인들"은 ὑμεῖς ἐκ τῶν κάτω ἐστέ "너희는 아래에 속한다"(8:23)에 해당하고, 악마의 자식들로 결정된 그들은 신앙에 대한 그들의 거부를 통해 그들의 죄가 확정된 자들이다(8:44). 지금은 "義를 행하고" "형제를 사랑하는가"(요일 3:10)에서 신의 자녀와 악마의 자식이 구별된다. 그러나 형제애는 사실 "새" 계명의 실천이다(13:34; 요일 2:7 ff.). 이 실천은 지금 "죽음에서 생명으로 옮겨진" 자들에게 가능하게 된 것이다(요일 3:14; 2:8). 계시자에 대한 반항에서 "세계"는 결정적으로 악의 "세상"이 된 것이다. 이로써 κόσμος "세계"와 그 지배자는 "심판을 받았다"(12:31; 16:11).

§44. 창조의 顚倒: "세상"

1. 진리의 개념

신이 그의 심판을, 아들의 보냄에 직면하여 사람들이 불신앙에서 그들의 옛 존재를 고수하거나 아니면 신앙에서 존재의 새로운 가능성을 얻을 때까지 미결상태로 둔다는 점에서 드러나는 것은 계시자와의 邂逅 前 인간의 삶이 신에 대한 반항인데도 불구하고 일정하지 않다는 것이다. 세계는 그들의 반항에서도 창조임에서 벗어나지 못하기 때문이다(S. 378). 이 사실은 인간의 삶이 실재(ἀλήθεια), 즉 생명에 대한 물음으로 일관되어 있다는 점에서 드러난다. 요한은 이것을 ἀληθινόν "참"에 관해 말하는 귀절들로 표현한다.

예수가 ἀληθινὸν φῶς "참빛", 순수하고 본래적인 실재의 빛을 말한다면 (1:9; 요일 2:9), 그것에는 인간이 빛 자체에 관해 알고 빛을 찾고 있다는 것이 전제되어 있다. 그는 사실 이미 아는 자신의 길을 갈 수밖에 없다. 그에게는 이 세상에서 그 자신에 관한 이해가 불필요하다. 그는 물론 방황할 수도 잘못된 길을 따라갈 수도 없다. 그러나 실제로 그럴 때, 소경이면서 본다고, 노예이면서 자유하다고 망상할 때도, 그는 역시 의식적이든지 무의식적이든지 저 물음에 의해 움직이는 자로 나타난다. 예수가 자신을 세상의 빛이라고 했을 때에도(8:12) 그는 세상이 묻는 것을 불러들이는 자로서 소개된다. 인간의 현존은, 드러나게 또는 숨어서, 그를 살 수 있게 하는 근거에 그가 의지하고 있음을 알고 있다. 그가 배고파하고 목말라함은 살기를 원하기 때문이다. 그리고 이 의지가 우선 원시적으로 생활 필수품을 향할 때에도, 그것은 이적적인 식사(6:31)와 생명수(4:15)에 관한 환상적이고 신화적인 표상들로 그 욕구가 결국은 생명 자체에 향한 것임을 보여 준다. 예수가 자신을 생명의 빵과 물로 표시할 때도(6:27 ff.; 4:10 ff.; 비교.

1:37) 그는 신화에서 표현된 바와 같이, 前理解(Vorverständnis)를 전제하고 있다. 그는 신화가 그것에 관해 우화적으로 말하는 생명의 나무이다(15: 7 ff.). 'Εγώ εἰμι "나는···이다"라는 문장들은 생명에 관한 물음에 대한 대답이다. 'Εγώ "나"는 그 문장들의 서술어이기 때문이다(§48, 2). 그리고 그 의미는 ἐγώ 안에 인간이 찾는 것이 들어 있다는 것이다. 그 안에 모든 假象에 반대되는 실재가 들어 있다는 것이다. 그는 ἀληθινὸς ἄρτος ἐκ τοῦ οὐρανοῦ 하늘에서 내려온 참된 빵"이다(6:32). 그는 ἀληθινὴ ἄμπελος "참 포도나무 가지"(15:1)이다. 그가 자신을 καλὸς ποιμήν "선한 목자"라고 불렀을 때도(10:11) 다른 의미가 있는 것은 아니다. Καλός "선한 것"이, ἀληθινός "참된 것"의 경우와 마찬가지로, μισθωτός "삯군"과 달리 참목자로 성격지어진 것이다. 'Εγώ εἰμι "나는···이다"는 ζωή "생명", περισσόν "충족"(모든 욕구를 결정적으로 만족시켜 주는 충족)에 관한 인간의 물음에 대한 대답이다. 이것은 생명을 선사하는 자를 신뢰하고 있다는 공개된 또는 숨겨진 인간의 지식을 전제한다.

2. 逆行하는 創造로서의 世上

독립하려는 데서 자란 狂信은 眞理를 거짓으로, 창조를 "이 세상"으로 바꾸어 놓았다. 그들의 광신에서 사람들은 생명을 찾는 물음이 자기 자체를 찾는 물음으로 바뀌어 그들의 피조성을 유지하는 데 이르지 않고 오히려 스스로 대답하므로 그들의 안전성을 얻으려고 했다. 그러나 그들은 결정적인 것 대신 잠정적인 것을, 본래적인 것 대신 비본래적인 것을, 생명 대신 죽음을 얻는다. 그들은 그들의 종교로 대답한다. 종교에서 그들은 물론 인간과 그의 세계의 彼岸에 관한 지식을 보여 준다. 그러나 그들은 그들의 종교로 안전함을 얻었다고 생각하면서 동시에 이 지식을 顚倒시킨다. 상이한 종교들은 서로 토론한다. 그리고 신 숭배의 정당성을 서로 보여 준다. 그러나 신은 예루살렘에서도 그리심산에서도 바로 예배되지 않는다. 'Αληθινοὶ προσκυνηταί "참되게 예배하는 자들"은 그를 ἐν πνεύματι καὶ ἀληθείᾳ "靈과 眞理로" 예배하는 자들이다. 그러므로 바른 신 예배는 종말론적인 사건인데 이것은 그의 영 자신에 의해 작용되고 계시자의 옴으로 실현되는 것이다(4: 19—24).

요한은 유대 종교의 예를 들어 인간의 안전하려는 의지가 얼마나 신에 관한 지식을 歪曲시켰고 신의 요구와 언약을 어떻게 소유로 만들었으며 그렇게 하므로 신을 소외시켰는가를 분명하게 했다. 이 경우에 요한은 δικαιοσύνη "義"에 대한 유대교적 노력에 연결시키지 않고 모든 종교에서 작용하는 생의 의욕에 연결시켰다(§41, 3, S. 370). "유대인들"의 죄는 바울에게 있어서와 같이 그들의 공적들에 근거를 둔 그들의 καυχᾶσϑαι "자랑하다"(§23, 2, S. 240)가 아니라, 오히려 — 물론 내용상으로 차이가 없는 것인데 — 그들의 안전을 문제시하는 계시를 그들이 배척하는 것이었다. 거의 이렇게 말할 수 있을 것이다 : 유대인들의 죄는 바울의 경우에서와 같이 그들의 윤리에 있지 않고 그들의 교리에 있다. 그들은 성서 문헌들 중에 "영원한 생명을 담아 가지고 있다"고 생각하기 때문에 그것들을 연구하고 그 때문에 그들에게 생명을 제공할 수 있는 예수를 거절한다(5 : 39 f.). 그들은 "성서 문헌들"의 의미를 歪曲시킨다. 그들은 이 문헌들이 바로 신의 계시로서 모든 안전성을 파괴하는 예수에 관해 증명한다는 것을 보지 못한다. 그들이 의존하고 "그들의 소망을 둔" 모세가 바로 그들의 고발자가 된다(5 : 45). 그들을 불안에 몰아 넣고 그들로 신의 해후를 위해 열게 하는 그들의 종교가 오히려 그들의 안전을 위한, 신을 배척하는 수단이 되었다. 사실 그들은 신을 전혀 알지 못하는 것이다(5 : 37; 7 : 28; 8 : 19, 55; 15 : 21; 16 : 3). 그를 안다는 것은, 혹시 바른 생각일지라도, 신에 관해 생각하는 것이 아니라, 그를 창조자로 승인하고 그의 해후를 위해 자신을 열어 놓는 것을 뜻한다.

그러므로 모든 옳은 것이 그들의 입에서 잘못된다. 그들은 자신들의 율법에 의존하여, 예수가 그들의 안전을 파괴하는 것을 막는다(5 장). 유대인들이 율법을 지키지 않는다(19 절), 그들은 율법에 성실하기 위해 안식일을 범한다(23 절)는 등의 유대인들을 비난하는 論證(7 : 19—24)은 율법이 안전을 제공할 수 있는 임의적 존재가 아님을 보여 준다. 그들은 모세가 안식일 계명과 경쟁적인 할례 계명을 통해 그들로 율법의 본래의 의미를 묻게 하고 있음을 알았어야 했을 것이다. "유대인들"이 어떻게 율법을 단지 자신의 안전을 위한 수단으로만 이용하는가는 7장 49—50절이 보여 준다. 즉 니고데모가 예수를 심문하지도 않고 그에게 선고를 내렸고 그와 함께 율법을 범했다고 유대인 공의회원들을 비난한 것이다. 그러나 이에 대해 그들은 곧 이런 반론을 폈다 : 성서에 따르면 갈릴리에서 예언자가 나지 않는다. 즉 그들의 성서연구는 교리연구에 이용되고 이 교리는 그들에게 계시를 판단하는 척도들을 제공하며 그것으로 계시자의 산 말을 듣지 못하게 함으로 그들의 안전을 도모한다는 것이다. 그러므로 9장도 그들이 율법을 철저히 지킨다는 것으로 그들 자신의 목적을 위한 율법의 誤用이 야기됨을 보여 준다. 끝으

§44. 창조와 이세상

로 8장 17—18절은 율법 의존을, 예수가 한 일이 두 증인으로 증명된다(신 17:6; 19:15)는 귀절을 그 자신과 아버지의 증언에 관련시켜 우롱했다. 율법 제정에 관해 숙고하면, 사실 그것은 오로지 사람들에게만 필요하고, 신의 계시는 사람들에게 증명될 필요가 없다는 것을 반드시 알 수 있을 것이다. 신의 말은 믿을 만한 증언을 요구하는 인간의 요구에 예속될 수 없다. 그렇지 않다면 사실 저 규율들이 필요했을 것이다 — 그러나 그것은 얼마나 어리석은 짓인가!

"유대인들"은 그들의 역사에서 작용하고, 구약성서에서 증명되며, 예수에 반대되는 계시를 마음껏 구사한다. 그런데 예수가 어떻게 아브라함보다 더 큰 존재임을 주장할 수 있겠는가(8:52 f.)! 그러나 아브라함은 역시 이스라엘에 대한 신의 은사가 그에게서 영원히 결정되었다고 주장하지 않았다. 그는 오히려 종말론적인 성취의 날을 내다보았다(8:56). 유대인들이 모세를 빙자하여 율법의 의미를 이해하지 못한 것과 같이 아브라함을 빙자해서도 아브라함이 그들의 소유가 아니라 약속을 뜻함을 이해하지 못했다. 그들은 자신들이 아브라함의 자녀라고 생각한다(8:33). 그리고 그들은 자유가 소유가 아니라 오로지 종말론적 은사일 수 있음을 모르고 아브라함의 자녀이기 때문에 자유하다고 생각한다. 그들이 만일 아브라함 자손됨의 의미를 미래를 지시하고 미래를 위해 의무를 가지게 하는 약속으로 이해한다면 그들이 아브라함 자손됨을 주장하는 것은 옳았을 것이다. 그들의 역사를 회고하는 일은 그들에게 안전을 주는 것이 아니고 신의 행위에 대해 성실할 것을 명하는바, 이 행위는 인간으로 자신을 떠나서 신의 미래를 향하게 하며 이 미래를 위해 언제나 열려 있도록 한다. 그들이 아브라함을 이해하는가, 그들의 과거에 대한 성실이 신의 미래에 대한 열림으로 나타나는가는 예수와의 해후에서 밝혀져야 한다. 그들은 그를 외면하고 죽이려 함으로 아브라함의 자녀가 아님을 보여 준다.

유대인들이 그들의 소망을 가지고 있고 그런 점에서 그들도 미래를 향해 있음이 확실하다. 그러나 그들은 그들의 소망을 메시야 교리로 만들고 그것으로써 미래를 향한 자유를 박탈했다. 그들은 메시야의 내력을 신비적인 것이라고 알고 있는데 — 예수의 내력에 관해서는 그 부모도 고향도 알고 있지 않은가(6:41 f.; 7:27; 비교. 1:46)! 그러나 이 모순 중에도 옳은 지식이 있다. 즉 계시에는 인간적인 것이 아니라 신적인 것이 있을 뿐이다. 그러나 이 지식은 顚倒된 것이다! 그들은 그들의 교리로 신적인 것을 하나의 현상으로 즉 자신의 규범들에 의해 확인할 수 있는 현상으로 생각했다. 그것은 사실 여기서 확인하려는 인간을 오히려 무위에 돌아가게 하는 사건이다. 그들의 상충된 주장은 신적인 것이 인간적인 것에 다음과 같은 방식으로 대립될 수 없다는 것을 이해하지 못한다. 즉 그들이 자신들의 판단의 확실성으로, "어떻게 평범한 인간이 계시자라고 주장할 수 있는가!" 를 주장한 것이다. 인간의 사유에서 볼 때 황당무계한 것인데 — 바로 이것이 계시의 신비이고, 神的인 것과 人間的인 것을 확인할 수 있는 것으로 착각하는 안전성을 인간이 버릴 때에만 오직 이해되는 것이다. 유대인들이 신비라고 부르는 것은 전혀 참 神秘가 아니다. 그들은 자신들의 신화적인 교리로 피안 — 신 안에 둔 예수의 신비로운 근원 — 을 그들의 추천 여부에 좌우되는 此岸으로 만들기 때문이다. 신의 신비가 있는가, 어디 있는가를 이용할 수 있는 척도들로 확인하려는 자에게는 신비는 전혀 있을 수 없다. 그 승인이 바로 통상적인 척도들에 의한 과오를 전제하고 있기 때문이다. 그 까닭에 세계는 계시에 직면하여 소경이고, 알므로 알지 못한다. 참 神秘는 ὁ λόγος σὰρξ ἐγένετο "말이 肉이 되었다"(1:14)에 들어 있다. 이 신비를 신화적인 탄생사화에 의해 此岸化하는 시도를 요한은 모르고 알고자 하지도 않는다(비교. 1:45; 6:42; 7:27 f.). 유대인들이 잘못되는 것은 그들이 예수의 내력에 관해 잘못 알고 있기 때문이 아니라, 顚倒된 尺度를 사용하기 때문이다.

예수에 반항하여 다른 메시야 교리를 弄하는 자들도 있다. 그들은 메시야가 반드시 베들레헴에서 탄생한 다윗의 자손이어야 한다. 그러나 예수는 역시 나사렛에서 났다는 것이다(7:42)! — 그리고 그들은 잘못된 물음으로 신앙에 이르는 관문을 잘못 세운다. 사람들은 메시야가 오면 영원히 머물러 있으리라는 것으로 메시야를 안다(12:34)! 다시 말하면 사람들은 인간의 소원을 실현할 자로, 즉 그가 가져오는 구원을 지속적인 지상의 상태로 만들 자로서 메시야를 기대했다. 사람들이 예수를 왕으로 만들려 한 것은 사실 그가 그의 異蹟으로 배고픈 자들을 배불렸기 때문이었다(6:15). 사람들은 그러나 메시야가 가져올 구원이 세상에 문제를 제기하고 세상을 부정하리라는 것, 그것을 받아들인다는 것은 모든 소원의 포기를 요구한다는 것은 알지 못했다. 여하간 계시자는 그의 사람들이 그에게 성실히 머무는 동안 그들에게 머물 것이다(15:4 f.). 그러나 그가 此岸의 모습을 갖춘다는 의미에서가 아니다! 그렇지 않고 오히려 그의 此岸的인 현재는 끝을 내고 此岸을 작별했다가 비로소 그가 다시 그의 사람들에게 올 것이고, 아버지와 함께 그들 중에서 거할 것인데(14:23) 세상이 알지 못하게 거할 것이다(14:

§44. 창조와 이세상

22).

이렇게 세상은 철저히 바른 개념들과 물음들을 가지고 있다. 세상은 "영광"($δόξα$)을 말한다. 영광과 서로 인정을 받으려는 욕망에서 인간 자체가 불안 중에 있으며 본질상 확인을 찾아야 한다는 바른 지식이 나타난다. 그러나 세상은 이 바른 물음을 顚倒시킨다. 즉 세상은 스스로 대답하려고 하기 때문이다. 세상은 인간의 존재가 피조물의 존재로서, 전체로서 문제됨을 잘못 알고 있다. 즉인간이 확인과 타당성을 구할 때 필요한 척도가 神임을 알지 못한다. 그러나 신이 주는 "영예"를 세상은 찾지 않는다. 그것을 찾는다는 것은 사실 모든 인간 존재의 불안전성을 인식하는 것과 스스로 만든 안전성을 버리는 것을 뜻한다. 그 대신 사람들은 자신들의 명예욕에서 서로 영예를 취하고 서로 "영예"를 인정하며 서로 타당하게 한다(5:44). 그리고 이렇게 하므로 그들은 서로 신의 계시를 막는다.

세상은 사랑을 안다. 물론이다! 그러나 세상은 오로지 그의 $ἴδιον$ "것", 세상에 속하는 것, 익숙한 것만을 사랑한다(15:19). 즉 세상은 결국 자기 자신만을 사랑하고 세상의 문제성을 밝혀 내는 자를 미워한다. 세상은 기쁨을 안다. 그리고 인간 존재가 본질적으로, 모든 물음이 중지되는 기쁨, 계시자가 제공하는 기쁨에서 성취되는 그것으로써 증명한다(15:11; 16:24; 17:13). 그러나 세상은 참된 기쁨을 모르고 그 때문에 영원한 기쁨도 모른다. 세상이 아는 기쁨은 단지 세상 자신의 (假象的인) 성과에 대한 것뿐이다. 세상은 자유를 말하나 세상이 노예 즉 죄 중에 있음을 알지 못한다(8:32—36).

세상은 죄를 말하고 義와 심판을 말한다. 그러나 세상은 이 개념들을 자기 나름으로 이해한다. 그런데 계시의 심판은 이 개념들의 참意味를 들추어 내는데 존속한다(16:8—11). 죄란 무엇인가? 죄는 세상이 자기 자신을 고수하려는 불신앙이다. 그것은 예수를 반대하는 세상의 행동에서 나타나는 바와 같다. 義란 무엇인가? 세상에 있어서 그것은 정당성을 얻는 것, 可視的인 성과이다. 그러나 그것은 사실 세상의 극복이다. 그것은 예수가 세상을 작별할 때 일어난 사건과 같은 것이다(그의 $δικαιοσύνη$ "義"는 그의 $νίκη$ "승리"이다, 16:33). 심판이란 무엇인가? 심판(즉 연관성 있게 문제되는 神의 심판)은 세상의 견해에 따르면 可視的으로 수행된다. 그것은 묵시문학에서 말하는 우주적 파멸일 수도 구약성서의 예언과 부분적으로는 유대교도 기다렸던 世界史의 파국일 수도 있다. 그러나 심판은 사실 신의 계시자로서의 예수에 대한 사람들의 결단에서 일어나는 일이다. 그러므로 믿지 않는 자는 이미 심판을 받았다(3:18; 12:48). 이것은 예수가 죽음을 통해 올리움과 동시에 "이 세상의 지배자"가 심판을 받은 것과 같은 것이다(12 : 31). 이렇게 세상은 자체의 안전을 구축하고 이 안전을 자명한 것, 친숙한 것으로 여기면서 그 안에서 움직인다. 세상은 예수의 등장이 마련한 이 움직임의 저지를 πῶς δύναται ταῦτα γενέσθαι "어찌 이런 일이 있을 수 있는가?"(3 : 9) 또는 πῶς · · · ; "어찌하여 · · · 하는가?"(6 : 42; 7 : 15; 8 : 33; 12 : 34)로 다시 막는다. 사람들이 모든 것을 토론도 없이 거부하지는 물론 않는다. 그러나 사람들이 그들에게 완전한 옛 척도로 검토한다 : ἐρεύνησον καὶ ἴδε, ὅτι ἐκ τῆς Γαλιλαίας προφήτης οὐκ ἐγείρεται "상고하여 보라, 갈릴리에서는 예언자가 나지 못한다"(7 : 52). 사람들은 예수의 합법성을 묻는다(5 : 31 ff.). 사람들에게는 판결을 내리는 전문가가 있다 : μήποτε ἀληθῶς ἔγνωσαν οἱ ἄρχοντες, ὅτι οὗτός ἐστιν ὁ Χριστός; "관원들은 이 사람이 그리스도임을 참으로 알았는가?"(7 : 26). 사람들은 이상주의적이기도 하다 : 낭비 대신 가난한 자들을 도우라(12 : 5). 잡을 수 있는 물체적 현존 즉 σάρξ "肉"이 실제적인 것에 해당한다. 再生에 관한 예수의 말은 세상이 이해하지 못한다. 세상이 헤아릴 수 있는 것은 단지 자연적인 것의 가능성들뿐이고 신의 異蹟的 能力, πνεῦμα "영"은 알지 못하기 때문이다(3 : 3—8). 세상은 κατὰ τὴν σάρκα "肉에 따라"(8 : 15) 또는 κατ' ὄψιν "외모로"(7 : 24) 판단한다.

세상은 지상에서 정의를 염려하는 질서 즉 국가도 안다. 세상은 안전을 방해하는 자 예수에게서 벗어나기 위한 도피처를 국가에서 찾았다. 그러나 드러난 것은 국가가 자체의 과제를 완수하기에 너무나 약하다 — 국가는 계시자의 말을 외면했다 — 는 것뿐 아니라, 무엇보다도 세상은 국가의 의미 자체를 顚倒시켰다. 세상은 자체의 소원의 성취를 위해 국가를 誤用하고 이를 위해 속임수와 모멸을 자행했다(19 : 12).

B. 세상의 심판[*1]

§45. 아들의 보냄[*2]

1. 아들의 옴과 감

죽음의 이 세상에 생명이 나타났다(요일 1 : 2). 어두움의 세상에 빛이 왔

[*1,2] 이 표제에 관한 문헌들, 참조. S. 639 f.

§45. 아들의 보냄

던 것이다(1:5; 3:19). 말하자면 신의 아들이 세상에 옴으로써 그러했었다. 예수가 바로 생명이고 빛이며 그는 시간적으로 세례 요한 뒤에 왔으나 그보다 먼저 있은 자에 해당했다(1:15, 30). 사실 그는 자신에 관해 아브라함이 있기 전에 이미 있었다고 주장했다(8:58). 아니 그 以上이었다. 즉 그는 세계의 창건 이전에 있었다(17:5, 24). 그리고 그리스도교 공동체는 그가 ἀπ' ἀρχῆς "태초부터" 있은 자로 믿었다(요일 2:13 f.). 그에게서 태초에 신에게 있었던 말이 육신이 되었다(1:1 f., 14). 그리고 자신의 소유지, 즉 세계를 창조한 자로서의 그에게 속하는 세상에 왔었다(1:9—11f.).

신화적 양식으로 예수가 선재적인 신의 아들로서 인간이 되었다고 말하는 이런 진술들이 어느 정도 실제로 神話的인 의미에서 이해될 수 있는가? 이것은 좀더 정확한 해석에 의해 비로소 설명될 수 있을 것이다. 여하간 요한 1서의 서두는 역시 내용상으로 복음서의 프롤로그와 같은 것을 말하려는 것인데 태초에 아버지와 같이 있었던, 들을 수 있고 볼 수 있으며 잡을 수 있는(물론 이것이 예수를 뜻함은 두말할 필요도 없다) 생명에 관해 말한 것, 그것이 이 생명을 말하되 "태초에 있었던" 즉 인물이 아니라 사물로서 말하고 있는 것(요일 1:1 f.)은 주목할 만하다. 여하간 분명한 것은 예수라는 인물에 의해 피안적인 신적인 실재가 지상 세계의 영역에서 들을 수 있고 볼 수 있으며 잡을 수 있게 되었다는 것임은 분명하다. 예수는 Χριστὸς ὁ υἱὸς τοῦ θεοῦ ὁ εἰς τὸν κόσμον ἐρχόμενος "그리스도는 세상에 들어온 신의 아들"이다(11:27).

그는, 그럼과 말하고 행하는 모든 것에서 이 세상의 한 인물로 이해되면 안될 것이다. 오히려 그의 출현은 보내진 존재, 온 존재로 파악되어야 한다. 그는 아버지가 "聖別하여 세상에 보낸" 자이다(10:36). 아버지가 그를 보냈다는 것을 증언하는 것은 그의 일들이다(5:36). 그것은 믿고(6:29; 11:42; 17:8) 인식(17:25)해야 할 것이다. 그것은 αἰώνιος ζωή: ἵνα γινώσκωσιν σὲ τὸν μόνον ἀληθινὸν θεὸν καὶ ὅν ἀπέστειλας Ἰησοῦν Χριστόν "영원한 생명은 곧 유일한 참神과 그가 보낸 자 예수 그리스도를 아는 것이기"(17:3) 때문이다. 그러므로 신은 ὁ πέμψας με πατήρ "나를 보낸 아버지"(6회) 또는 단순히 ὁ πέμψας με "나를 보낸 자"(19회)이다. 그리고 공동체도 이렇게 고백한다: καὶ ἡμεῖς τεθεάμεθα καὶ μαρτυροῦμεν ὅτι ὁ πατὴρ ἀπέσταλκεν τὸν υἱὸν σωτῆρα τοῦ κόσμου "우리도 보고 증거하는 아버지는 그의 아들을 세상의 구원자로 보냈다"(요일 4:14). 그의 옴 또는 왔음은 그의 보내짐에 일치한다. 이 진술은 물론 결합될 수 있다. 그는 보냄을 받은 자이고 스스로 온 자가 아니다: ἐλὼ γὰρ ἐκ τοῦ θεοῦ ἐξῆλθον καὶ ἥκω. οὐδὲ γὰρ ἀπ' ἐμαυτοῦ ἐλήλυθα, ἀλλ' ἐκεῖνός με ἀπέστειλεν "이는 내가 신으로부터 나서 왔음이다. 이는 나 스스로 오지 않고 저가 나를 보냈음이다"(8 : 42; 비교. 7 : 28 f. ; 17 : 8). 항상 반복되는 진술들은 이런 것들이다: 그는 "세상에 왔다"(3 : 19; 9 : 39; 11 : 27; 12 : 46; 16 : 28; 18 : 37), 또는 그는 "아버지(혹은 신)에게서 왔다"(8 : 42; 13 : 3; 16 : 27 f., 30; 17 : 8), 또는 단순히 그는 "왔다"(5 : 43; 7 : 28; 8 : 14; 10 : 10; 12 : 47; 15 : 22). 바로 이 사실을 그의 사람들은 알았다(17 : 8). 그리고 신앙은 그렇게 고백했다(11 : 27). 그런데 유대인들은 그가 어디서 왔는지도 모르고 (8 : 14), 또는 그것에 관해 잘못된 표상을 가지고 있다(7 : 28 f.). 그리고 거짓 교사들은 예수 그리스도가 "육신으로" 왔음을 거부한다(요일 4 : 2; 요이 7). 좀더 심하게 신화적으로 표현하면 그가 하늘에서 내려왔다고도 할 수 있었다(3 : 13; 6 : 33, 38, 41 f.). 그가 신의 실재의 계시로서 세상에 오는 일의 성격은 그의 옴에 그의 감이 연결됨으로 강조되었다. 다시 말하면 그는 그의 옴으로 세계의 한 현상, 世界史의 한 인물로 되지 않았다. 그는 세상의 이른바 나그네이다. 그가 작별해야 할 시간이 온다. 그는 왔다가 다시 갈 것이다(8 : 14):

ἐξῆλθον ἐκ τοῦ πατρὸς καὶ ἐλήλυθα εἰς τὸν κόσμον.
πάλιν ἀφίημι τὸν κόσμον καὶ πορεύομαι πρὸς τὸν πατέρα
"나는 아버지에게서 나와서 세상에 왔고
다시 세상을 떠나 아버에게로 간다"
(16 : 28; 비교. 13 : 3; 14 : 12, 28; 16 : 5, 10, 17).

그가 지상에 머무는 기간은 극히 짧다. 그가 떠난 후에 사람들은 그를 헛되이 찾을 것이다(7 : 33; 8 : 21; 비교. 13 : 33). 그가 하늘로부터 내려온 것같이 — 다시 신화적 표현으로 — 그는 以前에 있던 곳으로 다시 올라갈 것이다(6 : 62; 비교. 3 : 13). 그는 "올리울" 것이다(3 : 14; 12 : 32, 34; 비교. 8 : 28). 그는 "영화롭게" 될 것이다(12 : 23; 13 : 31 f.; 17 : 1; 비교. 7 : 39; 12 : 16). 말하자면 그가 先天的으로 아버지 곁에서 가지고 있던 δόξα "영광"으로 영화롭게 될 것이다(17 : 5, 24). 그의 옴과 감은 그가 계시자로서 활동하는데 통일적으로 속한다. 그것은 그의 옴과 그의 감이 마찬가지로 심판으로 표시될 수 있다는 데서 나타나는 것과 같다(3 : 19과 12 : 31). 그리고 또 그의 올리움과 보냄이 마찬가지로 영원한 생명의 은사를 위한 근거에

§45. 아들의 보냄   395

해당할 수 있는 것과도 같다(3 : 14 f. 와 3 : 16).

2. 구원을 가져온 자로서의 아들

아들의 보냄은 神의 사랑의 행위이다 : ἐν τούτῳ ἐφανερώθη ἡ ἀγάπη τοῦ θεοῦ ἐν ἡμῖν, ὅτι τὸν υἱὸν αὐτοῦ τὸν μονογενῆ ἀπέσταλκεν ὁ θεὸς εἰς τὸν κόσμον, ἵνα ζήσωμεν δι' αὐτοῦ· οὕτως γὰρ ἠγάπησεν ὁ θεὸς τὸν κόσμον, ὥστε τὸν υἱὸν τὸν μονογενῆ ἔδωκεν, ἵνα πᾶς ὁ πιστεύων εἰς αὐτὸν μὴ ἀπόληται ἀλλ' ἔχῃ ζωὴν αἰώνιον "신의 사랑이 우리에게 이렇게 나타난 바 되었으니 신이 자신의 독생자를 세상에 보냄은 그에 의해 우리를 살리려는 것이다"(요일 4 : 9). "신이 세상을 이처럼 사랑하여서 독생자를 주었으니 이는 그를 믿는 자마다 멸망하지 않고 영생을 얻게 하려는 것이다"(요 3 : 16).

신의 사랑이 그 보냄에서 나타났다는 것은 이 귀절의 내용과 그 화법에 의해, 즉 그리스도교 공통의 παρέδωκεν "그가 넘겨주었다"의 여운을 담고 있는 ἔδωκεν "그가 주었다"(S. 81, 371 f., 그리고 롬 4 : 25; 고전 11 : 23)에 의해서뿐 아니라, 아들을 μονογενής "독생자"로 성격지은 것으로도 표현되었다. 예수를 μονογενὴς υἱός "독생자"로 성격지은 것은 신약성서에서 단지 요 3 ; 16, 18 ; 요일 4 : 9(그리고 요 1 : 18에도 이 귀절은 텍스트상으로 확실치는 않다)에 나타날 뿐이다. 이 표지는 70人譯 화법에 의해 "모든 것을 넘어서 사랑했다"의 의미의 가치 서술로 이해되어야 할 것이다. 이에 반해 요 3 : 14의 절대적인 μονογενής는 영지주의 신화에서 나왔을 것이다. 이에 관해 참조. 나의 요한복음서 註釋, S. 47, 2.

그러므로 예수를 신이 보낸 아들로 믿는 자들에게서 이 보냄의 의미가 이루어진다. 즉 그들은 신의 사랑을 받는다 : καὶ ἡμεῖς ἐγνώκαμεν καὶ πεπιστεύκαμεν τὴν ἀγάπην ἣν ἔχει ὁ θεὸς ἐν ἡμῖν "신이 우리를 사랑하는 사랑을 우리도 알고 믿었다"(요일 4 : 16; 비교. 요 17 : 26; 요일 2 : 5; 3 : 17; 4 : 7—12). 반면 세상을 사랑하는 자는 신의 사랑을 받지 못한다(요일 2 : 15).

신의 사랑이 아들을 보낸 근거라는 사실은 그가 보내진 또는 온 목적을 제시하는 방식으로 표현되었다. 그는 오로지 "진리"를 증거하기 위해 세상에 왔다(18 : 37). 또는 — 같은 의미인데 — 그는 그를 믿는 자면 누구나 "어두움"에 머물지 않을 수 있도록 "빛"으로 세상에 왔다(12 : 46). 역시 같은 것인데 예수는 이렇게 말한다. 즉 그는 ἵνα ζωὴν ἔχωσιν καὶ περισσὸν ἔχωσιν

396   세상의 심판

"그들이 생명을 얻고 더 풍성하게 하려고" 왔다는 것이다(10 : 10). 또는 이렇게도 말한다. 즉 신이 그를 준 것은 ἵνα πᾶς ὁ πιστεύων εἰς αὐτὸν μὴ ἀπόληται ἀλλ' ἔχῃ ζωὴν αἰώνιον "그를 믿는 사람은 누구나 멸망하지 않고 영원한 생명을 얻도록 하려는 것이다(3 : 16). 또는 신이 그를 세상에 보낸 것은 ἵνα ζήσωμεν δι' αὐτοῦ "우리가 그를 통해 구원을 받게 하려는 것이다" (요일 4 : 9). 또는 그가 그를 보낸 것은 ἱλασμὸν περὶ τῶν ἁμαρτιῶν ἡμῶν "우리 죄를 위해 속죄제물"이 되기 위한 것이다(요일 4 : 10 : 만일 이 귀절이 편집자의 註가 아니라면). 아주 일반적인 표현에 따르면 신이 그를 보낸 것은 ἵνα σωθῇ ὁ κόσμος δι' αὐτοῦ "세상이 그를 통해 구원을 받게 함이다" (3 : 17).

그러므로 예수는 σωτὴρ τοῦ κόσμου "세상의 구주"라고 칭할 수 있다(4 : 42; 요일 4 : 14). 그가 이로써 구원을 가져오는 자에 대한, 특별히 헬레니즘적 칭호를 얻었다면(참조. S. 78), 그의 보냄의 의미는 유대교 및 초대 그리스도교 전통에서 유래한 칭호에 의해 더 자주 표현되었다. 물론 κύριος "主" 칭호는 거의 볼 수 없다.

요한복음서에서 κύριος 칭호는 20장(과 부록인 21장)에 나오는데 말하자면 復活史 話에 처음으로 사용된 것이다. 4 : 1; 6 : 23; 11 : 2에 그것이 사용된 것은 주석자에게 소급되기 때문이다. 요한 2서 3절에도 여러 사본에서 첨가되었다. 복음서 기자는 그것을 부활한 자에게 사용하기 위해 이 祭儀的 칭호(§ 12, 2)를 지상의 예수에게 이용하는 것을 피했는가? 그러나 그러면 요한서신들에는 그 칭호가 왜 없는가? 그는 헬레니즘 종교들의 κύριοι πολλοί "많은 主들"(고전 8 : 5)을 너무 염려한 탓일까(Fr. C. Grant, The Growth of the Gospels, 1933, S. 207)? 그것은 예수의 제자들이 δοῦλοι "노예들"이 아니라 φίλοι "친구들"이라는 파악에 일치하지 않는가(15 : 14 f., W. Bousset, Kyrious Christos², 1921, S. 155)? 이 칭호를 피한 것 혹은 그렇게 심하게 후퇴된 것은 요한이 제사적인 것과 성례적인 것의 영역을 아주 조심스럽게 대립시켰기 때문(S. 367; § 47, 4)이 아닌가? 또는 그 칭호가 요한에게 본질적인 것, 즉 예수는 종말론적 인물이라는 것을 표현하지 못하기 때문이 아닌가? ― 쿨만 (O. Cullmann, Christologie des NT, 1957, 239)은 요한의 κύριος 칭호에 큰 의미를 부여하려고 했으나 타당성이 없다.

예수는 메시야(1 : 41; 4 : 25) 즉 그리스도이다(이것은 분명하게 Μεσσίας "메시야"의 번역으로 표시되었다. 참조. S. 78 f.). 그가 그렇게 일컬어질 수 있는가는 여전히 유대인들 중에서 화제가 되었다(7 : 26 f., 31, 41 f.; 9 : 22;

10 : 24; 12 : 34; 비교. 1 : 20). 그리고 거짓 교사들에 의해서는 부정되었다 (요일 2 : 22). 반면 그것은 믿는 자들의 고백이다(11 : 27; 20 : 31; 요일 5 : 1). 왕의 칭호로서의 메시야 칭호의 옛 의미는 그것과의 교체에서 $\beta\alpha\sigma\iota\lambda\epsilon\upsilon\varsigma\ \tau\upsilon\hat{\upsilon}\ \prime I\sigma\rho\alpha\eta\lambda$ "이스라엘의 왕"이 나타난 것으로 고수되었다(1 : 49). 그리고 이 칭호가 $\acute{o}\ \upsilon\acute{\iota}\grave{o}\varsigma\ \tau\upsilon\hat{\upsilon}\ \vartheta\epsilon\upsilon\hat{\upsilon}$ "신의 아들"에 의해 설명된 것은 이것도 우선은 옛 메시야의 의미를 가지고 있음이 분명하다(§ 7, 5). 물론 여기에서 복음서 기자의 의미가 그 이상의 것으로 진술되었고 그것에 차이를 보이는 헬레니즘계의 이해에 일치하는 것일지라도 그렇다(§ 12, 3). 끝으로 $\acute{o}\ \upsilon\acute{\iota}\grave{o}\varsigma\ \tau\upsilon\hat{\upsilon}\ \dot{\alpha}\nu\vartheta\rho\acute{\omega}\pi\upsilon\upsilon$ "人子" 칭호는 유대교 및 초대 그리스도교 전통에서 나온 것이다(§ 5, 1; § 9, 4). 요한은 물론 대개 영지주의 신화의 의미에서, 인간이 되었다가 다시 올려져야 할 先在者의 표지로서 그를 이해하고 있다(1 : 51; 3 : 13 f.; 12 : 23, 34; 13 : 31 등). 그러나 그는 역시 그것을 유대교 및 초대 그리스도교의 의미에 연결시켰다. 즉 그는 예수가 세계 심판자라는 근거를 $\upsilon\acute{\iota}\grave{o}\varsigma\ \tau\upsilon\hat{\upsilon}\ \dot{\alpha}\nu\vartheta\rho\acute{\omega}\pi\upsilon\upsilon$ "人子"라는 데서 보았다(5 : 27, 물론 이 귀절이 편집자의 註가 아닐 경우에 말이다).

3. 종말론적 사건으로서의 아들의 오고 감

위의 모든 칭호에서 표현된 것은 예수가 종말론적 구원의 지참자이며 그의 옴이 종말론적 사건이라는 것이다. 그의 옴을 통해 모세와 예언자들의 예언들이 이루어졌다(1 : 45; 비교. 5 : 39, 46). 온다는 메시야에 관한 설명을 듣고 싶어하는 사마리아 여인에게 예수는 $\dot{\epsilon}\gamma\acute{\omega}\ \epsilon\dot{\iota}\mu\iota\ \acute{o}\ \lambda\alpha\lambda\hat{\omega}\nu\ \sigma\upsilon\iota$ "네게 말하는 내가 그로다"라고 대답한다(4 : 25 f.). 메시야가 "둘째 구원자"로서 "첫 구원자" 모세가 옛날에 한 것 같이 하늘로부터 빵을 제공하리라는 유대인의 기대는 참하늘의 빵을 제공하는 예수에 의해 이루어진다(6 : 31 f.). 그가 자신의 옴을 일컬어 아브라함이 보기를 소원했던 "나의 날"이라고 칭했다면, 그것은 그의 옴이 유대교 및 초대 그리스도교의 희망이 피력된 "메시야의 날"임을 뜻한다(참조. S. 74).

그의 오고 감이 사실 한 가지를 말하는바(참조. 위에 1) 종말론적 사건이라는 것은, 역시 무엇보다도 그의 옴 또는 그의 감이 세상의 심판으로 표시된 귀절에서 표현되었다:

$\alpha\ddot{\upsilon}\tau\eta\ \delta\acute{\epsilon}\ \dot{\epsilon}\sigma\tau\iota\nu\ \dot{\eta}\ \kappa\rho\acute{\iota}\sigma\iota\varsigma,\ \ddot{o}\tau\iota\ \tau\grave{o}\ \varphi\hat{\omega}\varsigma\ \dot{\epsilon}\lambda\acute{\eta}\lambda\upsilon\vartheta\epsilon\nu\ \epsilon\dot{\iota}\varsigma\ \tau\grave{o}\nu\ \kappa\acute{o}\sigma\mu\upsilon\nu,$
$\kappa\alpha\grave{\iota}\ \dot{\eta}\gamma\acute{\alpha}\pi\eta\sigma\alpha\nu\ \upsilon\acute{\iota}\ \ddot{\alpha}\nu\vartheta\rho\omega\pi\upsilon\iota\ \mu\hat{\alpha}\lambda\lambda\upsilon\nu\ \tau\grave{o}\ \sigma\kappa\acute{o}\tau\upsilon\varsigma\ \ddot{\eta}\ \tau\grave{o}\ \varphi\hat{\omega}\varsigma.$

εἰς κρίμα ἐγὼ εἰς τὸν κόσμον τοῦτον ἦλθον,
ἵνα οἱ μὴ βλέποντες βλέπωσιν
καὶ οἱ βλέποντες τυφλοὶ γένωνται
"그 정죄는 이것이니 곧 빛이 세상에 왔으나
사람들이 자기 행위가 악하므로 빛보다 어두움을 더 사랑한 것이다"
(3 : 19).
"내가 심판하러 세상에 왔으니
보지 못하는 자들은 보게 하고
보는 자들은 소경이 되게 하려는 것이다"(요 9 : 39).

이미 바울에 의해 시작된 종말론의 역사화가 요한에 의해 철저히 관철되었다. 그는 κρίσις 및 κρίμα를 심판과 가려냄의 이중 의미로 이해했다. 예수와의 해후에서 신앙과 불신앙 사이, 보는 자와 보지 못하는 자 사이의 가려냄이 수행된다는 점에서 바로 심판이 일어난다는 것이다(3 : 19; 9 : 39). 믿는 자는 심판을 받지 않는다. 그러나 믿지 않는 자는 어두움에 머물러 있고 신의 진노 아래 거하며, 이것으로 그는 심판을 받은 것이다:

ὁ πιστεύων εἰς αὐτὸν οὐ κρίνεται,
ὁ μὴ πιστεύων ἤδη κέκριται
"그를 믿는 자는 심판을 받지 않을 것이요,
믿지 않는 자는 이미 심판을 받았다"(3 : 18).

예수의 말이 울려퍼지는 지금 타당한 것은 이것이다:

ὁ τὸν λόγον μου ἀκούων καὶ πιστεύων τῷ πέμψαντί με
ἔχει ζωὴν αἰώνιον καὶ εἰς κρίσιν οὐκ ἔρχεται,
ἀλλὰ μεταβέβηκεν ἐκ τοῦ θανάτου εἰς τὴν ζωήν ...
ἔρχεται ὥρα καὶ νῦν ἐστιν,
ὅτε οἱ νεκροὶ ἀκούσουσιν τῆς φωνῆς τοῦ υἱοῦ τοῦ θεοῦ
καὶ οἱ ἀκούσαντες ζήσουσιν
"내 말을 듣고 또 나를 보낸 자를 믿는 자는
영원한 생명을 얻고 심판에 이르지 않나니
사망에서 생명으로 옮겼음이다 ...
죽은 자들이 신의 아들의 음성을 듣고
듣는 자들은 살 때가 오는데

§45. 아들의 보냄

지금이 그 때이다"(5:24 f.).

아버지는 그의 아들을 세상에 보내면서 동시에 그는 죽은 자들을 일으켜 심판을 베풀 전권을 그에게 부여했다(5:21 f., 26 f.). 그러므로 그를 믿는 자에게는 이미 생명이 주어졌다:

ὁ πιστεύων εἰς τὸν υἱὸν ἔχει ζωὴν αἰώνιον,
ὁ δὲ ἀπειθῶν τῷ υἱῷ οὐκ ὄψεται ζωήν,
ἀλλ᾿ ἡ ὀργὴ θεοῦ μένει ἐπ᾿ αὐτόν
"아들을 믿는 자에게는 영원한 생명이 있고
그러나 아들을 순종치 않는 자는 생명을 보지 못할 것이다.
오히려 그 위에는 신의 진노가 머문다"
(3:36; 비교. 6:47; 요일 5:12).

예수는 이렇게 말한다:

ἐγώ εἰμι ἡ ἀνάστασις καὶ ἡ ζωή.
ὁ πιστεύων εἰς ἐμὲ κἂν ἀποθάνῃ ζήσεται,
καὶ πᾶς ὁ ζῶν καὶ πιστεύων εἰς ἐμὲ
οὐ μὲ ἀποθάνῃ εἰς τὸν αἰῶνα
"나는 부활이고 생명이다.
나를 믿는 자는 죽어도 살 것이고
살아서 나를 믿는 자도 모두
결코 죽지 않고 영원히 살리라"(11:25 f.; 비교. 8:51).

그러므로 심판은 극적인 우주적 사건이 아니라 그것은 오히려 사람들의 예수의 말에 대한 관계에서 일어난다.[1] 그러므로 예수가 심판하기 위해 세상에 왔음을 뜻할 수 있는 것과 같이(9:39), 그것은 신이 그를 심판하려 보내지 않고 구원하기 위해 보냄을 뜻할 수도 있다(3:17). 그는 그가 한 사람도 심판하지 않았다고 말할 수 있다(8:16; 5:30). 사실 심판자는 그가 아니라 그가 하는 말이다:

ἐάν τίς μου ἀκούσῃ τῶν ῥημάτων καὶ μὴ φυλάξῃ,
ἐγὼ οὐ κρίνω αὐτόν.
οὐ γὰρ ἦλθον ἵνα κρίνω τὸν κόσμον,

---

1) 11:25 f.는 24절 마르다의 말로 되어 있는바 전통적 종말론의 修正이다.

세상의 심판

ἀλλ' ἵνα σώσω τὸν κόσμον.
ὁ ἀθετῶν ἐμὲ καὶ μὴ λαμβάνων τὰ ῥήματά μου
ἔχει τὸν κρίνοντα αὐτόν.
ὁ λόγος ὃν ἐλάλησα, ἐκεῖνος κρίνει αὐτόν·
"내 말을 듣고 지키지 않는 자일지라도
나는 그를 심판하지 않는다.
이는 내가 세상을 심판하러 오지 않고
세상을 구원하기 위해 왔음이다.
나를 저버리고 내 말을 취하지 않는 자는
그를 심판하는 자를 가지고 있으니
그것은 내가 한 말인데 그것이 그를 심판한다"(12 : 47 f.).

후기 교회 편집이 여기에 ἐν τῇ ἐσχάτῃ ἡμέρᾳ "마지막 날에"를 삽입함으로 전통적 미래 종말론을 수정하려고 한 것과 같이 6 : 39, 40, 44에서는 ἀλλὰ (καὶ) ἀναστήσω αὐτὸν (ἐγὼ) ἐν τῇ ἐσχάτῃ ἡμέρᾳ "그러나 (혹은 그리고) 그를 (나는) 마지막 날에 일으키리라"를 삽입했는데 이것은 그 유기적 자리를 6 : 54에 가지고 있는 귀절이고 마찬가지로 교회 편집에 의해 삽입된 부분 6 : 51 b—58 안에 속한다. 이 부분에서는 바로 앞 말에서 예수 자신으로 나타난 생명의 떡이 주의 만찬 성례로 해석되고 (이그나티우스의 의미에서) φάρμακον ἀθανασίας "不死의 약"으로 이해되었다. 이 삽입 귀절들보다 한층 더 민감한 것은 5 : 28 f.의 삽입이다. 여기서는 25절과 전혀 모순되게 죽은 자들이 깨어나는 ὥρα "시간"이 현재에서 미래로 옮겨졌다. 요일 2 : 28; 3 : 2에 관해, 참조. 아래(§ 50, 6).

예수의 옴과 감이 세상의 κρίσις "심판"이라는 것은 다음 全章의 주도적 주제이다 : 3 : 1—21, 31—36; 4 : 43—6 : 59; 7 : 15—24; 8 : 13—20. 그의 말에 의해 수행되는 κρίσις "심판"이 6장 60—71절에 구체적인 장면으로 묘사되었다. 즉 σκληρὸς λόγος "어려운 말"에 참 제자들과 거짓 제자들이 갈라진다. 그리고 예수의 활동에 의해 수행된 가름은 이 일의 서술을 위한 2分法으로 명시되었다. 즉 2—12장에서 세상에 나타난 계시를 묘사하고 13—17(및 20) 장에서는 믿는 자들의 공동체 앞에 나타난 계시를 묘사했다.

---

2) 종말론의 非神話化를 위한 특별한 예로는 적그리스도의 신화적 모습에 관한 해석을 들 수 있다. 요일 2 : 18; 4 : 3에서 거짓 교사들의 등장이 적그리스도의 나타남으로 해석되었다. 아니 νῦν ἀντίχριστοι πολλοὶ γεγόνασιν "지금은 많은 적그리스도들이 나왔다!"고까지 말할 수 있었다.

그러나 종말론의 역사화²⁾는 세상이 전혀 무엇이 일어나는지를 알지 못한다는 점에서도 표현되었다. 세상의 눈에는 오로지 방해 즉 당파들(σχίσματα)을 야기시키는 격동이 있을 뿐이다(7:43; 9:16; 10:19). 그것들에서 결단과 분리가 반영되고 있음을 세상은 알지 못한다. 이 점에서 무섭게도 드러나는 것은 세상이 심판을 받고 있다는 것이다. 수난의 시간이 세상을 위해 승리, 기쁨의 시간 — 수난에서 ἄρχων τοῦ κόσμου "세상의 지배자"가 통치하는 것 같이 보이기 때문에 — 이지만(14:30), 그러나 그것은 사실 세상의 심판이고 그 ἄρχων "지배자"에 대한 심판이다(12:31; 16:11).

§46. '말이 肉身이 되었다'는 거리낌*

1. 인간으로서의 神의 아들

신의 아들이 세상에 오는 일은 어떤 방식으로 일어나는가? 그는 인간으로 온다. 요한복음서의 전체 주제는 ὁ λόγος σὰρξ ἐγένετο "말이 육신이 되었다"(1:14)이다. 그리고 요한 1, 2서는 거짓 교사들을 향해 이 명제를 변호한다. 즉 이 거짓 교사들은 분명히 신의 아들과 인간 사이의 동일성을 부정하는 그리스도교 영지주의자들이다. 그들은 兩者가 결합하여 한 현상을 이루는 것을 단지 잠정적인 것으로만 주장하기도 했고, 인간 예수의 실재성을 전적으로 거부하고 假顯說主義者들로서 신의 아들의 인간형을 단지 假象的 몸으로 간주하는 경우도 있었으나 마찬가지이다. 그들에 대해 지적할 수 있는 것은 전반적으로 이것이다. 즉 예수 그리스도가 육신으로 온 것을 고백하지 않는 자, 예수를(즉 인간을 신의 아들로) 고백하지 않는 자는 모두 "신에게서" 나지 않았다. 사실 그런 거짓 가르침은 적그리스도의 일 외에 다른 것이 아니다(요일 4:2 f.; 요이 7). 요한이 예수의 모습과 활동의 像을 위해 영지주의적 救贖者신화의 양식을 이용했기 때문에(§41, 3) 바로 영지주의를 한정시키는 일은 그에게 긴급한 과제였다.

우선 분명한 것은 신의 아들의 人成이 그에게 있어서 영지주의에서처럼 우주적 현상이 아니라는 것이다. 이 현상은 종말론적 사건(구원 사건)을 자연 과정으로 일으키고 이를 통해 그 본질상 대립적인 빛과 어두움의 결합이 풀린다는 것이다. 영지주의의 救贖者는 그들의 빛의 본질에 의해 자신에게 유사한 선재적인 인간의 영들을 풀어 주되 그것들을 결박하고 있는 물질(몸

---

* 이 표제에 관한 문헌들, 참조. S. 640.

과 영)에서 풀어서 그것들을 빛의 세계로 올려간다. 요한은 $φύσις$ "자연"에 대한 영지주의적 개념을 인간의 영들의 선재와 물질 세계에서의 그것들의 비자연적인 拘束에 관한 사상과 마찬가지로 배제했다. 요한은 인간의 본래의 自我가 몸과 영에 갇혀 있다는 영지주의적 三分法을 모른다(S. 164, 167). 그리고 요한에게 있어서 신의 아들의 人成은, 우주 생성론적이고 인간학적인 敎說의 형태로 사람들에게 "靈知"를 전달하며 그들에게 신비스러운 符籍들과 獻身禮를 제공함으로, 그것들에 힘입어 그들의 自我가 안전하게 하는 여행을 치를 수 있도록 해 주기 위해 창시된 機構도 아니다(§48, 3).

계시자는 인간 자체, 즉 인간의 本性을 지닌 자로서 나타나지 않고 특정한 한 역사적 인간 즉 나사렛의 예수로서 나타났다. 그의 인간성은 $ὁ\ λόγος\ σὰρξ\ ἐγένετο$라는 순수한 인간성이다. 그러므로 요한은 선재자가 세상에 들어오는 異蹟的 방식과 인간 예수와의 그의 결합 방법에 관한 이론을 모른다. 그는 동정녀 탄생에 관한 전설[1]도 예수의 베들레헴 탄생도 알지 못한다. 또는 그가 그것들을 알았을지라도 그는 그것들에 관해 아무것도 모르는 것같이 했다. 예수는 나사렛 출신이다. 유대인들에게 거리끼는 이 사실을 그는 강조했다(1 : 45; 7 : 52). 예수의 고향과 그의 부모를 아는 유대인들(7 : 27 f.; 6 : 42)은 그 사실적인 것에서 잘못되지 않고, 그들이 이 나사렛 예수가 신의 계시자라는 주장을 거부하는 점에서 잘못된다. 그들은 그들의 판단 자료에서 잘못되지 않고 그들이 전적으로 $κατὰ\ σάρκα$ "肉에 따라" 판단하는 데 잘못이 있다.

계시자는 교훈들과 符籍들, 헌신례들을 전하는 密儀 전달자로도 나타나지 않는다. 그 인물은 단지 수단으로 이용될 수 없고, "靈知"를 받은 자에게는 불필요한 자가 될 수 없다. 예수는 물론 지상을 작별할 때 $ἐφανέρωσά\ σου\ τὸ\ ὄνομα\ τοῖς\ ἀνθρώποις\ οὕς\ δέδωκάς\ μοι\ ἐκ\ τοῦ\ κόσμου$ "나는 당신이 세상에서 내게 준 사람들에게 당신의 이름을 나타냈나이다"(17 : 6; 비교. 26절)라고 말했으나, 그가 신에 관한 어떤 지식들을 전한 것은 결코 아니다. 그가 전한 것은 마찬가지로 世界 成立과 영의 운명에 관한 가르침들도 아니다. 그는 어떤 무엇을 중개하지 않고 자신에게로 불렀다. 또는 그가 은사를 약속하면 그 은사는 그 자신이다. 그 자신이 그가 제공하는 생명의 양식이다(6 : 35). 그 자신이 빛이다(8 : 12). 그 자신이 생명이다(11 : 25; 14:6).

人成된 신의 아들 예수는 참 인간이다 — 이것은 역시 그의 인격에서 신

---

1) 라틴어 사본들에는 1 : 13에서 $οἱ \cdots ἐγεννήθησαν$ "…자들은…낳다" 대신 qui natus est "난 자"로 되어 있다. 원 텍스트들의 수정임이 확실하다.

적인 것이 볼 수 있게 되어 그것에 경탄 또는 감동하고 도취 또는 압도될 수 있게 되었다는 것을 뜻하지 않는다. 그렇다면 사실 신적인 것은 오로지 올리운, 승화된 인간적인 것으로서만 생각되었을 것이다. 그러나 그것은 요한에 의하면 인간적인 것에 정면으로 반대되는 것이다. 말이 육신이 되었다는 것은 역시 충돌이다. 사실 요한의 경우 예수의 모습에는 어떤 觀照性도 없다. 그리고 그의 "친구들"로서의 제자들의 관계(15 : 14 f.)는 결코 인간적인 격적 친구 관계로 생각된 것이 아니다. 이 사실은 무엇보다도 고별 연설이 가르쳐 준다. 즉 이 연설은 예수가 그 제자들에게서 떠나갔을 때 비로소 제자들이 그에 대한 바른 관계에 선다는 것을 분명히 했다. 사실 승천되고 승화될 때 비로소 완전한 계시자의 의미를 가진다는 것이다(비교. 특히 14 : 28, 16 : 7, §50 : 6).

2. 神的 人間으로서의 예수

그러나 그렇다면 어떤 의미에서 $\dot{\epsilon}\vartheta\epsilon\alpha\sigma\acute{\alpha}\mu\epsilon\vartheta\alpha\ \tau\grave{\eta}\nu\ \delta\acute{o}\xi\alpha\nu\ \alpha\grave{\upsilon}\tau o\hat{\upsilon}$ "우리가 그의 영광을 보았다"는 말이 人成된 자에 관한 것일 수 있는가(1 : 14)? 그의 인간적 모습은 이른바 그의 神的인 本質이 투명하게 드러나는 투명체인가? 첫눈에 그렇게 생각할 수도 있을 것이다. 복음서의 적지 않은 부분들이 예수를 헬레니즘의 의미에서 $\vartheta\epsilon\hat{\iota}o\varsigma\ \grave{\alpha}\nu\acute{\eta}\rho$ "神的인 사람"으로 묘사하고 있기 때문이다(S. 129 f.). 그런데 그는 이적적인 지식을 이용하고 이적을 행하며 적의 함정들을 알아내는 사람이다.

예수는 $\vartheta\epsilon\hat{\iota}o\varsigma\ \grave{\alpha}\nu\acute{\eta}\rho$로서 그를 만나는 자들, 가령 베드로와 나다나엘을 꿰뚫어 보고(1 : 42, 47 f.), 사마리아 여인의 내력을 안 자이다(4 : 17 f.). 그러나 전통에서 받아들인 이 史話들은 복음서 기자에게 상징적 像들이었다. 즉 이 像들은 믿는 자가 신에게 자세히 알려져 있음을 안다는 것, 계시자와의 邂逅에서 그 자신의 實存이 노출된다는 것을 보여 준다. 2장 24—25절이 일반적으로 예수가 사람들을 꿰뚫어본다는 것을 뜻한다면, 그것은 전혀 초자연적인 능력을 생각한 것이 아니라 신에 관한 지식에 근원을 두었고 그 때문에 신이 인간에게 어떻게 충돌한다는 것을 아는 인간의 지식을 생각한 것이다. 다음 말 중에도 같은 주제가 根底에 들어 있다 : $\grave{\alpha}\lambda\lambda\grave{\alpha}'\ \check{\epsilon}\gamma\nu\omega\kappa\alpha\ \dot{\upsilon}\mu\hat{\alpha}\varsigma\ \check{o}\tau\iota\ \tau\grave{\eta}\nu\ \grave{\alpha}\gamma\acute{\alpha}\pi\eta\nu\ \tau o\hat{\upsilon}\ \vartheta\epsilon o\hat{\upsilon}\ o\grave{\upsilon}\kappa\ \check{\epsilon}\chi\epsilon\tau\epsilon\ \grave{\epsilon}\nu\ \dot{\epsilon}\alpha\upsilon\tau o\hat{\iota}\varsigma$ "그러나 나는 너희 자신 안에 신의 사랑이 없음을 알았다"(5 : 42). — 예수는 이 사실을 유대인들의 불신앙에서 통찰한다. 그는 신의 계시에 직면하여 신에 대한 인간의 저항이 드러남을 안다. 그러므로 그는 사람들이 계시자의 $\sigma\kappa\lambda\eta\rho\grave{o}\varsigma\ \lambda\acute{o}\gamma o\varsigma$ "어려운

말"을 들을 때 불평한다는 것을 안다(6 : 61 f.). 그리고 믿는 자들을 억압하고 그들의 이해를 방해하는 것이 무엇인지를 안다. 그들은 계시가 內世界的 변화에 반드시 작용한다는 表象에서 아직 해방되지 않은 한, 그 이해에 방해를 받는다(16 : 19).

예수의 全知(Allwissenheit)는 제자들에 의해 그에게 확인되었다: νῦν οἴδαμεν ὅτι οἶδας πάντα "지금은 우리가 당신이 모든 것을 안다는 것을 알았나이다"(16 : 30) — 그러나 그 이유는 그가 그들에게 기적적인 지식으로 자신을 과시했기 때문이 아니라 지금 고별하면서 "솔직히"(παρρησία) "수수께끼"(παροιμία) 없이 말했기 때문이다(16:29). 그러나 παροιμία "수수께끼"에서 παρρησία "솔직함"으로 넘어감은 사실 예수의 행동의 발전이 아니라 오히려 제자들의 상황의 변화를 성격지었다. 왜냐하면 예수는 지금 실제로 결국 그가 계속 반복해서 말한 것 외에 다른 것을 말하지 않았기 때문이다. 그러나 以前에 말한 것이 지금 새로운 빛에 비추어졌다. 그것은 예수의 고별에 직면하여 잠정적인 것으로 나타난바, 그것의 결정적 드러남, 즉 그것의 참 이해는 미래에 비로소 이루어질 수 있기 때문이다(16 : 12—18, 특히 25—26절). 그러므로 제자들의 고백은 이 미래를 전제하고, 지금 그의 종국에 도달한 계시자로서의 예수의 활동에 모든 인식이 포함되어 있다는 것 외에 다른 것을 말하지 않는다. 이에 일치하여 그 고백의 계속은 "너는 어떤 사람에게도 물을 필요가 없다"고 하지 않고, 오히려 "네가 물을 사람을 아무도 필요로 하지 않는다"고 했다. 그러므로 예수의 "全知"는 그의 초자연적 기능으로서가 아니라, 믿는 자들에게 전달되는 지식으로서 이해될 것이다. 즉 그를 계시자로 인식한 자는 한 가지를 알면서 모든 것을 안다. 그리고 예수의 약속은 성취되었다: ἐν ἐκείνῃ τῇ ἡμέρᾳ ἐμὲ οὐκ ἐρωτήσετε οὐδέν "그 날에 너희가 내게 아무것도 묻지 않을 것이다"(16 : 23).

예수의 異蹟的인 知識은 반성 없이 전통 계열에 따라 나사로의 史話에서 언급되었다(11 : 4, 11—14). 물론 예수는 유다의 배신을 미리 알았다(6 : 64, 70; 13 : 18). 그러나 여기서는 변호적인 동기와 함께(이것을 요한에게서 발견할 수 있다면) 계시의 본질에 — 그것이 인간의 반항을 유발시키기 때문에 — 제자도 타락할 수 있다는 가능성이 근거를 두고 있다는 사상이 다시 규정되어 있다. 신앙에는 보장이 없다. 그리고 공동체는, 그 한가운데서도 악마는 그의 일거리를 발견한다는 거리낌을 극복해야 한다. 제자의 도피와 공동체의 박해에 관한 예언도 이에 일치시켜 해석될 수 있다(16 : 32; 15 : 18—16 : 4 a). 즉 이 예언은 계시의 본질에 대한 통찰의 결과인 先行知

이다. 그리고 그에게 임박한 그 자신의 운명에 관한 예수의 지식도 그렇게 이해되어야 한다. 즉 그는 계시를 가져오고 스스로 계시이면서 무엇이 임박한지를 안다(2:19, 21). 그는 "때"를 안다(13:1; 18:4; 19:28). 완전한 "靈知主義者"인 그에게는 운명이 수수께끼일 수 없다.

예수의 不可逮捕性, 즉 적들의 손에서 벗어남 — 그의 때가 오기 전에는 — 에 관한 주제(7:30, 44; 8:20, 59; 10:39)도 계시자의 운명이 인간의 원함이 아니라 신의 섭리에 의해 규정되어 있다는 사실을 명시하는 데 이용되었다.

3. 異蹟

예수는 이적 행하는 자로서 활동한다. 이 사실은 일부 일반적으로 언급되고(2:23; 3:2; 4:45; 7:3,31; 10:41; 11:47; 12:37; 20:30) 일부는 개체 이적사화들로 묘사된 바와 같다(2:1—12; 4:46—54; 5:1—9; 6:1—25; 9:1—7; 11:1—44). 그의 이적들은 $\sigma\eta\mu\epsilon\hat{\imath}\alpha$ "표적들"이다. 그리고 이 말은 그의 본래의 의미의 "표지"를 보존하고 있다. $\Sigma\eta\mu\epsilon\hat{\imath}\alpha$는 예수의 $\delta\acute{o}\xi\alpha$ "영광"을 계시한다(2:11; 비교. 9:3; 11:4). 그렇게 많은 이적들에 의해서도 극복되지 않은 불신앙은 책망을 받았다(12:37). 그러나 예수는 반면 이렇게도 말한다: $\dot{\epsilon}\grave{\alpha}\nu\ \mu\grave{\eta}\ \sigma\eta\mu\epsilon\hat{\imath}\alpha\ \kappa\alpha\grave{\imath}\ \tau\acute{\epsilon}\rho\alpha\tau\alpha\ \check{\imath}\delta\eta\tau\epsilon,\ o\dot{\nu}\ \mu\grave{\eta}\ \pi\iota\sigma\tau\epsilon\acute{\nu}\sigma\eta\tau\epsilon$ "너희가 표적과 奇事들을 보지 못했더라면 결코 믿지 못했을 것이다"(4:48). 부활한 자는 도마에게 이런 비판적인 말을 했다: $\acute{o}\tau\iota\ \dot{\epsilon}\acute{\omega}\rho\alpha\kappa\acute{\alpha}\varsigma\ \mu\epsilon,\ \pi\epsilon\pi\acute{\iota}\sigma\tau\epsilon\nu\kappa\alpha\varsigma;\ \mu\alpha\kappa\acute{\alpha}\rho\iota o\iota\ o\acute{\iota}\ \mu\grave{\eta}\ \dot{\iota}\delta\acute{o}\nu\tau\epsilon\varsigma\ \kappa\alpha\grave{\iota}\ \pi\iota\sigma\tau\epsilon\acute{\nu}\sigma\alpha\nu\tau\epsilon\varsigma$ "너는 나를 보았기 때문에 믿느냐? 보지 않고도 믿는 자들은 복이 있도다"(20:29). 유대인들의 다음과 같은 질문은 불신앙의 표지이다: $\tau\acute{\iota}\ o\hat{\nu}\nu\ \pi o\iota\epsilon\hat{\iota}\varsigma\ \sigma\grave{\nu}\ \sigma\eta\mu\epsilon\hat{\iota} o\nu,\ \check{\iota}\nu\alpha\ \check{\iota}\delta\omega\mu\epsilon\nu\ \kappa\alpha\grave{\iota}\ \pi\iota\sigma\tau\epsilon\acute{\nu}\sigma\omega\mu\epsilon\acute{\nu}\ \sigma o\iota;\ \tau\acute{\iota}\ \dot{\epsilon}\rho\gamma\acute{\alpha}\zeta\eta;$ "그러면 우리가 보고 너를 믿도록 하기 위해 네가 무슨 표적을 행하겠느냐? 너는 무엇을 행하겠느냐?"(6:30; 비교. 2:18). 그들은 모세의 만나 이적과 같은 이적을 요구한다. 그리고 그들에게는 예수의 $\dot{\epsilon}\rho\gamma\acute{\alpha}\zeta\epsilon\sigma\vartheta\alpha\iota$ "일"에 대한 의미에 관심이 없다. 그들의 질문이 떡 이적의 $\sigma\eta\mu\epsilon\hat{\imath} o\nu$ "표적"에 따른 것인 한, 그 의미가 전혀 魔法的인 현상에 없음이 분명히 되었다. 그러나 바로 이것은 이미 26절에서 말했다: $\zeta\eta\tau\epsilon\hat{\iota}\tau\acute{\epsilon}\ \mu\epsilon\ o\dot{\nu}\chi\ \acute{o}\tau\iota\ \epsilon\check{\iota}\delta\epsilon\tau\epsilon\ \sigma\eta\mu\epsilon\hat{\iota}\alpha,\ \dot{\alpha}\lambda\lambda'\ \acute{o}\tau\iota\ \dot{\epsilon}\phi\acute{\alpha}\gamma\epsilon\tau\epsilon\ \dot{\epsilon}\kappa\ \tau\hat{\omega}\nu\ \check{\alpha}\rho\tau\omega\nu\ \kappa\alpha\grave{\iota}\ \dot{\epsilon}\chi o\rho\tau\acute{\alpha}\sigma\vartheta\eta\tau\epsilon$ "너희가 나를 찾는 것은 표적들을 본 때문이 아니고 떡을 먹고 배부른 때문이다".

예수의 이적들은 $\sigma\eta\mu\epsilon\hat{\imath}\alpha$ 로서 이중적이다. 그것들은 예수의 말들과 같이 오해될 수 있다. 그것들은 물론 특이한 현상들이다. 그러나 그것들은 계시자의 등장이 세상에 익숙한 자의 방해라는 것을 예시한다. 그것들은 계시가 세상적인 사건이 아니라 超世界的인 사건임을 지시한다. 그것들은 像들이고 상징들이다. 포도주 이적의 現顯史話(2:1—12)는 예수의 全 활동에서 수행되는 것의 상징이다. 즉 예수의 δόξα "영광"의 계시의 상징들이다. 다시 말하면 이적행하는 자로서가 아니라 χάρις "은혜"와 ἀλήθεια "眞理"를 통해 선사되는 자로서의 예수의 영광의 계시에 관한 상징들이다. Βασιλικός "王의 臣下"의 아들을 고친 이적(4:46—54)과 연못가에서 다리 저는 자를 고친 이적(5:1—9)이 오로지 일반적인 의미에서 계시자의 살리는 작업을 위한 σημεῖα "표적들"일 뿐이라면, 떡 이적(6:1—15)과 소경治癒(9:1—7), 나사로의 일으킴(11:1—44)은 특별히 상징적인 의미를 가진 것인데 그것들은 계시를 양식과 빛, 생명으로 서술하기 때문이다. 호수를 건너는 이적(6:16—25)이 단지 전통적으로 떡 증가의 이적에 예속된 것인가, 아니면 계시가 자연적인 생명의 법칙을 능가한다는 것을 보여 주려는 것인가는 거의 결정할 수 없다.

이적적인 현상들로서의 σημεῖα "표적"이 예수에 관한 증명도 합법화도 아니라는 사실은 이미 6장 26, 30절(참조. 위에)이 보여 주었다. 많은 사람들의 신앙 즉 이적들에 의존하고 있는 신앙이 확신있는 신앙이 아님도 마찬가지로 주의되었다(2:23—25). 그 全 서술은 오히려 이적들이 표지로서 이해되지 않으면 거리끼는 것임을 보여 준다! 절름발이와 소경 치유 이적은 적개심과 박해를 불러일으켰다. 그리고 나사로를 일으킨 예수를 십자가에 못박는데 이르게 했다. 많은 사람들에게 이적들이 예수를 주목하는 신앙의 시작을 위한 첫 동기가 되었을지라도 — 이 목적을 위해 그것들은 이른바 허용되었다 — 백성의 지도자들, 세상의 대표자들에게 있어서는 그것들은 살해 決議를 서둘게 하는 촉진제였다(11:47; 비교. 12:28 f.).

4. 誤解

이적들이 이해시키는 σημεῖα "표적들"이기 때문에 바로 그것들은 오해의 가능성도 제공한다. 그가 "세상에 와야 할 예언자"인가라는 물음을 유발시킨 떡 이적 後에(6:14) 무리는 그를 왕으로 추대하려고 했다(6:15). 그들은 그에게서 육체적인 구원을 기대했기 때문이다(6:26). 그의 형제들은 그가 예루살렘 초막절에 가서 그곳에서 공공연하게 등장하도록 하려고 했다: οὐδεὶς γάρ τι ἐν κρυπτῷ ποιεῖ καὶ ζητεῖ αὐτὸς ἐν παρρησίᾳ εἶναι. εἰ

§46. 말이 肉身이 되었다는 거리낌

ταῦτα ποιεῖς, φανέρωσον σεαυτὸν τῷ κόσμῳ "이는 스스로 나타나기를 구하면서 묻혀서 일하는 사람이 없음이다. 이 일을 행하려 하거든 자신을 세상에 나타내라"(7:3f.). 그들은 계시의 작용방법을 이해하지 못한다. 그들은 계시가 세상의 입장을 위해서는 언제나 반드시 κρυπτόν "숨은 것"임과, 그런데도 ἐν παρρησίᾳ "공공연하게", 물론 과시적인 강압에서가 아니라 숨은 일상성에서 일어난다는 것을 이해하지 못한다. 이적들에 해당하는 것, 그들이 이해되지 않는다는 것은 예수의 행위 전체에 해당한다. 유대인들과 마찬가지로 제자들도 성전 肅淨의 행위를 이해하지 못했다. 예수가 부활한 후에 비로소 그들은 그 뜻을 깨달았다(2:17). 예루살렘 入城의 경우도 같다(12:16). 베드로는 예수가 그의 발을 씻은 일의 의미도 몰랐다(13:4 ff.).

예수의 행위들과 마찬가지로 그의 말들도 오해를 받았다. 세상의 사유의 범주들에 의존하는 한 바로 파악되지 않는다. 유대인들은 성전의 파괴와 재건에 관한 말을 거칠게 오해했다(2:20). 니코데모가 다시 남을 단지 외적인 자연적인 의미에서 이해할 수 있었을 뿐인 것 같이(3:4) 사마리아 여인은 生命水에 관한 말을 오해했다. 그녀는 ὕδωρ ζῶν "生命水"를 처음에는 샘물로, 다음에는 이적적인 물로 파악했다(4:11, 15). 제자들도 예수가 자신의 양식에 관해 말할 때 무엇을 가리키는지 이해하지 못했다(4:33). 그리고 유대인들은 예수가 제공한다는 하늘의 떡이 무엇인지 몰랐다(6:34). 그의 ὑπάγειν "감"에 관한 예수의 말은 異域에 여행간다는 의도로(7:35 f.), 또는 심지어 自殺의 의도로 이해되었다(8:22). 유대인들이 유다에게 향한 말을 ὃ ποιεῖς ποίησον τάχιον "네가 행할 일을 빨리 행하라"로 잘못 이해했다면(13:28 f.), 도마는 제자들이 그가 가는 길을 안다는 진술에 대해 당황했다(14:4 f.). 제자들은 저 μικρόν "잠간" 즉 예수가 갔다 다시 오는 동안의 잠간을 이해하지 못했다(16:17 f.). 그들은 예수가 왜 세상에 자신을 공개하지 않으려는지를 이해하지 못한다(14:22). 무리의 몰이해는 상징적으로 표현되었는데, 예수의 기도에 대답하는 하늘의 소리가 어떤 이들에게 우뢰소리로 오해되고 어떤 이들에게는 천사들의 소리로 이해되지만 역시 그들은 이 소리가 실제로 예수가 아니라 자신들에게 해당함을 이해하지 못했다(12:28-30).

이 모든 것에 ὁ λόγος σάρξ ἐγένετο "말이 육신이 되었다"의 거리낌이 부각되어 있다. 이 거리낌은 계시자가 신의 아들이라는 자신의 주장을 세상 앞에 증명하지 못하는, 아니 증명해서는 안 되는 한 인간으로 나타나는 거리낌이다. 계시는 사실 세상에 대한 심판이기 때문이다. 계시는 세상에 의해 공격으로서, 거리낌으로서 받아들여져야 한다. 세상이 그 자체의 척도를 버리지 않는 한 그럴 수밖에 없다. 그런 한, 세상의 그의 행위들과 말들을 오해할 수밖에 없다. 또는 그것들은 세상에 대해 παροιμία "수수께끼"로 남는다(10 : 6; 16 : 25, 29). 예수가 모든 것을 언제나 솔직히 말해도 그렇다(18 : 20). 그를 이해하지 못하는 內的 不可能性이 가장 예리하게 다음 요구에서 표현되었다 : εἰ σὺ εἶ ὁ Χριστός, εἰπὸν ἡμῖν παρρησίᾳ "네가 만일 그리스도이면 우리에게 솔직하게 말하라". 예수는 그 사실을 이미 말한 바 있지 않은가. 그러므로 그는 단지 이렇게 대답할 수 있었을 뿐이다 : εἶπον ὑμῖν, καὶ οὐ πιστεύετε "내가 너희에게 말했으나 너희는 믿지 않았다"(10 : 24 f.). 이렇도록 그는 세상에 대해 이방인이다. 그의 말을 사람들은 이해하지 못한다. 왜 그럴까? 그가 순수한 인간이 아니기 때문이 아니라 그가 단순한 인간으로서 자신이 계시자라는 주장을 믿을 것을 요구하기 때문이다 : διὰ τί τὴν λαλιὰν τὴν ἐμὴν οὐ γινώσκετε; ὅτι οὐ δύνασθε ἀκούειν τὸν λόγον τὸν ἐμόν "어찌하여 너희는 내 말을 알지 못하느냐? 이는 너희가 나의 말을 들을 수 없음이다"(8 : 43). 왜 유대인들은 그와 그의 지상의 고향을 알면서 그가 누구며 어디서 왔는지를 알지 못하는가? 그 까닭은 그들이 신을 알지 못하기 때문이다(7 : 28). 그러므로 예수는 한편 그는 자기 자신을 위해 증명하지 않는다고 말할 수 있었다. 그가 그렇게 한다면 그의 증언은 참이 아닐 것이다(5 : 31 f.). 반면 그는 사실 계속 자기가 계시자라는 것을 주장하면서 자신을 위해 증언하고 있다. 그리고 그는 그렇게 하면서 자신의 증언이 참임을 주장할 수 있었다(8 : 14). 이 둘은 관점에 따라 마찬가지로 타당하다. 즉 세상이 요구하는 증언 즉 適法性은 그가 제시할 수도 없고 해도 안 된다. 그러나 세상의 권한을 거부하고 세상의 귀에 참 증언으로 들리지 않는바, 그의 요구에 종속하는 증언(8 : 13)은 그가 할 수밖에 없다.

Ὁ λόγος σὰρξ ἐγένετο의 거리낌은 끝으로 예수의 요구에 대한 직접적인 반항에서 가장 분명하게 나타난다(S. 390 f.). 한낱 인간인 그가 자신을 神과 동일하게 만드는 것은 狂的인 神 모독자로 보였을 것이다. 그리고 관원들은 그를 살해하려고 했다(5 : 17 f.). 그의 요구는 그가 "사마리아인"이라든가 악귀에게 사로잡혔다는 비난을 야기시켰다(8 : 48). 자신의 말을 지키는 자는 죽음을 보지 않을 것이라(8 : 51 f.)는 것과 그가 아브라함보다 더 먼저 있었다(8 : 57)는 그의 주장도 비슷하여서, 사람들은 그를 돌로 쳐죽이

려고 했다(8:59). 그와 아버지가 一體라는 그의 주장은 청중을 광분시켜 그들이 다시 그를 돌로 치려고 하게 했다(10:30 f.). 간단히 말해서 그의 σκληρὸς λόγος "어려운 말"은 들을 수 없다는 것이다(6:60). 그리고 자신의 요구에 대한 그의 집요성은 그의 제자들도 소수의 사람을 제외하고 그에게서 떨어져나가게 했다(6:66). 처음에 그의 십자가가 어떤 σκάνδαλον "거리낌"을 뜻했는지를 그는 다음 말로 해석했다: τοῦτο (σκληρὸς λόγος) ὑμᾶς σκανδαλίζει; ἐὰν οὖν θεωρῆτε τὸν υἱὸν τοῦ ἀνθρώπου ἀναβαίνοντα ἄπου ἦν τὸ πρότερον; "이것 (즉 어려운 말)이 너희를 거리끼게 하느냐? 그런데 너희가 만일 人子가 먼저 있던 곳으로 올라가는 것을 보면 어떻겠느냐?" 이것은 물론 특유하게 二重意味를 가지고 있다. 세상은 사실 이 ἀναβαίνειν "올라가다" 즉 그의 십자가형의 외형만을 認知하기 때문이다. 이 σκάνδαλον "거리낌"은 요한에 의해 강렬하게 표현되었다. 즉 그는 폭행을 당하고 가시관을 쓴 자를 빌라도가 다음 말로 무리하게 소개하게 했다: ἰδοὺ ὁ ἄνθρωπος "이 사람을 보라"(19:5), 그리고 ἴδε ὁ βασιλεὺς ὑμῶν "너희의 왕을 보라"(19:14). 여기 십자가의 標札(19:19)에서 예수의 요구의 逆說과 거리낌은 비길 데 없이 엄청난 像으로 서술되었다.

5. 메시야의 비밀

우리는 요한이 사람이 된 신의 아들로서의 예수의 활동을 詳述함으로 마가복음서의 메시야 비밀에 관한 저 理論(§4, 4)을 특유한 방식으로 발전 심화했다고 말할 수 있다. 예수의 모습 위에는 한 비밀이 깃들여 있다. 그가 자신이 누구며 주장하는 것이 무엇임을 아주 솔직히 말할지라도 그렇다. 그가 솔직히 말하는데도? 아니 그가 솔직히 말하기 때문에 그렇다. 그는 세상을 위해 모든 솔직함에 숨어 있는 메시야이기 때문이다. 그가 무엇을 숨기거나 비밀을 명하기 때문이 아니라 세상은 보이는 눈으로 보지 못하기 때문이다(12:40). 그의 숨겨짐은 바로 그의 자기 계기의 결과이다. 바로 이것이 보는 자를 "소경"으로 만든다(9:39).

啓示는 거리낌과 마찬가지로 그의 활동 전체이다. 이것은 그의 옴과 감에 의해 이루어진 통일성이다(참조. 위에 2). 그의 감, 그의 "올리움," 즉 그의 십자가는 종결 부분으로서 전체를 이룰 뿐 아니라 그 전체가 비로소 그것됨 즉 계시와 거리낌을 만든다. 요한이 共觀書 전통의 겟세마네 장면을 대치한 예수의 말 τί εἴπω; πάτερ, σῶσόν με ἐκ τῆς ὥρας ταύτης "내가 무엇을 말하리이까? 아버지여, 나를 이 때에서 구원하소서"는 곧 그 자신에 의

해 취소되었다: ἀλλὰ διὰ τοῦτο ἦλθον εἰς τὴν ὥραν ταύτην "그러나 이를 위해 나는 이 때에 왔나이다"(12 : 27). 예수의 보냄의 의미는 수난에서 이루어졌다. 그리고 수난이 아버지에 의해 위임된 일의 성취로 파악되고 받아들여지면서(14 : 31) 동시에 그것은 올리움과 영화롭게 되는 시간이 되었다. 이 완성에서 볼 때 인간 예수의 全 活動은 δόξα "영광"의 계시이다. 그리고 마가복음서에서 역사적 과정, 즉 예수의 비메시야적 생애가 회고적으로 메시야화되고 동시에 완성된 과정을 인식할 수 있다면, 요한에게서는 이 과정의 내적 내용상의 정당성이 분명하게 되었다. 복음서 기자는 이 사실을 저 예수의 말에 이어진 πάτερ, δόξασόν σου τὸ ὄνομα "아버지여, 당신의 이름을 영광스럽게 하소서"라는 예수의 간원과, 이 기도에 대답하는 하늘의 소리 ἐδόξασα καὶ πάλιν δοξάσω "내가 영광스럽게 했고 다시 영광스럽게 하리라"(12 : 28)에 의해 표현했다. 그러므로 예수의 올리움으로서의 십자가에 달림과 함께 시작된 신의 이름의 영화롭게 됨과, 지상 예수의 활동에 의한 신의 이름의 영화롭게 됨(17 : 4)은 하나를 이루었다. 하나는 다른 하나가 없이는 존재할 수 없다. 하나는 단지 다른 하나에 의해 존재한다. 그러나 신의 이름의 영화롭게 됨은 곧 예수 자신의 영화롭게 됨이다. 그리고 πάτερ, δόξασόν σου τὸ ὄνομα "아버지여, 당신의 이름을 영화롭게 하소서"라는 간구에는 πάτερ, ἐλήλυθεν ἡ ὥρα δόξασόν σου τὸν υἱόν "아버지여, 때가 왔나이다. 당신의 아들을 영화롭게 하소서"(17 : 1)가 상응한다. 이 간구가 ἵνα ὁ υἱὸς δοξάσῃ σέ "아들이 당신을 영화롭게 하기 위함"이라는 것에 근거를 둔다면, 그것은 신과 예수의 δόξα "영광"의 통일성을 명백히 한 것이다. 그리고 그 근거 설명이 καθὼς ἔδωκας αὐτῷ ἐξουσίαν πάσης σαρκός "당신이 만민을 다스리는 권세를 준 것 같이"(17 : 2)로 계속된 것은 다시 올리운 후의 δόξα가 올리우기 전 δόξα와 일치한다는 것을 분명히 한다. 이 둘은 다시 그 간구의 聽許를 확언하는 말들로 표현되었다:

νῦν ἐδοξάσθη ὁ υἱὸς τοῦ ἀνθρώπου,
 καὶ ὁ θεὸς ἐδοξάσθη ἐν αὐτῷ.
εἰ ὁ θεὸς ἐδοξάσθη ἐν αὐτῷ,
 καὶ ὁ θεὸς δοξάσει αὐτὸν ἐν αὐτῷ,
 καὶ εὐθὺς δοξάσει αὐτόν
"지금 인자가 영광을 얻었고
 신도 그에게서 영광을 얻으셨다.

만일 신이 그에게서 영광을 얻었으면
신도 그를 그에게서 영화롭게 하되
곧 그를 영화롭게 하리라다"(13 : 31 f.)[1].

다시 말하면 신의 아들이 세상을 고별하는 $ὥρα$ "시간"인 $νῦν$ "지금"에서 (12 : 23, 27, 31; 13 : 1, 31; 17 : 1) 어느 정도 과거와 미래가 서로 결합되었다. 그리고 미래가 비로소 과거를 그것됨으로, 즉 $δόξα$의 계시로 만들었기 때문에 제자들은 예수의 고별을 기뻐해야 한다(14 : 28; 16 : 7).

그러므로 예수에 대한 신앙의 관계가 올리운 자에 대한 관계임은 물론이다. 그러나 그것은 하늘의 인물 즉 — 영지주의 구원자와 같이 — 지상 인간 現存의 옷을 벗는 인물에 대한 관계 같은 것이 아니다. 오히려 올리운 자는 곧 地上人間인 예수이다. $Δοξασθείς$ "영화롭게 된 자"는 언제나 $σὰρξ\ γενόμενος$ "육신이 된 자"이다. 달리 표현하면 예수의 지상 삶은 역사적 과거의 일부가 아니라 언제나 현재에 머문다. 예수의 역사적 모습, 그의 인간 역사에는 자신과 동시에 신의 $δόξα$가 곧 계시라는 의미가 들어 있다. 그것은 종말론적 사건이다. 이것은 물론 올리운 자가 자신을 계시하지 않으면(14 : 22) — 계시할 수 없으면 세상에 드러나지 않는다. 세상은 믿는 자들에게 지식을 선사하는 "진리의 영"을 받을 수 없기 때문이다(14 : 17; 16 : 13 f.). 그러나 믿는 자들은 지금은 예수의 지상 생활을 회고하면서 말할 수 있다: $ἐθεασάμεθα\ τὴν\ δόξαν\ αὐτοῦ$ "우리는 그의 영광을 보았다"(1 : 14). 그러나 신앙이 지금 이 생활에서 얻는 像은 어떤 것인가?

§47. 영광의 啓示*

1. 逆說

고별 연설 때 빌립은 예수에게 $κύριε,\ δεῖξον\ ἡμῖν\ τὸν\ πατέρα\ καὶ\ ἀρκεῖ\ ἡμῖν$ "주여, 우리에게 아버지를 보여 주소서 그러면 만족하겠나이다"라고 간청한다. 그는 이런 대답을 받았다: $τοσοῦτον\ χρόνον\ μεθ'\ ὑμῶν\ εἰμι\ καὶ\ οὐκ\ ἔγνωκάς\ με,\ Φίλιππε;\ ὁ\ ἑωρακὼς\ ἐμὲ\ ἑώρακεν\ τὸν\ πατέρα \cdots οὐ\ πιστεύεις\ ὅτι\ ἐγὼ\ ἐν\ τῷ\ πατρὶ\ καὶ\ ὁ\ πατὴρ\ ἐν\ ἐμοί\ ἐστιν$ "빌립아, 내가

---

1) 현 텍스트에서는 전자의 간구에 선행한다. 그러나 그 원 서열은 손상되었다. 13 : 31 f.는 17장 뒤에 따라야 한다. 참조. 나의 요한복음서 주석, S. 350 f.
* 이 표제에 관한 문헌들, 참조. S. 640.

너희와 이렇게 오랫동안 같이 있었는데 너는 나를 모르는가? 나를 본 자는 아버지를 보았다···너는 내가 아버지 안에 있고 아버지가 내 안에 있음을 믿지 않느냐?"(14:8—10). 인간 예수의 인물됨에서 만나는 자는 신 자신이다. 오로지 그에게서만 만날 수 있다. Οὐδεὶς ἔρχεται πρὸς τὸν πατέρα εἰ μὴ δι' ἐμοῦ "아무도 나로 말미암지 않고는 아버지에게 갈 자가 없"기 때문이다(14:6). 아들로서의 예수와 아버지로 서의 神의 이 통일성은 계속 새로운 표현들로 강조되었다 : ἐγὼ καὶ ὁ πατὴρ ἕν ἐσμεν "나와 아버지, 우리는 하나이다"(10:30). 영지주의 신화의 화법으로는 이렇게 표현되었다. 즉 그는 홀로 있지 않고 그를 보낸 아버지가 그와 함께 있다(8:16, 29; 16: 32). 밀의종교의 말투도 이 통일성을 묘사하는데 이바지했다 : 아버지와 아들은 서로 안다(10:14, 38). 그들은 서로 상대방의 속에 있다(10:38; 14:10 f., 20; 17:21—23). 또는 신화적 화법에서 아버지는 아들을 "사랑하고"(3:35; 5:20; 10:17; 15:9; 17:23 f., 26) 아들은 "아버지의 사랑에" 머문다고 했다(15:10). 그러나 이 모든 화법들 중에는 신화도 密義도, 후기의 二性論의 의미에서의 形而上學도 없다는 것은 이미 빌립에 대한 저 대답의 계속이 보여 준다. 이 계속은 ἐγὼ ἐν τῷ πατρὶ καὶ ὁ πατὴρ ἐν ἐμοί "내가 아버지 안에, 아버지가 내 안에"라는 말을 주석하여 이렇게 말한다 : τὰ ῥήματα ἃ ἐγὼ λέγω ὑμῖν ἀπ' ἐμαυτοῦ οὐ λαλῶ· ὁ δέ πατὴρ ὁ ἐν ἐμοὶ μένων ποιεῖ τὰ ἔργα αὐτοῦ "내가 너희에게 한 말이 나 스스로 말하는 것이 아니라 내 안에 머물러 있는 아버지가 자신의 일을 행함이다"(14:10). 그러므로 예수의 활동에서도 빌립의 간청이 뜻하는 바와 같이 관조적인 관찰에 의해 神이 만나지거나 認知되는 것이 아니고, 오로지 예수의 활동에 부딪치고 그의 말을 "들을" 수 있는 사람의 開放性에 대해서만 만나진다 (8:43 f.). 아니, 그 말을 외면하는 자도 신은 예수 안에서 만난다 — 물론 그것은 심판을 뜻한다. 요한1서는 아버지와 아들의 통일성을 때로 특유하게도 신에 관한 말인지, 예수에 관한 말인지를 결정짓지 못하게 하는 방법으로 표시했다(가령 5:14 f.).

神 자신이 예수 안에서, 말하자면 신이 그에게서 만난다는 그의 과감한 주장 외에 어떤 비상한 것도 우리가 인지할 수 없는 인간 예수 안에서 신이 만난다는 점에 啓示思想의 逆說이 들어 있는데, 이 역설은 요한에게서 처음으로 주목되었다. 예수의 인간적 모습과 그의 활동, 운명에서 일어나는 계시에 관한 반성은 바울에게서 멀다. 바울에게 있어서 지상의 예수는 단지 κενωθείς "자신을 비운 자", πτωχεύσας "가난하게 된 자"일 뿐이다(빌 2:7; 고후 8:

§47. 영광의 啓示

: 9). 요한은 이 역설을 분명하게 표현했다. 즉 그는 예수 안에서 신이 외견상 모순된 방식으로 만난다는 사실을 논술했다 : 한편 예수가 신과 같은 품위와 같은 권한을 가지고 있음을, 아니 신이 그의 권리들을 이른바 예수에게 移讓했다는 것을 말하는 귀절들로, 다른 편에서 예수는 오로지 아버지의 뜻에 대한 순종에서 말하고 행위하며 스스로는 아무것도 행하지 않는다는 식으로 말하는 귀절들로. 한편에서 신은 예수에게 그(즉 神)의 이름을 주었다(17 : 11)[1]는 것, 그가 "모든 것"을 그의 손에 주었다(3 : 35; 13 : 3)는 것, 그가 그에게 $\dot{\epsilon}\xi o v\sigma\acute{\iota}a\ \pi\acute{a}\sigma\eta s\ \sigma a\rho\kappa\acute{o}s$ "모든 육체를 다스리는 권한"을 제공했다(17 : 2)는 것, 그가 그에게, 자기 자신이 "자신 안에 생명을 가지고" 있는 것 같이 $\zeta\omega\grave{\eta}\nu\ \check{\epsilon}\chi\epsilon\iota\nu\ \dot{\epsilon}\nu\ \dot{\epsilon}a v\tau\hat{\omega}$ "자신 안에 생명을 가지도록"(5 : 26) 주었다는 것과, 이에 일치하게, 그가 그에게 심판하는 전권을 주었다고 말한다(5 : 22, 27). 그러므로 그는 아버지처럼 죽은 자들을 일으키고 원하는 자를 살린다 (5 : 21). 그는 아버지처럼 일한다(5 : 17). 그리고 그는 아버지에 대한 것과 같은 존경을 요구한다(5 : 23). 또 한편으로 예수는 이렇게 설명한다 : $\check{o}\tau\iota\ \kappa a\tau a\beta\acute{\epsilon}\beta\eta\kappa a\ \dot{a}\pi\grave{o}\ \tau o\hat{v}\ o\dot{v}\rho a v o\hat{v}\ o\dot{v}\chi\ \check{\iota}\nu a\ \pi o\iota\hat{\omega}\ \tau\grave{o}\ \vartheta\acute{\epsilon}\lambda\eta\mu a\ \tau\grave{o}\ \dot{\epsilon}\mu\acute{o}\nu,\ \dot{a}\lambda\lambda\grave{a}\ \tau\grave{o}\ \vartheta\acute{\epsilon}\lambda\eta\mu a\ \tau o\hat{v}\ \pi\acute{\epsilon}\mu\psi a\nu\tau\acute{o}s\ \mu\epsilon$ "내가 하늘에서 내려온 것은 내 뜻이 아니고 나를 보낸 자의 뜻을 행하려 함이다"(6 : 38). 그는 아버지에게 받은 $\dot{\epsilon}\nu\tau o\lambda\acute{\eta}$ "계명"을 순종한다는 것이다(10 : 18; 12 : 49 f.; 14 : 31; 15 : 10). 오로지 이 점에서만 그는 자신의 실존을 가진다 : $\dot{\epsilon}\mu\grave{o}\nu\ \beta\rho\hat{\omega}\mu\acute{a}\ \dot{\epsilon}\sigma\tau\iota\nu,\ \check{\iota}\nu a\ \pi o\iota\hat{\omega}\ \tau\grave{o}\ \vartheta\acute{\epsilon}\lambda\eta\mu a\ \tau o\hat{v}\ \pi\acute{\epsilon}\mu\psi a\nu\tau\acute{o}s\ \mu\epsilon\ \kappa a\grave{\iota}\ \tau\epsilon\lambda\epsilon\iota\acute{\omega}\sigma\omega\ a\dot{v}\tau o\hat{v}\ \tau\grave{o}\ \check{o}\rho\gamma o\nu$ "내가 먹을 양식은 내가 나를 보낸 자의 뜻을 행하고 그의 일을 완성시킴이다"(4 : 34). 그리고 십자가에 달린 자의 마지막 말은 $\tau\epsilon\tau\acute{\epsilon}\lambda\epsilon\sigma\tau a\iota$ "다 이루었다" 이었다(9 : 30). 그의 일은 신이 그에게 부과한 일을 완수하는 것이다(5 : 36; 9 : 4; 10 : 32, 37; 17 : 4). 그러나 그가 그것을 행하는 것은 자신의 영광 때문이 아니라 아버지의 영광 때문이다(7 : 18; 8 : 49 f.; 비교. 11 : 4). 그의 영광을 염려하는 자는 오히려 아버지이다(8 : 50, 54; 비교. 16 : 14).

다음과 같은 소극적인 표현들도 항상 반복된다. 즉 예수는 스스로 자신의 권위로 오지 않고 아버지가 그를 보냈다는 것이다(7 : 28 f.; 8 : 42; 비교. 5 : 43). 그는 스스로는 아무것도 할 수 없다. 그는 오로지 아버지의 지시에 따라 행할 뿐이다(5 : 19 f., 30; 8 : 28). 그는 스스로 가르치지도 말하지

---

1) 17 : 11은 이렇게 읽어야 한다 : $\tau\acute{\eta}\rho\eta\sigma o\nu\ a\dot{v}\tau o\grave{v}s\ \dot{\epsilon}\nu\ \tau\hat{\omega}\ \dot{o}\nu\acute{o}\mu a\tau\acute{\iota}\ \sigma o v\ \hat{\omega}\ \delta\acute{\epsilon}\omega$-$\kappa\acute{a}s\ \mu o\iota$ "당신이 내게 준 이름으로 그들을 지키소서". 몇 사본들의 $o\mathring{v}s\ \delta\acute{\epsilon}\delta\omega\kappa o s$ "당신이 준 그들"은 6절에 의한 수정이다.

도 않고 오로지 아버지가 그에게 맡긴 말들을 말할 뿐이다(7:17 f. ;12:49; 14:10, 24; 17:8, 14). 물론 이런 말들이 예수의 권위와 그의 말들을 약화시키려는 것이 아니고 그것들을 바로잡으려는 것이다. 그가 스스로 말하지 않는다. 바로 그것 때문에 그것은, 그가 신의 말들을 말하고(3:34), 그에게 듣는 자도 신의 말들 — 그가 완고해지지 않는 한 — 을 들으며(8:47), 그의 말을 듣는 자는 생명 — 그가 믿는 한 — 을 얻는 것(5:24)을 뜻할 수 있다. 저 소극적인 표현들도 결코 가령 예수의 겸손을 성격지으려는 것이 아니다. 대제사장도 사실 $ἀφ' ἑαυτοῦ$ "스스로" 말하지 않는다(11:51). 발람이 그랬던 바와 같다(민 24:13). 예수의 겸손을 성격짓는다는 주장은 5장 17—18절에 의해 이미 반박되었다. 유대인들이 예수의 말들이 오만하다는 점에서 분개한 것은 정당했기 때문이다. 인간의 입장에서 관찰하는 한 그럴 수밖에 없다. 그러나 예수의 성격을 윤리적 척도들에 따라 재는 이 관점이 바로 잘못된 것이다. 그리고 분명해져야 할 것은, 그의 겸손이 아니라 그의 권위가 神의 말들을 말하는 한 인간의 역설적 권위라는 것이다. 다른 말을 빌리면 啓示思想이 명백히 논술되도록 하려는 것이다.

2. 예수의 일들

그러나 예수가 神의 委任으로 수행해야 할 일들은 그러면 어떤 것인가? 또는 그 일이란 어떤 것인가? 예수가 아버지의 부탁으로 행할 "그 일들" (5:20, 36; 9:4; 10:25, 32, 37; 14:12; 15:24)이란 결국 한 가지 일 뿐이다. 그것은 그의 활동 초에 $ἐμὸν\ βρῶμά\ ἐστιν\ ἵνα\ ποιῶ\ τὸ\ θέλημα\ τοῦ\ πέμψαντός\ με\ καὶ\ τελειώσω\ αὐτοῦ\ τὸ\ ἔργον$ "내가 먹을 양식은 나를 보낸 자의 뜻을 행하고 그의 일을 완성시키는 것"(4:34)이라고 했고 종결에서 회고하여 $ἐγώ\ σε\ ἐδόξασα\ ἐπὶ\ τῆς\ γῆς,\ τὸ\ ἔργον\ τελειώσας\ ὃ\ δέδωκάς\ μοι\ ἵνα\ ποιήσω$ "나는 당신을 지상에서 영화롭게 하고 내가 하도록 나에게 준 일을 완성하였나이다"(17:4)라고 한 것이다.

헬레니즘계 공동체의 케리그마에서 예수의 죽음과 부활은 구원사건들이다 (§9; 4; S. 80 ff.). 이 둘이 하나를 이루기 때문에, 비록 이 용어가 없을지라도 예수의 "그 일"로 표시될 수 있다. 바울도 예수의 죽음과 부활을 그렇게 호칭할 수 있었을지라도 그리스도의 "일"을 말하지 않았다.[1] 바울에 의하면 그리스도의 人成도 구원사건 전체에 속하는데 이것이 요한에게서는

---

1) $Tὸ\ ἔργον\ τοῦ\ Χριστοῦ$ "그리스도의 일"(빌 2:30)은 그리스도교의 使命에서 생기는 선교의 일이다.

§47. 영광의 啓示

결정적인 구원사건이다. 그리고 바울의 경우에 그것이 죽음의 사건에 예속되었다면(§33,1), 요한에게서는 반대로 죽음이 人成의 사건에 예속되었다고 말할 수 있을 것이다. 그러나 더 정확히 보면 人成은 신의 아들의 "옴"으로서 그의 "감"인 죽음과 통일성을 이룬다(§45, 1). 그러나 이 통일성 중에서는 바울의 경우와 같이 죽음 위에 중점이 있지 않다. 죽음에는 요한의 경우 특별한 救援意味가 없고, 人成으로 시작된(§46, 5) ἔργον "일"의 완성, 순종의 마지막 수행(14:31)인바, 예수의 全生涯가 이 순종 아래 있다. 바울이 인용한(S. 133, 301) 그리스도 찬가의 ὑπήκοος μέχρι θανάτου "죽기까지의 순종"(빌 2:8)은 요한에 의해 그의 全論述에서 전개되었다. 그리고 예수의 죽음은 이렇게 이중 視點을 얻었다. 한편 그의 죽음이 순종의 완성이면서 다른 편에서 예수의 그의 임무에서의 해방이다. 그리고 예수는 다시 그의 以前 δόξα "영광"인 先在에 돌아갈 수 있었다(6:62; 17:5). 그러므로 물론 요한이 말하는 십자가에 달림은 처음부터 예수의 ὑψωθῆναι "올리움"에 해당하는데 이것도 특유한 이중의 미를 가지고 있다(3:14; 8:28; 12:32, 34). 그리고 그의 δοξασθῆναι "영화롭게 됨"에도 해당한다(7:39; 12:16, 23; 13:31 f.; 17:1, 5). 반면 σταυρός "십자가"와 ἐσταυρωμένος "십자가에 달린 자"에 관한 바울의 말은 없다(§41, 2; S. 367). 그리고 미리 시사하는 예수의 말들 중에는 ὑψωθῆναι "올리우다"와 δοξασθῆναι "영화롭게 되다"라는 용어들이 공관서 수난 예언들의 ἀποκτανθῆναι "살해된다"와 σταυρωθῆναι "십자가에 달린다"를 대신하고 있다. 물론 그 길은 죽음을 통해 올리우는 데 이른다(12:24). 그리고 죽음에서 예수의 보냄의 의미는 이루어진다(12:27; §46:5). 그러나 그 죽음은 그것에 뒤따른 부활을 통해 비로소 파국의 성격이 주어질 수밖에 없었던 사건이 아니라 오히려 그 자체가 그대로 이미 올리움이다. 그러나 이것은 예수의 죽음이 계시사상 아래 세워졌음을 뜻한다. 죽음 안에서 예수 자신이 계시자로서 행동한다. 그리고 그것은 신의 救援機構에 속하는 고난받는 대상이 아니다. 요한은 πάσχειν "고난당하다"와 παθήματα "고난들"에 관해 말하지 않는다. 저 수수께끼같은 신의 δεῖ "반드시 그래야 한다"(S. 42 f.)는 한번밖에 볼 수 없는데 δεῖ παθεῖν "고난을 당할 수밖에 없다"(막 8:31 등)의 연결에서가 아니라 ὑψωθῆναι δεῖ "올리울 수밖에 없었다"(3:14)로서이다. 그리고 14장 31절에서는 가령 οὕτως δεῖ γενέσθαι "이렇게 일이 일어나야 한다"(비교. 마 26:54)가 아니라, οὕτως ποιῶ "내가 그렇게 할 것이다"로 되어 있다. 그러므로 요한의 수난사화는 예수를 본래 고난받는 자로서가 아니라 행하는 자, 승리자로서 보여 준다.

그러므로 예수의 죽음을 죄를 위한 贖罪祭物로 보는 그리스도교 공통의 해석(S. 43f., 83)은 요한의 견해에 일치하지 않는다. 우리가 물을 수 있는 것은 단지 요한이 공동체 신학의 몇 표현들을 따랐는가일 뿐이다. 세례 요한이 예수를 지시하여 ἴδε ὁ ἀμνὸς τοῦ θεοῦ ὁ αἴρων τὴν ἁμαρτίαν τοῦ κόσμου "세상의 죄를 지고 가는 신의 어린 양을 보라"(1:29)라고 말했다면, 예수는 그것으로써 세상의 죄를 제거하는 자로 표시된 것이다.[2] 요한 1서 3장 5절도 비슷한 것을 말한다: ὅτι ἐκεῖνος ἐφανερώθη ἵνα τὰς ἁμαρτίας ἄρῃ "그가 나타남은 그가 죄들을 없애려 함이다". 전통에서 생긴 어린 양의 像도 확실히 제물을 생각케 한다. 그러나 아무것도 복음서 기자가 이 제물을 단지 죽음에서만 보고 그의 전체 사상에 견줄 때 예수의 전체 활동에서 보아서는 안 된다는 것을 요구하는 것은 없다. 요한 1서 1장 7절에서는 물론 다르다: τὸ αἷμα Ἰησοῦ··· καθαρίζει ἡμᾶς ἀπὸ πάσης ἁμαρτίας "예수의 피는···모든 죄에서 우리를 정결케 한다". 여기에 예수의 죽음을 속죄제물로 보는 그리스도교 공통의 사상이 들어 있음은 의심 없다(S. 83). 그러나 이 귀절은 편집자의 註라는 의혹을 받고 있다. 이 귀절은 곧 계속되는 9절과 競合한다: ἐὰν ὁμολογῶμεν τὰς ἁμαρτίας ἡμῶν, πιστός ἐστιν καὶ δίκαιος, ἵνα ἀφῇ ἡμῖν τὰς ἁμαρτίας καὶ καθαρίσῃ ἡμᾶς ἀπὸ πάσης ἀδικίας "만일 우리가 우리 죄들을 고백하면 그(神!)는 신실하고 의로워서, 우리 죄들을 용서하고 모든 불의에서 우리를 깨끗케 하리라." 예수를 ἱλασμὸς περὶ τῶν ἁμαρτιῶν ἡμῶν "우리의 죄들을 위한 제물"로 표시한 두 귀절(요일 2:2; 4:10)도 마찬가지로 아마 편집註일 것이다.

예수의 피에 관해서는 요일 1:7 외에 몇 번 더 언급되었다. 복음서 6:53—56 즉 교회의 편집에 의해 삽입된 문단 6:51 b—58에 있는데, 그것은 여기서 예수가 생명의 양식으로 자신을 계시하는 선행하는 연설 및 토론이 주의 만찬의 성례로 再해석 되었다(§37, 4). 또 하나는 19:34 b에 있는데 여기서는 교회의 편집이 槍痕에 다음 말로 더 심오한 의미를 제공했다: καὶ ἐξῆλθεν εὐθὺς αἷμα καὶ ὕδωρ "그리고 곧 피와 물이 나왔다". 이 의미는 오로지 세례와 주의 만찬 성례의 근거가 예수의 죽음에 있다는 것일 수 있을 뿐이다. 요일 5:6에는 다르다: οὗτός ἐστιν ὁ ἐλθὼν δι' ὕδατος καὶ αἵματος, Ἰησοῦς Χριστός "이 사람은 물과 피로 온 자, 예수 그리스도이다". 여기의 물과 피는 성례가 아니라 그의 활동의 시발점과 종결점을 표시하기 때문

---

2) 10:34—36이 그의 변호적인 구약에 의한 증명과 함께 후기의 삽입일 수 있다는 가능성을 물론 고려해야 한다. 그러나 36절의 표현은 여하간 전적으로 요한의 의미를 지니고 있다.

이다. 즉 그것은 그 세례와 그의 죽음이다. 假顯說을 주장하는 영지주의자들에 대해 구속자의 인간적 삶의 실재성이 확인되어야 했던 것이다. 그 까닭에 그 말은 계속된다 : οὐκ ἐν τῷ ὕδατι μόνον, ἀλλ' ἐν τῷ ὕδατι "물에서뿐 아니라 물과 피에서". 다시 말하면 救贖者는 단지 세례에서 인간 예수와 결합되었다가 죽음 전에 다시 그것에서 분리된 것이 아니라 그도 죽음을 당했다는 것이다. 예수의 죽음 및 피의 구원의미는 여기서 문제되지 않았다.

그렇다고 해 두자! 여하간 속죄제물로서의 예수의 죽음에 관한 사상은 요한에게서 아무런 역할도 하지 못한다. 그리고 그가 이 사상을 공동체 전통에서 받아들였다면 그것은 그에게서 異質體이다. 성격적인 것은 요한이 주의 만찬 즉 그 儀典중 ὑπὲρ ὑμῶν(πολλῶν) "우리(많은 사람)를 위해"에 속죄사상이 포함된 주의 만찬의 성립을 전하지 않는 것이다(S. 146). 그는 이 성립 설화를 예수의 고별기도로 대신했는데 여기의 ὑπὲρ αὐτῶν ἐγὼ ἁγιάζω ἐμαυτόν "그들을 위해 나는 나 자신을 성결케 하였나이다"(17 : 19)는 성만찬에 동반된 말임이 분명하다. 이 말들은 사실 예수의 죽음을 제물로 표시한다. 그러나 그 죽음은 요한의 다른 곳에서도 마찬가지로 그의 생애에 연관시켜 그의 활동의 완성으로 이해될 수 있었다. 그의 활동이 전체적으로 제물이라는 것은 예수의 특징에서 명시된바 ὃν ὁ πατὴρ ἡγίασεν καὶ ἀπέστειλεν εἰς τὸν κόσμον "아버지가 성별하여 세상에 보낸 자"의 것으로서 그렇다(10 : 36).[3] 그것은 τὸν υἱὸν τὸν μονογενῆ ἔδωκεν "그가 독생자를 주었다"(3 : 16)가 특별히 죽음에의 희생이 아니라 예수의 보냄을 지시하기 때문이다. 그 제물이 죄들을 위한 속죄제물이라는 데 관해서도 말이 없다. 죄들의 용서에 관해서는 요한복음서 17장에서도, 그 외의 고별연설에서도 다루어지지 않았다. 죄의 용서에 관해서는 복음서중 오로지 20장 23절에 언급되었을 뿐이다. 여기서는 죄들을 용서하는 제자들의 전권이 부활한 자의 말에 소급시켜졌다. 여기서 교회의 실천에 관계되었듯이 요한 1서에서도 마찬가지로 복음서보다 더 공동체 신학을 전적으로 고려했다. 여기서는 두 번이나 죄의 赦宥가 언급되었다. 그것은 신에 의해 자신의 죄들을 고백하는 자에게 선사된다(1 : 9, 참조. 위에). 그리고 공동체 지체의 특징은 그것을 받는 것이다(2 : 12). 그러나 복음서에서는 죄에서의 해방이 예수의 말 및 말로 중개된 ἀλήθεια "진리"에 의해 약속된다 : ἐὰν μείνετε ἐν τῷ λόγῳ τῷ

---

3) Αἴρειν "들어올린다"는 요한의 경우 "옮기다", "들어내가다"의 의미를 가진다. 이것은 그 말의 기본 뜻에 일치하는 것이기도 하다. 그러나 "담당하다"는 아니다. 요일 3 : 5를 1 : 9와 비교.

ἐμῷ, ἀληθῶς μαθηταί μού ἐστε, καὶ γνώσεσθε τὴν ἀλήθειαν, καὶ ἡ ἀλήθεια ἐλευθερώσει ὑμᾶς "너희가 내 말에 거하면 참 내 제자가 되고 진리를 알 것인데 진리가 너희를 자유케 하리라" — 말하자면 그 다음 말이 말하는 바와 같이 죄에서(8:31—34). 예수의 봉사가 자기 자신에게 일어나게 하는 자는 καθαρός "깨끗"하다는 것도 이에 일치한다(13:10). 그러나 이 봉사는 사실 그가 자기 사람들에게 아버지의 이름을 계시했다는 것, 그가 그들에게, 아버지가 그에게 준 말들을 가져왔다는 것에 있다(17:6, 8). 그러므로 15장 3절은 이렇게 말한다: ἤδη ὑμεῖς καθαροί ἐστε διὰ τὸν λόγον ὃν λελάληκα ὑμῖν "너희는 이미 내가 너희에게 말한 말로 인해 깨끗해졌다". 끝으로 ὑπὲρ αὐτῶν ἐγὼ ἁγιάζω ἐμαυτόν "그들을 위해 나는 나 자신을 깨끗케 한다"는 저 말도 그렇게만 완전히 이해된다. 그리고 다시 이렇게 계속되기 때문이다: ἵνα ὦσιν καὶ αὐτοὶ ἡγιασμένοι ἐν ἀληθείᾳ "그들도 진리로 성결케 되기 위함이다". 그러나 이것으로써 말해진 것은 단지 ἁγίασον αὐτοὺς ἐν τῇ ἀληθείᾳ "그들을 진리 안에서 깨끗케 하소서"라는 간구가 어떻게 이루어지는가 하는 것뿐이다. 여기에는 분명하게 해설이 첨가되어 있다: ὁ λόγος ὁ σὸς ἀλήθειά ἐστιν "당신의 말은 진리니이다" (17:17). 그러므로 예수의 죽음은 특별한 일이 아니라 예수의 전체 활동과 함께 그것의 완성으로 이해되었다.

3. 復活

예수의 부활은 십자가의 죽음이 이미 예수의 올리움과 영화롭게 됨이라면 특별한 의미의 사건일 수 없다. 부활이 죽음의 승리를 — 그것을 죽음이 가령 십자가형을 통해 쟁취했다면 — 헛된 것으로 만들 수는 없다. 십자가가 이미 세상과 그 지배자에 대한 승리였기 때문이다. 수난의 시간은 ἄρχων τοῦ κόσμου τούτου "이 세상 지배자"의 倒壞, 그에 대한 심판을 뜻하는 세상의 κρίσις "위기"이다(12:31; 16:11). Ἄρχων τοῦ κόσμου "세상의 지배자"가 손댈 수 없는 승리자로서(14:30) 예수는 수난에 뛰어든 것이다(16:33과 참조. 위에, S. 416). 죽음에 뒤따른 부활과 올리움이 비로소 그를 모든 우주 및 악마의 세력들의 지배자로 만들었다는 데 대한 말은 없다(비교. 가령 빌 2:11; 엡 1:20 f.; 벧전 3:21 f.; Pol Phil 2:1). 예수는 사실 그의 살리는 힘을 부활에 의해 비로소 얻지 않고, 아버지가 그에게 처음부터 준 것이다: ζωὴν ἔχειν ἐν ἑαυτῷ "자신 안에 생명을 가지게 했다"(5:26). 부활이고 생명인 자로서, 길이고 진리이며 생명인 자로서 그는 사람들을 대하고(11:25;

§47. 영광의 啓示

14:6) 믿는 자를 그의 말이 이미 지금 살게 한다(5:24 f.; 11:25 f.). 그것은 나사로를 일으킴으로(11장) 과시됨과 같다. 그러므로 요한의 경우에 예수의 말들에는 공관복음서에서와 마찬가지로 그가 ἀναστῆναι "부활한다" 또는 ἐγερθῆναι "일으켜진다" 등에 관한 예언이 없다. 복음서 기자도 이에 관해 2:22에서 단지 註로 말했을 뿐이다: ὅτε οὖν ἠγέρθη ἐκ νεκρῶν ἐμνήσθησαν οἱ μαθηταὶ αὐτοῦ···"그가 죽은 자들 중에서 일으켜졌을 때 그의 제자들이···회상했다". 그러나 이에 대해 12장 16절은 이렇게 말한다: ἀλλ' ὅτι ἐδοξάσθη Ἰησοῦς, τότε ἐμνήσθησαν···"예수가 영화롭게 된 후에 그들은···회상했다". Ἀναστῆναι "부활하다"는 오로지 편집註인 20장 9절에 있을 뿐이다. 그리고 ἐγερθῆναι "일으켜지다"는 편집 부록인 21장 14절에 나온다. 요한서신들 중에는 그 용어들이 전혀 없다.

 복음서 기자가 전통을 따르면서 부활사화들을 전한 것은 놀라운 일이 아니다. 그러나 문제는 그것들이 그에게 어떤 의미를 가지는가에 있다. 복음서 20장 30절의 원래의 결어가 부활사화들에 연결시켜 πολλὰ μὲν οὖν καὶ ἄλλα σημεῖα ἐποίησεν Ἰησοῦς "예수는 많은 다른 표적들을 행했다"라고 말했다면, 부활한 자의 나타남들도 분명히 예수의 이적과 같은 σημεῖα로 이해되었다(§46,3). 이 史話들이 분명하게 보여 주는 것은 세상에 대한 예수의 승리이다. 또는 좀더 잘해서 16장 22절의 약속의 성취이다: καὶ ὑμεῖς οὖν νῦν μὲν λύπην ἔχετε πάλιν δὲ ὄψομαι ὑμᾶς, καὶ χαρήσεται ὑμῶν ἡ καρδία "지금은 너희가 근심하나 내가 다시 너희를 보리니 너희의 마음이 기뻐할 것이다"(비교. 16:16). 그것들이 현실적 사건들인 한 — 그것들의 실재성에 대해 복음서 기자는 의심할 여지가 없었다 — 그것들은 결국 없어도 된다. 사실 그것들이 필요치 않을 것이나 사람들의 약함을 위해 許用되었다는 점에서도 사건들로서의 이적들과 동일하게 보았다. 이 사실은 도마의 이야기에서 분명히 되었다. 부활한 자를 몸으로 보고, 아니 만지고 싶어하는 그의 소원이 그에게 이루어졌다. 그러나 그는 동시에 제한을 받았다: ὅτι ἑώρακάς με, πεπίστευκας; μακάριοι οἱ μὴ ἰδόντες καὶ πιστεύσαντες "네가 나를 봄으로 믿느냐? 보지 않고도 믿는 자들에게 복이 있다"(20:29). 복음서 기자가 깊은 의도 없이 그의 논술을 이 마지막 말로 끝냈다고 보기는 어렵다. 여기에는 계시자를 손으로 잡을 수 있을 만큼 분명한 것들을 요구하는 작은 신앙에 대한 비판과 **復活史話**들이 있을 법한 것으로서 즉 부활신앙의 표지들, **具象**들, 고백들 이상으로 간주하려는 데 대한 경고가 들어 있다.

 이 사실은 그러나 고별연설의 약속들로부터 나타난다. Πάλιν δὲ ὄψομαι

세상의 심판

ὑμᾶς "그러나 나는 너희를 다시 보리라"(16 : 22, 참조. 위에)는 부활절 약속인 16장 16—24절은 14장 18절의 다른 것들과 평행한다 : οὐχ ἀφήσω ὑμᾶς ὀρφανούς, ἔρχομαι πρὸς ὑμᾶς "나는 너희를 고아들처럼 버려 두지 않고 너희에게 온다". 다시 말하면 이것은 그가 ἔρχεσθαι "온다" 즉 그의 到來(Parusie)를 약속한 것이다. 그러나 말은 계속된다 : ἔτι μικρὸν καὶ ὁ κόσμος με οὐκέτι θεωρεῖ, ὑμεῖς δὲ θεωρεῖτέ με, ὅτι ἐγὼ ζῶ καὶ ὑμεῖς ζήσετε "좀 후에는 세상도 더 나를 보지 못할 것이나 너희는 나를 보리니 이는 내가 살고 너희도 살 것입이다"(="이는 내가 사는 것 같이 너희도 살 것입이다"). 이것으로써 到來의 약속이 부활절 약속에 삽입된 것이다. 그러나 이것은 예수의 부활과 도래가 요한에게 있어서 동일함을 뜻한다. 그런데 또 이 약속들이 靈(위로자)의 약속과(14 : 15—17), 즉 성령강림 약속과 병행하면서 요한에게는 부활절과 성령강림절, 도래가 서로 다른 세 사건이 아니라 하나이고 같은 것이다. 그러므로 사실 부활 및 도래-用語는 항상 혼용되어 있다. 즉 다시 본다(14 : 19; 16 : 16, 19, 22)고도, 그는 살았다(14 : 9)고도. 그가 제자들 앞에 나타난다(14 : 21 f.)고도 말하는가 하면, 반면 그의 옴(14 : 3, 18, 23, 28)에 관해서도 말한다. 그리고 종말론적 기대를 위해 그렇게 성격적인 ἐν ἐκείνῃ τῇ ἡμέρᾳ "그 날에"는 14장 20절 ; 16장 23, 26절에, ἔρχεται ὥρα "때가 온다"는 16장 25절에 들어 있다. 그리고 그 사이에는 영의 약속이 삽입된다(14 : 15—17, 26; 15 : 26; 16 : 7—11, 13—15). 그러나 이 모든 것에서 지적된 유일한 사건은 외적인 사건이 아니라 내적인 것이다. 즉 그것은 인간에게서 거리낌이 극복되고 신앙이 드러나면서 동시에 예수가 얻는 승리이다. 예수가 쟁취한 ἄρχων τοῦ κόσμου "세상의 지배자"에 대한 승리는, 신의 계시를 예수 안에서 보는 신앙에 지금 있다는 사실이다. 믿는 자들의 고백은 ἐγὼ νενίκηκα τὸν κόσμον "나는 세상을 이겼다"에 상응한다 : αὕτη ἐστὶν ἡ νίκη ἡ νικήσασα τὸν κόσμον, ἡ πίστις ἡμῶν, τί ἐστιν ὁ νικῶν τὸν κόσμον εἰ μὴ ὁ πιστεύων ὅτι Ἰησοῦς ἐστιν ὁ υἱὸς τοῦ θεοῦ "이것이 세상을 이긴 승리인데 곧 우리의 신앙이다. 예수가 신의 아들임을 믿는 자 외에 세상을 이긴 자가 누군가?"(요일 5 : 4 f.). 內的인 사건이 문제되어 있다는 것은 유다와 예수 사이의 짧은 대화에서 분명하게 확인되었다 : κύριε, καὶ τί γέγονεν ὅτι ἡμῖν μέλλεις ἐμφανίζειν καὶ οὐχὶ τῷ κόσμῳ "주여, 어찌하여 당신은 우리에게 나타내고 세상에는 아니하려 하나이까?" 이에 대한 예수의 대답은 이렇다 : ἐάν τις ἀγαπᾷ με, τὸν λόγον μου τηρήσει, καὶ ὁ πατήρ μου ἀγαπήσει αὐτόν, καὶ πρὸς αὐτὸν ἐλευσόμεθα καὶ μονὴν παρ' αὐτοῦ ποιησόμεθα "사람이 나를 사랑하면 내 말을 지키리니 내 아버지가 그를 사랑할 것이고 우리가 그에게 와서 거처를 함께 하리라"(14 : 22 f.). 영의 보냄에도 같은 것이 해당한다: πνεῦμα τῆς ἀληθείας, ὃ ὁ κόσμος οὐ δύναται λαβεῖν, ὅτι οὐ θεωρεῖ αὐτὸ οὐδὲ γινώσκει. ὑμεῖς γινώσκετε αὐτό, ὅτι παρ' ὑμῖν μένει καὶ ἐν ὑμῖν ἔσται "그는 진리의 영이니 세상은 능히 그를 받지 못하는데, 이는 그를 보지도 못하고 알지도 못함이다. 그러나 너희는 그를 아는데 이는 그가 너희와 함께 거하고 또 너희 곁에 있을 것임이다"(14 : 17). 끝으로 到來가 요한에게 있어서 임박한 극적인 우주적 사건이라는 것은 자명한바, 그것은 이미 예수의 음이 κρίσις "심판"인 때문이다(§ 42, 1). 이에 맞추어 요한에게는 人子가 그의 아버지의 δόξα "영광"으로 하늘의 구름을 타고 온다는 등에 관한 도래 예언들은 없다(막 8 : 38; 13 : 26 f. 등, 참조. S. 27).

4. 聖禮들

요한의 경우 "구원사건들"이 전통적 의미에서 아무런 역할도 하지 못한다는 사실, 그리고 全 救援事件 즉 예수의 人成과 죽음, 부활, 성령강림, 도래 등이 한 사건, 곧 신의 ἀλήθεια "眞理"가 인간 예수의 지상 활동에서 계시되고 신앙에서 그 거리낌이 극복되는 한 사건에 종합되었다는 사실에 일치하면서 성례들도 아무런 역할을 하지 못한다. 물론 요한도 세례를 교회의 관습으로 전제하고 있는 것이 분명하다. 그는 3장 22절에 예수가 제자들을 모으고 세례주는 것을 보도하고 있다(4장 2절은 수정하여, 세례주는 것은 그 자신이 아니라 그의 제자라고 못박았다. 옛 註인가?). 전승된 텍스트 3장 5절 ἐὰν μή τις γεννηθῇ ἐξ ὕδατος καὶ πνεύματος, οὐ δύναται εἰσελθεῖν εἰς τὴν βασιλείαν τοῦ θεοῦ "누구나 물과 영으로 나지 않으면 신의 나라에 들어올 수 없다" 중의 ὕδατος καί "물과"는 분명히 교회 편집의 삽입이다. 그 다음 귀절에는 단지 영에 의한 다시 남에 관해서 말할 뿐이고 세례에 관해서는 말하지 않기 때문이다. 그리고 영이 세례의 물에 결부되어야 한다면 그것은 영의 자유로운 붊(8절)에 모순된다. 사람들은 발씻은 일(13 : 4 ff.)에서도 세례를 자주 생각했다. 그것은 부당하다. 그것은 오히려 제자들을 깨끗이 하는 예수의 직무 자체를 그린 것이다. 그러나 그들은 15장 3절에 의하면 예수가 그들에게 말한 말로 깨끗해진다. 교회의 편집은 槍痕에 관한 보도(19 : 34 a)에 註를 달았다(34 b, 35). 그리고 상처에서 흘러나온 피와 물로 주의 만찬과 세례의 성례가 묘사되었다고 보았다(S. 416 f). 요한일서

2장 20, 27절에 의하면 공동체가 받고 그것에 지식을 제공하는 χρῖσμα "기름부음"(μένει ἐν ὑμῖν καὶ··· διδάσκει ὑμᾶς περὶ πάντων, καὶ ἀληθές ἐστιν···"그가 너희와··· 중에 머물러 있으면서 너희에게 모든 일에 관해 가르치리니 그는··· 참이다")은 πνεῦμα τῆς ἀληθείας "진리의 영"인데 역시 같은 것이 이것에도 해당한다(14:17: ὅτι παρ' ὑμῖν μένει καὶ ἐν ὑμῖν ἔσται "이는 그가 너희와 함께 있고 너희 중에 있을 것임이라"와 14:26: ἐκεῖνος ὑμᾶς διδάξει πάντα "그가 너희에게 모든 것을 가르칠 것이다" 비교. 16:13). 이 영이 세례에 의해 중개된 것으로 생각되었는가 — χρῖσμα 라는 표지가 그렇게 추측하게 한다 — 는 물음직하다. 그러나 πνεῦμα τῆς ἀληθείας "진리의 영(14:17, 26; 16:13)이 공동체에서 작용하는 힘인 것과 같이 (§50, 7) 요한1서의 χρῖσμα "기름 부음"도 다름 아닌 능력으로 차 있는 말일 것이다.

주의 만찬은 19장 34 b절같이 6장 51 b—58절에도 교회의 편집에 의해 삽입되었다(S. 417). 선행하는 예수의 말들 중의 "생명의 떡"은 분명히 성례의 식사를 지시하지 않고, "생명의 물"과 "빛"처럼 생명 자체이면서 생명을 제공하는 자로 예수 자신을 표시하기 때문이다(11:25; 14:6). 6장 51 b—58절에 포함된 φάρμακον ἀθανασίας "不死의 약"에 관한 표상도 요한의 종말론에 부합하지 않는다(§45, 3; S. 399 f.). 그리고 끝으로 예수가 그의 살을 먹을 것으로 제공한다는 데서 유대인들이 느낀 거리낌도 요한의 σκάνδαλα "거리낌들"과 전혀 다른 종류의 것이다. 후자들은 요한의 특유한 이원론에 근거를 둔 것이다. 이에 관해서는 여기서 언급치 않을 것이다. 마지막 만찬에 관한 보도에서 요한은 주의 만찬의 창시에 관해 아무것도 전하지 않고 그는 오히려 예수의 고별기도로 그것을 대치했다(S. 417). 그것은 마치 그가 전통적 성만찬 말들이 말하는 καινὴ διαθήκη "새 언약"(고전 11:25)을 καινὴ ἐντολή "새 계명"으로 대신한 것과 같은 것이다(13:34). 이에 반해 편집장인 21장은 13절에서 密儀的인 만찬을 보도하는데, 이것은 부활한자로 제자들에게 베풀게 한다. 그리고 이것은 주의 만찬을 지시함이 분명하다.

그러므로 이렇게 말할 수 있다. 즉 요한이 직접 성례들에 대해 공격한 것은 아니나 비판적으로 아니면 적어도 삼가면서 그것들을 대했다.

§48. 말로서의 啓示

1. 일과 말

남은 문제는, 예수가 완성하고 그를 위해 "증언하는" 일들은 어떤 것인가

(5 : 36; 10 : 25)이다. 그것은 마태복음서 11장 2절의 ἔργα τοῦ Χριστοῦ "그리스도의 일들"로 지목된 σημεῖα "표적들"인가? 그것들은 적어도 그것들이 一意的인 증명이라는 의미에서는 그럴 수 없다. 그것들은 명백히 二意的인 표적들이기 때문이다. 그 의미는 신앙에서 비로소 파악된다(§46, 3). 그것들은 이 점에서 二意的이고 오해될 수 있는 말들에 비교된다(§46, 4). 사실 그것들은 결국 일종의 말들 즉 verba visibilia "보이는 말들" 외에 다른 것이 아니다. 오로지 이렇게만 예수의 활동을 회고하면서, 이것들 전체가 ποιεῖν σημεῖα "표적들을 행함"으로서 묘사될 수 있다(12 : 37; 20 : 30)는 것도 이해될 수 있다. 비록 그 논술 자체에서는 역시 σημεῖα가 ῥήματα "말들" 아래 예속되어 있고 고별기도의 회고는 예수의 활동을 신이 그에게 준 ῥήματα 의 전달로서 표시할지라도(17 : 8, 14) 그렇다.

실제로 예수의 일들 — 전체로 통일시켜 보면 그의 일인바 — 은 그의 말들이다. 예수가 τὰ γὰρ ἔργα ἃ δέδωκέν μοι ὁ πατὴρ ἵνα τελειώσω αὐτά, αὐτὰ τὰ ἔργα ἃ ποιῶ, μαρτυρεῖ περὶ ἐμοῦ ὅτι ὁ πατήρ με ἀπέσταλκεν "이는 아버지가 내게 주어 이루게 하는 일 곧 나의 하는 그 일이 아버지가 나를 보낸 것을 나를 위해 증거하는 것임이다"(5 : 36)라고 말했다면, 사실 선행하는 말들(5 : 19 f.)은 예수의 본래의 일들이 어느 것인가, 즉 그것이 κρίνειν "심판하다"와 ζωοποιεῖν "살리다"라는 것과, 그것들이 어떻게 役事하는가 즉 그의 말을 통해 役事한다는 것을 보여 준다. 행위와 말이 어떻게 같은가는 수많은 표현들이 말해 준다.

8 : 28 : τότε γνώσεσθε ὅτι ἐγώ εἰμι ἀπ' ἐμαυτοῦ ποιῶ οὐδέν,
ἀλλὰ καθὼς ἐδίδαξεν με ὁ πατήρ, ταῦτα λαλῶ.
14 : 10 : τὰ ῥήματα ἃ ἐγὼ λέγω ὑμῖν ἀπ' ἐμαυτοῦ οὐ λαλῶ,
ὁ δὲ πατὴρ ὁ ἐν ἐμοὶ μένων ποιεῖ τὰ ἔργα αὐτοῦ.
15 : 22, 24 : εἰ μὴ ἦλθον καὶ ἐλάλησα αὐτοῖς, ἁμαρτίαν οὐκ εἴχοσαν, . . .
εἰ τὰ ἔργα μὴ ἐποίησα ἐν αὐτοῖς · · · , ἁμαρτίαν οὐκ εἴχοσαν,
"너희는 그 때 내가 그인 줄 알고 또 내가 스스로 아무것도 하지 않고 아버지가 내게 가르친 대로 이것들을 말하는 줄도 알리라".
"내가 너희에게 하는 말들은 스스로 하는 말이 아니라,
내 안에 거하는 아버지가 그의 일들을 행하는 것이다".
"내가 와서 그들에게 · · · 말하지 않았다면 그들은 죄를 짓지 않았을 것이다.
내가 그들에게서 · · · 이 일들을 행하지 않았다면 그들은 죄를 짓지 않았을 것

이다".

비교. 뜨 8 : 38 : λαλεῖν "말하다"와 ποιεῖν "행하다"의 활용; 17 : 4, 8, 14 : ἔγρον "일", ῥήματα "말들"과 λόγος "말"의 활용 ; 8 : 38 등의 "봄"과 "들음"의 활용도 이에 일치한다. 이에 관해, 아래 참조. — 일들이 이유 설명 없이 말들에 첨가되고 그 때문에 말들 외에 다른 것일 수 없다는 사실에는 10 : 38과 14 : 11이 모순되는 것같이 보인다. 여기서는 두 번 다 이렇게 말하기 때문이다 : "너희가 나를 믿지 않으면 이 일들이라도(또는 이 일들 때문에라도) 믿으라!" 그런데 여기의 "나"는 "나의 말들"을 뜻하지 않는가. 그러나 14 : 11에서 14 : 10에 이어지는 글은 ἔργα "일들"이 ῥήματα "말들" 외에 다른 것이 아님을 보여 준다. 그런데 예수가 그 자신을 벗어나서 자신의 일들을 지시한다면 그것은 역시 단지 이런 것을 뜻할 수밖에 없을 것이다. 즉 그가 예수에 관해 말해진 것을 받아들이는 권위신앙에서, 예수의 말을 그에게 적중하는 부르는 말(Anrede)로서, 즉 그의 작용으로서 이해하는 신앙을 지시한다는 것이다. 이 의미에서 예수는 사실 유대인들의 다음 요구를 거절한다(10 : 24 f.) : 자신이 메시야인지를 솔직히 말하라. 그러나 이에 대한 대답은 그를 위해 증거하는 그의 일들에서 얻어야 한다는 것이다(10 : 24 f.).

일과 말의 동일성은 또 말의 작용에 관해 말하는 것에서 분명히 드러난다. Τὰ ῥήματα ἃ ἐγὼ λελάληκα ὑμῖν, πνεῦμά ἐστιν καὶ ζωή ἐστιν "내가 너희에게 말한 말들은 영이고 생명이다"(6 : 63). 그리고 이에 베드로의 고백이 이렇게 따른다 : ῥήματα ζωῆς αἰωνίου ἔχεις "당신은 영원한 생명의 말들을 가지고 있나이다"(6 : 68). 예수의 말을 듣고 그를 보낸 자를 믿는 자는 영원한 생명을 가지고 죽음에서 생명으로 옮겨졌다(5 : 24). 그의 말을 지키는 자는 영원히 죽음을 보지 못할 것이다(8 : 51). 즉 그의 말은 생명을 제공한다. 그리고 그의 말이 진리를 인식케 하고 동시에 자유에 인도한다 (8 : 31 f.)는 것도 물론 다른 것을 의미할 수 없다. 그의 말은 깨끗하게 하고 거룩하게 한다(15 : 3; 17 : 17). 이것으로써 말은 물론 동시에 불신앙에 대한 심판자이다 :

καὶ ἐάν τίς μου ἀκούσῃ τῶν ῥημάτων καὶ μὴ φυλάξῃ,
ἐγὼ οὐ κρίνω αὐτόν · · ·
ὁ ἀθετῶν ἐμὲ καὶ μὴ λαμβάνων τὰ ῥήματά μου
ἔχει τὸν κρίνοντα αὐτόν·
ὁ λόγος ὃν ἐλάλησα, ἐκεῖνος κρίνει αὐτόν
"사람이 내 말들을 듣고 실행하지 않을지라도,

나는 그를 심판하지 않는다 · · ·
나를 버리고 내 말들을 받지 않는 자는
그를 심판하는 자를 가지고 있다.
내가 말한 말, 그것이 그를 심판하리라"(12 : 47 f.).

2. 말들의 內容

그러나 예수의 말 또는 말들의 내용은 무엇인가? 예수는 그가 아버지에게서 본 것 또는 들은 것을 말한다. 또는 그는 — 말과 행동의 동일성에 따라 말할 수도 있는바 — 그것을 보이기도 하고 행하기도 한다. 그러므로 프롤로그의 결문이 적절히 말하고 있다 : $\vartheta\epsilon \grave{o}\nu$ $o\grave{v}\delta\epsilon\grave{\iota}\varsigma$ $\grave{\epsilon}\acute{\omega}\rho\alpha\kappa\epsilon\nu$ $\pi\acute{\omega}\pi o\tau\epsilon\cdot$ $\mu o\nu o\gamma\epsilon\nu\grave{\eta}\varsigma$ $\upsilon\acute{\iota}\grave{o}\varsigma$ $\acute{o}$ $\grave{\omega}\nu$ $\epsilon\grave{\iota}\varsigma$ $\tau\grave{o}\nu$ $\kappa\acute{o}\lambda\pi o\nu$ $\tau o\hat{v}$ $\pi\alpha\tau\rho\acute{o}\varsigma$, $\grave{\epsilon}\kappa\epsilon\hat{\iota}\nu o\varsigma$ $\grave{\epsilon}\xi\eta\gamma\acute{\eta}\sigma\alpha\tau o$ "신을 본 자는 하나도 없으되 아버지의 품에 있는 독생자, 그가 나타냈다"(1 : 18; 비교. 6 : 46).

예수는 그가(아버지에게서) 본 것(3 : 11; 8 : 38) 혹은 보고 들은 것(3 : 32) 또는 단순히 그가 들은 것(8 : 26. 40; 15 : 15; 비교. 5 : 30; 영의 경우에도 같다. 16 : 13)을 증거하거나 말한다. 그는 아버지가 그에게 가르친 대로(8 : 28; 비교. 7 : 17), 아버지가 그에게 명한 대로(12 : 49) 말한다. 그는 아버지가 그에게 준 말들을 말한다(17 : 8). 그는 아버지가 행하는 것을 보는 대로, 아버지가 그에게 보이는 대로(5 : 19 f.) 행한다. 아주 일반적으로는 그가 아버지의 이름을 계시한다는 것이다(17 : 6, 26). 이 경우에 아들이 보거나 듣는 것이 현재형으로 말해지든지(5 : 19 f, 30) 또는 보거나 듣는 것이 과거형으로 말해지든지(나머지 귀절들) 차이는 없다. 6 : 37 $\pi\hat{\alpha}\nu$ $\hat{o}$ $\delta\acute{\iota}\delta\omega\sigma\acute{\iota}\nu$ $\mu o\iota$ $\acute{o}$ $\pi\alpha\tau\acute{\eta}\rho$ "아버지가 나에게 주는 모든 것"과 10 : 29 : $\acute{o}$ $\pi\alpha\tau\acute{\eta}\rho$ $\mu o\upsilon$ $\hat{o}\varsigma$ $\delta\acute{\epsilon}\delta\omega\kappa\acute{\epsilon}\nu$ $\mu o\iota$ $(\alpha\grave{v}\tau\acute{\alpha})$ "(그것들을) 나에게 준 나의 아버지" 사이에 차이가 없는 것과 같다.

그런데 놀라운 것은 예수의 말들이 그가 아버지에게서 보거나 들은 것으로 어떤 특수한 것과 구체적인 것을 전혀 전하지 않는다는 것이다. 그는 어디서도 자신이 목격한 것과 귀로 들은 것 같은 사물 또는 현상들을 전하지 않는다. 하늘의 세계가 그의 담론의 주제로 되어 있는 곳은 전혀 없다. 그는 영지주의의 구세주처럼 우주 생성론적이고 구속론적 密儀들도 전혀 전하지 않는다. 그의 담론의 주제는 언제나 한 가지뿐이다. 즉 그것은 아버지가 그를 보냈다는 것, 그가 빛으로서, 생명의 떡으로서, 진리 등을 위한 증인으로서 왔다는 것, 그가 다시 간다는 것, 그리고 사람들은 그를 믿어야 한다는 것이다. 그러므로 분명한 것은 신화적 진술들이 그것들의 신화적 의미를 상실했다는 것이다. 아주 진지하게 말하면 예수는 선재적 신의 존재로 소개되지 않았다. 즉 이때까지 들어 보지 못한 비밀들을 계시하기 위해 인간의 모습으로 지상에 온 그런 신의 존재로 소개되지 않았다. 오히려 신화적 용어는 그의 말의 절대적 결정적 의미를 성격짓는 것이었다. 신화적 선재 표상은 계시사상에 이용된 것이다. 그의 말은 인간의 관찰과 사유의 영역에서 생기지 않고 피안에서 온 것이다. 그것은 모든 인간의 동기에서 벗어나서 결정된 말이다. 그것은 사람들의 談論과 행위도, 그것이 그의 말에 대한 적대적 저항에 대해 반격될 때 오로지 결정된 — 이 때에는 물론 악마에 의해 — 것일 수밖에 없는 것과 같은 것이다(8:38, 41). 그 까닭에 그의 말은 인간의 조정을 절대적으로 벗어나 있다. 그리고 죽음과 삶에 대한 결단 앞에 듣는 자를 세우는 권위있는 말이다.

예수가 스스로는 아무것도 행하지도 말하지도 않는다는 저 확증들(참조. 위에 1), 인간의 말들이면서 역시 인간의 말들이 아닌 예수와 그 말들의 권위도 날카롭게 하려는 귀절들도 같은 것을 말한다 : οὐδέποτε ἐλάλησεν οὕτως ἄνϑρωπος, ὡς οὗτος λαλεῖ ὁ ἄνϑρωπος "그 사람이 말하는 것처럼 말하는 사람은 이때까지 없었다"(7:46)! 이에 유사한 것은, 사실 역시 스스로 하는 말이 아니고 신에 의해 영감된 구약성서의 예언자들의 말이다. 그러나 이 유사형도 차이를 보여 준다. 즉 예수의 말들은 그때마다 영감되지 않고 그는 항상 신과 하나가 되어 말하고 행위한다(참조. 위에 1). 그의 말들은 예언자들의 그것들처럼 그 백성의 그때 그때의 구체적 역사적 상황을 신의 요구 또는 약속, 위협으로 제시하지 않으며 그때마다의 필연성을 인식하도록 가르치지도 않는다. 오히려 그의 인간됨과의 해후에 의해 인간은 그의 인간적 상황의 全般과 함께 결단 앞에 세워진다. 절대적 의미를 지닌 예언자는 없었다. 그들에게는 계승자들이 있었다. 예수를 새 계시자가 이어갈 수 없었다. 그에게서 신의 계시는 세상에 단번에 주어졌다. 그리고 이 계시는 다함이 없다. 영을 통해 공동체의 새로운 인식에 아직 주어질 것은, 예수가 말한 것(14:26) 또는 예수가 말한 바와 같이 ἐκ τοῦ ἐμοῦ λήμψεται "그는 내것으로 알릴 것이다"(16:14;§50,7)를 회상하는 일뿐이다.

이렇게 "말하다"와 "행하다", "말"과 "일" 사이의 저 특유한 동요 또는 교체의 더 깊은 의미가 드러난다. 예수의 말들이 전달하는 것은 그것들이 생명의 말들, 신의 말들이라는 것 외에 달리 파악할 수 있는 내용이 전혀 아니다. 다시 말하면 그것이 생명의 말들, 신의 말들이라는 것은 그것들의 내

§48. 말로서의 啓示

용에 따르지 않고 그의 말들로서, 그것들을 말하는 자의 말들로서 그런 것이다. 그것들의 無時間的인 내용이 아니라 그것들이 말해지는 데 그것들의 특수성과 결정적인 것이 들어 있다 — 그리고 그 때문에 그것들은 "말들"이며 동시에 "일들"이다. 예수의 행위는 담론이며 그의 담론은 행위이다.

바로 그 까닭에 요한의 경우 예수의 말들은 거의 모두가 자기 진술들이다. 그리고 이것을 넘어서서 그것들의 내용으로서의, 예수의 교훈으로서의 사상들의 특정한 복합체가 제시될 수 없다. 이 점에서 예수의 선포는 요한과 공관서의 경우가 철저히 다르다. 요한은 전승된 주의 말들을 최소한 필요한 것만을 받아들였을 뿐이다(§41,1). 그의 말들은 자신에 관한 진술들이다. 이것이 뜻하는 것은 그것이 예수의 인물됨의 形而上學的 性品에 관한 교리들, 그리스도론적 가르침이라는 것이 아니다. 그와는 전혀 반대이다! 그것들은 그렇게 이해된다면 잘못 이해된 것이다. 그의 $\rho\acute{\eta}\mu\alpha\tau\alpha$ "말들"이 $\check{\epsilon}\rho\gamma\alpha$ "일들"임이 이해되지 않고 말 것이기 때문이다. 그것들을 그렇게 파악하는 자에게는 그가 메시야인지에 관해 분명한 진술을 그에게 요구하는 유대인들과 같이 그의 일들이 지시되었을 것이다(10：24 f.; 참조. 위에 S. 423).

그의 말들은 자신에 관한 진술들이다. 그의 말은 그 자신이기 때문이다 (S. 377). 그의 말에 해당하는 것은 그 자신에게 해당한다. 그의 말들은 "생명"이고 "진리"이나(6：63; 17：17) 반면 $\epsilon\gamma\acute{\omega}\ \epsilon\grave{\iota}\mu\iota\ \acute{\eta}\ \acute{o}\delta\grave{o}\varsigma\ \kappa\alpha\grave{\iota}\ \acute{\eta}\ \acute{a}\lambda\acute{\eta}\vartheta\epsilon\iota\alpha\ \kappa\alpha\grave{\iota}\ \acute{\eta}\ \zeta\omega\acute{\eta}$ "나는 길이고 진리이며 생명이다"(14：6). 그의 말을 듣고 그를 보낸 자를 믿는 자는 생명을 얻으나(5：24), 반면 $\epsilon\gamma\acute{\omega}\ \epsilon\grave{\iota}\mu\iota\ \acute{\eta}\ \acute{a}\nu\acute{a}\sigma\tau\alpha\sigma\iota\varsigma\ \kappa\alpha\grave{\iota}\ \acute{\eta}\ \zeta\omega\acute{\eta}\cdot\ \acute{o}\ \pi\iota\sigma\tau\epsilon\acute{\upsilon}\omega\nu\ \epsilon\grave{\iota}\varsigma\ \epsilon\mu\grave{\epsilon}\ \kappa\ddot{a}\nu\ \acute{a}\pi o\vartheta\acute{a}\nu\eta\ \zeta\acute{\eta}\sigma\epsilon\tau\alpha\iota$ "나는 부활이고 생명이다. 나를 믿는 자는 죽어도 살 것이다"(11：25). 그의 말들(12：48; 17：8), 그의 "증언"(3：11, 32 f.)은 "받아들임"($\lambda\alpha\mu\beta\acute{a}\nu\epsilon\iota\nu$)직하나, 반면 그를 "받아들임"직하다(1：12; 5：43; 비교. 13：20). 그를 버리는 것($\acute{a}\vartheta\epsilon\tau\epsilon\hat{\iota}\nu$)과 그의 말들을 받아들이지 않는 것은 동일하다(12：48). 그의 사람들이 그 안에 "머물고" 그가 그들 안에 머문다는 것과 그의 말들이 그들 안에 "머문다"는 것은 같은 것이다(15：4—7). 그는 심판자이고(5：22, 27), 그의 말은 심판하는 말이다(12：48). 그러므로 복음서 기자는 선재자로서의 그에게 신화적인 칭호 $\Lambda\acute{o}\gamma o\varsigma$ "말"을 붙였다.

요 1：1의 $\Lambda\acute{o}\gamma o\varsigma$ "말"이 개념어가 아니라 고유명사임이 확실한 만큼 복음서기자에게 있어서 "말"이라는 명사의 개념적 의미도 그만큼 확실하게 생동적이다. 그는 자신의 복음서를 $\epsilon\nu\ \acute{a}\rho\chi\hat{\eta}\ \hat{\eta}\nu\ \acute{o}\ \Lambda\acute{o}\gamma o\nu$ "태초에 말이 있었다"라는 문장으로 시작하되 창 1:1의 ἐν ἀρχῇ "태초에"와 창 1장 창조사화의 "신이···말했다"를 생각지 않고는 그것이 어려웠을 것이기 때문이다. 그러나 이것은 요일 1장에도 나타난다. 여기에는 λόγος라는 인물 확신 같은 의미에서 내용상의 실재로 λόγος τῆς ζωῆς "생명의 말"이 등장한다(ὅ ἦν ἀπ' ἀρχῆς, ὃ ἀκηκόαμεν περὶ τοῦ λόγου τῆς ζωῆς "태초부터 있은 생명의 말에 관해서는 우리가 들은 것이고···"). 그러므로 여기서는 "말"의 개념적 의미가 아주 분명히 나타나 있다. ― Λόγος 칭호는 구약성서에 소급되지 않는다. 그곳 ― 유대교에서도 마찬가지인데 ― 에서는 "말"이 절대적 화법으로 사용되지 않고 "神의 말"로 사용된다. 그러나 이것은 ― 랍비의 מֵימְרָא דיי 와 같이 ― 특정한(그것이 한 인물이든지, 우주적 잠재력이든지, "실체"이든지) 모습이 아니라 신의 수시적인 힘있는 작용이다. 그러나 Λόγος 칭호는 필론(Philon v. Alex)에 의해 복음서에 중개되었다고 보는 그리스 철학적(특히 스토아적) 전통에서 온 것도 아니다. 신적인 우주의 합리적인 법칙으로서의 λόγος에 관한 철학적 사상은 요한에게 아주 멀다. 오히려 Λόγος의 모습은 우주론적 신화의 전통에서 왔다. 물론 이 신화는 유대교에 특히 필론에게 영향을 주었다. 구약성서 및 유대교 문헌에는 "지혜"라는 형태가 나타나는데 이것은 "말"에 평행한다. 즉 그것은 필론에게서 "말"과 "지혜"가 혼용된 것과 같은 것이다. 필론에게도 영향을 준 영지주의에서 Λόγος의 모습은 우주론적인 것일 뿐 아니라 구속론적인 기능도 가지고 있다. 요한의 Λόγος의 근원은 이 영역에 있다.

그의 말들은 자신에 관한 진술들이다. 그리고, 그러므로 결국 그가 가져오는 모든 계시는 ἐγώ εἰμι "나는···이다"라는 일련의 문장들에 집중된다.

ἐγώ εἰμι ὁ ἄρτος τῆς ζωῆς.
ὁ ἐρχόμενος πρὸς ἐμὲ οὐ μὴ πεινάσῃ,
   καὶ ὁ πιστεύων εἰς ἐμὲ οὐ μὴ διψήσει πώποτε.
ἐγώ εἰμι τὸ φῶς τοῦ κόσμου.
ὁ ἀκολουθῶν μοι οὐ μὴ περιπατήσῃ ἐν τῇ σκοτίᾳ,
   ἀλλ' ἕξει τὸ φῶς τῆς ζωῆς.
ἐγώ εἰμι ἡ θύρα, ἐγώ εἰμι ὁ ποιμὴν ὁ καλός.
ἐγώ εἰμι ἡ ἀνάστασις καὶ ἡ ζωή.
ἐγώ εἰμι ἡ ὁδὸς καὶ ἡ ἀλήθεια καὶ ἡ ζωή.
ἐγώ εἰμι ἡ ἄμπελος ἡ ἀληθινή.

"나는 생명의 떡이다.
나에게 오는 자는 결코 배고프지 않고
나를 믿는 자도 결코 영원히 목마르지 않으리라"(6 : 35; 비교. 6 : 51 a).
"나는 세상의 빛이다.
나를 따르는 자는 결코 어두움에서 걷지 않고
　생명의 빛을 가질 것이다"(8 : 12). .
"나는 문이고"(10 : 9), "나는 선한 목자이다"(10 : 11, 14).
"나는 부활이고 생명이다"(11 : 25).
"나는 길이고 진리이며 생명이다"(14 : 6).
"나는 참 포도나무이다"(15 : 1, 5).

결국 예수는 보충 없이 절대적으로도 이 $\dot{\epsilon}\gamma\dot{\omega}$ $\epsilon\dot{\iota}\mu\iota$를 말할 수 있다: $\dot{\epsilon}\dot{\alpha}\nu$ $\gamma\dot{\alpha}\rho$ $\mu\dot{\eta}$ $\pi\iota\sigma\tau\epsilon\dot{\upsilon}\sigma\eta\tau\epsilon$ $\ddot{o}\tau\iota$ $\dot{\epsilon}\gamma\dot{\omega}$ $\epsilon\dot{\iota}\mu\iota$, $\dot{\alpha}\pi o\theta\alpha\nu\epsilon\hat{\iota}\sigma\theta\epsilon$ $\dot{\epsilon}\nu$ $\tau\alpha\hat{\iota}\varsigma$ $\dot{\alpha}\mu\alpha\rho\tau\dot{\iota}\alpha\iota\varsigma$ $\dot{\upsilon}\mu\hat{\omega}\nu$ "이는 만일 너희는 내가 그이임을 믿지 않으면 너희의 죄들 중에서 죽을 것임이다"(8 : 24)와 $\ddot{o}\tau\alpha\nu$ $\dot{\upsilon}\psi\dot{\omega}\sigma\eta\tau\epsilon$ $\tau\dot{o}\nu$ $\upsilon\dot{\iota}\dot{o}\nu$ $\tau o\hat{\upsilon}$ $\dot{\alpha}\nu\theta\rho\dot{\omega}\pi o\upsilon$, $\pi\dot{o}\tau\epsilon$ $\gamma\nu\dot{\omega}\sigma\epsilon\sigma\theta\epsilon$ $\ddot{o}\tau\iota$ $\dot{\epsilon}\gamma\dot{\omega}$ $\epsilon\dot{\iota}\mu\iota$ "너희는 人子를 올리운 후에 그 때에야 내가 그 이임을 알리라"(8 : 28). 무엇을 더 보충해야 할 것인가? 특정한 것, 특별한 것이 아님은 분명하다. 오히려 그는 "그것이 나라고 내가 말하는 모든 것" — 또는 아마 이렇게 말하는 것이 더 나을 것이다: 그는 "생명과 죽음, 존재와 비존재가 예속되어 있는 자", "온 세상이 구원을 가져 오리라고 기다리는 자"라고. 그 까닭은 $\dot{\epsilon}\gamma\dot{\omega}$ $\epsilon\dot{\iota}\mu\iota$ "나는···이다"라는 문장에서 $\dot{\epsilon}\gamma\dot{\omega}$ "나"가 서술어이고 주어가 아니라는 것이 주목되어야 하기 때문이다. 그 의미는 언제나 "생명의 떡과 빛 등등이 내 안에 現在한다"는 것이다(S 387).

떡과 빛, 문과 길, 목자와 포도나무에 관한 모든 像들은 역시 非具象的으로 생명과 진리를 뜻하는 것 즉 인간이 가져야 하고 본래 생존할 수 있기 위해 가지고 싶어하는 것을 가리킨다. 그러므로 예수는 $\dot{\epsilon}\gamma\dot{\omega}$ $\epsilon\dot{\iota}\mu\iota$로 자신을 소개하되 세상이 기다리고 모든 동경을 이루어 주는 자로 소개한다. 이것이 사마리아 우물가의 장면에서 상징적으로 묘사되었다. $O\hat{\iota}\delta\alpha$ $\ddot{o}\tau\epsilon$ $M\epsilon\sigma\sigma\dot{\iota}\alpha\varsigma$ $\ddot{\epsilon}\rho\chi\epsilon\tau\alpha\iota\cdots\ddot{o}\tau\alpha\nu$ $\ddot{\epsilon}\lambda\theta\eta$ $\dot{\epsilon}\kappa\epsilon\hat{\iota}\nu o\varsigma$, $\dot{\alpha}\nu\alpha\gamma\gamma\epsilon\lambda\epsilon\hat{\iota}$ $\dot{\eta}\mu\hat{\iota}\nu$ $\ddot{\alpha}\pi\alpha\nu\tau\alpha$ "메시야가 오면···그가 온 후에 그가 우리에게 모든 것을 전하리라는 것을 나는 아나이다"라는 사마리아 여인의 말들에 대해 예수는 이렇게 대답한다: $\dot{\epsilon}\gamma\dot{\omega}$ $\epsilon\dot{\iota}\mu\iota$ $\dot{o}$ $\lambda\alpha\lambda\hat{\omega}\nu$ $\sigma o\iota$ "네게 말하고 있는 내가 그이이다"(4 : 25 f.). 그리고 그는 人

子가 누군가라는 치유된 소경의 물음에도 비슷하게 대답한다 : καὶ ἑώρακας αὐτὸν καὶ ὁ λαλῶν μετὰ σοῦ, ἐκεῖνός ἐστιν "너도 그를 보고 있는바 너와 말하고 있는 자 그가 바로 그이이다"(9 : 37). 세상의 동경은 사실 구원을 가져오는 자에 관한 사상에서 각이한 형태들로 각이한 칭호들로 모습을 가지게 되었다. 그러므로 실제로 요한에게서 예수는 유대 및 헬레니즘 전통의 구원자 칭호들을 얻었다(§ 45, 2). 예수는 옛 희망을 이루어 주는 자이다. 그의 옴은 종말론적 사건이다(§ 45, 3). 모든 전통적 칭호들에 만족치 못했다는 것은 베드로의 고백에 나타나는 칭호가 시사한다 : καὶ ἡμεῖς πεπιστεύκαμεν καὶ ἐγνώκαμεν ὅτι σὺ εἶ ὁ ἅγιος τοῦ θεοῦ "우리도 믿고 당신이 신의 거룩한 자임을 알았나이다"(6 : 69). 이 칭호는 신약성서중 오로지 귀신의 고백인 마가복음서 1장 24절에 다시 한번 나올 뿐이다. 이 칭호에는 (적어도 뚜렷한) 전통이 없다. 물론 예수는 요한일서 2장 20절 ; 계시록 3장 7절에서도 ὁ ἅγιος "거룩한 자"로 표시되었지만 그 곳에는 칭호는 없고 오히려 "그는 거룩한 자"라는 의미가 있기 때문이다. 그 칭호는 예수를 절대적인 피안의 사람으로 표시하는데, 이것은 그가 신의 편에 **속하고** 신의 대표자로서 세상에 대해서 있음을 말한다. 그러나 동시에 우리가 들어야 할 것은 역시 그가 ὃν ὁ πατὴρ ἡγίασεν καὶ ἀπέστειλεν εἰς τὸν κόσμον "아버지가 성별하여 세상에 보낸 자"(10 : 36)이고 그의 사람들을 위해 성별케 된 자(17 : 19 ; S. 417)라는 것이다.

3. 啓示者

그러므로 끝으로 드러난 것은 예수가 신의 계시자로서 그 자신이 계시자라는 것 외에 아무것도 계시하지 않았다는 것이다. 그리고 이것으로써 말해진 것은 그가, 세상이 기다리고 그의 인격으로 인간의 모든 동경이 바라는 것을 가져오는 자라는 것이다. 즉 그는 인간으로 실존할 수 있게 하는 실재성으로서의 생명과 진리이고 문제들과 수수께끼들에 종지부를 찍는 실존의 완전한 투명성으로서의 빛이다. 그러나 그것이 어떠하고 그것을 그는 어떻게 가져오는가? 그가 그것이고 그것을 가져온다고 말하는 방법 외에 다른 방법은 없다. 즉 그는 합법성 없이 신앙을 요구하는 인간적 말로 말하는 인간이다. 그러므로 요한은 자신의 복음서에서 오로지 계시하는 DaB(事實)만을 명시하고 그것이 무엇임은 밝히지 않았다.

요한에게 표현 수단인 영지주의 신화와 그 언어는 결국 계시가 DaB, 다시 말해서 계시자가 왔다가 갔다, 내려왔다가 다시 올라갔다는 귀절 외에

§48. 말로서의 啓示

어떤 다른 데도 존속하지 않는다는 것을 표현하는 데 족했다. 영지주의가 계시의 본질에 관해 우주 생성론 및 구원론적 사변들로 풍부하게 말할지라도 역시 그것에 있어서도 결정적인 것은 저 단순한 DaB "사실"이기 때문이다. 그리고 그것은 말하자면 그것에 있어서 구세주가 우주적 모습이고 救贖은 결국 우주적 과정이기 때문인데 이 과정을 통해 물질적 세상에 갇혀 있는 光體들이 해방되고 빛의 세계에 인도되어 올라간다(S. 402 f.). 구세주와 구원된 자들 사이의 우주적 연관성 즉 그들의 φύσις "本性"의 동일성은 救贖의 전제이다. 그의 운명은 이 동일성에 의해 그들의 것이다. 그리고 이것을 인식하는 것, 즉 그 자신의 φύσις와 그것의 구세주와의 연계를 인식하는 것은 계시의 내용이며 또한 그들을 받아들이는 γνῶσις "영지"이다. 그러나 요한이 이 신화에서 이 우주 생성론적 전제들을 거부하고 구세주와 구원된 자의 φύσις와, 같은 넋의 운명에 관해 말하지 않기 때문에 그에게 남는 것은 단지 계시의 빈 DaB "사실"뿐인 것같이 보인다. 그는 계시의 내용을 합리적인 또는 사변적인 인식들에 의해 또는 共觀書의 예수의 선포를 재생시킴으로 채우지 않는다. 그 까닭에 그를 신비주의자로 보는 것이 더 타당한 것같이 보인다. 모든 可視的인 계시 내용을 부정하는 신비주의에서는 영적 체험이 통하는데, 그 내용은 모든 진술 가능성들을 초월하기 때문이다. 그러나 요한은 신비주의자가 아니다. 신비가로부터 받아들인 신비주의적 말투들은 계시 사상의 의미에서 이해되었다(§47, 1). 영의 訓諭과 영의 체험에 관한 어떤 관심도 그에게는 없다. 신비주의를 특징지어 주는 否定的인 신에 관한 서술어들도 없다. 그리고 세상에 대한 부정은 그에게서 그것이 신비주의에서 가지고 있는 의미를 가지지 않는다. 다시 말하면 이 부정에서는 존재론적 의미가, 신의 존재 양식이 부정의 방법에 의해 묘사되지 않고, "세상"을 역사적 세력으로서 즉 신에 대한 반란에서 구성되는 인간 세계로서(§42, 44) 본 바와 마찬가지로, 세상에 대한 부정은 인간에 대한 유죄선언이고 그의 오만한 독자성과 이로부터 자란 가치 평가들과 척도들의 거부이다.

그러나 만일 계시가 어떤 특정한 교훈의 전달로도, 어떤 영적 체험의 點火로도 명시되지 않는다면 오로지 계시의 단순한 DaB "사실"을 명시할 뿐이다. 그러나 이것은 결코 공허한 것으로 남지 않는다. 계시는 모든 인간의 자기 주장과 모든 인간의 척도들, 가치 평가들을 흔들어놓고 부정하는 것으로 명시되기 때문이다. 계시는 바로 이와 같은 부정으로서 생명과 참 實在에 대한 인간의 동경의 긍정이고 성취이다. 계시가 곧 이것이라는 것을 볼 수 있는 것은 오로지 신앙뿐이다. 이 신앙은 저 거리낌을 극복하고 저 부정에 굴복하며 자신의 소경됨을 승인하고 그렇게 함으로 보게 하는 신앙이다(9:39). 이때 분명해지는 것은 신앙에 초대받은 인간이 계시의 말에 대한 어떤 증명도, 합법성도, 어떤 μαρτυρία "증언"도 요구할 수 없다는 것이다(S. 406).

예수는 세상이 요구하는 μαρτυρία "증언"의 의미에서는 자신을 합법화할 수도 어떤 μαρτυρία를 댈 수도 없다. 구약성서의 "문헌들"은 물론 예수를 위해 증언한다(5:39). 그러나 유대인들은 이 증언의 의미를 전도시켰다 (S. 388). 물론 신은 그를 위해 증언한다(5:31 f.). 그러나 세상은 이 증언을 받아들이지 않는다. 그 까닭은 세상이 신을 모르기 때문이다(5:37; 7: 28; 8:19, 55; 16:3). 그러면 신은 그를 위해 어떻게 증언하는가? 그의 일들에 의한다(5:36 f.; 10:25)! 그러나 이 일들은 사실 그의 말(S 422 ff.) 즉 그 자신이 계시자라는 그의 주장과 일치한다. 그러므로 그 증언은 곧 증거되어야 할 것과 동일한 것이다! 그리고 그 까닭에 예수는 스스로 자신을 증거하지 않는다는 귀절과 나란히, 그는 자신을 위해 증거한다(8: 14, 18)는 다른 귀절도 서게 된다. 그는 자신을 위해 그의 ἐγώ εἰμι "나는···이다"라는 말로 증언한다. 그러나 이 증언을 증언으로 이해하는 것은 오로지 신앙뿐이다: ὁ λαβὼν αὐτοῦ τὴν μαρτυρίαν ἐσφράγισεν ὅτι ὁ θεὸς ἀληθής ἐστιν. ὁ πιστεύων εἰς τὸν υἱὸν τοῦ θεοῦ ἔχει τὴν μαρτυρίαν ἑαυτῷ ὁ μὴ πιστεύων τῷ θεῷ ψεύστην πεποίηκεν αὐτόν "그의 증언을 받는 자는 신이 참되다고 印을 친 것이다"(3:33). "신의 아들을 믿는 자는 자기 안에 증거가 있고 신을 믿지 않는 자는 신을 거짓말하는 자로 만드는 것이다"(요일 5:10). 역설이란 바로 이것인데 곧 예수의 말이 그의 신빙성을, 증거하는 말에서 증거되는 대상, 즉 그 대상 밖에서 증거될 수 있는 것처럼 생각되는 대상으로 돌아가는 데서 발견하지 못하고, 오로지 그 말을 믿음으로 받아들이는 데서 찾을 뿐이다. 이것은 곧 다음 말의 의미이기도 하다: ἐάν τις θέλημα αὐτοῦ(sc. τοῦ θεοῦ) ποιεῖν, γνώσεται περὶ τῆς διδαχῆς(sc. τῆς θέλη τὸ ἐμῆς), πότερον ἐκ τοῦ θεοῦ ἐστιν ἢ ἐγὼ ἀπ' ἐμαυτοῦ λαλῶ "사람이 그(신)의 뜻을 행하려 하면 이(내) 교훈이 신에게서 왔는지 내가 스스로 말하는지를 알 것이다"(7:17). "신의 뜻의 행함"이라는 것은 도덕적 행위가 아니다. 그러므로 말은 제일 먼저 윤리로 시작하여 이해하도록 요구되어서는 안 된다. 그 때에는 이미 그것에서 敎義學을 위한 이해가 생겨난 것이다. 신의 뜻이 요구하는 것은 오히려 신앙 외에 다른 것이 아니다(6:29). 오로지 이 신앙으로만 증거된 대상은 보여질 것이고 그 증언도

§48. 말로서의 啓示

정당한 것으로 인식될 것이다. 달리 말하면 오로지 신앙에서만 신의 대상은 드러난다. 그러나 이런 신앙에서 증거를 "자신 안에 가진" 자는 그것과 함께 곧 생명을 가진다 : καὶ αὕτη ἐστὶν ἡ μαρτυρία ὅτι ζωὴν αἰώνιον ἔδωκεν ὁ θεὸς ἡμῖν "그리고 영원한 생명을 신이 우리에게 주었다는 이것이 바로 증거이다"(요일 5 : 11).

이때 결국은 계시자가 특정한 역사적 인간, 나사렛 예수 외에 다른 것이 아님이 분명해질 것이다. 그리고 "왜 바로 이 사람인가?"라는 물음은 본질상 계시에 속하는 거리낌이 극복되지 않는 한 대답될 수 없을 것이다. 이 예수는 물론 특정한 인간의 모습으로 사람들을 만날 수밖에 없다. 그러나 요한은 그에 관한 거리낌의 정체만을 뚜렷이 하는 일에 자신을 한정시켰다. 그가 상대로 글을 쓰는 공동체에서, 전통에서 온 예수와 그의 선포에 관한 像이 생동한다는 것을 요한이 전제했다면, 그는 그 像이 여하간 자신의 啓示思想의 빛에서 이해될 수 있기를 원했다. 이것은 곧 그가 예수의 공관복음서적 선포의 의미를 다음과 같은 점에서, 즉 그의 선포가 결국 "세상"의 自己理解를 흔들고 부정하는 것이라는 점에서 보았다는 것을 뜻할 것이다. 그러나 여하간 그는 공동체의 선포의 과제를, 예수에 관한 역사적 전통을 계속 전달하는 데서 보지 않았다. 공동체의 증언은 그에게 선사된 영의 증언이다. 이 영은 ἄλλος παράκλητος "다른 위로자"로서 예수의 자리를 대신한다(14 : 16). 그리고 영이 예수가 말한 모든 것을 "회상한다"면(14 : 26), 이 회상은 역사적 재생에서의 현재화가 아니라 종말론적 사건의 현재화인데 이 사건은 그와 함께 세상에 침입한 것이다(16 : 8-11). 그리고 만일 영이 "온전한 진리에 인도한다"(16 : 13)면, 그가 이 사건의 빛에서 그때 그때의 현재를 이해할 것을 가르쳤음이 분명하다(§50, 7).

예수의 계시는 그의 Daß "사실"을 넘어서만 논의되는가, 즉 그것이 "세상"에 대한 거리낌으로서, 심판으로서, 인간의 자기 주장을 부정하는 것으로서 성격지어지면서만 논의될 수 있는가? 말할 수 있는 것은 한 가지가 아직 남아 있다. 계시가 계시로서 신앙에서 계시되기 때문에 계시의 의미는 어느 움직임이 신앙에서 수행되는가를 다룸으로 더 분명해질 수 있을 것이다.

C. 信 仰*

§49. 말을 들음으로서의 信仰

1. 들음과 봄으로서의 信仰

요한복음서는 ἵνα πιστεύητε ὅτι 'Ιησοῦς ἐστιν ὁ Χριστὸς ὁ υἱὸς τοῦ θεοῦ, καὶ ἵνα πιστεύοντες ζωὴν ἔχητε ἐν τῷ ὀνόματι αὐτοῦ "너희로 예수가 그리스도 신의 아들임을 믿고 또 믿음으로 너희가 그의 이름을 힘입어 생명을 얻도록 하기 위해" 기록되었다(20:31). 세례 요한은 예수를 위해 증거하도록 신에 의해 보내졌었다: ἵνα πάντες πιστεύσωσιν δι' αὐτοῦ "모든 사람이 그를 통해 믿도록 하기 위함이다"(1:7). 신은 μονογενὴς υἱός "독생자"를 보내 ἵνα πᾶς ὁ πιστεύων εἰς αὐτὸν μὴ ἀπόληται, ἀλλ' ἔχῃ ζωὴν αἰώνιον "그를 믿는 모든 사람이 멸망치 않고 영원한 생명을 얻게" 했다(3:16). 人子가 올리워져야 함은 ἵνα πᾶς ὁ πιστεύων ἐν αὐτῷ ἔχῃ ζωὴν αἰώνιον "그를 믿는 모든 사람이 영원한 생명을 얻기 위함"이다(3:15). 人成한 자는 πιστεύοντες εἰς τὸ ὄνομα αὐτοῦ "그의 이름을 믿는 자들에게" ἐξουσία, τέκνα θεοῦ γενέσθαι "신의 자녀가 될 권능"을 제공한다(1:12). Ὁ πιστεύων εἰς τὸν θεὸν ἔχει ζωὴν αἰώνιον "아들을 믿는 자는 영원한 생명을 얻는다"(3:36). 이렇게 요한복음서와 요한1서를 일관하고 있는 것은 믿으라는 요구(6:29; 12:36; 요일 3:23)와 믿는 자를 위한 약속(6:35, 40, 47; 7:37, 38a; 11:25 f.; 12:44—46; 14:12; 요일 5:1, 10, 13)이다.

具象的인 화법들도 같은 것을 말한다. 예수에게 "온다"는 것은 그를 믿는다는 것 외에 다른 것을 말하지 않는다(5:40; 6:37, 44 f., 65). 그리고 이 둘은 동의어적 명령법에 속한다(6:35; 7:37). 그를 "세상의 빛"으로 "따르는" 자는 그를 믿는 자와 같이 약속을 받는다(8:12). 그리고 그를 "문"처럼 "통과"하는 자(10:9), 또는 그가 제공하는 "물"을 "마시는" 자(4:13 f.; 비교. 6:35; 7:37)도 마찬가지이다. 그를 믿는다는 것도 그를 "받아들인다" (λαμβάνειν, 1:12; 5:43)와 그를 "사랑한다"(8:12; 14:15, 21 ff.; 16:27) 외에 다른 것을 뜻하지 않는다.

---

* 이 표제에 관한 문헌들, 참조. S. 640.

§49. 말을 들음으로서의 信仰 435

이 용어로 요한은 그리스도교 공동의 용법에 결부시켰는데 이 $\pi\iota\sigma\tau\epsilon\acute{u}\epsilon\iota\nu$ "믿다"에 의해 그리스도교 소식의 승인을 표시한다(S. 91 f. ; 요한은 대체로 이 동사를 사용했다. 명사 $\pi\acute{\iota}\sigma\tau\iota s$ "믿음"은 단지 요일 5 : 4에 나올 뿐이다). 그러므로 신앙의 대상은 한 ὅτι 문장으로 제시될 수 있다(6 : 69; 10 : 38; 11 : 27, 42; 17 : 8; 20 : 31; 요일 5 : 1,5 등). 그리고 이 대신 간략한 표현 $\pi\iota\sigma\tau\epsilon\acute{u}\epsilon\iota\nu$ $\epsilon\grave{\iota}s$ "…를 믿다"도 나타난다 (복음서와 요한일서에는 여러 곳에 나온다. $\Pi\iota\sigma\tau\epsilon\acute{u}\epsilon\iota\nu$ ὅτι "…라는 것을 믿는 다"와 엇갈려 나오는 곳 : 11 : 25—27). 이것은 $\pi\iota\sigma\tau\epsilon\acute{u}\epsilon\iota\nu$ $\epsilon\grave{\iota}s$ $\tau\grave{o}$ $\acute{o}\nu o\mu a$ (αὐτοῦ) "(그의) 이름을 믿는다"와 同價의 것이다(1 : 12; 2 : 23; 3 : 18; 요일 5 : 13; 비교. 3 : 18에서 교체). 절대적 용법인 $\pi\iota\sigma\tau\epsilon\acute{u}\epsilon\iota\nu$ "믿다"도 같은 의미를 가지고 $\pi\iota\sigma\tau\epsilon\acute{u}\epsilon\iota\nu$ ὅτι (11 : 40, 42; 16 : 30 f.) 및 $\pi\iota\sigma\tau\epsilon\acute{u}\epsilon\iota\nu$ $\epsilon\grave{\iota}s$ (3 : 18; 4 : 39, 41)와도 교체될 수 있다. 이 모든 표현들과 나란히 $\pi\iota\sigma\tau\epsilon\acute{u}\epsilon\iota\nu$ 이 3격과 사용되는 것은 특별히 요한적인 것이다(5 : 38, 46; 8 : 45 f. 등 ; $\pi\iota\sigma\tau\epsilon\acute{u}\epsilon\iota\nu$ $\epsilon\grave{\iota}s$와의 교체, 8 : 30 f. ; $\pi\iota\sigma\tau\epsilon\acute{u}\epsilon\iota\nu$ τῷ ὀνόματι ⟨εἰς τὸ ὀνόματι 대신⟩와의 교체 : 요일 3 : 23).

그와 그의 말이 동일하기 때문에 (§48, 1) 그의 말들도 신앙의 대상으로 일컬어질 수 있다(5 : 47; 비교. 2 : 22). 그리고 말들과 동일한 "일들"도 마찬가지이다(10 : 38). 그가 $\lambda a\mu\beta\acute{a}\nu\epsilon\iota\nu$ "받아들이다"의 대상인 것과 같이(참조. 위에) 그의 ῥήματα "말들"(12 : 48; 17 : 8) 또는 $\mu a\rho\tau u\rho\acute{\iota} a$ "증거" (3 : 11, 32 f. ; 비교. 요일 5 : 9)도 같다. 요한의 경우 "그에게 믿음을 선사한다" (3격과 쓰여진 $\pi\iota\sigma\tau\epsilon\acute{u}\epsilon\iota\nu$)와 "그를 믿는다"($\pi\iota\sigma\tau\epsilon\acute{u}\epsilon\iota\nu$ $\epsilon\grave{\iota}s$)가 같은 것도 이로부터 이해된다. 그를 믿을 수 있기 위해 먼저 그에게 믿음을 선사하고 신뢰해야 한다는 것이 아니다. 오히려 그를 믿을 수 있도록 그를 믿어야 한다는 것이다. 이 둘은 서로 함께 일어날 수 있는 것이다. 그러므로 선포된 말에서 선포자 자신이 만난다는 것이 분명해진다. 선포자와 선포된 자의 통일성은 이 언어 용법에서 분명해졌다. 그것은 "그를 버린다"와 "그의 말들을 받아들이지 않는다"가 일치하거나(12 : 48), 불신앙이 "그 아들에게 순종하지 않는 것"을 뜻하는 것과 같은 것이다(3 : 36).

그에 대한 신앙이 들음에서 온다(5 : 24)는 것, 아니 그것이 들음 자체라는 것은 말과 그 인물이 동일하다는 데 일치한다. 그것이 순수한 들음 즉 단순한 청취가 아니라, "들음 과 배움"(6 : 45) 또는 $\acute{a}\kappa o\acute{u}\epsilon\iota\nu$ $\kappa a\grave{\iota}$ $\varphi u\lambda \acute{a}\tau\tau\epsilon\iota\nu$ "들음과 행함"(12 : 47)인 한 그렇다. 그러므로 "들음"과 "들음" 사이에는 차이가 있을 수 있다 :

信 仰

ἔρχεται ὥρα καὶ νῦν ἐστιν
ὅτε οἱ νεκροὶ ἀκούσουσιν τῆς φωνῆς τοῦ υἱοῦ τοῦ θεοῦ
καὶ οἱ ἀκούσαντες ζήσουσιν
"때가 오고 지금이 그 때인데
죽은 자들이 신의 아들의 소리를 듣고
들은 자들이 살아날 때이다"(5 : 25).

유대인들이 예수의 말을 "들을" 수 없다는 것(8 : 43, 47)은 그들이 그에게 신뢰할 수 없다는 것(8 : 45 f.)과 같은 것을 의미한다. "진리에서" 난 자는 그의 말을 듣는다(18 : 37). 또는 具象言語로 말하면 양들은 목자의 소리를 듣는다(10 : 3, 16, 27).

인물과 말 및 일과 말의 동일성은 봄도 들음에 관해서와 같이 말해질 수 있다는 결과를 가져온다. 그것은 5장 37절과 요한일서 1장 1, 3절(비교. 3장 32절)에서 이 두 동사가 결합되어 있는 것과 8장 38절에서 擇一된 것과 같다. 듣다와 믿다처럼 보다와 믿다도 서로 결합 또는 병행될 수 있다(6 : 40; 12 : 44 f.).

봄을 위한 相異한 동사들(ὁρᾶν ⟨ἰδεῖν, ὄψεσθαι⟩ βλέπειν, θεᾶσθαι, θεωρεῖν)은 요한의 경우 의미상의 구별 없이 사용되었다. 봄의 대상은 인물들, 사물들 또는 현상들, 즉 地上 可視的 세계에서 일반적으로 認知될 수 있는 것들(1 : 38, 47; 9 : 8 등)과 또는 단지 예외적으로만 특정한 사람들에 의해 인지될 수 있는 초자연적 사물들 또는 현상들이다(1 : 32 ff.; 20 : 12, 14 등). 이 두 경우에 봄은 감성적인 知覺인 반면 다른 경우들에는 감성이 아닌 可視的 事態의 내적 知覺을 표시한다. 그리고 이것은 특수한 요한의 語法이다. 즉 그것은 人成된 자에게서 신의 아들을 인식하는 봄이다. 그 까닭에 그것은 예수에 대한 감성적 지각과 역사적으로 합치할 수 있다(1 : 14; 6 : 40; 12 : 45; 14 : 9 등). 그러나 그것은 분리될 수도 있다. 가령 요일 4 : 14 : καὶ ἡμεῖς τεθεάμεθα καὶ μαρτυροῦμεν ὅτι ὁ πατὴρ ἀπέσταλκεν τὸν υἱὸν σωτῆρα τοῦ κόσμου "아버지가 아들을 세상의 구주로 보냈음을 우리도 보고 증거한다". — 轉義된 어법 (4 : 19; 7 : 52 등)과 일정한 화법들 (3 : 3, 36; 8 : 51 등)에 관해 여기서는 도외시될 수 있다.

신앙과 들음, 봄의 병행성 및 동일성은 이미 그 봄이 가령 신비적 觀照가 아님을 보여 준다. 그것은 역사적 인물 예수에게서 ἀλήθεια "진리"와 ζωή "생명"을 알아 보는 신앙의 知覺이고 이 진리와 생명은 오로지 그를 통해서

§49. 말을 들음으로서의 信仰

단 중개되고 그러므로 직접적인 觀照에서 지각되는 것이 아니다. 이 사실은 δεῖξον ἡμῖν τὸν πατέρα, καὶ ἀρκεῖ ἡμῖν, "우리에게 아버지를 보여 주소서, 그러면 우리에게 족하겠나이다"라는 빌립의 간청에 예수가 τοσοῦτον χρόνον μεθ᾽ ὑμῶν εἰμι καὶ οὐκ ἔγνωκάς με, Φίλιππε; ὁ ἑωρακὼς ἐμὲ ἑώρακεν τὸν πατέρα "빌립아, 내가 너희와 함께 그렇게 오랫동안 있는데도 너는 나를 알지 못하느냐? 나를 본 자는 아버지를 보았느니라"(14:8 f. 비교. 12:45)라고 대답한 데서 분명하게 되었다. 그러므로 ἐθεασάμεθα τὴν δόξαν αὐτοῦ "우리가 그의 영광을 본다"(1:14)는 ὁ λόγος σὰρξ ἐγένετο "말이 육신이 되었다"에도 관련된다. 이 ἐθεασάμεθα "우리가 본다"는 역사적 추궁의 의미에서의 "目擊"을 표시하지 않는다. 그런 의미에서는 사실 불신적인 유대인들도 목격자들이었으나 δόξα "영광"에 관해서는 아무것도 보지 못했다. 그러나 θεᾶσθαι "보다"의 주어는 믿는 동시대인들(첫 제자들)뿐이 아니고, 모든 시대들의 신자들도 그 주어이다. 계시자는 옛 날에 人成된 자일 뿐 아니라 영원히 그런 자로 남는다. 신앙은 결코 그에게서 벗어날 수 없다. Δόξα "영광" 및 ἀλήθεια "진리", ζωή "생명"은 직접 볼 수 있게 되는 것이 아니다. 또 계시는 어떤 사상 내용에 存續되는 것이 아니다. 그런 사상 내용의 전달을 위한 것이라면 "말"의 人成은 단지 이미 처리된 하나의 기구였을 것이다. 그 까닭에 믿는 동시대인의 역할은 그들이 목격한 것으로 계속되는 세대들의 신앙에 안전성의 보장을 제공하는 데 있지 않고 그들에게 ὁ λόγος σὰρξ ἐγένετο "말이 육신이 되었다"라는 거리낌을 전달하는 데 있다.

2. 認識

말하자면 그 봄은 신앙에 고유한 인식이다. 그러므로 ὁρᾶν "보다"와 γινώσκειν "알다"는 서로 결합될 수도 교체될 수도 있다(14:7,9, 17; 요일 3:6; 비교. 5:37을 8:55에, 또는 6:46을 17:25에). 신앙은 인식하는 신앙일 때에만 참 신앙이다. 이것은 다음과 같이 표현되었다. 즉 믿는 자들이 예수의 "말 안에" 성실히 "머물러" 있으면 그들에게 진리의 인식이 약속된다는 것이다(8:31 f.). 참 신앙은 의견상의 신앙과 혼동되어서는 안된다. 신앙은 가령 예수의 σημεῖα "표적"에 의해 일깨워진 것일 수 없다(2:23 f.; 7:31; 10:42; 11:45; 12:11). 또는 그의 담론에 의해 고취된 것일 수도 없다(8:30). 그런 신앙은 첫 전환일 수 있을지는 몰라도 참 신앙으로 수호되어야 할 것은 아니다. Ἀκούειν "듣다"에 반드시 ῥήματα "말들"의

φυλάττειν "실천하다"가 따라야 하는 것과 같이 (12 : 47) 참 신앙도 τηρεῖν τὸν λόγον "말을 지킨다"는 것으로 (8 : 51; 14 : 23; 15 : 20; 17 : 6) 또는 μένειν ἐν τῷ λόγῳ "말 안에 머문다"(8 : 31)는 것으로 표시될 수 있다. 이 것은 그 안에, 계시자 안에 머물러 있다는 표현(15 : 4—7; 요일 2 : 6. 27 f.; 3 : 6, 24; 비교. 요일 4 : 13, 15 f.; 신 안에; 요일 2 : 10: 빛 안에; 15: 9 f.; 요일 4 : 16: ἀγάπη "사랑" 안에) 및 말들이 믿는 자들 안에 머물러 있다는 데 관해 말하는 다른 표현(15 : 7; 요일 2 : 24)과 같은 것을 의미한다.

8장 31—32절의 표현, ἐὰν ὑμεῖς μείνητε ἐν τῷ λόγῳ τῷ ἐμῷ ··· γνώσεσθε τὴν ἀλήθειαν "너희는 내 말 안에 머물러 있으면 ···진리를 알 것이다"는 인식이 이미 순수한 것으로서의 신앙에 소유되어 있지 않고 그것을 넘어선다는 사상들에 가까울 수 있을 것이다. 그러나 그것은 잘못 이해된 것이다. 우선 분명한 것은 신앙과 인식이 그 대상에 관계된 한 구별될 수 없다는 것이다. 아버지가 예수를 보냈다는 것은 신앙의 대상이며 (11 : 42; 17 : 8, 21), 동시에 인식의 대상이다(17 : 3). 예수가 아버지에게서 왔다는 것이 믿어지는 것 (16 : 27—30)은, 그의 가르침이 아버지에게서 났다는 것이 인식되는 것과 같은 것이다(8 : 17). 'Ἀλήθεια "진리"가 인식의 대상인 것과 같이 (8 : 32) 신앙은 ἀλήθεια인 자를 믿는다(14 : 6). 예수가 그리스도 라는 것은 믿어지는 것이다(11 : 27; 20 : 31). 그러나 동시에 인식도 된다(6: 69). 세상이 제자들의 일치에 의해 아버지가 예수를 보냈다는 것을 믿게 되는 것과 같이 (17 : 21) 세상은 그것에서 동일한 인식도 길러 낼 것이다(17 : 23). 그리고 이에 일치하게 그의 사람들에 관해 이렇게 말해졌다:

καὶ ἔγνωσαν ἀληθῶς ὅτι παρὰ σοῦ ἐξῆλθον,
καὶ ἐπίστευσαν ὅτι σύ με ἀπέστειλας
"그리고 내가 아버지에게서 나온 줄을 참으로 아오며
당신이 나를 보낸 줄도 믿었나이다"(17 : 8).

Ὅτι 문장들의 내용이 동일하기 때문에 ἔγνωσαν "그들이 알았다"와 ἐπίστευσαν "그들이 믿었다"가 서로 다른 두 행위가 아닌 것은 분명하다. 단지 πιστεύειν "믿는다"가 예수를 향한 처음 전환을 표시할 수 있으나 아직 완전한 신앙이 아니라는 점에서 γινώσκειν "알다"는 πιστεύειν의 특별한 행위로 분리시킬 수 있다. 저 8장 30—32절에서 그런 것을 볼 수 있다. 여기서 πεπιστευκότες αὐτῷ Ἰουδαῖοι "그에게 신뢰하는 유대인들"에게 이렇게 말

해진다 : ἐὰν ὑμεῖς μείνητε ἐν τῷ λόγῳ τῷ ἐμῷ ... γνώσεσθε ...
"너희가 내 말 안에 머물면...너희는...알리라". 여하간 10장 38절에
서는 이렇다 : κἂν ἐμοὶ μὴ πιστεύητε, τοῖς ἔργοις πιστεύετε, ἵνα γνῶτε
καὶ γινώσκητε ὅτι ἐν ἐμοὶ ὁ πατὴρ κἀγὼ ἐν τῷ πατρί "나를 믿지 않을
지라도 그 일을 믿으라. 그러면 너희는 아버지가 내 안에 있고 내가 아버지
안에 있음을 알았고 알리라"(S. 413). 아마 6장 69절도 같을 것이다 : ἡμεῖς
πεπιστεύκαμεν καὶ ἐγνώκαμεν ὅτι σὺ εἶ ὁ ἅγιος τοῦ θεοῦ "우리는 당신
이 신의 거룩한 자임을 믿고 알았나이다". 그러나 완전한 의미에서의 신앙과
인식이 두 다른 행위 또는 단계들이 아니라는 것은 그 序列이 顚倒될 수도
있다는 데서 드러난다. 가령 17장 8절 및 16장 30절과 요한 1서 4장 16절:
καὶ ἡμεῖς ἐγνώκαμεν καὶ πεπιστεύκαμεν τὴν ἀγάπην ἣν ἔχει ὁ θεὸς ἐν
ἡμῖν "우리도 신이 우리 안에서 가진 사랑을 알고 믿었다".

그러므로 πιστεύειν "믿다"와 γινώσκειν "알다"는 段階들처럼 구별될 수
있는 것이 아니다. 그리스도교 공동체에도 영지주의의 경전자들과 영지주의
자들에게도 그런 것은 없었다. 신앙은 가령 어떤 교리의 受納이 아니다. 이
受納에 이어 秘義의 인식들 또는 密儀的 觀照가 따르게 하는 신앙이 아니다.
신앙은 오히려 전체이다. 인식은 신앙에서 분리될 수 없고 신앙 위에 떠 있
는 것일 수 없다. 그러나 신앙도 인식하는 신앙이다. 모든 인식이 오로지
믿는 인식일 수밖에 없는 것처럼 신앙은 인식에서 이른바 지각된다. 인식
은 신앙의 구조적 요인이다.

신에 대한 예수의 관계가 오로지 γινώσκειν "안다"로만 표시되고(10 : 15;
17 : 25) 결코 πιστεύειν "믿다"로는 표시되지 않는 반면 모든 인간적 인식이
오로지 믿는 인식이라는 것도 이에 일치한다. 이것은 지상의 現存이 끝나고
πιστεύειν이 단순히 θεωρεῖν "보다"에 의해 해소되면 비로소 없어질 것이다.
그 때에 이 "보다"는 이미 σάρξ "육신"에 의해 가려워진 δόξα "영광"을 향
하지 않고 이 영광을 직접 대상으로 가질 것이다(17 : 24).

§50. 종말론적 實存으로서의 信仰*

1. 非世界化로서의 信仰

요한에게서도 바울의 경우와 같이 신앙은 구원에 이르는, 말하자면 유일
한 길이다. 그러나 이 "신앙의 유일성"은 요한에게 자명했고 그 때문에 세

---
* 이 표제에 관한 문헌들, 참조. S. 640f.

삼스럽게 강조되지 않았다. 요한에게는 바울의 상반적 주제 즉 $πίστις$ "신앙" — $ἔργα$ $νόμου$ "율법의 일들"이 었다. 그 때문에 $χάρις$ "은혜"라는 개념도 역할을 하지 못한다(S. 367). 요한은 바울처럼 구원에 이르는 길의 문제를 토론의 대상으로 삼지 않고 구원 지체에 대한 문제를 토론한다. 그는 $δικαιοσύνη$ "義"에 대한 요구를 문제하지 않고 자신의 일들로 義를 얻을 수 있다는 유대인들의 환상과 싸우지도 않는다. 그는 오히려 생명에 대한 인간의 욕구를 문제삼고 생명에 대한 잘못된 이해에 도전한다. 세상은 생명을 요구하고 그것을 안다고도, 그것을 발견하거나 가지고 있다고까지 주장한다(5:39). 그런데 세상에 말해지는 것은 세상이 죽음에 빠져 있다는 것이다(비교. 5:25). 세상은 본다고 생각하나 세상에 말해지는 것은 보지 못한다는 것이다(9:39). 세상은 신을 안다고 생각한다. 그러나 $ἀληθινὸς$ $θεός$ "참 神"(17:3; 요일 5:20)을 세상은 알지 못한다(5:37; 7:28). 세상은 실재적인 빛, 실재적인 생명의 양식, 실재적인 생명나무를 알지 못한다(1:9; 요일 2:8; — 6:32; — 15:1; §42). 그러나 세상은 가령 過誤에 있지 않고 속임에 있다(8:44,55). 세상은 예수를 믿지 않는다 — 그 까닭은 그가 진리를 말하기 때문이다(8:46 f.). 세상은 빛에 오기를 원치 않는 것이다(3:19).

그러므로 신앙의 요구는 세상 자체의 척도들과 판단들, 지금까지의 자가 理解를 포기하라는 요구이다. 세상이 창조자에게 돌아서서 오만한 독자성으로 세운 안전이라는 全 건물(§42; §44)을 헐어버리라는 것이다. 바울의 신앙 개념과의 내적 통일성(§35)은 서로 다른 대립적인 방향 설정에도 불구하고 분명하다. 신앙은 세상에서의 전환이고 비세계화의 행위이며 피상적 안전과 生의 거짓의 포기이고 不可視的인 것과 이용할 수 없는 것에 의해 사는 바, 다시 말하면 死와 生이 뜻하는 것에 관한 전혀 새로운 척도들을 승인하고 예수가 제공하는(5:19 ff.; 11:25 f.), 세상에서 증명될 수 없는 생명을 과감하게 받아들이는 것이다.

그러므로 신앙은 거리낌의 극복이다. — 이것은 이 인간이 생명에 해후하는 곳이 오로지 단순한 인간 나사렛 예수가 그에게 약속하는 말뿐이라는 거리낌이다 — 이 사람은 자신에게서 신이 해후된다는 주장을 주장하되 이 주장을 세상이 믿음직하게 만들 수 없으면서 주장한다. 이것이 바로 $ὁ$ $λόγος$ $σὰρξ$ $ἐγένετο$ "말이 육신이 되었다"(§45; §48)의 거리낌이다. 그는 이것으로써 세상을 승리한 자이다(요일 5:4).

그러나 신앙은 가령 二元論的 世界觀같은 것이 아니다. 신앙은 인간이 자신의 안전에 흔들리고 세상에서 방황하다가 세상에서 돌아서서 사변적인 사유 또는 경건한 침묵으로 피안의 세계에 올라가려는 데서 생긴다. 신앙은 인간에 의해 자유로이 수행될 수 있는 행위가 아니다. 예수는 이 신앙을 위해 단지 "계기"만을 마련해 주는 것이 아니다. 신앙은 오히려 길이고 진리이며 생명인 그를, 아무도 그 없이는 아버지에게 올 사람이 없는 그를 지향한다(14 : 6, §46,1). 신앙은 세계 도피와 금욕이 아니라 인간의 모든 척도들과 평가들의 파괴로서의 비세계화이다.[1] 이 의미에서 믿는 자는 이미 ἐκ τοῦ κόσμου "세상에 속하지" 않고(15 : 19; 17 : 14; 16) 즉 그는 자신을 규정하는 자신의 근원으로서 세상에 속하지 않는다(§43,2). 그 까닭에 세상은 "그"를 알지 못했던 것과 같이 믿는 자들을 "알지" 못한다(요일 3 : 1). 아니, 세상은 그를 미워했던 것과 같이 그들을 미워한다(15 : 18—20; 요일 3 : 13). 예수의 길이 죽음에 인도하는 것과 같이 그의 사람들의 길도 박해와 죽음에 인도한다(12 : 24—26; 16 : 1—4). 그러나 저 οὐκ ἐκ τοῦ κόσμου "세상에 속하지 않는다"는 세상에서의 후퇴와 혼돈될 수 없다. 예수가 아버지에게 간구한 것은 ἵνα ἄρῃς αὐτοὺς ἐκ τοῦ κόσμου, ἀλλ' ἵνα τηρήσῃς αὐτοὺς ἐκ τοῦ πονηροῦ "당신이 그들을 세상에서 올려가기 위함이 아니고 오직 악에 빠지지 않게 보존하기를 위함이니이다"(17 : 15). 신이 그를 세상에 보낸 것과 같이 그는 그의 사람들을 세상에 보낸다(17 : 18).

세상은 사실 요한에게 있어서 영지주의에 있어서와 같이 인간을 숙명적인 강압으로 포위하고 빛의 세계에 속하는 그의 φύσις "本性"에 전혀 이질적인 우주적 세력이 아니라, 신을 반항하는 인간 자신에 의해 구성된 역사적 세력이다(§§42—44). 한 인간이 어두운 세계에 속하는가 아니면 빛의 세계에 속하는가 하는 것은 운명 또는 φύσις "自然"이 정하지 않고 그의 결단이 정한다. 영지주의적 운명-二元論이 결단-二元論이 된 것이다(S. 379 f.). 그리고 신앙은 거리낌의 극복에서 수행되는바, 세상에 반대하고 신을 위해 결단하는 것 외에 다른 것이 아니다.

2. 信仰의 安全性

이 결단이 內世界的 動機들에서 오지 않고 세상에 반대하는 결단, 즉 이것은 신이 예수 안에 계시될 수 있는 자로 인간에게 邂逅한다는 것에 의해서

---

1) 신앙은 "돌아섬"이라고 말할 수도 있다. 그러나 이미 바울이 피하고 있는(S. 287), μετάνοια "回心"과 μετανοεῖν "회심하다"는 요한에게서 전혀 볼 수 없다. 그 이유는 그것이 도덕적인 것으로 오해될 가능성 때문임이 분명하다.

만 가능하게 되기 때문에 그런 것은 사실 아니지만, 그것은 운명적인 것 같이 나타난다(§43,1). 이 결단은 물론 신에 의해 작용되었다. 그러나 신의 작용은 이 결단 전에 또는 역시 이 결단 후에 수행되는 방식으로 수행되지 않고 바로 이 결단 안에서 수행된다. 신앙이 그에게 해후되는 계시의 물음에 신앙이 대응하는 대답은 그 물음 자체에 의해 작용되었음을 안다. 신앙의 결단은 선사된 것으로 이해된다. 제자들이 예수를 선택한 것이 아니라 그가 그들을 선택했다(15:16).

여기에 신앙의 안정성, 즉 τὸν ἐρχόμενον πρός με οὐ μὴ ἐκβάλω ἔξω "나에게 오는 자를 나는 밖에 버리지 않는다"(6:37)라는 말과 또 οὐχ ἁρπάσει τις αὐτὰ (sc. τὰ πρόβατα τὰ ἐμά) ἐκ τῆς χειρός μου "누구도 그것들(내 양떼들)을 내 손에서 탈취하지 못한다"(10:28)는 말을 경청하고 계시자가 아버지로부터 떠나면서 행한 代禱에서처럼 자신이 세상에서 "보호를 받고 있다"는 것을 알고 있는 신앙의 안전성은 그 근거를 여기에 두고 있다(17:9—19). 목자에 관한 담론에는 계시자와 신자들이 서로 안다는 像으로 신앙의 안전성이 서술되었다: γινώσκω τὰ ἐμὰ καὶ γινώσκουσί με τὰ ἐμα... "내가 나의 것을 알고 나의 것도 나를 안다..."(10:14—18, 27—30). 사실 영지주의의 신화적 언어로도 과감하게 말했다: πᾶς ὁ γεγεννημένοις ἐκ τοῦ θεοῦ ἁμαρτίαν οὐ ποιεῖ, ὅτι σπέρμα αὐτοῦ ἐν αὐτῷ μένει καὶ οὐ δύναται ἁμαρτάνειν ὅτι ἐκ τοῦ θεοῦ γεγέννηται "신으로부터 난 자마다 죄를 짓지 아니하는데 이는 신의 씨가 그 속에 거함이고 그도 범죄치 못하는 것은 신에게서 났음이다"(요일 3:9). 즉 이것은 오로지 다음의 다른 말과의 변증법적 관계에서만 이해될 수 있는 귀절이다: πᾶς ὁ ποιῶν τὴν δικαιοσύνην ἐξ αὐτοῦ γεγέννηται "義를 행하는 자마다 그에게서 났다"(요일 2:29). 즉 "義를 행하는 자마다(즉 누구든지) 신에게서 난다 — 신에게서 난 자는(그의 행위에서 드러나는 바와 같이) 죄를 짓지 않는다(참조. 아래).

신앙의 안전성은 동시에 주관적이고 객관적인 것이다. 주관적인 안전성으로서 그것은 목자에 관한 담론에서 성격지어졌다. 즉 이렇게 말했다. 양들은 목자의 음성을 식별하고 그 확실한 육감으로 낯선 사람의 소리를 좇지 않는다(10:3—5, 8). 이 안전성은 신앙에 들어 있는 속성이다. 그것은 단순한 들음과 순종이기 때문이다. 신앙이 만일 자신의 정당성의 근거들과 타당성을 위한 보장을 묻는다면 그것은 자신의 안전성을 상실한 것일 것이다. 듣는 신앙으로서 신앙은 스스로 자체의 안전성의 증거이다. 증언을 받아들

§50. 종말론적 實存으로서의 信仰

이므로 신앙은 신의 진리를 확인한다(3 : 33; 요일 5 : 10; S. 432). 그러나 믿는 신앙으로서 신앙은 자체의 안전성을 자체 안에 두지 않고 그가 믿는 대상 안에 두고 있다. $Γινώσκουσί$ $με$ $τὰ$ $ἐμά$ "나의 것들은 나를 안다"는 $γινώσκω$ $τὰ$ $ἐμά$ "나는 나의 것들을 안다"와 상응한다. 이것은 객관적인 안정성을 표시하고 그 때문에 모든 被안전성과 엄격히 구별되어야 한다. 이것이 바로 신앙의 세계 우월성을 의미한다(요일 5 : 4). 즉 신앙의 안전성은 오로지 들음이고 내세계적 경험이 될 수 없으며 바로 그 때문에 搖之不動한 것이다.

3. 종말론적 實存

거리낌의 극복이고 세상에 대립하는 결단으로서 신앙은 비세계화이며 종말론적 실존으로 넘어가는 일이다. 믿는 자는 세상 안에 있으면서 세상의 존재에서 탈취된 것이다. 그는 물론 아직 $ἐν$ $τῷ$ $κόσμῳ$ "세상에" 있으나 이미 $ἐκ$ $τοῦ$ $κόσμου$ "세상에" 속해 있지 않다(17 : 11, 14, 16). 그는 이미 심판을 극복하고 생명으로 넘어갔다(3 : 18; 5 : 24 f.). 그는 죽음을 이미 지나온 것이다(8 : 51; 11 : 25 f.). 그는 이미 생명을 가지고 있다(3 : 36; 6 : 47; 요일 5 : 12, §45, 3). 그에게는 이것이 해당된다 : $ἡ$ $σκοτία$ $παράγεται$ $καὶ$ $τὸ$ $φῶς$ $τὸ$ $ἀληθινὸν$ $ἤδη$ $φαίνει$ "어두움은 지나가고 참 빛이 이미 빛나고 있다"(요일 2 : 8). 예수가 세상에서 이방인이었던 것과 같이 믿는 자들도 그에 속하므로 그렇다. 그는 빛나는 자로서 이렇게 말할 수 있다: $δεδόξασμαι$ $ἐν$ $αὐτοῖς$ "나는 그들에게서 영광을 받았나이다"(17 : 10). 또는 $τὴν$ $δόξαν$ $ἣν$ $δέδωκάς$ $μοι$ $δέδωκα$ $αὐτοῖς$ "당신이 내게 준 영광을 나는 그들에게 주었나이다"(17 : 22).

믿는 자들의 것이 된 $δόξα$ "영광"은 어디에 있는가? 첫째 대답은 이러하다. 즉 그것은 신앙에 선사된 인식 중에 있다. 예수가 자신의 사람들에게 자신의 $δόξα$를 준다는 것은 그가 그들에게 $ζωὴ$ $αἰώνιος$ "영원한 생명"을 제공한다는 것과 같은 뜻을 가진다(17 : 2). 그러면 그것은 무엇인가? $Αὕτη$ $δέ$ $ἐστιν$ $ἡ$ $αἰώνιος$ $ζωή$, $ἵνα$ $γινώσκωσιν$ $σὲ$ $τὸν$ $μόνον$ $ἀληθινὸν$ $θεὸν$ $καὶ$ $ὃν$ $ἀπέστειλας$ $'Ιησοῦν$ $Χριστόν$ "그러나 그들이 유일한 참 神인 당신과 당신이 보낸 자 예수를 그리스도로 아는 것이 곧 영원한 생명이니이다"(17 : 3). 그러나 이 이중적인 다시 말하면 결국은 통일적인 인식 — 신은 사실 오로지 계시자를 통해서만 인식되고 계시자는 신이 그 안에서 인식될 때에만 인식되기 때문이다 — 은 신앙에 약속된 $ἀλήθεια$ "진리"의 인식(8 :

32) 즉 신을 유일한 실재로 파악하고 세상의 실재를 가상으로 통찰하는 인식과 동일하다(§42,2). 그러나 이 인식은 믿는 인식으로서(§49,2), 어떤 거리를 둔 이론적 인식이 아니라, 인식된 것에 의해, 인식된 것 중에 있는 존재에 의해 자신을 규정시키는 것이므로 계시자와 신에 대한 관계는 εἶναι ἐν "···안에 있다"로도 표시될 수 있는 것이다(15:3 ff.; 17:21).

이 인식에 自由가 약속되었다. 이 자유는 곧 세상, 가상적 실재, 이것의 유혹 및 이것의 公的인 적대성에서의 자유이다(§42,2). 예수가 세상을 이긴 것과 같이(16:33) 신앙은 세상에 대한 승리이다(요일 5:4). Ἄρχων τοῦ κόσμου τούτου "이 세상의 지배자"가 정복되고 예수가 해를 입을 수 없었던 것과 같이(12:31; 14:30) "악한 자"를 이긴 믿는 자들도 해를 입지 않는다(요일 2:13f.). 그러므로 세상에서의 자유는 죄에서의 자유이다(8:31—36). 신에게서 난 자는 이미 죄를 범할 수 없게 된 것이다(요일 3:9; S. 441 f.). 그는 이미 범죄하지 않는다. "악한 자"가 그를 해하지 못한다(요일 5:18). (발씻는 일로 묘사된) 예수의 봉사가 자신에게서 일어나게 한 믿는 자들은 "깨끗"하다(13:10). 그들은 예수가 그들에게 한 말로 깨끗하게 되었다(15:3). 그가 그들을 위해 자신을 "거룩하게"한 것은 그것이 ἡγιασ- μένοι ἐν ἀληθείᾳ "진리에서 성결케 되기 위함"이었다(17:19, S. 417). 그리고 그는 아버지께 이렇게 간구했다: ἁγίασον αὐτοὺς ἐν ἀληθείᾳ ὁ λόγος ὁ σὸς ἀλήθειά ἐστιν "당신은 그들을 성결케 하소서. 당신의 말은 진리이외다"(17:17).

이 간구가 다른 것 즉 ἵνα τηρήσῃς αὐτοὺς ἐκ τοῦ πονηροῦ "당신이 그들을 악에서 보호하기 위해"(17:15)와 같이 저 확인하는 진술들과 함께 서 있는 것은 죄에서의 자유가 새로운 φύσις "本性" 즉 자연적인 성품으로서의 무죄성을 지닌 본성이 주어지는 데 존립하지 않음을 보여 준다. 이 자유는 오히려 신앙이 갖추어 가진 것이고 신앙은 사실 합리적 이유들에 의해 얻어진, 그리고 지금은 이미 소유된 신념이 아니고, 항상 새로이 수행되어야 할 세상의 극복이다. 신앙이 세상에 대한 승리라든가, 믿는 자들은 이미 범죄할 수 없다든가 하는 확인하는 진술들은 사실 문맥상으로 명령의 의미를 지니고 있다. 그 진술들은 신앙이 무엇이며 그들이 무엇을 위해 믿는 자로서 결단해야 하는가를 상대자의 눈 앞에 내세운다. Οἱ δύναται ἁμαρτάνειν "그가 범죄할 수 없다"는 (영지주의에서와 같이) 믿는 자의 경험적 상태를 묘사하지 않고 신앙의 존재를 묘사한다.

물론 바울도 직설법과 명령법의 관계 문제를 파악했었다(§38,1). 그러나

§ 50. 종말론적 實存으로서의 信仰

그는 임박한 세계 종말에 대한 기대에 의해 채워진 나머지, 실제로 항상 거듭되는 믿는 자들의 범죄에 관련시켜 이 문제를 전개하지 못했었다. 요한의 경우는 다르다. 종말론적 관점들은 그에게서 역할을 하지 못하고 종말론적 사건의 철저한 현재화에 역점을 두었다. 그는 특유한 변증법을 보고 있다. 이 변증법은 한편 믿는 자가 범죄치 않는다(요일 3 : 9 ; 5 : 18)를 주장하는 반면 다른 한편에서는 ἐὰν εἴπωμεν ὅτι ἁμαρτίαν οὐκ ἔχομεν. ἑαυτοὺς πλανῶμεν καὶ ἡ ἀλήθεια οὐκ ἔστιν ἐν ἡμῖν "만일 우리가 죄를 가지고 있지 않다고 말하면 우리는 자신들을 속이는 것이니 이는 진리가 우리 안에 있지 않음이다"(요일 1 : 8). "빛 중에서의 행실"과 죄의 고백이 逆說的 통일성을 이룬다는 것은 요한일서 1장 5—10절이 보여 주려고 한다.[1] 즉 οὐ δύναται ἁμαρτάνειν "그가 범죄할 수 없다"는 것은 잘못된 안전성에 이끌어 가지 않고 다름 아닌 죄인이라는 의식을 철저화한다. 믿는 자가 항상 용서를 필요로 한다는 것을 알면서 동시에 그는 그러나 그가 신에 대한 자신의 관계로 예수 그리스도에 의해 규정되게 할 때 용서에서 항상 용기를 얻을 수 있음도 안다. 이것은 신화적으로 표현된 다음 귀절에 의해 표현되는 바와 같다 : ἐάν τις ἁμάρτῃ, παράκλητον ἔχομεν πρὸς τὸν πατέρα "누구나 죄를 범하면 우리에게 아버지 앞에 설 대언자가 있다"(요일 2 : 1, 이것이 신화적 의미에서 해석될 수 없음은 16장 26—27절이 보여 준다, 참조. 아래).

생명나무("포도나무", 15 : 1 ff.)에 관한 담론은 직설법과 명령법의 변증법적 관계를 보여 준다. 이에 의하면 한편 "열매를 맺는 일"이 예수 안에 "거함"을 위한 조건에 해당하나 다른 편에서 이 거함은 전자를 위한 조건에 해당한다. 또 "깨끗함"이 한편 항상 새로 "열매 맺음"에 선사된 것에 해당하는 반면 다른 편에서 ἤδη ὑμεῖς καθαροί ἐστε "너희는 이미 깨끗하다"(S. 418)라고 되어 있다. 그리고 이것이 διὰ τὸν λόγον ὃν λελάληκα ὑμῖν "내가 너희에게 말한 말로 인해" 근거를 가진다면 깨끗함은 루터교의 용어로 extra nos "우리에 의하지 않은" 깨끗함으로서 성격지어질 수 있다. 죄에 관한 이 고백은 바로 이 깨끗함이 우리의 것이 되도록 작용한다. 죄의 고백은 용서에서 위로를 받기 때문이다(요일 1 : 9 ; 비교. 요일 2 : 12 ; 3 : 5). 순수한 신앙이 τηρεῖν τὸν λόγον "말을 지키는 것"(S. 437 f.)이라면 그것은 동시에 τηρεῖν τὰς ἐντολάς "계명을 지키는 것"이고 이것은 μένειν ἐν

---

1) 비교. H.v. Campenhansen, *Kirchl. Amt und geistl. Vollmacht*, 1953, 149 f.

τῇ ἀγάπῃ "사랑 안에 거함"을 위한 조건인데 이것은 또 μενεῖν ἐν τῷ λόγῳ "말 안에 거함"(8:31)과 동일한 것이다. Τηρεῖν τὰς ἐντολάς "계명들을 지키는 일"은 τηρεῖν τὸν λόγον과 不可分離하게 통일성을 이루고 있다. 그러므로 ἐάν τις ἀγαπᾷ με, τὸν λόγον μουτηρήσει "누구나 나를 사랑하면 그는 나의 말을 지킬 것이다"(14:23)는 ἐὰν ἀγαπᾶτέ με τὰς ἐντολὰς τὰς ἐμὰς τηρήσετε "너희가 나를 사랑하면 너희는 나의 계명들을 지킬 것이다"를 대신할 수 있다. 이에 일치하게 신앙과 사랑은 유일한 계명의 내용으로서 종합될 수 있다:

καὶ αὕτη ἐστὶν ἡ ἐντολὴ αὐτοῦ,
ἵνα πιστεύσωμεν τῷ ὀνόματι αὐτοῦ 'Ι. Χριστοῦ
καὶ ἀγαπῶμεν ἀλλήλους, καθὼς ἔδωκεν ἐντολὴν ἡμῖν
"이것이 바로 그의 계명인데
우리가 저 예수 그리스도의 이름을 믿고
그가 우리에게 계명을 준 대로 우리는 서로 사랑하는 것이다"
(요일 3:23).

그리고 이와 같이 τηρεῖν τὰς ἐντολάς "계명들을 지킴"은 ἐγνωκέναι αὐτόν "그를 아는 것"을 위한 인식 근거이다(요일 2:3—6). 그러므로 명령법은 믿는 자에게 의식, 즉 그에게 앞서 제공된 계시자 안에서 만나는 신의 사랑에 힘입어 그가 이미 무엇인가를 의식하게 한다(15:9; 요일 4:10).

4. 사랑의 계명

Τηρεῖν τὰς ἐντολάς "계명들을 지킴"은 우선 일반적으로 규정될 수 있다. 믿는 자들이 세상에 머물고(17:11) 세상은 誘惑的이기 때문에 이 계명은 우선 세상을 "사랑하지"말라 (요일 2:15)는 소극적인 의미를 가진다. 즉, 구체적으로 ἐπιθυμία "욕심"에서 벗어나라(요일 2:16)는 소극적인 의미를 가진다. "그의 모습대로 그를 보려"는 희망을 가진 자는 ἁγνίζει ἑαυτὸν καθὼς ἐκεῖνος ἁγνός ἐστιν "그가 성결한 것 같이 자신을 성결케 한다"(요일 3:3). 이것은 告別하는 예수의 저 간구에 일치하는 것이다(17:17, S. 444). 적극적으로는 이 요구는 ποιεῖν τὰ ἀρεστὰ ἐνώπιον αὐτοῦ "그의 마음에 드는 일들을 행하라"(요일 3:22), 또는 περιπατεῖν ἐν τῷ φωτί "빛 안에서 살라"(요일 1:6f.)는 요구로서 표시될 수 있다.

그러나 "빛 안에서 살라"는 ἀγαπᾶν τὸν ἀδελφόν "형제를 사랑하라"(요

§50. 종말론적 實存으로서의 信仰

일 2 : 9—11)로서 좀더 정확히 규정된다. 그리고 이것 혹은 ἀλλήλους ἀγαπᾶν "서로 사랑하라"는, ἐντολαί "계명들"의 본래의 내용 또는 ἐντολή "계명"(15 : 12; 요일 3 : 23; 4 : 21)이라고도 말할 수 있는 것의 내용이다. 그리고 이 내용에서 직설법과 명령법의 내적 통일성이 분명해진다. 사랑을 받을 때 사랑의 의무가 생겨난다 : ἐντολὴν καινὴν δίδωμι ὑμῖν, ἵνα ἀγαπᾶτε ἀλλήλους καθὼς ἠγάπησα ὑμᾶς ἵνα καὶ ὑμεῖς ἀγαπᾶτε ἀλλήλους "내가 너희에게 새 계명을 주는데 내가 너희를 사랑한 것과 같이 너희는 서로 사랑하라, 너희도 서로 사랑하라"(13 : 34). 이 경우의 καθώς "…같이"는 사랑함의 방법일 뿐 아니라 동시에 그 근거도 제공한다. Ἀγαπητοί, εἰ οὕτως ὁ θεὸς ἠγάπησεν ἡμᾶς, καὶ ἡμεῖς ὀφείλομεν ἀλλήλους ἀγαπᾶν "사랑하는 자들아, 만일 이렇게 신이 우리를 사랑했으면 우리도 서로 사랑할 의무가 있다"(요일 4 : 11). Ἡμεῖς ἀγαπῶμεν, ὅτι αὐτὸς πρῶτος ἠγάπησεν ἡμᾶς "우리는 사랑하자, 이는 그가 우리를 먼저 사랑했음이다" (요일 4 : 19). 예수의 奉仕를 받아들이는 일과 그것을 상호간의 사랑으로 계속 전하는 것이 함께 속하는 것은 발씻음에 관한 두 해석의 연속이 보여 준다. 그 첫째 것(13 : 4—11)은 그 봉사의 받아들임을 묘사하고 그 둘째 것 (13 : 12—20)은 제자들을 위한 ὑπόδειγμα "모범"으로 이 봉사를 표시했다. 신앙과 사랑이 하나를 이룬다는 것은 생명나무에 관한 담론이 보여 준다 (15 : 1—17). 여기서 μείνατε ἐν τῇ ἀγάπῃ τῇ ἐμῇ "너희는 내 사랑 안에 머물라" 가 1—9절에 의하면 신앙에 대한 충성을 의미하는데, 계속 이렇게 이어졌다 : ἐὰν τὰς ἐντολάς μου τηρήσητε, μενεῖτε ἐν τῇ ἀγάπῃ μου "너희가 내 계명을 지키면 너희는 내 사랑 안에 머물러 있으라"(10절). 신앙과 사랑의 이 통일성은 — 잘못된 가르침에 대한 싸움과 함께 — 요한일서의 주제이기도 하다.

Τηρεῖν τὸν λόγον "말을 지킴"과 τηρεῖν τὰς ἐντολάς "계명들을 지킴"의 통일성은 순수한 신앙에서 오는 미래의 행위를 위한 근거가 제공되었다는 것과 그 동기 설정이 이미 세상에서 얻어지지 않는다는 것을 말해 준다. 그러므로 신앙에서는 이른바 사랑의 행위로서의 모든 행위가 이미 앞서서 결정된 것이다. 바로 그 때문에 신앙은 사랑에서 세상에서의 그 자체의 자유를 보존한다. 그리고 세상에 대한 신앙의 이 승리에서 신의 ἐντολαί "계명들"이 "어렵지" 않다는 것이 설명된다(요일 5 : 3). 이 의미에서 사랑의 계명은 καινὴ ἐντολή "새 계명"이기도 하다. "새"라는 표지는 사실 얼마 안 가서 사라질 상대적인 역사적 새것을 말하지 않기 때문이다. 시간의 관점

에서 보면 계명은 옛 것으로도 표시될 수 있는 것이다 : οὐκ ἐντολὴν καινὴν γράφω ὑμῖν, ἀλλ' ἐντολὴν παλαιὰν ἥν εἴχετε ἀπ' ἀρχῆς "나는 너희에게 새계명을 쓰지 않고 너희가 처음부터 가지고 있는 옛 계명을 말한다"(요일 2 : 7). 그것이 새것이라고 하는 것은 그것이 새로운 즉 종말론적 실존에서 실현되는 계명이기 때문이다 : πάλιν ἐντολὴν καινὴν γράφω ὑμῖν, ὅ ἐστιν ἀληθές ἐν αὐτῷ καὶ ἐν ὑμῖν, ὅτι ἡ σκοτία παράγεται καὶ τὸ φῶς τὸ ἀληθινὸν ἤδη φαίνει "다시 내가 너희에게 새 계명을 쓰는데 그것이 그들에게도 너희에게도 참된 것임은 어두움이 지나가고 참빛이 벌써 미침이다"(요일 2 : 8). 누구나 자신의 형제를 미워하는 자는 어두움에 있다(요일 2 : 9, 11). 그는 형제 살해자 가인과 같은 살인자이다(요일 3 : 12, 15). 누구나 곤궁에 빠진 형제를 앞에 두고 문을 닫는 자에게는 신의 사랑이 머물지 않는다(요일 3 : 17). 그가 신을 사랑한다고 주장하면서 역시 그의 형제를 미워하는 자는 거짓말하는 자이다(요일 4 : 20). 믿는 자들은 사랑의 계명을 실천하면서 자신들의 종말론적 실존을 의식한다 : ἡμεῖς οἴδαμεν ὅτι μεταβεβήκαμεν ἐκ τοῦ θανάτου εἰς τὴν ζωήν, ὅτι ἀγαπῶμεν τοὺς ἀδελφούς "우리는 우리가 죽음에서 생명으로 옮겨짐이 형제를 사랑함에서 된 줄을 안다"(요일 3 : 14). 그러므로 이 계명의 실천은 믿는 자들이 예수의 "제자"인가를 가려내는 세상에서의 척도이기도하다(13 : 35).

물론 요한의 ἀλλήλους ἀγαπᾶν "서로 사랑하라"는 ἐντολή "계명"에 의해 이웃 사랑이라는 그리스도교의 계명이 규제되거나 폐기되는 것은 아니다. 그러나 형제애의 요구는, 자신의 사랑을 받은 자기 사람들의 단체를 위해 떠나가는 계시자의 유언이다. 그것은 제자단 內의 율법이다. 이 단체는 폐쇄된 그룹이 아니고 μαρτυρεῖν "증거하는" 직책을 가진 종말론적 공동체이기 때문에(15 : 27) ἀλλήλους ἀγαπᾶν "서로 사랑하라"는 이 단체에 가입할 수 있는 가능성이 세상을 위해 항상 열려 있음을 말한다. ― 더우기 형제애를 말하는 요일 1장의 귀절들은 결코 그리스도교 형제만을 생각하고 있는 것 같지 않다(가령 3 : 17).

5. 평화와 기쁨

종말론적 실존은 εἰρήνη "평화"와 χαρά "기쁨"에 의해 표시되는데 이것은 전통적으로 종말론적 구원(Heil)을 묘사한다(비교. 롬 14 : 17 등). Εἰρήνη는 셈어 שלום 에 의미 그대로 "구원"이다. 이 말에는 "평화"(Friede) 가 성분으로 포함되어 있다. 이 구원을 예수는 자기 사람들에게 고별 선물로 선사한다. 그가 εἰρήνην ἀφίμι ὑμῖν "내가 너희에게 평화를 준다"는 말에 εἰρήνην τὴν ἐμὴν δίδωμι ὑμῖν οὐ καθὼς ὁ κόσμος δίδωσιν ἐγὼ δίδωμι ὑμῖν "나는 너희에게 내 평화를 주되, 세상이 주는 것과 같이 너희에게 주지 않는다(14:27)고 첨가된 것은 εἰρήνη를 종말론적 가능성으로 표시한 것을 뜻한다. 이 가능성은 內世界的 가능성을 저편에 있는 것으로서 외적 생활 상황으로도 심리적 상태로도 실현될 수 없는 것이고 오로지 신앙에서만 실재성으로 파악될 수 있는 것이다. 이 이유에서 그것은 자유와 마찬가지로 어떤 상태로 실현될 수 있는 것이 아니다. 세상에서 신자들이 당하는 것은 θλῖψις "곤경"뿐이다. 오로지 "신앙에서"만 그들은 εἰρήνη "평안"을 가진다(16:33). 그러므로 역시 분명한 것은 그것도 extra nos "우리 없이" 일어나는 일이다.

Χαρά "기쁨"에도 같은 것이 해당한다. 이것은 그의 사람들에게 "그의" 기쁨으로 선사된 것이다(15:11; 17:13). 그리고 이것으로써 그것은 모든 세상의 기쁨과 구별된다. 이 기쁨의 대상이 제시될 수 없는 데서도 그렇다. 그것이 πεπληρωμένη "충만한 것"으로 표시되므로(16:24; 17:13), 그것은 종말론적 기쁨으로 성격지어진다. 이 기쁨이 계시자의 은사이면서도 결코 상태로서 결정적으로 실현된 것이 아니라 언제나 거듭 실현되어야 할 것으로써 믿는 자 앞에 있다는 역설이 평행적으로 표현되었다: ἵνα ἡ χαρὰ ἡ ἐμὴ ἐν ὑμῖν ᾖ καὶ ἡ χαρὰ ὑμῶν πληρωθῇ "이는 내 기쁨이 너희 안에 있고 너희의 기쁨이 충만하게 하려 함이다"(15:11). 이 기쁨은 종말론적인 것이고 결코 상태로서 실현될 수 있는 것이 아나 사건에서 즉 세상에 있는 믿는 자를 괴롭게 하는 λύπη "슬픔"을 극복하는 신앙의 행위에서 실현될 수 있는 것이다(16:20—22). 그러나 이 기쁨은 권고하는 자와 권고를 받는 자에게서 마찬가지로 사건이 되는 형제애적인 권고에서도 실현될 수 있다: ταῦτα γράφομεν ἡμεῖς ἵνα ἡ χαρὰ ἡμῶν ᾖ πεπληρωμένη "우리가 이것들을 쓰는 것은 우리의 기쁨이 충만하게 하려 함이다"(요일 1:4 [1]; 비교. 요이 12). 종말론적 기쁨은 κόσμος "세상"의 시련에 대항하여 얻어져야 하는 것이고 또 그 때문에 그것은 흔들리지 않는다: καὶ τὴν χαρὰν ὑμῶν οὐδεὶς αἴρει ἀφ' ὑμῶν "너희 기쁨을 빼앗을 자가 없다"(16:22). 그것은

---

1) 예상되는 ὑμῶν "너희의" 대신 ἡμῶν "우리의"를 사용한 독법은 기이하고 難解하지만 역시 옳은 것일 수 있다. 그리고 옳다면 이 "우리"는 3절의 "우리"와 "너희"를 하나로 파악한 것이 된다. 그러나 ὑμῶν이 원래의 것이라면 그 때에도 기쁨이 사건으로 실현된다는 것은 타당성을 가진다.

可視的인 무엇에 대한 기쁨이 아닌 만큼 실존적 의미를 지니고 있다: ἐν ἐκείνῃ τῇ ἡμέρᾳ ἐμὲ οὐκ ἐρωτήσετε οὐδέν "그 날에 너희는 나에게 아무 것도 묻지 않으리라"(16 : 23). 모든 물음은 기쁨에서 끝나고 모든 수수께끼는 풀렸다. 거리낌이 극복되면 계시자의 말은 이미 ἐν παροιμίαις (=수수께끼들 중에) 있는 것으로서가 아니라 παρρησίᾳ "公的으로" 말해진 것으로서 나타난다(16 : 25). 실존은 신앙에서 그 자체에 관한 이해를 얻는다. 이 실존은 이미 세상에서 오지 않고 신에 의해 이해되기 때문이다. 그리고 이로써 그 실존의 수수께끼는 사라진 것이다. 약속이 성취된 것이다: ὡς τὸ φῶς ἔχετε, πιστεύετε εἰς τὸ φῶς, ἵνα υἱοὶ φωτὸς γένησθε "너희에게 빛이 있는 동안에 너희는 빛을 믿으라. 그러면 너희는 빛의 아들들이 되리라"(12 : 36). "빛의 아들"은 밝음에 서서 자기 세계에서 자신을 이해하고 자신의 길을 식별한다(S. 376).

6. 계시자에 대한 관계

종말론적 실존은 믿는 자들의 존재가 계시자 안에 있는 존재로서 또는 그들 상호관계의 존재로서도 묘사되면서 서술된 때문에, 그들 서로 또는 계시자와 결합되어 하나를, 동시에 아버지와도 하나를 이룬다. 즉 아들은 아버지 안에, 아버지는 아들 안에 있는 하나를 이룬다. 이것은 권고나 약속에서 나타난다: μείνατε ἐν ἐμοί, κἀγὼ ἐν ὑμῖν "너희는 내 안에 있고 나도 너희 안에 있다"(15 : 3; 비교. 4—5절). 또는 순수한 약속으로 표현된다: ἐν ἐκείνῃ τῇ ἡμέρᾳ γνώσεσθε ὑμεῖς ὅτι ἐγὼ ἐν τῷ πατρί μου καὶ ὑμεῖς ἐν ἐμοὶ κἀγὼ ἐν ὑμῖν "그 날에 너희는 내가 내 아버지 안에 있고 너희는 내 안에 나도 너희 안에 있음을 알리라"(14 : 20). 그리고 고별사에서도 그렇게 나타나 있다: καὶ τὴν δόξαν ἣν δέδωκάς μοι δέδωκα αὐτοῖς,

ἵνα ὦσιν ἕν καθὼς ἡμεῖς ἕν·
ἐγὼ ἐν αὐτοῖς καὶ σὺ ἐν ἐμοί,
ἵνα ὦσιν τετελειωμένοι εἰς ἕν
"그리고 당신이 내게 준 영광을 나는 그들에게 주었나이다.
이는 그들이 우리가 하나인 것 같이 하나이기 위함이니이다.
곧 내가 그들 안에 있고 당신이 내 안에 있음으로
그들이 완전하여 하나가 되게 함이니이다"(17 : 22 f.).

예수와 그의 사람들 사이의 관계를 상호간의 γινώσκειν "앎"으로 서술한

갈투들도 같은 것을 말한다(10 : 2 f., 14 f., 27). 이러한 화법이 신화적 전용어에서 나왔다면 같은 것을 뜻하는 다른 말들, 즉 재림과 再會의 약속 (14 : 18 f., 28; 16 : 16 f.)의 표현은 묵시문학의 언어로 채색된 것이다. 14장 23절, ἐάν τις ἀγαπᾷ με, τὸν λόγον μου τηρήσει καὶ ὁ πατήρ μου ἀγαπήσει αὐτόν, καὶ πρὸς αὐτὸν ἐλευσόμεθα καὶ μονὴν πὰρ' αὐτῷ ποιησόμεθα "사람이 나를 사랑하면 내 말을 지키리니 내 아버지가 그를 사랑했을 것이고 우리가 그에게 와서 거처를 그와 함께 할 것이다"라는 말은 더욱 그렇다.

둘째 번 말들이 실제적인 到來에 관한 말이 아닌 만큼(S. 420) 첫째 번 말들은 예수와 그의 사람들 사이의 신화적 관계에 관한 말이 아니다(S. 412), 이 모든 말들이 서술하는 것은 세상에서 탈취된 믿는 자들의 종말론적 실존이다. 그러나 이 실존은 오로지 신앙에서만 실현되고 예수 또는 신에 대한 직접적인 관계에서 실현되지 않는다. 신에게는 오로지 예수에 의해서만, 말하자면 언제나 σὰρξ γενόμενος "육신이 된" 자에 의해서만, 언제나 거리낌을 극복함으로써만 도달할 수 있다(S. 409 ff.). 올리운 자에게 이르는 데도 직접적인 길, 직접적인 관계는 없다. 올리운 자가 믿는 자들을 데리러 와서 그들이 그의 δόξα "영광"을 볼 수 있게 되기까지는 없다(17 : 24). 그들이 ἐν τῷ κόσμῳ "세상에" 있는 동안 직접적 觀照는 금지되었다. 역사적 예수에 대한 제자들의 인격적 직접적인 관계가 아직 아들로서의 그에 대한 신앙적인 관계일 수 없었고 그것은 μετὰ ταῦτα "그 후에"(13 : 7) 비로소 즉, ἐν ἐκείνῃ τῇ ἡμέρᾳ "그 날에"(14 : 20; 16 : 23, 26), 다시 말하면 그가 올리운 자로서 인식되었을 때 이루어진 것과 같이, 올리운 자에 대한 믿는 관계도 직접적인 것이 아니다. 이전에 유대인들에게 말한 바와 같이(7 : 33 f.) 예수는 제자들에게 告別할 때 이렇게 말한다 : ἔτι μικρὸν μεθ' ὑμῶν εἰμι ζητήσετέ με, καὶ καθὼς εἶπον τοὺς Ἰουδαίοις ὅτι ὅπου ἐγὼ ὑπάγω ὑμεῖς οὐ δύνασθε ἐλθεῖν, καὶ ὑμῖν λέγω ἄρτι "내가 아직 너희와 잠간 같이 있으리라 ; 너희가 나를 찾을 터이나 그러나 나는 내가 유대인들에게 너희는 나의 가는 곳에 올 수 없다고 말한 것과 같이 지금 너희에게도 그렇게 말한다"(13 : 33). 그의 떠남은 지금까지의 직접적인 관계를 풀고 그와 그들 사이에 거리를 만들기 위해 필요하다. 그는 오로지 이 距離에 의해서만 그가 그들을 위하는 자로 인식되기 때문이다. 그 까닭에 그들은 그가 자신들로부터 떠남을 기뻐해야 한다(14 : 28). 그의 떠남은 그들을 위한 구원이다. 그렇지 않으면 그는 위로자인 영을 보낼 수 없다(16 : 7). 그러나 그는 영에서 다른 방식으로 오는 것이 아니다. 그의 到來에 관한 옛 초대 그리스도교의 表象이 비로소 포기된 것이다. 세상은 그의 재림을 認知하지 못할 것이다 (14 : 21 f. ; S. 420).[1]

고별연설들은 계시가 그 본래의 의미를 지니게 되는바, 세상 안에서 믿는 자들의 상황을 버림의 상황으로서 표시한다(S. 403). 신자들을 위한, 세상에서 벗어날 수 있는 가능성이 바로 세상 안에 있고 바로 이 가능성이 실현되되, 신앙이 $\vartheta\lambda\hat{\iota}\psi\iota\varsigma$ "환란"과 $\lambda\hat{\upsilon}\pi\eta\varsigma$ "슬픔", $\tau\alpha\rho\alpha\chi\hat{\eta}$ "놀라움"을 통해 $\epsilon\hat{\iota}\rho\hat{\eta}\nu\eta$ "화평"과 $\chi\alpha\rho\hat{\alpha}$ "기쁨"으로 침투되면서 이루어진다는 것이다. 믿는 자들을 세상 밖으로 내가는 것이 아니다. 그들은 세상 안에 그들의 과제를 가지고 있다(17 : 15, 18; S. 441 f.). 신앙은 세상 안에서 이미 직관되는 것이 아니다. 신앙은 황홀경의 脫世界的 체험에 의해 끝나지 않고 그것은 신앙으로서 脫世界化이다. 좀더 정확히 말해서 신앙은 신앙이면서 항상 脫세계화이다. 신앙은 오로지 이 恒時性, "머물러 있음"과 성실에서만 순수한 신앙이다(S. 437).

$M\epsilon\hat{\iota}\nu\alpha\tau\epsilon$ $\hat{\epsilon}\nu$ $\hat{\epsilon}\mu o\hat{\iota}$ "너희는 내 안에 머물러 있으라"(15 : 4)에서 요구되는 성실의 성격도 역시 믿는 자가 계시자에 대해 직접적인 인격적 관계에 있지 않다는 것을 보여 준다. 그것은 이 "머문다"가 "그의 말 중에 머문다"(8 : 31)와 동일하다는 것뿐 아니라 무엇보다도 예수와 믿는 자들 사이의 성실한 관계가 근본적으로 동질적인 상대자로서 서로 대하고 둘이, 이른바 주고 받으면서 서로 의지하며 서로 위하며 사는 인간의 친구들 사이의 성실 관계와 같지 않기 때문이다. 여기서는 오히려 주는 자는 예수뿐이다. 믿는 자는 그에 의해 산다. 그것은 포도나무의 像이 보여 주는 바와 같다. 그리고 예수가 믿는 자들을 일컬어 친구라고 했을 때(15 : 14 f.) 야기될 수 있는 오해는 곧 저지되었다 : $o\hat{\upsilon}\chi$ $\hat{\upsilon}\mu\epsilon\hat{\iota}\varsigma$ $\mu\epsilon$ $\hat{\epsilon}\xi\epsilon\lambda\epsilon\xi\alpha\sigma\vartheta\epsilon$, $\hat{\alpha}\lambda\lambda'$ $\hat{\epsilon}\gamma\hat{\omega}$ $\hat{\epsilon}\xi\epsilon$ $\lambda\epsilon\xi\hat{\alpha}\mu\eta\nu$ $\hat{\upsilon}\mu\hat{\alpha}\varsigma$ "너희가 나를 선택하지 않고 내가 너희를 선택했다"(15 : 16). 그에 대한 관계는 신앙의 관계로 영속된다.

그런데 계시자에 의해 신에 대한 관계가 믿는 자에게 중개된다면 그 관계는 기도의 관계가 된다. 이 두 관계는 여기에서 관계의 확실성과 거리로 표현된다. 기도가 보여 주는 것 역시 믿는 자가 아직 $\hat{\epsilon}\nu$ $\tau\hat{\omega}$ $\kappa\hat{o}\sigma\mu\omega$ "세상 안

---

1) 요일 2 : 28; 3 : 2 는 예수의 미래의 나타남과 그의 $\pi\alpha\rho o\upsilon\sigma\hat{\iota}\alpha$ "도래", 4 : 17은 $\hat{\eta}\mu\hat{\epsilon}\rho\alpha$ $\kappa\rho\hat{\iota}\sigma\epsilon\omega\varsigma$ "심판의 날"에 관해 말한다. 여기에 교회 편집의 부가문들이 들어 있지 않다면(복음서 5 : 28 f. 등에서와 같이) 그것들은 고별연설들에 의지하여 해석될 수 있다. 즉 그것은 14 : 3에 약속된 옴에서의 $\pi\alpha\rho o\upsilon\sigma\hat{\iota}\alpha$와 $\hat{\eta}\mu\hat{\epsilon}\rho\alpha$ $\kappa\rho\hat{\iota}\sigma\epsilon\omega\varsigma$ "심판의 날"을 바라본 것으로 볼 것이다.

§50. 종말론적 實存으로서의 信仰

에" 있다는 것이나 그것은 동시에 이미 ἐκ τοῦ κόσμου "세상에 속하지" 않은 종말론적 실존의 표현이다. 기도는 聽許된다는 데 의심하지 않는다: ἐὰν μείνητε ἐν ἐμοὶ καὶ τὰ ῥήματά μου ἐν ὑμῖν μείνῃ, ὃ ἐὰν θέλητε αἰτήσασθε καὶ γενήσεται ὑμῖν "너희가 내 안에 거하고 내 말이 너희 안에 거하면 무엇이든지 원하는 대로 구하라. 그리하면 그것이 너희에게 이루어지리라"(15:7). 이 약속은 특유한 변형들로 반복되었다. 즉 때로는 "예수의 이름으로" 아버지에게 드리는 기도로 되어 있는데, 이 기도는 아버지가 들어 주되(15:16; 16:24, 26) "예수의 이름으로" 들어 준다(16:23)는 것이다. 때로는 역시 "예수의 이름으로" 드리는 기도이지만 예수 자신이 들어 주는 것으로 되어 있다(14:13 f.). 이 모든 변형이 말하는 것 역시 한 가지를 말한다. 즉 이 기도는 신에 대한 관계를 예수에 의해 맺고 언제나 그렇게 맺고 있는 자에게만 가능하다. 그리고 이런 기도로 간구하는 자가 "예수의 이름으로"에 의해 예수에게 자신을 토로하는 것과 같이 神도 마찬가지로 "예수의 이름으로" 들어 주면서 예수에게 고백한다. 그러므로 기도하는 자가 신이든, 예수이든, 기도를 들어 주는 자가 신이든, 예수이든 한 가지를 지향한다. 올리워진 예수가 신과 인간 사이에 서서 代禱하는 인물로 생각된 신화적 표상을 멀리하기 위해 이렇게 분명하게 말하고 있다: οὐ λέγω ὑμῖν ὅτι ἐγὼ ἐρωτήσω τὸν πατέρα περὶ ὑμῶν αὐτὸς γὰρ ὁ πατὴρ φιλεῖ ὑμᾶς, ὅτι ὑμεῖς ἐμὲ πεφιλήκατε … "내가 너희를 위해 아버지께 구하겠다는 말이 아니다. 이는 너희가 나를 사랑한 때문이며 … 아버지 자신이 우리를 사랑함이다"(16:26 f.). 이에 의해 요한일서 2장 1절도 해석되어야 한다. 여기서는 罪 赦宥를 위한 특별한 기도가 문제되어 있다: ἐάν τις ἁμάρτῃ, παράκλητον ἔχομεν πρὸς τὸν πατέρα "누구든지 범죄하면 우리에게는 아버지에게 나아갈 대언자가 있다"(S. 446). 여기서 말하는 "代禱者"의 신화적 모습은 일반적으로 "예수의 이름으로" 된 기도가 뜻하는 것 외에 다른 것을 말하지 않는다.

이런 기도가 종말론적 실존의 표현이기 때문에 그것은 聽許될 것이 확실하다. 누구나 신앙에서 세상을 지배하게 된 자는 기도에서도 그렇다. 즉 그의 기도는 이미 그의 此岸的 未來를 위한 소원과 불안에 의해 규정되었다. 기도의 聽許는 사실 "예수 안에 머물러 있고" "예수의 말 안에 머물러 있는" 자에게 약속되었다(15:7). 그러므로 기도는 분명하게 αἰτεῖσθαι κατὰ τὸ θέλημα αὐτοῦ "그의 뜻에 의해 간구하는 것"으로 표시되었다(요일 5:14). 그리고 기도의 성취가 任意로운 세상의 소원들의 성취에 있지 않다는 것은 다음 말에서 드러난다: καὶ ἐὰν οἴδαμεν ὅτι ἀκούει ἡμῶν ὃ ἐὰν αἰτώμεθα, οἴδαμεν ὅτι ἔχομεν τὰ αἰτήματα ἃ ᾐτήκαμεν ἀπ' αὐτοῦ "우리가 무엇이든지 구하는 것을 들어 주는 줄을 안 즉 우리가 그에게 구한 것을 얻은 줄도 아노라"(요일 5:15). 다시 말하면 무엇이 일어날지라도 그것은 기도의 들음이다 — 또는 좀더 잘 말해서 기도는 그 자체가 이미 들음이다. 그러나 이것은 기도에서 종말론적 실존이, "예수의 이름에서" 신에 의해 그 실존 자체가 실현되기를 간구한다는 것으로 그 자체를 확실하게 할 때 오로지 그 때에만 타당하다.

기도를 하는 것은 παρρησία "대담한 것"이다(요일 5:14). 우리는 ἐὰν ἡ καρδία μὴ καταγινώσκῃ "마음에 책망할 것이 없으면"(요일 3:2) 즉, 우리 자신을 죄인으로 정죄할 필요가 없으면 이 παρρησία "대담성"을 가진다. 그러나 믿는 자에게는 바로 이 자기 정죄는 ὅτι μείζων ἐστὶν ὁ θεὸς τῆς καρδίας ἡμῶν καὶ γινώσκει πάντα "신이 우리의 마음보다 더 커서 모든 것을 안다는 사실"(요일 3:20) 즉 우리가 신의 용서에 확실할 수 있다는 것에 대한 지식과 함께 계속된다. 그리고 바로 이 지식은 우리가 ἐκ τῆς ἀληθείας "진리에 속한다"는 것을 우리에게 확인해 준다(19절).[2] 그러므로 παρρησία적 행동은 逆說的이다. 그것은 바로 신 앞에서의 자기 定罪에서 솟아 나오는 신을 爲한 자유를 표시하는데 이 정죄는 ὁμολογεῖν τὰς ἁμαρτίας ἡμῶν "우리 죄를 고백하는 것"이 될 때(요일 1:9), 결국 그 자체가 이미 παρρησία의 증명이다. 이 παρρησία는 예수의 παρουσία "到來"에서 혹은 ἐν τῇ ἡμέρᾳ τῆς κρίσεως "심판의 그 날에" 신앙이 가질 신앙의 성분이기도 하다(요일 2:28; 4:17). 물론 이 표현들이 교회의 편집에 소급되지 않는 것일 때에 그렇다(S. 452, 1).

7. 靈

끝으로 종말론적 실존의 척도는 영의 소유이다: ἐν τούτῳ γινώσκομεν ὅτι μένει ἐν ἡμῖν, ἐκ τοῦ πνεύματος οὗ ἡμῖν ἔδωκεν "우리에게 준 영으로 그가 우리 안에 거하는 줄을 우리가 안다"(요일 3:24). 또는 ἐν τούτῳ γινώσκομεν ὅτι ἐν αὐτῷ μένομεν καὶ αὐτὸς ἐν ἡμῖν, ὅτι ἐκ τοῦ πνεύματος αὐτοῦ ἔδωκεν ἡμῖν "그의 영을 우리에게 줌으로 우리가 그 안에 거

---

2) 요일 3:19 f. 본문과 그 이해는 불확실하다. 나는 ἐν τούτῳ(19절)를 다음 절에 관련시켜서 .. μείζων ἐστὶν ὁ θεός "신이 더 크다는 것" 앞에 οἴδαμεν "우리가 안다"가 탈락되었으리라고 추측한다.

§50. 종말론적 實存으로서의 信仰

하고 그가 우리 안에 거하는 줄을 안다"(요일 4:13). 이 영은 고별사에서 παράκλητος "위로자"라고 불리워졌고 예수가 그의 사람들에게 약속한 것이다(14:16 f. 26; 15 f:26; 16:7—11. 12—15). 그리고 분명하게 πνεῦμα τῆς ἀληθείας "진리의 영"(14:17; 15:26; 16:13) 또는 πνεῦμα ἅγιον "거룩한 영"(14:26)으로 설명되었다.[1] 요한일서에서 영은 믿는 자들이 소유하는 χρῖσμα "기름부음"으로도 불리웠다(요일 2:20, 27).[2] 요한은 이것으로써 종말론적 은사로 영에 대한 그리스도교의 공통적 표상을 받아들였다 (§14:1). 이것은 사실 바울의 것이기도 하다(§38,2). 그러나 요한에게서는 영은 이적행위들과 기이하게 보이는 물리적 현상들을 일으키는 세력도 바울에게서와 같이 그리스도교적 삶의 힘도 규범(§38,3)도 아니고 공동체에서 일어나는 인식과 말 선포의 능력이다.

영의 작용이 πνεῦμα τῆς ἀληθείας "진리의 영"이라는 표지에 일치하는 것과 같이 그 작용은 영이 "모든 것을 가르친다"(14:26)와 "온전한 진리에 인도한다"(16:13)는데 있다. 그러므로 영을 가진 자들은 "모든 진리를 식별하고"(요일 2:20 f.) 누구도 그 진리를 가르칠 필요가 없게 된다(요일 2:27). 그러나 영에 의해 제공된 인식은 量的인 인식들 또는 교훈들이 아니다. 그것은 예수가 말한 것을 보충하거나 극복하면서 追加되는 것이 아니다(S. 426). 영은 오로지 예수가 말한 것을 "회상"할 뿐이다(14:26). 그는 "스스로" 말하지 않고 오로지 그가 "들은 것"을 말할 뿐이다. 그는 "내 것에서 취할" 것이다(16:13 f.). 그는 예수에 관해 "증거"할 것이다(15:26). 영이 가르치는 것은 아무것도 새로운 것이 아니다. 그러나 예수가 가르치고 행한 모든 것이 새로운 빛에서 나타날 것이다. 그리고 그렇게 비로소 본래의 의미가 밝혀질 것이다(S. 433). Ὃ ἐγὼ ποιῶ σὺ οὐκ οἶδας ἄρτι, γνώσῃ δὲ μετὰ ταῦτα "나의 하는 일을 네가 이제는 알지 못하나 이후에는 알리라"(13:7)는 말이 이루어질 것이다. 고별하는 예수가 ἔτι πολλὰ ἔχω ὑμῖν λέγειν, ἀλλ' οὐ δύνασθε βαστάζειν ἄρτι "내가 아직도 너희에게 말할 것이 많으나 지금은 너희가 감당치 못하리라"(16:12)고 말했다면 그것은 예

---

1) 영이 παράκλητος "위로자"라는 표지는 지금까지 확실하게 밝혀 내지 못한(아마 영지주의적인) 전통에서 나왔을 것이다. 이 말의 의미는 "조력자", "돕는 자"를 뜻하고 요일 2:1에서와 같이 "대언자"를 뜻하지 않는다.
2) Χρῖσμα "기름부음"이라는 표지로 요한은 분명히 영지주의적 密儀宗敎의 용어를 받아들이되 동시에 그는 자신의 문장들로 개작했다. 이 용어가 세례에 이용되었다는 것은 가능하다. 그러나 영은 요한일서에서 이것으로써 말 선포의 힘으로 생각되었을 수 있다(S. 421 f.)

수의 "가르침"의 양적인 불완전성을 지시하지 않고 오히려 그것의 의미에 속하는 본질적 未決性을 지시한다. Πάντα ἃ ἤκουσα παρὰ τοῦ πατρός μου ἐγνώρισα ὑμῖν "내가 내 아버지에게 들은 모든 것을 너희로 알게 했다"는 말이 타당할진대 무엇이 아직 부족할 것인가(15 : 15)? 또는 ἐφανέρωσά σου τὸ ὄνομα τοῖς ἀνθρώποις · · · "나는 당신의 이름을 · · · 사람들에게 나타냈나이다"(17 : 6), 또 ἐγνώρισα αὐτοῖς τὸ ὄνομά σου "내가 그들에게 당신의 이름을 알게 하였나이다"(17 : 26)라고 말했다면? 그러나 이 귀절이 καὶ γνωρίσω "나도 알게 할 것이다"라고 계속되었다면 그것은 예수가 가져온 계시가 가르침들의 合計도 끝난 사건도 아니라 그것의 본질이 항상 새로이 사건이 되는 데서만 존속한다는 것을 보여 준다. 그리고 이것이 사건으로 일어나는데 영의 작용이 존속한다. 예수가 사실 명제들로 종합할 수 있도록 "교훈"을 가져온 것은 전혀 아니다. 그의 말은 사실 그 자신이다(§48, 2). 그러나 그가 무엇인 것, 그의 옴과 감, 그리고 그의 해후가 뜻하는 것, 즉 그것이 바로 κρίσις τοῦ κόσμου "세상에 대한 심판"임이 점점 더 명백히 인식되어야 하고 이 인식이 언제나 현재에서 새로 얻어져야 한다. 예수의 말들을 "회상하는" 영의 "증언"은 예수의 말이 언제나 새로 이해된다는 데 있다. 이때 그 말은 언제나 같은 것으로 남는다. 사실 그것은 언제나 새 것이라는 이유에서 같은 것이다. 영은 예수를 이렇게 "영화롭게 한다"(16 : 14).

영이 예수와의 관계에서 ἄλλος παράκλητος "다른 위로자"라고 불리워졌으므로(14 : 16), 그는 곧 예수가 떠난 후에 예수를 대신하는 자로서 나타났다. 그러나 영으로 그의 사람들에게 오는 자는 사실 예수이다. 이것은 이미 영의 보냄(14 : 16 f. ; 16 : 12—15)과 예수의 재림(14 : 18—21; 16 : 16—24)의 약속들의 병행이 보여 주는 바와 같다(S. 422). 예수에 관해서와 마찬가지로 영에 관해서도 각기 믿는 자들과 함께 또는 곁에 있으며 머물 뿐 아니라 (14 : 16 f.), 그들 안에 있으며 그들 안에 머물 것이라(14 : 17; 요일 2 : 27)고 말한다. 세상은 예수를 알지 못한 것과 같이(8 : 19; 17 : 26) 영을 인식하는 器關도 가지고 있지 않다(14 : 17). 그리고 마찬가지로 세상은 믿는 자들도 모른다(요일 3 : 1). "신에게서" 또는 "진리에서" 난 자만이 그의 말을 "듣는다"는 것이 예수에게 해당하는 바와 같이(8 : 47; 18 : 37) 같은 것이 공동체의 말에도 해당한다(요일 4 : 6).

Ἐκεῖνος (παράκλητος) μαρτυρήσει περὶ ἐμοῦ "저(위로자)가 나를 위해 증거하리라"는 말에는 이렇게 계속된다: καὶ ὑμεῖς δὲ μαρτυρεῖτε "그러

나 너희도 증거하리라"(15 : 26). 이것은 곧 영에 의해 선사된 인식이 선포에서 생동함을 뜻한다. 선포에서, 선포를 통해 계시는 그때마다 사건이 된다. 그것은 특별히 영의 ἐλέγχειν "책망함"에서 일어난다 : ἐκεῖνος ἐλέγξει τὸν κόσμον περὶ ἁμαρτίας καὶ περὶ δικαιοσύνης καὶ περὶ κρίσεως "그가 죄들로 인해서도 의를 위해서도 심판을 위해서도 책망하리라"(16 : 7—11). 즉 선포에서 공동체는 세상에 죄가 무엇인가를 즉 그것이 계시에 대한 불신앙, 폐쇄 외에 다른 것이 아니라는 것과 의는 무엇인가를, 즉 그것은 불신적인 세상이 심판받은 자로 존재하는(S. 391) 상황 외에 다른 것이 아니라는 것을 보여 주어야 한다. 다시 말하면 선포에서 계속 수행되어야 하는 것은 예수의 옴과 감에서 완수되는 종말론적 사건이다. 선포에서의 영의 작용은 이 종말론적 사건이다.

이 사건은 영의 ἐλέγχειν "책망함"에서 수행되는 것과 같이 믿는 자들의 공동체에서 나타나는 형제애에서도 수행된다(13 : 35). 이것도 사실은 종말론적 현상이기 때문이다(S. 446 f.). 그러므로 이것은 믿는 자들이 받는 사명이고 세상에서의 공동체의 삶은 이 공동체가 세상 안에서 脫世界的인 것으로, 종말론적인 것으로 실존하고, 예수가 세상에 "보내졌던" 것과 같이(17 : 10) 세상에 "보내졌다"는 데 그의 의미를 두고 있다. "거룩하게 된 자들"의 공동체로서 세상과 구별되고(17 : 17, 19), 세상에게는 언제나 거리끼는 것이며 세상에 의해 박해를 받으나(15 : 18—16 : 4) 아버지 및 아들과의 결합으로 하나가 된 이 공동체는 항상 신앙의 가능성을 세상에 제공한다(17 : 20—23). 공동체의 말로 말하는 자는 예수 자신이기 때문에 ἔρχεται ὥρα καὶ νῦν ἐστιν ὅτε οἱ νεκροὶ ἀκούσουσιν τῆς φωνῆς τοῦ υἱοῦ τοῦ θεοῦ καὶ οἱ ἀκούσαντες ζήσουσιν "죽은 자들이 신의 아들의 음성을 듣고 들은 자들이 구원을 받을 때가 오는데 지금이 곧 그때이다"(5 : 25)라는 말이 울려퍼지는 곳에서 이것은 언제나 타당하다. 이 말이 언제나 같은 것으로서 언제나 새로운 형태로 어떻게 울려지는가는 요한의 복음서가 전통을 받아들여 그것을 권위있게 새로 개작함으로 보여 준다.

8. 공동체

이 모든 것으로 궁극적으로는 공동체에 관한 요한의 견해의 본질적인 것도 이미 토론된 셈이다. 지금까지 이에 관해 주제적으로 다루어지지 않았다면 요한 자신에게서는 공동체라는 개념이 바울에게서와 같이 주제가 되지 않기 때문이었다. 공동체에 관해서는 간접적으로 언급될 뿐이다. 그리고

ἐκκλησία라는 말은 요한3서 6장 9—10절 외에는 전혀 없다. 그런데 이것도 개체 공동체를 표시한다. 어떤 특수한 교회론적 관심, 祭儀와 기구에 관한 어떤 관심도 그에게는 없다.[1] 그러나 그렇다고 공동체를 위한 관심이 전혀 없다고 결론지어서는 안된다. 이와는 반대로 그 관심은 매우 생동적이다. 그것은 특히 요한1서와 그 나름으로 2서 및 3서에서도 확인되는 바와 같다. 그러나 요한은 구약성서—유대교—그리스도교 전통의 救援史的 개념으로 공동체를 다루지 않는다. 이 전통에서의 종말론적 공동체는 마지막 때의 신의 백성인바, 이 백성에서 구원사가 완성된다(§10). 이 사상권에서 특징적인 용어는 요한에게 없다(§41, 2, S. 367). 요한의 화법은 오히려 영지주의 영역에서 생긴 것인데 이에 의하면 선재적 빛의 파편들이 살아 있는 영 소지자들(§15, 1과 참조. 이책 S. 369 f.)이 잠재적 통일성을 이루고 있고 이 통일성은 구속자가 흩어진 빛의 파편들을 모아 자신과 합일시키는 것으로 실현된다. 이 표상은 이미 바울에게서, 그 외에는 헬레니즘계 그리스도교에서 교회 개념을 완성시키는데 영향을 끼쳤다(§15, 4 e). 그리고 그것은 요한에게도 영향을 주었다. 그러나 성격적인 것은 바울과 제2바울 문헌에 매우 중요한 σῶμα Χριστοῦ "그리스도의 몸"의 개념(§34, 2)을 그에게서 볼 수 없다는 것과 공동체에 대한 개체 표지가 그에게 전혀 없다는 것이다. 공동체에 결합된 자들은 예수의 μαθηταί "제자들"(가령 13:35; 15:8)로, 그의 φίλοι "친구들"(15:13 ff.)로, 특수한 영지주의 개념과 함께 "그의 사람들"(ἴδιοι, 13:1; 비교. 10:3 f.)로 표시된다. 이 복수형의 지칭들로 표시되는 것은 공동체에 모여든 개인들의 공동체이고 이 개인들은 그들의 결단에 의해 그의 제자들이 되었다는 것이다(특히 6:60—71).

어떤 의미에서 요한의 경우 공동체는 "不可視的인 교회"로 생각되었다. 그런 점에서 이 공동체에 속하는 자들은 그들이 설사 그의 음성을 아직 듣지 못하고 또 앞으로 들을지라도 "진리에서 난" 자들이다(18:37; 비교. 10:3). 그들에게 부름이 일어나고 그들이 그 부름을 따를 때(10:1—6) 그들은 그의 사람들로 나타난다. 이로부터 그의 사람들의 통일을 이루고 비로소 "한 양떼"가 된다(10:16; 17:20 f.). 그리고 이미 믿는 자들은 수행해야 할 과제를 가진다(17:18). 온 세상에 흩어져 있는 그의 사람들은 한데 모여 그와 하나가 되어야 한다(17:21 f.). 그러나 이 과정은 (영지주의에서와 같이) 계시자의 옴을 통해 始動되었다. 그리고 그렇게 서서히 不可視的인

---

1) 요한 3서에서 형성되는 교회 기구에 반대하는 반항 세력을 짐작할 수 있다. 비교. E. Käsemann, "Ketzer und Zeuge," ZThK 48, 1951, 292—311.

§50. 종말론적 實存으로서의 信仰

교회는 可視的인 교회에서, 제자의 공동체에서 실현된다.

이 공동체는 전체적으로 이미 세상에서 벗어난, 사실 그의 증오에 맡겨진 소극적 존재로 표시되었다(참조. 위에 7과 특히 14 : 17, 19, 27; 15 : 18—16 : 11; 17 : 14, 16; 요일 3 : 1, 13; 4 : 4 f.; 5 : 4). 이 공동체는 적극적으로 이렇게 성격지어졌다. 즉 그것은 종말론적으로 존재하는 자들의 공동체인데 그들의 세상과 죄에서의 자유는 계시자로서의 예수에 대한 그들의 관계에 근거를 두고 있다(참조. 위에 1—3과 4). 자유가 결합되어 이루어진 통일성은 무엇보다도 먼저 모든 개체들이 예수 즉 "목자"(10장) 및 "생명나무(15장)와의 통일성을 말한다. 즉 그것은 신앙의 통일성이다(참조. 위에 5). 그러나 세상과 죄에서의 자유에 "자신을 열라"는 명령이 포함되어 있다면(참조. 위에 3) 믿는 자들의 그와의 공동성은 동시에 사랑의 계명 아래서 사는 그들 자신의 공동성이다(참조. 위에 4). 이 공동체는 자체의 종말론적 성격을 절제의 규율에 의해, 금욕주의적 생활 영위에 의해, 또는 성례전적인 의식에 의해 실현시키려고 하지 않는다. 이 공동체는 말의 공동체이고 그것은 이 말로 살며 동시에 세상에 대한 임무를 지니고 있다. 이 공동체의 삶은 그 중에서 살아 움직이는 영, 즉 인식과 말 선포의 힘으로서의 영에 의해 움직인다(참조. 위에 7).

제 3 부

古代 敎會를 向한 發展

I. 교회 秩序의 성립과 첫 발전 단계[*1]

§51. 종말론적 공동체와 교회의 질서[*2]

1. 솜과 하르낙의 討論

인간의 공동사회가 공동사회생활의 질서들이 없이 유지된 일은 역사에 없다. 그러므로 초대 그리스도교 공동체에서 서서히 질서들이 형성되었다는 것은 자명하다. 즉 이 질서들은 개체 공동체들의 구성과 그것들의 상호 관계, 全 公敎會에 대한 그것들의 상호 관계를 위한 것이었다. 공동체들의 증가 및 그리스도교의 확장과 함께 질서들이 형성되고 통일성을 가지게 되며 확고해짐으로써 고대 카톨릭 교회의 기구가 창시 및 성장하는 데까지 이르렀다.

그러나 신약성서의 의미에서 교회(Ekklesia)는 역사의 한 산물인가? 그것은 脫世界化된 자들의 종말론적 공동체가 아닌가(§§6; 10, 4; 34)? 만일 교회 그 자체가 역사를 가지고 이 역사에서 그의 질서들을 발전시킨 內世界的 산물로 출현했다면 그것은 역시 그 본질의 상실을 뜻하는 것이 아닌가? 그리고 만일 이 질서들이 강제적 수단들로 관철된 법의 질서들로 되었다면, 그리고 만일 그것들의 시행이 한 직책의 일이 되었다면 그것은 어떤 것인가? 그 때에 그것들은 교회의 본질, 즉 그런 것들을 도대체 거론할 수 있다는 것 자체가 그 질서들이 영의 자유로운 지배에 의해 그때 그때 만들어졌다고 할 수 있는, 교회의 본질에 직접 모순되지 않는가? 교회에서의 지도적인 인물들의 권위는 영에 의해 그들에게 선사된 카리스마(恩賜) 외에, 즉 이 카리스마에 근거를 둔 것 외에 다른 것일 수 없지 않은가?

바로 이것이 솜(Rud. Sohm)과 하르낙(Ad. Harnack) 사이에서 한때 벌어졌던 토론의 주제인데 이 문제는 오늘에도 아직 끝나지 않은 것이다. 솜

[*1,2] 이 표제에 관한 문헌들, 참조. S. 641 f.

에 의하면 교회의 法은 교회의 본질에 상충된다. 이 법은 — 물론 클레멘스 제1서에서 비로소 — 카리스마적 인물들의 권위가 직책의 권위로서 이해됨과 함께 교회에 침투되었다. 그러나 이것은 교회가 자체의 본질을 거부하는 교회의 타락이다. 하르낙은 이에 대해 초대 그리스도교에, 처음부터 법의 성격을 지니고 필연적으로 법 질서들로 발전될 질서들이 있었다는 것과 그러한 질서들이 교회의 본질에 결코 상충되지 않는다는 것을 증명하려고 했다.

2. 공동체의 自明性

서로 相衝되는 두 견해의 옳고 그름을 판단할 수 있기 위해 역사적 현상으로서의 교회와 靈의 지배에 의해 이끌어지는 종말론적 공동체로서의 교회 — 교회 스스로가 자체를 그렇게 이해하고 있다 — 사이의 차이를 분명하게 만들어야 할 것이다. 하르낙은 교회를 역사적 현상으로 파악하고 솜은 그것을 그 자체의 自己理解에서 출발한다. 역사적 현상으로서의 교회는 모든 역사적 현상들이 예속되는 법칙성에 예속되어 있다. 그리고 그의 역사는 역사학적, 사회학적, 심리학적 관찰의 대상이다. 역사적 종교단체로서의 교회가, 자유로운 결정으로 교회에 참가하는(자동적으로 회원이 되는 "민족 교회" 같은 것이 아직 없는 한) 교회원들에 의해 구성되는 것은 의심 없다. 그러나 교회 스스로는 자체를 전혀 달리 즉 $κλητοί$ "부름을 받은 자들" $ἐκλεκτοί$ "택함을 받은 자들", $ἅγιοι$ "거룩한 자들"의 종말론적 공동체로 이해한다(§10,3). 그리고 믿는 자는 자신의 회원됨을 자신의 결심에 소급시키지 않고, 신의 부름과 자신을 (바울적으로 표현하면) $σῶμα\ Χριστοῦ$ "그리스도의 몸"에 가담케 하는 세례의 성례에 소급시킨다(§34, 2.3). 또 의심할 여지없이 종말론적 공동체가 그대로는 不可視的인데, 역사적 공동사회에서 可視的으로 나타나는 한, 역사의 법칙들의 강압에서 벗어날 수 없다는 것이다. 그러나 여하간 문제되는 것은 교회의 自己理解가 그 자체의 형태와 역사를 규정하는 스스로의 動因으로 역할을 하는가, 한다면 어느 정도 하는가이다. 솜이 교회의 모습과 原 歷史를 이른바 순수하게 그의 자기 이해에서 찾아 내려고 했다면, 하르낙은 그 自己理解를 시야에서 상실하고 그 모습과 역사를 오로지 역사학과 사회학적 계기들에 의해서만 이해했다.

교회의 자기 이해가 실제상 결정적으로 중요한 動因이 된 것은 사실이다. 이 사실은 그리스도교를 헬레니즘 密儀宗敎 공동체들로부터 구별하는 公敎會 (Gesamt-Ekklesia)와의 개체 공동체들에 대한 관계가 그 본래의 근거를 경험적 所與性들 및, 交流와 상호 扶助들 또는 권력 주장 등의 필연성들 중에 두지 않고 — 물론 그런 것들이 매우 밀접하게 함께 작용하고 있지만 — 에클레시아의 自己理解에, 즉 이에 따라 公敎會가 개체 공동체에 우선한다는 자기 이해에 두고 있다는 데서 가장 분명하게 인식될 수 있다(§10, 1, S. 91 ff.). 이 경우에 公敎會가 신의 백성이라는 사상에 의해 더 규정되든, σῶμα Χριστοῦ "그리스도의 몸"이라는 사상에서 더 방향 설정이 되든 마찬가지이다. 그 때문에 개체 공동체들의 "自律性"(Autonomie)도 公敎會의 理念에 배치되지 않는다. 그 까닭은 모든 개체 공동체의 형태로 公敎會가 출현되기 때문에도 이미 그럴 수 없다.

그러나 개체 공동체들의 질서 성립도 종말론적인, 靈으로 治理되는 공동성으로서의 공동체의 자기 이해에 의해 규정되었다. 첫째로, 이 自己理解에서 그리스도교 공동체들의 배타성이 결과로 따르는데 이것이 밀의종교들과 다른 특별한 성격을 그리스도교 공동체들에게 제공한다는 점에서 그렇고 (§10, 3), 둘째는 이 배타성이 동시에 "세계에서의 탈피성(Ausgegrenztheit) 을 뜻하는데도(§10, 4) 그 삶의 훈련의 근원은 이 세상에 두고 결국 참화 율의 완성을 보게 한다는 점에서 그렇다. 그리고 또 교회 직책들의 성립과 形成의 특수한 방식이 그 공동체의 自己理解 중에 그 근거를 두고 있다는 점에서도 그렇다. 제일 첫 권위적 인물들은 카리스마를 받은 자였고, 이들과 함께 공동체 생활의 외부적 질서와 福祉를 위해 일하는 사람들은 처음에는 下位 役割을 했다. 그러나 카리스마를 받은 자들의 성격은, 종말론적 공동체가 선포된 말에 의해 부름받았음을 알고(§8, 4; §34, 1. 2), 그 말을 말하기도 하면서(고전 14장) 말을 중심으로 모인다는 사실에 의해 규정되었다. 그러므로 카리스마를 받은 자들은 무엇보다도 먼저 말을 선포하는 자들이고 처음부터 형성되는 직책의 특성이 이에 의해 다져진 것이다. 공동체의 자체 이해에서 말과 나란히 제정된 성례가 더 큰 비중을 차지하여 공동체의 지도자들은 司祭의 성격을 지니고 있을지라도, 그들은 그와 나란히 역시 말의 선포자들로 존속하고 공동체는 말을 중심으로 모이고 그것을 듣는 공동체로 존속했다.

3. 靈과 法

이 의미에서, 法이 아니라 영의 지배로 구성되는 공동사회로서의 교회에 관한 솜(Sohm)의 파악은 타당하게 여겨져야 할 것이다. 그렇게 자체를 이해하는 공동체에 어떤 法도 불필요하다는 점에서, 아니, 말하자면 法이 규제하는 것에서 構成하는 것으로 변하는 경우, 法秩序가 그 공동체의 본질에 대

§51. 종말론적 공동체와 교회의 질서

립된다는 점에서도 솜은 옳다. 그러나 그의 過誤는 규제하는 法秩序가 영의 지배에 대립되지 않을 뿐 아니라 영에 의해 만들어질 수도 없다는 사실을 잘못 안 것에 있다. 홀(K. Holl)이 솜에 대해 카리스마를 받은 자의 말이 권위의 말로서 질서와 전통을 만든다는 것을 지적한 것은 옳다.[1] 바울이 "신의 영의 소유를 주장하는"(고전 7 : 40; 비교. 14 : 37; 그리고 2 : 10 ff.도) 자로서 그의 공동체를 향해 기록한 것이 전통을 만들었다. 그리고 계시록 필자는 자신의 예언서에 正經의 권위를 부여했다(계 22 : 18 f.). 카리스마적 말과 질서를 만드는 전통이 서로 대립되어 있었으면 신약성서는 결코 기록될 수도, 계속 전승될 수도, 권위적인 것으로 경전화될 수도 없었을 것이다.

솜은 그리스도교 공동체들의 구성원들을 편파적으로 종교적 개인주의자와 열광주의자들로 생각하고 영의 役事를 편파적으로 순간적 영감에 의해 일어나는 것으로 생각했다. 그는 말하자면 바울이 고린도전서 12장과 14장에서 위험한 것으로 보고 싸우거나 적어도 限定시킨 것을 정상적인 것으로 간주한 것이다. 아무리 순간적인 영감이 카리스마를 받은 자의 말을 규정할지라도, 그들이 선포하는 말은 그 내용을 개인적으로, 內的인 깨달음에서 그들에게 제공되는 계시에서 얻지 않고 그들은 $\rho\hat{\eta}\mu\alpha$ $\tau\hat{\eta}\varsigma$ $\pi i\sigma\tau\epsilon\omega\varsigma$ "신앙의 말"(롬 10 : 8), 즉 그리스도와 救援史가 중심을 차지하는 $\epsilon\dot{\upsilon}\alpha\gamma\gamma\dot{\epsilon}\lambda\iota\sigma\nu$ "복음" 다시 말해서 $\lambda\dot{o}\gamma\sigma\varsigma$ $\tau\sigma\hat{\upsilon}$ $\sigma\tau\alpha\upsilon\rho\sigma\hat{\upsilon}$, $\tau\hat{\eta}\varsigma$ $\kappa\alpha\tau\alpha\lambda\lambda\alpha\gamma\hat{\eta}\varsigma$ "십자가, 화해의 말"을 선포한다. 이 선포가 비록 헤아릴 수 없이 다양한 양식으로 일어날지라도 — 이 사실은 신약성서가 증거하는바 — 그것은 특정한, 전통에 의해 중개된 말이고, $\pi\alpha\rho\dot{\alpha}\delta\sigma\sigma\iota\varsigma$ "전승" 없이 $\epsilon\dot{\upsilon}\alpha\gamma\gamma\dot{\epsilon}\lambda\iota\sigma\nu$ "복음"은 결코 있을 수 없다 (비교. 고전 15 : 1 f.).

그러나 靈은 말의 선포에서뿐 아니라 공동체들 안에서도 役事한다. 그리고 또 그것은 순간적인 영감들, 기이한 심리적 현상들과 정상적인 것을 넘어서는 개별적인 공적들에서뿐 아니라(§ 14, 1), 오히려 질서를 만드는 개체 공동체 성원들의 作業들에서도, 바울이 카리스마(恩賜)들로 파악하도록 가르친 그들의 업적들에서도 役事한다(고전 12 : 5 ff., 28; 롬 12 : 7 f.; 참조. S. 153, 343). 영은 全 공동체들에도 役事하여 특정한 決意들과 행동들을 유발시킨다. 영은 우선, 카리스마를 받은 자들의 "귀족體制"와 물론 함께 존속할 수 있는 이른바 "교회 공동체-민주체제"를 세운다. 물론 각 개인의 권리들을 보장하고 의무를 지시하는 제도적인 法秩序로서의 민주주의

---

1) 이에 대해, 비교. H.v. Campenhausen, *Tradition und Geist im Urchristentum*, Studium Generale 4, 1951, 351 ff와 *Kirchl. Amt und geistl. Vollmacht* 324 f.

적 체제 같은 것은 생각될 수 없다. 차라리 "靈 體制"(Pneumatokratie)라고 나 할까, 여하간 "그리스도 체제"(Christokratie, Ed. Schweizer)는 좀더 불행한 표현이다. 아뭏든 이런 표현에서 좀더 명백하게 된 것은 하나도 없다. 靈 體制도 그리스도 체제도 민주주의 체제(또는 귀족주의 또는 군주체제)에 대한 순수한 대립일 수 없기 때문이다. 사실 문제는 바로 어떤 형태로 영의 또는 그리스도의 지배권이 실현되는가에 있기 때문이다. 여하간, 카리스마를 받은 자들 대신 공동체 직책들이 등장하고 군주적인 司祭제도가 형성되고 司祭들과 俗人들의 구별이 생긴 비교적 후기의 질서, 바로 이 질서에 민주주의적이라고 부를 수 있는 질서가 선행되었다는 것은 부인할 수 없다. 사실 직책이라고 할 수 없는 카리스마를 받은 자들의 권위에 상관 없이 공동체도 전체로서 행동했기 때문이다. 공동체 자체도 카리스마 받은 자들을 "식별하는" 카리스마적 法을 가지고 있었을 뿐 아니라(살전 5 : 20; 고전 12 : 10; 14 : 29; Did 11 : 7—12; Herm mand XI) 선교자들(행 13 : 2) 또는 대표자들(고전 16 : 3; 고후 8 : 19; 행 15 : 2; Ign Phid 10 : 1; Sm 11 : 2; Pol 7 : 2)을 파견하기도 했다. 공동체는 회의들도 소집했고 경우에 따라서는 그것들은 재판을 하는 회의이기도 했다(고전 4 : 3; 5 : 3f.). 이 경우에는 다수결이 사용되었다(고후 2 : 6). 사도행전 6장 2, 5절; 15장 22, 30절에는 분명히 공동체의 지도자들에 의해 제기된 案件들 또는 提案들이 전체 공동체에 의해 결정되는 실천이 반영되어 있다. 클레멘스 제1서 54장 2절은 문둥병자에게 τὰ προστασσόμενα ὑπὸ τοῦ πλήθους "다수에 의해 정해진 것들"을 준수할 것을 권고하고 있다. 시간의 흐름에 따라 공동체 직책들의 임명에 이르렀을지라도 이 일에 분명히 공동체가 함께 관여했다. 해당 인물들에 관한 예언의 소리들도 물론 공동체에 의한 것이었다(딤전 1 : 18; 4 : 14; 비교. 행 20 : 28). 여하간 클레멘스 제1서 44장 3절에는 사도들의 후계자들 중에서 공동체들의 장로들로 임명되고 συνευδοκησάσης τῆς ἐκκλησίας πάσης "全 敎會의 찬성을 받았다"고 명시되어 있다. 그리고 디다헤서 15장 1절도 마찬가지로 이렇게 말한다 : χειροτονήσατε οὖν ἑαυτοῖς ἐπισκόπους καὶ διακόνους "그러므로 너희는 스스로 감독들과 집사들을 선택했다."

그러므로 질서 및 직책의 성립과 완성이, 솜이 주장하는 바와 같이 靈에 대립되는 것으로 보는 것은 정당성이 없다. 그때마다 상황에 의해 요구된 것에 대한 인식에서 솟아나는 이성적 행동이 영의 役事를 배제하지 않는 만큼, 공동체에서 공동체를 위해 영에 의해 작용된 직책 수행들이 직책에 결부되는 것도 영의 본질에 대립되지 않는다. 이것은 영의 役事가 오로지 개인주의적인 카리스마주의의 현상들 중에서만 보일지라도 마찬가지이다. 초대 그리스도 교회가 여기에 이르지 못한 것은 바울과 요한신학의 영향력에 힘입었을 뿐 아니라 이와 함께 회당 및 구약성서-유대교 전통의 영향에도 힘입었다.

그러므로 以下에서 서술되어야 할 질서들의 발전은 결정적으로 다음 문제에 의해 지배된다. 즉 성립되는 질서들이, 종말론적인, 선포의 말에 의해 구성된 공동체로서의 교회(Ekklesia)의 본질에 적합했으며 적합한 대로 유지되었는가, 유지되었다면 얼마나 유지되었는가? 이것은 동시에 다음 물음을 포함한다. 즉 형성되는 교회의 法이 규제적인 성격을 가졌고 보존했는가, 아니면 構成的인 성격인가? 그러나 교회法 자체의 성립은 다음 문제에 의해 지배되었다. 즉, 1. 질서들의 유지가 언제부터 어떻게 형벌 규정들에 의해 보존되었는가? 말하자면 그것이 일어나자 곧 질서들은 法 秩序들의 성격을 얻었다. 2. 그 질서들을 세우고 그것들의 준수를 감시하는 法廷들은 어떤 것이었는가? 그것은 공동체들 — 개체로서 또는 公敎會로서 — 이었는가? 또는 공동체의 위임에 의해서든지, 그의 권위에 근거를 주는 다른 권위에 의해서든지 그것은 개인이었는가? 질서들의 권위가 개인들에 의해 대표된다면 교회의 직책은 그렇게 성립된다.

§52. 교회의 職責들*

1. 장로들과 감독

팔레스틴 초대교회에서도 헬레니즘계의 초대 그리스도교에서도 처음에는 교회의 질서들과 직책들의 制定에 관한 반성이 없었다 — 이것은 그 교회들이 물론 마지막 시대에 서 있다는 종말론적 의식에 일치한 것이었다. 이 사실은 팔레스틴 초대교회에서 그것이 사실 처음에 유대교 공동체의 질서들 안에 머물렀고 새로운 종교 단체를 구성하는 데 생각이 미치지 못했었다는 데서 결과된 것이기도 하다(§8,1). 세례와 성만찬에 의해 이미 유대교에서 팔레스틴계의 그리스도교 공동체가 구별되었고 그 다음에는 異邦의 祭祀共同體들에서 헬레니즘계의 그리스도교 공동체가 구별되었을지라도, 팔레스틴계의 공동체에도 헬레니즘계의 공동체에도 처음에는 司祭階級은 없었다. 더

---

* 이 표제에 관한 문헌들, 참조. S. 642.

우기 베드로전서 2장 5, 9절에 따르면 공동체는 ἱεράτευμα ἅγιον "거룩한 司祭團"이고 βασίλειον ἱεράτευμα "왕의 사제단"인데, 이것은 그리스도인들 모두가 사제의 자격을 지니고 있다는 것을 뜻한다. 그러나 이 두 공동체에 어떤 질서와 지도력이 필요했을 때 이것들은 아직 직책의 성격을 지니지 않은 권위적 인물들에 의해 제공되었었다. 팔레스틴계의 공동체에는 베드로와 요한, 주의 형제 야고보가 있었고(§8, 4), 헬레니즘계의 공동체에는 물론 공동체들의 설립자인 "사도들"이 있었다. 그러나 이 사도들은 사실 공동체들 중에 정착하지 않았기 때문에, 이들과 나란히 등장한 것은 그 외의 말의 선포자들 즉 "예언자들"과 "교사들"이었다. 이들도 직책자들이 아니라 그때마다 "영"에 의해 부름을 받은 인물들이었다. 그들이 한 공동체에 정착했을 때도 사도들처럼 편력했을 때도 직책자들은 아니었다.

그러나 이미 "장로"의 직책(§8, 4)이 얼마 안 가서 팔레스틴 초대교회에 나타났다. 그리고 이 직책과 저 권위적 인물들 사이의 모순을 사람들은 느끼지 않았다. 아마 야고보가 장로회의의 의장직을 가졌을 때도 같았을 것이다. "장로들"의 의회는 사실 전적으로 권위인의 위력과 職權이 결합된 機構이었다. 그리고 이 의회에 의해 강화될 수 있었던 것은 바로 지도적인 인물의 권위이었다. 장로회의의 형성도 어떤 특별한 것으로서는 나타날 수 없었다. 그 까닭은 그리스도교의 공동체가 그것으로써 유대교 회당 공동체들의 표본에 따른 것이었기 때문이다.[1] 유대교 내부에 있는 하나의 회당으로서 초대교회는 사실 처음에는 그 양식에 따라 나타났었다.

유대교 회당 공동체들로부터 혹은 그것들에 관련되어 발전된 헬레니즘 세계의 그리스도교 공동체들에도 비슷한 것이 해당된다. 여기서도 "장로들"이 공동체들을 이끌었다는 것은, 회당 전통의 傳來임이 분명한(물론 Did 외에) 사료들에서 πρεσβύτεροι "장로들"이 공동체들의 지도자로 나타난다는 사실에 의해 증명된다 : 가령 사도행전과 야고보서, 클레멘스 제 1서, 헤르마스서, 클레멘스 제 2서(17 : 3—5). 직책으로서의 이 칭호가 곧 연령을 표시한다는 것을 우리는 여하간 시초의 것으로 받아들일 수 있다. 그리고 베드로전서 5장 1—5절에는 이 사실이 분명히 드러나 있다. 전적으로 또는 주로 이방 그리스도인 공동체들에서 그 지도자들은 ἐπίσκοπος "감독"이라는 칭호를 가지고 있었는데 이 칭호는 그리스어 어법에서 地方 公吏에 대한 것으로 그러

---

1) 참조. E. Schürer, *Geschichte des jüd. Volkes im Zeitalter Jesu Christi* II §23, S. 223 ff.; STr-B. IV 145; Joach. Jeremias, *Jerusalem zur Zeit Jesu* II B, 1937, 88 ff.; W. Michaelis, *Das Ältestenamt*, 1953.

§52. 교회의 職責   467

나 일반 단체들과 司祭團의 직책에 대한 것으로도 증명된다.[2)] 제일 처음으로 빌립보서 1장 1절에 그리스도교의 ἐπίσκοποι "감독들"이 나오는데 여기에는 이들과 함께 διάκονοι "집사들"도 나타난다. 후자도 마찬가지로 地方 公吏와 단체자들의 職責者들에 대한 것으로 증명된 칭호이다. 이 화법에서 읽어 낼 수 있는 것은, 처음에는 자발적으로 또는 개인적인 권위 때문에 개인들에 의해 받아들여졌던 인물들이 차츰 機能들을 위해 임명된 인물들로 변했다는 것이다. Κοπιῶντες "수고하는 자들", συνεργοῦντες "동역자들", προιστάμενοι "인도하는 자들"(살전 5:12; 고전 16:16 등, 비교. 히 13:7) 대신 지금은 πρεσβύτεροι "장로들" 또는 ἐπίσκοποι "감독들(과 διάκονοι "집사들")이 나타난다. 그러나 이와 함께 일반적인 표지 가령 (προ)ηγούμενοι "지도자들" 같은 것도 계속 사용되었다(1 Klem 1:3; 21:6; Herm vis Ⅲ 9:7). Πρεσβύτεροι "장로들과" ἐπίσκοποι "감독들"의 차이는 단지 용어상의 차이일 뿐이다. 이 두 칭호는 분명히 同一하게 공동체의 지도자들을 표시한다 — 이 경우에 어떤, 그리고 얼마나 많은 직권들과 의무들이 전자와 후자에서 지도자들에게 부여되었던가는 묻지 않아도 될 것이다. 공동체들 사이의 교류로 인해 이 두 칭호는 여기서도 동일한 인물들에게 함께 사용되는 결과를 낳았을 수 있다. 가령 클레멘스 제1서와 헤르마스서(비교. 행 20:17과 28)에서 볼 수 있는 바와 같다.[3)] 이것은 특별히 분명하게 목회서신들 중에서 볼 수 있는데 이 필자에게 πρεσβύτεροι는 분명히 흔한 칭호이었다(딤전 4:14; 5:17, 19; 특히 딛 1:5). 그러나 이 필자는 이 직책을 위한 조건들을 규정하기 위해 이미 형성된 전통을 받아들였는데 이 전통은 ἐπίσκοπος "감독"을 위한 조건들이 열거되어 있었다(딤전 3:2; 딛 1:7). 그 의미의 차이는 군주적인 감독제도의 성립과 함께 비로소 형성되었을 수 있다. 그 후에 ἐπίσκοπος는 장로회의의 의장이 되었는데 이것은 이그나티우스에게서 처음으로 증명되는 바와 같다.[4)]

그러나 신약성서신학의 영역에서, 相異한 지역들에서 상이하게 또 속도도 각기 다르게 진행된 발전과정이 상세히 서술될 필요는 없을 것이다(사료들

---

2) 참조. M. Dibelius, "Phil 1:1에 관해", Hdb. z. NT; H.W.Beyer, *ThWB* Ⅱ, 908 ff.; H.W.Beyer-H.Karpp, *RAC* Ⅱ 394-407 — A.Adam, *Die Entstehung des Bischofsamtes*, Wort und Dienst, NF 5, 1957, 104-113.
3) 누가는 그들을 의도적으로 동일시했는가? 참조. H.v. Campenhausen, *Kirchl. Amt und geistl. Vollmacht* 88; 同上, 116 f. 목회서한을 위해.
4) 참조. M. Dibelius, Herrn sim Ⅸ 27, 3에 관해, Hdb z. NT, 보충본; W. Bauer, Ign Mg 2:2에 관해 同上.

의 결핍에도 불구하고 그것이 인식되는 한에서일지라도). 오히려 중요한 것은 성립되는 직책의 성격을 분명히 하는 것일 것이다.

2. 공동체 職責者들과 카리스마를 받은 자들

이를 위해 먼저 분명하게 되어야 할 것은 공동체 職責者들과, 그리고 마찬가지로 새로 된 공동체에서 지도적인 역할을 한 "카리스마를 받은" 인물들 사이의 차이이다. 디다헤서의 발견(1883)과 하르낙(Harnack)에 의해 그것이 인정을 받은 이래 익숙해진 이 구별은, 저 공동체 직책들이 행정적인 또는 사법적인 기능들을, 각 개체 공동체를 위해 가지고 있었고, $\pi\rho\epsilon\sigma\beta\upsilon\tau\epsilon\rho\text{o}\iota$ "장로들"과 $\epsilon\pi\iota\sigma\kappa\text{o}\pi\text{o}\iota$ "감독들"도 역시 — 적어도 그들의 직책으로는 — 말의 선포자가 아니었다는 것을 말해 준다. 말의 선포자들은 오히려 고린도전서 12장 28절에 열거된 카리스마를 받은 자들의 명단 중에서 제일 선두에 꼽힌 사도들과 예언자들, 교사들이었다.[1] 이들은 결코 개체 공동체들의 직책자들이 아니라 全 교회를 위한 직업 또는 오히려 "召命"을 가지고 있었다. 그들의 활동은 사도들에 관련시키면 사실 분명해지는 바와 같이 직책적인 것이 아니었다. 즉 그들은 主에 의해 부름을 받은 자들이고, 그들이 죽으면 다른 사람을 다시 임명해야 하는 직책 수행자들은 아니었다. 그러나 예언자들과 교사들에게도 이와 같은 것이 해당한다. 그들은 영의 은사에 의해 부름을 받았다. 그런데 적어도 처음에는 공동체 성원이면 누구나 영의 恩賜 즉 $\chi\alpha\rho\iota\sigma\mu\alpha$ "카리스마"를 받을 수 있었다. 그들의 임무는 그들이 예속된 공동체에 결부되지 않았었다. 디다헤서와 헤르마스서가 보여 주는 바와 같이, 그들도 사도들과 마찬가지로 遍歷하는 선포자로서 이 공동체에서 저 공동체로 돌아다닐 수 있었다. 특별히 첫 세대와 더불어 사도들이 모두 죽은 후에 더욱 그러했을 것이다.[2]

이 구별의 표지로 사람들은 물론 사도들과 예언자들, 교사들의 직책을 장로들과 감독들의 기구적 직책에 대해 "카리스마적" 직책이라고 부를 수 있다. 그러나 말 선포를 "직책"(Amt)으로 표시하는 것은 피하는 것이 더 좋을 것이다. 여하간 "二重機構"(개체 공동체와 全 교회라는 두 기구)가 문제될 수는 없을 것이다. 사도들과 예언자들의 활동이 기구로서 표시될 수는 없기 때문이다. 그러나 장로들과 감독들의 활동을 개체 공동체에 한정시키는 반

---

1) 사도들과 예언자들: 계 18:20; Did 11; 예언자들과 교사들: 행 13:1; Did 13:1 f.; 교사들과 사도들: Herm sim IX 15:4; 16:5; 25:2. 반면에 vis III 5:1에서는 사도들과 감독들, 교사들, 집사들이 결합되었다.
2) v. Campenhausen (*Kirchl. Amt u. geistl. Vollmacht*, 65 f.)은 달리 말하나,

면 사도들과 예언자들, 교사들 등의 인물들과 그들의 활동에서 유일하게 나타난 것은 ἐκκλησία "교회"라고 보는 것이 옳을 것이다. 그러나 이 통일성은 처음에는 기구적이 아니고 카리스마적이고, 영에 의해 작용되는 것이었다.

실제로 교회를 구성하는 말 선포의 활동(§8,4; §34, 1.2)이 처음에는 직책에 결부되어 있지 않았다는 점에서 교회가 처음에는 교회를 구성하는 직책과 法을 알지 못했다는 사실이 분명하다. 직책인 것과 法의 성격을 지닌 것, 즉 장로들과 감독들, 공동체 직책들의 기구는 교회를 구성하는 것이 아니라 공동체 생활의 실천을 규제하는(regulieren) 것이었다. 그런데 바울의 견해에 따르면 공동체 생활 영역에서는 과제들과 활동들(상이한 여러 διακονίαι "봉사자들", ἀντιλήμψεις "도움"과 κυβερνήσεις "다스림", 고전 12: 5, 28)도 영의 은사들이다. 이런 점에서 장로와 감독들의 직책들을 "카리스마적인 것"으로 표시할 수 있으나, 반드시 주의해야 할 것은 그것이 특수한 바울의 理解에 일치할지라도 역시 헬레니즘계 그리스도교의 가장 옛 화법에는 일치하지 않는다는 것이다(§14,1, S. 153 f.). 이 화법은 일반 학문 용어와 일치하고, 그 때문에 카리스마에 의한 능력과 임무는 자연적 재능과 법적 위임에 대립된다. 이에 따르면 카리스마를 받은 자(또는 영을 받은 자)는 靈感된 자, 異蹟的인 能力으로 무장된 자이다.

카리스마는 — 언제나 놀라운, 영에 의해 선사된 은사로서 이해되는바 — 세 가지 관점에서 관찰할 수 있었다고 말할 수 있다: 1. 순간적인 것, 위력적인 것, 평범치 않은 것(가령 방언과 황홀경)으로서의 異蹟的인 것의 개체 현상에서 개체 행위들로 나타나는 능력; 2. 개체 인물들(πνευματικοί)이 선사받은 능력; 3. 현상의 의미에 관련된 異蹟的인 것의 현상(οἰκοδομή). 둘째와 세째 관점이 합일되면서 직책-카리스마에 관한 교회의 파악이 성립되었다.

3. 사도직에서 교회의 직책으로

그런데 발전은 계속되어 한편 카리스마를 받은 자들이 말의 선포자인 한에서 점점 직책자들로, 즉 원래 개인에게 선사된 카리스마가 任命으로 위임된 직책-카리스마로 이해되고(딤전 4:14; 딤후 1:6) — 반면 말의 선포는 職機 또는 직책 의무로서 공동체 직책자들에게 위임되는 데 이르렀다(목회서신, 디다헤서, 헤르마스서).

카리스마를 받은 자들의 선두에 사도들이 서 있는데, 이들은 처음에는 主 및 靈에 의해 召命된 말 선포자(롬 10:14 ff.; 마 28:19 ff.; 눅 24:46 ff.;

옳다고 보기는 어렵다.

행 1:8 및 13:2 등)이고 유대인들과 이방세계를 위한 선교자이었다. 이 선교자는 그의 설교가 κήρυγμα "케리그마"라고 일컬어질 수 있는 바와 같이 κῆρυξ "使者"로 호칭될 수 있었다(롬 10:8 ff.; 고전 1:23; 9:27; 딤전 2:7; 딤후 1:11 등). "보냄을 받은 자"(שָׁלִיחַ, ἀπόστολος, "사도")로서의 그의 표지는 公議會의 שְׁלִיחִים "구성원들"이라는 유대교의 기구에서 받아들여진 것일 수 있다. 그러나 유대교의 שָׁלִיחַ의 직책이 그의 임무의 처리와 함께 해임되는 반면에, 그리스도교의 사도는 그가 召命에 의해 얻는 것을 계속 유지한다. 그의 임무수행은 ἀπόστολος "사도"라는 절대적 화법에서 명시된 것을 해소시키지 못한다. 사도는 부활한 主를 선포한다. 아니, 그에게서 즉 대표자, 그리스도의 대리자로서의 그에게서 主 자신이 邂逅된다. 이 사실은 바울이 표현했을 뿐 아니라(고후 5:20), 주의 말인 마태복음서 10장 40절; 누가복음서 10장 16절; 요한복음서 13장 20절에서도 표현된 바와 같다. 그러므로 부활한 주에 의해 파견된 선포자로서의 사도라는 개념은 우선 권한 부여(Autorisierung)라는 사상에 의해 규정되었다. 즉 그의 말은 주에 의해 인정된 말이라는 것이다. 이와 함께 서서히 전통-사상이 優位를 차지하게 되었다. 물론 시초에도 이 사상이 들어 있지 않았던 것은 아니다(고전 15:3,14 f.). 처음에는 주로 맹세를 권고하는 의미에서 "증거"(Zeugnis)였던 μαρτύριον(살전 2:12 등)이 점점 더 "증언"(Bezeugung)의 의미를 가지게 되었다. 다시 말하면 이 증언은 목격자들로서의 사도들에 의해 체험된 사실들 특히 그리스도의 부활의 사실에 대한 증언을 뜻했다(행 1:22; 2:32; 3:15 등 ³)). 원래 모든 선교자들에게 적용되던 ἀπόστολος "사도"의 칭호가 이것으로써 12인에게 한정된 것(이 칭호는 결국은 바울에게만 한정되었다)은 사도들이 교회전통의 보증인들에 해당했다는 데 대한 분명한 표지이다. 에베소서 2장 20절에 의하면 교회는 사도들과 예언자들의 기초 위에 세워졌다. 그리고 후자들은 전자들과 함께 계시를 받은 자들에 속한다(3:5). 그리스도는 이 둘을 복음서 기자들과 목자들, 교사들과 함께 위임받은 전통의 운반자로 임명했다(4:11; 비교. Herm sim Ⅸ 25:2). 물론 선두에 선 자는 사도들이다. 계시록 21장 14절에 따르면 그들의 이름은 새 예루살렘 성곽 12주춧돌에 새겨졌다(이 외의 것: §55,5). 특별히 부각된 것은 이스카리옷 유다 대신 12제자단을 補選했다는 전설이다(행 1:21—26). Ἀπόστολος "사도"와 εὐαγγελιστής "복음 전하는 자"를 구별한 것도 이를

---

3) 이에 관해 비교. H. Conzelmann, *Die Mitte der Zeit*, 1954, 189, 주 1. — 비교. O. Cullmann, *La Tradition*, 1953.

§52. 교회의 職責

위한 특수성이다(엡 4 : 11; 비교. 딤후 4 : 5; 행 21 : 8). 후자는 사도 칭호가 12제자에게 한정된 후에 선교자들에게 적용되었다. (εὐαγγελιστής가 상례적인 칭호로서 관철 또는 보존될 수 없었던 것은 차츰 공동체 직책자들이 말 선포의 직책을 넘겨받은 때문이다). 사도들이 주로 전통과 교회 유물 (παραθήκη, 딤전 6 : 20; 딤후 1 : 12, 14)의 보증인 및 전승자들에 해당하면서 동시에 그들은 그들 후에 전통의 보관을 위해 책임질 공동체의 직책자들에게 관심을 기울였다. 그리하여 바야흐로 사도들이 후계자들을 가져야 한다는 생각도 하게 된 것이다(목회서한; 행 14 : 23; 1 Klem 44 : 2). 사도직에 관한 직책으로서의 파악은 공동체에 의해 부양될 권리가 사도에게 있다는 말들(고전 9 : 7—18; 고후 11 : 7—12; 눅 10 : 7; 교사들을 위해서는 갈 6 : 6), 또는 ἀπόστολος의 칭호를 받는 권리가 어떤 조건들의 실천에 결부되어 있었다는 사실(고전 9 : 1 f.; 고후 3 : 2 f.; 12 : 12)에도 의거될 수 있었다.

그런데 여기에 더 추가되는 것은, 사도직이 점점 더 전체 교회 조직의 관점에서 보여지고 한 직책으로서 즉 감독 및 장로들과 달리 전체 교회에 해당하는 직책으로서 파악되었다는 것이다. 이 사실은 개체 공동체들의 조직이 사도들에게 소급된다는 점에서 표현되었다. 이것은 사도들이 — 바울의 서신들이 보여 주는 바와 같이 — 공동체들을 세웠을 뿐 아니라, 공동체들을 서신들 및 방문들에 의한 충고와 권고로 지도하되, 신앙에 관한 바른 이해를 위해 염려하고 거짓 교훈을 배제할 뿐 아니라, 바른 질서를 위해서도 영향력을 주는 것을 — 法的인 것은 아니지만 — 감행했다는 점에서 부당한 것이 아니었다(비교. 고전 4 : 15; 9 : 1 f.; 고후 3 : 1—3; 10 : 13—16; 갈 4 : 17—20; 그리고 비교. 로마공동체에 대한 바울의 조심성). 그러나 πρεσβύτεροι "장로들"과 ἐπίσκοποι "감독들"의 임명이 사도들에게 소급시켜진 것은 새로운 것이다. 사도행전 14장 23절과 목회 서신들 중에 이미 그렇게 되어 있다.

딛 1 : 5는 가상적인 사도가 상대자들에게 모든 도시에 장로들을 임명할 것을 지시하는 간접적인 방법으로 이 사실을 말해 준다. 이때 사도를 대표하는 "디도"가 생각한 것은 딤후 4 : 5에서 나온 것 즉 그것이 εὐαγγελιστής "복음을 전하는 자"일 수 있는데 결국 사도에게도 해당하는 것이다. 디도 자신은 사도칭호가 12제자와 바울에게 한정된 후이기 때문에(참조. 위에, S. 470 f.) 이미 그렇게 표시될 수 없었던 것뿐이다. 여하간 목회서신의 필자는 그의 시대에 공동체 직책자들로서 기능을 발휘하던 장로들 및 감독들을 이미 직접 사도들에 감히 소급시키지 못하고 중간역으로 사도의 제자인 디모데와 디도를 개입시켰다. 이 경우에 "디모데"에게 직책-카리스마가 사도의 按手에 의해 제공되었든지(딤후 1 : 6) 또는 — 실제로 실천된 그 필자 시대의 관숲에 분명히 상응하면서 — 카리스마가 장로회의 按手로 중개되었다(딤전 4:14) — 이것이 "예언"에 의해 수행되었었다(딤전 1:18; 4:14) — 고 하든지 마찬가지이다.

이 견해가 특별히 발전된 곳은 클레멘스 제1서이다. 여기에는 신에 의해 보냄을 받았던 예수 그리스도는 그 나름으로 사도들을 보냈고(42:1f.) 그 후 이 사도들은 나라와 고을을 두루 다니며 복음(선포)을 퍼뜨리고 가는 곳마다 감독들 및 집사들을 임명했으며(42:4; 44:2) 이들에게 그들의 후계자들을 위해 힘쓸 것을 부탁했다(44:2)고 되어 있고 — 이에 대한 문서 증명으로는 구약성서에서도 인용되었다(43). 다시 말하면 여기서는 공동체 직책이 모든 공동체들을 위해 책임을 지는 것으로 사도들에게 소급되었다. 그러므로 사도들은 전체 교회의 창립자들로 나타난다.

그러나 이로써 결정적인 발걸음을 내디딘 것이다. 즉 以後는 직책이 교회를 구성하는 직책에 해당하게 된 것이다. 全 교회는 직책을 담당한 자들에 의해 유지되게 되었는데 그들의 직책은 중단없는 繼承(Sukzession)으로서 사도들(=12제자)에게 소급되었다. 말 선포의 전통과 그 연속을 보장하는 繼承은 원래와 같지 않게 영의 관할에 이미 위임되지 않고(S. 56 f.) 오히려 機構的으로(institutionell) 보장되었다. 그 후 영은 직책에 결부되었고 성례전적 행위를 통해, 按手를 수단으로 한 임명식을 통해 전수되었다(행 6:6; 13:3; 딤전 4:14; 딤후 1:6; 딤전 5:22 ?). 처음에는 아직 자유롭게 役事한 영이 작용했다는 것은 우선 예언자의 소리가 공동체에서 按手儀式에 선행했다는 데서(행 13:2; 딤전 1:18; 4:14), 다음에는 — 사실 내용상으로 이것과 합일될 수 있는 것인데 — 선임자가 자신의 후계자를 단순히 지명하지 않고 공동체가 贊反을 말할 수 있었다는 데서 나타난다(1 Klem 44:3).[4)]

이 위임식의 경우 회당 전통의 영향을 받았다는 것은 있을 법하다. 그러나 더 중요한 것은 말 선포가 공동체 직책자들의 일로 되었다는 사실에서 이 발전을 이해할 수 있다는 통찰이다. 이를 위한 분명한 증언은 디다헤서 15장 1—2절인데, ἐπίσκοποι "감독들"과 διάκονοι "집사들"이 προφῆται "예언자들"과 διδάσκαλοι "교사들"의 임무를 수행하고 이들이 어떻게 존경되어야 한다는 것을 분명히 말하고 있다. 또 원래의 사도직이 차츰 해소될 수

---

4) 참조. E. Lohse, *Die Ordination im Spätjudentum und im NT*, 1951.— E. Käsemann, *Das Formular einer neutest. Ordinationsparänese* (Neutest. Studien f. Rud. Bultmann², 1957, 261—208.

밖에 없었는데, 이것은 역시 권력하는 예언자들(과 교사들)이 차츰 의심스럽게 되고(Did 11; Herm mand XI) 특히 "거짓 가르침들"의 위험이 노골화되는 것에 의해 촉진되었다. 이 사실은 이미 "바울"이 에베소 교회의 장로들에게 붙인 말에 드러나 있다. 여기서 그는 공동체를 거짓 교사들에게서 수호할 것을 그들에게 권한다(행 20 : 28—30). 목회서신들도 같은 것을 보여 준다. 목회서신들이 장로들 및 감독들에게 요구한 성품들은 행정적 임무들뿐 아니라(가령 σώφρων "견실함", φιλόξενος "친절함", ἀφιλάργυρος "돈을 좋아하지 않음" 등, 딤전 3 : 2 ff.; 디 1 : 6 ff.), 가르치는 일에도 해당한다(διδακτικός, 딤전 3 : 2; 딤후 2 : 24; 디 1 : 9 : ἀντεχόμενον τοῦ κατὰ τὴν διδαχὴν πιστοῦ λόγου, ἵνα δυνατὸς ᾖ καὶ παρακαλεῖν ἐν τῇ διδασκαλίᾳ τῇ ὑγιαινούσῃ καὶ τοὺς ἀντιλέγοντας ἐλέγχειν "미쁜 말의 가르침을 그대로 지켜야 하리니 이는 능히 바른 교훈으로 권면하고 거스려 말하는 자들을 책망하게 하려함이라"., 비교. 딤후 2 : 24—26). 특별히 바른 가르침을 위한 감시와 거짓 가르침에 대한 싸움이 受信人의 의무로 만들어진 것을 주의할 것이다(딤전 1 : 3; 4 : 6 f., 11 ff.; 6 : 3, 20; 딤후 2 : 14 ff.; 3 : 1 ff.; 4 : 1 ff.; 디 1 : 10 ff.; 2 : 1 ff., 15; 3 : 8 ff.). 사실 직책-카리스마는 무엇보다도 바로 가르치는 일에서 役事하는 것으로 나타난다 : πρόσεχε τῇ ἀναγνώσει, τῇ παρακλήσει, τῇ διδασκαλίᾳ "읽는 일과 권하는 일, 가르치는 일에 너는 着念하라"는 권고가 μὴ ἀμέλει τοῦ ἐν σοὶ χαρίσματος "네 안에 있는 카리스마를 조심 없이 말라"(딤전 4 : 13 f.)를 뜻한다면 그것을 알 수 있다. 헤르마스서에 공동체 직책자들의 創設的이고 카리스마적인 의무들이 선두에 서 있다면 이들은 역시 vis III 5 : 1에서 ἀπόστολοι 및 διδάσκαλοι와 결합된 것으로 지칭되었기 때문에 전자들도 이 말 선포자들과 같다는 결론을 내릴 수밖에 없다. 헤르마스서의 경우 사도들이 지나간 시대에 속하기 때문에 더욱 그러하다. 그러므로 클레멘스 제2서 17장 3—5절에 의하면 장로들은 περὶ τῆς σωτηρίας "구원을 위해" νουθετοῦντες "권유하는 자들"이고 ἀπαγγέλλοντες "선포하는 자들"이다.

4. 司祭職과 神의 法

공동체 職制의 완성에 작용한 것은 이 외에 즉 ἐπίσκοποι "감독들"이 제사(예배) 집행자가 된것이다. 이 사실은 말과 나란히 또는 말 대신에 성례가 교회를 구성하는 것에 해당될수록 더 중요했다.

이에 관해서는 신약에서 아직 아무것도 언급된 바 없다. 우리가 가정할 수 있는 것은 공동체 예배의 管割과 함께 성례전의 主管이, 카리스마를 받은 자의 영의 役事에 모든 것이 일임되어 있지 않았다는 한에서 κοπιῶντες "수고하는 자들"과 προιστάμενοι "다스리는 자들"(살전 5:12; 고전 16:16; 롬 12:8 등)로서 개인적인 신망을 지녔던 저 인물들의 수중에 — 예배와 성례 시행에 질서를 잡는 지도층이 있었던 한, 그 까닭은 고전 11:17 ff.와 12, 14장이 적어도 바울 시대의 고린도에 그런 질서가 아직 없었음을 보여 주기 때문인데 — 처음에 있었다는 것이다. 그러나 바울의 지시인 πάντα δὲ εὐσχημόνως καὶ κατὰ τάξιν γινέσθω "모든 것을 알맞게 하고 질서대로 하라"(고전 14:40; 비교. 1 Klem 40:2)가 관철되어야 했다면 얼마 안되어서 이를 위한 책임적인 인물들이 지정되어야 했음은 물론이다. 이것은 Andania의 밀의종교들에서 ὅπως εὐσχημόνως καὶ εὐτάκτως ὑπὸ τῶν παραγεγενημένων πάντα γένηται "적절하고 질서에 맞게 참가자들에 의해 모든 것이 일어나도록"(IGV 1, 1390 §10) 돌보는 일이 ραβδοῦχοι "재판관들"의 직무였던 것과 같은 것이었을 것이다. 바로 이것이 그리스도교 공동체들에서는 ἐπίσκοποι "감독들"의 일이었다. 이것은 이미 디다헤서에 의해 증명되는바, 간접적으로 κυριακή (ἡμέρα) "주(의 날)"에 관한 규율 다음에 이렇게 명하고 있다. 즉 "그러므로(οὖν) 감독들과 집사들···을 택하라"(15:1). 그들이 공동체를 위해 예언자들과 교사들의 직무를 수행했다고 이들에 관해 말하는 것으로 보아 처음에는 예언자들과 교사들 — 즉 카리스마를 받은 자들 — 이 예배 의식에서 주도하는 인물들이었음을 알 것이다. 예언자들에게도 儀典的 기도들 외에 그들이 원하는 만큼 감사기도들도 말하는 것이 허락되어 있었다는 것도 같은 것을 말해 준다(10:6). 1 Klem 44:4에서 장로들(및 감독들)이 "제물들(Gaben)을 드리는" 그런인물들로 표시된 것은 그들이 성만찬 의식의 執典者들이었음을 분명히 말한다. 헤르마스서 의하면 감독들에게 제사(Kultus)의 임무가 위임되었으리라는 것도 적어도 있었을 법한 일로 생각될 수 있다. 여하간 이그나티우스에게서 분명한 것은 ἐπίσκοπος "감독"(여기서는 이미 군주제적인데)이 주의 만찬 성례의 주역이었다는 것이다(엡 5:1 f.; Mg 7:1; Tr 2:2; 7:2; Phld 4 f.; 7:2). 끝으로 Just Apol I 65:3; 67에는 공동체 지도자(προεστώς)가 분명히 공동체 예배와 제의적 의식의 집전자로서 나타난다 — 이에 반해 ἡγούμενοι "인도하던 자들"(히 13:7, 17, 24)은 분명히 어떤 사제적 성격도 지니고 있지 않았다. 이 기록은 제 1세기 80년대 또는 90년대에 "사제·또는 희생제의 사상에 관한 모든 긍정적인 평가에서, 아니, 모든 고대 제사 사상에서 전적으로 먼 교회 파악이 있었음을 보여 준다···희생제와 헌신 儀式, 許入式, 예수 그리스도의 사제직 등이 그리스도인들에게 아직 타당한 유일한 祭儀的 密儀였다"(M. Dibelius *Botschaft und Geschichte* Ⅱ, 1956, 175).

이 사실은 祭祀가 이미 종말론적 공동체의 自己 陳述 및 出現으로서, 즉 예배에서 미래의 구원의 ἀπαρχή "첫 열매"로서의 πνεῦμα "영"의 능력들로 (롬 8:23; 비교. 히 6:4 f.) 채워진 공동체로서 이해되지 않고 — 말 대신

주의 만찬의 성례가 중심을 이루면서 — φάρμακον ἀθανασίας "不死의 약" (Ign Eph 20 : 2)을 중개하는 구원의 기구로 이해되자(§ 13, 3. S. 151 f.) 곧 특별히 중요성을 지니게 되었다. 그 후에는 종말론적 의식이 성례주의에 의해 빛을 잃거나 驅逐되었고, 예배를 주도하고 성례를 관장하는 감독은 司祭가 되었는데, 그의 직책의 성격은 그에게 평민 단체로서의 일반적인 공동체에서 그를 분리시키는 자격을 제공했다[2]. 이 사정은 주의 만찬 성례가 제물에 해당할수록 더 쉬웠다. 이 일은 祭祀 用語로 디다헤서나 이그나티우스서에 의해 例示되고 클레멘스 제 1서에 의해 준비되었으며 유스틴에 와서 실제로 시행된 것에서 알 수 있다. 유스틴에게는 성만찬(Eucharistie)이 제물(Opfer)이었기 때문이다(§ 13, 2, S. 149).

이것으로써 결정적인 것이 일어났다. 제사를 규제하는 질서는 그의 작용을 보장하는 것에 해당했고 바로 이 때문에 祭祀를 집행하는 인물들이 사제의 자격을 획득했다. 그리고 신약성서에 알려지지 않은, 아니 모순된 사제들과 평민들의 구별이 수행되었다. 신적인 교회법의 성립을 위한 징표는 가령 祭祀 지도자 자체의 해임 불가능성이 아니라 구약성서의 사제의 法制定에 그것이 근거를 두고 있다(1 Klem 43).

그러나 이것은 그리스도교 공동체의 특별한 성격에 비하면 하나의 포괄적인 결과이다. 이것은 교회의 질서들이 전적으로 神의 法의 질서들이 되게 하고 교회는 구원의 기구가 되게 하는 데까지 이끌어 갔다. 제사 질서들이 신의 법 질서들에 해당하는 것 그 자체는 아직 별로 특별한 것이 아니다. 그 까닭은 모든 제사들, 이방인들의 제사에서도, 가령 密儀宗敎들의 제사에서도 제사 질서들은 그러한 성스러운 법으로 파악되었었기 때문이다. 그러나 그리스도 교회에서 그것은 역시 특수한 귀결들이다. 교회는 종말론적 산물로서 세계의 일반 질서에서 벗어나 있다. 그리고 그 때문에 교회의 성원들에게는 종교가 특히 세계 질서들에 매여 있는 세속 생활에서 분리된 영역이 아니다. 오히려 교회의 생활은 질서들이 교회에 속했다는 것에 의해 완전히 규정된다. 교회는 전체성을 주장하고 그 때문에 세속 법적 요구에 지배될 수 있는 세속적 생활 영역들은 그것에 있을 수 없다. 이미 바울에 의해 그리스도인이 그의 정당성을 세상 법정에서 찾는 것이 공동체의 종말론적 성격을 오해한 것이라면, 지금은 제사 질서에 해당하는 것이 생활의 모든

---

2) "平民"(Laien, λαικοί)이라는 용어는 1 Klem 40 : 5에 처음으로 나온다. 비교. v. Compenhausen, *Kirchl. Amt und geistl. Vollmacht*, 96, 註 8.

질서들에 **轉移**되었다. 이 질서들이 모두 제사 질서의 **祭儀的** 성격에 참여하게 된 것이다.

물론 초대 그리스도교가 임박한 세계 종말에 대한 **待望**에서 살았다는 점에서 세속적인 생활 질서들의 규제력에 대해 아무런 관심도 가지지 않고 이것들을 있는 그대로 받아들였거나(고전 7:14-24), 그것들의 시행을 국가에 일임했다(롬 13:1-7). 그러나 시간의 경과에 따라 그리스도교의 생활 질서들의 제정에 이를수록 그만큼 더 神의 法의 영역은 제사 질서의 중심에서 밖으로 확대될 수밖에 없었다. 이 경향은 구약성서가 교회에 받아들여지고 이로 인해 법 질서들 — 신의 法 질서들은 사실 개편될 수 없었기 때문에 — 이 표준적인 것에 해당하게 됨으로 구체적 모습을 나타냈다. 이 것은 물론 단지 그때마다 특정한 문제들, 가령 혼인법의 문제들을 위해 활기를 띨 수 있었다. 이 발전은 초대 그리스도교 시대의 저쪽에 속하는 것으로 여기서 계속 추구될 필요는 없다. 여기서는 그 발전의 근원만을 제시하는 것으로 족하다.

아직 몇 가지 숙고되어야 할 것이 있다: 1. 법 질서에 의한 생활의 규제가 형법들의 제정을 필요하게 했다(이런 형벌 규정들의 제정이 이미 초대 교회에서 그 시초를 볼 수 있다는 것은 §61에서 밝혔다). 2. 교회의 법 질서들은 그것들이 강제권을 필요로 하기 때문에 본래는 오로지 국가의 파견원에 의해서만 그 실시를 볼 수 있었다는 것이다. 그런데 교회가 법적 권위의 근원적 원천으로 파악되면, 교회는 필연적으로 국가와의 경쟁에 휩쓸리게 되고 결국은 교회가 곧 강제권의 집행을 위해 국가를 대표로 파견한다는 이론을 발전시키게 된다.

§53. 교회의 자기 이해의 **變遷***

1. 미래와의 관련성과 성례전주의

신약성서 이후에 결실되었으나 이미 신약성서에서 예기된바, 이 발전은 결국 교회의 **自己理解**의 변천이었다. 교회는 원래 자체를 종말론적 신의 백성, 성도들, 즉 세상에서 불려냄을 받은 자들, **脫世界化**된 자들의 공동체로 이해했다. 교회는 자체 안에서 **役事**하는 영의 은사들 중에서 그의 피안적 성격을 감촉했었다. 그런데 영은 미래의 영광과 종말론적 완성의 보

---

* 이 표제에 관한 문헌들, 참조. S. 462 f.

장 또는 담보였다(S. 154). 그리고 공동체는 완성을 대망하면서 그렇게 살았고 그 배타성과 세상 "나그네들"의 遍歷으로서의 그 편력 중에서 자체의 피안적 성격을 보존했다(§10, 3과 4).

피안에 속하고 피안의 능력들로 충만한 脫世界的인 공동사회라는 意識이 시간의 흐름과 함께 상실되지는 않았으나 특유하게 개조되었다. 기대된 到來(Parusie)의 遷延 때문에 교회의 초월적 성격은 차츰 미래에 대한 교회의 연결에서보다 피안의 능력들을 이미 지금 중개하는 機構들에서 교회의 현재적 소유를 피하게 되었다. 즉 이 기구는 성례적 祭儀이고 결국은 사제적이다. 이그나티우스는 이 의미에서 καθολικὴ ἐκκλησία "公敎會"를 말했다(Smyrn, 8:2).

물론 미래에 대한 관련성이 상실된 것은 아니나 그것도 특유하게 변형되었다. 待望된 미래의 구원을, 새로운 세대가 시작될 때 일어날 구원史의 완성과 세계의 변화 — 가령 로마서 9—11장과 8장 19—22절의 경우처럼 — 에서보다는 오히려 죽음 저쪽에 있을 개인의 미래의 생명에서 보았다. 물론 우주적 終末劇에 관한 전통적 像이 계속 전승되고 그것은 특정한 시대와 특정한 상황들에서 생동적인 힘을 얻을 수도 있었다(계시록과 베드로전서에서와 같이). 그러나 未來像에서 가장 중요한 것은 역시 죽은 자들의 부활과 大審判에 대한 대망이었다(S. 71—74). 다시 말하면 그 관심은 개인에게 결정적으로 중요한 것에 집중되었다. 그리고 바로 이 관심이 일찌기 확고한 표현을 얻었는데 그리스도를 산 자들과 죽은 자들의 심판자로 본 신조로 나타났다(S. 76 f.). 로마信條(Symbolum Romanum) 제 2 항이 그 유일한 조항인데 이것은 종말론적 미래를 말하는바, 오로지 "육신의 부활과 영원한 생명"에 대한 희망만을 말하는 제 3 항의 마지막 조항에 상응한다.

이에 일치하여 성례들의 의미는 그것들이 개인에게 미래의 삶을 위한 힘들을 중개한다는 점에서 보여졌다. 세례의 작용은 죽음의 극복이고 영원한 생명의 얻음이다(S. 140—142; 또 Herm vis Ⅲ 3:5: ἡ ζωὴ ὑμῶν διὰ ὕδατος ἐσώθη καὶ σωθήσεται "너희의 생명은 물로 구원되었고 구원될 것이다"). 주의 만찬은 φάρμακον ἀθανασίας "不死의 약"이 된 것이다(S. 147).

이 발전이 헬레니즘계의 그리스도교에서는 처음부터 싹트고 있었다. 그것은 세례의 파악에 있어서 특별히 代行受洗의 관습이 보여 주는 바와 같다(고전 15:29). 이 세례는 그 근거를, 신의 백성 즉 참 이스라엘(S. 93 f.)로서의 교회에 대한 이해와 나란히, σῶμα Χριστοῦ "그리스도의 몸"의 성례적 통일성으로서 그 의미가 등장했다는 사실에 두고 있다(S. 178 f.). 바울은 물론 σῶμα Χριστοῦ와 "신의 이스라엘"에 관한 사상들을 통일시키는 것으로 이해 했었다. 그에게 있어서 그리스도의 몸은 바로 종말론적 공동체이고(S. 314 f.), 그리스도의 지배 영역이기 때문이었다(S. 315). 그에게 있어서 종말론적 미래는 受洗者들의 생활 영위(S. 315)와 세례로 결합된 생활 공동성에서 실현되는 것이었다(고전 12:12—27; 주의 만찬을 위해, 참조. 고전 10:17). 그의 학파에서도 그의 이 세례 이해는 포기되지 않았다(골 3:1—17; 엡 1—5; 디 2:11—14). 그러나 새로운 변천이 새로운(종말론적) 존재의 증명으로서, 미래의 구원을 얻는데 필요한 조건으로 이해될수록(히브리서에서 그렇다. 비교. 특히 2:1—4; 10:19—31; 12:25—29. 그리고 참조. §§ 58, 59), 그만큼 미래에 대한 연관성이 바울에게 있었던 의미를 더 상실했다. 그리고 직설법과 명령법의 변증법적 이해(S. 339)는 포기되었다. 그리하여 세례의 영향력은 그리스도 前時代에 저지른 죄들의 용서에 한정되었는데 受洗 後에 다시 범한 죄들의 문제가 등장했다는(§§58과 59).

요한에게는 종말론적 신의 백성에 관한 사상이 아무런 역할도 하지 않고 ἐκκλησία라는 개념도 없다(S. 367—457). 그리고 그에게서 개인의 구원, 개인의 ζωή "生命"이 선두에 서 있을지라도 그는 역시 믿는 자들의 통일성에 관한 사상을 고수하되(§50, 8), 말하자면 성례전에 그 근거를 두는 것을 포기하면서 고수했다(§47, 4). 요한에게는 구원사적 관점과 함께 전통적 유대교-그리스도교의 종말론도 없으나(§45 [1]), 미래에 대한 신앙의 연관성도 없다. 바울과 같이 요한은 믿는 자의 존재를 종말론적 실존으로 이해하고(§50, 특히 S. 443 ff.) 바울에게서와 같이 요한에게서도 직설법과 명령법의 이해는 변증법적인 것으로 이해되었다(§50, 3, 특히 S. 445 f.). 요한복음서와 서신들은 역시 신학의 발전을 처음에는 규정하지 못했었다.

그러나 이 바울-요한적인 변증법이 결여되고, 미래가 현재를 性格化하되, 믿는 자들이 이미 지금 종말론적으로 실존한다는 방식으로 한다는 지식이 상실됨에 따라, 그리스도교적 상황의 逆說性에 대한 이해는 차츰 사라지고(S. 93 f.) 교회는 구원 공동성에서 구원 機構로 변하되, 전통적 종말론의 表象들을 고수할 때에도, 아니 바로 그 때에 그렇게 변한 것이다. 그의 초월성은 순수한 미래 관련성으로서가 아니라, 특별히 성례전적인 성질로서 이해되었다. 영은 이미 믿는 자들의 카리스마에서, 말과 행위에서, 행실에서 수시

---

1) 교회의 편집은 물론 몇 欄外註를 통해 전통적 종말론을 요한의 복음서와 서신들에 삽입하려고 했다. 참조. S.399 f. 와 451.

§53. 교회의 자기 이해의 變遷

로 사건을 일으키는 능력이 아니라, 제도들 중에, 특별히 성례전적 祭儀 중에 入住해 있는 힘이다. 영은 직책을 맡은 자들이 갖추어 가지는 장비이고 司祭的 성품을 지니게 된 반면 평신도들에게는 오로지 그들의 중개에 의해서만 간접적으로 작용하게 될 것이다.

2. 종말론적 緊張의 弛緩

그러나 종말론적인 긴장이 중단되는 다른 방식으로도 미래에 대한 관련성은 변형되었다. 그것은 종말론적 완성의 대망이 철저히 포기되지는 않았지만 그 희망의 실현을 역시 무한정 멀리 있는 시대로 미루어 놓은 것이다.

벧후 3:1-10은 약속된 到來에 대한 懷疑와 싸우면서, 그 대망이 해소되었거나 해소의 위험에 직면한 단체까지도 있었음을 보여 준다. 같은 회의가 1 Klem 23:3-5; 1 Klem 11과 12에서도 싸움의 대상이었다. 참으라는 권고들도 마찬가지로 그 희망이 消失될 위험에 당면했음을 보여 준다: 약 5:7-11; 히 10:36; 2 Klem 12:1; Herm vis Ⅲ 8:9. 그리고 후기에 속하는 공관복음서 부분들 중에 있는 깨어 있으라는 권고들도 같은 것을 보여 준다. 가령 막 13:33-37; 눅 12:35-38; 마 24:43-51; 또 계 3:3; 16:15; Did 16; 끝으로 Hermas書의 권유들도 그러한데 여기서는 위협적인 임박한 종말까지의 아직 남은 기간을 말소하지 않고 회개할 것을 말한다. 가령 sim Ⅹ 4:4.

물론 균일한, 어디서나 동일한 발전이 이루어진 것은 아니다. 고난과 박해의 시대에는 종말이 시작되었다는 의식이 활기를 띠고 정열적으로 불을 뿜었다. 가령 계시록과 베드로전서에서 언제나 반복되는 다음과 같은 소리들을 볼 수 있다: πάντων δὲ τὸ τέλος ἤγγικεν "그러나 모든 것들의 종말이 가까왔다"(벧전 4:7), ἐγγὺς ἡ ἡμέρα "그 날이 가깝다"(Barn 21:3; 비교. 4:3,9), ἔσχατοι καιροί "마지막 때이다"(Ign Eph 11:1; 비교. 히 1:1; 9:26; Herm sim Ⅸ 12:3과 성만찬 기도들: Did 9 f.). 그러나 이와 함께 목회서신들과 사도행전은 사람들이 이 세계의 오랜 지속을 위해 준비하고 신앙은 그의 종말론적 긴장을 잃고 그리스도교-시민적 경건으로 변하는 것을 보여 준다.

사도행전에 의해도 요엘書 3장의 ἔσχαται ἡμέραι "마지막 날들"이 영의 부음과 함께 현재가 되었고(2:16 f.), 을 심판에 관한 설교는 그리스도교적 선포가 된 것(17:30 f.)도 물론 여기에 속한다. 그리스도가 하늘에 체류하는 동안 사람들은 καιροὶ ἀναψύξεως "올리움의 때", χρόνοι ἀποκαταστάσεως πάντων "모든 것들이 새로 나는 때"(3 : 20 f.)를 기다린다. 처음에 구약성서의 예언들이 이 ἀποκατάστασις "새롭게 됨"을 문제한 것으로 보았다면, 후에는 역시 예언들의 목표가 예수의 역사적 등장에 있다고 보았다(22절). 벧전 1 : 10—12에는 얼마나 다른가! 여기서 예언의 목표에 해당하는 것은 그리스도의 παθήματα "수난들"이고 μετὰ ταῦτα δόξαι "부활한 자의 영화롭게 됨"이며, 이 지시의 목적도 행 3 : 26에서와 같이 도덕적인 호소가 아니라 완성에 대한 희망의 다짐이다. 행 3 : 20 f.에서 참을성 없는 기다림에 강조점을 두지 않고 ὅπως ἄν ἔλθωσιν καιροὶ ἀναψύξεως···καὶ ἀποστείλῃ τὸν···Χριστὸν Ἰησοῦν, ὅν δεῖ οὐρανὸν μὲν δέξασθαι ἄχρι χρόνων ἀποκαταστάσεως"···소생케 하는 때들이 와서 그(신)가···그리스도 곧 예수를 보내리니 하늘이 그를 반드시 회복할 때까지 받아 두도록 함이라"고 했다면, 벧전 1 : 5에는 믿는 자들이 φρουρούμενοι διὰ πίστεως εἰς σωτηρίαν ἑτοίμην ἀποκαλυφθῆναι ἐν καιρῷ ἐσχάτῳ "마지막 때에 나타내기로 예비한 구원을 얻기 위해 믿음으로 보호받는 자들"이다. 그리고 그들은 ὀλίγον ἄρτι εἰ δέον λυπηθέντες ἐν ποικίλοις πειρασμοῖς "이제 여러 가지 시험으로 인해 잠간 근심하지 않을 수 없었으나" 오히려 크게 기뻐한다(6절). 사도행전 초에서 이미 희망에 대한 참을성 없음이 다음과 같이 거부된 것은 사실 특수하다. 즉 승천한 자는 εἰ ἐν τῷ χρόνῳ τούτῳ ἀποκαθιστάνεις τὴν βασιλείαν τῷ Ἰσραήλ; "당신이 이스라엘의 나라를 회복함이 이때인가?"라는 물음에 이를 위한 때는 사람들에게 숨겨져 있다고 대답할 뿐 아니라, 그 전에 ἕως ἐσχάτου τῆς γῆς "땅 끝까지" 복음이 전파되어야 한다는 것도 예고한다(1 : 6—3)[2].

목회서신들에 의해도 믿는 자의 삶이 희망 중의 삶임은 자명하다(딤전)1 : 1; 디 1 : 2; 2 : 13; 3 : 7). 사람들은 ἐπιφάνεια τῆς δόξης τοῦ μεγάλου θεοῦ καὶ σωτῆρος ἡμῶν Χρ. Ἰησοῦ "크신 신과 우리의 구원인 그리스도 예수의 영광이 나타나기를 기다린다"(디 2 : 13; 딤전 6 : 14; 딤후 4 : 1). 사람들은 ζωὴ αἰώνιος "영원한 생명"(딤전 1 : 16; 4 : 8; 6 : 12, 19)과 "구원"(딤전 2 : 5; 4 : 16; 딤후 2 : 10)을 기다린다. 그리고 사람들은 심판을 두려워 한다(딤전 5 : 24; 딤후 4 : 1; 비교. 딤전 6 : 9). 그러나 그리스도의 ἐπιφάνεια "나타남"으로도 그의 역사적 등장은 표시될 수 있었다. 이미 지금 그는 복음을 통해 사망을 멸했고 ζωή "생명"과 ἀφθαρσία "不死性"을 밝혔다(딤후 1 : 10); 이미 지금 약속된 ζωή는 선포가 현재라는 점에서 현재이다 (디 1 : 2 f.). 이미 지금 신은 우리를 "구원했다"(딤후 1 : 9). 말하자면 세례를 통해 (디 3 : 5). 이것은 바울의 의미에서 생각된 것인데 이에 따르면 종말론적 사건은 선포에서 수행된다(§ 24, 1). 그러나 현재의 종말론적 성격에 대한 바울의 이해는 역시 심하게 퇴색되었다(참조. 이책 § 58, 3 m). 그리고 현재와 미래 사이의 긴장에 관해서는 완성에 대한 동경과 마찬가지로 아무것도 감축할 수 없다. Δικαιοσύνη "義"는

---

2) "중간시" 즉 옛 세대의 종말과 새 세대의 시초 사이의 시대의 성격이 어떻게 변하였는가는 누가와 사도행전의 경우 특별히 H. Conzelmann이 보여 주었다. 가령 同上. S. 170, 203—206.

이미 종말론적 현재의 구원 선물이 아니라 오히려 — εὐσέβεια "경건"과 함께! — 도덕적인 성품이다(딤전 6:11; 딤후 2:22; 3:16). 이에 상응하게 묵시문학적 예언에 따르면(막 13:21f. 공관) 거짓 메시야와 거짓 예언자들이 출현하는 ὕστεροι καιροί "나머지 시간" 및 ἔσχαται ἡμέραι "마지막 날들"이 현재와 그때 출현하는 거짓 교사들에게 이용되었는데(딤전 4:1; 딤후 3:1; 요일 2:18에서와 비슷하다. — 세계가 어느 기간 동안 지속된다는 것을 생각한 것은, 국가 관원들을 위한 기도들이 특별히 다음과 같이 목적 규정에 의해 보여 준다: ἵνα ἤρεμον καὶ ἡσύχιον βίον διάγωμεν ἐν πάσῃ εὐσεβείᾳ καὶ σεμνότητι "이는 우리가 모든 경건과 단정한 중에 고요하고 평안한 생활을 하려 함이다"(딤전 2:2; 1 Klem 61에 전해진 국가 정부를 위한 기도에서도 같은 것을 볼 수 있다). "구원하는 은혜"를 뜻하는 신의 은혜는 동시에 "교육시키는" 은혜이다. — 즉 은혜는 도덕적으로 탓할 것이 없는 생활을 뜻하게 된 것이다(딛 2:12). 목회서신들의 생활률도 이에 일치하는데, 그리스도교-시민적 경건의 像이 척도로서 이 생활률에 봉사하고 있다(§60).

3. 종교로서의 그리스도교

그러므로 그리스도교 공동체가 유대교 및 (통일적으로 보아서) 이방의 것과 나란히 한 새로운 종교로 이해된 것은 놀라운 일이 못된다. 사도행전에서 그것은 그 특유의 전용어적 표현을 ὁδός "길"이라는 표지에서 찾았다. 사울은 박해자로서 다메섹으로 갔는데 그곳에서 아마 τινὰς τῆς ὁδοῦ ὄντας "그 道에 속하는 자들"(9:2)을 발견했을 것이다. 그리고 좀 후에 그는 자신을 성격지어 ὃς ταύτην τὴν ὁδὸν ἐδίωξα ἄχρι θανάτου "이 道를 핍박하여 죽이기까지 한 자"(22:4)라고 했다. 에베소에 있는 유대인들은 κακολογοῦντες τὴν ὁδόν "이 道를 비방하는 자들"이었고 περὶ τῆς ὁδοῦ "이 道때문에" 소요가 일어난다(24:22). 총독 벨릭스는 περὶ τῆς ὁδοῦ "이 道에 관해" 잘 안다. 유대인들의 눈에 그리스도교의 ὁδός "道"가 αἵρησις "이단"으로 보인 것같이(24:14) 어디서나 가령 "傾向性"으로 번역될 수 있을 것이다. 그러나 사실은 그리스도교 종교가 지칭된 것이다. 이 경우에 그리스도교적 가르침, 아니면 그리스도교적 공동성이 각기 더 지복되었든지 그것은 무관하다. 더 후에는 같은 의미에서 그리스도인들이 τρίτον γένος "세째 종파"로 되었다(S. 106).

누가복음서와 사도행전 필자의 서술은 그리스도교를 세계사적 산물로 파악하는 데 성공했다.[3] 그의 복음서에서 그는 다른 복음서들과 달리 예수의

---
3) 이에 관해, 참조. H. Conzelmann, 同上, 특히 S. 184 f.; E. Dinkler, *The*

생애를 역사가로서 서술하려고 힘썼다. 序說에서 그는 양심적인 탐구가로서 다룰 것을 확언했다. 그는 사료들에 충실한다는 것이었다(눅 1:1—4). 그리고 설화 자체에서 그는 마가에 비해 더 잘 연결된 역사적 서술을 제공하려고 노력할 뿐 아니라, 설화적 사건들을 연대기적으로 세계사와 연결시키려고 노력했다. 이미 1장 5절에서 사가랴의 연대를 명기함으로써 헤롯 시대에 관련시켰고 그 후에는 특히 예수의 탄생일을 명시하고(2:1—3) 동일한 6가지 연대를 수단으로 세례 요한의 등장 연대를 명시한 것에서(3:1f.) 그런 것을 볼 수 있다. 또 특별한 것은 그가 21장 20—24절에서 $\beta\delta\acute{\epsilon}\lambda\upsilon\gamma\mu\alpha\ \acute{\epsilon}\rho\eta\mu\acute{\omega}\sigma\epsilon\omega\varsigma$ "멸망의 가증한 것"과 그에 따르는 大破局에 관한 묵시문학적 예언(막 13:14—20)을 로마인들에 의한 예루살렘의 포위와 파괴에 대한 예언으로 바꾸어 놓은 것이다. 이에 상응하게 그는 사도행전에 초대교회의 역사 즉 선교의 시초와 로마에 수감되는 데까지의 바울의 선교의 역사를 실었다. 그가 — 사실 종말론적 공동체에서 전혀 관심사일 수 없었던 것인데 — 그리스도교 공동체의 성립과 초기의 역사에 관해 보도한 사실이 이미 그가 얼마나 초대교회의 思惟에서 멀리 서 있는가를 보여 준다. 그가 사도행전을 그의 복음서에 뒤따르게 한 것도 물론 그가 예수-전승에 대한 원래의 케리그마적 의미(§54,3)를 포기하고 그것들을 역사화했다는 것을 확인해준다. 종말론적 신앙의 경우 초대 공동체뿐 아니라 바울에게서도 세계의 역사는 — 그리스도와 함께 구원사는 성취되었고 그와 함께 끝났기 때문에 — 끝에 도달했었다면, 지금 사도행전의 파악에 따르면 구원사는 계속 진행된다. 그리스도가 바울에게 있어서 "율법의 마지막"이었기 때문에(롬 10:4) 역사의 마지막이기도 했다면, 사도행전의 思惟에서 그는 새로운 구원사, 그리스도교의 역사의 시초가 된 것이다. 이렇게 그리스도는 후에 우주적 思惟에 의해 역사의 중심점과 전환점으로 간주되었다.

이 점에서도, 즉 아레오파고 연설에서 아덴의 제단 표제와 스토아의 神 신앙을 계기로 바울을 이방 신앙에 결부시켰다는 점에서, 사도행전 필자는 그리스도교를 종교로서 세계사에 연결시켰다(17:23,28) 이에 의해 "이방의 역사와 문화 및 종교세계는 그리스도교의 준비 역사로서" 되새겨졌다(Vielhauer). 그리고 이것은 그리스도교와 유대교의 관계에 대한 사도행전의 파악에도 일치한다. 즉 바울의 율법론은 아마 이해되지 못했고 유대인의 역사는 단순히 그리스도교의 준비역사로 된 것이다.

Idea of History in the Ancient Near East, 1955, 195—197; E, Haenchen, *Die Apostelgesch.*, 1956, 87, 91; E.Käsemann, *ZThK* 54, 1957, 20 f.

끝으로 성격적인 것은 사도행전 필자가 고대의 史家를 추종하면서 베드로와 특히 바울을 설화의 정점에 내세우고 연설하게 한 것인데, 이 연설들에서 이 說話를 넘어서 포괄하는 事件의 의미가 표현되었다(10 : 34—43; 11 : 5—17; 15 : 7—11; 17 : 22—31; 20 : 18—35; 22 : 1—21).

II. 가르침의 發展[1]

§54. 傳承과 역사적 전통[2]

1. 종교들 內部에서의 전통의 意味

유다서 3절에 의하면 그리스도교의 가르침은 $ἅπαξ\ παραδοθείση\ τοῖς\ ἁγίοις\ πίστις$ "성도에게 단번에 전해진 믿음"이고 베드로후서 2장 21절에 따르면 $παραδοθείση\ ἁγία\ ἐντολή$ "전해진 거룩한 계명"이며 Pol Phil 7장 3절에 의하면 $ἐξ\ ἀρχῆς\ παραδοθεὶς\ λόγος$ "처음부터 전해진 말"이다. 사실 그리스도 교회는 말에 의해 부름을 받고 언제나 새롭게 구성되는 교회로서 전통을 필요로 한다(S. 56 f.). $Παραδιδόναι\ (παράδοσις)$ "전하다(전승)"와 $παραλαμβάνειν$ "傳受하다"는 처음부터 전통의 과정을 표시하는 전용어들이다(살전 2 : 13; 4 : 1; 갈 1 : 9; 고전 11 : 2, 23; 15 : 1, 3; 빌 4 : 9; 다음에는 골 2 : 6; 살후 2 : 15; 3 : 6; 유 3; 벧후 2 : 21; 1 Klem 7 : 2; Did 4 : 13; Barn 19 : 11). 그리고 $παραθήκη$ "부탁된 것"은 목회서신들에서 전통을 통해 주어진, 비치된 가르침이다(딤전 6 : 20; 딤후 1 : 12, 14; 비교. 3 : 2). 이것은 아마 법학개념으로서, 영지주의에 의해 격하된 개념 $παράδοσις$ "傳承" — 이것은 이그나티우스에게도 없는데 — 을 피하려고 선택된 것 같다(v. Campenhausen). 일반적으로 $παράδοσις(παραθήκη)$ "傳承(供託物)"의 내용은 잘못된 가르침에 대한 바른 가르침이다. 그것은 역시 윤리적인 요구도 지칭한 것일 수 있다(Did 4 : 13; Barn 19 : 11; 1 Klem 7 : 2; 물론 벧후 2 : 21과 일치한다). 사도의 선포가 전통에 근거를 준다. 그러나 使徒라는 개념에는 전통사상이 지배적이다(S. 469 f.).

모든 종교가 전승을 필요로 한다면 전승은 역시 그리스도교에서도 특수한 역할을 할 뿐 아니라 그것으로 특유한 성격도 얻었다. 異邦宗敎들에서 전승은 우선 제의적 儀式行爲들과 그것들을 수반하는 儀典的 말투들에 의해 한

---

* [1,2] 이 표제에 관한 문헌들, 참조. S. 643 f.

경된다. 여기에 祭儀의 근원을 전하는 起源學的 신화가 곁들일 수 있다. 좀 더 발전된 단계에 이르면 우주 생성론적인 신화가 추가되거나 옛 말투들을 대신할 수 있게 된다. 가령 에집트의 종교에서, 이른바 오르픽(Orphik)과 영지주의에서 보는 바와 같다. 그 다음에는 가르침과 신학이 화제에 오르고 이것들도 전승으로서 계속 전달된다. 그러나 이것들은 큰 변화의 지배를 받는다. 가령 例로서, 옛 신화들이 영지주의의 체계들에서 다채롭게 알레고리화된 것 또는 오시리스 신화(Plut. de Iside et Osiride)의 그것을 들 수 있다.

이스라엘-유대 종교도 물론 마찬가지로 제의적 의식행위들과 禮典의 전승을 필요로 했다. 이와 함께 생활을 규제하는 법조문들의 전승이 대개의 이방종교들에서보다 물론 더 큰 역할을 했다. 이들이 원시적인 단계를 넘어서 발전한 것일 때에도, 그리고 특히 윤리가 공적인 종교에 대해 독립된 그리스 세계에서도 그렇게 달랐다. 유대교에서는 구약성서의 전통에 율법학자들의 전통이 추가되었다. 그들에게는 현재의 적용을 감안한 옛 전통의 해석이 책임적으로 부과되었었다. 그리고 여기서도 $\pi\alpha\rho\alpha\lambda\alpha\mu\beta\acute{\alpha}\nu\epsilon\iota\nu$(קבל) "전수하다"와 $\pi\alpha\rho\alpha\delta\iota\delta\acute{o}\nu\alpha\iota$(מסר)라는 용어의 역할이 크다. 전통에 관련시킬 때 구약성서-유대교 종교가 이방종교들과 결정적으로 다른 점은, 전자에서 제의적 법적 전승에 역사적 전승이 첨가되는데 이 전승은 가령 제사와 제의의 근원과 樣式을 설명하는 기원학적 의미를 가졌을 뿐 아니라 그 백성의 역사를 전한다. 여기에서 신은 주로 역사의 신이고 그의 계시는 그 백성의 역사에서 완수되기 때문인데 — 이 점에서도 그리스 文化體와 근본적인 차이를 볼 수 있다. 후자에서는 역사 서술이 公的인 종교와 부관하게 세속적인 것으로 수행되었고 역사 관찰에서 종교적 반성(가령 Herodot)이 불가피한 경우에도 그러했다.

2. 그리스도교 전승의 特殊性

그러나 전통은 초대 그리스도교에서 어떤 성격의 것이고 그것은 어떤 의미를 가졌던가? 헬레니즘계의 그리스도교에 제사 格式 용어들의 $\pi\alpha\rho\acute{\alpha}\delta o\sigma\iota\varsigma$ "전승"이 있었다는 것은 주의 만찬에 관한 고린도전서 11장 23—25절의 말이 보여 준다: $\dot{\epsilon}\gamma\grave{\omega}\ \gamma\grave{\alpha}\rho\ \pi\alpha\rho\acute{\epsilon}\lambda\alpha\beta o\nu\cdots\ddot{o}\ \kappa\alpha\grave{\iota}\ \pi\alpha\rho\acute{\epsilon}\delta\omega\kappa\alpha\ \acute{\upsilon}\mu\hat{\iota}\nu\ \kappa\tau\lambda.$ "이는 내가 받아 · · · 나도 너희에게 전한 것입니다"(S. 145 f.). 시초에는 세례 줄 때 단지 受洗者를 향해 그리스도의 이름만을 불렀다. 신약성서 이후의 시대에 속하는 세례 儀典의 계속된 발전은 여기서 다룰 필요가 없을 것이다(S. 133 f.). 후에 부분적으로 로마信條에서 서로 결합되고 서로 보충

§54. 傳承과 역사적 전통

된 몇 格式 語形들의 근원만을 시사할 것이다.

그리스도교 영역에서 祭儀 神話에 일치하는 παράδοσις "傳承", 즉 그리스도 안에서 일어난 구원사건, 그의 죽음과 그의 부활이 짧은 문장으로 종합된 전승을 바울이 고린도전서 15장 3—4절에서 전한다(παρέδωκα γὰρ ὑμῖν . . . ὃ καὶ παρέλαβον κτλ. "이는 나도 받은 것을 . . . 너희에게 . . . 전한 까닭이다"). 이 외에 παράδοσις는 다음과 같은 문장들로 표현되었다. 그리스도를 ἑτοίμως ἔχων κρίνειν ζῶντας καὶ νεκρούς "산 자들과 죽은 자들을 심판하기 위해 예비한 자"로 말하는 귀절들(벧전 4:5등, 참조. S. 76 f.)과 그의 깨어남 또는 죽은 자들로부터의 부활에 관해(롬 10:9; 딤후 2:8등, 참조. S. 79), 그의 승천(S. 80)에 관해 각기 말하는 귀절들이다. 롬 1:3 f.; 4; 24-26; 고전 8:6(?); 딤전 3:16; 6:13; 딤후 2:8; 4:1; 벧전 1:20 f.; 3:18 f., 22; 4:5; Ign Eph 18:2; Tr 9; Sm 1:1 f.; Pol Fhil 2:1 f. 등과 같은 귀절들은, 이미 전통이 된 신앙고백 말투들이거나 노래들임을 분명히 시사하는바 혹은 그것들을 인용한 것이다. 이런 그리스도론적 격식문들 외에 유일신론적 신앙을 표현하고 후에 로마신조 제1조에서 확고한 형태를 취한 다른 格式文들도 이미 일찍부터 형성되었다(S. 64—67).

그런데 그리스도론적 격식문들에서 ἐκ σπέρματος Δαυίδ "다윗의 혈통에서"(롬 1:3)와 τοῦ μαρτυρήσαντος ἐπὶ Ποντίου Πιλάτου "본디오 빌라도 治下에 순교한 자"(딤전 6:13) 등의 역사적 진술들을 보는바, 여기에 그리스도교 신앙고백 격식문들 및 그리스도교 παράδοσις와 이방의 것 사이의 성격적으로 다른 점이 드러나 있다. 즉 그리스도교의 격식문들이 말하는 구원사건은 특유하게도 세계사적 사건과 결합되어 있다. 이 사건은 신화적 시대에 연출된 것이 아니고, 가령 초월적 영역에서 無時間的으로 일어난 사건도 아니다. 오히려 그것은 여기 땅 위에서, 말하자면 바로 얼마 전에 일어났다. 이 十字架刑의 구원사건은 ἐπὶ Π. Πιλάτου "빌라도 치하에" 일어났고, 그 부활은 ἐξ ὧν οἱ πλείονες μένουσιν ἕως ἄρτι "그들 중에 지금까지 많이 살아 남아 있는" 사람들에 의해 증언되며, 그 인물들의 열거는 παράδοσις "전승"의 부록을 이루고 있다(고전 15:5—8). 그러므로 역사(Historie), 역사적 사건들에 관한 보도는 본질적으로 παράδοσις에 속한다. 그러므로 누가복음서와 사도행전의 필자이며(S. 482 f.) 예수의 역사와 공동체의 가장 옛 시대의 역사를 세계사에 관련시켜 엮은 그 필자의 파악에서, 이 역사의 종말론적 성격이 상실되었음을 이해할 수 있다.

救援史와 세계사 또는 계시와 역사라는 문제가, 이 둘이 결합되어 있던

παράδοσις에 의해 제기되었는데 — 구약성서와 유대교에 비교하면 새로 제기된 것이다. 역사적 전승은 지금은 이미 구약성서와 유대교에서 가졌던 의미를 가질 수 없게 된 것이다. 예수 안에서의 신의 계시는 민족사의 사건, 가령 모세의 역사, 애굽에서 탈출, 가나안땅 점유, 士師 및 列王時代의 역사와 같이 사람들이 회고할 수 있는 사건이 아니었다. 새로운 언약(S. 96)은 옛것과 같이 민족사를 創建하는 사건이 아니라 그것이 역사적 사건, 즉 예수의 죽음에서 발원된 만큼(고전 11 : 25; 막 14 : 24 공관), 종말론적 사건이고 이 언약 체결의 상대인 "神의 백성"은 세계사적인 것이 아니라, 종말론적인 산물이다(S. 96). 유월절 儀式을 대신하여 주의 만찬을 먹은 것(고전 5 : 7)은 민족 공동사회에 결부되지 않고 이 세상에서 나그네로 滯留하는 종말론적 공동체에 결부되었다(S. 97 f.). 그리스도는 사실 역사의 마지막이고 그가 이와 함께 救援史의 成就이기도 하다는 점에서 구약성서는 그의 역사보도와 함께 그리스도교 공동체에 의해 받아들여졌다. 그러나 단지 구약성서의 역사가 구원사건으로서 새로운 의미에서 이해되었고 이스라엘 역사와의 연속이 이 역사를 이끌어서 지금 성취되게 한 신의 구원 섭리의 연속으로 이해되었다는 이유에서만 그러하다(S. 95). 그 때 예수의 역사와 종말론적 공동체의 부름은 예언들의 성취로 나타났다. 마태가 그의 복음서에서 특별히 그렇게 서술했다. 이런 파악은 물론 필수적인 것은 아니었다. 마태와는 달리 마가는 예수의 역사를 예언과 집요하게 관련시켜 서술하지 않았다. 그리고 요한에게는 구원사적 觀點이 전혀 없다(S. 367).

이외에 이스라엘 역사의 기름 부음을 받은 자들이 회당 전통에 따라 경건한 또는 도덕적인 행위 또는 참을성 있는 수난의 표본으로 인용되었을 때에도 — 1 Klem과 또 야 5 : 10 f.; 히 11 : 17 ff.에서와 같이 — 구약성서의 역사의 구원사적 의미는 상실될 수 있었다. 그 때에는 물론 수난의 예수도 모범인물로 例擧될 수 있었다. 벧전 2 : 22; 히 12 : 2에서 그런 것을 볼 수 있다. 이것으로써 구원사적 관찰이 얼마나 심하게 포기되었는가는 1 Klem이 성서의 예들 외에 ὑποδείγματα ἐθνῶν "이방인들 중에서의 例들"까지도 들 수 있었다는 것이 말해 준다(55 : 1 f.).

그러나 여하간 구약성서적 歷史 叙述方法은 예수의 생애에 관한 역사를 위해서는 계속될 수 없었다. 그 예는 누가복음서와 사도행전에서 볼 수 있다 (S. 482 f.).

3. 전승과 역사의 結合

그러나 신앙은 어느 정도, 그리고 어떤 의미에서 역사적 사건들에 관한 보

§54. 傳承과 역사적 전통

도가 필요했는가? 역사적 사실들을 指稱하지 않고도 παράδοσις "전승"의 문장들을 만드는 것이 가능했었다는 것은 고린도후서 5장 18—19절; 8장 9절; 빌립보서 2장 6—11절과 같은 귀절들이 보여 준다. 그리고 바울이 거의 완전히 무시한 팔레스틴 예수 전통에 대한 그의 태도도 이것을 보여 준다(S. 184 f.). 이 예수 전통은 사실 Χριστὸς κατὰ σάρκα "肉에 의한 그리스도"를 現在化하는 데 인도할 수 있었을 것이나, 바울은 그런 것을 알고자 하지 않았다(고후 5 : 16; S. 296). 어느 정도 요한도 전통에 대한 그의 자유로운 처리와 그의 복음서의 독자적인 형성으로 같은 사실을 보여 주었다(S. 362f.). 사도와 사도 후의 문헌에서 예수의 생애에 대한 관계가 아주 무시되다시피 된 것은 사실 주목을 끈다. 복음서들과 사도행전(비교. 특히 2 : 22 f.; 10 : 37—39) 외에 신약성서에서 그것이 다루어진 곳은 오로지 디모데전서 6장 13절; 히브리서 2장 18절; 4장 15절; 5장 7절; 12장 2절뿐이다.

그러나 다시 분명한 것은 고린도후서 5장 18—19절; 8장 9절; 빌립보서 2장 6—11절과 같은 귀절들이 동시에 한 역사적 인물, 예수에 관해 말한다는 이유에서만 그 의미를 가진다는 것이다. 그리고 바로 예수의 인간성은 빌립보서 2장 7—8절에서 가장 강하게 강조되었다 : ἐν ὁμοιώματι ἀνθρώπων γενόμενος καὶ σχήματι εὑρεθεὶς ὡς ἄνθρωπος "사람들과 같이 되었고 사람의 모습으로 나타났다"(비교. 롬 8 : 3; 갈 4 : 4). 그리스도의 인간성, 즉 구원의 사건이 σάρξ "肉"의 영역에서 일어났다는 사실은 본질적으로 ἐφανερώθη ἐν σαρκί "육에서 나타났음"을 뜻한다(딤전 3 : 16; 비교. 골 1 : 22; 히 2 : 14; 5 : 7; 10 : 20; 벧전 3 : 18; 4 : 11). 마찬가지로 요한에게서도 본질적인 것은 예수가 한 人間이었다는 것, 즉 ὁ λόγος σὰρξ ἐγένετο "말이 육신이 되었다"(1 : 14)는 것이다. 그는 나사렛에서 났으며 사람들은 그의 부모를 알고 있었다(S. 402). 그의 인간성을 부정하는 것은 거짓 가르침이다(S. 401). 그리고 요한1서와 같이 이그나티우스는 영지주의의 거짓 가르침의 假現說과 싸웠다(Ign Eph 7; 18 : 2; Tr 9—10; Sm 1—3; 4 : 2; 5 : 2; 7 : 1).

그런데 예수의 인간됨의 사실(das Daß)을 주장하고 강조하는 것으로 족하지 않았던가? 아니면 그의 역사적 생애가 어떻게 진행되었는가에 관한 가르침도 필요했던가? 물론 누가는 그것이 필요하다고 생각했고, 뿐만 아니라 그 상응하는 모습을 그의 복음서에 제공했다(S. 482). 이에 반해 바울에게서는 이 관심에 관한 것을 아무것도 감촉할 수 없다. 그가 그리스도의 순종(빌 2 : 8; 롬 5 : 19), 또는 그의 모범적인 사랑(고후 8 : 9; 롬 15 : 3)을 시사했다면 그는 선재자의 自己卑下와 희생을 생각한 것이고 역사적 예수의 구체적인 행동을 생각한 것이 아니다. 사실 바울도 가끔 주의 말들을 인용했지만 그 때에도 다른 것을 뜻한다(S. 185). 복음서들 외에서는 신약성서에 물론 단 한번 주의 말이 인용되었다(행 20 : 35). 그러나 계속 공동체들에 주의 말들이 전해졌다는 것은 의심할 수 없고 이른바 續사도 敎父들에 의한 몇 인용문들이 이를 확인한다. 마태와 누가복음서에서 개작된 어록집은 분명히 얼마 안 가서 공관복음서들에 의해 축소되었다. 이 어록은 여기저기서 당분간 이용되었을 수 있다. 그러나 우리는 주의 말들이 Did 1 : 3—6; 1 Klem 13 : 2; 2 Klem 2 : 4; Barn 4 : 14; Pol Phil 2 : 3 등에서 인용되고 이그나티우스가 가끔 시사한 바와 같이, 가령 그것들이 口傳 전통 또는 문서적인 격언집에서 생긴 것인지 또는 어느 범위에서 그런지를 알지 못한다 — 우리 복음서들 중의 하나에서 생겼다는 것은 적어도 의심스럽다. 그런 수집물들이 있었다는 것은 사실 파피루스 발굴에 의해서도 증명된다.

그러나 분명한 것은 주의 말들의 전승이 역사적-전기적인 관심에 의해 촉발되지 않고, 믿는 자들의 생활 營爲를 규제하고 그들의 희망을 생생하게 보존하려는 실제적인 案件들에 의해 촉진되었다는 것이다. 이 안건들에 속하는 것은 "역사적 예수"가 아니라 공동체의 主인 하늘의 主이다. 그러나 — 그 때에는 이렇게 물어진다 — 주의 말들을 예수의 역사 영역에 끌어들인 마태와, 특별히 자신의 서술에서 주의 말들을 개작하였으나 예수의 행위들과 운명에 관한 보도가 큰 비중을 차지하게 한 마가를 어떻게 이해할 수 있는가? 바로 이들에게서 역사적 전통이 어느 점에서 케리그마에 속한다는 사실과 또는 그것과 결부되지만 말하자면 각이한 여러 관점들下에 결합되고 어느 점에서 그렇다는 것이 분명해진다.

마태도 마가도 누가가 한 것처럼 역사적 관심에서 그들의 복음서를 쓰지 않았다는 것은 분명하다. 그러나 그들은 그들 나름대로 각기 다르다. 마태는 救援史의 성취를 이룬 자로서 예수를 서술했다. 그의 복음서는 예수의 생애와 활동에서 구약성서의 예언들이 이루어졌다는 증명으로 일관되었다: τοῦτο δὲ (ὅλον) γέγονεν, ἵνα πληρωθῇ τὸ ῥηθὲν (ὑπὸ κυρίου διὰ τοῦ προφήτου λέγοντος) "그러나 이 (모든) 것은 (주가 예언자를 통해 말한, 1 : 22 등) 말이 이루어지게 하기 위함이다". 그러나 그는 또 ἠκούσατε ὅτι ἐρρήθη... ἐγὼ δὲ λέγω ὑμῖν "너희가... 말한 것을 들었으나 나는 너희에게 말한다..."(5 : 21—48)라는 그의 말로 예수를 율법의 前衛的인 해석자로서, 또는 새로운 메시야의 토라를 가져온 자로서 서술한다. 즉 마

§54. 傳承과 역사적 전통

태는 예수의 역사에 관한 보도를 이용함으로 저 사실(jenes Daß)을 종말론적 구원의 歷史化에 연결시킨 것이다. 그는 그런 예수가 세계사의 한 인물이 아니라 세계사를 마감한 자로 이해했다. 그러므로 그는 자신에게 사료를 제공한 마가에 비해 예수의 모습의 神性을 여러모로 더 높였다(비교. 특히 19:17을 막 10:18에). 그 다음에는 예수가 공동체의 교사로 묘사되면서 이 공동체는 종말론적 공동체로 분명해졌다. 그러므로 역사보도는 다시 저 사실(das Daß)을 표현하되, 종말론적인 것으로서의 현재의 規定性이, 이 현재가 마지막 時代의 왕의 지배하에 서 있다는 것에 의해 의식됨으로써 표현되었다. 이것은 결문인 28장 18—20절에서 분명하게 표현되었다 : ἐδόθη μοι πᾶσα ἐξουσία ἐν οὐρανῷ καὶ ἐπὶ τῆς γῆς κτλ. "하늘과 땅에 있는 모든 권세가 내게 주어졌다···".

E.Dinkler (*The Idea of History in Ancient Near East*, 1955, 194 f.)가 예언 증명에 대한 마태의 관심을 提示한 반면 Krister Stendahl (*The School of St. Matthew*, 1954)은 마태의 복음서를 말하자면 "교훈과 행동을 위한 敎材"로서 한 학파의 산물로 이해하려고 했다. E. Käsemann (*NTSt* I, 1954/55, 257 f.)도 비슷한 방향에서 마태복음서 기자의 성격을 그리스도교의 랍비로 소개하는데, 그는 포괄적으로 法條文的 율법 문제에 포괄되어 있는 공동체 질서 즉 마태가 이 질서 위에 둔 무게를 지켜했다. G. Bornkamm (*The Background of the NT and its Eschatology*, 1956, 222—260)도 비슷하게 마태에서의 전통과 신학적 구상의 交合 관계를 묘사하고, 여기에서 시작된 종말론이 교회론으로 轉移됨을 보여 주었다.

마가도 그 나름으로 저 사실(jenes Daß)을 묘사한다. 예언 증명의 방법은 그에게서 후퇴되는바 본래는 단지 4장 12절과, 가령 7장 6—7절; 9장 12절; 11장 9—10절; 12장 10—11절 [1] 에서만 볼 수 있다. 그의 중점은 異蹟들과 세례 및 변모 같은 놀라운 사건들에 떨어졌다. 이것들에서 그때마다 나타난 것은 일반에게 숨겨진 신의 아들의 본질이다. 이것은 물론 복음서 독자들에게만 해당한다. 왜냐하면 그 시대인들에게는 그것도 숨겨져 있었기 때문이다(S. 31). 즉 구약성서-유대교 전통의 사상영역에 속하는 마태와 달리 역사 보도의 케리그마-성격이 헬레니즘 思惟 방식으로 표현된 것이다. 즉 예수의 생애는 세계사의 한 삽화(Episode)가 아니라 신의 행위가 지상의 사건에 쌓여(은폐) 놀랍게 나타난 것이다. 이적들과 나란히 논쟁대화를 수록함으로, 예수는 (마태에서처럼) 그렇게 심하게 공동체의 교사로 묘사되

---

1) 막 1:2 f.는 옛 欄外註일 수 있다.

지 않고, 오히려 유대교의 전통이 神에게 모순됨을 밝혀 내는 신의 아들로 묘사되었다. 마가가 예수의 受洗와 마지막 만찬에 관한 설화로 세례와 주의 만찬에 그 근원을 제공한 바와 같이, 그는 마찬가지로 예수의 역사에 계시 사건의 성격을 제공했다. 끝으로 그는 예수의 변모에 관한 보도를 통해 예수의 "역사"(Geschichte)가 그 본질상 신의 아들의 現顯으로서 부활한 자에 대한 신앙에 의해 비로소 인식된다는 것을 보여 주었다(9:9).

4. 結合의 문제성

그러므로 마태와 마가를 통해서, 역사적 보도는 "복음"의 케리그마적 성격을 위해 利用될 수 있게 되었다. 그러나 이 점에 처음부터 문제성이 들어 있었다는 것은, 마가와 그를 따른 마태도 마찬가지로 그들의 글에 역사적 서술, 즉 한 "예수의 생애"의 양식(Form)을 제공한 것과 함께 주어졌다. 즉 이 양식에서 옛 전통의 개체 부분들이 결합되어 年代記的-지리적 연관성을 가지게 된 것이다 — 이것은 이미 적지 않은 옛 전통부분들이 小說的인 특성들을 보여 주는 바와 같으며 이것들이, 전승하는 공동체들의 전기적 관심을 보여 준다. 이 문제성은, 이 세계에서 불러냄을 받은 자들, 오는 세대에 속하는 자들의 종말론적 공동체로 자처하는 그리스도교 공동체이나 역시 피안에서 오는 계시 — 그것이 황홀경에 도취된 환상가들의 像들에서 주어진 계시이든지, 규제 불가능한 신화가 제공한 계시이든지 — 에 의하지 않고 예수의 역사적 모습 — 이 예수에게서 공동체는 자체를 부르는 신의 말을 듣는다 — 에 의해 부름을 받는다는 데서 생겼다. 공동체가 그의 脫世界的인 성격을 그의 內世界的 現存으로 관철시킨 것과 같이 공동체는 그를 부른 자의 모습 — 공동체가 아무리 예수의 의의를 전통적 신화의 언어로 표현했을지라도 — 을 완전히는 신화로 해소시킬 수 없었다. 그러므로 전승은 종말론적 사건과 역사적 사건을 동시에 말한다는 특별한 성격을 지니게 되었다. 문제는 이 逆說이 수호되었는가에 있다.

누가복음서와 사도행전의 서술에서 이 역설이, 오로지 世界史로서만 진행되는 구원사를 아는 역사신학으로 인해 해소되었다면(S. 482 f.) 다른 데서는 케리그마로 인해 역사적 사건에 대한 관련이 포기됨으로써 해소되었다. 이것은 영지주의에서 야기되었는데, 여기서는 단호한 일방성으로 구원사가 초월적인 것으로 이해되고 이것은 역사에서 벗어남으로써 신화적인 사건이 되었다. 물론 그리스도교적 영지주의는, 이방의 그것처럼 역사적인 인물 예수에게 모든 것을 결합시키는 것을 포기하고 구원사를 신화적 과거에 옮겨

§54. 傳承과 역사적 전통

놓을 수는 없었다. 그러나 그것은 구원자의 역사적 실재성을 포기하되 신의 아들과 역사적 예수와의 동일시를 거부함으로써 포기했다. 이 영지주의는 신의 아들이 인간 예수와 필요할 때에만 가끔 — 가령 예수의 受洗에서 — 결합했다가 수난 전에 예수에게서 다시 분리되었다는 것을 가르치거나 또는 구원자의 인간상을 假現의 몸으로 파악했었다(假現說).

문제의 이런 해결은 공동체들의 대다수에게 異瑞으로 나타날 수밖에 없었다(S. 168. 401). 그러나 영지주의에 반대하여 ὁ λόγος σὰρξ ἐγένετο "말이 육신이 되었다"를 가장 강하게 강조하고 μὴ ὁμολογοῦντες 'Ι. Χριστὸν ἐρχόμενον ἐν σαρκί "육신으로 온 예수 그리스도를 고백하지 않는 자들"에게서 敵 그리스도의 化身을 보는 자들의 글들, 즉 요한복음서와 요한 1, 2, 3서 — 그리고 이그나티우스도 — 는 영지주의의 상대적 정당성과 동시에 그 가르침의 의미를 보여 준다. 즉 이 가르침은 종말론적 사건의 역사화에 대해 신앙에 대한 정당한 관심을 표현했다.

요한은 저 역설의 의미를 가장 명쾌하게 파악했고 그의 복음서에서 묘사했다. 바로 그는 예수의 생애에 관한 전승을 극히 자유롭게 다루면서(S. 362 f.) 이 전승이 케리그마를 위해 가지는 의미를 가장 예리하고 분명하게 만든바, 그는 곧 인간 예수에게서의 신의 계시를 저 단순한 사실(das bloße Daß)에 환원시킴으로써 나타냈다(§48, 3, 특히 S. 432과 433 f.). 그리고 ὁ λόγος σὰρξ ἐγένετο의 역설은 극단적인 방법으로 분명하게 했다(§46, 특히 S. 402 f.). 이것은 곧 신의 말이 한 특정한 역사적 인간에게서 일어나서 현재 남아 있다는 逆說이다. 그는 이 인간을 신빙성있게 증명된 과거의 인물로 서술하지 않고, 그가 언제나 영의 능력으로 그를 선포하는 말, 곧 이 말에서 現在하는 것과 같이 그렇게 서술한다(S. 434). 그 때문에 전통은 역사적 사건의 연속성에 근거를 제공하는 역사적 전승이 아니라, 예수가 영으로 현재하는 공동체의 설교이다(§50, 7). 케리그마적 전통이 필요로 하는 繼承(Sukzession)은 여기서는 아직 사도행전과 목회서신들, 클레멘스 제 1 서에서와 같이 機構的인 것으로 파악되지 않고(§52, 3), 영에 의해 작용되는 자유로운 것으로 파악되었다. 바울이 아직 — 그의 근본적인 인식에 비해 不徹底하게 — 증인들을 열거함으로써 부활을 역사적 사실(Faktum)처럼 확언하려고 했다면 요한은 그의 부활절 사화들을 다음 문장으로 끝맺었다: μακάριοι οἱ μὴ ἰδόντες καὶ πιστεύσαντες "보지 않고 믿는 자들에게 복이 있다"(20 : 29; 참조. S. 419).

§55. 바른 가르침과 신약성서 正經의 成立에 관한 問題*

1. 신앙과 認識

그리스도교는 密儀宗敎로 변하지 않았다. 그 까닭은 그리스도교의 경우 구원이 물질적인 요소들에 의해 神的인 能力들을 중개하려는 성례적 祭儀가 아니라(S. 134), 주로 말 선포에 근거를 두고, 이 선포에서 신의 은혜가 선포되면서 동시에 그 구원이, 듣는 자에게 邂逅되고 듣는 자의 인격적인 신앙을 요구하기 때문이다. 이 선포는 그리스도 안에서 일어나는 신의 행위에 관해 보도하면서 동시에 듣는 자에게 말을 걸고, 신이 그리스도 안에서 행한 것을 인식케 하면서 동시에 듣는 자에게 그 자신에 관한 새로운 인식을 제공한다. 이것이 곧, ἄγνοια "無知"와 πλάνη "誤謬"에서 풀어 주고(S. 63 f.) 지식과 승인이 서로 결합되어 하나를 이루게 하는 ἐπίγνωσις ἀληθείας "眞理의 認識"이다. 바울도 자신의 설교로 퍼져나가는 γνῶσις "知識"을 그렇게 이해했다(고후 2:14; 4:6). 이 지식은 κερδαίνειν Χριστὸν καὶ εὑρεθῆναι ἐν αὐτῷ "그리스도를 얻고 그 안에서 발견되는 것"(빌 3:8 f.)을 의미한다.

저 ἐπίγνωσις "인식"과 이 γνῶσις "지식"은 내용상 거의 πίστις "신앙"과 구별되지 않는다. 그러나 전자들은 πίστις "신앙" 안에 포함된 인식의 구조적 계기를 부각시켜 주는바, 이것은 요한이 πιστεύειν "믿다"와 γινώσκειν "알다"의 관계를 이해한 것에서 가장 잘 드러났다(§ 49, 2). 믿는 자는 사실 신과 그리스도에 관해 선포되는 것이 무엇이며 그것으로 그 자신의 상황이 어떻게 규정되는가를 이해해야 한다. 갈라디아서와 로마서의 신학적 詳述들에는 사실 신앙과 함께 주어진 인식을 전개하는 것 외에 다른 목적이 없다. 바울은 이 인식의 발전이 가능할 뿐 아니라 필요하기도 하다는 것도 분명히 보았다. Πίστις는, 믿는 자가 그때마다 자신에게 요구된 것에 관한 바른 판단을 얻는다는 점에서 산 신앙으로 보존되어야 한다. 신앙에서 나지 않은 것은 모두 죄이기 때문이다(롬 14:23). 그러므로 그는 그의 독자들에게, 그들의 판단 능력이 자라고 확신을 얻을 것을 소원했다(롬 12:2; 빌 1:9 f.; 몬 6; 참조. S. 331 f.). 골로새서 1장 9—10절도 같은 것을 바란다: ἵνα πληρωθῆτε τὴν ἐπίγνωσιν τοῦ θελήματος αὐτοῦ ἐν πάσῃ σοφίᾳ καὶ συνέσει

---

* 이 표제에 관한 문헌들, 참조. S. 644 f.

πνευματικῇ, περιπατῆσαι ἀξίως τοῦ κυρίου···"너희가 모든 신령한 지혜와 총명에 신의 뜻을 아는 것으로 채우고 주에게 합당하게 행하게 함이다···"(비교. 3:10). 베드로후서 1장 3절의 代禱와 상응하는 권고 1장 5절; 3장 18절도 비슷한 것을 원하고 바나바서는 이렇게 권한다 : ὁ δὲ θεὸς ···δώῃ ὑμῖν σοφίαν, σύνεσιν, ἐπιστήμην, γνῶσιν τῶν δικαιωμάτων αὐτοῦ "그러나 신은···너희에게 그의 법조문들에 관한 지혜, 통찰력, 인식, 지식을 주기를"(21:5). 이는 γνῶσις "지식"이 그의 경우 이론적인 인식일 뿐 아니라 실천적 인식도 뜻하기 때문인 바와 같다(5:4; 18:1; 19:1, 비교. 16:9: σοφία τῶν δικαιωμάτων "법조문들에 관한 지혜"). 바울이 이런 γνῶσις "지식"이 공동체 안에서 생동하는 것을 기뻐한 것과 같이 (고전 1:5; 고후 8:7; 롬 15:14) 클레멘스 제 1 서는 고린도 공동체의 τελεία καὶ ἀσφαλὴς γνῶσις "온전하고 확고한 지식"을 찬양하고 (1:2), 디다헤서 11장 2절은 遍歷하는 교사들의 영향이 προσθεῖναι δικαιοσύνην καὶ γνῶσιν κυρίου "주의 義와 지식에 접근하도록" 하는 데 미치면 그들을 영접할 것을 권한다.

2. 그리스도교의 신학

신의 뜻에 관한 인식이고 그 때문에 윤리적인 의지의 판단력이며 또 그것들을 닦고 실천하는 것이 모든 믿는 자에게 의무로 지워진 그런 γνῶσις와 σοφία에서, 그 대상이 신의 구원섭리이고 전승의 케리그마적 격식문들에 기록된 구원사건인 하나의 특별한 γνῶσις "지식" 및 σοφία "지혜"가 구별된다. 신의 구원섭리와 그리스도 안에서의 그 실현은 이미 바울(고전 2:6 f.; 15:51; 롬 11:25)과 물론 그 후에 충분하게(골로새서와 에베소서에서; 참조. 아래 3; 또 살후 2:7; [롬 16:25]; 딤전 3:9; 16; 계 10:7; Ign Eph 19:1; Mg 9:1; Tr 2:3) μυστήριον "秘義"로서 나타났다. 전승의 格式言語들은 해석을 필요로 한다. 그것들 중에 사용된 개념들과 문장들은 각이하게 해석될 수 있을 뿐 아니라 반드시 계속 생각하고 묻게 한다. 즉 신학적이며 그리스도론적이고, 우주론적이며 인간학적인 어떠한 결과들이 필요하며 어떠한 것들이 정당한가? 그리스도교 신학의 근원은 여기에 있다. 그러나 시간의 흐름과 함께 이방적인 사유와 그 신화와 철학과도 대결해야 했고 그러면서 신학을 이루었는데 이 신학은 결국 護敎論者들에 의해 일종의 그리스도교 철학으로 변질되었다.

이 γνῶσις도 그 근원을 신앙 안에 두고 있다. 비록 이 지식을 자립적으로 발전시키는 것이 모든 믿는 자들의 일이 아니었을지라도 그러하다. 이것은 모든 사람이 받을 수 있는 카리스마가 아니라 특수한 것이다(고전 12:8). 그러나 그것을 가진 자는 그것을 다른 사람들에게 나누어 주어야 한다. 그리고 이 사람들은 그에게 경청해야 한다. 사실 그는 모든 사람들이 그것에 도달하기를 기원할 수도 있다(엡 1:17). 이 $\gamma\nu\hat{\omega}\sigma\iota\varsigma$도 실천적인 목표를 가지고 있다. 이 목표에 비추어 볼 때 그리스도인의 상황이 분명해지고 자신에 관한 이해를 배우기 때문이다. 갈라디아서와 로마서의 신학적 詳述들은 그리스도교적 실존이 율법과 세계 세력들로부터 자유함을 가르친다. 골로새서의 상술도 비슷하다. $'E\lambda\epsilon\upsilon\vartheta\epsilon\rho\iota\alpha$ "자유"와 $\dot{\epsilon}\xi o\upsilon\sigma\iota\alpha$ "권위"에 관한 그런 이해가 어떻게 특정한 생활태도를 결과로 낳는가는 바울이 고린도에서 행한, 영지주의화를 획책하는 적들과의 토론이 보여 준다. 신학 발전을 위한 결정적 문제는 신학이 신앙에 포함된 인식의 전개임을 어느 정도 고수하느냐 하는 것이었다. 다시 말하면 그것은, 그것이 어느 정도 케리그마와 이것으로 규정된 그리스도교적 실존의 설명인가를 뜻한다. 신학이 神 및 그의 행위의 인식과 그것으로 규정된 그리스도인의 상황의 인식 사이의 연관성을 더 이상 바로 보지 못하면, 그것은 그의 근원에서 이탈되는 쓸데없는 사변 또는 합리적 사상구조로 化한다.

그리스도교 신학의 발전을 위한 동기(Motiv)는 케리그마 해석의 필연성에 의해서뿐 아니라 교회가 받아들인 구약성서에 의해서도 마찬가지로 주어졌는데 이것도 사실 해석이 필요했다. 베드로후서 1장 20—21절은 그때 사람들이 당면했던 낭패를 보여 준다. 이것은 독자들에게 경고로서 구약성서의 예언이 自意的으로가 아니라 오로지 그것의 영적인 근원에 일치하게 해석해야 된다는 것을 지시하고 있다. 특별히 구약성서의 율법이 촉구한 일련의 해석 가능성들과 해석 시도들에 관해서는 §11에서 다룬 바 있다. 여기서는 단지 간단하게 구약성서의 해석이 그리스도교 신학의 발전을 위해 어떤 의미를 가졌던가에 관해 지적할 것이다. 사실 중요한 것은 구약성서가 제공한 어려운 문제들을 교회가 완전히 처리해야 한다는 데 있지 않았었다. 오히려 그리스도교의 秘義들이 알레고리에 의해 해석될 때 구약성서가 그리스도교의 $\gamma\nu\hat{\omega}\sigma\iota\varsigma$ "지식"의 사료로 이용되었다. 에베소서 필자에게 있어서 그런 $\mu\upsilon\tau\eta\rho\iota o\nu$ "비의"는 창세기 2장 24절의 말인데, 그는 교회에 그리스도를 결합시키는 것으로 이것을 해석했다(5:31 f.). 히브리서의 필자(§11, 2 c)는 그가 인식이라는 면에서 그의 독자들에게 제공할 수 있는 것을 자랑스럽게 여긴 것이 역력하다. 상세하고 修辭的인, 구약성서 제의에 관한 그

§55. 바른 가르침의 問題   495

의 해석과 그리스도의 대제사장직에 관한 그의 이론에서 서론을 통해 그는 분명하게 그 자신의 인식이 原始的 그리스도교의 수준을 능가함을 의식시켰다(5 : 11—6 : 12). 그에게서 $\gnosis$ "지식"과 $\sophia$ "지혜"라는 用語가 역할을 하지 못했다면, 바나바서의 필자(§11 : 2b)는 구약성서에 관한 그의 해석을 $\gnosis$ 로서 표시했다(6 : 9; 9 : 8; 13 : 7 비교. $\ginosken$ "알다": 1 : 7; 5 : 3; $\sophizein$ "지혜롭게 하다": 5 : 3). 그는 주를 ὁ σοφίαν καὶ νοῦν θέμενος ἐν ἡμῖν τῶν κρυφίων αὐτοῦ "그의 비밀스러운 것들에 관한 지혜와 이해력을 우리 중에 둔 자"(6 : 10)라고 찬양하고 자신의 글에 관해 이렇게 말한다. 즉 독자들은 그들의 πίστις "신앙"을 넘어서 τελεία γνῶσις "온전한 지식"에까지 도달하고(1 : 5) σοφία "지혜"와 σύνεσις "통찰력", ἐπιστήμη "인식", γνῶσις "지식"도 πίστις "신앙" 및 그리스도교의 덕목들에 일치하게 되도록(2 : 2 f.) 하기 위함이라는 것이다. 알레고리의 방법 — 이 방법에 의해 히브리서와 바나바서 그리고 후에는 유스틴의 글에서(§11, 2 f.) 그 인식이 얻어졌다 — 은 클레멘스 제1서(§11, 2 d)에서도 가끔 사용되었는데 그는 일반적으로 구약성서를 윤리적 교양서로 이용하면서 그 방법을 사용했다. 그러나 그도 자신의 해석술을 γνῶσις "지식"(40 : 1 : ἐγκεκυφότες εἰς τὰ βάθη τῆς θείας γνώσεως "지식의 여신의 깊이를 통찰하는 자들", 비교. 41 : 4; 32 : 1)이라고 불렀다.

권위적인 그리스도교 문헌들도 해석이 필요하다는 것은 얼마 안 되어서 드러났다. 이해할 수 있는 바와 같이 이것에 제일 먼저 해당한 것은 바울의 서신들이었다. 이것들 중에는 벧후 3 : 16에 따르면 이해되기 어려운 것이 적지 않게 들어 있다. 거짓 교사들에 의해 잘못 해석되는 경우도 많았다. Polykarp도, 자신은 물론 다른 사람들도 "죽은 저 유명한" 바울의 지혜를 완전히 파악할 수 없으나, 그의 서신들은 그것들을 탐독하는 자에게 建德의 능력을 제공할 수 있다고 털어 놓았다. 그런데 야 2 : 14—26의 주제 "신앙과 업적들"에 관한 취급은 잘못 이해된 바울과의 대결 외에 달리 이해될 수 있는가? 공동체의 의미에서 바울에 관한 해석이 字句의 이해를 위해 노력하는 주석일 뿐 아니라 현재 상황을 위한 바울의 진술들의 의미를 확정하고 또는 그것들에 관한 오해를 저지하기 위해 관심을 가진 실천적 동기에 의해 움직여졌기 때문에, 그 해석은 바울로 하여금 새롭게 말하게 하는, 다시 말해서 그의 이름으로 새로운 편지를 쓰는 방식으로도 企圖될 수 있다. 그러므로 데살로니가후서는 데살로니가전서에 표명된, 임박한 종말에 관한 대망이 — 광신적인 종말론적인 기분에 대비된 것이든지, (있을 법한 바이지만) 到來의 遷延에 직면한 懷疑에 대비된 것이든지 — 한정되었다는 점에서 데살로니가전서에 대한 주석이다. 즉 종말이 오기 전에 모든 것이 이미 일어나야 한다는 것이다(20 : 1—12).

끝으로 다른 신비적인 텍스트들 또는 묵시문학적인 像들과 용어들에 관한 해석도 언급되어야 할 것이다. 신의 구원섭리가 μυστήριον "秘義"인 것 같이(골 1 : 26 f.; 엡 1: 9 등) 默示家의 환상들도 그가 해석하거나(계 1 : 20; 17 : 5, 7) 단지 시사만 할지라도 μυστήρια "비의"이다(13 : 18: ὧδε ἡ σοφία ἐστίν. ὁ ἔχων νοῦν ψηφισάτω τὸν ἀριθμὸν τοῦ θηρίου "지혜가 여기에 있으니 총명 있는 자는 그 짐승의 수를 세어 보라"). 신비의 βιβλαρίδιον "책"의 이해 — 헤르마스서는 그에게 환상에서 나타난 "백발노파"에 의해 이 책에 관한 지식을 얻었는데 — 는 γνῶσις를 뜻했다(vis Ⅱ 2 : 1). 그리고 그에게서는 γινώσκειν "알다"라는 용어가 반복되는데, 이 용어는 환상들과 알레고리들에 관한 이해를 표시한다(vis Ⅲ 1 : 2; 4 : 3; sim Ⅴ 3 : 1; Ⅸ 5 : 3 등).

3. 認識의 問題

그런데 以上에서 논술된 동기들로부터 자란 그리스도교의 γνῶσις는 얼마 안 가서 올바른 가르침의 문제를 유발시켰다. 이미 바울이 십자가 설교의 逆說的 σοφία "지혜" 외에 오로지 τέλειοι "온전한 자들"에게만 가능한, 神性의 깊음에까지 침투하는 σοφία를 알고 있었다(고전 2 : 6 ff.; 참조. S. 181과 332 f.). 이 지혜는 확실히 합리적인 사유의 산물이 아니다. 그러므로 바울은 이 지혜를 영의 계시에 소급시켰던 것이다(2 : 10). 이것도 결국은 신의 선사와 믿는 자의 상황에 관한 인식에 집중되었다(2 : 12; 참조. S. 332 f.). 그러나 분명한 것은 이 지혜에서 환상(Phantasie)과 思辨的 思惟가 묵시문학과 신화적 전통의 주제들과 마찬가지로 작용한다는 것이다. 사실 先在的 그리스도가 변장함으로써 관원들을 속인 데 관한 神話도 이 지혜에 속하기 때문이다(2 : 8; 참조. S. 175). 그러나 로마서 8장 20절 이하에 示唆的으로 제시된 창조의 타락과 해방에 관한 사상도 이 전통에 소급되는 것은 물론이다. 확실히 종말론적 μυστήριον "秘義"(고전 15 : 51 ff.)와 같은 비밀들도 그런 반면, 구원사적 μυστήριον (롬 11 : 25 ff.)은 사변적 환상에서 發想된 것이다.

바울 자신이 이미 영지주의 사유의 영향 아래 있었다면(§ 15, 4), 그의 고린도 공동체와의 서신은 그리스도교의 소식이 공허하게 되거나 顚倒될 정도로 이 영향에 빠진 단체들이 젊은 그리스도교 안에 있었음을 인식하게 한다. 이 공동체의 성원들이 곧 자신들의 σοφία와 γνῶσις를 자랑하는 자(고전 1 : 18 ff.; 8 : 1 ff.)와 밖에서 침투한 사도들 — 바울에게 있어서 이들은 거짓 사도들이다(고후 11 : 13) — 인데 이들에게 바울은 γνῶσις에 自信이 있음을 주장했다(고후 11 : 6). 이 영지주의화 경향과 결국 승리로 끝난 正統 사이의 싸움은 바울 이후에도 조용해지지 않고 πίστις "믿음"을 넘어서는 지

§55. 바른 가르침의 問題

식에 대한 욕구가 많은 단체에서 생생했었다는 것을 보여 준다. 요한일서에서 반격된 "거짓 교사들"의 특징이 그 知識을 소유하라는 요구였다는 것은 γινώσκειν τὸν θεόν "신을 안다는 것"이 무엇인가를 분명하게 하려는 필자의 노력이 보여 준다(2:3ff.; 3:6; 4:6ff.). 이그나티우스도 영지主義 교사들과의 싸움에서 비슷하게 이렇게 묻고 있다: διὰ τί δὲ οὐ πάντες φρόνιμοι γινόμεθα λαβόντες θεοῦ γνῶσιν, ὅ ἐστιν 'I. Χριστός, "그러나 신에 관한 지식 — 이것은 곧 예수 그리스도인데 — 을 받은 우리가 왜 모두 현명하지 않은가?"(Eph 17:2). 그리고 그는 그리스도가 독자들을 "현명하게 만들었기" 때문에, 다시 말하면 정통신앙에 군건히 서게 했기(Sm 1:1) 때문에 그리스도를 찬양한다. 계시록 2장 18—29절이 挑戰하는 두아디라의 거짓 교사들은 βαθέα τοῦ Σατανᾶ "사탄 (또는 그것이 그들의 주장의 공격적인 왜곡일 때에는 τοῦ θεοῦ "신", 2:24)의 깊이"에 관한 인식을 자랑했음이 분명하다. 골로새서와 목회서신, 유다서, 베드로후서 등도 영지주의화되는 그리스도교에 항거한다.

이러한 인식 노력이 전적으로 거부되었을 때 위험이 야기될 수 있었다. 이러한 거부의 소리는 목회서신들에서 들을 수 있다. 여기서는 "거짓 가르침"이 가령 이유들을 들어서 거부되지 않고 그것과의 모든 토론은 ψευδώνυμος γνῶσις "거짓된 지식"(딤전 6:20)으로서 거부되었다. 그 受信人에게는 다음과 같이 명령할 것이 지시되었다: μὴ ἑτεροδιδασκαλεῖν μηδὲ προσέχειν μύθοις καὶ γενεαλογίαις ἀπεράντοις. αἵτινες ἐκζητήσεις παρέχουσιν μᾶλλον ἢ οἰκονομίαν (οἰκοδομὴν) θεοῦ τὴν ἐν πίστει "다른 교훈을 가르치지 말게 하고 신화와 끝없는 족보에 착념치 말게 하라. 이런 것은 믿음 안에 있는 신의 경륜을 이루기보다는 도리어 변론을 내는 것이다"(딤전 1:3f.; 비교. 4:7; 6:20). 또는 이런 권고도 받고 있다: τὰς δὲ μωρὰς καὶ ἀπαιδεύτους ζητήσεις παραιτοῦ, εἰδὼς ὅτι γεννῶσιν μάχας "어리석고 무식한 변론을 버리라. 이는 이로부터 다툼이 남이라(딤후 2:23; 비교. 2:16; 디 3:9). 사람들은 λόγοι τῆς πίστεως καὶ τῆς καλῆς διδασκαλίας "신앙과 좋은 가르침의 말들", 主의 ὑγιαίνοντες λόγοι "건전한 말들", ὑγιαίνουσα διδασκαλία "건전케 하는 교훈들"을 고수해야 했다(딤전 4:6; 6:3; 디 1:9 등). 사도행전 20장 29—30절도 마찬가지로 "거짓 교사들"과의 辯論을 금하고 그것을 ἄνδρες λαλοῦντες διεστραμμένα "어그러진 말을 하는 사람들"로 성격짓는 것으로 만족한다. 유다서는 좀더 개괄적으로 다루었는데 그 후에 나온 베드로후서도 이유들을 들어 "거짓 교사들"을 반박하지 않고 도덕적인 부패와 不道德한 생활영위를 들어 그들을 비난한다. 그러나 요한일서도 바울이 하듯이 이론적으로 "거짓 교사들"과의 토론을 꾀하지 않고 단순히 신의 아들의 참 인간성에 관한 명제로 이 反그리스도인들에게 맞섰다. 그는 물론 다음과 같은 점에서 반격했다. 즉 그는 신앙의 실존적 의미를 분명하게 하되 직설법과 명령법, 신앙과 사랑의 통일성을 제시하면서 했다(S. 445—448). 그 반면에 이그나티우스는 교리적 抗爭을 계속했다.

목회서신들로 대표되는 방법은 잘해서 한정된 단체들 중에서 효과를 낼 수 있었을 것이다. 인식을 위한 추구가 근절된 것은 아니었기 때문이다. 이 추구는 그 나름으로 정당하지 않았던가? 여하간 이에 관한 표현은 골로새서와 에베소서에서의 바울의 주제의 계속적인 다룸에서, 골로새서의 "거짓 교사들"과의 논쟁에서, 에베소서의 그리스도교 인식의 非抗爭的인 전개에서 볼 수 있다.

골로새서는 다음과 같이 注意시켰다 : φιλοσοφία "철학"[1]과 κενὴ ἀπάτη κατὰ τὴν παράδοσιν τῶν ἀνθρώπων, κατὰ τὰ στοιχεῖα τοῦ κόσμου καὶ οὐ κατὰ Χριστόν "헛된 속임수로 너희를 노략할까 주의하라. 이것은 사람의 유전과 자연 세력들을 좇음이고 그리스도를 좇음이 아님이다"(2:8). 그 필자도 논증적인 대화의 방식으로 본격적인 토론을 전개하지 않고 거의 간접적으로만 적대자의 사상을 인식하게 했다면 그는 역시 토론의 대상인 주제 — 천사의 세력들 및 우주의 세력들에 대한 그리스도의 관계 — 에 관한 그 자신의 사상을 적대적 사상에 대립시키고 πάντες οἱ θησαυροὶ τῆς σοφίας καὶ γνώσεως ἀπόκρυφοι "감추어진 지혜와 지식의 모든 보화들"이 그리스도 안에 있다는 것을 확신했다(2:3). 이 경우에 σοφία καὶ σύνεσις πνευματική "영적인 지혜와 통찰"(1:9)이 윤리적 의지의 판단에 한정되지 않고(참조. 이 책 S. 492 f.), 그것은 전적으로 μυστήριον "비의" — 신의 섭리가 자주 그렇게 표시되는데(1:26 f.; 2:2; 4:3) — 를 전개하는 이론적인 σοφία "지혜"이기도 한바, 이 σοφία는 그리스도의 우주적 지위와 구원의 일로 완성시킨, 저항적인 세력들에 의해 분열된 우주의 和解를 그것들의 극복에 의한 것으로 묘사했다(1:15—20; 2:9—15). 이때 동시에 ἐκκλησία "교회"의 초월적 본질은 σῶμα Χριστοῦ "그리스도의 몸"으로서 성격지어졌다. 이를 위해 그 필자가 1장 15—20절에서 그리스도 以前, 이미 필자 以前에 그리스도교

---

1) 물론 여기서 지적된 것은 그리스의 철학이 아니라 영지주의의 思辨이다.

적으로 편수된 찬양문을 이용했다는 사실은[2] 그리스도교의 認識慾이 얼마나 우주론적 사변과 혼합되었던가를 증명한다.

에베소서 필자도 논박적인 데 관심이 없었다. 그러나 그에게 있어서도 신의 구원섭리는, 바울 행세를 하는 필자에게 계시로 전달된 $\mu\upsilon\sigma\tau\eta\rho\iota\upsilon\nu$ "秘義"이다(3 : 3; 비교. 1 : 9; 6 : 19). 그가 기록하는 것에서 독자들은 그가 어떤 $\sigma\upsilon\nu\epsilon\sigma\iota\varsigma\ \epsilon\nu\ \tau\hat{\omega}\ \mu\upsilon\sigma\tau\eta\rho\iota\hat{\omega}\ \tau\upsilon\hat{\upsilon}\ X\rho\iota\sigma\tau\upsilon\hat{\upsilon}$ "그리스도의 비의 안에 있는 통찰"을 가지고 있으며(3 : 4) 그가 어떻게 $\epsilon\upsilon\alpha\gamma\gamma\epsilon\lambda\iota\sigma\alpha\sigma\vartheta\alpha\iota\ \tau\grave{\upsilon}\ \grave{\alpha}\nu\epsilon\xi\iota\chi\nu\iota\alpha\sigma$-$\tau\upsilon\nu\ \pi\lambda\upsilon\hat{\upsilon}\tau\upsilon\varsigma\ \tau\upsilon\hat{\upsilon}\ X\rho\iota\sigma\tau\upsilon\hat{\upsilon}\ \kappa\alpha\grave{\iota}\ \varphi\omega\tau\hat{\iota}\sigma\alpha\iota\ \tau\iota\varsigma\ \dot{\eta}\upsilon\iota\kappa\upsilon\nu\upsilon\mu\iota\alpha\ \tau\upsilon\hat{\upsilon}\ \mu\upsilon\sigma\tau\eta\rho\iota\upsilon\upsilon$ "측량할 수 없는 그리스도의 풍성함을 이방인에게 전하게 하고 비의의 경륜이 어떠한 것임을 드러내게"(3 : 8 f.) 할 수 있는가를 인식하라는 것이다. 그는 그리스도의 인식에 자발적으로 참여한다. 그리고 골로새서의 필자가 자신의 독자들에게 $\sigma\upsilon\varphi\iota\alpha\ \kappa\alpha\grave{\iota}\ \sigma\upsilon\nu\epsilon\sigma\iota\varsigma\ \pi\nu\epsilon\upsilon\mu\alpha\tau\iota\kappa\hat{\eta}$ "영의 지혜와 통찰"을 권하므로 그들의 생활을 주에게 합당하게 하도록 한 반면(골 1 : 9 f.), 에베소서의 필자는 유사귀절에서 이렇게 권한다 : $\ddot{\iota}\nu\alpha\ \dot{\upsilon}\ \vartheta\epsilon\grave{\upsilon}\varsigma\cdot\cdot\cdot\ \delta\dot{\omega}\eta\ \dot{\upsilon}\mu\hat{\iota}\nu\ \pi\nu\epsilon\hat{\upsilon}\mu\alpha$ $\sigma\upsilon\varphi\iota\alpha\varsigma\ \kappa\alpha\grave{\iota}\ \dot{\alpha}\pi\upsilon\kappa\alpha\lambda\dot{\upsilon}\psi\epsilon\omega\varsigma\ \dot{\epsilon}\nu\ \dot{\epsilon}\pi\iota\gamma\nu\dot{\omega}\sigma\epsilon\iota\ \alpha\dot{\upsilon}\tau\upsilon\hat{\upsilon}\cdot\cdot\cdot\epsilon\dot{\iota}\varsigma\ \tau\grave{\upsilon}\ \epsilon\dot{\iota}\delta\dot{\epsilon}\nu\alpha\iota\ \dot{\upsilon}\mu\hat{\alpha}\varsigma$ $\tau\iota\varsigma\ \dot{\epsilon}\sigma\tau\iota\nu\ \dot{\eta}\ \dot{\epsilon}\lambda\pi\grave{\iota}\varsigma\ \tau\hat{\eta}\varsigma\ \kappa\lambda\dot{\eta}\sigma\epsilon\omega\varsigma\ \alpha\dot{\upsilon}\tau\upsilon\hat{\upsilon}\ \kappa\tau\lambda.$ "神···은 지혜와 계시의 영을 너희에게 주어 신을 알게 하고···너희가 그의 부름의 소망이 무엇임을 알기"를 원했다(1 : 17—19). 독자들이 $\tau\iota\ \tau\grave{\upsilon}\ \pi\lambda\dot{\alpha}\tau\upsilon\varsigma\ \kappa\alpha\grave{\iota}\ \mu\hat{\eta}\kappa\upsilon\varsigma\ \kappa\alpha\grave{\iota}$ $\ddot{\upsilon}\psi\upsilon\varsigma\ \kappa\alpha\grave{\iota}\ \beta\dot{\alpha}\vartheta\upsilon\varsigma$ "그 넓이와 길이와 높이와 깊이가 어떠함"을 파악하고 $\tau\grave{\eta}\nu$ $\dot{\upsilon}\pi\epsilon\rho\beta\dot{\alpha}\lambda\lambda\upsilon\upsilon\sigma\alpha\nu\ \tau\hat{\eta}\varsigma\ \gamma\nu\dot{\omega}\sigma\epsilon\omega\varsigma\ \dot{\alpha}\gamma\dot{\alpha}\pi\eta\nu\ \tau\upsilon\hat{\upsilon}\ X\rho\iota\sigma\tau\upsilon\hat{\upsilon}$ "지식에 넘치는 그리스도의 사랑"을 인식할 수 있기를 바란다(3 : 18 f.). 그도 골로새서 필자와 마찬가지로 (또는 그를 인용하면서) 그리스도의 품위와 업적을 영지주의의 우주론적 개념성으로 묘사했다(1 : 10; 20—22; 2 : 14—16). 그의 주제는 물론 우주적 화해가 아니라 교회와 교회에 대한 그리스도의 관계이다(2 : 11—22; 4 : 1—16; 비교. 5 : 29—32). 이때 그는 구약성서 해석으로 특별한 지혜를 이용했다. 즉 그는 시편 68편 19절에서 그리스도가 지상에 내려온 것과 그의 승리적인 승천을 읽어 내고(4 : 8—10) 창세기 2장 24절의 심오한 $\mu\upsilon\sigma$-$\tau\dot{\eta}\rho\iota\upsilon\nu$ "비의"를 그리스도와 교회($\dot{\epsilon}\kappa\kappa\lambda\eta\sigma\iota\alpha$)에 적용했다(5 : 31 f.).

4. 바른 신앙성과 거짓 가르침

신학적인 관심들과 사상들의 차이는 우선 크다. 어떤 척도나 권위적인 가

---

2) E. Käsemann, "Eine christl. Taufliturgie." Festschr. f. Rud. Bultmann, 1949, 133—148.

르침의 표준도 아직 없었으며 후에 이단적인 것으로 배제된 경향들은 그것들대로 — 가령 그리스도교적 영지주의를 들 수 있는데 (§15, 3) — 그리스도교적이라는 의식을 가지고 있었다. 始初에는 그리스도교 공동체를 유대인들과 이방인들의 것과 구별하는 신앙의 개념이었고 (S. 87—89), 相觀槪念인 거짓 가르침이라는 개념과 함께 그리스도교 공동체들 내부에서 형성된 各樣性에서 비로소 생긴 바른 信仰性 (Rechtgläubigkeit)의 개념이 아니었다. 이것은 그 내용상 매우 일찍 생겼고 이미 바울도 $\ddot{\epsilon}\tau\epsilon\rho o\nu$ $\epsilon \dot{v} a\gamma\gamma\acute{\epsilon}\lambda\iota o\nu$ "다른 복음"을 전하는 유대교주의자들을 저주한 바 있는데, 그들이 미개한 이방인들에게 율법의 멍에를 지우려고 했기 때문이었다 (갈 1:6—9). 그는 고린도의 부활 否定者들(고전 15) 및 $\ddot{a}\lambda\lambda o s$ $'I\eta\sigma o\hat{v} s$ "다른 예수"를 선포하는 영지주의화되어 가는 설교자들과도 마찬가지로 싸웠었다 (고후 11:4). 영지주의와의 싸움이 어떻게 계속되었는가는 방금 위에서 (3항) 다루었다.

이런 논쟁들에서 $\pi \iota \sigma \tau \iota s$ "신앙"이 바른 가르침이라는 의미에서 fides quae creditur "믿어지는 신조"의 의미를 얻는다 (S. 88)는 것도, 그것이 fides qua creditur "믿는 신앙"의 의미를 보유할 때면, 바른 신앙을 의미할 수 있다는 것도 이해할 수 있다. 이 의미들의 전자 또는 후자에서는 반드시, $\pi \epsilon \rho \grave{\iota}$ $\tau \grave{\eta} \nu$ $\pi \iota \sigma \tau \iota \nu$ $\dot{\epsilon} \nu a \nu \acute{a} \gamma \eta \sigma a \nu$ "믿음에서 破船한" 또는 $\dot{\eta} \sigma \tau \acute{o} \chi \eta \sigma a \nu$ "벗어난"(딤전 1:19; 6:21) 자들, $\dot{a} \delta \acute{o} \kappa \iota \mu o \iota$ $\pi \epsilon \rho \grave{\iota}$ $\tau \grave{\eta} \nu$ $\pi \iota \sigma \tau \iota \nu$ "신앙에 관하여는 버리운"(딤후 3:8) 자들이 거론될 때, 또는 거짓 교사들의 미래를 (가정적으로) 내다보면서 $\dot{a} \pi o \sigma \tau \acute{\eta} \sigma o \nu \tau a \acute{\iota}$ $\tau \iota \nu \epsilon s$ $\tau \hat{\eta} s$ $\pi \acute{\iota} \sigma \tau \epsilon \omega s$ "어떤 사람들이 믿음에서 떠난다는 것"(딤전 4:1)이 말해질 때 지목된 것이 들어 있다. 여하간 바른 가르침은 그리스도의 바른 일꾼이 $\dot{\epsilon} \nu \tau \rho \epsilon \phi \acute{o} \mu \epsilon \nu o s$ $\tau o \hat{\iota} s$ $\lambda \acute{o} \gamma o \iota s$ $\tau \hat{\eta} s$ $\pi \acute{\iota} \sigma \tau \epsilon \omega s$ $\kappa a \grave{\iota}$ $\tau \hat{\eta} s$ $\kappa a \lambda \hat{\eta} s$ $\delta \iota \delta a \sigma \kappa a \lambda \acute{\iota} a s$ "믿음과 선한 교훈의 말들을 존중하는 자들"로 성격지어질 때 생각된 것이다 (동의어, 딤전 4:6). 그리고 바른 신앙은 거짓 교사들에 관해 $\dot{a} \nu a \tau \rho \acute{\epsilon} \pi o \upsilon \sigma \iota \nu$ $\tau \grave{\eta} \nu$ $\tau \iota \nu \omega \nu$ $\pi \acute{\iota} \sigma \tau \iota \nu$ "어떤 사람들의 믿음을 무너뜨리는 자들"이라고 말할 때 생각된 것이다 (딤후 2:18). 디도서 1장 13절과 2장 2절에는 $\dot{\upsilon} \gamma \iota a \acute{\iota} \nu \epsilon \iota \nu$ $\tau \hat{\eta}$ $\pi \acute{\iota} \sigma \tau \epsilon \iota$ "믿음에 견전케 한다"는 표현이 있다. 이것은 분명히 "바로 믿는다"를 뜻한다. 그러므로 목회서신들도 바른 가르침을 위해 확고한 용어를 발견한 셈이다: $\dot{\eta}$ $\dot{\upsilon} \gamma \iota a \acute{\iota} \nu o \upsilon \sigma a$ $\delta \iota \delta a \sigma \kappa a \lambda \acute{\iota} a$ "견전한 가르침"(딤전 1:10; 딤후 4:3; 디 1:9; 2:1; 비교. $\dot{\upsilon} \gamma \iota \grave{\eta} s$ $\lambda \acute{o} \gamma o s$ "견전한 말": 디 2:9; $\dot{\upsilon} \gamma \iota a \acute{\iota} \nu o \nu \tau \epsilon s$ $\lambda \acute{o} \gamma o \iota$ "견전한 말들": 딤전 6:3; 딤후 1:13). 에베소서 4장 5절의 $\pi \acute{\iota} \sigma \tau \iota s$ "신앙" — $\epsilon \grave{\iota} s$ $\kappa \acute{\upsilon} \rho \iota o s$, $\mu \acute{\iota} a$ $\pi \acute{\iota} \sigma \tau \iota s$, $\ddot{\epsilon} \nu$ $\beta \acute{a} \pi \tau \iota \sigma \mu a$ $\kappa \tau \lambda$. "주도 하나요, 믿음도 하나요, 세례도 하나요" 등이라는 격

§55. 바른 가르침의 問題 501

한 문장에서 πίστις가 로마서 10장 9절에 거론된, 세례에서 일어나는 저 ὁμολογεῖν "고백하다"의 의미에서 신앙고백의 의미를 우선 가지고 있음이 분명할지라도 — 에도 "바른 가르침"이라는 의미가 들어 있다. 그러나 저 μία "하나"라는 말은, 다른 κύριοι "주들"에 대해서와 마찬가지로, 역시 다른 신앙고백들에 대한 대립을 시사하고 그러므로 바른 신앙고백의 사상도 함께 생각된 말이다. 그것은 베드로후서 1장 1절의 "베드로"와 그의 독자들이 동시에 받은 ἰσότιμος πίστις "같은 신앙"과 같은 것을 뜻했다. 여하간 바른 가르침은 ἅπαξ παραδοθεῖσα τοῖς ἁγίοις πίστις "내가 성도들에게 단번에 전한 신앙"이다(유 3; 비교. 유 20 : ἡ ἁγιωτάτη πίστις "거룩하게 한 신앙"; παραδ. "전승"에 관해, 참조. §54, 1).

Ὁμολογεῖν "고백하다"는 로마서 10장 9절에서 세례 고백을 행하는 것을 뜻하나, 이때 거짓 가르침에 대한 바른 고백이 생각된 것은 아직 아니다. 이 의미에서 히브리서 3장 1절과 4장 14절, 10장 23절도 ὁμολογία를 말한다. 여기서는 물론 태만 또는 공포에 대해 신앙고백을 고수할 것이 권유된 것이다. 예수에 대한 고백으로서의 ὁμολογεῖν은 이미 마태복음서 10장 32절, 그 다음에 요한복음서 9장 22절; 12장 42절; 헤르마스서 sim IX 28장 4, 7절(여기서도 ὁμολόγησις)에서 이 의미를 가지고 있다. 이에 반해 디모데전서 6장 12절의 καλή ὁμολογία는 거짓 가르침에 대한 바른 신앙고백이고, ὁμολογεῖν도 같은 의미에서 여러 번 사용되었다(요일 2 : 23; 4 : 2 : Ἰ. Χριστὸν ἐν σαρκὶ ἐληλυθότα "육신으로 온 예수 그리스도를"; 4 : 3, 15 : ὅτι Ἰησοῦς ἐστιν ὁ υἱὸς τ. θεοῦ "예수가 신의 아들임을"; 요이 7; Ign Sm 5 : 2 : αὐτὸν σαρκοφόρον "육신을 지닌 그를"; 7 : 1; Pol Phil 7 : 1).

이렇게 바른 신앙성을 표시하는 용어가 형성되었다. 그러나 ὀρθός "바른"으로 作文된 표현들은 아직 없다. Ὀρθοποδεῖν πρὸς τὴν ἀλήθειαν τοῦ εὐαγγελίου "복음의 진리를 따라 바로 행한다"(갈 2 : 14) 함은 순수한 具象的 표현이고, ὀρθοτομεῖν τὸν λόγον τῆς ἀληθείας "진리의 말을 옳게 분별한다"(딤후 2 : 15)도 마찬가지이기 때문이다. 사도시대와 사도 후 시대에서 철학적 언어용법에 속하는 낱말들인 ὀρθόδοξος, ὀρθοδοξία, ὀρθοδοξεῖν "정통, 바른 것, 바로 세우는 것"이 아직 없었다. Δόγμα라는 용어도 처음에는 오로지 "규율"(Vorschrift), "규칙"(Satzung), "지시"(Weisung)라는 일반적인 의미에서 사용되었다(Ign Mg 13 : 1; Did 11 : 3; Barn 1 : 6; 9 : 7; 10 : 1, 9 f.)[3].

---

3) 비교. Ranft와 Fascher의 論題 : "Dogma", *RAC* III 1257—1260과 IV 1—24.

거짓 가르침 즉 이단의 표시로는 처음에, ἑτεροδιδασκαλεῖν "다른 것을 가르치다"(딤전 1:3; 6:3; Ign Pol 3:1; 비교. 갈 1:6; 고후 11:4), ἑτεροδοξεῖν "다른 것을 나타내다"(Ign Sm 6:2), ἑτεροδοξία "다른 교훈"(Ign Mg 8:1), 그리고 ψευδ로 된 낱말들, 가령 ψευδοπροφήτης "거짓 예언자"(요일 4:1), ψευδοδιδάσκαλος "거짓 교사"(벤후 2:1), ψεδοδιδασκαλία "거짓 교훈" (Pol Phil 7:2), ψευδολόγος "거짓말" (딤전 4:2) 등이 제공되었다. Αἵρεσις는 처음에 학파(Schule, 행 5:17: τῶν Σαδδουκαίων "사두개인들의"; 15:4: τῶν Φαρισαίων "바리새인들의")를 표시했고 이 의미에서 非그리스도인들에 의해 그리스도교 신앙에 적용될 수 있었으며(행 24:5, 14; 28:22), 그 다음에는 당파들이 αἱρέσεις로 호칭되었다(갈 5:20; 고전 11:19). 베드로후서 2장 1절에서도 αἱρέσεις는 이단이 아니라 ψευδοδιδάσκαλοι "거짓 가르침들"에 의해 생겨난 당파들이다. 그러나 디도서 3장 10절의 αἱρετικὸς ἄνθρωπος는 문맥상으로 단지 거짓 교사일 뿐일 수 있으나 αἵρεσις는 이그나티우스(Eph 6:2; Tr 6:1)에서 "異端"의 의미에 속하게 되었다. 이후 이 의미는 敎父時代의 교회에서 일반적이 되었다. 아니, 아마 단지 "종파들"을 지시할지라도 적어도 그 의미에 가깝게 되었다.

결국 교부시대의 교회에서 "바른" 관철된 것으로서 발전의 終結에 위치한 저 가르침이 각이한 가르침들 사이의 싸움의 결과라는 것과, 이단은 교회적 전통이 주장하는 바와 같은 타락, 변질이 아니라 시초에 이미 있었다는 것, 혹은 한 특정한 가르침이 "바른 것"으로서 승리하므로, 이것에서 이탈된 가르침들이 이단으로 정죄되었다는 것은 W. Bauer가 밝혔고 그렇게 함으로써 이 논쟁에서 로마 공동체가 표준적으로 역할했다는 것을 가능하게 만들었다. 그 후에 그러나 그와는 독립적으로 M. Werner(同上, 특히 S. 126—138)는 비슷한 주제를 추구했다. 그는 이단을 續사도시대가 당할 큰 위기의 징조로 파악했는데 이 위기를, 到來가 遷延된 결과 가르침의 혼란이 야기되었다는 데서 보았다. 전승을 고수하려고 하나 그것을 再解釋해야 했기 때문에 일련의 새로운 방향설정이 발생되었다는 것이다. "계속되는 到來의 遷延에 의해 내적 종말론적 논리, 그리스도와 구속에 관한 전승된 사도-바울적 가르침의 주도적인 의미 관련성이 파괴되고 그와 함께 개체 信仰箇條들과 개념들이 그 명료성을 상실했다"(S. 128 f.). 새로운 방향설정의 모든 시도들은 "이단들"에 근원을 두었다. 그러나 결국 주도권을 장악하게 된 大교회적 그리스도교도 그러했다. 다시 말하면 大교회(Großkirche)는 오로지 제일 크게 성공한 이단일 뿐이었다 — 到來遷延의 영향은 이 점에서 과대평가되었음이 분명하다. 그 遷延이 이단형성의 근거가 되었을지라도 그것은 역시 다른 이유들 중의 하나였다. 사실 사람들은 이 천연을 적극적인 의미에서 한 근거로 지칭하는 것보다 conditio sine qua non "불가결의 조건"으로 보아야 할 것이다.

§55. 바른 가르침의 問題   503

각이한 가르침들의 차이는 사도 후기시대에 처음으로 형성된 것이 아니고 바울이 갈라디아와 고린도, 그 외의 "거짓 교사들"과 싸워야 했던 그의 시대에 이미 있었다. 그 다음 시대의 이단들의 동기들은 그리스도교의 소식이 팔레스틴 본토로 부터 헬레니즘 세계에 침입하고 밀의-종교들, 특별히 영지주의의 영향들이 작용했을때 부분적으로 이미 사도시대의 헬레니즘계의 그리스도교 안에 있었다. 그리스도교적 영지주의는 실망을 준 到來-대망의 결과가 아니다. 오히려 반대로 이미 고린도 서신들이 보여 주는 바와 같이 실제적인 종말론의 포기는 그리스도교 공동체들에 침투한 영지주의 사유의 결과이다.

5. 正經의 成立

가르침들과 그것들 사이의 차이들에 직면하면 "바른" 가르침에 근거를 제공하는 권위에 대한 물음이 제기될 수밖에 없었다. 그러나 사람들은 그때마다 자신의 주장을 위해 누구에게 근거를 둘 수 있었던가? 가령 큐리오스(Kyrios, "主") 자신에게? 직접 主 또는 靈에 의해 선사된 계시, 이 계시에 근거를 두는 일은 이 문제를 한층 더 민감하게, 오로지 낭패를 한층 더 크게 만들 수 있었을 뿐이다. 이 상황에서 권위의 역할을 감당할 수 있었던 것은 오로지 주의 말들(Herrenworte)뿐이었고, 그것들의 신뢰성이 역사적 예수 또는 부활한 자의 말들에, 또는 담보에 해당할 수 있었다. 그러나 다시 말하면 실제적인 권위들은 오로지 신뢰성 있는 전승의 담당자들이었던 인물들, 말하자면 第一線에 있었던 사도들일 수 있었을 뿐이다. 세라피온(Serapion, 200년경)이 "우리는 사도들을 主로서 받아들인다"고 말했다면 그것은, 이미 오래 전부터 자명했던 것이 무엇인가를 분명히 말한 것을 뜻할 뿐이다. 전통의 動機를 규정하는 계기는 이미 오래 전부터 사도개념에서 되어 있었다(§52,3). 사도행전 2장 42절에 의하면 초대 그리스도교는 διδαχὴ τῶν ἀποστόλων "사도들의 가르침"을 고수했었다. 유다서 17절은 "우리 주 예수 그리스도의 사도들"의 말들을 지시함으로써 자신의 독자들로 하여금 거짓 교사들에 대처하게 한다. 베드로후서 3장 2절도 마찬가지인데 여기서는 τῶν ἀποστόλων ὑμῶν ἐντολή "우리 사도들의 계명"이 구약성서 예언자들의 正經적인 권위와 나란히 등장한다. 사도들 자신에게 주어진 권위가 얼마나 집중되었는가는 사도들이 큐리오스("主")와 병렬 또는 함께 배열되어 있음이 보여 준다: 1 Klem 42:1f.; Ign Mg 7:1; 13:1; Pol Phl 6:3.

사도들이 물론 확고한 권위로 임하게 되었을 때는 비로소 그들이, 첫 세대 자체의 사라짐과 함께 이미 과거에 속하게 되고 바울이 생존했던 사도시대의 싸움들이 잠잠해졌을 때였다. 이를 위한 전제도 마찬가지로 사도 칭호가 12제자에 한정되었다는 것이다(§ 52, 3). 이전에 ἀπόστολος "사도"로 표시된 선교자들 중의 하나에 근거를 두는 것은 물론 성공적이 될 수 없었기 때문이다. 물론 사람들은 가령 베드로 또는 바울과 같은 개체 사도들에게 의거했지만(비교. 가령 Ign Rm 4:3) 개인적으로 다져진 중요한 인물로서가 아니라, 그들의 개인적인 차이들을 문제하지 않은, 의심할 수 없는 권위들로서였다. 이 사도적 권위는 결국 오로지 바울만이 동일하게 간주된 12제자단의 권위였다. 성격적인 것은 제일 처음 교훈과 공동체 질서가 Διδαχὴ τῶν δώδεκα ἀποστόλων "12사도들의 교훈"이라는 표제로 파악되었다는 것이다.

그런데 이 사도적 권위는 12제자와 바울이 이미 죽은 후에 어떻게 구체적으로 묘사되었는가? 사도들의 말들을, 그때마다 현재에까지 전한 口傳전승을 근거로 삼는 것으로 만족할 수 없었다. 사람들은 물론 처음에, 이전에 사도들 또는 적어도 그들의 제자들과 (실제로 또는 명목상으로) 사귀었던 사도의 제자들과 이른바 "장로들"을 지명할 수 있었다(Papias, Clemens Al.). 그러나 그것이 불확실한 사실임은 바로 영지주의와의 싸움에서 드러난다. 영지주의도 구전적 전승, ἀποστολικὴ παράδοσις ἣν ἐκ διαδοχῆς καὶ ἡμεῖς παρειλήφαμεν "우리도 後繼로부터 받아들인 사도적 傳承에 의존하고 있기" 때문이다(Ptolem. ad Floram 10:5). 그리고 바로 영지주의가 口傳전승을 의심스럽게 만들었다.

그러나 인물들을 전승의 권위적인 담당자들로 지칭할 수 있었던 여기에 돌파구가 있었다. 그리고 이 인물들이 공동체 직책자들, 즉 감독들 — 그들이 임명된 사도들이라고 사람들은 확신했는데 — 이라고 생각할 수 있었다는 것이다(S. 471). 그들은 정통적 διαδοχή "후계"를 대표했다.[4] 에베소 교회의 장로들에게 보낸 "바울"의 담론(행 20:18 ff.) 및 목회서신들, 이그나티우스 등은 공동체 직책이 사도적 전통의 담당자 및 보증으로서 바른 가르침을 위한 싸움에서 어떤 意義를 얻었는가를 보여 준다. 특별히 그 의의는 군주제적인 감독직제의 확정과 함께 처음으로 확고히 되었다.

그러나 사도적 권위는 문서적 전승으로도 계속 전해졌는데 그 무게는, 口傳的 παράδοσις "전승"이 영지주의자들에 의해 格下되고 점점 더 거칠어질수록 더욱 더 커졌다. 이 사실은 파피아스와 僞經 복음서들 및 行傳들에

---

4) 이 용어는 Hegesipp (Eus., Hist. eccl. Ⅳ 22, 3)과 Irenaeus I 27:1에 처음으로 나타난다. 그러나 이 의미에서의 διαδέχεσθαι "계승되다"는 이미 1 Klem 44:2에서 볼 수 있다.

§55. 바른 가르침의 問題 505

의해 증명되는 바와 같다. 2세기 중반에 이미 문서로 전승된 주의 말들이 γραφή "聖文書"에 해당했다(2 Klem 2 : 4). 예배에서 복음서들이 낭독되었음은 유스틴에 의해 증명된다(Apol. I 67). 계시록은 공동체에서 낭독된다는 것을 전제하고 있다(1 : 3). 그러나 바울 서한들은 사실 이미 오래 전부터 예배에서 낭독되는 것이 자명했다(살전 5 : 27; 골 4 : 16). 그것들은 이미 일찍부터 그것들이 보내진 공동체들에 의해 교환되었고 상당히 일찍부터 바울의 書翰集이 이미 반드시 있었을 것이다. 클레멘스 제1서 47은 그의 독자들에게 바울과 고린도에 보낸 그의 첫 편지를 지시한다. 이그나티우스에게서도 폴리갑에게서와 마찬가지로 바울의 권위는 자명한 것이었다. 야고보서 2장 14—16절과 베드로후서 3장 15—16절은 바울의 편지들이 많이 읽혀졌음을 증거해 준다. 바울이 비록 12제자에 속하지 않았을지라도 역시 사도, 아니 결국에는 ὁ ἀπόστολος "유일한 사도"에 해당된 것도 이 사도의 문서의 해석에 힘입은 것일 것이다. 그의 순수한 편지들에서 공동체는 실제로 사도의 문헌들을 가지고 있다. 그리고 이 공동체가 얼마나 그것들을 필요로 했는가는 그의 이름으로 기록된 제2바울 문헌이 보여 준다 : 데살로니가후서와 골로새서, 에베소서, 그리고 목회서신들. 그러나 다른 사도들의 이름으로 되어 있는 문서들, 말하자면 베드로 서신들과 유다서, 물론 主의 형제에 의해 기록된 것으로 되어 있으나 전자들과 동일하게 평가되는 야고보서, 원래 無名으로 된 요한 서신들과 히브리서같이 차후적으로 사도들에 예속된 문헌들과, 요한의 이름으로 기록된 계시록. 그러므로 교회에서 흔히 사용된 복음서들도 사도들(마태, 요한) 또는 사도의 제자들(마가, 누가)에 귀속시켰을 것은 자명하다. 동시에 사도행전도 그랬을 것이다. 여기에서 작용하는 경향은 결국 Διδαχή τῶν δώδεκα ἀποστόλων "12사도의 가르침"이 기록될 수 있었다는 것으로 증명된다.

그런데 문제는 사도적인 것에 해당될 수 있는 문헌들을, 增加되는 작품들에서 가려내는 일이었다. 이 일의 역사적 과정이 새로운 正經을 형성하게 했는데 이 正經은 구약성서 문헌들의 正經과 병립되었다. 이 과정의 개별적 단계들은 신약성서신학의 영역에서 서술될 수 있는 것이 아니다.

여기서 대답될 수 없는 주요 문제들은 다음 것들이다. 즉 4복음서가 어떻게 正經에 받아들여졌는가, 多數를 하나에 환원시키려는 사도들이 오로지 하나만(Marcion: 누가; 에비온파 : 마태)을 승인함으로도, 한 종합적인 복음서(Tatian)를 만들어 냄으로도 성공하지 못한 것은 어찌된 일이었는가? 어떻게 사도의 것에 한정시키게 되었는가, 왜 가령 히브리서와 계시록 같은 異論이 많았던 문헌들이 역시 正經의 지위를 차지한 데 반해 1 Klem와 Barn, Herm은 제외되었는가? 이런 결정들에서 개체 문헌들에 대한 공동체들의 친숙이 얼마만한 비중을 차지했는가, 실제적인 표준들이 얼마만한 역할을 했는가? — 후자의 경우를 우리는 베드로복음서를 제거할 때 감독 Serapion이 영지주의적인 것이므로 그것을 버려야 한다고 확언한 데서 볼 수 있다.

중요한 것은, 무엇이 교회에서 권위적이며 사도적인 전승에 해당해야 하는가를 확정할 때 감독직책과 문서전통의 무게가 함께 작용했다는 것이다. 최종적으로 결정을 내린 것은 직책의 권위이었다. 그 결정은 이러하다. 즉 그리스 교회를 위해 아타나시우스(Athanasius)의 제39 오순절 편지(367년)가 신약성서의 범위를 27개 문헌에 국한시켰고 서방교회를 위해서는 이 결정이 법황 인노센츠 1世(405)에 의해 승인되는데 이르렀었다.

가르침의 통일성은 正經에 의해 확정되고 규범적인 敎義學(Dogmatik)에 의해 된 것이 아니다. 그런데 이것 역시 이 통일성이 하나의 오로지 상대적인 것임을 말해 준다. 이 사실은 물론 정경과 함께 가르침의 통일성의 안전에 기여하는 전해진 신앙고백 표현들이 있었다(Cullmann)는 것으로도 변하지 않는다. 그 까닭은 실제로 正經이 그리스도교 신앙 또는 그 대상에 관한 파악들의 다양성을 반영해 주기 때문이다. 그 때문에 제기되는 문제는 내적 통일성이다. 여하간 이 통일성은 敎義學的으로 표현된 명제들의 통일성으로는 나타나지 않는다. 이미 서로 차이를 보여 주는 공관서들과 함께 요한복음서가 역시 다르고 복음서들 전체에 대해 바울도 다르다. 또 바울에 대해 히브리서와 야고보서가 각기 다르다! 이 다양성들이 상반된 것들로 감지될 필요는 없었다. 이 다양성들은 단지, 가령 히브리서와 계시록이 정경에 속할 것인가라는 물음에서 보는 바와 같이 한계점에서만 처음에는 나타났었다. 그러나 역사의 흐름에서 역시 이 상이성은 서로 相反性들로 작용할 수밖에 없게 되었다. 그리고 상이한 그리스도교의 교단들과 종파들이 모두 결국 정경에 의했다면 그것은 오로지 각기 정경문헌들 중에 포함되어 있는 각이한 계기들 중의 하나가 그것들 중에서 주도적인 계기로 되었기 때문에 가능하다. 그러므로 다음과 같은 판단은 적중한 것이다. 즉 "신약성서 正經 자체가 교회의 통일성에 근거를 주는 것은 아니다. 이에 반해 그것 자체 즉 역사가에게 파악되는 피상성에서의 그것은 교단들의 다수성에 근거를 제공한다"(Käsemann).

§56. 動機들과 典型들*

인식 욕구가 어떤 주제들을 다루었는가를 논술하기 전에 신학적 思惟를 규정하는 각이한 동기들과 이 동기들을 형태로 나타내는 각이한 典型들을 일별하는 것이 바람직하다.

1. 바울의 전통

특별한 영향력을 제공한 것은 바울의 서신들이다. 복음서들의 편집에는 물론 바울의 신학이 영향을 끼치지 못했다. 가끔 마가에서 볼 수 있다고 생각된 바울사상은 헬레니즘계의 그리스도교 共同遺産인 사상들에 한정된다. 그러나 누가에서도 특별히 바울적인 사상들을 발견하지 못한다. 마태는 전혀 문제도 되지 않고 요한도 바울에게 예속되지 않는다. 잘해서 $νόμος$ "율법"과 $χάρις$ "은혜"라는 대립 명제에서 바울적 용어가 암시된다는 것뿐이다(§41, 2). 바울적인 義認論의 몇 餘韻을 사도행전에서 들을 수 있다(13 : 38 f. ; 15 : 8—10). 사도행전의 필자도 역시 그의 서술에 바울서신들로 풍성하게 하려는 것을 의도한 것은 아니다. 續사도시대의 敎父들 중 클레멘스 제 1 서와 이그나티우스서, 폴리갑서에서는 바울의 영향을 볼 수 있다.

고대 그리스도교 문헌에서 주도적인 역할을 한 편지투가 바울 서신들의 영향에 의한 것임 — 적어도 대부분 — 은 확실하다. 편지들이 바울을 모방하여 (특히 이그나티우스) 기록되었을 뿐 아니라, 바울학파를 말할 수 있을 정도로 그의 이름으로도 기록되었다. 이에 속하는것은 데살로니가후서와 골로새서, 에베소서, 그리고 다소 거리를 둔 목회서신들이다(참조. S. 505 f.). 그러나 바울의 이름으로 쓰지 않은 베드로전서도 여기에 속한다. 반면 그 외의 공동서신들은 바울 신학의 영향을 받지 않고, 그의 서신형식이 일반화되어 있었음만을 보여 준다. 특별히 성격적인 것은 요한일서로 지칭된 논설이 그 서두(1 : 1—4)와 원래의 것으로추측 되는 그 결문(5 : 13)[1]에서 그 편지형식을 능숙하게 본받은 것이다. 히브리서로 표시된 글은 그 글에 편지라는 인상을 이차적으로 제공한 결문으로 마감되었다(13 : 18—25). 후기의 模造들, 가령 아르메니아어와 라틴어로 전승된 제 3 고린도서와 라틴어 성서 사본들로 전승된 라오디게아서, 그리고 마찬가지로 바울과 세네가의 서신교환

---

* 이 표제에 관한 문헌들, 참조. S. 645.
1) 비교. R. Bultmann, "Die kirchl. Redaktion des ersten Johannesbriefes." In Memoriam E. Lohmeyer 1951, 189—201.

과 콥틱어 및 에집트어로 보존된 사도들의 편지(Epistula Apostolorum, 편지형식으로 저술된 부활한 후의 예수와 그의 제자들 사이의 대화) 같은 것들은 바울의 서신들이 계속 영향을 끼쳤음을 증명해 준다.

2. 유대교의 傳統

사실 바울 자신에게도 영향을 준 헬레니즘계의 회당(Synagoge) 전통은 목회서신들에 더 심한 영향을 주었다. 그것은 누가복음서와 사도행전에서도 볼 수 있다. 헬레니즘계 회당에서 생겨난 그리스도교의 중요한 證書는 클레멘스 제 1 서와 로마 공동체에서 생긴 헤르마스의 牧者書이다. 후자에서는 그리스도교적으로 편수된 유대교 문헌이 그 근저에 들어 있다고 ― 상당한 가능성을 가지고 ― 추측할 만큼 유대교 전통이 개작되었다. 이와 동일한 것이 야고보서에도 해당하는데 여기서는 특수한 그리스도교적인 것이 현저하게 稀疎하다. 유대교의 교리문답서인 '두 길의 교훈'이 디다헤서에서 編修된 것도 물론이다(1―6; 16 : 3―8). 바나바서에서도 마찬가지이다(18―20). 위에 지적된 문헌들에서 무엇보다도 회당의 설교적인, 생활률적인 전통이 영향을 주었다면 히브리서와 바나바서(1―17)에서는 이것과 함께 헬레니즘-유대교 문헌의 神學, 그의 알레고리적 註釋의 전통이 그러했다(§ 11, 2 b와 c). 다소 다른 방식으로 마태에 영향을 준 것은 유대교의 율법학인데 그의 예언증명에 의해 메시야의 토라를 가져온 자로 예수를 파악한 것이다(S. 488 f.).

무엇보다도 유대교의 묵시문헌이 큰 영향을 주었다. 이 영향은 신약성서의 全體 문헌에서 검토될 수 있을 뿐 아니라 또 그것은 묵시문학적 전통을 마가복음서 13장과 디다헤서 16장에 도입했고, 뿐만 아니라 그리스도교적 默示의 편수, 즉 요한의 계시록을 결과로 낳기도 했는데, 여기서는 그 외에 더 옛 유대교의 전통도 改編되었다. 헤르마스서도 묵시록으로 나타나는데 그러나 여기서는 묵시문학적 양식이 대체로 생활률적 논술들을 위한 주변을 이룬다. 저 영향은 유대교의 묵시들이 그리스도교에 의해 받아들여지고 다소간에 깊이 개입하는 편집으로 계속 전승되었다는 사실에서 더욱 엿볼 수 있다. 베드로 묵시는 특별하다. 여기서는 유대교 전통의 영향과 함께 이방 헬레니즘에 침투된 근동 종말론의 영향이 그의 피안 및 특별히 地下 세계 표상들과 더불어 작용했다.

3. 通俗 哲學

헬레니즘계의 통속 철학 특히 그의 토론법(Diatribe)도 부분적으로는 회당을 통하여, 또는 직접 그의 자연 신학 및 윤리적 생활률과 함께 영향을 끼쳤는데 이미 바울에게서 그러했다(S. 68 f.). 이 영향은 특별히 "바울"의 아레오파고 연설(행 17:22—29)과 목회서신들의 생활률에서, 그러나 야고보서에서도, 특히 3장 1—12절에서, 그리고 포괄적으로는 클레멘스 제 1서에 나타난다. 이 영향은 그후 護敎家들과 이른바 디오그넽 서한(Diognet-Brief)에서 전폭적으로 작용했다.

4. 靈知主義

끝으로 이미 바울에게서도 그리고 요한에게서도 작용한 영지주의 신화 및 그 개념성의 전통이 계속 영향을 끼친바, 영지주의적 二元論과 그의 생활률의 용어가 多角的으로 작용했을 뿐 아니라(S. 171 ff. 174), 또 계시록 및 헤르마스서에서와 같이 영지주의 신화의 개체 主題들이 邂逅된다는 점에서뿐 아니라, 무엇보다도 그리스도론과 교회론, 종말론 같은 중심 주제들이 영지주의의 개념성으로 개작되었다는 점에서 그렇다. 이 사실은 골로새서와 에베소서, 이그나티우스서에서 볼 수 있다. 영지주의의 영향은 이외에도 특별히 外經 복음서들과 使徒의 行傳들의 생산에 작용했다. 이 문헌들과 주류를 이룬 방향에 의해 이단적인 것으로 배척된 그런 문헌 사이의 경계가, 처음에는 유동적이었다. 그리고 外經 복음서들과 사도의 행전들 — 여기서는 영지주의적 환상이 전개되었는데 — 이 제외되기까지는 상당한 기간이 걸렸다.

§57. 神學과 宇宙論*

序言

신학적 思惟가 사도 후기에도 敎義學的 체계를 위한 노력으로 유도되지 않고 구체적인 동기들에 의해 규정되었다는 것은 특징적이다. 이 때문에, 더 후에 중요하게 된 적지 않은 주제들이 反省(Reflexion)의 영역에 등장하지 않는다. 그리고 전통에서 받아들인 적지 않은 사상들이 토론을 거치지 않고 받아들인 전제들로서, 분명하게 명시되지 않았다. 그 까닭에 신약성서의 신학적 사상들에 관한 개관을 敎義學의 형식으로, 즉 가령 전통적인 항목들

---
* 이표제에 관한 문헌들, 참조. S. 645.

(Loci)로 체계를 세워 제공하는 것도 적합한 것일 수 없다. 주제들이 서로 엉켜 있기 때문이다. 주제들이 거의 모두 그리스도론의 중심 주제에 집중되고 있기 때문에, 그리고 그리스도론적 사상들이 방종적인 思辨으로서가 아니라 구원론의 관심에서 전개되기 때문에, 그리스도론과 구원론을 같은 하나로서 서술하는 것이 올바른 것일 것이다. 그러나 모든 사상들 배후에는 역시 神 思想이 들어 있기 때문에 좁은 의미에서의 신학의 논술을 앞세우는 것이 바람직하다. 또 신학은 그리스도론과 마찬가지로 思辨的으로 전개되지 않고 오히려 신에 관해서는 오로지 세계에 대한 그의 관계에서만 논의되기 때문에 그 첫 주제는 신학과 우주론의 주제일 수밖에 없을 것이다. 이때 주제들의 엉킴은 신학과 우주론이 특정한 그리스도론적 사상들에 대한 配慮 없이 서술될 수 없다는 점에서 오히려 타당성을 가지게 될 것이다.

만일 여기서, 그리고 다음에서 이른바 續사도 교부들의 문헌도 특별히 많이 인용된다면, 그때 그 관심은 역사적 발전 자체를 표시하는 데 있지 않고, 그것을 감안하면서 신약성서의 사상형성들의 동기들과 그것들의 내적 문제성을 분명하게 만드는 데 있다. 그 발전이 포괄적으로 파악될수록 그만큼 더 신약성서 자체가 밝혀질 것이다.

1. 神과 天使, 惡魔

이방의 多神論에 대해 신은 오로지 한 분이라는 것이 언제나 강조된 것은 사실이다(S. 64—66). 그러나 회의론적인 의심, 또는 無神論에 대해 이 분이 신이라는 것을 증명하려는 욕구는 아직 없었다. 전체적으로 보면 신에 관한 말에서 주도적인 것은 구약성서와 유대교의 전통 즉, 신은 세계의 창조자이고 主라는 것이었다. 그는 모든 사람이 각기 언젠가 그의 심판 앞에서 책임을 말해야 할 심판자이다(S. 67과 71—74). 그러나 그는 예수 그리스도의 아버지이기도 하다. 그렇게 그는 그리스도교의 祭儀에서 생긴, 또는 祭儀 詩歌들을 본받아 작곡된 노래들로 기리어졌다(계 4:8, 11; 5:13; 15:3f.; Herm vis I 3:4; 비교. 1 Klem 33:2f.). 신의 구원행위에 동참하면서 노래로 부른 종말론적 찬양들은 누가복음서 1장 46—55, 67—79절에 들어 있고, 아마 계시록 11장 15, 17—18절 근저에도 들어 있을 것이다. 이와 나란히 이미 바울에서와 같이 스토아 자연신학의 사상들도 영향이 커서 세계의 근원이 신이라는 것과 그의 統治를 묘사하는데 기여했다(S. 68). 이 두 계기는 아레오파고 연설에서와 같이(행 17:24—29), 가령 클레멘스 제1서 (33:3)에서도 서로 엉켜 있다. 자연신학이, 가령 神正論의 관심하에 독자적

§57. 神學과 宇宙論

으로 발전된 경우는 전혀 없다. 이 사상들은 언제나 단지 필요에 따라 이용될 뿐이다. 클레멘스 제1서 20장에서 신의 $\delta\iota o\acute{\iota}\kappa\eta\sigma\iota\varsigma$ "管轄"을 지시한 것도 평화와 단결의 권고를 위한 것이다. 그리고 클레멘스 제1서 24장의 신의 $\pi\rho\acute{o}\nu o\iota a$ "섭리" — 이것은 자연의 규칙적인 진행에서 드러나는데 — 에 대한 지시도 부활신앙에 근거를 주는데 이용되었다.

神正論(Theodizee)에 대한 필요성은 아직 의식하지 못했다. 고난의 문제에는 언제나 이중적인 대답이 가능했기 때문이다. 하나는 전격으로 구약성서-유대교적 전통의 의미에서 죄에 대한 罰로, 그와 함께 신의 징계수단으로(히 12:4—11; Herm sim Ⅵ 3—5; Ⅶ), 또는 시험(야 1:2f.; 벧전 1:6f.; 2 Klem 19:3 f.)으로 파악하는 것이다. 둘째는 모든 불행을 사탄과 귀신들 또는 악마적인 우주적 세력들에 소급시킬 수 있는 것이었다. 그리고 이것과도 시험 — 종말론적인 $\pi\epsilon\iota\rho a\sigma\mu\acute{o}\varsigma$ "유혹" — 의 사상이 결합될 수 있었다(가령. 계 2:10; 3:10). 고난, 그리고 특별히 박해의 수난(계시록과 베드로전서)은 신앙이 참고 이겨야 할 마지막 시대의 시험들이다. 이 시험들은 잠간 계속될 뿐이다. 그러므로 그것들은 희망을 강화하는데 도움이 될 수 있다(벧전 1:6f.; 4:12—19; 5:10; Did 16:5). 특별히 그리스도교적인 신앙은 고난이 그리스도와의 공동성에 인도한다는 것을 주장할 수 있다(벧전 2:20f.; 4:13). 물론 바울사상의 깊이(S. 357 ff.)에는 다시 이르지 못하고 말았다. 대체로 고난의 그리스도를 모범적인 것으로 생각하는데 그치고 만 것이다(벧전 2:21; 3:18; 4:1; 히 12:1f.; Ign Eph 10:2 f.; Pol Phl 8:1 f.).

神과 세계를 일반적으로 — 구원사적인 것 외에 — 관련시키는 데 대한 이론적 관심은 아직 없었다. 그리고 후에 護敎者들에 의해 받아들여진 스토아의 로고스사상도 아직 세계에 대해 초월한 신의 관계를 설명하는데 이용되지 않았다. 물론 요한에 의해서도 그러했다. 그의 프롤로그의 로고스($\acute{o}$ $\lambda\acute{o}\gamma o\varsigma$)는 철학적인 전통에서가 아니라 신화론적 전통에서 왔고 우주론적 관심에서 이용된 것이 아니기 때문이다(S. 428 f.). 이것은 구약성서-유대교 전통에 의하면 이른바 신의 국가를 이루는 천사들에게도 해당한다(히 1:4 ff.; 12:22; 살후 1:7; 딤전 5:21; 계 5:11; 7:11; 1 K'em 34:5; Herm vis Ⅱ 2:7; sim Ⅴ 6:4, 7). 그를 통해 신은 옛날에 율법을 선포했다(행 7:53; 히 2:2). 그들은 신의 사람들을 도우며 보호하고 지시를 내린다(행 5:19; 8:26; 12:7; 27:23). 그들은 특별히 계시도 전달한다(계 1:1; 22:6, 16; Herm mand Ⅺ 9와 여러 곳). 헤르마스서는 $\mu\epsilon\tau\acute{a}\nu o\iota a$ "회개"(vis Ⅴ 7 등) $\delta\iota\kappa a\iota o\sigma\acute{u}\nu\eta$ "義"(mand Ⅵ 2:1 ff.)의 천사를 알 뿐 아니라, 짐승들을 지배하는 천사(vis Ⅳ 2:4)와 물론 신의 백성을 다스리는 천사로서의 미카엘

(sim Ⅷ 3:3)도 안다. 천사들을 통해 신은 형벌의 심판도 내린다(행 12: 23; Herm sim Ⅵ 3:3; Ⅶ 1f. 6). 그리고 천사들은 계시록에서 종말론적 사건의 개체 행위들을 진행시키는 자들이기도 하다(5—20). 그들은 神의 시종들이다. 그리고 그들에게는 어떤 숭배도 베풀어질 수 없다(계 19:10; 22:8f.). 물론 신의 일을 돕지 않는 악한 천사들도 있다(Barn 9:4; 18:1; Herm mand Ⅵ 2:1ff.). 그러나 더욱 전혀 다른 의미에서, 즉 순수한 구약성서-유대교적인 것이 아니라, 영지주의적인 것인 우주론적 천사 형태들로서 천사를 말하는 경우도 있다. 바울에게서도 이미 $\ddot{a}\gamma\gamma\epsilon\lambda o\iota$ "천사들"과 $\dot{a}\rho\chi a\iota$ "지배자들", $\dot{\epsilon}\xi o\upsilon\sigma\iota a\iota$ "권세들", $\delta\upsilon\nu\dot{a}\mu\epsilon\iota\varsigma$ "세력들"(S. 172)을 볼 수 있는데 $\ddot{a}\rho\chi o\nu\tau\epsilon\varsigma\ \tau o\hat{\upsilon}\ a\iota\hat{\omega}\nu o\varsigma\ \tau o\acute{\upsilon}\tau o\upsilon$ "이 세대의 지배자들"(고전 2:6, 8)과 $\vartheta\rho\acute{o}\nu o\iota$ "보좌들"과 $\kappa\upsilon\rho\iota\acute{o}\tau\eta\tau\epsilon\varsigma$ "주관자들"(골 1:16; 엡 1:21)도 여기에 속한다. 다른 영지주의적 계기들과 같이 그런 모습들도 이미 유대교 묵시문학에 의해 받아들여졌는데, 이 문학의 종말론은 사실 전적으로 우주론적 思辨에 의해 형성된 것이다(S. 171).

이 모든 모습들 — 그것들이 유대교의 묵시문학, 또는 영지주의의 전통에서 받아들여졌든, 그것들의 어떤 우주론적 의미가 전적으로 해소되지 않았든 — 은 역시 신과 세계의 관계에 관한 구원사적 이해에 이용되었다. 철저히 생각되었다면 그것들을 통해 — 극단적인 영지주의가 인식한 바와 같이 — 창조사상이 문제로 제기되었을 것이다. 세대 및 사탄 表象 그리고 우주적 세계 지배사상이 사실 二元論的 세계 이해의 신화에서 생긴 것이다. 창조사상이 그런 二元論的인 表象들을 받아들임으로 애매해졌다는 사실도 부인못할 것이다. 그러나 그것은 — 극단적인 영지주의 외에는 — 문제로서 제기되지 않았다.

그 근원을 이란종교의 신화론적 二元論에 둔 악마(Teufel)의 모습도 유대교회에서와 같이 신의 세계에 대립된 우주적 원리의 대표자가 되지 않고 下位에 속하는 — 물론 그의 유혹적이고 파괴적인 세력은 언제나 위협적인 위험이기는 하지만 — 신의 적수이다. 바울에게 있어서 사탄은 언제나 본질적으로 유혹자였다(S. 258). 그러나 바울도 가끔 자신의 의도의 실패를 사탄에게 돌릴 수 있었던 것과 같이(살전 2:18), 다음 시대에는 악마가 모든 악의 촉매자에 해당됐다. 그는 우는 사자처럼 이리저리 돌아다니며 삼킬 수 있는 자를 찾는다(벧전 5:8). 그는 $\tau\grave{o}\ \kappa\rho\acute{a}\tau o\varsigma\ \ddot{\epsilon}\chi\omega\nu\ \tau o\hat{\upsilon}\ \vartheta a\nu\acute{a}\tau o\upsilon$ "죽음의 세력을 가진"자이다(히 2:14). 그는 온 세상을 혼란에 빠뜨리는 자로서 그리스도의 적수이다(계 12:9). 그리고 그는 비밀에 찬 적그리스도(살후 2:9)와 "짐승", 거짓 예언자들(계 13:2;4) 뒤에 숨어 있기도 한다. 그는 무엇보다도 죄

§57. 神學과 宇宙論

의 點火者이다. 그는 이전에 유다를 유혹한 것 같이(눅 22:3; 요 13:27, 참조. S. 375 f. 도) 지금도 유혹자이다(행 5:3; 딤전 5:15; Ign Eph 10:3; 8:1; Herm mand Ⅳ 3:4,6; Ⅴ 1:3 등). 그의 올가미에 빠지지 않도록 신앙으로 그에게 항거하고(딤전 5:9; 엡 4:14; 6:11; 야 4:7), 자신을 지켜야 한다(딤전 3:6 f.; 비교. 6:9). 유혹하는 사람도 "악마의 자식"이라는 책망을 받을 수 있다(행 13:10). 그는 타락에 유도하는 자로서 박해들 배후에도 숨어 있다(벧전 5:8 f.; 계 2:10; Ign Rm 5:3). 물론 그는 거짓 교사들을 유혹하는 자이기도 하다(딤후 2:26; Pol Phil 7:1). 페르가몬에 있는 이방(쥬스? 아우구스트, 그리고 로마)의 신전은 그의 보좌이고(계 2:13), 유대교의 회당까지도 συναγωγή τοῦ σατανᾶ "사탄의 회당"(집합소)으로 성격지어질 수 있다(계 2:9). 성격적인 것은 이그나티우스에 따르면 감독에게서의 이탈이 악마를 돕는 일이고(Sm 9:1), 공동체의 제의적 통일성은 악마의 세력을 꺾는다(Eph 13:1)는 것이다. 그에게 빠진 자가 그것으로 동시에 심판을 받기 때문에 그의 "올가미"는 그의 "심판"이라(딤전 3:6)고 할 수 있고 "바울"은 거짓 교사들을 사탄에게 내어 줄 수도 있었다(딤전 1:20). 그의 滅亡은 물론 확실하다(계 2:2,10).

묵시문학적 신화의 表象들이 가장 큰 역할을 하는 계시록에서도 역시 神은 여전히 παντοκράτωρ "전능한 주"이다(계시록에 9회, 신약성서 다른 곳에는 한번만(고후 6:18) 나온다). 곧 바로 서두에 이렇게 기록되어 있다: ἐγώ εἰμι τὸ ἄλφα καὶ τὸ ὦ, λέγει κύριος ὁ θεός, ὁ ὢν καὶ ὁ ἦν καὶ ὁ ἐρχόμενος, ὁ παντοκράτωρ "主인 神이 말하기를 나는 알파와 오메가이고 있고 있었고 올 자이며 전능한 자이다"(1:8). 그러므로 사탄과 그의 추종자들은 단지 신이 종말론적 大事件을 위해 그들에게 지시한 역할을 할 수 있을 뿐이다. 가령 운명의 책을 펴고(6:1 ff.), 일곱나팔을 불며(8:7 ff.), 일곱대접을 쏟으며(16:1 ff.), ἔρχου "오라"고 소리치고(6:1), 한 천사가 명령함으로(7:2; 10:1 ff.; 14:15. 18; 19:17) 악마의 세력들에게 이른바 그들이 맹위를 떨치기 시작하라는 군호를 제공한다. 그리고 그들의 예속성은 이렇게 반복 강조된다. 즉 ἐδόθη αὐτοῖς(αὐτῷ) ἐξουσία "그들(및 그)에게 권세가 주어졌다"(6:8; 9:3; 13:5., 7; 비교. 9:11). 또는 단순히 ἐδόθη "주어졌다"(6:4; 7:2; 9:5; 13:7., 14 f.).

2. 우주적 세력들과 그리스도의 勝利

그러나 우주론적 천사들에게서 다른 역할을 보는 단체들도 있었다. 물론 신약성서와 續사도 교부들은 세계의 창조를 신에게 돌리지 않고 그의 下位에 속하는, 또는 反神的 우주 창조자들(Demiurgen)에게까지 돌리는 극단적인 영지주의에 구애되지 않는다(S. 108). 톨레미의 균형잡힌 형식에서도 마찬가지이다(S. 111f.). 그러나 神이 어두움 없이 순수한 빛이라는 것을 요한 1서 1장 5절이 강조한다면, 그것은 영지주의화 해 가는 그리스도교에 대한 항의였을 것이다. 이런 그리스도교에서는 流出說을 위해 창조사상이 희생되었다. 유출설의 결과로 어두움이라는 저급한 세계가 빛의 세계의 단계적 발전으로 보여졌다면, 그 어두움은 사실 결국은 그 근원을 神 안에 둔 것일 수밖에 없다. 물론 沮止를 당하는 거짓 가르침 자체가 이것을 말한것은 물론 아니다. 그러나 그 필자가 보는 것은 그것이 그 사상의 귀결이라는 것이다(S. 169).

二元論的 세계 관찰은 다음 방식으로도 — 즉, 창조의 타락을 받아들이되, 유대교 묵시문학이 말한 대로뿐 아니라(4. Esr 3 : 4 ff. ; 7 : 11 f. ; syr Bar 23 : 48, 24 f.) 바울도 示唆的으로 받아들인 것 같이 — 창조 신앙과 결합될 수 있었다(롬 8 : 20 ff. ; S. 173). 그러나 아담의 타락, 특별히 그의 우주적 意義는 옛 그리스도교 문헌에서 처음에는 아무런 역할도 하지 않는다. 단지 디모데전서 2장 14절에서 그것의 示唆的인 것을 발견할 뿐이다. 그러나 골로새서 1장 20절이 그리스도의 행적을 ἀποκαταλλάξαι τὰ πάντα εἰς αὐτόν "모든 것이 그로 인해 화목케 된다"는 것으로, 그리고 에베소서 1장 10절이 ἀνακεφαλαιώσασθαι τὰ πάντα ἐν τῷ Χριστῷ "모든 것이 그리스도 안에서 통일을 이룬다"는 것으로 성격지었다면, 이것은 그리스도 이전에는 세계(Kosmos)가 무질서와 反目에 빠져 있었음을 전제한 것이다. 여기서는 그리스도교의 전통이 癈棄되고 영지주의의 신화가 작용하고 있는 것이다. 말하자면 골로새서는 바울과 요한에게서와 같이 한편 영지주의의 주제들이 받아들여지고, 다른 한편에서는 영지주의의 가르침이 거부된 것이다.

골로새서는 분명히 혼합주의적인, 즉 영지주의의 영향을 받은 유대교의 사변들을 그리스도교의 신앙과 결합한 한 거짓 가르침에 도전한 것이다. 여기서는 그리스도의 품위와 행적이 우주적 세력들에 대한 숭배로 상처를 입는데 이 세력들은 갈라디아서 4장 3, 9절에서와 같이 στοιχεῖα τοῦ κόσμου "세상의 세력들"(2 : 8), ἄγγελοι "천사들"(2 : 18), ἀρχαί "지배자들", 그리고 ἐξουσίαι "권위들"(2 : 10, 15)이다. 이 필자는 이 στοιχεῖα論에 관해 아무런 자세한 묘사도 하지 않는다. 그러나 그가 — 어떤 전승된 찬가를 인용하면서(S. 499, 주 2) — 그리스도의 우주적 지위를 묘사하고(1 : 15—20), 모든 우주적 세력들이 그 근원과 존속을 이 지위에 두었다면, 그리고 κατοικεῖ πᾶν τὸ πλήρωμα τῆς θεότητος σωματικῶς "神性의 모든 충만이 육체로 거하는" 자로서의 그리스도에 στοιχεῖα를 대립시켰다면(2 : 9), 그 거

§57. 神學과 宇宙論

짓 교사들은 — 필자의 의도에 따르면 — 홀로 그리스도만이 소유하는 신성의 어떤 일부를 반드시 우주적 세력들에게 귀속시켰거나, 홀로 그리스도에게만 적합한 지배권의 일부를 그것들에게 위임했을 것이다. 그들은 천사의 세력들을 숭배한 것 같이 보인다(2 : 18). 여하간 그들은 자신들의 δόγματα "교리들"에, 다시 말하면 특정한 祭儀, 또는 금욕적 요구들에 복종하면서 그것들을 섬겼다(2 : 16. 20 f.). 그러므로 그런 규정들을 (아마 옳은 것일 수도 있는바) 구약성서 율법계명들과 동일시한 이 필자는 그리스도가 율법 (즉 τὸ καϑ'ἡμῶν χειρόγραφον τοῖς δόγμασιν "우리를 대적하는 儀文에 쓴 증서)을 제거하고, 천사의 세력들을 정복했으며 저세했음을 회상한다(2 : 9—15).

그런데 골로새서의 필자가 이 우주적 세력들의 現存을 거부했다는 것이 아니다. 그것들은 코스모스의 전체성에 속하고 그 구조는 σῶμα Χριστοῦ "그리스도의 몸"으로 이해되었으며 그의 κεφαλή "머리"는 그리스도이다. 바로 이것이 저 1장 15—20절의 찬가인데, 2장 9절은 그것들의 몸으로서의 그리스도 안에 神性이 충만하게 거한다고 말한다. 만일 이 필자가 σῶμα Χριστοῦ "그리스도의" 몸을 ἐκκλησία "교회"의 몸으로 풀이했다면(1 : 8), 이 교회는 경험적인 공동체를 넘어선 우주적인 것으로 파악된 것이고, 그때에는 저 천사의 세력들도 여기에 속한 것이다. 그리스도는 교회의 머리이면서 동시에 κεφαλὴ πάσης ἀρχῆς καὶ ἐξουσίας "모든 지배와 권세의 머리"이다(2 : 10). 분명한 것은 여기서 — 이미 저 찬양의 그리스도교적 편수에서[1], 그리고 필자 자신에게서 — 신화적 우주론이 그리스도의 모습과 행적을 포괄적으로 묘사하기 위해 構想되었다는 것이다. 그리고 그 노력은 우주론적 개념성을 전통적-그리스도교적 개념성과 결합하려는 데 傾注되었음이 분명하다. 그리스도의 우주적 화해의 업적은 동시에 그리스도의 십자가에 의해 창시된 화해이고, 이것에 힘입어 신의 옛 적수, 죄에 빠진 이방 세계가 신과 화해된 것이다(1 : 21 f.). 만일 거짓 교사가 "온 몸이 마디와 힘줄로 공급을 받고 연합하여 神이 자라게 함으로 자라는바 그 머리를 굳게 붙들지 않는 자"로 성격지어진다면(2 : 19), 우주를 한 유기적 구조로 파악하는 신화의 개념성이 그리스도에 대한 믿는 자들의 관계를 묘사하는데 이용된 것이다. 실제상 이 성격화에 들어 있는 κρατεῖν τὴν κεφαλήν "머리를 굳게 붙들라"는 권고로 말한 것은 바울의 개념성으로 이렇게 옮길 수 있는 것 의에 다른

---

1) 서두 12—14절로, τῆς ἐκκλησίας "교회의"를 18절에 삽입함으로, 그리고 διὰ τοῦ αἵματος τοῦ σταυροῦ αὐτοῦ "그의 십자가의 피로 인해"를 20절에 삽입함으로.

것이 아니다. "그러므로 만일 너희가 그리스도와 함께 다시 생명을 받았으면, 위엣 것을 찾으라. 그곳에는 그리스도가 신의 우편에 앉아 있다. 위엣 것을 생각하고 땅엣 것을 생각지 말라"(3:1f.).

역시 우주론적 槪念性을 받아들인 에베소서에도 근본적으로는 다른 것이 없다. 차이가 있다면 단지 우주론이 여기서는 좀더 철저하게 구원사로 풀이되되 우주론적인 용어와 구원사적인 것이 자주 현저하게 서로 섞이어 있는 것뿐이다(가령 2:11—22). 이 필자에게는 거짓 교사들과 싸울 필요가 없었고, 그는 단지 거짓 가르침에 주의할 것을 기회있는 대로 경고했을 뿐이다(4:14). 그는 아무런 구애도 받지 않고 영지주의의 개념들을 받아들여 구원의 일을 묘사했다. 그가 구원의 일을 처음으로 그리스도의 피에 의해 세운 $ἀπολύτρωσις$ "救贖"으로 묘사하고, 또 이 구속을 분명하게 $ἄφεσις\ τῶν\ παραπτωμάτων$ "범죄들의 용서"로서 定義했다면(1:7), 그것은 그가 宇宙的 화해의 사상도 도입한 것을 뜻한다(1:10). 그러나 이 사상을 이용한 곳에서 그는 이 사상을 한 $σῶμα$ "몸"에서의 통일을 위한 유대인과 이방인들의 결합으로 풀이한다(2:11—22). 그러나 이 $σῶμα$ "몸"은 우주적 세력들에 의해 존속되지 않고 $ἐκκλησία$ "교회"와 동일한 것이다(1:22f.). 이제 그는 골로새서보다 영지주의의 개념성, 무엇보다도 그리스도가 땅 위에 내려왔다는 신화와 올라갔다는 신화를 더 풍부하게 이용했다(4:8—10은 시 68:19의 특유한 주석이다). 그리고 승천하는 그리스도가 더 아랫 세계와 더 위엣 세계를 나누는 障壁을 제거했다는 신화도 마찬가지로 이용되었다(2:14). 이 신화는 그의 경우 단순한 像이 되었다. 이 필자는 골로새서 2장 19절에서 보는바, 통일체로 자라나는 몸으로서의 우주적 관련에 관한 像도 이용하여 성장의 목표로서 $οἰκοδομὴ\ ἐν\ ἀγάπῃ$ "사랑에서의 세움"을 특징지었다(4:15f.). 이때 그는 자라는 몸의 像을 건축의 그것과 유기성 없이 결합했다(바로 2:21f.에서 비로소 보는 바와 같다).

우주적 세력들은 에베소서에서 우주의 전체구조에 속하는, 그리스도에 의해 만물의 화해에 개입된 모습들로서가 아니라, 오로지 적대적 폭력배들로 나타날 뿐이다. 이 세력들이 지금, 그리스도에게, 신의 우편에 올라간 자에게 예속시켜졌다(1:20—22)면, 그리스도는 (골 2:16에서와 같이) 그 세력들에 대한 승리자로서 소개된 것이다. 물론 그것들은 여전히 위협적인 세력들에 해당한다. 그리고 필자는 그것들을 악마와 결합시켰다(6:11f.). 신자들은 그들이 옛날에 예속되어 있었던 그것들의 지배에서 벗어났다(2:2—6). 그러나 그들은 그것들과의 싸움을 여전히 계속해야 한다(6:10—13).

§ 57. 神學과 宇宙論

이때 결국은 모든 신화적-우주론적인 것이 포기되었다. 그 까닭은 실제상 그들은 육체의 죄와 욕심에 의해 지배받기 때문이다(2 : 1, 3). 이 지배에서의 구출은 신의 자비와 은혜와 신앙에 의해 달성되고(2 : 4, 8), 선한 일들로 실현되기 때문이다(2 : 10). 세력들에 대한 싸움은 神의 말을 고수하는 신앙, 그리고 계명을 통해 계속된다. 6장 14—18절에 묘사된 중무장은 이를 목표로 했기 때문이다.

이미 유대교의 묵시문학에서, 그 다음에는 바울에서 異域감정(Weltgefühl)이 인식되는데 이것은 이미 구약성서의 신 신앙과 창조신앙에 의해 순수하게 규정된 것이 아니다. 이것은 무시무시한 세력들에 의해 속속들이 지배되는 세계에 감금된, 또는 적어도 낯설게, 그리고 敵地에 거주하는 것 같은 느낌의 異域感情이다. 이것은 영지주의의 二元論과 그 신화가 끼친 영향임을 알 수 있고 그리스도에 의한 救贖은 우주적 세력들로부터의 해방으로 해석되었던 것이다. "거짓 교사들"에게서 영지주의 사상들이 주도적이었다면, 저 바울 문헌은 바울의 능력이 어떻게 관철되었는가를 보여 주는데, 바울은 인간 존재의 이해를 역사적인 존재의 이해로 표현한 것으로 二元論的 신화를 약화시킬 수 있었다(§ 26, 특히 3). 특별히 골로새서와 에베소서에서 작용한 것은, 비록 여기서 바울사상들의 깊이에 도달하지는 못했을지라도 바로 이것이다.

그리스도의 구원사업이 우주적 세력들에 대한 승리라는 것은 사실 바울의 사상이기도 했다(고전 2 : 6—8; 15 : 24—26). 그리고 그가 인용한 그리스도 찬가가 빌립보서 2장 10—11절에 표현되었다. 그러나 바울의 특징은 우주적 대사건 — 그리스도의 부활로 촉발된 — 이 현재에서 일어나고는 있으나 결코 이미 끝나지는 않았다는 것이다. 세력들에 대한 그리스도의 싸움이 그의 부활과 到來 사이의 시대를 채운다. 이 시대에 비로소 마지막 敵인 사망이 파멸될 것이다(고전 15 : 20—27, S. 354). 이것은 유대교 및 초대 그리스도교의 종말론의 희망에 상응하는 것인데, 이 종말론에 의하면 우주적 대사건의 마감과 神 및 메시야의 승리는 아직 당도하지 않았다. 이에 반해 영지주의의 思惟에는 그리스도의 부활, 또는 — 이것이 중요한 것인데 — 승천이 이미 우주의 세력들에 대한 영광의 승리라는 表象이 상응한다. 빌립보서 2장 10—11절의 표현은 세력들의 충성이 이미 현재의 것에, 또는 아직은 미래의 것에 해당하는지 불분명하다. 그러나 골로새서 2장 15절은 이미 얻은 승리를 분명히 말한다. 이 표상은 전통적이 되고 일련의 儀典的 문귀들, 또는 시가들로 표현되었다. 베드로전서 3장 18—22절에 깔려 있는 노래는 아마 19

절과 22절로 재 구상될 수 있는 문장들로 끝났던 것이다 :

πορευθεὶς (δὲ) εἰς οὐρανὸν ἐκάθισεν ἐν δεξιᾷ θεοῦ
ὑποταγέντων αὐτῷ ἀγγέλων καὶ ἐξουσιῶν καὶ δυνάμεων.
"(그러나) 그가 하늘에 올라가 신의 우편에 앉으니
천사들과 권세들과 세력들이 그에게 순종한다".

폴리캅(Phil 2 : 1)은 신앙을 말하는 儀典的 텍스트를 인용한다 :

εἰς τὸν ἐγείραντα τὸν κύριον ἡμῶν Ἰ. Χριστὸν ἐκ νεκρῶν
καὶ δόντα αὐτῷ δόξαν καὶ θρόνον ἐκ δεξιῶν αὐτοῦ,
ᾧ ὑπετάγη τὰ πάντα ἐπουράνια καὶ ἐπίγεια
"우리 주 예수 그리스도를 죽은 자들로부터 일으킨 자,
그에게 그의 우편으로부터 영광과 금관을 드리고
그에게 모든 하늘의 것과 땅의 것이 굴복한다".

디모데전서 3장 16절에 인용된 찬양의 단편도 그리스도의 승리로운 승천을 묘사한다. "Ὤφθη ἀγγέλοις "그는 천사들에게 나타났고"와 ἀνελήμφθη ἐν δόξῃ "그는 영광 중에 올리웠다"는 문장들은 이것을 목표로 하기 때문이다. "Ὤφθη ἀγγέλοις "그는 천사들에게 나타났다"는 βλεπόντων τῶν ἐπουρανίων καὶ ἐπιγείων καὶ ὑποχθονίων "하늘의 것들과 지상의 것들, 그리고 지하의 것들을 본다" — 비록 여기서 그 관조의 대상으로서 십자가와 죽음이 지칭되었을지라도 — 에서 그 유사형을 볼 수 있다(Ign Tr 9 : 1). 이 십자가와 죽음은 우주적 과정들로 지칭되었고, 그런 것으로서 부활 및 승천과 통일성을 이루었기 때문이다. 이 모든 문귀들 배후에 들어 있는 사상은 이그나티우스서(Eph 19장)에서 분명하게 드러났다.

"그리고 이 세대의 지배자에게는 마리아의 동정성과 그 출산이 숨겨져 있었다. 주의 죽음도 마찬가지로 그러했다. 소리 높여 외치는 이 세 가지 비밀은 신의 침묵 중에 수행되었다. 그런데 그것이 어떻게 세대들에게 나타났는가? 한 별이 하늘에서 빛났다. 그것은 모든 별을 압도했다. 그리고 그의 빛은 붓으로 쓸 수 없었고 그의 새로움은 기이함을 유발시켰다(이것은 마태복음서 2장 2절의 별이 아니라, 오히려 그리스도의 빛나는 승천을 뜻했다)···이로부터 모든 마법은 무의미해지고, 모든 사슬은 사라졌다. 악의의 무지는 도말되고, 옛 권좌는 섬멸되었다. 신이 새로운 영원한 생명의 실현을 위해 인간의 모습으로 나타났기 때문이다(우주적 사건의 시초인 예수의 탄생에서). 신에게서 완성되어 있던 것이 시작되었다. 이로부터 모든 것은 움직였다. 모

든 것은 죽음을 파멸시키려고 달려가기 때문이다". — 결문이 보여 주는 바와 같이 여기서는 이미 얻은 승리의 表象이 죽음의 임박한 극복의 그것과 결합되었다. 이것은 그 표상이 다른 데서 심판자로서의 그리스도에 관한 전통적 명제와 결합된 것과 같은 것이다(벧전 4:5; Pol Phil 2:1; S. 76).

신자들의 思惟가 얼마나 우주적 人物論에 몰두하는가는 유다서 8—11절도 보여 준다. 여기서는 거짓 교사들이 이렇게 배척된다 : σάρκα μὲν μιαίνουσιν, κυριότητα δὲ ἀθετοῦσιν, δόξας δὲ βλασφημοῦσιν "그들은 육체를 더럽히지만 권위도 업신여기고 영광을 훼방한다." 그러나 천사장인 미가엘을 한번도 감히 악마로 모독하지 못했다. 지시적인 특수성은 확실하게 지적되지 않는다. 그러나 κυριότης와 δόξαι로 천사의 세력들이 표시된 것은 분명하다. 아마 골로새서의 거짓 교사들과 반대되는 것이 들어 있을 것이다. 이 교사들이 천사의 세력들을 존경함으로 모든 儀典的이고 금욕적인 요구들을 의무적인 것으로 받아들이는 데 반해, 유다서의 거짓 교사들은 자신들의 자유를 의식하면서 이에 상반된 태도를 취한다. 즉 그들은 저 세력들을 멸시하는 자유주의자들이다. 이 필자는 물론 골로새서에서 저지된 천사 숭배자들에게 속한다고 할 필요는 없어도 여하간 저 세력들을 존경한다.

§58. 그리스도論과 救贖論*

그리스도론적 사상들은 그것들이 우주론적인 것들에서 분리될 수 없는 범위에서 이미 앞에 거론되었다. 그러나 주제들의 혼합은 이외에 그리스도론과 통일성을 이루고 있는 구속론이 선행적으로 윤리의 문제를 감안하지 않고는 서술될 수 없다는 점에서도 해당된다. 왜냐하면 구원의 이해는 그리스도교 생활의 근거에 관한 파악과 밀접하게 결합되어 있기 때문이다.

1. 구원을 가져온 者로서의 그리스도
   (칭호, 인물됨, 구원의 일)

예수 그리스도는 모든 공동체들에서 구원을 가져온 자로 숭배되었다. 사람들은 세례를 받을 때 그를 주로 고백했고, 제사에 현재하는 κύριος "主"로 숭배했으며(S. 123 f.), 심판자와 구세주로서 장차 올 자로 기다렸다(S. 77 f.). 예배행위가 얼마나 중요했던가는 예배모임들에 참여하라는 권고들(히 10:25; Did 16:2; Barn 4:10; 2 Klem 17:3; Ign Pol 4:2), 특별

---
* 이 표제에 관한 문헌들, 참조. S. 645 f.

히 성만찬에 참여하고(Ign Eph 13) 공동적으로 기도하라(Ign Tr 12 : 2)는 권고들이 보여 준다. 祭祀에는 능력이 들어 있다. "그러므로 너희는 자주 모여 신의 만찬에 참여하고 찬양하는 데 힘쓰라. 너희가 자주 모이면 사탄의 세력들이 파멸되고 그의 파괴력은 너희 신앙의 통일성에 의해 부수어질 것이다"(Ign Eph 13 : 1). 예배에서는 신과 그리스도의 찬양을 위한 노래들이 울려 나온다. 이미 바울이 예배에서 "시편들"이 낭송되는 것을 전제했다(고전 14 : 26). 골로새서 3장 16절은 영감된 시편과 송시들, 노래들을 부를 것을 권한다. 에베소서 5장 19절도 비슷하게 말한다. 이그나티우스는 공동체의 일치와 사랑의 조화가 그리스도를 위한 찬양임을 구상적으로 말할 뿐 아니라(Eph 4 : 1), 예배에서 찬양과 탄식으로 낭송되었음도 전제했다(Rm 2 : 2; 4 : 2). 신을 찬양하는 노래들과 함께(또는 그것들과 결합된) 그리스도에게 해당되는 그런 것들이 있었다. 바울이 빌립보서 2장 6—11절에 인용한 노래는 그 한 예이고 또 서신들과 다른 문헌들 여기저기 삽입되어 있는 적지 않은 歌詞 단편들, 또는 儀典 문귀들에서도 그 예를 볼 수 있다.

빌 2 : 6—11의 노래의 주제들은 개체적으로 또는 공동적으로, 여러가지 양태로 되어 있다 : 先在者의 사람됨, 십자가와 승천. 딤전 3 : 16은 사람됨과 승천을 노래한다. Pol Phil 2 : 1은 승천과 장차 올 심판자를 노래한다(참조. S. 517). 벧전 1 : 20; 3 : 18,22를 한 신앙고백서의 단편들로서 결합할 수 있다면, 여기에는 저 세 계기가 모두 고난의 의미의 삽입과 함께 포함되어 있다(περὶ ἁμαρτιῶν, ἵνα ἡμᾶς προσαγάγῃ τῷ θεῷ "죄들을 위해 우리를 신에게 인도하려고", 3 : 18; 참조. S. 517도). 벧전 2 : 21—24는 아마 어떤 노래에서 생겼을 것이다. 여기의 주제는 그리스도의 代行的인 수난이다. 골 1 : 13—20의 주제도 그리스도의 우주적 의의와 그의 救贖사업이다(이것은 한 세례의 노래에서 나왔는가?). 반면 Ign Tr 9 : 1f.의 주제는 그리스도의 사람됨과 그의 부활인데 신자들은 이 부활의 뒤를 따른다. 계 5 : 9,12는 자신의 피로 구원을 얻게 한 "도살당한 어린 양"을 찬양한다. 분명히 어떤 의전문에서 나온 귀절들인 1 Klem 36 : 1f.는 그리스도를 통해 준비된 구원을 묘사한다 :

διὰ τούτου ἀτενίζομεν εἰς τὰ ὕψη τῶν οὐρανῶν,
διὰ τούτου ἐνοπτριζόμεθα τὴν ἄμωμον καὶ ὑπερτάτην ὄψιν αὐτοῦ(τ. θεοῦ),
διὰ τούτου ἠνεῴχθησαν ἡμῶν οἱ ὀφθαλμοὶ τῆς καρδίας,
διὰ τούτου ἡ ἀσύνετος καὶ ἐσκοτωμένη διάνοια ἡμῶν ἀναθάλλει εἰς τὸ φῶς,
διὰ τούτου ἠθέλησεν ὁ δεσπότης τῆς ἀθανάτου γνώσεως ἡμᾶς γεύσασθαι.

"그를 통해 우리는 하늘의 높은 곳을 응시하고,
그를 통해 우리는 그(신)의 흠없고 至極한 御顔을 엿보며,

§58. 그리스도論과 救贖論

그를 통해 우리 마음의 눈들은 열렸고,
그를 통해 우리의 몽매하고 어두워진 생각은 다시 빛을 보며,
그를 통해 大主宰는 不死의 지식을 우리로 하여금 맛보게 하려고 했다".

그리스도에게 붙여진 칭호들은 다양하다. 그는 신의 아들이고(S. 127 ff.) κύριος "主"이며(S. 123 ff.) σωτήρ "구세주"이고(S. 77 f.과 참조. 아래) κριτής "심판자"(S. 76 f.)이다. 반면에 옛 칭호인 υἱὸς τοῦ ἀνθρώπου "人子"는 사라졌다(S. 78). 이 대신 가끔 나오는 다른 표지들이 있는데, 가령 ἀρχηγός (τῆς ζωῆς "생명" 또는 τῆς σωτηρίας "救贖"의) "시초자"(행 3 : 15; 5 : 31; 2 : 10; 히 12 : 2; 2 Klem 20 : 5), ἀρχιερεύς "제사장"(히 2 : 17; 3 : 1 등; 1 Klem 36 : 1; Ign Phld 9 : 1; Pol Phil 12 : 2), 그리고 또 διδάσκαλος "교사"(1 Klem 13 : 1; Ign Eph 15 : 1; Mg 9 : 1 f.)와 같은 것이다.

그리스도의 인물됨에 관한 것은 神에 대한 그의 관계의 반성들인데, 이것은 후에 고대 교회에서 다룬 것으로, 아직은 없다. 신은 그가 순종한 그의 아버지이다(Ign Sm 8 : 1; 비교. Mg 7 : 1). 그 자신이 신으로 표시된 것은 거의 이그나티우스에게서 볼 수 있을 뿐이다(S. 129). 그리스도의 신성과 인간성의 관계에 대한 반성들도 마찬가지로 아직 없다. 先在者가 사람이 되었다는 것과 부활한 자로서 다시 영광 중에 승천하여 신의 우편에 앉아 있다는 것을 믿는 것으로 만족했다. 단지 그의 동정녀 탄생의 異蹟만은 여기저기서 환상적으로 다루어졌다(마 1 : 18—21; 눅 1 : 34 f.; Ign Eph 18 : 2; 19 : 1; Sm 1 : 1). 좀 후기의 문제 제기를 감안하면 절대적으로 주도적인 그리스도론은 영적인 것으로 표시되어야 하고 양자론적으로는 표시될 수 없었다. 단지 헤르마스만은 양자론적 그리스도론과 영적인 것의 계기를 결합했으나 극히 불분명하다(sim V).

구원의 일이 전체적으로 그리스도의 成肉身과 그의 수난, 죽음, 그의 부활과 승천으로 되어 있다면, 역시 이 주제 저 주제가 때에 따라 지칭되거나 강조될 수 있었다. 그러나 전체적으로는 수난과 죽음이 主役을 한다. 그리스도의 죽음은 우리를 위해 드려진 제물이다(S. 83). 이 의미에서 우리를 위해 흘린 그의 피가 문제되거나(S. 83), 또는 σταυρός "십자가"(골 1 : 20; 2 : 14; 엡 2 : 16; Barn 9 : 8; 12 : 1; Ign Eph 9 : 1; Tr 11 : 2 등), 그의 πάσχειν "고난당함"(막 8 : 31; 눅 24 : 46; 행 3 : 18; 17 : 3; 히 2 : 18; 9 : 26; 벧전 2 : 19, 21; Barn의 여러곳; 2 Klem 1 : 2; Ign Sm 2;7 : 1 등), 그

의 παθήματα "수난들"(골 1 : 24; 벧전 1 : 11; 4 : 13; 5 : 1; 히 2 : 9 f.;
1 Klem 2 : 1), 또는 그의 πάθος "수난"(Ign에 아주 자주)이 거론된다. 그
는 "도살당한 어린 양"이다(계 5 : 6 ff. 등; 비교. 행 8 : 32; 벧전 1 : 19;
2 : 22 ff.; 1 Klem 16 : 7; Barn 5 : 2; 8 : 2).[1] 그리스도의 犧牲祭로 얻어
진 구원은 믿는 자들에 대한 그 영향이 특징지어질 때 철저히 죄들의 용서
로서, 해방(ἀπολύτρωσις)으로서, 義認, 聖化, 淨化로서 표시된다(S. 83 f.).
이외에는 우주적 세력들 특히 죽음의 극복으로 표시된다(참조. S. 517). 구
원사업의 소득은 세례를 통해 자신의 것이 된다. 세례의 작용은 대개 죄들
의 용서로 표시된다(S. 135 f.). 죄의 사유가 화제에 오른 곳에서는 비록 그
것이 明記되지는 않았을 때에도, 언제나 세례가 생각되었다(가령, 눅 24 :
47; 행 2 : 38; Herm vis Ⅲ 3 : 5).

2. 구원의 槪念

그러나 구원의 개념은 오로지 구원이 여하간 생명과 죽음에서의 救出을
뜻한다는 점에서만 一意的(eindeutig)이다.

딤후 1 : 10은 이렇게 표현했다. 즉 그리스도는 καταργήσας μὲν τὸν θάνατον,
φωτίσας δὲ ζωὴν καὶ ἀφθαρσίαν "죽음을 거세한 자이나 생명과 불멸성을 빛나게
한 자"이다. 이 의미에서 그리스도는 σωτήρ "구세주"(딤후 1 : 10; 디 1 : 4; 2 : 13
3 : 6; 행 5 : 31; 13 : 23; 벧후 1 : 1, 11; 2 : 20; 3 : 2—18; Ign Eph 1 : 1; Mg; 여
러곳; Phld 9 : 2; Sm 7 : 1; Pol Phil 여러 곳; 2 Klem 20 : 5; 참조. S. 81 f.),
또는 ἀρχηγὸς τῆς σωτηρίας "구원의 主"(히 2 : 10), 또는 τῆς ζωῆς "생명"의 主
(행 3 : 15, 비교. 5 : 31), αἴτιος σωτηρίας αἰωνίου "영원한 구원의 근원"(히 5 : 9)
으로 일컬어진다. 그 안에서 σωτηρία "구원"이 주어졌다(딤후 2 : 10; 3 : 15; 비교.
행 4 : 12). 그는 스스로 죽음을 이겼기 때문에 죽음에서 구출한다(히 2 : 14 f.; 계.
1 : 18; Barn 5 : 6 f.; 비교. 벧전 1 : 3,21). 이에 상응하게 그리스도교의 소식은
εὐαγγέλιον τῆς σωτηρίας "구원의 복음"(엡 1 : 13), λόγος τῆς σωτηρίας "구원의
말"(행 13 : 26; 비교. 히 2 : 3)을 뜻한다. 그 내용은 ὁδὸς σωτηρίας "구원의 길"(행
16 : 17)이다. Σωτηρία "구원"은 ζωή "생명"과 동일하여서 이 두 개념은 한 同意語
로 결합될 수 있다(Ign Eph 18 : 1; 2 Klem 19 : 1).

그러나 죽음의 세력과 이에 일치하게 구원, 생명의 성격을 각기 어떻게

---

1) 구원의 일을 묘사하는 용어들은 전통적이고 어떤 특수한 구원이론이 형성되지
않은 곳에서도 발견된다. H. Conzelmann, *Die Mitte der Zeit*, 171,172, Ⅰ. 175,
200에서 지적한 누가와 사도행전에서 그렇다.

§58. 그리스도論과 救贖論

보느냐에 따라 견해들이 달라진다. 그리고 또 — 이와 관련된 것인데 — 구원이 오로지 미래적인 것으로, 아니면 이미 현재적인 것으로 생각되느냐, 또는 끝으로 구원의 중개와 소유가 어떻게 이해되느냐에 따라 달라진다.

죽음은 물론 언제나 死에서의 자연적 생명의 마지막으로도 생각되었다. 그러나 바울은 "자연적" 생명을 자연현상으로 생각했을 뿐 아니라, 사람됨의 역사적 움직임으로도 생각했었다(S. 206). 마찬가지로 죽음도 단순한 자연현상으로뿐 아니라, 동시에 신에게서 먼 생명이며, 현재에서 無임을 생각했다(S. 245 ff.). 그 결과 그는 그리스도에 의해 얻어진 $\zeta\omega\eta$ "생명"도 $\delta\iota\kappa\alpha\iota\sigma\sigma\acute{\upsilon}\nu\eta$ "義"와 함께 주어진 현재로서(S. 278 f.), 물론 단순한 상태가 아니라, 명령을 포함하는 죄에서의 자유로서, 즉 희망에서, 고난과 운명의 극복에서, 세계 및 그 세력들로부터의 자유에서 실증되는 죄에서의 자유로서 이해했었다(§40). 그러므로 바울에게 있어서 $\zeta\omega\eta$ "생명"은 逆說的으로 현재의 것이다. 내용상으로는 요한의 경우와도 같다(§72과 §50, 3). 바울과 요한의 이해는 얼마나 계속 유지되었는가?

훨씬 더 많은 진술들은 구원을 미래의 것으로 생각한 것이다. "구원"을 위해 그리스도는 언젠가 그를 기다리는 자들(히 9 : 28)에게, 神의 힘을 힘입어 신앙으로 $\epsilon\dot{\iota}s$ $\sigma\omega\tau\eta\rho\dot{\iota}\alpha\nu$ $\dot{\epsilon}\tau o\dot{\iota}\mu\eta\nu$ $\dot{\alpha}\pi o\kappa\alpha\lambda\upsilon\varphi\vartheta\tilde{\eta}\nu\alpha\iota$ $\dot{\epsilon}\nu$ $\kappa\alpha\iota\rho\tilde{\omega}$ $\dot{\epsilon}\sigma\chi\acute{\alpha}\tau\omega$ "마지막 때에 나타나도록 예비된 구원을 위해"(벧전 1 : 5; 비교. 1 : 9; 2 : 2) 보존된 자들에게 나타날 것이다. 누구나 주의 이름을 부르는 자는(요엘에 의하면) 구원을 받을 것이다(행 2 : 21; 비교. 15 : 11; 16 : 30 f.).

회개와 神 敬畏로 구원을 받을 것이다(Herm mand Ⅳ 3 : 7, Ⅶ 1, Ⅸ 6; 비교. sim Ⅰ, 11; Ⅸ 12 : 3; 2 Klem 8 : 2; 13 : 1). 여인들은 출산함으로 구원을 받을 것이다(딤전 2 : 15). 미래에 $\sigma\acute{\omega}\zeta\epsilon\iota\nu$ "구원함" 또는 $\sigma\omega\vartheta\tilde{\eta}\nu\alpha\iota$ "구원됨"은 이외에 딤전 4 : 16; 딤후 4 : 18; Did 16 : 5; Barn 1 : 3; Ign Pol 1 : 2; 특히 잦은 곳 : 2 Klem, 가령 4 : 2; 14 : 1.

마찬가지로 생명을 미래의 것으로 말하는 때도 잦다. 가령 $\sigma\tau\acute{\epsilon}\varphi\alpha\nu os$ $\tau\tilde{\eta}s$ $\zeta\omega\tilde{\eta}s$ "생명의 면류관"이 약속된 경우(계 2 : 10; 야 1 : 12)와 $\dot{\epsilon}\lambda\pi\dot{\iota}s$ $\zeta\omega\tilde{\eta}s$ ($\alpha\dot{\iota}\omega\nu\acute{\iota}o\upsilon$) "(영원한) 생명의 희망"이라는 표현들(디 1 : 2; Barn 1 : 4, 6; Herm sim Ⅸ 26 : 2; 비교. 14 : 3)에서도, τo $\pi\rho o\kappa\epsilon\acute{\iota}\mu\epsilon\nu o\nu$ $\zeta\tilde{\eta}\nu$ "앞에 있는 삶"(Ign Eph 17 : 1)에서도 또는 $\sigma\omega\tau\eta\rho\acute{\iota}\alpha$ "구원"과 $\zeta\omega\eta$ "생명"이 결합되었을 때에도(Ign Eph 18 : 1) 그렇다.

$Z\omega\eta$ $\alpha\dot{\iota}\acute{\omega}\nu\iota os$ "영원한 생명"(요한에게서보다 다르다)은 대체로 미래의 생명으로

이해되었다(딤전 1:16; 6:12; 디 1:2; 3:7; 행 13:46, 48; 유 21; Herm vis
Ⅱ 3:2). 동사 표현인 ζῆν εἰς τὸν αἰῶνα "영원히 삶"도 같은 것을 뜻한다(Barn
8:5; 9:2; 11:10 f.). 그러나 단순한 ζωή (Herm vis Ⅰ 1:9) 또는 ζῆν도 같은
것이다(히 12:9; Barn 6:17; Herm vis Ⅲ 8:5; mand Ⅳ 2:3 f.; XII 6:3).
Περιποιεῖσθαι ζωήν "얻은 생명"(Herm mand Ⅲ 5; sim Ⅵ 5:7; 비교. περι-
ποιεῖσθαι κλέος, δόξαν "얻은 부름과 영광" 등, 1 Klem 54:3; Herm mand Ⅳ 4:
2; sim V 3:3)과 κληρονομεῖν ζωὴν ζωὴν αἰώιον "영원한 생명을 상속한다"(Herm
vis Ⅲ 8:4; 비교. κληρονόμοι ζωῆς αἰών. "영원한 생명의 상속자들", 디 3:7)는
표현도 분명하다. Κληρονομεῖν σωτηρίαν "구원"(히 1:14) 또는 τὴν εὐλογίαν "약
속"(벧전 3:9)을 "상속한다"도 같은 의미를 가진다. Κληρονομία "상속"이 ἄφθαρτος
"不滅"로 표시될 수 있는 바와 같이(벧전 1:4) ζωή (αἰώνιος) "(영원한) 생명" 대
신 ἀφθαρσία "불멸"도 뜻할 수 있다(엡 6:24; Ign Phld 9:2; 2 Klem 20:5). 또
는 ἀφθαρσία와 ζωὴ αἰώνιος가 결합될 수도 있다(Ign Pol 2:3; 2 Klem 14:5; 비
교. ζωὴ ἐν ἀφθαρσία "불멸의 생명", 1 Klem 35:2).

반면 σωτηρία "구원" 및 ζωή "생명"이 현재의 것으로 생각된 경우도 있
다. 믿는 자들이 οἱ σῳζόμενοι "구원받은 자들"(행 2:47; 1 Klem 58:2)
또는 οἱ σεσωσμένοι "살리움을 받은 자들"(엡 2:5; Pol Phil 1:3)이라고
까지 일컬어질 수 있다면, 그들은 οἱ ζῶντες "살아 있는 자들"(2 Klem 3:
1)이기도 하다. 신의 행위가 믿는 자들을 구원했다. 신은 ὃς ἐρύσατο ἡμᾶς
ἐκ τῆς ἐξουσίας τοῦ σκότους καὶ μετέστησεν εἰς τὴν βασιλείαν τοῦ υἱοῦ
τῆς ἀγάπης αὐτοῦ "우리를 암흑의 권세에서 건져내어 그의 사랑의 아들의
나라로 옮긴 자"이다(골 1:13). 이 말이 어떻게 이해될 수 있는가는 그 다음
말이 보여 준다: ἐν ᾧ ἔχομεν τὴν ἀπολύτρωσιν, τὴν ἄφεσιν τῶν ἁμαρ-
τιῶν "그에게서 우리는 속죄를, 죄들의 사함을 받았다"(1:14). 이때 세례
가 생각된 것은 분명하다. 필자에 의해 받아들여진 찬가(참조. S. 498)가
어떤 세례 僞典文에서 난 것일 수 있는 것과 같다. 그가 이 찬가에 εὐχαρι-
στοῦντες τῷ πατρὶ τῷ ἱκανώσαντι ὑμᾶς εἰς τὴν μερίδα τοῦ κλήρου τῶν
ἁγίων ἐν τῷ φωτί "우리로 하여금 빛 가운데서 성도의 기업의 부분을 얻
기에 합당하게 한 아버지에게 감사하게 한다"는 문장을 앞세웠기 때문에(1:
12), 그가 구원의 현재성과 미래성을 다음 방식으로, 즉 현재의 구원상태를
세례에 의해 확인된 미래의 구원의 先取로 간주하는 方式으로 결합시킨 것
을 알 수 있다. 그러므로 본래의 ζωή는 1장 14절에도 불구하고 아직 미래
적이다. 그것은 3장 3절에서 표현된 대로 "그리스도와 함께 신 안에 숨겨져

§58. 그리스도論과 敎贖論

있다." 그리고 ὅταν ὁ Χριστὸς φανερωθῇ, ἡ ζωὴ ἡμῶν, τότε καὶ ὑμεῖς σὺν αὐτῷ φανερωθήσεσθε ἐν δόξῃ "우리의 생명인 그리스도가 나타날 그 때에 너희도 그와 함께 영광 중에 나타날 것이다"(3:4)라는 것이 타당하다. 그러므로 필자는 복음이 τὴν ἐλπίδα τὴν ἀποκειμένην ὑμῖν ἐν τοῖς οὐρανοῖς "너희를 위해 하늘에 쌓아 둔 희망"을 선포한다고 말할 수 있었다(1:5; 비교. 1:23, 27).

골로새서에서 관찰될 수 있는 것은 전형적인 것이다. 비슷한 역설적인 방법으로 에베소서는 구원의 현재성을 말한다 : ὁ δὲ θεὸς ··· ὄντας ἡμᾶς νεκροὺς τοῖς παραπτώμασιν συνεξωοποίησεν τῷ Χριστῷ ··· καὶ συνήγειρεν καὶ συνεκάθισεν ἐν τοῖς ἐπουρανίοις ἐν Χριστῷ Ι. "그러나 신은 ··· 우리가 범죄들에서 죽어 있을 때 그리스도와 함께 살렸고 ··· 함께 일으켰으며 그리스도 예수 안에서 함께 하늘에 앉혔다"(2:5f.). 이때 생각된 것은 마찬가지로 세례이다(비교 5:26). 그리고 현재의 구원은 미래의 선취이다. "승화"는 τίς ἐστιν ἡ ἐλπὶς τῆς κλήσεως ··· "부름의 희망이 무엇임"을 아는 데 있기 때문이다(1:18; 비교. 4:4). 구원이 세례에 의해 實現되었다는 것도 적지 않은 귀절들이 말한다(디 3:5; 벧전 3:21; Barn 11:11; Herm vis Ⅲ 3:5; mand Ⅳ 3:1; sim Ⅸ 16:2 ff.). 바로 그 때문에 이미 일어난 것으로서 그것을 말할 수 있는 것이다(비교. 이미 지칭된 귀절들 외에 2 Klem 1:4; 2:7; 3:3; 9:2, 5; Herm sim Ⅷ 6:1; Ⅸ 26:8).

세례에 소급시킬 수 있는 것과 같이 구원의 획득은 그 점에서 내용상의 차이 없이 召命에 소급시킬 수 있다. 召命은 사실 사람들이 세례에 의해 그곳에 받아들여지는 ἐκκλησία "교회" 안에 불러들인다. (Herm에서는 κλῆσις "부름"이 바로 세례의 표지이다. mand Ⅳ 3:6; 비교. 3:4; sim Ⅷ 11:1; sim Ⅸ 14:5). Σῳζώμενοι "구원받은 자들" 또는 ζῶντες "살아 있는 자들"은 그 까닭에 κεκλημένοι "부름을 받은 자들"이라고도(히 9:15; Herm sim Ⅸ 14:5), 또는 κλητοὶ ἡγιασμένοι "부름을 받은 성화된 자들" (1 Klem, 여러 곳)로 일컬어질 수 있다. 神 및 그리스도는 εἰς τὸ θαυμαστὸν αὐτοῦ φῶς "그의 기이한 빛으로"(벧전 2:9), ἀπὸ σκότους εἰς φῶς "어두움에서 빛으로" (1 Klem 59:2; 비교. 2 Klem 1:2,8) 그들을 불러들인다. 그들은 "한 몸에서" εἰρήνη τοῦ Χριστοῦ "그리스도의 평화"를 위해(골 3:15; 비교·엡 1:1—11; 4:4), αἰώνιος ζωή "영원한 생명"으로(딤전 6:12), εἰς περιποίησιν δόξης ··· "영광을 얻도록"(살후 2:14; 비교. 벧전 3:9; 5:10) 부름을 받았다. 절대적 용법 κληθῆναι "부름을 받았다"는 자주 나온다(엡 4:1; 딤후 1:9; 벧전 1:15; 벧후 1:3; 2 Klem 2:4, 7:5 :1 등). Κλῆσις "부름"도 마찬가지이다(엡 1:18; 4:1, 4; 살후 1:11; 딤후 1:9; 히 3:1; 벧후 1:10; 1 Klem 46:6; Herm mand Ⅳ 3:6; sim Ⅷ 11:

1): 믿는 자의 미래 관련성은 "召命"에 의해 아마 "구원"에 의한 것보다 더 강하게 표현된다. 여하간 살후 1:11에서는 그렇고 또는 ἡ ἐλπὶς κλήσεως "부름의 소망" (엡 1:18)과 ἡ κλῆσις τῆς ἐπαγγελίας "약속의 부름"(Barn 16:9)과 같은 표현들에서도 그렇다. 비교 · κλῆσις ἐπουράνιος "하늘의 부름"도(히 3:1).

3. 구원의 現在性과 未來

그런데 결정적인 문제는 구원의 현재성과 미래의 관계가 어떻게 더 정확히 생각되었는가에 있다. 바울과 요한에서와 같이 이 관계의 변증법적 이해는 고수되었는가? 그리스도교의 상황이 저 특유한 "중간" 상황, 즉 "이미 아님"과 "아직 아님" 사이의 상황으로서 이해되었는가? 아주 일반적으로 말할 수 있는 것은 교회(Ekklesia)에의 부름을 통해, 세례로 중개된 현재의 罪赦宥를 통해 미래의 구원의 가능성이 주어졌다는 것이다. 그리고 또 마찬가지인데 현재는 명령하에 있고 그 實踐이 미래의 구원을 얻는 조건이라는 것이다. 그러나 문제는 명령의 實踐 자체에서 이미 미래의 ζωή "생명"의 현재가 보이는가로 집약된다. 달리 표현하면 세례를 통해 중개된 죄사유가 受洗때 까지 쌓인 범죄들의 청산으로서, 이 범죄로 얻은 형벌의 청산으로서 또는 죄의 세력에서의 해방으로서 이해되는가에 있다.

a) 헤르마스서

상황의 문제성은 한 극단적인 경우를 안중에 둘 때, 가장 분명해질 수 있다. 그런 것을 바로 헤르마스서의 "목자"가 말해 준다. 여기에는 이렇게 기록되어 있다 : ὅτι ἡ ζωὴ ὑμῶν διὰ ὕδατος ἐσώθη καὶ σωθήσεται "너희의 생명은 물로 구원되었고 구원되리라"(vis Ⅲ 3:5). 구원한 세례는 미래의 구원도 준비할 것이다. 그러나 이것은 깨끗한 생활영위라는 조건에 결부되었다. 헤르마스가 받은 "하늘의 편지"는 그에게 이렇게 보장한다 : "그러나 너를 구원하는 것은 네가 산 神을 배반하지 않았다는 사실과 네 순결과 네 위대한 節制이다. 네가 구원을 받은 것에는 네가 이것을 집요하게 준수한 것이 전제되어 있다. 그리고 이런 것을 행하고 순진과 순결로 생활하는 자들은 모두 구원을 받을 것이다"(vis Ⅱ 3:2). 세례는 오로지 다음과 같은 점에서만 구원을 이룬다. 즉 세례는 이전에 범행한 죄들로부터 해방시키고 (mand Ⅳ 3:1—3; 4:4), 그것을 통해 삶의 새로운 가능성에 근거를 제공한다. 그러나 그 이후에는 이 삶이 독자적인 책임 아래 헤르마스가 반복해서 첨예화한 신의 계명들에 대한 순종으로 영위되어야 한다는 것이다. 그러므로 믿는 자를 구원하는 것은 결국 세례가 아니라, 그의 착한 행실이다. 이

現실에 ζωή "생명"이 약속된다(가령 mand Ⅲ 5; Ⅳ 2 : 4; XII 6 : 3). 이 때 受洗 후에 저지른 범죄의 문제가 제기된 것에도 이해가 간다. 그리고 바로 이것이, 즉 첫 회개(受洗)에서 얻은 것을 상실한 지금, 다시 한번 그리고 임박한 終局 前 최후로 회개의 가능성이 神으로부터 주어졌다는 바로 이것이 헤르마스가 받았다고 생각한 계시이다(vis Ⅱ 2 : 4—8; mand Ⅳ 3; sim Ⅸ 26 : 6). 그러므로 그리스도인이 과거와 미래 사이에 서 있는 것은 물론이다. 그러나 이 사이는 연대기적 규정에 불과하다. 그것은 중간시 즉 회개를 위해 이용되어야 할 기간이다. 이 책 전체가 회개를 호소하고 그 필자는 μετάνοια "회개"가 죄인이 자신의 죄를 承認하고 참회하며 차츰 신의 계명들에 의해 생활하는 것을 志向하는 σύνεσις "통찰력"임을 보여 주려고 힘썼다(mand Ⅳ 2 : 2—4 등). 헤르마스에 있어서 πίστις "신앙"이 다른 德目들 중의 한 덕목(mand Ⅷ 8 f.; XII 3 : 1; sim X 4 : 2), 아니 主된 덕목— 이 덕목의 "딸들"은 ἐγκράτεια, ἁπλότης, ἐπιστήμη, ἀκακία, σεμνότης, ἀγάπη "절제, 단순, 지식, 악하지 않음, 순결, 그리고 사랑"이다(vis Ⅲ 8 : 3 ff.) — 이라는 것도 그 특징을 이룬다. 그러나 이 πίστις는 역시 唯一神에 대한 신앙 외에 다른 것이 아니다(mand Ⅰ).

b) 야고보서

미래의 보복과 심판에 대한 지시는 야고보서의 권유들에서도 관철되었다. 그리스도인이 율법 아래 있다는 것은 그에게 자명했다. 이 율법의 권위는 νόμος "율법"이 τέλειος "온전한 것"과 βασιλικός "최고의 것"(1 : 25; 2 : 8), 전부 실천되어야 할 것(2 : 13 f.)으로 성격지어짐으로 강조되었다. 그것이 왜 νόμος τῆς ἐλευθερίας "자유의 율법"이라고도 지칭되는지(1 : 25; 2 : 12)는 알 수 없다.[2] 여하간 이 필자에게는 바울의 자유에 관한 사상도, 신앙에 관한 사상도 마찬가지로 멀다. 착한 행실의 일들이 요구되었고(3 : 13) ποιητὴς ἔργου "일의 실천자"에게 οὗτος μακάριος ἐν τῇ ποιήσει αὐτοῦ ἔσται "이 사람은 그의 행함에서 복될 것이다"가 해당한다(1 : 25).

이것은 구원을 공적 없이 약속하는 입장에 가장 강하게 항의하는 표현이다(2 : 14— 26). 이것으로써 바울 또는 그에게 근거를 둔 경향을 見向했다는 것은 그 필자가 아브라함은 오로지 신앙으로만 의롭다함을 받았다는 명제에 항의했다는 것과 가깝다.

---

2) E. Stauffer의 추측(ThLZ 77, 1952, 577 ff.) 즉, "자유의 율법"이 Dead Sea Manual of Discipline"에서 발견되는 유대교 용어라는, 추측은 F. Nötscher ("Biblica" 34, 1933, 193 f.)와 Herb. Braun (Spätjüd.-häret. u. frühchristl. Radikalismus Ⅰ 26,5)에 의해 잘못된 것으로 증명되었다.

여하간 바울의 신앙 이해는 이것으로써 완전히 오해를 받고 있다. 왜냐하면 바울은 확실히 행실들이 없는 신앙은 죽었다(2:17,26)는 명제에는 동의하고 신앙이 일들과 함께 작용한다는 주제에는 반대했을 것이기 때문이다(2:22). 야고보가 그렇게만 말할 수 있는 것은 그가 신앙하에 단지 유일한 신의 존재에 대한 이론적 신념, 즉 악마들도 소유하는 신앙만을 생각했기 때문이다(2:19).

"중간"의 상황으로서의 그리스도교적 상황에 대한 어떤 이해도 여기에는 없다. 회당전통의 도덕주의가 당당히 그 자리를 차지한 것이다. 그리고 야고보는 전적으로 이 전통에 관련되어 있을 뿐 아니라 유대교의 문헌을 받아들여 쉽게 편수했을 수도 있다(참조. S. 509).

c) 디다헤서

디다헤서도 이 전형에 속한다. 이 문헌의 제1부는 유대교의 改宗者를 위한 교리문답을 편수한 것인데(참조. S. 509) 여기에는 "두 길"의 圖式에 의한 윤리적 계명들과 禁令들이 포함되어 있고 필자는 이것에 主의 말들을 첨가함으로 부연했다. 여기에 들어 있는 권고들을 主導하는 것은 천박한 보상신앙이다. 그리고 올 심판을 지시하고 γρηγορεῖν "깰 것"을 권하며(16:1) ὑπομείνοντες ἐν τῇ πίστει αὐτῶν "自身들의 신앙에서 참는 자들"에게 구원을 약속하는(16:5), 이 글의 結言도 유대교의 교리문답에서 온 것이다.

d) 바나바서

바나바서도 유대교의 교리문답을 받아들였다(18—21). 바나바서는 구약성서의 알레고리적 해석방법과 함께 헬레니즘계 회당의 전통을 따랐다(§11, 2 b). 그러나 그리스도교적 실존에 관한 그의 이해는, 그것이 철저하게 다루어지지 않았을지라도 헤르마스서와 야고보서, 디다헤서를 넘어서서 제2 바울 서신의 이해에 肉迫했는데, 기이한 것은 이 필자가 바울신학의 영향권에 있지 않았는데도 그렇다는 것이다. 그는 δικαιοσύνη "義"의 법정개념을 잘 알고 있다(창 15:6에 의한 13:7 이외에는 윤리적 의미: 1:4, 6; 5:4; 20:2; δίκαιος도 같다: 10:11; 19:6). 그러나 그리스도인들은 이미 지금 의롭다함을 받은 자들이 아니다(4:10; 비교. 15:7). 구원은 미래의 것이다(6:17—19; 15:5—9). 믿는 자들은 지금 이미 마지막 시대에 처해 있다(4:3, 9; 21:3). 그런데 그들은 καινὸς νόμος τοῦ κυρίου ἡμῶν 'Ι. Χριστοῦ "우리 주 예수 그리스도의 새로운 율법"(2:6)과 δικαιώματα "法條文들"(2:1; 10:11 등) 및 τοῦ κυρίου "주의" ἐντολαί "계명들"(4:11; 16:9 등)을 양심적으로 실천함으로 준비해야 한다. 그 까닭은 功績들에 의한 심판이 임박해 있는데(4:12; 비교. 15:5; 21:1,3), 이것은 미래의 심

§58. 그리스도論과 敎贖論

판자로서의 그리스도가 담당한 것이기 때문이다(5 : 7; 7 : 2). 회개의 호소는 물론 볼 수 없다. Μετάνοια "회개"는 단 한번 16장 9절에 나온다. 그러나 이것은 세례 회개를 뜻함이 분명하다.

그리스도인들의 현 존재가 이미 새로운 존재임은 물론이다. 그들은 "새로운 백성"(5 : 7; 7 : 5), "상속의 백성"(14 : 4), "거룩한 백성"(14 : 6)인데 신의 언약은 이들에게 해당한다(13 : 14). — 이것은 물론 한번도 신과 참된 언약을 세워 보지 못한 유대 민족에 상반되는 백성이다(§11 : 2 b). 그들의 상황은 그리스도, 신의 아들이 와서 육신으로 자신을 계시하고(5 : 6, 10 f. ; 6 : 7, 9, 14; 12 : 10) 십자가에서 우리를 위해 고난과 죽음을 당했으며(5 : 1 f., 5, 12 f. ; 7 : 2 f. ; 12 : 1 ff.) 그의 피로(5 : 1) 우리가 죄들의 사유를 얻게 하고(5 : 1 f. ; 7 : 3, 5) 그의 부활을 통해 사망을 멸하고 생명을 마련함으로(5 : 6; 7 : 3; 12 : 5) 새로운 상황으로 변했다. 이를 통해 그는 우리가 지금 자녀의 영을 가지도록 우리를 "새롭게" 하고 우리를 "새로 창조했다" (6 : 11, 14 ; 16 : 8). 그의 이 행적은 세례에서 우리의 것이 되는데(11 : 8, 11; 비교. 8 : 3; 16 : 9) 이것은 새로운 생명을 πνεῦμα "영"의 은사에 의해 세운다(1 : 2 f.). 그러므로 그리스도인은 πνευματικὸς ναὸς οἰκοδομούμενος τῷ κυρίῳ "주를 위해 영의 성전을 세우는 자"로 표시될 수 있다(16: 10). 그러나 이렇게도 권고된다 : γενώμεθα πνευματικοί, γενώμεθα ναὸς τέλειος τῷ θεῷ "우리는 영의 사람이 되고 신을 위해 온전한 성전이 되자" (4 : 11). 일반적으로 영은 물론 본질적인 역할을 하지 못한다. 그리고 σάρξ-πνεῦμα "肉—靈"의 댓귀도 단지 7장 3절에서만 보는데 여기서 그리스도의 σάρξ는 σκεῦος τοῦ πνεύματος "영의 그릇"으로 표시된다(비교. 11 : 9). Πνεῦμα는 대개, 필자가 非 專用言的으로 πνεῦμα 또는 독자들의 πνεύματα "영의 것들"을 말하지 않을 때면 구약성서의 예언자의 영을 가리킨다(비교. 11 : 11, ἐν τῷ πνεύματι "영 안에서"는 ἐν τῇ καρδίᾳ "마음에서"와 같다. "神의 성전"으로서의 그리스도인의 새로운 존재는 16장 9절에 이렇게 묘사된다 : ὁ λόγος αὐτοῦ τῆς πίστεως, ἡ κλῆσις αὐτοῦ τῆς ἐπαγγελίας, ἡ σοφία τῶν δικαιωμάτων, αἱ ἐντολαὶ τῆς διδαχῆς, αὐτὸς ἐν ἡμῖν προφητεύων, αὐτὸς ἐν ἡμῖν κατοικῶν, τοὺς τῷ θανάτῳ δεδουλωμένους — ἀνοίγων ἡμῖν τὴν θύραν τοῦ ναοῦ, ὅ ἐστιν στόμα, μετάνοιαν διδοὺς ἡμῖν — εἰσάγει εἰς τὸν ἄφθαρτον ναόν "그의 신앙의 말과 그의 약속의 부름, 계율들의 지혜, 교훈의 계명들, 아니 우리 안에서 예언하는 자 자신, 우리 안에 거하는 자 자신이 죽음에 노예된 자들을 — 우리에게 성전의 문올 열어 주는 자는 곧 우리에게 입을 열어 회개하게 하는 자인데 — 불멸의 성전으로 인도해 둘인다".

이 특징에서 λόγος τῆς πίστεως "신앙의 말"이 先頭에 있는 것과 같이, 그리스도인은 이렇게 성격지어졌다. 즉 그들은 τῇ πίστει τῆς ἐπαγγελίας καὶ τῷ λόγῳ ζωοποιούμενοι "약속에 대한 신앙과 말에 의해 살아난 자들" (δικαιωθέντες "의롭다함을 받은 자들"이 아니라!)이다(6:17). 믿음에 상당한 λόγος "말"(9:3; 11:11)에는 물론 πιστεύειν "믿다"의 대상인 바 그리스도의 행적에 관한 소식이 들어 있다(7:2). 그러나 그리스도교적 존재는 πιστεύειν τῷ θεῷ "신에 대한 신앙"으로도 표시될 수 있다(16:7). 그리고 때로는 단순히 πίστις "믿음"(4:9) 또는 πιστεύειν "믿다"(3:6과 13:7, 이것은 창 17:4f., 혹은 15:6의 인용문이다)로도 표시될 수 있다. 그러나 πίστις 개념은 전혀 강조되거나 철저히 파악되지 않았다. Πίστις "신앙"이 ἔργα "일"과 반대로 사용되지 않았다. 이에 상응하여 χάρις "은혜"의 개념도 아무런 역할을 하지 못한다. 이 개념은 구약성서의 예언에 의해서와 마찬가지로 세례의 은혜로 사용되었다(1:2). Χάρις는 십자가의 내용이고(9:8) εὐαγγελίζεσθαι "선포하다"의 대상이다(사 61:1f.에 의한 14:9; 結文人事 21:9에서는 격식어투이다). 그리스도교적 존재를 묘사하는, 분명히 전통적인 3중어 πίστις, ἀγάπη, ἐλπίς "믿음, 사랑, 소망"(1:4, 6; 비교. 11:8)에서 그 개념들은 예리하게 구획 부각되지 않았다. 1장 4절에 의하면 πίστις와 ἀγάπη는 공동체에서 ἐπ' ἐλπίδι ζωῆς αὐτοῦ "그의 생명에 대한 희망을 위하고" 1장 6절을 따르면 ζωῆς ἐλπίς "생명의 희망"은 πίστις 의 처음과 마지막이다. 새로운 언약은 ἐν ἐλπίδι τῆς πίστεως αὐτοῦ "그의 신앙의 희망으로" 마음에 새겨져야 한다(4:8). 신앙은 분명히 본질적으로 희망하는 신뢰이다(비교. 12:7). 이것은 예수를 믿고 그를 바라는 것이 서로 바꿀 수도 있다는 점에서도 드러난다(6:3을 6:9; 11:11; 12:2f.; 16:8에 비교). 그러므로 πιστεύειν τῷ θεῷ "신을 믿는다"를 ἐλπίζειν ἐπὶ τὸν θεόν "신을 바란다"로 대신할 수도 있다. 만일 φόβος "두려움"과 ὑπομονή "참음"이 신앙을 돕는 것들이라면(2:2), 그것은 같은 방향의 것이다.

그러나 더 중요하고 더 특징적인 것은 πίστις와 γνῶσις "지식"의 연관성이다. 필자는 그의 독자들에게 ἵνα μετὰ τῆς πίστεως ὑμῶν τελείαν ἔχητε τὴν γνῶσιν "너희 신앙과 함께 너희는 온전한 지식을 가지기 위해" 이 글을 쓴다(1:5). Γνῶσις의 대상은 ὁδὸς δικαιοσύνης "義의 길"이다(5:4). 그러나 이것이 뜻하는 것은 무엇보다도 구약성서에 의해 선사된 과거의 것

§58. 그리스도論과 救贖論

과 현재의 것, 미래의 것에 관한 인식인데(1:7; 5:3), 이와 함께 물론 δικαιώματα"법조문들"에 관한 인식도 제공된다(21:5; 비교. 6:9; 19:1). 이 인식은 σοφίαν καὶ νοῦν θέμενος ἐν ἡμῖν τῶν κρυφίων αὐτοῦ "그의 비밀들에 관한 지혜와 이해력을 우리 안에 둔 자"인바, 신에 의해 선사된 새로운 인식이다(16:10; 비교. 5:3; 7:1). 이 인식은 믿는 자와 有德한 자에게 分與된다(2:3). Γνῶσις "지식"과 διδαχή "가르침"이 하나이기 때문에 신은 ὁτὴν ἔμφυτον δωρεὰν τῆς διδαχῆς αὐτοῦ θέμενος ἐν ἡμῖν "그의 가르침의 천부적인 은사를 우리 안에 둔 자"로 표시될 수도 있다(9:9).

여하간 여기의 그리스도교 신앙 이해는 헤르마스서와 야고보서, 디다헤서에서보다 율법적이 아니다. "이미 아니다"와 "아직 아니다" 사이의 그리스도교적 존재의 역설과 그와 함께 미래에 의한 현재의 규정됨이 분명하게 전개되지는 않았지만, 그러나 역시 때로는 과감한 표현을 얻었다. Γενώμεθα πνευματικοί "우리는 영의 사람들이 되자"(4:11)는 이미 πνεῦμα "영"을 받은 자들과 ναὸς τοῦ θεοῦ "신의 성전"인 자들에게 해당한다. Τῷ λόγῳ ζωοποιούμενοι "말로 살려진 자들"로서 그들은 미래의 생명을 받을 것이다.

e) 히브리서

히브리서는 바나바서에 유사하다. 이 필자에 있어서도 믿는 자의 생명은 본질적으로 신의 요구하에 예속된다. 그리스도인들에게서 책임은 그들이 이스라엘이었을 때보다 더 커졌다(2:2 f.; 10:26—31; 12:25). 신은 加減을 모르는 심판자이다(4:12 f.). 그리고 그의 손에 떨어지는 것은 무섭다(10:31). 그러나 현재를 미래에 관련시킨 것은 역시 인간의 행동과 신의 報復의 관계를 넘어선다. 현재가 어떤 점에서 이미 구원의 시대이기 때문이다. 현재는 믿는 자들이 ἅπαξ φωτισθέντες "단번에 빛을 받은 자들"이고 γευσάμενοι τῆς δωρεᾶς τῆς ἐπουρανίου καὶ μέτοχοι γενηθέντες πνεύματος ἁγίου καὶ καλὸν γευσάμενοι θεοῦ ῥῆμα δυνάμεις τε μέλλοντος αἰῶνος "하늘의 은사를 맛보고 거룩한 영에 참가하고 신의 선한 말과 미래의 능력을 맛본 자들"이라는 것으로 특징지어졌다(6:4 f.). 물론 — 이 화려한 묘사로 말해진 것이 그리스도인들은 세례받았다는 것보다 더 많은 것을 말하는가? 대체로 현재는 大언약의 시대로 묘사되었다(8:6—13; 10:15—18). 이 시대는 그리스도가 大제사장으로서 집전한 자기 獻身으로 이룩된 것이기 때문에 聖所의 문이 열렸고(10:19 f.) 믿는 자들은 죽음의 공포에서 해방되어(2:14 f.) 지금 신에게 이르는 길과 παρρησία "기쁨"과 ἐλπίς "소망"을 가지고 있다(3:6; 4:16; 6:11, 18; 7:19, 25). 그들은 신념에 차서 "은혜의 보라"로 ('기도에 의해'를 뜻했을 것이다) 접근할 수 있다(4:16; 비교. 7:25; 10:22). 그러나 마찬가지로 그리스도인은 책임을 의식하면서 하늘의 심판자 앞에서 산다. 그런데 이로써 주어진 역설은 역시 인식되지 않았다. 옛 죄들에서 (세례를 통해) 해방된 후에 새로운 행실로 구원을 얻을 수 있는 가능성이 현재성의 새로운 것을 보았기 때문이다.

수세후의 죄들의 문제 그 자체는 이 필자에게 관심을 주지 못했다. 물론 "자발적인" 범죄들은 용서되지 않는다(10:26—31). 중한 죄들, 특별히 타락의 죄들을 위해서는 회개의 가능성이 없다(6:4—6; 12:16f.). 믿는 자들을 위한 그리스도의 代行(7:25; 비교 2:17)은 분명히 그들이 불의로 범한 죄들의 용서를 받을 수 있다는 것 이상을 뜻하지 않는다. 이 필자는 헤르마스처럼 회개를 외치지 않는다. 회개는 수세자들에게 있어서 단번에 행해졌다(6:1, 6). 그는 ὑπομονή "인내"를 권하고(10:36; 12:1), παρρησία "기쁨"과 ἐλπίς "소망"에 확신을 둘 것을 권한다(13:6, 14; 6:11; 10:23, 35). 본래의 죄는 바로 타락의 죄이다. 신앙 개념은 이에 일치한다(S. 92 f.). Πίστις는 물론 첫째로 선교설교의 받아들임을 뜻하고(6:1; 11:6), 다음에는 신뢰(10:22), 무엇보다도 신앙의 충성(6:12; 10:22; 11장 여러 곳 13:7; ὑπομονή "인내"와 동의어로: 비교. 10:35—39)과 소망(11장 여러 곳)을 뜻한다.

義人이 신앙으로 살 것이라는 이 πίστις "신앙"(10:38)은 ὑπομονή "참음"이다. 아벨을 δίκαιος "의인"으로 규정한(11:4) πίστις는 단순한 神 신앙 以上을 말하는 것일 수 없다. 히브리서에서 πίστις—ἔργα "믿음—일"의 댓귀가 역할을 하지 않는 만큼, δικαιωθῆναι ἐκ πίστεως "신앙으로 의롭게 됨", 또는 바울의 δικαιοσύνη θεοῦ "신의 義"도 볼 수 없다. (Δικαιοσύνη는 方正함을 뜻한다. 1:9;11:33; 12:11; 옳은 것, 5:13, 또는 지표적인 正義, 7:2; 단 한번 구원의 은사를 뜻했는데 그것은 노아가 그의 순종에 의해 얻은 것이었다. 11:7). 믿는 자의 신뢰는 물론 신의 은혜를 향한 것이다. 그리고 12:15의 χάρις "은혜"는 분명히 구원의 은혜를 뜻한다. 그리고 13:9와 10:29도 그렇다. 그러나 χάρις—ἔργα "은혜—일"의 댓귀는 없다. 그리고 χάρις와 ἔλεος "긍휼"이 결합되어 있는 4:10에서 그것은 신의 은혜이고 기도자는 εἰς εὔκαιρον βοήθειαν "그때마다의 도움"(시기에 맞는 도움)을 위해 이 은혜에 기대를 건다. 필자에게 중요한 것은 오히려 그리스도인들이 "정결해지고" 거룩해졌다(물론 세례를 통해)는 것이다. 그리스도의 피는 "우리의 양심을 죽은 일들로부터 깨끗케 함으로 우리가 산 神에게 봉사하게 한다"(9:14; 비교. 1:3; 10:22, 9:13 f.에 의하면 καθαρίζειν "깨끗케 하다"와 동의어인 ἁγιάζειν "성결케 하다": 2:11; 10:10, 14, 29; 13:12). 명령문인 διώκετε ··· τὸν ἁγιασμόν "너희는 ···

§58. 그리스도論과 救贖論

거룩함을 좇으라"(12:14; 비교. 12:10)와의 調節은 시도되지 않았다. $Tελειοῦν$ "온전하다"의 이중용법 사이의 調節도 企圖되지 않았다. 이것은 9:9(비교. 9:14!)와 10:1,14에서 $καθαρίζειν$ "깨끗케 하다"와 $ἁγιάζειν$ "거룩하게 하다," 즉 "헌신하다" 외에 다른 것을 뜻하지 않는다. 이에 반해 11:40; 12:23(비교. 12:2)에서는 "완전에 인도하다"를 뜻한다(이 동사는 이 의미를 그리스도에 적용시켜서도 사용했다. 2:10; 5:9; 7:28). 이 이중화법은 헌신이 하늘의 실존에 선취적으로 옮겨진다, 즉 헌신된 자들을 脫世界化한다는 것으로 설명한다. 그러나 헌신에서 수행된 脫세계화와 자신의 노력으로 수행되어야 할 脫세계화 사이의 내적 연관성(13:13 f.)은 제시되지 않았다. 명령이 실제상 직설법에 근거를 두지 못했다. $Συνείδησις$ "양심"을 깨끗케 함(9:14; 비교. 10:2,22)은 세례에서 선사된, 이전에 지은 죄들의 용서 외에 다른 것이 아니다. 그리고 수세자들의 $καλὴ συνείδησις$ "착한 양심"은 그것이 $ἐν πᾶσιν καλῶς θέλοντες ἀναστρέφεσθαι$ "모든 것에 착하게 행하려 한다"에 근거를 두고 있다(13:18)를 뜻한다. 그리스도와 함께 죽고 부활한다는 데 관해서는 말이 없다. 그리스도의 십자가는 模範像으로 지시되었다(12:2 f.; 13:13). 필자는 물론 $μερισμοὶ πνεύματος ἁγίου$ "거룩한 영의 분깃들"에 관해 말할 수 있다(2:4). 그는 세례에서 영이 선사되는 것도 알고 신앙에서의 탈락이 $πνεῦμα τῆς χάριτος$ "은사의 영"에 대한 반란임을 말한다. 그러나 그는 바울처럼 그리스도교적 삶의 힘인 영은 말하지 않는다. 그 대신 그는 믿는 자들이 당하는 고난을 신의 교육으로 이해할 것을 가르친다(12:4—11).

명령과 직설 사이의 변증법이 포기되었기 때문에 구원은 결국 역시 미래적인 것에 불과하게 되었다. 그리고 현재는 결국 요구하에 서게 되었다. 현재가 "중간"인 한 그것은 오로지 중간시, 아직 잠깐 존속될, 믿는 자가 그의 $ὑπομονή$ "인내"로 지탱해야 할 기간이다(10:36 등). 율법성의 문제가 필요를 움직이지 못한 것도 독특하다. 그의 관심을 끈 율법은 오로지 그가 알레고리적으로 해석한 제사법뿐이다(§11, 2c).

f) 베드로후서

베드로후서의 서두는 一見 필자가 율법적인 도덕주의의 영역을 넘어서는 그리스도교 신앙의 이해를 가지고 있다는 인상을 일으켜 준다. 베드로후서에서는 회당전통의 영향도 거의 감축되지 않는다. 1장 3—11절에서 윤리적 명령은 그 근거를 서술에 두고 있다. 神의 은사를 받은 신앙에서 일련의 태도들, 또는 행동들이 유도된다: $ἀρετή—γνῶσις—ἐγκράτεια—ὑπομονή—εὐσέβεια—φιλαδελφία—ἀγάπη$ "덕—지식—절제—인내—경건—우애—사랑". 그러나 이 행동들의 전개는 $σπουδή$ "노력"에 맡겨졌다($πνεῦμα$에 관해서는 단지 1장 21절에서 예언의 영감에 관한 것으로 거론될 뿐이다). 그런데 이 $σπουδή$는 $κλῆσις$ "부름"과 $ἐκλογή$ "택함"을 타당하게 하는 것을 목표로 한다(1 : 10). 신의 은사는 실제로 미래의 구원을 위한 부름(1 : 3 f.) 및 이전에 범한 죄들의 씻음을 작용하는 세례에 한정되어 있다(1 : 9). 필자가 부름으로 선사된 약속들의 목적을 ἵνα διὰ τούτων γένησθε θεας κοινωνοὶ φύσεως, ἀποφυγόντες τῆς ἐν τῷ κόσμῳ ἐν ἐπιθυμίᾳ φθορᾶς "이로써 너희도 정욕에 의한 세상의 썩을 것을 피하고 신의 본성에 참여하는 자가 되게 하려 함"이라고 규정했다면(1 : 4), 이것으로써 그리스도인들의 현재의 신분이 묘사되었는지 아니면 미래의 구원을 말하는지는 불분명하다. 전자가 생각되었을지라도 구원의 현재성은 역설적인 것이 아니라, 자연적인(세례에 의해 얻어진) 성품으로 생각되었다. 여하간 필자에게 있어서 이미 받은 신의 은사에 관한 대담한 말들에도 불구하고(1 : 3 f.) 구원은 결국 미래에 있다. 이 기록의 목적은 사실 그리스도의 到來에 대한 회의를 물리치고(Parusie, 1 : 16; 3 : 4, 12) 임박한 심판의 진지성, 깨끗한 생활영위에 대한 책임을 날카롭게 하는 데 있다(3 : 14, 17 f.).

유다서의 경우도 거의 다른 것이 없다. 그의 권유는 베드로후서와 같이 ἡμέρα κρίσεως καὶ ἀπωλείας τῶν ἀσεβῶν ἀνθρώπων "경건치 않은 사람들의 심판과 멸망의 날"(벧후 3 : 7)을 지시할 뿐 아니라, 우리에게 ζωὴ αἰώνιος "영원한 생명"을 선사하는 ἔλεος τοῦ κυρίου ἡμῶν Ἰησοῦ Χριστοῦ "우리 주 예수 그리스도의 긍휼"도 지시한다(20 f.). 그러나 그런 待望이 깨끗한 생활실천에 근거를 두고 있음은, 심판이 내릴 거짓 교사들의 악한 행위들에 관한 묘사에서뿐 아니라(15), 신이 그의 독자들을 흠없고 책할 것이 없게 보존하리라는 신뢰를 表明하는 결문의 頌歌도 직접 말해 준다(24).

g) 클레멘스 제 2 서

특유한 그리스도교적 율법성이 클레멘스 제 2 서에서 분명하게 다져졌다. 이렇게 칭해진 이 문서는 到來와 未來의 심판, 경건한 자들에게 약속된 구원을 지시하는바, 권고 및 회개의 설교이다. 이 심판은 업적들에 의해 베풀어진다(6 : 9; 11 : 6; 16 : 3; 17 : 4). 그리고 그리스도인의 全生涯는 στέφανος "월계관"의 賞이 손짓하는 ἀγών "결투"일 수밖에 없다(7 : 1 ff). 그러나 권유는 그리스도의 업적에 의해 규정된 현재를 지시함으로 그 동기가 설명되었다. Σωτηρία "구원"이 대개 미래의 것으로 생각되었을지라도(가령 19 : 3 : ἵνα εἰς τέλος σωθῶμεν "마지막으로 우리가 구원을 얻기 위해") 믿는 자들은 역시 이미 구원을 받았다(3 : 3; 9 : 2). Σωτήρ "구세주"와 ἀρχηγὸς τῆς ἀφθαρσίας "불멸성의 창시자"(20 : 5)로서 온 그리스도가 그들을 구원했다(1 : 4, 7; 2 : 7; 9 : 5). 그가 그들을 불렀다(1 : 2, 8 등). 그

§58. 그리스도論과 救贖論

가 그들을 위해 고난을 받았다(1:2). 믿는 자들은 그의 $\sigma\hat{\omega}\mu\alpha$ "몸"(14:2), 즉 영적 존재로서 先在했고 영의 그리스도가 육으로 나타남과 함께 지금 마찬가지로 육으로 나타난 $\dot{\epsilon}\kappa\kappa\lambda\eta\sigma\iota\alpha$ "교회"이다(14:1 ff.). 세례로 $\dot{\epsilon}\kappa\kappa\lambda\eta\sigma\iota\alpha$에 받아들여진 자들은 이제 세례 또는 "印침"을 순수하게 보존해야 한다(6:9; 7:6; 8:6). 그들은 구원의 선물을 위해 감사하고 행동(3:1 ff.; 4:1 ff.)과 회개(9:8)의 고백으로 그 은혜를 갚아야 한다. 세례 및 "印침"을 순수히 보존한다 함은 곧 $\tau\dot{\eta}\nu$ $\sigma\acute{\alpha}\rho\kappa\alpha$ $\dot{\alpha}\gamma\nu\dot{\eta}\nu$ $\tau\eta\rho\epsilon\hat{\iota}\nu$ "육신을 거룩하게 지킨다"(8:4, 6; 9:3; 14:3), 즉 이 세대와 이 세상, 그의 욕심을 거부하고(5:4; 6:4; 16:2 등) 착한 일들과 $\delta\iota\kappa\alpha\iota\sigma\sigma\dot{\nu}\nu\eta$ "義"에서 $\delta\iota\kappa\alpha\iota\sigma\varsigma$ "義人"으로서, $\ddot{o}\sigma\iota\sigma\varsigma$ "거룩한 자", $\epsilon\dot{\upsilon}\sigma\epsilon\beta\dot{\eta}\varsigma$ "경건한 자"로서 살아가는 것을 뜻한다(6:9; 11:7; 12:1; 15:3; 19:2 f. 등). '$A\rho\epsilon\tau\dot{\eta}$ "德"(10:1)으로서 특별히 $\dot{\alpha}\gamma\acute{\alpha}\pi\eta$ "사랑"이 해당할지라도(4:3; 9:6; 12:1; 13:4; 15:2; 16:4) 역시 클레멘스 제2서의 특징인 덕은 $\dot{\epsilon}\gamma\kappa\rho\acute{\alpha}\tau\epsilon\iota\alpha$ "절제"(4:3; 15:1)인데 이것은 性的 금욕에까지 이른다(12:5).

물론 클레멘스 제2서에서도 명령의 근거를 서술에서 찾을 수 있다. 그러나 바울의 逆說은 없고 그와 함께 미래적인 것이 현재적인 것에서 역설적으로 실현된다는 것도 없다. 그 때문에 그리스도교 실존의 "中間"은 여기서도 내용상의 규정이 아니라 단지 연대기적인 규정에 불과하다.

이 필자가 바울로부터 얼마나 멀리 떨어져 있는가는, 간혹 그 자신도 $\pi\alpha\nu\vartheta\alpha\mu\alpha\rho$-$\tau\omega\lambda\acute{o}\varsigma$ "예외가 아닌 죄인"으로서 보장없이 버려진 유혹에 관해 말하나(18:2) $\dot{\alpha}\mu\alpha\rho\tau\acute{\iota}\alpha$ "죄"의 세력과 그 塗抹에 관해서는 아무런 언급도 없다는 데서도 드러난다. $\Sigma\acute{\alpha}\rho\xi$ "肉"은 그에게 있어서 악한 세력이 아니라 지상적인 것의 영역을 뜻한다(5:5; 8:2; 9:1 ff.; 14:3 ff.). 그리고 그는 $\tau\dot{\eta}\nu$ $\sigma\acute{\alpha}\rho\kappa\alpha$ $\dot{\alpha}\gamma\nu\dot{\eta}\nu$ $\tau\eta\rho\epsilon\hat{\iota}\nu$ "육을 거룩하게 지키기"를 권한 바와 같이 $\sigma\acute{\alpha}\rho\xi$의 부활도 가르친다(9:1 ff.). 이에 상응하여 $\pi\nu\epsilon\hat{\upsilon}\mu\alpha$ "영"은 종말론적 은사와 힘이 아니라 하늘적 본질의 표지이다(9:5; 14:1 ff.). $\Delta\iota\kappa\alpha\iota\sigma\sigma\dot{\nu}\nu\eta$ "義"는 종말론적 구원의 은사가 아니라($\delta\iota\kappa\alpha\iota\sigma\hat{\upsilon}\vartheta\alpha\iota$ "의롭게 됨"은 전혀 없다) 확인되어야 할 方正性이고(11:7: $\pi\sigma\iota\epsilon\hat{\iota}\nu$ "행하다", 19:3: $\pi\rho\acute{\alpha}\sigma\sigma\epsilon\iota\nu$ "실천하다") $\delta\iota\kappa\alpha\iota\sigma\iota$ "의로운 자들"은 경건한 자들이다(11:1; 17:7; 20:3). $\Delta\iota\kappa\alpha\iota\sigma\varsigma$ "의로움"과 $\ddot{o}\sigma\iota\sigma\varsigma$ "성스러움"의 결합은 특징적이다(5:6; 6:9; 15:3), $E\dot{\upsilon}\sigma\epsilon\beta\dot{\eta}\varsigma$, $\epsilon\dot{\upsilon}\sigma\acute{\epsilon}\beta\epsilon\iota\alpha$, $\vartheta\epsilon\sigma\sigma\acute{\epsilon}\beta\epsilon\iota\alpha$ "경건한, 경건, 경외" 등의 용어들도 등장한다(19:1, 4; 20:4). 바울과의 비교에서 특징적으로 나타나는 것은 수난에 직면한 도덕적 위로이다. 즉 경건이 이미 지금 그 보상을 받는다면 우리는 장사를 하고 $\vartheta\epsilon\sigma\sigma\acute{\epsilon}\beta\epsilon\iota\alpha$ "경외"를 일삼지 않을 것이다(20:4). 脫世界化를 위한 권유는 다음과 같은 보장으로 수반된다. 즉 $\dot{\eta}$ $\dot{\epsilon}\pi\iota\delta\eta\mu\acute{\iota}\alpha$ $\dot{\eta}$ $\dot{\epsilon}\nu$ $\tau\hat{\omega}$ $\kappa\acute{o}\sigma\mu\omega$ $\tau\sigma\acute{\upsilon}\tau\omega$ $\tau\hat{\eta}\varsigma$ $\sigma\alpha\rho\kappa\grave{o}\varsigma$ $\tau\alpha\acute{\upsilon}\tau\eta\varsigma$ $\mu\iota\kappa\rho\acute{\alpha}$ $\dot{\epsilon}\sigma\tau\iota\nu$ $\kappa\alpha\grave{\iota}$ $\dot{o}\lambda\iota\gamma o\chi$-

ρόνιος "이 세상에 있는 이 육신의 욕심은 작고 순간적인 것이다"(5:5; 비교. 6:
6; 7:1). 어떤 열광주의 어떤 카리스마주의 또한 여기에는 없다.

그러므로 클레멘스 제 2 서의 그리스도교는 헤르마스서와 야고보서, 디다헤서, 바나바서, 그리고 히브리서의 그것보다 더 율법적이 아니라고 하지 못한다. 후자들의 것과 차이가 있다면 그것은 율법성이 (베드로후서와 유다서에서와 같이) 회당전통에 의해 더 적게 표현되고 세계도피와 금욕의 어떤 헬레니즘적 경향들의 영향을 더 강하게 받았다는 것이다.

h) 폴리갑의 서신

대체로 윤리적인 권유들을 싣고 있는 폴리갑의 서신(περὶ δικαιοσύνης, 3:1)은 세상에서 먼, 미래에 대한 희망으로(8:1) 규정된 그리스도교의 증서이다. 그리스도인들은 아직 이 세대에서 살면서 오는 것을 전망한다(5:2). 그들은 죽은 자들의 부활을 바라면서(2:2; 5:2) 그리스도가 主宰할 임박한 심판을 향해 바라본다(2:1; 6:2; 11:2). 부활과 심판에 대한 회의는 잘못된 가르침으로서 배격되었다(7:1). 미래에 대한 관계는 현재에서 탈세계화로서 철저히 다루어졌다. 'Απέχεσθαι "멀리하다"(2:2; 5:3; 6:1, 3; 11:1f.)와 ἀπολείπειν "버리다"(2:1;7:2)는 그 권유들을 일관하는 표제어이다. 세상의 욕심은 근절되어야 한다(5:3; 비교. 7:1과 ἐγκράτεια "절제", 4:2). 미래는 현재를 이렇게 오로지 부정적으로만 규정한다. 미래가 역설적으로 현재이기 때문에 현재를 긍정적으로도 성격짓는다는 것은 — 감축할 수 없다. 그리스도에 관한 진술들 — 그가 육신으로 와서(7:1) 우리를 위해, 우리의 죄들을 위해 고난을 받고 죽었다는 것(1:2; 8:1; 9:2), 그가 부활 승천하여 지배자와 심판자가 되었다는 것(1:2; 2:1f.; 9:2) — 은 역시 그것들이 그리스도교적 부활 소망의 근거라는 것을 말하려고 할 뿐이다(2:2; 8:1). 마지막 시대의 은사와 새로운 생명의 능력으로서 πνεῦμα "영"을 말한 적이 없다. Χαρίσματα "은사들"에 관해서도 마찬가지이다. 우리의 죄들을 위해 죽은 그리스도가 ἀρραβών (τῆς δικαιοσυνῆς)"(義의) 담보"로 표시된 것은 특이하다(8:1). 이와 함께 σάρξ "육"이 죄의 세력으로서 거론된 일도 없다. 갈라디아서 5장 17절의 여운을 다음 표현에서 볼 수 있다: πᾶσα ἐπιθυμία κατὰ τοῦ πνεύματος στρατεύεται "모든 욕심이 영에 의해 십자가에 달렸다"(5:3). 이 경우에 이 영이 πνεῦμα ἅγιον "거룩한 영"을 뜻하는지, 또는 (마가복음서 14장 38절의 인용에서와 같이) 인간의 더 나은 자아를 뜻하는지는 아직 의심스럽다(7:2). 여하간 πνεῦμα ἅγιον "거룩한 靈"은 아니다. 미래의 생명의 성례전적인 현재화에 관해서도 말이

§58. 그리스도論과 救贖論

없다. 성례전들은 언급되지 않는다.

이 필자가 바울의 서신들을 알고 있었을지라도 바울의 義認論은 단지 1:3에서만 암시된다. Εἰδότες ὅτι Χάριτί ἐστε σεσωσμένοι, οὐκ ἐξ ἔργων, ἀλλὰ θελήματι θεοῦ διὰ 'Ι. Χριστοῦ "너희는 은혜에 의해 구원을 받았고, 일들이 아니라 신의 뜻에 따라 예수 그리스도에 의해 구원을 받았다"(엡 2:5,8 f.에 의한 것인가?). 필자는 δικαιωθῆναι "의롭다함을 받는다"에 관해 말한 일이 없다(σωθῆναι "구원함을 받다"와 σωτηριά "구원"에 관해서도 마찬가지이다). 그리고 δικαιοσύνη "義"도(아마 8:1 외에는) 단지 윤리적으로 바른 행실의 의미에서만 사용되었다(2:3; 3:1, 3; 4:1; 9:1 f.). Χάρις "은혜"는 1:3 외에는 단지 결문후원에서만(gratia "축복"으로서) 사용된다. 바울의 의미에서 πίστις "믿음"은 아무런 역할도 하지 않는다. 그 말은 자주(대개 절대적 用法으로) 그리스도교의 표지로 사용된다(1:2). Πιστεύειν "믿다"도 마찬가지이다(5:2). 또는 ἐλπίς "소망"과 ἀγάπη "사랑"(3:2 f.), ἀγάπη와 ἁγνεία "거룩함"(4:2), δικαιοσύνη "義"(9:2), ὑπομονή "인내"(13:2)와의 결합도 자주 나온다. 때로는 εἰς, 가령 εἰς τὸν κύριον ··· "주를 향해" ··· (1:2⟨?⟩; 13:2), εἰς τὸν ἐγείραντα τὸν κύριον "주를 일으킨 자를 향해"(2:1; 1:2:2), 소유격 대격 τοῦ κυρίου "주를"(4:3)로도 규정된다. 그리스도교의 가르침은 ὁ περὶ ἀληθείας λόγος "진리에 관한 말"(3:2), ὁ ἐξ ἀρχῆς παραδοθεὶς λόγος "처음부터 전해지는 말"(7:2), ὁ λόγος τῆς δικαιοσύνης "義의 말"(9:1)로도 표시될 수 있다.

우리의 죄들을 위해 일어난 그리스도의 고난과 죽음에 관한 귀절들에는 물론 그리스도에 의해 이루어진 죄 사유의 사상이 함축되어 있다. 이 필자는 그러나 受洗 후의 범죄에 관한 문제를 다루지 않았다. 그는 우리 모두가 ὀφειλέται ἁμαρτίας "죄에 대해 책임을 질 자들"임과 그러므로 심판에서의 미래의 용서를 기대할 수밖에 없음을 안다(6:1 f.). 죄인이 회개를 해야 한다는 것은 특정한 타락에 관련된 것이다(11:4). 그 외에는 μετάνοια "회개"와 μετανοεῖν "회개하다"에 관해 말하지 않는다. 그러나 심판에서의 용서는 μετὰ φόβου καὶ εὐλαβείας "두려움과 경외로" 그리스도를 섬기는 자에게만 허락된다(6:3). 신 또는 그리스도를 두려움으로 섬기고(2:1; 4:2; 6:3) ἐντολὴ δικαιοσύνης "義의 계명"을 실천하며(3:3) λόγος τῆς δικαιοσύνης "義의 말"에 순종하고(9:1) 그리스도 또는 신의 뜻을 행하며 그의 ἐντολαί "계명들"(또는 ἀξίως τῆς ἐντολῆς αὐτοῦ "그의 계명에 합당하게")로 행동하라는 권유들이 전 서신을 일관한다. 이 행실은 특히 악덕목에 의해 구체적으로 표시된다(4:3; 5:2 f.; 6:1 f.). 主婦와 과부들은 家訓목록들의 도식으로 권유된다(4:2 f.). 집사들과 νεώτεροι "청년들"과 παρθένοι "처녀들"(5:2 f.) 그리고 끝으로 πρεσβύτεροι "장로들"(6:1)도 마찬가지이다. 생활률에 관한 주의 말들도 한번 이용된다(2:3; 마 7:1 f.; 눅 6:37 f. 또는 1 Klem 13:2에 의함). Ἐντολὴ δικαιοσύνης "義의 계명"이 ἀγάπη "사랑"으로 절정을 이룬다(또는 종합된다)는 것은 3:3이 말한다: ὁ γὰρ ἔχων ἀγάπην μακράν ἐστιν πάσης ἁμαρτίας "이는 큰 사랑을 가진 자가 모든 죄를 능가함이다"(인용문?). 이외에 ἀγάπη "사랑"은 πίστις "믿음"과 ἐλπίς "소망"의 결합으로 그리스도교적 존재를 묘사한다(참조. 위에).

그러므로 그리스도인의 삶은 대체로 ἐντολαί "계명들"의 실천으로, 세상에서 멀리하는 행실로 미래의 구원을 위해 준비하는 것으로 이해된다. 현재는 미래의 힘에 의해 이미 채워진 것으로 이해되지 않았다. 그리고 바울의 명령의 근거는 망각되었다. 2장 1절의 생활률이 ὅτι χάριτί ἐστε σεσωσμένοι "너희가 은혜로 구원을 받은 자들이라"는 회상에 연결되어 διό··· δουλεύσατε τῷ θεῷ···"그러므로···너희는 신에게···봉사하라"는 것이라면 여기에서 그 여운을 볼 수 있을 것이다. 물론 8장 2절이 우리 죄를 위한 그리스도의 고난을 지시한 후에 μιμηταὶ οὖν γενώμεθα τῆς ὑπομονῆς ⟨αὐτοῦ⟩ "그러므로 우리는 ⟨그의⟩ 인내를 본받는 자들이다"라고 했을 때도 마찬가지이다(비교. 10 : 1). 그러나 믿는 자들이 순종의 자유를 위해 해방되었다면 필자가 그것을 바울에게서 배운 것이 아니다. 여기에는 ἐλευθερία "자유"의 개념이 전혀 없다.

i) 요한계시록

요한계시록이 6—18(—20)장에서 선포하는 위협적인 심판은 反神的인 세계에 대한 심판이다. 이 심판은 물론 공동체도 위협한다. 공동체에는 그 때문에 깨어 있으면서 신앙에 충성할 것이 호소된다. 특별히 공동체들에 보내진 7서신 (2—3장, 비교. 특별히 3 : 2 f.; 또는 16 : 15)에서 그렇다. 그러나 무엇보다도 공동체에는 올 심판이 지시되되 그것은 그의 위로와 격려를 위한 것이다. 이 사실에서는 어떤 의미에서 필자가 현재에서 작용하는 미래의 힘에 관해 알고 — 물론 공동체가 확실한 소망으로 살고 있다는 限에서만은 — 있다는 것이 드러난다. 이 확실성은 하늘에서 부르는 찬양, 신의 영원한 지배 및 그와 "어린 양"의 종말론적 승리를 찬양하는 승리의 노래들(비교. 특히 11 : 15, 17 f.; 12 : 10 f.; 19 : 1 f., 6—8)에서, 그리고 끝으로 미래의 구원, 이미 하늘에 현재하고 동시에 오로지 땅으로 내려오는 시간만을 기다리는 구원이 새 예루살렘의 像으로 보여졌다는 점에서 표현되었다(21 : 1—22 : 5). 이런 희망은 πίστις "신앙"을 곧 ἐλπίς "소망"으로 본(§35,3) 바울의 사상에 상응한다(롬 8 : 24 f. 31—39). 그리고 이 희망에서 공동체는 동시에 이미, 모든 가난에도 불구하고 부요하게 해 주는 현재의 보물을 가지고 있는 반면(2 : 9) 부요하게 보이는 자는 사실 가난하다(3 : 17). 그러나 바울에게 있어서 미래의 생명은 역시 아직 다른 방식으로 현재

§58. 그리스도論과 救贖論

한다. 즉 그는 주의 능력이 수행되는 약함으로서 고난을 이해한다(S. 357—359). 사람들은 이런 지식을 아마 계시록의 말들 중에서 감축할 것이다. 그러나 그것이 사상으로는 표현되지 않았다. 필자가 고난을 (베드로전서에서와 같이) 편파적으로 박해의 고난만을 視野에 두고 있다는 이유에서 이미 그렇다(2 : 3, 9 f. ; 6 : 9 ; 7 : 14 ; 12 : 12, 17 ; 13 : 7). 위로는 그에게 있어서 "생명의 월계관", 즉 하늘의 보수가 성실한 자에게 확실하고(여러 곳 : 가령 2 : 10 ; 7 : 13—17 ; 14 : 3 ; 22 : 14), 이외에 공동체가 마지막 때의 무서움에서 보호된다는 데서 견고했다(3 : 10 ; 7 : 1—8 ; 14 : 1—5). 이와 함께 고난이 유익한 징계라는 사상도 볼 수 있다(3 : 19).

희망의 확실성은 그리스도의, "도살당한 어린 양"의 죽음에 근거를 둔다 (5 : 6, 9 ; 13 : 8). 그의 피는 풀어주고 깨끗하게 한다(5 : 9 ; 7 : 14). 그리스도에 대한 그의 사람들의 관계가 어떤 성격의 것인가라는 문제는 분명히 대답될 수 없다. 필자가 이에 관해 반성한 바 없기 때문이다. 여하간에 이것을 특징짓기 위해 동사 $\pi\iota\sigma\tau\epsilon\upsilon\epsilon\iota\nu$ "믿다"가 이용될 수 없었다. $\Pi\iota\sigma\tau\iota\varsigma$ "믿음"은 물론 몇 곳에 사용되었다(2 : 13 ; 13 : 10 ; 14 : 12, $\dot{\alpha}\gamma\dot{\alpha}\pi\eta$ "사랑" 과 결합되어, 2 : 13). 그러나 $\pi\iota\sigma\tau\dot{o}\varsigma$가 성실, 믿음성을 표시하는 바와 같이(2 : 10, 13 ; 17 : 14), 성실(Treue)이라는 의미에서 사용되었다. 그리스도 자신은 $\mu\dot{\alpha}\rho\tau\upsilon\varsigma$ $\pi\iota\sigma\tau\dot{o}\varsigma$ "성실한 증인"(1 : 5 ; 3 : 14)이고 이책의 말들은 $\pi\iota\sigma\tau o\dot{\iota}$ $\kappa\alpha\dot{\iota}$ $\dot{\alpha}\lambda\eta\theta\iota\nu o\dot{\iota}$ "성실하고 참된 것들"이다(21 : 5 ; 22 : 6). 대개는 $\pi\dot{\iota}\sigma\tau\iota\varsigma$가 $\dot{\upsilon}\pi o\mu o\nu\dot{\eta}$ "참음"과 결합되었다(2 : 19 ; 13 : 10 ; 14 : 12). 그리고 $\dot{\upsilon}\pi o\mu o\nu\dot{\eta}$에 대한 찬양 및 권고가 이 책 전체를 관통한다. $\Upsilon\pi o\mu o\nu\dot{\eta}$ "참음"을 순교에까지 이끌어 가는 자가 가장 큰 영예에 합당하다(2 : 13 ; 6 : 9—11 ; 7 : 9—17). 그리스도의 말은 $\lambda\dot{o}\gamma o\varsigma$ $\tau\dot{\eta}\varsigma$ $\dot{\upsilon}\pi o\mu o\nu\dot{\eta}\varsigma$ "참음의 말"인데 이것은 지켜져야 한다(3 : 10 ; 비교. 3 : 3, 8). 이것은 필자가 자신의 책의 말들을 $\tau\eta\rho\epsilon\dot{\iota}\nu$ "지킬 것"을 권한 것과 같은 의미를 가진다. $K\rho\alpha\tau\epsilon\dot{\iota}\nu$ $\dot{o}$ $\ddot{\epsilon}\chi\epsilon\tau\epsilon$, $\ddot{\epsilon}\chi\epsilon\iota\varsigma$ "너희, 또는 네가 가진 것을 굳게 잡으라"(2 : 25 ; 3 : 11)는 권고도 마찬가지이다. $K\rho\alpha\tau\epsilon\dot{\iota}\nu$ $\tau\dot{o}$ $\ddot{o}\nu o\mu\alpha$ "이름을 굳게 잡으라"(2 : 13)에는 $\mu\dot{\eta}$ $\dot{\alpha}\rho\nu\epsilon\dot{\iota}\sigma\theta\alpha\iota$ "부인하지 말라"가 상응한다(2 : 13 ; $\tau\dot{\eta}\nu$ $\pi\dot{\iota}\sigma\tau\iota\nu$ "믿음을"; 3 : 8 ; $\tau\dot{o}$ $\ddot{o}\nu o\mu\alpha$ "이름을"). 그러나 여기에는 $\tau\eta\rho\epsilon\dot{\iota}\nu$ $\tau\dot{\alpha}$ $\ddot{\epsilon}\rho\gamma\alpha$ $\mu o\upsilon$ "내 일을 지키라"(2 : 26) 및 $\tau\dot{\alpha}\varsigma$ $\dot{\epsilon}\nu\tau o\lambda\dot{\alpha}\varsigma$ $\tau o\tilde{\upsilon}$ $\theta\epsilon o\tilde{\upsilon}$ "신의 계명들을 지키라"(12 : 17 ; 14 : 12), 구상적으로 말해서 $\tau\eta\rho\epsilon\dot{\iota}\nu$ $\tau\dot{\alpha}$ $\dot{\iota}\mu\dot{\alpha}\tau\iota\alpha$ "옷을 지키라"(16 : 15)도 해당한다. $\Upsilon\pi o\mu o\nu\dot{\eta}$에 대한 요구와 함께 $\ddot{\epsilon}\rho\gamma\alpha$ "일"에 대한 요구도 있다 (2 : 2, 19). 모든 사람은 자기의 일들에 의해 보상을 받을 것이다(2 : 23 ;

20 : 12 f. ; 22 : 12). "주 안에서" 죽은 자들에게는 그들의 일이 "수반될 것이다"(14 : 13). 하늘의 주가 οἶδα τὰ ἔργα σου "네 일들을 안다"는 것으로 공동체들은 위로와 권고를 받는다(2 : 2, 13, 19; 3 : 1, 8, 15). 그들은 ἔργα를 위해 부름을 받았다(2 : 5, 26 등). 또는 그들의 일들로 인해 기림을 받기도(2 : 2, 13, 19), 책망을 받기도 한다(2 : 19, 22; 3 : 1 f., 15). 이에 상응하게 불신자들 위에는 그들의 일들로 인해 심판이 내린다(9 : 20 f. ; 16 : 11; 18 : 6). 요구된 ἔργα로 이해된 것은 순수한 행위이다. 말하자면 윤리적인 계명들에 맞는 것일 뿐 아니라(3 : 4?; 21 : 8, 27; 22 : 15) 제의적인 계명들에 맞는 행위이다(2 : 14, 20). 그러나 이것들에 물론 신앙의 성실도 속하는 것은 의심없다. 그러나 신앙의 성실을 위한 것과 마찬가지로 회개를 위한 호소도 울려나온다(2 : 5, 16; 3 : 3, 19; 비교. 2 : 21 f. ; 9 : 20 f. ; 16 : 9, 11).

계시록의 그리스도교는 약하게 그리스도교化된 유대교로 표시되어야 할 것이다. 그리스도의 의미는 역시 대체로 그가 정열적인 희망에 유대교적 묵시문학에 없는 확실성을 제공한다는 데 한정되고 있다. 유대교가 신에 관해 말하는 것이 생명과 사망의 지배자(1 : 17 f. ; 2 : 8), 하늘의 위로자와 명령자로서 그에게 전용되었다. 희망의 확실성과 마지막이 임박했다는 신념 (22 : 10; ναί, ἔρχομαι ταχύ "네, 어서 오소서")은 현재가 미래의 빛에 의해 이미 동시에 침투되고 있는 것 같이 작용한다. 그리스도교적 존재의 특유한 중간성격은 파악되지 않았다. 연대기적 의미에서조차 현재에는 중간시로서의 규정이 들어 있지 않다. 필자는 과거가 그리스도에 의해 마지막에 도달하고 신자들이 새로운 시작에 옮겨진바, 과거에 관해 반성하지 않기 때문이다. 그러므로 현재는 근본적으로 유대교의 묵시문학과는달리, 즉 잠정적인 기다림의 시대와는 달리 이해되었다. Πίστις가 유대교에서와 같이 대체로 ὑπομονή "참음"으로 파악된 것은 이 全 사태를 위한 분명한 징후이다.

k) 골로새서와 에베소서

계시록에서와는 전혀 다를 뿐 아니라 지금까지 관찰되어 온 다른 문헌들에서와도 달리 바울의 전통이 영향을 주고 있는 곳은 무엇보다도 골로새서와 에베소서이다. 여기서는 중간-상황의 내용적인 의미가 파악되어 있다. 미래에 의한 현재의 규정성이 파악되었기 때문이다. 중간의 연대기적 의미는 到來의 임박함이 거론되지 않는다는 이유에서 이미 거의 역할을 하지 않는다. 이것은 물론 그리스도교적 존재의 미래 관련성이 사라졌음을 뜻하지 않는다. Ἐλπίς "소망"에 관해서도 드물지 않게 말한다. 소망은 임박한 그

§58. 그리스도論과 救贖論

리스도의 "계시"(골 3 : 4) 즉 믿는 자들이 장차 한번 성도들로서 대하게 될 그리스도의 계시를 향하고 있다(골 1 : 22 f.). 그것은 그때 그리스도와 함께 나타날 생명(골 3 : 3 f.)을, 하늘에 마련된 구원(골 1 : 5; 엡 1 : 18)을, 모든 선한 일의 보상(엡 6 : 8)을 향하고 있다. "이 세대"에는 오는 세대가 뒤따를 것이다(엡 1 : 21; 비교. 2 : 2). 그러나 중점은 미래의 구원의 先取인 현재의 구원에 더 많이 떨어지고 있다(S. 523 f.). 보상에 대한 지시가 윤리적 권고에 근거를 둔다면 물론 현재의 행동이 미래의 구원의 조건으로도 간주될 수 있으되 — 이 행동이 $\epsilon\pi\iota\mu\epsilon\nu\epsilon\iota\nu\ \tau\hat{\eta}\ \pi\iota\sigma\tau\epsilon\iota$ "신앙에 머무는 것"인 한 완전히 타당하나(골 1 : 23), 물론 신의 은혜에 대한 신앙의 의미에서는 그렇지 못할 것이다(골 3 : 24).

그러나 골로새서와 에베소서의 특징은 현재가, 말하자면 우주적인 세력들이 거세되었다(골 1 : 20; 2 : 15; 참조. S. 517)는 점에서 신의 행위에 의해 그리스도 안에서 實現된 구원의 시대로서 이해되었다는 것이다. 이 사건이 세례에서 그리스도인에 의해 소유되면서(골 2 : 12; 비교. 2 : 20; 3 : 3; 엡 4 : 5), 믿는 자들은 $\dot{\epsilon}\xi o v \sigma \iota \alpha\ \tau o \hat{v}\ \sigma\kappa\acute{o}\tau o v s$ "어두움의 세력"으로서의 세력들의 지배에서 해방되어 그리스도의 지배로 옮겨진 것이다(골 1 : 13). 그들의 이 $\dot{\alpha}\pi o\lambda\acute{v}\tau\rho\omega\sigma\iota s$ "해방"이 $\ddot{\alpha}\phi\epsilon\sigma\iota s\ \tau\hat{\omega}\nu\ \dot{\alpha}\mu\alpha\rho\tau\iota\hat{\omega}\nu$ "죄들의 용서"이지만(골 1 : 14; 비교. 2 : 14; 엡 1 : 7; 5 : 26), 그러나 그 삶이 이제는 마치 명령하에 예속되어서 이 명령의 실천이 구원을 얻는 조건이 되는 것 같이 생각되지 않고, 오히려 용서와 함께 죄의 세력이 좌절되고 순종의 행실에서 삶은 현재라고 생각된 것이다. 믿는 자들은 그리스도와 함께 죽고 장사지낸 바 되었으며 그와 함께 깨어, 살아났다(골 2 : 12 f., 20; 3 : 3). 이 서술에 명령이 근거를 두고 있는 것이다(골 3 : 5 ff., 12 ff.; 엡 4 : 1 ff., 17 ff., 25; 5 : 8 ff.; 비교. 골 1 : 21 f.; 엡 2 : 5 f.). 에베소서 2장 10절은 특유하게도 이렇게 표현한다. 즉 신의 은혜로 구원을 받은 자들로서 우리는 "그의 피조물인데 그리스도 예수 안에서 신이 이전에 예비한 선한 일들을 위해 창조되었으므로 선한 일들 중에서 거닌다." 특별히 분명한 곳은 골로새서 3장 2—3절이다 : $\tau\dot{\alpha}\ \ddot{\alpha}\nu\omega\ \phi\rho o\nu\epsilon\hat{\iota}\tau\epsilon,\ \mu\dot{\eta}\ \tau\dot{\alpha}\ \dot{\epsilon}\pi\dot{\iota}\ \tau\hat{\eta}s\ \gamma\hat{\eta}s\ \dot{\alpha}\pi\epsilon\theta\acute{\alpha}\nu\epsilon\tau\epsilon\ \gamma\acute{\alpha}\rho,\ \kappa\alpha\dot{\iota}\ \dot{\eta}\ \zeta\omega\dot{\eta}\ \dot{\upsilon}\mu\hat{\omega}\nu\ \kappa\acute{\epsilon}\kappa\rho\upsilon\pi\tau\alpha\iota\ \sigma\dot{\upsilon}\nu\ \tau\hat{\omega}\ X\rho\iota\sigma\tau\hat{\omega}\ \dot{\epsilon}\nu\ \tau\hat{\omega}\ \theta\epsilon\hat{\omega}$ "위의 것을 좇고 땅 위의 것을 좇지 말라. 이는 너희가 죽었고 너희의 생명이 그리스도와 함께 신 안에 감추어져 있음이다". 이것은 역설적 표현이다. 현재이지만 역시 미래로 또는 미래이지만 역시 현재로 인식되었다. 이 역설은 그리스도와 함께 죽은 존재인데도 불구하고, 아니 바로 그 때문에 이렇게 권고되고 있다는 점에서

도 보존되었다. 즉 νεκρώσατε οὖν τὰ μέλη τὰ ἐπὶ τῆς γῆς "그러므로 너희는 땅 위에 있는 지체를 죽이라"(골 3 : 5; 비교. 엡 4 : 22). 그리고 악한 세력들에서의 해방에도 불구하고 그것들에 대한 싸움이 믿는 자들 위에 지워졌다는 점에서도 그렇다(엡 6 : 10 ff.). 그리스도교적 생명의 위협이 분명히 간취된 것이다. 물론 πνεῦμα "영"에 반항하는 σάρξ "육"의 세력(갈 5 : 17)과 유혹들에 관해 말한 바 없다(πειράζειν "시험하다"와 πειρασμός "시험"은 없다). Σάρξ와 그 ἐπιθυμίαι "욕심들"은 세례와 함께 제거된 것에 해당한다(골 2 : 13; 엡 2 : 3). 그러나 그럼에도 ἐπιθυμίαι와 악덕들에 대해 싸우라는 권고가 이것으로써 무효화되지 않고 오히려 그 근거를 그 서술에서 얻었다. 악이 하나의 통일적인 세력이고 그러므로 믿는 자의 생이 부단한 싸움이라는 것은 에베소서 6장 10—20절의 권고들에서 신화적인 표현으로 나타난다. 즉 악마와 악마적인 세력들에 저항하라는 것이다(反神的 영역은 가끔 바울과 요한의 의미에서 κόσμος "세상"으로도 표시된다. 골 2 : 8, 20; 엡 2 : 2; 2 : 12 ?). 세례에서 선사된 영은 미래의 구원의 담보물(ἀρραβών)이다(엡 1 : 13 f.). 그러나 그것은 항상 새로 나는 움직임으로 현재 선사되는 능력이기도 하다(엡 3 : 16; 4 : 23). 그리고 이 영이 악한 행실로 "슬퍼하게" 해서는 안 된다(엡 4 : 30).

그리스도교의 존재를 특징짓는 바울의 격식어 ἐν Χριστῷ "그리스도 안에"는 "그리스도교적"이라는 의미로 골 1 : 2; 엡 1 : 1에 격식적으로 사용되었다. 그것은 바울에게서처럼 세례를 통해 이루어진 그리스도와의 공동성을 표시한다. 골 2 : 12; 엡 2 : 6, 10, 13; 3 : 6. 그리고 골 1 : 28; 2 : 9 f.; 엡 1 : 10; 2 : 15, 21 f.에서도 같다. 여기서는 여기저기서 그 격식어 근저에 들어 있는 영지주의적인, 우주론적 인간에 관한 사상이 나타난다(비교. 특히 엡 4 : 13), 'Εν Χριστῷ가 대표적인 의미를 지니는 경우도 적지 않다. 즉 그리스도 안에서, 말하자면 함께 구원이 주어졌다(골 2 : 3; 엡 1 : 3, 6; 2 : 7; 4 : 32). 그러나 이 ἐν은 道具的으로 생각될 수도 있다. 가령 엡 1 : 20; 2:16. 그 의미는 이런 것일 수도 물론 있다. 즉 그리스도가 태초에 신에 의해 선택을 받았으므로 믿는 자들도 선택되었다는 것이다(엡 1 : 4, 9; 3 : 11). 그러나 이 용법은 儀典적인 언어에서 이미 격식화되었음이 분명하다(비교. 엡 3 : 21). 그러므로 그 의미를 정확히, 거의 규정할 수 없을 경우가 적지 않다.

구원을 얻는 것은 설교, λόγος τῆς ἀληθείας "진리의 말", εὐαγγέλιον "복음"(골 1 : 5; 엡 1 : 13) — 이것은 신의 숨은 비밀을 계시했고(골 1 : 25 ff.; 4 : 3; 엡 3 : 1 ff.; 6 : 19) 그 때문에 공동체 안에 항상 살아 있어야 할 것인데(골 3 : 16) — 을 통해 이루어진다. 구원은 그 안에 현재하고 그

§58. 그리스도論과 救贖論

것을 중개하는 인식에 현재한다. 이 인식을 특징짓기 위해 일련의 표현들이 사용되었다: γνῶσις "지식"과 ἐπίγνωσις "인식", σοφία "지혜", σύνεσις "통찰력", φρόνησις "이해력".

바울과 달리 πιστεύειν "믿다"와 πίστις "믿음"이 비교적 적게 역할한다. Πιστεύειν 은 골로새서에서 전혀 볼 수 없고 에베소서에서 1:13, 19에만 나오는데 여기의 πιστεύσαντες와 πιστεύοντες는 단순히 "그리스도인"을 뜻한다(S. 88), Πίστις의 용법은 유동적이다. 그것은 때로 "그리스도교"의 의미에서의 신앙을 뜻하고(골 1:23; 엡 1:15; 3:12) 특별히 그것이 ἀγάπη "사랑"과 결합되었을 때 그렇다(골 1:4; 엡 1:15). 이 경우에 πίστις "믿음"은 좀 더 자세히 규정될 수도 있었다. 그러나 그런 경우는 상당히 드물다. 단 한 번 εἰς (바울에게서는 πιστεύειν과 만 사용되는데), 가령 εἰς χριστόν, 골 2:5, 두 번 ἐν (=εἰς), 가령 ἐν Χριστῷ Ἰησοῦν, 골 1:4, ἐν τῷ κυρίῳ Ἰησοῦ (바울에게서는 아마 갈 3:26; 목회서한, 딤전 3:13; 딤후 3:15), 한번 2격적 4격, 가령 τῆς ἐνεργείας τοῦ θεοῦ "신의 능력을", 골 2:12, 그러나 바울에게서 자주 나오는 Ἰησοῦ (Χρ.)와는 사용되지 않았다. — 때로 πίστις는 주관적 태도보다 더 信心을 뜻할 수 있다(골 2:7; 엡 3:17; 6:16—23). 반면 객관적인 의미를 지닐 수도 있다. 이 경우에 πίστις는 fides quae creditur 즉 "신앙고백"을 의미한다. 특징적인 다음 並行法에서 그렇다: εἷς κύριος, μία πίστις, ἓν βάπτισμα "한 주, 한 신앙, 한 세례"(엡 4:5,의 全傳承에서?) 아마 엡 4:13에서도 그럴 것이다. "일들"에 대한 바울의 댓귀로서 단 한번 πίστις가 χάρις "은혜"와 결합되었다(엡 2:8.; 비교. 2:5). 그러나 그리스도 안에서 또는 복음에서 선사된 신의 χάρις에 관해 몇 번 거론된다(골 1:6, 엡 1:6 f.; 2:7; 비교. 4:7). 그러나 성격적인 것은 그것이 χάριτι (διὰ πίστεως) δικαιωθέντες "은혜로(또는 신앙으로)의롭다함을 받은 자들"이 아니라, σεσωσμένοι "구원을 받은 자들"을 뜻하는 것이다. 이것은 δικαιοῦν "의롭게 하다"가 골로새서와 에베소서에 없는 것과 같다. 골로새서에는 δικαιοσύνη "義"도 없다. 에베소서에는 이것이 있으나(엡 4:24; 5:9) 법정적 의미에서 (종말론적) 구원선물을 표시하기 위한 것이 아니고 "方正"이라는 의미에서의 윤리적 전용어로서(⟨τὸ⟩) δίκαιον "의로운 것"도 같다. 갈 4:1; 엡 6:1) 4:24에서 ὁσιότης "순수함"과 결합되었는데 이것은 바울에게 없고 가령 목회서신의 εὐσέβεια "경건"에 해당한다.

그리스도교적 존재를 특징짓는 것이 바로 인식이라는 것과 그 때문에 그것은 항상 자랄 수밖에 없다는 사상은 특별히 골로새서와 에베소서를 위해 특징적이다. 설교에서 작용하는 신의 은혜의 행위는 바로 알리는 것이다 (γνωρίζειν "알리다", 골 1:27; 엡 1:9; 6:19). 이것은 계시를 통해 구원섭리의 μυστήριον "비밀"이 사도들에게 알려진 것과 같은 것이다(엡 3:

3f. 5). 이 비밀은 사실 설교의 대상이다(골 1：25—27； 4：3； 엡 1：9； 3：9； 6：19). Μυστήριον "비밀"의 내용은 곧 신의 구원의 섭리(골 1：26； 엡 1：9f.； 3：9f.) 또는 역시 단순히 말할 수 있는 바와 같이 그리스도인 데(골 1：27) 그에게는 γνῶσις "지식"과 σοφία "지혜"가 포함되어 있다(골 2：3). 설교에 의해 중개되는 인식의 내용은 그와 함께 이른바 모든 인식을 넘는 신의 사랑이다(엡 3：19). 그러나 그 내용은 값있는 행실을 요구하는 신의 뜻에 관한 인식이기도 하다(골 1：9f., 28； 4：5； 엡 5：17).

끝으로 — 즉 종합적으로 — 말하면 구원이 σῶμα Χριστοῦ "그리스도의 몸"인 ἐκκλησία "교회"에 현재하고 이 몸에 믿는 자들은 세례를 통해 받아들여 졌다는 것이다(골 1：18, 24； 2：19； 3：15； 엡 1：22f.； 2：16； 5：23, 30). 이것으로써 어떤 보장이 주어진 것은 물론 아니다. 공동체가 실제로 그리스도의 몸이라는 것이 그리스도를 몸의 머리로서 굳게 붙들고(골 2：19) 사랑으로 하나가 되며(골 3：14f.； 엡 4：2ff.), 가령 교회를 위해 고난을 받고 (골 1：24) 서로 가르치고 권하면서(골 3：16), 감사의 기도와 모인 공동체에서의 찬양으로(골 1：12； 2：7； 4：2； 특히 3：16； 엡 3：21； 5：19f.), 수호되어야 한다. 교회적 관심은 골로새서에서 보다 에베소서에서 한층 더 강하게 드러난다. 그것은 유대인과 이방인들(그리스도인으로서)이 신의 한 성전에서 합하는 것이 에베소서의 특별한 주제라는 점에서뿐 아니라(2：11—22) 교회가 "거룩한" 사도들과 예언자들 위에 근거를 두고 있고(2：20； 3：5) 교회의 지도는 이들을 통해 복음선포자들과 목자들, 교사들(4：11)과 합심함으로 — 이것이 필자에게 중요한 사상인데 — 유지된다는 점에서도 그렇다. 고대 公敎會의 권위사상도 이미 싹트기 시작했다. 그러나 교회의 지도자들에게 아직 司祭的 성격은 없다. 그들의 직책은 말 선포의 그것이다. 특별한 교회적인 규율(Disziplin)에도 아직 언급이 없다. 공동체 성원들은 서로 배워야 한다(골 3：13—16； 엡 4：2f., 32； 5：19—21). 믿는 자들의 삶이 옛 생활형태를 거부했고 거부해야 하는, 그리스도와 함께 죽은 자들의 삶이고(골 1：21； 3：5ff.； 엡 2：1ff.) 이 이상 더 τὰ ἐπὶ τῆς γῆς "지상의 것"을 향하지 않고 τὰ ἄνω "위의 것"을 향한 자들(골 3：2； 참조. 위에)의 삶이라는 점에서, 그리고 그것이 교회의 영역에서, 움직인다는 점에서 그것이 "脫世界化되었다"면, 그것은 역시 세계도피가 아니다. 거짓 교사들의 금욕적 의전적 계명들이 거부되었다(골 2：16, 21； 참조. S. 515). 이 생은 경건한 삶이고 시민적인 현존의 양식들로 형제愛에 의해 지탱되는 삶이다. 여기서는 가정규례들이 그 삶의 표준으로(목회서신에서와 같이) 사용

§58. 그리스도論과 救贖論

된다(골 3:18—4:1; 엡 5:22—6:9).

구원에 관한 이해에 있어서 어느 정도의 교리주의와 도덕화를 골로새서와 에베소서에서 부인할 수 없을 것이다. 죄의 본질과 근원은 바울과 요한에게서와 같이 깊이 파악되지 않았다. 그것이 위협적인 세력으로 간주된 것은 사실이다. 그러나 그 본질은 역시 단지 악덕목에 저촉되는 생활에서만 보았다. 그것은 이방의 생활이 악덕목에 의해 묘사된 것과 같다(골 3:5, 8; 엡 2: 1ff.; 4:18f.). 그 결과 πίστις "믿음"도 바울과 요한에게서처럼 철저하게 이해되지 못했다. 그 언어도 계속 관례적이다. 그것은 바울의 전통과 특히 에베소서에서는 의전적 전통에서 살고 있다. 그런데도 바울 신학의 본질적 주제들은 생생하게 남아 있다. 특별히 "중간시에" 있는 믿는 자들의 역설적 상황의 이해에서, 현재의 미래에 대한 관계의 이해에서, 명령이 서술에 근거를 둔 데서 그렇다.

1) 베드로 전서

베드로전서는 골로새서 및 에베소서와 유사하다. 그러나 미래에 대한 연관성은 여기서 더 강하게 각인되었다. 올 구원에 대한 소망이 주도적이다 (1:3ff., 13; 3:9; 4:13; 5:4). 그러므로 역시 심판에 대한 사상도 없지 않다(4:6, 17ff.). 사실 마지막에 대한 절박한 기대도 아직 (또는 다시) 생생하다(4:7). 그 때문에 탈세계화도 더 강하게 다뤄졌다(바울과 요한의 용어 사용법에서의 κόσμος "세상"은 물론 없고 αἰὼν οὗτος "이 세대"의 개념도 마찬가지로 없다). "Ἅγιοι "성도들"이라는 그리스도인들에 대한 표지는 단순한 기술적인 호칭이 아니라 그들은 이미 현 세계에 속하지 않는다는 사실의 표현이다. 그리스도교 공동체는 οἶκος πνευματικός "영의 집"이고 ἱεράτευμα ἅγιον "거룩한 사제"이며 ἔθνος ἅγιον "거룩한 백성"이다(2:5, 9f.). 그리고 여기에는 곧 바로 거룩한 삶에 대한 의무가 포함되어 있다 (1:15). 세상에 대해 그리스도인들은 πάροικοι "나그네", ἐπίδημοι "行人들"로 자신을 알아야 했다(2:11; 비교. 1:1, 17). 현재는 잠정성의 성격을 지니게 되었다(2:17). 이것은 물론 특별히 현재의 고난에 직면한 위르에 해당했다(1:6; 5:10). 그러나 믿는 자들이 서 있는 중간시는 연대기적 규정만을 얻은 것이 아니다. 그들이 이미 성도들이라는 점에서 구원의 현재가 언급되기 때문이다. 그들은 세례에서 수여된, 그리스도의 피의 작용이 그들에게서 일어나게 하는 πνεῦμα "영"에 의해 거룩해졌다(1:2[3]; 비교 1:18

---

3) Συνειδήσεως ἀγαθῆς ἐπερώτημα εἰς θεόν "신을 향한 선한 양심의 간구"는 세례에 의해 얻은 순수성의 의식에서 솟아나는 기도를 뜻한다.

—21). 그리스도의 부활에 근거를 둔 세례와 그 능력(3 : 21; 1 : 3)이 그들을 구원하고 그들에게 神에 대한 새로운 관계를 제공한다(3 : 21). 그러므로 그들은 재생한 (또는 새로난, 1 : 23) 것이다. 그러나 그것은 특징적으로 신이 그들을 재생케(나게) 하여 εἰς ἐλπίδα ζῶσαν "산 소망에" 이르게했음 (1 : 3)을 뜻한다. 그러므로 구원의 현재성은, 그들이 바라고 있는 자들이라는 점에서 표시되었다. 그들의 πίστις "믿음"은 그대로 ἐλπίς "소망"이다.

그러나 구원의 현재성은 새로운 행실에서도 증명된다. 이 삶에서 세상에 대한 否가 관철되어야 한다(1 : 13 ff. ; 2 : 1 ff. ; 4 : 1 ff., 7 ff.). 세례의 성례는 단순히 그 소유가 미래의 구원을 보장하는 새로운 본성(Natur)을 제공하지 않고 순수한 바울의 방식으로 서술이 명령으로 철저히 설명된 것 같이 나타난다(1 : 13 ff. ; 특히 15절; 1 : 23; 2 : 11; 24; 3 : 9). 이때 한번은 자유라는 바울의 주제도 나온다(2 : 16). 이와 함께 물론 권고는 기회마다 임박한 마지막을 지시함으로도 설명되었다(4 : 7; 5 : 6). 그런데도 세례에서 선사된 영이라는 사상은 생활률에서 풍요해지지 않았다. 가령 σάρξ "육"도 죄의 세력으로서, 잘해서 시사적으로 거론되고(2 : 11 : ἀπέχεσθαι τῶν σαρκικῶν ἐπιθυμιῶν "육신의 욕심들에서 멀리하라") 죄가 단지 악덕생활에서(2 : 1; 4 : 2 f., 15) 특유하게도 "사람들의 욕심들"이라고 불리워지는 (4 : 2) 욕심들에서(1 : 14; 2 : 11; 4 : 2 f.) 생각되었을 뿐이다. 그러므로 πίστις "믿음"은 그것이 신뢰의 바램이 아닌 점에서(1 : 9, 21) 그리스도교의 신앙의 일반적인 의미를, 가령 성실한 신앙의 뉴앙스(1 : 5, 7; 5 : 9; πιστεύειν "믿다"도 마찬가지로)를 가졌다는 것도 놀라운 일이 못된다. Πιστεύειν "믿다" 또는 πιστοί "믿음들"이 단순히 "그리스도인들"을 뜻하는 것도 마찬가지이다(1 : 21; 2 : 7; 비교 5 : 12). Ἔργα "일들"에 대한 πίστις "믿음"의 대립은 없다. 오히려 신이 각자의 ἔργον "일"로 심판한다는 것을 말한다(1 : 17). 그리고 믿는 자들은 καλὰ ἔργα "착한 일들"로 자신을 나타내야 한다(2 : 12). 물론 신의 χάρις "은혜"에 관해 말한다. 그것은 신이 그리스도를 통해 선사한(1 : 10; 3 : 7; 5 : 12) 은혜이고 또는 장차 Ἰ. Χριστοῦ ἀποκάλυψις "예수 그리스도의 나타남"에서 기대되는 은혜이기도 하다(1 : 13). 그러나 그것은 은사들로(4 : 10; 비교. 5 : 10), 또는 억울한 수난에서 나타나는(2 : 19) 여러 종류의 은혜이기도하다. 그러나 이 χάρις "은혜"에는 이미 특수한 바울적인 의미는 없다. 그러므로 δικαιωθῆναι "의롭다함을 받는다"에 관해 이미 말이 없다. Δικαιοσύνη "義"는 方正性이다(2 : 24; 3 : 14). 그리고 δίκαιος "의로운 자"는 방정한 자, 무죄한 자이다(3 : 12, 18;

§58. 그리스도論과 救贖論

4 : 18).

그리스도와 함께 당하는 고난과 죽음에 관한 바울의 사상이 특유하게 개편되었다. 박해에서의 고난이 그리스도의 고난에 참여하는 것으로 개편되었다면(4 : 13) 그것 자체가 非바울적인 것은 아닐 것이다. 그러나 그리스도와 함께 당하는 고난이 신앙의 결심에서 수행되고 그 까닭에 그것은 항상 얻어져야 할 목표 및 믿는 자들의 삶에서 항상 수행되는 과정이라는 바울의 사상(S. 359)은 4장 2절에서만 아직 암시될 뿐이다. 이외에서는 필자는 그것을 이렇게 이해한다. 즉 그리스도인들의 고난을 통해 그리스도와의 관련이 이루어지는 까닭은 그리스도를 따름이 박해의 고난을 스스로 초래하기 때문이라는 것이다. 그러므로 십자가에 달린 자는 $\vartheta \epsilon o \hat{v}$ "神의" $\delta \acute{v} \nu \alpha \mu \iota \varsigma$ "능력"과 $\sigma o \varphi \acute{\iota} \alpha$ "지혜"가 아니라(고전 1 : 24) 고난의 모범상이다(2 : 21 ff.; 3 : 18). — 물론 그리스도의 죽음이 우리 죄들을 위한 죽음이라(1 : 18 f.; 2 : 21, 24; 3 : 18)는 (전통적) 명제에 무관하다. 십자가를 받아들임이 모든 자랑의 포기이고 철저한 脫世界化이다(갈 6 : 14; 빌 3 : 3ff.; 고전 1 : 18ff. 등)라는 사상은 상실되었다. 고난은 전혀 인간의 악의(2 : 19) 또는 그리스도인들에 대한 이방인들의 적개심(3 : 13ff.; 4 : 12ff.)이 加害는 무고한 고난으로 파악되었다. $\Pi \epsilon \iota \rho \alpha \sigma \mu \acute{o} \varsigma$ "시험"이라는 말만이 고난의 표지로 사용된 것이 이 사실을 잘 말해 준다.

종말론적 의식과 세상에 대한 距離는 골로새서와 에베소서(그리고 목회서신)에서보다 베드로전서에서 더 강조되었다. 이것은 물론 위협적인, 부분적으로는 현실적인, 이방인들에 의한 그리스도인들의 비난들을 實情으로 전제한 것이다. 이를 통해 생활룰은 그 나름의 특유한 성격을 지닌다. 국가관리들에게 순종하라(2 : 14—17)는 권고들도, 가정규례들(2 : 18—3 : 7)도 마찬가지로 단순히 착실하고 깨끗한 시민생활뿐 아니라 특수한 그리스도교적 자세의 생활을 권한다. 믿는 자는 자신의 착한 행위로 신앙을 빛나게 해야 하고 잘 참도록 대비해야 한다. 참으라는 권고는 이 서신 전체를 관통한다 (1 : 6f.; 2 : 20f.; 3 : 16f.). 그리고 이와 함께 사랑의 권고도 볼 수 있다 ($\dot{\alpha}\gamma\acute{\alpha}\pi\eta$ "사랑"과 $\varphi\iota\lambda\alpha\delta\epsilon\lambda\varphi\acute{\iota}\alpha$ "우애", 1 : 22; 2 : 17; 3 : 8; 4 : 8). 이와 나란히 겸허($\tau\alpha\pi\epsilon\iota\nu o\varphi\rho o\sigma\acute{v}\nu\eta$)에 대한 권고도 성격적이다(3 : 8; 5 : 5f.). 공동체의 본질이 $\iota\epsilon\rho\acute{\alpha}\tau\epsilon\upsilon\mu\alpha$ $\ddot{\alpha}\gamma\iota o\nu$ "거룩한 사제"로서 형제애에 의해 다스려지는 공동체 생활에서 실현된다는 것은 형제애에 대한 권고들 외에 특수한 권고들에서도 타당하게 된다. 즉 누구나 자신의 카리스마로 전체에 봉사해야 한다는 것이다(4 : 10f.). $\Pi\rho\epsilon\sigma\beta\acute{\upsilon}\tau\epsilon\rho o\iota$ "장로들"은 특별히 권유를 받고(5 :

1—4) νεώτεροι "젊은이들"도 마찬가지이다(5 : 5).

m) 목회서한들

가령 골로새서와 에베소서에서와 같은 방향이기는 하나, 다른 방법으로 바울의 전통이 작용한 것이 목회서신들이다. 여기서는 미래의 대망이 그 긴장을 더 많이 상실하고 있다. 그리고 그리스도교의 신앙은 결코 세상과의 거리를 포기하지 않지만 시민생활의 영역에서 자리를 차지하는 경건으로 化했다. 특징적인 것은 바울의 사상들이 여운을 남기고 있지만 바울신학의 중요한 개념들은 일부 사라졌고 일부는 그 옛 의미를 상실한 것이다. 가령, σώζειν (σωθῆναι) "구원하다(구원받다)"가 δικαιοῦν (δικαιωθῆναι) "의롭게 하다(의롭게 되다)" 대신 등장하고 σωτηρία "구원"은 δικαιοσύνη "義" 대신 등장하는 것이 그것이다(S. 480).

바울의 여운으로서 δικαιωθέντες τῇ ἐκείνου χάριτι "저 은혜로 의롭게 된 자들"이 단지 디 3:7에서만 나온다. 이외에는 δικαιοῦν은 전혀 없다. 딤 3:16의 인용문에 ἐδικαιώθη (ἐν πνεύματι) "(영으로) 의롭게 되었다"가 그리스도에 관한 말로 나올 뿐이다. Δικαιοσύνη는 방정성을 뜻한다. 성서는 方正하도록 교육하고(딤 3:16), 사람은 그것을 위해 노력해야 한다(딤전 6:11; 딤후 2:22). 그러면 끝으로 월계관이 그를 부른다(딤후 4:8). Δίκαιος "義人"과 방정한 사람은 동일하다(딤전 1:9; 디 1:8).

Πιστεύειν "믿다"는 보기 드물다. 그것도 말하자면 바울의 의미에서 사용되지 않았다. 그것은 πιστεύειν이 ἐπί 3격과 결합된 것으로도 이미 알 수 있다(딤전 1:16; 바울의 경우에는 롬 9:33; 10:11의 인용문에서만 볼 수 있다). 바울의 πιστεύειν εἰς와 πιστεύειν ὅτι는 볼 수 없다. Πιστεύειν은 목회서신들에서 '신뢰하다'와 '의지하다'를 뜻한다(딤전 1:16; 딤후 1:12; 물론 대상으로서 θεῷ "신"을 동반한 디 3:8). 자주 사용된 πίστις에는 가끔 ἐν Χρ. Ἰησοῦ "그리스도 예수 안에서"라는 대상이 들어 있으나(딤전 3:13; 딤후 1:13; 3:15), 그것은 철저히 "그리스도교", "그리스도교 종교"라는 마멸된 의미를 지니고 문맥에 따라 fides qua 또는 quae creditur "믿는" 또는 "믿어지는 신앙"을 의미할 수 있다(비교. 딤전 1:5; 2:15; 3:9; 5:8; 6:12; 딤후 1:5; 4:7; 디 1:1). 사실 이것은 바로 바른 가르침으로 표시될 수도 있을 것이다.

성격적인 것은 ἐν πίστει= "그리스도교적"(딤전 1:2, 4; 디 3:15)과 κατὰ κοινὴν πίστιν "같은 믿음으로"(디 1:4)라는 격식적인 표현이다. 그리스도인의 신

§58. 그리스도論과 救贖論

분의 표지로서 πίστις καὶ ἀγάπη "믿음과 사랑"을 사용한 것도 격식적이다(딤전 1:14; 딤후 1:13). 무엇보다도 πίστις는 잘못된 신앙에 대한 바른 신앙을 표시하고 주관적인 의미에서 바른 신앙심이며 객관적인 의미에서는 바른 가르침이다. 참조 S. 499 f. 바른 신앙심으로서 πίστις "신앙"은 그리스도교적 실존에 근거를 제공하는 성격을 잃고 하나의 덕목으로 전락한다. Πίστις가 ἀνυπόκριτος "거짓이 없는 것"으로 표시될 수 있다(딤전 1:5; 딤후 1:5) — 이 말은 바울의 경우 ἀγάπη "사랑"만을 성격짓는데(롬 12:9; 고후 6:6; 비교. 벧전 1:22) — 는 것이 이미 특징적이다. Πίστις ἀνυπόκριτος는 물론 딤전 1:5에서 ἀγάπη의 근원으로서 나타나지만 역시 καθαρὰ καρδία "깨끗한 마음"과 συνείδησις ἀγαθή "착한 양심"과 결합되었다. 특별히 다른 덕목들과의 결합들은 특수하다 : ἀγάπη, 딤전 1:14; 딤후 1:13; ὑπομονή "참음"이 첨가된 디 2:2와, ἀγαπή와 πίστις가 ἀναστροφή "돌이킴" 및 ἁγνεία "성스러움"과 결합되어 있는 딤전 4:12. 딤전 6:11에서는 πίστις가 일련의 덕목들 중에 나타난다 : δικαιοσύνη, εὐσέβεια "경건", πίστις, ἀγάπη, ὑπομονή, πραϋπαθία "겸허". 딤후 2:22; 3:10에서도 비슷하다.

그리스도교적 자세의 특징적 표지는 εὐσέβεια "경건", 神-好意的인 행동, 경외심이다.

명사 εὐσέβεια는 10번, 동사 εὐσεβεῖν은 딤전 5:4에서, 부사 εὐσεβῶς는 딤후 3:12; 디 2:12에 각기 나온다. 그 형용사는 없고 ὅσιος "성스러운"으로 대치된다 : 딤전 2:8; 디 1:8. Εὐσέβεια는 πίστις와 마찬가지로 그리스도교 자체를 표시할 수 있다(딤전 3:16; 6:3; 딤후 3:5).

경외는 성실한 행실에서 드러난다(딤전 2:2; 5:4; 6:11; 딤후 3:12; 디 2:12). 이것은 그가 가정규례들에서 묘사한 바와 같다(딤전 2:8—15; 6:1f.; 디 2:2—10). 그리고 이것은 옛 이방시대의 악덕적인 생활에 반대되는 것이다(디 3:3). 그것은 ἀσέβεια "不敬"과 κοσμικαὶ ἐπιθυμίαι "세상 욕심들"에 대한 거절이다(디 2:12; 딤전 6:9; 딤후 2:22; 3:6; 4:3). 그러나 그것은 세계 도피적인 성격들을 지니지 않고 σωφροσύνη "절제"로 성격지어지고(딤전 2:9, 15; 3:2; 딤후 1:7; 디 1:8; 2:2, 4—6, 12), 이것으로 방종과 無分別을 피하면(디 3:3, 8; 디 1:7; 2:3) 만족하고(딤전 6:6—10), 그러나 금욕도 피한다(딤전 4:4f., 8; 5:23; 혼인에 대한 관계, 참조. §60, 5).

이러한 εὐσέβεια는 지금과 내세의 생명을 약속한다(딤전 4:8). 믿는 자들은 미래의 그리스도의 ἐπιφάνεια "나타남"을 기다리기 때문이다(딤전 6:14f.; 딤후 4:1, 8?; 디 2:13). 그들은 소망을 영원한 생명(디 3:7; 1:

2; 딤후 1:1)과 主가 심판자로서 "저 날에" 믿는 성실에 갚을 보상(딤후 4:8; 비교. 4:1)에 두고 있다. 그러나 현재는 역시 이미 바울에게서와 같은 종말론적 긴장에 서 있지 않고 공동체는 세계의 과정이 아직 한동안 계속된다는 데 대비하고 있다(S. 480f.). 때가 오면 그리스도를 나타낼 것이다 (καιροῖς ἰδίοις "자기 때에", 딤전 6:14). 이 사건이 임박하다는 데 대해 말이 없으나 到來의 지연 때문에 예상되는, 가령 실망같은 것도 볼 수 없다. 특징은 종말론적인 용어 ἐπιφάνεια로 그리스도의 地上現顯도 표시될 수 있다는 것이다(딤후 1:10; 비교. 디 2:11; 3:4). 미래 관련성은 현재의 구원의 의식에 비해 후퇴되었다. 사실 목회서신들은 현재가 옛날에 숨겨져 있었으나 지금은 그리스도의 "나타남"과 함께 계시된 은혜 아래 있음을 알고 있다(딤후 1:9f.; 디 1:2f.; 2:11). 그것들은 역시 선포된 말로서의 복음의 의미, 이 말로 구원이 계시되었고 계속 계시된다는 것도 알고 있으며(딤후 1:10; 디 1:3; 비교. 딤전 3:16), 그 선포가 교회에서 가지는 의미도 안다(딤전 5:17; 딤후 2:15; 4:2; 디 1:9; 비교. 딤전 2:7; 딤후 1:11; 2:9; 4:17). 그것들은 우리의 공적들이 아니라 은혜가 우리를 구원했다는 것도 알고 있다(딤후 1:9; 디 3:7). 이 은혜는 세례에 의해 소유되고 또 세례도 헤르마스서와 히브리서에서와 같이 생명의 새로운 가능성을 제공한다는 데 확실하다. 그러나 그것은 옛 죄들의 용서에 힘입은 새로운 기회로서가 아니라 (바울에게서와 같이 목회 서신들에도 ἄφεσις ἁμαρτιῶν "죄들의 용서"가 없다), λουτρὸν παλιγγενεσίας καὶ ἀνακαινώσεως πνεύματος ἁγίου "중생의 씻음과 거룩한 영의 새롭게 함"으로서 제공된다(디 3:5).

새로운 존재가 낡은 세대 중에 있다는 의미에서의 그리스도교적 존재의 逆說(디 2:2)과 함께 "중간시"의 내용상의 의미는 말하자면 파악되었다고 할 수 있다. 현재는 헤르마스서와 바나바서, 히브리서에서와 같이 새로운 조건들 아래 있을지라도, 다시 율법에 예속되지 않고, 은혜가 현재하는 복음에 예속되어 있다(딤후 1:11; 디 1:3). 신은 힘과 사랑, 징계의 영을 주었다(딤후 1:7). 그리고 영은 의무의 실천을 위해서도 돕는다(딤후 1:14). 물론 열광시대는 지나갔다. 개별적인 카리스마는 언급되지 않는다. 오로지 직책의 은사의 카리스마만이 언급된다(딤전 4:14; 딤후 1:6; 그리고 딤후 2:1의 χάρις도 같다). 이에 일치하게 믿는 자들의 생활은 교회의 규율에 복종하기 시작했다. 그것은 공동체의 직분 맡은 자들이 거짓 교사들을 바로잡고(딤후 2:25; 디 1:9,13) 불가피할 경우에는 축출한다(딤전 1:20; 디 3:10f.)

§58. 그리스도論과 救贖論

는 점에서뿐 아니라 그들이 공동체 성원들의 윤리적 생활을 규제하고 징계한다(딤전 5:3—16, 19f.; 딤후 4:2; 디 2:15)는 점에서도 그렇다. 그러므로 골로새서 및 에베소서에서와 비슷하게 구원의 현재성은 τῆς ἀληθείας "진리의" στῦλος "기둥"과 ἑδραίωμα "토대"로서의 ἐκκλησία "교회"에 이른바 합병되었다(딤전 3:15). 그러나 ἑδραίωμα에 관한 사상은 에베소서와 같은 방법으로 강조되지 않았다(그 말은 단지 딤전 3:5; 5:16에 아직 남아 있을 뿐이다). 그리고 σῶμα Χριστοῦ "그리스도의 몸"에 관해서는 거론된 바 없다.

목회서신들의 그리스도교는 다소 퇴색된 바울사상이다. 여기에는 여하간 바울의 전통이 살아 있다. 은혜를 거론하는 방식은 물론 바울의 여운을 풍기지 않는다. 그러나 은혜는 역시 바울의 의미에서 현재의 삶을 개조하는 힘으로 이해되었다. 그것은 우리를 "경건한" 삶을 위해 "키우는" 은혜로서 표시되기 때문이다(2:11f.). 이것으로써 비록 바울의 역설이 표현되지는 않았을지라도, 명령이 근거를 가진 것으로 이해되었기 때문이다. 물론 믿는 자들의 脫世界化는 바울과 같이 철저하게 파악되지 않았다. 죄와 동시에 신앙에 대한 바울의 이해의 깊이가 더 이상 파악되지 않았기 때문이다. Κόσμος "세상"(딤전 1:15; 3:16; 6:7)은 바울의 의미에서의 "세상"을 뜻하지 않는다. 오히려 κοσμικαὶ ἐπιθυμίαι "세상의 욕심들"(디 2:12)로 거론될 뿐이다. Σάρξ "육"과 πνεῦμα "영" 사이의 싸움에 관해 목회서신들은 말할 줄 모른다(σάρξ는 딤전 3:16의 인용문 외에는 전혀 볼 수 없다). 그리스도와 함께 죽고 산다는 사상도 마찬가지로 없다. 바울의 특징인 ἐν Χριστῷ "그리스도 안에서"의 삶으로서의 그리스도교적 삶도 잘해서 디모데후서 3장 12절에서 아직 볼 수 있을 뿐이다. 그 외에는 ἐν Χριστῷ는 補足語로 πίστις에 의해 사용된다(딤전 1:14; 3:13; 딤후 1:13; 3:15; πίστις에는 다시 ἀγάπη가 추가된다. 딤전 1:14; 딤후 1:13). 또는 그것은 골로새서와 에베소서에서와 같이 代行的인 의미를 가진다(딤후 1:1,9; 2:1,10). 그러나 은혜가 日常-시민적인 생활에 형태를 제공하는 힘으로서 이해되는 것은 그 일방성과 弛緩性에도 불구하고 바울의 사유의 정당한 계속이다. 이 일상적인 생활이 은혜의 빛 아래 세워지면 동시에 바울의 ὡς μή "마치 ··· 아닌 것과 같이"도 소멸되지 않는다.

n) 클레멘스 제 1 서

클레멘스 제 1 서는 목회서신들에 가깝다. 이것도 바울 전통의 영향 아래 있으나 훨씬 더 헬레니즘계 회당의 전통에 가까와서 순수한 바울사상은 남은 것이 적고, 아니 거의 없을 정도이다. 클레멘스 제1서의 성격이 본래 어디 있는가는 말하기 전혀 어렵다. 이것은 그리스도 안에서 일어난 구원사건에 힘입어 신의 은혜에 확실한 자아의식 以上을 말하는가? 그러므로 이것은 유대교 공동체에도 있었던 바와 같이 오로지 생생하고 강하며 확실할 뿐인 교회의 自己意識을 말하는가?

목회서신들에서와 같이 종말론적 긴장은 역시 사라졌다. 소망에 관한 말은 적지 않다. 사실 ἐλπίς "소망"으로 그리스도교의 자세 전체를 표시할 수 있다(51:1: τὸ κοινὸν τῆς ἐλπίδος "소망에의 동참"; 57:2). 그러나 그리스도인들이 구약성서의 경건한 사람들과 共有하는 신에 대한 소망(11:1, 그리고 비교. 22:8의 시 31:10과 57:7의 잠 1:33의 인용)은 대개 단순한 신에 대한 신뢰이다. 이 의미에서 πιστεύειν "믿다"와 ἐλπίζειν "바라다", 그리고 πίστις와 ἐλπίς가 서로 결합될 수 있다(12:7; 58:2). 신에 의해 선포된 ἐγγύς ἐστιν "임박하다"(21:3; 27:3)는 종국의 가까움이 아니라 신의 遍在를 뜻한다. 그리고 공동체의 기도(59—61)는 종말론적 전망 없이 끝난다. 그러나 물론 필자도 오는 신의 나라를 말할 수 있다(42:3; 50:3). 주(신? 그리스도?)는 돌연 올 것이다(23:5는 사 14:1; 말 3:1에 의함). 심판은 면전에 있다(28:1f.). 이 심판은 공적들에 의해 갚을 것이다(34:4는 사 40:10 등에 의함). 종말사건에 관한 묘사는 어떤 것도 없고 미래의 구원의 영광은 示唆的으로 논의된다(34:7f.; 35:3f.). 그러나 유일한 생기 있는 관심은 부활신앙의 진리에 있다. 부활에 대한 懷疑는 반박된다(23—26). 그리고 특징적인 것은 논증에서 자연에 의한 증명이 主役을 한다는 것이다(낮과 밤, 파종과 추수의 교체는 不死의 상징이다). 이와 함께 성서의 말들과 신의 참됨은 증거로 삼으나 가령 예수의 깨어남은 거론되지 않는다. 이것이 단지 μέλλουσα ἀνάστασις "미래의 부활의 첫 열매"로는 인용되지만(24:1) 고린도전서 15장 20절의 의미는 생각되지 않았다.

그리스도교 공동체에 있어서 구원은 어떤 방식으로든지 현재적이다. 이 공동체가 스스로 그리스도교 공동체라고 의식하는 한 그렇다. Ἐκκλησία τοῦ θεοῦ "神의 교회"라는 용어는 물론 격식적인 서두에서만 볼 수 있다. 그 외에 ἐκκλησία는 단지 개체 공동체의 지칭이다(44:3; 47:6). 그러나 그리스도인들은 종말론적 공동체의 옛 칭호로 호칭된다. 그들은 κλητοὶ ἡγιασμένοι "부름받은 거룩한 자들"(자동사), ἁγία μερίς "거룩한 지체" (30:1)이다. 신은 그들을 ἐκλογῆς μέρος "부름받은 지체"로 만들고(29:1) 그리스도를 통해 거룩하게 했다(59:3). 그러므로 그들은 ἐκλεκτοὶ (τοῦ

§ 58. 그리스도論과 敎贖論   553

θεοῦ) "(신의) 택한 자들"이고(1 : 1; 2 : 4; 6 : 1; 46 : 4; 49 : 5; 58 : 2; 59 : 2), 또는 ἐκλελεγμένοι ὑπὸ τοῦ θεοῦ διὰ 'I. Χριστοῦ "예수 그리스도를 통해 신에 의해 선택된 자들"(50 : 7)이며 διὰ θελήματος αὐτοῦ ἐν Χριστῷ 'I. κληθέντες "그리스도 안에서 그의 뜻에 따라 선택된 자들"이다(32 : 4; 비교. 59 : 2; 65 : 2; 또 46 : 6 : μία κλῆσις ἐν Χριστῷ "그리스도 안에 있는 한 부름"). 그들은 ποίμνιον τοῦ Χριστοῦ "그리스도의 양떼"이다(16 : 1; 44 : 3; 54 : 2; 57 : 2).

이 표현들이 보여 주는 바와 같이 구원, 우리의 σωτήριον "구원"(36 : 1)은 그리스도에 의해 이루어졌다. 그를 통해 그리스도인들의 神에 대한 관계가 세워졌다. 신이 그를 통해 우리를 선택하고(50 : 7) 불렀으며(59 : 2; 65 : 2) 그에 관한 바른 인식을 그를 통해 우리에게 선사했다(36 : 1 f.)는 점에서 그렇다. 그는 πύλη δικαιοσύνης εἰς ζωήν "생명에 이르는 義의 문"이다(48 : 2—4). 그의 고난(2 : 1), 그의 피(7 : 4)를 향해 눈을 떠야 한다. (Σταυρός "십자가"는 지칭되지 않으나 αἷμα "피"는 지칭된다. 7 : 4; 12 : 7; 21 : 6; 49 : 6. 이 고난들은 이외에도, 가령 공관복음서 전통이 아니라 오히려 이사야서 53장에 의해 묘사되었다 : 16장). 표현들은 모두 이미 강하게 격식화되었다. 필자는 그리스도의 피가 ὑπὲρ ἡμῶν "우리를 위해" 주어졌다는 것을 일반적으로 말할 수 있을 뿐이다(21 : 6; 49 : 6; 비교. 16 : 7; 사 5 : 6에 의함). 그가 이외에 이방 지도자들에게도 같은 것을 말한 것으로 미루어 이것을 알 수 있다(55 : 1). 그것이 우리에게 λύτρωσις "구원"을 만들어 주었다(12 : 7)는 것과 그리스도의 피가 전 세계를 위해 μετάνοια "회개"의 χάρις "은혜"를 제공했다(7 : 4; 비교. 8 : 1)는 것도 마찬가지이다.

회개의 가능성은 이전부터 있었다(7 : 5 ff.; 8 : 1 ff.). 그러나 그것은 그리스도의 죽음으로 현재를 위해 새로 현실적이 되었다. 세례에 대한 명시적인 관련은 없다. 죄사유의 전제로서만 회개가 지칭되었다. 이것은 물론 계명들의 실천과 결합되었다. 사실 그리스도의 προστάγματα "계명들"이 ζυγὸς τῆς χάριτος αὐτοῦ "그의 은혜의 멍에"(16 : 17)로서 현재의 구원 의미를 대표한다고 말할 수 있다. 그러므로 윤리적 요구들에 상응하는 덕목들이 ὁδοὶ τῆς εὐλογίας "축복의 길들"로 표시된다(31 : 1). 그리고 μακάρια καὶ θαυμαστὰ δῶρα τοῦ θεοῦ "신의 복되고 놀라운 선물들"하에 ἐγκράτεια ἐν ἁγιασμῷ "성결한 절제"가 구원의 소유를 표시하는 다음 개념들과 함께 나타났다 : ζωή ἐν ἀφθαρσίᾳ "불멸의 생명", λαμπρότης ἐν δικαιοσύνῃ "義의 월계관", ἀλήθεια ἐν παρρησίᾳ "용감한 진리", πίστις ἐν πεποιθήσει "확실한 신앙". 이 점에서 필자는 서술과 명령의 통일성을 보았다고 말할 수 있을 것이다. 이것은 다음 문장에서도 표현된다 ἁγία οὖν μερὶς ὑπάρχοντες ποιήσωμεν τὰ τοῦ ἁγιασμοῦ πάντα "그러므로 거룩한 지체인 우리는 신성의 모든 것을 실천하자"(30:1). 그러나 이 통일성은 미래와 현재의 역설적 통일성이 아니다. 그것은 오히려 유대교의 경우와 동일한 것이다. 유대교는 신의 선택된 거룩한 백성이라는 意識에 거룩한 행실을 위한 책임과 의무도 결합했다. 그러므로 그리스도의 의미는 그가 한편 자신의 죽음을 통해 선택된 자들의 공동체이고 신의 백성(59:4; 64)이라는 자의식을 공동체에 제공했고, 그 때문에 그는 다른 한편 공동체의 교사이고 율법 제공자라는 데 있다.

그리스도는 ἐπιείκεια "관용"과 μακροθυμία "관대"를 가르친 교사이다(13:1). 그는 그리스도의 ἐντολή "계명", 그의 παραγγέλματα "명령들", προστάγματα "질서들", δικαιώματα "법들"에 관해 지치지 않고 말한다((2:8; 13:3; 27:2; 37:1; 49:1). 그의 παραγγέλματα는 신의 옛 계명들, εὐκλεὴς καὶ σεμνὸς τῆς παραδόσεως ἡμῶν κανών "우리 경건들의 전승의 고귀하고 성스러운 것"과 동일하다(7:2). 그리스도의 것들과 마찬가지로 신의 προστάγματα (3:4; 40:5; 50:5; 58:2), δικαιώματα (58:2) 그리고 νόμιμα "법"(1:3; 3:4; 40:4)도 말할 수 있다. 새로운 것은 단지 命名에만 있다. 내용상으로 그 시선이 그리스도를 향해야 하든지(2:1; 7:4; 36:2) 또는 신을 향해야 하든지(19:2 f.; 비교. 34:5; 35:5) 마찬가지이다. Πίστις 및 대개 절대적 형으로 사용되는 πιστεύειν은 그리스도를 대상으로 가질 수 있다(22:1: ἐν Χριστῷ; 결코 εἰς Χρ. 및 Χριστοῦ는 안 쓴다). 그러나 잦은 것은 신을 대상으로 삼은 것이다(3:4; 27:3; 34:4. 그리고 구약성서의 경건한 자들의 신앙이 거론될 때에는 언제나 신이 대상이 된다). 그러므로 그리스도교 πίστις의 고유한 의미는 타당성에 이르지 못했다.

그러므로 율법성의 문제는 필자에게 없다(§11, 2 d). 비록 그가 우리는 우리의 功績이 아니라 신앙으로 의롭다 함을 받는다(32:4)는 사상을 바울에게서 받았다 할지라도 그렇다. 그는 한편 바울처럼 창세기 15장 6절을 인용하고(10:6), 다른 한편 아브라함이 δικαιοσύνην καὶ ἀλήθειαν "義와 眞理"를 행했다(⟨ποιήσας⟩ διὰ πίστεως "신앙으로 ⟨행한 자⟩", 31:2)고 말할 수 있었다. Δικαιοσύνη와 δίκαιος "의로움"(이것은 ὅσιος "神聖함", ἄθῳος "죄없음", εὐσεβής "경건함"과 결합된다. 14:1; 46:4; 62:1)은 필자에게 윤리적 개념들이다(비교. 32:3: δικαιοπραγία "의의 실천"). 그가 πύλη δικαιοσύνης ἀνεῳγυῖα εἰς ζωήν "생명을 향해 연 義의 문"을 πύλη ἐν Χριστῷ

§58. 그리스도論과 救贖論

"그리스도 안에 있는 문"으로 표시할지라도(48 : 2—4), 그 때문에 그에게서 $πίστις$가 바울(또는 요한)의 의미를 가질 수 있다고는 하지 못한다. 그것은 신 신뢰를 표시하고(비교. 특별히 26 : 1; 35 : 5) $ἐλπίς$ "소망"과 유사하다 (참조. 위에 S. 552)는 점에서 그것은 다른 것들과 같은 하나의 덕목이다 (1 : 2; 35 : 2; 62 : 2). 그리고 특별히 $φιλοξενία$ "우정"과 결합된다(10 : 7; 12 : 1). 그것은 단순히 그리스도교의 태도 전체를 의미할 수도 있다(5 : 6; 6 : 2; 27 : 3). 그러므로 $εὐσέβεια$ "경건"과 同價의 것일 수도 있다(1 : 2를 22 : 1과, 또 11 : 1을 10 : 7; 12 : 1과 비교. 이외에 $εὐσέβεια$를 위해 15 : 1; 61 : 2; 62 : 1), 또는 $ὁσιότης$ $ψυχῆς$ "거룩한 심령"(29 : 1; 비교. 48 : 4; 60 : 4; $ὅσιος$는 애용된다, 비교. 2 : 3; 6 : 1 등)과도 결합된다. 그러므로 $πίστις$는 그리스도교를 퇴색시켜 표시할 수 있다(22 : 1 : $ἡ$ $ἐν$ $Χριστῷ$ $πίστις$ "그리스도 안에 있는 신앙"; $πιστεύειν$도 같다. 12 : 7; 42 : 4).

$Ἁμαρτία$ "죄"도 $σάρξ$ "육"도 인간이 잡혀 있는 세력들로서 거론되지 않는다. $Πνεῦμα$ $ἅγιον$ "거룩한 영" 및 $πνεῦμα$ $τῆς$ $χάριτος$ "은혜의 영"은 공동체에 선사된 것으로 생각된다(2 : 2; 46 : 6). 사도들도 영의 힘으로 활동했다(42 : 3; 47 : 3). 그리고 필자는 $διὰ$ $ἁγίου$ $πνεύματος$ "거룩한 영을 통해" 자신의 편지를 쓴다. 그러나 어디서도 $σάρξ$와 $πνεῦμα$ 사이의 싸움을 논하지 않는다. 그리고 영은 구원완성의 $ἀπαρχή$ "보장" 또는 $ἀρραβών$ "담보"로 평가되지 않는다. 대개 영은 구약성서의 말들에 영감을 준 영이다(8 : 1; 13 : 1 등). 열광적 靈主義者들이 사라진 것이다. 공동체에 제공된 영은 덕행에서 작용하는 것으로 생각되었다(2 : 2). 신의 $χάρις$ "은혜"는 회개의 새로운 가능성을 제공한 구원의 은사이거나(7 : 4; 8 : 1) 구약성서의 경건한 자들에게도 주어지는 아주 일반적인 의미(30 : 3)에서 은혜이다(50 : 3; 55 : 3). 이 말은 복수형일 때에는 일반적으로 신의 은혜의 指示들을 뜻한다(23 : 1). $Ἔργα$ "일들"에 대한 바울의 反定立은 $πίστις$ "신앙의 경우와 마찬가지로 역할을 하지 못한다. $Χάρις$ $τοῦ$ $κυρίου$ $ἡμῶν$ $Ἰ.$ $Χριστοῦ$ "우리 주 예수 그리스도의 은혜"는 오로지 격식적인 結文人事에서만 나타난다(65 : 2). 한번은 베드로전서 4장 10절의 의미에서의 $χάρισμα$ "은사"(38 : 1)가 공동사회에서 타당성을 가져야 하는 개인의 개별적인 은사로 나타난다. 여러 번 지칭된 $γνῶσις$ "지식"도 특별한 카리스마가 아니고 특수한 대상(잘해서 48 : 5?)을 가지지 않으며 그리스도교적 인식일반이거나(1 : 2; 36 : 2; 41 : 4; 48 : 5; 비교. $γινώσκειν$ "알다", 7 : 4; 59 : 3; $ἐπίγνωσις$ "인식", 59 : 2; $ἐπιγινώσκειν$ "인식하다", 32 : 1) 또는 특별히 구약성서에

관한 이해인데 그러나 이것은 바나바서에서와 같이 가령 알레고리적 해석을 뜻하는 것이 아니다(40 : 1). 공동체가 그리스도를 통해 부름을 받고 오는 神의 나라를 전망한다는 점에서 그는 중간시에 처해 있다. 그리고 현재가 μακάρια καὶ θαυμαστὰ δῶρα τοῦ θεοῦ "신의 복되고 놀라운 선물들"을 즐긴다는 점에서(35 : 1) 이 중간시는 연대기적인 것일 뿐 아니라 내용상의 규정이기도 하다. 그러나 이 중간시는 단순한 잠정적인 것으로 解體된바, 계시록의 경우와 비슷하다. 필자는 그리스도에 관한 진술들에도 불구하고 어느 점에서 그를 통해 실제로 새로운 神 관계를 세우는 결정적인 것이 일어났는가를 표현하지 않았기 때문이다. 이것은 결국, 그리스도교적 존재의 특수성이 구약성서의 경건한 자들에 의해서도 언명된다는 사실에서 분명해지는 바와 같이, 옛 εὐσέβεια "경건", πίστις "신앙", ἐλπίς "소망" 그리고 μετάνοια "회개"이다. 신의 προστάγματα "계명들"이 그리스도인들에게 있어서 옛 이스라엘에게 있어서와 같은 것임과 같이 그리스도인들의 덕목들도 구약성서의 경건한 자들의 그것과 다른 것이 아니다. 그리고 후자들은 곧 전자들을 위한 模範像으로 역할한다. 결국 그리스도를 통해 얻은 것은 단지 공동체의 자기 의식의 강화 및 확인에 불과한바, 그가 προστάτης "보호자", καὶ βοηθὸς τῆς ἀσθενείας ἡμῶν "그리고 우리의 약함의 조력자"로 (36 : 1) 표시된 것은 필자의 의미에서 그를 위한 적합한 칭호이다.

ㅇ) 이그나티우스서

지금까지 관찰한 모든 문헌들과는 다른 典型을 이그나티우스(Ignatius)는 진술한다. 그도 바울신학의 영향을 받은바 마지막의 성격적 典型에 속한다. 그런데 이 신학은 그에게서 특별한 형태를 얻었다. 그는 회당의 전통에서 오지 않고 요한이 속하는 정신세계에서 오기 때문인데(§41, 3) 요한과의 접촉을 적지 않게 볼 수 있다.[4] 요한과 같이 이그나티우스도 대개 구원을 ζωή "생명" 또는 ἀλήθεια "진리"라고 표시한다.

단순한 ζωή, Mg 9 : 1; τὸ ἀληθινὸν ζῆν "참된 삶", Eph 11 : 1; Tr 9 : 2(이것은 그리스도의 표지이기도 하다, Sm 4 : 1); ζωὴ ἀληθινή "참 생명", Eph 7 : 2; ζωὴ αἰώνιος "영원한 생명" (Eph 18 : 1; Pol 2 : 3; 요한에게 없는 개념들 ἀθανασία "不死性"(Eph 20 : 2)과 ἀφθαρσία "불멸성" (Eph 17 : 1; Mg 6 : 2; Phld 9 : 2; Pol 2 : 3도 같이 평가된다. 반대개념은 θάνατος "죽음"(여러 곳에 있음)인데 이것에는 다시 ἀλήθεια "진리"가 반대개념일 수 있다(Sm 5 : 1; Pol 7 : 3). Φῶς ἀληθείας "진

---

4) Ign가 요한에게 예속되어 있다는 것은 여러 번 주장되었다. 최근에는 Chr. Maurer, *Ign von Ant. und das Johevg* 1949, 그러나 맞는 주장이 아니다.

§58. 그리스도論과 救贖論

리의 빛"(Phld 2 : 1)과 함께 φῶς καθαρόν "맑은 빛"(Rm 6 : 2)이 사용된다. 공동체는 φωτισμένη "照明體"로 표시될 수도 있다(Rm 중 여러 곳에).

생명은 미래적인 것이고(τὸ προκείμενον ζῆν "앞에 있는 삶", Eph 17 : 1), 그리스도는 우리의 ζωή로도 우리의 ἐλπίς "소망"으로도 호칭될 수 있다 (Eph 21 : 2; Mg 11 등). 그러므로 복음서는 τὸ εὐαγγέλιον τῆς κοινῆς ἐλπίδος "공통된 소망의 복음"(Phld 5 : 2)이라고도 하고 그리스도교 신앙은 단순히 ἐλπίς "소망"이라고도 불리워질 수 있다(Mg 9 : 1). 소망은 미래의 義認(Phld 8 : 2), 그러나 특히 부활(Tr 9 : 2; Eph 11 : 2; Tr의 여러 곳 : Rm 4 : 3; Sm 5 : 3; Pol 7 : 1), φῶς καθαρόν "맑은 빛"(Rm 6 : 2)의 획득을 바라본다. 이를 위한 특별한 용어는 θεοῦ (ἐπι-)τυγχάνειν "신에게 도달하는 것"인데 이그나티우스는 이것을 대개 그의 순교의 열매로서 기대했으나(Eph 12 : 3; Mg 14 등), 모든 그리스도인들의 소망이기도 하다(Eph 10 : 1; Mg 1 : 2; Sm 9 : 2; Pol 2 : 3).

그러나 초대 그리스도교 종말론의 전통적 像은 완전히 사라졌다. 한번은 ἔσχατοι καιροί "마지막 때들"이라는 말을 사용한 적도 있다(Eph 11 : 1). 그러나 ἀθανασία "不死性", ἀφθαρσία "불멸성", 그리고 θεοῦ τυγχάνειν "신에게 도달"이라는 구원의 표지들이 보여 주는 것은 그 소망이 철저히 개인의 구원을 향하고 있다는 것이다. 두 세대는 논의되지 않는다. 물론 사탄을 ἄρχων τοῦ αἰῶνος τούτου "이 세대의 지배자"라고 하나(Eph 17 : 1; 19 : 1; Mg 1 : 2 등), 이 경우에 시간적인 것의 계기는 후퇴되었다. 그리고 피안적인 것과의 관계에서의 차안적인 것의 계시는 강조된다. 가령 οὗτος ὁ αἰών "이 세대"와 ὁ κόσμος "세상(Rm 6 : 1)의 並行이 그것을 말해 준다. 옛 묵시문학의 像들 중에서는 적어도 심판과 "오는 진노"의 像이 받아들여졌다(Eph 11 : 1; Sm 6 : 1). 보상과 미래의 형벌에 관한 사상이 이용되었다 (Eph 16 : 2; Mg 5 : 1; Sm 9 : 2). 그러나 그리스도의 대망인 재림에는 잘해서 한번 암시적으로 언급되었을 뿐이다(Pol 3 : 2). Παρουσία τοῦ σωτῆρος "구원자의 도래"(Phld 9 : 2)는 오히려 ἐν τέλει εφάνη "마지막으로 나타난" (Mg 6 : 1) 예수의 역사적 등장이다. Χάρις "은혜"는 그를 통해 와서(Sm 6 : 2) 현재가 되었다(Eph 11 : 1; Mg 8 : 1). 미래에 대한 묵시문학적 종말을 예기하는 우주적 파국은 예수의 탄생, 죽음, 부활에서 이미 일어났다 (Eph 18; 비교. Mg 11; Tr 9; Phld 8 : 2; Sm 1; 참조. S. 518 f.). 그러므로 구원은 현재적이다. 그리스도가 우리의 생명이기 때문에 (Eph 3 : 2; Sm

4 : 1), 그리스도 안에 있는 존재는 이미 생명 안에 있는 존재이다. 믿는 자들은 그리스도의 지체(Eph 4 : 2; Tr 11 : 2) 또는 "십자가의 가지들"(Tr 11 : 2)이다. 그들은 ἐκκλησία "교회"에서 화합된 자들로서 그리스도의 몸이고 그는 그 몸의 머리이다(Sm 1 : 2; Tr 11 : 2). 그들이 생명 안에 있는 반면 거짓 교사들은 이미 죽음 중에 있다. 이들은 νεκροφόροι "죽음을 지닌 자들"이다(Sm 5 : 2; 비교. Phld 6 : 1). Κατὰ ανθρώπους ζῆν "인간들을 따르는 삶"(Rm 8 : 1)은 사실 죽음인 반면 순교의 죽음은 생명을 뜻한다(Rm 4 : 3; 비교. Mg 5 : 2). 사실 그리스도에 속한다는 것은 단적으로 우선 존재한다는 것 자체를 뜻한다(Mg 10 : 1). 거짓 교사들의 존재는 단지 δοκεῖν "假現"에 불과하다(Sm 2; Tr 10).

그러나 경건의 개인주의와는 교회의 경건성이 결합된다. 즉 구원은 교회 안에서 개인을 위해 제공되었다는 것이다. 그러므로 이그나티우스의 주요 관심사는 한 감독의 지도하에 있는 교회의 통일성과 개체 공동체의 통일성이다(Eph 4 : 2; Mg 6 : 2; Sm 8 : 2 등). 계명은 일치된 공동체 안에서 효과적으로 작용하고(Eph 5 : 2) 그리고 사탄의 세력이 극복된다. 세례의 역할은 이그나티우스에게서 주목될 만큼 적다(Eph 18 : 2; Sm 8 : 2; Pol 6 : 2). 반면 성만찬은 φάρμακον ἀθανασίας "不死의 약"으로서 훨씬 더 큰 역할을 한다(Eph 20 : 2). 공동체는 이것을 위해 더 자주 모이라는 것이다(Eph 13 : 1; Phld 4). 종말론적인 사건은 성만찬에서 현재화된다(Eph 13 : 1 f.). 그리고 그것은 그리스도의 살 및 피와 ἕνωσις "하나"를 이루게 한다(Phld 4; Sm 7 : 1).[5]

그러나 성례에 참여하는 것이 구원을 보장한다는 의미에서 이그나티우스의 그리스도교를 파악하는 것은 잘못일 것이다. 그 본래적인 것은, 믿는 자들의 전 삶이 그리스도와의 성례적인 결합에 의해 각인됨으로 이른바 성례적인 성격을 얻은 것이다. 이그나티우스는 이를 위해 바울의 말투인 ἐν Χριστῷ "그리스도 안에서"를 이용하되, 미래의 완성을 그리스도 안에서 일어나는 것으로서 표시할 뿐 아니라(Eph 11 : 1; Rm 4 : 3 등), 현재의 삶의 규정성을 그와의 공동성에 의해 성격지으려고 한다(Eph 1 : 1; 8 : 2; 10 : 3 등, 참조. 아래). 그러나 그리스도와의 결합은 그의 逆說的 본질, 즉 그는 先在的인 신의 아들인데(Mg 6 : 1; 7 : 2; 8 : 2) 그가 인간이 되고 고난을 당하고 죽었다가 부활한 자로서의 역설적 본질에 의해 규정되었다. 그는 θεὸς

---

5) Ign의 교회 개념에 관해 참조. H.v. Campenhausen, *Kirchl. Amt und geistl. Vollmacht*, 105-116.

ἀνθρωπίνως φανερούμενος "인간의 모습으로 나타난 신"이고(Eph 19:3), 이 역설은 거듭 강조되며(특히 Eph 7:2), 정열적으로 거짓 가르침에 대해 변호한다. 모든 것은 그리스도의 인간성과 고난의 현실성 및 마찬가지로 부활의 현실성에 달려 있다(Tr 9 f.; Sm 2 f.; 7:2). 사실 이것도 육체적인 것이다. 그리스도는 부활한 자로서, ὡς σαρκικός, καίπερ πνευματικῶς ἡνωμένος τῷ πατρί "육체적으로, 더우기 영적으로는 아버지와 하나가 된 자로서" 제자들과 식사를 같이 했었다(Sm 3:3; 비교. 12:2). 그리스도는 바로 이 역설로 인해 θεός "신"이다(Eph의 여러 곳; 1:1; 15:3 등). 비록 신은 그의 아버지이고 그는 아들이며(Eph 2:1; 4:2 등) 아버지에게 예속되어 있을지라도(Sm 8:1; Mg 13:2), 그와 결합되어 하나를 이룬다(Mg 7:1; Sm 3:3 등). 그는 신에 대한 γνώμη "이해력"이고(Eph 3:2) 그의 λόγος ἀπὸ σιγῆς προελθών "침묵에서 나타나는 말"이다(Mg 8:2; 비교. Rm 8:2; Phld 9:1).

그러나 모든 것이 그리스도는 곧 신이고 인간이라는 역설에 달려있는 이유는 그것에 힘입어 인간도 역설적 존재에 도달할 수 있기 때문이다. 즉 신의 사람됨에는 인간의 신됨이 일치한다. 이그나티우스는 물론 θεωθῆναι "신됨"이라는 개념을 피한다. 그러나 그 대신 다른 표현들이 등장한다. 즉 저 (ἐπι-) τυγχάνειν θεοῦ "신에게 도달함"(참조. 위에), θεοῦ μετέχειν "신에게 참여함"(Eph 4:2), θεοῦ γέμειν "신으로 충만함"(Mg 14), τοῦ θεοῦ εἶναι, γίνεσθαι "신의 것임" 또는 "신에 의해 됨"(Mg 10:1; Rm 6:2; 7:1). 'Ἐν θεῷ "신 안에서"는 ἐν Χριστῷ "그리스도 안에서"라는 격식어와 혼용된다(Eph 1:1; Mg 3:1; Pol 6:1). 그리고 Χριστὸς ἐν ἡμῖν "우리 안에 있는 그리스도"(Mg 12; Rm 6:3)에는 θεὸς ἐν ἡμῖν (Eph 15:3)이 일치한다. 그리스도인들은 θεοφόροι "신을 지닌 자들"인데, 이것은 그들이 Χριστοφόροι "그리스도를 지닌 자들"임과 같은 것이다(Eph 9:2). 그리고 그들은 θεοδρόμοι "신을 지니고 달리는 자들"이다(Phld 2:2; Pol 7:2).

그리스도인의 새로운 존재 방식도 바울에게서와 같이 πνεῦμα "영" 개념에 의해 표시될 수 있다. Πνευματικοί "영을 지닌 자들"로서의 그리스도인들은 σαρκικοί "육에 속한 자들"로서의 非그리스도인들에 대립해 있다(Eph 8:2; πνευματικός "영을 지닌 자"에 대한 대립은 ἀνθρώπινος "인간적인 자"일 수도 있다, Eph 5:1; 비교. κατὰ ἄνθρωπον "인간에 따라", Tr 2:1; Rm 8:1). 이그나티우스를 "그리스도 안에서 결합된 자"(Tr 1:1 등)로서 지탱하는 사슬들은πνευματικοὶ μαργαρῖται "영의 보석들"이다(Eph 11:2).

그런데 이그나티우스의 바울과 다른 점은, 그에게 있어서 σάρξ "肉"이 단지 지상적인 것, 즉 βλεπόμενον "볼 수 있는 것"(Mg 3:2), φαινόμενον "나타난 것"(Rm 3:3; Pol 2:2)의 영역이며 無常의 죽음의 영역일 뿐이고, 그가 σάρξ 대신 ὕλη "자료"도 말할 수 있는 바와 같이 죄의 세력이 아니다(Rm 6:2; 비교. 7:2). 물론 지상적인 영역도 그것이 κατὰ σάρκα "肉에 따라" 생각하거나 행동하도록 유혹하면 인간에게 있어서 파멸적인 세력일 수 있다 (Mg 6:2; Rm 8:3; Phld 7:1). 그러나 이그나티우스에게 있어서 σάρξ 개념은 무엇보다도 그리스도교적 존재의 역설적 본질을 동시에 영적이며 육적인 것으로 묘사하는 데 이용되었다. 그리스도가 σαρκικός τε καὶ πνευματικός "육적이며 동시에 영적"(Eph 7:2)이라는 것, 그의 부활이 σαρκικὴ τε καὶ πνευματικὴ "육체적인 것이며 영적인 것"(Sm 12:2)이라는 것으로 σάρξ는 πνεῦμα와 하나가 될 수 있는 기능을 가지고 있다. 이그나티우스는 ἕνωσιν σαρκὸς καὶ πνεύματος 'Ι. Χριστοῦ "예수 그리스도의 육체 및 영과 하나가 되기를" 공동체들에게 원한다(Mg 1:2; 비교. Mg 13:2). 그는 μένειν ἐν 'Ι. Χριστῷ σαρκικῶς καὶ πνευματικῶς "예수 그리스도 안에 육과 영으로 머물러 있기를 에베소인들에게 부탁한다(Eph 10:3). 그는 모든 행함에서 σαρκὶ καὶ πνεύματι "육과 영"으로 성공하기를 마그네시아인들에게 부탁한다(Mg 13:1; 비교. 이외에 Tr의 여러 곳, 12:1; Sm 1:1; 13:2; Pol 1:2; 2:2; 5:1). 이 逆說이 특별히 분명하게 나타난 곳은 이그나티우스의 다음 말이다: οἱ σαρκικοὶ τὰ πνευματικὰ πράσσειν οὐ δύνανται οὐδὲ οἱ πνευματικοὶ τὰ σαρκικά, "육체의 사람들은 영적인 것들을 얻을 수 없고, 영의 사람들도 육체적인 것들을 얻지 못한다". 그리고 그는 이렇게 보장한다: ἃ δὲ καὶ κατὰ σάρκα πράσσετε, ταῦτα πνευματικά ἐστιν· ἐν Ἰησοῦ γὰρ Χριστῷ πάντα πράσσετε "그러나 너희가 육체에 따라 얻는 그것이 곧 영의 것인바, 이는 예수 그리스도 안에서 너희는 모든 것을 얻음이다"(Eph 8:2).

Σάρξ가 죽음의 영역이기 때문에 그리스도에 의해 가능케 된 σάρξ와 πνεῦμα의 통일은 죽음과 생명의 통일로도 이해될 수 있다. 그리스도는 사실 ἐν θανάτῳ ἀληθινὴ ζωή "죽음 안에 있는 참 생명"(Eph 7:2)이다. 그 까닭에 그는 그의 고난에서 그의 지체로서 우리를 자신에게 부른다(Tr 11:2).

Ἐξαιρετὸν τοῦ εὐαγγελίου "복음의 특수한 것"은 그리스도의 παρουσία "到來"와 그의 πάθος "고난", 그의 ἀνάστασις "부활"이다(Phld 9:2; 비교. Eph 20:1; Sm 7:2). 그는 자신의 πάθος에 의해 세례의 물에 능력을 제공했다(Eph 18:2). 그의

§58. 그리스도論과 救贖論

σταυρός "십자가"는 믿는 자들을 신에게 올라가게 하는 사다리이다(Eph 9 : 1). 고난과 죽음, 부활은 그리스도교적 실존을 계속적으로 규정하는 사건들로서 이해되고, 그 결과가 세례에서 그전에 지은 죄들의 도말로서 자기 것이 되는 과거의 사건으로 이해되지 않았다. 이 전통적인 파악을 표현하는 화법들은 이그나티우스에게서 보기 매우 드물다. 그리스도의 고난과 죽음이 ὑπὲρ ἡμῶν "우리를 위해"라는 표현은 단지 Rm 6 : 1과 Sm 1 : 2에만 있고 ὑπὲρ τῶν ἁμαρτιῶν ἡμῶν "우리의 죄들을 위해"는 단지 Sm 7 : 1에만 있다. (이 외에는 ἁμαρτία "죄"도 ἁμαρτωλός "죄인"도 볼 수 없다. 그 동사는 단지 성격적인 귀결 Eph 14 : 2에만 있다 : οὐδεὶς πίστιν ἐπαγγελόμενος ἁμαρτάνει "누구도 믿음을 약속으로 받은 자는 범죄하지 않는다"). 이그나티우스는 이를 통해 물론 구원사건의 영향을 그리스도 이전 시대의 죄들의 도말에 한정시키는 데서도 벗어났다.

고난 및 죽음의 공동성은 일련의 많은 표현들로 묘사되었다. 가령 συμπαθεῖν αὐτῷ "그와 함께 당하는 고난", Sm 4 : 2: ἀποθανεῖν εἰς τὸ αὐτοῦ πάθος "그의 고난을 향한 죽음", Mg 5 : 2 등. 그리스도인들은 "십자가의 지체들"이고(Tr 11 : 2) 십자가에 못박힌 자들"이다(Sm 1 : 1). 이그나티우스는 자기 자신에 관해 이렇게 말한다 : ὁ ἐμὸς ἔρως ἐσταύρωται "나의 정욕은 십자가에 달렸다"(Rm 7 : 2). 비교. 가령 Eph의 여러 곳, 1 : 1; Tr 4 : 2; Rm 4 : 3과 역설을 위해서는 다음 인사 : ἐν ὀνόματι 'Ι. Χριστοῦ καὶ τῇ σαρκὶ αὐτοῦ καὶ τῷ αἵματι, πάθει τε καὶ ἀναστάσει σαρκικῇ τε καὶ πνευματικῇ "자신은 예수 그리스도의 이름과 그의 육체, 그의 피로도, 육체로도 영으로도 고난을 당하고 부활도 했다"(Sm 12 : 2).

이그나티우스가 그리스도와의 죽음 및 삶의 공동성이 성례들에 의해 이루어진다는 것을 생각하는 것은 의심 없다(참조. 위에 S. 558). 그러나 이 공동성은 전 삶에 성례적인 성격을 제공하되, 물론 바울에게서와 같이 συσταυρωθῆναι "함께 십자가에 못박힌다"(롬 6 : 6; 갈 5 : 24; 6 : 14)가 계속적인 죄에 대한 싸움과 세상에 대한 거부에서 수행되지 않고, 실제적인 고난과 죽음의 각오에서 그리스도를 본받음으로 실현된다(Sm 5 : 1; Mg 5 : 2). 그러므로 이그나티우스는 순교를 사모한다(특히 Rm). 그 까닭은 순교의 죽음에서 비로소 성례와 실생활에 잠재적으로 또는 개략적으로 주어져 있던 것이 본격적으로 실현되기 때문이다. 순교에서 이그나티우스는 비로소 μιμητὴς τοῦ πάθους τοῦ θεοῦ μου "나의 신의 고난을 받는 자"가 된다(Rm 6 : 3). 비록 모든 그리스도인이 μιμηταὶ θεοῦ "신을 본받는 자"라고 일컬어지고 또 그래야 할지라도(Eph 1 : 1; 10 : 3; Tr 1 : 2; Phld 7 : 2). 그리스도인이 모두 μαθητὴς 'Ι. Χριστοῦ "예수 그리스도의 제자"이지만(Mg 9 : 1; 10 : 1; Rm 3 : 1; Pol 2 : 1), 참 μαθητής "제자"는 순교자이다(Eph 1 : 2; 3 : 1;

Tr 5 : 2; Rm 4 : 2; 5 : 1, 3; Pol 7 : 1).

그러나 믿는 자들의 윤리적 삶도 이그나티우스가 그리스도와의 죽음과 부활의 수행으로서 그것을 표시하지 않을지라도, 성례적 공동성에 의해 규정되었다. Χριστιανός "그리스도인"이라고 부르는 것뿐 아니라 κατὰ Χριστιανισμὸν ζῆν "그리스도인다운 삶"이라고도 할 수 있다(Mg 4; 10 : 1; 비교. Rm 3 : 2 f.; Pol 7 : 3).

그리스도교적 삶이 구체적으로 묘사되는 경우는 드물다. Ign은 대개 단순히 ἐντολή "계명" 또는 그리스도의 ἐντολαί "계명들"을 회상한다(Eph 9 : 2; Rm의 여러 곳; Phld 1 : 2). 그 까닭은 그리스도가 그에게 있어서 διδάσκαλος "교사"이기도 하고(Eph 15 : 1; Mg 9 : 1) 또는 δόγματα τοῦ κυρίου καὶ τῶν ἀποστόλων "주와 사도들의 교리들"(Mg 13 : 1)을 지시하기 때문이다. 그는 분명히 그리스도교적 생활의 교훈집 같은 것을 전제한다. 특별히 여기에는 형제애와 화합(Mg 6 : 2; Tr 8 : 2; Phld 8 등) 과 非그리스도인들을 위한 기도, 조롱 및 불의에 대한 참음(Eph 10), 이방인들에게 거리낌이 되지 않는 품위있는 행실이 권유되어 있다(Tr 8 : 2). 성격적인 것은 거짓 가르침에 대한 경고가 윤리적 생활률을 능가하고 있는 것이다. Ἑδραῖος τῇ πίστει "믿음에서 확고하다"는 것이 중요한 일로 되어 있다(Eph 10 : 2).

Πίστις와 ἀγάπη "믿음"과 "사랑"은 언제나 그리스도교의 특수성들로 지칭되었다(Eph 1 : 1; 9 : 1; 14 : 1 f.; 20 : 1; Mg1 : 2 등). Πίστις는 그리스도의 σάρξ "살"이고 ἀγάπη는 그의 αἷμα "피"이다(Tr 8 : 1). 이 결합에서 πίστις 는 물론 대체로 바른 가르침의 받아들임 또는 고수를 뜻한다. 그러나 이그나티우스에게서는 正統(Orthodoxie)이 생활태도, 즉 그리스도와 함께 고난을 당하려는 의지에서 분리될 수 없다. 그것은 그가 πιστεύειν εἰς τὸν θάνατον αὐτοῦ, εἰς τὸ αἷμα Χριστοῦ "그의 죽음을" 또는 "그리스도의 피를 믿는 것"을 거론할 수 있는 것과 같다(Tr 2 : 1; Sm 6 : 1).

Πιστεύειν의 근원은 사실 그리스도의 죽음과 부활의 신비에 있다(Mg 9 : 1). Πίστις 에는 ἀπιστία "불신앙"이 대립적이고(Eph 8 : 2; Mg 5 : 2), 이를 위해서는 σταυρός "십자가"가 σκάνδαλον "거리낌"이다(Eph 18 : 1). Ἄπιστοι "불신자들"은 거짓 교사 들이다. 그리스도의 삶의 실재성을 거부하고(Tr 10 : 1; Sm 2) 그의 κακὴ διδασκαλία "악한 교훈"으로 πίστις "믿음", 즉 ὑπὲρ ἧς Ἰ. Χριστὸς ἐσταυρώθη "예수 그리스도가 신앙을 위해 죽은"바 그 믿음을 害한다(Eph 16 : 2). 그것은 ἄρχων τοῦ αἰῶνος τούτου "이 세대의 지배자"의 διδασκαλία "교훈"인 반면(Eph 17 : 1), 참 가르침은 διδαχὴ ἀφθαρσίας "불멸의 교훈"이다(Mg 6 : 2).

§58. 그리스도論과 救贖論

이그나티우스에게 있어서 바른 신앙은 의심 없이 교리적인 명제들에 대한 찬성이 아니라 실존적(existentiell) 태도이고, 그러나 어디서도 그의 경우 $\pi\acute{\iota}\sigma\tau\iota\varsigma$가 $\check{\epsilon}\rho\gamma\alpha$ "일들"에 대한 대립 명제로 표현되는 바울의 의미를 가진 일이 없다. $K\alpha\acute{\nu}\chi\eta\sigma\iota\varsigma$ "자랑"과 $\varphi\nu\sigma\iota o\hat{\nu}\sigma\vartheta\alpha\iota$ "오만함"에 대한 거부의 계기만은 볼 수 있다(Eph 18:1; Mg 12; Tr 4:1; 7:1; Sm 6:1; Pol 4:3; 5:2). 그러나 그 反對는 $\pi\acute{\iota}\sigma\tau\iota\varsigma$가 아니라 $\dot{\alpha}\kappa\alpha\nu\chi\eta\sigma\acute{\iota}\alpha$"자랑하지 않음"(Pol 5:2)과 $\pi\rho\alpha\acute{o}\tau\eta\varsigma$ "온유"(Tr 4:2) 또는 $\dot{\epsilon}\nu\tau\rho\acute{\epsilon}\pi\epsilon\sigma\vartheta\alpha\iota$ "부끄럽게 함", $\dot{\epsilon}\alpha\nu\tau\grave{o}\nu$ $\mu\epsilon\tau\rho\epsilon\hat{\iota}\nu$ "자신을 내주는 것"(Tr 4:1)이다. 이그나티우스는 $o\dot{v}$ $\pi\alpha\rho\grave{\alpha}$ $\tau o\hat{v}\tau o$ $\delta\epsilon\delta\iota\kappa\alpha\acute{\iota}\omega\mu\alpha\iota$ "이로써 의롭다함을 얻지 못한다"를 고린도전서 4장 4절에서 받아들이되, 말하자면 순교를 향한 길에 관련시켜 받아들였다(Rm 5:1). 그는 그리스도의 죽음과 부활 및 신앙에 의해 "의롭게" 되기를 바란다(Phld 8:2). 그러나 이것은 드물게 보는 바울의 언어의 여운들이다. 구원선물의 표지로서의 $\delta\iota\kappa\alpha\iota o\sigma\acute{v}\nu\eta$ "義"는 전혀 볼 수 없다. $\varDelta\acute{\iota}\kappa\alpha\iota o\varsigma$ "義人"은 Mg 12장에서 잠언서 18장 17절에 의해 도덕적인 方正性을 표시한다(이외에 Eph 1:1의 言語遊戱에서). $\varSigma\acute{\alpha}\rho\xi$ "肉"이 죄의 세력을 표시하는 바와 같이(참조. 위에 S. 559 f.). $\pi\nu\epsilon\hat{v}\mu\alpha$도 윤리적 행실의 힘이 아니라, 피안적인 것의 영역으로 표시되거나(참조. 위에 S. 544) 또는 격식어로 사용된다. 이에 반해 이그나티우스는 물론 공동체에서 役事하는 힘으로서(Sm 9:2; Rm의 여러 곳에; Mg 8:2), 이외에 특히 공동체 직책자들에게 신적 化身이 된(Mg 2; Pol 1:2) 힘으로서 神의 $\chi\acute{\alpha}\rho\iota\varsigma$ "은혜"를 말한다. 그는 같은 의미에서 $\chi\acute{\alpha}\rho\iota\sigma\mu\alpha$ "은사"도 사용한다(Sm의 여러 곳; Pol 2:2). 이외에 $\chi\acute{\alpha}\rho\iota\varsigma$는 신 또는 그리스도의 은혜로운 뜻이다(가령, Rm 1:2; Phld 8:1; 11:1; Sm 11:1). 또는 객관적인 의미에서 신에 의해 역사된 구원이다(Eph 11:1; Mg 8:1; Sm 6:2). 그러나 $\pi\acute{\iota}\sigma\tau\iota\varsigma$와 같이 $\chi\acute{\alpha}\rho\iota\varsigma$도 결코 $\check{\epsilon}\rho\gamma\alpha$ "일들"에 대한 상반명제는 아니다.

이그나티우스가 이렇게 자세히 다루어져야 하는 것은 그에 의해 회고적으로 바울의 신학이 밝혀질 뿐 아니라 또 모든 다른 바울 후기 및 요한 후기의 그리스도교 문헌들과 달리 그가 순수한 모습을 보존하고 있다는 이유에서뿐 아니라, 특별히 바울에 의한 제일 처음 신학적 표명이 들어 있었던 그리스도교 케리그마의 순수한 소유에 관한 문제성이 그에게서 분명해지기 때문이다. 이 외에서는 거의 모두, 말하자면 골로새서와 에베소서, 베드로전서 및 목회서신들이 바울의 신학적 주제들을 고수하고 타당성 있게 했을지라도, 그리스도교 신앙이 율법성에 환원되고 말았다. 그러나 이그나티우스는 그리스도교의 신앙을 실제로 실존적인 태도로서 이해하는 것을 바울에게서 배웠다. 그는 물론 헬레니즘적 二元論에서 벗어나지 않고 $σάρξ$와 $πνεῦμα$의 대립을 그 안에서 이해했다. 그는 $σάρξ$를 죄의 세력으로 알지 않고 오로지 無常한 것과 죽음의 영역으로만 알았다. 그 때문에 그는 바울의 義認論과 $πίστις$ 개념의 의미를 파악하지 못하고 그에게서 $ἐλευθερία$ "자유"가 (순교의) 죽음 후에 비로소 얻어지고(Rm 4:3) 그리스도의 고난과 죽음에 대한 관계는 모범으로 파악될 수 있다. 그러나 물론 그는 "이미 아니다"와 "아직 아니다" 사이의 한 존재로서 그리스도교적 존재의 역설적 성격을 파악한다. 아니 그는 묵시문학의 世代論을 받아들이지 않았기 때문에 그에게서 저 "中間時"는 세례와 죽음(및 부활) 사이의 시기에 소급되었다. 그 때문에 그것은 연대기적 의미를 거의 상실하고 아주 본질적으로 내용상의 규정이 된 것이다. 이그나티우스에게 율법성이 문제되지 않은 것은 (흔히 대체로 그렇듯이), 그가 율법적으로 생각하고 그 까닭에 그에게 문제가 되지 않고 ($καινὸς$) $νόμος$ "(새로운) 율법"의 실천이 미래의 구원을 얻는 조건이라는 데 있지 않고, 오히려 자신의 공로로 구원을 얻는다는 사상이 그에게 전혀 없다는 데 있다. 그리스도교적 상황의 새로운 것이 그에게는 새로운 기회의 제공이 아니라 그 존재의 변화에 있다. 구원사건의 役事는 그에게 있어서 옛 죄들의 도말에 한정되지 않고 현재에서 경험된 힘이다. 이그나티우스에게서 전통적인 종말론은 역할을 하지 못하나 그는 역시 그리스도를 종말론적인 사건으로 이해했다. 그러므로 그는 그리스도교적 존재의 변증법, 서술과 명령의 통일성의 역설을 알고 있다. $Μαθηταί, μιμηταὶ θεοῦ$ 및 $κυρίου$ "신의" 또는 "주의 제자들" 및 "모방자들"(Mg 10:1; Eph 1:1; Tr 1:2)인 그리스도인들은 아직 그리스도인이 되어야 한다(Mg 9:1; Eph 10:3; Phld 7:2). 그들은 $ὄντες θεοῦ$ "신의 존재자들"(Eph 8:1), $κατὰ πάντα κεκοσμημένοι ἐν ταῖς ἐντολαῖς 'Ι. Χριστοῦ$ "모든 면에서 예수 그리스도의 계명들로 장식된 자들"(Eph 9:2)로서 서술에 의해 성격지어질 수 있으나 마찬가지로 $κατὰ πάντα ἡγιασμένοι$ "모든 면에서 거룩하게 된 자들"이 비로소 되어야 할 그런 사람들로서 명령에 의해 성격지어질 수 있다(Eph 2:2). 갈라디아서 5장 25절의 역설은 이그나티우스에게서 다음 양식으로 다시 나온다: $τέλειοι ὄντες τέλεια καὶ φρονεῖτε$ "너희는 온전함으로 온전하기를 힘쓰라"(Sm 11:3; 비교. Eph 15:3; Mg 12).

4. 현재에 관한 理解

위에서 개괄적으로 다룬 문헌들을, 미래의 구원에 대한 현재의 관계가 어떻게 파악되었으며 특유한 "中間時"로서의 그리스도교적 상황이 어떤 방식으로 이해되었는가 라는 問題下에서 종합해 보면 일련의 다른 점들과 일련의 色調들이 드러난다. 몇 문헌들 중에는 "중간시"의 이해가 전혀 없다. 현재가 과거에 대해 근본적으로 새로운 시기로서 파악되지 않고 잠정적인 것과 준비의 시기로 파악되었는데, 말하자면 유대교에서와 다른 것이 없다. 가령 야고보서와 디다헤서, 계시록, 클레멘스 제 1 서에서 그러하다. 대개는 물론 현재가 예수의 옴 및 그의 죽음과 부활에 의해 새로된 것으로 과거에 대해 뚜렷이 부각되지만, 역시 그의 중간 성격은 내용적인 규정으로서가 아니라 단지 연대기적인 것으로서, 즉 그의 미래의 구원을 얻으려는 인간의 노력을 위한 새로운 기회의 시기로서, 그러므로 결국은 역시 단지 잠정적인 것과 준비의 시기로서 파악되었다. 누가복음서와 사도행전[1]에서 그렇다. 오로지 바울의 전통이 표준적으로 영향을 준 곳에서만 "중간시"의 내용상의 의미가 타당성을 얻고 있다. 철저하게는 이그나티우스에게서 그렇고, 어느 정도의 위력은 골로새서와 에베소서 그리고 베드로 전서에서 볼 수 있으며, 목회서신들에서는 더 약한데, 바울의 영향하에 서 있지 않은 바나바에서도 다소 약하지만 볼 수 있다. 내용상의 의미가 완전히 퇴색된 곳은 헤르마스서와 히브리서인데, 여기서는 공관서 전통의 영향이 클레멘스 제 1 서와 야고보서, 디다헤서에서와 같이 주도적이다. 그러나 베드로 후서와 유다서, 폴리갑서에서도 그런데, 여기서는 그 전통이 약하거나 또는 영향력이 전혀 없다.

"중간시"의 연대기적 의미가 부각되거나 또는 유일한 것이 되면 그만큼 더 구원의 현재성은, 단지 과거의 죄들이 세례에서 소유된 구원의 일, 즉 예수의 죽음과 부활에 의해 도말되고 바로 이와 함께 현재에는 새로운 시작의 가능성이 주어진다는 데서만 보여졌다. 물론 인간이 지금은 효과적으로, 말하자면 신의 요구들에 대한 순종으로 미래의 구원을 위한 조건을 실천하고 선한 일들 — 이것들을 근거로, 일들에 따라 심판할 신(또는 그리스도)의 심판에서 무죄를 선고받을 수 있는데 — 을 힘써 수행할 수 있다는 것이다. 이 율법성이 근본적으로는 포기되지 않고, 잘해서 변형되었다. 인간의 노력에서 영이 돕는다고 말하는 것이 바로 이 사실을 말한다. 새로운 신의 백성이라 (특별히 바나바서와 히브리서)는 의식이 생생한 곳에서도 같은데, 여기서는

---

1) 참조. H. Conzelmann, *Die Mitte der Zeit*, 특히 170, 1. 183—186.

先取라는 의미에서 부름을 받고 "구원"되었다(S. 523). 그리고 이것으로써 소망이 생동하는 경우에도 같다. 受洗後에 범행한 죄들을 위해 회개로 신의 용서를 얻을 수 있는 가능성이 있을 때에도 그것이 역시 율법성의 포기를 의미하는 것은 아니다. 이 가능성에 대한 물음이 提起될 수 있다는 것(헤르마스서, 그러나 히브리서도)은 율법적 思惟의 분명한 징후이다. 특징적인 것은, 신앙이 바울과 요한에서와 같은 철저한 의미에서 새로운 神 관계로서 이해되는 경우가 얼마나 회소한가 하는 것이다. 보통 $\pi i \sigma \tau \iota s$ "믿음"은 신 신뢰로서, 신뢰적인 소망으로서, 또는 끈기있는 誠實로서 이해된다. 골로새서와 에베소서에서도, 그리고 목회서신들에서도 $\check{\epsilon}\rho\gamma\alpha$ "일들"에 대한 $\pi i \sigma \tau \iota s$의 바울적 상반명제는 단지 가볍게 시사될 뿐이다. 다른 곳에는 전혀 없거나(이것은 이그나티우스에게서 물론 그의 특별한 근거를 가지는데, 참조. S. 563 f) 또는 격식적으로 재생될 뿐이다(1과 2 Klem). 인간은 다시 자신의 힘 위에 세워진 것이다. $E\check{\iota}\ \tau\iota s\ \dot{\epsilon}\nu\ X\rho\iota\sigma\tau\hat{\omega},\ \kappa\alpha\iota\nu\grave{\eta}\ \kappa\tau\iota\sigma\iota s$ "그리스도 안에 있으면 새로운 피조물이다"(고후 5 : 17)에 관한 것은 아무것도 남지 않았다. 그 결과는 물론 클레멘스 제 1서에서 가장 분명하게 나타나는데, 여기에서는 구약성서의 경건한 자들과 그리스도인들 사이의 다른 점이 완전히 사라진 것이다.

5. 그리스도論을 위한 결과

그러나 이것은 그리스도론을 위해 무엇을 뜻하는가? 祭祀에서 현재하는 큐리오스(主)로서 예배된 그리스도(S. 519)는, 역시 현재가 그를 통해 철두철미 새롭게 된 것으로 이해될 때, 즉 그의 現顯이 바울(갈 4 : 4 등)과 요한(5 : 25 등)의 의미에서 종말론적인 사건, 즉 옛 세계를 마감한 사건으로 이해될 때, 그리고 이에 상응하게 그리스도교적 존재가 脫세계화된 존재로서 종말론적 실존으로서 이해될 때에만, 실제로 현재의 主로서 이해된 것이다. 결정적인 문제는 세상을 마감한 그 마감이 오로지 연대기적 의미에서만 시간의 흐름의 마지막으로 이해되는가, 아니면 믿는 자들로서 새로운 피조물이 되고 죽음에서 생명으로 옮겨진 사람의 세계성의 종국으로서도 아니 말하자면 본질적으로 그렇게 이해되는가에 있다. 종말론적인 사건에 대한 이 내용상의 의미가 요한에 의해 완전히 연대기적인 의미에서 해소되었었다(§45, 3). 반면 그 의미는 바울에게서 아직 후자와 결합되어 있었다. 이그나티우스는 요한의 철저성에 거의 접근했다. 반면 바울의 이해는 어느 정도 골로새서와 에베소서 그리고 목회서신들에도 포함되어 있다. 여기서는 그 때문에 현재의 구원성격도, 현재에서 선포의 말이 울러나오고(S. 542, 549), 그러므로

§58. 그리스도論과 救贖論

바울에게서와 같이(S. 304 f.) 그리스도가 선포의 말에서 現在한다는 것에서 보았다. 그러나 그 외에서는 예외없이 그리스도의 종말론적 의미(야고보서와 헤르마스서에서와 같이 이 의미가 완전히 사라지지 않은 곳에서)도 오로지 그가 시간적인 세계과정에 종지부를 찍되 그가 심판하고 구원을 가져오기 위해 다시 올 때 찍는다는 점에서만 본다. 그는 미래의 심판자로서 철저히 현재를 위한 교사이고 율법 제공자이나 새로운 神 관계의 창시자는 아니다. 현재의 존재를 표시하는 바울의 ἐν Χριστῷ "그리스도 안에서"는 이 의미에서 아직 골로새서와 에베소서에서 볼 수 있으나 여기서는 이미 "그리스도교적"이라는 의미에서 격식화되었다(S. 542). 그것은 목회서신들(S. 551)과 베드로전서에서도 격식적으로 사용되었고(3:16; 5:10, 14) 클레멘스 제1서에서 더 잦고 폴리갑의 글에는 한번 나온다(1:1). 계시록에는 ἐν Χριστῷ "그리스도 안에서"가 한번 나온다(14:13). 'Εν Χριστῷ는 히브리서와 바나바서, 야고보서, 디다헤서, 베드로후서, 클레멘스 제2서, 헤르마스서에 없다. 오로지 이그나티우스에게서 그 말이 다시 옛 힘을 찾는다(S. 557 f.).

그리스도의 고난과 죽음에 참여하는 것은 바울에게서 그리스도교적 생활이 죄에 대해 끊임없이 싸우는 脫世界化를 통해 새겨지는 것을 뜻했다(롬(6:6; 갈 5:24; 6:14). 골로새서 2장 12, 20절과 3장 3절에 그리고 아마 디모데후서 2장 11—12절과 확실히 베드로전서 4장 1—2절에서 그것은 아직 이 의미를 보존한다. 그러나 베드로전서에서는 이것이 이미 모방의 사상과 결합되었다(S. 547). 그리고 이그나티우스에게서는 그것이 아주 중요한 것이 된다(S. 561). 모방의 사상에서 그리스도는 종말론적 해방자로 보여지지 않고 模範像으로 보여졌다(1 Klem 16:17; Pol 8:2에서도 그렇다). 바울에게서 고난 및 죽음의 공동성이 곧 그리스도의 삶과의 현재적 공동성이라면(고후 4:8 ff. 등), 모방에 있어서 생명은 부활에서 선사될 미래적인 것이다.

그리스도의 현재는 그것이 교사와 율법 제공자, 모범상의 그것 이상의 것인 한, 가령 골로새서와 에베소서, 목회서신에서 선포의 말에서 경험되고 그 외에서는, 그러나 예배에서, 특별히 성례들 즉 세례와 성만찬을 받는 데서 경험된다. 이것들이 그리스도의 죽음과 부활에 근거를 두고 있기 때문에 그 것들은 구원사건을 어떤 방식으로든지 현재화시킨다. 즉 그것들이 그 사건의 성과인 죄들의 용서, 영원한 생명의 은사(Ign)를 중개하면서 그렇게 한다.

先在者의 人成은 이그나티우스 외에서 아무런 독자적 의미를 가지지 않는다. 오히려 그것은 단지 그의 고난과 죽음 또는 그의 활동의 필연적인 전제일 뿐이었는데 교사로서, 교회의 창시자로서 사도들의 위임에 의해 그러했다. 이그나티우스에게서 그것은 σάρξ와 πνεῦμα에 대한 그의 파악에 따라 특별한 의미를 가진다. 그것을 통해 지상-육체적 존재가 피안의 영적인 것에 참여하는 것을 가능하게 했기 때문이다(S. 558 f.). 바울과 요한에게서 주도적인 人成에 관한 관찰이 순종과 사랑의 사상하에서(빌 2:8; 롬 15:3; 고후 8:9; 갈 2:20; 요 3:16; 요 4:34; 12:49 f.; 요일 4:6) 완전히 (Sm 8:1; Mg 7:1) 사라졌다.

그리스도교적 신앙이 율법성으로 퇴색될수록 그만큼 더 그리스도의 의미가 교회의 성례들 중에서 作用하는 것으로 소급된다. 신앙이 말에서 현재하는 것이 아닐수록 그만큼 더 교회는 성례적인 구원機構로 化한다(S. 478). 그리스도론은 그것이 이미 천박하지 않고 반성된 것인 한, 그리스도의 성례적 의미에 근거를 제공하는 데서 그 과제를 발견해야 하게 될 것이다.

III. 그리스도교적 생활 실천의 문제[*1]

§59. 명령에 관한 理解[*2]

1. 명령과 서술

그리스도교적 생활실천의 문제는 공동체에 처음부터 함께 주어졌었다(§ 10, 4; §11, 3 c). 말하자면 생활의 실천의 문제로서만이 아니라 또 특별히 그런 것으로서가 아니라, 무엇보다도 그리스도교적 自己理解의 문제로서 주어져 있었다. 그것은 공동체의 역설적 상황과 함께 주어졌었는데, 이 공동체는 종말론적인 것으로서 이미 옛 세계가 아니라, 미래의 세계에 속해 있으나 역시 옛 세계의 영역에, 즉 "이미 아니다"와 "아직 아니다" 사이에서 그 생활을 영위해야 했다. 이 생활은 새로운, 이미 옛 세대에는 속하지 않는 생활로서 叙述法으로 묘사될 수 있다. 그러나 그것은 옛 세계에서 영위될 수밖에 없다는 점에서 명령하에 있다. 이 생활은 전자로서는 은혜 아래, 후자로서는 신의 율법, 윤리적 요구 아래 서 있다(§11, 3 c). 그러므로 문제는 현재와 미래, 서술과 명령의 관계가 어떻게 이해되는가라는 물음에 들어 있다. 바울은 이 문제를 그리스도교적 자유에 대한 그의 이해로 풀고(§ 38) 현재와 미래의 관계를 변증법적인 것으로서 파악했었다(§40). 요한도 마찬가지였다(§50). 문제는 이 이해가 고수되었는가에 있다. 다시 말하면

---

* 1,2 이 표제에 관한 문헌들, 참조. S. 646 f.

그리스도교의 자유가 순종에 대한 자유로서, 그것으로써 순종 자체는 은혜 및 靈의 선물로서 계속 이해되었는가, 아니면 순종이 공로로서, 그것으로써 구원을 얻는데 필요한 실천되어야 할 조건으로서 파악되었는가(S. 118 f.), 또는 그것으로써 명령이, 바울의 義認論에서 붕괴된 그 율법의 의미에서의 율법의 성격, 즉 구원의 방법의 성격을 다시 얻었는가?

이 물음들에 대한 대답은 구원론에 관한 詳論에서(§58) 이미 대체로 다루어졌다. 구원론과 윤리의 주제는 그리스도교적 구원 理解의 특수성으로 인해 분리될 수 없고, 구원의 현재와 구원의 미래의 관계에 대한 물음이 서술과 명령의 관계에 대한 물음과 극히 밀접하게 결부되어 있기 때문이다. 바울의 전통이 오로지 골로새서와 에베소서, 베드로전서 — 그리고 목회서 신들 중에서는 좀더 약하지만 — 에서만 아직 생생하고 이외에서는 어디서나 율법성에 전락된 것을 우리는 이미 본 바 있다. 이그나티우스는 물론 특유했다. 그는 바울에게서 결정적인 것을 배웠으나, 성례전적 思惟를 驅使하여 그를 재해석했다. 여하간 평균치는 역시, 구원사건의 의미가 종말론적 사건으로서 바울과 요한의 의미에서 파악되지 않고, 그 사건(eschatologisches Geschehen)이 예수의 죽음과 부활이라는 사건(ein Ereignis)에 환원되었으며, 세례에서 소유된 이 사건의 작용이 과거의 죄들을 도말한다는 것이었다. 전에 지은 죄책에서 벗어난 인간은 이제 새로운 시작의 기회를 얻었으나 그러나 자신의 순종으로 미래의 구원을 얻으려면 지금 인간은 스스로 힘써야 되게 된 것이다. 은혜(바울) 또는 신의 사랑(요한)의 선사가 인간을 철저히 갱생시켰다는 인식은 사라졌다. 즉 인간이 신의 은혜 없이는 죄와 죽음의 세력에 떨어지고, 그는 자신의 자유를 상실하며 다소 자신의 행동을 수정하면서도 — 신의 율법은 그에게 있어서 신 앞에서의 자기 주장의 수단을 뜻하기 때문에 — 신에 대한 불순종으로 산다는 인식, 그리고 그를 지배하는 세력들에서의 그의 해방이 참 순종을 향한 해방이지만 그 순종이 결코 선사하고 용서하는 신의 은혜에서 벗어나서 자신의 힘에 맡겨질 수 없다는 인식은 모두 사라진 것이다.

2. 罪에 대한 이해

죄와 거짓, 어두움의 세력에 인간이 철저히 매여 있다는 것이 이미 관철되지 않은 이 발견은 그러므로 이해될 수 있다. 이방인들이 그리스도교 신앙에 돌아온 것은 — 이방인 그리스도교 및 유대인 그리스도교의 입장에서 볼 때 — 새로운, 바른 神 인식의 획득으로 이해되었으며, ἄγνοια "無知"와

πλάνη "방황"의 σκότος "어두움"에서 유일한 神에 대한 인식의 빛으로 옮겨진 것으로서 이해되었다(§9, 그와 또 특별히 2Klem 1:6 f.). 그와 함께 그것은 악덕에 빠진 생활 — 그대로는 죽음에 빠진 생활인데 — 에서 돌이킨 것을 뜻했다. 죽음에서의 구원은 죄들의 용서에 의해 일어나는데 이 용서는 그리스도의 죽음에 의해 준비되고 세례에서 소유된 것이다(S. 83, 135 f.). 후자는 물론 그리스도교 신앙에 돌아오는 유대인들에게도 해당한다.

인간이 신앙 이전에 떨어져 있던 δουλεία "노예됨"은 이미 바울과 요한에게서와 같이 죄(와 율법)에 매인 것(갈 4:24; 5:1; 롬 6:16—20; 8:15; 요 8:32—36)으로서 이해되지 않고, 오히려 — 물론 바울에게서도(롬 8:21) — θάνατος "죽음"과 φθορά "썩음"에 매여 있는 것으로 이해되었다(히 2:15; 벧전 2:16). 예외는 디도서 3장 3절뿐이다(δουλεύοντες ἐπιθυμίαις καὶ ἡδοναῖς ποικίλαις "각색 정욕들과 行樂에 노예된 자들"). Ἐλευθερία "자유"는 아마 벧전 2:16에서 율법과 죄에서의 자유를 뜻할 수 있다. Ign Rm 4:3; Pol 4:3에서는 그것이 죽음에서의 자유이다. 이외에서는 자유의 개념은 그리스도교적 존재일반의 성격으로 이미 사용되지 않는다. 그 개념은 거짓 교사들의 口號에서 찾을 수 있을 뿐이다(벧후 2:19). Νόμος (τ.) ἐλευθερίας "자유의 법"에 관해, 야 1:25; 2:12. 참조. S. 527, 2.

그러나 이 돌아옴이 결코 옛 인간의 철저한 변회로서 이해되지는 않았다. 물론 παλαιὸς ἄνθρωπος "옛 사람"(롬 6:6; 7:6; 고전 5:7 f.)과 그리스도교적 생활의 καινότης "새로움"(롬 6:4)에 관한 바울의 사상이 여운을 남기고 있다. 그러나 εἴ τις ἐν Χριστῷ, καινὴ κτίσις "누구나 그리스도 안에 있으면 새로운 피조물이다"(고후 5:17; 비교. 갈 6:15)와 ὁ ἔσω ἡμῶν (ἄνθρωπος) ἀνακαινοῦται ἡμέρᾳ καὶ ἡμέρᾳ "우리 속(사람)이 날로 새로와진다"(고후 4:16; 비교. 롬 12:2)라는 문장들의 逆說은 거의 이해되지 않았다. 서술과 명령에 대한 바울의 이해의 의미에서 인간의 갱생을 파악한 사상과정은 극히 회소하다. 가장 분명하게는 골로새서 3장 1절 이하에서 본다: εἰ οὖν συνηγέρθητ ετῷ Χριστῷ, τὰ ἄνω ζητεῖτε··· ἀπεθάνετε γάρ, ···νεκρώσατε οὖν τὰ μέλη τὰ ἐπὶ τῆς γῆς··· ἀπεκδοσάμενοι τὸν παλαιὸν ἄνθρωπον···καὶ ἐνδυσάμενοι τὸν νέον τὸν ἀνακαινούμενον ···ἐνδύσθε οὖν··· "그러므로 너희가 그리스도와 함께 다시 살림을 받았으면 윗 것을 찾으라···이는 너희가 죽었음이니···그러므로 땅에 있는 지체를 죽이라···옛사람을 벗어 버리고···새로난 사람을 입었으니···그러면···옷입어라"(비교. 2:12 f.). 디도서 3장 3—7절에도 이 역설이 아직 보존되어 있다. 여기서는 명령이 πνεῦμα ἅγιον "거룩한 영"에

§ 59. 명령에 관한 理解

의해 역사된 ἀνακαίνωσις "새로남"에 근거를 둔다. 골로새서의 위의 귀절들이 에베소서 2장 1—10절에서 다시 암시되지만 그 역설은 극히 약하게 표현되었다: καὶ ὑμᾶς ὄντας νεκροὺς τοῖς παραπτώμασιν καὶ ταῖς ἁμαρτίαις ὑμῶν... συνεζωοποίησεν τῷ Χριστῷ... κτισθέντες ἐν Χρ. Ἰησοῦ ἐπὶ ἔργοις ἀγαθοῖς "너희의 허물들과 죄들로 죽은 너희를···그는 그리스도와 함께 살렸다···그리스도 예수 안에서 지음을 받은 너희는 착한 일들을 위함이다". 4장 22—24절의 권고에서도 같은 것을 본다: ἀποθέσθαι ὑμᾶς... τὸν παλαιὸν ἄνθρωπον... ἀνανεοῦσθαι δὲ τῷ πνεύματι τοῦ νοὸς ὑμῶν καὶ ἐνδύσασθαι τὸν καινὸν ἄνθρωπον τὸν κατὰ θεὸν κτισθέντα... "너희는···옛 사람을···벗어 버리고 너희의 마음의 영으로 새롭게 되어 신을 따라 지음을 받은 새 사람을 입으라". '새롭게 된다'는 표제어는 히브리서 6장 6절에 다시 나온다. 그러나 바로 여기서 명령을 포함하는 새롭게 됨의 의미가 포기되었다. 여기서는 受洗 후에 범죄한 (重한) 죄인들에게는 πάλιν ἀνακαινίζειν εἰς μετάνοιαν "회개함으로 다시 새롭게 되는 것"이 이미 불가능한 것으로 되었기 때문이다. 그리고 유대인들보다 그리스도인들에게 훨씬 더 무섭다는 신의 보복의 위협(2:2f.; 10:28f.; 12:25)은, 그 필자가 그리스도인들이 가지고 있는 신 앞에서의 철저히 다른 위치를 이해하지 못했음을 보여 준다. 오히려 바나바서 16장 8절에서는 더 확실하다: λαβόντες τὴν ἄφεσιν τῶν ἁμαρτιῶν καὶ ἐλπίσαντες ἐπὶ τὸ ὄνομα ἐγενόμεθα καινοί, πάλιν ἐξ ἀρχῆς κτιζόμενοι "죄들의 용서를 받고 그 이름에 소망을 둔 우리는 새 사람들이고 다시 처음부터 지음을 받은 자들이다". 또 6장 11절: ἐπεὶ οὖν ἀνακαινίσας ἡμᾶς τῇ ἀφέσει τῶν ἁμαρτιῶν ἐποίησεν ἡμᾶς ἄλλον τύπον, ὡς παιδίων ἔχειν τὴν ψυχήν, ὡς ἂν δὴ ἀναπλάσσοντος αὐτοῦ ἡμᾶς "그러므로 죄들의 용서로 우리를 새롭게 한데 근거하여 그는 우리를 다른 형상으로 만들되 생명을 가진 자녀들처럼 이미 그가 우리를 새로 지었을 때처럼 만들었다". 그러나 필자는 현재의 義에 관해 아는 바 없었기 때문에(4:10)이 새롭게 됨도 철저하게 이해하지 못했다. 이것은 ὁ καινὸς νόμος τοῦ κυρ. ἡμ. Ἰ. Χριστοῦ "우리 주 예수 그리스도의 새 율법"(2:6)이라는 용어에 아무런 변화도 일으키지 못했다. 이 율법은 사실 δικαιώματα "법조문들"과 ἐντολαί "계명들"로 성립되어 있기 때문이다(S. 528). 그리스도인들이 καινὸς λαός "새로운 백성"(5:7; 7:5)일지라도 이 καινός는 단지 종말론적 공동체의 연대기적인 새로움을 표시하고 質的인 것이 아니다. 헤르마스서신도 그리스도인이(세례를 통해)

경험한(vis Ⅲ 8 : 9 : ἡ ἀνακαίνωσις τῶν πνευμάτων ὑμῶν "너희 영의 새롭게 됨"), 또는 지금 계시와 헤르마스의 회개 외침을 통해 받은(vis Ⅲ 12 : 3; sim Ⅷ 6 : 2; Ⅸ 14 : 3; 비교. Ⅵ 2 : 4) 새롭게 됨에 관해 말한다. 그러나 지금 다시 한번, 그리고 마지막으로 가능하게 된 새롭게 됨에 관한 말이 바로 그가 그것을 바울의 의미에서 이해하지 않았다는 것을 보여 준다. 그리스도가 (sim Ⅸ 12 : 1—3에 따라) πύλη καινή "새로운 문"이라면 연대기적인 의미에서만 그렇다.

Herm mand XII 3 : 4—5 : 4의 표현은 특별하다 : Herm은 "목자"로부터 신의 계명들이 어떤 것임을 듣고 놀라움으로 이렇게 고백한다 : οὐκ οἶδα δέ, εἰ δύνανται αἱ ἐντολαὶ αὗται φυλαχθῆναι, διότι σκληραί εἰσι λίαν "그러나 그런 계명들이 실천될 수 있는지를 나는 알 수 없다. 그것들은 너무도 가혹하기 때문이다". 그러나 그는 다음 대답을 들어야 했다 : 너는 잘못 알고 있다. 그 계명들은 오히려 쉽다. 그리고 그것들을 어렵다고 생각하는 것이 이미 죄이다. 그러므로 원한다면 누구나 그것들을 지킬 수 있다. 인간이 창조자를 통해 세상의 지배권을 받았다면 그는 역시 그 계명들을 준수할 능력을 물론 가지고 있을 것이다. 그가 악마를 무서워만 않는다면 악마는 그에게서도 亡할 것이다!

Τὰ ἀρχαῖα παρῆλθεν, ἰδοὺ γέγονεν καινά "옛 것은 지나갔고 보라, 새 것이 되었다"(고후 5 : 17). 그리스도교적 상황의 전적인 변화에 관한 의미는 사실 이그나티우스만이 보존하고 있다. 그는 구원사건을 실제로 종말론적인 것으로서 이해했다. 그리고 그것으로써 그리스도교적 존재의 역설을 파악했다. 그는 물론 옛 본질에서의 해방을 육과 죄의 세력에서의 해방으로 이해하지 않고 무상함과 죽음에서의 해방으로 이해했다(S. 559). 이그나티우스의 경우 그것은 그의 다른 전제들에 의해 이해될 수 있다. 즉 그의 출신처인 헬레니즘-영지주의적 二元論과 그의 성례주의에 의해 이해될 수 있다. 반면 바울과 요한이 죄라고 부른 것을 위한 그 의미는 도덕적-율법적 사유에서 사라졌는데, 대체로 회당전통의 영향에 의한 것이다.

대체로 죄에 관해 말해지는 방식이, 그리스도 없이는 인간은 철저히 타락했다는 것에 대한 관심은 이미 없어졌음을 보여 준다. 죄는 거의 통일적 세력으로 이해된 것이 없거나, 또는 인간을 향해보면 통일적인 생활태도로 이해되지 않았다. 단지 골로새서와 에베소서에서만 죄가 아직 그리스도인도 위협하는 세력으로 관찰되었다(S. 541). 물론 ἁμαρτίαι "죄들", ἁματήματα "죄목들", παραπτώματα "범죄들"에 관해 자주 거론된다. 그리고 다음과 같

§59. 명령에 관한 해석

온 고백들도 해후된다 : πολλαί μου εἰσὶν αἱ ἁμαρτίαι καὶ ποικίλαι "내 죄들과 번거로움은 한이 없다"(Herm mand Ⅳ 2 : 3), καὶ αὐτὸς πανθαρμαστωλὸς ὢν καὶ μήπω φυγὼν τὸν πειρασμόν "그리고 그 자신이 몽땅 죄이어서 이미 유혹을 피할 수 없다"(2 Klem 18 : 2), πάντες ὀφειλέται ἐσμὲν ἁμαρτίας "우리는 모두 죄에 책임을 져야 한다"(Pol 6 : 1). 그러나 인간을 지배하는 세력으로서 ἁμαρτία에 관해 말한 일은 전혀 없다고 해도 좋다. 잘해서 히브리서 9장 26절, 12장 1, 4절, 폴리갑서 6장 1절에서 그것이 통일적으로 보여졌다고 할 수 있다. 사람들이 그리스도 앞에서 ἁμαρτωλοί "죄인들" — 그는 이들을 구원하기 위해 왔는데 — 에 해당한다면 이방인의 악덕 생활이 생각된 것이다(딤전 1 : 9; 비교. 골 1 : 21; 3 : 7 f.; 2 : 3; 엡 3 : 3; 벧전 1 : 14, 18; 4 : 3). 그들은 νεκροὶ τοῖς παραπτώμασιν "범죄들에서 죽은 자들"이었고(골 2 : 13; 엡 2 : 1, 5; 비교. Herm sim Ⅸ 16 : 3 ff.), 그들의 ἔργα "일들"은 νεκρά "죽은 것"이었다(히 6 : 1; 9 : 14; 罪된 그리스도인에 관해, Herm sim Ⅸ 21 : 2; 비교. 계 3 : 1).

肉에 관해서도 바울의 의미에서는 거의 언급되지 않는다. 이그나티우스는 전혀 예외이다(S. 550). 골로새서 2장 11, 13절에서 σάρξ "肉"은 세력은 아닐지언정, 적어도 죄의 영역이기는 하다 : 세례에 뒤따르는 것은 ἀπέκδυσις τοῦ σώματος τῆς σαρκός "육의 몸을 벗는 것"이다. 그리고 그리스도는 τοῖς παραπτώμασιν καὶ ἐν (?) τῇ ἀκροβυστίᾳ τῆς σαρκός "범죄들과 육의 무할례에서" 죽은 자들을 살렸다(비교. 유 23). Σάρξ "肉"의 ἐπιθυμίαι "욕심들"에 관해서는 여러 번 언급된다(엡 2 : 3; 벧전 2 : 11; 벧후 2 : 18; Did 1 : 4; Barn 10 : 9). 그러나 이외에서는 σάρξ는 이그나티우스에게서와 같이 여전히 지상의 것, 육체적인 것의 영역일 뿐이다.

이렇게 σάρξ는 중립적으로 사용되었다. 가령 2 Klem 8 : 2; Herm vis Ⅲ 9 : 3; mand Ⅲ 1 등. 그리스도가 σάρξ에서 계시되고 고난을 받았다는 말은 많다(Barn 5 : 6 10 ff.; 6 : 7, 9 등; 2 Klem 9 : 5; Herm sim Ⅴ 6: 5 ff.). 또는 인간이 그의 σάρξ를 더럽히지 않고 깨끗하게 보존해야 한다는 것도 언급된다(2 Klem, 참조. S. 535; Herm mand Ⅳ 1 : 9; sim Ⅴ 7 : 1 f.; 비교. ἁγνὸς ἐν τῇ σαρκί "육에서 거룩함", 1 Klem 38 : 2). 바울의 κατὰ σάρκα "육에 따라"는 죄된 행실 전체에 관한 특성으로 이미 사용되지 않고, 자연적인 상황의 표지로는(S. 234 f.) 아직 골 3 : 22; 엡 6 : 5(οἱ κατὰ σάρκα κύριοι "肉에 의한 주인들" 또는 노예들)와 1 Klem 32 : 2(예수가 아브라함의 후손임은 τὸ κατὰ σάρκα "육에 의한 것"이다)에서만 본다. 2 Klem는 Ign처럼 육의 부활을 가르친다(9 : 1 ff.).

그 까닭에 σάρξ-πνεῦμα "육—영"의 대립명제도 바울의 의미에서는 역할을 못하고 오로지 지상의 것과 신적인 (피안의) 것을 표시할 뿐이다. 이그나티우스에게서만 그런 것이 아니다(가령 딤전 3:16; Barn 7:3; 2 Klem 9:5; 14:3 ff.; Herm sim V 6:5 ff. 등. 골 2:5에서는 다소 다르다): κόσμος-θεός "세상—신"의 대립명제는 더 잦다 : 분명하게 표현된 경우(야 4:4; Ign Mg 5:2; Rm 2:2), κόσμος οὗτος "이 세상"에 관해 말한 경우(엡 2:2; Did 10:6; Barn 10:11; 2 Klem 5:1—5; ὁ κ. οὗτ. τῆς σαρκός "육의 이 세상" : 8:2; 19:3; Ign Mg 5:2; Herm vis IV 3:2—4; sim V 5:2), 단순한 악한 의미의 ὁ κόσμος로 사용된 경우(야 1:27; 4:4; 벧후 1:4; 2:20; Ign Rm 3:2 f.; 7:1; Pol Phil 5:3). 이 경우에 대개 κόσμος는 反神的 세력이 아니라(야 4:4에서 분명하다) 지상 것의 영역으로 생각되었고, 그 화법은 인간의 타락 또는 위협됨에 관한 사상이라기보다 윤리적 요구에 대한 소극적 반응을 표시한다. Κοσμικαὶ ἐπιθυμίαι "세상 욕심들"이 거론되거나(디 2:12; 2 Klem 17:3; 비교. Pol Phil 5:3; αἱ ἐπιθ. αἱ ἐν τῷ κόσμῳ "세상에 있는 욕심들") 또는 단순히 κοσμικά "세상적인 것"(2 Klem 5:6)이 언급될 때 알 수 있다.

지금의 세대와 오는 세대의 대립명제도 몇 문헌들 중에서 계속된다. 그것도 분명히 표현된 경우(엡 1:21; 2 Klem 6:3; Herm sim III—IV), "이" 세대 또는 "저" 세대를 논할 경우(딤전 6:17; 딤후 4:10; Ign Rm 6:1; Pol Phil 5:2; 9:2; Herm에 잦고), 또는 ἄρχων τοῦ αἰῶνος τούτου "이 세대의 관원"(Ign에 여러 번)에 관해 말하는 경우, 단지 오는 세대만이 지칭되는 경우(히 6:5: ὁ μέλλων "미래의 것"; Herm vis IV 3:5 : ὁ ἐρχόμενος "오는 것"; Barn 10:11: ὁ ἅγιον "거룩한 것"; 2 Klem 19:4 : ὁ ἄλυπος "근심 없는 것")들이 있다. 이 화법도 소극적인 윤리를 성격지어 준다. 특별히 헤르마스서에서 분명한데, 이 세대의 ἐπιθυμίαι (와 ἀπάται) "욕심들(과 속임들)"(mand XI 8; XII 6:5; sim VI 2:3; 3:3 등), 그의 ματαιώματα "허영들"(mand IX 4; sim V 3:6), 그의 πονηρίαι "악행들"(sim VI 1:4), 그의 πραγματεῖαι "사업들"(mand X 1:4)에 대해 경고한다. 오는 세대에 속했다는 것은 주로 의무로서, 다시 말하면 καινὸς νόμος μοῦ κυρίου "주의 새로운 율법"(Barn 2:6)과 그의 ἐντολαί "계명들", δικαιώματα "계율들"에 대한 순종으로, 그리고 σαρκικαί "육적인" 또는 κοσμικαί "세상적인" ἐπιθυμίαι "욕심들"을 거부함으로 옛 세계에서 풀려나야 하는 의무로서 나타난다. 이 명령이 근거를 둔 서술은 옛 죄들의 용서에 한정되어 있다.

§59. 명령에 관한 理解

受洗는 이제 홀로 내버려진 것이다. 미래의 구원을 얻기 위한 조건은 착한 일들로 실천되어야 한다. 죄의 세력에서 벗어난 자유와 영의 능력에 의해 지탱됨에 대한 의식은 상실되었다.

죄에서의 자유는 도덕적인 의미에서 無罪性으로 이해되었다. 옛과 지금의 대립명제가 진지하게 받아들여지는 곳에서는 그 때문에 受洗 후의 죄에 관한 — 적어도 어려운 — 문제와 다시 회개할 수 있는 가능성에 대한 문제가 제기될 수밖에 없었다(히브리서, 헤르마스서). 옛과 지금의 대립명제가 큰 역할을 하는 것은 물론이다(S. 104). 그러나 그것이 지금 선사된, 이전에 숨겨져 있던 구원의 계시를 묘사하지 않고 세례로 얻은 깨끗함이 단지 옛 죄에 대립될 뿐인 것에서는 그것은 명령을 서술로 설명하되 이 양자의 역설적인 관계를 표현하지 않고 한다. 이것으로 무죄성은 과제로 변한 것이다. 그리고 이 과제가 실천 불가능한 것으로 또는 실천되지 않은 것으로 증명될 때, 사람들은 회개와 신의 용서에서 도피처를 찾는다. 이는 대체로 이 용서가 주어진 가능성으로 반성 없이 받아들여지기 때문인데, 여기서는 회당의 전통도 영향을 준다. 다시 한번, 그리고 마지막으로 그 가능성이 헤르마스에게 열려 있기 때문에 그가 회개를 외친다면, 클레멘스 제2서는 회개가 언제나 가능하다는 전제하에 행해진 회개의 설교서이다. Μετανόησον "회개하라"는 호소는 回覽文인 계시록을 일관하고 다음 글들은 그리스도인들의 회개를 다룬다 : 딤후 2 : 25; 1 Klem 57 : 1; 62 : 2; Did 10 : 6; 벧후 3 : 9; Ign Phld 3 : 2; 8 : 1; Sm 4 : 1; 5 : 3; 9 : 1. 클레멘스 제1서 7—8장은 μετάνοια "회개"를 그리스도인들과 옛 구약성서의 경건한 자들을 위한 가능성으로서 말한다. 회개를 위한 기간이 우리가 지상에 머무는 동안이라고 가끔 말해질지라도(2 Klem 8 : 1—3; 16 : 1; Ign Sm 9 : 1), 분명한 것은 회개가 지금 계속 여전히 가능하다는 것이다. 이것을 베드로후서 3장 9절은 분명하게 神의 관대함으로 설명한다. 회개와 마찬가지로 용서도 언제나 열려 있다(야 5 : 15; Pol Phil 6 : 2).

회개는 물론 용서를 위한 조건이다(Ign에게서 분명하다. Phld 8 : 1). 때로 용서는 사람이 사랑으로 신의 계명들을 실천한다는 조건과 결합되기도 한다(1 Klem 50 : 5). "사랑은 일련의 죄를 덮어 주기" 때문이다(벧전 4 : 8; 야 5 : 20; 1 Klem 49 : 5; 50 : 5; 2 Klem 16 : 4). 착한 일도 같은 작용을 한다(Pol Phil 10 : 2; Barn 19 : 10; Did 4 : 6). 사실 2 Klem 16 : 4에 의하면 ἐλεημοσύνη "慈善"도 μετάνοια "회개"와 거의 같고 기도와 금식보다 낫다. Herm sim Ⅶ에서 한걸음 더 나가는데, 여기서는 제의적인 금식이 거부되고 참 금식으로서 계명들의 실천이 가르쳐진다. 이에 반해 sim

V 3 : 7에서는 금식이 승인되나 사랑의 일을 위한 것으로서 승인되었다. 즉 금식으로 절약된 식량을 과부들과 고아들, 가난한 자들에게 선사하라는 것이다. 이런 귀절들은 금식이 유용한 것으로 생각된 단체가 있었음을 보여 준다. Pol Phil 7 : 2에서는 그것이 기도와 결합되어 나타난다. 그리고 Did 8 : 1에서는 금식하는 날을 유대인의 월요일 및 목요일과 달리 수요일 및 금요일로 정하고 있다. 계시(Herm vis Ⅱ 2 : 1; Ⅲ 1 : 2; 10 : 6 f.)와 세례(Did 7 : 4)를 받기 위한 준비로서의 금식은 다소 다르다 — 고난들이 회개를 하게 하면 그것들도 죄를 도발하는 영향을 제공한다고 말하는바, Herm vis Ⅲ 7 : 6; sim Ⅵ 3—5; Ⅶ에서 볼 수 있고, 어려우나 벧전 4 : 1에서도, 그러나 아마 야 5 : 14—16에서도 볼 수 있을 것이다.

공동체의 기도인 클레멘스 제 1서 60장 1절에서는 용서가 신의 자비에 호소하면서 간구된다. 요한일서 1장 9절에서와 같이 죄의 고백은 자주 일컬어진다(야 5 : 16; 1 Klem 51 : 3; 52 : 1; Barn 19 : 12; Did 4 : 14; 14 : 1; 2 Klem 8 : 3; Herm vis Ⅰ 1 : 3; Ⅲ 1 : 5 f.; sim Ⅸ 23 : 4). 이러 고백은 물론 대체로 전제되어 있다.

3. 恩惠에 관한 이해

죄의 진지성이 이미 철저히 파악되지 않았다는 사실에는 신의 은혜도 이미 철저히 이해되지 않았다는 것이 상응한다. 신의 χάρις "은혜"에 관해서 많이 말해진다. 그러나 ἔργα-χάρις "일들-은혜"라는 대립명제는 극히 드물게 지시된다(엡 2 : 5, 8 f.; 딤후 1 : 9; 디 3 : 5, 7).

아주 일반적으로는 신의 χάρις에 관해 자주 말한다(살후 1 : 12; 2 : 16; 딤전 1 : 14; 행 11 : 23; 14 : 26; 15 : 40; 1 Klem 30 : 2 f.; 50 : 3; 2 Klem 13 : 4; Ign Sm 12 : 1; Pol 2 : 1; Herm mand Ⅹ 3 : 1). 다음에는 χάρις는 ἔλεος "긍휼"과 거의 구별되지 않는다(S. 283). Χάρις와 ἔλεος는 人事 祈願에서 결합될 뿐 아니라(딤전 1 : 2; 딤후 1 : 2; 디 1 : 4; 요이 3; Ign Sm 12 : 2) 그 외에서도 결합된다(히 4 : 16). Ἔλεος는 χάρις를 대신하기도 한다(엡 2 : 4; 디 3 : 5). 그 외에 χάρις는 회개를 받아들임에도 나타난다(1 Klem 7 : 4. 여기서는 행 5 : 31; 11 : 18에서와 같이 세례의 회개가 생각된 것만은 아니다).

대개 χάρις는 그리스도 안에서 증명된 구원의 은혜를 표시한다(가령, 디 2 : 11). 그리스도교의 소식은 εὐαγγέλιον "복음" 또는 λόγος τῆς χάριτος "은혜의 말"로 표시된다(행 20 : 24, 32). 그리스도인이 된다는 것은 신의 χάρις를 듣고 인식하는 것을 뜻한다(골 1 : 6). 그리스도인이 되는 것은 χάρις의 지배를 받는 것이다(1 Klem 16 : 17). 또는 ἐνεστῶσα χάρις "현재의 은혜"하에 있음을 뜻한다(Ign Eph 11 : 1; 비교. 벧전 5 : 12). 거짓 교사들은 ἑτεροδοξοῦντες εἰς τὴν χάριν ᾽Ι. Χριστοῦ "예수 그리스도의 은혜 외에 다른 것을 생각하는 자들"이다(Ign Sim 6:2). 타락의 죄는 πνεῦμα τῆς χάριτος "은혜의 영"에 대한 반란을 뜻한다(히 10:29). 공동체가 πνεῦμα τῆς χάριτος "은혜의 영" 또는 χάρις τῆς πνευματικῆς δωρεᾶς "영적 은사의 은혜"를 받았다(1 Klem 46:6; Barn 1:2)는 것, 또는 공동체가 χάρις θεοῦ "신의 은혜"에 의해 채워져 있다(Ign Rm의 여러 곳)는 표현들에서는, χάρις가 바른 그리스도교적 행동을 위해 돕는 힘으로 파악된 것이 나타난다(비교. 1 Klem 23:1; 46:6; Barn 1:3; 힘으로서의 χάρις에 관해, 1 Klem 55:3도).

그런데 분명한 것은 πίστις(와 πιστεύειν) "믿음(과 믿다)"도 바울에게서와 같이 신앙의 순종의 의미를 가질 수 없고 그것이 소망의 신뢰 또는 성실을 뜻하지 않을 때, 이른바 그리스도인 됨 또는 그리스도인임 또는 fides quae creditur "믿어지는 신조"의 의미에서의 그리스도교도 표시하는 역사적 개념으로 화한다(S. 500). Ἔργα-πίστις의 대립명제가 상실될 때 어디서나 선한 일들의 요구(와 악에 대한 경고)가 加勢되는 것은 놀라운 일이 아니다. 목회서신들과 클레멘스 제1, 2서, 그리고 바나바서에서 볼 수 있다. 심판과 보복이 그 일들에 의해 시행되기 때문이다(벧전 1:17; 계 2:23; 1 Klem 34:3; Barn 4:12; 2 Klem 6:9 등). 야고보서 2장 24절은 인간이 일들에 의해 의롭게 되고 신앙만으로 되는 것이 아님을 분명하게 보장한다(비교. 1 Klem 31:2). 그러므로 헤르마스는 인간을 가르쳐서 "어떤 일들을 행할 것이 내게 요구될 것인가를 그가 알도록" 하라고 목자들에게 간청한다(mand Ⅳ 2:3; 비교. Ⅷ 8). 그리고 그는 끊임없이 πονηρά, δίκαια ἔργα "악하고 의로운 일들"에 관해, 그리고 ἔργα τοῦ θεοῦ, τοῦ διαβόλου "신과 악마의 일들" 등에 관해 가르침을 받는다. 물론 선한 일에 대한 권고와 심판에 대한 지시는 바울에게서도 본다(고전 15:58; 고후 5:10; S. 324 f. 338 f. 344 f.). 그러나 지금은 그것이 다른 의미를 가진다. 그 까닭은 명령이 바울의 경우와 같은 방식으로 이미 서술에 근거를 두지 않고 χάρις는 이미 철저한 의미에서 파악되지 않았으며 (S. 291 f.) πνεῦμα는 이미 그 능력과 규범의 통일성에서 (S. 343 f.) 이해되지 않았기 때문이다. 이를 위한 징표는 바울에게 거의 전혀 없는 (S. 289, 320 f.) μετάνοια "회개"와 ἄφεσις τῶν ἁμαρτιῶν "죄들의 용서"에 관한 말이 주도적이 된 것이다.

Πίστις 개념이 바울(및 요한)의 의미를 상실한 것과 같이, 義의 개념도 상실되었다. 바울의 의미에서의 δικαιοσύνη θεοῦ "신의 義"는 이미 전혀 볼 수 없게 되었다(야 1:20; 벧후 1:1에 관해, 참조. S. 286). 단순한 δικαιοσύνη 와 δικαιοῦσθαι "의롭게 되다"도 法廷-종말론적 의미에서 사용된 경우는 극

히 드물다. 그리고 그 경우에도 언제나 불분명한 것은, 이미 얻은 믿는 자들의 義認이 생각되었는지(더 3:7에서만은 확실하나 1 Klem에서는 애매하다) 또는 미래의 義認인지(Barn 4:10, 여기서는 우리가 아직 δεδικ- αιωμένοι "의롭다함을 받은 자들"이 아니라는 것이 분명하게 언급 되었다; 15:7; Pol Phil 8:1; Ign Phld 8:2; 2 Klem 11:1. 1 Klem 30:3; 32: 4에서도 물론이다) 알 수 없다는 것이다. Δικαιοσύνη와 δίκαιος가 주로 표시하는 것은 도덕적인 方正性이다(§ 58, 3 여러 곳). 폴리갑이 περὶ δικαιοσύνης "義에 관해" 묘사했다면 그것은 그것이 윤리적 생활률을 제공함을 뜻한다.

方正性 또는 윤리적 태도로서의 δικαιοσύνη, 가령 엡 4:24; 5:9; 딤전 1:9; 6: 11; 딤후 2:22; 3:16; 행 13:10; 야 5:6, 16; 벧전 3:12; 벧후 2:7 f.; 계 22: 11; Barn 1:6; 19:6; Pol Phil 9:2; 대체로, 1 Klem; 전반적으로, Did와 2 Klem; 거의 언제나, Herm. — 성격적인 것은 다음 표현들이다 : ποιεῖν δικαιοσύνην "의를 행함", 이미 요일 2:29; 3:7,10; 다음엔 계 22:11; 1 Klem 31:2; 2 Klem 4:2; 11:7; ἐγράζεσθαι δικ. "의를 행함", 행 10:35; 히 11:33; 1 Klem 33:8 (ἐργ. ἔργον δικαιοσύνης "의의 일을 행함"); 자주 Herm (가령 mand Ⅷ 2 δικ. μεγάλην "큰 의"); πράσσειν τὴν δικ. "의를 실천함", 2 Klem 19:3 (비교. δικαιοπραγία "義의 實踐", 1 Klem 32:3); δίκαια βουλεύεσθαι "의로운 것들을 원함", Herm vis Ⅰ 1:8; ὁδὸς δικαιοσύνης "의의 길", 벧후 2:21; Barn 1:4; 5:4; 2 Klem 5:7; μισθὸς δικαιοσύνης "의의 보상", Did 5:2; Barn 20:2; 2 Klem 20:4. 모든 ἀρεταί "덕목들"의 종합파악으로서의 δικ., Herm mand Ⅰ 2; sim Ⅵ 1:4; ἀρετή "덕"과 결합, Herm mand XII 3:1; sim XIII 10:3. Ἄγγελος τῆς δικ. "의의 천사"와 ἄγγελος τῆς πονηρίας "惡의 천사"의 대립, Herm mand Ⅵ 2:1 ff. — Δικ. 는 다른 것들과 함께 하나의 덕으로 자주 권고된다. 가령 ἀγάπη "사랑"과 함께, 2 Klem 12:1; πίστις와 함께, Pol Phil 9:2; ἐλπίς "소망" 및 πίστις와 함께, Barn 1:6; ἁγνεία "성결함"과 함께, Herm sim Ⅸ 16:7; ἀλήθεια "진리"와 함께, 1 Klem 31:2; Herm sim Ⅸ 25:2; 또는 덕목록에서, 1 Klem 62:2; Herm mand Ⅵ 2:3; Ⅷ 10; Ⅶ 3:1; ταπεινός "겸손"과 함께, Did 3:9; Barn 19:6; σεμνός "고귀함"과 함께, Herm sim Ⅷ 3:8. 특별히 성격적인 것은 δικαιοσύνη, δίκαιννος, δικαίως "의롭게"가 ὁσιότης "경건성", ὅσιος "경건한", ὁσίως "경건하게"와 결합된 것이다 : 1 Klem 14:1; 48:4; 2 Klem 5:6; 6:9; 15:3 등; εὐσεβῶς "경외로"와 함께, 디 2:12; 1 Klem 62:1.-

이 용어에서 제시되는 것은 종말론적 意識과 카리스마주의 대신 도덕적인 경건의 理想이 등장하기 시작하고 계속 이미 등장했다는 것이다. 그것은 유

§59. 명령에 관한 理解

대교에서와 같이 미래의 구원에 참여하기 위한 조건으로 파악된, 경건과 神경외로 영위되는 신의 종들의 생활 이상이다. $\Delta\iota\kappa\alpha\iota\sigma\sigma\dot{\nu}\nu\eta$가 바른 생활영위의 의미에서 "경건"의 의미를 얻은 것과 같이 "경건"을 지칭하는 표현들은 增加된다.

$E\dot{\upsilon}\sigma\dot{\epsilon}\beta\epsilon\iota\alpha$ ($\epsilon\dot{\upsilon}\sigma\epsilon\beta\dot{\eta}s$, $\epsilon\dot{\upsilon}\sigma\epsilon\beta\epsilon\hat{\iota}\nu$) "경외(경외로운, 경외롭다)", 또 때로는 $\vartheta\epsilon\sigma\sigma\dot{\epsilon}\beta\epsilon\iota\alpha$ "神경건"을 신약에서 볼 수 있는데 목회서신들과 베드로 후에 비로소 나오고 다음에는 자주 1과 2 Klem에 나온다. "$O\sigma\iota os$와 $\dot{o}\sigma\iota\dot{o}\tau\eta s$는 신약중 엡 4 : 24와 목회서신들 중에서만 볼 수 있고 1과 2 Klem에서 자주 나온다. $\Sigma\epsilon\mu\nu\dot{o}\tau\eta s$ "성결함"은 신약중 이미 딤전 2 : 2에 나오고 1 Klem에서 자주 보며 다음에는 Herm가 매우 즐겨 사용했는데 그는 인격화된 $\sigma\epsilon\mu\nu\dot{o}\tau\eta s$를 — 교회의 탑을 세우는(vis Ⅲ 8) — 동정녀(두 가지 덕목들) 중의 하나로 간주했다.

특별히 주목되는 것은 $\varphi\dot{o}\beta os$ ($\vartheta\epsilon o\hat{\upsilon}$) "(신에 대한) 두려움"과 $\varphi o\beta\epsilon\hat{\iota}\sigma\vartheta\alpha\iota$ ($\tau\grave{o}\nu$ $\vartheta\epsilon\dot{o}\nu$) "(신을) 두려워함"의 용법이다. 바울도 가끔 $\varphi\dot{o}\beta os$ $\vartheta\epsilon o\hat{\upsilon}$ (롬 3 : 18 : Ψ 〈70인역 시편〉 35 : 2에 의함) 및 $\tau o\hat{\upsilon}$ $\kappa\upsilon\rho\dot{\iota} o\upsilon$ (고후 5 : 11)에 언급했다. 그러나 이 표현이 그리스도교적 행위의 技術的 표현으로 되기는 사도행전 9장 31절에서 비로소 그리고 고린도후서 7장 1절에서는 삽입구, 에베소서 5장 21절에서는 $\varphi\dot{o}\beta os$ $\tau o\hat{\upsilon}$ $X\rho\iota\sigma\tau o\hat{\upsilon}$ "그리스도에 대한 두려움"으로 나타난다. 절대적 용법인 $\varphi\dot{o}\beta os$도 같은 의미로 사용된다 : 벧전 1 : 17; 3 : 2, 16 ($\pi\alpha\rho\alpha\ddot{\upsilon}\tau\eta s$ "온유"와 결합됨); 유 23절. 그 다음에는 $\varphi\dot{o}\beta os$ τ. ϑ. (τ. $\kappa\upsilon\rho\dot{\iota} o\upsilon$)와 절대적인 $\varphi\dot{o}\beta os$가 클레멘스 제 1서, 바나바서, 폴리갑(Phil) 그리고 특별히 헤르마스서에서 자주 발견되는데 후자에서는 두려움의 두 종류 — 주와 악마에 대한 — 가 자세히 다루어진다(mand Ⅶ). $\Phi o\beta\epsilon\hat{\iota}\sigma\vartheta\alpha\iota$ τ. ϑ. (τ. $\kappa\upsilon\rho$.)는 신약성서 중에서 $\varphi o\beta o\dot{\upsilon}\mu\epsilon\nu o\iota$ τ.ϑ. "신을 두려워하는 자들"로서의 改宗者들에 대한 技術的 표지를 제외하면 그리스도교적 태도의 특성으로서는 처음으로 드물게 사용된다(골 3 : 22; 벧전 2 : 17; 계 11 : 18; $\varphi o\beta$. $\tau\grave{o}$ $\ddot{o}\nu o\mu\dot{\alpha}$ $\sigma o\upsilon$ "당신의 이름을 두려워하나이다.", 19 : 5; 비교. 14 : 7; 15 : 4); 그후 이것은 클레멘스 제 1서, 제 2서에서 좀더 잦게 나온다. 마찬가지로 이 부류에 속하는 $\delta o\hat{\upsilon}\lambda o\iota$ $\vartheta\epsilon o\hat{\upsilon}$, $X\rho\iota\sigma\tau o\hat{\upsilon}$ "신" 및 "그리스도의 종들"이라는 경건한 자들에 대한 표지는 점점 더 자주 사용된다.

신약중 고전 7 : 22에서처럼 $\delta o\hat{\upsilon}\lambda os$ $\vartheta\epsilon o\hat{\upsilon}$ ($\kappa\upsilon\rho\dot{\iota} o\upsilon$) "신(主)의 종"이 語戱로는 사용되었지만 기술적인 의미에서는 아직 사용되지 않았다. 이 기술격 의미에서(가령 =그리스도인) : 골 4 : 12; 엡 6 : 6; 딤후 2 : 24; 벧전 2 : 16; 계 1 : 1; 7 : 3; 19 : 2, 5; 22 :

3. 이중에서 이 용어의 용법이 구별되어야 할 것은 모세와 같은 훌륭한 인물들(계 15:
2), 예언자들(계 10:7; 11:18), 사도들(바울에게서 자주 볼 수 있다. 다음에는 더 1:
1; 행 4:29; 유 1; 벧후 1:1)의 칭호로 사용된 것이다. $\Delta ουλεύειν$ τ. $θεῷ$ "신에게
노예됨"은 마 6:24=눅 16:13에서만 볼 수 있고 $δουλεύειν$ τ. $Χριστῷ$, τ. $κυρίῳ$
"그리스도" 또는 "주에게 노예됨"은 바울에게 낯선 용어가 아니다. 그는 이것을 역시
비교적 적게 사용하고 문맥에 의한 특별한 동기설정에서만 이용했다(롬 7:6 ⟨25⟩;
비교. 6:6; 갈 4:8f.; 살전 1:9). 그리스도교적 행동을 성격짓는 특징으로서 : 골
3:24; 행 20:19. Herm에서 $δοῦλος$ τ.$θ$.는 그리스도인들의 표지로 자주 나온다. 이
것은 공동체의 기도에서도 볼 수 있다. 1 Klem 60:2; 또 2 Klem 20:1. 마찬가지
로 $δουλεύειν$ τ. $θεῷ$, τ. $κυρίῳ$는 Herm에서 잦으나 1 Klem 26:1; 45:7; 2 Klem
11:1; 17:7; 18:1; Pol Phil 2:1; 6:3에도 있다. Herm에서는 이 용어가 마멸되
어서 $δουλεύειν$ τῇ $πίστει$ "신앙에"(mand Ⅸ 12), $τοῖς$ $ἀγαθοῖς$ "선한 것들에게"
(중립적으로, mand Ⅷ 8), $ταῖς$ $ἀρεταῖς$ "참된 것들에게"(vis Ⅲ 8:8), $τῇ$
$ἐπιθυμίᾳ$ $τῇ$ $ἀγαθῇ$ "선에의 욕망에"(mand XII 2:5; 3:1) $δουλεύειν$ "노예됨"을
뜻한다. 그러나 벧전 2:16에서는 어디에도 바울에게서와 같이 이 $δοῦλος$ "노예"됨이
동시에 $ἐλεύθερος$ "자유인"됨이라는 역설이 파악된 곳은 없다. 다시 말하면 어디에
서도 철저한 의미에서 $δοῦλος$ τ. $θεοῦ$ 또는 τ. $Χριστοῦ$ 됨이 무엇인가가 파악된 곳
은 없다. 어디에서도 $δουλεύειν$의 도덕적 의미는 극복되지 않았다.

4. 작용한 기능들과 발전

용어와 내용상으로 여기서 작용하고 바울(및 요한)의 신학을 축소시킨 영
향력은 회당의 것이다. 회당의 전통이 — 부분적으로는 문헌적 사료들의 형
태로 — 主導役을 한 곳은 히브리서와 바나바서, 계시록, 야고보서, 디다헤
서, 그리고 헤르마스서와 클레멘스 제 1 서 뿐이 아니라, 제 2 바울서신들 즉
골로새서, 에베소서, 목회서신들, 베드로전서에서도 그 흔적을 볼 수 있다.
교회는 과정에서 종교적 도덕주의에 떨어진 것이다. 이에 대응하며 작용한
기능들은 바울과 요한의 문헌들 외에 한편 共觀書에 수록된 예수의 선포의
전통인데, 이것의 철저한 순종의 요구와 은혜의 소식이 도덕주의의 발전에
제동을 걸기도 하고 물론 그것에 이용될 수도 있었다. 다른 편에서는 큐리
오스-예배와 성례주의가 제동을 걸었다. 예수의 선포의 작용이 처음에는
현저하게 약했다. 그것에서, 사랑의 계명이 대체로 윤리적 요구들 중 가장
높은 것으로 나타나는 것 외에 도대체 다른 것을 감측할 수 있는가? 여하
간 예수의 말들이 비상하게도 드물게 인용된 것은 기이하다.

§59. 명령에 관한 理解

바울이 인용한 주의 말들은 희소하다(S. 190). 이외에는 주의 말은 신약에서 단지 행 20:35에 있을 뿐이고 딤전 5:18에 인용된 γραφή "성서"가 눅 10:7의 것이라면 그것도 아마 그렇게 볼 수 있을 것이다. 야고보서에는 아마 주의 말들에 대한 몇 시사가 있다(가령 5:12). 그러나 인용문은 없다. 좀더 포괄적인 인용은 Did 1:3—6 에만 있고 좀더 적은 인용은 Did 8:2 (주기도문), 9:5; 15:3 f.? (또 아마 몇 시사들, 11:7; 13:1; 16:1 f.?); 1 Klem 13:2; 46:8; Pol Phil 2:3; 7:2; 좀더 잦은 곳, 2 Klem (2:4, γραφή로서, 3:2; 4:2,5; 5:2—4; 6:1 f.; 8:5; 9:11; 12:2, 전적으로 외경적임, 13:4; 14:1?)에 있다. Ign에는 잘해서 몇 시사들이 있을 뿐이다(엡 14:2; Pol 2:2; Sm 1:1 ?). Barn는 구약 또는 스스로 만든 말을 예수로 말하게 한다(7:5.11). 그러나 전통의 主의 말들을 인용한 적은 없다. 그런 것들에 대한 시사들: 5:9; 7:9? 21:2? Herm은 한번 분명하게 자신을 주의 말에 관련시키고(sim IX 31:2), 아마 몇 번 주의 말들을 시사했다(mand IV 1:6; sim IV 20:3?; 26:1—3). 주의 말들은 물론 파피루스 발굴물들이 증명하는 바와 같이 다양하게 공동체들 안에 유포되어 있었을 것이다(S. 487f.). 이른바 續使徒 교부들에 의해 인용된 것들은 완전히 윤리적 생활들에 예속시켜진 것들이다.

여하간 도덕주의에 대한 현실적인 제동력은 우선은 오직 큐리오스-예배와 성례전주의뿐이다. 이것이 이그나티우스에게서 가장 분명하다. 그는 세례의 작용을 전에 지은 죄들의 도말에서만 보지 않았다. 성만찬과 결합되어 그것은 전 그리스도교의 생활에 성례전적인 성격을 제공한다(S. 558 f.). 이그나티우스는 바울과 요한 후에 그리스도교적 존재의 초월적 성격과 πνεῦμα에 의한 그의 규정성을 파악한 유일한 사람이다. 비록 그가 脫世界化를 우선 죄의 세력에서의 자유가 아니라 無常性에서의 자유로 이해했을지라도 이 사실에는 변함이 없다. 그리고 또 성격적인 것은 이그나티우스가 성만찬의 역할을 받아들인 유일한 자라는 것이다. 성례주의와 ἐκκλησία "교회"의 靈主義的 성격이 역시 세력있는 골로새서와 에베소서에서 조차도 거론된 것은 오로지 세례뿐이다. 물론 디다헤서는 공동체-질서들과 연관시켜 세례를 위한 지시들뿐 아니라 성만찬을 위한 지시들도 내리고 있으며(9:10; 14:1), 성만찬 감사기도에서 이렇게 말한다: ἡμῖν δὲ ἐχαρίσω πνευατικὴν τροφὴν καὶ ποτὸν καὶ ζωὴν αἰώνιον διὰ τοῦ παιδός σου "그러나 당신은 우리에게 영적인 먹을 것과 마실 것과 영원한 생명을 당신의 아들을 통해 은혜로 주소서"(10:3). 이외에 성만찬은 극히 드물게 언급된다(행 2:42; 20:7; 유 12). 그것을 베푸는 일은 물론 어디서나 전제된다. 그리고 그것은 προσφοραί "제물들"과 λειτουργίαι "예배들" 중에 포함되어 있었다(1 Klem 40 : 2). 유스틴과 유명한 플리니우스서신이 보여 주는 바와 같이 그것은 그리스도교 공동체의 표지이다. 그러나 그것이 그리스도교적 존재의 자기 이해를 위해 중요했다는 것은 인식되지 않는다. 그런데도 그것은 역시 공동체에, 피안에 의해 지탱되는 공동사회라는 의식을 제공한 다른 계기들 중에 반드시 하나였을 것이다.

이 공동체는 사실 신의 은혜에 의해 부름을 받고 영이 그에게 주어져 있다는 의식도 가지고 있다(참조. 이책 S. 565 f). Χάρις와 πνεῦμα가 바울의 의미에서 이해되지 않았을 때 그것들이 어떻게 그리스도교의 실존을 규정하는가를 말하는 것이 어려울지라도 그것들이 그리스도교적 삶에서 드러난다는 신념은 역시 가지고 있었다(딤후 1 : 7; 1 Klem 2 : 2; Barn 1 : 2 ff.; Ign Sm 여러 곳). 그리고 그런 진술들이 구원의 획득을 자신의 노력에 예속시키는 명령들과 통일되는데 도달하지 못했을지라도 그 진술들은 역시 被지탱성의 의식을 확신시킨다. 이 의식은 다양한 표현으로 나타난다. 가령 골 1 : 13—14, 21 f.; 2 : 10—15; 엡 1 : 6—14; 2 : 1—9; 디 2 : 11—14; 벧전 1 : 3—12; 2 : 7—10; 벧후 1 : 3 f. 승리의 노래에서, 계시록(S. 538); 클레멘스 제 1 서 36 : 1 f. (S. 553); 바나바서 16 : 9 (S. 530); 벧후 1 : 6 f. 'Εκκλησία "교회"(골로새서, 에베소서, 목회서신, 클레멘스 제 1 과 2서) 또는 새 神의 백성(베드로전서, 히브리서, 바나바서)에 속한다는 意識은 생생히 살아 있다.

은혜와 영의 작용이 개인에게 선사된 기능(과 그중에 들어 있는 임무)에서 공동체를 위해 활동하면서 증명된다는 지식도 상실되지 않았다. 가령 엡 4 : 7; 벧전 4 : 10 f.; 클레멘스 제 1 서 38 : 1 f.; 48 : 5 f.; 디다헤서 1 : 5가 보여 주는 바와 같다. 疾病治癒 같은 놀라운 사건들(S. 153)이 아직 나타났는가? 여하간 문헌에서는 그것들이 아무런 역할도 하지 않았다(히 2 : 4는 과거의 일을 말하고 있다). 이그나티우스는 극히 일반적으로 공동체 또는 그의 감독에게 선사된 카리스마들에 관해 말한다 (Sm 여러 곳; Pol 2 : 2). 그리고 이 경우 여하간 우선 그리스도교적, 의무적인 행동에 대한 증명을 생각한다. 그러나 그는 영적인 감동의 그런 사건들도 예배에 관련시킨다. 그가 자기 자신에 관해 한 가지를 보도하는 데서 알 수 있다(Phld 7 : 1 f.; 비교. 롬 7 : 2). 그리고 골로새서 3장 16절; 에베소서 5장 19절이 말하는 ψαλμοί "시들", ὕμνοι "찬양들", ᾠδαί "시가들"의 여운도 확실히 들을 수 있다(Ign Eph 4 : 2; Rm 2 : 2). 저 옛 예언정신(S. 38과 153)도 아직 계속된다(엡 2 : 20; 3 : 5; 4 : 11; 딤전 1 : 18; 4 : 14; 계 2 : 20; 22 : 6, 9; Did 11—13; 15 : 1 f.; Herm mand XI). 그러나 그것은 디다헤서와 헤르마스서 그리고 또 계시록 2장 20절이 보여 주는 바와 같이 의혹을 받기 시작한다. 그리고 사람들은 참 예언자들을 거짓 예언자들에서 구별하려고 노력해야 했다. 계시록들도 계시록과 헤르마스서가 보여 주는바 아직 계속 기록된다. 그러나 문학적 반성이(특별히 헤르마스서에서) 예언적 영감(Inspiration)을 능가하고 있다.

디다헤서 5장 1절에 의하면 예언자들(과 교사들)은 공동체의 직책자들에 의해 대치된다. 그리고 이 발전은 $\chi\acute{\alpha}\rho\iota\sigma\mu\alpha$ "은사"가 직책자들의 직위임명으로 화하는 데까지 이른다(§52,3). 그러나 영의 능력으로 채워진 공동사회에 속한다는 의식은 이 능력들이 교회의 기구에 의해 관장될 때에도 계속 살아 있다. 아니 바로 이때 특별한 안전성을 얻었을 수 있다. 그리고 이 의식은 명령에 의해 요구되고 구원을 위해 스스로 노력해야 한다는 의식에 균형을 잡아 주었다. 이 두 계기의 유기적인 통일성에는 — 바울의 의미에서는 아닐지라도 — 회개의 성례가 완성됨과 함께 비로소 도달될 것이다. 이 성례에 의해 세례의 작용은 거듭 새로와질 수 있게 되기 때문이다. 그리고 클레멘스 제1서 7장 4절에서 그리스도의 죽음으로 세상에 선사된 $\chi\acute{\alpha}\rho\iota\varsigma$가 $\chi\acute{\alpha}\rho\iota\varsigma$ $\mu\epsilon\tau\acute{\alpha}\nu\sigma\iota\alpha$ "회개의 은혜"로 표시된 것은 오는 것에 대한 지시같은 여운을 풍긴다. 이 은혜에서 필자가 이해하는 것은 사실 세례 회개만이 아니기 때문이다. 그러나 $\mu\epsilon\tau\acute{\alpha}\nu\sigma\iota\alpha$ "회개"가 회개성례에 의해 규제되지 않는 한 교회는 내적 모순, 즉 $\kappa\alpha\iota\nu\grave{o}\varsigma$ $\nu\acute{o}\mu\sigma\varsigma$ "새 율법", $\delta\iota\kappa\alpha\iota\acute{\omega}\mu\alpha\tau\alpha$ "규율들", $\pi\rho\sigma\sigma\tau\acute{\alpha}\gamma\mu\alpha\tau\alpha$ "계명들"하에 있는 삶과 세례에서 생명을 새로 만드는 영을 받았다는 주장 및 확언 사이에 존속하는 모순에 심하게 부딪힐 것이다.

§60. 여러 다른 생활 영역에 대한 要求의 內容과 位置*

1. 생활률의 樣式들

$K\alpha\iota\nu\grave{o}\varsigma$ $\nu\acute{o}\mu\sigma\varsigma$ "새 율법"의 내용은 어떤 것인가? $'E\nu\tau\sigma\lambda\alpha\acute{\iota}$ "계명들", $\delta\iota\kappa\alpha\iota\acute{\omega}\mu\alpha\tau\alpha$ "규율들", $\pi\rho\sigma\sigma\tau\acute{\alpha}\gamma\mu\alpha\tau\alpha$ "계율들"은 무엇을 요구하는가? 어느 점에서 순종이 증명되어야 하는가?

$'E\kappa\kappa\lambda\eta\sigma\acute{\iota}\alpha$에 속하고 그것의 본질상 이 세상에 속하지 않는다는 의식, 배타성과 세상에 대한 제한성 의식은 대체로 생생하게 남아 있었다(§10,

---

* 이 표제에 관한 문헌들, 참조. S. 647.

3과 §53,1). 이것에는 윤리적 요구의 기본 성격이 일치한다. 이 요구는 우선 소극적이다 : (세례를 통해) 깨끗해진 자들과 거룩해진 자들은 자신을 깨끗케 하고 성결케 하며(§10,4), "세상의" 또는 "육체의" 욕심들을 억제하고 모든 惡한 것에서 멀리하도록 하기 위해 부름을 받았다(참조. 특히 S. 102f. 그리고 S. 574에서 κόσμος "세상"에 관해 말해진 것).

악덕목들에서는 이미 바울이 그랬던 것과 같이 욕심들과 죄들이 열거된다 (S. 70). 이것들에는 이미 갈라디아서 5장 19—23절에서 그랬듯이 자주 덕목록이 대조된다(골 3:5—14; 엡 4:31f.; 딤전 6:4—11; 야 3:15—18; 비교. 1 Klem 35:5; 2 Klem 4:3; Herm sim IX 15:12. 덕-처녀들에 대해 검은 옷을 입은 12여인 즉 악덕목이 대조되어 있다). 그러나 덕목들은 단독으로 수록되기도 한다(엡 4:2f.; 벧후 1:5—7; Herm vis III 8). 이 목록들 또는 이것들과 혼합되어 "저 두 길" 즉 생명과 죽음, 또는 빛과 어두움의 도식에 따라 계명들과 금령들이 교리 문답식으로 열거되어 있다. 그런데 이 도식도 저 목록들과 마찬가지로 헬레니즘계의 회당에서 받아들인 것이다. 디다헤서 1—6장과 바나바서 18—20장에서는 이 도식에 의해 편수된 改宗者 교리 문답이 개편되었다. 디다헤서 1장 3—6절에 주의 말들이 삽입된바, 그런 것들은 이외에서도 생활률 중에 나타난다(S. 581). 물론 구약성서의 권고와 위협의 말들도 받아들여졌다(벧전 3:10—12; 야 4:6; 히 3:7—11; 10:37f.; 12:12; 1 Klem 8:4; 14—15; Barn 2:10; 3:3—5; 4:11 등). 위에 例擧된 악덕목들은 전형적인 죄들을 지칭한다 : 감각적인 욕망과 성적 정욕, 시기와 소유욕, 분노, 미움, 악한 말들과 거짓 등. 이 열거는 한 원리, 한 윤리적 이상에 의해 체계적으로 개체 악덕 또는 덕목들을 배열하거나 演繹된 데서 생긴 것이 아니다. 이 열거는 짜임새 없이 내용상의 또는 형식상의 聯想 작용에 의해 유도된 것이다.

상론된 생활률(ausgeführte Paränese)이 목록 또는 교리 문답식으로 제시된 생활률이 되었다. 설교 영역에서 클레멘스 제 1서는 악덕들에 대한 경고와 덕들을 위한 권고를 ζῆλος "열심"(3—6), ταπεινοφροσύνη "겸손"(13—16), ὁμόνοια "화합"(20—22)이라는 표제어에 따라 상론했다. 이 경우에 많은 실례들이 구약성서에서 그러나 현재에서도 아니 이방인의 민담과 사화에서 취해졌다(가령 3—6; 11—16; 20—22, 55). 상론된 생활률은 야고보서에도 있다. 이 필자는 개체 주제들을 장시간 다룬다(2:1—13: προσωπολημψία "외모"; 3:12: 말의 죄; 3:13—18: 몽매함; 4:1—5: 다툼과 세상 환락; 4:13—17: 상인에 대한 권고들; 5:1—6: 부자들에 대한 경고들).

§ 60. 여러 다른 생활 영역에 대한 要求의 內容

헤르마스서는 특별히 훈계에서 자주 대화형식으로 덕들과 악덕들을 묘사하되 그것들의 축복 또는 불행의 결과들을 곁들여 묘사한다. 가령 $ἁπλότης$ "순진"과 $καταλαλία$ "궤흌"(mand Ⅱ), $ἀλήθεια$ "진리"와 $ψεῦδος$ "거짓"(mand Ⅲ), $ἁγνεία$ "성결"과 $μοιχεία$ "간음"(mand Ⅳ), $μακροθυμία$ "관대"와 $ὀξυχολία$ "옹졸"(mand Ⅴ), $λύπη$ "슬픔"과 $ἱλαρότης$ "기쁨"(mand Ⅹ) 등과 같이 對比된 경우도 있다. 또는 $φόβος$ "두려움"의 두 종류 — 신과 또는 악마에 대한 — 가 묘사될 수도 있다(mand Ⅶ). 그리고 $ἐγκράτεια$ "절제"(mand Ⅷ), $ἐπιθυμία$ "욕심"(mand XII), $τρυφή$ "오만"(sim Ⅵ) 도 두 종류로 묘사된다.

2. 聖化와 사랑의 계명

전체적으로 보아서 모든 개체 계명들은 聖化(Heiligung)라는 한 요구로 종합되는바, 이것은 세상과 옛(이방) 생활태도, 육체적인 욕심들에 대한 거부를 뜻한다. 그러므로 결정적인 물음은 성화의 요구가 오로지 또는 주로 소극적인 의미에서 이해되고 전개됨으로 그 결과는 금욕, 이와 함께 종교적 인간의 개인주의적 聖潔의 이상이 되는가, 아니면 그것이 바울에서와 같이 (§ 38, 3) 개인들에게 공동사회를 지시함으로 그 안에서 無私無欲的으로 착한 일을 하게 하는 요구로서 적극적인 의미를 가지는가에 있다. "세계"가 죄의 영역으로 즉 인간들 자신에 의해 인간들 위에 군림하는 세력으로 화한 죄의 영역으로 이해되는 한(§ 26, 2와 § 44) 세계-거부의 요구는 순수한 윤리적 要求일 것이고 성화의 소극적 의미와 적극적 의미의 통일성은 계속 존속될 것이다. 우리가 말해야 할 것은 물론 처음부터 이 두 경향 — 순수히 소극적인 것과 이른바 적극적인 것 — 이 존재했고 서로 경쟁적이었다는 것이다. 이것은 사실 바울에게서 이미 이원론적 금욕적인 계기가 작용하는 바와 같다(S. 197 f.). 역사적으로 보아서 문제되는 것은 한편 회당전통과 통속철학(스토아)적 윤리의 영향, 그리고 다른 한편 헬레니즘-영지주의적 이 원론의 영향이 어떻게 종합되었으며 서로 반대작용을 일으켰는가이다. 시간의 흐름과 함께 이 경향 또는 저 경향에 무게를 두느냐에 따라 그리스도교의 경건성의 두 다른 전형은 각기 그 나름으로 발전했다. 그러나 대개는 그 경계가 확연하게 그어지지 않았다.

저 통일성은 덕목록에 덕목록이 결합된 곳(참조. 이 책 S. 583 f.)에서, 그러나 $ἀπέχεσθαι τῶ σαρκικῶν ἐπιθυμιῶν$ "육체적인 욕심들에서 멀리하라"는 권고와 $κατὰ ἔργα$ "착한 일들"이 결합된 곳이면 어디서나 보존된 것으로 나타난다. 그것은 베드로전서 2장 11—12절에서 표현된 것과 같다(비교.
디 3:8). 골로새서와 에베소서, 목회서신들, 히브리서, 야고보서, 클레멘
스 제1서 그리고 폴리갑의 빌립보서에서 대체로 그렇다. 聖化에 대한 적극
적 의미의 중점은 일련의 개체 개념들과 지시들로 그것이 전개된 데서도 새
겨진 반면 소극적인 의미의 표지를 위해서는 단지 소수의 개념들만이 이용되
었는데 πίστις "성실", δικαιοσύνη "義", εὐσέβεια "경건", σεμνότης "품위"
와 같은 일반적인 것들 외에는 ἐγκράτεια "절제", ὑπομονή "참음", ἀκακία
"악하지 않음", ἁπλότης "순진함", ἁγνεία "성결함" 등이 그것인데 이것들
의 경우 개체적으로는 그것들이 소극적인 세계관계를 더 주장한 것인지 아
니면 공동사회 생활에 관계를 둔 것인지 분간할 수 없다.

특별히 요구의 이중성을 위해 특징적인 것은 ἐγκράτεια "절제"의 덕인데
이것은 신약성서에서 처음에는 아주 드물게 그러나 후에는 좀더 자주 지칭
되는바, 주로 聖化의 소극적인 면을 표시한다. 그러나 그것은 거의 유일한
주도적인 요구로 이미 나타나지 않고, 이미 갈라디아서 5장 23절에서 그랬듯
이 德 목록들 중에서 다른 덕목들 중의 하나로 열거된다(디 1:8; 벧후 1:
6; 1 Klem 30:3; 35:2; 38:2; 62:2; 64:2 Klem 4:3; Barn 2:2; Pol
Phil 4:2; 5:2). 그러나 이 개념에는 빌릭스와 드루실라 앞에서 행한 感
動的인 연설의 주제가 — 사도행전 24장 25절에 의하면 — δικαιοσύνη "의"
와 ἐγκράτεια "절제"였다는 것으로 특별한 의미가 부여되었다. 또 클레멘스
제2서에서 필자가 그의 기록의 의도를 다음 것에 두었을 때도 마찬가지이
다. 즉 그는 독자들에게 περὶ ἐγκρατείας "절제에 관한" 중요한 충고를 제
공하려고 했다. 그리고 이것은 사실 τὴν σάρκα ἁγνὴν τηρεῖν "육체를 성
결하게 지키라"(S. 535)는 그의 권고에 일치하는 것이다. 끝으로 헤르마스
(mand Ⅰ 2; Ⅵ 1:1)가 πίστις와 φόβος (θεοῦ) "신에 대한 두려움" 다음
에 제일가는 계명으로서 ἐγκράτεια "절제"를 해당시켰을 때, 그리고 덕들에
대한 찬가에서 Ἐγκράτεια를 πίστις의 딸과 그 이하의 덕들의 어머니로 여
겨졌을 때(vis Ⅲ 8:4 ff.; 비교. sim Ⅸ 15:2)도 마찬가지이다. 그러나
ἐγκράτεια는 헤르마스에 의해서도 금욕으로 파악되지 않고 모든 πονηρία
"악행"에서 멀리하는 것으로 파악되었는데 이 악행에는 모든 ἀγαθόν "착한
것"을 행하는 것이 대립된다(mand Ⅷ); 물론 헤르마스서에는 금욕적 특수
성들도 없지 않다(vis Ⅱ 2:3; sim Ⅸ 11; 참조. 아래).

세계와의 단절에 대한 적극적인 의미는 일단 거의 어디서나 "착한 일들"
이 요구된다는 데서 타당성을 가지나 무엇보다도 모든 계명들 중에서 사랑

§60. 여러 다른 생활 영역에 대한 要求의 內容

의 계명이 제 1 위에 속한다는 데서도 타당하게 되었다. 공동사회 생활을 위한 요구들은 결국 모두 사랑의 계명하에 들어 있다. 이 계명은 거의 모든 생활 틀에서 여운을 주고, 가장 강하게 유대전통을 밟고 있는 문헌들 가령, 계시록과 히브리서, 야고보서, 헤르마스서에서만은 좀더 드물게 나타난다. 반면에 바울의 영향권에서는 자주 나타난다. Ἀγάπη "사랑"(및 ἀγαπᾶν "사랑하다"는 덕목록들 중에서 자주 나오고 여기서는 때로 처음(갈 5 : 22와 2 Klem 4 : 3) 또는 마지막에 둠으로 더 특별한 여운을 가진다. 골로새서 3장 12—14절의 열거는 다음 문장으로 그렇게 맺는다: ἐπὶ πᾶσιν δὲ τούτοις τὴν ἀγάπην, ὅ ἐστιν ὁ σύνδεσμος τῆς τελειότητος "이 모든 것 위에 사랑을 더하라. 이것은 온전한 것의 띠이다." 이렇게 ἀγάπη가 문맥 끝에 온 경우; 베드로후서 1장 5—7절. 그리고 헤르마스서(vis Ⅲ 8 : 5,7)에서는 그것이 덕목들 중에 최종적인 것으로 나온다(sim Ⅸ 15 : 2; 18 : 4). 클레멘스 제 1 서 49장에서(고린도전서 13장의 영향하에), 사랑의 댓가는 우리를 신과 결합시켜 주는 것이다. 그리고 50장 1절에서 이렇게 결론짓는다: ὁρᾶτε · · · πῶς μέγα καὶ θαυμαστόν ἐστιν ἡ ἀγάπη, καὶ τῆς τελειότητος αὐτῆς οὐκ ἔστιν ἐξήγησις "너희는 사랑이 얼마나 크고 놀라운 것인가를 보라. 그리고 그것의 완전한 해석은 있을 수 없다." Ἀγάπη는 자주 πίστις와 함께 指稱되고 마찬가지로 그리스도교의 본질을 지칭한다(딤전 1 : 14; 2 : 15; 4 : 12; 딤후 1 : 13; 2 : 22; Barn 1 : 4; 11 : 8; 2 Klem 15 : 1; Herm sim Ⅸ 17 : 4). 이그나티우스에서 특별히 잦은데 그는 sim 6 : 1에서 이렇게 보장한다: τὸ γὰρ ὅλον ἐστὶν πίστις καὶ ἀγάπη, ὧν οὐδὲν προκέκριται "이는 믿음과 사랑이 전체이고 그중 어느 하나도 先位에 설 수 없음이다."(비교. Eph 14 : 1 f.; Phld 9 : 2). 때로 ἐλπίς "소망"도 여기에 가담한다. 고린도전서 13장 13절의 3중어가 여기서 나왔다. 폴리캅에서도 볼 수 있는데(Phl 3 : 2 f.) 여기서는 결문에서 이렇게 말한다: ὁ γὰρ ἔχων ἀγάπην μακρὰν ἐστιν πάσης ἁμαρτίας "이는 사랑을 가진 자가 모든 죄에서 먼 까닭이다" (비교. Barn 1 : 4—6; 히 10 : 22—24). 다른 결합문들도 볼 수 있다(ἁγιασμός "성결"과 함께, 딤전 2 : 15; ἁγνεία "거룩함", 딤전 4 : 12; Pol Phil 4 : 2; φόβος "두려움"과 함께, 1 Klem 51 : 1; δικαιοσύνη "義"와 함께, 2 Klem 12 : 1). 사랑이 죄의 용서에 작용한다는 것은 자주 언급된다(S. 576). 바나바서는 그의 독자들을 τέκνα ἀγάπης "사랑의 자녀"라고 불렀다(9 : 7; 21 : 9). 그리고 이그나티우스에게는 ἀγάπη가 공동체들을 하나로 묶어 한 합창단을 만드는 끈이고(Eph 4 : 1 f.; Rm 2 : 2) 또 그 필자를 그의 독자들과 하나로 묶는 띠이다(Eph 1 : 1; Tr 12 : 3). 사랑의 지시들은 결국 다음과 같은 모든 덕목들이다 : χρηστότης "자비", μακροθυμία "관대", πραΰτης "온유", ταπεινοφροσύνη "겸손", ὁμόνοια "한 뜻", οἰκτηρμός "동정", φιλαδελφία "友愛", φιλοξενία "손님 접대", 그리고 또 ἀντέχεσθαι ἀλλήλων "서로 두둔하는 것", χαρίζεσθαι ἑαυτοῖς "스스로 내주는 것", 그리고 ἀνυπόκριτος "거짓되지 않고", εἰρηνικός "화목하며", ἐπιεικής "양보하고" εὐπειθής "순종적이며", εὔσπλαγχνος "자비로운" 등의 태도이다. 이런 모든 덕목들은 특수한 품성으로서가 아니라 공동사회 내부에서의 행동방식으로 파악되었다. 이것들은 人間精神 또는 人格性의 理想像에 근원을 두지 않는다. 비록 여기 저기서 그리스적 덕목들 즉 σωφροσύνη "자제", αἰδώς "경외", ἐπιείκεια "양보" 또는 κόσμιος "세상의"와 κοσμεῖσθαι "질서잡히다" (참조. 아래)의 개념이 받아들여졌을지라도 그렇다. 성격형성이라는 사상은 없다. 교육이라는 사상이 전혀 없는 것과 같다.

그러므로 물론 그런 덕목들이 대개 결국은 모두 한 가지 즉 無私, 자신의 유익과 자신의 권리의 포기를 요구한다는 점에서 소극적인 것의 성격을 가진다고 — 그리고 그것들이 행위의 구체적인 목표들을 지시하지 않고 공동사회 형성의 프로그램을 설계하지 않는 한 순수한 형식적 성격을 가지게 된다고 말할 수밖에 없다. 그러나 두 가지 관점에서 그것들은 사랑의 계명에 대한 적절한 해석이다. 왜냐하면 사랑의 계명은 그 본질상 표현된 적극적인 것들로 규정되면 어떤 것도 — 그것이 다시 율법이 되지 않고는 견디지 못하기 때문이다(§2, 4). 그것은 "황금률"(마 7 : 12)에서도, 바울의 명제, ἡ ἀγάπη τῷ πλησίον κακὸν οὐκ ἐργάζεται "사랑은 이웃에게 악을 행하지 않는다" (롬13 : 10)에서도 마찬가지로 완전히 묘사되었다. 사랑의 행위는 성취되어야 할 ἔργον "일"을 감안하면서 실천되지 않고 수시로 여기서 지금 일어나는 이웃 또는 공동체의 필요들과 곤궁들에 대한 문제에 의해 유도되기 때문에 그렇다. 그리스도교의 자유는 그리스도인이 율법적인 규율 없이 무엇이 신의 뜻이며 무엇을 그에게서 요구하는지를 판단할 수 있다는 점에서도 증명된다. 이 자유와 δοκιμάζειν "검토하다"의 의무(롬 12 : 2; 빌 1 : 10; §39, 1)가 계속 고수되었는가는 물론 문제이다. "무엇이 주에게 합당한가"를 검토하라는 분명한 권고는 이미 에베소서 5장 10절에서밖에는 볼 수 없다. 물론 바나바서 21장 6절에서도 발견할 수 있을 것이다 : γίνεσθε δὲ θεοδίδακτοι, ἐκζητοῦντες τί ζητεῖ ὁ κύριος ἀφ' ὑμῶν "그러나 너희는 주가 너희에게서 무엇을 구하는가를 신에게 배우고 찾아 내는 자들이 되라". 그러나 이 권고

§60. 여러 다른 생활 영역에 대한 要求의 內容   589

는 순수히 소극적이고 형식적인 권고들 중에 함축적으로 포함된 것에 해당 — 적어도 계속 — 한다고 볼 수 있을 것이다.

3. 聖과 完全主義

  인간의 인격의 理想像에 관한 표상이 행위의 방향설정점으로서 멀리 떨어져 있는 만큼, 다른 理想像들이 쉽게 침입한다. 그것들이 곧 완전주의(Perfektionismus)와 개인의 人品으로서의 聖의 이상이다.

  요구들이 생명과 구원을 얻기 위한 조건으로 실천해야 할 ἐντολαί, προστάγματα, δικαιώματα에 해당할수록, 공로사상이, 일들에 의해 평가하는 심판에 대한 관심이 행위를 규제할수록, 그만큼 완전에 대한 노력이 더 강해진다. 이때 사랑의 계명으로 요구된 自己포기는 이미 이웃과 공동사회에 대한 관심에 의해 규정되지 않고 자신의 구원에 대한 관심에 의해 규정된다. 이 현상은 어디서나 볼 수 있으나 특별히 철저한 표현은 헤르마스서에 나타난다(가령 mand Ⅱ 4—6; sim Ⅰ; Ⅴ 3:7 f.). 공로사상과 같은 방향에서 영향을 끼친 것은 헬레니즘적인, 특별히 영지주의적인 二元論의 영향이다(S. 105, 172—174). 聖의 요구의 의미도 사랑의 요구의 그것도 마찬가지로 변했다. 그리고 세계에 대한 拒否로 얻어야 하는 聖의 性品에 대한 표상이 생겼다.

  완전주의와 聖에 대한 노력은 한편 금욕주의의 요구가 誘惑的으로 되는 데까지 인도한다. 금욕주의가 이전에 止揚되었던 사실은 그것에 항의하거나 적어도 금욕주의자들에게 절제를 권고하는, 바로 그런 진술들이 보여 준다. 디모데전서 4장 3절은 κωλύοντες γαμεῖν "혼인을 방해하는 자들"로서, ἀπέχεσθαι βρωμάτων "食物을 폐하라"고 요구하는 그런 자들(비교. 2:15; 5:23; 딛 1:14 f.; 아마 골 3:16—23, 여기서는 실제로 금욕주의적인 또는 제의적인 경향과 싸우는 것인지 분명치 않다)로서의 거짓 교사들에게 항의한다. 그러나 클레멘스 제2서 같은 문헌은 τὴν σάρκα ἁγνὴν τηρεῖν "육신을 거룩하게 지키라"는 요구(8:4; 14:3)와 독신 및 童貞의 이상(12:5)을 가지고 그 방향이 어디를 향하는지를 보여 준다. 계시록 14장 4절의 παρθένοι, οἱ μετὰ γυναικῶν οὐκ ἐμολύνθησαν "여자들로 더불어 더럽혀지지 않은 정절이 있는 자들"은, 아마 금욕주의자들일 것이다. 그리고 여하간 헤르마스서(sim IX 11)는 이미 바울시대에 고린도에 나타나는 獨身女생활(고전 7:25, 36 f.)이 아직 계속되고 있는 것을 증명한다. 헤르마스 자신도 그런 경향에서 멀지 않다는 것은 ὁ ἐγκρατής "절제자"라는 그의 자기 표지(vis Ⅰ 2:4: 비교. Ⅱ 3 : 2)와 τὴν σάρκα καθαρὰν καὶ ἀμίαντον φυλάσσειν "육신을 깨끗하고 더럽히지 않게 지키라"는 그의 권고(sim V 7)뿐 아니라, ἐγκράτεια "절제" 및 ἀγνεία "성결" 또는 ἐπιθυμία "욕심"이 바로 性生活에 관련되어 일어나는 역할과 결혼문제에 대한 관심(비교. vis Ⅱ 2 : 3 : 헤르마스의 γυνή "여인"은 그의 ἀδελφή "자매"가 되라는 것이다 ; mand Ⅳ 1 과 4 : 결혼은 하지 않도록 권한다)에서 나타난다.

금욕의 요구가 모든 그리스도인에게 타당한 것으로는 관철되지 않았으나 그것은 개체적인 일을 부과하는 계명으로서 거부되지 않았다. 그리고 금욕주의자의 거만을 責하는 권고들이 바로(1 Klem 38 : 2; 48 : 6; Ign Pol 5 : 2) 道德的 두 계층의 차이가 시작되었음을 보여 준다. 그러나 완전한 聖潔을 더 낮은 도덕층과 구별하게 한 것은 聖을 향한 금욕주의적인 노력뿐 아니라, 완전주의도 같은 방향에서 작용했다. 왜냐하면 ἐγκράτεια "절제"의 요구가 모든 세상적인 욕구들과 享樂, 사업욕에 대한 철저한 절제의 의미에서 일반적으로 실천되지 않았었다는 것이 곧 드러났기 때문이다. 즉 이 사실은 한편 목회서신들, 다른 편에서는 헤르마스서에 분명히 묘사되었다. 그러므로 완전성의 개념(τελειότης, τέλειον)이 새로운 의미를 얻은 것은 놀랍게 생각될 수 없다. 마태복음서 5장 48절에는 τέλειος(누가복음서에서와 달리)가 아직 히브리어 מָלֵשׁ 또는 מִמִּים (=건전함 또는 온전함(heil und ganz), 깨짐, 좌절 또는 틈없음)의 의미에서 사용된 것으로 나타난다. 이에 반해 마태복음서 19장 21절(마가복음서 10장 21절에서와 달리)에서는 완전주의의 의미에서 "완성됨"(Vollkommen)을 뜻한다. 디다헤서 1장 4절과 6장 2절에서도 같은데 이 마지막 귀절에는 분명히 도덕이 두 계층으로 나뉘어져 있다. 바울은 τέλειος를 셈어적 의미에서 사용하지 않고 그리스어의 의미에서 사용했으나(고전 14 : 20; 빌 3 : 15) 완성됨이 아니라 성숙을 표시했다. 히브리서 6장 1절에서도 같다. 그러나 이그나티우스는 완전성을 향해 肉迫한다(Eph 1 : 1; 15 : 2; Sm 11 : 2 f.). 그에게서 脫世界化를 위한 소극적 권고가 대체로 사랑을 위한 적극적인 권고를 능가한다. 그리고 그에게서는 종교적 인간(homo religiosus)의 이상이 순교자의 상으로 具體化되었다. 순교자의 우위성은 헤르마스서에서도 자명하다(vis Ⅲ 1 : 9—2, 1; 5 : 2; sim Ⅸ 28 : 1 ff.). 그리고 그는 이외의 경우에도 도덕을 두층으로 나눈다. 그는 회개를 필요로 하는 자들로부터 방정한 사람들을 구별할 뿐 아니라(vis Ⅲ 5 : 3 ff.) 그는 요구된 것의 정도를 넘는 공로적인 행위도 알고 있기 때문이다(sim V 2 : 4 ff.; 3 : 3 ff.).

§60. 여러 다른 생활 영역에 대한 要求의 內容   591

4. 市民的 도덕

聖潔에 대한 사상과 두 도덕 계층의 차이로 古代 교회에서 성취된 이 경향들과 함께 생활률의 다른 경향이 유포되어 있었는데 이를 위한 典型은 "가정계율들"과 전체적으로는 목회서한들에서 볼 수 있다. 여기서는 그리스도의 생활실천이 특별한 도덕적 요구들과 그것들에 근거를 둔 완전 또는 聖의 이념으로 그리스도교적 특성을 성취하지 못하고 누구에게나 알려진 단순한 윤리적 요구들을 추종함으로 이룰 수 있다는 見解가 나타났다. 이것을 위해 바울의 다음 권고를 들 수 있다 : ὅσα ἐστὶν ἀληθῆ, ὅσα σεμνά, ὅσα δίκαια, ὅσα ἀγνά, ὅσα προσφιλῆ, ὅσα εὔφημα, εἴ τις ἀρετή καὶ εἴ τις ἔπαινος, ταῦτα λογίζεσθε "무엇에든지 참되며 무엇에든지 경건하고 무엇에든지 옳으며 무엇에든지 정결하고 무엇에든지 사랑스럽고 무엇에든지 칭찬받을 만하며 무슨 덕이든지, 무슨 기림이든지 이것들을 생각하라"(빌 4 : 8). 이 경우에 특별히 그리스도교적인 것은 단지 "율법"의 모든 계명들이 로마서 13장 8—10절 ; 갈라디아서 5장 14절에 의해 사랑의 요구로 집약된 것과 같이 그렇게 모든 ἀρετή "덕"이 사랑의 요구로서 이해되고 사랑의 힘으로 실천된다는 점에서 볼 수 있다는 것이다. 그리스적 윤리와의 차이가 ἀρετή "덕"을 성격형성의 관점에서 이해하지 않고 형제적 공동성 — 바울의 표현을 빌리면 οἰκοδομή "(덕을) 세움" — 의 관점에서 이해한 데 있다면 다른 면에서 분명한 것은 그 요구들 자체가 이방인의 판단에 선하게 인증되지 않는 것은 아무것도 요구하지 않는다는 것이다. 그리스도교의 공동체가 그의 윤리적인 행동을 통해 神 또는 그리스도교의 신앙에 영광을 돌리는 것이라면(가령, 이미 살전 4 : 12 ; 고전 10 : 32에서와 같이 그렇게 : 골 4 : 5 ; 딤전 3 : 7 ; 6 : 1 ; 디 2 : 5, 8, 10 ; 벧전 2 : 12, 15 ; 3 : 1,16 ; 1 Klem 1 : 1 ; 47 : 7 ; Ign Tr 8 : 2), 이 경우에는 도덕적인 기준들이 그리스도인들과 이방인들에게서 동일함이 전제되었다.

그리스도교의 생활률도 통속 철학적 윤리와 시민적 도덕의 개념 재료로부터 구애됨이 없이 그 도식들과 개념들을 받아들인다.

이미 헬레니즘계의 유대교가 헬레니즘의 생활률로부터 받아들인 것과 같은 의무에 대한 교훈 특별히 가훈들(Haustafeln)의 圖式들(Schemata)이 지금은 그리스도교의 생활률에 이용된다. 의무항목들의 이런 목록들은 딤전 3 : 2 ff.; 디 1 : 5 ff.; Pol Phil 5 : 2에 들어 있는데 여기서는 ἐπίσκοποι "감독들"과 διάκονοι "집사들"의 성품들도 열거되어 있다. 가훈들이 특별히 애용된 곳 : 골 3 : 18—4 : 1 ; 엡 5 : 22—6 : 9 ; 딤전

2 : 8—15; 6 : 1f.; 더 2 : 2—10; 벧전 2 : 13—3 : 7; Did 4 : 9—11; 1 Klem 21 : 6—9; Pol Phil 4 : 2—6 : 2; 생활률에 결합 : Barn 19 : 5—7; 이 도식에 따른 고린도 공동체의 찬양 : 1 Klem 1 : 3.

이미 바울에게서 그랬듯이 ἀρετή "덕", καθῆκον "적합", συνείδησις "양심"의 개념들은 계속 볼 수 있다(S. 69). 특별히 성격적인 것은 착한 양심(συνείδησις ἀγαθή, καθαρά "착한, 깨끗한 양심")에 관해 점점 더 자주 말해진 것이다 : 딤전 1 : 5, 19; 3 : 9; 딤후 1 : 3; 벧전 3 : 16, 21; 히 13 : 18; 행 23 : 1; 24 : 16; 1 Klem 1 : 3; 41 : 1; 45 : 7; 2 Klem 16 : 4; Ign Tr 7 : 2; Pol Phil 5 : 3; 이에 상응하면서 악한 양심에 관해(σ. πονηρά 등) : 딤전 4 : 2; 더 1 : 15; 히 10 : 2, 22; Barn 19 : 12; Did 4 : 14; Herm mand Ⅲ 4).

그리스도교적 행동의 일반적인 특징은 δικαιοσύνη "의"와 εὐσέβεια "경외"의 개념으로 제시된다. 그런데 이것들은 헬레니즘 頌德文들 중에서 신에 대한 경외와 덕스러운 행동을 묘사해 온 개념들인데 이것들이 지금은 그리스도교의 덕들에도 해당하게 된 것이다(S. 574). Σεμνότης "신성함"과 σεμνός "신성"도 존경할만한 것과 단정한 것의 표지로 받아들여졌다(S. 574). Σωφροσύνη "자제"도 마찬가지로 그리스도교의 덕목들 중에 받아들여졌다 : 딤전 2 : 9, 15; 행 26 : 25; 1 Klem 62 : 2; 64; Ign Eph 10 : 3(σώφρων "절제", 딤전 3 : 2, 더 1 : 8; 2 : 2, 5; 1 Klem 1 : 2; 63 : 3; σωφρόνος "근신적으로", 더 2 : 12; σωφρονεῖν "근신함"은 이미 바울에게서 볼 수 있다 : 롬 12 : 3; 다음에는 더 2 : 6; 벧전 4 : 7; 1 Klem 1 : 3; Pol Phil 4 : 3; 비교. 딤후 1 : 7; 더 2 : 4). Αἰδώς "정절"은 드물다(딤전 2 : 9; 히 12 : 28); χρηστοτης "착함"도 드물다(χρηστός, χρηστεύεσθαι): 그리스도교의 덕으로 : 골 3 : 12; 엡 4 : 32; 1 Klem 14 : 3; 좀더 잦은 것, ἐπιείκεια (ἐπιεικής) "관용(관용의)" : 이미 바울에게서 나오고(빌 4 : 5) 다음에는 딤전 3 : 3; 더 3 : 2; 벧전 2 : 18; 야 3 : 17; 1 Klem 1 : 2; 21 : 7; 30 : 8; 56 : 1; 58 : 2; 62 : 2; Ign Eph 10 : 3; Phid 1 : 1 f. 頌德文들 중에 특별히 婦德으로 지칭된 κόσμιος "너그러움"도 그리스도교 언어에 받아들여졌다 : 딤전 2 : 9, 부덕으로서 3 : 2에서는 σώφρων과 함께 ἐπίσκοπος "감독"의 성품으로서(비교. κοσμεῖσθαι "너그럽게 되다", 1 Klem 2 : 8; 33 : 7; Ign Eph 9 : 2). A. Vögtle, *Die Tugend und Lasterkataloge im NT*. 1936. — S. Wibbing, *Die Tugend- und Laster-Kataloge im NT*, 1959, — Ehrh. Kamlah, *Die Form des Katalogischen Paränese im NT*, 1964.

5. 각이한 생활영역

도덕적 반성과 생활률이 상대로 하는 생활영역들의 범위는 아직 상당히 한정되어 있었다. 그리스도교의 신앙은 대체로 아직 소시민들 또는 역시 소시민층의 단체들에 한정되어 있었고 또 이들에 이웃 생활단체에 대한 관심들

§ 60. 여러 다른 생활 영역에 대한 요구(要求)의 내용(內容)   593

외에 재산(財産)과 상업에 대한 관심들도 이미 활발했고 노예도 소유되어 있었으나 대대적인 기업들, 특히 정치생활에 대한 책임적인 참여와 이에 대한 명예욕은 아직 이들에게서 멀었으며 사회생활의 문제들과 과제들에 대한 관심도 그러했다.

결혼을 평가하고 결혼생활을 다스림에 있어서 구약성서-유대교적 전통 및 헬레니즘계의 회당의 영향이 작용한 것은 의심없다. 그러나 이와 함께 스토아적 도덕의 영향도 받았는데 여기서는 결혼의 순결을 고조하고 음란과 간음을 저주하는 것이 자명한 요구에 속해 있었다(비교. 특히 무소니오스 (Musonos)와 에피쿠로스(Epikuros)).

악덕목록들 및 그외에 배격된 악덕들 중에서 제일 위에 속하는 것이 μοιχεία "간음", πορνεία "음란", ἀκαθαρσία "불결" 등이다. Herm에서는 간음의 배격이 특별한 역할을 한다(mand Ⅳ). 가훈(家訓)에서 혼인한 남자들은 그 여인들을 각기 사랑하고 그 여인들은 그 남편들에 대해 각기 순종하고 자녀들은 그 부모들에게 각기 순종하며 그 부모들은 자녀들에게 각기 친절할 것이 권유되었다(골 3 : 18—21; 엡 5 : 22—25; 6 : 1—4; 딤전 4 : 11; 디 2 : 4 f.; 벧전 3 : 1—7; 비교. 1 Klem 1 : 3; Ign Pol 5 : 1). 여인들에게는 부끄러움과 정절이 권유되고 허영이 경고된다(딤전 2 : 9 f.; 디 2 : 4 f.; 벧전 3 : 3 f.; 1 Klem 1 : 3; 21 : 7; Pol Phil 4 : 2). 여인들의 아이 낳는 의무가 물론 영지주의적-금욕주의의 경향들에 반해 강조된다: 딤전 2 : 15; 5 : 14. 이 금욕주의적 영향은 사실 2 Klem와 Herm에서 정절의 과장 표현에서 감촉되나 전체적으로 거부되었다. 두번째 혼인이 — 이혼에 의한 것이든지, 한쪽의 사별에 의한 것이든지 — 금지되고(고전 7 : 11, 39 f. 에서와 같이 딤전 5 : 9에서도? Herm mand Ⅳ 4) 그것이 딤전 3 : 2, 12; 디 1 : 6에서 감독 및 집사에게는 여하간 금지되었다. — 자녀를 경건하게 키운다는 의무가 자주 강조된다(딤전 3 : 4, 12; 디 1 : 6; 특히 1 Klem 21 : 8; Pol Phil 4 : 2; Did 4 : 9; Barn 19 : 5). 그리고 때로는 좋은 가정전통도 제시된다(딤후 1 : 3—5, 16; 3 : 14 f.). 가정에 대한 책임에 관해 그렇게도 자주 분명하게 말한 Herm (vis Ⅱ 2와 3; sim Ⅶ 등)가 그것이 역시 단지 그리스도교 공동체를 위한 책임만을 상징화한 것이라면 이 상징은 역시 자신의 가정(家庭)에 대한 의무가 생생하게 감수(感受)되었음을 전제한 것이다.

좀더 광범한 공동사회에서의 공동생활도 비슷하게 가정적(家庭的)인 성격을 지닌다. 부모와 자녀에게 서로의 의무 실천이 권고되는 것과 같이 공동체내의 노인들과 젊은이 사이도 서로 그렇기를 원한다(벧전 5 : 1—5, 여기서는 πρεσβύτεροι "노인들"이 곧 공동체의 지도자이다. 비교. 1 Klem 21 : 6; 비교. 1:3; Pol Phil 5 : 3; 6 : 1; 2 Klem 19 : 1). 마찬가지로 공동체 지도

자들에게도 노인들과 젊은이들에게 정……하게 대하고 의무를 지킬 것이 권유
된다(딤전 5:1f.; 디 2:3—8). 특별히 과부들에 대한 의무가 조심성 있게
다루어졌으나 그들의 바른 행실에도 그렇다(딤전 5:3f.; Ign Pol 4:1;
Pol Phil 4:3; Herm mand Ⅷ 10; sim Ⅸ 27:2). 과부들과 고아들에 대
한 살핌도 자주 의무화된다(약 1:27; Barn 20:2; Ign Sm 6:2; Pol Phil
6:1; Herm vis Ⅱ 4:3; mand Ⅷ 10; sim Ⅰ 8; Ⅴ 3:7; Ⅸ 27:2). 일
찍부터 이미 公的 과부계층이 있었는데 이것은 특권들과 의무들로 특징지어
져 있었다(딤전 5:9ff.). 그리고 이 계층에 처녀들도 받아들여질 수 있었
던 것 같다(Ign Sm 13:1). 영지주의화 과정에 있는 단체들 중에서는 초
기에서와 같이 여인들이 예언자 또는 교사들로 활약했다(행 18:26: 브리스
길라, 행 21:9: παρθένοι προφητεύουσαι "처녀로서 예언하는": 빌립의 4
딸). 교회가 주도권을 쥐게 된 방향에서 이 특권은 그들에게 거부되었다(딤
전 3:11f.; 삽입절, 고전 14:34 f.; 제 2:20). — 모든 공동체 성원들과
특별히 공동체 직책자들에게 해당하는 것은 사랑과 친절, 겸손에 대한 권고
들, 참을성과 진실성에 대한 권고들, 분노와 시기, 소란과 거짓, 음란과 술
취함에 대한 경고들이다. 이것이 요구될 수 있는 시민적 덕목들임은 놓칠 것
이 못된다. 여하간 "선한 일들"이 권유되지만 육체적인 노동에 대한 권유
가 극히 드물다(바울의 경우 살전 4:11 f.; 다음에는 살후 3:6—12; Did
12:3 f.)는 것, 그런 권고가 사랑의 일과 죄들의 사유의 목적하에 세워진 것
(엡 4:28; Barn 19:10)은 기이하다. 월등하게 더 많은 것은 소극적인 권
고이다: ἀτάκτως περιπατεῖν "문란하게 살지 말라"(살후 3:6,11); περι-
εργάζεσθαι "남의 일에 간섭하지 말라"(살후 3:11; 딤전 5:13), ἀλλοτριο-
επίσκοπος "남의 일에 간섭하는 자"가 되지 말라(벧전 4:15); 간단히 말
하면 ἡσυχία "잠잠함", ἡσυχάζειν "잠잠할 것"에 대한 권고이다(살전 4:11
에서와 같이 살후 3:12; 딤전 2:2, 11 f.;벧전 3:4; Did 3:8; Barn 19:
4; Herm mand Ⅴ 2:3—6; Ⅵ 2:3; Ⅷ 10; Ⅹ 18). 국가 관리들을 위한
기도의 목적이 다음과 같은 것 외에 공동체를 만족시켜 주는 영예욕은 없
었다: ἵνα ἤρεμον καὶ ἡσύχιον βίον διάγωμεν ἐν πάσῃ εὐσεβείᾳ καὶ
σεμνότητι "이는 우리가 모든 경건과 단정함 중에 고요하고 평안한 생활을
하기 위함이다"(딤전 2:2).

非그리스도인들에 대한 그리스도교적 태도는 디 3:1의 지시에 드러나 있다: "너
는 그들로 하여금 정사와 권세 잡은 이들에게 순종하며 복종하며 모든 선한 일들을 행

§60. 여러 다른 생활 영역에 대한 要求의 內容   595

하기를 예비하게 하며 아무도 훼방하지 말며 다투지 말며 관용하며 범사에 온유하게 모든 사람에게 행하도록 권유하라." 국가에 대한 태도, 참조, 아래. 非그리스도인들에 대해 친절하라는 권유와 악을 악으로 갚지 말라는 경고는 벧전 3:15 f. (이미 3:9에서도)와 Ign Eph 10:2 f.에서 철저화되었다. 특별히 그리스도 신자인 부인들에게 그들의 이방인인 남편들에 대한 그런 태도가 권유된다(벧전 2:18 f.). 이와 동일한 권고가 그리스도교신자인 노예들을 위해 해당된다(벧전 2:18 f.). 그리스도인들에게는 그들의 생활태도를 통해 신과 그들의 신앙에 영예를 돌리는데 주안점을 두었다(S. 591). 공동체의 기도들에는 모든 인간을 위한 代禱가 포함된다(딤전 2:1; 1 Klem 60:4; Ign Eph 10:1; Pol Phil 12:3).

새로운 세계건설 또는 경제적인, 정치적인 프로그램에 대한 사상이 그리스도교 공동체에서 얼마나 먼가는 소유와 노예제도, 국가에 대한 그의 자세가 보여 준다. 소유 문제에 관한 것으로서 사도행전 2장 45절과 4장 32—35절에서 볼 수 있는 초대 공동체의 사랑의 공산주의에 대한 像이 전통에서 고립되어 있고 그것은 사랑의 모범상인 한에서만 대표적이다. 즉 이 사랑은 저 ἰσότης "균등"에 관한 것으로 바울이 고린도후서 8장 13—14절에서 말한 것이다. 즉 한 사람의 넉넉함은 다른 사람의 궁핍을 도와야 한다. 일요일마다 궁핍한 자들을 위해 돈을 모은 습관(고전 16:2)은 일요일 예배 헌금을 공동체의 지도자가 慈善에 사용하도록 되어 있었다(Just. apol. I 67:6). 이런 종류의 "사랑의 공산주의"는 언제나 자발적인 것으로 지속되었다. 바울은 이런 일을 위한 ἐπιταγή "명령"을 모른다(고후 8:8). 그는 ἐκ λύπης ἢ ἐξ ἀνάγκης "인색하거나 억지로" 주는 것도 원치 않는다(고후 9:7). 그와 마찬가지로 후세에도 계속 그러했다. 그러므로 그 후세에도 공동체 내부에 경제적인 平準問題가 없고 가난한 자들과 부자들이 함께 있었다는 것은 놀라운 일이 아니다. 그러나 富에 대한 불신감이 자라고(야 2:1—7) 부에 대한 권고들과 소유욕 및 인색함에 대한 경고들이 증가된 것도 이해된다(딤전 6:6—10; 17—19; 야 5:1—6; 히 13:5; Herm vis Ⅲ 6:5—7; sim Ⅰ; Ⅷ 9:1 등). 특별히 헤르마스는 자선을 권하고 이것이 부자 자신에게 오히려 유익하다는 것을 말한다. 즉 가난한 자들의 감사기도가 부자를 돕는다는 것이다(vis Ⅲ 9:2—6; mand Ⅱ 4—6; Ⅷ 10; 특히 sim Ⅱ). 부에 대한 경고와 함께 상업과 세상의 πράξεις "사업"과 "돈벌이들"에 대한 경고도 계속되었다(딤후 2:4; 야 4:13—16; Herm vis Ⅰ 3:1; Ⅲ 6:5; mand Ⅲ 5; Ⅹ 1:4 f.; sim Ⅳ 5; Ⅵ 3:5; Ⅷ 8:1 f.; Ⅸ 20:1 f.).

노예문제에서는 바울의 입장(고전 7:21 f.; 비교. 빌레몬서)이 고수된다.

다시 말하면 이 문제가 內세계적 사회질서에 대한 것과 같은 문제인 한 그리스도교 공동체에는 없다. 노예제도가 있다는 사실이 주어진 세계질서로서 받아들여지고 그의 변혁은 그리스도인들의 과제가 아니다. 그러므로 노예들을 소유하는 그리스도인들이 있다고 해서 그것이 어떤 충돌도 야기시키지 않았다. 그러나 그리스도교의 신앙이 세계 질서에 예속되지 않고 그것을 능가한다는 것은 그 공동체 내부에 주인과 노예의 차별이 없다는 데 있다. 왜냐하면 이 둘은 그리스도인으로서 형제이기 때문이다. 그러나 이로 인해 노예들이 그들의 그리스도인인 주인을 멸시할 권리를 추론하거나 (딤전 6 : 1 f. ; Ign Pol 4 : 3) 그 공동체를 빙자하여 풀어줄 것을 주장해도 안된다(Ign Pol 4 : 3). 주인들 — 그리스도인들이든지 이방인들이든지 — 이 그들의 주인임은 사실 단지 κατὰ σάρκα "육신에 의한" 것일 뿐이다(골 3 : 22; 엡 6 : 5). 그들의 참 주인은 그리스도이고 그에 대한 두려움에서 그들은 그들의 지상의 주인들에게 마치 참 주인에게 행하는 것 같이 성실하게 봉사한다(골 3 : 22—25; 엡 6 : 5—8; 비교. 딤전 9 : 1 f. ; 디 2 : 9 f. ; Did 4 : 11; Barn 19 : 7). 그들은 있을 법한 부당한 취급도 그리스도의 억울한 고난을 생각하며 참아야 한다(벧전 2 : 18—25). 그러나 이에 상응하게 그 주인들에게도 노예들에게 정당하고 합당한 것으로 대접하고(골 4 : 1) 위협들로 다루거나(엡 6 : 9; Did 4 : 10; Barn 19 : 7) 그들이 멸시되지 않을 것(Ign Pol 4 : 3)이 권고된다.

국가에 대한 관계도 마찬가지로 그리스도인은 주어진 질서로서의 국가에 굴복해야 한다. 이 질서는 신에 의해 세워진 것이기 때문이다(롬 13 : 1—7에서와 같이 1 Klem 61 : 1). 그리스도인은 국가에 순종해야 하되(디 3 : 1; 1 Klem 60 : 4) 그리스도인으로서 혐의를 받을 때 더욱 그렇다(벧전 2 : 13—17). 그리스도교 공동체는 일찌기 회당에서 국가 관리를 위한 기도를 받아들였다(딤전 2 : 1 f. ; 1 Klem 61 : 1 f. ; Pol Phil 12 : 3). 사도행전 필자는 그리스도인들의 충성을 강조하고 그들이 反국가적이라는 주장을 유대교적 모함으로서 증명하려고 한다(18 : 12 ff. ; 21 : 27 ff. ; 23 : 29; 25 : 18 f. ; 26 : 31). 계시록에서 폭발하는 로마에 대한 증오는 국가 질서의 근본적인 拒否에 근거를 두지 않고, 물론 그리스도교의 순종이 그 한계를 발견하는 황제 숭배의 요구에 대한 분개에 두고 있다. 그러므로 계시록의 태도를 국가질서에 대한 일반적인 승인에 모순된 것으로 파악하면 안된다. 이 질서가 대체로 문제되지 않은 것은 사실이나 물론 이 세상의 없어질 질서들에 속하는 것은 확실하다. 그러므로 이 질서와 그 바른 管掌에 대한 의무와 책임을 받아들이는데 민감하지 않았다. — 물론 그 이유는 그리스도인들이 처음에는 아직 그런 책임이 문제되지 않았던 그런 사회 계층에 속해 있었다는데도 있다.

§61. 誡　律*

1. 공동체의 純粹性을 위한 책임

공동체의 순수성을 위한 염려는 각 개인의 구원에 대한 관심에 그 근거를 두지 않고 공동체 전체의 관심사이다. 이 염려는 사실 전체로서 성도들의 공동체이어야 하고 또 그것을 원하기 때문이다. 그들의 관심은 권고 또는 罰로 개인들을 교육하고 극단의 경우에는 부적당한 成員으로서 제거하는 규율을 만들어 냈다. 그러나 공동체의 순수성은 그 성원들의 부도덕한 행실에 의해서뿐 아니라 마찬가지로 거짓 가르침에 의해서도 위협을 받았다. 이 가르침도 죄에 해당하고(비교. 특히 Ignatius) 이것은 이방인과 악덕생활 사이에서와 같이 (S. 70 f.) 거짓 가르침과 악덕들 사이의 원인적인 관련성을 보는 유대교적 전통에 일치한다. 이것은 목회서신들과 유다서, 베드로후서에서의 거짓 교사들에 대한 공격에서 보는 바와 같은 것이다.

공동체의 순수성을 위한 책임은 우선적으로 — 그리고 어떤 의미에서는 물론 계속적으로 — 모든 공동체 성원들에게 있다. 바울이 $παρακαλεῖτε\ ἀλλήλους\ καὶ\ οἰκοδομεῖτε\ εἰς\ τὸν\ ἕνα$ "너희는 서로 권면하고 서로를 위해 덕을 세우라"(살전 5:11)고 또는 특별히 $νουθετεῖτε\ τοὺς\ ἀτάκτους$ "규모 없는 자들이 정신을 차리게 하라"(5:14)는 메살로니가인들에게 권유한 것과 같이, 그리고 그가 로마인들에게 $νουθετεῖν\ ἀλλήλους$ "서로 각성시킬 수 있는" 능력을 전제한 것과 같이(롬 15:14) 그런 권고들은 계속된다: $νου-θετεῖν\ ἑαυτούς,\ ἀλλήλους$ "자신들을" 혹은 "서로를 각성시키라"(골 3:16; 1 Klem 56:2; 2 Klem 17:2); $παρακαλεῖν$ "권면하라"(히 3:13; 10:25; Barn 19:10; Herm mand VIII 10; XII 3:2); $ἐπιστρέφειν$ "돌아서게 하라"(야 5:19 f.); $ἐλέγχειν$ "깨닫게 하라"(Did 15:3; 비교. 2:7; 4:3; Barn 19:4 — 에베소서 5장 11절에서는 잘못되는 그리스도인들이 아니라 이방인들이 주목된다. 그리고 유다서 22절은 불명확하다). 특별히 부모들에게는 자녀 및 가정을 가르칠 의무가 있다($παιδεύειν$ "가르치다, 교육시키다" 비교. 엡 6:4; 1 Klem 21:8; Pol Phil 4:2; Herm vis II 3:1 f.; $νου$-

---

* 이 표제에 관한 문헌들, 참조. S. 647.

θετεῖν "각성시키다", Herm vis I 3:1f.); 같은 의무가 젊은이들에게 대해서는 어른들에게 있다(1 Klem 21:6).

그러나 이런 과제는 특별히 책임적인 인물들, 특히 공동체들의 지도자들에게 부과되는바, 그들의 의무는 παρακαλεῖν "권유하는 것"인데 이것은 목회서신들에서 점점 더 예리해진다(딤전 4:13; 5:1; 6:3; 딤후 4:2; 디 1:9; 2:6, 15; Ign Pol 1:2). 히브리서의 필자(13:19, 22)와 이그나티우스도 그것을 반복하면서(Eph 3:2; Mg 14:1; Tr 6:1 등) 그들의 글의 목적으로서 표시한다. Παιδεύειν "교육시키다"(딤후 2:25; Herm vis Ⅲ 9:10; 비교. sim Ⅸ 31:5f.)와 νουθετεῖν "깨닫게 하다"(살전 5:12)의 의무는 공동체 지도자에게 부과된다. 골로새서 1장 28절; 사도행전 20장 31절; 클레멘스 제2서 17장 3절, 19장 2절에서는 이것이 전제되었다. 그리고 클레멘스 제2서 7장 1절에서는 디모데전서 5장 20절과 후서 4장 2절, 디도서 1장 9,13절; 2장 15절에서 명령된 바와 같이 실제로 ἐλέγχειν "깨우쳐"지고 있다.

2. 罪人들의 배제와 再許入

특별히 악한 경우에는 죄인(및 거짓 교사)이 공동체에서 出敎당해야 했다. 그것은 그의 죄가 커서 처음부터 그 죄인들과의 교제를 불가능하게 하는 경우도 있고, 바로잡으려는 권고와 노력이 헛된 경우이기도 하다. 거짓 교사들이 배제될 수밖에 없는 경우는 계시록 2장 14—15, 20—21절에서 드러난다. 모든 난폭한 죄인들은 계시록 22장 15절에서 드러난다. 이미 바울이 "아버지의 아내"를 탈취하는 악한 아들은 사탄에 넘겨줄 것 즉 出敎시킬 것을 요구했다(고전 5:1—5; 비교. 11절). 목회서신들의 저자도 마찬가지로 그가 두 거짓 교사를 사탄에게 넘겨주었음을 말한다(딤전 1:20). 반면 데살로니가 후서 3장 6, 14—15절의 "바울"은 죄인과 교제를 금하지만 역시 한정된, 잠정적인 방법으로만 그렇게 하라고 한다. 그것은 μὴ ὡς ἐχθρὸν ἡγεῖσθε, ἀλλὰ νουθετεῖτε ὡς ἀδελφόν "원수처럼 대하지 말고 형제처럼 깨우치는 것"을 뜻하기 때문이다. 폴리갑의 지시도 비슷하다(Phil 1:4). 그러나 디모데후서 2장 25—26절에서도 공동체 지도자가 거짓 교사들에게 친절히 권하여 그들이 회개하고 바로 인식하여 사탄의 올가미에서 벗어나도록 하라는 권고를 받고 있다. 그러나 권고의 효과가 없을 경우에 排除가 따라야 한다는 것은 디도서 3장 10절이 말한다. 이것은 물론 불확실하게 전승된 귀절, 유다서 22—23절이 뜻하는 것이기도 하다. — 디다케서 14장 2절

§61. 誡律

에서는 다투는 자들이 화해할 때까지 그들과의 교제를 잠정적으로 끊을 것이 권유된다. 15장 3절에서는 다른 성원에게 해를 가한 공동체 성원과의 교제가 마찬가지로 그가 회개하기까지 금지된다. 야고보서 5장 19—20절도 마찬가지인데 진리에서 탈락된 형제가 다시 돌아오게 하라고 한다(비교. 2 Klem 15 : 1). 헤르마스는 죄인에 대해 같은 행동을 권한다(mand Ⅳ 1 : 9). 반면 이그나티우스는 거짓 교사들과의 대화를 私的으로도 공적으로도 금할 것을 권한다(Sm 7 : 2; 비교. Eph 7 : 1). 반복되는 죄의 용서에 대한 문제가 正經외의 주의 말들에서 어떻게 표현되었는가는 쾨스터(H. Köster, ZNW 48, 1957, 231—233)가 보여 주었다.

잠정적으로 배제된 공동체 성원의 再許入을 위해서도 뚜렷한, 돌이킬 수 없는 죄인(또는 거짓 교사)의 결정적인 배제를 위해서도 곧 특정한 규율들이 제정되어야 했다. 그러나 이것은 이용될 수 있는 사료들 중에서 거의 볼 수 없다. 결정적 배제에 관해서는 처음에는 모인 공동체가 결정했을 수 있다. 이것은 바울이 고린도인들에게 요구했던 바와 같다(고전 5 : 4 f.). 회개를 끝낸 자의 再許入의 전제는 확실히 두말할 것 없이 공동체 앞에서 행한 회개의 고백이었다. 그러므로 디다헤서 4장 14절은 이렇게 말한다 : $\dot{\epsilon}\nu$ $\dot{\epsilon}\kappa\kappa\lambda\eta\sigma\acute{\iota}\alpha$ $\dot{\epsilon}\xi o\mu o\lambda o\gamma\acute{\eta}\sigma\eta$ $\tau\grave{\alpha}$ $\pi\alpha\rho\alpha\pi\tau\acute{\omega}\mu\alpha\tau\acute{\alpha}$ $\sigma o\upsilon$, $\kappa\alpha\grave{\iota}$ $o\dot{\upsilon}$ $\pi\rho o\sigma\epsilon\lambda\epsilon\acute{\upsilon}\eta$ $\dot{\epsilon}\pi\grave{\iota}$ $\pi\rho o\sigma\epsilon\upsilon\chi\acute{\eta}\nu$ $\sigma o\upsilon$ $\dot{\epsilon}\nu$ $\sigma\upsilon\nu\epsilon\iota\delta\acute{\eta}\sigma\epsilon\iota$ $\pi o\nu\eta\rho\mathring{\alpha}$ "너는 네 범행들을 교회 앞에서 드러내서 고백하고 네 기도로, 양심적으로 악에 다시 접근하지 말라". 이것이 비록 특별히 중한 죄인들이 아니라 잠정적인 배제 후에 다시 받아들여질 죄인들을 가리킬지라도 그렇다. (Barn 19 : 12도 같은 것을 지시하나, 여기에는 $\dot{\epsilon}\nu$ $\dot{\epsilon}\kappa\kappa\lambda\eta\sigma\acute{\iota}\alpha$ "교회 앞에서"가 없다.). 클레멘스 제 1 서 51—52장에서 고린도의 선동자들에게 요구된 죄의 고백은 역시 전 공동체 앞에서 행해져야 할 것으로 생각된 것이 확실하다. 같은 것을 이그나티우스(Phld 3 : 2)에게서도 추론할 수 있다. 여기서는 그들을 $\mu\epsilon\tau\alpha\nu o\acute{\eta}\sigma\alpha\nu\tau\epsilon\varsigma$ $\dot{\epsilon}\pi\grave{\iota}$ $\tau\grave{\eta}\nu$ $\dot{\epsilon}\nu\acute{o}\tau\eta\tau\alpha$ $\tau\hat{\eta}\varsigma$ $\dot{\epsilon}\kappa\kappa\lambda\eta\sigma\acute{\iota}\alpha\varsigma$ "교회가 함께 모인 데서 회개한 자들"이라고 말하고 또는 8장 1절에서 $\mu\epsilon\tau\alpha$-$\nu o\epsilon\hat{\iota}\nu$ $\epsilon\dot{\iota}\varsigma$ $\dot{\epsilon}\nu\acute{o}\tau\eta\tau\alpha$ $\vartheta\epsilon o\hat{\upsilon}$ $\kappa\alpha\grave{\iota}$ $\sigma\upsilon\nu\acute{\epsilon}\delta\rho\iota o\nu$ $\tau o\hat{\upsilon}$ $\dot{\epsilon}\pi\iota\sigma\kappa\acute{o}\pi o\upsilon$ "신의 연합과 장로의 회의에서 회개하는 것"으로 회개를 표한다. 再許入이 의심없이 허락에 의해 공동체 예배와 특별히 주의 만찬에 참여시키는 것을 뜻했기 때문에 바로 이때에 회개의 고백이 행해졌다는 것을 생각할 수 있다. 이것은 역시 디다헤서 14장 1절에 의하면 성만찬에 참여하기 전에 전 공동체가 그의 $\pi\alpha\rho\alpha\pi\tau\acute{\omega}$-$\mu\alpha\tau\alpha$ "범죄들"을 고백해야 했다는 데서도 추론된다(가령 1 Klem 60 : 1—2의 기도에서 일어나는 바와 같은 방식으로). 이때 이것은 물론 거친 죄인들

에게 반드시 해당했다. 성만찬식을 전제한 디다헤서 10장 6절의 부름도 이들에게 해당될 수 있을 것이다. Εἴ τις ἅγιός ἐστιν, ἐρχέσθω, εἴ τις οὐκ ἔστι μετανοείτω "누구나 성결하거든(성만찬에) 가까이 하라, 그렇지 않거든 회개하라." 'Εκκλησία "교회"가 자신의 죄들을 고백한 헤르마스를 일으켜 세우는 헤르마스서(vis Ⅲ 1:5 ff.)의 장면이 의전적 관습에 의해 만들어진 것인가? 그 결과 죄인은 공동체 앞에서 그의 죄를 고백한 후에 공동체의 지도자에 의해 일으켜 세워지고 위로를 받는가? 그리고 헤르마스서에 나오는 회개의 천사의 모습은 再許入을 마무리하는 공동체 직책자의 模像인가? 헤르마스가 ἐκκλησία에서 받은 지시들을 클레멘스 및 πρεσβύτεροι 장로들", προιστάμενοι "선두에 서 있는 자들"에게 전해야 한다면(vis Ⅱ 4:3) 역시 확실한 것은 그들이 그것들로 집무를 수행하게 한 것이다. 이외에는 이 옛 시대에 공적으로 베풀어진 赦免에 관한 것을 아무것도 발견할 수 없다.

3. 경한 죄들과 중한 죄들의 區別

그러나 일찍부터 경한 죄들과 중한 죄들의 구별에 대한 문제가 제기될 수밖에 없었다. 교회 편집의 부가문인 요한일서 5장 14—21절 중 16절에서 μὴ πρὸς θάνατον "죽음에 이르지 않는" 죄와 πρὸς θάνατον "죽음에 이르는" 죄가 구별되었는데 후자를 위해서는 代禱까지도 거부된다. 그러나 그것으로써 어떤 죄가 생각되었는지는 언급되지 않는다. 죄없는 공동체라는 理想은 물론 지속될 수 없었다. 공동체 성원들의 평균적인 方正性으로 만족할 수밖에 없었다. 가령 "불가피하게" 지은 죄들(1 Klem 2:3)을 "故意的인"것과 구별하여(히 10:26) 甘受할 수 있었고 공동체의 일반적인 죄의 고백과 사실(날마다) 주기도문으로도 간구되는 용서의 기도가 용서에 작용한다고 신뢰할 수 있었다. 오로지 뚜렷한 거짓 가르침과 거친 윤리적 범죄들만은 배제되되 특별히 환란의 시대에 일으키는 배신과 멸시가 그러했다. "거짓 교사들"의 축출이 디모데전서 1장 20절이 전제하고 계시록 2장 14—15, 20절이 요구하는 특정한 破門에 의해 언제나 집행된 것은 확실히 아니다. "거 ! 교사들"은 때로 自意에 의해서 "정통신앙적인" 공동체에서 분리되기도 했다 (비교. 요일 2:19). 그들은 자신들의 신앙이 옳다고 주장하고 전자를 오히려 잘못된 것으로 보았기 때문이다. 요한 3서와 이그나티우스는 어떻게 그런 균열이 생겨야 했던가를 짐작하게 한다.

잠정적인 出敎를 결과로 가져왔으나 고백과 회개를 한 후에는 다시 용서

§61. 誡律   601

를 받을 수 있었던 거친 죄들은 첫째로 간음과 紊亂이었음이 분명한데 악덕목록에서의 이것들에 대한 태도와 그것들에 관련된 권고들이 이 사실을 말해 준다. 그것들이 적지 않은 단체들 중에서 용서될 수 없는 것에 해당했다는 것은 히브리서 12장 16—17절과 13장 4절, 그리고 갈리스토스의 칙령 (217/18년)에 이르는 후기의 교회실천이 보여 준다. 전자들의 경우와 같이 후세에서와 마찬가지로 죽음의 죄들로 간주된 살인에 관해 처음에는 언급이 없다. 그것은 오로지 계명들과 악덕목들의 전통적 열거에서 지칭될 뿐이다 (Did 2:2; 3:2; 5:1f.; Barn 19:5; 20:1f.). 그러나 배신의 죄는 물론 큰 역할을 한다. 그것은 분명히 계속 용서될 수 없는 것에 해당했다(히 6:4—8; 10:26—29). 그리고 그것은 더 후에 죽음의 죄 중 하나로 간주되었고 데치안의 박해 때까지 용서될 수 없는 것이었다. 헤르마스의' 경우는 또 다르다. 그에게는 멸시와 배신이 제일 중한 죄이기는 하지만(비교 sim VIII 6:4; IX 18:3; 19:1) 오로지 회개하지 않는 경우에만 용서할 수 없는 것으로 간주한다(vis III 7:2; 비교. vis III 5—7; sim VIII 6:4—6). 물론 헤르마스는 회개할 가능성을 거부하는 그런 강퍅한 죄인들도 알고 있다(sim IX 6:2; 19:1). 대체로 그는 역시 그의 회개문서의 의미에 일치하는 것 같이 모든 죄인을 위한 회개의 가능성을 선포한다(비교. 특히 sim VIII 11:1—3¹⁾). 그가 죄인들의 여러 다른 계층들을 구별할지라도(비교. 특히 vis III; sim VIII과 IX) 그는 역시 경한 죄들과 죽음의 죄들 사이의 근본적인 구별을 알지 못했다. 요한일서 5장 16절, 히브리서 10장 26절에 시사된 이 구별은 사도시대와 사도후시대의 다른 문헌들에도 아직 알려지지 않았다. 클레멘스 제1서의 회개호소는 한계를 알지 못한다(7장과 8장). 그것은 클레멘스 제2서의 그것과 같다. 이그나티우스 자신도 그것을 어렵게 생각할지라도(Sm 4:3) 거짓 교사들을 위한 회개의 가능성을 승인한다(Phld 3:2; 8:1; Sm 5:1; 9:1).

그 발전이 어떻게 진행될 수밖에 없었는가는 분명하다.²⁾ 경한 죄들과 중한 죄들의 구별은 처음부터 예수와 바울, 요한에 의해 파악된 것과 같은 죄에 대한 철저한 이해를 위태롭게 했다. 그러나 근본적으로 포기되기는 회개의 두 종류의 구별이 저 구별과 결합되었을 때이다. 그것이 분명하게 야기되지 않았을지라도 그것이 역시 실제적으로 일어나기는, 중한 죄들을 위해

---
1) Herm은 교회의 회개 법규를 아직 모른다. Ign의 경우와 같다. 참조. v. Campenhausen, 同上, 15—156.
2) 이에 관해, 참조. v. Campenhausen, 同上, 234—261.

公的인 교회적 회개가 요구되었을 때이다. 왜냐하면 이 회개는 사실 모든 그리스도인들에게 언제나 요구되는 회개와 다른 것(S. 575), 공동체가 죄들의 사유를 위해 간구하는 改悛의 각성과는 다른 것(1 Klem 60 : 1; Did 14 : 1)이기 때문이다. 그리고 율법성의 침투와 함께 죄와 마찬가지로 은혜에 대한 순수한 이해가 상실되었기 때문에(§59, 3) 교회의 공동사회에서 제거당한 죄인은 이미 죄를 용서하는 신의 은혜 아래 서 있지 않는 그런 자에 해당해야 했다. 세례에서 그에게 선사된 것을 그는 상실한 것이다. 그런데 교회가 그의 회개에 의거하여 그에게 용서를 제공하고 그를 다시 공동사회에 받아들였다면 이 행위는 그 의미상 세례의 반복이 될 수밖에 없었다. 세례가 성례였기 때문에 회개라는 교회의 機構도 반드시 성례가 될 수밖에 없었다. 이것으로써 구원 機構로서의 교회의 성격(S. 478)은 빈틈없는 것이 될 수밖에 없었다.

에필로그[1]

I. 신약성서 신학의 과제와 問題性[2] (신학과 선포의 관계)

신약성서 신학이라는 학문(Wissenschaft)은 신약성서의 신학 즉 신약성서적 문헌들의 신학적 사상, 말하자면 明示的으로 발전된(가령 바울의 율법론) 사상 및 含蓄的으로 설화 또는 권고, 반론 또는 慰勞 중에서 작용하는 사상들을 논술하는 과제를 안고 있다. 사람들은 이렇게 문제를 제기할 수 있을 것이다. 즉 신약성서적 문헌들의 신학사상들을 조직적으로 체계를 세운 통일성으로 — 이른바 신약성서적 교의학으로 — 논술하는 것이 더 적절한가 아니면 개체 문헌들 또는 문헌群에 따라 — 이때에는 개체 형태들이 역사적 연관성의 一員으로 이해될 수 있을 것이다 — 각기 상이하게 논술하는 것이 더 적절한가?

이 책에서 제공된 논술을 위해 선택된 것은 둘째 방법이다. 이것으로 표현된 것은 그리스도교적 규범 교의학(Normaldogmatik)은 있을 수 없다는 것, 즉 신학적 과제, 다시 말하면 신앙에서 자라나는 신에 관한 이해와 함께 세계와 인간에 관한 이해를 발전시키는 데 둔 과제를 결정적으로(definitiv) 해결하는 것은 불가능하다는 것이다. 이 과제는 오로지 각이한 역사적 상황들에서 수행되는 항상 반복된 해결들 또는 해결의 시도들을 허락할 뿐이기 때문이다. 시대들을 일관하는 신학의 연속성은 한번 작성된 명제들을 고수하는데 있지 않고 신앙이 생동적으로 그의 근원으로부터 항상 새로 야기되는 역사적 상황을 이해하면서 극복하는 지속적 생동성에 있다. 결정적인 것은 신학적 사상들이 신앙사상으로서 파악되고 명시되는 것, 다시 말하면 신과 세계, 인

---

1) 이 에필로그는 1950년에 Delachaux u. Niestlé (Neuchâtel u. Paris) 출판사에서 나온 나의 논문 "Aux sources de la tradition Chritienne" (Festschrift für M. Goguel)를 다소 개작 부연한 것이다.

2) 참조. 이를 위해, Gerh. Ebeling, *Die Geschichtlichkeit der Kirche und ihrer Verkündigung als theol. Problem*, 1954, 6—23; 지금은 *Besinnung auf das NT*, 1964, 7—24. Herb Braun, "Die Problematik einer Theologie des NT," *Ges. Studien zum NT und seiner Umwelt*, 1962, 325—341. Schnackenburg에 관해, 참조. S. 614. Gerh Ebeling, "The Meaning of Biblical Theology," *Journ of Theol. Studies*, 1955, 210—225. H. Schlier, "Über Sinn und Aufgabe einer Theologie des NT." *Bibl. Zeitschr.* 1957, 9—23. J. N. Sanders, *The Foundation of the Christian Faith*, 1950.

갚에 관한 신앙적 이해가 전개되는 사상들로서 파악 명시되는 것이다. 그러므로 그것은 임의로운 사변 또는 신과 세계, 인간에 관한 문제성을 객관화하는 사유를 통해 학문적으로 극복하는데서 생기는 산물로서 파악되면 안된다.

신학적 명제들(Sätze) — 신약성서의 그것들도 — 은 결코 信仰의 대상일 수 없고 그 자체 안에 들어 있는 이해의 명시(Explikation)일 뿐이다. 그것들 자체는 상황에 제약된 것이고 그 때문에 불가피하게 불완전하다. 그러나 이 불완전성은 물론 그때마다 세대를 이어 가며 부족한 것을 보충함으로 계속 수행되는 증가에 의해 결국 완전한 敎義學(Dogmatik)을 이루도록 제거되어야 할 어떤 결핍이 아니다. 이 불완전성은 오히려 그때마다 새로이 실현되어야 할 신앙적 이해의 無盡性에 그 근거를 두고 있다. 다시 말하면 그것은 과제와 약속을 뜻한다. 그러므로 사실 일과 운명으로 채워진 나의 세계에서의 나 자신에 관한 이해도 나에게 선사된 사랑 또는 나에게 위임된 책임에 비추어 볼 때 반드시 언제나 불완전하다. 가령 국가와 사회에 관한 신약성서적 사상들이 불완전한 것은 두말할 것도 없다. 신약성서의 필자들에게는 역사가 그 동안에 제공해 준 국가 형식들과 사회형태들의 가능성들과 문제들이 절실한 것일 수 없었기 때문이다. 마찬가지로 분명한 것은 현대의 과학과 기술의 세계가, 믿는 이해에, 신약성서의 시대가 아직 생각할 수 없었던 새로운 과제들을 제공했다는 것이다. 그러므로 신약성서의 신학 사상들은 단지 그것들이 신과 세계, 인간에 관한 이해를 구체적인 상황에서 신앙에 의해 발전시키는데 인도하는 한에서만 규범적일 수 있다.

그러나 이 진술들이 다소간에 적합한 것일 수 있다는 것도 믿는 이해의 해명으로서 신학적 진술들의 본질에서 나오는 것이다. 그것들 중에는 믿는 이해가 분명하게 발전되지 않게 한 가능성, 말하자면 그 발전이 — 가령 신과 세계, 인간에 관한 신앙 以前 이해와 그것의 개념성에 結合되면서 — 저지된 가능성, 가령 신의 행위 및 신과 인간 사이의 관계가 법정적인 개념으로 말해지거나 세계에 대한 신의 관계가 神의 초월성에 관한 믿는 이해에 부적합한 신화적 또는 우주생성론적 개념들로 말해짐으로 방해를 받는 가능성 또는 신의 초월성이 密儀宗敎 또는 이상주의적 思惟의 개념성으로 표현되는 가능성도 존속했다. 여기서 결과로 나타나는 것은 — 물론 신약성서의 문헌들에 대해서도 — 루터가 가령 야고보서와 요한계시록에 대해 감행했던 것과 같은 내용비판학(Sachkritik)의 과제이다.

그러나 가장 중요한 것은 신약성서의 신학사상들이 신앙 자체의 전개라는

에필로그 605

저 기본통찰인데 이 사상들은 신앙에서 선사된 신과 세계, 인간에 관한 새로운 이해에서 — 또는 역시 이렇게도 표현할 수 있는바 즉 새로운 자기 이해에서 자란 것이다. 믿는 자의 이 새로운 自己理解로 지적된 것은 사실 인간을 세계의 한 현상으로 객관화하는 과학적 인간학의 의미에서의 이해가 아니라, 신과 인간에 관한 나의 이해와 일치하는 나 자신에 대한 실존적 이해이다. 나는 사실 고립된 객관화될 수 있는 세계 현상으로서가 아니라 신과 세계에서 분리될 수 없는, 그때 그때의 나의 실존으로서의 나 자신이기 때문이다. 신약성서의 신학적 사상들에 대한 과학적인 논술이 이 사상들을 믿는 자기 이해의 전개로서 밝혀야 한다면 그것은 신앙의 대상을 논술하지 않고 오히려 신앙의 자기 해석으로서 신앙 자체를 논술한다. 그러나 여기서는 논술의 본래의 문제가 고개를 든다! 왜냐하면 신앙의 무엇 즉 그 대상이 함께 보여지지 않고 신앙이 시야에 들어올 수 있는가가 문제이기 때문이다.

신앙은 사실 신약성서의 경우 인간의 현존에서 독자적으로 일어나는 자기 이해가 아니라 신에 의해 권한이 부여되고 그의 행동에 의해 開發되는 것으로서 이해되었다. 신앙은 일반적으로 인간에게 존속하는, 자신을 이해하는 가능성들 사이의 선택이 아니라 예수 그리스도에 관한 선포에서 그에게 적중하는 신의 말에 대한 대답이다. 신앙은 인간인 나사렛 예수안에서의 신의 행위에 관해 말하는 케리그마에 관한 신앙이다.

그러므로 신약성서적 신학에 관한 학문이 신앙을 신학적 진술들의 근원으로서 논술하려면 그것은 분명히 케리그마에 의해 밝혀지는, 신앙이 분명하게 드러나는 자기 이해를 논술할 수밖에 없다. 그리고 문제는 바로 여기에 들어 있다! 이는 케리그마도 신앙의 자기 이해와 마찬가지로 그것들이 말들과 문장들로 표현되는 한 언제나 이미 특정한 해석성(Ausgelegtheit)으로, 다시 말하면 역시 신학적 사상들로 나타나기 때문이다. 비록 신약성서에서 특별히 케리그마적인 것으로 표시할 수 있는 귀절들을 발견하는바, 그것들 역시 예외 없이 특정한 신학적 개념성으로 표현된 것이다. 가령 가장 단순한 문귀인 κύριος Ἰησοῦς "큐리오스(주) 예수"(고후 4:5)도 그렇다. 이 문귀도 큐리오스 개념에 대한 특정한 이해를 전제하고 있기 때문이다.

그 까닭에 신약성서에서 케리그마적 귀절들과 신학적인 것들 사이를 단순하고 거침없이 구별하거나 신약성서에서 신학적인 명제들로 표현되지 않은 자기 이해를 부각시키는 것은 불가능하다. 그런데도 이 논술은 이 구별을 항상 생각하고 이 논술이 신학적 사상들을 "삶의 행위"에서 벗어난 객관화된 사유로서 파악하려면 그 사상들을 케리그마에 의해 일깨워진 자기 이해의 해명으로서 해석해야 한다. — 이때 이 사유가 理性에 소급되는가 아니면 "계시"에 소급되는가는 근본적으로 결정되지 않는다. 계시가 가르침들의 전달을 위한 하나의 기구로서 이해된다면 이 가르침들은 과학 특유의 객관화적 사유 즉 그의 대상에 대한 실존적 생활관계를 흐리게 하는 사유의 성격을 지니기 때문이다. 단 似而非 과학적 가르침들이 바로 그것이라는 것뿐이다. 이런 취급은 마치 신앙의 대상이 "바른 가르침"으로서의 신학인 반면 신앙의 대상인 "바른 가르침"으로서는 오로지 케리그마만이 해당된다는 오해를 야기시킨다. 철학의 명제들 자체에 진리가 포함되어 있는 한 그것들이 "바른 가르침"인 반면, 신학적 명제들은 그 자체가 이미 "바른 가르침"이라고는 못하고 그것들 중에 진리가 포함되어 있는 한 무엇이 "바른 가르침"인가를 가르치는바, 그것은 연구에서 발견되지 않고 케리그마 중에 주어져 있는 것이다. 그러나 신학은 결코 케리그마를 결정적 형태로 파악할 수 없고 언제나 단지 개념상으로 파악된 것 다시 말하면 이미 신학적으로 해석된 것으로서 파악할 수 있다.

이 사정은 신앙이 케리그마에 대한 대답 외에 다른 것일 수 없다는 것, 케리그마는 물어 오는 신의 말, 묻고 약속하는 말, 심판하고 용서하는 말외에 다른 것이 아니라는 것을 고수할 때 바로 그것의 문제성에서 드러난다. 이 말 그대로가 비판적 사유에 맡겨지는 것이 아니고 그것은 오히려 구체적 실존을 향해 말한다. 그것이 결코 신학적 해석성외에 달리는 나타나지 않는다는 것은 그것이 결코 인간의 언어로, 인간의 사유를 통해 형성되면서 밖에 달리는 말해 질 수 없다는 것에 근거를 둔다. 그러나 이것이 바로 그의 케리그마적 성격을 확인해 준다. 케리그마의 명제들은 일반적인 진리들이 아니라 구체적 상황에서 물어 오는 말이라는 것이 여기서 분명해진다. 그러므로 그것들은 오로지 실존이해를 통해, 혹은 그의 해석성을 통해 다져진 양식으로만 나타날 수 있다. 그리고 마찬가지로 그것들은 케리그마를 물어오는 말로서 그의 상황에서 이해할 수 있는, 우선 물음과 요구로만 이해할 수 있는 자에게 이해될 뿐이다.

달리 말하면: 케리그마는 이것을 통해 깨우쳐진 자기 이해가 인간의 자기 이해의 가능성으로 이해되고 그와 함께 결단에의 呼訴로 될 때에만 케리그마로서 이해된다. 硏究家는 분명히 그의 신앙을 인식수단으로 전제하고 방법적인 작업의 전제로서 신앙을 이해할 수 있다. 그러나 그가 할 수 있고 해야 할 것은 곧 언제나 대기하고 자신을 열고 자유에 맡기는 것이다. 자세히 말하면 물음 또는 모든 인간의 자기 이해를 의심하는 지식, 실존적 자기

이해(인간 존재의 실존적 자기 이해와 달리)가 오로지 실존의 수행에서 현실이 되고 고립된 사유의 반성에서 현실이 되지 않는다는 데 대한 지식을 고수할 때 그렇다.

II. 신약성서 신학의 歷史

이 문제는 신약성서 신학의 학문사에서 분명해질 수 있을 것이다.[1] 이 학문의 시초는 초기 루터교 정통파의 "성서어록"(Collegia biblica)에 두고 있는데 이것은 성서의 말들을 모은 것이고 교의학의 명제들을 위해 성서의 증거(dicta probantia)를 제공하려는 것이었다. 여기에는 구별없이 구약과 신약성서의 귀절들이 교의학의 항목(Loci der Dogmatik)에 따라 배열되었다. 가령 슈미트(Seb. Schmidt)의 "*Collegium biblicum, in quo dicta Veterie et Novi Testament: juxta serien locorum communium theologicorum explicantur*"(공통적 신학어귀에 맞추어 신·구약성서의 말들이 해석된 성서 개요, 1971², 1689)에서 보는 것과 같은 것이다. 이 경우에 자명하게 전제된 것은 교의학의 명제들이 "바른 가르침"으로서의 성서의 가르침과 함께 신앙의 대상이라는 것이다. 즉 여기서는 케리그마와 신학이 소박하게 동일시된 것이다. ― 경건주의(Pietismus)에서도 달라지지 않았다. 다른 것이 있다면 그것은 여기서 처음으로 "성서신학"(Biblische Theologie)이라는 표제가 사용되고[2] 성서학이 교의학에 대해 독립적으로 논술되었다는 것뿐이다.[3] ― 계몽주의(Aufklärung)의 신학자들은 이점을 계속 발전시켰는데 그들에게는 교의학에 대해 독립된 성서의 가르침이 교의학을 잴 수 있는 비판적 척도에 해당했다. 몇몇 작품의 표제들이 이미 이 특징을 보여 준다: 사가리아(G.T. Zachariae)는 1771-75년에 "*Biblische Theologie oder Untersuchung des biblischen Grundes der vornehmsten theologischen Lehren*"(성서신학 또는 가장 훌륭한 신학적 가르침들의 성서적 근거에 대한 연구)라는 題下에 저서를 내놓았다. 가블러(Toh. Phil. Gabler)의 "*Oratio de iusto discrimine theologiae biblicae et dogmaticae regundisque*

---

1) Harold R. Willoughby에 의해 출판된 작품, *The Study of the Bible Today and Tomorrow* (Univ.-Chicago Press 1947), S. 419-436에서 Amos N. Wilder도 역사를 개관하면서 신약성서 신학의 문제성을 발전시켰다.
2) C. Haymann의 "성서신학", 1708에서.
3) 예로서: A.F. Büsching, *Epitome theologiale solis sacris literis concinnata*, 1956; *Gedanken von der Beschaffenheit und dem Vorzug der biblische-dogmatischen Theologie vor der Scholastischen*, 1758.

utriusque finibus"(성서신학과 규제적이며 응용적인 교의학 영역의 바른 구분에 관한 연구)라는 표제의 책은 1787년에 나왔다. 바우어(Lorenz Bauer)가 "*Theologie des AT*"(구약성서 신학, 1796—1803)와 "*Theologie des NT*"(신약성서 신학, 1800—02)을 분리시켜 논술했을 때 이 분리가 이미 교의학에서의 독립과 성서의 신학을 역사적 현상으로 논술하려는 의도를 보여준다. 베테(M.L de Wette) "*Biblische Dogmatik des AT und NT, oder kritische Darstellung der Religionslehre des Hebraismus, des Judentums und des Urchristentums*"(구약과 신약성서의 성서 교의학 또는 히브리 사상과 유대교, 초대 그리스도교의 종교론의 비평적 논술, 1813)이라는 책에서도 다른 것을 보지 못한다. 이때 그리스도교가 성서의 바른 해석을 통해 증명되는 이상적 종교라는 것이 점점 더 자명하게 전제되었다. 해석은 성서에서 이성과 경험의 원리들에 모순되는 모든 것을 "잘못된 대중의 개념들"에 적응시킨 것으로 증명해야 했기 때문이다.

아주 분명한 것은 여기서도 저 정통주의에서와 같이 신약성서 신학이 바른 가르침에 해당되 다른 것은 이 가르침이 단지 성서의 권위에 근거를 두지 않고 이성적 사유에서 발전되고 성서에서 재발견된다는 것뿐이다. — 이 경우에 理性的 사유의 내용으로 고수되었다고 생각된 것에서 얼마나 그리스도교 전통이 작용했는가는 여기서 다루어질 수 없다. 정통주의와 같이 계몽주의도 신학의 케리그마에 대한 관계를 몰랐다. 후자에서 다른 것은 케리그마와 가르침의 동일성이 이미 거론되지 않는다는 것뿐이다. 성서의 가르침은 이성적 진리들의 역사적 ("상징") 구체화에 해당하고 그러므로 신앙을 위한 권위일 수 없었기 때문이다. 사실 계몽주의는 정통주의 방법을 끝까지 밀고 간 것이다. 이 둘은 신학과 케리그마의 차이를 보지 않고 케리그마에 대한 신앙을 신학적 명제들에 대한 승인과 바꾸어 놓았다는 점에서 일치한다. 이 신학적 명제들은 이 둘에게 있어서 보편적이고 무시간적인 진리들의 성격을 지니고 있다. 이 들의 차이는 단지 정통주의에 있어서 신학적 명제들이 권위로서 이해된 성서의 진술들인 데 반해 계몽주의에 있어서는 이성에 근거를 둔, 이성적 사유에 의해 발견된 진리들이라는 데 있을 뿐이다. 그러므로 계몽주의에 "바른 가르침"의 케리그마적 성격이 전적으로 사라진 데 반해 정통주의를 위해서는 성서의 신학적 명제들이 곧 권위이고 신앙의 대상에 해당했다는 점에서 그 성격이 고수되었다. — 이것으로써 케리그마와 신앙이 잘못 이해된 것은 물론이다.

계몽주의와 함께 초래된 것은 성서의 권위에서 벗어난 것뿐 아니라 또 다른 전환도 수행되었다. 성서의 바른 해석을 통해 그곳에서 증명되는 그리스도교가 이성적 종교로서 증명되어야 한다면 이 해석은 모든 지역적인 것과 시간적인 것, 모든 개별적인 것과 부분적인 것을 벗겨내고 무시간적인 보편적인 것을 찾아야 했다. 그러나 그 관심이 점점 더 전자에 기운 것은 이해되고도 남는다. 왜냐하면 사람들은 보편적인 진리를 미리 알고 있고 역사적 논술은 사실 개별적인, 시대사적으로 규정된 현상들에 의해서만 가능했기 때문이다. 그러므로 1. 신약성서 필자들의 개인적인 차이들에 관심을 기울이고 이것들을 각이한 "교리 개념들"로 성격지우며 2. 신약성서의 사상 형성들을 한 역사적인, 상호 연관성으로 종합하는 신약성서 신학의 논술들이 생겨났다. 끝으로 — 이 점에서 계몽주의 전통은 19, 20세기에 계속 영향을 주고 있다 — 신약성서 신학은 宗敎史의 현상으로 이해되고 그것을 논술하는 학문은 외견상 역사과학으로서 진리 문제에 더 이상 관심을 가질 수 없게 되었다.

이 발전은 바우어(Ferd. Chr. Baur)의 작품이 결정적인 영향력을 제공했더라면 저지될 수도 있었을 것이다.[4] 바우어는 계몽주의에서처럼 무시간적인 성격을 지닌 영원한 理性진리들과 그것들의 불완전한 시대사적인 파악 즉 계몽적인 悟性이 극복한 파악 사이를 구별하지 않고 오히려 그는 (헤겔을 따르면서) 진리 자체가 오로지 그때 그때의 역사적 樣式으로만 파악될 수 있으며, 그 진리로서 오로지 발전의 역사적 과정의 전체성으로서만 전개된다는 것을 보았다. 이 발전의 주체는 정신(der Geist)이다. 그리고 역사는 "정신이 그 자체를 직관하는, 그 자체의 상을 관찰하는 영원한 맑은 거울이고 정신 그 자체인 것이 對自 즉 그 자신의 의식에 대해 있는 자로서 있고 정신 자체를 역사적으로 된 것의 움직이는 힘으로 알려고 했다."[5]

그러므로 역사적 자각이 진리의 파악을 위한 방법인 것과 같이 그리스도교의 역사 즉 제일 먼저 그의 근원과 동시에 신약성서의 역사에 관한 역사적 연구는 그리스도교 신앙의 진리 파악을 위한 방법이다. 이 경우에 이 진리가 정신의 진리 일반 외에 다른 것이 아니라는 것은 바우어에게 있어서 문제가 되지 않았다. 신약성서의 해석은 그러므로 그 신학을 그리스도교의 意識 즉 정신이 자각된 결정적 전환기의 의식의 해명으로 이해할 수밖에 없었다.

바우어의 이 견해는 신약성서 신학이, 믿는 자기 이해의 사상적 해명이라

---

4) Baur의 신약성서 신학에 관한 강의들은 그가 죽은 후 그의 아들에 의해 1864년에 출판되었다.
5) F.C. Baur, *Lehrbuch der christl, Dogmengeschichte*, 1847, S. 59.

는 점에서 이 신학의 의미에 일치한다. 신약성서에 의해 인간이 믿어야 할 말이 인간에게 말해진다는 것을 정통주의가 고수했었으나 케리그마 대신 신학의 가르침을 대치하면서 이 가르침을 신앙의 대상으로 만들었었다면 바우어는 이 위험을 극복했다. 그는 물론 신앙의 자기 이해를 역사적 발전에서 인간으로부터 드러나는, 정신이 자체를 의식하게 되는 자기 의식에 소급시키면서 그는 케리그마를 배제했다. 그러나 이 의식은 합리주의와 같은 그런 것이 아니다. 합리주의의 사유는 권위를 모른다. 오히려 지금은 역사가 그런 권위에 해당되고 케리그마를 대신하면서, 다시 말하면 역사를 향한 자각이 인간에게서의 정신의 자체 발견의 길이라는 것에 의해 케리그마를 그는 배제했다.

바우어의 효과적인 문제 제기는 이미 그의 학파에서 상실되었다. 보존된 것은 발전과정으로서의 역사에 관한 표상이고 바우어가 定立과 反立, 종합이라는 헤겔의 도식에 의해 표시했던 구체적 역사상도 마찬가지로 계속 영향을 주었다. 즉 율법에 자유한 바울의 복음이 율법에 결부된 유대인 그리스도교와 결투한 끝에 결국 타협적으로 초기 카톨릭적 교회가 형성되었다는 것이다. 그러나 바우어 후에 상실된 것은 역사와 역사적 자각의 의미에 대한 물음이다. 연구작업은 계몽주의에 의해 시작된 방향에서 계속되었다. 다른 것은 영원한 이성진리들 및 그것들을 결정적으로 인식했다는 의식에 대한 신앙이 상실되고 그리스도교 신앙은 이미 "이성적" 종교에 해당하지 않게 된 것뿐이다. 그러나 이것이 뜻하는 것은 그 연구가 역사주의 즉 초대 그리스도교 및 그와 함께 신약성서가 원인과 결과의 사슬에 의해 이루어진 세계사의 상대적 연관성에 결부된 한 현상으로 파악하는 역사주의에 희생되었다는 것이다.

완전한 상대주의의 결과는 물론 역사의 발전과정을 이상주의적으로 의미심장하게 해석했기 때문에 피할 수 있었다. 즉 헤겔의 역사철학에 매이지 않고도 역사에서 정신의 힘이 작용하는 것을 인지하고 영원한 진리들과 규법들이 점점 더 명백하게 파악되는 進步를 믿을 수 있었다. 낭만주의의 영향하에서도 人格性(Persönlichkeit)은 역사를 형성하는 힘으로 이해될 수 있었다. 그러므로 사람들은 신약성서의 가르침에서 그리스도교적인 — "종교윤리적"인 것으로서 — 세계관의 표현을 찾았고 예수의 의의를, 그가 종교윤리적 진리들의 선포자이고 이 진리들이 그의 인격에서 유일무이한 영향력으로 충만하게 구체화되었다는 점에서 보았었다. 이 파악의 대표적인 예들로는 홀츠만(H. J. Holtzmann)의 *Lehrbuch der Neutest Theologie* (신약성서 신학 교과서, 1896-97, ²1911) — 그의 비판적 양심은 모범적이다 — 와 베른레(P. Wernle)의 열정적이고 인상적인 책, "*Die Anfänge unserer Religion*" (우리 종교의 시초들, 1901, ²1904) 등을 들 수 있다.

제일 먼저 그 의의를 도외시할 수 없는 결정적인 전환은 종교사학파의 작업에서 수행되었다. 이학파의 계획적인 문헌으로는 브레데(W. Wrede)의 글인 "*Über Aufgabe und Methode der sog neutest Theologie*" (이른바 신약성서 신학의 과제와 방법에 관해, 1897)를 들 수 있다. 브레데는 "교리 개념들"의 취급방법에 대항했다. 이 방법 중에는 그리스도교에 관한 지성주의적 이해가 들어 있다고 보았기 때문이다. 그리스도교 신앙은 역시 종교이고 사상들의 체계가 아니라는 것이다! 그러므로 신약성서 신학으로서 이 학문의 과제는 초대 그리스도교의 생생한 종교를 논술하는 것이라는 것이다. 여기에 바른 통찰이 작용했음은 분명하다. 신학적 가르침들이 신앙의 표현이지 대상으로 이해될 수 없다. — 그러나 물론 믿는 自己理解의 전개이지 신앙의 대상에 관한 이차적 사유의 반성으로서가 아니다. 삶의 행위와 사유의 그것 사이의 연관성은 여기서(Ad. Schlatter의 즐겨 쓰는 표현과 같이) 결렬되었다.

결함의 원인은 신앙과 종교에 관한 선명한 개념이 없는데 있다. 사람들이 안 것은 종교가 이론적 행동이 아니고 오히려 감정이라는 것, 경건이라는 것뿐이었다. 그리고 종교는 여러 다른 전형들로 형태를 갖출 수 있다는 것을 알았다. 그것은 신에 대한 신뢰로 나타날 수 있다. 그리고 신이 자명하게 선한 것을 세우고 요구하는 거룩한 의지에 해당했기 때문에 神신뢰는 윤리적 의무에 대한 의식을 포함하는바, 이것은 이 신뢰에서 윤리적 의지가 구체적 과제들로 확증되어야 하는 장소로서의 세계에 대한 적극적인 관계로 흘러 나온다는 것을 뜻한다. 그러나 종교는 "구원종교" (Erlösungsreligion)일 수도 있다. 이 종교에서는 신 개념에서의 요구적인 의지에 관한 사상이 초월에 관한 사상에 비해 후퇴된다. 세계에 대한 소극적인 관계가 결과로 따르고 세계 도피적인 경건이 밀의종교로까지 상승될 수 있다. 그러나 구원사상은 신 신뢰 및 의무감의 저 종교에도 죄에서의 구원의 사상으로서 받아들여졌다. 바이넬(H. Weinel)의 경우가 그러했다. 그는 그의 책 "*Biblische Theologie des NT*" (신약성서의 성서신학, 1911, ⁴1928)에서 일반적인 종교사학적 방향 설정을 배경으로 예수의 "종교"를 "윤리적인 구원종교"로 "밀의적인(제일판에서, '심미적인') 구원종교"에 반대하면서 논술했는데 후자의 주제들은 그때 물론 초대 그리스도교의 "종교"에서 전자와 각이한 방식으로 결합된 것이었다. 카프탄(Jul. Kaftan)도 그의 간결하고 재치있는 논술 "*Neutest Theologie im Abriβ dargestellt*" (개괄적인 신약성서 신학의 논술, 1927)에서 신약성서의 종교를 구원(죄의 사유)의 윤리적 종교로서 파악했다. 이에 반해 부세(W. Busset)의 화려한 책 "*Kyrios Christos*" (주 그리스도, 1913, ²1921)에서는 초대 그리스도교 종교가 주로 그 절정을 密儀에서 드러내는 祭儀敬虔으로 나타났다. 그러나 여기서는 저 기본사상이 편파적으로 강하게 다루어졌다. 그러나 많은 것이 새로 발견되었으므로 신약성서 신학에서 작용하는 문제성이 새로운 빛을 받았다.

종교는 宗敎史學派에서 독립된 세력으로 인식되었다. 그 본질은 보편적인 무시간적인 진리들의 승인에 있지 않다. 그것들이 초자연적인 "계시"에 의해 중개되든지, 이성적인 사유에 의해 발견되든지 간에 마찬가지이다. 종교는 오히려 —— 종교사학파의 경향은 그렇게 이해될 수 있음이 분명하다 —— 실존적 태도이다. 그리고 사람들이 여기서 신학적 진술들의 정통적 의미를 파악하지 못했다면 사람들은 역시 바른 길을 가고 있음이 분명하다.

이 사실은 이 학파의 주석학적 작업에서, 자립적인, 모든 세상적인 행동들과 구별되는, 피안적인, 신에 관련된 태도로서 종교를 특징짓는 저 개념들이 새로 파악되었다는 데서 드러난다. 종말론이 신약신학에 가지는 意義의 발견을 위해 결정적인 것은 바이스(Joh. Weiss)의 "*Jesu Predigt vom Reiche Gottes*" (신의 왕국에 관한 예수의 설교, 1892, ²1902)였다. 또 신약성서의 πνεῦμα "영"이 그리스-이상주의적 이해의 의미에서 "정신"을 뜻하지 않고 피안적인 신의 이적적인 영향력이라는 인식은 궁켈(H. Gunkel)이 처음으로 그의 책 *Die Wirkungen des hl. Geistes nach der Populären Anschauung der apostolischen Zeit und nach der Lehre des Apostels Paulus* ("사도시대의 통속적 견해와 사도 바울의 가르침에 의한 거룩한 영의 작용" 1898, ³1909)에서 보여 준 바와 같다. 하이트뮬러(W. Heitmüller)의 각이한 작품들은 초대 그리스도교에서의 성만찬의 의미와 意義를 밝혔고[6] 이에 관련시켜 ἐκκλησία "교회"의 의미에 대한 새로운 인식을 얻었으며 초대 그리스도교에서의 교회사상의 특수성과 의의에 관한 인식도 얻었다.[7]

---

6) "*Im Namen Jesu*," Eine Sprach- und religionsgeschichtliche Untersuchung zum NT, Speziell zur altchristl. Taufe 1903; 또 그의 항목 "Abendmahl"과 "Taufe," RGG I u. V (1909과 1913).

7) 비교. Olof Linton, *Das Problem der Urkirche in der neueren Forschung*, 1932. 그 이후에 나온 여러 논문들, N. Goguel, *RHPhrel*, 1933, 1938과 N.A. Dahl, *Das Volk Gottes*. Eine Untersuchung zum Kirchenbewußtsein des Urchristentums, 1941.

역사-비판적인, 그리고 종교사학적인 연구작업과 나란히 보수주의적인 연구가들의 작업도 정통주의 전통의 영향 아래 계속 진행되었음은 자명하고 마찬가지로 후자들의 작업이 다른 경향들과의 토론에서 계속 전자들의 문제들과 연구결과들에 의해 영향을 받은 것도 자명하다. "교리 개념"-방법의 전통에 의거된 작품으로 매우 소상하게 쓴 바이스(Bernh. Weiss)의 "*Lehrbuch der Biblischen Theologie des NT*"(신약성서의 성서신학 교과서, 1868, ²1903)과 간략한 찬(Th. Zahn)의 "*Grundriß des neutest. Theologie*"(신약성서 신학의 개요, 1928)를 들 수 있다. 현대적 문제 제기들에 의해 더 강하게 영향을 받았으나 그 결과들에서 보수적이 된 작품으로는 파이네(Paul Feine)의 "*Theologie des NT*"(신약성서 신학, 1910 ⁸1951)이었다. 특징적인 것은 바이스도 파이네도 마찬가지로 그들의 신약성서 신학의 논술에 신약성서의 "종교"에 관한 논술 같은 것이 뒤따르게 한 것이다.⁸⁾ 여기서 신학과 케리그마의 관계에 관한 문제에 새로운 통찰들이 던져졌다는 것은 누구도 주장할 수 없을 것이다. 이 사실은 뷔흐젤(Fr. Büchsel, 1935, ²1937)의 *Theologie des NT*에도 해당한다. 설사 그것이 "Geschichte des Wortes Gottes im NT" (신약성서에서의 신의 말의 역사)라는 부제를 달고 있을지라도 그렇다. 신학적 교리들은 가령 신의 말로서의 케리그마와 구별되지 않고 그것들을 곧 바로 신의 말에 해당시켰기 때문이다. 쉬타우퍼(Eth. Stauffer)의 특색적인 책 "*Theologie des NT*" (1941, ⁴1948)도 저 문제성에 의해 규정되지 않았다. 쉬타우퍼는 물론 "교리 개념"-방법과 발전이라는 思惟圖式에서 벗어난다. 그는 "초대 그리스도교 신학의 성립 과정"에 관해 간단하게 개관한 후 신약성서의 신학적 사상세계를 "신약성서의 그리스도 중심론적 역사신학"이라는 표제하에 통일적인 것으로 논술하고 그렇게 하므로 신학을 종교적 역사철학으로 바꾸어 놓았다. 두 권으로 나온 알베르츠(M. Albertz)의 작품 *Die Botschaft des NT* (신약성서의 소식, Ⅰ/1², , 1947; Ⅰ/2, 1952; Ⅱ/1, 1954; Ⅱ/2, 1957)도 신약성서의 신학사상 세계의 통일성을 논술하려고 했으나 종교적 역사철학으로서가 아니라 신의 영에 의해 지탱되는 "소식"으로서 논술하려고 한다. 이 특색있는 작품은 보수적인 주제들과 비판적인(樣式史學的인) 것들을 한데 묶고 공격적으로 신약 "신학"을 논술하는 과제에 항의하나 그가 신학과 소식을 대립시킬 때 신학적 사상들이 "소식"의 해석으로서 가지는 의미를 誤認했다.

---

8) B. Weiss, *Die Religion des NT*, 1903, ²1908. P. Feine, *Die Religion des NT*, 1921.

1950년에 처음으로 "신약성서 신학"의 카톨릭 논술이 나타났는데 그것은 마이네르츠(Max Meinertz)의 것이었다(두 권으로 되었음). 이에 뒤따라 1951년에 나온 것이 봉시르방(Tos. Bonsirven)의 *Theologie du NT*이다. 이 둘은 신약성서의 신학적 사상들을 그 다양성과 통일성에서 논술하되, 말하자면 그 다양성을 예수의 인격과 선포에서 제공된 계시의 유기적이고 역사적인 발전으로 이해했다. 그러나 이 둘이 역사적 방향설정에도 불구하고 교리 개념들의 방법에서 탈피했다고 말할 수 없을 것이다. 봉시르벤이 비록 선행시킨 방법론적 서술들에 신약성서 신학을 역사적 서술로서 교의학과 분리시키고 역사적 다양성의 문제를 통일적으로 분명하게 하였을지라도 그렇다.

마이네르츠에게서 缺如된 것은 방법에 관한 언급들이다. 그리고 그가 강조한 것은 신약성서 신학의 문제들을 다루지 않고 신약성서의 신학적 내용을 적극적으로 논술하려고 한 것이다. 그는 그러나 방법론에 대한 서술들을, 나의 신약성서 신학에 대한 欄外註에서 부록으로 언급했다(Theologische Quartalschrift, 1952, 411 ff.). 또 지명해야 할 것은 구스(O. Kuss)의 책, *Die Theologie des NT. Eine Einführung*, 1937이다. 슈나켄부르크(R. Schnackenburg의 *Neutestamentl. Theologie*는 특별한 위치를 차지한다. 독일어판(1963)은 불어판(1961)에 비해 현저하게 확대되었다. "Der Stand der Forschung"(현재의 연구상황)이라는 부제를 단 이 책은 완결된 논술은 아니고 주로 신약성서 신학의 문제성과 그 물음들을 소개하고 프로테스탄트와 카톨릭의 연구에서 각기 대표적인 견해들을 보고하나 역시 비판적인 논술이기도 하다. 이 필자는 신약성서의 신학적 사유의 통일성을 그의 다져진 표현들의 다양성에서 파악해야 하는 과제를 분명하게 보고 이점에서 그는 봉시르방과 마이네르츠를 넘어섰다. 그리고 그는 역사적 논술과 신학적 해석의 결합에 가로놓여 있는 문제성도 마찬가지로 분명하게 알았다. 무엇보다도 그는 신약성서의 직접적인 진술들과 그것들 중에 부분적으로 함축적이고, 부분적으로 양식화된 신학적 사유 사이의 구별을 보았다. 그러므로 그에게는 계시와 케리그마, 고백, 신학 사이가 구별되었다.

이 全 발전에서 특수한 위치를 차지하는 것은 슐라타(Adolf Schlatter)이다. 이미 그의 책 "*Der Glaube im NT*"(신약성서의 신앙, 1885, ⁴1927)가 그대로 신약성서 신학에 해당할 수 있다. 이 책에 이어 그의 "*Theologie des NT*" (1909—10⁹)가 나왔다. 그는 과제에 관한 그의 파악을 작은 책, "*Die Theologie des NT und die Dogmatik*" (1909)에서 피력했다. 그도

---

9) 제 2 판에서 이 두권이 1921년에 *Die Geschichte des Christus*와 *Die Thelogie der Apostel*이라는 표제로 출판되었다.

마찬가지로 정통주의에서 행해지는 신약성서 사상들의 "통계적" 취급과 합리주의의 교리개념-방법, 그리고 종교사학파에 대해 한계를 둔다. 그는 이 모든 것들에 대해 그것들이 사유행위와 생활행위를 분리시킨다고 비난하는 바 옳다. 그러나 그는 이것들의 통일성을 바우어와 같이 신학사상들이 정신(이성)으로서의 인간의 자기 이해의 해명이라는 데서 보지 않는다. 그는 인간을 그의 의지로부터 이해하고 그의 의도와 행위에서 그의 사상들의 근원을 보기 때문이다. "그들(말하자면 신약성서의 "사람들")에게는 사유행위를 생활행위에서 분리시키려는 시도가 없고 그를 위한 假像도 만들지 않으며 무시간적인, 역사적 조건들에 예속되지 않은 인식들을 우리에게 전한다. 그들의 사유작업은 오히려 그들의 의도와 행위를 의식적으로, 자립적으로 결합시키는 데 있다. 이 작업은 그들의 체험들에 그 근원과 자료를 두고 있고 그들의 작업 수행을 위한 수단으로서 그들에게 이용된다. 그들의 사상들은 그들의 행위들과 그와 함께 그들의 역사의 성분들이다. 그 때문에 신약성서 신학의 과제는 예수와 그의 제자들의 사상들의 목록을 만들어 내는 통계학으로 아직 盡할 수 없다. 그럴 때 쉽게 발생하는 것은 의도와 행위로부터 분리된 의식의 내용으로서 소개되는 역사적 撰畵, 추상적인 무시간적인 "교리들"이다. 그러나 예수와 그의 제자들이 이런 양식으로 그들의 사상들을 스스로 지니고 있었던 것은 아니다. 우리는 바로 관찰하기 위해 그들의 사상들을 낳고 이 사상들도 곧 바로 다시 그들의 작업의 토대로서 받아들이는 연관성을 분명하게 해야 한다.[10] 논술이 개체 "교리 개조들"을 구별함으로 "초대 그리스도교史의 근거가 개인의 인격적 생활 태도를 형성하는 그 과정들 중에 있음을 명백히 해야 한다는 결과도 이로부터 나온다."[11]

이런 문장들은 역사적 상대주의의 의미에서 이해될 수 있을 것이나, 물론 그런 뜻으로 생각된 것은 아니다. 슐라타가 신약성서의 "사람들"의 "체험들" 즉 그들의 사상형성의 근거와 자료로서의 체험들 또는 "인격적인 생활 태도"라고 표시하는 것은 그 근원을 역사적 예수의 인격과의 해후에 두고 있다. 초대 그리스도교의 역사는 "예수 자신의 내적 생활"[12]과 함께 즉 예수가 자신을 "그리스도"로 알고 그런 자로서 활동한 것으로 시작된다. 그러므로 예수와의 해후와 그를 "그리스도"로서 승인하는 것이 신앙을 뜻하는 한 이에 따라 신학적 사상들은 그때 그때 구체적인 역사적 과제들에 의해

---

10) *Neutest. Theol.* I, S. 10 f.
11) *Das NT u. die Dogmatik.* S. 40.
12) 同上, S. 60.

초래된 신앙의 전개이다. 슐라타의 의도를 이렇게도 말할 수 있을 것이다. 즉 그것은 신앙으로 선사된 새로운 자기 이해이다. 신앙에 인간이 신과 세계, 자기 자신을 새로 이해하는 이해가 포함되어 있다는 것이 슐라타에게 자명한 것일 수 있기 때문이다.

신학과 케리그마의 관계에 대한 문제는 역시 그에 의해 분명하게 보여진 것 같지 않다. 그는 물론 역사적 예수가 케리그마에서 비로소 "그리스도"로 나타난다는 것을 보지 못했다. 그 때문에 그의 경우 케리그마의 자리에 역사적 예수가 곧 바로 등장한다. — 이때 전제된 것은 예수가 역사적 연구에 의해 "그리스도"로서 드러날 수 있는 반면, 잘하면 메시야意識 역시 이 방식으로 드러날 수 있다는 것이다. 이 점에서 다음과 같은 것이 연유되었을 것이다. 즉 슐라타는 모든 역사적 비판의 문제들, 특히 복음서들에 대한 문예사학적인 연구에서 특유한 장애들을 느꼈고 신약성서의 신학사상형성을 편파적으로 예수 자신이 처해 있던 구약성서-유대교 전통에 의해 해석하고 헬레니즘적 혼합주의의 의의를 바로 보지 못한 것이다. 이때 공동체의 케리그마는 결국 역사적 전통의 계승, 즉 예수가 "그리스도"로서 이미 인지되게 하는 역사적 예수상(바로 슐라타가 본 바와 같은)의 계승이 된다. 예수 즉 선포자가 어떻게 "그리스도" 즉 선포된 자로 되었는가라는 특유한 문제는 이로써 은폐되고 바로 이와 함께 케리그마의 특유한 본질도 은폐되었다.

이 책에서 제공된 신약성서 신학에 관한 논술은 한편 역사-비판적인, 그리고 종교사학적인 연구를 계속하면서 다른 한편 사유행위와 생활행위의 균열에서, 그리고 그로 인한 신학적 진술들의 의미의 오해에서 일어나는 그 과오들을 피하려고 한 것이다.

신약성서가 역사의, 특히 종교사의 한 증서이기 때문에 그 해명은 역사적 연구 작업을 요구하는데 이 작업의 방법은 계몽주의 시대 이후 형성되었고 초대 그리스도교의 연구와 신약성서의 해명에서 有用한 것으로 성장했다. 이런 작업은 두가지 관심 즉 재구성 아니면 해석 즉 지나간 역사의 재구성 또는 신약성서 문헌들의 해명에 대한 관심에 의해 수행될 수 있다. 물론 어느 하나 없이는 어느 하나도 존재하지 않고 이 둘은 서로에게 작용한다. 그러나 이 둘 중 어느 것이 다른 것에 이용되는가라는 문제는 역시 제기된다. 신약성서의 문헌들이 "사료들"로서, 즉 역사가 해석하고 그것들로부터 초대 그리스도교의 상을 역사적 과거의 현상으로 재구성하는 사료들로서 문제될 수 있거나 아니면 신약성서의 문헌들이 현재에 무엇을 말해야 한다는 전제 아래 이 재구성이 신약성서 문헌들의 해석에 이용될 수 있다. 여기에서 제시된 논술에서는 역사적 연구작업이 이 후자의 관심을 위해 유용한 것으로 이용되었다.

그러나 바로 그 때문에 신약성서의 신학사상들을 "생활행위"와 관련시켜, 다시 말하면 믿는 자기 이해의 해명으로서 해석하는 것이 타당했다. 이 사상들은 이론적 가르침들로서, 무시간적인 보편적 진리들로서는 현재의 의미를 주장할 수 없고 오로지 인간 실존에 관한 이해의 표현으로서만 그것을 주장할 수 있다. 그리고 이 이해는 현재의 인간을 위해서도 그의 자기 이해의 가능성 — 신약성서에 의해 그에게 밝혀지는 가능성인데 이러한 자기 이해가 케리그마 즉 그를 부르는 신의 말에 대한 대답임을 이 이해가 그에게 보여 줄 뿐 아니라 케리그마 자체를 그에게 중개한다는 것을 보여 준다는 점에서 그렇다.

이 믿는 자기 이해를 케리그마에 관련시켜 분명하게 하는 것은 신약성서 신학의 논술이 담당하는 과제이다. 이것은 직접적으로 바울과 요한 신학의 분석에서, 간접적으로는 고대교회의 발전에 대한 비판적 논술에서 수행된다. 그 까닭은 후자에서 믿는 자기 이해의 문제성과 그것에 의해 제약된 케리그마적 표현들의 문제성이 마찬가지로 뚜렷하게 드러나기 때문이다.

1967년에 콘첼만(Hans Conzelmann)의 *Grundriß der Theologie des NT* ("신약성서 신학의 개요")가 특별히 대학생들을 위한 교재로 계획되어 나타났다. 필자가 신약성서 신학에 대한 그 자신의 이해를 숨기지 못할지라도 그는 역시 (이런 교재에 알맞게) 동시에 그때마다 다른 견해들에 관한 내용상의 방향지시에도 언급한다. 나는 — 무비판적으로는 아니지만 — 나의 신약성서 신학의 계속이며 보충으로서 이 책을 환영한다. 초대 공동체와 헬레니즘계의 공동체의 케리그마에 관한 章이 훨씬 더 상세하게 다루어졌다. 특징적인 것은 독립 선행시켜 다루어지지 않은바, 예수의 모습과 선포의 상이 어떻게 공관서들과 후기 문헌들 중에 역시 영향을 준 예수-전통을 반복하여 관련시킴으로써 간접적으로 타당성을 가지게 했는가에 있다. 중심점은 역시 바울신학에 떨어져 있다. 방법과 기본개념들이 상세하게 다루어진다. 그 후에 바울신학이 처리되는데 그 頂點을 우리는 마지막 부분인 De libertate Christiana ("그리스도인의 자유에 관해")에서 볼 수 있다. Die Entwicklung nach Paulus ("바울 후의 발전")라는 간결한 章에 이어 요한신학의 논술이 따르는데 이 논술에 "요한 문헌의 역사적 자리"에 관한 항목이 선행한다. 그 다음에 필자는 거리낌으로서, 밝히며 부르는 말(Anrede)로서의 제시에 대한 요한의 이해와 이른바 요한의 이원론의 의미를 자세히 특징짓는다. 그가 그의 과제를 신앙의 원초적 텍스트 해석으로 파악했다는 점에서 나는 그와 일치한다. 그리고 그가 일관하여 구원사건의 말(言) 성격을 분명하게 하고 신화적인, 교리적인 귀결들을, 듣는 자의 실존에 적중하는 말로서 해석했다는 점에서도 일치한다. 그리고 또 그가 신약성서 문헌들이 그 형태를 갖추게 한 학파들을 고려에 두었다는 점에서도 역시 일치한다. 이에 반해 그는 나와 달리 "사도의" 시기와 "초기 카톨릭주의"의 시작이 된 전통 사이를 구별하지 않는다. 그는 신앙개념의 변천과 교회 성립의 시초들도, 교회 직책의 성립과 교회의 구원 기구화를 바로 알면서도 구별하려고 하지 않는다. 그러나 이 문제성에 관해 토론이 활발히 제기될 만큼 필자는 충분한 자극을 제공했다.

문헌 소개

제 1 부

I. 예수의 선포

Alb. Schweitzer, *Geschichte der Leben-Jesu-Forschung*⁶, 1951. - Ad. Jülicher, *Die Religion Jesu und die Anfänge des Christentums bis zum Nicaenum* (Die Kultur der Gegenwart I, 4)², 1922. — Wilh. Bousset, *Jesus* (Religionsgeschichtl. Volksb. I, 2/3)⁴, 1922. — Paul Wernle, *Jesus*², 1916. — Wilh. Heitmüller, *Jesus*, 1913. — Ad. Schlatter, *Die Geschichte des Christus*², 1923. — Rud. Bultmann, *Jesus* (Die Unsterblichen I)⁴, 1964. Karl Bornhäuser, *Das Wirken des Christus durch Taten und Worte*², 1924. — Karl Ludw. Schmidt, "Jesus Christus" (*RGG*², III, 110-151). — Arth. C. Headlam, *Jesus Christ in History and Faith*, 1925. — F. C. Burkitt, *Jesus Christ*, 1932. — Maur. Goguel, *La Vie de Jésus*, 1932. (독어역 : *Das, Leben Jesu*, 1934). — T. W. Manson, *The Teaching of Jesus*, 1935. — Mart. Dibelius, *Jesus* (Samml. Göschen, 1130)³, 1960. W. G. Kümmel의 부록을 참조. — Rud. Otto, *Reich Gottes und Menschensohn*³, 1954. — Walt. Grundmann, *Jesus der Galiläer und das Judentum*, 1940. — Rud. Meyer, *Der Prophet aus Galiläa*, 1940. — A. T. Cadoux, *The Theology of Jesus*, 1940. — C. J. Cadoux, *The Historic Mission of Jesus*, 1943. — Henry J. Cadbury, *Jesus. What Manner of Man?* 1947. — W. Manson, *Bist du, der da kommen soll?*, 1952. — O. A. Piper, *Das Problem des Lebens Jesu seit Schweitzer*, Festschr. F. O. Schmitz, 1953, 73-93. — W. Taylor, *The Life and Ministry of Jesus*, 1954. — Ernst Percy, *Die Botschaft Jesu*, 1953. — Günther Bornkamm, *Jesus von Nazareth*, 1956. — T. W. Manson, *The Life of Jesus: some tendencies in present-day research* (The Background of the NT and its Eschatology, 1956, 211-221). — E. Stauffer, *Jesus*, Gestalt u. Geschichte, 1957. — W. Grundmann, *Die Geschichte Jesu Christi*, 1957. — E. Stauffer, *Die Botschaft Jesu damals und heute*, 1959. — H. Conzelmann *Jesus Christus* (*RGG*³ III, 619-653). — 카톨릭계 : Aug. Reatz, *Jesus Christus*, 1924. — Karl Adam, *Jesus Christus*, 1933. — Rom. Guardini, *Der Herr*, 1937. — X. Léon-Dufour, *Les Évangiles et l'histoire de Jésus*, 1963.

§1. 終末論的 선포

Joh. Weiss, *Die Predigt Jesu vom Reiche Gottes*³, 1964. — H. D. Wendland,

Die Eschatologie des Reiches Gottes bei Jesus, 1931. — 宗敎史的 諸前提: Wilh. Bousset, *Die Religion des Judentums in der späthellenist. Zeit*³, 1926. — E. C. Hoskyns und F. N. Davey, *Das Rätsel des Neuen Test.*, 독어역 1938. — Amos N. Wilder, *Eschatology and Ethics in the Teaching of Jesus*², 1950. — W. G. Kümmel, *Verheissung u. Erfüllung*³, 1956. — Erich Grässer, *Das Problem der Parusieverzögerung in den synopt. Evangelien u. in der Apostelgesch*²., 1960. — B. Rigaux, *La seconde Vanue de Jésus* ("La Venue du messie" 1962, 183 ff.). — E. Lundstörm, *The Kingdom of god in the Teaching of Jesus*, 1963. — N. Perrin, *The Kindom of God in the Teaching of Jesus*, 1963. S. 619에서 지명된 문헌도 참조.

§2. 神의 要求에 대한 解釋

S. 619와 S. 620의 §1에서 지명된 문헌 외에: E. Grimm, *Die Ethik Jesu*², 1917. — E. Klostermann, *Jesu Stellung zum AT*, 1904. — Fr. K. Karner, *Der Vergeltungsgedanke in der Ethik Jesu*, 1927. — H. Windisch, *Der Sinn der Bergpredigt*², 1937. — E. Lohmeyer, *Kultus und Evangelium*, 1942. — Bousset(§1) 외에 유대교 윤리를 위해: G. F. Moore, *Judaism in the First Centuries of the Christian Era*, I, II, 1927. — Reinh. Sander, *Furcht und Liebe im palästin. Judentum*, 1935. — Erik Sjöberg, *Gott und die Sünder im palästin. Judentum*, 1939. — G. Bornkamm, *Der Lohngedanke im NT*, Ev. Theol. 1946, 143-166. — Fr. C. Grant, *The Teaching of Jesus and First-Century Jewish Ethics* (The Study of the Bible Today and Tomorrow ed. H. R. Willoughby, 1947, 298-313). — Am. N. Wilder, *Eschatology and Ethics in the Teaching of Jesus*², 1950. — Herb. Braun, *Spätjüdisch-häretischer und frühchristlicher Radikalismus*, II, 1957. — W. Pesch, *Der Lohngedanke in der Lehre Jesu*. — H. K. McArthur, *The Understanding of the Sermon on the Mount*, 1960.

§3. 예수의 神思想

S. 619의 문헌 외에: Joh. Leipoldt, *Das Gotteserlebnis im Licht der vergleichenden Religionsgeschichte*, 1927. — Rich. Ad. Hoffmann, *Das Gottesbild Jesu*, 1934. — Walt. Grundmann, *Die Gotteskindschaft in der Geschichte Jesu und ihre religionschichtl. Voraussetzung*, 1938. — W. G. Kümmel, *Die Gottesverkündigung Jesu und der Gottesgedanke des Spätjudentums*, Judaica 1 (1945), 40-68. — H. F. D. Sparks, *The Doctrine of the Divine Fatherhood in the Gospels* (Studies in the Gospels, Essays in Memory of R. H. Lightfoot, 1957, 241-262). — H. Schürmann, *Das hermeneutische Hauptproblem der*

Verkündigung Jesu (Karl Rahner Ⅰ, 1964, 579-607).

§4. 예수의 메시야 意識에 대한 問題

William Wrede, *Das Messiasgeheimnis in den Evangelien*, 1901. — H. J. Holtzmann, *Das messianische Bewusstsein Jesu*, 1907. — Ad. Schlatter, *Der Zweifel an der Messianitt Jesu*, 1907. — A. Frövig, *Das Selbstbewusstsein Jesu als Lehrer und Wundertäter*, 1918. — 동인, *Das Sendungsbewusstsein Jesu und der Geist*, 1924. — 동인, *Der Kyriosglaube des NT und der Geist*, 1928. — R. Bultmann, *ZNW* 19 (1919/20), 165-174; *Gesch. d. synopt. Trad.*³, 1957, 263-281; 이외에 147-150. — Vincent Taylor, *Jesus and his Sacrifice*, 1933. — Rob. Henry Lightfoot, *History and Interpretation in the Gospels*, 1934. — Hans Jürg. Ebeling, *Das Messiasgeheimnis und die Botschaft des Mercus-Evangelisten*, 1939. — C. T. Craig, "The Problem of the Messiasship of Jesus"(NT Studies, ed. E.P. Booth, 1942, 9ff.). — Joach. Bieneck, *Sohn Gottes als Christusbezeichnung der Synoptiker*, 1951. — Ragnar Leivestad, *Christ the Conqueror*, 1954. — T. W. Manson, *The Servant Messiah*, 1953. — Ed. Schweitzer, *Erniedrigung und Erhöhung bei Jesus und seinen Nachfolgern*, 1955. — E. Sjöberg, *Der verborgene Menschensohn in den Evangelien*, 1955. — S. Mowinckel, *He That Cometh*, 1956, 346 ff. — T. W. Manson, "Realised Eschatology and the Messianic Secret" (Studies in the Gospels, Essays in Memory of R. H. Lightfoot, 1957, 209-222). — Oscar Cullmann, *Die Christologie des NT*, 1957. — 참조. §5에 지명된 문헌. §1의 문헌, 특히 R. Otto, *Reich Gottes und Menschensohn* (또 R. Bultmann, *ThR*, NF. 9 〈1937〉, 1-35). 특별히 "人子" 문제를 위해, 이외에 : H. Lietzmann *Der Menschensohn*, 1896 (여기의 주제를 Lietzmann은 후에 취소했다). — Arn. Meyer, *Jesu Muttersprache*, 1896, 91-100, 140-149. — Gust. Dalman, *Worte Jesu* Ⅰ², 191-219, 383-397. — Paul Fiebig, *Der Menschensohn*, 1901. — Jul. Wellhausen, *Einleitung in die drei ersten Evangelien*², 1911, 123-130. — Wilh. Bousset, *Kyrios Christos*², 1931, 5-13. — Carl H. Kraeling, *Anthropos and Son of Man*, 1927. — Joach. Jeremias, *Erlöung und Erlöser im Urchristentum*, 1929. — E. Stauffer, *Messias oder Menschensohn?* (Novum Test., Ⅰ, 1956, 81 ff.). — Ph. Vielhauer, "*Gottesreich und Menschensohn in der Verkündigung Jesu*" (Festschr. f. G. Dehn, 1957, 51-79). — E. D. Schweitzer, "Der menschensohn," *ZNW* 50(1959), 185-209. — H. E. Tödt, *Der menschensohn in der synopt. Überlieferung*, 1959. — Ferd. Hahn, *Christologische Hoheitstitel. Ihre geschichte im frühen Christentum*, 1963. — W. Kramer,

Christos, Kyrios, Gottessohn, 1963. — Ph. Vielhauer, "Jesus und der menschensohn", ZThK 60(1963), 133-177. — 동인, Ein Weg zur neutest. Christologie, Ev. Theol. 25(1965), 24-73.

Ⅱ. 초대교회의 케리그마

Carl Weizsäcker, Das apostolische Zeitalter der christlichen Kirche³, 1901. — Ernst v. Dobschütz, Probleme des apostol. Zeitalters, 1904. — Paul Wernle, Die Anfänge unserer Religion², 1904. — Rud. Knopf, Das nachapostol. Zeitalter, 1905. — Ad. Jülicher, 참조. S. 619. — F. J. Foakes Jackson and Kirsopp Lake, The Beginnings of Christianity, Ⅰ-Ⅴ, 1920-1933. — Wilh. Bousset, Kyrios Christos², 1921. — Joh. Weiss, Das Urchristentum, 1917. — Hans Achelis, Das Christentum in den ersten drei Jahrhunderten², 1925. — Rol. Schütz, Apostel und Jünger, 1921. — Wilh. Michaelis, Täufer, Jesus, Urgemeinde, 1928. — Ed. Meyer, Ursprung und Anfänge des Christentums Ⅲ, 1923. — Karl Kundsin, Das Urchristentum im Lichte der Evangelienforschung, 1929. — Ernst Lohmeyer, Galiläa und Jerusalem, 1936. — W. G. Kümmel, Kirchenbegriff und Geschichtsbewusstsein in der Urgemeinde und bei Jesus, 1943; 동인, "Fudurische und Präsentische Eschatologie im ältesten Urchristentum," NTSt 5 (1958/59), 113-126; 지금: Heilsgeschehen und Geschichte, 논문집, 1965, 351-363.

§5. 예수의 선포와 초대 교회의 선포의 관계에 관한 문제

Ⅱ에 관한 문헌 외에, 비교. Joh. Weiss, Jesus im Glauben des Urchristentums, 1910. — C. H. Dodd, The Gospels as History: A Reconsideration(Bull. of the John Rylands Library 22, No. 1, 1938). — 동인, History and the Gospels, 1938. — E. Käsemann, "Das Problem des histor. Jesus," ZThK 51 (1954), 125-153. — N. A. Dahl, "Der histor. Jesus als geschichtswissenschaftl. und theolog. Problem (Kerygma und Dogma Ⅰ, 1955, 104-132). — E. Heitsch, "Die Aporie des histor. Jesus als Problem theologischer Hermeneutik," ZThK 53 (1956), 196-210. — E. Fuchs, "Die Frage nach dem histor. Jesus, ZThK 53 (1956), 210-229. — P. Biehl, "Die Frage nach dem histor. Jesus," ThR 24 (1956/67), 54-76. — E. Fuchs, "Glaube und Geschichte im Blick auf die Frage nach dem histor. Jesus," ZThK 54 (1957), 117-156. — J. Jeremias, "Der gegenwärtige Stand der Debatte um das Problem des histor. Jesus," Wiss. Ztschr. der Ernst Moritz Arndt-Univ. Greifswald, Gesellsch.-u. Sprachwiss. Reihe 3, Jahrg. 6 (1956/57), 165-170. — R. Bultmann, "Allgemeine Wahrheiten und christl. Verkündigung," ZThK 54 (1957), 244-254. — Ed. Schweizer, "Der Glaube an Jesus den Herrn in seiner Entwicklung von den ersten Nachfolgern bis zur hellenist. Gemeinde," Ev. Theol. 17 (1957), 7-21. — R. Bultmann, "Das Verhältnis der urchristl. Christusbotschaft zum histor. Jesus" (SAHeidelb. 1960, 3)³, 1962. E. Fuchs, Zur Frage nach dem histor. Jesus (Ges. Aufs. Ⅱ), 1960. — Herb. Braun, "Der Sinn der neutest. Christologie," Ges. Studien zum NT und seiner Umwelt, 1962, 243-282. — James M. Robinson, Kergma und histor. Jesus, 1960. — 討論을 위한 수많은 論文들 : Der histor. Jesus und der kerygmatische Christus, 1960. — 상이한 필자들의 논문들 : "Die Frage nach dem histor. Jesus," 附錄 Ⅰ, ZThK, 1959. W. Schmithals, "Paulus und der histor. Jesus," ZNW 53 (1962), 145-160.

§ 6. 종말론적 공동체로서의 초대교회

§1,3 (S. 624)에 관한 문헌과 N. A. Dahl, Das Volk Gottes, 1941. — George Johnston, The Church in the NT, 1943. -- H.v. Campenhausen, Kirchliches Amt und geistliche Vollmacht, 1953 (Kap. 1). — 3에 관해 참조. O. Cullmann, Die Tauflehre des NT, 1948. — J. Schneider, Die Taufe im NT, 1952. — N. A. Dahl, "The Origin of Baptism," Norsk Teol. Tidsskr. 56 (1955), 36-52. — 4에 관해, Joach. Jeremias, Die Abendmahlsworte Jesu², 1649; — Ed. Schweizer, "Das Herrenmahl im NT," ThLZ 79 (1954), 577-592. — E. Fuchs, Das urchristliche Sakramentsverständnis, 1958.

§ 7. 초대교회의 신앙을 위한 예수의 意義

Ⅱ의 문헌과 특히 W. Bousset, Kyrios Christos; 그리고 §5의 문헌. 이외에 W. Staerk, Soter Ⅰ, 1933; — Paul Volz, Die Eschatologie der jüdischen Gemeinde, 1934. — Joach. Bieneck, Sohn Gottes als Chrstusbezeichung der Synoptiker, 1951. — O. Cullmann, Die Christologie des NT, 1957. — Ed. Schweizer, Erniedrigung und Erhöhung bei Jesus und seinen Nachfolgern, 1955. — H. Riesenfeld, The mythological background of NT Christology (The Background of the NT and its Eschatology, 1956, 81-95). 또 §5에 지명된 문헌.

§ 8. 敎會의 표현 양식들의 형성을 위한 출발점들

Ⅱ의 문헌과 그 외에, Floyd V. Filson, The Separation of Christianity from Judaism, Anglic. Theol. Rev.21 (1939), 171-185. — Lyder Brun und Anton

Fridrichsen, *Paulus und die Urgemeinde*, 1921. — Walter Bauer, *Der Wortgottesdienst der ältesten Christen*, 1930. — Jos. Mar. Nielen, *Gebet und Gottesdienst im NT*, 1937. — Ernst Lohmeyer, *Kultus und Evangelium*, 1942. — Oscar Cullmann, *Urchristentum und Gottesdient*[3], 1956. — Ernst Troeltsch, *Die Soziallehren der christlichen Kirchen und Gruppen*, 1912. — R.H. Lightfoot, *Locality and Doctrine in the Gospels*, 1938. — G. Deling, *Der Gottesdienst im NT*, 1952. H.v. Campenhausen, *Kirchliches Amt und geistliche Vollmacht in den ersten drei Jahrhunderten*[2], 1963. — 초대 그리스도교 공동체 질서들과 쿰란 종파 공동체 질서들의 관계에 관해, 참조. Bo Reicke, *ThZ* 10 (1954), 95-112; 또는 *The Scrolls and the NT*, 1957, 143-156. — J. Daniélon, *RHPhrel.* 35 (1955), 104-116. — O. Cullmann, *JBL* 64 (1955), 213-226.

Ⅲ. 바울 前과 同時代의 헬레니즘계 공동체의 케리그마

Ⅱ의 문헌 외에, 참조: Walter Bauer, *Rechtgläubigkeit und Ketzerei im ältesten Christentum*[2], 1964. — B. H. Streeter, *The Rise of Christianity* (The Cambridge Ancient History, Ⅺ), 1936. — M. Goguel, *L'Église primitive*, 1947. — 물론 고대 교회사의 서술들에서도 이 해당 부분은 관찰된다.

§9. 神 및 그의 심판, 예수 그리스도, 심판자 및 구원자에 관한 설교와 신앙의 요구

Ad. v. Harnack, *Die Mission und Ausbreitung des Christentums in den ersten Jahrhunderten*[3], 1915, Ⅰ, 104—114. — K. Axenfeld, *Die jüdische Propaganda als Vorläuferin und Wegbereiterin der urchristl. Mission.* Missionswissenschaftl. Studien (Festschr. f. G. Warneck), 1904, 1—102. — Albr. Oepke, *Die Missionspredigt des Apostels Paulus*, 1920. — Ed. Norden, *Agnostos Theos*, 1913. — Mart. Dibelius, *Paulus auf dem Areopag* (Sitzungsber. d. Heidelb. Akad. d. Wiss., Phil. -hist. Kl., 1938, 39, 2. Abh.), 1939, 또는 *Aufsätze zur Apostelgesch.*[2], 1957, 29-70. — Wilh. Schmid, "Die Rede des Apostels Paulus vor den Philosophen und Areopagiten in Athen," *Phiologus* 95 (1942), 79-120. — C.H. Dodd, *The Apostolic Preaching and its developments*[6], 1950. — H. Hommel, "Neue Forschungen zur Areopagrede Act. 17," *ZNW* 46 (1955), 145-178. — Bertil Gärtner, *The Areopagus Speech and Natural Revelation*, 1955. — W. Nauck, "Die Tradition und Komposition der Areopagrede," *ZThK* 53 (1956), 11-52. Alf. Seeberg의 여러 연구들도 여기서 지적해야 할 것이다. 이 연구들은 전통적인 표현들에서 어떤

문헌 소개 625

자료가 차츰 선교 설교에서 結晶되었는지를 보여 준다. 결국은 이 표현들로 부터 신앙고백(각이한 양식들로)이 자랐다. Seeberg의 잘못이 있다면 그것은 단지 어느 정도 확고히 표현된 "교리문답"을 그 발전의 시초에 둔 것이다. 전통적 입장에서 읽으면 이 연구들은 그리스도교의 설교와 유대교의 전통과의 연관성도 보여 주는바 고귀한 것이다 : *Der Katechismus der Urchristenheit,* 1903. — *Das Evangelium Christi,* 1905. — *Die beiden Wege und das Aposteldekret,* 1906. — *Dei Didache des Judentums und der Urchristenheit,* 1908. — *Christi Person und Werk nach der Lehre seiner Junger,* 1910. — O. Cullmann, *Die ersten christl. Glaubensbekenntnisse,* 1943. (전통사를 위해서도 중요하다) — 5를 위해, Jul. Schniewind, *Euangelion,* Lief. 1 und 2, 1927. 31. — Einar Molland, *Das Paulinische Euangelion,* 1934. — M. Dibelius, *Formgeschichte des Evangeliums*³, 1959, 16-32. — Ad. Schlatter, *Der Glaube im NT*⁴, 1927. — R. Gyllengerg, *Pistis,* 1922. — R. Asting, *Die Verkündgung des Wortes im Urchristentum,* 1939. — Max Pohlenz, "Paulus und die Stoa," *ZNW* 42 (1949), 69-104. — R. Bultmann, *ThWB* Ⅵ, 174-213. — H. Conzelmann, *Die Mitte der Zeit*⁵, 1964, 191-197.

§10. 교회 意識과 세계에 대한 그 관계

1과 2에 관한 문헌, 참조. S. 619 f. §1,3에 관해 특히, N. A. Dahl, *Das Volk Gottes,* 1941. — 2에 관해 특히, Ed. Grafe, *Das Urchristentum und das AT*, 1907. — O. Michel, *Paulus und seine Bibel*, 1929. — E. E. Ellis, *Paul's Use of the Old Testament,* 1957. — 3과 4에 관해, H. Jacoby, *Neutestamentl. Ethik,* 1899. — Ernst v. Dobschütz, *Die urchristl. Gemeinden,* 1902. — 同人, *Probleme des apostol. Zeitalters,* 1904. — Mart. Dibelius, *Exk. zu Herm sim* Ⅱ 5, Hdb. z. NT의 보충본, Ⅳ, 555f. — G. Johnston, 참조. zu S. 39. — L. Brun, "Der kirchliche Einheitsgedanke im Urchristentum," *ZsystTh* 14 (1937), 86 ff. — H. Preisker, *Das Ethos des Urchristentums*², 1943. — Cl. T. Craig, *The One Church in the Light of the NT,* 1946. Stig, Hanson, *The Unity of the Church in the NT,* 1946. — L. H. Marshall, *The Challenge of NT Ethics,* 1946. — M. Goguel, *L'Église primitive,* 1947. A. M. Hunter, *Die Einheit des NT,* 1952, 42—66. — George Johnston, "The Church and Israel: Continuity and Discontinuity in the NT Doctrine of the Church," *Journ. of Rel.* 34 (1954), 26-36. — Joh. Schneider, *Die Gemeinde nach dem NT*³, 1955.

§11. 유대교에 대한 관계와 구약성서의 문제

참조. §8과 §8, 2의 문헌 외에 ; Rud. Knopf, *Das nachapostolische Zeitalter*, 1905, S. 346-369. — Hans Wenschkewitz, *Die Spiritualisierung der Kultusbegriffe*. Tempel, Priester und Opfer im NT, 1932. — Joh. Klevinghaus, *Die theol. Stellung der Apostol. Väter zur alttest. Offenbarung*, 1948. — Thomas F. Torrance, *The Doctrine of Grace in the Apostolic Fathers*, 1948. — Ph. H. Menoud, *L'Église naissante et le Judaism*, 1952. — L. Goppelt, *Christentum und Judentum im 1. u. 2. Jahrh.*, 1954. — H. J. Schoeps, *Urgemeinde, Judenchristentum, Gnosis*, 1956.

§12. 큐리오스와 神의 아들

참조. II의 문헌과 특히 W. Bousset, *Kyrios Christos*. 이외에, J. Weiss, *Christus. Die Anfänge des Dogmas*, 1909. — M. Dibelius, "Christologie des Urchristentums," *RGG*² I, 1592-1607. — O. Cullmann, *Die Christologie des NT*, 1957. — 1을 위해 참조. §8의 W. Bauer, J. M. Nielen, O. Cullmann, Delling. — 이외에, R. Knopf, *Das nachapostolische Zeitalter*, 1905, 222-252. — Andr. Duhm, *Gottesdienst im ältesten Christentum*, 1928. — 2를 위해 참조. §7, 5, S. 49 f. (비교, §4, S. 21 f.) 특히, W. Graf Baudissin, *Kyrios* II, 257-301. — 이외에 Ed. v. d. Goltz, *Das Gebet in der ältesten Christenheit*, 1901. — A. Klawek, *Das Gebet zu Jesus*, 1921. — G. Harder, *Paulus und das Gebet*, 1936. — 3에 관해, G. P. Wetter, *Der Sohn Gottes*, 1916. — Ludw. Bieler, ΘΕΙΟΣ ΑΝΗΡ, I, 1935, 134-140. — Wilfred L. Knox. The "Divine Hero" Christology in the NT," *Harv. Theol. Rev.* 41 (1948), 229-249. — M. Dibelius, Exk. zu Kol 1, 17 im *Handb. z. NT*, 12³, 1953, 10-12. — Ed. Schweizer, *Erniedrigung und Erhöhung bei Jesus und seinen Nachfolgern*, 1955, 86-88. Siegfr. Schulz, "Maranather und Kyrios Jesus," *ZNW* 53(1962), 125-144

§13. 聖禮典

K. Prümm, "Le Mystère dans la Bible," Suppl. au Dictionnaire de la Bible, VI, 1, 173-225. — E. Fuchs, *Das urchristliche Sakramentsverständnis*, 1958. G.v.d. Leeuw, *Sakramentales Denken*, 1959. — 1에 관해, R. Knopf, *Das nachapostol. Zeitalter* 271—290. — W. Heitmüller, *Im Namen Jesu*, 1903. — 同人, *Taufe und Abendmahl im Urchristentum*, 1911. Joh. Leipoldt, *Die urchristl. Taufe im Lichte der Religionsgeschichte*, 1928. — Rich, Reitzen stein, *Die Vorgecshichte der christl. Taufe*, 1929. — Jos. Thomas, *Le mouvement baptiste en Palestine et Syrie*, 1935. — Eth. Stauffer, "Taufe im Urchristentum," *RGG*², V, 1002-1010. — M.S. Enslin, *Christian Beginnings*, 1938, 186-200. — H. G. Marsh, *The Origin and Siginficance of the NT Baptism*, 1941. — Per. Lundberg, *La Typologie baptismale dans l'Ancienne Église*, 1942 — Fr. Leenhardt, *Le Baptême Chretién, son origia, sa signifi cation*, 1946. — O. Cullmann, *Die Tauflehre des NT*, 1948. — W. F. Flemington, *The NT Doctrine of Baptism*, 1948. — J. Jeremias, *Hat die älteste Christenheit die Kindertaufe gekannt?* ², 1949. 同人, *Die Kindertaufe in den ersten vier Jahrhunderten*, 1958. 同人, *Die Anfänge der kindertaufe*, 1962. H. Schlier, "Zur kirchlichen Lehre von der Taufe," *Die Zeit der Kirche*, 1956, 107-129. G. Schille," Katechese und Taufliturge," *ZNW* 51 (1960), 112-131. — Nik. Adler, *Taufe und Handauflegung*, 1951. — Bo Reicke, *Diakonie, Festfreude und Zelos in Verbindung mit der Altchristlichen Agapefeier*, 1951. — M. Barth, *Die Taufe ein Sakrament?*, 1951. — Joh. Schneider, *Die Taufe im NT*, 1952. — André Benoit, *Le Baptême Chrétien au second Siécle*, 1953. — 2에 관해 참조. §8,3에 수록된 Lietzmann, Cullmann, Lohmeyer의 문헌, — R. Knopf, 同上, 253-271. — W. Heitmüller, 참조. 위에. — Maur. Goguel, *L'Eucharistie des origines à Justin Martyr*, 1910. — A. J. B. Higgins, *The Lord's Supper in the NT*, 1952. — 3에 관해, G. Bornkamm, "Herrenmahl und Kirche bei Paulus," *ZThK* 53 (1956), 312-349. — Ed. Schweizer, "Abendmahl" I, *RGG*, I³, 65-73.

§ 14. 靈

Paul Volz, *Der Gottes und die verwandten Erscheinungen im AT und im anschliessenden Judentum*, 1910. — Herm. Gunkel, *Die Wirkungen des Heil. Geistes nach der populären Anschauung der apostolischen Zeit und der Lehre des Apostels Paulus*³, 1909. — Heinr. Weinel, *Die Wirkungen des Geistes und der Geister im nachapostel. Zeitalter bis auf Irenäus*, 1899. — Friedr. Büchsel, *Der Geist Gottes im NT*, 1926. — Mart. Dibelius, *Exkurs zu Herm mand* V, 2, 7, Hdb. z. NT,의 보충본, Ⅳ, 517-519. — C. K. Barrett, *The Holy Spirit and the Gospel Tradition*, 1947. — Ed. Schweizer, *Gegenwart des Geistes und eschatolog. Hoffnung bei Zarathustra, spätjüd. Gruppen, Gnostikern und den Zeugen des NT* (The Background of the NT and its Eschatology, 1956, 482-508). 同人, *ThWB*, Ⅵ, 394-450.

§ 15. 영지주의적 계기들

Wilh. Bousset, *Hauptprobleme der Gnosis*, 1907. — Paul Wendland, *Die hellenistisch-röische Kultur in ihren Beziehungen zu Judentum und Christentum* (Handb. z. NT, I, 2)²·³, 1912, 163-187. — Rich. Reitzenstein, *Die hellenistischen Mysterienreligionen*³, 1927. — Hans Jonas, *Gnosis und spätantiker Geist*, I. *Die mythologische Gnosis*³, 1964, II. *Von der Mythologie zur mystischen Philosophie*³, 1964. — 同人, *The Gnostic Religion*, 1958. — Heinr. Schlier, *Religionsgeschichtl. Untersuchungenzu den Ignatiusbriefen*, 1929. — 同人, *Christus und die Kirche im Epheserbrief*, 1930. 同人, "Der Mensch im Gnostizismus," *Besinnung auf das NT*, 1964, 97-111. — Ernst Käsemann, *Leib und Leib Christi*, 1933. — 同人, *Das wandernde Gottesvolk*, 1939. — Hans-Werner Bartsch, *Gnostisches Gut und Gemeindetradition bei Ignatius von Antochin* 1940. — Walter Bauer, *Rechtgläubigkeit und Ketzerei im ältesten Christentum*, 1934. — C.H. Kraeling, *Anthropos and Son of Man*. Burkitt, *Church* 1927. — F. C.*and Gnosis*, 1932. — E. Haenchen, "Gab es eine vorchristliche Gnosis?" *ZThK* 49 (1952), 316-349. — H. J. Schoeps, *Urgemeinde, Judenchristentum, Gnosis*, 1956. — R. P. Casey, Gnosis, "Gnosticism and NT," The Background of the NT and its Eschatology (Festschr. f. C. H. Dodd), 1959, 52-80. — G. Strecker, *Das Judenchristentum in den Pseudoklementinen*, 1958. 이외에 문헌 § 29.

제 2 부

I. 바울의 신학

Alb. Schweitzer, *Geschichte der Paulinischen Forschung von der Reformation bis auf die Gegenwart*, 1911. — Ferd. Chr. Baur, *Paulus* (1845)² 1866/67. — Ernest Renan, *St. Paul*, 1869. — Carl Holsten, *Das Evangelium des Paulus*, I. II, 1880, 98. — Otto Pfleiderer, *Der Paulinismus*², 1890. — William Wrede, *Paulus*², 1907. — Ad. Deissmann, *Paulus*², 1925. — Ernst Lohmeyer, *Grundlagen paulinischer Theologie*, 1929. — 同人, *Probleme paulinischer Theologie*, 1954. — Alb. Schweitzer, *Die Mystik des Apostels Paulus*, 1930. — Rud. Bultmann, "Paulus"(*RGG*² IV, 1019 1045). — Wilfred L Knox, St. *Paul and the Church of Jerusalem*, 1930. — 同人, *St. Paul and the Church of the Gentiles*, 1939. — A. D. Nock, *St. Paul*, 1938 (독어역 *Paulus*, 1940). — Jos. Huby, *St. Paul*, Apôtre des Nations, 1944. — W. D.

Davies, *Paul and Rabbinic Judaism*. 1948. — John Knox, *Chapters in a Life of Paul*, 1950. — D. W. Riddle, *Paul Man of Conflict*, 1950. — M. Dibelius W. G. Kümmel, *Paulus*², 1956. G. Bornkamm, *Das Ende des Gesetzes*, 1952. — K. Stürmer, *Auferstehung und Erwählung*, 1953. — Joh. Munck, *Paulus und die Heilsgeschichte*, 1954. — G. Bornkamm, "Paulus" (*RGG*³ V, 166-190). "Littérature et Théologie Pauliniennes," *Recherches Bibliques*. B. Rigaux, *St. Paul et ses lettres*, 1962, 독어판 1964.

§ 16. 바울의 역사적 위치

바울의 회개에 관해, W.G. Kümmel, *Römer 7 und die Bekehrung des Paulus*, 1929. — Robert Steiger, *Die Dialektik der paulinischen Existenz*, 1931. — Otteried Kietzig, *Die Bekehrung des Paulus*, 1932. — "Kritischer Bericht über einzelne neuere Untersuchungen zum Werdegang und zur Bekehrung des Paulus" von R. Bultmann, *ThR*, NF 6 (1934), 229/246. — E. Pfaff, *Die Bekehrung des Paulus in der Exegese des 20. Jahrh. s*, 1942. — H. Grass, *Ostergeschehen und Osterberichte*, 1956, 207-226. — H.G. Wood, "The Conversion of St. Paul," *NTSt* 1 (1955/56), 276-282 — W. D. Davies, *Paul and Rabbinic Judaism*, 1948. — D. W. Riddle, *Paul, Man of Conflict*, 1940. — C. K. Barrett, *From First Adam to Last*, 1962. — John Knox, *Chapters in a Life of Paul*, o. J. — J. Cambier, *Dictionnaire de la Bible*, Suppl. Ⅶ, 1963, 279 ff. — O. Kuss, "Die Rolle des Apostels Paulus in der theol. Entwicklung der Urkirche," *Münchener Theol. Zeitschr.* 14 (1963), 1-59. 109-187 — W. Schmithals, *Paulus und Jakobus*, 1963. 예수와 바울에 관한 문제, Maurice Goguel, *L'apôtre Paul et Jésus Christ*, 1904. — Ad. Jülicher, *Paulus und Jesus*, 1907. — Arnold Meyer, *Wer hat das Christentum gegründet, Jesus oder Paulus?*, 1907. — Joh. Weiss, *Paulus und Jesus*, 1909. — Wilh. Heitmüller, "Zum Problem Paulus und Jesus," *ZNW* 13 (1912), 320-337. — 同人, "Jesus und Paulus," *ZThK* 25 (1915), 156-179. — Paul Wernle, "Jesus und Paulus," *ZThK* 25 (1915), 1-82. — B. W. Bacon, *Jesus and Paul*, 1920. — R. Bultmann, "Die Bedeutung des historischen Jesus für die Theologie des Paulus" (Glauben und Verstehen, 1933, 188-213). — 同人, "Jesus und Paulus" (Jesus Christus im Zeugnis der Heil. Schrift und der Kirche, 1936, 68-90). — H. Windisch, "Paulus und Jesus," *ThStKr* 1934/35, 432 ff. W. G. Kümmel, "Jesus und Paulus," *ThBl* 19 (1940), 209-231. — J. Schniewind, "Die Botschaft Jesu und die Theologie des Paulus," Nachgel. Reden und Aufsätze, 1952, 16 bis 37. — A. Fridrichsen, Jesus, "St. John and St. Paul,"

The Root of the Vine, 1953, 37 ff.

A. 신앙의 계시 以前 인간

1. 인간학적 개념들

Herm. Lüdemann, *Die Anthropologie des Apostels Paulus*, 1872. — Walter Gutbrod, *Die paulinische Anthropologie*, 1934. — P. Althaus, *Paulus und Luther über den Menschen*[2], 1951. — W. D. Stacey, *The Pauline View of Man*, 1956.

§17. 몸의 개념

Ernst Käsemann, *Leib und Leib Christi*, 1933. — H. Wheeler Robinson, *The Christian Doctrine of Man*[3], 1926. — W. G. Kümmel, *Das Beld des Menschen im NT*, 1948. — C. H. Dodd, P. J. Bratsiotis, R. Bultmann, H. Clavier, *Man in God's Design*, 1952. — John A. T. Robinson, *The Body*, 1952. — K. Grobel, "$\Sigma\hat{\omega}\mu\alpha$ as "Self, Person" in the Septuagint" (Neutest Studien f. Rud. Bultmann[2], 1957, 52-59). — W. D. Stacey, *The Pauline View of Man*, 1956.

§19. 思惟와 양심

4에 관해, C. A. Pierce, *Conscience in the MT*, 1955. — 이외의 풍부한 문헌 Bauer, Wörterb.

2. 肉과 죄, 세계

§21. 창조와 인간

Günther Bornkamm, "Die Offenbarung des Zornes Gottes," *ZNW* 34 (1935), 239/252; 또는 *Das Ende des Gesetzes*, 1952, 9-33. — Heinr. Schlier, "Über die Erkenntnis Gottes bei den Heiden," *Ev. Theol.* 1935, 9-26; 또는 *Die Zeit der Kirche*, 1956, 29-37. — Gösta Lindeskog, *Studien zum neutestamentl. Schöpfungsgedanken*, 1952. K. G. Kuhn, "$\pi\epsilon\iota\rho\alpha\sigma\mu\acute{o}\varsigma$, $\dot{\alpha}\mu\alpha\rho\tau\acute{\iota}\alpha$, $\sigma\acute{\alpha}\rho\xi$ im NT und damit zusammenhängenden Vorstellungen," *ZThK* 49 (1952), 200-222.

§22. 肉의 개념

1에 대해, H. Lüdemann und W. Gutbrod를 참조. (S. 630); §17의 E. Käsemann을 참조. — Wilh. Schauf, *Sarx*, 1924. — K.G. Kuhn, $\Pi\epsilon\iota\rho\alpha\sigma\mu\acute{o}\varsigma$-

ἁμαρτία — σάρξ im NT und die damit zusammenhängenden Vorstellungen," ZThK 49 (1952), 200-222; 또는 The Scrolls and the NT, 94-113. — W. D. Davies, "Paul and the Dead Sea Scrolls: Flesh and Spirit," The Scrolls and the NT, 157-182. — Ed. Schwezier, "Die hellenistische Komponente im neutest. σάρξ-Begriff," ZNW 48 (1957), 237-253.

§ 24. 죄와 죽음

Werner Georg Kümmel, Römer 7 und die Bekehrung des Paulus, 1929. — Rud. Bultmann, "Römer 7 und die Anthropologie des Paulus" (Imago Dei, Festschr. f. G. Krüger 53-62), 1932; 또는 Der alte und der neue Mensch in der Theologie des Paulus, 1964, 28-40. — 同人, "Adam und Christus nach Römer 5," 同上, 41-66. — Paul Althaus, Paulus und Luther über den Menschen², 1951. — G. Bornkamm, "Sünde, Gesetz und Tod," Das Ebde des Gesetzes, 1952, 51-69. — E. Ellwein, Las Rätsel von Römer 7, Kerygma und Dogma 1 (1955), 247-268. — E. Jüngel, "Das Gesetz zwischen Adam und Christus," ZThK 60 (1963), 42-74.

§ 25. 죄의 일반성

2에 관해, J. Jeremias, "Ἀδάμ," ThWB I 141-143. — 또 Bauer에 수록된 문헌, 이 외에 A. Vögtle, "Die Adam Christus-Typologieund der Menschensohn," Trierer Theol. Ztschr. 60 (1951), 309-328.

§ 27. 율법

Ed. Grafe, Die paulinische Lehre vom Gesetz², 1893. — 同人, Das Urchristentum und das AT, 1907. — Otto Michel, Paulus und seine Bibel, 1929. — Ad. Schlatter, Der Glaube im NT⁴, 1927, S. 323-399. — Käte Oltmanns, ThBl 8 (1929), 110-116. — § 24의 R. Bultmann을 참조. — Chr. Maurer, Die Gesetzeslehre des Paulus, 1941. — E. E. Ellis, Paul's Use of the Old Testament, 1957. — § 24에서 부록으로 수록된 Bultmann und Jüngel의 논문들도 비교.

B. 신앙하의 인간

1. 神의 義

옛 문헌 중에서, Th. Häring, Δικαιοσύνη θεοῦ bei Paulus, 1896 — H. Cremer, Die paulinische Rechtfertigungslehre im Zusammenhang ihrer geschichtlichen Voraussetzungen², 1910. — 많은 새로운 문헌, 참조. Bauer 사건의 δικαιοσύνη. E. von Dobschütz, "Über die paulinische Rechtfertigungslehre," *ThStKr* 85 (1912), 38-87. — W. Michaelis, "Rechrfertigung aus Glauben bei Paulus," Festgabe für Ad. Deissmann, 1927, 116-138. — Herb. Braun, *Gerichtsgedanke und Rechtfertigungslehre bei Paulus*, 1930. — Floyd V. Filson, *St. Paul's Conception of Recompense*, 1931. — Wilh. Mundle, *Der Glaubensbegriff des Paulus*, 1932. — R. Gyllenberg, "Die paulinische Rechtfertigungslehre und das AT," Studia Theologica I (1935), 35-52. — G. Schrenk, "δεκαιοσύνη," *ThWB* II 204-229. — H. Hofer, *Die Rechtfertigungsverkündigung des Paulus in der neueren Forschung*, 1940. — Hans-Wolfgang Heidland, *Die Anrechnung des Glaubens zur Gerechtigkeit*, 1936. — G. Bornkamm, "Das Ende des Gesetzes," Paulusstudien, 1952. — O. Kuss, *Der Römerbrief* I, 1957, 115-131. — E. Jüngel, *Paulus und Jesus*², 1964. — E. Käsemann, "Gottesgerechtigkeit bei Paulus," *Exeget. Versuche und Besinnungen* II, 1964, 181-193. — R. Bultmann, *Journal of Bibl. Lit.* 83 (1964) 12-16.

§ 29. 義의 현재성

E. Dinkler "Über das paulinische Verständnis von Zeit und Geschichte." The Idea of History in the Ancient Near East, 1955, 181 — 191, 비교, § 28 에 수록된 문헌.

2. 은혜

G. P. Wetter, *Charis*, 1913. — J. Moffat, *Grace in the NT*, 1931. — W. T. Whitley, *The Doctrine of Grace*, 1932. — J. Wobbe, *Der Charisgedanke bei Paulus*, 1932.

§ 32. 사건으로서의 은혜

G. Bornkamm, "Die Offenbarung des Zornes Gottes," *ZNW* 34 (1935), 239-262, 또는 *Das Ende des Gesetzes*, 1942, 9-33.

§ 33. 구원사건으로서의 그리스도의 죽음과 부활

A. Seeberg, *Der Tod Christi in seiner Bedeutung für die Erlösung*, 1895. — Theod. Hoppe, *Die Idee der Heilsgeschichte bei Paulus*, 1926. — Joh. Schneider, *Die Passionsmystik des Paulus*, 1929. — Karl Mittring, *Heilswirklichkeit bei Paulus*, 1929. — Emil Weber, *Eschatologie und Mystik im NT*, 1930. — W.E. Wilson, "The Development of Paul's Doctrine of Dying and Rising again with Christ," Expos. Times 42(1930-32). 562 ff. — Gustav Wiencke, *Paulus über Jesu Tod*, 1939. — 6 b에 관해, Heinr. Schumacher, *Christus in seiner Präexistenz und Kenose*, 1914. — E. Lohmeyer, "Kyrios

Jesus," SA Heidelb., 1927/28, Nr. 4. — Ernst Barnikol, Philipper 2, 1932.
— 同人, Mensch und Messias, 1932. — E. Käsemann, "Kritische Analyse von Phil 2," 5-11, ZThK 47 (1950), 313-360; 또는 Exeget. Versuche und Besinnungen I, 1960, 51-95. — L. Cerfaux, Le Christ dans la Théologie de St. Paul, 1951. 독어역 — 1964. Herb. Braun, "Die Heilstatsachen im NT," Ges. Studien zum NT und seiner Umwelt, 1962, 299-309.

§ 34. 말, 교회, 성례전

1에 관해, Otto Schnitz, Die Bedeutung des Wortes bei Paulus, 1927. — R. Bultmann, Glauben und Verstehen, 1933, 153-187. — Einar Molland, Das paulinische Euangelion, 1934. — 2에 관해, Traug. Schmidt, Der Leib Christi, 1919. — Wilh. Koester, Die Idee der Kirche beim Apostel Paulus, 1928. — Gerh. Gloege, Reich Gottes und Kirche im NT, 1929. — Heinr. Schlier, Christus und die Kirche im Epheserbrief. 1930. — Ernst Käsemann, Leib und Leib Christi, 1933. — Alfred Wikenhauser, Die Kirche als der mystische Leib Christi nach dem Apostel Paulus, 1940. — Franz-J. Leenhardt, Études sur l'Église dans le NT, 1940. — Otto Michel, Das Zeugnis des NT von der Gemeinde, 1941. — Nils A. Dahl, Das Volk Gottes, 1941. — Ernst Percy, Der Leib Christi, 1942. — Cl. T. Craig, The One Church, 1946. — H. Schlier, "Corpus Christi" (RAC Ⅲ, 437—453). — Ed. Schweizer, "Die Kirche als Leib Christi in den paulin. Homologumena," Neotestamentica, 1963, 272-292. — H.v. Campenhausen," "Zur Auslegung von Röm. 13," Aus der Frühzeit des Christentums, 1963, 81-101. — 3에 관해, §13의 문헌 외에, Ad. Deissmann, Die neutest. Formel "in Christo Jesu", 1892. — Otto Schmitz, Die Christusgemeinschaft des Paulus im Lichte seines Genetivgebrauchs, 1924. — Wilh. Weber, Christusmystik, 1924. — Erwin Wissmann, Das Verhältnisvon Πιστις und Christusfrömmigkeit bei Paulus, 1926. — Alfr. Wikenhauser, Die Christusmystik des hl. Paulus, 1928. — H.v. Soden, Sakrament und Ethik bei Paulus, 1931; 또는 Urchristentum und Geschichte I, 1951, 239-275. — Wilh. Mundle, Der Glaubensbegriff des Paulus, 1932. — E. W. Wilson, "The Development of Paul's Doctrine of Dying and Rising again with Christ," Expos. Times 42 (1930/32), 562 ff. — S. Stricker, "Der Mysteriengedanke des hl. Paulus nach Röm 6, 2-11," Liturg. Leben I (1934) 285-296. — Werner Schmauch, In Christus, 1935. — W. Tr. Hann, Das Mitsterben und Mitauferstehen mit Christus bei Paulus, 1937. — H. Schlier, "Die Taufe. Nach dem 6. Kap. des Römerbriefes," Ev. Th. 1938, 335-347;

또는 *Die Zeit der Kirche*, 1956, 47-56. — M. Dibelius, *Paulus und die Mystik*, 1941; 또는 *Botschaft und Geschichte* Ⅱ, 1956, 134-159. — L. Cerfaux, *La Théologie d'Église suivant St. Paul*, 1942. — R. Lundberg, *La Typologie baptismale dans l'Ancien Eglise*, 1942. — Rud. Schnackenburg, *Das Heilsgeschehen bei der Taufe nach dem Apostel Paulus*, 1950. — Jacques Dupont, *Gnosis*. La Connaissance religieuse dans les Epitres de St. Paul, 1949. — H. D. Wendland, "Das Wirken des Hl. Geistes in den Gläubigen nach Paulus," *ThLZ* 77 (1952), 457-470. — O. Kuss, "Zur paulin. und nachpaulin. Tauflehre im NT," *Theologie und Glaube* 1952, 401-425; 또는 *Auslegung und Verkündigung* Ⅰ, 1963, 121-150. — G. Bornkamm, "Taufe und neues Leben bei Paulus," *Das Ende des Gesetzes*, 1952, 34-50. — Ph. Seidensticker, *Lebendiges Opfer*, 1954. — J. Jeremias, *Die Kindertaufe in den ersten vier Jahrhunderten*, 1958. — 同人, *Nochmals: Die Anfänge der Kindertaufe*, 1962. — K. Aland, *Die Säuglingstaufe im NT und in der alten Kirche*, 1961. — "Votum zur Kindertaufe," *ThLZ* 87 (1962), 867-876. — G. Bornkamm, "Herrenmahl und Kirche bei Paulus," *Studien zu Antike und Urchristentum*, 1959, 138-176. — E. Käsemann, "Anliegen und Eigenart der paulin. Abendmahlslehre," *Exeget. Versuche und Besinnungen* Ⅰ, 1960, 11-34. — P. Neuenzeit, *Das Herrenmahl*, 1960. — A. Wegenaer, *Das Heilswerk Christi und die Virtus Divina in den Sakramenten*, 1958.

3. 信仰

Ad. Schlatter, *Der Glaube im NT*[4], 1927. — A. Nairne, *The Faith of the NT*, 1920. — Raf. Gyllenberg, *Pistis*, 1922 (스웨덴어). — 同人, "Glaube bei Paulus," *ZsystTh* 13 (1937), 612-630. — 이외에 §34에 수록된 작품들: Schmitz, Wissmann, Mundle und Wilh. Michaelis, *Rechtfertigung aus Glauben bei Paulus*, Festgabe für Ad. Deissmann, 1927, 116-138. — E. Fuchs, *Die Freiheit des Glauben*, 1949. — O. Kuss, "Der Glaube nach den paulin. Hauptbriefen" (*Theol. u. Glaube* 1956, 1-26). 또는 *Auslegung und Verkündigung* Ⅰ, 1963, 187-212. — Fr. Neugebauer, *Das paulin. "in Christus" im Verhältnis zur Pistis*. Diss. Halle 1957. — H. Ljuegman, *Pistis*, 1964. — 2에 관해, Jacques Dupont, *Gnosis*. La connaissance religieuse dans les épitres de St. Paul, 1949.

§36. 信仰에서의 삶

§35의 문헌과 Ernst Sommerlath, *Der Ursprung des neuen Lebens nach*

Pls, 1923. — 2에 관해, Dupont (참조. § 35). — H. Schlier, "Kerygma und Sophia," *Ev. Theol.* 1950/51, 481-507; 또는 *Die Zeit der Kirche*, 1956, 206-232. 同人, "Vom Wesen der apostolischen Ermahnung," *Die Zeit der Kirche*, 1956, 74-89. — W. Schrage, *Die konkreten Einzelgebote in der paulin. Paränese*, 1961.

4. 自由

Joh. Weiss, *Die christliche Freiheit nach der Verkündigung des Apostels Pls* 1902. — Otto Schmitz, *Der Freiheitsgedanke bei Epiktet und das Freiheitszeugnis des Pls* 1923. — Mich. Müller, "Freiheit," *ZNW* 25(1926), 177-236. — Hans Jonas, *Augustin und das paulin. Freiheitsproblem* 1930. — K. Deissner, *Autorität und Freiheit im ältesten Christentum* 1931. — W. Brandt, *Freiheit im NT* 1932. — Heinr. Schlier, "ἐλεύθερος" *ThWB* II 484 500. — E. Käsemann, "Der gottesdienstliche Schrei nach der Freiheit," *Apophoreta*. Festschr. f. E. Haenchen, 1964, 142-155.

§ 38. 죄에서의 자유와 靈에서의 행실

1에 관해, Paul Wernle, *Der Christ und die Sünde bei Pls*, 1897. — Rud. Bultmann, "Das Problem der Ethik bei Pls," *ZNW* 23 (1924), 123-140; 또는 *Der alte und der neue Mensch in der Theologie des Paulus*, 1964, 7-27. — Hans Windisch, "Das Problem des paulin. Imperativs," *ZNW* 23 (1924), 265-281. — Wilh. Mundle, "Religion und Sittlichkeit bei Pls," *ZsystTh* 4 (1927), 456-482. — Hans v. Soden, "Sakrament und Ethik bei Pls" (*Marb. Theol. Stud.* I), 1931. — G. Bornkamm, "Die christl. Freiheit" (*Das Ende des Gesetzes*, 1952, 133-138). — H. Schlier, "Über das vollkommene Gesetz der Freiheit" (*Die Zeit der Kirche* 1956, 193-206). — E. Grässer, "Freiheit und apostol. Wirken bei Paulus," *Ev. Theol.* 15 (1955), 333-342. — 2와 3에 관해 참조. § 14의 H. Gunkel und Fr. Büchsel. — E. Sokolowski, *Die Begriffe Geist und Leben bei Pls*, 1903. — Alfr. Juncker, *Die Ethik des Ap. Pls* I. II. 1904. 1919. — K. Deissner, *Auferstehungshoffnung und Pneumagedanke bei Pls*, 1912. — H. Bertrams, *Das Wesen des Geistes nach der Anschauung des Ap. Pls*, 1913. — W. Reinhard, *Das Wirken des Hl. Geistes im Menschen nach den Briefen des Ap.* Pls, 1918. — Otto Schmitz, "Der Begriff δύναμις bei Pls," Festg. f. Ad. Deissmann 1927, 139-167. — H.R. Hoyle, *The Holy Spirit in St. Paul*, 1928. — Alb. Schweitzer, *Die Mystik des Ap. Pls*, 1930. — Herb. Preisker, *Das Ethos des Urchristentums*,

1949. — S. Djukanovic, *Heiligkeit und Heiligung bei Paulus.* Diss. Bern 1938. — A. Kirchgässner, *Erlösung und Sünde im NT,* 1950, 3-20. 147-157. — E. Dinkler, "Zum Problem der Ethik bei Paulus," *ZThK* 49 (1952), 200. — G. Bornkamm, "Die christliche Freiheit," *Das Ende des Gesetzes,* 1952, 133-138. — H. Schlier, "Über das vollkommene Gesetz der Freiheit," *Die Zeit der Kirche,* 1956, 193-206. — 同人, "Der Staat nach dem NT," *Besinnung auf das NT,* 1964, 193-211. — E. Käsemann, "Sätze heiligen Rechtes im NT," *Exeget. Versuche und Besinnungen* Ⅱ, 1964, 69-82. 同人, "Gottesdienst im Alltag der Welt," 同上, 198-204. — 同人, "Grundsätzliches zur Interpretation von Röm. 13," 동상, 204-222. — H.v. Campenhausen, "Zur Auslegung von Röm. 13," *Aus der Frühzeit des Christentums,* 1963, 81-101. —O. Cullmann, *Der Staat im NT²,* 1961. — O. Kuss, "Paulus über die staatliche Gewalt," *Auslegung und Verkündigung* Ⅰ, 1963, 246-259. 154 — 3에 관해, E. G. Gulin, *Die Freude im NT* Ⅰ, 1932. — M. Goguel, *L'Église primitive,* 1947, 450-484.

§ 39. 율법에서의 자유와 인간들에 대한 자세

참조. B 4 의 문헌(S. 331). — 2에 관해, E. Dinkler "Zum Problem der Ethik bei Paulus," *ZThK* 49 (1952), 167-200. — 3에 관해, Wilh. Lütgert, *Die Liebe im NT,* 1905. — James Moffat, *Love in the NT,* 1925. — Herb. Preisker, "Die Liebe im Urchristentum und in der alten Kirche," *ThStKr* 95 (1924), 272-294. — 同人, *Die urchristliche Botschaft von der Liebe Gottes,* 1930. — Günther Bornkamm, "Der köstlichere Weg" (고전 13), *Jahrb. d. theol. Schule Bethel* 1937, 131-150; 또는 *Das Ende des Gesetzes* 93-112. — H. Schlier, "Über die Liebe. 1. Kor 13" (*Die Zeit der Kirche* 186-193). — V. Warnach, *Agape,* 1951. — C. Spicq, *Agape dans le NT* Ⅰ, 1958.

§ 40. 죽음에서의 자유

참조. § 38의 문헌 외에, K.L. Schmidt, "Eschatologie und Mystik im Urchristentum," *ZNW* 21 (1922), 277-291. — Hans Emil Weber, *"Eschatologie" und "Mystik" im NT,* 1930. — 1에 관해, Rich. Kabisch, *Die Eschatologie des Pls,* 1893. — E. Teichmann, *Die paulin. Vorstellungen von Auferstehung und Gericht,* 1896. — 2에 관해, Arn. Steubing, *Der Paulin. Begriff "Christusleiden,"* Diss. Heidelb. 1905. — Ernst Lohmeyer, "Σὺν Χριστῷ," Festg. f. Ad. Deissmann 1927, 218-258. — Joh. Schneider, *Die Passionsmystik des Pls,* 1929. — M. Dibelius, "Pls und die Mystik," 1941; 또는 *Botschaft und Geschichte* Ⅱ, 1956, 134-159. — R. Liechtenhan, "Die Überwindung des Leidens bei Paulus usw." *ZThK* NF 3 (1922), 268-399. — J. Dupont, σὺν Χριστῷ 1952. — H. Schlier, "Über die Hoffnung," *Besinnung auf das NT*, 1964, 135-145.

II. 요한복음서와 요한서신들의 신학

단행본들과 신약신학에 관한 해당 단편들 외에 연구사: B. W. Bacon, *The Fourth Gospel in Rescarch and Debate*², 1918. — W. Fr. Howard, *The Fourth Gospel in Recent Criticism and Interpretation*⁴, revised by C. K. Barrett, 1955. — E. Gaugler, "Das Christuszergnis des Johannesevg," *Jesus Christus im Zeugnis der Hl. Schrift und der Kirche*, 1936, 34-67. — Philippe-H. Menoud, *L'évangile de Jean d'après les récherches*², 1947. — Joh. Behm, "Der gegenwärt. Stand der Erforschung des Johannesevangeliums," *ThLZ* 73 (1948), 21-30. — E. Haenchen, "Aus der Literatur zum Johannesevg," 1929-1956, *ThR*, NF 23 (1955), 295-335. 同人, "Neuere Literatur zu den Johannesbriefen," *ThR*, NF 26 (1960), 1-43. 267-291. — E. Käsemann, "Zur Johannes-Interpretation in England," *Exeget. Versuche und Besinnungen* II 1964, 131-155. — 전체 특수성에 관해, J. E. Carpenter, *The Johannine Writings*, 1927. — Alfredo Omodeo, *La mistica Giovannea*, 1930. — William Wrede, *Charakter und Tendenz des Johannesevangeliums*², 1933. — R. H. Strachan, *The Fourth Gospel. Its Signfiicance and Envoronment*³ (²1943). — W. Fr. Howard, *Christianity according to St. John*², 1947. — William Temple, *Readings in St. John's Gospel*, 1945. — H. Clavier, Le problème du rite et du mythe dans le quatrième Evangile," *RHPhrel*. 31 (1951), 275-292. — C.H. Dodd, *The Interpretation of the Fourth Gospel*, 1953. — L'Evangile de Jean (요한복음서 개체주제들에 관한 12학자의 12論文), 1958. — A. C. Headlam, *The Fourth Gospel as History*, 1948. — A. H. N. Green-Armytage, *John Who Saw*, 1952. — H. P. V. Nunn, *The Authorship of the Fourth Gospel*, 1952. — R. A. Edwards, *The Disciple who wrote these things*, 1953. — 同人, *The Gospel according to St. John*, 1954. — R. Gyllenberg, *Johanneska Evangelium*, 1961.

§41. 요한의 역사적 위치

1에 관해, Hans Windisch, *Johannes und die Synoptiker*, 1926. — 同人, "Die Absolutheit des Johannesevangeliums," *ZsystTh* 5 (1928), 3-54. — Tim. Sigge, *Das Johannesevangelium und die Synoptiker*, 1935. — P. Gardner Smith, *St. John and the Synoptic Gospels*, 1938. — Erwin R. Goodenough,

"John a primitive Gospel." *JBL* 64 (1945), 145-182. — 3에 관해, Ad. Schlatter, *Sprache und Heimat des vierten Evangelisten*, 1902. — C. F. Burney, *The Aramaic Origin of the Fourth Gospel*, 1922. — Ch. C. Torrey, "The Aramaic Origin of the Gospel of John," *Harvard Theol. Rev.* 16 (1923), 304-344. — J. de Zwaan, "John wrote in Aramaic," *JBL* 57 (1938), 155-171. — J. Bonsirven, "Les Aramaismes de S. Jean l'évangeliste?" *Biblica* 30 (1949), 405-432. — Rud. Bultmann, "Die Bedeutung der neuerschlossenen mandäischen und manichäischen Quellen für das Verständnis des Johannesevangeliums," *ZNW* 24 (1925), 100-146. — Friedr. Büchsel, *Johannes und der hellenistische Synkretismus*, 1928. — Hugo Odeberg, *The Fourth Gospel*, 1929. — Lothar Schmidt, *Johannesevangelium und Religionsgeschichte*, 1933. — Ernst Percy, *Untersuchungen über den Ursprung der Johanneischen Theologie*, 1939 (R. Bultmann, *Orientalist. Literaturzeitung* 1940, 150-175). — Ed. Schweizer, *EGO EIMI*, 1939. — K. Kundsin, *Charakter und Ursprung der joh. Reden*, 1939. — 同人, "Zur Diskussion über die Ego-Eimi-Sprüche des Johannesevg," (Charisteria Joh. Köpp. oblata 19 54, 95-107). — Heinz Becker, *Die Reden des Johannesevg. und der Stil der gnostischen Offenbarungsrede*, 1956. — W. Nauck, *Die Tradition und der Charakter des ersten Johannesbriefes*, 1957. — Em. Hirsch, "Stilkritik und Literaranalyse im vierten Evangelium," *ZNW* 43 (1950/51), 129-143. — Bent Noack, *Zur Johanneischen Tradition*, 1954. — W. Grundmann, *Zeugnis und Gestalt des Johannesevangeliums*, 1961. — Herb. Braun, "Literar-Analyse und theol. Schichtung im ersten Johannesbrief," *Ges. Studien zum NT und seiner Umwelt*, 1962, 210-242. — W. F. Albright, "Recent Discoveries in Palestine and the Gospel of St. John," *The Background of the NT and its Eschatology*. Festschr. f. C.H. Dodd, 1956, 153-171. — L. Mowry, "The Dead Sea Scrolls and the Background of the Gospel of John," *The Bibl. Archaeologist* 1954, 78 f. — F. M. Braun, "L'arrière-fond judaïque du quatrième Evangile et la Communauté de l'Alliance," *Rev. Biblique* 62 (1955), 5-44. — F. F. Bruce, "Qumran and Early Christianity," *NTSt* 2 (1955/56), 176-190. — R.E. Brown, "The Qumran Scrolls and the Joh. Gospel and Epistles," *The Scrolls and the NT*, ed. K. Stendahl, 1957, 183-207. — E. Lohse, *Die Texte aus Qumran*, hebr. u. deutsch, 1964. 이외에 비평적인 문헌 보고 "Qumran und das NT", Herb. Braun, ThR, NF 28(1962) — 30 (1964); 특별히 요한복음서에 관해, Joh.-Evg. 28, 192-234, 요한 서신들에 관해, 30, 101-117.

문헌 소개

A. 요한의 이원론

§41에 수록된 요한의 전체적 특징에 관한 문헌 외에, Erich v. Schrenk, *Die joh. Anschauung vom Leben*, 1898. — Friedr. Büchsel, *Der Begriff der Wahrheit in dem Evangelium und in den Briefen des Johannes*, 1911. — J.B. Frey, "Le Concepte de "Vie" dans l'Évangile de Saint Jean" (*Biblica* I, 1920). 37ff. — Hans Pribnow, *Die joh. Anschauung vom "Leben*," 1934. — *ThWB*: ἀλήθεια, ζάω, θάνατος, φῶς, ψεῦδος. F. Mussner, *Die Anschauung vom Leben im 4. Evg.*, 1950. — F. Mussner, *ZΩH. Die Anschauung vom Leben im 4. Evg.*, 1952. — H. Schlier, "Welt und Mensch nach dem Joh.-Evg.," *Besinnung auf das NT*, 1964, 242-253.

B. 세상의 심판

R. Bultmann, "Die Eschatologie des Johannes-Evangeliums" (*Glauben und Verstehen*, 1933, 134-152). — Doris Faulhaber, *Das Johannes-Evangelium und die Kirche*, 1935. — B. Aebert, *Die Eschatologie des Johannes*, 1937. — Alf Corell, *Consummatum est. Eskatologie och Kyrka i Johannesevangeliet*, 1950.

§ 45. 아들의 보냄

Wilh. Lütgert, *Die Johanneische Christologie*², 1916. — Wilh. Bousset, *Kyrios Christos*², 1921, 154-183. — Joh. Schneider, *Die Christusschau des Johannesevg.*, 1935. — Ernst Gaugler, *Das Christuszeugnis des Johannesevangeliums* (Jesus Christus im Zeugnis der Hl. Schrift und der Kirche. 2. Beih. zur Ev. Theol. 1936, 34-67). — D.E. Holwerda, *The Holy Spirit and Eschatology in the Gospel of John*, 1959. — W. Thüsing, *Die Erhöhung und Verherrlichung Jesu im Joh.-Evg.*, 1960. — Jos. Blank, *Krisis. Untesuchungen zur johann. Christologie und Eschatologie*, 1964. — Jacques Dupont, *Essais sur la Christologie pe S. Jean*, 1951. — H. Schlier, "Im Anfang war das Wort," *Die Zeit der Kirche* 1956, 274-287. — Siegfr. Schulz, *Untersuchungen zur Menschensohn Christologie im Johannesevg.* 1937. — R. Schnackenburg, *Logos Hymnus und johann.* Prolog, Bibl. Ztschr. 1957, 69-109. — J. Giblet, Jésus et le "Père" dans le Nᵉ évangile, *L'Evangile de Jean* 1958, 111-130. — P. Winter, "Μονογενὴς παρὰ πατρός," *Zeitschrift f. Religions — u. Geistesgesch.* 5 (1953), 335-365. — M.E. Boismard, *Le prologue de S. Jean*, 1953. — O. Michel/O. Betz, "Von Gott gezeugt," *Judentum, Urchristentum*,

Kirche. Festschr. f. J. Jeremias², 1964, 3-23. — H. Schlier," Der Offenbarer und sein Werk nach dem Joh.-Evg.," *Besinnung auf das NT*, 1964, 254-26 3. — W. Eltester, "Der Logos und sein Prophet," *Apophoreta*. Festschr. f. E. Haenchen, 1964, 109-134.

§46. "말씀이 육신이 되었다"의 거리낌

§45의 문헌 외에 2에 관해, G.P. Wetter, *Der Sohn Gottes*, 1916. — 4에 관해, Oscar Cullmann, *ThZ* 4 (1948, 360-372).

§47. 영광의 계시

Hugo H. Huber, *Der Begriff der Offenbarung im Johannes Evangelium*, 1934. — J. Gibelt, *La Glorification du Christ dans le quatrième évangile*, L'Évangile de Jean, 1958, 131-145. — 3에 관해, H. Grass, *Ostergeschehen und Osterberichte*, 1956, 51-93. — 4에 관해, W.H. Raney, *The relation of the fourth gospel to the Christiancultus*, 1933. — Clarence T. Craig, "Sacramental Interest in the Fourth Gospel" (*JBL* 58, 1939, 31-41). — W. Michaelis, *Die Sakramente im Johannesevg.*, 1946. — Osc. Cullmann, *Urchristentumund Gottesdient*², 1950. — 同人, *Les sacrements dans l'évangile Johannique*, 1951. — H. Clavier. "Le Problème du rite et du mythe dans le 4. Evg." *RHPhrel* 1951, 275-292. — W. Thüsing, §45의 부록 참조.

C. 신앙

Ad. Schlatter, *Der Glaube im NT*⁴, 1927. — Rafael Gyllenberg, *Pistis* (스웨덴어), 1922. — J. Huby, "De la connaissance de foi chez S. Jean"(*Rech sc. rel.* 21, 1931, 385-421). — Theo Preiss, *La justification dans la pensée johannique*, la vie en Christ, 1952. — ThWB: Πιστις. H. Schlier, "Meditationen über den johann. Begriff der Wahrheit," *Besinnung auf das NT*, 1964, 272-278. — 同人, "Glauben, Erkennen, Lieben nach dem Joh.-Evg.," 동상, 279-293.

§50. 종말론적 實存으로서의 신앙

D. Faulhaber 참조. §45. — 4에 관해, Wilh. Lütgert, *Die Liebe im NT*, 1905. — J. Moffat, *Love in the NT*, 1929. — C. R. Bowen, "Love in the Fourth Gospel" (*Journ. of Rel.* 13, 1933, 31-41). — Herb. Preisker, *Das Ethos des Urchristentums*², 1949. — 5에 관해, E.G. Gulin, *Die Freude im NT* II, 1936. — 7에 관해 참조. §14 이외에, M. Goguel, *La notion joh. de l'Esprit*, 1902. — J. G. Simpson, "The Holy Spirit in the Fourth Gospel"

문헌 소개   641

(*Expos*. 9, Ser, Ⅳ, 1925, 292-299). — H. Windisch, "Jesus und der Geist im Johannes-Evangelium" (*Amicitiae Corolla*, R. Harris-Festschr., 1933, 303-318). — C. K. Barrett, "The Holy Spirit in the Fourth Gospel," *Journ. of theol. Studies* 1950, 1-15. — Ant. Fridrichsen, *Die Kirche im* 4. *Evangelium*, Schwed. Theol. Quartalschr. 16 (1940), 227-242. §45에 수록된 Holwerda, Thüsing und Blank의 문헌들 외에 비교. M. F. Berrouard, "Le Paraclet," *Rev. de Sciences Philos. et Théol.* 33 (1949), 361-389. — J. G. Davies, "The Primary Meaning of Parakletos," *Journ. of Theol. Studies*, NS 4 (1953), 35-38. — Ed. Schweizer, "Der Kirchenbegriff im Evangelium und den Briefen des Johannes," *Neotestaentica*, 1963, 254-271. — H. Schlier, "Zum Begriff des Geistes nach dem Joh.-Evg.," *Besinnung auf das NT*, 1964, 264-271. — O. Betz, *Der Paraklet*, 1963.

제 3 부

Ⅰ. 교회 질서의 성립과 첫 발전

§8. 10의 문헌. 1932까지의 문헌에 관해 참조. Olof Linton, *Das Problem der Urkirche in der neueren Forschung*, 1932. — 옛 문헌들 중에서 참조. 특히, Ad. v. Harnack, *Die Mission und Ausbreitung des Christentums in den ersten drei Jahrhunderten*⁴, 1924. — Alfr. Loisy, *L'Evangile et l'Église*⁵, 1929. — Ernst Troeltsch, "Die Sozialiehren der christlichen Kirchen und Gruppen" (*Ges. Schriften* Ⅰ), 1912. — Rud. Knopf, *Das nachapostolische Zeitalter*, 1905, S. 147-222. — 그 이후의 많은 문헌, Karl Müller-H. v. Campenhausen, *Kirchengeschichte* Ⅰ, 1³, 1941, S. 116-126. — Otto Michel, *Das Zeugnis des NT's von der Gemeinde*, 1941. — Ed. Schweizer, *Das Leben des Herrn in der Gemeinde und ihren Diensten*, 1946. — 특히, Maurice Goguel, *L'Église primitive*, 1947. — H. v. Campenhausen, *Kirchliches Amt und geistliche Vollmacht in den ersten drei Jahrhunderten* 1953. — 이와 에 다음 §§.

§51. 종말론적 공동체와 교회 질서

Rud. Sohm, *Kirchenrecht* Ⅰ, 1892. — 同人 "Wesen und Ursprung des Katholizismus" (Abhandl. der sächs. Ges. d. Wiss., Phil. hist. Kl. 27, 10), 1909, ²1912. — Ad. Harnack, *Entstehung und Entwicklung der Kirchenverfassung und des Kirchenrechts in den ersten drei Jahrhunderten* 1910. — Erich Foerster, *Rudolf Sohms Kritik des Kirchenrechtes*, 1942. — Karl Holl, *Der*

Kirchenbegriff des Paulus im Verhältnis zu dem der Urgemeinde, Sitzungsber. der preuss. Akad. d. Wiss., Berlin 1921, 또는 Ges. Schriften Ⅱ, 1928. — Wilh. Mundle, "Das Kirchenbewusstsein der ältesten Christenheit," *ZNW* 22 (1923), 20-42. — H. v. Campenhausen, "Recht und Gehorsam in der ältesten Kirche," *ThBl*. 20 (1941), 279-295; *Aus der Frühzeit des Christentums*, 1963, 1-29. — Joh. Schneider, *Gemeinde nach dem NT*³, 1955. — E. Käsemann, "Sätze heiligen Rechtes im NT," *Exeget. Versuche und Besinnungen* Ⅱ, 1964, 69-82.

§52. 교회의 직책들

1에 관한 문헌 외에, K. L. Schmidt, "Le Ministère et les ministères dans l'église du NT," *RHPhR* 1937, 313-336. — A. C. Headlam und F. Gerke, "The Origin of the Christian Ministry," *The Ministry and the Sacraments* (1937), 326-367. — Ph.-H. Menoud, *L'Église et les ministères selon le NT*, 1949. — W. Nauck, "Probleme des frühchristl. Amtsverständnisses," *ZNW* 48 (1957), 200-220. — 2에 관해, F. V. Filson, "The Christian Teacher in the First Century," *JBL* 60 (1941), 317-328. — 3에 관해, A. Fridrichsen, *The Apostle and his Message*, 1947. — H. v. Campenhausen, "Der christliche Apostelbegriff," *StTh* Ⅰ (1948), 96-130. — 同人, "Lehrerreihen und Bischofsreihen," In Memoriam Ernst Lohmeyer (1951), 240-249. — 同人, *Kirchl. Amt und geistl. Vollmacht in den ersten drei Jahrhunderten*, 1953, 23-31 과 특히, Paulus를 위해 32-58. — Joh. Munck, Paul, "the Apostles and the Twelve," *StTh* Ⅲ (1950), 96-110. — J. Brosch, *Charismen und Ämter in der Urkirche*, 1951. — H. Greeven, "Propheten, Lehrer, Vorsteher bei Paulus," *ZNW* 44 (1952/53), 1-43. — C.K. Barrett, "The Apostles in and after the NT," *Svensk Exegetisk Arsbok* 21 (1956), 30-49. — H. Schlier, "Die Ordnung der Kirche nach den Pastoralbriefen," *Die Zeit der Kirche*, 1956, 129-147. — E. Käsemann, "Das Formular einer neutest. Ordinationsparänese," *Exeget. Versuche und Besinnungen* Ⅰ, 1960, 101-108. — 同人 "Amt und Gemeinde im NT," 동상, 109-134.

§53. 교회의 자기 이해의 변천

M. Goguel, "Eschatologie et apocalyptique dans le Christianisme primitif," *RHPhR* 1932, 381-434. 490-524. — A. Fridrichsen, "Église et Sacrament dans le NT," *RHPhR* 1937. 337-356. — H. D. Wendland, *Geschichtsanschauung und Geschichtsbewusstsein im NT*, 1938. — O. Bauernfeind, "Die Geschichtsauffassung des Urchristentums," *ZsystTh* 15 (1938), 347-378. —

Martin Werner, *Die Entstehung des christlichen Dogmas*, 1941. E. F. Scott, *The Nature of the Early Church*, 1941. — G. Johnston, *The Doctrine of the Church in the NT*, 1943. — O. Cullmann, *Christus und die Zeit*, 1946. — Ph. Vielhauer, "Zum Paulinismus der Apostelgeschichte," *Ev. Theol.* 1950/51, 1-15. — Fr. C. Grant, *An Introduction to NT-Thought*, 1950, 269-299. — M. Dibelius, *Aufsätze zur Apostelgeschichte*, 1951(특히). S. 108ff.). — G. Bornkamm, "Die Verzögerung der Parusie," *In Memoriam E. Lohmeyer* (1951), 116-126. — R. Bultmann, "Der Mensch zwischen den Zeiten," *Man in God's Design* (1952), 39-59. — 同人, "The Transformation of the Idea of the Church in the History of Early Christianity" (*Canadian Journ. of Theol.* I, 1955, 73-81). — H. Conzelmann, *Die Mitte der Zeit*⁵, 1964. — E. Dinkler, *The Idea of History in the Ancient Near East*, 1955, 199-202. — E. Grässer, *Das Problem der Parusieverzögerung in den synopt. Evangelien und in der Apostelgesch.*², 1960. — E. Lohse, "Lukas als Theologe der Heilsgeschichte," *Ev. Theol.* 14 (1954), 256-275. — U. Luck, "Kerygma, Tradition und Geschichte Jesu bei Lukas," *ZThK* 57 (1960), 51-66. U. Wilckens, *Die Missionsreden der Apostelgesch.*, 1961. — W. Elterster, "Lukas und Paulus," *Eranion*. Festschr. f. H. Hommel, 1961, 1-17. — Siegfr. Schulz, "Gottes Vorsehung bei Lukas," *ZNW* 54 (1963), 104-116. — G. Braumann, "Das Mittel der Zeit," 동상, 117-145. — E. Käsemann, "Paulus und der Frühkatholizismus," *Exeget. Versuche und Besinnungen* II, 1964, 239-252. — E. Haenchen, *Die Apostelgesch.* (Meyers Komm.), 12. 및 13. 版 1959, Einl. § § 7 과 8, S. 81-103. — 이외에 참조. E. Grässer, "Die Apostelgesch. in der Forschung der Gegenwart," *ThR*, NF 26 (1960), 93-167, 와 C.K. Barrett, *Luke the Historian in Recent Study*. 1961.

II. 가르침의 발전

A. Loisy, *La naissance du Christianisme*, 1933. — B. H. Streeter, *The Rise of Christianity*, 1936. — C. H. Dodd, *The Apostolic Preaching and its Developments*, 1936, ⁶1950. — J. Lebreton 과 J. Zeiller, *L'Église primitive* 1938. — R. Asting, *Die Verkündigung des Wortes im Urchristentum*, 1939. — J. Gewiess, *Die urapostol. Heilsverkündigung nach der Apostelgesch.* 1939. — C. T. Craig, *The Beginning of Christianity*, 1943. — F. V. Filson, *One Lord, One Faith*, 1943. — A. M. Hunter, *The Unity of the NT*, 1943. — Ernest F. Scott, *The Varieties of NT-Religion*, 1943. — M. Goguel,

L'Eglise primitive 1947. — 同人, Les premiers tempde l'Église, 1949.
— Hannelore Schulte, Der Begriff der Offenbarung im NT 1949. — H.
Karpp, "Bischof" (RAC II, 4,00-407). — G. Klein, Die zwölf Apostel,
1961. — W. Schmithals, Das kirchliche Apostelamt, 1961. — G. G. Blum,
Tradition und Sukzession. Studien zum Normbegriff des Apostolischen von
Paulus bis Irenäus, 1963.

§ 54. 전승과 역사적 전통

H.v. Campenhausen, Kirchl. Amt und geistl. Vollmacht, 1953, 163-194.
— 1에 관해, Ger. van Leeuw, Phänomenologie der Religion², 1956, §64, 4.
— G. F. Moore, Judaism I, 1927, S. 251-262. — W. G. Kümmel, "Jesus
und der jüd. Traditionsgedanke," ZNW 33 (1934), S. 105-130. — 2에 관해
H. Lietzmann, "Symbolstudien," ZNW 21 (1922), 1-34; 22 (1923), 257-279;
24 (1952), 193-202. — O. Cullmann, Die ersten christlichen Glaubensbekenntnisse, 1943. — 同人, Tradition als exegetisches, historisches und theologisches Problem, 1954. — J. de Ghellinck, "Les origines du symbole des apo̧
tres," Nouvelle revue de théologie, 1945, — 178ff. — 3에 관해, M. Dibelius,
Formgeschichte des Evangeliums², 1933. — R. Bultmann, Die Geschichte
der synopt. Tradition³, 1957. — Joach. Jeremias, Unbekannte Jesusworte,
1951. — H. Köster, "Die ausserkanon. Herrenworte," ZNW 48 (1957), 220-
237. 同人, Synopt. Überlieferung bei den apostol. Vätern, 1957. — 4에 관해
H. Conzelmann, Die Mitte der Zeit, 1954, 161 f.

§ 55. 바른 가르침의 문제와 신약성서 正經의 성립

Walter Bauer, Rechtgläubigkeit und Ketzerei im ältesten Christentum,
1934. — M. Werner, 참조. §53. — G. v. d. Leeuw, 참조. §54. — E. Fascher, "Dogma" II B (RAC III, 6-24). — E. Käsemann, "Die Anfänge christlicher Theologie," Exeget. Versuche und Besinnungen II, 1964, 82-104.
— 同人, "Zum Thema der urchristlichen Apokalyptik," 동상, 105-131. —
R. Bultmann, "Ist die Apokalyptik die Mutter der christl. Theologie?,"
Apophoreta. Festschr. f. E. Haenchen, 1964, 64-69. — 5에 관해, Ad. v.
Harnack, die Briefsammlung des Ap. Paulus und die anderen vorkanon.
Briefsammlungen, 1926. — H. Strathmann, "Die Krisis des Kanons in der
Kirche," ThBl 20 (1941), 295-310. — O. Cullmann, "Die Pluralität der
Evangelien als theol. Problem im Altertum," ThZ I (1945), 23-42. — H.
v. Campenhausen, 참조 §52와 54. — W. G. Kümmel, "Notwendigkeit und
Grenze des neutest. Kanons," ZThK 47 (1950), 277-312. — E. Käsemann,

"Begründet der neutest. Kanon die Einheit der Kirche?" *EvTh* 11 (1951/52), 13-21. — 비교, 이외에 die Darstellungen der Kanon-Geschichte, 특히, den Einleitungen in das NT.

§ 56. 계기와 典型들

2에 관해, O. Michel, "Grundfragen der Pastoralbriefe," in Wurm-Festschr. 1949. — Fr. Spitta, "Studien zum Hirten des Hermas" (*Zur Gesch. und Lit. des Urchristentums* II), 1896. — Arn. Meyer, *Das Rätsel des Jakobusbriefes*, 1930. — H. Weinel, "Die spätere christliche Apokalyptik," *Eucharisterion* (Festschr. f. H. Gunkel) II, 1923, 141-173. — A. Dietrich, *Nekyia*, 1893. — M. Dibelius, *Paulus auf dem Areopag*, SA Heidelb. 1939 (또는 *Aufsätze zur Apostelgesch.* 1951, 29-70). — H. —J. Schoeps, "Ebionitische Apokalyptik im NT," *ZNW* 51 (1960), 101-111. 비교, M. Dibelius의 *Jak* (Meyers Komm.)와 Past (*Hdb. z. NT*). — 4에 관해, H. Schlier, *Religionsgeschichtl. Untersuchungen zu den Ignatiusbriefen*, 1929. 同人, *Christus und die Kirche im Epheserbrief*, 1930. — E. Käsemann, *Leib und Leib Christi*, 1933. — 同人, *Das wandernde Gottesvolk. Eine Untersuchung zum Hebräerbr.*, 1939. — K. L. Schmidt, *Kanonische und apokryphe Evangelien und Apostelgeschichten*, 1944.

§ 57. 신학과 우주론

Fr. C. Grant, *An Introduction to NT-Thought*, 1950, 99-143. — H. Schlier und E. Käsemann 참조. § 56. — G. Bornkamm, "Die Häresie des Kolosserbriefes," *ThLZ* 73 (1948), 11-20; 또는 *Das Ende des Gesetzes*, 1952, 139-156 — R. Bultmann, "Bekenntnis und Liedfragmente im ersten Petrusbrief," *Coniectanea Neotestamentica* XI (1947), 1-14. — H. Bietenhard, *Die himmlische Welt im Urchristentum und Spätjudentum*, 1951. — G. Lindeskog, *Studien zum neutestamentlichen Schöpfungsgedanken*, I, 1952. — H. Schlier, "Mächte und Gewalten nach dem NT," *Besinnung auf das NT*, 1964, 146-159. 同人, "Die Engel nach dem NT," 동상, 160-175. — E. Grässer, *Das Problem der Parusieverzögerung in den synopt. Evangelien und in der Apostelgesch.*[2], 1960. — A. Strobel, *Untersuchungen zum eschatolog. Verzögerungsproblem*, 1961. — E. Käsemann, "Eine Apologie der urchristlichen Eschatologie," *Exeget. Versuche und Besinnungen* I, 1960, 135-157.

§ 58. 그리스도론과 구원론

참조. § 57의 문헌 외에, W. Bousset, *Kyrios Christos*[2], 1921. — H. Windisch,

Taufe und Sünde im ältesten Christentum, 1908. — V. Taylor, Forgiveness and Reconciliation, 1946. — O. Cullmann, Christus und die Zeit³, 1962. — 同人, Die Christologie des NT³, 1963. — Fr. C. Grant, An Introduction to NT-Thought, 1950, 187-267. — G. Bornkamm, "Das Bekenntnis im Hebräerbrief," Ges. Aufs. Ⅱ, 1959, 188-203. — O. Kuss, "Der theol. Grundgedanke des Hebräerbriefes," Auslegung und Verkündigung Ⅰ, 1963, 281-328. — 同人, "Der Verfasser des Hebräerbriefes als Seelsorger," 동상, 329-358. — 3에 관해, Ernst Percy, Die Probleme der Kolosser und Epheserbriefe, 1946. — H. Schlier und V. Warnack, Die Kirche im Epheserbrief, 1949. — H. Schlier, "Die Kirche nach dem Briefe an die Epheser," Die Zeit der Kirche, 1956, 159-186. — G. Bornkamm, "Die Häresie des Kolosserbriefes," Ges. Aufs. Ⅰ, 1952, 139-156. — E. Lohse, "Christologie und Ethik im Kolosserbrief," Apophoreta. Festschr. f. E. Haenchen, 1964, 156-168. — P. Pokorny, "Epheserbrief und gnostische Mysterien," ZNW 53 (1962), 160-194. — O. Michel, "Grundfragen der Past" (Auf dem Grunde der Apostel und Propheten, Festschr. f. Th. Wurm 1948, 83 ff.). — Wolfg. Nauck, Die Theologie der Pastoralbriefe Ⅰ, Diss. Göttingen 1950. — H. v. Campenhausen, Polykarp von Smyrna und die Past (SA Heidelb. 1951/52, 2). — Joh. Klevinghaus, Die theol. Stellung der Apostol. Väter zur alttest. Offenbarung, 1948. — W. Wrede, Untersuchungen zum ersten Klemensbriefe, 1891. — A. Harnack, Der erste Clemensbrief, SA Berlin 1909, 38-63. — Barn에 관한 문헌, H. Windisch, Hdb. z. NT, 보충본, Ⅲ, 1920; 이외에 P. Meinhold, "Geschichte und Exegese im Barnabasbrief," ZKG 1940, 255-303. — Ignatius에 관한 많은 문헌, 참조. W. Bauer, Hdb. z. NT, 보충본, Ⅱ, 1920; 또 Th. Preiss, "La Mystique de l'Imitation et de l'Unité chez Ignace d'Antioche," RHPhR 18 (1938), 197-241. — R. Bultmann, "Ignatius und Paulus"(Studia Paulina, Festschr. f. J. de Zwaan 1953, 37-51). K. H. Schelkle, Die Passion Jesu in der Verkündigung des NT, 1949.

Ⅲ. 그리스도교적 생활의 문제

A.v. Harnack, Die Mission und Ausbreitung des Christentums in den ersten drei Jahrhunderten Ⅰ, ⁴1924. — E. v. Dobschütz, Die urchristlichen Gemeinden, 1902. — R. Knopf, Das nachapostol. Zeitalter, 1905, 417-444. — R. Asting, Die Heiligkeit im Urchristentum, 1930. — M. Goguel, L'Eglise primitive, 1947, 508-540. — H. Preisker, Das Ethos des Urchristentums, 1949. — Fr. C. Grant, An Introduction to NT-Thought, 1950, 300-324. —

C. H. Dodd, *Gospel and Law*, 1951. — Vincent Taylor, *Forgiveness and Reconciliation*, 1946. — H. Schlier, "Vom Wesen der apostolischen Ermahnung," *Die Zeit der Kirche*, 1956, 74-89.

§ 58의 문헌.   § 59. 명령법의 理解

§ 60. 요구의 內容과 各異한 生活 領域들에 대한 자세

Ⅲ의 문헌. Knopf S. 105-137, Goguel S. 541-600. — 이외에, K. Müller H.v. Campenhausen, *Kirchengeschichte* I, 1, ³1941, § 6, 9 와 § 23. — H. v. Campenhausen, *Die Idee des Martyriums in der alten Kirche*, 1936. — 同人, *Die Askese im Urchristentum*, 1949. — H. Windisch, *Imperium und Evangelium*, 1931. — H. Schlier, "Die Beurteilung des Staates im NT," *ZZ* 10 (1932), 312-330, 또는 *Die Zeit der Kirche*, 1956, 1-16. — K. Pieper, *Urkirche und Staat*, 1935. — E. Stauffer, *Gott und Kaiser im NT*, 1935. 同人, *Christus und die Cässaren*, 1948. — G. Kittel, "Das Urteil des NT über den Staat," *ZsystTh* 14 (1937), 651-680. — K. L. Schmidt, "Das Gegenüber von Kirche und Staat in der Gemeinde des NT," *ThBl* 16 (1937), 1-16. — F. J. Leenhardt, *Le Chrétien, doit-il servir l'état?* 1939. — O. Ekc, *Urgemeinde und Imperium*, 1940. — W. Bieder, *Ekklesia und Polis im NT und in der alten Kirche*, 1941. — M. Dibelius, "Rom und die Christen im ersten Jahrhundert," *SBHeidelb*. 1941/42, Nr. 2; 또는 *Botschaft und Geschichte* II, 1956, 177-228. — W. Schweitzer, *Die Herrschaft Christi und der Staat im NT*. 1949. — Joh. Leipoldt, *Der soziale Gedanke in der altchristl Kirche*, 1952. — O. Cullmann, *Der Staat im NT*, 1956.

§ 61. 계율

O. D. Watkins, *A History of Penance*, 1920. — H. Windisch, *Taufe und Sünde im ältesten Christentum*, 1908. — S. Hoh, *Die Kirchl. Busse im 2. Jhdt.*, 1932. — B. Poschmann, *Paenitentia secunda. Die kirchl. Busse im ältesten Christentum*, 1940. — P. Bonnard, "La discipline ecclésiastique selon le NT," *Centenaire de la Faculté de theol. de l'église évang. libre du Canton de Vaud*, 1947, 115-135. — Rud. Bohren, *Das Problem der Kirchenzucht im NT*, 1952. — G. Bornkamm, "Das Anathema in der urchristl. Abendmahlsliturgie," *Das Ende des Gesetzes*, 1952, 123-132. — H. v. Campenhausen, *Kirchl. Amt und geistl. Vollmacht*, 1953, 135-162. — E. Käsemann, "Sätze heiligen Rechts im NT," *NTSt* I, 1954/55, 248-260. — H. Köster, "Die ausserkanonischen Herrenworte als Produkte der christlichen Gemeinde," *ZNW* 48 (1957), 220-237, 특히. 231 ff.

重要한 概念
(보충을 위해 희랍어 낱말 색인을 보라)

가난한 자 : 36.
家族 : 593.
거짓 가르침 : 169f., 499ff., 514, 519, 597f.
거짓말 : 374f., 377ff.
決定論 : 335f., 379ff.
結婚 : 13, 100f., 198, 593f.
敬畏 : 참조. φόβος.
繼承 : 57f., 470ff., 491.
告白格式文들 : 64ff., 79f., 125ff., 493f., 520f.(참조. ὁμολογεῖν),
골로새서 : 498, 515f., 543ff.
共觀書 : 362f.
共同體 : 456ff., 460ff., 465ff.(참조. ἐκκλησία).
共同體秩序 : 59, 460ff.(참조. 職責).
敎會 : 8, 35f., 54f., 90f., 116f., 178f., 310ff., 460ff., 465ff., 476ff., 568, 597ff.(참조. ἐκκλησία).
가르침 : 483, 568(참조. 正統).
救世主神話 : 165f., 175f., 372 (참조. 그리스도論).
구약성서 : 13ff., 93f., 108ff., 529f., 555f.
救援 : 522ff., 566(참조. ζωή).
國家 : 598.
귀신 : 374, 383f., 512f.(참조. σατανᾶς).
귀신들 : 참조. 귀신逐出.
귀신逐出 : 36f., 126f., 137f.
規律 : 59, 597ff.
그리스도 : 칭호 참조. 메시야, 다윗의 자손, 신의 아들, 神의 종, 人子(υἱὸς τοῦ ἀνθρώπου)
— 神으로서 : 128f., 559.

— 教師로서 : 521, 554, 562.
— 세계 심판자로서 : 77, 521, 567.
— 그의 우주적 역할 : 131f., 514ff.
— 죽음과 부활 : 42ff., 79ff., 295ff., 521, 566.
그리스도교적 상황의 逆說 : 98ff., 526, 564ff., 568ff.
그리스도論 : 30ff., 40ff., 75ff., 122ff., 167f., 174ff., 295ff., 392ff., 486f.
그리스도의 模倣 : 521ff., 558, 567, 547, 564, 567.
그리스도의 先在 : 130, 306ff., 520.
그리스도의 受難 : 357f., 547, 567.
그리스도의 人間性 : 306ff., 558f.(참조. 그리스도論).
그리스도의 人成 : 306ff., 401ff., 567(참조. 그리스도論).
그리스도의 피 : 44, 83, 416f., 539, 553.
금욕주의 : 9, 100, 104f., 198, 535, 544, 586, 589.
祈禱 : 121f., 125f, 127, 452f., 594f., 598.
노예들 : 595f.
누가복음서 : 481, 490.
다윗의 자손 : 25f., 46f., 81, 485.
代行 : 309.
禁食 : 14f., 134, 575f.
데살로니가 후서 : 495.
倒來 : 26, 420, 451, 534, 540, 545, 550, 557, 560.
동정녀 탄생 : 130f., 521.
디다헤서 : 528.
마가복음서 : 488f.

중요한 개념　　　　　　　　　　649

마귀의 세계 지배권 : 177, 227, 257f., 512, 513ff.
마태복음서 : 488f.
말(-宣布) : 56f., 303ff., 309ff., 422ff., 455, 463, 468f., 473f., 542f.
메시야 : 25ff., 28f., 46, 50, 77f.
메시야의 秘密 : 29f., 409.
命令法(-직설법) : 99, 399f., 444ff., 478, 533, 541, 546, 551, 554, 564, 568f.
목회서신들 : 471, 480, 498, 548ff.
묵시문학 : 509.
未來관련성 : 70ff., 476ff., 526ff., 568f.
密儀종교 : 129, 139ff., 147f., 300f., 492.
바나바書信 : 96, 109f., 518ff.
바울 : 183—361, 366ff.
베드로 : 46, 56.
베드로전서 : 545ff.
베드로후서 : 533f.
法 : 462ff., 469, 475f.
辨神論 : 511.
보냄(예수의) : 41f., 392ff.
報償 : 12(참조. 또한 ἔργα).
복음서(문예학적 형태로서) : 84f., 487ff.
봄(見, 요한의 경우) : 434ff.
富 : 595.
不安 : 241, 323.
比喩 : 109ff., 113f.
使徒 : 57, 310, 469ff., 503ff.
사도행전 : 479ff.
使徒會議 : 54.
사랑 : 16(참조. 그외에 ἀγάπη).
司祭團 : 151f., 473.
사탄 : 참조. σατανᾶς 와 악마.
산상설교 : 11.
生命 : 참조. ζωή.
生活律 : 74, 102f., 174, 583ff.

宣敎 : 39, 53, 62ff., 161.
설교(양식들) : 94, 104, 120f.(참조. 말의 宣布).
聖潔과 聖化 : 84, 585, 589(참조. 또 ἁγιάζω).
성폐전들과 성폐주의 : 43ff., 132ff., 421f., 473f., 476f., 558f., 567f., 581f.
성만찬 : 참조. 주의 만찬.
성서의 朗讀 : 120f., 505.
誠實 : 45ff.
성전제사 : 14f.
聖職授與式 : 참조. 按手.
성찬식 : 146f., 357f.f, 561, 567.
세계관계 : 96ff., 312f., 386ff., 440f., 485f., 535f., 545ff., 548f.(참조. κόσμος).
세례 : 36f., 55, 99, 132ff., 156f., 302, 313f., 421f., 477f., 484, 522, 524ff., 529, 532, 535, 550.
소망 : 참조. ἐλπίς.
소유(財産) : 101, 595.
贖良 : 83, 299f.
속죄제물(예수의 죽음) : 43f., 83, 298, 416ff., 521f., 561.
頌歌들 : 참조. 詩歌들.
受難 : 300ff., 511, 547, 576.
수난의 예언 : 27, 81.
殉敎 : 539, 561, 591f.
스토아 : 참조. 철학.
詩歌들 : 174f., 176f.(참조. 告白格式文들).
神 : 19ff., 62ff., 225f.
— 심판자로서 : 71ff., 75ff., 290f.
— 창조자로서 : 66f., 169, 225.
신비주의 : 314, 332.
信賴 : 327f.
信仰 : 119, 492, 이외에 참조. πίστις.
神의 나라 : 참조. βασιλεία τ. θεοῦ.

중요한 개념

神의 분노 : 참조. ὀργή.
神의 아들 : 47f., 127ff., 521.
神의 종 : 28f., 48ff.(참조. 그리스도論).
神의 지배 : 참조. βασιλεία τ. θεοῦ.
신학, 자연신학 : 68.
一, 그리스도교 신학 : 493ff.
악마 : 374f., 383f., 512f.(참조. σατανᾶς).
按手 : 137, 138f., 471f.
알레고리 : 109f., 113f., 495.
앎(知) : 321(참조. 인식).
愛餐 : 참조. 主의 만찬.
야고보서 : 527f.
언약 : 9f., 529ff.
에베소서 : 516f., 543ff.
歷史 : 95, 117, 481f, 485f.
靈 : 38f., 138f., 156ff., 340ff., 454ff., 462f., 529, 533, 535f.(참조. πνεῦμα).
靈 所有者 : 157f., 462ff., 468ff., 550, 581ff.
靈知 : 105, 108, 111f., 164ff., 227f., 249, 301f., 370ff., 401f., 457f., 490f., 496f., 509, 514f., 516f.
예루살렘 : 58f.
예루살렘을 위한 헌금 : 58, 92.
예배 : 참조. 祭祀.
예수 : 1—29.
예수의 부활 : 40, 42, 79f., 295ff., 308f., 353ff.
예수의 십자가 : 47ff., 81ff., 295ff., 305f., 415ff.(참조. 그리스도論)
예수의 승천 : 43, 174ff., 516, 517f.
(예수의)옴 : 40f., 392ff.
예수의 죽음 : 참조. 십자가.
예언증명 : 39, 115f, 364, 489f.
예언자들(그리스도교의) : 38, 45f., 160, 583.

完全性 : 590.
완전주의 : 589ff.
要求(윤리적) : 참조. 倫理.
요한계시록 : 513, 538ff.
요한복음서 : 362—459
요한의 계시사상 : 411ff., 421ff.
용서 : 21f., 575f,(참조. 또한 ἄφεσις).
宇宙論 : 131f., 171ff., 513ff.(참조. 마귀의 세계지배권, 영지주의).
유다서 : 534.
유대교(와의 관계) : 51ff., 106ff., 364, 388ff.
유스틴 : 112f.
唯一神論 : 64f, 510.
肉 : 참조. σάρξ.
倫理 : 9ff., 97ff., 117f., 583ff., 591ff.
律法 : 9ff., 51ff., 107ff., 259ff., 388f, 528, 565f.(참조. νόμος)
恩賜 : 118f., 550f. 이외에 참조. χάρις.
儀式主義 : 14f., 113f.
義認 : 84, 271ff.
儀典 : 134f., 143f.(참조. 또 祭祀, 告白格式文들, 詩歌들).
이그나티우스 : 81, 129, 179, 556ff.
이방문화(에 대한 심판) : 63f., 69f.
이스라엘(과의 관계) : 94ff.
異域感 : 504f., 517.
二元論 : 104f., 171ff., 199f., 370, 373ff., 379, 512, 517, 564.
異蹟 : 5, 38, 46, 161, 343f., 405f., 516.
認識 : 64, 180f., 437ff., 444f., 455, 492ff., 443f.(참조. 靈知와 γινώσκειν).
일들 : 참조. ἔργα.
일요일 : 122.
자유 : 참조. 율법과 ἐλευθερία.
再生 : 143.

중요한 개념

전통 : 57, 470f., 483ff., 506.
正經 : 505ff.
正論 : 460ff., 468f., 475f.
正統 : 492ff.
제물 : 163ff., 121, 149ff., 475.
祭祀 : 14f., 51, 113ff., 120ff., 129f., 151ff., 161, 474ff., 485, 510, 419f., 580ff.
종말론 : 여러곳, 특히 : 2ff., 17ff., 34ff., 71ff., 101, 274ff., 289ff., 299, 309ff., 335f., 397ff., 439ff., 476ff., 511ff., 557ff., 566f.
죄 : 70f., 224, 229ff., 237ff., 243ff., 248ff., 375, 385f., 524f., 529, 533, 564, 566, 569f., 572f., 575, 598ff.
죄의 용서 : 참조. 용서와 $\ddot{\alpha}\varphi\epsilon\sigma\iota\varsigma$.
主 : 참조. $\kappa\acute{\nu}\rho\iota\sigma\varsigma$.
主의 만찬 : 37f., 55f., 144ff., 316, 416, 422, 475, 478, 481.
主의 말들 : 84f., 135, 362f., 488f., 503, 563.
죽은 자들의 부활 : 75, 80, 353, 552.
죽음 : 245ff., 257f., 359ff., 375.
지옥行 : 179.
職責 : 56, 465ff., 543ff.

찬송가 : 참조. 祭祀
창조 : 131f., 173, 376, 378f., 386ff., 514f.
 (참조. 창조자로서의 神).
천사 : 511f., 513.
철학(헬레니즘의) : 62f., 68f., 102, 117, 226, 509, 510, 585, 591.
초대 공동체 : 30—60, 363,
초월성 : 479.
카리스마를 받은 자 : 참조. 靈 所有者(참조. $\chi\acute{\alpha}\rho\iota\sigma\mu\alpha$).
큐리오스 : 49, 112f., 521.
톨레미 : 115.
폴리갑 : 536ff.
헤르마스서 : 526ff.
헬레니즘계 유대인들 : 53.
헬레니즘계 그리스도교 : 60—182.
화해 : 84, 218ff.
회개 : 18f., 70ff., 101f., 118f., 529, 534f., 537, 553, 572, 575f., 583, 598f.
 (참조. $\mu\epsilon\tau\acute{\alpha}\nu\omicron\iota\alpha$).
회당(헬레니즘계) : 508, 528, 551f., 580f., 585.
히브리서 : 109f., 177, 531ff.
12(제자) : 56.

중요한 그리스어

'Αγάπη : 350f., 446ff., 527, 530, 533f., 543f., 547f., 551, 562, 587f. (참조. 사랑).
ἀγάπη(神의 또는 그리스도의) : 299f., 395f.
ἄγγελοι (ἀρχαί, δυνάμεις, ἐξουσίαι) : 175, 233, 263, 512, 514.
ἁγιάζω(ἅγιος, ἁγιασμός) : 36, 135, 276, 344f., 444, 533, 552.
ἄγνοια : 63f., 492, 569.
ἀθανασία : 556f.
αἰδώς : 592.
αἰών (οὗτος - μέλλων) : 3, 171, 255, 574.
ἀλήθεια : 64, 180, 377, 379ff., 386, 556. (참조. 진리).
ἁμαρτία : 237ff., 535ff., 571(참조. 죄).
ἄνθρωπος(ὁ ἔσω) : 199, 208.
ἀπέχεσθαι : 103, 536, 586, 589.
ἀποκαλύπτειν : 274f.
ἀπολύτρωσις : 84, 541.
ἀπόστολος : 473f.
ἀρετή : 69, 261, 591.
ἀρκαί 참조. ἄγγλοι.
ἄρχων(ἄρχοντες) : 172, 263.
ἄφεσις(τῶν ἁμαρτιῶν) : 37, 83, 135f., 289, 541, 550.
ἀφθαρσία : 74, 524, 553, 556f.
Βασιλεία(τοῦ θεοῦ) : 2ff., 74ff., 185.
Γινώσκειν(γνῶσις): 331ff., 438f., 492ff., 531, 555.(참조. 인식)
γρηγορεῖν : 74, 174.
Δικαιοσύνη : 185, 270ff., 274ff., 279ff.,
440, 528, 532, 535, 537, 546, 553f., 563, 579f., 592.
δικαιώματα : 528, 554, 571, 589.
διώκειν : 222f.
δοκιμάζειν : 228, 589.
δόξα : 391, 409ff.
δουλεία(δουλεύειν, δοῦλος) : 242f., 338, 349f., 570, 580.
δυνάμεις 참조. ἄγγελοι.
'Εγκράτεια : 536f., 553, 586ff.
ἐγώ εἰμι : 380, 387, 427f.
εἶναι ἐκ : 377f., 381f.
εἰρήνη : 448.
ἐκκλησία : 7f., 35f., 91f., 178f., 310f., 367, 458, 515f., 544, 552, 558 (참조. 공동체와 교회).
ἔλεος : 284.
ἐλπίς : 324f., 354, 523, 530, 531, 540, 546, 555, 556f.
ἐλευθερία : 180ff., 336-361, 564, 570.
ἐντολή : 446ff., 528, 539, 562, 571, 589.
ἐξουσία : 180ff, 350f.
ἐξουσίαι 참조. ἄγγελοι.
ἐπίγνωσις : 64, 180.
ἐπιείκεια : 592.
ἐπιθυμεῖν(ἐπιθυμία) : 102f., 221f., 224, 239f., 245ff., 542, 551.
ἐπικαλεῖσθαι : 124ff.
ἐπίσκοπος : 467f, 471, 472f.
ἐπιστρέφειν : 72, 320.
ἐπιφάνεια : 549f.
ἔργα : 280, 527, 530, 540, 546, 555, 563f., 566, 577.

중요한 그리스어

εὐαγγέλιον : 85f., 542.
εὐαγγελιστής : 470f.
εὐσέβεια(εὐσεβής) : 535f., 549, 545f., 579, 592.
Ζηλοῦν : 222f., 224.
ζωή : 74, 206f., 353ff., 424, 427, 523f., 556.
Ημέρα(ὀργῆς 등) : 74.
Θέλειν(θέλημα) : 219f.
Ἱλαστήριον : 44, 83.
Καυθῆκον : 69, 592.
καινός : 570f.
καλεῖν : 525f.
καρδία : 217ff.
καταλλαγή : 287ff., 304.
καυχᾶσθαι(καύχησις) : 240f., 264, 268, 281f.. 562.
κήρυγμα : 87, 310.
κόσμιος : 592.
κόσμος : 226, 232, 253ff., 378ff., 542, 551, 574.
κρίνειν(κρίμα, κρίσις, κριτής) : 73f., 211f., 397ff., 521.
κτίσις : 226ff.
κύριος : 49f., 122ff., 396, 521.
Λαός : 95f.
λογίζεσθαι : 212f.
Λόγος : 427f.
Μακάριος : 70.
μαρτυρία : 432f.
μάταιος : 102.
μεριμνᾶν : 223f., 239f.
μετάνοια : 70ff., 210, 320, 583(참조. 회개)
μονογενής : 395f.
μορφή : 188f.
Νήφειν : 74, 174.

νόημα : 210.
νόμιμα : 554.
νόμος : 259f. (참조. 율법).
νόμος καός : 528, 564f., 571, 583.
νοῦς : 207ff., 224.
Ὁμολογεῖν(ὁμολογία) : 211f., 501f. (참조. 고백).
ὄνομα : 37, 124ff., 133f., 136ff.
ὀργή(神의) : 74, 289f.
ὅσιος : 535, 543, 554, 579.
Παράγγελμα : 554.
παράδοσις : 61, 483ff. (참조. 전통).
παραθήκη : 483f.
παράκλητος : 455.
παραλαμβάνειν : 483f.
παρουσία : 26, 557(참조. 재림).
παρρησία : 328, 454, 532, 553.
πεποιθέναι : 241, 264, 268, 327f.
περιπατεῖν : 344.
πίστις : 89ff., 280f., 317ff., 328ff., 335f., 434ff., 500, 527, 529f.. 532f., 539, 542, 546f., 548f., 551f., 554f., 563, 566, 577. (참조. 신앙).
πλάνη : 64, 92, 70.
πνεῦμα : 152ff., 164, 207ff·, 336, 340ff., 555, 560, 574(참조. 영).
πρεσβύτεροι : 56, 466f., 471.
πρόνοια : 68.
προστάγματα : 553f., 589.
πτωχός 참조. 가난한 사람.
Σάρξ : 195ff., 224, 229ff., 237ff., 341, 535f., 542, 546, 551, 555, 560, 562f., 573f.
σατανᾶς : 257f. (참조. 마귀).
σεμνός : 578, 592.
σημεῖα : 305f.

σκοπεῖν : 222.
σκοτία(σκότος) : 173, 374, 570.
σοφία : 331f., 492ff.
στοιχεῖα : 172, 257.
συνείδησις : 69, 214ff., 592.
σφραγίς : 137.
σχῆμα : 188.
σῶμα : 164, 187ff., 224f.
σῶμα Χριστοῦ : 92, 178f.,313,477,515f., 544.
σωτήρ(σωτηρία, σωθῆναι) : 77f., 396, 520ff., 548.
σωφροσύνη : 549, 592.
Ταπεινοφροσύνη : 352, 547.
Υἱοθεσία : 278.
υἱὸς τοῦ ἀνθρώπου : 23, 26ff., 30, 46, 50f., 78, 397, 521.
ὑπομονή : 532, 539, 549.

Φόβος : 242, 326, 579f.
φρονεῖν(φρόνημα) : 210f.
φύσις : 68f., 167, 383, 534.
φῶς : 173, 374, 376f., 556.
φωτισμός : 143.
Χαρά : 345f., 448f.
χάρις : 269, 281ff., 289ff , 367, 440, 543, 548, 555, 563, 578f., 583 (참조. 은혜).
χάρισμα : 153f., 158f., 330, 367, 468, 563, 583.
χρηστότης : 284, 592.
χρῖσμα : 455.
ἐν Χριστῷ : 315, 333f., 548, 548f., 551, 553, 559, 564f.
Ψυχή : 164, 199ff.
ψυχικός : 167, 173, 188.

인용된 성서귀절

마태

1 : 1ff.   47
4 : 1ff.   24
5 : 3ff.   18
5 : 17ff. 14, 45, 52
5 : 21f.   11
5 : 23f.   14, 51
5 : 43ff. 16
6 : 1ff.   14f.
6 : 9ff.   21
6 : 19ff. 8
6 : 22f.   11
7 : 7ff.   21
8 : 5ff.   53
8 : 17   28
8 : 22   7
9 : 37ff. 45
10 : 5f.   53
10 : 17   51
10 : 23   53
10 : 28   21
10 : 34ff. 41, 45
10 : 40   41
11 : 5   5
11 : 6   7
11 : 19   16
12 : 36   21
12 : 39   19
13 : 31f. 6
13 : 44ff. 8
15 : 24   41, 45
16 : 17ff. 42, 45
16 : 18f. 34
16 : 19   59
17 : 12   27
17 : 24ff. 14, 51
18 : 15ff. 46, 59
18 : 21f. 6
18 : 23ff. 22
19 : 28   34, 45
20 : 1ff. 12
21 : 28ff. 19
23 : 1ff. 18
23 : 13   21
23 : 25ff. 15
23 : 34ff. 19
24 : 27   26f.
24 : 37   26f.
24 : 44   26f.
25 : 14ff. 12

마가

1 : 9ff.   24
1 : 12f.   24
2 : 5ff.   59
2 : 15ff. 16
2 : 17   19, 41
2 : 18f.   15
2 : 19   14
3 : 4   15
3 : 35   7
4 : 26ff. 5f.
4 : 30ff. 6
6 : 7ff.   45
7 : 6f.   15
7 : 9ff.   15
7 : 15   15
7 : 24ff. 53
8 : 11f.   5
8 : 27ff. 24, 42
8 : 31   27
8 : 38   18, 27
9 : 2ff.   24, 27, 42
9 : 7   48
9 : 31   27
9 : 37   41
9 : 38ff. 46
9 : 43   9
9 : 47   9
10 : 2ff. 13
10 : 17ff. 14
10 : 33f. 27
10 : 45   27
11 : 1ff. 24
12 : 28ff. 14, 16
12 : 35ff. 25f., 47
12 : 38ff. 18
13 : 9   51
14 : 21   27
14 : 22ff. 145ff.
14 : 28   42
14 : 41   27
14 : 62   27
16 : 7   42

누가

1 : 1ff.   482
1 : 69   48
2 : 1ff.   482
3 : 1   482
3 : 22   130
3 : 23ff. 47
6 : 20f.   4
6 : 24ff. 19
6 : 43   11
9 : 62   7
10 : 16   41

656 인용된 성경 귀절

10 : 19   45
10 : 23f. 4
10 : 29ff. 16
10 : 30ff. 16
11 : 5ff. 21
11 : 20   5
11 : 31f. 7
12 : 32   34, 45
12 : 49   41
13 : 1ff. 19
14 : 15ff. 8
14 : 26   7
14 : 28ff. 8
15 : 1ff. 19, 21f.
15 : 11ff. 21f.
16 : 15   12
17 : 7ff. 12
17 : 21   4
17 : 25   27
17 : 33   13
18 : 1ff. 21
18 : 9ff. 12, 22
21 : 20ff. 482
22 : 29f. 34, 45
22 : 31f. 42
24 : 26f. 43
24 : 34   42
24 : 50ff. 42

요한
1 : 1ff. 131f.
1 : 14   401ff.
3 : 3ff. 142
3 : 5   138
3 : 18   398
3 : 19   398
3 : 36   383, 399
5 : 24f. 398f.
5 : 24   380
6 : 31f. 33

6 : 35   380
6 : 49f. 33
6 : 51   381
6 : 51b-58   147
7 : 16f. 381
7 : 37   382
8 : 12   381
8 : 32   180
8 : 44   173
8 : 51   381
9 : 39   383f., 398
9 : 41   383f.
10 : 3ff. 442
11 : 25f. 399
12 : 31   175
12 : 46   383
12 : 46ff. 381f.
12 : 47f. 399f., 424f.
13 : 31f. 411
13 : 33   451
14 : 8ff. 411f., 437
14 : 23   451
15 : 22   385
16 : 8ff. 391
17 : 22f. 450
19 : 34f. 141

사도행전
1 : 3ff. 42
2 : 22   130
2 : 36. 24
2 : 42ff. 37
2 : 45   59
2 : 46   51, 55
3 : 22   33
4 : 12   132
4 : 25   48
4 : 34ff. 59
6 : 8   61
6 : 1ff. 53

8 : 4ff. 53
8 : 32f. 28
10 : 1ff. 53
11 : 19ff. 53, 58, 61
11 : 28   38
11 : 30   56
12 : 12   55
14 : 15ff. 65
14 : 23   471
15   53, 56
17 : 18   75
17 : 23   63, 482
17 : 23ff. 65
17 : 28f. 69, 482
17 : 30   63
17 : 31   72, 76
17 : 32   75
19 : 1ff. 133
20 : 29f. 169f.
21 : 9ff. 38
21 : 18   56
21 : 25   54
22 : 16   136

로마서
1 : 3   47, 485
1 : 4   26
1 : 18—3 : 20   249f., 262
1 : 19f.   225
2 : 5ff. 73
2 : 28f. 231
3 : 9   263
3 : 20   263
3 : 24   291
3 : 24ff. 44
4 : 13ff. 266
4 : 25   44, 81
5 : 12ff. 173
          250ff., 305
5 : 19   276f.

인용된 성경 귀절

6 : 2ff. 140	10 : 1ff. 33	2 : 11ff. 54
6 : 11 356	10 : 16f. 147	2 : 17 264
6 : 12f. 190	10 : 21 148	3 : 10 263
6 : 14 339	10 : 29 216	3 : 19 265f.
7 : 7ff. 185, 246ff. 265	11 : 23ff. 145ff.	3 : 21ff. 266
7 : 10 245f, 259. 268	12 : 2 64	3 : 28 311f.
7 : 14ff. 196f., 208f.,	12 : 3 124, 336	4 : 8f. 63
244, 246f., 266f.	12 : 28 158	5 : 4 264
7 : 23 208	15 168	5 : 25 339, 343
7 : 24 196, 246	15 : 3 28, 81	
8 : 10 205	15 : 5ff. 42f.	에베소서
8 : 13 193	15 : 9f. 285	1 : 13 137
8 : 20ff. 173, 227	15 : 12ff. 75, 355	2 : 1ff. 570f.
˜ : 38f. 227	15 : 21 173	2 : 5f. 141
10 : 3 267	15 : 28 225	4 : 6 68
10 : 4 264, 280	15 : 44ff. 173f., 250f.	4 : 8ff. 175
10 : 9 79, 124. 315, 320	15 : 45 200	4 : 18 63
11 : 36 67, 226	15 : 45ff. 248	4 : 22ff. 98, 571
14 : 7f. 337, 360		5 : 8ff. 173
	고후	5 : 14 174
고전	1 : 22 137	5 : 25ff. 178
1 : 18ff. 180	3 : 2 218	5 : 26. 135
2 : 6ff. 174f., 181	3 : 6 246, 263, 268	
2 : 13ff. 157	4 : 4 131	빌립보서
3 : 13ff. 73	4 : 5 124	2 : 6ff. 24, 124. 130f.,
3 : 21ff. 337	4 : 13 336	174f.. 301, 520, 517.
4 : 5 73	5 : 1ff. 197f.	2 : 10f. 123
4 : 12f. 357f.	5 : 10 73, 262	3 : 8ff. 180
5 : 3ff. 125f., 204	5 : 16 236	3 : 12ff. 98, 326
5 : 10. 255	5 : 21 277	3 : 20 98
6 : 11. 135, 334	6 : 9f. 357f.	4 : 11ff. 360
6 : 12ff. 349	8 : 9 174	
6 : 13ff. 191	12 : 2ff. 198	골로새서
6 : 17 205	12 : 9 284	1 : 13ff. 137f., 520
7 : 1ff. 198	12 : 9f. 357	1 : 15ff. 131, 175
7 : 29ff. 182, 360	12 : 12 57	178, 515f.
8 : 1ff. 180		1 : 24 306
8 : 4ff. 226	갈라디아서	2 : 15 175
8 : 6 67f.	1 : 14 184	3 : 1ff. 141, 516, 570
9 : 1. 57, 181	2 : 1ff. 54	3 : 2ff. 546

인용된 성경 귀절

3 : 5ff.　99

살전

1 : 9　64
1 : 9f.　72, 77
4 : 5　63
4 : 15ff.　77

딤전

1 : 18　472
2 : 1f.　596
3 : 16　176
4 : 3ff.　196
4 : 14　472
6 : 13　82, 482

딤후

1 : 6　471
2 : 8　47, 79
2 : 11　141
2 : 18　168
4 : 5　471

디도서

1 : 5　471
1 : 14f.　169
3 : 5　98, 138, 142

히브리서

1 : 1ff.　128
1 : 3　132
2 : 10　68
2 : 11f.　177
2 : 14f.　80
2 : 17　177
3 : 7ff.　33
6 : 1　65
6 : 2　72, 75
6 : 4f.　531
6 : 9　571
9 : 28　28

10 : 22　136
11 : 6　72
13 : 14　98

야고보서

2 : 14ff.

벧전

1 : 3　80, 99, 142
1 : 14　63
1 : 21　79
2 : 22ff.　28
3 : 18ff.　175, 520
3 : 21　135

벧후

1 : 9　136
3 : 1ff.　168, 479
3 : 16　483, 495

요 1

1 : 4　449
1 : 5　169
2 : 7f.　447f.
2 : 19　170
2 : 28　452
3 : 9　442
3 : 23　446
4 : 17　452
5 : 19　169

유다서

8ff.　519

계시록

1 : 18　80
2 : 2ff.　169

디다헤서

1—6　508
4 : 1　121
9—10　37, 151

9 : 2　48
9 : 5　133
10 : 5f.　38
10 : 6　125
15 : 1　474
16 : 3ff.　508

바나바서

2 : 6　528, 571
5 : 2　29
5 : 6f.　80
6 : 11　42, 571
11 : 9ff.　138
11 : 11　136
16 : 7f.　138
16 : 8　136, 142f., 571
16 : 18　143

클레멘스 1

16 : 3ff.　29
23—26　168
24 : 1　80
36 : 1f.　520
42—44　472
44 : 4　474
61 : 1f.　596
61 : 3　122f.

클레멘스 2

1 : 1　128
5 : 1　100
5 : 6　100
6 : 3ff.　100
9 : 1　75, 168
14 : 1f.　179, 535

이그나티우스

13 : 1　520
19　518
20 : 2　147

인용된 성경 귀절

| Tr | Pol Phl | I 66f., 72 |

Tr
9 : 1 518, 520

Phld
4 : 1 147

Sm
7 : 1 147ff.

Pol Phl
2 : 1 518, 520
7 : 1 75, 168
9 : 2 81
12 : 3 596

헤르마스

Ⅱ 4 : 1 179

I 66f., 72
XⅢ 3 : 4—5 : 4 572
Ⅸ 12 : 2 132
12 : 4f. 133
13 138, 179
14 : 5 132
16 133, 141.

역자 후기

이 譯書는 루돌프 불트만의 "신약성서 신학"(*Die Theologie des Neuen Testaments*) 제 6 판(1968)을 완역한 것이다. 5판 이래 보완 개정된 것이 원문에는 모두 冊 末尾에 부록으로 첨가되어 있으나 이 역서에서는 그것을 전부 해당 본문에 삽입하여 독자의 편리를 도모했다. 또 본문에 인용된 그리스너글 모두 그대로 싣고, 번역문을 첨가해 두었다. 일반 독자에게는 그것이 읽는데 다소 번거로움이 될 것을 알고 있다. 그리고 그렇게 하는데는 조판과 교정에서 갑절 이상의 수고를 감수해야 했다. 그런데도 그것을 그대로 수록한 데는 두 가지 이유가 있다. 1. 오늘의 성서 연구는 원어에 의한 것외에 다른 방법을 허용치 않는다. 성서 연구는 낱말을 위시하여 문체 등에 주의하지 않고는 불가능하게 된 것이다. 그러므로 인용된 글귀나마 원어로 확인하는 것이 극히 중요하게 여겨진 것이다. 2. 원어를 모르는 초학도들에게 자극을 주어 그들이 원어 독습에 열을 올리게 하는 데 있다. 이 두 가지 의도 때문에 번거로운 수고였지만 甘受했다.

이 역서에서 역자는 처음으로 "하나님"을 "神"으로 대치시켜 보았다. 이 "神"은 결코 日本語를 따른 것이 아니다. 역자는 神名이 사용되는 '자리'에 의해 그것이 구별되어야 한다고 생각했다. 말하자면 그것이 학술적인 대상으로 즉 실존론적(existenzial)으로 처리될 때에는 '神'으로 부르는 것이 타당하다고 본 것이다. 그 반면 反省的이 아닌 즉 실존적(existenziel)으로, 마주 서서 人格的으로 "너―나의 관계"에서 직접 사용되는, 신앙 고백적인 경우에는 "하나님"이라고 부르는 것이 좋을 것이다. 이 경우에 역자는 "하느님" 보다 "하나님"을 고집하고 싶다. 그러나 "하나님"이 그리스도교의 神의 성격을 더 잘 나타내기 때문이 아니라 단지 그 말이 일반적으로 익숙하다는 이유에서이다. 神名은 오히려 神의 특성을 明示하지 않는 것이 더 바람직하다. 왜냐하면 그것이 명시적일 때 상대성을 免하기 어렵기 때문이다. 성서 본문에 나오는 神名들이 모두 그렇지 않은가? 가령 야웨, 엘로힘, 테오스($\vartheta\epsilon\acute{o}s$), 그리고 서구의 神名 즉 God, Gott 등도 어원학적으로는 해명되거나 성격지을 수 없는 것들이다. 만일 억지로라도 어떤 어원학적인 해명에 도달한다면 그것은 非그리스도교적 신의 성격일 것이다. 여하간 "神"으로 통칭한 것은 이러한 의미에서의 하나의 시도이고 이 책이 신앙고백서가 아니라 學問的인 연구서라는 점에서 그것이 거리낌이 되지 않기를 바라는 마음 간절하다.

역자 후기

이 책 자체에 대한 소개의 말 같은 것은 불필요할 것이다. 이 책은 폰·라트의 "구약성서 신학"과 함께 今 世紀의 金子塔이라고 하는 것으로 족할 것이다. 이 책을 읽는 초학도들에게 권하고 싶은 것은 첫째 이 책을 공부하는 것이 결코 아니라 이 책을 참고 삼아 신약성서를 연구한다는 자세를 취하라는 것이다. 그렇지 않다면 그것은 이 책 저자의 의도가 아니고 그 때문에 이 册의 의도도 바로 이해하지 못할 것이다. 둘째 이 책은 3部로 꾸며져 있다. 1部는 공관서적 전승의 신학, 2部는 바울과 요한의 신학, 3部는 그 이후의 발전 상황이다. 그런데 제 2部의 바울과 요한의 신학이 전후 양자의 分水嶺을 차지하고 있다. 그 때문에 일단은 이 分水嶺에서 시작하여 전후의 물줄기를 따라 좌우로 내려갔다가 다시 좌우에서 頂上(바울과 요한)을 향해 올라올 것을 권하고 싶은 것이다.

이 책의 원고 정서는 이화여대에서 독문학을 전공하는 황 현숙양이, 그리고 교정과 색인 작성은 같은 곳에서 영문학을 전공하는 양 일배양과 사학 전공의 김 호경양이 맡아 주었다. 이들의 희생적 수고에 역자는 진심으로 감사한다. ― 역 자 ―

新約聖書神學(全)　　정가　45,000원

| 1976년 8월 25일 | 초판 1쇄 |
| 2008년 10월 24일 | 초판 9쇄 |

판권소유

저　자　루돌프 불트만
역　자　한국성서연구소
　　　　허　　　혁
발행인　이　　승　　하
발　행　성 광 문 화 사

＜등록 : 제10-45호 1975. 7. 2＞
121 서울・마포구 아현동 95-1
전화 (363) 1435, 0926
서대문 우체국 사서함 173호
대체구좌 618249

파본은 교환해 드립니다.